徐毅著

十八世紀中朝文人交流研究

上册

中華書局

圖書在版編目(CIP)數據

十八世紀中朝文人交流研究/徐毅著. —北京:中華書局,2019.5
ISBN 978-7-101-12677-8

Ⅰ.十… Ⅱ.徐… Ⅲ.文化交流-文化史-研究-中國、朝鮮-18世紀　Ⅳ.①K203②K312.403

中國版本圖書館CIP數據核字(2017)第161126號

書　　名	十八世紀中朝文人交流研究(全二册)
著　　者	徐　毅
封面題簽	徐興無
責任編輯	葛洪春
出版發行	中華書局
	(北京市豐臺區太平橋西里38號　100073)
	http://www.zhbc.com.cn
	E-mail:zhbc@zhbc.com.cn
印　　刷	北京市白帆印務有限公司
版　　次	2019年5月北京第1版
	2019年5月北京第1次印刷
規　　格	開本/920×1250毫米　1/32
	印張38½　插頁4　字數950千字
印　　數	1-1500册
國際書號	ISBN 978-7-101-12677-8
定　　價	188.00元

目　錄

序 ………………………………………… 張伯偉　1

上編　十八世紀中朝文人交流研究

緒　論 ………………………………………………… 3
　一、解題與問題的提出 …………………………… 3
　二、選題的意義和價值 …………………………… 6
　三、國內外研究的現狀和趨勢 …………………… 13
　四、基本研究方法和研究目標 …………………… 19

第一章　十八世紀中朝文人交遊概況 …………… 23
　第一節　中朝文人交遊的時代背景和原因 ……… 23
　第二節　中朝文人交遊的對象 …………………… 44
　第三節　中朝文人交流的場所 …………………… 61
　第四節　中朝文人交流的形式 …………………… 86
　第五節　十八世紀中朝文人交流的内容 ………… 147
　第六節　十八世紀中朝文人交流的階段性特徵 … 177

第二章　安東金氏家族與中國文壇關係 ………… 185
　第一節　清陰金尚憲與中國文壇關係考述 ……… 186
　第二節　十八世紀安東金氏家族與中國文壇關係考述 … 194
　第三節　稼齋金昌業與清文人交遊考述 ………… 209

第四節　金在行、金善行兄弟與浙杭三士交遊考述 ……… 218

第三章　豐山洪良浩家族與清文人的交往 …………………… 231
　　第一節　朝鮮時期豐山洪氏家族出使中國的燕行記録 …… 233
　　第二節　洪良浩及子孫與清代文人關係考述 ……………… 242
　　第三節　洪良浩與紀昀交遊考述 …………………………… 268
　　第四節　洪良浩子孫與紀昀子孫交往考述 ………………… 298

第四章　洪大容與清代文人的交遊 …………………………… 317
　　第一節　洪大容與浙杭三士的七次筆談 …………………… 318
　　第二節　洪大容與清人來往書信考論 ……………………… 343
　　第三節　洪大容與清文人交流的意義 ……………………… 370

第五章　燕岩師門與清文人的交遊 …………………………… 383
　　第一節　朴趾源與清文人的交遊 …………………………… 384
　　第二節　李德懋與清文人的交流 …………………………… 406
　　第三節　朴齊家四次出使中國與清文人的交遊 …………… 434
　　第四節　柳得恭三次出使中國與清文人的交往 …………… 460

下編　十八世紀中朝文人交流長編

中朝有關文獻概述 ……………………………………………… 477

凡　　例 ………………………………………………………… 483

第一章　十八世紀早期中朝文人交流長編 …………………… 485

第二章　朝鮮金昌業與清文人交流長編 ……………………… 521

第三章　十八世紀中期中朝文人交流長編 …………………… 533

目　錄　　　　　　　　　　　　　　　　　　　　　　　　　　3

第四章　朝鮮洪大容與清文人交流長編…………………… 577

第五章　十八世紀後期中朝文人交流長編………………… 599

第六章　燕岩師門與清文人交流長編……………………… 715

附　錄

表1：十八世紀參與中朝文人交流的清朝南方人士一覽表…… 859
表2：十八世紀中朝文人筆談記錄一覽表………………… 874
表3：十八世紀中朝文人贈詩一覽表……………………… 908
表4：十八世紀中朝文人唱酬詩一覽表…………………… 970
表5：十八世紀中朝文人間序跋一覽表…………………… 995
表6：十八世紀中朝文人間來往書信一覽表……………… 1001
表7：洪敬謨與清文人來往書信一覽表…………………… 1037
表8：洪義俊與紀樹蕤來往書信一覽表…………………… 1054
表9：洪大容與清文人來往書信一覽表…………………… 1057
表10：十八世紀清朝使者出使朝鮮一覽表………………… 1116
表11：十八世紀朝鮮燕行使團及燕行日記一覽表………… 1123
十八世紀中朝文人學誼的新見證（一）…………………… 1159
十八世紀中朝文人學誼的新見證（二）…………………… 1183

主要引用文獻………………………………………………… 1201

序

張伯偉

　　1799年,時值清嘉慶四年(朝鮮正祖二十三年),朝鮮禮曹判書徐瀅修以"謝恩副使"身份到北京,並拜見禮部尚書兼文淵閣直閣事紀昀。若干年後,徐氏在《紀曉嵐傳》中詳細記載了此番會面時的彼此交談,他詢問紀昀著述幾何,昀答曰:"少年意氣自豪,頗欲與古人争上下。後奉命典校四庫,閱古今文集數千家,然後知天地之不敢輕易言文,亦遂不敢輕言編刊。"(《明皋全集》卷十四)體會紀曉嵐的意思,大概是指讀書越多,越清楚原先自詡獨得者往往已都是古人之陳言,故不敢輕易著述。他大概不會想到,當時祇做尋常事看的包括其自身在内的與朝鮮人士的筆談、尺牘等種種交往,兩百年後竟也可以成爲著述,被東亞學者津津樂道。

　　擺在讀者面前的《十八世紀中朝文人交流研究》就是這樣一部書。作者徐毅和徐瀅修倒没什麽關係,但和作序者一家却是緣份不淺。初中時,作者就讀於南通市第一中學,舍妹是其歷史課老師;高中時,其語文課又由先父所授。大學畢業後,他在南通師範學院(今合並爲南通大學)工作數年,再考入南京大學中文系,從我攻讀碩士繼而博士學位,本書就是在其博士論文基礎上修改增訂而成。徐毅要我爲他的新著寫序,而我總記得顧炎武"人之患在好爲人序"(《日知錄》卷十九"書不當兩序")之訓,頗想推托,無奈上述緣份,一重一重又一重,那就不如隨順世緣,且爲作序。

眾所周知，中朝兩國之間的文人交往源遠流長。早在唐代，崔致遠入中國，以"賓貢"登進士第，與羅隱、顧雲相友善，事迹見載於《三國史記》；北宋時，高麗使臣在元豐年間入中國，與畢仲衍等人一起奉和宋神宗御製詩，金富軾、朴寅亮更是留名中國，《高麗詩》、《西上雜咏》、《小華集》紛紛刊行於世；高麗忠宣王入元大都，建萬卷堂，出入其間的不僅有高麗文士如李齊賢，也有中原名流如元明善、趙孟頫、虞集等人；到了明代，倪謙於正統十四年(1449)出使朝鮮，開創了以《皇華集》爲標志的詩賦外交的傳統，文人交流愈益頻繁。但就交流的廣度、深度以及對東亞學術的影響而言，進入清朝的十八世紀中後期堪稱巔峰。本書就是以這一時期爲討論範圍，詳瞻描述了中朝文人交流的各個方面和不同層面，立體地呈現了眾多鮮活的歷史場景。僅僅就其收羅的材料而言，本書是迄今爲止同類主題的著作中最豐富、最難得、最新鮮的。很多中朝人士往來的尺牘、筆談，散藏於各國各地圖書館、博物館甚至私人手中，徐毅想盡各種辦法，真是蒼天不負有心人，最終皆一一到手。也難怪他歷數其所獲，得意之情就溢於言表。也難怪有的韓國學者對我説起此事，有時竟會流露出幾分醋意。這讓我想起選題之初，九年前的一個早上，他踏著輕快的脚步得意洋洋地跨進我的辦公室，將其論文大綱交給我，期待得到高度肯定。但是經過一番討論後，竟然讓他緊張得汗流滿面，連午飯也"對案不能食"(借用鮑照句)了。當時的我或許還能夠在文獻上對他有所幫助，但此後他遍訪韓國、日本公私藏書之所，接觸這一專題的文獻量之多、之罕見，已讓我刮目相看、瞠乎其後，若是再相互討論起來，恐怕他該要興奮得"快意浮大白"(借用司馬光句)了。

文人交流其實是民間外交的一種形式。徐毅在韓國收集材料的同時，也廣交朋友，從某種意義上説，這也是古代的文人交流在今天的繼續。徐毅生在南通，長在南通，如今也工作在南通。清末民初，有一段動人的中韓文人交流的故事，就發生在南通。作爲朝鮮末期文學大家之一的金澤榮,不甘在日本帝國主義統治下做亡國奴,張謇遂熱情邀他移居南通,使他得以在安定的環境中編纂、創作了大量的歷史、文學作品,與俞樾、嚴復、梁啓超、吕思勉等文人學者也多有交流,最後終老於兹,安葬於兹。他曾寫下這樣的詩句給張謇兄弟:"通州從此屬吾鄉,可似嵩陽似漢陽。爲有張家好兄弟,千秋元伯一肝腸。"(《四日至通州大生紗廠贈張退翁觀察》,《韶濩堂詩集》卷四)不知徐毅的選題,是否在有意無意間受到這些故事的刺激。但可以確認的是,徐毅獲得博士學位後,很快在南通大學建立起中韓文化研究中心,並且積極舉辦會議,申請項目,培養人才,出版著作,不過幾年,就使得該中心蜚聲學界,成爲南通大學的一張有内涵的國際化名片。這其中凝聚了徐毅的心血和奮鬥,也體現了他在學術研究之外的多方之才。

徐瀅修記載的紀昀語,從某種意義上説接近於歌德的一句話:"凡是值得思考的事情,没有不是被人思考過的。"但歌德接著又講了一句:"我們必須做的祇是試圖重新加以思考而已。"(《歌德的格言和感想集》)要是用孔子的話説,那就是"温故而知新"。徐毅經過多年反覆思考、不斷磨礪的著作出版了,其中當然包含了他對以往學術成果的"重新思考"。現在,這部書成爲這一主題的最新之著,當然也應該是最佳之著,因此,我希望此後的徐毅,能够對自己的著作不斷續做"重新思考"。畢竟,這些材料中還有很多未發之藴正等待著善於發覆的頭腦和眼光。

二〇一七年九月二十八日於百一硯齋

上編　十八世紀中朝文人交流研究

緒　論

一、解題與問題的提出

　　域外漢籍研究是本世紀以來興起的國際顯學，從中國文學的角度切入該課題可有若干重要面向，文人學士的交往就是其中之一。本書的研究對象爲十八世紀發生在中朝文人間的學術和文學交流現象①。研究主旨是以域外漢籍和中國典籍爲文獻基礎，厘清兩國文人間交往的基本脉絡，同時采用綜合和比較等手段，探尋交流現象間的内在聯繫及本質、特徵和意義等。

　　本書以十八世紀中朝文人交流作爲研究的重點，主要基於兩點原因：

　　第一，作爲中朝學術交流史的重要組成部分，清代兩國文人間的交往雖説在東亞學術界已開始被一定關注，但仍值得去全面審視和深入研究。其原因：一是明清時期的大量中朝文人來往資料有待進一步去發掘。在韓國古文獻中，尤其是燕行録、詩牘帖和文

---

① 書中所涉及的"中朝"是古代中國和古代朝鮮半島的並稱，"中韓"一般爲現代中國和韓國的並稱。"文人"，選擇相對寬泛的概念，即文化知識的擁有和使用者。

人文集中存留有對兩國文人交流的大量記録。而目前狀況則是，一方面這些資料本身具有重大價值，另一方面是許多學者對這些域外漢籍資源的陌生，甚至由於陌生而導致對其學術價值的漠視和貶低。由此，曾被忽視的學術"富礦"——中朝文人交流域外資料，值得系統地去開采和研究。二是"中國中心"、"人臣無外交"觀念使得一大批曾與異域人有來往的清文士不屑或不敢在自己著作中大量載録交往情形，因而有關交往的第一手材料在中國文獻中較爲闕失，作爲反觀自身的"第三隻眼"的材料①，在國内學術界仍然没有被大量揭示或引起足夠重視。三是現有研究存在總體性和深入性把握的不足。文章或論著多著眼於個體文人交流現象，少有將其置於整個交流史大背景下進行考察，因而，很難對交往特點、地位和意義等作出較爲客觀而深入的評價，且結論多停留在學誼深厚的表象層面。

　　第二，十八世紀是清代中朝文化交流的關鍵時期，研究清楚交往情況是正確理解整個清代中朝學術交流史的基礎，這是本書以此時段爲切入點的原因。目前來看，對交往現象做全面研究的工作還未展開，還存有大量不容忽略的研究空白。要真實瞭解清時期中朝學術關係，必須要研究透這一階段雙方文人間的交流，否則將無法理解此之後兩國愈走愈近的文化來往。大量域外漢籍的載録表明，此時雙方文人來往，既開創了清時期兩國文化往來的新局面，又爲以後學術、文學交流的發展奠定了堅實基礎。梳理清楚此時期交流現象，研究透徹交流本質，是客觀把握清代中朝文人學術交流特點和規律的基石。隨著大量域外新材料不斷涌現，對十八

---

① 張伯偉先生指出："二十一世紀的中國學術研究，不能也不可能回到以自我爲老大式的'中國中心觀'。我們不僅要用一隻眼來看自己，不僅要用第二隻眼去看别人，我們還要擁有第三隻眼，這就是用外國人觀察中國之眼反觀自身的'異域之眼'。"張伯偉《作爲方法的漢文化圈》，中華書局，2011年，第4頁。

世紀中朝文人交流的探析,既是研究清時期中朝學術關係最重要的切入點,又是重新建構兩國古代學術交流史無法回避的重要課題。

本書將立足於筆者所收集的104種十八世紀燕行錄[①]、來往詩牘帖、中朝古代文人別集、中朝古代歷史文獻等,力圖解答的主要問題有:

1.十八世紀中朝有哪些文人參與了學術和文學交流?此時期每一次交流發生時間、地點和具體內容是什麼?

2.十八世紀中朝文人交往形式有哪些?筆談、詩歌酬贈、往復尺牘、贈序題跋、詩文批評、贈書贈文等存世情況和數量?爲何要采用這些形式,交往中的作用是什麼,所反映的兩國文人交流的特徵及意義又是什麼?

3.中朝文人文學和學術交流的主要內容,其隱藏在重點交流內容、話題背後的發生原因是什麼?

4.在解決上述問題的基礎上,探尋中朝文人在十八世紀進行交往的總體原因,分析在整個一世紀中,兩國學術和文學交往的階段性特徵。

5.十八世紀中具有重大意義的中朝文士間的文學和學術交往有哪些?通過對當時清朝、朝鮮顯要家族間的交往,兩國著名學者間交流的把握,分析其交往內容、特徵等,以分別揭示它們在學術交流史上的地位、意義和影響等。

6.反映十八世紀中朝文人交往的重要文獻有哪些?最新交流資料又有哪些?

[①] 筆者目前收集有"燕行錄"近600種,十八世紀燕行錄含:林基中編《燕行錄全集》,東亞細亞學術院、大東文化研究院編《〈燕行錄選集〉補遺》,林基中、夫馬進編《燕行錄全集(日本所藏編)》,林基中編《燕行錄續集》,林基中編《增補燕行錄叢刊》中收錄的十八世紀燕行錄,以及筆者多年搜訪到的其他十八世紀燕行錄,共計104種。

綜上，本書將以整個漢文化圈爲背景，充分利用域外漢籍、中國典籍，在對交往現象作長編的基礎上，既對兩國文人交往作出總體分析和評價，又對其中重要或特殊的文學、學術交流作出理論性闡釋。其目的就是爲了客觀反映出文人文學、學術交往的歷史真實，從而更好地去理解當時兩國的文人關係及學術聯繫等，並爲以後中朝學術交流史的重新構建和研究的深入，進行大膽嘗試。

二、選題的意義和價值

中朝文人交流的歷史源遠流長，早在夏朝，檀君時期的朝鮮已與中國相交通，檀君派子扶婁朝覲夏朝一事，是傳説裏中朝間的最早接觸[①]。至唐時，朝鮮文學之祖崔致遠真正開創了兩國文學交流的先河。後歷經宋、元、明、清時期，其交流總體上看一直没有中斷過。毫無疑問，歷史上彼此間的文化有著緊密關聯。無論是從哲學層面普遍聯繫的原則出發，還是從將漢文化圈作爲研究背景文學研究來考慮，都要求我們在考察中國文學、學術時不得漠視朝鮮半島的漢文化以及兩國文人間曾有過的大量交往。它們不惟是嶄新材料，還可與中國傳統文獻相補充、相印證等。在更爲重要的意義上説，研究由域外漢籍和中國典籍所構成的漢文獻整體是一種

[①] 柳得恭《二十一都懷古詩·檀君朝鮮》詩云："大同江水浸烟蕪，王儉春城似畫圖。萬里塗山來執玉，佳兒尚憶解扶婁。"柳得恭《冷齋集》卷二，《韓國文集叢刊》第260册，第37頁。尹愭《無名子集》詩稿中亦有載云："夏禹十八年，會諸侯塗山，檀君遣子扶婁朝夏。"尹愭《無名子集》詩稿册六，《韓國文集叢刊》第256册，第147頁。都指出了檀君派遣子扶婁朝覲夏朝一事，這是傳説中的古代中朝間最早接觸的事件，惜此次交往没有確切的史實資料留存。

新的思考模式和新的研究方法。

縱觀整個交流史,清時期中朝文人來往具有重要地位,其既繼承了明朝時"詩賦外交"的傳統,又在交往過程中增添了豐富的學術對話內容,對當時國與國關係的日益發展以及整個漢文化圈文化的交流起到了強有力的推動作用。而十八世紀雙方文人的往來現象又在兩國關係史中尤顯突出,值得深入研究。此主要表現在三個方面:

第一,十八世紀中朝文人交流特別繁盛。

十八世紀是清朝、朝鮮文學學術發展進程中的重要時期,也是兩國在政治、經濟、文化等各方面臻於強盛的時期。其彼此間來往出現了前所未有的繁盛景象。雙方文人交往極其頻繁,自1701年(辛巳)至1800年(庚申)百年間,參與交流的清朝文士、朝鮮①文士在638人次以上。每年都有交流發生。十八世紀中後期,更是出現了交流高潮。參與對象極其廣泛,上至享譽一時的名士,清朝如紀昀、翁方綱、李調元、羅聘、阮元等,朝鮮如金昌業、洪大容、洪良浩、朴趾源、朴齊家、柳得恭、李德懋等,下至普通文士,如頻繁與朝鮮文人接觸的清秀才齊佩蓮、李美等。其交流內容非常豐富,涉及政治、經濟、文化、學術、宗教等諸多方面。其形式也日臻完備,有暢敘筆談、詩文贈酬、尺牘往復、請序求跋、評詩論文、饋物贈書等。筆者統計,現存十八世紀較爲詳細的筆談記錄至少有206次,贈詩635首、唱酬詩127組,序文、題跋40篇,來往書信344封以上,贈書行爲至少有81次。這一時期,兩國文士交往在時間的長度、對象的廣泛性、內容的豐富性和深刻性等方面與清前期相比,都有了很大超越。

第二,十八世紀涌現出一批中朝文人交流的典型事件。

十八世紀中朝文人交流的重要事件,在兩國學術交流史中有

---

① 筆者按,爲了行文的簡潔,文中提及的"朝鮮"均是"朝鮮朝"的簡稱。

著不可忽略的地位。如金昌業與一批清文士的交往是清時期最早發生的朝鮮文士與清人進行大量交流的事件。金昌業在朝鮮文壇有較高聲名,隨著其著《老稼齋燕行日記》的廣爲傳播①,越來越多的文人開始關注清朝的歷史與當時的狀況,這無疑就爲以後中朝文士交流奠定了良好基礎。又如,洪大容與"浙杭三士"的七次筆談和大量詩牘鮮明呈現出兩國民間文人第一次深入而細緻的學術、文學交流狀況。洪大容與清友人交往頻繁深入,僅存世的往來尺牘多達 150 封,書信聯繫約 15 年,而他與嚴誠在 1766 年(丙戌)就建立起的生死之誼,一方面對朝鮮國内形成了巨大的衝擊,有人將其視爲難以想象和容忍的行爲;另一方面也在兩國文壇間被傳爲佳話,影響到後來一大批文士如朴趾源、李德懋、朴齊家等與清人的交往②。站在整個東亞漢文化圈的背景下考察,洪大容與清文人的交流是朝鮮學術與清文化日益接近的標志,而此時的日本則逐漸在輕視朝鮮乃至中國文學③。同是對清朝的看法,兩國却有著極大反差,洪大容異域交遊的現象愈發顯得重要。再如,洪良浩與紀昀之交是清時期兩國官方學者第一次真正意義上的學術深入交流。兩人曾就創作目的、動因、旨歸等做過有益的研討,體現出對

---

① 金景善在《〈燕轅直指〉序》中稱:"適燕者多紀其行,而三家最著,稼齋金氏、湛軒洪氏、燕岩朴氏也。"林基中編《燕行録全集》第 70 册,韓國東國大學出版部,2001 年,第 246 頁。指出前代最著名的《燕行録》分别是金昌業、洪大容和朴趾源撰寫的。又如,朴趾源在《熱河日記》中有云:"我東先輩,若金稼齋、李一庵皆見識卓越。後人之所不及,尤在於善觀中原。"朴趾源撰,朱瑞平校點《熱河日記》,上海書店出版社,1997 年,第 324 頁。這些論述可證《老稼齋燕行日記》流傳很廣。
② 洪大容與清文士交往對朝鮮文士的巨大衝擊參見夫馬進著,伍躍譯《朝鮮燕行使與朝鮮通信使》,上海古籍出版社,2010 年,第 160—168 頁。
③ 參見張伯偉《漢文學史上的 1764 年》,此文最早發表於 2007 年 8 月的南京大學域外漢籍研究國際學術研討會,後被收入張伯偉編《風起雲揚——首屆南京大學域外漢籍研究國際學術研討會論文集》中,中華書局,2009 年,第 85—120 頁。

詩文之道的共同取向和高度契合。此外,十八世紀後期,朴趾源、李德懋、朴齊家、柳得恭等爲代表的"北學派"①文人也與衆多清文人進行了深入的學術、文學交往,其交流多有開創之功。朴趾源是當時較早與清舉人、朝廷文人大量結識並交流的朝鮮文人,也是第一個反省兩國文人交友之道的異域文人。李德懋是較早與清文人有著大量文學、學術交流的朝鮮文人,也是當時第一個較爲全面而客觀地向清文壇介紹朝鮮、日本詩學的異域文人。朴齊家的清友人數量在中朝文人交流史上爲最多,彼此間唱和詩歌數量也最多。其詩名在清朝廣爲流傳,與此交友特點密不可分。柳得恭也通過與清文士的頻繁交往使得其聲名在清朝很盛,光緒、民國時期,其著《二十一都懷古詩》、《灤陽錄》在中國刊行,顯示了他杰出的文學成就。要之,燕岩師門②與清文士的密切聯繫極大地影響到十九世紀以金正喜、洪敬謨、李尚迪、金永爵等人爲代表的朝鮮學者與清文士的交流內容和理念。

第三,十八世紀出現了兩國學術世家長期交往的新現象。

在十八世紀出現了兩國著名家族間在學術、文學等方面長期深入交往的現象。這在清前期,甚至在整個中朝文人交流史上極爲罕見。如十八世紀朝鮮安東金氏家族成員繼承了其祖清陰金尚憲與明朝文士相交好的傳統,後裔金昌業、金益謙、金善行、金在行、金履素、金履度、金祖淳等先後出使中國,分別與嚴誠、潘庭筠、翁樹培、伊秉綬、羅聘、辛從益、張道渥等二十餘位清文士進行了筆

---

① "北學"一詞,源自《孟子》"滕文公上"。孟子曰:"吾聞用夏變夷者,未聞變於夷者也。陳良,楚產也,悦周公、仲尼之道,北學於中國,北方之學者,未能或之先也。"朝鮮"北學派"是指十八世紀中後期,以朴趾源、李德懋、朴齊家、柳得恭等爲代表的一批文人所形成的一個學術團體。他們通過對中國社會的親身遊歷和考察,提出了向滿族統治下的中國文化學習的主張。其學説一直影響到十九世紀的丁若鏞、金正喜等人。
② 燕岩師門,朝鮮著名文人朴趾源號燕岩。李德懋、朴齊家、柳得恭均爲其後學門生。

談、詩歌唱和等。金氏家族成爲了明清時期最早與中國文壇發生緊密聯繫的朝鮮族群,由於其家族顯要地位與影響,家族成員與清文士的交往必然在朝鮮有較大反響,也必然會促進和加強兩國文士之間的聯繫。又如,豐山洪良浩家族與紀昀及其子孫在學術、文學上的交往更是中朝文人交流史上的佳話。十八世紀後期,洪良浩與紀昀建立了"傾蓋如故,同氣相求"的深厚學誼。其後,洪氏後裔洪羲俊、洪錫謨、洪敬謨等與紀昀之孫紀樹蕤、重孫紀瑛瑛等展開了將近半個世紀之久的深入學術交往,同樣由於雙方家族的顯要地位,其對當時和後來的兩國文人交流都産生了較大影響。

綜上,十八世紀中朝文人的交往由於其本身豐富性、獨特性以及在兩國文化交流衆多方面的開創之功,使得它在整個中朝學術交流史中尤顯突出,因此研究它有著重要的學術和歷史價値。概而言之,其意義如下:

(一)理論價値

其一,本書是第一次在域外文獻和中國文獻基礎上對十八世紀整個中朝文人交往現象作系統、深入研究的嘗試,可以填補中朝學術交流史研究中不可或缺的空白。目前研究成果就一些基本問題,諸如有多少文士參與了交流,其時間、地點、形式、內容等具體情況,都未有觸及,更談不上對整個交流現象作系統而深入的分析了。究其原因,主要是交流材料散落於韓國、日本、美國等國大量文獻中,不容易收集。如以朝鮮使行日記("朝天日記"、"燕行錄")爲例,林基中編《燕行錄全集》100冊,林基中、夫馬進編《燕行錄全集(日本所藏編)》3冊,成均館大學出版有《〈燕行錄選集〉補遺》上中下3冊,林基中編《燕行錄續集》50冊。林基中編《增補燕行錄叢刊》,收錄了566種不同版本的燕行錄。另外還有一些現代未出版的使行日記和詩牘集。十八世紀中朝文士間的詩牘集,如《同文神交》藏韓國國立中央圖書館,《中士寄洪大容手札帖》藏韓國崇實大學韓國基督教博物館,朱文藻編《日下題襟集》(嚴誠撰、朱文藻編

《鐵橋全集》第4、5册)藏韓國首爾大學中央圖書館等,《中朝學士書翰》藏韓國高麗大學中央圖書館,《薊南尺牘》藏韓國翰林大學博物館,佚名編《搢紳赤牘》藏韓國首爾大學奎章閣,《東華筆話集》爲私人藏本,藤塚鄰鈔校《燕杭詩牘》藏美國哈佛大學哈佛燕京圖書館等。收藏地分散,且諸多詩牘集爲孤本、善本,造成了收集工作的極大困難。筆者經過不懈努力,收藏此類詩牘集複本70餘種。此外,還有大量資料散落於兩國文人別集、清人使行日記、中朝歷史文獻以及相關資料彙編中。除去現代出版的"燕行錄",諸多交流材料都是未曾公諸於世的域外文獻資料。以上諸多因素造成了目前東亞學術界對十八世紀中朝文人交流進行系統、深入研究的闕失,一些研究還僅停留在對個別文人學術、文學交往現象的考察。材料不完整,研究方法陳舊,僅僅關注於朴齊家、柳得恭若干人與清人的文學來往等,導致了一些結論流於膚淺或偏頗。這種現狀對全面深入瞭解清時期的兩國學術交流史極爲不利。本書將在整個兩國文人交往的大視域下,多角度、多層面地分析隱藏在交流現象背後的原因、特徵、影響、意義等,以期通過這樣的嘗試,來更好地解釋當時和以後兩國間的文化關聯,爲補充和重新認識中朝學術交流史作出貢獻。

  其二,用新材料、新視野、新方法來對新問題進行學術嘗試,爲以後中朝文化交流史研究提供一個較新思路。本書將充分發掘域外漢籍、中國典籍中兩國文人學術和文學交往的新材料,以漢文化圈爲背景,深入探析十八世紀兩國文人交流内容、特徵等,總結其規律,從對文人的互動交流研究中,形成重新審視、詮釋兩國文化的新視角,從而爲深入探究兩國間的學術交流史提供可借鑒的新思路。應該説,域外漢籍中的交流資料彌足珍貴。它們既載錄著兩國文人的具體交往經過和交流内容等,還顯示出朝鮮文人以外來者、後學者的視角對中國學術、文學等的審視,透露著中朝文學同中有異的信息,傳達出他們的學術觀、文學觀等。這些材料雖可極大補充或印證中國典籍的記載，但是在近二十年的論文、論著或相關研究中，它們却沒有得到充分利用。筆者將充分發掘和收集這些資料，從一個完全嶄新的資料領域對文人交流作出考釋，並由此來研究和闡釋由交流現象所引發出的一系列學術新問題。

（二）應用價值

其一，現代的學術是開放的，中韓學者的來往也日趨頻繁。本書通過系列新材料所揭示出的中朝文人交流典範，對於現代中韓文人在文化方面的交往具有借鑒意義。

其二，本書中的一些研究成果，如附錄圖表：十八世紀"中朝文人筆談記錄一覽表"、"贈詩一覽表"、"唱酬詩一覽表"、"序跋一覽表"、"來往書信一覽表"、"十八世紀清朝使者出使朝鮮一覽表"、"十八世紀朝鮮燕行使團及燕行日記一覽表"、下編《十八世紀中朝文人交流長編》以及本書附錄部分對詩牘帖《同文神交》、《中朝學士書翰》的整理校正等，是建立在對大量域外漢籍充分掌握的基礎上，並結合對相關中國古代文獻的考察，所作的文獻收集、整理和考證工作。其研究目的在於"祇有重建文獻基礎，纔能最終達成對研究現狀的改善"①。同時，它們可以爲中朝文化交流、中朝關係、國際文化、中國近現代史、亞洲史等學術研究提供大量新材料、新綫索，促進其相關研究的深入，也爲域外漢籍這門新興學科在文獻整理方面的快速發展和深入研究起到推動作用。

其三，本書在較爲全面地掌握文獻資料的基礎上，對十八世紀中朝文人間的交流現象進行探究，力求以客觀、公允的研究，揭示出當時兩國文人交往的事實真相、內容、特徵等，以擯除目前中韓部分國民對歷史上彼此間文化聯繫方面的一些誤解或偏見。這在中韓兩國建交二十七周年之際，對進一步增進兩國人民相互瞭解，

---

① 張伯偉《今日東亞研究之問題、材料和方法》，《中國典籍與文化》2012年第1期，第25頁。

推動雙方真摯友誼的發展,有著重要的意義。

三、國內外研究的現狀和趨勢

清代中朝文人交流的研究,是一個較新的研究課題,也是日益受到東亞學術界關注的研究領域。但是由於尋找、全面掌握清朝時期兩國文人交往資料的困難,世界範圍内現在從事該項研究的學者在二十名左右,中韓各占其半。他們撰寫的論文多爲古代兩國文人來往的個案研究或某一時期文化互動影響的研究,全面、系統地對某一時期總體的文人交流現象作探索,仍是一片空白。

中朝文人交流研究的奠基之作是日本學者藤塚鄰撰,藤塚明直編《清朝文化東傳の研究——嘉慶・道光學壇と李朝の金阮堂》(日本國書刊行會,1975)①。藤塚鄰是金正喜研究專家,多年來,他一直潛心於收集金正喜作品以及他與清文士的來往文章、詩歌、尺牘、物品等原件,其中不乏幾十件國寶級文物。此書主要基於這些第一手的文獻資料、實物證據而寫成,論述了金正喜與清儒之間的學術、文化交往關係。全書共分三部分,第一部分爲總説,主要闡述了十八世紀朝鮮的代表學人洪大容、李德懋、朴齊家、柳得恭、李徽之、姜世晃與清儒間的學術交往關係。第二部分爲《燕行篇》,共有十一章,分别論述了金正喜出使中國時與清人曹江、徐松、翁方綱、阮元、朱鶴年、李林松、洪占詮、李鼎元、金嘉金勇兄弟、法式善等之間的學術、文學關聯。第三部分爲《歸東篇》,共十八章,重點探尋了金正喜歸國後與清儒翁方綱、翁樹崐、吴嵩梁、曹江、周達、

---

① 此書亦有兩種韓文譯本,一種是朴熙永譯本《추사 김정희 또 다른 얼굴》,서울:아카데미하우스,1994年。另一種是尹哲圭、李忠九、金奎璇譯本《秋史金正喜研究——清朝文化東傳의 研究》,韓國果川文化院,2009年。

陳用光陳蘭滋父子、葉志詵葉名琛葉名澧父子、李璋煜、鄧傳密、劉喜海、阮常生阮福兄弟、汪喜孫、張深、朱爲弼、吳鼒、徐有壬、張穆、張曜孫、趙振祚等人之間的交遊關係以及學術關聯。由此，藤塚鄰以十九世紀金正喜與清儒的交往爲切入點，眞切地反映出當時清代文化東傳的途徑、內容、特徵等，而此書也成爲了利用新材料解決新問題的典範之作。

近年來，隨著以燕行錄、來往尺牘帖等爲主體的中朝文人交往資料不斷被挖掘和揭示，韓國學者也開始注意清代兩國文人交流的個案研究，代表學者有許敬震、金榮鎭、朴現圭等教授以及他們培養的劉婧、郭美善、千金梅等博士，他們發表的論文有《晚清時期的朝中詩社——龍喜社小考》、《通過〈燕槎錄〉看鄭元容與清朝文士們的文化交流》、《洪大容家族編撰的〈燕杭詩牘〉》、《通過〈中朝學士書翰〉看金在行與杭州學士的交流》、《金永爵與韓中尺牘交流新資料〈中朝學士書翰錄〉》、《柳得恭〈並世集〉研究》、《金命喜與清朝文士的尺牘交流》（這些文章均是在韓國學術期刊上用韓語發表）等，這些論文厘清了一批十八、十九世紀朝鮮文人與清文人來往的綫索，探討了個體文人間學術、文學交流的內容、特點等，爲深入研究古代中朝學術、文學的交流奠定了堅實的基礎。從研究現狀來看，關於相互間的個體關係研究，仍是目前兩國文人交遊研究的主流。

雖然對清朝時期中朝文人交往的研究纔剛剛起步，相關的論著和論文不多。但是，關於古代中朝兩國文化、文學關聯的研究在上世紀九十年代就已在中韓兩國興起，各類優秀研究成果層出不窮。由於這些研究與本書有著較爲密切的關係，所以下文就中朝文化、文學交流的研究成果作調查和分析。

（一）中朝文化、文學關係研究的主要專著

較早出現的研究成果，有韋旭升的《中國文學在朝鮮》（花城出版社，1990），這是我國第一部全面研究中國古典文學在朝鮮傳播

與影響的學術專著,先後被譯成韓文、日文出版。全書共分四章,論述了四個基本問題:一、中國文學得以傳播並作用於朝鮮文學的基礎;二、朝鮮文學對中國文學的吸收和利用,這是全書的核心部分;三、中國文學作用於朝鮮文學的途徑和結果;四、中國文學在朝鮮的餘波和功過。

二十世紀九十年代,隨著韓國漢籍中關於文學交流的新材料不斷被發掘,我國在中朝文學的比較研究領域有了較大發展,代表著作有:(1)金柄珉《朝鮮中世紀北學派文學研究——兼論與清代文學之關係》(延邊大學出版社,1990),該書將北學派作爲一個獨立的文學流派,並對該流派的文學活動、文學觀念、創作意識、審美表現、與我國清代文學的關聯、在文學史上的性質與地位等問題,進行了細緻梳理和研究。(2)金柄珉、金寬雄合著的《朝鮮文學的發展與中國文學》(延邊大學出版社,1994),這部著作以時間先後爲序,系統地描述了中國文學從上古時期一直到近現代,在朝鮮文學發展進程中的影響與作用。(3)金寬雄《韓國古小説史稿》上卷(延邊大學出版社,1998),這是我國第一部系統梳理韓國古小説的發展及其與中國文學關係的論著。全書分兩部分,"通論"論述了韓國古小説中一系列基本的理論問題。"漢文小説史"部分先介紹了漢文小説概況,然後將韓國漢文小説劃分爲"孕育期"、"誕生期"、"發展期"、"成熟期"四期分別加以論述。(4)陳蒲清《古代中朝文學關係史略》(湖南人民出版社,1999),此書主要依據中國文獻,以神話傳説、漢文詩、朝鮮民族詩歌等文體爲綫索,對中朝文學關係作了梳理。在朝鮮神話傳説與中國文學的關係研究上,材料相對豐富。

2000年以來,中朝文學、文化關係研究的專著主要有:(1)李岩的《中韓文學關係史論》(社會科學文獻出版社,2003),全書共八章,前七章描述朝鮮時期以前中朝文學的關係,第八章論述朝鮮時期朝鮮小説與中國文化的關係。(2)有兩篇博士論文也涉及兩國文學關係的研究:徐東日《李德懋文學研究——兼與中國文學相比較》(延邊大學攻讀博士學位論文,2002),論文從思想體系、詩學觀、詩歌創作、文學特徵等四個方面論述李德懋文學的整體面貌;韓衛星《洪大容文學研究——兼與中國文化之關聯》(延邊大學攻讀博士學位論文,2006),論文從洪大容的思想體系、詩學理論、文學形象内涵、其文學與中國文學的雙向回饋四個方面論述了洪大容文學的整體面貌。這兩篇博士論文已經把朝鮮詩人置於漢文學大背景下研究,能夠較充分地利用韓國漢籍和中國典籍資料,研究視野有了開拓。(3)楊雨蕾《燕行與中朝文化關係》(上海辭書出版社,2011),該書以朝鮮使者的使行日記爲文獻基礎,探尋了明清時期中朝朝貢關係的發展、變化以及兩國文化交流的軌迹,並闡述出朝貢關係背後的文化因素。該書在韓國漢籍資料的運用上,較爲周詳。此外,(日本)夫馬進著,伍躍譯《朝鮮燕行使與朝鮮通信使》(上海古籍出版社,2010),杜月慧《明代文臣出使朝鮮與〈皇華集〉》(人民出版社,2010)等都是研究古代中朝文化聯繫的重要著作。

二十一世紀初,在中朝文學關係研究方面有重大突破的專著是張伯偉先生的《清代詩話東傳略論稿》(中華書局,2007)。該書秉承顧炎武先生"采銅於山"的學術原則,以整個漢文化圈爲研究方法,自朝鮮和日本的書目、史書、日記、文集、詩話、筆記、序跋、書信、印章和實物等原始文獻中鈎輯史料,全面展現了清代詩話東傳的數量、時間、途徑,並比較其傳入朝鮮、日本的反響和結果之異同。作者研究視野的闊大、切入點的獨特、方法的新穎、内容的深厚等,使得該書成爲兩國文學關係專題研究中的"里程碑式"力作。

(二)中朝文化、文學關係研究的單篇論文

二十世紀八十年代以來,有關中朝文學交流研究的漢文論文也陸續見諸報刊。其中,楊昭全的《中國古代文學對朝鮮文學的影響與交流》(《文學研究動態》1982.6)是中國學界對古代中朝文學關係進行研究的發端。總體看,關於兩國文學交流研究的論文主

要涉及兩方面內容：

1.中國文化、文學對古代朝鮮影響的研究，這方面的論文較多。

有涉及概觀性的研究，如楊昭全《明清時期中朝文學的交流》(《國外文學》1984.2)、尹虎彬《清代的中朝文學交流》(《中央民族學院學報》1986.3)、金柄珉《影響、接受與互補——十九世紀中朝詩人的文學交往》(《延邊大學學報》1994.2)等。

有作家影響研究，如吳紹氿、寧海《李白對高麗時期漢詩發展的影響》(《延邊大學學報》1994.2)、柳基榮《蘇軾與韓國詞文學的關係》(《復旦大學學報》1997.6)、金柄珉《北學派文學與清代詩人王士禎》(《文學評論》2002.4)等。

有文體影響研究，如許輝勛《試談明清小說對朝鮮小說的影響》(《延邊大學學報》1987.1)、李野《朝鮮傳奇文學接受中國傳奇文學影響的客觀效果》(《延邊大學學報》1991.4)、陳蒲清《論古朝鮮漢文詩與中國古典詩歌的相似性》(《湖南教育學院學報》1998.1)等。

有對傳統文論，特別是對古代詩論的關係研究，如張伯偉《朝鮮古代漢詩總說》(《文學評論》1996.2)、牛林杰《韓國古代的杜甫研究》(《山東師大學報》2000.6)、徐東日《朝鮮詩人李德懋的詩學觀：情感論》(《延邊大學學報》1995.3)等。

有對文化思潮的影響研究，如이현식《〈熱河日記〉的第一壯觀，清朝中華論與清朝文化的受容論》(《東方學志》Vol.144,2008)、허권수《燕岩的北京認識的局限》(《漢文學報》Vol.19,2008)①。

2.朝鮮文學在中國的流傳與影響情況的研究，如金柄珉《〈韓客巾衍集〉與清代文人李調元、潘庭筠的文學批評》(《外國文學》

---

① 原文題名：이현식《〈열하일기〉의〈제일장관〉, 청나라중화론과청나라문화수용론》(《東方學志》Vol.144,2008)、허권수《연암의북경에대한인식의한계》(《漢文學報》Vol.19,2008)等。

2001.6)、崔雄權、金一《韓國小説在中國的傳播與研究》(《東疆學刊》1999.4)、楊玉《朝鮮才女許蘭雪軒及其詩作在中國的流傳》(《烟臺大學學報》1999.2)等。

　　綜上,現代學界對古代中朝文化、文學聯繫研究的成果很多,涉及衆多方面的内容,僅就文體而言,就有詩歌、詞、小説、散文、詩話、小説理論等等。總體來看,雖然每種成果的研究切入點、視角、背景等都不盡相同,但是無論是宏觀性的研究,還是微觀性的探索,這些論著和文章都闡述出古代中朝兩國文化、文學的緊密關聯、相互影響等,甚至有些成果還揭示出某些文人來往的事實和特徵等。無疑,這些成果都爲中朝學術交流史、中朝文化交流史等的研究作出了貢獻,也爲兩國文人交流史的研究提供了一定的綫索。這裏所列舉的文例僅是大量研究成果中的冰山一角。隨著現代中韓兩國聯繫的日趨緊密和大量域外漢籍中的材料不斷被揭示,關於古代中朝文化、文學關聯的研究大有方興未艾之勢。這必然會對兩國文學、文化交流研究的深入發展起到良好的推動作用。

　　但需要指出:目前對中朝文化關聯的研究雖然有較多的成果,但仍有深入研究的空間。理由如下:首先,出於地域原因,中國學者很難全面收集、掌握兩國文人交流資料,上述專著、論文很少綜合運用韓國所藏文集、日記、詩話、史書、序跋等域外漢籍材料並結合中國典籍記載來進行研究,而是更多地運用某一類或某一種域外文獻資料展開研究。其次,到目前爲止,學者没有通過對中外典籍和歷史實物等的全面調查和分析而整理出古代中朝文化、文學或文人的交流編年,而這恰恰是交流研究的文獻基礎。最後,近年來,能够揭示古代中朝關係的新資料在不斷涌現,如新發現的燕行録、往復詩牘帖、在本國亡佚而流傳在對方國度中的古代書籍等,這就爲古代中朝文化交流研究的深入發展提供了更大的空間。

四、基本研究方法和研究目標

本書主要采用的基本研究方法有三種：
（一）以漢文化圈爲方法的研究

這是本書最爲主要的研究方法。將目前存留在中國和域外的漢字材料作爲一個整體，它"不僅是古典學研究的對象，不僅是一個學術增長點或學術新領域，在更重要的意義上説，這是一種新的思考模式和新的研究方法"①。其具體實施，就是"以漢籍文獻整體爲基礎，以漢文化圈爲視野，以綜合與比較爲手段，尋求其内在聯繫和内在結構"②。

本書首先立足於載録中朝文人交流資料的大量域外漢籍，有書目、史書、日記、文集、詩話、筆記、序跋、書信等，其中還包括筆者發掘的未曾公諸於世的朝鮮文人使行日記（燕行録）、文集、詩牘帖等③。其次，重視中國典籍中關於文人交往情況的記載。與域外漢籍相比，中國典籍中雖然記録中朝文人交流的資料較少，但它是對域外漢籍載録兩國文人交往史料的有力補充，有時也能對域外漢籍中的記載起到重要的印證作用。因此，既重視相關的域外文獻，也不忽略中國傳統典籍，最大範圍地收集和整理十八世紀兩國文人來往資料，是本書研究的一個基本文獻原則。最後，在充分研讀這些材料的基礎上，對交流中的新現象、新問題、新特徵等展開分析和研究。隨著大量清代時期雙方文人交往材料的發掘，必然會出現一系列需

---

① 張伯偉《作爲方法的漢文化圈》，第 7 頁。
② 同上，第 8—9 頁。
③ 筆者發掘的新資料參見本書下編《十八世紀中朝文人交流長編》文前的説明部分。

要研究的新問題。而擺在眼前亟待解决的首要任務，是建構起兩國文人交流的整體文獻。由此，纔能够重新審視清代的中朝文化聯繫。它是一個新問題，也是一個基礎。然後，在更高的層面對學術交流現象所反映出的新問題進行研討，纔能最終達成對研究現狀的改善。這一點是重要的，也是必須的。陳寅恪先生在《陳垣〈敦煌劫餘録〉序》一文中指出："一時代之學術，必有其新材料與新問題。取用此材料，以研求問題，則爲此時代學術之新潮流。治學之士，得預於此潮流者，謂之預流（借用佛教初果之名）。其未得預者，謂之未入流。此古今學術史之通義，非彼閉門造車之徒，所能同喻者也。"[①]於此，陳先生在如何形成時代學術新潮流方面指出了用新材料研究新問題的重要性。張伯偉先生從"實證性"和"綜合性"關係的角度，也明確指出："這兩條相輔相成的原則，離開了實證的綜合是空洞的，達不到綜合的實證是平庸的。"[②]因而，本書爲了使目前清代中朝文人交流研究的現狀有所改善，力求在確定十八世紀兩國文人基本交往情況的基礎上，去發現交流事實之間、之外或背後的因果和聯繫，其目的也是爲了防止研究在迷戀新材料中流於平庸。

（二）比較研究方法的切實運用

十八世紀朝鮮文人與清文人交流密切，中朝文人的交往呈現出與以前不一樣的特點，且在此時期的不同階段，每一個具體的交往個例也不盡相同。通過相類事例的比較，各種交流事件的性質、特徵等纔能比較清晰地展示出來，故採用比較法進行研究十分必要。陳寅恪先生在《與劉叔雅論國文試題書》中論及語言學，有云："故欲詳知確證一種語言之特殊現相及其性質如何，非綜合分析，互相比較，以研究之，不能爲功。而所與互相比較者，又必須屬於

---

① 陳寅恪《陳垣〈敦煌劫餘録〉序》，陳寅恪《陳寅恪集·金明館叢稿二編》，生活·讀書·新知三聯書店，2001年，第266頁。
② 張伯偉《今日東亞研究之問題、材料和方法》，《中國典籍與文化》2012年第1期，第26頁。

同系中大同而小異之語言。蓋不如此,則不獨不能確定,且常錯認其特性之所在,而成一非驢非馬,穿鑿附會之混沌怪物。"①以語言的比較研究推之於本書的比較研究,其道理也是相同的。

(三)點面結合的研究方法

在研究中既有對十八世紀中朝文人交往情況的整體關注,又有對典型個體文人交流現象的分析闡述。對整體文化來往的研究結論是以當時兩國間個體文人交遊爲背景,而對典型的個體交往現象進行研究後得出的結論,又有力地補充和論證了總體交流現象的規律。在研究中,力求將兩部分的内容有機地統一在一起,從而對十八世紀兩國文人在學術和文學等方面的聯繫作出更爲客觀的闡釋。

本書研究目標主要有以下三點:

(一)對十八世紀中朝文人交流新材料進行全面收集和整理。

以整個漢文化圈爲背景,利用各種機會積極調查和收集,較爲全面地掌握十八世紀和其他時代中朝文人交往的各種資料。從發生的時間、地點、形式、事件、内容等方面,對該世紀所有的彼此間的文化交往作出具體細緻的描繪,完成《十八世紀中朝文人交流長編》。

(二)對十八世紀中朝文人交流情況進行理論分析和總結。

在對現存文獻做充分整理、歸類、統計等的基礎上,采用科學的研究方法,力求客觀、公允地對十八世紀中朝文人交往現象作出分析和評判,以還原當時兩國文人在學術、文學等方面進行交流的歷史真實,總結其特徵、規律,揭示歷史意義、價值等。

(三)能够爲中朝學術交流史的研究提供新材料、新啓示。

筆者期望本書的研究成果能够成爲中朝學術交流史、中朝文學交流史、漢文學史、中朝外交史等研究的重要參考資料,並爲其他相關研究提供新材料和新綫索。

---

① 陳寅恪《與劉叔雅論國文試題書》,陳寅恪《陳寅恪集·金明館叢稿二編》,第251頁。

第一章　十八世紀中朝文人交遊概況

第一節　中朝文人交遊的時代背景和原因

一、時代背景

十八世紀清朝和朝鮮社會太平,文運隆盛。當時,中國正處於康熙、雍正、乾隆朝,這是清代歷史上文化最爲繁榮的階段。而同時期的朝鮮,先後歷經肅宗、景宗、英祖和正祖當政期,社會思潮、文學觀念、文學風氣發生了重大變化,學術、文學等的成就達到了鼎盛。

(一)十八世紀的清朝

十八世紀的清朝正值康乾盛世(1684—1799)。政治軍事方面,經過數十次征戰,清朝先後平定了蒙古各部、回疆、西藏等,空前地擴大了領土版圖,實現了大一統局面及邊疆地區的長治久安[1];經濟上,工商業得到快速發展,財政收入增加,人民安居樂業,

---

[1] 關於清朝領土的擴大以及對少數民族的政策,可參見周谷城《中國通史》第八章《滿洲族之樹立大清帝國》第四節《大清帝國的擴大與鞏固策》,上海人民出版社,1957年,第283—287頁。

到1741年(辛酉,乾隆六年),全國人口總數約爲1.43億。錢穆先生在《國史大綱》中亦指出:清朝時"惟以國富論,仍以乾隆爲最盛"①。朴趾源在十八世紀八十年代看到清朝一派太平景象後感慨道:"大約此關千古戰伐之場,天下一搖,則白骨如山,真所謂虎北口也。今升平百餘年,四境無金革戰鬥之聲,桑麻菀然,雞狗四達。休養生息乃能如是,漢、唐以來,所未嘗有也。"②此外像朝鮮"燕行錄"中對北京、瀋陽、通州等城市富庶、繁榮的描繪文字也比比皆是。總的來看,康乾之時,清朝全境呈現出一派太平繁榮的局面。

在文化學術方面,康熙、乾隆都非常重視學問和人材。當時的清王朝文化大行,編纂空前,成績輝煌。康熙皇帝組織編輯與出版了《康熙字典》、《古今圖書集成》、《佩文韻府》、《清文鑒》、《曆象考成》、《數理精蘊》、《康熙永年曆法》、《康熙皇輿全覽圖》等圖書、曆法和地圖。特別值得指出的是《四庫全書》的編纂。乾隆皇帝下令在全國範圍內徵集圖書,以著名文人紀昀爲總裁,組織了包括戴震、姚鼐和王念孫等人在內的360餘人,歷時9年,編纂了我國歷史上最大的叢書《四庫全書》。整套書收錄了從先秦到清乾隆前大部分的重要古籍(一部分被列爲禁書),涵蓋了古代中國幾乎所有學術領域。收入《四庫全書》中的書有3461種,79309卷,收入《四庫全書》存目中的書有6793種,93551卷。此外乾隆皇帝下令編輯的圖書還有《續通典》、《續通志》和《續文獻通考》等。正是在這種文化學術盛行的大背景下,十八世紀涌現出一批鴻學巨儒,如紀昀、翁方綱、戴震、姚鼐、阮元、李調元、李鼎元等等,他們中的一大批人都曾與出使中國的朝鮮使者有過交往。

乾嘉時期,中國漢學達到了鼎盛。清朝初年,思想界發生了一次大動蕩。明末清初黃宗羲、顧炎武、王夫之等大儒開始擺脫朱子

---

① 錢穆《國史大綱》,商務印書館,1996年,第865頁。
② 朴趾源著,朱瑞平校點《熱河日記》,上海書店出版社,1997年,第153頁。

學説的桎梏,不僅對空談心性的王陽明心學進行清算,而且將批判鋒芒指向了注重於理氣心性抽象議論的宋學。到了乾隆、嘉慶兩朝,更是出現了以考據爲治學主要内容、標榜實事求是的乾嘉學派。其在學壇影響巨大,柳詒徵指出:"乾、嘉之際,漢學之幟遂風靡一時,講求修身行己治國成人者之風,遠不如研究音韻、文字、校勘、金石、目録之學者之盛。"①總的來看,乾嘉學派在辨别古書真僞、整理古典文獻等方面對中國學術作出了巨大貢獻,且對當時和後世學術産生了較大影響。因而,它自然吸引了朝鮮使行文人關注的目光,像當時朝鮮文人朴齊家、柳得恭等就與乾嘉學派的代表人物,如錢大昕、錢東壁、阮元等,在十八與十九世紀之交建立了學誼關係。

(二)十八世紀的朝鮮

政治方面,經過肅宗朝的休養生息,英祖、正祖王朝(1724—1800)時期,政治清明,民尚健實。國家出現了前所未有的穩定,人民生活安康超越了前代,當時人口數量的大量增加,是其重要的標志。如《大東紀年》卷五"英祖朝"載:"戊子四十四年春正月,漢城府進戊子式年户口之數,京五部及八道,户一百六十七萬九千八百六十五,口七百萬六千二百四十八。大抵比孝宗八年丁酉版籍,户加一百二萬零,口加四百八十萬零。休養生聚於斯爲盛云。"②

思想方面,十八世紀的朝鮮崇尚儒學。肅宗當政期間就强調儒學而排斥佛、老思想。這可以從當時科舉考試重視儒學的舉措中得到證明,如《肅宗實録》卷四八載云:

(三十六年五月二十一日)諫院論:"科場文字不使用老、莊異端等説,明有禁令,而今番二所入格舉子試券中,多有佛

---

① 柳詒徵編著《中國文化史》下册,東方出版中心,1988年,第742頁。
② 尹起晉《大東紀年》卷五"英祖朝",光緒三十一年上海美華書館鉛版,韓國國立中央圖書館藏。

語,至有極樂世界、八百羅漢等語,而一所入格舉子試券中,有以《西浦稗說》爲頭説云。西浦,即近來宰臣之號,而稗説,即漫筆小説之類也,如許格外淆雜之文,若不痛加禁斷,則無以嚴科場而杜後弊。請令該曹,收聚文科一、二所入格試券,相考拔去,當該試官,並命從重推考。"上從之。拔去事,令該曹稟處。是後,禮曹覆奏,入格人崔道文、陸鴻運等,並拔去。①

此後,英祖、正祖二君也都致力於明正學、崇經術、獎掖賢才,學術和文學在兩朝約八十年間達到了成熟。二君本身知識淵博,文章灝噩,其下令編纂或創作的詩文或學術著作流傳於後世者甚多。例如英祖撰寫經書序文,下令編纂《東國文獻備考》(一百卷)②。正祖著有《弘齋全書》(一百八十四卷)、《八家手圈》及《大典通編》等,此盛況與清朝康熙、乾隆時期的文治相仿佛。洪良浩贊正祖云:"惟我聖上萬機之暇,留心墳典,發揮制作,無復餘藴。凡於當世之曲藝一能,靡不搜剔揚拂,各奏其用,而又興思於二百年之前,表章其湮没,剞劂而傳世。譬如大匀運化,陶成萬品,無微不遂,無幽不達,猗歟盛矣。"③洪氏言語中雖不無諛頌之嫌,但在一定程度上也反映出正祖對學術的重視。

當時朝鮮重視學術的另外一個重要表現是:1776年(丙申),正祖下令"建奎章閣於昌德宮禁苑之北,置提學、直提學、直閣、待教等官"④。奎章閣的建立,目的在於網羅人材,挽衰頹之文風。朴趾

---

① 《肅宗實錄》卷四八"三十六年五月二十一日"條,韓國首爾大學奎章閣藏本。
② 《正祖行狀》載:"四十六年庚寅春正月,設編輯廳,纂《文獻備考》。國朝典章,有金櫃石室,藏之名山,外此無徵。凡祖宗禮樂文物,老師宿儒莫或知其沿革,六官庶職皆憑胥史傳説,轉輾訛謬,漸失其舊。於是王令纂是書,篇目一惟馬端臨之《文獻通考》而稍加鸒括。自是國有事據考多賴是書。"《正祖實錄・附錄》,韓國首爾大學奎章閣藏本。
③ 洪良浩《〈五山集〉跋》,洪良浩《耳溪集》卷一六,《韓國文集叢刊》第241册,第276頁。
④ 《正祖實錄》卷二"正祖即位年九月二十五日"條。

源記云:"時上念文風之寢衰,人才之沉淪,思所以振作而拔擢之。仿英陵故事,建奎章閣,置閣僚。又移置校書館於丹鳳門外,爲奎章外閣。詢於閣臣,以布素中有文識者充。"①因此,十八世紀的朝鮮學壇正是在英、正二君的積極引領下,衆多文士講磨競進,望風爭驅,出現了學術一新彬彬之盛的景象。洪良浩《〈風謠續選〉序》對此描繪道:"暨我朝大闡文治,一洗前代之陋,名儒才士彬彬焉,揚聲振彩,可以並驅中原,故委巷繩樞之中,從事翰墨,謳吟山水,以鳴太平之盛者,亦蔚然而興。譬如震雷發聲,百蟄齊振,陽春布澤,萬卉爭榮。雖有高下之殊響,濃淡之異色,其得天機一也。秦筝、趙瑟可以辨方俗,瓦缶、土鼓足以備廣樂,君子於是乎觀焉。"②顯然,英祖、正祖對人材以及學術的重視,有利於文人參與到政治建設中來,如申維翰、洪良浩、李鳳煥、蔡濟恭、李德懋、柳得恭、朴齊家等都成爲了當時的重要文臣,而朝鮮使團三使(正使、副使、書狀官)則往往從這些文臣中選拔。這樣的情形在客觀上促進了當時文人大量地投身於燕行使團,爲兩國文人的結識和交流提供了前提條件。

學術思潮方面,十七世紀末,實學思潮開始在朝鮮流傳。至十八世紀前半期,著名思想家李瀷的"經世致用說"得到了許多有識之士的認同,他們終於找到了調整與清人關係的依據——捨虛務實、經世致用。十八世紀中後期,實學得到了進一步的深化和拓展,以朴趾源爲代表的"北學派",既批判空談"大義名分"的朝鮮兩班士大夫,又視清朝廷是夷狄,但他們主張"利用厚生",向清朝乃至西方學習先進的科學技術,以富國強兵。在這種背景下,朝鮮有識之士爭先恐後地加入到赴中國的使團中,以便去中原壯遊或結交清朝的高士,這種現象在乾隆朝中後期達到了最高潮。

---

① 朴趾源《炯庵行狀》,朴趾源《燕岩集》卷三,《韓國文集叢刊》第252册,第68頁。
② 洪良浩《耳溪集》卷一〇,《韓國文集叢刊》241册,第183頁。

綜上所述，十八世紀的清朝和朝鮮都呈現出政治穩定、經濟繁榮、文化大行、學術輝煌、民頌熙皞的盛世景象，這爲兩國文士的大量交流提供了有利的時代條件。

二、十八世紀中朝文人交遊的原因

十八世紀中朝文士交流的人次相當之多。據現存文獻，兩國文人間的交往數量，筆者考證統計在 638 次以上①。交流形式的多樣性、內容的豐富性使得他們的交遊呈現出一種複雜的狀態，而厘清他們之間願意接觸並展開交流的基本原因，對於理解中朝文人的交往行爲、方式和內容，考察中朝文人間的各種關係等有著重要的意義。

（一）中朝文人交遊的客觀基礎

兩國文人的交遊既有客觀上的存在條件，也有主觀上的相見欲望。十八世紀中朝文人交往存在的客觀基礎是兩國間的使者往來，特別是朝鮮方面，由於它長期作爲清朝的進貢國而存在，因此每年都有定期、不定期的赴中國使行，如《通文館志》卷三《赴京使行》載：

> 國初歲，遣朝京之使，有冬至、正朝、聖節、千秋四行，謝恩、奏請、進賀、陳慰、進香等使，則隨事差送。使或二員、一員而不限品，從事官或多或少而無定額，故《經國大典》祇書使、副使、書狀官、從事官、從人之品馬乘駄而未言該數。中間有上通事，又有堂上通事，仍居從事官之上，而從事官則自教誨以下，各有名目外，有醫員、寫字官、畫員共四十餘員。自崇德以來，無千秋使而有歲幣使。至順治乙酉，因敕諭乃並三節及歲幣爲一行，而必備使、副使、書狀官三員，名之曰冬至使，歲一遣之。其他有事之使並如舊，而使皆有品。堂上以下皆有

---

① 據本書下編《十八世紀中朝文人交流長編》統計，柳得恭、朴齊家在 1801 年（辛酉）與清人的交流數量不統計在內。

第一章 十八世紀中朝文人交遊概況　　　　　　　　　　　　29

定額,然其報單則勿論。節行、別行計開使二員、書狀官一員、大通官三員、押物官二十四員,共正官三十員,冠帶朝謁。①

由此可見,從朝鮮王朝立國,每年至少有定期來華的使團一次(在崇德之前定期有四次),而以某一名目出使中國的使員數量,就正官而言至少有三十員(在崇德之前,從事官有四十餘員)。因而,一大批學者、文人就能以三使(正使、副使、書狀官)或使團隨員的身份來到中國。他們在出使途中或停留北京、瀋陽、熱河等地期間,就有機會與清朝文士接觸並展開交流。據《使行錄》(《燕行錄全集》第 27 冊)統計,整個十八世紀朝鮮派往清朝的使團就多達 259 次②。據《清實錄》、《朝鮮王朝實錄》統計,清朝派往朝鮮的使團有 48 次③。可以說,兩國不斷地互派使團出行爲彼此交流創造了前提條件。

(二)朝鮮文人結交清文人的原因

十八世紀一大批朝鮮使團的文人懷抱著與中國文士交流的願望,因而他們在出使途中或在停留北京、瀋陽、熱河等地期間,往往主動地去覓訪清朝文士。據史料,朝鮮人接觸中國文人的主觀願望,緣於以下四點:

其一,希望見到對明朝懷有深厚感情的士人,即所謂的"燕趙悲歌之士",這是十八世紀初期前往北京的朝鮮文士身上所顯示出來的一種比較典型的心態特徵,如李頤命《送申聖與(晢)赴燕序》載云:

今聖與入燕,以汾厓公悁我癙嘆之思,陰求萬曆諸人之後,出示文貞所唱酬者,以觀其色之如何。余嘗往來燕趙,蓋

---

① 朝鮮史編修會編《通文館志》卷三,民昌文化社,1991 年,第 23 頁。
② 參見本書附錄表 11:十八世紀朝鮮燕行使團及燕行日記一覽表,除去李邦翼意外飄海至中國外,十八世紀,朝鮮派遣至清朝的使團次數共計 259 次。
③ 參見本書附錄表 10:十八世紀清朝使者出使朝鮮一覽表。

未見悲歌之士。聖與默察之,或有謳吟彈鋏之倫抑鬱而愈不平者,文貞之時,庶可復見矣。①

李頤命建議申聖與在出使中國時,去暗地尋訪明代反清志士的後嗣,認爲他們定然不服滿族的統治而懷有抑鬱不平之心。這些人士或可得見,便可與之唱酬來往。當時更多的朝鮮文人則用詩句表達出這一意願,如崔昌大《遥贈姜書狀(履相)之燕》云:"君行試訪幽燕市,倘有悲歌擊筑人。"②任埅《贈別沈侍郎汝器(枰)赴燕》云:"憑君爲訪燕南市,尚有悲歌擊筑不?"③這些詩句無不鮮明地顯現出十八世紀早期朝鮮文人想與悲歌之士相會的期待心理。甚至到了十八世紀末期,有些文人仍懷有這種心理,如洪羲俊《高陽路中,次杜》有云:"津槎雖未問,燕筑可相尋。"《送具生成叔隨使赴燕》有云:"燕南餘俠窟,肝膽結弟兄。生死立談間,義重身還輕。屠門日擊筑,長歌引大觥。子亦慷慨士,許心一盞傾。"④

這種期盼與燕趙悲歌之士相會的心願,緣於朝鮮文人對明朝懷有深厚的感情,而聯繫此情感的紐帶,一是傳統儒家文化的同源性,二是在歷史上,他們一般對明朝奉行"事大"的政策。再加上"壬辰倭亂",明朝對朝鮮有再造之恩,因而清朝的入主中原,時刻會激起他們對明朝滅亡的哀惜。他們普遍視滿族爲外夷,不承認清朝的地位,希望恢復漢人的統治。十八世紀早期朝鮮文人所懷有這種情感的普遍性,可以通過他們的詩句得到驗證,如趙泰采云:"左袵驚殊俗,同文憶大明。天心猶未厭,那復見河清?"⑤李健

---

① 李頤命《疏齋集》卷一〇,《韓國文集叢刊》第 172 册,第 252 頁。
② 崔昌大《昆侖集》卷三,《韓國文集叢刊》第 183 册,第 61 頁。
③ 任埅《水村集》卷四,《韓國文集叢刊》第 149 册,第 90 頁。
④ 洪羲俊《傳舊》卷二,韓國首爾大學奎章閣藏本。
⑤ 趙泰采《連山關》,趙泰采《二憂堂集》卷一,《韓國文集叢刊》第 176 册,第 9 頁。

命云:"天意祇今難可度,幾時中國賦河清?"①趙錫命云:"堪嘆百年文物地,如何復作酪羶場?"②等等。這些詩句志懷激蕩,或懷念前明,或厭惡滿族,或期待恢復,無不體現出朝鮮文士對以漢文化爲主體的中華傳統文明的尊奉與眷戀之情。

其二,意欲結交才士,以實現賢者嘉會,傾心暢談的宿願,這是朝鮮文士接觸中國文人並與之交流的另一重要目的。如洪大容與浙杭三士(嚴誠、潘庭筠和陸飛)結識並神交的事例就是一個典型。洪大容在《與鐵橋、秋庫》書中云:

> 嘗竊以爲得會心人説會心事,固是人生之至樂,是以,嬴糧策馬足迹殆遍於國中。其好之非不切也;求之非不勤也。每不免薄言往愬,逢彼之怒,惟憤悱之極,乃欲求之於疆域之外,此其計亦迂矣。幸其精神之極,天亦可回,所謂伊人,宛如清揚。蓋弟則已傾心輸腸,願爲之死矣。其數日從遊,亦可謂身登龍門,指染禁臠,其榮且幸也極矣。③

洪大容稱自己爲了求得"會心人説會心事",足迹曾遍及國內,但始終未遇到會心者,故而萌生了在疆域之外求覓知己的想法。這種意願是强烈的,在與嚴、潘二公筆談時,他也曾直接表述過這一願望,有云:

> 鄙等初無官差。此來無他意,祇願見天下奇士,一討襟抱。歸期已迫,將未免虛來虛歸。忽得兩位,一面如舊,幸愜

---

① 李健命《留瀋城》,李健命《寒圃齋集》卷一,《韓國文集叢刊》第 177 册,第 346 頁。
② 趙錫命《通州》,趙錫命《墨沼燕行詩》,林基中編《燕行録續集》第 114 册,尚書院,2008 年,第 449 頁。
③ 洪大容《與鐵橋、秋庫》(大容頓首白:夜來僉兄起居神相……),朱文藻編《日下題襟集·洪高士》,嚴誠撰,朱文藻編《鐵橋全集》第 5 册,韓國首爾大學中央圖書館藏。

大願,真有志者事竟成也。祇恨疆域有限,後會無期,顧此愛慕之誠,何日忘之?①

在給嚴誠、潘庭筠的信中也有此意願的表達,其云:

> 容,東夷鄙人也。不才無學,爲世棄物,僻處海隅,見聞蒙陋。祇以所讀者,中國之書,所仰而終身者,中國之聖人也。是以願一致身中國,友中國之人而論中國之事。乃局於疆域,無路自通,幸因叔父奉使之行,遠離庭闈,不辭數千里之役者,實是宿願之有在,而山川城郭耳目之快,固其餘事也。但入京以後,行止不得自由,且無引進,尋謁無處,每徊徨於街市屠肆之間,想望於悲歌慷慨之迹,而竊自傷其不幸而生之後也。忽乃事有湊合,其人斯在,邂逅相遇,適我願兮,從此而雖一朝溘然,亦不可謂虛度此生也。②

洪大容與"浙杭三士"交遊時,在筆談和信札中多次表達其強烈的出使中國的心願,表露其意欲結交才學之士的心迹。於此,他出使中國的目的非常清楚地彰顯在讀者面前。期待與域外賢士的結交,使得他自願地加入使團隊伍,千里跋涉來到北京,在與嚴誠、潘庭筠等初次識面後,又六次主動前往二人寓所,"以筆代舌,並以道義成君子交"③。

除洪大容外,渴求結識清朝高士的朝鮮文士還有很多。這在十八世紀"燕行錄"中,可以發現諸多實例,如:1713年(癸巳),金昌

---

① 洪大容《湛軒書·外集》卷二《乾净衕筆談》,《韓國文集叢刊》第248册,第132頁。
② 洪大容與嚴誠、潘庭筠書(夜來僉寓况萬相……),洪大容《湛軒書·外集》卷二《乾净衕筆談》,《韓國文集叢刊》第248册,第133頁。
③ 洪大容《湛軒書·外集》卷二《乾净衕筆談》,《韓國文集叢刊》第248册,第153頁。

業向王眉祝詢問:"此城內亦有飽學秀才否?"①1747年(丁卯),尹汲《燕行日記》載一譯官向清秀才張昕打聽:"即今以學問名世者,誰也?""文章家爲誰?"②1791年(辛亥),金正中《燕行録》云:"抵豐潤縣,……此縣素多名士,而行鞭甚忙,未得過訪,可恨。"③等等。由此可見十八世紀朝鮮文士意欲結交清才學之士的普遍性。

除了直接打聽清賢者在何處外,朝鮮文士想要與中國才士結交的强烈願望,也通過以下的行爲和反應顯露出來。

1.他們通過静心觀察、言語酬酢等來試探清朝文人的學識,以便進行更深入的交流。如李田秀《農隱入瀋記》載:

> 余亦問其年,書曰:"虚度五十七歲。"余書徐乾學姓名,問:"是何人?"書其下曰:"健庵。"書問朱竹垞,書曰:"彝尊。"書問顧寧人,書曰:"炎武,學問最博。"蓋前此所見諸人皆是村學究,如弇山之名字,多不能識,故張君亦不免吾輩之嘗試也。④

李田秀自言其一系列的發問,就是出於試探被接觸者學識的目的,而此舉動也清楚地説明了他希望見到的是清朝博學之人,而非普通"村學究"。朝鮮使者這種以考探才識功力爲目的的言談,在燕行日記中還有諸多實例:如閔鎮遠《燕行録》有載:

---

① 金昌業《老稼齋燕行日記》卷五,《燕行録全集》第33册,第327—328頁。
② 尹汲《燕行日記》,林基中、夫馬進編《燕行録全集(日本所藏編)》第1册,東國大學韓國文學研究所,2001年,第232頁。
③ 金正中《燕行録》,《燕行録全集》第75册,第114頁。
④ 李田秀《農隱入瀋記》,《燕行録全集》第30册,第199—200頁。按,《農隱入瀋記》的作者,林基中先生定爲李宜藩,誤。作者應爲李田秀,考證詳見左江《〈燕行録全集〉考訂》第19條,張伯偉編《風起雲揚——首屆南京大學域外漢籍研究國際學術研討會論文集》,第233—234頁。此文最初發表於2007年8月17—20日的南京大學域外漢籍研究所主辦的域外漢籍研究國際學術研討會。

有一姓明少年自稱秀才,能通經書云,故余出行橐中《詩傳》一冊,使讀之,則讀一章,又令讀注,則不肯。①

又如姜浩溥《桑蓬錄》卷五載其入豐潤縣,宿秀才谷可成家。他通過試探性的交談,發現谷氏三兄弟不像内行純篤之士,因此,姜浩溥與谷氏三兄弟客套應酬後就再没有更爲深層次的交流。其感慨有云:"谷孱孫不肖,全無學識,儘墜先美也。"②

2. 朝鮮文士與清文士接觸以後所表現出的兩種截然相反的心情,也能驗證他們覓求中國才士意願的摯烈。當與有識之士相遇時,他們是相當欣喜的,如李田秀和仲兄李晚秀與張又齡第二次筆談後,有云:

> 此日所與討論者,不過膜外説話,不足盡其所有,而即其數轉語也,覺透露面目,顯有暮年窮廬,俯仰感慨之意。古今書籍,亦可知涉獵頗廣,誰謂瀋中無人士也?③

一語"誰謂瀋中無人士也"鮮明地展現出李氏兄弟得遇清才華之士的歡悦之情。當遇不到飽學之人時,朝鮮文人則是十分悵然和傷感。如姜浩溥《桑蓬錄》卷五載云:

> 豐潤,即畿内名邑,自古稱儒鄉,多光顯者,今則貿貿。名能文者,不能通大義,或有讀書者,而皆商賈樣子云。前日文明之俗掃地盡矣。夫鄒魯弦誦之邑、河洛讀書之鄉,今雖未足躡其

---

① 閔鎮遠《燕行録》,《燕行録全集》第 36 册,第 207 頁。筆者按,《燕行録全集》第 36 册所收趙榮福《燕行録》(第 139—442 頁),作者趙榮福誤,當爲閔鎮遠。考證參見左江《〈燕行録全集〉考訂》第 21 條,張伯偉編《風起雲揚——首届南京大學域外漢籍研究國際學術研討會論文集》,第 236 頁。
② 姜浩溥《桑蓬錄》卷五,《〈燕行録選集〉補遺》上册,東亞細亞學術院、大東文化研究院,2008 年,第 562 頁。
③ 李田秀《農隱入瀋記》,《燕行録全集》第 30 册,第 221 頁。

第一章　十八世紀中朝文人交遊概況

地,而以茲推想,三隅可及。嗟乎！風與教移,豈人之罪也?①
一句"嗟乎！風與教移,豈人之罪也",其找尋不到才華之士的感慨躍然紙上。

3.朝鮮文士在得知對方是高明之士時,想要與其傾心相交的心迹便會直接流露出來。如李商鳳《北轅録》卷四載:

> 余曰:"今日之來,窗明几静,四顧無人,欲與知心人無言不到,豈有一毫疑阻乎?"②

又如姜浩溥《桑蓬録》卷四載云:

> 余曰:"此會豈可再得？今日吾忘僉尊之爲異域人,僉尊亦爛漫傾心,勿便以疏外待之,如何?"白曰:"諾。"程曰:"兄之此言已有拘於形迹也,弟等豈不吐情曲而盡露之耶？但恐兄之不若我心也。"余曰:"尊毋隱於我,我亦毋隱於尊也。"③

此二則材料所載"欲與知心人無言不到"、"尊毋隱於我,我亦毋隱於尊也"的自我表白,正體現了朝鮮文士不願以淺談輒止而辜負才士佳會的心願。可見,他們期待與才士見面,更渴望與之傾心交流。

4.朝鮮文人與清才士會晤後,往往有别後以書信來往的願望。事實上,現存的十八世紀中朝文人來往信件的數量相當之多,據筆者收集整理,其存世數量在343封以上④。這也是朝鮮文士樂意與中國才士交往的重要表現。如金昌業在角山一寺廟中遇到青年才俊程洪,與之交談後,非常贊賞其人,有云:"少年眉目清俊,舉止閑雅,言語不苟,文字亦精,前後所見秀才,無如此人也。"⑤因此,也就

---

① 姜浩溥《桑蓬録》卷五,《〈燕行録選集〉補遺》上册,第563頁。
② 李商鳳《北轅録》卷四,《〈燕行録選集〉補遺》上册,第877頁。
③ 姜浩溥《桑蓬録》卷四,《〈燕行録選集〉補遺》上册,第544頁。
④ 參見本書上編第一章第四節《中朝文人交流的形式》"中朝文人的書信往來"。
⑤ 金昌業《老稼齋燕行日記》卷五,《燕行録全集》第33册,第315頁。

有了別後與之繼續交往的想法,於是其云:"鄙邦每年有進貢使,自此通書信,如何？果有此意,君所住坊名,請詳細書示,以便相訪。若僕,則我國使臣以下無不知者矣。"①而程洪並沒有立即答復金昌業。過了一些時候,金昌業按捺不住,又進一步追問:"所住,何不明示？"程洪書曰:"北門內城隍廟衙衙立扁者便是。"②於此可見金昌業迫切想與其建立長期聯繫的願望。

通過以上考察,可以得出結論:十八世紀出使中國的朝鮮文人往往懷有一見清賢能之士而與之暢敘的誠摯願望。

其三,十八世紀,一批出使中國的朝鮮文人特別期待同清才士交往,其主要目的在於:一方面固然可以通過交流瞭解清朝,另一方面也可以通過筆談、唱和、求序和贈書等形式來傳播本國文化,展示學術觀點等,從而最終實現顯揚自己聲名的意圖。

在該世紀的詩歌作品中,可以發現朝鮮人希望本國詩文在中土流傳的真誠期待,如正祖《李判樞徽之以耆社大臣將赴燕參千叟宴,詩以贈之》有云:"千叟筵參四海卮,翰墨須教天下聞。"③徐宗泰《別副使柳參判(之發)丈(曾任平安兵使)》云:"千古聲明唯海外,半年征役是天涯。"④李獻慶《送柳參判(義養)以副价赴燕》云:"華國正須詞翰手,揀賢無過老成人。"⑤《送別鄭侍郎(元始)使燕》云:"遼野天寬況有樓,殊俗亦驚真學士。"⑥尹行恁《送書狀金士源(祖淳)》云:"瀋陽城外雪紛紛,石室先生天下聞。"⑦等等。以上詩句表達出朝鮮人對聲名遠揚於中國的期許,上至國王,下至文士不僅有

---

① 金昌業《老稼齋燕行日記》卷五,《燕行錄全集》第33冊,第319頁。
② 同上,第320頁。
③ 正祖《弘齋全書》卷五,《韓國文集叢刊》第262冊,第75頁。
④ 徐宗泰《晚靜堂集》卷三,《韓國文集叢刊》第163冊,第58頁。
⑤ 李獻慶《艮翁集》卷七,《韓國文集叢刊》第234冊,第142頁。
⑥ 同上,第143頁。
⑦ 尹行恁《碩齋稿》卷二,《韓國文集叢刊》第287冊,第26頁。

第一章 十八世紀中朝文人交遊概況

著對本國詩文的自信,而且更有著使之在中國流傳的願望。因爲在他們看來,一旦作品在清朝流傳,其名號就可以不朽於天下,如洪大容《金養虛在行〈浙杭尺牘〉跋》載云:

> (金在行)一朝具靮韋入燕都,與浙杭三人相得甚歡。三人者,皆許其高而自以爲不及也,又以其豪爽跅弛,無偏邦氣味,益交之深如舊識也,今見帖中諸書可知也。三人者,皆漢晉故家之裔,風流雋才,又江表之極選,今平仲之見稱許如是。從此平仲之詩可以膾炙於華人口吻,而養虛之號可以不朽於天下矣。①

洪大容稱養虛金在行在北京與浙杭三士"相得甚歡",且其詩作得到了他們的稱許,那麼從此以後,非惟他的詩歌可以膾炙人口,而且他的名號也可以不朽了。正是基於這樣的心理,朝鮮文人有意識地贈詩、贈書與清文人,如李商鳳《北轅錄》卷四有載:

> 家君曰:"正使公有抄東國詩一卷,後有使,屬僕付中州選詩者,公亦有意乎?"曰:"此不可輕議也。"②

其四,一些朝鮮文人願意與清朝文人接觸並交流還出於一些特殊原因:十八世紀早期,有些朝鮮文人甚至希望通過論學來重振中國儒學之風。如 1703 年(癸未)以正使身份出使中國的徐宗泰《別申應教公獻(琓)叔以書狀赴燕(三首)》,其三有云:

> 慶元微言絶,道脉代有宗。斯文如元氣,罔係世污隆。胡元宅我華,羯羠穢章縫。承承猶紹緒,仁山數三公。發揮前師旨,駕說息群惷。中陸今幽國,四海浸夷風。千古文明化,蕩淅一朝空。況自正嘉後,士學日幽矇。王陳導其流,衆迷靡然從。江西與葱嶺,變怪紛喧訟。道術日以裂,異說日

---

① 洪大容《湛軒書・内集》卷三,《韓國文集叢刊》第 248 册,第 74 頁。
② 李商鳳《北轅錄》卷四,《〈燕行録選集〉補遺》上册,第 870 頁。

以工。然余反驗古,斯道豈終窮? 茫茫海宇廣,明德亦降衷。應有林澤間,不受污染蒙。遠聞洛閩旨,門路趨大中。苟使存一綫,繼開應有功。跂然徒遐想,何緣與磨礱。請子倘有遇,論學較異同。正學能碩果,歸來報大東。天地日幽塞,蒿目憂忡忡。①

徐宗泰認爲,滿族佔據中原,中華千古文明教化一朝蕩空。因而,他特別期待申琓前往中國後,能夠闡釋儒家洛閩之旨,以使得中華學術趨向大中之途。並且他還認爲,即使申琓的努力僅使中華儒學存有一綫生機,其重振儒學之舉也就有了繼往開來之功。詩歌的最後,徐宗泰表示對申琓充滿信心,認爲他定能通過與清文人"論學較異同"而正學於中華,並結出碩果。

(三)清人結交朝鮮文人的原因

一些清朝士人也會主動前往使團駐地與朝鮮使臣見面交流,如十八世紀"燕行錄"中載:在大凌河,自稱秀才王俊公者主動來見朝鮮使者,並與金昌業筆談;在薊州,秀才康田主動與金昌業筆談;在沙流河,秀才王化來訪朝鮮使者;在北京,文士虞甫、陸光岳來見李健命;在北京,翰林教習黃越主動拜訪李健命;在永平府,一清秀才主動來見黃晸;在寧遠衛,舉人王渭來見副使金善行與洪大容;在瀋陽,孔子書院諸生金科璲等七人來見三使並筆談;在榆關,齊佩蓮來見朝鮮使者等②。

---

① 徐宗泰《晚静堂集》卷一,《韓國文集叢刊》第 163 册,第 17 頁。
② 以上記載依次見:金昌業《老稼齋燕行日記》卷一(《燕行錄全集》第 32 册,第 435 頁);金昌業《老稼齋燕行日記》卷二(《燕行錄全集》第 32 册,第 531 頁—533 頁),《老稼齋燕行日記》卷五(《燕行錄全集》第 33 册,第 282—284 頁);李健命《寒圃齋使行日記》(《〈燕行錄選集〉補遺》上册,第 446 頁);李健命《寒圃齋使行日記》(《〈燕行錄選集〉補遺》上册,第 450 頁);黃晸《癸卯燕行錄》(《燕行錄全集》第 37 册,第 275 頁);洪大容《湛軒燕記》(《燕行錄全集》第 42 册,第 102 頁);李德懋《入燕記》(《燕行錄全集》第 57 册,第 230 頁);白景炫《燕行錄》卷二(《〈燕行錄選集〉補遺》中册,第 64 頁)。

第一章 十八世紀中朝文人交遊概況

清朝文人願意與朝鮮文人交往的原因主要有以下三個方面：

其一，出於對朝鮮文人才學的賞識和欽佩而願意與他們交流，如洪大容《乾浄衕筆談續》，載陸飛寫給洪大容和金在行的第一封信，有云：

> 陸飛啓：此行自恨來遲，不及一親言論風采，生平第一缺陷事也。午後，甫克解鞍客邸，入門未及他語，力闇、秋廎即歷叙與諸公往來情事，亹亹不休，並出諸公手迹長篇短頁，縱橫几案，觸目琳琅，應接不暇。力闇、秋廎又從傍稱述種種，耳目俱勞，兩官並用，又如讀龍門佳傳，夾叙事狀，議論傾倒，忭舞莫可言狀。聞諸公使事有緒，將次就道，形格勢阻，想匆匆不獲一出，而飛又初到此間，俗務糾纏，漫無條理，恐終無見理也，但生平以朋友爲命，況值海上異人，且不止一人，如竟不獲附力闇、秋廎之末，則此二人者，飛終身抱不解之妒矣。①

陸飛通過閱覽嚴誠、潘庭筠與洪大容、金在行的筆談記録、創作等，瞭解了洪、金二人的學識，稱他們爲"海上異人"。他在信中表達了對洪大容、金在行的傾慕之情，稱不得與洪大容和金在行親言爲"生平第一缺陷事"，將會"終身抱不解之妒矣"，鮮明地表達出想與洪、金二人結識的熱切感情。又如，洪大容《乾浄衕筆談續》載山西韓姓文人慕名前來拜訪洪大容和金在行，時潘庭筠介紹云："此山西韓兄，聞二兄名，故來訪。"②另一個典型例子，榆關秀才齊佩蓮在1782年（壬寅）與洪良浩交流後，就對朝鮮使團的文人表現出欽佩之情，因此在後來的十年間，他盡可能地找機會與朝鮮使團中的文

---

① 陸飛與洪大容、金在行書（陸飛啓：此行自恨來遲……），洪大容《湛軒書·外集》卷三《乾浄衕筆談續》，《韓國文集叢刊》第248册，第156頁。
② 洪大容《湛軒書·外集》卷三《乾浄衕筆談續》，《韓國文集叢刊》第248册，第159頁。

人接觸,1790年(庚戌)出使中國的白景炫在其《燕行錄》卷二記載道:"(十二月)初四庚戌,……是夜,(齊佩蓮)騎驢帶燈而來。余與朴齊家在善、金宗煥翼卿、李箕元子範、李光稷畊之相迎,坐成,筆談論交,唱和詩律,夜深而罷。"《燕行錄》卷四又載道:"辛亥二月初三日戊申,……齊進士佩蓮以昨冬一面之交,今夜復來,其款款情可以知之矣。"①此後,在1792年(壬子)二月初六日,他又趁著夜色主動去拜訪朝鮮使團,與金正中"對語良久,夜深乃罷"②。1793年(癸丑),他拜訪朝鮮使團,與李在學有詩歌唱和。在1794年(甲寅)、1799年(己未),他又分別拜訪了洪良浩、金載瓉等。

其二,一些普通的清商人爲了生意,諸如售賣書畫、古董等,而去結交朝鮮使者,如金昌業《老稼齋燕行日記》卷二載朝鮮使團來到山海關後,大批清秀才來訪做生意的情形:

> 夜來賣書畫者極多,其人多是秀才。其中蘭亭墨本頗佳,而索價過多。又有飲中八仙帖、花鳥帖、山水簇,皆是俗筆。唐白(伯)虎水墨山水、范鳳淡彩山水、米芾水墨山水亦皆贗作。米芾畫,討銀三十兩。③

當地清秀才們來與使者接觸,其目的就是爲了推銷自己的書畫而獲利。這些人當中就有與朝鮮使者經常打交道的郭如柏。他前去接近使團的實際目的是爲了賣書畫,並非真正想與他們進行學術、文化上的交流。試看下面一段文字金昌業與郭如柏的對話:

> 余曰:"今日卒卒未究,待過年回來,更欲請教可乎?"答曰:"明春,我皇上開萬壽科,不日携子上京。"問:"然則往北京

---

① 白景炫《燕行錄》卷二、卷四,《〈燕行錄選集〉補遺》中册,第64—65頁、第93頁。
② 金正中《燕行錄》,《燕行錄全集》第75册,第242頁。
③ 金昌業《老稼齋燕行日記》卷二,《燕行錄全集》第32册,第476—477頁。

相會,如何?"無答。夜深遂別。①

金昌業表示出想與郭如柏進一步交往的意願,約其在北京相會。而郭如柏的反應却是無答。很顯然,他是覺得在北京無法與金昌業做成生意,故認爲没有再見面的必要。"無答"二字就使他的市儈心理躍然紙上。正是由於他與朝鮮使者交往時帶有商人的市儈習氣,所以朝鮮文人在與他接觸之後,頗有微詞,如趙榮福對郭氏父子有評云:"概郭之父子爲人皆無樸實,意其所答,可恨,可恨。"②又如,姜浩溥《桑蓬録》載:"余與郭未半晌問答,數語而已而知其爲人矣。"③於此,姜浩溥對郭如柏也表現出鄙夷之意。一般來説,朝鮮文人對那些純以買賣爲目的而來接觸他們的清文人比較輕視。這在十八世紀的其他朝鮮使行日記中也多有反映,如朴趾源《熱河日記》載其在豐潤縣遇到楚人林皋,後兩人有交流,朴趾源稱林皋"長髯,休休有長者風,但酬酢之際,不離賣買"④。又如李基敬《飲冰行程曆》載:"夜有求買八大家及董其昌、劉士濊書本簇子者。問之,則崇禎時補州同(官名)侯邦憲之曾孫名純臣者也。略解文字,而爲人甚劣,無足與語。使陪臣、員譯論價買其書畫,則其人索價甚高,不得和買云,極可笑也。"⑤此二則材料中,朴趾源、李基敬均對從事買賣、汲汲於利益的清文人表現出不屑。對於這類清商人,一些朝鮮文士甚至不願與他們接觸,如李基敬《飲冰行程曆》載:"范家莊止於一廛房,則門外扁以'璧水掄英,成均俊彦',心怪之,使人問之,則主人乃鄉貢士陳五倫,年五十一,專《易經》云。進士之有門榜自是中州古規,而入關後初見,自此以後,在在皆然云。

---

① 金昌業《老稼齋燕行日記》卷二,《燕行録全集》第32册,第478頁。
② 趙榮福《燕行日録》,《燕行録全集》第36册,第59頁。
③ 姜浩溥《桑蓬録》卷四,《〈燕行録選集〉補遺》上册,第543頁。
④ 朴趾源《熱河日記》,第95頁。
⑤ 李基敬《飲冰行程曆》,《燕行録續集》第116册,第208頁。

陳雖稱貢生,而家設廛房,身親買賣,不足觀也。"①李基敬見到貢士陳五倫家設廛房,便斷然不與之接觸。

其三,爲了看朝鮮使者的衣冠,或期望得到清心丸、紙張、扇子等,這也是一些清人願意主動接近燕行使者的重要原因之一。如金昌業《老稼齋燕行日記》卷二載:

> 夕有一秀才入來,余邀坐炕上。問姓名,答賤姓康,名田,字惠蒼。問我何姓,答賤姓金。仍問:"你來這裏何幹?"答:"看貴邦人物。"……仍問曰:"纔設要看我人物文章,是東夷,有甚可觀文物? 穿的衣冠與大國異樣,想必見笑。"答曰:"心愛貴邦衣冠,我這遵時王之制。貴邦筆墨甚妙,不知可見賜否?"答少頃當副,遂令善興取行篋至,以筆墨各一與之。②

很明顯,康田拜訪的原因,一是爲了看朝鮮衣冠,二是想求得朝鮮筆墨。再如,《老稼齋燕行日記》卷三載李元英第一次請見金昌業:

> 入東室,其中有人,面貌俊秀,年可三十,揖余坐炕上方席,而自踞炕沿而坐。余危坐,其人屢勸平坐。又一少年自内持筆墨出來,引椅坐炕下,年可二十五六,面蹙麻而瘦,眉目少有清氣,出紅紙寫字,先問余姓名。兩人皆前,揭見余内外衣服,皆木綿,問:"貴國布好,有可賣者否?"余答:"無持來者。"又問:"以我筆墨紙,欲換貴國筆墨紙,何如?"答:"筆墨不必換,當覓送。"少年聞之,有喜色。③

李元英與金昌業見面之始,首先關心的是其衣冠,緊接著又索換朝鮮的筆墨紙,當金昌業説送與他筆墨後,其臉上露出欣喜之色。可

---

① 李基敬《飲冰行程曆》,《燕行錄續集》第116册,第204—205頁。
② 金昌業《老稼齋燕行日記》卷二,《燕行錄全集》第32册,第531頁、第533頁。
③ 金昌業《老稼齋燕行日記》卷三,《燕行錄全集》第33册,第55頁。

第一章　十八世紀中朝文人交遊概況

見,李元英最初想見朝鮮使者的原因也是想見其衣冠和索求筆墨紙。一批清文人特別想看朝鮮文人衣冠的原因,主要有兩點:其一,朝鮮文人的衣冠與清人的平時打扮迥異,朝鮮使團經常引起路人的注意和圍觀,一批清人帶著好奇心來觀閱朝鮮使者的衣冠,如朴趾源《熱河日記》載:"與卞醫觀海入玉田一鋪,則數十人圍觀,爭閱吾輩布袍,詳察其製樣而大疑之。"①其二,與明朝衣冠相似的朝鮮衣冠可以引發一些清人對明王朝深深的懷念之情。十八世紀"燕行錄"中有不少這樣的記載:一些心懷故明的士人,對一身故國衣冠的朝鮮人有著親近心理,他們往往會在私下裏試穿朝鮮人的衣服,或者是對著朝鮮人的衣冠落泪,從而與思明的朝鮮人產生一定的共鳴。

還有一些清人帶有明顯的功利性,爲求紙筆、扇子或清心丸等而來拜訪朝鮮使團,如金昌業《老稼齋燕行日記》卷一載王俊公主動來見朝鮮使者,告知金昌業海賊平康王之事後,"索紙筆及扇"。譯輩有云:"此人頗虛疏,所言不足信,曾前使行到此,每呈如此之言,因求某物而去。"②當朝鮮使團自北京回還到大凌河時,他又第二次主動去見金昌業,交談之後,書一紙云"子念書小扇一把、刀子一把、烟代(袋)一介、頂子一介、墨一丁","其意蓋欲得也"③,可見,王俊公來見朝鮮使者,就是想求得朝鮮使團所携帶的扇子、清心丸等物品。甚至有一些清文人還把朝鮮文人是否有紙筆、扇子或清心丸贈送,作爲是否與之交往的先決條件,如朴趾源《熱河日記》載朴趾源向滿族文人富圖三格提出借書要求時,富圖三格有云:"但願你老此刻暫回,携得真真的丸子(清心元)、高麗扇子,揀得精好的作面幣,方見你老真誠結識,借這書目未晚也。"④

---

① 朴趾源《熱河日記》,第351頁。
② 金昌業《老稼齋燕行日記》卷一,《燕行錄全集》第32册,第436頁。
③ 金昌業《老稼齋燕行日記》卷五,《燕行錄全集》第33册,第340頁。
④ 朴趾源《熱河日記》,第24頁。

第二節　中朝文人交遊的對象

據本書下編《十八世紀中朝文人交流長編》統計,十八世紀參與兩國文化、學術等交流的清朝文士至少有263人、朝鮮文士至少有137人。總體上看,朝鮮文士以出使中國的使團成員爲主,清朝文士則來自於社會各個階層。朝鮮文士所交往的清文人對象雖然廣泛,但顯示出一定的規律性。

一、十八世紀朝鮮文士所交流的清文士絕大多數是漢族人

從現存燕行日記來看,朝鮮文人更願意與漢族文人交往,而不願意與滿族人交往。整個十八世紀朝鮮文士與滿族文士交流可考的:1720年(庚子),李器之與胡世圖;1737年(丁巳),李喆輔與趙鶴嶺;1760年(庚辰),徐命臣與一滿族人的五個兒子;1765年(乙酉),洪大容與拉永壽;1780年(庚子),朴趾源與富圖三格,同年,朴趾源與奇豐額;1783年(癸卯)李田秀與七克湯阿,同年,李田秀與滿族王姓監生、與滿族姓鄂者;1786年(丙午)沈樂洙與景文;1790年(庚戌)柳得恭與完顏魁倫;1790—1791(庚戌至辛亥年間)朴齊家與成策,同年,朴齊家與興瑞、與完顏魁倫、與朱爾賡額等①。這些交流雖有15次,但在整個十八世紀中朝文人的大量交流中,數量顯得微乎其微。

朝鮮文士樂意結識漢族文士的事實,往往在見面伊始的客套應酬中鮮明呈現出來。在深入交流之前,朝鮮文士往往會問及清人的民族、籍貫等,祇有知其是漢族人士,雙方的交往纔有深入發展的可能。如金昌業《老稼齋燕行日記》卷二載:"到榆關止宿,此

---

① 參見本書下編《十八世紀中朝文人交流長編》。

地屬撫寧縣而非設站處,故無察院。入路左人家,主胡悍戾,多苦狀。夕飯後,往諸裨所寓處,房屋敞潔,而家主漢人爲人淳善。"①金昌業此言語間無不顯露出對漢人的親近。因而,金昌業很快離開而來到另一寓所,與漢人榮琮進行了較爲深入的筆談,諸如金昌業問其家庭情况、對朝鮮衣冠的觀感、錦州地方海賊作亂情形、宮廷内事等②,金昌業不斷地向其詢問,"(榮琮)文章敏速,有問即答"③,可見兩人交談之融洽。交談結束後,"(金昌業)深歸告伯氏,遂移來榮家"④,更是把住處從滿族人家搬到此漢人家。朝鮮文人更傾向於同漢族人交往的心態由此可見一斑。又如黄晟《癸卯燕行録》載黄晟與一清秀才的筆談:

  有一秀才來見,以書問曰:"你家是漢人麽?"答云:"以漢人居此地已四世矣。"⑤

黄晟與清秀才相見的第一語就是詢問其民族,可見其對漢人身份的重視。再如 1760 年(庚辰),於兩水河,徐命臣與借宿家主人(名字不詳)會面之初,首先也是詢問:"你是漢人否?"在其人回答"唯"後,徐命臣纔再向他詢問了一系列問題⑥。由上舉三例可見,朝鮮文士在與清文士深入交流之前,有著嚴格的滿漢之分。金昌業在《老稼齋燕行日記》卷二中更是明確指出:談話深入之前的應酬之語就是爲了知道所交往的對象是漢人還是滿人而進行的,載云:

  有一秀才入來。余書問姓名,答吴廷璣。余問:"本住此

---

① 金昌業《老稼齋燕行日記》卷二,《燕行録全集》第 32 册,第 488 頁。
② 同上,第 488—491 頁。
③ 同上,第 490 頁。
④ 同上,第 491 頁。
⑤ 黄晟《癸卯燕行録》,《燕行録全集》第 37 册,第 275 頁。
⑥ 參見徐命臣《庚辰燕行録》,《燕行録全集》第 62 册,第 81—82 頁。

地否,抑自他方移來乎?"此欲知滿漢也。其人書曰:"原係此處人,並非他鄉客。"其筆法不拙。①

需要指出,朝鮮文士趨向於同漢族文士交流而不樂意與滿族人交往的最主要原因不在於滿族文人不習漢語。事實上,當時絕大多數滿族文人諳熟漢語,如金昌業在《老稼齋燕行日記》卷一中就指出:"清人皆能漢語,而漢人不能爲清語,非不能也,不樂爲也。"②後來,李宜顯在《庚子燕行雜識》中也指出:"清人皆能漢語,而漢人多不慣清語。道路所逢清漢相雜而皆作漢語。"③有文化的滿族人一般都熟悉漢語的情形,一直延續到十九世紀。1832年(壬辰)出使中國的金景善在《燕轅直指》中仍舊有云:"清人皆能漢語、漢書,而漢人不能滿語、滿書。"④由此,朝鮮文士少與滿族人交往應有深層次的原因。據域外文獻考察,朝鮮文士一般不願意與滿族人交往的最主要原因在於他們對清朝、尤其是對滿族人所抱有的偏見。在整個十八世紀,除了後期的北學派文人,如朴趾源、李德懋、朴齊家、柳得恭等對清朝、對滿族文士持較爲客觀的看法外,絕大多數朝鮮文人還是對清朝人士抱有偏見,認爲他們是蠻夷,故不樂意與他們交往。朴齊家在其《北學辨》一文中就曾指出當時的絕大多數朝鮮文士"以一胡字抹摋天下"⑤。

---

① 金昌業《老稼齋燕行日記》卷二,《燕行錄全集》第32册,第500頁。
② 金昌業《老稼齋燕行日記》卷一,《燕行錄全集》第32册,第322頁。
③ 李宜顯《庚子燕行雜識》,《燕行錄全集》第35册,第461頁。
④ 金景善《燕轅直指》,《燕行錄全集》第72册,第345頁。
⑤ 朴齊家《北學辨》,朴長馣編《縞紵集》"附《北學議》",朴齊家撰,李佑成編《楚亭全書》下册,第538頁,亞細亞文化社,1992年。關於十八世紀朝鮮文士對清朝、滿族人的鄙夷情況,在本書上編第二章第三節《稼齋金昌業與清文人交遊考述》、第五章第三節《朴齊家四次出使中國與清文人的交遊》等文中有論述,可參見。

二、十八世紀朝鮮文士交往的清文士中，人數最多的是來自於南方的人士

據本書下編《十八世紀中朝文人交流長編》，同時結合有關的中朝現存典籍進行考察，可考的十八世紀與朝鮮文人有交往的清朝南方人士至少有183人（詳見本書附録表1：十八世紀參與中朝文人交流的清朝南方人士一覽表），而他們當中，又以浙江、江蘇、江西士人爲多。他們形成了對外文學、學術等交流的主要力量。這種現象形成的最主要原因在於：北京作爲清朝政治、經濟、文化中心，是清文士進行各種活動最爲主要的場所。當時南方文士在北京的大量聚集，使得朝鮮文士有機會去接觸他們並與之來往。下面從三個方面來具體闡釋：

（一）宋明以來，中國的南方文化得到快速發展，涌現出大量的人材，他們來到北京，追求理想。

金在行在《鐵橋嚴先生力闇哀辭並序》一文中指出南方文化、學術的繁榮場景，稱"天下之精華蓋在南方。南方離之位也，文明之所鍾，實爲萬物相見之所。自有宋以來，道學文章皆出於南，風氣之使然久矣。閩之朱、浙之陸尚矣無論，雖以有明言之，吳郡之文華甲於北地，弇山、虞山之後不知有幾個文人才士壓主牛耳之盟，想亦不出於西湖錢塘之間"①。可見，江南濃郁的文化氛圍、重學的文化傳統，造成了南方人材的不斷出現。洪大容、李基敬在各自的使行日記中也都曾指出清朝南方人才之盛。洪大容有云："中國之人才多出於南方，南方之人才多出於江浙。蓋山川之明秀，地理有不可誣也。"②李基敬有云："向所稱宋少年狀貌杰特，舉止安

---

① 金在行《鐵橋嚴先生力闇哀辭並序》，朱文藻編《日下題襟集・金秀才》，嚴誠撰，朱文藻編《鐵橋全集》第4冊。
② 洪大容《湛軒書・外集》卷三《〈乾净録〉後語》，《韓國文集叢刊》第248冊，第173頁。

重,雖其頭髮不存,服著可駭,而尚有儒士之態。孟亦精雅。其外多有俊秀者。以此觀之,可知南方人物之盛。"①一大批南方文人結聚於京城主要是爲了參加科考以求在仕途上有所發展,或爲了遊學的需要等。如洪大容在《乾净筆譚》中稱自己在北京所遇到的秀才多來自於南方,有云:"其讀《六經》,爲時文,以秀才稱,類多自南來者。若抱道自蘊不求人知者,蓋有之而無以見焉。"②可以説,北京作爲清朝政治、文化的中心,被一大批南方文士視爲志向憧憬得以實現的場所。有些南方文士在落第之後,仍不願離開北京,如朴趾源在《熱河日記》中載云:"訪俞世琦於夕照寺。寺不甚宏杰,……無一僧居住,皆閩越中落第秀才,無資不能歸,多留此中,相與著書刻板以資生。"③可見,清朝時的北京是文士追求政治和學術理想的最佳場所,故而來自於南方的舉人、秀才等大量地居留北京。

(二)當時清朝廷官員中有大量南方人士。

早在十八世紀前期,清朝廷的高爵當中就多有江南人。1712年(壬辰)出使中國的崔德中在《燕行録》中指出:"而凡國之重任皆兼帶,如我國之提調。六部郎中中亦有十三省、順、奉天兩府等地次知郎,而户部尤多。每部四侍郎亦兼翰林院内閣等職,且多特旨進用者,此乃我東之南行也。第科第者多居内閣及諫諍之地,忤旨一罷,終身不叙者。凡南行者多居高爵,高爵之中且多江南之人,其以才取用,不取門閥可知。而我東巨卿多是京城士大夫,外方則絶無,我東衹取門閥故也。"④清朝高爵中,朝廷以才取用的江南人大量存在的現象,引起了崔德中對自己國家仍以門閥取士的感慨。十八世紀中後期,清朝廷中爲官的南方人士仍然很多,以朴齊家結識的出身於南方的清官員爲例,有李鼎元、李驥元、潘庭筠、唐樂宇

---

① 李基敬《飲冰行程曆》,《燕行録續集》第116册,第267頁。
② 洪大容《乾净筆譚》,《燕行録全集》第43册,第12頁。
③ 朴趾源《熱河日記》,第347頁。
④ 崔德中《燕行録》,《燕行録全集》第40册,第52頁。

第一章　十八世紀中朝文人交遊概況

等至少60人(參見本書附錄表1:十八世紀參與中朝文人交流的清朝南方人士一覽表)。

（三）清朝大量南方文士參與了商業活動，尤其是北京琉璃廠書肆行業中有著大量南方文士。

十八世紀，尤其是在中後期，北京多有做生意的江南文人，當時北京的門户通州聚集有大量南來的商船就是一個明證。創作於1782年(壬寅)的《燕行記著》有詩句云"通州江水御溝通"、"江南商舶盡珠樓"①，形象地描繪出江南商船北上的盛況。此外還有另一個顯著的證據，朴趾源在《熱河日記》中指出，他在北京市集之一的隆福寺市日所遇到的商人均是來自於南方的文化人，有云："然今吾歷訪賣買者，皆吳中名士，殊非裨販駔儈之徒。"②而當時朝鮮使者幾乎必去的北京的繁華市集琉璃廠更是雲集了一大批來自南方的文商，洪大容在《湛軒燕記·琉璃廠》中指出北京琉璃廠商人的籍貫時，有云："凡器玩雜物為商者，多南州秀才應第求官者，故遊其市者，往往有名士。"③事實上，在北京琉璃廠，南方文士主導了書肆業的經營。如1769年(己丑)，寓居京師五月餘的清文人李文藻在《琉璃廠書肆記》一文中提到，廠肆中重要的書鋪主人均來自南方，有云："書肆中之曉事者，惟五柳之陶、文粹之謝及韋也。韋，湖州人，陶、謝皆蘇州人。其餘不著何許人者，皆江西金溪人也。正陽門東打磨廠，亦有書肆數家，盡金溪人。"④乾隆時期的名流翁方綱在談到琉璃廠書商時，亦有云："是時，浙江書賈奔輳輦下。書坊以五柳居、文粹堂為最。"⑤由於在北京從業的南方商人多，因而南

---

① 佚名《燕行記著》，林基中、夫馬進編《燕行錄全集(日本所藏編)》第1冊，第323頁。
② 朴趾源《熱河日記》，第346頁。
③ 洪大容《湛軒燕記》，《燕行錄全集》第42冊，第350頁。
④ 孫殿起輯《琉璃廠小志》，北京古籍出版社，1982年，第102頁。
⑤ 同上，第32頁。

方的物品，特別是來自南方的書册筆墨尤顯豐富。1720年（庚子）出使中國的李器之在《一庵燕記》中寫道："而即今江淮以南，專事文字，家置萬卷書，評文論詩，朱墨塗乙，寫畫作字，筆翰淋漓。凡北京所賣書册、筆墨、紙硯、書畫、錦緞、器玩之屬，皆自南方來。"①這裏所顯示出的北京市集南方物品繁多的現象，也從另一個側面反映出十八世紀早期就有一批南方人士在北京從事商業活動的事實。

可見，在北京，無論是在朝廷、還是在民間都有著大量的南方文士，這就爲朝鮮使者創造了與他們接觸並交流的有利條件。

三、十八世紀與清文人交往的朝鮮文人多爲燕行成員，他們在朝鮮有較高的身份和地位

據現存史料考察，十八世紀與清文人有交往的朝鮮文人，以交流地點及情況的不同來分，有三種類型：（一）未出使過中國，僅以書信或詩文等形式與清人交流的朝鮮文人，如柳約、李書九、洪大應、六娥仙史（名姓不詳）、羮室仙史（名姓不詳）、洪慎猷等寥寥數人。（二）因清朝使者出使朝鮮，故而得以與他們往來的朝鮮官員，如1723年（癸卯），朝鮮詩人洪世泰製四韻一詩贈出使朝鮮的清上敕②。此外又如李震休、吳泰周等。此類型的朝鮮文士也僅有數人。（三）出使中國的朝鮮使團成員，包括正使、副使、書狀官、隨行的軍官子弟、使團中的其他成員。據本書下編《十八世紀中朝文人交流長編》、佚名編《使行錄》，與清文人有交流的三使（正使、副使、書狀官）成員如下：

正使（共32人）有：姜鋧、李頤命、鄭載崙、趙泰東、金昌集、李宜顯、李健命、密昌君李樻、尹淳（以上爲1730年即庚戌年前，出使中國的朝鮮正使，共9人）、海興君李橿、趙顯命、海運君李槤、洪啓

---

① 李器之《一庵燕記》卷四，《〈燕行錄選集〉補遺》上册，第382頁。
② 《景宗實錄》卷一三"三年七月十一日"條。

禧、順義君李烜(以上爲庚寅年即 1770 年前,出使中國的朝鮮正使,共 5 人)、蔡濟恭、黃仁點、鄭存謙、李福源、洪樂性、朴明源、李徽之、安春君李烿、沈樂洙、李性源、金箕性、金履素、朴宗岳、洪良浩、鄭思賢、金思穆、金文淳、金載瓚(以上爲 1770 年即庚寅年後,出使中國的朝鮮正使,共 18 人)。

副使(共 38 人)有:閔鎮遠、尹趾仁、趙榮福、李正臣、尹陽來、李真儒(以上爲 1730 年即庚戌年前,出使中國的朝鮮副使,共 6 人)、趙尚絅、李德壽、李匡德、尹汲、尹得和、南泰齊、鄭光忠、徐命臣、趙榮進、金善行、李心源(以上爲 1770 年即庚寅年前,出使中國的朝鮮副使,共 11 人)、嚴璹、李坤、徐浩修、鄭一祥、鄭元始、洪秀輔、洪良浩、吳載純、尹承烈、姜世晃、李致中、魚錫定、趙宗鉉、徐浩修、李祖源、徐龍輔、李在學、柳烱、申耆、金勉柱、徐瀅修(以上爲 1770 年即庚寅年後,出使中國的朝鮮副使,共 21 人)。

書狀官(共 28 人)有:孟萬澤、柳述、盧世夏、韓祉、尹陽來、趙文命、俞拓基、黃晸、金尚奎、南泰良(以上爲 1730 年即庚戌年前,出使中國的朝鮮書狀官,共 10 人)、金文行、李日躋、李喆輔、李彝章、李基敬、趙㦂、李徽中、李憲默、洪檍(以上爲 1770 年即庚寅年前,出使中國的朝鮮書狀官,共 9 人)、任希簡、李在學、沈念祖、尹曛、李鼎運、金祖淳、鄭東觀、洪樂遊、徐有聞(以上爲 1770 年即庚寅年後,出使中國的朝鮮書狀官,共 9 人)。

軍官子弟(共 17 人):金昌業、李器之、沈銷、尹顯東(以上爲 1730 年即庚戌年前,出使中國的朝鮮軍官子弟,共 4 人)、趙鼎說、李商鳳、金在行、洪大容(以上爲 1770 年即庚寅年前,出使中國的朝鮮軍官子弟,共 4 人)、朴趾源、李田秀、李晚秀、洪仁謨、李承薰、金載璉、金履度、李祉源、洪羲俊(以上爲 1770 年即庚寅年後,出使中國的朝鮮軍官子弟,共 9 人)。

使團中的其他成員(共 52 人):崔希卨、李榲、申之淳、李東培、崔德中、金德三、李時恒、姜浩溥、金指南、金舜協(以上爲 1730 年即庚戌年前，出使中國的朝鮮文士，共 10 人）、鄭泰賢、崔壽溟、金益謙、金在鉉、金復瑞、李壽岱、李廷奭、李瀷（以上爲 1770 年庚寅年前，出使中國的朝鮮文士，共 8 人）、李彥容、柳琴、羅杰、盧以漸、柳景明、李學源、李喜經、李喜明、金照、元生（名不詳）、李命圭、趙秀三、白景炫、朴齊家、金宗焕、李箕元、李光稷、朴宗善、尹仁泰、金正中、洪禮卿、金宗吉、金成中、趙寬達、趙學謙、致馨（姓待考）、李光植、金春世、李德懋、柳得恭、鄭子玄、安夢贇、洪慎猷、金護軍（以上爲 1770 年即庚寅年後，出使中國的朝鮮文士，共 34 人）。

由以上統計分析可見：

（一）可考的出使清朝與清人交往的朝鮮文士有正使、副使、書狀官、隨行的軍官子弟、譯官以及使團的其他人員，至少有 167 人，其中三使 98 人，佔到總數量的 58.7％。三使以外的其他人員共計 64 人，佔到總數的 41.3％，十八世紀與清文人交往最多最深入的朴齊家、柳得恭、李德懋、朴趾源、洪大容、金昌業均是其中的一員。可見，當時朝鮮使團三使是與清文人交流的主體力量，而三使以外的其他人員也是與清文人交流的不可忽略的重要力量。

（二）從十八世紀不同的階段來考察，早、中、後三個時期，與清文人來往的朝鮮文士的數量分別爲 39 人、37 人、91 人。很明顯，早期、中期與清文士有交流的朝鮮文士的數量大致相當，而後期的朝鮮文士數量則出現了飛躍。這就反映出在世紀早期、中期，朝鮮文士與清文士的交流情況平穩發展，而在世紀後期，朝鮮文人與清文士交往則越來越頻繁的狀況。十八世紀後期交流高峰期的到來，從數值的比對來看，主要有兩個原因：其一，應與此時大量的朝鮮使團的軍官子弟以及其他隨行人員熱情地投入到與清文人的交流活動中有關。此時參與與清文士往來的這類人群數量至少有 43 人，而在早期、中期僅有 14 人、12 人，這是數量上的一個大變化。其二，與早期和中期不一樣，在十八世紀後期，大量的朝鮮使團的正使和副使加入與清文士交往的隊伍之中，其數量至少達到 39

人，而早期僅有 15 人、中期祇有 16 人。此數值也是一個較大的變化。

　　以上後期與前期、中期數據的較大差距，其原因應與十八世紀後期一大批非王裔朝廷文士如朴明源、黃仁點、鄭存謙、李福源、洪樂性、李徽之、李性源、金箕性、金履素、洪良浩、金載瓚等得以以正使身份出使中國有關①。他們積極地與清人交往，這樣既改變了十八世紀前期、中期朝鮮正使少與清人文學交流的習慣性行爲，又積極地推動了使團副使和其他隨行人員與清文士的來往。而十八世紀前期、中期，出使中國的朝鮮使團正使一職多由朝鮮國王的後胤擔當。據佚名編《使行錄》，1701 年（辛巳）至 1770 年（庚寅）七十年間，臨昌君李焜、臨陽君李桓、礪山君李枋、晉平君李澤、礪原君李柱、全城君李混、密昌君李樴、西平君李橈、益陽君李檀、密豐君李坦、洛昌君李樘、驪川君李增、礪城君李楫、陽平君李檣、驪善君李墀、咸平君李泓、長溪君李棅、海興君李橿、密陽君李梡、綾昌君李橚、樂豐君李楸、海運君李槤、海春君李泳、海蓬君李橉、咸溪君李欞、順悌君李炟、全恩君李墪、順義君李烜、慶興君李栴以正使身份出使中國達 72 人次。其中祇有密昌君李樴、海興君李橿、海運君李槤、順義君李烜與清文士有數量不多的交流，其餘王裔正使均未見與清人的交往事迹。因而，這七十年間，作爲朝鮮使團統領的正使少與清人交往的行爲必然會影響到使團的其他人士與清人的接觸。

　　由上述分析可見，與清文士有來往的朝鮮文士絕大多數是出使中國的燕行成員。需要進一步指出，這些十八世紀的朝鮮人士一般官職較高，出身顯貴。洪大容在《與孫蓉洲書》中指出："士族之赴京者，惟登科崇秩爲使臣。或有布衣之隨行者，亦使臣之子侄

---

① 據佚名《使行錄》統計，1771 年（辛卯）至 1800 年（庚申）三十年間，非王裔朝廷文人出使中國共計 38 人次，王裔文人出使中國僅 9 人次。林基中編《燕行錄全集》第 27 册，第 288—307 頁。

而已。"①於此，洪大容指出前往中國的朝鮮使團正使、副使、書狀官必備的身份要求。他們不惟進士出身，而且需要有較高的官階。此外，他還指出隨行人員中有使臣子侄的現象。

關於朝鮮使團三使的各自品級，徐榮輔、沈象奎等撰《萬機要覽》"燕使"《員額》篇有載：

> 仁祖乙酉，因敕諭，並冬至、聖節、正朝及歲幣爲一行，每年六月都政差出，而都政雖差退，必於六月内差出。肅宗辛巳，受教。譯官例於六月十五日，自該院按次差定。正使一員（正二品，結銜從一品），副使一員（正三品，結銜從二品），書狀官一員（正五品，結銜從四品，隨品兼臺銜糾檢一行）。（若兼進賀、謝恩、陳奏、奏請等事，則正使正一品、副使從二品，結銜正二品、書狀官四品以上）。②

"燕使"《別使》篇有載：

> 謝恩、陳賀、奏請、陳奏並正一品行，副使從二品，結銜正二品。書狀官正四品，結銜正三品。陳慰、進香從二品行，正使結銜正二品，副使正三品，結銜從二品，書狀官正六品，結銜五品，例兼陳慰、進香，故正使爲陳慰使，副使爲進香使。若皇帝崩逝，一品行。問安，正一品行。皇帝駕到近境，則差送，祇有正使、書狀官，或兼聖節行，加差副使。③

"燕使"《參覈使》篇又有載：

> 使一員（堂上正三品，刑曹參議例銜，書吏一人帶去），譯

---

① 洪大容《與孫蓉洲書》（前歲十一月書、詩……），洪大容《湛軒書·外集》卷一《杭傳尺牘》，《韓國文集叢刊》第248册，第125頁。
② 徐榮輔、沈象奎等撰《萬機要覽》財用編五"燕使"，《員額》，純祖八年筆寫本，韓國國立中央圖書館藏本。
③ 同上，《別使》。

第一章　十八世紀中朝文人交遊概況

官五、六員(堂上二、三員,堂下二、三員,並自闢),醫員一員,軍官二員(堂下一員填,以屬司官)。①

由此三則材料可知:朝鮮使團三使的品級都很高,正使一般都在正三品以上,且時常以正一品行,如"謝恩、陳賀、奏請、陳奏並正一品行"。副使多為正三品,結銜從二品,而書狀官一般都在正六品以上。因而,可見出使中國的朝鮮使團的三使的品階確實都較高。

此外,據史料考察,十八世紀與清文人有交往的三使中,有很多人是當時朝鮮的名士。其中一大批人出身名門,先後都曾貴為國相,如王室後代李敬輿的子孫李頤命、李健命、李觀命、李徽之等。記載朝鮮時期國相名錄的《黃閣故實·璿派內外孫》載:"李頤命、李觀命、李健命,密城君八代孫。"《一門累代》載:"李敬輿孫頤命、健命、觀命。健命玄孫李憲球。觀命子徽之。"②又如李廷龜的後代李福源、李性源、李時秀等。《黃閣故實·一門累代》有載:"李廷龜三從孫時白,五代孫天輔,六代孫福源、性源。……福源子時秀。"③此外,據《黃閣故實》,與清人有交流的三使如閔鎮遠、金昌集、俞拓基、洪樂性、蔡濟恭、鄭存謙、金載瓚等人都曾先後做過國相。

還有一些與清人有交往的三使,在當時朝鮮學壇上的學術地位很高,像李觀命、李宜顯、趙文命、李徽之、李福源、沈象奎等人不惟是國相,而且都曾主持過朝鮮的科舉考試④。又如,(李頤命)"肅宗庚申年二十三文科第二","出自詩禮之門,弱冠登朝,早負公輔之望,才識德量大為一時所推服,士大夫稱當世魁杰之人,必以為首當國家危疑之際,巍然屹立。"⑤(尹淳)"善書能文,乙酉生員進

---

① 徐榮輔、沈象奎等撰《萬機要覽》財用編五"燕使",《參覈使》。
② 佚名《黃閣故實》,韓國成均館大學藏書閣藏本。
③ 同上。
④ 佚名《黃閣故實·典文衡而拜相》中錄入了這些人的名字。
⑤ 安鍾和會纂《國朝人物志》"李頤命"條,韓國國立中央圖書館藏隆熙三年版,第214頁。

士,癸巳文科,吏曹判書,典文衡"①。洪良浩,其文章"名於天下",朝鮮正祖贊其爲"鉅儒"、"當世鴻匠"②等等。

而那些不在"三使"之列,却與清文人有著交往的使團隨行人員,也往往與三使中的一員有著密切的血緣關係。如1712年(壬辰),金昌業隨其兄謝恩兼三節年貢正使金昌集出使中國;1760年(庚辰),李商鳳隨其父書狀官李徽中出使中國;1765年(乙酉),洪大容隨其叔父書狀官洪檍出使中國;1780年(庚子),朴趾源隨其從兄進賀兼謝恩正使朴明源出使中國;1794年(甲寅),洪羲俊隨其父三節兼年貢正使洪良浩出使中國等等。此外,其中的另外一些成員與三使中的一員多有密切的朋友關係,如李德懋曾自云:"至是沈蕉齋念祖充謝恩陳奏使,書狀官與余有雅,要余偕行。在先亦隨上使蔡公濟恭而入焉。"③李德懋指出自己與書狀官、朴齊家與正使是朋友關係,故而在1778年(戊戌),他們纔能以隨從的身份來到中國,纔得以與清文士交往。

在使團的隨行子弟中,也多有當時朝鮮的知名人士,如金昌業"天姿高敏,識解絶倫,於儒者事,靡不精通,故家庭之嚴如文忠公而常嘆其才,同氣之賢如夢、農、淵、圃諸公而自謂不可及。一時名公碩士之知其蘊者,又莫不以王佐相推"④。又如洪大容"其先南陽人,司諫院大司諫諱龍祚之孫,羅州牧使諱櫟之子,二世俱以才聞。德保又師事渼湖先生金公元行,同門士皆磨礪道義,談説性命。德保諸父兄弟治博士業,亦有以文詞著名"⑤。再如,在十八世紀後

---

① 安鍾和會纂《國朝人物志》"尹淳"條,第212頁。
② 李晚秀《大提學耳溪洪公謚狀》,李晚秀《屐園遺稿》卷一〇,《韓國文集叢刊》第268册,第436頁。
③ 李德懋《入燕記》,《燕行録全集》第57册,第190頁。
④ 金祖淳《〈老稼齋集〉序》,金昌業《老稼齋集》卷首,《韓國文集叢刊》第175册,第3頁。
⑤ 李淞《湛軒洪德保墓表》,洪大容《湛軒書·附録》,《韓國文集叢刊》第248册,第321頁。

第一章 十八世紀中朝文人交遊概況

期,與清人有著大量而深入交往的李德懋、朴齊家、柳得恭三人,皆以文名著世,在正祖初年被舉爲奎章閣檢書官,與徐理修一起,被世人稱爲"四檢書"。

據上論述可見,十八世紀與清文士有交流的朝鮮文士在身份上主要具有以下三個特徵:一是多爲出使中國的朝鮮使團成員。二是一般官品較高或出身顯貴。三是很多是當時朝鮮文壇的名士。

四、十八世紀前期與中後期,與朝鮮文士交流的清文士身份明顯不同。

十八世紀前期,朝鮮文人交流的清文人對象以普通的秀才、舉人,即一般中下層文士爲主。如山海關秀才張練,江南文人祝愷,寧遠衛秀才張赤城,鳳凰城秀才明姓少年,禮部序班潘德興,薊州貢生丁含章,玉田縣秀才王緯,山海關鄉學教授井姓人,大凌河秀才王俊公,寧遠衛儒生王寧潘,山海關廩庠生郭如柏,永平府秀才吳廷璣,薊州秀才康田,餘姚文士楊澄,沙流河秀才王化,榛子店秀才馬倬,高橋鋪秀才宋美成,七里坡秀才張瑞,貴州秀才陳浩,中右所村秀才郭士魁,三河縣教授谷擎天,寶坻縣舉人彭坦、彭城,秀才文德馨,永平府秀才程璁,寧遠城秀才吳宗周,貢生張偉烈等等。身份地位較高的僅有《一統志》纂修官李元英、北京翰林教習黃越、閣老常明、總理事務英誠公豐盛額等數人①。而在十八世紀中後期朝鮮文士交遊的清文士對象則以中上層的朝廷官員爲主,具體來講,有三個顯著特點:

(一)朝鮮文士交流過的清文人中有較多的清禮部、吏部、戶部、刑部、工部、兵部等重要部門的文人,如先後擔任過禮部尚書的曹秀先、德保、紀昀等,禮部侍郎金德瑛、鐵保、劉墉,禮部教官劉克

---

① 十八世紀前期朝鮮文人交流過的清秀才、舉人姓名參見本書下編《十八世紀中朝文人交流長編》。

柔,吏部漢尚書彭元瑞、滿尚書常青,户部員外郎唐樂宇、户部主事徐大榕、湯潘、倉斯升,刑部侍郎玉保,刑部主事朱文翰、孫星衍,工部尚書金簡,工部侍郎莫瞻菉,兵部員外郎博明,兵部郎中朱爾賡額,内閣學士沈初、翁方綱、玉保,内閣中書舍人顧宗泰、江漣,軍機大臣王杰等等。此外,還有身份顯貴的清誠親王胤祉、康熙皇帝之曾孫兩渾、康熙皇帝外孫破老回回圖等。當然,在朝鮮文人的交往對象中,地位身份最高的還當屬清乾隆皇帝,他通過贈書、贈詩、向朝鮮使團索和詩等形式也與朝鮮文人進行了文學交流。

(二)數量衆多的清翰林庶吉士參與了與朝鮮文士的各種交流。姓名可考的有:清翰林庶吉士博明、龍煜岷、黄鴻閣、黄畾、吳湘、彭冠、邱庭瀠、許兆椿、鐵保、戴均元、戴衢亨、李鼎元、潘庭筠、王晟、張問陶、辛從益、熊方受、蔣祥墀、周厚轅、阮元、劉鐶之、翁樹培、卞雲龍、龐士冠、葉大觀、章煦等人。此外還有一大批未詳姓名的翰林庶吉士參與了與朝鮮文士的交流,如1753年(癸酉),三節年貢兼謝恩副使南泰齊"使崔譯往見庶吉士輩,借數卷以來"①。1774年(甲午)出使中國的嚴璹在《燕行録》中有云:"昔年我使在館,與諸翰林日夕過從。"②又如,1792年(壬子)正月二十一日,"(金履度)觀天柱觀,遊庶常館,五翰林適在座,相與傾倒,昏後乃歸"③。1792年(壬子)正月二十二日,"松園與張水屋遊庶常館,昏後乃歸"④。由上諸例可見,十八世紀中期以後,朝鮮文士與數量衆多的清翰林庶吉士進行了交流。究其原因,除了兩國文人積極的交友心態外,當時的朝鮮使館與庶常館僅一墻之隔,這也爲兩國文人的頻繁來往提供了極其便利的客觀條件。如嚴璹在其《燕行録》

---

① 南泰齊《椒蔗録》,《燕行録續集》第116册,第122頁。
② 嚴璹《燕行録》,《燕行録全集》第40册,第242頁。
③ 金正中《燕行録》,《燕行録全集》第75册,第211頁。
④ 同上,第212頁。

中指出,當年朝鮮文士南泰齊與清庶吉士博明相善的重要原因就在於朝鮮使館與庶常館的距離非常之近,有云:"壬申,澹亭南丈與庶吉士博明,相往來善,以庶常館隔一墻故也。"①又如,柳得恭在《灤陽錄》卷二《熊、蔣二庶常》中也指出,庶常館是他和朴齊家在停留北京期間常去拜訪的場所,有云:"玉河館西壁爲庶常館。余與次修屢往談詩。"②

（三）十八世紀中後期,即乾隆、嘉慶年間,衆多清名士參與了同朝鮮文士的交流活動。這些清文士在文學、學術、藝術等方面各有杰出的造詣。以與清文士交往最多的朝鮮文人朴齊家爲例,其所結交的清友人中,有稱譽一時的詩人,如祝德麟、李調元,"時人有跌宕風流祝小姐,飛揚跋扈李將軍之謔"③。有聲名顯赫的畫家,如羅聘,"工詩善畫,居揚州,從金農遊。所學益精,已而遍走楚越、齊豫、燕趙之地。三至都下,所主皆當代鉅公"④。有聞名遐邇的書法家,如鐵保、翁方綱、劉墉等。王昶撰,周維德校點《蒲褐山房詩話新編》云:"而冶亭尤工書法。北人論者,以劉相國石庵、翁鴻臚覃溪及君爲鼎足。"⑤有當時享譽海内外的著名學者,如紀昀,其門生陳鶴贊云:"我師河間紀文達公,以學問文章著聲公卿間四十餘年。國家大著作,非公莫屬。"⑥對於紀昀在海外的影響,朝鮮文學

---

①嚴璹《燕行錄》,《燕行錄全集》第40册,第241頁。
②柳得恭《灤陽錄》卷二,廣文書局,1968年,第66頁。此版本内容較《燕行錄全集》第60册中的《熱河紀行詩》更爲詳實,故筆者研究柳得恭時,采用此版本。
③朴長馣《縞紵集》上,卷一,朴齊家撰,李佑成編《楚亭全書》下册,第30頁。
④石國柱、樓文釗修,許承堯等纂《(民國)歙縣志》卷一〇,民國二十六年鉛印本。
⑤王昶撰,周維德校點《蒲褐山房詩話新編》,人民文學出版社,2011年,第121頁。
⑥陳鶴《〈紀文達公遺集〉序》,紀昀《紀文達公遺集》卷首,清嘉慶十七年紀樹馨刻本。

大家洪良浩有詩贊云："北斗光瞻東海外。"①

　　一般來説，十八世紀中後期，朝鮮文士來到中國後，都樂意找尋聲名很盛的清文士交流，無論其年歲長幼，而這些清文士中的絶大多數也樂於與他們進行交往。以洪良浩結交的清文士爲例，其中既有享譽學壇已久的文學泰斗，如紀昀、德保等，"（德保）屢典貢舉，爲詞林耆舊"②。又有名聲鵲起的後學新進，如戴衢亨，"七歲能詩文，十七領乾隆辛卯鄉舉"③。

　　此外，像當時薈萃天下英才的"漢學家大本營"——《四庫》館中④，不少清文士就與朝鮮文人有過交往，如總裁官阿桂、嵇璜、副總裁官曹秀先、劉墉、王杰、彭元瑞、金簡、沈初，總纂官紀昀，提調官祝德麟、陳崇本、戴衢亨，纂修官平恕、翁方綱、王爾烈、莫瞻菉、許兆椿、吳省蘭、邵晉涵，總閱官德保，總校兼提調官陸費墀，分校官邱庭漋、戴心亨、戴均元、李鼎元、曾燠、顧宗泰、洪梧、江璉、章煦、言朝標、陳木，武英殿收掌官阿克敦等一大批當時清著名文士都曾與朝鮮文士有過各種交往⑤。這是十八世紀中後期，當朝名士多與朝鮮文人交流的重要證據之一。

---

①洪良浩《寄紀尚書》，洪良浩《耳溪集》卷八，《韓國文集叢刊》第 241 册，第 144 頁。
②張維屏輯《國朝詩人徵略》卷二八，清道光十年刻本。
③吳寳炬等修，劉人俊等纂《（民國）大庾縣志》卷八，民國八年刻本。
④梁啓超《中國近三百年學術史》中有云："當時《四庫》館中所網羅的學者三百多人都是各門學問的專家。露骨的説，《四庫》館就是漢學家大本營，《四庫》提要就是漢學思想的結晶體。"中國書店，1985 年據 1936 年中華書局版影印，第 22 頁。
⑤《四庫》館臣名録參見《欽定四庫全書勘閲繕校諸臣職名》，《四庫全書》研究所整理《欽定四庫全書總目》卷首，中華書局，1997 年，第 15—29 頁。以上所列《四庫》館臣人員與朝鮮文士的交遊事迹參見本書下編《十八世紀中朝文人交流長編》。

第三節　中朝文人交流的場所

十八世紀朝鮮文士與清文士交往的主要場所是在朝鮮使團燕行行經地和目的地，而發生在朝鮮境內的中朝文人交流事件不多，其主要原因是朝鮮境內中朝文士間的交遊受到了朝鮮、清朝官方嚴格的限制。據《通文館志》"中原進貢路程"，朝鮮使團出使中國的路程共爲二千四十九里，自鴨綠江至北京，途中歷經柵門、盛京、山海關、永平府、豐潤縣、通州等重要關驛三十八站，二十八日程①。據筆者考察，在這些重要關驛中絶大多數都曾發生過中朝文人間的交流事件。十八世紀中朝文人交流地點情況，主要呈現出三個特點：

一、十八世紀早期，中朝文人的交流地點多在豐潤縣、玉田縣、永平府、山海關

十八世紀中期以前，兩國文人交往地點多在行使路途之中，尤以豐潤縣、玉田縣、永平府（含撫寧縣）②、山海關四處最爲常見，而在朝鮮使團使行目的地北京或瀋陽發生的交流事件則相對較少。

---

① 朝鮮史編修會編《通文館志》"中原進貢路程"載使行路綫依次爲：鴨綠江、鎮江城（本名九連城）、湯站、柵門、鳳凰城、鎮東堡（一名薛劉站，朝鮮稱爲松站）、鎮夷堡（一名通遠堡）、連山關（一名鴉鶻關）、甜水站、遼東、十里堡、盛京（本名瀋陽）、邊城、巨流河、白旗堡、二道井、小黑山、廣寧、閭陽驛、石山站（俗稱十三山）、小凌河、杏山驛、連山驛、寧遠衛、曹莊驛、東關驛、沙河驛、前屯驛、高嶺驛、山海關、深河驛、撫寧縣、永平府、七家嶺、豐潤縣、玉田縣、薊州、三河縣、通州、北京。第 40 頁。
② 當時撫寧縣屬永平府，如洪錫謨有云："撫寧縣屬永平府，素多科宦。城內外第宅金牓交映，牌樓相望，誠文明之區也。"洪錫謨《遊燕稿》，《燕行錄續集》第 129 册，第 68 頁。

據本書下編《十八世紀中朝文人交流長編》考察，在世紀中期以前，發生過中朝文人往來事件的使行途中地點有：鳳凰城、甜水店、十里堡、白塔堡、瀋陽、狼子山、遼東新城、舊遼東、新民屯、小黑山察院、十三山、大凌河、寧遠衛、山海關城、榆關、小黑山、新廣寧、醫巫閭、撫寧縣沙河驛、高麗堡、雙望堡城、豐潤縣、盤山、雙家子、小石嶺、二道井、高橋鋪、七里坡、玉田縣、宋家城、千山、郭民屯、角山、永平府、榛子店、沙流河、薊州、盤山、中右所村、三河縣、通州等等。

在上述交流地點中，以豐潤縣、玉田縣、永平府（含撫寧縣）、山海關最爲常見，其中又以發生在豐潤縣的交往事件爲多。十八世紀中期以前，姜鋧、孟萬澤、李宜顯等在途經豐潤縣時，都曾與谷應泰的後代有過交流①。除此，可知的事件還有：1723年（癸卯），黃晸與秀才魏姓人；1725年（乙巳），趙文命與魏秀才；1727年（丁未），姜浩溥與秀才谷可成；1728年（戊申），李時恒與魏姓人，以及同年尹淳與徐鶴年；1732年（壬子），李宜顯與生員王天壽的交流等。

發生在玉田縣的交往事件有：1712年（壬辰），閔鎮遠與秀才王緯；1720年（庚子），李器之與進士鄭愉；1725年（乙巳），趙文命與秀才李玉林的交流等。

發生在永平府的有：1712年（壬辰），金昌業與秀才吳廷璣；1713年（癸巳），崔德中與寓所主人田姓人；1713年（癸巳），金昌業與秀才李永紹及楊大有；1723年（癸卯），黃晸與永平府一秀才；1727年（丁未），姜浩溥與秀才李開的交流等。附：發生在撫寧縣的有：歷年朝鮮使團對徐鶴年家的拜訪②。

發生在山海關的有：1701年（辛巳），孟萬澤與秀才張練；1712

---

① 參見本節第三部分"十八世紀朝鮮文人在出使中國過程中多有訪問清文人的固定場所"。
② 同上。

第一章　十八世紀中朝文人交遊概況　　　　　　　　　　　　　　　63

年（壬辰），柳述與教授井姓人；1712 年（壬辰），金昌業與廩庠生郭如柏；1719 年（己亥），趙榮福與秀才郭如柏；1725 年（乙巳），趙文命與秀才程洪；1727 年（丁未），姜浩溥與程瑛及白受采；1727 年（丁未），姜浩溥與秀才郭如柏的交流等等。

　　這四個地點之所以成爲十八世紀中朝文人經常交流的場所，主要與此四地城市繁榮、文人薈萃、且有著較爲深厚的歷史文化底蘊有關。首先，山海關、豐潤、玉田、永平這些城市在當時非常繁榮。李宜顯在《庚子燕行雜識》中指出朝鮮使團使行路綫中最爲繁華的幾座城市，有云："市肆，北京正陽門外最盛，鼓樓街次之。通州與北京幾相埒，瀋陽、山海關又次之，車馬輻輳，百貨充牣，兩處一樣。而士女都冶，山海關爲勝，永平府次之，撫寧縣、豐潤縣、玉田縣又居其次。"①李宜顯所云繁華城市中，豐潤、玉田、永平府、山海關均被列入其內。又如孟萬澤在《閑閑堂燕行錄》中記豐潤云："入豐潤縣東門，縣即關內大邑，在昔聞賊之亂，燕京無不蕩殘屠戮，而獨此城保完。公第私宅半皆早時所創也。衢街填咽，市肆盈溢，與山海關、永平相埒。"②描繪出豐潤縣可與山海關、永平府相媲美的規整繁盛景象。

　　其次，這四個場所在中國歷史上也是文化深厚、人才輩出之地。如姜浩溥在《桑蓬錄》卷五中也指出："豐潤即畿內名邑，自古稱儒鄉，多光顯者。"此時雖"風與教移"，"然而燕京以北之以科舉

① 李宜顯《庚子燕行雜識》下，《燕行錄全集》第 35 册，第 444 頁。李宜顯所云諸多城市繁盛語實際上是主要轉引金昌業《老稼齋燕行日記》中的文字。金昌業《老稼齋燕行日記》卷一《山川風俗總錄》云："市肆，北京正陽門外最盛，鼓樓街次之。通州與北京幾相埒，瀋陽、山海關又次之，車馬輻輳，百貨充牣，兩處一樣。而士女都冶，山海關爲勝，遼陽、寧遠衛、錦州衛、中後所、永平府等處又次之。撫寧縣、豐潤縣、玉田縣又居其次。而市旗街房，亦自繁華。"《燕行錄全集》第 32 册，第 317 頁。可見，李宜顯、金昌業對清繁榮城市的看法基本相同。
② 孟萬澤《閑閑堂燕行錄》，《燕行錄全集》第 39 册，第 238 頁。

出類知名者,尚多出於撫寧、豐潤、玉田三縣云"①。可見撫寧、豐潤、玉田的崇文風氣之盛。深厚的文化底蘊給衆多的十八世紀朝鮮使者留下了深刻印象,他們用詩歌唱出對這些場所的向往和贊美。如李宜顯描繪玉田文士薈萃,有云:"仍知是處多佳士,倘可今來訪古文。"②趙觀彬贊玉田文化歷史悠久云:"季漢高情徐墓在,皇明美俗宋村傳。"③洪良浩更是對玉田舊俗猶存贊賞不已,有云:"巷女簪花看使蓋,村童挾册乞詩箋。中華舊俗猶堪愛,恨未吾行睹盛年。"④十八世紀朝鮮文人贊頌撫寧、豐潤兩地文化、文士之盛的詩句同樣不勝枚舉,如李宜顯贊撫寧人杰地靈有云:"最是前賢炳靈地,昌黎秀色露遥尖。"⑤《燕行記著》中《五絶》(七十二首)》亦有詩句贊云:"撫寧文士盛,舊説不虛傳。進士文魁字,當街往往扁。"⑥豐潤縣崇文重雅的風氣,直到十九世紀還在朝鮮文士中廣爲傳誦,如洪義浩有詩句"豐潤雄關古溟陽,近京儒雅説玆鄉"等等⑦。可見,這些地點本身所擁有的文化魅力使得一批又一批的朝鮮文士在途經該地時去仔細探訪,因而這些地點上也就發生了較之於其他場所更多的中朝文人交流事件。

最後,這四個地方文商衆多。出於做生意的需要,他們常常主

---

① 姜浩溥《桑蓬錄》卷五,《〈燕行錄選集〉補遺》上册,第563頁。
② 李宜顯《玉田》,李宜顯《陶谷集》卷二,《韓國文集叢刊》第180册,第352頁。
③ 趙觀彬《玉田縣》,趙觀彬《悔軒集》卷七,《韓國文集叢刊》第211册,第290頁。
④ 洪良浩《發玉田》,洪良浩《耳溪集》卷六,《韓國文集叢刊》第241册,第101頁。
⑤ 李宜顯《過撫寧縣》,李宜顯《陶谷集》卷二,《韓國文集叢刊》第180册,第356頁。
⑥ 佚名《燕行記著》,林基中、夫馬進編《燕行録全集(日本所藏編)》第1册,第328頁。
⑦ 洪義浩《豐潤縣》,洪義浩《澹寧瓿録》卷一八,韓國國立中央圖書館藏本,第123頁。

動與朝鮮使團成員接觸,推銷字畫、書册,甚至販賣朝報印本等。如1747年(丁卯)出使中國的尹汲稱豐潤"家家書迹不啻千籤,使行到此,則抱册求賣者甚多云矣"①。1780年(庚子)出使中國的盧以漸在《隨槎錄》中也指出,豐潤縣爲"明時畿輔至近之地,而實士大夫之冀北也,至今猶多文人碩士,而無以資生[者],多以刊賣書册爲業云"②。再如,像1719年(己亥)在山海關,清人郭如柏與趙榮福相見,1727年(丁未)又與姜浩溥相見,其眞正用意就是爲了經營生意。對一些朝鮮文人而言,他們爲了獲得中國圖書信息或滿足購買書籍的需要,也樂於與這些地方的書商來往,無疑這種心態也有利於中朝文人的見面和交流。由上可見,山海關、撫寧、豐潤、玉田四地多文商與朝鮮使團接觸,也是這些場所多有兩國文人交往事件發生的重要原因之一。

二、十八世紀中後期,兩國文人在北京、瀋陽、熱河等地進行了大量的交流

十八世紀中期以後,中朝文人交流的地點與世紀前期相比有一個明顯區別,就是兩國文人在北京、瀋陽、熱河等使行目的地的交往次數要遠高於在使行路途中的會見次數。以與清文士交流最爲頻繁的朝鮮文士爲例:如洪大容在北京至少與嚴誠、潘庭筠、陸飛等14位清人有過會晤。洪良浩在北京與戴衢亨、德保、博明、紀昀等9位清文士有過交流。李德懋在瀋陽孔子書院與院中諸生金科豫、教官裴振等8人有過交流,在北京與徐紹薪、李鼎元、祝德麟等12位清人有過會晤。朴齊家、柳得恭兩人在北京、瀋陽相識會晤過的清人更多。朴齊家所交往的清朝人士(含以書信或詩文聯繫的清文人3人)共168名,除去李調元、鮑紫卿、林皋、胡迥恒、孫

---

① 尹汲《燕行日記》,林基中、夫馬進編《燕行錄全集(日本所藏編)》第1册,第231頁。
② 盧以漸《隨槎錄》,《燕行錄全集》第41册,第73頁。

有義等寥寥數人外,朴齊家與他們的會晤地點均在北京或瀋陽。柳得恭三次出使中國,可考的來往過的清文人共有99人。除去遼陽秀才趙學淦、劉大觀、劉大均及未謀面但有尺牘或詩歌往復的李調元、祝德麟、沈心醇6人外,其餘93位清文人均是在北京或瀋陽相識而有交流。朴趾源在停留瀋陽、熱河、北京期間與博明、俞世琦、尹嘉銓、王民皞等35位清人有過談心與論學。綜上,北京、瀋陽、熱河是十八世紀中後期中朝文人進行各種交往的中心地點。

兩國文士在這三個城市進行大量學術、文學交流的主要原因在於:

其一,十八世紀中期以後,朝鮮北學派文人、一些清朝著名文士與世紀前期他們本國文人相比,在交接對方國度文人時,其心態和行爲有了很大的不同。就朝鮮文士而言,在十八世紀中期以前,使者來到北京、瀋陽等地後,出於對清王朝的蔑視,往往没有主動找尋結交清文士的意願。即使他們與部分清文人來往,其主要目的還是出於刺探軍事、政治等情况,以便回國後加以禀報。因而,在這樣的意圖下,他們也不便與朝廷官員做涉及國家機密的交流,大多祇能通過一些秘密途徑取得一些關於清朝的情報。而他們如何向清朝人士取得機密信息,從情理上講也不可能在朝鮮的使行日記中有大量記載。此外,他們到達使行目的地後,多懷有思鄉的情懷,希望能够儘早完成使行任務而回到自己國家。如1745年(乙丑),三節年貢正使趙觀彬停留北京期間有詩句云:"思鄉水東注,戀主星北拱。何時竣事歸?故山及耕種。"①在他離開北京即將回國之際,其無比的喜悦溢於言表,有詩句云:"燕城初旭出朝陽,一策郵驂迅若翔。五十日留偏覺久,三千里去便忘長。"②正是在這

---

① 趙觀彬《以奉使虚隨八月槎爲韻,書古體》,趙觀彬《燕行詩》,《燕行録全集》第37册,第598頁。
② 趙觀彬《早發燕館,出朝陽門》,趙觀彬《燕行詩》,《燕行録全集》第37册,第617頁。

些不利於交友的心態影響下，朝鮮使者到達北京後，就少有與清朝廷文人深入交流的舉動。

但到了十八世紀六十年代以後，朝鮮王朝的實學思想開始興起，以洪大容、洪良浩、朴趾源、李德懋、朴齊家、柳得恭等爲代表的一批主張向清朝學習的北學派文人爲了深入瞭解清朝社會、文化等，無一例外都有著強烈結交清名士的積極意識。因而，在北京、瀋陽和熱河這些清朝文士彙集的地方，他們通過自己主動拜訪、清文士援引等途徑，結識了數量龐大的清文人，且同他們進行了較爲深入的學術與文學交流①。

就清朝文士而言，十八世紀中期以前，少有清朝廷文人在北京主動拜訪朝鮮使團駐地或文人的舉動。如 1732 年（壬子），朝鮮使團忽然得知禮部尚書派人前來問安，朝鮮譯官無不詫異，李宜顯《壬子燕行雜識》載："禮部尚書三亥，清人也，送郎屬問安否。譯輩言此乃曾所希有之事。"②正是由於清朝廷文人來訪使團駐地之事稀見，所以譯官們纔表現出一種驚訝之情。在世紀中期以前，更沒有清朝廷文人積極援引朝鮮文士與其他一批清人相會的現象，而這些情形在世紀中後期的中朝文人交流活動中不時呈現出來。如 1790 年（庚戌）柳得恭停留北京期間，在未與紀昀會晤之前，紀昀就主動前往使館拜訪。柳得恭《灤陽錄》卷二《紀曉嵐大宗伯》載："後數日曉嵐命駕到館，問柳、朴兩檢書在否。余與次修適出遊未歸，提督、通官惶忙酬接，曉嵐留紅紙小刺而去。"③又如 1790 年（庚戌），翰林編修阮元、翰林檢討劉鐶之同往朝鮮使館，欲結交朝鮮文士，得與柳得恭相遇。《灤陽錄》卷二《劉、阮二太史》載："余在館中，二人同車而來，徘徊庭際，無人酬接，怊悵欲返。余請至炕上與

---

① 洪大容、洪良浩、朴趾源、李德懋、朴齊家、柳得恭分別與大量清文士作深入交流的內容、特徵等在後文列專節作具體論述，此不贅述。
② 李宜顯《壬子燕行雜識》，《燕行錄全集》第 35 册，第 500 頁。
③ 柳得恭《灤陽錄》卷二，第 54 頁。

語,皆名士也。"①在北京,一些清文士積極援引朝鮮文士與其他清文人相識的情形亦有不少,比較突出的事例是李鼎元安排了朝鮮友人與一大批在京的清文士相會。這就極大地拓寬了一些朝鮮文士在北京時的交友脈絡。如李鼎元在與李德懋結識後,主動幫助其與清人祝德麟、唐樂宇、李驥元、沈心醇等相會;在與柳得恭相識後,又介紹其與清孝廉彭惠支、王霽等人相識;在與洪羲俊相識後,又將其介紹給洛下諸學士,洪羲俊得與他們"從遊於翰墨之場"等。又如,1780年(庚子),朴趾源在離開瀋陽前往北京之際,清人田仕可專門寫有一封把朴趾源介紹給北京許太史台村認識的書信,讓其攜帶入京。同年,朴趾源在北京與俞世琦相識後,俞世琦又"多引海內名士,如凌舉人野、高太史棫生、初翰林彭齡、王翰林晟、馮舉人秉健,皆才高韻清。其隻字片語,無不芬馥牙頰"②。綜上,十八世紀中後期北京一些清文人心胸豁達,有著積極與朝鮮文士交往的心態,這就有利於中朝文人在北京期間展開各種交流活動。同時,一些清人援引朝鮮文士的舉動也很重要。從實際情況來看,朴齊家、柳得恭、李德懋、朴趾源等朝鮮文人若沒有清友人的積極推薦,加之他們與清人口頭語言不通、停留北京時間較短等因素,那麼無論如何,他們也很難在北京結識到數量如此龐大的清文士。

要之,十八世紀中後期,中朝文人樂於接納彼國文化、文人,以加深相互瞭解的豁達胸襟,使得兩國文人間的交往在北京、瀋陽、熱河等地大量發生。

其二,十八世紀中後期的北京、瀋陽和熱河等地是各種人才薈聚的地方,這就爲在這些地點發生大量的中朝文人交流事件提供了一種可能性。北京和瀋陽是清朝兩個最爲重要的政治文化中

---

① 柳得恭《灤陽錄》卷二,第65頁。
② 朴趾源《熱河日記》,第51頁、第284頁。

第一章　十八世紀中朝文人交遊概況

心。毫無疑問,一大批有才學的清文士會集聚於此。到了十八世紀中期以後(即乾隆、嘉慶時期),由於清朝學術的發展與繁榮,此時北京更是人才薈萃,既包括在朝廷中爲官的著名文士,如紀昀、鐵保、李調元、李鼎元、翁方綱、張問陶、阮元等,又有隱居北京民間的名士,如羅聘,還有一大群等候參加科舉考試的文士,如嚴誠、潘庭筠等。

而瀋陽這個城市,清朝遷都北京前爲清都城,後成爲陪都,同時由於其地理形勢上的要衝地位,歷來受到清朝統治者的高度重視①。1703 年(癸未)出使中國的徐宗泰《瀋陽途中》云:"仙踪白鶴千年柱,虜勢黃龍萬堞城。伊昔金湯勤布置,即今巢窟久經營。"②稱瀋陽得到清朝的長久精心經營。十八世紀朝鮮文人李種徽亦有云:"自世祖至今,皆輕幽州而重盛京。"③由於清朝的重視,瀋陽的政治、文化建制等諸多方面與清首都北京相似,如同樣設有六部、太學等,故而當時瀋陽也是極其繁華,也聚集有一大批清文士,如瀋陽府學助教拉永壽、禮部教官劉克柔、奉天府治中孫鎬、瀋陽名士張又齡等等,此外還有在瀋陽書院裏求學的衆多年輕文士,如與柳得恭交流過的青年秀才王瑗、沈映宸、王志騏、金科豫、八十太、明文、雅隆阿等 28 人。

此外需要指出,熱河也是中朝文士發生交流活動的重要地區之一。其主要原因與清乾隆皇帝兩次在熱河的祝壽活動有關。一是 1780 年(庚子),乾隆皇帝七十大壽,詔以朴明源爲正使、鄭元始

---

①關於瀋陽受到清朝的高度重視問題,筆者在用英語發表的 *Shenyang and its cultural features in Chosŏn Envoys' Eyes* (25TH BIENNIAL AKSE CONFERENCE Moscow, June 17—20, 2011, Volume 1:324)一文中已作了詳細闡述,可參見。
②徐宗泰《晚静堂集》卷四,《韓國文集叢刊》第 163 册,第 75 頁。
③李種徽《守要害》,李種徽《修山集》卷六,《韓國文集叢刊》第 247 册,第 412 頁。

爲副使、趙鼎鎭爲書狀官的朝鮮使團前往熱河①。二是1790年(庚戌),爲慶賀乾隆皇帝八十壽誕,以黃仁點爲正使,徐浩修爲副使,李百亨爲書狀官的朝鮮進賀使團亦來到熱河。出於爲乾隆皇帝賀壽或觀摩慶祝活動等原因,大量清朝廷文士、舉人、秀才等雲集熱河。據記載有乾隆這兩次壽誕的燕行日記(朴趾源《熱河日記》、柳得恭《灤陽錄》)考察,在這兩次乾隆壽誕中,出現在熱河的清文人就有吏部漢尚書彭元瑞、禮部侍郎鐵保、內閣學士玉保、翰林章煦、理藩院侍郎巴忠、理藩院員外郎湛潤堂、福建將軍完顏魁倫、衍聖公孔憲培、舉人王民皞、山東都司郝成、大理寺卿尹嘉銓、講官敬旬彌、舉人鄒舍是、講官破老回回圖、禮部尚書曹秀先等人。此外,還有一大批不知名的清文士,如朴趾源到熱河太學後,便發現大批中原士大夫已先期到達,有云:"既入太學爲寓館,則中原士大夫亦多先寓太學者,爲參賀班來也。"②

可見,大量清文士雲集北京、瀋陽,及某些特定時期清文士大量聚集熱河,都爲十八世紀中後期朝鮮文士能與清文士接觸並作大量交流活動提供了極其重要的先決條件。可交往的清文人衆多,這恰恰是除北京、瀋陽、熱河等以外的其他中國地區所不能提供給朝鮮文人的交友前提條件。

其三,十八世紀乾隆皇帝在位之時,經常在北京皇宫或園林中邀請朝鮮使臣參加宴會,這就爲一些中朝文士能在北京宴享之時相識創造了一個良好機會。清乾隆皇帝在宴會後又常常讓朝廷大臣、朝鮮文人寫詩應制,由於題材大致一致,中朝文人有時也會互相交流,這在某種程度上也促進了兩國文人間以詩會友現象在北京的發生。常例宴饗如"乾隆間,年例自正月十三日起,在(同樂)

---

① 朴趾源《熱河日記》載:"今年春,皇帝自南巡直北還熱河。……今我使倉卒被詔,晝夜兼行,五日始達。"第112頁。
② 朴趾源《熱河日記》,第161頁。

第一章　十八世紀中朝文人交遊概況　　　　　　　　　71

園酬節。宗室王公及外藩、蒙古王公、台吉、額駙、屬國陪臣，俱命入座，賜食聽戲"①。朝鮮使臣當時被列入屬國陪臣的行列。除了常例宴饗外，一些特殊的大型慶祝宴會，乾隆皇帝也會邀請朝鮮使臣參加，如"乾隆五十年舉行千叟宴時，命朝鮮國酌派年六十以上陪臣二三人充正副使與宴"②。此次千叟宴規模很大，首次在乾清宮宴會時，"與宴者三千人，用柏梁體，選百人聯句"，"再舉於寧壽宮之皇極殿，與宴者三千五十六人，賦詩三千餘首"③。此年，朝鮮使團正使李徽之、副使姜世晃參加了宴會。也正是在宴會時或之後，李徽之、姜世晃與禮部尚書德保詩歌往復唱酬，如姜世晃寫有《次德保〈次上使千叟宴詩〉韻》、《次德保〈次千叟宴詩〉韻》等詩，德保唱酬有《奉和朝鮮姜副使〈恭紀千叟宴詩〉元韻》、《奉和朝鮮李正使〈恭紀千叟宴詩〉元韻》等詩。顯然，千叟宴爲李徽之、姜世晃與德保的詩歌唱酬提供了一個良好的機緣。由此也可以進一步推想，李徽之、姜世晃在這次規模浩大的千叟宴上，也曾與衆多清朝廷文士識面。又如，"乾隆五十五年，聖壽八旬，朝鮮、琉球、安南、巴勒布皆詣闕祝釐，因復賜宴於御園"④。無疑，此次乾隆壽誕宴會之時，參加宴饗的朝鮮正使李性源、副使趙宗鉉必然與一些清朝廷文士謀過面。

此外，朝鮮使團在北京、瀋陽等使行目的地的停留時間要比在其他使行途經地點的駐留時間長，這就爲出使中國的朝鮮北學派文人提供了找尋友人進行交流的時間優勢。這也是十八世紀中後期朝鮮文士在北京、瀋陽、熱河等地得以結交大量清文人的重要因素之一。

正是出於以上四個主要原因，十八世紀中後期，北京、瀋陽、熱

―――――――――
① 吳振棫撰，童正倫點校《養吉齋叢錄》，中華書局，2005年，第184頁。
② 同上，第200頁。
③ 同上。
④ 同上。

河成爲了中朝文學、學術等交流的中心。兩國文人共同在這些地點掀開了文化交流的新篇章。

三、十八世紀朝鮮文人在出使中國過程中多有訪問清文人的固定場所

(一)撫寧縣徐鶴年之家

朴趾源《熱河日記》載：

> 徐鶴年性本喜客，初逢白下尹公，開襟款接，多出所有書畫以示之。自此撫寧縣徐進士之名膾炙東韓，每歲使行必爲歷訪，遂成舊例。①

1728年(戊申)，尹淳以三節年貢正使身份出使中國，途經撫寧縣時，得到了徐鶴年的熱忱款接。自此，徐進士之名在朝鮮流播開來。以後，燕行使者在途經撫寧縣時訪問徐家，便成爲了一個慣例。如洪大容《湛軒燕記・撫寧縣》亦載：

> 撫寧自古以文明稱。有徐氏，尤縣中大姓，有中進士者。家富豪，多書畫器玩，頗喜詩律。使行過之者，莫不踵門求見，進士亦延接款洽，由是徐進士名聞東國。進士死，家業頗消落，猶有舊風焉。②

也稱徐鶴年家"使行過之者，莫不踵門求見"。李德懋《入燕記》亦有載：

> 撫寧縣，……市肆北畔，即徐鶴年家也。屋宇宏敞，自古東使必入觀。鶴年字鳴臬，進士也。爲人長者，家富好客，今已没。有二子，長曰紹芬，字咏香，次曰紹薪，字樵丹。③

---

① 朴趾源《熱河日記》，第86頁。
② 洪大容《湛軒燕記》，《燕行錄全集》第42册，第172頁。
③ 李德懋《入燕記》，《燕行錄全集》第57册，第257頁。

第一章 十八世紀中朝文人交遊概況　　　　　　　　　　　　　　73

也稱徐家爲"自古東使必入觀"之所。朴齊家有云："徐鶴齡（年）家自白下淳爲始，每年歷訪爲常。"①金正中也稱徐鶴年家"我東節使往來過此邑者，必停轎委訪"②。據十八世紀燕行日記考察，撫寧縣徐鶴年家確實是朝鮮使者經常歷訪的中國文人之宅，如 1756 年（丙子），於撫寧縣，李基敬與徐進士有筆談，其《飲冰行程曆》載："所謂徐進士出門迎候，遂更入其家。索紙筆與之酬酢，仍請見所藏書畫。蓋多絕寶，如吳道子、米元章、蘇東坡真迹，尤可愛也。"③1792 年（壬子），"（金正中）共松園、東谷訪徐進士鶴年家"④。此外又如 1731 年（辛亥）出使中國的趙尚綱，1748 年（戊辰）、1752 年（壬申）、1755 年（乙亥）、1760 年（庚辰）出使中國的朝鮮海運君李㯙⑤，1747 年（丁卯）出使中國的尹汲，1760 年（庚辰）出使中國的李商鳳，1767 年（丁亥）出使中國的李心源，1777 年（丁酉）出使中國的李在學、李坤，1778 年（戊戌）出使中國的蔡濟恭、鄭一祥、沈念祖、李德懋、朴齊家，1780 年（庚子）出使中國的朴趾源，1782 年（壬寅）出使中國的洪良浩，1786 年（丙午）出使中國的沈樂洙等，都曾拜訪過徐鶴年家⑥。

朝鮮文人拜訪徐鶴年之家的主要原因在於：

首先是徐進士的熱情與好客。朴趾源稱"徐鶴年性本喜客，初逢白下尹公，開襟款接"。洪大容稱其"延接款洽"。金正中有云："廟傍一高門，扁曰'文魁'，即徐進士家也。以園池、花果之盛，號爲

---

①朴齊家《燕京雜絕贈別任恩叟姊兄，追憶信筆，凡得一百四十首》（第十五首）詩注，朴齊家《貞蕤閣集·四集》，《韓國文集叢刊》第 261 册，第 550 頁。
②金正中《燕行錄》，《燕行錄全集》第 75 册，第 105 頁。
③李基敬《飲冰行程曆》，《燕行錄續集》116 册，第 338 頁。
④金正中《燕行錄》，《燕行錄全集》第 75 册，第 240 頁。
⑤李㯙曾三次訪撫寧徐進士家。徐命臣《庚辰燕行錄》載："正使亦見之三次云。"《燕行錄全集》第 62 册，第 89 頁。
⑥舉出的朝鮮文人拜訪徐鶴年家之事，詳見本書下編《十八世紀中朝文人交流長編》。

關內甲第。我東節使往來過此邑者，必停轎委訪，則主人喜客之來，進一碗茶、一杯酒，以珍果佐之，出書幾卷、畫幾軸，以詩話了之，可謂風流賢主。"①徐鶴年去世以後，其後代對來訪朝鮮文士依然很熱情，李德懋《題撫寧縣徐紹芬家》詩云："高麗客到古驪城，賢主華堂把臂迎。惜別深杯傾細細，鵝黃名酒出南京。"②徐紹芬是徐鶴年長子。可見，徐進士一家對待朝鮮使者的熱忱給朝鮮人留下了深刻印象。

其次，徐進士家多書畫器玩，能引起朝鮮文人的興趣。朴趾源有云："其家舍僭侈，器玩瑰奇，誠如前聞。……滿堂刻揭果親王、阿克敦、于敏中、鄂爾泰、皇三子、皇五子詩，俱以興京祭官道出此中，多歷宿留詩而去。"③蔡濟恭有《訪徐進士家》詩，有句云："楣頭日照黃金字，半是親王手自書。""傳家舊有百家書，貫月虹光夜照閭。"④這些都點明了徐進士家多書畫、器玩的特點。

最後，朝鮮文人對徐家有良好的印象，不願意在撫寧縣再麻煩他家。這一點，朴趾源在《熱河日記》中講得很清楚，云："然其實邑中他家多勝徐宅主人喜客，遍是鶴年。特尹公偶先見此，有非東國宰相所可比擬，則津津艷稱。是後譯輩因以徐宅爲歸者，不欲更煩他家，添一事役也。"⑤朴齊家有詩云："撫寧徐進士，東人遇一過。猶存舊書畫，迎送世其家。"⑥用它來總結朝鮮文人拜訪徐進士家的原因是最爲合適的。

(二) 豐潤縣谷家

豐潤谷家也是十八世紀朝鮮燕行成員經常造訪的場所。早在

---

① 金正中《燕行錄》，《燕行錄全集》第 75 册，第 105—106 頁。
② 李德懋《青莊館全書》卷一一，《韓國文集叢刊》第 257 册，第 197 頁。
③ 朴趾源《熱河日記》，第 85 頁。
④ 蔡濟恭《含忍錄》，《燕行錄全集》第 40 册，第 368 頁、第 369 頁。
⑤ 朴趾源《熱河日記》，第 86—87 頁。
⑥ 朴齊家《燕京雜絕贈別任恩叟姊兄，追憶信筆，凡得一百四十首》(第十五首)，朴齊家《貞蕤閣集·四集》，《韓國文集叢刊》第 261 册，第 550 頁。

1695年(乙亥),洪受疇即寫有《贈谷韜臣》詩,詩序云:

> 豐潤谷韜臣者,稱以秀才。以富者,新構甲第,令人眩目。坐我於一內堂,而爲接我人。除其炕制,房舍一如我國,西來始見也。俄進盤果,薊酒澄濃,又進花磻盤,辭而不得,仍爲乞詩甚勤。他無詩料,有一子頗賢矣。①

當時,谷韜臣非常熱情地接待了朝鮮使者,洪受疇有詩贊云:"知君自是好風流,携我同登第幾樓?地近玉田生有子,家傳金谷富傾侯。樽盈竹葉留人醉,笛弄梅花送客愁。滿壁圖書看未了,來時更擬寶籤抽。"②自此後,朝鮮使者拜訪豐潤谷家即爲常事:

1697年(丁丑),崔錫鼎有《次豐潤谷秀才鷗韻》③。

1701年(辛巳),姜銳出使中國,過豐潤谷家時,與谷家人有詩歌唱和,詩題作"次豐潤谷一枝韻二首"④。此年,孟萬澤途經豐潤縣時,與谷應泰之侄亦有交流⑤。

1720年(庚子),李宜顯《庚子燕行雜識》:"到豐潤谷碩家,碩是應泰之侄孫,應泰撰《明史[紀事]本末》,以文著名,而此人則不文無識。炕室極其精麗,內貼'耐軒'二字,滿壁書畫多可觀。先君子赴燕時,副价洪參判受疇宿此家。聞其除去炕制,作房堗,一如我國房樣。今來見之不然,怪而問之,答云其房日久壞了。仍進果餅九器,且進酒茶。"⑥

1732年(壬子),李宜顯出使中國時,宿谷礪家。宜顯贈其二

---

① 洪受疇《壺隱集》卷二,《韓國文集叢刊(續)》第46册,第242頁。
② 同上。
③ 其詩云:"遠客來燕市,相逢似舊情。仙槎余浪迹,俠窟爾藏名。露柳疏秋影,風蟬咽暮聲。此間無縞紵,幽抱以詩鳴。"崔錫鼎《明谷集》卷五,《韓國文集叢刊》第153册,第524頁。
④ 姜銳《看羊錄》,《燕行錄全集》第30册,第39—40頁。
⑤ 孟萬澤《閒閒堂燕行錄》,《燕行錄全集》第39册,第238頁。
⑥ 李宜顯《庚子燕行雜識》,《燕行錄全集》第35册,第362頁。

詩。詩載於《陶谷集》卷三,題作"還到豐潤谷家,修屋許處,預釀酒以待,又餉茶果。其義可尚,遂贈以詩"。詩注有云:"主人即谷應泰之從孫。"①

1760年(庚辰),於豐潤縣,李商鳳、李徽中與谷應泰之孫谷慶元有筆談②。

1778年(戊戌),朝鮮使團前往北京途中,五月初十日,於豐潤縣,沈念祖、李德懋等借宿在谷應泰五代孫家,並與之筆談③。後在回程中,李德懋又借寓谷家。李德懋《入燕記》載:"六月二十一日,……今日又寓谷應泰曾孫之家。"④由上可知,在十八世紀豐潤谷家確實是朝鮮使團歷訪的場所。

朝鮮使者喜歡拜訪豐潤縣谷家的最主要原因在於:谷家先輩谷應泰撰寫有《明史紀事本末》一書。該書在當時朝鮮文壇中有較大的影響。途經豐潤縣時,朝鮮使行文人由對《明史紀事本末》的印象,引發了對谷應泰家及其後代的濃厚興趣,豐潤谷家成爲了朝鮮使團文人常去拜訪的場所。關於《明史紀事本末》的情況,《欽定四庫全書總目》卷四九載:

> 《明史紀事本末》,八十卷,通行本,國朝谷應泰撰。應泰字賡虞,豐潤人。順治丁亥進士,官至浙江提學僉事。其書仿袁樞《通鑑紀事本末》之例,纂次明代典章事迹。凡八十卷,每卷爲一目。當應泰成此書時,《明史》尚未刊定,無所折衷,故紀靖難時事,深信《從亡》、《致身》諸錄,以惠帝遜國爲實。於滇黔遊迹,載之極詳。又不知懿安皇后死節,而稱其"青衣蒙頭,步入成國公第",俱不免沿野史傳聞之誤。然其排比纂次,

①李宜顯《壬子燕行雜識》,《燕行錄全集》第35册,第337頁。
②參見李商鳳《北轅錄》卷三,〈燕行錄選集〉補遺上册,第796—797頁。
③李德懋《入燕記》,《燕行錄全集》第57册,第262—263頁。
④同上,第325頁。

详略得中,首尾秩然。於一代事實,極爲淹貫。每篇後各附論斷,皆仿《晉書》之體,以駢偶行文。而遣詞抑揚,隸事親切,尤爲曲折詳盡。考邵廷采《思復堂集·明遺民傳》稱"山陰張岱嘗輯明一代遺事爲《石匱藏書》,應泰作《紀事本末》,以五百金購請,岱慨然予之。"又稱"明季稗史雖多,體裁未備,罕見全書。惟談遷《編年》、張岱《列傳》兩家具有本末,應泰並采之以成《紀事》。"據此則應泰是編,取材頗備,集衆長以成完本,其用力亦可謂勤矣。①

《總目》給予了《明史紀事本末》較高的評價,認爲其有史料價值,稱其"不免沿野史傳聞之誤。然其排比纂次,詳略得中,首尾秩然。於一代事實,極爲淹貫"。由於此書記載明代史實極爲詳細,特別加之朝鮮對明朝"事大"、報恩的特殊感情,因此朝鮮文人對此書極爲關注。宋時烈《宋子大全·隨劄》卷六載:"閔公使還,得《明史[紀事]本末》、《明季遺聞》兩書而來。《本末》即明末谷應泰所作。"②自《明史紀事本末》傳入朝鮮後,十八世紀的朝鮮文人在撰書立説時,經常引用此書,谷應泰其名和此書名也很快爲朝鮮衆多文人所知,如金昌業《老稼齋燕行日記》卷二就大量引用谷應泰《明史紀事本末》中吳三桂破李自成的史實記錄③。李宜顯在《庚子燕行雜識》中也指出"應泰撰《明史[紀事]本末》,以文著名"等④。可見,衆多朝鮮使團文人是知道谷應泰其人的。

正是出於對其人其書的濃厚興趣,燕行使者途經豐潤時,便會打聽谷家後代情況,如1760年(庚辰),李徽中出使中國,途經豐潤縣時,便向人打聽谷家。李商鳳《北轅録》卷三有載:

---

① 《四庫全書》研究所整理《欽定四庫全書總目》卷四九,第683頁。
② 宋時烈《宋子大全·隨劄》,《韓國文集叢刊》第116册,第381頁。
③ 參見金昌業《老稼齋燕行日記》卷二,《燕行録全集》第32册,第479—480頁。
④ 李宜顯《庚子燕行雜識》,《燕行録全集》第35册,第362頁。

(李徽中)又問:"豐潤谷、曾二姓人知之乎?"(李斐)曰:"俱吾親也。"問:"尊是谷霖蒼(應泰號)外屬乎?"曰:"外孫也。城內東學門口魯克讓進士已做知縣回家。谷應泰之孫名慶元見在北街。"問:"谷生能不忝厥祖之文華否?"曰:"未及,但在科甲,而豐潤之巨擘,唯此二姓而已。"①

在與谷應泰後代交流時,朝鮮使者往往會詳細問及《明史紀事本末》和谷應泰的相關事實,這也反映出朝鮮文人對谷應泰寫有《明史紀事本末》的高度關注,如李德懋《入燕記》載云:

> 書狀又召主人筆談,此谷霖蒼應泰之五代孫也。問《明史紀事本末》,則嚬蹙良久,乃曰:'先祖坐此書被禍,故毀板,不行於世。'蓋直書清事,爲家僮所告。康熙二十九年,年七十坐死。登順治科,官至浙江提學。書狀屢請詳言其事,其人竟秘諱不言,擲筆而起。②

綜上,谷應泰撰寫有《明史紀事本末》一書,其內容與明朝有著千絲萬縷的聯繫,由此而引發了朝鮮文士對其人其書的強烈興趣,故而他在豐潤的家及其後代成爲了朝鮮使團途經時的拜訪對象。

(三)三河縣孫有義家

三河縣孫有義(號蓉洲)家是十八世紀中後期朝鮮使團文人經常拜訪的場所。孫有義由此也結識了洪大容、朴齊家、朴趾源等一批朝鮮學者。他與朝鮮使者的聯繫最早可以追溯到洪大容與他的友誼。1766年(丙戌),洪大容與孫有義在三河縣相逢並有交流。別時,兩人相約以書信保持聯絡。洪大容與孫有義的來往信件,存世的共計18封。從約1766年(丙戌)至1780年(庚子),幾乎每年

---

①李商鳳《北轅錄》卷三,《〈燕行錄選集〉補遺》上冊,第793頁。
②李德懋《入燕記》,《燕行錄全集》第57冊,第262—263頁。

都有書信往來①。洪大容《答孫蓉洲書》亦云:"我輩旅邸半面,遂成長別。賴此尺簡,道達衷誠,藹然忠愛,一年深於一年。此三生奇緣,千古異迹。"②

由於朝鮮與北京、三河縣相隔數千里,洪大容與孫有義的書信往來完全依托於每年的朝鮮使行,在燕行路綫當中的三河縣居所便成爲了朝鮮文人的歷訪之地。如洪大容《與秋庫書》中有云:"三河縣城裏舉人孫有義、太原鄧師閔二人,俱有文學,愛人好義,氣味温厚,與弟一見許心,餘情戀戀。往歲使行,各有書信。已約逐歲嗣音,永不相忘。"③清楚指出朝鮮使行轉交信件與三河縣孫有義的行爲。另外,洪大容寫給其他清文士的書信也往往是通過朝鮮使行人員先交給孫有義,再由孫有義轉交他人。如嚴誠之兄嚴果與洪大容書有云:"今春忽有都門寓客歸杭,賫到三河孫蓉洲先生書,中有足下去冬所寄手書一函。"④洪大容給嚴果的信函就是由朝鮮使者先交至孫有義處,然後由孫有義再轉交至嚴果。反之,清文人寫給洪大容的書信,則先交至孫有義處,然後孫有義再轉托朝鮮使者帶回朝鮮。如洪大容《答孫蓉洲書》載:"蓉洲足下:戊戌七月,因頒朔便附札。秋晚貢使回,仍李懋官傳來正月廿五手翰、浙西封緘,並已收領。"⑤浙西的信件便是先交送孫有義處,然後由朝鮮使行人員李德懋帶回朝鮮交與洪大容。

---

① 筆者按,洪大容與孫有義每年都有書信往來的闡釋文字詳見本書上編第四章第二節《洪大容與清文人來往書信考論》。
② 洪大容《答孫蓉洲書》(前歲十一月書、詩……),洪大容《湛軒書·外集》卷一《杭傳尺牘》,《韓國文集叢刊》第 248 册,第 124 頁。
③ 洪大容《與秋庫書》(大容白:去歲七月……),洪大容《湛軒書·外集》卷一《杭傳尺牘》,《韓國文集叢刊》第 248 册,第 114 頁。
④ 嚴果與洪大容書(湛軒先生手啓。哀子嚴果泣血稽顙……),《中士寄洪大容手札帖》6,韓國崇實大學基督教博物館藏,第 392—393 頁。
⑤ 洪大容《答孫蓉洲書》(蓉洲足下:戊戌七月……),洪大容《湛軒書·外集》卷一《杭傳尺牘》,《韓國文集叢刊》第 248 册,第 123—124 頁。

可見，由於洪大容與孫有義有密切的書信往復，加之他又是洪大容與其他清文士間尺牘來往的中間轉交人，因此，他在三河縣的居所必然成爲了朝鮮使團文人經常拜訪的場所。而他本人爲了寄信與朝鮮友人的需要，也必然常常去與朝鮮使行文人相會。

(四)北京琉璃廠

在十八世紀中後期，北京琉璃廠是發生中朝文人交往事件的又一個重要場所。一般來説，朝鮮使者來到北京後都會前往琉璃廠遊觀或在此與清文人會晤交流。在琉璃廠結識清朝文士，成爲了當時燕行文人擴大與中士交遊範圍的重要途徑之一。

十八世紀發生在北京琉璃廠的中朝文人交遊事件衆多，如：1766年(丙戌)洪大容曾先後前往琉璃廠訪問監生蔣本、監生周應文、欽天監博士張經、琴師劉生等①。其與後來成爲知己的嚴誠、潘庭筠、陸飛也多次在琉璃廠乾净衕筆談②。1778年(戊戌)李德懋和朴齊家前往琉璃廠北佛庵訪《四庫全書》謄校官徐紹薪。同年，李德懋出遊琉璃廠時，又與鄆州舉人黄道煥、李憲喬，"五柳居"主人書商陶正祥相逢③。1780年(庚子)朴趾源逢俞世琦、徐璜、陳庭訓於琉璃廠楊梅書街六一樓，後又"約黄圃會話於楊梅書街，凡七遭。黄圃多引海内名士，如凌舉人野、高太史棫生、初翰林彭齡、王翰林晟、馮舉人秉健，皆才高韻清"④。同年，朴趾源還與翰林庶吉士王晟在琉璃廠偶逢⑤。1783年(癸卯)洪仁謨與清人盧烜在琉璃

---

① 洪大容《湛軒燕記》，《燕行録全集》第42册，第32頁、第128頁、第138頁。
② 朴趾源《洪德保墓志銘》載："(洪大容)遇陸飛、嚴誠、潘庭筠於琉璃廠。三人者俱家錢塘，皆文章藝術之士，交遊皆海内知名，然咸推服德保爲大儒，所與筆談累萬言。"洪大容《湛軒書·附録》，《韓國文集叢刊》第248册，第321頁。
③ 李德懋《入燕記》，《燕行録全集》第57册，第277頁、第291頁、第293頁。
④ 朴趾源《熱河日記》，第110頁、第284頁。
⑤ 同上，第180頁。

第一章 十八世紀中朝文人交遊概況

廠相逢①。1790年(庚戌)朴宗善與豐紳殷德在琉璃廠相逢②。1791年(辛亥),金履度遊琉璃廠與張道渥相逢③。同年,金正中於琉璃廠與"聚好齋"主人程嘉賢以及胡寶書相識④。三次出使中國的柳得恭和四次出使中國的朴齊家與清人在琉璃廠相會的情形更多。與柳得恭曾在琉璃廠相逢或相晤的清人有李鼎元、曹江、錢東垣、崔琦、陶正祥等。與朴齊家在琉璃廠相逢或相晤的清人有李鼎元、唐樂宇、李驥元、潘庭筠、蔡曾源、羅聘、孫星衍、陳鱣、黃成、夏文燾、盛學度、陶正祥等。

由上可見,琉璃廠在十八世紀中後期確實是朝鮮文人結識清朝文人或與之交流的主要場所之一。究其原因,主要有以下兩點:

其一,乾嘉時期的琉璃廠是清朝京城文化的典型代表之一,無論是清朝文人還是朝鮮使者都願意前往觀覽,客觀上造成了中朝文人容易相逢的機緣。

琉璃廠自建市伊始,到乾隆時已逐漸發展成爲極爲繁榮的文化街市,書鋪林立是其最大的特點。如孫殿起《琉璃廠小志》有云:"琉璃廠,遼時京東附郭一鄉村耳。元於其地建琉璃窰,始有今名。清乾隆後漸成喧市,特商賈所經營者,以書鋪爲最多,古玩、字畫、文具、箋紙等次之,他類商品則甚少。舊時圖書館之制未行,文人有所需,無不求之廠肆。外省士子入都應試,亦皆趨之若鶩。蓋所謂琉璃廠者,已隱然爲文化之中心,其地不特著聞於首都,亦且馳譽於全國也。"⑤指出琉璃廠裏書鋪最多,它們儼然成了民間圖書

---

①參見本書下編第五章《十八世紀後期中朝文人交流長編》"洪仁謨與方維翰、盧炰交遊"條。
②李圭景《風槍、氣炮辨證説》,李圭景《五洲衍文長箋散稿・人事篇》,東國文化社,1959年影印本。
③金正中《燕行録》,《燕行録全集》第75册,第140頁。
④同上,第145頁。
⑤孫殿起輯《琉璃廠小志》,第1頁。

館，士子們往來其中，川流不息。

琉璃廠的文化繁盛，自然吸引了衆多清文士的目光，它成爲乾隆時期各種文人會聚最爲集中的場所。往來其中者，多有《四庫》館臣、清朝書商。孫殿起輯《琉璃廠小志》引翁方綱《復初齋詩注》語："乾隆癸巳開《四庫》館，……每日清晨，諸臣入院，設大厨，供茶飯。午後歸寓，各以所校閱某書應考某典，詳列書目，至琉璃廠書肆訪之。是時，浙江書賈奔輳輦下，書坊以五柳居、文粹堂爲最。"①琉璃廠書肆因其藏書之富，成爲《四庫》館臣校閱某書、應考某典時幾乎必去的地點。琉璃廠還是清朝大量秀才、舉人等駐足的場所。琉璃廠附近地區有許多會館，如四川新會館、安徽會館、湖廣會館等。每逢大比之年，它們爲參加科舉考試的文人們提供了食宿的便利條件②。由於琉璃廠與諸會館位置毗鄰，它自然成爲了這些科舉文人們交流學識、查閱或購買書籍的最佳去處。朝鮮洪大容《湛軒燕記·琉璃廠》載云："廠在正陽門外西南五里，而近廠夾道而爲市鋪。東西設閭門，扁曰'琉璃廠'，蓋因以爲市號云。市中多書籍、碑版、鼎彝、古董，凡器玩雜物爲商者，多南州秀才應第求官者，故遊其市者，往往有名士。"③朴趾源《熱河日記》亦有載："琉璃廠在正陽門外南城下，……廠外皆廛鋪，貨寶沸溢。書册鋪最大者曰文

---

① 孫殿起輯《琉璃廠小志》，第32頁。筆者按，孫殿起輯的這段引文，並未見載於文海出版社的《復初齋文集》中任何一首詩歌的自注，疑孫殿起誤引了出處。但《翁氏家事略記》一書中，有類似内容的記載。翁方網《翁氏家事略記》"乾隆三十九年"條下載："自癸巳春入院修書，時於翰林院署開《四庫全書》館。……每日清晨入院，院設大厨，供給桌飯。午後歸寓，以是日所校閱其書應考某處，在寶善亭與同修程魚門晉芳、姚姬川鼐、任幼植大椿諸人對案，詳舉所知，各開應考證之書目。是午携至琉璃廠書肆訪查之。是時，江浙書賈亦皆踴躍，遍徵善本足資考訂者，悉聚於五柳居、文粹堂諸坊舍。"《翁氏家事略記》，美國哈佛大學哈佛燕京圖書館藏本。
② 參見王治秋《琉璃廠史話》，生活·讀書·新知三聯書店，1963年，第18—19頁。
③ 洪大容《湛軒燕記》，《燕行錄全集》第42册，第350頁。

第一章　十八世紀中朝文人交遊概況　　　　　　　　　　　　　　　83

粹堂、五柳居、先月樓、鳴盛堂。天下舉人、海内知名之士多寓是中。"①柳得恭在《燕臺再遊録》也指出："係大比之年，各省舉人雲集都門，多遊廠中。與之言，往往有投合者。"②可見，北京琉璃廠廠肆不惟古玩書籍多，清舉人、秀才等也多。

　　琉璃廠在朝鮮的美名同樣吸引著朝鮮文士在此駐足遊觀。他們無不對琉璃廠有著深刻印象，朴趾源在《熱河日記》中就指出，琉璃廠在一批朝鮮士人心中是"中華壯觀"之一③。一直以來，朝鮮文人們用大量文字盡情地描繪出琉璃廠的世態萬象，十八世紀"燕行録"對北京琉璃廠的記載比比皆是，如李宜顯《壬子燕行雜識》、洪大容《湛軒燕記》、李坤《燕行記事》、李德懋《入燕記》、朴趾源《熱河日記》、徐浩修《燕行記》、柳得恭《灤陽録》、金正中《燕行録》等都有著對琉璃廠的精彩描繪。一批朝鮮文人也寫有關於琉璃廠的大量詩作，如李晚秀《琉璃廠》、趙秀三《琉璃廠》等④。因而，琉璃廠的繁盛，特別是其"圖書充棟可目耕"⑤在朝鮮不斷得到傳揚，這就更加促發了後來出行北京的朝鮮文人意欲觀遊琉璃廠的心願。自十八世紀中期以來，琉璃廠成爲了朝鮮文人常去觀遊的地點。

　　綜上，懷著對琉璃廠市集的嚮往，中朝文士紛至沓來。琉璃廠由此成爲了兩國文士偶然相逢的最佳場所。

　　其二，北京琉璃廠及其附近地區還是十八世紀清朝衆多名士居留的場所。一些朝鮮文士來到北京後，也常常前往這些位於琉

---

① 朴趾源《熱河日記》，第334頁。
② 柳得恭《燕臺再遊録》，廣文書局，1968年，第29—30頁。筆者按，此版本比《燕行録全集》中收録的版本更爲詳盡、客觀，故采用。
③ 朴趾源《馹汛隨筆》載："我東人士初逢自燕還者，必問曰：'君行第一壯觀何物也？'第爲拈出其第一壯觀而道之也，人則各以所見牽口而對曰：……曰琉璃廠壯觀。"朴趾源《熱河日記》，第60頁。
④ 參見李晚秀《屐園遺稿》卷一二，《韓國文集叢刊》第268册，第551頁。趙秀三《秋齋集》卷五，《韓國文集叢刊》第271册，第442頁。
⑤ 徐命膺《保晚齋集》卷二，《韓國文集叢刊》第233册，第104頁。

璃廠及周邊地區的清人住所拜訪。這也是琉璃廠成爲中朝文人交往重要場所的主要原因之一。

早在順治年間,清代統治者爲了解決滿漢雜居引起的矛盾,在北京采取了滿漢分城而居的政策,頒布有"凡漢官及商民人等盡徙南城居住"的諭令①。於是,處於外城的琉璃廠及其附近地區由於商業、文化繁榮等原因不斷地吸引了一大批頗具聲望的文士將家安置於斯,如吳偉業、龔鼎孳、王士禎、朱彝尊、顧嗣立等。到了十八世紀,琉璃廠及其附近地區仍是漢族官員或著名漢族文人居所的會集之地。如,紀昀家在"正陽門外琉璃廠後會同館衚衕"②;"(唐樂宇)家在琉璃廠之先月樓南"③;"(羅聘)晚年奉佛,携子允纘流寓琉璃廠之觀音閣"④;"(孫星衍)始僦居琉璃廠橋之西"⑤;祝德麟家在琉璃廠南魏染衚衕⑥等等。而這些清文士本身就與來華的朝鮮文士多有交往,因而他們在琉璃廠及其附近地區的住所自然也成爲了朝鮮文人常常前來拜望的場所。如孫星衍提及其當時住在琉璃廠時常被朴齊家等朝鮮文人拜訪,有云:"予始僦居琉璃廠橋之西,……後移寓孫公園,小拓屋宇,爲諸名士燕集之地。每歲朝鮮使臣至,必款門投刺。朴卿齊家爲予書問字堂額,又大書崔儦語云:'不讀五千卷書,毋得入此室。'"⑦

---

①《世祖章皇帝實錄》卷四〇,《清實錄》第3册,中華書局,1985年,第319頁。
②徐浩修《燕行記》卷三載:"紀(昀)曰:'弊廬在於正陽門外琉璃廠後會同館衚衕矣。'"《燕行録全集》第51册,第121頁。
③朴長馣《縞紵集》上,卷一,朴齊家撰,李佑成編《楚亭全書》下册,第47頁。
④成海應《題羅兩峰〈蘭〉後》,成海應《研經齋全集・續集》卷一六,《韓國文集叢刊》第279册,第412頁。
⑤孫星衍《孫淵如先生全集》卷六,清嘉慶刻本。
⑥李德懋《入燕記》載:"同在先訪李墨莊,墨莊在魏染衚衕祝編修德麟家。""祖馥,祝芝塘之外黨也。嘗寓於芝塘之接葉亭,亭在琉璃廠南魏染衚衕。"由此知祝德麟家在琉璃廠南魏染衚衕。《燕行録全集》第57册,第298頁、第305—306頁。
⑦孫星衍《書堂問字》詩序,孫殿起輯《琉璃廠小志》,第327頁。

第一章　十八世紀中朝文人交遊概況

要之，中朝文士常去觀遊北京琉璃廠以及一批清文士居住於琉璃廠及其附近，使得琉璃廠成了兩國文人相會的固定地點之一。

此外需要指出，據現存有關史料考察，十八世紀發生在朝鮮境內的中朝文士間的交遊則很少，其原因主要在於兩點：

（一）在朝鮮境內，中朝文士很難私下接觸並交流，如洪大容《乾净衕筆談續》載：

> 余曰："令兄輩奉使來東，其會面之非便，十倍於今日。從此永別之外，無他策矣。"起潛曰："如此尊大國耶，抑防閑本國耶？"余曰："兩意俱存。奉使者留館三四日即歸，無出外閑行之例。吾輩無論官人與白身，皆非公事，不敢進。"①

洪大容向陸飛指出，當時奉使來東的清人想私下與朝鮮文士接觸非常不易。出於表示尊重清朝和防閑的需要，在朝鮮境內，清使者沒有外出閑行的先例。朝鮮士人，無論是官員，還是普通百姓，非公事之由，也很難接近清朝使行人員。成海應在《草榭談獻》一文中，就舉出李慶流子孫欲見清副敕吳達聖而格於邦禁不能的事例，有載：

> 英宗壬申，清副敕吳達聖來，其籍江南也，又年甲相符。李氏欲見達聖，或曰其事靈怪，且邦禁也，不可而止。②

因此可見，在朝鮮境內中朝文士會面交流之難要遠甚於在清朝境內。

（二）清文人在朝鮮境內的交遊活動，比如詩歌唱和似受到清朝有關制度的禁止，李商鳳《北轅錄》卷四有載：

> （李徽中）曰："三月君倘題雁塔，則日後可以金函玉節東

---

① 洪大容《湛軒書·外集》卷三《乾净衕筆談續》，《韓國文集叢刊》第 248 册，第 169 頁。
② 成海應《研經齋全集》卷五四，《韓國文集叢刊》第 275 册，第 126 頁。

渡鴨水，唱酬從頌，一勝事也。君果有意否？"（胡少逸）曰："我使至貴邦有館伴唱酬，其常也。入本朝大概格於禁例，未能也。"①

清人胡少逸於此指出，以前中國使者來到朝鮮後，朝鮮國常常會派出館伴與他們進行詩歌唱酬。而後來，在朝鮮國這種詩文往來的活動則被清朝禁止。

正是由於上述兩方面的約束，因而，在整個十八世紀，雖然清朝派往朝鮮的使團至少有 48 次②，但是兩國文人在朝鮮境內的文學、學術交流却很少發生。

第四節　中朝文人交流的形式

十八世紀中朝文人的交遊形式承襲了以前兩國文人的交遊傳統。朝鮮史料《備邊司謄録》中載録了雙方文人交遊的主要形式，有云：

> 使行到彼時，軍官、書記諸人中，或有稍解文字者，則必以尋訪彼人爲高致，筆談或唱和，甚至於求得詩稿弁首之文。及其出來之後，必因使行、曆行，往復書札，彼以香茶，此以楮管，語言不擇於忌諱，贈遺殆同於饋問，互相效尤，轉輾成習。③

文中稱兩國文人的交流形式有：筆談、唱和、求序、書札、贈遺等。此外，文學批評也是當時雙方文人間重要的交往形式。下文主要

---

① 李商鳳《北轅録》卷四，《〈燕行録選集〉補遺》上册，第 870 頁。
② 參見本書附録表 10：十八世紀清朝使者出使朝鮮一覽表。
③ 朝鮮備邊司編《備邊司謄録》第 16 册 "正祖十年三月初三日" 條，韓國國史編纂委員會，1991 年，第 638 頁。

一、中朝文人的筆談與口談

十八世紀中朝文人交往采用的最常見形式是語言交流,其間,則主要以筆談爲主,口頭交談的情況不多見。

中朝士人雖然語言不通,但朝鮮由於深受中國文化圈的影響,文人們多用漢字進行寫作,他們在與中國文人面對面地深入交流時,一般不願意依靠通譯,而是采用筆談的形式。尹淳有詩形象地描繪了這一形式,云:"異類人情逢宿面,同文筆話替輕脣。"① 究其原因,一是筆談是交往時的直接對話,比通過通譯轉達意思來得暢快,如徐有聞曾指出:"使人代言,不如吾紙筆通情。"② 二是與中國文人的深層次談話往往觸及時諱,也不便於通譯在場。摒除外人的參與,他們的交遊行爲、內容可以不爲他人所知。三是筆談紙張還可以作爲交談者向其他朝鮮文人介紹結交情況的媒介材料。如朱文藻編《日下題襟集》載云:

> 金、洪二君頻來寓舍,每談竟日,白全帖子盡七八紙或十餘紙。至其歸時,必藏弆而去。問之,則云必與三大人看也,故凡我輩所談,所謂三大人者無不知之。③

嚴誠稱朝鮮使團三使大人就是通過金在行和洪大容帶回去的筆談紙張,從而瞭解了他們之間的交流內容。

有時,朝鮮文人也會通過通譯與清文人交流,但其間,雙方談及的話題多不涉及時忌,如閔鎮遠《燕行錄》載:

> 胡自稱秀才,使譯輩問:"你果能文,赴舉乎?"對曰:"以詩賦表試士,而渠則以詩應舉矣。"又問:"科場無試策之規耶?"

---

① 尹淳《榆關》,尹淳《白下集》卷一,《韓國文集叢刊》第 192 册,第 198 頁。
② 徐有聞《戊午燕行錄》,《燕行錄全集》第 62 册,第 214 頁。
③ 朱文藻編《日下題襟集・金秀才》,嚴誠撰,朱文藻編《鐵橋全集》第 4 册。

對曰:"武科則試策,文科則不試策矣。"又問:"此地賦稅輕重如何?"對曰:"田一日耕,可收粟八石許,而納稅銀二錢五分,甲軍所耕田,則量捧黑豆、穀草而不捧銀,此外無他。"①

除了筆談、通過通譯交談外,一些略通漢語的朝鮮文人偶爾也把口談作爲與清朝文人交往的一種方式,如李田秀、李晚秀與張又齡在瀋陽多次交流時,把口談作爲筆談的輔助形式。他們的筆談記錄《萬泉錄》前文有云:"凡稱書問、書答者,筆談也。祇稱問曰、答曰者,口話也。"②就《萬泉錄》中的口談材料考察,十八世紀中朝文人口談形式主要有兩個特點:一是用作口談的内容往往是客套之語、簡單之話,諸如,問曰:"先生是民家,是旗下?"答曰:"旗下。""問余兩人姓名、年紀。""余亦問其年。"等等③。複雜的内容無法用口頭表達時,又必須借助於筆談,如對學術問題的研討。二是朝鮮使者的口談對象僅限於清朝北方文人。此特點,原因比較簡單。因爲南方文士帶有濃重的地方口音,朝鮮文人往往對其話語茫然無解,如洪大容《湛軒燕記·沿路記略》載云:

  余宿有一遊之志,略見譯語諸書,習其語有年矣。及入栅,雖尋常行語,全未解聽,則不勝慌悶。自此以後,在車則與王文舉終日講話,投店則邀主人男女,强起話頭,絮叨不已。至瀋陽,與助教父子語無不到而不用筆舌。其在北京,則周行街巷,隨事應酬,音韻益熟。惟至文字奥語及南邊士人,則茫然如聾啞也。④

洪大容稱自己在出使中國前學習講漢語已有多年,在前往北京路途中,又積極與中國人口頭交流。其感覺到自己説漢語的能力有

---

① 閔鎮遠《燕行録》,《燕行録全集》第 36 册,第 242—243 頁。
② 李田秀《農隱入瀋記》,《燕行録全集》第 30 册,第 198 頁。
③ 同上,第 199 頁。
④ 洪大容《湛軒燕記》,《燕行録全集》第 42 册,第 242 頁。

了很大提高，自喜云："隨事應酬，音韻益熟。"但他又指出，一旦遇到與南邊人士口談，自己就像聾啞人一樣而不知曉對方所云，些許悵然之感油然而生。此後，洪大容在與嚴誠、潘庭筠第五次筆談時，也向他們指出南音難聽懂，自己與南方人士無法口談的遺憾：

> 余曰："你雖是頭一趟來，你說的話，我些巴些兒懂得。你的老爺說話麼，一句語不懂得。"老僕大笑。余又向兩生曰："京裏的人者呢，他說的話我懂得。我說的話，他也是懂得。兩位說的話，真個都不懂得。"兩生未解聽，老僕解聽而更以吾言明說之，兩生始知之。力闇笑曰："南蠻鴃舌之人。"余亦解聽而笑。①

洪大容又一次指出，他與清北京人能夠進行口頭交談，而與南方人嚴、潘交流則無法用口談進行。嚴誠自嘲稱己爲"南蠻鴃舌之人"也說明了南方人說話與北方人有著較大差別。

據現存史料，十八世紀兩國文人間較爲詳細的筆談記錄詳見附錄表 2：十八世紀中朝文人筆談記錄一覽表。由此表並結合筆談記載考察，可以得出：

（1）十八世紀朝鮮文人與清文人之間較爲詳細的筆談記錄至少有 206 次。其中，本世紀前期有 38 次，占總筆談總次數的 18.4％，中後期的有 168 次，占總筆談總次數的 81.6％。八十年代以後的中朝文人筆談有 85 次，佔到筆談總次數的 41.3％，可見，十八世紀的兩國文人間的筆談主要發生在中後期，尤其是八十年代以後。

（2）這些筆談記錄絕大多數散見於十八世紀"燕行錄"，主要集中在閔鎮遠《燕行錄》、金昌業《老稼齋燕行日記》、李器之《一庵燕記》、南泰齊《椒蔗錄》、李商鳳《北轅錄》、洪大容《乾净筆譚》、朴趾

---

① 洪大容《湛軒書・外集》卷二《乾净術筆談》，《韓國文集叢刊》第 248 册，第 148 頁。

源《熱河日記》、李田秀《農隱入瀋記》、沈樂洙《燕行日乘》、徐浩修《燕行記》、徐有聞《戊午燕行録》等 11 種燕行録中。而清人文集中，筆者僅見魏元樞《與我周旋集·詩》卷一二載魏元樞與朝鮮文士尹顯東的筆談記録。探其原因，一是筆談記録中多涉及有清朝忌諱話題的交流，出於對文字獄的畏懼，清人一般不敢保存筆談記録。二是朝鮮文士在筆談過後，一般都有收集、整理筆談紙張的習慣。

（3）從文字篇幅上看，現存十八世紀兩國文人間最爲詳實的筆談記録有：1766 年（丙戌）在北京，洪大容與"浙杭三士"嚴誠、潘庭筠、陸飛之間的 7 次筆談（洪大容《乾净衕筆談》）；1780 年（庚子）在瀋陽，朴趾源與田仕可、李龜蒙、吴復、費穉、裴寬、穆春、温伯高之間的 3 次筆談（朴趾源《熱河日記·盛京雜識》中的《粟齋筆談》、《商樓筆談》）；1780 年（庚子）在熱河，朴趾源分别與王民皞、郝成、尹嘉銓、鄒舍是、奇豐額、敬旬彌之間的 16 次筆談（朴趾源《熱河日記》中的《太學留館録》、《忘羊録》、《黄教問答》、《鵠汀筆談》、《避暑録》、《班禪始末》）；1780 年（庚子）在北京，盧以漸與博明之間的 2 次筆談（盧以漸《隨槎録》）；1783 年（癸卯）在瀋陽，李田秀、李晚秀與張又齡之間的 11 次筆談（李田秀《農隱入瀋記》）等，這與十八世紀八十年代以後是中朝文人交流高峰的趨勢相一致。

（4）從交流次數考察，朝鮮文人中與清人筆談次數最多的是朴趾源，他主要與清秀才、舉人 18 人筆談有 26 次。其次有洪大容（20 次）、李徽中、李商鳳父子（20 次），李田秀、李晚秀兄弟（19 次），柳得恭（16 次），金昌業（14 次）。清文人中與朝鮮文士筆談次數最多的是張又齡，1783 年（癸卯）在瀋陽，他與李田秀、李晚秀兄弟筆談 11 次，其次爲嚴誠、潘庭筠（與洪大容筆談 7 次）、李鼎元（與李喜經、柳得恭、李德懋、朴齊家筆談 7 次）、紀昀（與徐浩修、柳得恭、朴齊家、徐瀅修筆談 5 次）。這五位清文人之所以與朝鮮文士筆談較多，其主要原因在於他們接觸到的朝鮮文士數量較一般清文士爲多,且他們樂意於與朝鮮文人接觸與交流。

（5）從筆談雙方參與對象的身份考察,朝鮮文人一般多爲朝鮮的高級官吏或當時的名士,高級官吏如閔鎮遠（謝恩副使）、李喆輔（書狀官）、李基敬（書狀官）、李徽中（書狀官）、徐瀅修（進賀兼謝恩副使）等,名士如金昌業、洪大容、朴趾源、徐浩修、朴齊家、柳得恭等。而參與筆談的清文人則以中下層文士（秀才、舉人）爲主,上層朝廷文人不多,主要集中在紀昀、李鼎元、潘庭筠、鐵保、博明、翁方綱等數十人,且他們筆談多是與朝鮮名士朴齊家、柳得恭進行。

（6）中朝文人筆談的内容非常豐富,話題很廣,概而言之,涉及政治、經濟、軍事、文化、學術、宗教、制度等諸多方面①。

二、中朝文人間的詩歌贈酬

中國傳統詩學在朝鮮有深厚的根基,其國文人大多擅長詩詞格律,文人來華,多願與清友人和詩酬唱,詩文切磋。在十八世紀,詩歌贈酬仍然是中朝文人間常見的交往方式之一,是維繫雙方良好關係的重要紐帶,如洪良浩《與戴翰林書》載云：

> 壬寅貢行,獲蒙盛眷,詩篇往復非不聯翩,而終未得一接清範,至今耿結在中。②

洪良浩提及1782年（壬寅）貢行之時,詩歌的往來唱和是聯繫他和戴衢亨關係最爲重要的橋梁。其《太史氏自序》又提到他與戴衢亨的結交乃是緣於互相的求詩、贈詩行爲,有云：

> 曩時初入燕京,翰林修撰戴衢亨聞名,求見詩筆,乃書示紀行詩二篇。衢亨大加推詡曰："詩則清遒老健,筆則大類李

---

① 此特點在本書上編第一章第五節《十八世紀中朝文人交流的内容》中有詳細闡述,可參見。
② 洪良浩《與戴翰林書》,洪良浩《耳溪集》卷一五,《韓國文集叢刊》第241册,第263頁。

北海。"贈以古詩長篇,乃以文房爲贄。①

洪良浩書示兩篇紀行詩與戴衢亨,戴衢亨由此而瞭解了他的文學才華。戴衢亨也通過贈詩與對方的形式表達了自己的欽佩之情。此可見詩歌的互贈起到了促進雙方瞭解的作用。一般來說,十八世紀中朝文人交往中,多有詩歌的贈酬,關於這種交流行爲的文字記載,燕行錄、中朝文人唱和集等中比比皆是,兹再舉數例:如順義君於1765年(乙酉)來到北京後,同嚴誠關係密切,與他幾乎每天都有詩文交換,這些詩文被收錄在朱文藻編《日下題襟集》中。如《日下題襟集·順義君》載:

> 順義君則題二詩,邀余和,余走筆應之。俄頃間,而順義君已再叠韻,余亦再叠韻,往反數四,每人得十四首焉,連書於一紙之上。余欲攜之歸,而順義君已令人匿去矣。②

順義君與嚴誠雖然口頭語言不通,但是詩歌的唱和往復,此時却成了兩人思想、情感等交流的便捷、有效方式。又如李商鳳《北轅錄》卷四載清舉人胡少逸請李徽中、李商鳳父子和其詩作:

> (胡少逸)又語家君曰:"今日别矣,次章仍希賜和,並促洪公同和惠,是祝此千古快事,三生奇緣。"家君曰:"如教。"(胡少逸)曰:"拙句再求辱和,即當付梓送示諸友,以爲今日佳話,並求早惠。"(李徽中)曰:"拙吟何足入梓?但不有以和之,實孤唱。予之意,當陸續和送,亦望隨送隨和,以爲皮陸一帙,亦足爲勝事也。"③

胡少逸在與李徽中、李商鳳父子詩歌唱和之後,仍希望這種唱酬活

---

① 洪良浩《太史氏自序》,洪良浩《耳溪集》卷一八,《韓國文集叢刊》第241册,第325頁。
② 朱文藻編《日下題襟集·順義君》,嚴誠撰,朱文藻編《鐵橋全集》第4册。
③ 李商鳳《北轅錄》卷四,《〈燕行錄選集〉補遺》上册,第856頁。

第一章　十八世紀中朝文人交遊概況

動能够持續下去，認爲雙方間詩歌往復是"千古快事，三生奇緣"。而李徽中也同樣認爲詩歌唱酬"足爲勝事"。甚至，有時清朝皇帝也會賜詩給朝鮮使臣，讓他們予以唱和，如李田秀《農隱入瀋記》載乾隆御製賜詩（玉帛尋常入薊幽），朝鮮正使李福源，副使吳載純，書狀官尹曔、李晚秀、李田秀、柳察訪（柳景明）等均有賡韻①。

　　詩歌贈答唱和之所以成爲中朝文人交往的一個重要形式，考其原因，主要有以下兩點：

　　（一）和詩酬唱是兩國文人文學來往的共同心願，他們認爲，以此來成就"今日佳話"，不僅可以流播當世，而且能够流傳後世，成爲後代子孫按迹起慕的故實。這是雙方文人願意詩文交流的重要原因。"燕行錄"中多有這樣的記載，如李商鳳《北轅錄》卷四載：

　　　　（胡少逸）又言："身閑，人且嫌岑寂，有暇即來請話。屈指駕留京尚有一月，盡可閑談唱和。"（李徽中）曰："足下在江南，僕居海東，以文字相與，即莊氏所謂'相視莫逆'。一兩旬便回故國，望須間數日頻煩來枉，以爲殊邦奇事，則後世子孫足以按迹起慕。"曰："暇日自當趨候，……"②

清人胡少逸請李徽中暇時多來閑談唱和，李徽中也表達出雙方多多會晤唱和的想法，認爲若此將是殊邦奇事，那麼後世的子孫也有故實可尋，從而興起向慕之心。又如洪大容《乾净衕筆談》載云：

　　　　平仲紙四本畫完，各有題詩。平仲曰："奉歸東國，宣揚於儕類。藏之篋笥，傳之不朽。兩兄非但爲中州之名士，抑永作海東之聞人矣。"力闇曰："弟等雖無足重輕，然愛慕二兄之極。有此良會，即二兄亦不朽於弊鄉矣。方將以洪兄之尺牘、金兄之詩箋，裝裱珍藏，傳示子孫。或他日妄有著述，此段佳話，亦

---

① 李田秀《農隱入瀋記》，《燕行錄全集》第30册，第407—411頁。
② 李商鳳《北轅錄》卷四，《〈燕行錄選集〉補遺》上册，第856頁。

必言之津津，使後人之想望二兄，亦如吾輩之仰慕清陰先生也。"蘭公曰："即三位大人手迹，亦必傳之不朽也。"力闇曰："固然。"①

金在行、嚴誠、潘庭筠都指出雙方的來往詩歌、詩箋都必然流傳不朽。再如洪良浩《與紀尚書書（丁巳）》載云：

> 五絕諸篇，韻格逼古，莊誦不已。況教以前後拙筆付諸令孫，使之藏篋而傳家，此何等至意盛眷耶！賤孫祖榮，年方弱冠，粗解文墨，亦使此兒擎收盛迹，以修永世之好也。②

洪良浩和紀昀都表示將雙方往復詩篇付予子孫而傳家，洪良浩更是表達出以此"修永世之好"的願望。

（二）詩歌是傳達情感極好的手段，詩歌的往來可以聊以替代因某種原因而無法直接見面的交流，在某種程度上可以寬慰對知己的相思之情。如順義君李烜《與鐵橋、秋庫》書中寫道："來扇書一絕，以之替面可乎？"③洪檍《與鐵橋》書亦寫道："顧此不嫻詩律，無心攀和，厪構三絕，非敢曰詩，誠以非此莫可表情。敢供粲，唯默諒而恕僭焉。"④李商鳳《北轅錄》卷四載："（李商鳳）思得一言東歸，不忘傾蓋之誼。"⑤

現存十八世紀中朝文人的唱和集主要有柳得恭編《並世集》、朱文藻編《日下題襟集》等。《並世集》收錄了清朝44名學者贈送

---

① 洪大容《湛軒書‧外集》卷二《乾净衕筆談》，《韓國文集叢刊》第248冊，第138—139頁。
② 洪良浩《與紀尚書書（丁巳）》（昨年貢使之回……），洪良浩《耳溪洪良浩全書》卷一六，民族文化社，1982年，第331頁。
③ 李烜《與鐵橋、秋庫》（頃書，病未謝……），朱文藻編《日下題襟集‧順義君》，嚴誠撰，朱文藻編《鐵橋全集》第4冊。
④ 洪檍《與鐵橋》（頃奉手教，慰當更晤……），朱文藻編《日下題襟集‧洪執義》，同上。
⑤ 李商鳳《北轅錄》卷四，《〈燕行錄選集〉補遺》上冊，第875頁。

第一章　十八世紀中朝文人交遊概况

朝鮮文人的贈行詩和唱和詩87篇(以詩題計)。《日下題襟集》收録了清文人嚴誠、陸飛等與朝鮮文人李烜、金善行、洪檍、金在行、洪大容等的來往詩歌59篇(以詩題計)。其餘中朝文人間的贈詩、唱和詩、贈文等分别散見於朝鮮的使行日記、中朝文人别集、《朝鮮王朝實録》等中。現存十八世紀兩國文人間的完整贈詩詳見附録表3:十八世紀中朝文人贈詩一覽表。據此表考察,可知:

(1)十八世紀中朝文人間的贈詩詩題至少爲453篇目,總計635首詩歌:朝鮮文人寫給清文人的贈詩可考的至少爲375首(此外,另有10首創作於1800年後);清文人寫給朝鮮文人的贈詩可考的至少爲260首(此外,另有49首創作於1800年後)。可見,十八世紀兩國文人互贈詩歌的舉動比較頻繁。

(2)十八世紀與清文人間贈詩數量最多的朝鮮文人是朴齊家,雙方的贈詩共計199首:朴齊家寫給清文人的贈詩有138首(此外,另有2首創作於1800年[庚申]後);清文人寫給朴齊家的贈詩有61首(此外,另有42首創作於1800年[庚申]後)。其次與清文人間贈詩數量較多的文人依次是洪大容(雙方贈詩共計91首:贈詩39首,受贈詩52首)、柳得恭(雙方贈詩共計60首:贈詩22首,受贈詩38首。此外,另有18首贈詩創作於1800年[庚申]後)、洪良浩(雙方贈詩共計32首:贈詩21首,受贈詩11首)、金正中(雙方贈詩共計17首:贈詩11首,受贈詩6首)、金在行(雙方贈詩共計15首:贈詩3首,受贈詩12首)等。這六位文人與清人間的贈詩數量共有379首,占十八世紀兩國文人互贈詩歌總數量的59.7%,而這六位文人與清文人間的贈詩行爲均發生在1765年(乙酉)(此年爲洪大容的出使中國時間)後,可見,十八世紀中朝鮮文人與清文人的贈詩行爲主要發生在該世紀的中後期。

(3)十八世紀與朝鮮文人間贈詩數量最多的清文人是潘庭筠,雙方的贈詩數量共計36首:現存潘庭筠16首詩歌分别寫贈與洪大容、金善行、洪檍、金在行、朴齊家、洪櫟等人;而洪大容、金在行、李書九、李德懋、柳得恭、朴齊家、順義君李烜、蔡濟恭等有 20 首詩歌寫贈與潘庭筠。其次與朝鮮文人間贈詩數量較多的文人依次是嚴誠(雙方間贈詩共計 32 首:嚴誠寫有 16 首詩分別贈與洪大容、洪檍、金在行、順義君李烜;而洪大容、金在行共寫有 16 首詩歌贈與嚴誠)、羅聘(雙方間贈詩共計 29 首:羅聘有 12 首詩歌分別贈與柳得恭、朴齊家;而柳得恭、朴齊家、洪義俊共寫有 17 首詩歌贈與羅聘)、紀昀(雙方間贈詩共計 24 首:紀昀寫有 6 首詩歌分別贈與洪良浩、朴齊家;而柳得恭、洪良浩、朴齊家、洪義俊共寫有 18 首詩歌贈與紀昀)、李鼎元(雙方間贈詩共計 25 首:李鼎元寫有 13 首詩歌分別贈與柳琴、柳得恭、朴齊家、李德懋、李書九、李喜經等人;而柳得恭、洪良浩、李德懋、朴齊家、洪義俊、蔡濟恭、徐瀅修共寫有 12 首詩歌贈與李鼎元)、李調元(雙方間贈詩共計 19 首:李調元有 8 首詩歌分別贈與柳琴、徐浩修;而柳琴、柳得恭、朴齊家共寫有 11 首詩歌贈與李調元)、陸飛(雙方間贈詩共計 18 首:陸飛有 10 首詩歌分別贈與洪大容、金善行、洪檍、金在行;而洪大容、金善行、朴齊家共寫有 8 首詩歌贈與陸飛)。

(4)現存十八世紀中朝文人間贈詩:五言律詩 87 首,七言律詩 90 首;五言絕句 79 首(其中五言古絕 35 首),七言絕句 247 首(其中七言古絕 3 首);五言古體 92 首;七言古體 11 首;四言詩 13 首;雜言 7 首;詞作 1 首;七言楹聯 2 首;歌行體 5 首;騷體 1 首。可見,兩國文人間的贈詩形式非常豐富,幾乎涵括了所有詩歌體式,而贈詩中又以律絕近體詩的形式爲主,現存數量達 465 首,占到贈詩總數量的 73.2%。同時,其中又以七言絕句的創作數量居多,244 首詩占到贈詩總數量的 38.4%。顯然,十八世紀,中朝文人喜歡選用近體詩的贈詩形式,且尤其青睞於七言絕句的詩體。

(5)此外,據現存中朝文獻,可知的十八世紀兩國文人間最早的贈詩是 1701 年(辛巳)清人祝愷贈送給朝鮮文人姜鋧的五排十二韻一首。姜世晃《豹庵稿》卷五《題〈華人詞翰帖〉後》一文載:"康熙四十年辛巳冬,先府君文安公以冬至正使兼告訃使赴燕,江南祝愷呈五排十二韻一首,又呈七律一首。"①惜此詩不詳。現存最早的十八世紀中朝文人間的贈詩也是這裏提及的康熙四十年1701年(辛巳冬)清人祝愷贈送姜銳的七律,詩題不詳,載於姜銳《看羊錄》。

十八世紀中朝文人間除了有贈詩外,還有大量的唱和之作,彼此間的唱酬詩詳見本書附錄表4:十八世紀中朝文人唱酬詩一覽表。據此表考察,可以得出:

(1)十八世紀中朝文人間的唱酬詩現存127組:朝鮮文人原唱、清人唱和的有62組;清人原唱、朝鮮文人唱和的有65組。十八世紀早期的唱酬詩僅有9組(金昌業與清人之間的5組唱酬詩,清祝愷、豐潤谷家人、張赤城、楊澄與朝鮮文人的4組唱酬詩);中後期的唱酬詩歌有118組,可見,當時中朝文人的詩歌唱和行爲主要發生在十八世紀中後期。

(2)十八世紀與清文人唱和詩歌最多的朝鮮文人是朴齊家,他與清文人間的唱和詩現存24組。其次,依次是柳得恭(與清人間的唱酬詩共8組,另有3組創作於1801年以后)、洪良浩(與清人間的唱酬詩共9組)、順義君李烜(與清人間的唱酬詩共7組)、金在行(與清人間的唱酬詩共6組)、姜世晃(與清人間的唱酬詩共6組)。

(3)十八世紀與朝鮮文人唱和詩歌最多的清文人是嚴誠(現存23首唱酬詩歌)、其他依次是李調元(現存22首唱酬詩歌)、德保(有9首唱酬詩歌)、胡少逸(現存8首唱酬詩歌)、鐵保(現存5首唱酬詩歌)、紀昀(現存5首唱酬詩歌)、博明(現存4首唱酬詩歌)等。值得一提的是,現存乾隆皇帝與朝鮮文人的唱酬詩15組(現存8首唱酬詩歌),而十八世紀其他清朝皇帝與朝鮮文士間則沒有唱和詩

---

① 姜世晃《豹庵稿》卷五,《韓國文集叢刊(續)》第80册,第392頁。

作,可見,乾隆是該世紀最爲熱衷於與朝鮮文人進行詩歌唱和的清皇帝。

(4)在這 127 組唱酬詩中,以七律形式唱和的有 55 組;以七絶形式唱和的有 32 組;以五律形式唱和的有 21 組;以五絶形式唱和的有 9 組;以五古形式唱和的有 7 組;以七古形式唱和的有 1 組;以歌行體形式唱和的有 1 組;其他類 1 組。可見,十八世紀中朝文人間的唱酬詩歌以律詩、絶句爲主,尤其以七言律詩居多,其數量占唱酬詩總量的 43.3%。究其原因:

一是朝鮮文人受當時國内詩風的影響,更擅長於創作近體詩。十七世紀中後期,七律的創作在朝鮮詩壇頗爲流行,金萬重《先伯氏〈瑞石先生集〉跋》中有云:"今人纔辨平仄,所作七言律動至累千首。……詩有五言而後有七言,有古詩而後有近體,古人於此固亦不無長短,未有如今人之專習七律者。"①這種專尚近體的風氣延續到十八世紀的朝鮮詩壇。金善行在《與鐵橋、秋庫》書中指出:"東人詩律近尤多門,比之嘉靖、萬曆唱酬之作不啻倍蓰。"②洪良浩在《與宋德文論詩書》中亦有云:"獨我東俗,專尚近體。稍知操觚,已習駢偶,開口綴辭,便學律絶,不知古風長句之爲何狀,是可謂詩乎哉?僕嘗西遊中國,見華人詩話云:'高麗人好作律絶,不識古詩。'使我顔發騂也。夫東方之文,惟詩爲長技。名世之家蔚然相望,而其爲古詩長篇者絶罕焉。間有之,猶趑趄於宋人迹轍。"③

二是七言律詩與其他詩體相比尤其適合表現應酬、贈別等的題材。與其他詩體相比,七律以莊重典雅、沉著婉切爲貴,而不流於輕佻,特別適合抒發婉而不盡之情。對此,清人、朝鮮人已經有

---

① 金萬重《西浦集》卷九,《韓國文集叢刊》第 148 册,第 93 頁。
② 金善行《與鐵橋、秋庫》(僕在弊邦已疏懶……),朱文藻編《日下題襟集·金宰相》,嚴誠撰,朱文藻編《鐵橋全集》第 4 册。
③ 洪良浩《耳溪集》卷一五,《韓國文集叢刊》第 241 册,第 261 頁。

第一章　十八世紀中朝文人交遊概況

認識,如有云:"七律齊整諧和,長短適中,最宜人事之用,故自唐至明,作者愈盛。初唐用以應酬,亦是大人事也。"①"凡吟咏,如五言律,文意簡潔,才雄力富者不能盡其施展;古風則辭繁局泛,少密緻之嚴,不無出入。妙在七言律,適得其中,可以循範圍而馳騁曲折,盡其才力,著作應酬,無不適用。"②朝鮮文人張混也指出,七律的妙處在於"其情切,其體完,粲粲焉錦綉,鏗鏗然金石"③。今人葉嘉瑩對七律廣泛地運用於應酬場合的原因更是有過精恰的闡述:"七言律詩本身的體式既極爲端整,而格律復極爲謹嚴,⋯⋯這種體式的嚴整,却又便於一些未能免俗的詩人利用來製造'僞詩',因爲七律之爲體,衹要把平仄對偶安排妥適,就很容易支撑起一個看來頗爲堂皇的空架子,所以這種體式最適於作奉和應制贈答等酬應之用。"④可見,七律由於其在内容和體式上具有"明白條暢而不疏淺,優越含咏而不輕浮"⑤的優勢,因而其在十八世紀被兩國文人廣泛地應用於各種交際應酬的場合。

三、中朝文人間的請序題跋

請序題跋也是十八世紀中朝文人用於交往的重要形式。兩國文人請序題跋和贈文的行爲在現存"燕行録"和文人文集中有著一定數量的記載。有清人請求朝鮮文士作序,如朴趾源《熱河日記》中載清人郭執桓向朴趾源求序、清人裴寬替妻文集向其求序之事

---

① 吴喬《圍爐詩話》卷四,郭紹虞編選,富壽蓀校點《清詩話續編》,上海古籍出版社,1983年,第595頁。
② 胡以梅輯釋《唐詩貫珠・箋釋凡例》,清康熙五十四年素心堂刻本。
③ 張混《〈唐律集英〉序》,張混《而已廣集》卷一一,《韓國文集叢刊》第270册,第545頁。
④ 葉嘉瑩《杜甫〈秋興八首〉集説》"代序",河北教育出版社,2000年12月第2版,第13頁。
⑤ 楊士弘編選、顧璘評點,陶文鵬等點校《唐音評注》"七言律詩序",河北大學出版社、貴州人民出版社,2010年,第379頁。

等，載云："封圭寄其所著《繪聲園①[詩]集》刻本一卷，請余序之。"②"裴寬，……妻杜氏，十九卒，有《臨湘軒集》一卷，屬余爲序。"③也有朝鮮文士向清人求序，這類記載文字在朝鮮文獻中更多，如在十八世紀早期，金昌業請浙士楊澄爲《金氏聯芳集》作序。此後，隨著中朝文人交流的深入發展，朝鮮文士向清人，尤其是向清名人請序求跋越來越頻繁。據文獻考察，當時文壇上的許多著名學者，如紀昀、李調元、潘庭筠、祝德麟、翁方綱、徐大榕、陳崇本等都曾應一些朝鮮文士的請求，爲他們的作品寫序或作跋。其中，李調元、潘庭筠爲《韓客巾衍集》(又名《四家詩》)序文評語，更是中朝文人交流史中廣爲流傳的佳話。李德懋稱其爲"眞海內之奇緣而終古之勝事也"④。現存十八世紀兩國文人爲對方題寫的序跋詳見附錄表5：十八世紀中朝文人間序跋一覽表。據此表分析，十八世紀兩國文人間的序跋呈現出以下特點：

1.現存十八世紀中朝文人爲對方文集題寫的序文、題跋共計40篇，其中以清人創作的爲主，有34篇，而朝鮮文人撰寫的僅有6篇。而且作者基本上爲清代名士，其中又以潘庭筠、李調元、紀昀爲主，潘庭筠給朝鮮文人題寫序跋9篇，其次爲李調元8篇、紀昀5篇。三人題寫的序跋22篇佔到現存十八世紀中朝文人間序跋總數量的55％。可見，十八世紀中，清人、尤其是著名文人替朝鮮文士撰寫序跋的現象比較突出。究其原因主要有以下三點：

(1)十八世紀中後期的一些朝鮮文人，尤其是北學派文人一般有著憑藉替自己作序跋的清文士名氣來提高自己在朝鮮乃至於在

---

①繪聲園，朴趾源《熱河日記》載："山西人郭執桓，字封圭，又字勤庭(筆者按，當爲"覲廷"諧音之誤)，號曰半迂，又號東山，亦稱繪聲園。"第266頁。
②朴趾源《熱河日記》，第266頁。
③同上，第39頁。
④李德懋與李調元書(去年冬，友人柳彈素……)，李德懋《靑莊館全書》卷一九，《韓國文集叢刊》第257册，第266頁。

清朝文壇聲名的意圖。如李德懋仰慕中華,對自己偏生海邦,聲名衹在朝鮮傳播感到極不滿足,因此,他寫信請求李調元爲其撰寫《〈青莊館集〉序》、《蟬橘堂記》,以使自己聲名能夠遠揚而不朽。其信中云:

> 不佞輩四人,好古讀書,時有著述而不入時眼。性嗜韜晦,名不出里間,晨夕過從,聊以相晤而已。……如不佞,樗櫟賤品,瓦礫下才,衹是秉性迂直,愛人信古。衹自恨口不飲江河漢洛之水,足不蹈吳蜀齊魯之地,枯死海邦,有誰知之?每誦亭林先生九州歷其七,五嶽登其四,未嘗不泫然流涕也。今即爲先生及潘秋庫先生所知,畢生之恨,庶可少展。……不佞蟬橘之號,先生既以澹墨圈之,此許之也。幸手寫"蟬橘堂"三字賜之,又製《〈青莊館集〉序》、《蟬橘堂記》以賜,則當爲茅屋光華,永世至寶,先生不鄙遠人而圖之也。彈素,不佞密友也。先生,彈素之所尊慕,唐突修書,或有可恕之道耶?謹以七絶四篇仰獻,亦賜和,如何?先生所親當世才子,幸托撰不佞序記以賜,則亦足以不朽,伏願憐而謀之也。①

李德懋還在與潘庭筠書中請托其向袁枚求序,有云:

> 嘗聞袁子才先生文苑主盟,先生紹介之,則或有序記可得之端耶?先生其圖之。②

李德懋希望潘庭筠能夠把他和他的文集引薦給清朝當時的文苑主盟袁枚,從而得到袁枚的贈文或贈序等。其目的也是想藉袁枚的贈文而使自己聲名得以遠播、不朽。再如,徐瀅修入燕後,聽聞紀

---

① 李德懋與李調元書(去年冬,友人柳彈素……),李德懋《青莊館全書》卷一九,《韓國文集叢刊》第 257 冊,第 266 頁。
② 李德懋與潘庭筠書(不佞左海鯫生……),李德懋《青莊館全書》卷一九,《韓國文集叢刊》第 257 冊,第 263 頁。

昀經術文章爲天下第一流,便積極與紀昀聯繫,以求其序,徐瀅修《紀曉嵐傳》有載:

> 我正宗己未,余以謝恩副使赴燕。時上欲購朱子書徽閩古本,俾臣訪求於當世之文苑宗工,故自山海關以後,路逢官人、舉人之稍解文字者,輒問經術文章之爲天下第一流者,則無不一辭推曉嵐。余於入燕後,先以書致意,並送抄稿請序。①

正是有著請清文人寫序作跋的强烈願望,一些朝鮮文人通過他人介紹,如1777年(丁酉),柳琴携帶《韓客巾衍集》來到北京,積極地將此詩歌選集介紹給李調元、潘庭筠等人;或借助親自出使中國與清人面晤的方式;或通過信件往來等途徑主動與李調元、潘庭筠、紀昀等著名清文人取得聯繫,以求文集之序。這可以説是清名人多有贈送朝鮮文士序跋行爲的最主要原因。此外,朝鮮文人非常珍惜清人爲其題寫好的序跋,因而它們得到較好的保存,一直流傳到現在。另外,朝鮮文士請清文士作序題跋的原因,除了藉以提高自己聲名外,還有一種情況是:他們爲了表達對清友人的深厚情誼,有將對方所寫序跋永世寶藏的意願,如程嘉賢《〈燕行日記〉序》云:"(金正中)既歸,茸而讀之,得詩凡略干首,爲燕行日記二卷,附諸剞劂。明年,以書來告,且屬一言,以冠篇首。其辭謂東人不乏能文,而必徵言於余者,藉此以替萬里顏面,且欲爲永世寶藏。其意纏綿悱惻,一往而深。"②但此種請序跋的意圖不多見。

(2)潘庭筠、李調元、紀昀三人與朝鮮文士交流的機會較其他清文人爲多。他們傳播在洌上的美名,吸引了文人們的無數目光。朝鮮文士把能够得到他們的序跋,視爲文學之奇緣、終古之盛事,故而積極向其求序跋,這是他們三人撰寫序跋最多的主要原因。

---

① 徐瀅修《紀曉嵐傳》,徐瀅修《明皋全集》卷一四,《韓國文集叢刊》第261册,第300頁。
② 程嘉賢《〈燕行日記〉序》,金正中《燕行録》,《燕行録全集》第75册,第47—48頁。

自1766年(丙戌)首次與朝鮮使團的洪大容、金在行等文士有交流後,潘庭筠與一些朝鮮文士的來往幾乎貫穿了他的後半生,其交往過的文人可考的有洪大容、順義君李烜、金善行、洪檍、金在行、李廷夔、柳琴、沈念祖、李德懋、朴齊家、李書九、蔡濟恭、柳得恭、徐瀅修等人;李調元交流過的有柳得恭、柳琴、徐浩修、李德懋、朴齊家、李書九、徐瀅修等人;紀昀曾三任禮部尚書①,因而亦有較多的機會與朝鮮使團的文人見面並作交流,其來往過的文人有徐浩修、柳得恭、朴齊家、金成中、洪良浩、洪羲俊、洪樂遊、徐瀅修等人②。此外,潘庭筠、李調元、紀昀三人在十八世紀朝鮮聲名最盛,因而諸多文人希望得到他們爲其撰寫的序跋。三人名氣在朝鮮很大的原因,除了上一點提及的他們有與朝鮮文士大量的交流行爲外,主要還由於嚴誠、潘庭筠與洪大容、金在行感人至深的交遊事迹在當時朝鮮傳播很廣,因而吸引了一大批後來出使中國的朝鮮文人,主動找潘庭筠結交與交流。而李調元、紀昀也都是當時海內名士,十八世紀中後期的許多朝鮮文士對他們耳熟能詳,如朴趾源在《熱河日記》"口外異聞"《當今名士》一文中就列出李調元、紀昀,在"避暑錄"中亦稱自己對潘庭筠、李調元、祝德麟、郭執桓諸人"名芬牙頰,若數鬚眉"③。

(3)十八世紀,朝鮮文士少有爲清朝文士撰寫序跋的舉動。在當時,清文人一般對朝鮮文壇情况知之甚少,又出於大國觀念的局限、對文字獄的畏懼,加上異國文人所作序跋對擴大清作者聲名並起不到多大作用等原因,絕大多數清文人幾乎没有請朝鮮文士寫序作跋的想法。這也是現存朝鮮文士爲清文士撰寫的序跋特别少

---

① 參見趙爾巽等撰《清史稿》卷三二〇,列傳第一〇七,中華書局,1977年,第10771頁。
② 潘庭筠、李調元、紀昀交流過的朝鮮文士名録,參見本書下編《十八世紀中朝文人交流長編》部分。
③ 朴趾源《熱河日記》,第264頁。

的根本原因。現存的 6 篇朝鮮文士爲清人撰寫的序跋,其受贈者楊澄、郭執桓、齊佩蓮都是當時普通的文人,這就反映出在十八世紀清朝廷文人不向朝鮮文士請序求跋的事實。

2. 十八世紀,現存最早的中朝文人間序跋是金昌業爲清人楊澄撰寫的《〈鈍庵集〉序》。該序創作於 1717 年(丁酉),在兩人分別後的第五年,楊澄寄來詩文二卷,金昌業爲其寫序。創作動因一方面是楊澄詩文性情之真,感人至深;另一方面,金氏有慨於當年相遇之奇,以爲是文壇佳話,不得不記。金昌業《〈鈍庵集〉序》有云:

> 今先生之文之不得華國,如震川詩之奇於人,如文長娛懷叙悲,無往而非真,安得不感人?雖然其詩文非紹興之山川風物,則皆燕冀落魄語也,顧何間於海外一圍翁,而其感若此,豈非以其志同歟?此余之不覺莞爾而喟然者也。余於斯集,既得其真,固宜忘言,而特以相遇之奇,相感之深,不能無語。①

文中,金昌業對楊澄才情的欽佩之情溢於言表。此外需要指出,朝鮮文士爲清文士作序跋,還有一種重要原因,即爲了傳播本國文化或糾謬的需要。如 1760 年(庚辰),李徽中在閱讀清舉人胡少逸拿來的《廣輿志》一書後,發現其中載錄朝鮮風俗的文字有不少訛誤,遂"作小序卞其訛"②。

3. 十八世紀中期以後,尤其是 1777 年(丁酉)、1778 年(戊戌)出現了清文人爲朝鮮文人寫序作跋的第一次高潮,此時潘庭筠、李調元、祝德麟爲李德懋、柳得恭、朴齊家、李書九、洪大應的文集寫了 20 篇序跋,其數量占到現存該世紀中朝文人間互贈序跋總數的

---

① 金信謙《檜巢集》卷八,《韓國文集叢刊(續)》第 72 册,第 267—268 頁。
② 李商鳳《北轅錄》卷四載:"家君朝進飯半盂,夕進三之一隅,閲《廣輿志》記載我東風俗曰:'男女群聚相悦即婚,死經三年而葬,崇釋信鬼。'至於山川亦多訛謬,其所記之名多非見聞者,培塿俗名濫預其中,名山大川全未載焉,人物則南袞、許筠、金誠立輩偎側其中,而鴻儒宿士一未概見。家君作小序卞其訛。"《〈燕行録選集〉補遺》上册,第 875 頁。

50%。這種清文人爲朝鮮文士撰寫序跋的高潮一直延續到十八世紀末期。在此期間,紀昀、戴衢亨、翁方綱、徐大榕、陳崇本、朱文翰、江漣等清名士還替洪良浩、徐浩修、李喜經、徐瀅修、趙秀三等朝鮮文士的著作題寫了 15 篇序跋。此外,需要指出的是,十八世紀中期以前,無任何一篇現存的清朝文士替朝鮮文士撰寫的序跋。造成此現象的根本原因在於該世紀前期和中期,由於不願或缺乏對清文化的深入瞭解,此時的朝鮮文士一般視清人爲胡,偏執地認爲,清人占領中原後,傳統的中華文化消失殆盡,因此他們從内心生發出對清文化的鄙夷,自然也就不會有請清文人作序題跋的意願。而到了本世紀六十年代以後,朝鮮北學派文人開始興起,他們以李德懋、朴齊家、柳得恭等爲代表,提出向清朝學習的主張。在對清社會有了一定的深入瞭解後,他們逐漸摒除了對其文化的偏見,同時,他們渴望自己的文學聲名不惟在朝鮮得到傳播,也希望能夠在清朝得到遠揚,因而,他們通過柳琴携帶《韓客巾衍集》入燕請清名人作序作評,掀起了向清人求序的高潮。

最後需要強調,十八世紀中朝文人間的序跋有著重要的文獻價值。現存的清朝文士替朝鮮文人撰寫的 34 篇序跋,除去紀昀《〈李參奉詩鈔〉序》在中國文獻中見載外,其餘均失載。由於序跋是體現撰寫者文學思想的重要文字,且序跋作者大都是乾隆時期的著名學者,因而這些存留在韓國文獻中的序跋不惟是兩國文人深厚學誼的重要見證,而且是研究紀昀、李調元、潘庭筠等文學創作、思想等的新材料,值得重視。

四、中朝文人的書信往來

朝鮮文人與清文士在交往中,多有書信來往。書信在兩國文人的交流中起到了重要作用。中朝文人選用書信作爲往來的主要形式之一,其主要原因是:

(一)書信來往以接繼面對面的交流,是兩國文人的共同心願,如姜浩溥《桑蓬錄》卷一〇載:

> 伯程曰：" 一別之後或有相聞之道？"余曰：" 我使歲一來，相聞或有便矣。"瑍曰：" 以書札往復，足慰三千里相思之懷，尊其肯爲之耶？"余曰：" 勤念至此，厚意豈可忘也？"①

雙方在熱烈交流後，清人程瑍向姜浩溥詢問別後聯繫的方法，姜浩溥提出可以通過每年的朝鮮使行來傳遞信件，互通消息。再如洪大容《湛軒燕記·孫蓉洲》載云：

> 蓉洲曰：" 道途猝遇，莫非天緣。今睹光儀，喜出望外。惜來遊之詩方歌，而白駒之什旋咏，其將何以爲情耶？"
> 季父曰：" 別後通信不難，足下其有意否？"
> 蓉洲喜曰：" 既蒙不棄，倘過便鴻，當以寸楮問安。"②

清人孫有義與洪檍別離之際，約定好以後以"寸楮問安"。洪大容與鄧師閔筆談更是明確指出信札能夠起到替代面晤的作用，載云：

> （洪大容）云：" 後會無期，惟憑使便時通信札，足替萬里顏面。"鄧生大喜曰：" 見書無異見面。"③

紀昀與洪良浩書中亦有云：

> 勻④書迹之拙聞於天下，故文章多倩人書。此札亦本擬假手，緣後會無期，欲存一手迹於高齋，以當面晤，故竟自塗鴉。希鑒區區之意，勿以爲笑也。昀又附題。⑤

書信替代面晤，在當時雙方會見受到某種阻礙而不得實現時，更是

————
① 姜浩溥《桑蓬錄》卷一〇，《〈燕行錄選集〉補遺》上册，第652頁。
② 洪大容《湛軒燕記》，《燕行錄全集》第42册，第170頁。
③ 同上，第165—166頁。
④ 昀，朝鮮文獻中多寫作"勻"或"均"，當爲避景宗李昀之諱所致。此後本書中所涉此種情況，均改回本字。
⑤ 紀昀與洪良浩書（昀拜啓耳溪先生閣下：晉人有言……），洪良浩《耳溪洪良浩全書》卷一六，第329頁。

第一章　十八世紀中朝文人交遊概況

發揮了傳遞消息的重要作用,如1766年(丙戌)二月十五日,洪大容在《與鐵橋、秋庫》中提及自己"以擅作西山之行見罪衙門,數日姑難出頭,恐或虛佇,謹此走告"①。雖然他此時不得外出朝鮮使館駐地,但是却憑藉著這封書信向嚴、潘二人告知使團離開日期,並成功傳遞了爲他們撰寫的《東國記略》一文②。又如,金善行在給嚴誠、潘庭筠書信中亦有云:"獲承兩度華翰,憑審日來旅榻清珍,慰當對晤。"③金善行稱收到了書信而瞭解到對方近況,好比會面一樣,寬慰之心油然而生。

(二)中朝文人間的書信來往還相對自由和方便,他們可以通過朝鮮每年來往清朝的使者來互通音信。這也是兩國文人喜用這一交流形式的另一個重要原因,如洪大容云:

> 貢使每於十二月二十七八入京,二月旬後回程。兄輩寄信,須趁此戒人交付於朗亭也。在昔湅湖之從祖稼齋公,隨兄入京,與關內人程洪一夜定交,幾年書信不絕。此有古例,當無彼此邦禁也。④

洪大容告訴嚴誠、潘庭筠,兩國文人間書信往來,自古已有先例,金昌業與清人程洪"幾年書信不絕"即爲實例。清朝和朝鮮當無限制寄函的禁令。就現存的十八世紀兩國文人別後信件考察,其信札無一例外都是朝鮮每年派往中國的使團成員傳遞的。洪大容與嚴誠、潘庭筠筆談時,也指出了信件遞送的這個特點,有云:

---

① 洪大容《與鐵橋、秋庫》(容白:日間僉履安重……),朱文藻編《日下題襟集·洪高士》,嚴誠撰,朱文藻編《鐵橋全集》第5册。
② 參見洪大容《湛軒書·外集》卷二《乾净衕筆談》,《韓國文集叢刊》第248册,第145頁。
③ 金善行《與鐵橋、秋庫》(逢別太遽,不勝悆如……),朱文藻編《日下題襟集·金宰相》,嚴誠撰,朱文藻編《鐵橋全集》第4册。
④ 洪大容《湛軒書·外集》卷二《乾净衕筆談》,《韓國文集叢刊》第248册,第144頁。

> 平仲曰:"古云男兒何處不相逢,此後或有更逢之時乎?"力闇曰:"中國有做買賣至貴國者,不識可以通一信乎?如欲寄信,則寄至何處?"余曰:"年年進貢,或憑此便,其外無他路。二兄若在京裏,則年年通信甚易,但於杭則恐難,當彼此更商之。此中拘於衙門,二兄不可再來,弟等乘暇更進。祗於行前,逐日通信可矣。"①

洪大容告訴嚴誠、潘庭筠,憑朝鮮使者年年進貢之便,可以互通音信,此外別無途徑。

(三)除筆談外,書信是兩國文人進行學術交流的最爲重要的載體。通過書信來討論問題和交換學術觀點等在清代學壇尤爲盛行。其形成原因,梁啓超在《清代學術概論》中有精闢的分析:

> 清儒既不喜效宋明人聚徒講學,又非如今之歐美有種種學會學校爲聚集講習之所;則其交換智識之機會,自不免缺乏;其賴以補之者,則函札也。後輩之謁見先輩,率以問學書爲贄——有著述者則媵以著述——先輩視其可教者,必報書,釋其疑滯而獎進之。平輩亦然,每得一義,輒馳書其共學之友相商榷,答者未嘗不盡其詞;凡著一書成,必經摯友數輩嚴勘得失,乃以問世,而其勘也皆以函札。此類函札,皆精心結撰,其實即著述也。此種風氣,他時代亦間有之,而清爲獨盛。②

可見,清人的學術交流心態、社會的學術環境、交往習俗等造成了清代以書信討論問題、展示學術的風氣。而這自然而然地影響到十八世紀中朝文人的交流,書信成爲了兩國朋友間進行學術交往的重要形式。如洪大容與嚴誠間的學術觀點的交換,洪良浩與紀昀間的學術問題的研討等,書信在其間發揮了極其顯著的作用。

---

① 洪大容《湛軒書・外集》卷二《乾净衕筆談》,《韓國文集叢刊》第 248 册,第 133 頁。
② 梁啓超《清代學術概論》,商務印書館(臺灣),2008 年,第 70—71 頁。

第一章　十八世紀中朝文人交遊概況

（四）書信是幫助從未謀面的兩國文人建立朋友關係以及繼續保持聯繫的最好途徑。在十八世紀,有些中朝文人雖未謀面,但通過書信往來成爲了神交知己,如順義君李烜與杭城陸飛開始雖未見面,但通過尺牘往復瞭解了對方,而互引爲知己。李烜有詩云:

不面先見書,精神已相照。咫尺猶天涯,無由開一笑。（其一）

生綃一幅畫,想見其人好。夢裏有別離,作詩詩草草。（其二）①

陸飛答詩云:

天地猶蓬廬,日月同所照。神交來異域,頓令向東笑。（其一）

不見空相思,負此春日好。何處望行塵?愁心滿芳草。（其二）②

由二人詩歌内容可見,正是由於書信傳遞信息的重要作用,順義君李烜與陸飛在未見面前就成爲了"精神已相照"的異域神交。這種不見面而主要通過書信來往得以精神相照、異域神交的例子還有一些,如朴齊家與清人郭執桓的交往,朴長馣《〈縞紵集〉凡例》稱郭執桓是"(朴齊家)折簡往復而未見其人者"③。又如李德懋與李調元的神交。1777年(丁酉),李德懋通過寄第一封書信與李調元,表達了與李調元"定爲神交,決知無疑"的願望,以後兩人雖未會晤,但繼續通過書信、唱和詩歌等而結下了深摯的學誼。後來,李調元

---

① 李烜《題扇贈篠飲二首》,朱文藻編《日下題襟集・順義君》,嚴誠撰,朱文藻編《鐵橋全集》第 4 册。
② 陸飛《次韻答詩》(天地猶蓬廬),同上。
③ 朴長馣《〈縞紵集〉凡例》,朴長馣《縞紵集》上,朴齊家撰,李佑成編《楚亭全書》下册,第 4 頁。

還爲李德懋在中國刊刻了其詩學專著《清脾錄》①。書信往來對於他們兩人結交所起到的關鍵作用由此可見一斑。此外,再如朴齊家與李調元從未謀過面,但却有著惺惺相惜的知己之情。此種情感的建立,主要也是依賴於雙方書札、詩文的頻繁相通②。總之,書信由於其内容的直白、容量的自由,便於雙方文人互通消息、傳遞情感,加上別離後的贈詩和唱酬詩多是隨信附上的,因此其是兩國文人在面晤之前或之後,雙方最重要的交流形式。

現存十八世紀兩國文人間的來往信件詳見本書附錄表6:十八世紀中朝文人間來往書信一覽表。據此表分析,可以知道:

(1)現存十八世紀中朝文人間的書信至少有344封,其中朝鮮文人寫給清文人的有148封,清文人寫給朝鮮文人的有196封。若按去信和答書一一對應的原則來統計,可以推斷出歷史上該世紀中朝文人間的來往書信至少有約392封,可見亡佚的中朝文人來往書信亦有不少。一些朝鮮文人在編中朝文人來往尺牘集時也指出書信散失的現象,如洪大容《金養虛在行〈浙杭尺牘〉跋》一文指出:"(金在行)惟醉燕南之酒,携三子之手,嬉笑嫚罵,蕩滌其半生磈礧。養虛之所養,其在斯歟!是行也,余實與之終始焉。其詩札固不止此,歸後多散失。其僅存者,又貧不能爲粧,余挈取而編帖以歸之。"③

(2)現存最早的十八世紀中朝文人間的來往書信是金昌業在1713年(癸巳)出使中國期間寫給清人趙華的書信。該書信載於金昌業《老稼齋燕行日記》卷四,篇幅不長,80餘字。金昌業在信中主要表達自己因病又加上使行日期匆迫而未能與趙華再次會晤的遺憾,並

---

①參見本書下編第五章《十八世紀後期中朝文人交流長編》"李德懋與李調元交流"條。
②同上。
③洪大容《金養虛在行〈浙杭尺牘〉跋》,洪大容《湛軒書·内集》卷三,《韓國文集叢刊》第248册,第74頁。

告知趙華若有所問或所求則不必客氣，自己必當盡力而爲的想法。

（3）十八世紀中朝文人間的書信，五十年代以前的僅有 13 封，其他的 330 封書信均撰寫於此世紀的中後期，這在一定程度上也反映出該世紀中後期兩國文人交流比較頻繁的事實。

（4）在十八世紀的朝鮮文人中，與清文人書信來往最爲密切的是洪大容，他與清文人間的來往書信現存共計 150 封。其後依次爲朴齊家（與清人間的來往書信現存 42 封，其中 6 封寫於 1800 年後）、洪良浩（與清人間的來往書信現存 26 封，其中 1 封寫於 1800 年後）、金在行（與清人間的來往書信現存 17 封）。這四位朝鮮文人與清文人來往書信的數量共計 228 封（不含非十八世紀書信），佔到十八世紀中朝文人間來往書信總數量的三分之二。這四位朝鮮文人與清人書信往來頻繁的重要原因是：他們在政治傾向上均是"北學派"文人，都力主向清朝的多個方面學習，因而他們必然在主觀上積極地與清文人建立聯繫，多與清人進行交流。

（5）在十八世紀的清代文人中，與朝鮮文人書信來往最爲密切的是嚴誠，現存的他與朝鮮文人間的來往書信共計 71 封（他與潘庭筠共同署名的與朝鮮文人洪大容、李烜、金善行、金在行間的來往書信現存 27 封[①]，他單獨署名的與朝鮮文人洪大容、李烜、洪檍、金在行間的來往書信現存 44 封），其後依次爲潘庭筠（現存的他與朝鮮文人間的來往書信共計 64 封：他與嚴誠共同署名的與朝鮮文人間的來往書信現存 27 封[②]，他單獨署名的與朝鮮文人洪大容、洪檍、金在行、洪大應、李德懋、朴齊家、李廷奭、柳琴間的來往書信現存 37 封，紀昀（與朝鮮文人朴齊家、洪良浩、洪義俊、徐瀅修間的來往書信現存 25 封）、陸飛（與朝鮮文人洪大容、洪檍、金在行間的來往書信共計 22 封，其中 1 封受信由他與嚴誠、潘庭筠共同署名接

---

①其中 1 封書信嚴誠、潘庭筠與陸飛共同署名接收。
②同上。

收)、孫有義(現存的他與朝鮮文人洪大容、洪檍、朴趾源間的來往書信共計 20 封)、鄧師閔(現存的他與朝鮮文人洪大容間的來往書信共計 18 封)、齊佩蓮(現存的他與朝鮮文人洪良浩、洪羲俊間的來往書信 10 封)、李鼎元(現存的他與朝鮮文人李德懋、朴齊家、洪羲俊、徐瀅修、柳琴間的來往書信 13 封)。現存的這八位清文人與朝鮮文人間的來往書信數量共計 214 封，佔十八世紀中朝文人間來往書信總數量的 62.2％，可見，在十八世紀，這八位清文人與朝鮮文人的書信來往最爲頻繁。

(6)現存十八世紀中朝文人間的書信主要保存在朝鮮文獻中：《中士寄洪大容手札帖》(韓國崇實大學韓國基督教博物館藏)、《東華筆話集》(私人藏本)、《薊南尺牘》(韓國翰林大學博物館藏)、洪大容《杭傳尺牘》(洪大容《湛軒書·外集》卷一)、《乾淨筆譚》(《燕行錄全集》第 43 冊)、《乾淨衕筆談》(洪大容《湛軒書·外集》卷二)、朴長馣《縞紵集》(朴齊家撰，李佑成編《楚亭全書》下冊)、《中朝學士書翰》(韓國高麗大學中央圖書館藏)、《同文神交》(韓國國立中央圖書館藏)、洪良浩《耳溪洪良浩全書》(民族文化社)、洪羲俊《傳舊》(韓國首爾大學奎章閣藏本)、徐瀅修《明皋全集》(《韓國文集叢刊》第 261 冊)。此外，日本近代學者藤塚鄰鈔校《燕杭詩牘》、清人朱文藻編《日下題襟集》(嚴誠撰，朱文藻編《鐵橋全集》第 4、5 冊)中也保存有大量尺牘。其餘的書信則散見於十八世紀"燕行錄"以及相關文集中。值得注意的是，除去嚴誠撰，朱文藻編《鐵橋全集》；紀昀撰，孫致中等校點《紀曉嵐文集》；魏元樞《與我周旋集》，其他的清人文集中幾乎不收錄十八世紀中朝文人間的來往書信。究其原因，這應該與當時嚴苛的文字獄不無關係，出於對自己安危的考慮，當時的清人不敢輕易將自己與朝鮮文人間的通信收入文集。

五、中朝文人間的文學批評

十八世紀中朝文人在交往中，有著對彼此詩文的大量批評。這是雙方文人交流的重要形式。如 1725 年(乙巳)，趙文命出使中

第一章 十八世紀中朝文人交遊概況　　　　　　　　　　　113

國途中遇到秀才文德馨後，便常與其論詩賞畫。趙文命有詩句云："君能辦我愁中越，時或評詩品畫來。"①叙述了自己通過與文德馨品鑒詩畫來打發百無聊賴的時光。

十八世紀中朝文人間詩文的批評，從被評的對象上看，可分爲以下三種類型：

（一）對總集的批評

十八世紀朝鮮有三種文學總集即柳琴編《韓客巾衍集》、編者不詳《洌上周旋集》和洪大容編《海東詩選》曾得到清人的批評。

1.《韓客巾衍集》，又名《四家詩》，收録了十八世紀後期朝鮮李德懋、柳得恭、朴齊家、李書九四家之詩。該詩歌總集由柳琴在1777年（丁酉）携帶入燕。柳琴携帶入燕的《韓客巾衍集》爲四卷，收入四家詩歌當爲各100首，韓國首爾大學奎章閣藏《韓客巾衍集》有載："此集原本各一百首，雨村以青圈選，蘭垞以朱圈選。今取朱青合選者，略有增删，爲各三十首。歌商樓主人之所增删也。"②在北京期間，柳琴首先將此書介紹給李調元，李調元爲該書撰寫了序言，並進行了評點。李調元《〈韓客巾衍集〉序》有載："延談之際，因探懷出其《巾衍集》，爲李懋官、柳冷齋、朴楚亭、李薑山四家之詩，而爲彈素所選訂者。乞余批定，余既細閲之，而乃益嘆詩學之未亡也。……而並爲評騭四家，以重其請。"③後，柳琴雖未與潘庭筠會晤，但又通過李調元將《韓客巾衍集》介紹給潘庭筠。潘庭筠也爲該書撰寫了序言，並作了評點。柳得恭《並世集》卷一

---

① 趙文命《書贈文秀才德馨》，趙文命《燕行録》，《燕行録全集》第37册，第64頁。
② 柳琴編《韓客巾衍集》，韓國首爾大學奎章閣藏手鈔本。此版本書前有"珍書重覽，一晴記書，吒子孫永保"字。參見柳琴編《韓客巾衍集》書末部分，是書收録李德懋詩歌100首、柳得恭詩歌100首、朴齊家詩歌100首、李書九95首，稱"凡三百九十五首"。
③ 李調元《〈韓客巾衍集〉序》，柳琴編，朴齊永注，白斗鏞校《四家詩》卷首，翰南書林出版，1917年，韓國高麗大學圖書館藏。

載此事云:"家叔父入燕物色之。李雨村曰:'潘與吾最相好,見在京師。'爲致《巾衍集》。香祖喜而序之。約會未果而歸。"①

《韓客巾衍集》分別得到了李調元、潘庭筠在序言、評點、跋文三個層面客觀而細緻的批評②。

首先,李、潘二人在序言中對四家詩作有總體評價,李調元序有云:"今觀四家之詩,沈雄者其才;鏗鏘者其節;渾浩者其氣;鄭重者其詞;有一類於前之所譏者乎?"李調元從詩的才、節、氣、詞四個方面談了對四家之詩的看法。潘庭筠序云"昨於李吏部雨村齋頭,得讀柳君彈素所錄海東四家之詩,多刻畫景物,攄寫襟抱,妍妙可喜之作。諷誦數四,不忍釋手。余雖未悉四人之生平,而因詩以想其爲人,大抵皆高曠恬淡之士也"③,則從詩歌内容方面對四家詩作了總的品評。

其次,李調元、潘庭筠對《韓客巾衍集》中的詩歌作了評點,李調元用青墨書寫評語,而潘庭筠用朱墨書寫評語,以示區別。二人評點語共計159處(對李德懋評語:李29處、潘22處;對柳得恭評語:李24處、潘16處;對朴齊家評語:李19處、潘15處;對李書九評語:李25處、潘9處)。李、潘二人的具體評點有如下三個主要特點:

---

① 柳得恭《並世集》卷一,《燕行録全集》第60册,第73頁。
② 本書選用的柳琴編《韓客巾衍集》爲韓國翰南書林在1917年出版的由朴齊永注,白斗鏞校勘的《四家詩》整理本,韓國高麗大學圖書館藏。筆者按,《韓客巾衍集》現存的版本種數無人做出過統計,筆者收藏有:韓國首爾大學奎章閣藏4種版本複本、韓國國立中央圖書館藏6種版本複本、韓國高麗大學圖書館藏3種版本複本等。各版本收録的詩歌數、評點文字有不同。本節之所以選用韓國翰南書林版本,一是因爲該版本收録有四家之詩共計399篇,數量最接近柳琴携帶入燕的《韓客巾衍集》收有詩歌的數量,即400首。二是因爲此本是經過了一定整理的刊本,該版本卷首的尹喜求《〈四家詩〉序》有云:"彈素柳氏所次《韓客集》得潘李氏序而存之,世稱四家詩。既已膾炙人口矣,顧善本絕少,乃白氏斗鏞校刊之,公諸同好。"
③ 李調元《〈韓客巾衍集〉序》,潘庭筠《〈韓客巾衍集〉序》,柳琴編,朴齊永注,白斗鏞校《四家詩》卷首。

(1)李、潘二人的評點關涉到四家之詩的諸多方面,如詩歌內容、藝術構思、摹物技法、遣詞造句、形象意境、風韻格調、藝術源流、詩歌韻味、使事用典等等,如李德懋《碧蹄店》,李調元評云:"可備史料。"潘庭筠評曰:"絕唱,何減唐賢。"又如潘庭筠評李德懋《秋燈急雨》有云:"落想不凡。"李調元評朴齊家《排字》"衣紋坐石奇"句有云:"四句五字,未經人道。"等等。可見李、潘二人評點《韓客巾衍集》的細緻,及對四家之詩諸多方面的充分肯定。

(2)李、潘二人對四家詩並非作一味褒揚,他們對部分詩歌的用韻及技法提出了質疑,如潘庭筠評李德懋《花石亭遠眺,渡臨津》有云:"坡韻五歌,體不通。"評柳得恭《歲暮山中客》(其一)有云:"此篇當溯在江韻下。"又如評李德懋《廣州途中》有云:"刻意設色。"李、潘二人甚至對內容中的一些錯誤也進行了辨證,如對李德懋《洪湛軒(大容)園亭》中"磊落陸廣文"句,潘庭筠厘正云:"陸舉孝廉,非廣文。"由此可見,李、潘二人並非出於客套,以褒獎之語敷衍了事,他們品評《韓客巾衍集》較爲認真細緻。

(3)李調元、潘庭筠品評四家之詩時,多舉中國歷史上的著名詩人與其比擬,此類評點共計35處,佔到總評點數量的五分之一多。這是他們評點四家之詩的一大特色,如下表:

(《韓客巾衍集》評點與評點引用的中國古代詩人對照表)

序號	詩歌及作者	評點	比擬用中國詩人
評李德懋詩			
1	《九日麻浦,同朴(在先)宿朴穉川(相洪)水舍》	李曰:柳州之遺音。	唐代柳宗元
2	《涼雨夕》	李曰:小中見大,得梅都官之一體。	北宋梅堯臣
3	《題田舍》	潘曰:似楊誠齋。	南宋楊萬里
4	《馳筆次袁小修集中韻》	李曰:似白香山。	唐代白居易

續表

序號	詩歌及作者	評點	比擬用中國詩人
5	《謁崇仁殿》	潘曰：三四頌箕子，典重可匹柳州一碑。	唐代柳宗元
6	《十一月十四日，醉戲吟》	李曰：可配微之放言詩。	唐代元稹
7	《桃花洞》	潘曰：似香山。	唐代白居易
8	《龍仁道中》	李曰：體物之工不減放翁。	南宋陸遊
9	《洪湛軒（大容）園亭》	李曰：《選》意《騷》情。	南朝蕭統 戰國屈原
10	《辛卯仲冬十六夜雷時，趙山人（衍龜）在座》	李曰：此詩酷似山谷。	北宋黃庭堅
11	《柳惠風（得恭）前作病齒詩慰我，今落矣，仍步其韻以自唁》	李曰：昌黎之擅長，此詩足以配。	唐代韓愈
評柳得恭詩			
1	《松京雜絕》	李曰：淒迷哀艷，千秋絕調，王漁洋《秦淮雜絕》不得擅美於前。	清代王士禛
2	《蟋蟀》	李曰：摹寫入細，得工部咏物之工。四首俱是。	唐代杜甫
3	《觀魚》	潘曰：落筆得遠勢，似老杜起法。	唐代杜甫
4	《熊州館，歲暮吟》	李曰：七律氣格真逼老杜。	唐代杜甫
5	《麻浦打魚篇》	潘曰：才大似昌黎子。	唐代韓愈
6	《早春，同宋記注昆季登眺鳳凰山，鬻艾酣飲》	李曰：前無古人，後無來者。撫天地之茫茫，獨悵然而泣下。	唐代陳子昂
7	《東峰精舍，與芝浦宋子伴讀》	李曰：古淡如淵明。	東晉陶淵明

序號	詩歌及作者	評點	比擬用中國詩人
8	《田家二首》	李曰：冲淡似韋蘇州而新穎過之。	唐代韋應物
9	《圍爐五十韻》	潘曰：似韓、孟聯句，爭奇炫異，極意募才，亦足以副之。	唐代韓愈、孟郊
評朴齊家詩			
1	《北漢文殊寺》	李曰：似于鱗。	明代李攀龍
2	《白雲臺》	潘曰：奇麗，五六似馬第伯封禪花語中。	東漢馬第伯
3	《踰一岡，有京中故人農莊，相訪作，次杜》	李曰：此公七律多似劉賓客。	唐代劉禹錫
4	《寄炯庵李（懋官）》	李曰：此服膺昌黎而得。	唐代韓愈
5	《舟宿廣興倉下，二更乘潮至雲陽，七古》	李曰：似玉局。	北宋蘇軾
評李書九詩			
1	《同金葛川夕訪流霞亭，道上分韻，得野曠天低樹五字》	李曰：表聖嗣響。	唐代司空圖
2	《自白雲溪，復至西岡口，少卧松陰下作》	李曰：此公五絕不減唐之王、裴。 潘曰：神似輞川。	唐代王維、裴迪
3	《雜畫》	李曰：似山谷老人。	北宋黄庭堅
4	《偶讀唐人數家詩得絕句三首》	李曰：可追元遺山。	金元元好問
5	《鄭五叔子參（存達）要余以八分書其所製詩，强把筆，仍贈此索和》	潘曰：雅近蘇、黄。	北宋蘇軾、黄庭堅

續表

序號	詩歌及作者	評點	比擬用中國詩人
6	《懷堤川趙處士衍龜》	李曰:學放翁而得其神。	南宋陸遊
7	《望狎鷗亭》	潘曰:格調似漁洋。	清代王士禛
8	《李元靈扇頭小景》	李曰:《騷》、《選》之遺。	戰國屈原 南朝蕭統
9	《步踰荳浦後麓,至某氏園亭》	李曰:極似梅聖俞。	北宋梅堯臣
10	《晚往溪上,送玉屏故人》	潘曰:亦有《精華録》中語。	清代王士禛

  李、潘二人所舉中國著名詩人都是戰國、晉朝、唐朝、宋朝、元朝和清朝的代表性大詩人,尤以唐宋時期名家爲主,由此可見李、潘二人對四家之詩成就的評價之高,以及四家詩人轉益多師的詩學淵源。

  最後,李調元、潘庭筠通過分別撰寫的四家之詩跋文,總結了四家之詩的各自特點:李德懋詩作遣詞煉意老道、不凡,如李調元評:"《青莊館集》造句堅老,立意渾成,隨意排鋪而無俗艷。"柳得恭詩歌才情橫溢,如潘庭筠評云:"冷齋才情富有,格律獨高,時露鯨魚碧海之觀。"朴齊家詩歌律協氣盛,如李調元云:"《明農初稿》工於七律,夢得、香山其鼻祖也,而嶔崎歷落之氣則似過之,無不及焉。"李書九詩作長於五古、格品高致,如潘庭筠云:"薑山五古冲澹閒遠,王、韋門庭中人,視王漁洋格詞尤近。"①

  綜上,李調元、潘庭筠從序言、評點、跋尾三個方面比較恰如其分地點出了四家之詩的妙處與不足。二人評點《韓客巾衍集》認真細緻,見解深刻,此特點也正是李德懋看完李、潘二人所有批評後

---

① 此節李調元、潘庭筠跋文,參見柳琴編,朴齊永注,白斗鏞校《四家詩》卷一、卷二、卷三、卷四的各卷末尾頁。

第一章　十八世紀中朝文人交遊概況

的感覺——"爾雅鄭重","真海內之奇緣,而終古之勝事也"①。

柳琴編《韓客巾衍集》是現存的十八世紀惟一一本得到清朝文人詳細批評的朝鮮文學總集,也是中朝學術交流史中現存惟一的既載有清人撰寫的序言、跋文,又載有清人詳細評點的詩歌總集。由於被評者李德懋、柳得恭、朴齊家、李書九爲朝鮮後期四位極有造詣的詩人②,他們的詩作代表著當時朝鮮詩壇的新趨勢,而批評者爲乾隆時期聲名甚響的李調元和潘庭筠,因而,李、潘二人對《韓客巾衍集》的批評,是當時兩國新的詩歌創作理念的交流。《韓客巾衍集》批評本也成爲了十八世紀中朝文人詩歌交流深入發展的重要標志。

2.《洌上周旋集》在 1778 年(戊戌)由朴齊家、李德懋携帶入燕。該集現未見存,具體篇目不詳。但據文獻載,該詩集也收錄了李德懋、柳得恭、朴齊家、李書九四家之詩。祝德麟《〈洌上周旋集〉序》有載:"丁酉四月,同年李雨村吏部携柳彈素所纂《韓客巾衍集》示予,既得,盡讀李炯庵、朴楚亭、柳惠風、李薑山四家之詩矣。……逾年,朴、李來京師,因雨村之弟墨莊庶常,復以《洌上周旋集》相質。余受而讀之,則與《巾衍集》爲一家言。"③朴齊家、李德懋通過墨莊李鼎元將此詩集介紹給祝德麟。祝德麟發現此集的作者與前

---

① 李德懋與李調元書(去年冬;友人柳彈素……)有載:"彈素之歸,自詫遇天下名士,仍出《巾衍集》,使不佞輩讀之,果然朱墨煌煌,大加嘉獎。序文評語爾雅鄭重。真海內之奇緣,而終古之勝事也。"李德懋《青莊館全書》卷一九,《韓國文集叢刊》第 257 册,第 266 頁。
② 李德懋、柳得恭、朴齊家、李書九四家詩文在朝鮮漢文學史上佔有極其重要的地位,他們對朝鮮漢文學的發展貢獻很大。崔海鍾《槿域漢文學史》云:"蓋四家者聰悟絶人,博學多聞。詩詞清警,著述豐富,爲藝苑至寶。但四家中除李書九,皆坐地微,幸遇英正之世,得除奎章閣檢書及守令,然亦非所大用者也。且四家之文學非但以風體論之,其奇才逸想,應時而出,其有功於實學亦大矣。"韓國高麗大學華山文庫藏本,第 241 頁。
③ 祝德麟《〈洌上周旋集〉序》,朴長馣《縞紵集》下,卷一,朴齊家撰,李佑成編《楚亭全書》下册,第 213 頁。

見到的《韓客巾衍集》相同。

清人對《浿上周旋集》的批評,主要見存祝德麟《〈浿上周旋集〉序》和李鼎元《題〈浿上周旋集〉》。祝德麟在序言中高度評價了四人詩作,稱他們詩風:"四君者齊盟押主,旗鼓相當。炯庵贍而肆,楚亭蒼而潤,惠風逸而妍,薑山諧而暢。"又論及四家詩歌淵源,有云:"其瓣香遠在山谷、石湖,近在空同、漁洋,性情各異,宗派略同。"指出他們遠學黃庭堅、范成大,近學李夢陽、王士禛。進而又指出他們詩歌都能"放開眼界,雕鏤腎肝,而能各出性靈,以爲陶寫"①,强調出他們詩作以抒寫性靈爲主的共同情感特色等。此外,必須指出,祝德麟對四家之詩並不是一味的褒揚,本著公允客觀的原則,他也指出了四家古體詩作鍛煉字句的不足之處,如有云:"古體才氣浩瀚,筆善變化,惟字句偶有未揀净處。"②李鼎元《題〈浿上周旋集〉》則以論詩絶句的形式對《浿上周旋集》作了批評,詩云:"浿水如烟凝一碧,竹林風味無今昔。殷勤寄語集中人,爲我西隅添一席。"③李鼎元先在前兩句詩中把朝鮮四家比作中國西晉正始時期的"竹林七賢",形象地指出了《浿上周旋集》詩作品格高遠的特色,又在後二句詩中充分表達了對他們的傾慕之情。可見,李鼎元對《浿上周旋集》亦持贊賞態度。

3. 洪大容編《海東詩選》九卷。北京大學有殘本。應潘庭筠的請求④,1766年(丙戌),洪大容寄贈《海東詩選》一部四本與他。洪大容《與秋庫書》中有云:"外呈《海東詩選》一部四本。此因事力不

---

① 祝德麟《〈浿上周旋集〉序》,朴長馣《縞紵集》下,卷一,朴齊家撰,李佑成編《楚亭全書》下册,第214頁。
② 祝德麟《〈浿上周旋集〉評》,朴長馣《縞紵集》下,卷一,朴齊家撰,李佑成編《楚亭全書》下册,第216頁。
③ 李鼎元《題〈浿上周旋集〉》,朴長馣《縞紵集》下,卷一,朴齊家撰,李佑成編《楚亭全書》下册,第157頁。
④ 洪大容《〈海東詩選〉跋》載云:"曩余入燕與杭州高士潘公遊。蘭公請見東國詩,余諾而歸。"洪大容《湛軒書·内集》卷三,《韓國文集叢刊》第248册,第74頁。

逮,且臨期匆迫,無暇借手於能者,祗令舍下諸族分卷疾書。皆年少才疏,又夜以繼日,惟務及時,其字畫潦草,考誤粗漏,實不堪誇示大方,殊可愧嘆。"①北京大學的殘本中所錄潘庭筠的批語僅一二條,學術價值不大。由於是殘本,因而無法準確反映出潘庭筠批評的真實情況。而潘庭筠收到《海東詩選》後,曾在給洪大容書信中對《海東詩選》所收錄之詩進行了總體品評,有云:"《海東詩選》九卷,持擇甚精,考據頗核,一邦雅製,想已略備,惠然持贈,不啻真珠一船、珊瑚一網也。顧遴選劇繁,書抄匪易,良友苦心,深爲銘感。從此,卷中諸家流傳中土,永永不朽。足下不特爲故人廣聞見,並有功於鄉先生不淺也。"②潘庭筠從選詩之精要、考據之詳核、內容之豐富等方面給予該詩集很高的評價。

(二)對別集的批評

對別集的批評,如清人對柳得恭《冷齋集》的總體評價,李調元曰:"冷齋詩才氣縱橫,富於書卷,如入五都之市,珍奇海錯無物不有。加以天姿勝人,鍛煉成奇,故足令觀者眩目。"又曰:"冷齋諸體,莫不筆酣句健,凌轢古今。味腴寒芳,滌濯滓窳。"潘庭筠曰:"冷齋才情富有,格律獨高,時露鯨魚碧海之觀。至於懷古、登臨,尤多杰作。"紀昀曰:"冷齋詩天骨秀拔,味含書卷,語出性靈,與貞蕤一時之瑜亮。"③他們三人分別從才氣、格調、語言等方面對《冷齋集》作了品評。

在十八世紀,兩國文士主要通過序跋、評點和論詩詩的形式對別集作出批評。得到清人序跋批評的朝鮮文人別集和論著有李書九《薑山初集》,洪大應《大東風雅》,徐瀅修《學道關》、《明皋文集》、

———————

①洪大容《與秋庫書》(大容白:去歲七月……),洪大容《湛軒書·外集》卷一《杭傳尺牘》,《韓國文集叢刊》第248册,第113頁。
②潘庭筠與洪大容書(庭筠再拜,白湛軒先生足下:去歲今春兩得手書……),《中士寄洪大容手札帖》5,第288—289頁。
③李調元等《〈冷齋集〉評》,柳得恭《冷齋集》卷首,《韓國文集叢刊》第260册,第3頁。

《徐五如軒主人詩文》、洪良浩《燕雲紀行》、《洪尚書詩卷》、《耳溪詩集》、《耳溪文集》、《六書經緯》、趙秀三《秋齋集》、徐浩修《渾蓋通憲圖説集箋》、金正中《燕行録》、著者不詳《李參奉詩鈔》、朴齊家《貞蕤稿略》、李德懋《清脾録》①等，清文人李調元、祝德麟、陳崇本、戴心亨、徐大榕、朱文翰、江溎、翁方綱、紀昀、陳鱣等分別爲這些別集作了序跋，從不同方面對它們進行了總體評價。得到批評的清人別集有楊澄《楊鈍庵文集》、郭執桓《繪聲園詩集》、齊佩蓮《黃厓詩稿》等，李器之、洪大容、朴趾源、洪良浩分別爲這些文集寫了序跋②。除了李器之爲楊澄《楊鈍庵文集》撰序的行爲發生在十八世紀早期，上文提及的其他中朝文人對友人別集的批評行爲都發生在世紀後期，可以説這是彼此間交流在此時得到深入發展的重要標志之一。現存的所有這些序跋和評點是考察十八世紀兩國文學交流的寶貴資料，具有重要的學術價值。

在十八世紀，除得到序跋以外，被詳細評點的中朝文人別集有郭執桓《繪聲園詩集》、李書九《薑山初集》。

1. 郭執桓《繪聲園詩集》在 1773 年（癸巳）由鄧師閔寄贈與洪大容，以求朝鮮名士的批評。柳得恭《中州十一家詩選·郭東山執桓》載其事云："歲癸巳，因其同邑人鄧師閔，使之寄書湛軒，兼致《繪聲園詩集》一册，願得朝鮮名士評騭。湛軒托李德懋點定爲弁文，朴仲美作跋尾。"③朴趾源《〈繪聲園集〉跋》、洪大容《繪聲園詩跋》現都見存，惜李德懋序文亡佚，僅部分文字見載洪大容《繪聲園詩跋》一文中。

---

① 李德懋與李調元書（前年修尺牘付桂同……）有云："鄙人携來自著《清脾録》，皆古今詩話，頗多異聞，但其隨腕漫筆，編次乖當，已經秋庫删訂，芷塘弁卷，因囑墨莊，遥寄先生。先生亦爲之序之，因便東寄，有足不朽。"李德懋《青莊館全書》卷一九，《韓國文集叢刊》第 257 册，第 269 頁。可見，祝德麟（號芷塘）曾給《清脾録》作過序，惜此序文未見存。
② 中朝文士別集得到對方友人撰寫序跋的具體情況，參見本書附錄表 5：十八世紀中朝文人間序跋一覽表。
③ 柳得恭《中州十一家詩選》，韓國首爾大學奎章閣藏本。

而據李光葵回憶，他的父親李德懋不僅爲《繪聲園詩集》撰寫了序文，而且評點文字"凡一百六十餘段"①。李德懋《清脾錄》卷四亦有云："其同邑汶軒鄧師閔乃洪湛軒遊燕時所交也。甞寄封圭《繪聲園詩集》，余嘗評批：蓋清虛灑脱，學李供奉者也。"②這也是李德懋曾評點過《繪聲園詩集》的重要證據。惜李德懋評點文字亦不詳。

總體考察朴趾源、洪大容二人跋文，朴文主要從形式、内容雅正的角度，給予郭執桓創作極高的評價，有云："其大篇發《韶濩》，短章鳴璁珩，其窈窕溫雅也。"強調其詩作繼承了儒家古樂、《詩經》的優良傳統。因而，他感慨道："嗟乎，言語雖殊，書軌攸同。惟其歡笑悲啼，不譯而通，何則？情不外假，聲出由衷。"③而洪文則在肯定其詩感情真實的基礎上，又從勉學的角度指出其文辭華美掩蓋儒家詩旨的弊病，而規勸云："愛之勉以身心，重之進以周孔。惟日斂華而就實，捨文藻以明道術，吾所願於澹園④者，庶在於此矣。"⑤雖然品評角度不同，朴洪二人對郭執桓創作的肯定程度有所不同，但從評價可見，儒家詩學"溫雅"是他們共同追求的目標，也是他們對清人詩文創作成就的期待。

2. 李書九《薑山初集》，四卷，韓國首爾大學奎章閣、韓國國立中央圖書館等均有藏本。韓國成均館大學出版部在2005年出版的《薑山全書》中也收錄有《薑山初集》四卷。此集是載錄李書九詩

---

① 李光葵《先考積城縣監府君年譜》（上），李德懋《青莊館全書》卷七〇，《韓國文集叢刊》第259册，第283頁。
② 李德懋《清脾錄》卷四《郭封圭》，洪大容、李德懋撰，鄺健行點校《乾净衕筆談·清脾錄》，上海古籍出版社，2010年，第256頁。
③ 朴趾源《〈繪聲園集〉跋》，朴趾源《燕岩集》卷三，《韓國文集叢刊》第252册，第70頁。
④ 澹園，郭執桓亦號澹園。參見朴長馣《縞紵集》卷首，朴齊家撰，李佑成編《楚亭全書》下册，第9頁。
⑤ 洪大容《〈繪聲園詩〉跋》，洪大容《湛軒書·内集》卷三，《韓國文集叢刊》第248册，第74頁。

作得到清人批評的整理本，且經過了李書九的閱定。由於保存完整，其文獻價值較大，可與《韓客巾衍集》相媲美。1778年（戊戌）李德懋入燕，携帶去《薑山初集》，將其介紹給潘庭筠、李調元等人。潘庭筠、李調元、祝德麟等人認真批評了此集。李書九在《〈薑山初集〉自序》中記載了此事，稱自己屏居永平席帽山時，創作了許多"頗異前日"之作，並有云："詩已累百篇，遂取舊作稍爾雅者，合爲此集。會鄉人李懋官隨使入燕，引農岩、三淵兩先生及近世槎川李公故事，力請鈔去。余辭以不可，後亦不能牢拒，卒許焉。李君行遇浙人潘庭筠、蜀人李調元輩，出示之，皆謬加推詡，爲作序。以寄意甚勤厚，因令諸弟並錄之卷中，抑余於此，別有感焉。"①

需要指出，戊戌年李德懋携帶入燕的《薑山初集》與早一年傳入中國的《韓客巾衍集》的内容既有重複，又有不同。兩集相比對，《薑山初集》收錄詩歌194篇（以詩題計），其數量要遠遠超過《韓客巾衍集》中的《薑山集》所收篇數。《薑山集》僅收錄詩歌77篇。《薑山初集》收錄有清人李調元、潘庭筠、祝德麟對李書九43篇②（以詩題計）詩作的評點，共計58處（李評41處、潘評13處、祝評4處），所載李、潘二人評語數量超過《韓客巾衍集》中所載20處（李評25處、潘評9處）。此外，《薑山初集》收錄的關於《雨後，從西岡口步至白雲溪作》、《晚自白雲溪，復至西岡口，少卧松陰下作，三首》、《送葛川金君歸關西三首》、《春日題伯皐山居七首》的4處祝德麟評點語，《韓客巾衍集》亦未載錄。而《韓客巾衍集》中得到李、

---

① 李書九《〈薑山初集〉自序》，李書九《薑山初集》卷首，卷末有"己酉五月裝于駱西之希籛堂"語。韓國國立中央圖書館藏本。本書選用此版本的重要理由是此版本成於1789年（己酉），距離原本出現的1778年（戊戌）時間較近，而韓國首爾大學奎章閣所藏本刊行於1934年（癸西）。
② 此處統計含有《雜畫》一詩。韓國國立中央圖書館藏《薑山初集》中未載有李調元對此詩的評點，而首爾大學奎章閣藏《薑山初集》和《薑山全書》（韓國成立館大學出版部，2005）中，均載錄李調元對此詩的評點，故將其納入統計數量中。

第一章　十八世紀中朝文人交遊概況

潘二人批評的 25 篇詩歌及其 34 處評點語，《薑山初集》在卷一、卷二中均載錄，內容大致相同。《韓客巾衍集》中未載的李、潘二人的評點，除去潘庭筠對《江夕》一詩的評點見載於《薑山初集》卷二外，其餘都見存於《薑山初集》的卷三、卷四，未載錄的祝德麟評語，兩處見存於《薑山初集》卷二，兩處見載於《薑山初集》卷四。未見載於《韓客巾衍集》而受到李、潘、祝三人批評的詩作及其評點語如下表：

（《薑山初集》獨有的李調元、潘庭筠、祝德麟評點一覽表）

序號	詩題	評點
1	《江夕》	潘蘭公曰：深得唐人意思。
2	《冬夜讀孟襄陽詩，却寄山中故舊》	李雨村曰：清絶
3	《送李山人還鄉三首》	李雨村曰：身分自高（其一）；李雨村曰：無限寄托（其二）。
4	《朝爽閣詩爲金丈（用謙）作，三首》	李雨村曰：此等句法非初唐人不辦。
5	《郭胤伯八分小帖》	潘蘭公曰：規橅少陵，尤見博綜金石之學。
6	《南扶餘懷古，送進士族叔青，七首》	李雨村曰：南扶餘詩，當選入詩話以備典故。又曰：絶妙宮詞。此等詩從王建得來，漁洋集中亦不多得。
7	《山居春晴，偶題絶句三首》	李雨村曰：似老學庵筆意。
8	《過南山下村家二首》	李雨村曰：風致可想。
9	《松山道中懷柳進士二首》	李雨村曰：二作感時撫事，讀之輒喚奈何。
10	《山中大雪，有懷仲牧》	李雨村曰：細絶；李雨村曰：高處直接彭澤韋柳，但可頡頏。
11	《前年春爲訪近庵金丈（尚默）》	李雨村曰：氣體甚高。

续表

序號	詩題	評點
12	《清明在近,寒意未已,聊以自慰》	李雨村曰:新倩可知。
13	《新晴,出漢北門》	李雨村曰:字字少陵。
14	《懷李雨村(調元)三首》	李雨村曰:見懷詩風調絶佳。
15	《秋日懷秋庫居士三首》	潘蘭公曰:清遠。
16	《雨後,從西岡口步至白雲溪作》	祝芷塘曰:結構殊非草草,五古從此路入,問津王、韋不遠矣,即追踪陶、謝,何難耶?
17	《晚自白雲溪,復至西岡口,少卧松陰下作,三首》	祝芷塘曰:詩好而韻不可通。
18	《送葛川金君歸關西三首》	祝芷塘曰:氣格雄蒼,風調高穩,如此詩非唯一抗衡何李,直可追配義山矣。
19	《春日題伯皋山居七首》	祝芷塘曰:寫景入細。

由上述比對可以推斷,《薑山初集》卷一、卷二中的李調元、潘庭筠評點是在1777年(丁酉)柳琴入燕時完成,而卷三、卷四中的李調元、潘庭筠評點則應該在1778年(戊戌)李德懋入燕時完成。

總體考察戊戌年潘庭筠、李調元、祝德麟爲《薑山初集》撰寫的序文、題文以及對19篇詩歌的評點,李鼎元、沈心醇撰寫的跋尾。批評的主要特點如下:

其一,與《韓客巾衍集》中的《薑山集》一樣,《薑山初集》同樣得到了清人的高度評價,他們總結出李書九詩歌的總體成就:(1)情之正、情之深而自然流露。李調元認爲"詩非出於情之難,出於情而不失其正之爲難",指出李書九詩歌"以其不事雕瓊(鏤)而得乎情之正也",而贊云:"大羹不和,大音聲希,此之謂也,所謂正始之音也。"①潘庭筠在《〈薑山初集〉題文》中有云："筆墨之外自具性情，登覽之餘別深寄託。"強調出其詩作情感自然與深遠的特點。（2）五古成就尤高，冲澹閑遠，近逼古人。如李調元稱"薑山五古冲澹，字字唐音，王孟之遺也"。祝德麟《〈薑山初集〉題文》亦有云："五古清曠夷澹，直可造魏晉人之室。"②而李鼎元在跋文中贊李書九詩風有"澹遠陶彭澤"之稱。沈心醇直接指出李書九詩歌"好句清於百和薰"，並將它們收入《鮑尊詩話》③。清朝的每位批評者都指出了李書九詩歌冲澹的風格特點。而和平澹遠也正與李調元所標榜的最高美學風格——"陶靖節和平澹遠，爲千古詩學之宗"④相一致。正是冲澹風格在詩歌中的鮮明顯示，清人批評者給予了李書九很高的評價。李調元對其詩作情有獨鍾而有云："吾獨於《薑山集》而竊嘆靖節之去人未遠也。"⑤一"獨"字充分體現出李調元對李書九創作的高度肯定。潘庭筠《〈薑山集〉序》更將其比作"獨角麟"，有贊云："余觀其詩惟妙惟肖，雖目爲平壤之獨角麟，亦未爲過。"⑥在某種程度上，甚至可以講，於四家之詩，李書九的詩作最爲李調元、潘庭筠等人所欣賞。

其二，從上面李、潘、祝三人對《薑山初集》評點的表格可見，李、潘、祝三人的詩歌評點，同《韓客巾衍集》中的一樣，也是從內容、風格、結構、句法、用字、用韻等不同角度對李書九的具體詩篇作了品評。此中值得注意的是，祝德麟對李書九詩韻誤用的問題，除了一方面提出商榷，另一方面還對其產生原因作了深刻的思考，

---

① 李調元《〈薑山集〉序》，李書九《薑山初集》卷首。
② 潘庭筠《〈薑山初集〉題文》、祝德麟《〈薑山初集〉題文》，李書九《薑山初集》卷一。
③ 李鼎元詩句參見李鼎元《題〈薑山詩集〉後》，沈心醇詩句參見沈心醇《集中名句余已采入〈鮑尊詩話〉，因題》，李書九《薑山初集》卷末。
④ 李調元《〈薑山集〉序》，李書九《薑山初集》卷首。
⑤ 同上。
⑥ 潘庭筠《〈薑山集〉序》，李書九《薑山初集》卷首。

這在《韓客巾衍集》的批評中則没有。如對《晚自白雲溪，復至西岡口，少卧松陰下作，三首》"讀書松根上，卷中松子落。支筇欲歸去，半嶺雲氣白"，祝德麟指出："詩好而韻不可通。"並有按語云："白叶旁各切，音薄。《詩·小雅》：'裳裳者華，或黄或白。我覯之子，乘其四駱。'此詩既是古體，當證此叶落。"對於李書九詩韻的誤用，祝德麟認爲根源在於"韻有今古，東國詩人多不知古韻"，並非李書九一己問題。因而，他撰寫了《論韻學序》以代《〈薑山初集〉序》，詳細介紹了中國古代韻書的流變和詩韻的用例，推薦邵長蘅輯《古今韻略》與其參看，並提醒創作時當參照古詩，以避免用韻方面的差錯。有云："邵書，坊間易購，按圖尋譜，了了可觀。即又不可得守之説。以讀古人之詩，可知子湘之不余欺，而余之於唾餘者，亦非無見也。"①顯然，祝德麟在向朝鮮文士介紹中國詩韻方面作出了獨特貢獻，其具體性和深刻性是李調元、潘庭筠等其他清文人所没有的。

（三）對單篇詩文的品評

對單篇詩文的品評，在十八世紀中朝文人間的文學批評中最爲常見，多發生在對方題寫詩作後，當面評鑒或在隨後的書信往來中指出詩歌的妙處。如，1701年（辛巳）出使中國的姜鋧，其詩作得到了豐潤谷姓文士的品評，姜鋧在贈谷姓文士詩中有云："異域無人堪與語，新篇非子更誰評？"②這是可知的十八世紀最早的中朝文人間的詩文批評事件。又如，1720年（庚子），趙榮福評價錢生所製時文有云："文辭富贍，高捷可期。"③同年，清人陳法當面評李器之書《燕京雜詩》（寒鴉落木燕丹村）一絶有云"丰神蘊籍，絶句本調"等等④。總體上考察十八世紀中朝文人間當面評價詩文之語，會發現：出於人之常情、客套式應酬的需要，兩國文人對彼此詩文的品

---

① 祝德麟《論韻學序》，李書九《薑山初集》卷首。
② 姜鋧《次豐潤谷一枝韻》，姜鋧《看羊録》，《燕行録全集》第30册，第39頁。
③ 趙榮福《燕行日録》，《燕行録全集》第36册，第98頁。
④ 李器之《一庵燕記》卷三，《〈燕行録選集〉補遺》上册，第329頁。

第一章　十八世紀中朝文人交遊概況　　　　　　　　　　　129

評之語絕大多數是贊美之言,深入鑒賞之語少,而多泛泛之論。如清人李元英當面評金昌業詩云"似唐人語","尊作佩服之極,直與唐人並立"①。李元英祗是把唐朝看作是中國詩歌的高峰階段,而以唐人比稱金昌業詩歌創作的優秀,並未具體言明金昌業詩歌佳處。再如,1786年(丙午)在柵門,沈樂洙在看了清秀才白琇寫作的詩歌後,雖內心認爲"其詩甚劣下,句尤沒意",但出於禮貌,還是強曰:"把筆成章,才調贍敏。"後在交流過程中,白琇又作一詩,沈樂洙仍簡要評曰:"詩思甚敏。"②顯然,沈樂洙的品評言不由衷,因此,從學術上看,這些批評語價值不大。

　　從品評文字的形式上來看,十八世紀中朝文人間的批評,有散體、韻體兩種。

　　散體如上面所舉李調元、潘庭筠、祝德麟對柳得恭《冷齋集》的評價文字。中朝文士爲對方撰寫的序跋都是散體文字,李調元、潘庭筠對《韓客巾衍集》和李調元、潘庭筠、祝德麟對《薑山初集》的評點文字都是散體,以及兩國文人當面作出的大量品評語也都是采用散體的文字形式。用序跋、評點的散體文字對友人作品進行品評,是十八世紀中朝文人間文學批評的主要形式。

　　韻體主要是指用詩歌的形式對作品作出批評。以論詩詩的形式對友人別集進行題評,這在十八世紀前期、中期的中朝文士交遊過程中未曾發生,而在後期的兩國文人交往中則有,如李德懋評李調元《粵東皇華集》,其論詩絕句云:

　　　　梅花嶺外五羊天,到處珠娘樂府傳。珍重星橋評隲好,詩

---

① 金昌業《老稼齋燕行日記》卷三,《燕行錄全集》第33冊,第56頁、第98頁。
② 白琇詩云:"奉差跋涉抵邊陲,幾歷山巔共水涯。越些寂寞蕭然境,鈎得鰲頭日午歸。"白琇後作一詩云:"萍水相逢幸有緣,忽而覿面話臨泉。今將詩句殷勤寄,爭奈巫山別一天?"沈樂洙《燕行日乘》,《燕行錄全集》第57冊,第19頁、第20頁。

情清麗斷霞妍。①

稱李調元《粵東皇華集》所煥發出的詩情、詩語的清麗色彩掩盡了雲霞的妍美光華。十八世紀後期，清人在與朝鮮友人交往中，創作了一定數量的論詩詩，如李調元《題〈青莊館集〉》②、李鼎元《題〈清脾錄〉》、《題〈二十一都懷古詩〉》、《題薑山詩》、《題〈洌上周旋集〉》③、沈心醇《題柳惠風〈歌商樓集〉》、《集中名句余已采入〈匏尊詩話〉，因題》④、鐵保《題朝鮮貢使詩册，並寄貞蕤居士》⑤等。這些論詩詩中除了李鼎元《題薑山詩》、鐵保《題朝鮮貢使詩册，並寄貞蕤居士》是用五律詩體外，其餘均是七絕詩體。可見，當時的清詩人主要還是繼承了杜甫所開創的以七絕論詩的傳統來對友人的詩作進行批評。

當時朝鮮文士在與清文人交往中，所寫的論詩詩不多見。筆者僅見李晚秀在清人海州單生的請求下，為其逝去的友人而創作的《題〈梅軒集〉》⑥，詩云：

  始因潘清遠，結識萬泉老。今與萬泉歡，重惜梅軒稿。秋回霞鶩天，夢斷池塘草。鷄林有詩徒，歸示袖中寶。

從嚴格意義上看，此詩還不能算是論詩詩，詩歌內容並未涉及對詩歌本身的評價，主要是表達對詩歌作者潘梅軒英年早逝的嘆惋之情。

---

① 李德懋《讀李雨村〈粵東皇華集〉》，李德懋《青莊館全書》卷一一，《韓國文集叢刊》第 257 册，第 189 頁。
② 參見柳得恭《並世集》卷一，《燕行錄全集》第 60 册，第 87 頁。
③ 同上，第 95—96 頁。
④ 柳得恭《並世集》卷一，《燕行錄全集》第 60 册，第 107 頁；李書九《薑山初集》卷末。
⑤ 參見朴長馣《縞紵集》下，卷二，朴齊家撰，李佑成編《楚亭全書》下册，第 225 頁。
⑥ 李晚秀《屐園遺稿》卷一二，《韓國文集叢刊》第 268 册，第 527 頁。

第一章　十八世紀中朝文人交遊概況

清文人除了主要用七絶對朝鮮文士的詩歌進行品評外，還有用古體詩形式對他們著作進行批評的，但數量很少，筆者僅見戴衢亨《朝鮮洪副使示〈六書經緯〉，理解精到，不讓古人。謹作長句一首題後，並以贈行》一詩。該詩以 42 句的七言古體長篇對洪良浩的學術專著《六書經緯》作了評價並兼以送別，如其品評該書價值有云："偏傍點畫具心得，奧字奇語令人驚。書體從來首篆籀，岷峨積石源流清。上考冰斯溯倉頡，貴從山下窮滄瀛。……洪公讀書究源委，欲以新意超前英。强尋波磔欣創獲，細與注釋誇研精。有如園客獻獨繭，音徽一一符天成。"①

由上所述可見，十八世紀中朝文人間的文學批評活動比較頻繁，是雙方文人間重要的交往形式之一。文學批評在兩國文人關係的建立過程中，起到了重要作用，主要表現在兩個方面：

1.十八世紀中朝文人間的文學批評活動，尤其是發生在中後期的大量請序題跋、評點在兩國文人交往中意義重大。它一方面促進了雙方互相瞭解文學創作，加深學誼；另一方面也極大地推動了雙方詩人的揚名天下。如《韓客巾衍集》得到了李調元、潘庭筠、祝德麟等一批清文人的評騭，在當時和後來的朝鮮和清朝廣爲人稱道。無論對詩歌的創作者李德懋、朴齊家、柳得恭、李書九而言，還是對詩歌的品評者李調元、潘庭筠等而言，都進一步提高了他們在兩國文壇的聲名。一些清文人在聽聞此事後，向朝鮮文人索求《韓客巾衍集》，如朴齊家與李鼎元筆談時曾向其云："如王偉人中堂向在庚戌，苦向東使覓《四家詩》，我實在旁，不敢如毛遂自薦，恐是葉公好龍。"②而後來，隨著李調元將李德懋《清脾錄》及柳得恭詩歌作品等收入《函海》而刊刻，四家詩人詩名更盛，《韓客巾衍集》成

---

① 戴衢亨《朝鮮洪副使示〈六書經緯〉，理解精到，不讓古人。謹作長句一首題後，並以贈行》，洪良浩《耳溪集・外集》卷一〇，《韓國文集叢刊》第 242 册，第 338 頁。
② 朴長馣《縞紵集》上，卷一，朴齊家撰，李佑成編《楚亭全書》下册，第 27 頁。

爲了清人尋求的暢銷詩集。柳得恭《灤陽錄》卷二《李墨莊、鳧塘二太史》載云:"是年春,自燕還者藉藉言彼中學士多求《四家集》,集中之人即某也,某也。"①而韓國現存《韓客巾衍集》(其内容包括李調元、潘庭筠的評點)十餘種版本,也反映出四家之詩在當時和後來的朝鮮文壇受到歡迎的程度之高。顯然這對擴大四家詩人以及清人李調元、潘庭筠、祝德麟等人的聲名會起到極大的推動作用。

2.中朝文人間發生的文學批評,有時直接促成了彼此學誼關係的建立。有些朝鮮文人渴望與清學者結交的情感,就緣於先前清人對其詩文深有見地的品評,如柳得恭、李德懋、朴齊家、李書九雖都未與李調元謀過一面,但他們的文學交誼就始自1777年(丁酉),柳琴携帶《韓客巾衍集》入燕,請李調元爲其作序品評之時。之後柳得恭、李德懋、朴齊家、李書九與李調元纔有了書信、詩歌、贈物等的往復,從而雙方建立了較爲密切的文學聯繫。要之,文學批評在十八世紀兩國文人結交過程中有時發揮了橋梁般的關鍵性作用。

六、中朝文人間的贈物行爲

十八世紀中朝文人交往中的贈物行爲很常見,贈物名目繁多。按常例,朝鮮使團在出使中國時,携帶有一定的贈物。徐榮輔、沈象奎等撰《萬機要覽》載:"贈給物種,銀子用地銀外,亦有紙扇、丸藥、皮物、綿紬、烟竹等種。"②其目的,一是爲了應付清朝各種官吏的索取,以求得使團行事的便利。1732年(壬子)出使中國的韓德厚在《承旨公燕行日錄》中憤慨寫道:"蓋彼中貪風大振,上下相徇,唯利是饕,以故賂門日廣,騙黷無厭。自柵門、鳳城、瀋陽、山海關以至禮部各衙門皆有應行之賄。入柵時,胡人先數銀馱,隨其多寡

---

①柳得恭《灤陽錄》卷二,第57頁。
②徐榮輔、沈象奎等撰《萬機要覽》財用編五"燕使",《支敕》。

第一章　十八世紀中朝文人交遊概況

索徵增加。迎送官、通官輩亦有厚贈而猶且不足。路次,例致之廩犧,輒復攘歸私橐,略不爲愧。接伴、提督公肆求索,少不滿意,則從中操切沮撓使事。外國之人既無與彼較卞之勢,祇以順適其心,早竣遄歸爲務,則不惜重賂,屈意陪奉亦其勢然也。"①二是爲了贈送給與之有交流的清文人,這是出於一般禮節的需要,或表達對對方的感謝或情誼。此在十八世紀"燕行録"和中朝文人來往尺牘中多有記載。如李器之《一庵燕記》卷四載:"戊午,晴。朝作書付王四送楊澄。次前來韻,且送各色扇子、紙十丈、烟草二匣、烟竹火鐵筆三、墨三以答前來之物。"②又如,姜浩溥在《桑蓬録》卷一〇中有云:"然吾既與(程)瑛情厚,故復以篋中所餘一箋、一墨、二丸贈别。瑛以一毛冠贐余矣。"③姜浩溥清晰指出自己贈物與程瑛正是出於對他的深厚情誼。再如,金正中《燕行録》載:"松園出各色詩箋紙二十幅、色筆二枝、别墨二笏,勸余謝胡、程二人之厚誼。余修一書送之。"④松園金履度出詩箋紙、筆墨,正是爲了讓金正中感謝程嘉賢、胡寳書。三是向對方介紹本國的文化或自己的創作。此意圖主要通過贈文或贈書等來實現。而清文士贈物與朝鮮文士,主要是爲了表達情誼或推介本國文化等。

　　中朝文人贈物大體上有丸藥、書籍、贈文、墨寳、文房用具、紙扇等類别:

　　(一)丸藥:主要是清心丸(元)。一般來説,朝鮮使者出使中國時,都會携帶清心丸,它是使團文人最經常贈與清文人的禮物,其用處如李器之所云:"心痛、霍亂、面熱,磨服。"⑤由於當時流行於世的清心丸贋品也很多,如洪大容所云:"清心丸頗有奇效而品亦多

---

①韓德厚《承旨公燕行日録》,《燕行録全集》第50册,第274—275頁。
②李器之《一庵燕記》卷四,《〈燕行録選集〉補遺》上册,第364頁。
③姜浩溥《桑蓬録》卷一〇,《〈燕行録選集〉補遺》上册,第655頁。
④金正中《燕行録》,《燕行録全集》第75册,第182頁。
⑤李器之《一庵燕記》卷一,《〈燕行録選集〉補遺》上册,第256頁。

等,假者過半,其真者則衹出於宫劑。"①因此,對於朝鮮使團携帶的清心丸清人很是喜歡,洪大容就曾指出:"北京人甚珍此物,雖明知其假而求之不已,似亦略有效耳。"②幾乎在十八世紀散文體的"燕行録"中都有朝鮮文人饋贈清心丸或清人向其索求藥丸的記録。

（二）書籍和贈文：用於贈送的書籍,既有本國古籍,也有自己或友人著作等。書籍是傳遞文學、學術等重要的載體。十八世紀中朝文人向對方贈送書籍,主要出於三種意圖：一是爲了求得對方給自己的著作寫序作跋,所以將創作的文集贈送與對方；二是爲了向對方推介自己的學説、介紹本國的杰出文化或相關信息,所以將己著或本國文人所撰寫的學術專著遺贈對方；三是對方對有關書籍有索求,所以將這些書籍贈與對方。十八世紀雙方文人互贈對方的書籍較多,據現存相關文獻,可知的贈書行爲如下：

其一,清文人贈書與朝鮮文士：

1. 1712 年（壬辰）五月二十六日,周仲章贈范承謨《范忠貞集》與閔鎮遠。（閔鎮遠《燕行録》）

2. 1712 年（壬辰）十二月十五日,王寧潘請托金昌業轉贈《春秋》與宋相琦。（金昌業《老稼齋燕行日記》卷一）

3. 1713 年（癸巳）二月初三日,李元英送己著一卷詩賦與金昌業。（金昌業《老稼齋燕行日記》卷四）

4. 1713 年（癸巳）二月初六,清康熙帝贈送《淵鑒類函》二十套、《全唐詩》二十套、《佩文韻府》十二套、《古文淵鑒》四套與朝鮮使團。（金昌業《老稼齋燕行日記》卷五）

5. 1720 年（庚子）前,楊澄有己著詩歌二卷贈送金昌業。（金信謙《檜巢集》卷二）

---

① 洪大容《湛軒書·外集》卷二《乾净衕筆談》,《韓國文集叢刊》第 248 册,第 152 頁。
② 同上。

第一章　十八世紀中朝文人交遊概況

6. 1720年(庚子)九月十四日,鄭愉將清人登科時試卷謄印本五卷册贈與李器之。(李器之《一庵燕記》卷二)

7. 1723年(癸卯)二月二十日,清雍正帝贈送《御纂周易折中》、《御纂朱子全書》給朝鮮國王李昀。(朝鮮史編修會編《通文館志》卷九)

8. 1729年(己酉),清雍正皇帝賜《康熙字典》、《性理精義》、《詩經傳説彙纂》、《音韻闡微》等書籍四種與朝鮮國王李昑。(朝鮮史編修會編《通文館志》卷九)

9. 1732年(壬子)清乾隆皇帝將重新修訂過的《明史·朝鮮列傳》稿本贈與朝鮮國王李昑。(《英祖實録》卷三一)

10. 1738年(戊午)九月二十四日,清乾隆皇帝將定本《明史·朝鮮列傳》贈與朝鮮國王李昑。(《英祖實録》卷一一七)

11. 1760年(庚辰)十二月二十二日,李斐將清人應制詩四卷贈與李徽中、李商鳳父子。(李商鳳《北轅録》卷三)

12. 1760年(庚辰)二月初十日,薛文儒將《達生編》一書贈送給李商鳳。(李商鳳《北轅録》卷五)

13. 1766年(丙戌)二月初三日,嚴誠贈王士禛《感舊集》與洪大容。(洪大容《乾净衕筆談》)

14. 1766年(丙戌)二月初七日,潘庭筠送洪大容《漢隸字源》一部。(洪大容《乾净衕筆談》)

15. 1766年(丙戌)八月二十一日,潘庭筠贈《湖山便覽》兩册十二本與洪大容、金在行。(《中士寄洪洪容手札帖》5)

16. 1766年(丙戌)二月二十三日,陸飛贈送詩稿給朝鮮三使(李烜、金善行、洪檍)以及洪大容、金在行。(洪大容《乾净衕筆談續》)

17. 1769年(己丑),潘庭筠有《國朝詩》一種計六册,寄贈洪大應。(《中士寄洪大容手札帖》5)

18. 1769年(己丑),鄧師閔將友人所著《繪聲園八咏》、《唐詩法》及友人所書《子白論書》各三本寄贈洪大容。(《薊南尺牘》)

19.1773年(癸巳),鄧師閔給洪大容捎去郭執桓《繪聲園詩集》。(柳得恭《中州十一家詩選·郭東山執桓》)

20.1774年(甲午)夏至,嚴果有鐵橋詩文並《日下題襟集》寄贈洪大容。(《中士寄洪大容手札帖》6)

21.1774年(甲午),孫有義有《詩韻》一本贈送洪大容。(藤塚鄰鈔校《燕杭詩牘》)

22.1776年(丙申),嵩貴贈送《陶詩本義》與蔡濟恭。(蔡濟恭《樊岩集》卷五六)

23.1777年(丁酉),李調元有己著《看雲樓集》以及《鄉試錄》請柳琴轉贈徐浩修。(《同文神交》)

24.1777年(丁酉),李調元有《粵東皇華集》贈送與柳琴。(李德懋《清脾錄》卷四《李雨村》)

25.1777年(丁酉),李美以所著詩稿一冊贈送柳琴。(柳得恭《中州十一家詩選·李布衣美》、柳得恭《並世集》卷二)

26.1777年(丁酉),祝德麟以所著《悅親樓集》、《看雲樓集》二冊贈送柳琴。(柳得恭《中州十一家詩選·祝德麟編修》)

27.1778年(戊戌),沙窩堡賈姓老人贈《椒山集》與李德懋。(李德懋《青莊館全書》卷一一)

28.1783年(癸卯)九月初三日,張又齡向李田秀贈送《經義考》、《楞嚴經》、《錦囊錄》和《潘梅軒遺稿》。(李田秀《農隱入瀋記》)

29.1785年(乙巳),清乾隆皇帝有《仿宋板五經》全部十二套贈送朝鮮國王李祘。(《正祖實錄》卷一九)

30.1785年(乙巳),金簡有《欽定重刻淳化閣帖釋文》全函、《欽定快雪堂法帖》全部贈與李徽之。(藤塚鄰撰,藤塚明直編《清朝文化東傳の研究——嘉慶·道光學壇と李朝の金阮堂》)

31.1786年(丙午)閏七月初九日,虞友光父將自己創作的七律八首印刻本贈送與沈樂洙。(沈樂洙《燕行日乘》)

32.1790年(庚戌),祝德麟檢己著詩歌古今體錄成一冊,贈送

第一章 十八世紀中朝文人交遊概況

朴齊家。(朴長馣《縞紵集》下,卷一)

33.1790年(庚戌),紀昀贈金日追《儀禮正訛》十七卷與柳得恭。(柳得恭《冷齋集》卷四)

34.1790年(庚戌),孔憲培贈趙汸《春秋金鎖匙》一卷、戴震《考工記圖》二卷、《聲韻考》四卷與柳得恭。(柳得恭《灤陽錄》卷二《衍聖公》)

35.1790年(庚戌),吳照贈《説文偏旁考》一書與柳得恭。(柳得恭《灤陽錄》卷二《吳白庵》)

36.1790年(庚戌),紀昀贈《史記考異》與朴齊家。(柳得恭《灤陽錄》卷二《紀曉嵐大宗伯》)

37.1792年(壬子)正月二十五日,龔協寄贈《嵇中郎集》一册與朴齊家。(朴長馣《縞紵集》下,卷二)

38.1792年(壬子),伊秉綬寄贈《朱梅崖文集》與朴齊家、尹仁泰。(朴長馣《縞紵集》下,卷二)

39.1790年(庚戌),孫星衍贈送朴齊家唐刻《石經》。(張紹南《孫淵如先生年譜》卷上)

40.1790年(庚戌)七月十七日,鐵保送《熱河詩》一卷與徐浩修求評。(徐浩修《燕行記》卷二)

41.約1790年(約庚戌),宋葆淳贈送其父著《尚書考辨》一部、《秦漢分韻》一部,己注《陰符經》一卷與朴齊家。(朴長馣《縞紵集》下,卷二)

42.1799年(己未),劉大觀有詩集一卷相贈與徐瀅修。(柳得恭《恩暉堂筆記》卷六)

43.時間未詳,李鼎元曾有《牡丹亭記》贈與李書九。(李德懋《青莊館全書》卷一九)

44.1801年(辛酉),錢東垣有家刻《後漢書補表》等數種書籍贈與朴齊家。(朴長馣《縞紵集》下,卷三)

45.1801年(辛酉),紀昀有《朱子語類》建安合刻本及《全集》閩

刻本寄給徐瀅修。(徐瀅修《明皋全集》卷六)

46.辛酉年(1801),陳鱣將己著《論語古訓》贈送給朴齊家。(朴齊家《貞蕤閣集》卷首)

47.辛酉年(1801),李鼎元贈送李調元《雨村詩話》四卷給柳得恭。(柳得恭《燕臺再遊錄》)

其二,朝鮮文士贈書與清文人:

1.1766年(丙戌),洪大容贈《聖學輯要》與嚴誠。(洪大容《杭傳尺牘》)

2.1766年(丙戌)七月,洪大容贈《海東詩選》一部四本與潘庭筠。(洪大容《杭傳尺牘》)

3.1768年(戊子),洪大容有《農岩雜識》、《三淵雜錄》各一冊,鐵橋詩札謄本一冊寄贈嚴果。(洪大容《杭傳尺牘》)

4.1768年(約戊子),洪大容有《東事總要》、《卜居論》二冊贈送潘庭筠。(藤塚鄰鈔校《燕杭詩牘》)

5.1769年(己丑),李廷奭贈李德懋《蟬橘堂濃笑》一卷與潘庭筠。(藤塚鄰鈔校《燕杭詩牘》)

6.1777年(丁酉),柳琴贈《韓客巾衍集》與李調元。(柳琴編,朴齊永注,白斗鏞校《四家詩》卷首)

7.1777年(丁酉),柳琴通過李調元贈送潘庭筠《韓客巾衍集》一部。(柳得恭《並世集》卷一)

8.1777年(丁酉),柳琴有所著詩一卷贈送李美。(柳得恭《並世集》卷一)

9.1777年(丁酉),朴齊家有己著《明農初稿》寄贈李調元,李調元爲其作序。(朴長馣《縞紵集》下,卷一)

10.1777年(丁酉),李德懋請李鼎元將己著《清脾錄》轉贈給李調元。(李德懋《青莊館全書》卷一九)

11.1778年(約戊戌)前不久,洪大應將己著《大東風雅》二卷贈與潘庭筠。(《藤塚鄰寄贈的秋史資料展Ⅲ——藤塚鄰的秋史研究

資料》①）

12.1778年（戊戌），洪大容贈《乾净筆譚》三本與孫有義。（洪大容《杭傳尺牘》）

13.1778年（戊戌），朴齊家、李德懋通過李鼎元贈《洌上周旋集》給祝德麟。（朴長馣《縞紵集》下，卷一）

14.1778年（戊戌），朴齊家、李德懋贈柳得恭《二十一都懷古詩》與潘庭筠。（柳得恭《冷齋集》卷八）

15.1782年（壬寅），洪良浩將己著《六書妙契》贈送給戴衢亨。（洪良浩《耳溪集》卷一〇）

16.1783年（癸卯），李喜經轉贈徐瀅修《學道關》與陳崇本，求其序。（徐瀅修《明皋全集》卷首）

17.1786年（丙午），李喜經携洪良浩詩一卷贈徐大榕，並屬其爲序。（《同文神交》）

18.1790年（庚戌）之前，柳得恭曾向李鼎元介紹或贈送過《歲時記》。（柳得恭《灤陽録》卷二《李墨莊、凫塘二太史》）

19.1790年（庚戌）七月十七日，徐浩修以《渾蓋通憲圖説集箋》二卷送與鐵保。（徐浩修《燕行記》卷二）

20.1790年（庚戌），朴齊家有作品集贈送鐵保，集名不詳。（朴長馣《縞紵集》下，卷二）

21.1790年（庚戌），柳得恭云："《冷齋集》，曉嵐云姑留欲録存副本，竟不還也。"（柳得恭《灤陽録》卷二《紀曉嵐大宗伯》）

22.1790年（庚戌），柳得恭贈《〈二十一都懷古詩〉注》與紀昀。（柳得恭《灤陽録》卷二《紀曉嵐大宗伯》）

23.1790年（庚戌），柳得恭將自己的詩集贈送與熊方受。（柳得恭《灤陽録》卷二《熊、蔣二庶常》）

---

① 韓文書名《후지츠카 기증 추사 자료전Ⅲ——후지츠카의 추사 연구 자료》，韓國果川文化院，2008年。

24.1790年(庚戌),趙秀三録詩若干首贈與朱文翰,求其序。(趙秀三《秋齋集》卷首)

25.1791年(辛亥),朴齊家有書册贈與龔協,書册名不詳。(朴長馣《縞紵集》下,卷二)

26.1792年(約壬子)正月十一日,金正中寄贈己著諸詩與程嘉賢。(金正中《燕行錄》)

27.1795年(乙卯),洪良浩贈送己著《耳溪集》與紀昀。(洪良浩《耳溪洪良浩全書》卷八)

28.1797年(丁巳),洪良浩贈《六書經緯》一書與戴衢亨。(洪良浩《耳溪洪良浩全書》卷一六)

29.1797年(丁巳),洪良浩寄贈《六書經緯》與紀昀。(洪良浩《耳溪洪良浩全書》卷一六)

30.時間未詳,徐瀅修有己著詩文稿由他人轉贈徐大榕,求其序。(徐瀅修《明皋全集》卷首)

31.1799年(己未),徐瀅修將詩文若干篇,所撰《學道關》一書贈與紀昀,求其序。(徐瀅修《明皋全集》卷六)

32.1801年(辛酉),朴齊家有文稿贈與夏文燾。(朴長馣《縞紵集》下,卷三)

33.1801年(辛酉),朴齊家把《貞蕤稿略》贈送給黃丕烈。(朴長馣《縞紵集》下,卷三)

34.1801年(辛酉),朴齊家贈己著《貞蕤稿略》與陳鱣。(朴長馣《縞紵集》下,卷三)

此外,現存文獻僅記載或僅可知有出示著作行爲,未明確記載有贈書行爲的尚有:1778年(戊戌),李德懋携帶李書九的《薑山初集》入燕,將其出示與潘庭筠、李調元、祝德麟等人,求其序。1790年(庚戌),趙秀三録己著詩歌出示與江漣,求其序。1792年(壬子),齊佩蓮向洪良浩出示文集《黃厓詩稿》,洪良浩爲其作跋文。1794年(甲寅),通文館教授金成中將《李參奉詩鈔》出示與紀昀,求其序等。

由以上十八世紀中朝文人間的贈書行爲,可以知道:

1. 十八世紀,中朝文人在相互交往中都有一定數量的贈書行爲。已知清文人的贈書行爲多發生在 1766 年(丙戌)後,而朝鮮文士的贈書行爲則全部發生在 1766 年(丙戌)後,已知十八世紀中最早的清人贈送朝鮮文人書籍的行爲在 1712 年(壬辰)發生於北京,序班周仲章贈《范忠貞集》一匣予閔鎭遠。而已知十八世紀中最早的朝鮮人士贈送清文人書籍的行爲則比清人贈書晚了將近 55 年,在 1766 年(丙戌),洪大容寄贈《聖學輯要》與嚴誠,寄贈《海東詩選》與潘庭筠。這些現象在一定程度上反映出,1766 年(丙戌)前朝鮮文士主動與清文士進行深入交流的意識還不強烈,而在 1766 年(丙戌)後朝鮮文士推揚自己和本國文化的意識明顯加強。同時,兩國文人贈書行爲次數的大量增加表明了雙方文人的交往在 1766 年(丙戌)後越來越頻繁深入。

2. 據雙方贈送的書籍名考察,贈書涉及經、史、子、集四大類目。清人贈送朝鮮文士的書以集部書爲主,其次爲經部的圖書,史部、子部的圖書不多。而朝鮮文人贈送清人的書籍亦多爲自己創作的文集或學術專著等,這在某種程度上也反映出雙方文人在交往時側重於文學、學術交流的特徵。

3. 由於財力的原因,大型的圖書,諸如《淵鑒類函》、《佩文韻府》、《全唐詩》等都是由清皇帝贈與朝鮮國王,而一般文人贈送大型圖書的行爲則未有。

4. 清朝的贈書者上至皇帝、朝廷官員、學壇名人,下至普通文士,涉及的對象較廣,可知的有 30 人,而朝鮮的贈書者人數不多,贈書行爲主要集中在洪大容、朴齊家、柳得恭、洪良浩、柳琴 5 人身上。兩國文人中,與對方發生書籍往來最多的文人是朴齊家(16 次),其次依次爲洪大容(13 次)、柳得恭(10 次)、潘庭筠(9 次)、紀昀(7 次)等,這就反映出他們與對方國度文人頻繁且深入交流的事實。

十八世紀，中朝文人間除了相互贈送書籍外，還互有贈文。這些贈文多爲即時創作而相贈的散體文章。見下表：

（十八世紀中朝文人間贈文一覽表）

序號	作者及篇名	創作時間	受贈人	出處
朝鮮文人寫給清朝文人的贈文：共計9篇。				
1	洪大容《東國記略》（朝鮮南北四千餘里……）	1766年（丙戌）	嚴誠、潘庭筠	洪大容《湛軒書・外集》卷二《乾净衕筆談》
2	洪大容《贈蘭公》（仁者之別……）	1766年（丙戌）	潘庭筠	洪大容《湛軒書・外集》卷三《乾净衕筆談續》
3	洪大容《贈力闇》（維杭有山……）	1766年（丙戌）	嚴誠	洪大容《湛軒書・外集》卷三《乾净衕筆談續》
4	洪大容《寄書杭士嚴鐵橋誠，又問〈庸〉義》（朱先生嘗論解經之法曰……）	1766年後（時間不詳）	嚴誠	洪大容《湛軒書・内集》卷一
5	洪大容《忠天廟畫壁記》①（丙戌之春，余隨貢使入中國……）	1766年（丙戌）	陸飛	洪大容《湛軒書・内集》卷三
6	洪大容《戊子中秋，祭哭鐵橋文》（海東洪大容聞浙杭故友……）	1768年（戊子）	嚴誠	朱文藻編《日下題襟集・洪高士》

---

① 洪大容《乾净筆譚》載洪大容贈陸飛文曰："丙戌之春，余隨貢使入中國，得與鐵橋、秋庫兩公遊甚驩（歡）。……吾將以先生之隱見而卜天下之事焉。"此贈文，洪大容《湛軒書・内集》卷三題作"忠天廟畫壁記"。《燕行錄全集》第43册，第225—228頁。

第一章　十八世紀中朝文人交遊概況

續表

序號	作者及篇名	創作時間	受贈人	出處
7	金在行《鐵橋嚴先生力闇哀辭並序》（天下之精華蓋在南方……）	1768 年（戊子）	嚴誠	朱文藻編《日下題襟集·金秀才》
8	李晚秀《裕昆真贊序》（歐陽永叔從石曼卿遊……）	1783 年（癸卯）	張又齡	李田秀《農隱入瀋記·附錄》
9	洪良浩《題韓昌黎書夷齊讀書處大字》（癸卯之春，余自燕歸……）	1784 年前（時間不詳）	李美	洪良浩《耳溪集》卷一六
清朝文人寫給朝鮮文人的贈文：共計 7 篇。				
10	潘庭筠《湛軒記》（燕之外區曰朝鮮……）	1766 年（丙戌）	洪大容	洪大容《湛軒書·附錄》
11	陸飛《籠水閣記》（乾隆丙戌，東國貢使至……）	1766 年（丙戌）	洪大容	洪大容《乾净筆譚》
12	嚴誠《養虛堂記》（丙戌之秋，余遊京師……）	1766 年（丙戌）	金在行	《中朝學士書翰》、朱文藻編《日下題襟集·金秀才》。筆者按，《中朝學士書翰》所載爲原帖，最爲真實。
13	張又齡《贈李二君東歸序》（癸卯仲秋，余方杜門靜坐……）	1783 年（癸卯）	李田秀、李晚秀	李田秀《農隱入瀋記·附錄》

續表

序號	作者及篇名	創作時間	受贈人	出處
14	張又齡《書巢記》（海東進士李君好蓄書……）	1783年（癸卯）	李晚秀①	同上
15	戴衢亨《〈綸庵集〉序》（朝鮮李綸庵狹所著……）	1783年（癸卯）	李喜經	李喜經《綸庵集》卷首
16	程嘉賢《一翁亭序文》（辛亥之歲，東方節使來獻方物……）	1792年（壬子）	金正中	金正中《燕行錄》"壬子正月二十日"

由以上表格可見，十八世紀中朝文人間的贈文主要有兩個特點：

1.十八世紀中朝文人間的贈文（即時創作而相贈的散體文章）現存16篇，其中朝鮮文人寫給清人的有9篇，清人創作的有7篇。其數量要遠遠少於十八世紀中朝文人間的贈詩、唱和詩、來往書信和筆談等的數量。可見，贈文並不是十八世紀中朝文人間的主要交流形式，而是兩國文士交往過程中的小插曲。與其他形式相比，贈文的創作顯然要比贈詩繁瑣、困難許多，且又不如尺牘來往、筆談等便利，因此，此種形式不爲中朝文人所常用。

2.在所有中朝文人贈文中，洪大容、金在行與清浙杭三士（嚴誠、潘庭筠、陸飛）間的贈文最多，有10篇，占到贈文總數三分之二。就這些贈文內容考察，或期勉對方，或相互共勉，或表達對友

---

① 此文當是張又齡贈送給李晚秀。理由如下：張又齡《書巢記》有云："海東進士李君好蓄書，常取陸放翁舊號名其室曰'書巢'，索余爲記。"《燕行錄全集》第30册，第454頁。李晚秀的書齋名爲"書巢"。李晚秀《書巢記》有云："余藏書：經有《易》、《書》、《詩》、《語》、《孟》、《庸》、《學》、《大全》五十册，史有三《漢書》八十八册，子有《朱子大全》六十册，集有《全唐詩集》百二十册、《古文淵鑒》□册，而扁其壁曰'書巢'。"李晚秀《屐園遺稿》卷二，《韓國文集叢刊》第268册，第66頁。

人去世的哀悼之情，或記寫對方的住所環境等，多是用來表達對友人的深厚情誼。也正是由於他們雙方間的真摯情意在十八世紀中朝文人交往中最爲突出，所以他們會不嫌繁雜而盡心爲對方撰文並相贈。

（三）墨寶：主要包括繪畫、書法作品以及古代碑刻拓本等。中朝文人在交往中，也常以書畫作品的饋贈來表達情誼。互贈的墨寶中有自己的作品，也有前人和近代人手迹。自己親自書寫以贈對方的，如俞拓基《燕行錄》有載："渠袖來銀面紙一張，余與副使（筆者按，尹陽來）割半，各書杜詩五言律一首以贈之。余書《岳陽樓》詩，下書'壬寅三月海東歸人書奉彭坦秀才'。"①又如，朴趾源在瀋陽商樓與裴寬、李龜蒙、費穉、田仕可等筆談時，書潘庭筠《送金養虛》七絶一首，畫古松、怪石、墨龍等贈予諸位友人②。爲朝鮮文士書寫堂號，在十八世紀的中朝文人交流過程中也時有發生，如1777年（丁酉），博明書贈柳琴"幾何室"堂號，柳得恭《中州十一家詩選·中江榷使博明》載云："丁酉春，家叔父自燕因訪之，……家叔父堂號'幾何室'，明以八分書贈，頗遒峻。"③贈送前人或近代人的書畫作品，如洪大容曾寄贈宋文欽隸體黃太史語八頁、李麟祥篆體二頁、尹淳書長幅一頁、李匡師草書四頁等與潘庭筠④。又如，清人胡迥恒曾贈《松下仙人圖》與朴趾源⑤。

（四）文房用具和紙扇等：包括筆、墨、硯、紙張、水注等等。此類物品一般多爲文人所喜愛，故成爲兩國文人贈品中的常見之物。如金善行給嚴誠、潘庭筠書信的禮單中就含有雪花紙二卷、倭菱花

---

① 俞拓基《燕行錄》，《燕行錄全集》第 38 册，第 124 頁。
② 朴趾源《熱河日記》，第 46 頁。
③ 柳得恭《中州十一家詩選》。
④ 洪大容《與秋庫書》（大容白：去歲七月……），洪大容《湛軒書·外集》卷一《杭傳尺牘》，《韓國文集叢刊》第 248 册，第 113 頁。
⑤ 朴趾源《熱河日記》，第 95 頁。

紙二卷、簡紙二十幅、各色扇三柄、筆二枝、墨二笏等①。又如1797年(丁巳)春,紀昀寄贈洪義俊招文袋鑲墨一件、舊田黄引首一件②。1798年(戊午),紀昀在給洪良浩答書的同時,贈送洪良浩端硯、丹砂研山、程君房墨、戥斗、葫蘆茶注等③。

需要指出,除了上述幾種中朝文人常用的贈物以外,還有其他諸多物品被用作贈物,如金善行贈送海産品、烟袋與嚴誠和潘庭筠④。又如,李調元曾通過柳琴轉贈落花生與李德懋,李德懋爲此寫有《柳彈素(琴)饋李雨村所贈落花生》一詩⑤。又如,在1774年(甲午),郭執桓有印章二方寄贈洪大容⑥。再如,在1778年(戊戌),沙窩堡賈姓老人有藥材白芥子贈與李德懋,李德懋有詩句云:"貽予一匊白芥子,托種青丘憶老身"等⑦。綜上,中朝文人間的贈物雖然多種多樣,但大多是爲了傳達對友人的情意,這是中朝文人間互有贈物的最重要特徵。

最後需要指出,雖然中朝文人的交往形式可以分爲六大類:筆談與口談、詩歌唱和、請序題跋、書信往來、文學批評、贈送物品等,但是一般說來,十八世紀中朝文人在交流時並不是單獨使用某一種形式,而是視相關情形的不同而綜合采用多種方式,這就使得兩

---

① 金善行《與鐵橋、秋㢉》(雖未能更承清誨……)書後附禮單,朱文藻編《日下題襟集·金宰相》,嚴誠撰,朱文藻編《鐵橋全集》第4册。
② 紀昀與洪義俊書(丁巳春)(紀昀頓首頓首,致書薰谷世講侍史……)外附禮單,洪義俊《傳舊》卷四。
③ 參見洪良浩《與紀尚書書(戊午)》(前冬憲書之便……),洪良浩《耳溪洪良浩全書》卷一六,第333頁。
④ 參見金善行《與鐵橋、秋㢉》(雖未能更承清誨……),朱文藻編《日下題襟集·金宰相》,嚴誠撰,朱文藻編《鐵橋全集》第4册。
⑤ 李德懋《青莊館全書》卷一一,《韓國文集叢刊》第257册,第189頁。
⑥ 柳得恭《郭東山執桓》,柳得恭《中州十一家詩選》。
⑦ 李德懋《沙窩堡賈老人歌》,李德懋《青莊館全書》卷一一,《韓國文集叢刊》第257册,第198頁。

國文人間的文學與學術交往精彩紛呈,其內容也由此而變得更加引人入勝。

第五節　十八世紀中朝文人交流的內容

十八世紀中朝文人交往的形式非常豐富,有暢叙筆談、詩歌贈酬、書信往復、請序求跋、文學批評、贈書貽物等,這就使得當時中朝文人的交流內容也顯得非常龐雜。特別是在筆談和來往書信中,兩國文人傳遞的信息量非常之大,這在以往的中朝文士往來中未曾出現,可以說,豐富性是當時兩國文士交流內容的最大特徵。就現存十八世紀筆談資料、往復尺牘考察,其內容涉及政治、經濟、軍事、文化、學術、宗教、制度、風俗等諸多方面,分別闡述如下:

一、禮制風俗

朝鮮自古以禮儀治邦,以"小中華"自居,十八世紀時仍是把儒學作爲國家主導思想,非常重視文教儀禮。出於這樣的文化傳統,朝鮮文人在與清文士筆談、書信往復時,對中國的禮儀、風俗等有著濃厚的興趣,談禮問樂,詢問衣冠是中朝文人交流時的主要內容之一。如李商鳳《北轅録》卷四載副使趙榮進與清擧人胡少逸的一段筆談:

> 副使問喪婚之禮。曰:"禮從俗,竟無一定之禮。喪禮,大概從文公家禮。至婚禮,則從俗居多,各家不同不能畫一。"曰:"婚禮,親迎否?"曰:"親迎之禮,北方尚有行之者,我南方不行久矣。畫行禮者甚多,本京旗人有昏而行禮者。"曰:"三年之制,如何?"曰:"成服擇日,大概不出三日。至於三年之制,則一也。"曰:"祭服用《朱子家禮》否?"曰:"各家用各人祖

先自定者,大概四時之祭一如也。祭時之禮,則各有不同。"①
在這段文字中,趙榮進向清人胡少逸詢問清朝當時婚喪之禮的執行情況,胡少逸據實以告。又如,洪大容通過書信向清人孫有義詢問了一系列關於中國禮俗的具體問題:中國的椅凳踞坐之禮、中國之不用匙始自何代、牛之穿鼻的風俗、直隸以東女紅止於鞋底而他不與的原因等等。孫有義對洪大容提出的這些問題一一作了詳細解答②。

這些關於清朝禮俗的筆談記錄在十八世紀的燕行錄中俯拾皆是:如1712年(壬辰),閔鎮遠與清貢生丁含章的筆談;同年,柳述與山海關井姓教授;同年,金昌業與高陞,與張奇謨,與寓所劉姓主人,與漢人榮琮,與秀才康田等的筆談;1713年(癸巳),崔德中與沙河驛三皇寺老僧;1720年(庚子),趙榮福與錢兆豫;同年,李宜顯與秀才馬倬;1727年(丁未),姜浩溥與秀才程瑛;1731年(辛亥),趙尚絅與徐姓文人;1732年(壬子),李宜顯與生員王天壽;1752年(壬申),南泰齊與訓長扈湘;1755年(乙亥),李基敬與盛堯章;1761年(辛巳),李商鳳、李鳳煥與舉人胡少逸;1766年(丙戌),洪大容與嚴誠、潘庭筠,與鄧師閔;同年,洪檍及金善行與嚴誠、潘庭筠;1780年(庚子),朴趾源與王民皞,與郝成;1783年(癸卯),李田秀與胡姓人,與張又齡;1791年(辛亥),金正中與程嘉賢;1799年(己未),徐有聞與清戶部王郎中的筆談等等,都大量涉及明清衣冠、朝鮮衣冠的話題。這些禮俗話題在筆談中大量出現的原因在於:清朝入主中原後,改變了明朝原有的一些風俗習慣,比如清人的衣著打扮、男人髮式等方面確實與明朝人有很大差異,因而,出於對儒家傳統禮儀的尊崇,對明朝"事大"的思想,朝鮮文人與清文人交流時往往

---
① 李商鳳《北轅錄》卷四,《〈燕行錄選集〉補遺》上册,第854頁。
② 洪大容《與孫蓉洲書》(前歲十一月書、詩……),洪大容《湛軒書·外集》卷一《杭傳尺牘》,《韓國文集叢刊》第248册,第126頁。

會談及男子的衣冠、剃髮等，主要意圖一方面是想知道其具體情況，另一方面也是想借此瞭解對方對明朝和清朝的態度。

朝鮮文士除對衣冠的話題感興趣外，他們對於清朝的其他風俗也有一定的關注。如女子裹脚是中國古代長期以來所特有的畸形風俗，它的獨特性、畸形性也吸引了一些朝鮮文人的注意。如1761年（辛巳），李商鳳、趙榮進與清舉人胡少逸筆談時，就問及中國女子纏足的源起，有云："漢女繭足昉於何世？其爲説又不同，或以爲出自商末，或以爲肇自漢季，將何適從？"①1766年（丙戌），洪大容向嚴誠、潘庭筠詢問："婦女小鞋始於何代？"②1783年（癸卯），張又齡與李田秀筆談時，李田秀也問及女子纏足最早始於何代，是出於何因等③。又如，朝鮮文士有時也向清人打聽婚禮的習俗。1766年（丙戌），洪大容向嚴誠、潘庭筠問及中國婚禮的拜法，嚴、潘告訴其杭州漢人四拜：同拜天地祖先、見舅姑行八拜禮、夫婦同拜各再拜。並有云："《家禮》遵行者少，此皆俗禮。"④

二、科舉時文

對兩國科舉規制的關注，包括對時文即八股文的看法、滿人和漢人不同的科舉政策等，是筆談、來往書信的重要內容之一。無論是在清朝，還是在朝鮮，科舉都受到文人們的高度重視⑤。因爲科舉爲中下層的士人進入仕途提供了一條最爲穩健、相對寬闊的道路，所以，當時兩國有不少文人爲了贏得科舉而耗盡自己的一切力量，將其視爲畢生事業者也大有人在。科舉作爲古代中朝文人極

---

① 李商鳳《北轅錄》卷四，《〈燕行錄選集〉補遺》上册，第854頁。
② 洪大容《乾净筆譚》，《燕行錄全集》第43册，第76頁。
③ 李田秀《農隱入瀋記》，《燕行錄全集》第30册，第234頁。
④ 洪大容《乾净筆譚》，《燕行錄全集》第43册，第26頁。
⑤ 關於古代中國文士對科舉的重視，中國有諸多文獻、著作、論文等可參考，兹不贅述。關於古代朝鮮文士對科舉的重視，可參見韓國李成茂撰，張璉瑰譯《高麗朝鮮兩朝的科舉制度》一書，北京大學出版社，1993年。

爲重要的人生大事，自然會成爲他們交流時的重點話題之一。

　　圍繞科舉這一個話題，中朝文人間的筆談、書信内容極其豐富，涉及兩國科舉的諸多方面。其中，談論清朝或者朝鮮科舉考試科目、場次等基本情況的交流最多，如金昌業《老稼齋燕行日記》卷二載錄有1712年（壬辰）十二月二十四日金昌業在薊州與秀才康田就清朝與朝鮮科舉的考試科目、場次、設考年份、錄取名額等所作的筆談①。盧以漸《隨槎錄》載錄的盧以漸與博明間的筆談也涉及科舉基本情況的交流等②。又如，洪大容在書信中向孫有義詳細詢問中國科舉的基本情況，有云："貢舉法，有童生、貢生、秀才、舉人之别，願聞其制。省府州縣每年選士幾人？選之之法，各用幾日？所試詩文，其體幾何？時文號以八股，是何義也？"孫有義對這些問題詳細作了解答，其字數有千餘字之多③。

　　此外，圍繞科舉這一話題而交流的其他内容還有很多。有談及清朝科舉之弊的，如閔鎮遠《燕行録》載1712年（壬辰）三月二十五日，住家姪子（王姓）言中國科舉"近年來大段淆雜，勿論文武科，才雖入格，無賂則拔去矣"④。有對清朝學子所學科文的談論，如1737年（丁巳）九月十三日，李喆輔在十里堡李家莊，與清年輕學子李成璧、李成玉交换對二人所學科文的看法，有云："科文之誤人到底如此，可嘆。"⑤有談論清科舉主考官是否公正的，如1737年（丁巳）九月十四日，在白塔堡，李喆輔向符姓、王姓兩秀才詢問："試主之取之也果能一於公而無私乎？"答云："何可私也？雖欲私，畏法不敢耳。"李喆輔又問："法如何？"答云："試主，殺之，學者，則斥戍

---

① 金昌業《老稼齋燕行日記》卷二，《燕行録全集》第32册，第532—533頁。
② 參見盧以漸《隨槎錄》，《燕行録全集》第41册，第96頁。
③ 洪大容《與孫蓉洲書》（前歲十一月書、詩……），洪大容《湛軒書·外集》卷一《杭傳尺牘》，《韓國文集叢刊》第248册，第125頁。
④ 閔鎮遠《燕行録》，《燕行録全集》第36册，第218頁。
⑤ 李喆輔《丁巳燕行日記》，《燕行録全集》第37册，第445頁。

第一章　十八世紀中朝文人交遊概況　　　　　　　　　　　　　　　　151

邊地矣。"①有談論在中國參加科舉考試費用情況的，如1752年（壬申）十二月三日在鳳城，南泰齊向扈湘詢問："（赴舉）一科之費爲幾何？"答曰："君門遠，往來費用約五十金。"②有談及清朝科舉中的恩科的，如1774年（甲午），清庶吉士邱庭潾、許兆椿告訴嚴璹"康熙癸巳特開萬壽恩科，爲古今曠典，已後相因，遇萬壽則皆有恩科"等③。還有談及八股文程式及其代表作家的，如1727年（丁未），姜浩溥向程瑛詢問："何謂八股，願聞之。"程瑛曰："八股即科文規矩也。先爲破題，次承題，再復論題，次小喻，又中喻，篇終又有終條之節，一篇大勢定矣。"當姜浩溥云："此六股，非八股也。"程瑛又有云："末又有篇終、譬喻。此喻甚少，故不舉也。"後，程瑛還向姜浩溥介紹了中國寫作八股文的高手，如王世貞、唐順之、歸有光等④。又如，清文人孫有義與洪大容書中也較爲詳細地介紹了中國八股文的起源和結構特徵⑤。

　　在筆談時，一些清文士對朝鮮的科舉頗感興趣，也向朝鮮文士詢問相關情況。有問朝鮮取士之法的，如1720年（庚子），李器之告訴清人鄭愉朝鮮的科舉開科名目，有云："有明經科，背誦《四書》、《三經》，没注也。有詩賦、《四書》疑問、《三經》義、表、策、論、箴、銘、頌等制述科，名目甚繁，不可倉卒說盡。"⑥有談及朝鮮科舉試題的，如1780年（庚子），博明向盧以漸詢問他參加的進士科考試中的初試題和復試題情況⑦。

　　總之，無論是在十八世紀早期，還是在中後期，科舉以及相關

---

① 李喆輔《丁巳燕行日記》，《燕行録全集》第37册，第446頁。
② 南泰齊《椒蔗録》，《燕行録續集》第116册，第42頁。
③ 嚴璹《燕行録》，《燕行録全集》第40册，第244頁。
④ 姜浩溥《桑蓬録》卷三，《〈燕行録選集〉補遺》上册，第515頁。
⑤ 參見孫有義與洪大容書（郡王、親王、輔國公之秩……），《中士寄洪大容手札帖》3，第174頁。
⑥ 李器之《一庵燕記》卷二，《〈燕行録選集〉補遺》上册，第280頁。
⑦ 盧以漸《隨槎録》，《燕行録全集》第41册，第97頁。

問題一直是中朝文士筆談時的焦點話題。

三、經義文學

對學術、文學等的研討，包括對古今經學、文壇學者、文章著述等發表評論，指陳得失，以及爲人、治學之道的相互切磋等也是中朝文人筆談和書信的主要內容。隨著朝鮮文人與清文人的交往越來越深入，十八世紀中後期，一大批朝鮮文士在與清文士交流時，開始把更多的目光投射到古今學壇的相關情況，同時也對清代文壇給予了高度關注。如1760年（庚辰）出使到中國的李商鳳、李徽中、李鳳煥與國子監琉球官學教習潘相的一段筆談記錄，顯示出朝鮮文人對清代學術、文壇狀況的關注：

> 家君曰："在京經學文章，以誰爲最？"相曰："以經學文章名者甚多，不能悉數。爲國子監觀保、全魁、陸宗楷三人亦是。"問："徐健庵有文集否？"曰："徐文近日不甚作，故亦不顯也。近日方望溪諱苞之文甚好。"聖章聞其來而來，問："舉子、秀才中能文能詩者，一一明告我。"曰："能詩文者車載斗量，不可勝數。"……聖章曰："沈歸愚年今八十九云，老境詩律亦能如牧齋諸人否？"潘君無所答。……聖章曰："牧齋之文，近日不之尊尚麼？"曰："亦不甚見的尊尚。"曰："侯朝宗、魏叔子、汪琬之文，優劣何居？願聞賞鑒。"曰："當以侯爲第一，魏次之，汪又次之。"曰："楚中近日詩文之士煞有名稱者，誰也？"曰："近日詩文士頗多，但自熊、劉後，亦少見其卓然成大家者，且現在之人未嘗論定，不敢以聞。"曰："熊、劉名號，可聞歟？"曰："劉子壯號克猷，熊伯龍號次侯。"①

由這段文字可見，李商鳳、李徽中、李鳳煥對以經學、文章稱名於世的清文士非常感興趣，希望潘相能夠明明白白地加以告知。雙方

---

① 李商鳳《北轅錄》卷四，《〈燕行錄選集〉補遺》上冊，第848—849頁。

圍繞清著名詩文作家作品評，人數多達 11 人。涉及的作家有徐乾學、錢謙益、侯方域、魏禧、汪琬、劉子壯、熊伯龍、觀保、全魁、陸宗楷、方苞等。

綜觀十八世紀中朝文人筆談和書信內容，雙方圍繞儒學的研討是兩國文人交流學術心得之時的核心內容。究其原因，儒學在中朝都有著優良的傳統、深厚的根基，朝鮮文士俞拓基就指出："本國儒士讀《四書》、《五經》，尊尚晦庵夫子，經史子集、百家書都有，絀佛法，擯巫覡。"[①]而當時的清朝雖有所謂的漢學、宋學之爭，但其本質都是儒學內部治學的分歧，儒學同樣是清朝社會的主體思想[②]。因而，在兩國都崇尚儒學的大背景下，對儒學中一些重要問題的辨析自然成爲了雙方文人學術交流的重點。兩國文士圍繞儒學這個大話題，進行了諸多方面的辯論和研討。如 1780 年（庚子），盧以漸多次與博明筆談時，他向博明問到了一系列關於儒學的問題。試看盧以漸的問語："曾聞□□道學分爲二，朱陸並行，今則折或歸一耶？""當今之學者以陸、王爲正耶，以程、朱爲正耶？""今之學者有能得程、朱之嫡傳者耶？""大朝所尚三教之中，誰爲最崇耶？""程、朱之孫有聞顯人耶？""《大學》首章明德指性而言耶，指心而言耶？""格物之格字，象山翁謂之捍也，未知何如耶？""《春秋》夫子爲治之書也，傳之者有四家，未知何説爲最長耶"等[③]。這些問題就涉及朱陸之學的發展變化及地位高低、程朱之學的傳承、儒釋道三家區別、儒家名物概念、經典學説的理解等方方面面。需要指出，盧以漸所詢問的這些儒學問題，絕大多數内心早已有答案，他向博明提問，其真正意圖是爲了加以確認或辯證。又如，"性"一直是儒學中的一個重要命題，歷代大儒都有自己的見解，洪大容爲了

---

① 俞拓基《燕行錄》，《燕行錄全集》第 38 册，第 123—124 頁。
② 參見馮友蘭《中國哲學史》（下册）第十五章《清代道學之繼續》，華東師範大學出版社，2000 年，第 302—343 頁。
③ 盧以漸《隨槎錄》，《燕行錄全集》第 41 册，第 94—97 頁、第 106—109 頁。

向嚴誠表明朝鮮學者的看法，特意在給他的書信中附上渼湖金元行的《論性書》全文①。

此外，朝鮮文士與清人就儒學問題研討時，有探討朱熹與陸九淵之學異同、評論歷代著名儒家學者學說的，如《日下題襟集》有載："二月初三日，金、洪二君訪余及蘭公於寓舍，蓋有感於李公之言也。命紙作書，落筆如飛，辨論朱陸異同及白沙、陽明之學至數千言。"②又如，洪大容不完全贊同嚴誠對《詩小序》的看法，因此在1766年(丙戌)二月初十日《與鐵橋、秋庫》書中，他詳細談論了自己對《詩小序》內容的看法，認爲其"點綴爲說"、"強意立言"，並指出《〈四書〉集注》中《詩經》注就是朱熹的真實見解而非門人之見，稱"則乃其深得乎詩學之本色，而發前人所未發也"③。有雙方論及儒商之辨、貧富之辨、兩國大儒學術高低之辨的，如程瑛與姜浩溥就這些問題進行過徹夜筆談④。有談及佛、儒區別這個傳統話題的，如洪大容與嚴誠筆談。也有涉及古代經書真僞話題，如盧以漸向博明詢問："《書經》，通政事者也。而大道之首載者，即欽之一字，爲萬世心學之本也。其文灝噩而盤誥，不類於前，不類於後，抑或後人之所述耶？"⑤可見，中朝文人圍繞儒學的交流涉及衆多方面的內容。

由於中朝都崇尚儒學，修身、爲學則是其中的重要内容，因而關係篤厚的兩國文人在筆談、尺牘往復中也會時常涉及爲人、治學之道的探討，以達到相互期勉的作用。如洪大容在《九月十日與鐵

---

①洪大容《與鐵橋、秋庫》(夜來僉履萬安。昨覆承慰……)，朱文藻編《日下題襟集·洪高士》，嚴誠撰，朱文藻編《鐵橋全集》第5册。
②朱文藻編《日下題襟集·金秀才》，嚴誠撰，朱文藻編《鐵橋全集》第4册。
③洪大容《與鐵橋、秋庫》(夜來僉履萬安。昨覆承慰……)，朱文藻編《日下題襟集·洪高士》，嚴誠撰，朱文藻編《鐵橋全集》第5册。
④參見姜浩溥《桑蓬録》卷三，《〈燕行録選集〉補遺》上册，第517—519頁。
⑤盧以漸《隨槎録》，《燕行録全集》第41册，第108頁。

橋》書後專門附有別紙,列出六種古今人品、五種世俗之心,並加以詳細品評,其寫作意圖如其所云:"古今人品概有六等,今排定位次,以爲勸懲之準。"①嚴誠在答書中也提出自己的爲人治學之法,有云:"湛軒與弟皆年近四十,進德修業,宜及此時。弟以爲,且先理會變化氣質,弟亦知聖賢可學而至。……下學上達之方,其行,在孝弟忠信;其職,在灑掃應對進退;其文,在《詩》、《書》、三《禮》、《周易》、《春秋》;其用之身,在出處辭受取與;其施之天下,在政令、教化、刑法;其所著之書,則皆以爲撥亂反正,移風易俗,以馴致乎治平之用,而無益者不談。其於盡性,至命之説,必歸之有物、有則、五行、五事之常,而不入於空虛之論,如是而已矣。"②又如,洪大容在給清人趙煜宗的書信中,向其介紹了讀書、誦書、看書之法,提出"專心體究"、"參之古人"而"反之吾身","以意逆志"等治學原則③。

十八世紀中朝文士圍繞文學所進行的交流内容也極其豐富,他們一方面有著大量的詩歌唱酬、撰序題跋等的創作行爲,另一方面他們在筆談、書信中還圍繞兩國古今作家、書籍、作品等話題進行了大量研討。這在十八世紀中後期的中朝文人交流中表現得尤爲明顯。以洪良浩、朴趾源、朴齊家、柳得恭、李德懋等爲代表的北學派文人就曾與一大批清文士就文學創作、作家作品等進行過深入的觀點交換。如,洪良浩與紀昀通過書信圍繞文學的創作目的、創作動因、門户之爭等有過比較詳細的探討④。又如李德懋在與潘庭筠書中,向其詢問張中丞訂集、汪琬詩文、邵長蘅與毛奇齡等人

---

① 洪大容《九月十日與鐵橋》(大容頓首白:初秋一書,已關崇聽否……),朱文藻編《日下題襟集·洪高士》,嚴誠撰,朱文藻編《鐵橋全集》第 5 册。
② 嚴誠與洪大容書(去秋承惠書,即於本年接閲……),《中士寄洪大容手札帖》5,第 273—274 頁。
③ 洪大容《與梅軒書》(客秋有書……),洪大容《湛軒書·外集》卷一《杭傳尺牘》,《韓國文集叢刊》第 248 册,第 120 頁。
④ 參見本書上編第三章第三節《洪良浩與紀昀交遊考述》。

的有關情況，及向其介紹了朝鮮著名儒士李珥的概況等①。再如，柳得恭和朴齊家在出使到北京後，經常與熊方受、蔣祥墀等清友人品詩論文，柳得恭自云："玉河館西壁爲庶常館。余與次修屢往談詩。"②綜上，在十八世紀中後期，一些相交好的中朝文士在筆談和尺牘中，不同程度地都會涉及文學話題的交流。

四、清朝宗教

自古以來，宗教一直與中國的政治、時局等有著密切的關聯，在清朝康熙、乾隆時期也不例外。清朝廷、清文人一般都對宗教問題有一定的關注，而出使中國的一些朝鮮文人對關涉時局的宗教同樣也很感興趣，因此它也成爲了中朝文人筆談、尺牘交流的重點內容之一。

有涉及佛教的筆談，十八世紀談論佛教的焦點在儒釋之辨上，如洪大容與嚴誠、潘庭筠，李田秀、李晚秀與張又齡等的筆談③都就此話題進行過詳細的探討。又如朴趾源與蒙古人破老回回圖曾就因果與輪回之異展開過激烈論辯④。再如，洪大容在給嚴誠的書信中請他談論對儒、道、佛三教的見解等，有云："凡此其同中之異，似是而非者，願聞其説。"⑤後，1767 年（丁亥），嚴誠與洪大容書中對提出的問題一一發表了自己的看法⑥。

――――――――

① 參見李德懋與李調元書（去年冬，友人柳彈素……）、李德懋與潘庭筠書（初夏修書以後……），李德懋《青莊館全書》卷一九，《韓國文集叢刊》第 257 册，第 267 頁、第 265 頁。

② 柳得恭《灤陽録》卷二，第 66 頁。

③ 參見洪大容《乾净筆譚》，《燕行録全集》第 43 册，第 53—57 頁。李田秀《農隱入瀋記》，《燕行録全集》第 30 册，第 232—233 頁。

④ 參見朴趾源《熱河日記》，第 173 頁。

⑤ 洪大容《九月十日與鐵橋》（大容頓首白：初秋一書，已關崇聽否……），朱文藻編《日下題襟集·洪高士》，嚴誠撰，朱文藻編《鐵橋全集》第 5 册。

⑥ 參見嚴誠與洪大容書（去秋承惠書，即於本年接閲……），《中士寄洪大容手札帖》5，第 275—278 頁。

有涉及道教話題的交流,如1720年(庚子)十月初三日,在北京白雲觀,李器之與道士李元堋進行了詳細的筆談。李器之向其詢問"此觀聞有張天師,今在否"、"龍虎山在貴溪否"、"此中有讀經修道的道士否"、"全真教是修養之術,法家作用是符咒術否"、"道法高明當處深山中,怎隨皇上奔走風塵中"、"此有何等道書"、"讀敕賜書豈可爲仙"、"既以丹房爲名而不見鼎爐之屬,何也"等等有關於道教的問題①。又如,洪大容通過書信向孫有義詢問道教的符章祈禳之術是否有益於生民。孫有義在答書中有云:"張天師後裔藉符咒而祈雨除妖,頗有神驗,固非無裨於民生者也。"②

有涉及西藏宗教的筆談,如朴趾源在出使期間就曾與一批清文士有過這方面的詳細交流。翰林庶吉士王晟曾詳細告知朴趾源班禪始末③。朴趾源亦自云:"明日,(王晟)訪余天仙廟,語番僧事甚詳。"④郝成也曾向朴趾源談論過活佛照膽鏡、活佛來歷等⑤。尹嘉銓也詳細回答過朴趾源所問"法王投胎何異輪回"、"黃教乃黃老之道耶,抑亦黃白飛升之術耶"等問題⑥。敬旬彌也曾詳細告訴朴趾源黃教的來歷和發展⑦,朴趾源自云:"仰漏者,蒙古人,敬旬彌字。與余言,有僧名道實之論。"⑧又如,1760年(庚辰)出使中國的趙憼、趙鼎說與太學助教張元觀亦談論過西藏宗教。張元觀有云:"喇嘛別有經説,善醫事,不戒殺,與天竺教不同。其法行於蒙古回

---

①李器之《一庵燕記》卷三,《〈燕行録選集〉補遺》上册,第325頁。
②洪大容《與孫蓉洲書》(前歲十一月書、詩……),洪大容《湛軒書・外集》卷一《杭傳尺牘》,《韓國文集叢刊》第248册,第126頁。
③朴趾源《熱河日記》,第179—180頁。
④同上,第180頁。
⑤同上,第166—167頁。
⑥同上,第174—175頁。
⑦同上,第182頁。
⑧同上,第168頁。

部,最靈,故奉事惟謹利。"①十八世紀中朝文士在書信來往時,也有就西藏宗教問題交流的,如洪大容在書信中向孫有義詢及西藏喇嘛,孫有義在答書中有云:"喇嘛之號起於本朝,在前則曰胡僧,曰西藩僧。來中國者,皆有道行,非若今之驕悍全無山人氣者比也。今則皆邊外之蒙古人爲之,亦有四方無賴之徒充之者,然其間有大喇嘛號爲活佛,能知過去、未來之事,則又不可以尋常論也。"②

此外,還有涉及西方天主教話題的交流。隨著西方宗教的傳入,十八世紀北京出現了一些教堂。作爲一種新現象、新學説,它自然會引起來到北京的朝鮮文人的關注。天主教堂成爲了他們經常觀覽的場所。在中朝文人筆談中,朝鮮文士有時也會向清文士詢及天主教的有關情況。如張元觀與趙鼎説筆談答問之書載:"泰西所著論説言及心性不如天主教荒唐。天主教不奉佛,亦從不叩拜正神,及五祀祖宗俱無祭饗。"③又如,清人王民皡向朴趾源介紹天主教有云:

  耶蘇(穌)者,如中國之語賢爲君子、番俗之稱僧爲喇嘛。耶蘇(穌)一心敬天,立教八方,年三十遭極刑而國人哀慕,設爲耶蘇(穌)之會,敬其神爲天主。入其會者必涕泣悲痛,不忘天主,自幼立四條信誓,斷色念,絶宦欲,有敷教八方願,無更還故土戀。名雖闢佛,篤信輪回。明萬曆中,西土沙方濟者,至粵東而死,繼有利瑪竇諸人。其所爲教,以昭事爲宗,修身爲要,忠孝慈愛爲工,務遷善改過爲入門生死大事,有備無患爲究竟。西方諸國奉教已來千餘年,大安長治。其言多誇誕,中國人無信之者。④

---

① 徐命臣《庚辰燕行錄》,《燕行錄全集》第62册,第149—150頁。
② 洪大容《與孫蓉洲書》(前歲十一月書、詩……),洪大容《湛軒書·外集》卷一《杭傳尺牘》,《韓國文集叢刊》第248册,第126頁。
③ 徐命臣《庚辰燕行錄》,《燕行錄全集》第62册,第150頁。
④ 朴趾源《熱河日記》,第225頁。

第一章　十八世紀中朝文人交遊概況

王民皞談及了耶穌性質、天主教信條教義、中國人對天主教的態度等。後當朴趾源問及佛教、天主教孰優時，他又明確表明態度，有云：

> 西學安得詆釋氏？釋氏儘爲高妙，但許多譬説終無歸宿，纔得悟時，竟是一幻字。彼耶蘇（穌）教，本依稀得釋氏糟粕。既入中國，學中國文書，始見中國斥佛，乃反效中國斥佛，於中國文書中，討出上帝、主宰等語，以自附吾儒。然其本領，元不出名物度數，已落在吾儒第二義。①

由此可見，王民皞對天主教是持冷眼旁觀的否定態度，認爲其還不如佛教高妙，祇"依稀得釋氏糟粕"而已。

一些中朝文士在來往尺牘中也就天主教的有關問題進行過交流。如，洪大容在書信中請孫有義談談對天主教的看法，有云："近聞中國多崇其學，害甚異端。若其算術、儀象之巧，實是中國之所未發，大方評議云何？"孫有義在答書中表達了自己的看法，有云："泰西之學，以邪教論，其爲例禁也久矣。間有無知之輩崇其教者，地方官察出，即置重法，故不特未見其書，抑且不聞其人。至於算術、儀象，一切製作之巧，實中國之所不廢。"②孫有義指出，雖清朝地方官嚴禁百姓從信天主教，但其算術儀象的長處還是得到了清廷的認可和采納。又如洪良浩《與紀尚書書（丁巳）》中專門用別幅詳細談了自己對天主教的看法，認爲"其周天之度不出羲和之範圍，推步之術全用黄帝之句股，乃是吾儒之緒餘也。所謂奉天之説，亦本於昭事上帝之語，則未可謂無理，而稱以造物之主，裁成萬物，乃以耶穌當之，甚矣。其僭越不經也，況又滅絶人道，輕捨性命，斁倫悖理，非直釋氏之比，實異端之尤者也"。在強烈地對天主

---

① 朴趾源《熱河日記》，第 226 頁。
② 洪大容《與孫蓉洲書》（前歲十一月書、詩……），洪大容《湛軒書・外集》卷一《杭傳尺牘》，《韓國文集叢刊》第 248 册，第 126 頁。

教質疑後,洪良浩請紀昀通過書信來談談對天主教的看法①。後來,紀昀在答書中也清晰地表明自己的觀點,指出天主教"其志必欲行其教於中國,而究之,萬萬無行理"。其原因在於"中國則聖賢之教素明,誰肯毀父母之神主,絶祖宗之祭祀,以天主爲父母祖宗哉"。因而,紀昀認爲"彼法第一義,即是彼法第一礙","其謀所必不成,真一大愚而已矣"②。由此可見,紀昀對當時清朝的儒學根基充滿信心,因而他對天主教在中國的傳播不以爲然。

五、明朝史事

在絶大多數時期内,朝鮮與明朝一直保持有非常密切的關係。朝鮮長期以來對明朝奉行"事大"的政策,在外交關係上,兩國使行文人來往不斷,其中有些文人間還建立了深厚的異國情誼,成爲了後世流傳的佳話。明朝在"壬辰倭亂"時,積極派兵援助朝鮮,抗擊倭寇,更是使得其國一大批文士對明朝懷有特殊的親密情感。當明朝滅亡後,明朝史事自然得到了出使中國的文士們的特別關注,成爲了彼此交流時的重要内容。如李喆輔向清人林本裕打聽載録明朝末年史事的書籍,云:"明季事終未詳,或有野史可觀否?"林本裕云:"書坊中有一部《綱鑒直解》。明末事雖不甚詳,却有載於中者。野史,自史事一案,久矣盡絶。"③

關於明朝史事,雙方文人筆談交流最多的是有關明亡以及吴三桂的史事。因爲吴三桂與明朝的滅亡有著直接關係,而他在清朝起兵叛亂又有很大的影響,因此朝鮮文人在與一些清人接觸時,也特別關注吴三桂其人其事。如李田秀、李晚秀與張又齡筆談時,李氏兄弟有問:"永曆皇帝不知究竟。或云後在安南云,然否?其

---

① 洪良浩《與紀尚書書(丁巳)》(昨年貢使之回……),洪良浩《耳溪洪良浩全書》卷一六,第331頁。
② 紀昀與洪良浩書(紀昀頓首頓首,敬啓耳溪先生閣下:闊別久矣……),洪良浩《耳溪洪良浩全書》卷一六,第332頁。
③ 李喆輔《丁巳燕行日記》,《燕行録全集》第37册,第450頁。

第一章　十八世紀中朝文人交遊概況

亡果在何時？""三桂之叛本朝，爲明朝地耶，抑自圖割據耶？""吳之國名云何？初在雲南，後封何地？傳聞其子爲駙馬，則何故反耶？或云三桂之侄多勇善戰而中丸死，兵遂不振云，然否？"①從這一系列關於吳三桂的問題，可見李氏兄弟對吳三桂其人其事的高度關注。此外，像金昌業與儒生王寧潘筆談時，也問及明末寧遠守將祖大壽及吳三桂諸事②。

　　吳三桂在清朝的勢力較大，他起兵失敗後，一部分部下流落到北方。朝鮮使者在使行路上與他們相逢，在知道他們的本來身份後，自然也會問及關於吳三桂的諸多事情。如十八世紀初期的使團多向吳三桂舊部郭朝瑞詢問事情，金昌業《老稼齋燕行日記》卷一有載云："過新民屯，副使、書狀見郭朝瑞，有問答。朝瑞以吳三桂部下人，三桂敗後，配於此。前後使行多招見，問事情。南相九萬、崔相錫鼎特親厚，問遺久不替。"③又如，1725年（乙巳），趙文命與吳三桂舊將田生畸相識，兩人筆談之語亦多涉明末以及吳三桂諸事。趙文命用詩句記下了田生畸動情敘説吳三桂事情時的情形："少時曾隸雲南幕，老去來爲關外氓。七十二年頭似雪，尚能揮涕説吳王。"④再如，1731年（辛亥），朝鮮使團書狀官李日躋與吳三桂幕賓林本裕有筆談，主要語及吳三桂起兵之事以及對吳三桂的評價等⑤。1737年（丁巳），海興君李橿與清人林本裕相逢後，同樣也談及吳三桂之事。姜世晃《題〈華人詞翰帖〉後》一文載："又有林本裕（號辱翁）七絶一首，贈余姊兄海興君者。海興於丁巳冬，亦以正使赴燕，林乃贈此詩。林曾爲吳三桂從事，……與之語，多感慨

---

① 李田秀《農隱入瀋記》，《燕行錄全集》第30册，第235—236頁。
② 參見金昌業《老稼齋燕行日記》卷一，《燕行錄全集》第32册，第455—456頁。
③ 同上，第418頁。
④ 趙文命《贈田生畸》，趙文命《鶴岩集》卷二，《韓國文集叢刊》第192册，第444頁。
⑤ 參見李田秀《農隱入瀋記》，《燕行錄全集》第30册，第283—284頁。

激烈之意云。"①

與上述相關聯，出於對滿族的不滿和對明朝的懷念，一些使團文人對發生抗清事件的遺迹也非常感興趣，他們在與清人筆談時，也往往會問及相關情况。如宋家莊作爲朝鮮文士心目中曾經抗清的重要堡壘，一直爲衆多文士所關注，洪大容就曾説過"宋家城有名東國"②。它的相關情况時常在朝鮮文士與宋家莊清人筆談時被提及。例如，李喆輔使行途經宋家莊時，向宋之四代孫詢問："當時莊客幾何？而能防守乎？""城與壇高且堅，如彼私力，何得辦此？""歲入幾何？""城内一村皆姓宋否？"等③。又如，李器之與宋家城文士宋重藩筆談時，向其詢問宋家城築城歷史、抗清的史實、上交税銀情况等④。洪大容途經宋家城時，也向宋家一文士詢問過宋家仕籍、城池毁壞、先輩情况、納租情况等⑤。朝鮮文士所問詢的這一系列問題，無不體現出對明朝的深深懷念之情。

六、政治時局

筆談時，一些朝鮮文士對當前清朝政治狀况、社會發展、農業收成、税收情况等比較關注，主要是出於刺探情報的需要。這是十八世紀中期以前中朝文人筆談交流的重點内容之一。

在十八世紀，出使中國的朝鮮使團或多或少都有打探清朝當前政治、社會狀况等的職責，從而回國向國王禀奏。1745年（乙丑）正使趙觀彬有詩句云："探得形情思自效，幾時前席奏吾王？"⑥因此，出使中國的一些使團成員有時也通過與清人筆談來探聽清朝

---

① 姜世晃《豹庵稿》卷五，《韓國文集叢刊（續）》第 80 册，第 327—328 頁。
② 洪大容《湛軒燕記》，《燕行録全集》第 42 册，第 183 頁。
③ 李喆輔《丁巳燕行日記》，《燕行録全集》第 37 册，第 466—467 頁。
④ 參見李器之《一庵燕記》卷二，《〈燕行録選集〉補遺》上册，第 281—282 頁。
⑤ 參見洪大容《湛軒燕記》，《燕行録全集》第 42 册，第 183—187 頁。
⑥ 趙觀彬《早發燕館，出朝陽門》，趙觀彬《燕行詩》，《燕行録全集》第 37 册，第 617 頁。

第一章　十八世紀中朝文人交遊概況

的情報與信息。如1712年（壬辰）六月初八日，謝恩副使閔鎮遠在薊州與貢生丁含章相逢，知其爲皇明後裔後，便向他打聽目前清朝的政治形勢：

又問："即今天下形勢或有陽復之望否？"對曰："何敢望？提起來，珠泪自落。"又問："嘗聞南方有兵釁，此事虛實如何？"對曰："廣東有海賊，非海賊，乃真人也。魁首姓朱，自稱皇明王。張萬鍾、張飛虎兄弟即其將也。忽然而去，忽然而來，往來莫測。起兵三年，其勢漸大，清將四人敗戰投降，福建已失其半云。"①

六月十四日，書狀官柳述在山海關與教授井姓人相逢，在得知其對明朝懷有深深情意後，也向他詢問了當前社會情況：

又問："歷路城池無不頹圮而一無修葺處。豈東土偶如此，而南方諸處皆修城池否？"井曰："天下皆然，一任頹圮矣。"柳曰："近聞築城熱河云，此城何以設築耶？"井曰："熱河即口外地也。皇帝以口外爲本土，視中國爲逆旅，故如此矣。"柳曰："聞南方有警，果非虛傳否？"井曰："南方距此絶遠，不得知之。而雖無外警，不久必有內變矣。"問其故，對曰："皇太子、皇長子皆極不良之人也，而兩人嫌隙至深，決無相容之理，以此知其必有內變矣。"②

在與井姓人筆談後的次日，柳述便將所探聽的消息傳送給閔鎮遠。閔鎮遠在這次出使回到國內後，便將瞭解到的清南方形勢以及與其他清文人交流而得知的社會狀況一並向國王肅宗作了稟告。《肅宗實錄》卷五一載錄了閔鎮遠的稟告：

丁未，謝恩使朴弼成、閔鎮遠、柳述入來，上引見慰諭。……

---

① 閔鎮遠《燕行錄》，《燕行錄全集》第36册，第325—326頁。
② 同上，第333—334頁。

鎮遠曰:"臣到薊州,有一老人動止異於他胡。臣招來問其姓名,則答以朱言。又問姓貫,則以'不敢言'三字書掌以示,曰:'俺是皇親。'概問之,則以爲神皇第四子名毅然爲其曾祖……又問南方有警云,信否?答以廣東海賊實則皇明之孫。張飛虎、張萬鍾皆其將也。出没海中,軍聲大振,清將四人敗降,而福建地已有其半云。胡人一言,便索其價,而此人不爲索價,其所愴感似出誠心。且問於主人,則以爲'其人乃丁含章'云。變姓名之説,亦似可信。……且在北京時,聞序班所傳張萬鍾之子作梗山東,又有鄭元軍率海上軍以'定胡扶明'四字揭旗,所向無敵,略與朱言所傳相同矣。還到山海關,又聞教授井姓者言,以爲'外患不足憂,而皇長子與太子仇隙轉深,蕭墙之患,可憂也'。"①

其禀告内容正是自己與清人丁含章、書狀官柳述與井姓人筆談時所得到的政治、軍事等信息。這也清楚表明三使與清人談政治、社會等,在很大程度上是爲了探聽當時清朝的有關情報。將此作爲與清人交流話題的例子還有很多,尤其以十八世紀中期以前常見,如1723年(癸卯)出使中國的書狀官黄晸《癸卯燕行録》載他與一清秀才的筆談:

(黄晸)又問曰:"即今國中無征伐之事而一向太平耶?"答云:"新君登位,天下寧静矣。"又問年事,則答以"雨澤及時,農形大熟"云。②

又如,農業是古代社會的根本,關係著整個社會的穩定。因此,朝鮮使臣對清人田地耕種、收成、税收等情况也頗爲關注,把其作爲瞭解清朝的重要内容。如李心源《丁亥燕槎録》中載録了聖岩通過

---

①《肅宗實録》卷五一"三十八年七月二十六日"條。
②黄晸《癸卯燕行録》,《燕行録全集》第37册,第275頁。

筆談向姚哥詢問農業的有關情況：

> 聖岩與主人之異姓四寸姚哥有文筆人，作筆談。問："一日所耕之地爲幾畝，收穀幾許，官地之稅亦幾許？"答曰："一日可耕五畝，一畝可收石餘穀。五畝納稅銀二或五分，此其大略也。"問："一畝之大小爲幾許？"則曰："周回爲一百四十步云。"①

此外，像 1701 年（辛巳），書狀官孟萬澤向清人徐振明；1712 年（壬辰），金昌業向清人榮琮；1719 年（己亥），副使趙榮福向清人郭如柏；1722 年（壬寅），書狀官俞拓基向清人彭坦與彭城；1727 年（丁未），姜浩溥向清人程璇；1752 年（壬申），副使南泰齊向清人李成仁；都曾詢問過清朝政治、軍事上關乎國家安定統一的隱秘問題，諸如"錦州地方海賊今在何處，兵衆幾何？""皇太子廢之，因何有此？""近來西邊勝負如何？""皇帝尚不建儲何也？""此地去年豐歉如何？""見今天下太平無有盜賊否？""近京地方（盜賊）無有否？""皇帝年老尚能勤政否？""大要今日治耶，不治耶？""仄聞年前有發兵西征之役云。西方今則已平歟？又聞蒙古或侵擾至奪據城邑云，果然而不至有深慮耶？""西方緣何事聚兵？""獐子居何地方？兵力何如？"等等②。這些朝鮮文士所提問題均涉及清朝重要的政治、軍事等事項。

七、圖書編纂

一些朝鮮使臣非常關注中國大型圖書的編纂情況，他們與清

---

① 李心源《丁亥燕槎錄》，林基中、夫馬進編《燕行錄全集（日本所藏編）》第 1 冊，第 310 頁。
② 金昌業《老稼齋燕行日記》卷二，《燕行錄全集》第 32 冊，第 489 頁、490 頁。趙榮福《燕行日錄》，《燕行錄全集》第 36 冊，第 59 頁。俞拓基《燕行錄》，《燕行錄全集》第 38 冊，第 120 頁、第 121 頁。姜浩溥《桑蓬錄》卷四，《〈燕行錄選集〉補遺》上冊，第 545 頁。南泰齊《椒蔗錄》，《燕行錄續集》第 116 冊，第 44 頁。

人圍繞《古今圖書集成》、《四庫全書》、《大清會典》等話題的交流,也是十八世紀中朝文人筆談的重要內容。清康熙、乾隆時期大興大型書籍的編纂,如康熙、雍正年間官修的《古今圖書集成》共有一萬卷,是繼明代《永樂大典》之後的又一部大型類書;乾隆年間,國家又組織編纂中國歷史上最大的一部叢書《四庫全書》等。這些編纂活動在當時的影響很大,各種編纂信息在清朝社會、甚至同時期的朝鮮流傳,故而,一些朝鮮文士對《古今圖書集成》、《四庫全書》等給予了高度關注。如嚴璹就曾向邱庭瀍、許兆椿打聽《古今圖書集成》、《四庫全書》的基本情況,有云:"《古今圖書集成》,未知何等書? 卷帙幾何?"邱庭瀍、許兆椿答云:"亦以經史子集成類分編,共一萬數千卷,板藏内府,外間不可得見。或奉恩賞,間有流傳。"①而就《四庫全書》的編纂情况,嚴璹向邱庭瀍、許兆椿的詢問,則更爲仔細:

> (嚴璹)先書曰:"昔年我使在館,與諸翰林日夕過從,今年則僉尊今日始來。前後院規或異而然歟?"邱執筆書曰:"向日庶常皆在院居住,近以修書皆在外住,因有公事,方一到館,非院規之異也。"問:"所修書即近來奉敕所修《四書》之役耶?"答:"即《四庫全書》。"問:"《四庫全書》修於闕中耶,在於外處耶?"答:"有在翰林院衙門者,有在内廷武英殿者,職司不同。"問:"外國人不見永樂書,今聞據此書改正云,大抵書例何如?"答:"書例周詳,難以枚舉。大抵收古今之遺書,搜名山之秘藏,爲曠代未有之盛典。"問:"收聚私藏文字之説亦得聞之,且聞《永樂大典》以韻次第集成,故《易》之蒙卦居先云。即今所修書,亦合經史子集而成之耶?"答:"《永樂大典》以韻統書,多繁瑣之處。今分經史子集四部,各自爲書,凡有關於民生政治及考證古今□□□類,皆得以次編入。"問:"必是好書,何時可以卒功? 卷帙當爲幾何?"忽有一人從外至,兩人起,□□亦起

---

① 嚴璹《燕行録》,《燕行録全集》第40册,第244—245頁。

相揖。其人來坐余傍一椅,許指桌上所置座目中平恕之名,又指新到人。其人回顧余輩,略作詩,面人耳。仍奪許筆,以書曰:"《四庫全書》奉旨十年,《永樂大典》今年卒功。"問:"以十年爲期云耶?《永樂大典》不入《四庫全書》耶?"答:"入《四庫全書》者,不止《永樂大典》一種,此種今年可畢。"①

這段筆談傳達出的《四庫全書》信息有:因編修《四庫全書》的需要,原先住在翰林院的庶吉士均在院外居住。因職司不同,《四庫全書》館分設於翰林院與武英殿兩處,分別辦理不同事務。《永樂大典》與《四庫全書》既有聯繫又有區別。辦理《永樂大典》輯佚書在乾隆三十八年就可完成。《四庫全書》卷帙浩繁,存留下來的《永樂大典》祇是其中一種,其完成期限爲十年等。通過詢問和清友人的解答,朝鮮文士必然對《四庫全書》的撰修有更爲真實而客觀的認識。

此外,又如徐浩修、李德懋等人也與清友人有過關於《四庫全書》信息的詳細交流。徐浩修曾在信中向李調元打聽《四庫全書》的刊刻情況,李調元通過書信,詳細答云:"至我皇上修《四庫全書》,共抄寫四部:一部留大內,一部留圓明園,一部留文淵閣,一部留熱河。除四部外,並無抄本。間有刻者,不過聚珍板一二部,在武英殿,然不能購也,皇上賜人,則人有之。《四庫全書》四部皆抄本,無印本。《薈要》係皇上手邊披覽之書,亦抄本,無印本。大半爲部頭大,所以不能刻也。不過天府之藏,無書不有,以備文獻而已,非以流行天下也。《薈要》亦然。"②李德懋在與清人交流時,對《四庫全書》也進行了詳細瞭解。其專門寫有《四庫全書》一文就是一個重要證據③。李德懋在與潘庭筠面晤時,向其詢問《四庫全書》

①嚴璹《燕行錄》,《燕行錄全集》第40冊,第242—243頁。
②李調元與徐浩修書(貴幕下柳公來……),《同文神交》,韓國國立中央圖書館藏本。
③李德懋《四庫全書》一文,參見李德懋《青莊館全書》卷五六,《韓國文集叢刊》第258冊,第540—542頁。

聚珍版書目,"潘庭筠出示小紙,列書書目二十餘種"①。其在給潘庭筠的書信中也詳細打聽《四庫全書》的有關情況,有云:"先生充編輯《四庫全書》之官云。四庫之名,如唐所定經史子集、甲乙丙丁之次序耶? 大抵編次,如叢書《稗海》收其全書耶? 幾部而幾卷耶? 既包羅天下之書,則海外之書如朝鮮、安南、日本、琉球之書亦爲收入耶? 若然,則略示其目録,如何?"②

南泰齊《椒蔗録》中還記載了李君則對《大清會典》的編纂情況表現出極大的興趣。李君則以此書爲中心與清人博明交流數日之多。南泰齊《椒蔗録》載博明語:"李君則,奇士也。自入關以來,購《大清會典》一部。廣加詢訪,蓋欲得中原文獻之全。僕與談此書者屢日,乃定交焉。"南泰齊在與博明交流時,也問及此書,有云:"《大清會典》爲幾册,而何人撰成耶?"③由上述可見,《古今圖書集成》、《四庫全書》、《大清會典》等的編纂,不惟在清朝有影響,它們也引起了一些朝鮮文士的極大關注。

朝鮮文士對清朝編纂圖書的強烈關注意識,還表現在他們對中國書籍中記載的朝鮮事主動地進行糾錯,這也是他們交流的重要内容之一。如洪大容在給潘庭筠的書信中專門就朱璘《明紀輯略》中記載的"朝鮮王諱沉湎於酒"、"聽嬖臣李德馨言"、"統制使李舜"、"朝鮮國王李琿爲其佺李諱所篡"、"琿仁柔"、"李諱走馬試劍云,掌官誥令"、"密約琿繼祖母王大妃,三月初九日在宫中舉火"、"登萊巡撫袁可立疏言,如果不道,當聽大妃具奏,静候朝廷處分"、"念昔年禦倭之恩,思報中國,致罹今日之變"等諸事條,一一作了詳細辨證和糾謬,並將此文題作"《明記(紀)輯略》辨説",以突出其

---

① 李德懋《四庫全書》,李德懋《青莊館全書》卷五六,《韓國文集叢刊》第 258 册,第 541 頁。
② 李德懋與潘庭筠書(不佞左海鯫生……),李德懋《青莊館全書》卷一九,《韓國文集叢刊》第 257 册,第 263 頁。
③ 南泰齊《椒蔗録》,《燕行録續集》第 116 册,第 103 頁。

糾錯的寫作意圖①。洪大容的辯駁有理有據，博得了潘庭筠的充分肯定，其有云："示憲文王事辨，從王阮亭《池北偶談》中見載一疏，亦辨此事，與尊辨同。阮亭詩名品望爲國朝第一，學者多宗之。其言足以徵信，亦可破青岩訛謬之説矣。"②指出其辯解觀點與清朝大學者王士禛相同，值得徵信。朝鮮文人向清文士糾謬書籍中所載朝鮮人、事的典型例子還有：筆談時，朴趾源向尹嘉銓、王民皥指出《詩綜》中載錄朝鮮人和事的有關錯誤；又向奇豐額、尹嘉銓指出尤侗著《外國竹枝詞》中記録朝鮮文字的錯誤等③。

八、清朝禁書

清代爲了杜絕不利於統治的思想傳遞，康熙、雍正、乾隆三朝對書籍的刊印和流傳控制極其嚴格，一大批有或疑似有反清思想的書籍都遭到了禁毀。一批文人對於清朝禁書以及作者等的打聽，也是中朝文士筆談的重要内容。

清朝對於那些有反清言論的書籍查禁很嚴，《四庫全書》在編纂之時，一大批書籍也被列在禁毀、删訂之目。由於絕大多數朝鮮文人本身對明朝懷有"事大"、感恩的情愫，因此對於禁書，他們也表現出極大的關注。如1778年（戊戌），李德懋來到北京後，就見到朝廷查禁書籍的詔書，他在《四庫全書》一文中云：

> 戊戌遊燕時，見坊曲揭黄紙詔書，嚴禁錢謙益、屈大均、金堡三人遺集。毀板焚燒，勿遺片言，藏者抵罪。蓋謙益則以明朝宰相，投降清朝，而其述詩文，侵斥不已。大均、堡革世後，托迹緇流，亦斥清朝故也。至若已死於明朝者，如黄道周、劉

---

① 洪大容《與秋庫書》（大容白：去歲七月……），洪大容《湛軒書・外集》卷一《杭傳尺牘》，《韓國文集叢刊》第248册，第109—111頁。
② 洪大容《與秋庫書》（大容白：去歲七月……）附潘庭筠答語，洪大容《湛軒書・外集》卷一《杭傳尺牘》，《韓國文集叢刊》第248册，第113頁。
③ 參見本書上編第五章第一節《朴趾源與清文人的交遊》。

宗周輩,其於疏章間,或有凌侮清人之語,此係為其本朝,祇可抹去侵斥之句語,亦為謄寫《四庫全書》中。其大略如此。問琉璃廠書四(肆)陶生,則以為塗抹句語之書,如《亭林集》、《三魏集》之類,可至三百餘種云。①

在看到朝廷查禁錢謙益、屈大均、金堡三人書籍的詔書後,李德懋主動思考了它們被嚴禁的原因,並向書商五柳居主人陶正祥詢問《四庫全書》中禁書的種類,陶生告訴其有三百餘種。又如,朴趾源《熱河日記》載:

> 鵠汀曰:"比歲禁書,該有三百餘種,並是他君公顧厨子。"余曰:"禁書何若是夥耶?總是崔浩謗史否?"鵠汀曰:"皆迂儒曲學。"余問禁書題目,鵠汀書亭林、西河、牧齋等集數十種,隨即裂之。余曰:"永樂時,搜訪天下群書為《永樂大全(典)》等書,賺人頭白無暇間筆。今《集成》等書,並是此意否?"鵠汀忙手塗抹曰:"本朝右文度越百王,不入《四庫》,顧為無用。"②

朴趾源向王民皞(號鵠汀)打聽當時禁書衆多的原因,並引《永樂大典》編纂目的"賺人頭白無暇間筆"詢問王民皞,《古今圖書集成》、《四庫全書》等的編纂是否也有此意。出於對時諱問題的畏懼,王民皞委婉隱晦地進行了回答。再如,徐浩修與鐵保圍繞禁書的交流,徐浩修《燕行記》卷二載:

> (徐浩修):"《牧齋集》方為禁書,閣下何從得見?"鐵(保)曰:"凡禁書之法,止公府所藏而已,天下私藏安能盡去?牧齋大質已虧,人固無足觀,而詩文則必不泯於後也。"③

---

① 李德懋《四庫全書》,李德懋《青莊館全書》卷五六,《韓國文集叢刊》第258冊,第540頁。
② 朴趾源《熱河日記》,第226—227頁。
③ 徐浩修《燕行記》卷二,《燕行錄全集》第51冊,第59頁。

鐵保指出朝廷的禁書之法衹是對官府起效,而民間私藏的禁書不可能全部毀燬。此清楚表明朝廷禁書在當時的實效。

一些朝鮮文士在關注清朝禁書的同時,相關聯地對禁書的作者以及與此有關的文字獄等也給予了較大的關注。像呂留良有著強烈的排滿思想,關於他的文集的話題,朝鮮使臣經常向清文士提起。其目的,是借此瞭解交流方是否有思漢的情結、反滿的情緒。實際上,出於對清的鄙夷,他們內心期待著對方能夠與自己一樣對前明懷有深厚的情感。如1746年(丙寅),尹汲出使中國途經撫寧縣與徐升立子交流時,便向其打聽是否收藏有呂留良的文集。當對方回答無後,尹汲便直接詢問:"爾是漢人有思漢之心否?"對方云:"去古已遠,今天子仁聖,豈有此心乎?"面對如此的回答,尹汲內心仍然不願相信當時像徐升立子一樣的漢人闕失了懷漢之心,而自云:"此或出於忌諱之意否乎而無可言矣。"①此筆談內容和心理描繪極其鮮明地展現出尹汲強烈的反滿情緒。同年,朝鮮一譯官向薊州秀才張昕打聽呂留良的文集,有云:"《呂晚村文集》有之乎?"張昕告訴其流傳情況,有云:"爲一人所累,雍正幾年皆收而付丙。與其子葆光皆戮屍,豈有存者乎?"②

另外,1760年(庚辰),李商鳳也向三河縣教諭薛文儒詢問過呂留良,有云:"呂留良何如?"③1799年(己未),徐瀅修向劉大觀打聽呂留良,有云"呂晚村學術較諸近日諸儒,最爲醇正,最似親切。下工得其淵源者,今有何人?而所著書亦有幾種"等等④。這些都反映出一些朝鮮文士對清朝禁書和文字獄的關注。

---

① 尹汲《燕行日記》,林基中、夫馬進編《燕行錄全集(日本所藏編)》第1冊,第230頁。
② 同上,第232頁。
③ 李商鳳《北轅錄》卷三,《〈燕行錄選集〉補遺》上冊,第809頁。
④ 徐瀅修《劉松嵐傳》,徐瀅修《明皋全集》卷一四,《韓國文集叢刊》第261冊,第305頁。

九、地理名勝

中華山川地理、歷史名勝古迹也是筆談的内容之一。十八世紀中朝文士交流時，朝鮮文人多有關於中國地理、歷史方面的問詢。究其原因，一方面，當時朝鮮使者，尤其是十八世紀後期的使者，一般多認爲自己國家偏於一隅，土窄地狹，極大地局限了自己的視野。因此，他們對於中國的山川、名勝古迹興趣很濃。如1713年(癸巳)，於薊州，崔德中向一秀才打聽漁陽聖景之意，安禄山所居之基在於何處，翠屏山下二石人爲何人，翠屏山名之由來等等①。1766年(丙戌)，洪大容向八里鋪孫進士詢問長城所築年代，有云："長城見在者，即秦皇所築乎？"②1780年(庚子)，盧以漸向博明詢問燕昭王黄金臺遺址在何處、《禹貢》所載碣石在何處等③。另一方面，由於朝鮮文士結交了心目中的中土才子佳士，因此他們對那些孕育過這些才士的自然、人文環境等也非常關注。如《日下題襟集·金宰相》載云：

> 金宰相……，遍問中華山川名勝，往復殆數萬言。繭紙亘丈者，盡十餘幅，而尤詳於江浙等處。聞西湖之勝，嘆羨不置，自恨不得生其地。④

於此，嚴誠指出他與金在行往復的關於中華山川名勝的筆談文字有數萬言。其中，又以關於江浙山川的最爲詳細。從這裏可以看出，由於江浙是嚴誠生活的主要地點，所以金在行對此詢問的最多。

從現存的筆談、來往尺牘可以發現，十八世紀中朝文士交流時，朝鮮文士確實對中國南方表現出比較濃厚的興趣。其原因，主要在於使團的使行路綫在當時清朝版圖的東北部，北方的瀋陽、山

---

① 崔德中《燕行録》，《燕行録全集》第40册，第92—93頁。
② 洪大容《湛軒燕記》，《燕行録全集》第42册，第188頁。
③ 盧以漸《隨槎録》，《燕行録全集》第41册，第97—98頁。
④ 朱文藻編《日下題襟集·金宰相》，嚴誠撰，朱文藻編《鐵橋全集》第4册。

海關、北京等處他們在途經時得以遊覽,而江浙等南方之地,則是燕行使者無法到達的場所,故而他們對當時的中國南方有著新奇和向往,加上當時參與交流的清朝人中有很多南方人氏,所以他們的交流内容時常也會涉及中國南方的地理、山川、形勢等。如 1774 年(甲午),清庶吉士許兆椿向嚴璹介紹了自己故鄉雲夢澤的地理方位、範圍,有云:"雲夢跨江南北,今縣虚有其名","(雲夢澤)今在襄陽、荆州、武昌、岳州四府地"①。又如,1792 年(壬子),金正中向江南人程嘉賢詢問:"蘇杭聞名久矣。民物之富庶、樓臺之美麗,與燕京孰多?"程嘉賢答云:"燕京係是天險關防,至於山川風光,不可與蘇杭較勝。唐人詩云:'江南四百八十寺,多少樓臺烟雨中?'此一句,足想其梗概矣。"之後,程嘉賢還向金正中介紹了自己家鄉歙州的物産、地理方位、文化底藴等②。

十、朝鮮情形

十八世紀期間,一般清文人對朝鮮的情況茫然無知,在筆談中,清文人常向朝鮮文士詢問一些情況。而到了十八世紀中後期,北學派文人爲了推揚本國的文化,積極地在筆談或尺牘中介紹關於朝鮮的一些概況。如 1766 年(丙戌)二月十五日,洪大容在《東國記略》一文中,向嚴誠、潘庭筠詳細介紹了朝鮮的地理形勢、歷史沿革、文章學術、風俗科制、山川故迹、家舍之制、官職服制等③。

清朝文人與朝鮮文士圍繞朝鮮情況的交流,主要有以下幾個方面的内容:

(一)國家概況,諸如山川形勢、地理風貌、行政區劃等。如彭坦向俞拓基問及朝鮮與清朝之間的距離,有云:"老爺到此多少

---

① 嚴璹《燕行録》,《燕行録全集》第 40 册,第 244 頁。
② 金正中《燕行録》,《燕行録全集》第 75 册,第 159 頁。
③ 參見洪大容《湛軒書·外集》卷二《乾净衕筆談》,《韓國文集叢刊》第 248 册,第 145 頁。

路？"俞拓基答："三千七百里。"①又如，王民皞向朴趾源打聽"朝鮮地方幾何"，朴趾源答云："傳記所載稱五千里，然有檀君朝鮮，與堯並世；有箕子朝鮮，武王時封國也；有衛滿朝鮮，秦時率燕衆東來，皆偏據一方，其地方似未滿五千里。勝國時，並高句麗、百濟、新羅爲高麗，東西千里，南北三千里。"②朴趾源向王民皞介紹了書上所載和歷史上朝鮮半島諸國的實際地域範圍。再如，錢兆豫曾向趙榮福詢問朝鮮行政區劃，有云："大國有八路云，然否？"趙榮福答："然矣。"③明確告訴錢兆豫朝鮮在區域上有八道之分。

（二）古代作家、書籍等的情況。如1720年（庚子），陳法向李器之詢問："東國有《十三經注疏》、《二十一代史》、漢唐宋詩文乎？此外書籍幾何？""東國崔致遠是何時人，有文集乎？""曾見高麗板杜詩與中國板字有異者，未知何時刊出？"等，李器之對此都一一作了回答④。又如，1722年（壬寅），彭坦向俞拓基問及朝鮮是否保存有《樂經》、朝鮮書籍與中國書籍的同異情況，有云："老爺那邊有一種異書叫作《樂經》，未知有否？""老爺那邊文章書籍與我們此處同否？"等，俞拓基答云："《樂記》編在《禮記》書中，有何別樣《樂經》也？"又答云："本國儒士讀《四書》、《五經》，尊尚晦庵夫子，經史子集、百家書都有，絀佛法，擯巫覡。"⑤此外，像1766年（丙戌），陸飛向洪大容詢問朝鮮藏書有云："東國藏書，前朝實錄以及野史頗備否？"⑥1790年（庚戌），清軍機大臣王杰向徐浩修詢問《東國秘史》、《東國聲詩》二書情況以及朝鮮可觀書籍⑦。都顯示出一些清人對

---

① 俞拓基《燕行録》，《燕行録全集》第38册，第124頁。
② 朴趾源《熱河日記》，第126—127頁。
③ 趙榮福《燕行日録》，《燕行録全集》第36册，第99頁。
④ 李器之《一庵燕記》卷三，《〈燕行録選集〉補遺》上册，第328—329頁。
⑤ 俞拓基《燕行録》，《燕行録全集》第38册，第123—124頁。
⑥ 洪大容《湛軒書·外集》卷三《乾凈衕筆談續》，《韓國文集叢刊》第248册，第159頁。
⑦ 參見徐浩修《燕行記》卷三，《燕行録全集》第51册，第141—142頁。

第一章　十八世紀中朝文人交遊概況

朝鮮書籍、藏書等的關注。

（三）歷史、禮儀、風俗、教育等，包括姓氏、衣冠、國名、年號、語言等。

談及禮儀、風俗，如1783年（癸卯），李田秀向清人張又齡詳細介紹了朝鮮的歷史本末，並自豪地表示："我東有他國所無之兩個事，得箕子之聖而爲之王，一也。新羅立國於漢宣帝時，至後梁時纔亡，享國九百九十餘年，即外國勿論，雖中華亦未之前聞，二也。"又書曰："我朝政教風俗又有他國所無者三焉：深山窮谷、三尺童子皆知孔子之爲大聖，尊其道而讀其書；皂隸下賤莫不服喪三年；國朝三百餘年，士大夫之女無一人再醮者，此亦漢唐以後所未有也。"①於此，李田秀又指出了朝鮮尊孔、崇禮、重節的風俗特點。

談及姓氏，如博明在得知書狀官金文行姓氏後，便向其詢問朝鮮金姓的來源，有云："余聞古無金姓也。漢獲休屠王太子及金人，故賜曰磾爲金姓。而貴國金姓最多，豈皆漢爲郡縣時之遺耶，抑金時之遺民耶，抑他有故耶？足下文學之儒，必諳典故，願明告我。"②又如，1766年（丙戌），清栅門稅官希員外向洪大容詢問朝鮮國王姓氏，有云："國王何姓？""（洪大容）對以實"後，他又問："在先有姓金、姓王，今何姓李？"後數日，洪大容再次拜訪之時，希員外又向其詢問朝鮮科制及俗尚、書畫所尚等③。

談及國名，如1783年（癸卯），劉克柔向李田秀詢問朝鮮國名之涵義，有云："貴邦朝鮮之稱，或以爲潮顯，或以爲昭宣，未知孰是？"李田秀答云："朝鮮二字是朝日光鮮之義，或以爲因朝水、鮮水二水而有是名。潮顯、昭宣未知誰說，而似是訛傳矣。"④

談及教育，如1766年（丙戌），嚴誠向洪大容詢問："貴處小兒

---

① 李田秀《農隱入瀋記》，《燕行録全集》第30册，第296—297頁。
② 南泰齊《椒蔗録》，《燕行録續集》第116册，第104頁。
③ 洪大容《湛軒燕記》，《燕行録全集》第42册，第207—208頁。
④ 李田秀《農隱入瀋記》，《燕行録全集》第30册，第209—210頁。

始讀何書？"洪大容答："始讀《千字文》，次讀《史略》，次讀《小學》而及於經書。惟《禮記》、《春秋》罕有讀之者。"並且，嚴洪二人還對小兒讀的這些書作了評價①。

談及語言，如1774年（甲午），嚴璘向許兆椿、邱庭漋等介紹朝鮮語音有云："東國人初學字音於中國，而東國則文字、言語自別，故言語雖屢變而字音則於方册上相傳，至今能傳初學之音。中國則字音與言語同變，故人稱字音則東國音爲古音。"②於此，嚴璘指出朝鮮語音仍保持著中國古音的狀態。

除上述中朝文人間筆談、書信十個方面的交流內容外，中朝文士往復書信的內容還多有對彼此或親朋近况的叙寫以及相互傾慕之情、思念之情的表達等，這在中朝文士往復書柬中很常見，兹不贅述。

還需要進一步指出的是，無論筆談的內容多麽豐富，但其一般都與朝鮮文人出使中國時的思想關注點以及自己的治學特點等有關。如朴趾源《熱河日記》有載："盧君以漸，在國以經行稱，素嚴於《春秋》尊攘之義。在道逢人，無論滿漢，一例稱胡；所過山川樓臺，以其爲腥膻之鄉而不視也。古迹之如黃金臺、射虎石、太子河，則不計道里之迂曲、號名之繆訛，必窮搜乃已。"③1780年（庚子），盧以漸出使中國時，寫有《隨槎錄》。其中載錄了盧以漸與清人的兩次詳細筆談，即他與兵部員外郎蒙古人博明之間的兩次筆談。八月初十日第一次筆談時，盧以漸爲了瞭解中國儒學的發展變化情況，向博明發問了一系列問題："海外溲學欲聞大道未由，逢大方家，願大人幸教之。""曾聞□□道學分而爲二，朱陸並行，今則折或歸一耶？""當今之學者以陸、王爲正耶，以程、朱爲正耶？""今之學

---

① 洪大容《乾浄筆譚》，《燕行錄全集》第43册，第87—88頁。
② 嚴璘《燕行錄》，《燕行錄全集》第40册，第248頁。
③ 朴趾源《熱河日記》，第327頁。

者有能得程、朱之嫡傳者耶？""程、朱之孫有聞顯人耶？"等等①。顯然，這些問題都與盧以漸"在國以經行稱"，精於儒學的治學特點有關。盧以漸問及的中國古迹的諸多問題："燕昭王黄金臺遺址在何處耶？""《禹貢》曰'太行恒山，至於碣石'。皇都後，龍似太行，而碣石在何處耶？""樂毅封昌國君是何縣耶？""或云撫寧縣乃昌黎韓子所生之地，然否？""京師戰國時與趙接界，距邯鄲幾里耶？"等等②，很明顯又與朴趾源所云盧以漸來到中國後厭惡清朝，祇重視歷史遺迹的思想關注點一致。又如，1765年（乙酉）出使中國的洪大容的治學特點是對理學特別感興趣，清人嚴誠稱其"喜談理學，具儒者氣象"③。因而，他與清人嚴誠、潘庭筠、陸飛筆談時，有大量的交流内容涉及理學，如第一次筆談内容就有朱陸之學的異同之争；第三次筆談的主要内容有就佛儒之辨，嚴誠與洪大容展開"心性之學"的辯論；第六次筆談記録中則有大量的篇幅是洪大容與陸飛、嚴誠、潘庭筠圍繞朱子《詩》注展開的激烈辯駁；第七次筆談，洪大容與諸人又就朱注《小序》展開詳細辯論④。很明顯，這些筆談内容與洪大容的治學傾向關係密切。

第六節　十八世紀中朝文人交流的階段性特徵

　　十八世紀是中朝文化交流的重要時期。依據時間先後，兩國文人來往大致可以分爲早期（1701—1730）、中期（1731—1770）和

---

① 盧以漸《隨槎録》，《燕行録全集》第41册，第94頁、第95頁。
② 同上，第97頁、第98頁。
③ 嚴誠《養虚堂記》，《中朝學士書翰》。
④ 參見洪大容《乾净筆譚》，《燕行録全集》第43册，第201—204頁。

後期(1771—1800)。從交往情況看,它們分別是萌芽時期、發展時期和高潮時期。三個時期,雙方文人間的來往各有鮮明的特點。任何一階段相互間的交往都不容忽視。它們對十九世紀以金正喜、洪義浩、洪敬謨、洪顯周、金永爵等爲代表的朝鮮文人與以翁方綱、紀樹蕤、吳嵩梁、劉喜海、汪喜孫等爲代表的清文士之間學誼的建立,起到了巨大的影響。可以説,没有這三個階段的中朝文人交往,也不可能出現十九世紀中朝文化、學術等交流的持續繁榮。

一、十八世紀早期是中朝文士交流的萌芽時期

此時期,中朝文人剛剛開始交往。無論是從參與交往的清人人數和其學養素質上看,還是從交流頻度、深度、形式等方面看,都無法與後來的中朝文人往來相比。這個時期交往清文士人數最多的朝鮮文士是金昌業。1712年(壬辰),他作爲其兄金昌集的隨行子弟出使中國。在整個出使期間,他通過詩歌贈酬、筆談、尺牘往復等形式與22位清文士進行了交流。他是這個時期朝鮮文士與清文人交遊的典型。他與清文士的交流極其鮮明地反映出十八世紀早期中朝文士的交往特點。總體看,這個時期的兩國文人來往關係還處於萌芽狀態,具體表現在:

1. 朝鮮文士没有與清文士結交並交流的主動意識。當時朝鮮文士仍然懷有對整個清朝的厭惡和鄙夷,而不願意主動與清文士接觸並作深入的文學、學術等的研討。與絶大多數清文士的相識,緣於路途上的偶然相逢或清人出於對他們的好奇而主動來見等。

2. 朝鮮文士所來往的清文士基本上都是當時極爲普通的知識分子。他們間的關係多停留在一面之緣上。分別後,就不再有繼續的聯繫。因而,這時期中朝文人的交往就缺乏進一步深入的途徑,兩國文化之間的互動作用也不明顯,雙方文人對彼此文化的認識仍然是"陌生的",有時甚至可以説是"誤解的"。

3. 十八世紀早期幾乎没有頻繁與朝鮮使行文人進行交流的清文人。當時參與交往次數稍多的郭如柏純粹是從經營生意的角

第一章　十八世紀中朝文人交遊概況

度，爲了推銷字畫、書籍、朝報印本等而與朝鮮文士接觸①。其他絕大多數清文人與朝鮮文士的往來祇是曇花一現，很快就湮沒在歷史洪流之中。僅有金昌業與清士楊澄、姜浩溥與清士程瑛及白受采等寥寥數人在別後有少量的尺牘往復。這也印證了前文觀點：此時中朝文人的交往還處於萌芽狀態，兩國文人對彼此的學術、文學等信息的認識仍然處於閉塞狀態，甚至還存在著一些誤解。

二、十八世紀中期是中朝文士交流的發展時期

十八世紀中期是中朝文人交往的大發展時期。此階段與清文士聯繫最爲緊密的朝鮮文人是洪大容，先後與37名清人來往，並且與嚴誠結下兩國學壇傳爲美談的生死之誼。廣泛與清文士交往的還有李商鳳，先後會晤過的清文士有26名。此時兩國文士的交往有了很大發展，具體表現爲：

1. 這個時期，朝鮮文士與清文士的交往心態在微妙地起著變化，並且雙方文士的總體素質，與前期相比，有了很大提高。朝鮮文士開始不滿足與路上偶然相逢的清文士進行簡單會晤，逐漸開始與心儀的清文士進行深入交往，不再僅僅停留在客套的應酬來往上。總體上看，他們所會晤的清文士社會地位、學識涵養等明顯比早期所接觸的清文士要高許多，如洪大容所結識的滿洲人拉永壽是瀋陽府學助教，王渭、宋舉人、嚴誠、潘庭筠、陸飛等人都是舉人，蔣本、周應文是監生，吳湘、彭冠是翰林出身，兩渾是宗親愉郡王之少子、康熙皇帝之曾孫，張經是欽天監官，賈熙是河南某縣知縣，希姓人是瀋陽戶部員外郎。其他朝鮮文人在十八世紀中期所結交的清文人對象情況也是如此，像分別與李喆輔、海興君李橿、柳約、李日躋有過交流的清人林本裕，曾是吳三桂幕賓。與李匡德有往來的江南人凌春是進士出身。與趙顯命有交往的秀才孔毓貴是孔聖

---

①1712年(壬辰)，郭如柏與金昌業相會。1719年(己亥)，郭如柏與趙榮福相會。1727年(丁未)，郭如柏與姜浩溥相會。相會地點均在山海關。

人之後嗣,高晅是瀋陽文廟教授。後來在清朝廷擔任較高職務的翰林庶吉士博明與李彝章、南泰齊有過深入的學術研討。與南泰齊會晤過的龍煜岷是翰林庶吉士、黃喦是舉人出身。徐命臣結識的金德瑛是禮部侍郎,與趙憼有往來的張元觀是太學助教。與李商鳳、李徽中父子有交往的潘相是國子監琉球官學教習,胡少逸是舉人出身等等。可見,這些清文士與十八世紀早期參與交流的清人相比,其學識涵養的總體水平要遠遠高於他們。因而,這就爲兩國文人在知識學養大致相當的層面上進行各種深入交流提供了可能。

2. 與十八世紀早期相比,中期兩國文人筆談的深入性明顯增強。洪大容與嚴誠、潘庭筠、陸飛的七次筆談就極具代表性,筆談内容涉及政治、哲學、文化、科技、文學、宗教、道德、風俗等諸多方面,它是該世紀中朝文人交流史上兩國文人間首次深入的學術接觸,具有里程碑意義。此外李商鳳與清舉人胡少逸之間的五次筆談也較爲深刻,内容也涉及民俗、文學、科舉、政治等方面。

3. 在十八世紀中期,開始出現了願意與朝鮮文士作深入交往的清文士。這個時期,與朝鮮文人有較多交流的清文士有嚴誠、潘庭筠、陸飛等。在1766年(丙戌),他們通過詩歌唱和、筆談、書信往復等形式,與洪大容、順義君李烜、金善行、洪檍、金在行等人進行了較爲深入的文學交流。在他們別離後的較長時間内,雖然相隔數千里,嚴誠、潘庭筠、陸飛仍然通過書信與洪大容、洪檍、金在行等保持著密切聯繫。像嚴誠在1767年(丁亥)去世前,短短的一年多時間内,他與洪大容的來往書信就多達6封。而潘庭筠在1769年(己丑)前,一直與洪大容保持著較爲頻繁的書信往來,後來中間雖有將近十餘年的音信阻絶,但在1777年(丁酉)潘庭筠又再次寫書信與洪大容①。他們與朝鮮文士的交往,與十八世紀早期相

――――――
① 參見本書附録表9:洪大容與清文人來往書信一覽表中"洪大容歸國後與清文人的來往信件"部分。

第一章　十八世紀中朝文人交遊概況

比,在交往時間上,他們持續的時間明顯更長。從交流內容上看,他們討論的問題更加廣泛深刻。他們書信大量地談到中朝歷史人物、性理之學、儒道佛三教、學術門派之別、學術觀點之爭等等。雙方在交往中,隨書信的往復,還伴隨著一大批書籍的饋贈,如《聖學輯要》、《海東詩選》、《農岩雜識》、《三淵雜錄》、《東事總要》、《卜居論》、《國朝詩》等[①],這是十八世紀早期兩國文人在別離後從未發生過的交往行爲。

要之,十八世紀中期是中朝文人交往的發展時期。此時,以洪大容爲代表的一批朝鮮文士和以嚴誠、潘庭筠、陸飛等爲代表的一批清文人都以較爲開放的心態參與到學術、文學等的交流活動中,通過彼此間不斷增强的聯繫,加深了相互的瞭解,促進了相互間的學術研討,建立起真摯友誼,甚至是生死之交,從而爲十八世紀後期中朝文人交往高潮的到來奠定了良好基礎。這個時期的兩國文人交流既是對以前中朝文人交往的跨越,又深深地影響到後來一大批文人的交往心態與行爲,爲兩國的文化、學術互動作出了巨大貢獻。

三、十八世紀後期是中朝文士交流的高潮時期

隨著十八世紀早期、中期中朝文人交往的不斷深入發展,十八世紀後期迎來了兩國文人來往的高潮時期。此時期,與清文人來往最爲頻繁的朝鮮文士有朴齊家、柳得恭、朴趾源、李德懋、洪良浩等人。據文獻可考的,朴齊家四次出使中國結識的清文士多達168名。他是十八世紀結交清文人數量最多的朝鮮文人。柳得恭三次出使中國,與之交往過的清文人共計99名;朴趾源所交流過的清文士多達49名;李德懋所結交的文人也有18名;洪良浩所交往過的文人13名。他們通過各種途徑與一大批清文人展開了學術、文學、書籍、藝術等的全面交流,使得十八世紀的中朝文人交往出現

[①]參見本書上編第一章第四節《中朝文人交流的形式》文中"中朝文人間的贈物行爲"部分。

了高潮。他們四人分別作出了獨特貢獻：

在十八世紀，朴趾源是第一個與清朝舉人以及朝廷文人大量結識並交流的朝鮮文人。他也是第一個積極且大量地向清文人推介朝鮮學術、文人等，並指出一批中國文獻中所錄有關朝鮮文人信息錯誤的朝鮮文人。李德懋是十八世紀第一個向清人全面而系統地介紹朝鮮古代詩壇情況的朝鮮文人，也是當時朝鮮文人中第一個向清文人介紹日本詩學成就的詩人。朴齊家、柳得恭則是十八世紀中與清文人進行詩歌唱酬最爲廣泛的朝鮮文士。此外，洪良浩與紀昀的交往意義極爲重大，兩人分別作爲兩國學壇的泰斗級學者，他們之間的往來已經超越了個體交流的意義，是十八世紀中朝官方學術第一次真正意義上的切磋與碰撞。在紀昀與洪良浩建立了深厚學誼的基礎上，兩人子孫繼續展開了雙方家族間長達半個世紀之久的廣泛而深入的接觸。這種密切的中朝文人家族交往，在整個中朝文人交流史中極爲罕見，爲中朝文化、學術等的交流作出了巨大貢獻。

綜上，朴齊家、柳得恭、朴趾源、李德懋、洪良浩在十八世紀中朝文士交往中的諸多開創行爲，無疑是這個時期中朝文人交往深入，兩國文學、學術交流高潮到來的重要標志，其意義重大。正是在這批朝鮮北學派文士的帶領和影響下，十八世紀後期，朝鮮文士所來往的清人數量，與前期、中期相比，形成一個"井噴"現象。他們與清文人的交往，無論是在時間的長度上，還是在內容的廣度上及思想的深度上，都遠遠地超越了十八世紀早期和中期的中朝文人交流。因而，朴齊家、柳得恭、朴趾源、李德懋、洪良浩等北學派文人與清文士的交往是十八世紀中朝文人交流史上的第二座里程碑。

在十八世紀後期，與朝鮮文士來往最爲密切的清文人有紀昀、李鼎元、潘庭筠、李調元、博明、鐵保等人。紀昀先後與徐浩修、金成中、洪良浩、洪義俊、鄭思賢、洪樂遊、徐瀅修、朴齊家、柳得恭等有過深入的交往。李鼎元交遊的朝鮮文士有柳琴、沈念祖、蔡濟

第一章　十八世紀中朝文人交遊概況

恭、李書九、李喜經、洪義俊、趙寬達、趙學謙、徐瀅修、李德懋、朴齊家、柳得恭等。潘庭筠結交的朝鮮文士有柳琴、李書九、沈念祖、蔡濟恭、洪大應、朴齊家、李德懋、柳得恭等人。李調元交流過的朝鮮文士有柳琴、徐浩修、李書九、李德懋、朴齊家、柳得恭等。博明交往過的朝鮮文士有柳琴、羅杰、盧以漸、洪良浩、姜世晃、洪慎猷、李瀷、朴齊家、朴趾源等。鐵保交流過的朝鮮文士有徐浩修、朴齊家、洪良浩、金勉柱、徐有聞、柳得恭等人[①]。他們與朝鮮文士大量而深入的交往也清楚地顯示出十八世紀後期確實進入了一個中朝文人交往的高潮期。其主要表現爲：

1. 與十八世紀前期、中期相比，此階段不惟越來越多的清朝廷文士與一批朝鮮文士有大量交往，而且他們與朝鮮文士的相識交往常常不是集中在某一年，他們結交朝鮮文士的行爲保持著一種持續性。換句話說，他們在不同的年份與不同的朝鮮文人相交，又與曾經相識的朝鮮文士多保持著詩歌贈酬、尺牘往復的聯繫。因而，他們結識的朝鮮文士的數量在不斷地擴大，與朝鮮文士保持聯繫的時間也在不斷地延長，而他們的名聲在朝鮮文壇上也不斷地傳揚。以李鼎元爲例，早在 1777 年（丁酉），他就與朝鮮文士柳琴有過酣暢淋漓的交往，並結下了深厚友誼。其《贈幾何主人》云："春正有客來東國，頭戴笠子衣淺白。酒酣長歌出門去，咫尺之間千里隔。"[②]在 1778 年（戊戌），他又與朝鮮使團書狀官沈念祖交遊甚契[③]。其後，在不同的年份又與出使中國的洪義俊、朴齊家、柳得恭等文士結爲好友。

2. 與十八世紀前期、中期相比，後期中朝文人間的筆談、贈酬

---

① 參見本書下編第五章《十八世紀後期中朝文人交流長編》。
② 柳得恭《並世集》卷一，《燕行錄全集》第 60 册，第 94—95 頁。
③ 沈象奎《次韻李墨莊鼎元（癸酉）》云："昔在戊戌，先大夫以行臺書狀官赴京，與李墨莊、祝芷塘、潘蘭垞諸公朋遊甚契，家藏《綠波送遠》一帖，即其所爲詩文送別先大夫者。"沈象奎《斗室存稿》卷一，《韓國文集叢刊》第 290 册，第 19 頁。

詩歌、序跋等數量有了大幅度增加。現存十八世紀後期中朝文人間較爲詳細的筆談共 85 次,佔到總筆談數 206 次的 41.3％。中朝文人間的贈詩有 435 首,佔到總贈詩數 635 首的 68.5％。中朝文人間唱和詩作共計 82 組,佔到唱和詩總組數 127 組的 65.4％。中朝文人間序跋有 37 篇,佔到總序跋數 40 篇的 92.5％。中朝文人來往尺牘 121 封,佔到尺牘總數 343 封的 35.3％(十八世紀中期洪大容與清朝文士的來往尺牘有 150 封,而其中的 32 封書信寫於 1770 年(庚寅)以後。顯然,十八世紀後期中朝文人間筆談、贈詩、和答詩、序跋總數遠遠超過了在本世紀前期、中期所發生的數量。其尺牘的數量亦略高於中期數量。這些數據清楚地表明十八世紀後期確實是中朝文人交流的高潮階段。

3. 一批未曾會晤過的中朝文人,在兩國友朋親密交往的感召和影響下,也加入了相互交流的行列中,他們以詩歌唱酬、尺牘往復爲主要形式進行著神交。如朝鮮文士李書九雖然從未出使過中國,但是他在友人的幫助下,也積極借助於尺牘與清人郭執桓、潘庭筠、祝德麟、李鼎元、沈心醇等進行著各種交流,文學成爲了溝通和加強雙方關係的重要紐帶,他們間發生的文學批評是此時兩國文學交流深入發展的重要標志之一。又如,李調元真正通過會晤而相識的朝鮮文士僅有柳琴一人,像他與徐浩修、李書九、李德懋、朴齊家、柳得恭等一批朝鮮文士的大量深入交往,則完全是緣於彼此的心心相印以及相互的傾慕之情,通過詩歌的寄贈、尺牘的往復等得以實現。此外,像朴齊家與郭執桓、嚴翼、王學浩,柳得恭與郭執桓、祝德麟,朴趾源與孫有義,徐瀅修與李鼎元、陳崇本等雖未見面,但以心相通的神交現象大量地出現在十八世紀後期,其數量遠遠超過了世紀早期、中期發生的中朝文人神交次數。試想,如果沒有世紀後期中朝文人交流高潮的背景,這一系列中朝文人雖未面晤但以心相通的神交恐怕也很難出現。因此,這些神交是中朝文人交往發展到高潮時期的重要標志之一。

第二章　安東金氏家族與中國文壇關係

　　安東清陰金尚憲家族是古代韓國的名門望族，其家族成員金信謙在《金昌業墓表》一文中描述金昌業世系云："公諱昌業，字大有，號稼齋，我金籍安東。鼻祖諱宣平，高麗太師。曾祖左議政文正公，諱尚憲。祖同知中樞，諱光燦。考領議政，諱壽恒。"[①]宋時烈在《承旨贈領議政金公墓碣銘》中亦有云："自清陰先生以來，天下皆知東國有安東金氏。凡族於先生者，世皆知其官位、行能。"[②]因而，門庭顯赫是其家族的一個重要特點。此外，與中國文壇關係密切也是金尚憲家族的一個重要特徵。金尚憲於1626年（丙寅，天啓六年）出使中國，與張延登父子進行了較爲深入的交流，其後嗣金昌業、金益謙、金在行與金善行兄弟、金履素與金履度兄弟、金祖淳等人又在十八世紀不同時期先後出使中國，並與中國文人有廣泛的接觸與交流，留下許多佳話，形成了安東金氏家族與清文士交往的高潮。安東清陰金尚憲家族作爲一個家族，較早地與中國文壇有著關聯，這種現象在整個漢文化圈中比較少見，給後來中朝文人交流帶來了較大影響，因此，專列此章考察這個家族與中國文壇關係，並重點考察十八世紀金氏家族成員與清文人關係。

---

①金昌業《老稼齋集·附錄》，《韓國文集叢刊》第175冊，第115頁。
②宋時烈《宋子大全》卷一七七，《韓國文集叢刊》第114冊，第87頁。

第一節　清陰金尚憲與中國文壇關係考述

十八世紀安東金氏家族與清文人有著頻繁密切的交往，在中朝文人交流史上是一個突出的現象。要解析其成因，其先祖金尚憲與當時中國文壇的關係是無法回避的一個問題。它是源頭，是傳統，正是在清陰蜚聲清文壇的家族自豪感下，金尚憲後嗣與清文人展開了更爲深入的文學交流。

一、金尚憲與張延登的交遊

金尚憲，字叔度，號清陰，又號石室山人，安東人。出生於書香名宦之家，自幼就受到良好的教育，十六歲後，他又轉益多師，且壯遊天下，結交衆多文人。其《清陰草稿自叙》云：

> 余年九歲，始學於家庭。逮事外王父林塘相國，獲承謦欬。伯氏仙源先生、堂兄休庵先生勤加提誨，稍稍知向方。十六謁尹文敬公請益，又遊玄軒申公、月沙李公、西坰柳公之門，以廣所聞。與鶴谷洪公、東岳李子敏、竹陰趙怡叔、溪谷張持國相切劘，通籍蘭臺石渠。探金匱之藏，窺寶笈之秘，亦嘗祗役耽羅，左符榆塞，价擯龍灣，間出東南，上金剛道鳥嶺，浮舟渤澥，歷青、齊、燕、趙之墟以蕩其胸。接遇中朝諸老先生，粗聞緒論。雖不敢自謂有所得，而其浸灌淵源，蓋亦有所從來矣。①

有《清陰集》傳世。傳另見佚名編《國朝人物考》中宋時烈爲其撰寫的《墓志銘》以及安鍾和會纂《國朝人物志・金尚憲》等。

---

① 金尚憲《清陰集》卷首，《韓國文集叢刊》第77册，第15頁。

第二章　安東金氏家族與中國文壇關係

張延登,字濟美,鄒平人,王士禛之妻祖。萬曆壬辰進士,除内黄知縣,擢兵科給事中,累官右都御史,贈太子太保,謚忠定①。王士禛《池北偶談》載云:"張忠定公延登一爲司空,兩爲總憲,以功名著累朝。又鄉會試得人最盛……少時見公廳一聯云:'門多將相文中子,身繫安危郭令公。'"②可見,張延登是一位名尊望重、善於延攬薦拔人才的學者。張延登傳,見查繼佐《罪惟録·張延登》、陳田《明詩紀事》庚籤卷一七等。

金尚憲於 1626 年(丙寅)出使中國,在濟南與張延登相識,探討詩文,相交甚厚。成海應《研經齋全集·外集》卷三六載:

> 天啟六年,遼左路梗,先生由海路朝天。至登州,與吳大斌、戚祚國、李衡、張一亨及其子延登字濟美相識。大斌號晴川,越人,久居遼東,避亂來住登州。祚國南塘之孫,衡舉人。一亨、延登世都御史,家在鄒平城外。③

張延登在《〈朝天録〉序》中叙述了與金尚憲的相識經過,其云:

> 丙寅冬,余方杜門讀《禮》,使臣金子叔度偶遊余日涉園,得識余仲子萬選。④

據此,應該可以確定金尚憲在認識張延登之前,首先是認識了張延登的仲子張萬選。朴趾源《熱河日記》又載云:

> 崇禎末,先生航海朝天,路出濟南,時張忠定罷官家食,先生因萬鍾得見忠定,一見傾倒,爲留六日,爲序先生《朝天録》

---

① 參見陳田《明詩紀事》庚籤卷一七,清陳氏聽詩齋刻本。又,李德懋《青莊館全書》卷六三載云:"張延登,齊人,明之宰相而王阮亭士禛之妻祖也。"《韓國文集叢刊》第 259 册,第 129 頁。
② 王士禛《池北偶談》卷五,中華書局,1982 年,第 108 頁。
③ 成海應《研經齋全集·外集》卷三六,《韓國文集叢刊》第 277 册,第 76 頁。
④ 張延登《〈朝天録〉序》,金尚憲《清陰集》卷首,《韓國文集叢刊》第 77 册,第 6 頁。

可見，金尚憲與張延登一見如舊，相與交遊數日，並結成知己之交，金尚憲有詩云："白頭窮海知音少，長向黃山結夢魂。"②二人交遊的地點多在張延登府第，金尚憲有《題鄒平城外張察院御風亭》、《張察院城内花園觀石假山》等詩③。

除了六日在濟南與張延登相交往外，金尚憲與張延登的文學交遊主要有四事：

（一）天啓七年（1627）歲次丁卯初夏，張延登爲金尚憲《朝天錄》作序。張延登《〈朝天錄〉序》記載了此事，有云：

> 比事竣還轅時，已改歲春暮，則捃摭其廷次、憑吊、吟慨及入都後早朝宴會之什，彙爲一册，總名曰《朝天錄》。因萬選乞言於余，行人有辭，何可違也？……天啓七年歲次丁卯初夏，濟南黃山居士張延登濟美父題。④

（二）張延登在中國刊刻金尚憲《朝天錄》一卷。王士禛《池北偶談》卷一五載：

> 鄒平張尚書華東公（延登），刻朝鮮使臣金尚憲叔度《朝天錄》一卷，詩多佳句，略載於此。⑤

金尚憲《朝天錄》得到張延登作序並得以在中國刊刻，使得其在中國的聲名有了一定的傳播，尹拯《鍾城府使苔川金公墓碣銘》載云：

---

① 朴趾源《熱河日記》，第 278 頁。此引文中，朴趾源云金尚憲"因萬鍾得見忠定"，當是朴記錯，據張延登《〈朝天錄〉序》載，金尚憲首先是認識了張萬選。
② 金尚憲《寄謝濟南張察院（名延登，張公叙余《朝天錄》）》，金尚憲《清陰集》卷二，《韓國文集叢刊》第 77 册，第 29 頁。
③ 二詩見金尚憲《清陰集》卷九，《韓國文集叢刊》第 77 册，第 131 頁。
④ 張延登《〈朝天錄〉序》，金尚憲《清陰集》卷首，《韓國文集叢刊》第 77 册，第 6—11 頁。
⑤ 王士禛《池北偶談》卷一五，第 360 頁。

第二章　安東金氏家族與中國文壇關係　　　　　　　　　　　189

　　　丙寅，以書狀赴京，時清陰金文正公爲上使。過西京，見
　　公《題浮碧樓》有"天孫麟馬"之句，亟許以騷壇宗匠。沿路酬
　　唱，彙爲巨編，扁曰"朝天錄"。中朝學士李康先、閣老張延登，
　　各爲之叙引，大爲華人所敬慕焉。①

(三)張延登對金尚憲詩歌的批評。張延登十分贊賞其"發乎性情，
止乎義禮"的朝天詩篇，有評曰：

　　　詩之爲教，發乎性情，止乎義禮，如天籟之鳴，自然而然。
　　小而一身之動定，大而世運之升降，靡不由之。《三百篇》之
　　旨，大抵如此。札，蓋審音精微窈渺，非淺見拘迂之儒所能測
　　也。余鹵莽，識不逮札，如河漢然。讀叔度詩，見其事有所感，
　　情有所會，神與景合，氣從意暢，亢不傷調，抑不病格，有優柔
　　之韻，無衰颯之音，使世有精識如札其人者，采而歌之，必將
　　曰："美哉，其箕子之舊乎？"②

(四)金尚憲有詩寄贈張延登。金尚憲《寄謝濟南張察院(名延登，
張公叙余《朝天錄》)》詩云：

　　　玄晏先生叙一言，左思《三賦》萬人喧。白頭窮海知音少，
　　長向黃山結夢魂。(黃山在濟南)③

此詩表達了金尚憲的三層意思：一是感謝張延登爲自己的《朝天
錄》作序，從而使得自己的朝天詩作能如左思的《三都賦》一樣傳揚
天下；二是引張延登爲己尚友；三是表達對張延登的相思之情。

　　二、金尚憲與漁洋王士禛

　　王士禛(1634—1711)，字子真，一字貽上，號阮亭，別號漁洋山

---

① 尹拯《明齋遺稿》卷三七，《韓國文集叢刊》第136册，第289頁。
② 張延登《〈朝天錄〉序》，金尚憲《清陰集》卷首，《韓國文集叢刊》第77册，第
　9—10頁。
③ 金尚憲《清陰集》卷二，《韓國文集叢刊》第77册，第29頁。

人。山東新城人。幼慧,即能詩,舉於鄉,年十八。順治十二年(1655),成進士,授江南揚州推官。尋遷國子監祭酒、歷任少詹事、兵部督捕侍郎、左都御史等職,官至刑部尚書。史傳稱其"姿禀既高,學問極博,與兄士禄、士祜並致力於詩,獨以神韻爲宗。……主持風雅數十年。同時趙執信始與立異,言詩中當有人在。既没,或訛其才弱,然終不失爲正宗也"①,肯定了其清初詩壇盟主的地位。有《帶經堂集》詩文三十餘種行世。其傳主要見《清史稿》卷二六六,列傳五三;王贈芳等修,成瓘等纂《(道光)濟南府志》卷五五;戴肇辰等主修,史澄、李光廷總纂《(光緒)廣州府志》卷一一一等。

金尚憲雖未與漁洋王士禛見過面,但王士禛因與張延登家族的姻親關係,得以熟習金尚憲,朴趾源《熱河日記·避暑録》載云:

> 《感舊集》載清陰先生詩。王貽上先室鄒平張氏,江南鎮江府推官萬鍾之女,都察院左都御史謚忠定公延登之孫。崇禎末,先生航海朝天,路出濟南,時張忠定罷官家食,先生因萬鍾得見忠定,一見傾倒,爲留六日,爲序先生《朝天録》一卷。貽上所以熟習先生者,蓋因其妻家也。②

成海應《風泉雜志》亦云:

> 漁洋山人王士禛,山東名士也。其後,妻爲張之孫,因以得先生詩句,載《感舊集》。③

朴趾源、成海應都指出王士禛之所以熟習金尚憲,是因爲漁洋之妻是張延登的孫女。因而,王士禛能較爲便利地讀到金尚憲的詩作。

張延登爲金尚憲《朝天録》作序並刊刻,使得中國文士知道了

---

① 以上王士禛生平簡介,參見趙爾巽等撰《清史稿》卷二六六,列傳五三,第9952—9954頁。
② 朴趾源《熱河日記》,第278頁。
③ 成海應《研經齋全集·外集》卷三六,《韓國文集叢刊》第277册,第76頁。

第二章　安東金氏家族與中國文壇關係

金尚憲其人。王士禛對金尚憲詩歌的介紹與評價，如他在《池北偶談》中對金尚憲詩歌佳句的介紹，則使得金尚憲的聲名在中國進一步遠揚。《朝鮮詩》有載云：

> 鄒平張尚書華東公（延登），刻朝鮮使臣金尚憲叔度《朝天錄》一卷。詩多佳句，略載於此。《曉發平島》云："三秋海岸初賓雁，五夜天文一客星。"《初至登州》云："南商北客簇沙頭，畫鷁青簾幾處舟。齊唱竹枝聯袂過，滿城明月似揚州。"《蓬萊閣》云："橋石已從秦帝斷，星槎惟許漢臣通。"《登州次吳秀才韻》云："淡雲輕雨小姑祠，菊秀蘭衰八月時。"《水城夜景》云："五更殘月水城頭，咏史何人獨艤舟？不向東溟覓歸路，還依北斗望神州。"《夜坐聞擊柝》云："擊柝復擊柝，夜長不得息。何人寒無衣，何卒饑不食？豈是親與愛？亦非相知識。自然同袍義，使我心肝惻。"《九日》云："黃縣城邊落日，朱橋驛裏重陽。菊花依然笑客，鬢髮又度秋霜。"《東方曼倩里》云："夜開宣室儼珠旒，執戟郎官走綠幬。首鼠轅駒俱碌碌，漢庭綱紀一俳優。"《早春》云："水際城邊野馬飛，漸聞宮漏晝間稀。東風日日蘋蕪綠，塞北江南總憶歸。""王灘流水繞江涯，江上松林是我家。昨夜夢尋烏石路，山前山後早梅花。"①

王士禛稱其"《朝天錄》一卷，詩多佳句"，並以摘句形式對其詩歌作了介紹，無疑對金尚憲詩歌在中國的流播起到促進作用。朴趾源在《熱河日記·避暑錄》指出：

> 其（筆者按，指王士禛）鈔載先生（筆者按，指金尚憲）詩，如"三秋海岸初賓雁，五夜天文一客星"；"橋石已從秦帝斷，星槎猶許漢臣通"；"五更殘月水城頭，咏史何人獨艤舟？不向東溟覓歸路，還依北斗望神州"；"南商北客簇沙頭，畫鷁青簾幾

---

① 王士禛《池北偶談》卷一五《朝鮮詩》，第360—361頁。

處舟。齊唱竹枝聯袂過,滿城烟月似揚州",皆貽上所稱清婉可誦者也。貽上爲海內詩宗,而士大夫於貽上隻字片言,如茶飯津津牙頰間,故無不識清陰姓名者。①

"(王士禛)官至刑部尚書。善爲詩,大率清秀閑雅,澹静流麗,淹洽宏肆。其老來諸作尤磊落槎牙,爲海內詩宗者,迄今百餘年,無一人異辭。尊敬之極,書尺筆話,'漁洋'二字必跳行而書。"②王士禛官高文尊,他對金尚憲詩歌的推崇,如在《池北偶談》和《感舊集》中載錄其詩,又特別在《論詩絶句》中直接引用金尚憲詩歌原句"淡雲微雨小姑祠,菊秀蘭衰八月時",很快就爲金尚憲在中國贏得了極高的聲譽。成海應云:"近者東人詩句爲中國傳誦者,唯清陰金先生《小姑祠》一絶。"③之後清文人在與燕行文人交遊的過程中,也時時提及金尚憲,如朴趾源《熱河日記》載:

及與俞筆語之際,爲寫柳惠風送其叔父彈素詩:"佳菊衰蘭映使車,澹雲微雨九秋餘。欲將片語傳中土,池北何人更著書?"黄圃問:"池北何人是誰?"余曰:"此用阮亭著《池北偶談》載敝邦金清陰事也。"黄圃曰:"《感舊集》中有諱尚憲,字叔度。"余曰:"是也。'淡雲輕雨小姑祠,佳菊衰蘭八月時',是清陰作。阮亭《論詩絶句》:'淡雲微雨小姑祠,菊秀蘭衰八月時。記得朝鮮使臣語,果然東國解聲詩。'惠風此作。仿阮亭也。"④

又如洪大容《乾净衕筆談》載:

潘生聞平仲之姓,問曰:"君知貴國金尚憲乎?"余曰:"金是我國閣老,而能詩能文,又有道學節義。尊輩居八千里外,

① 朴趾源《熱河日記》,第278頁。
② 李德懋《清脾録》卷三《王阮亭》,洪大容、李德懋撰,鄺健行點校《朝鮮人著作兩種——〈乾净衕筆談〉、〈清脾録〉》,第241頁。
③ 成海應《研經齋全集·外集》卷三六,《韓國文集叢刊》第277册,第76頁。
④ 朴趾源《熱河日記》,第264頁。

何由知之耶？"嚴生曰："有詩句選入中國詩集，故知之。"嚴生即往傍炕，持來一冊子示之，題云"感舊集"。蓋清初王漁洋集明清諸詩，而清陰朝天時，路出登、萊，與其人有唱酬，故選入律絶數十首焉。①

由上面二則材料可見，王士禛對金尚憲的推崇，是清陰聲名在中國得以遠播的最重要原因。

王士禛之所以推崇金尚憲的詩歌，筆者認爲，主要原因在於兩人詩歌創作理念的一致，特别是兩人詩風的相近。衆所周知，漁洋論詩以"神韻"爲貴，他在許多詩文的片斷評語中，表述了自己的見解。歸納起來，大致可以看出其神韻説的根本特點，即在詩歌的藝術表現上追求一種空寂超逸、鏡花水月、不著形迹的境界，因而，他也特别强調"興會神到"的重要性，强調冲澹、超逸、含蓄、蕴藉的藝術風格等。而金尚憲詩作的創作理念與風格在很大程度上符合了王士禛的藝術追求，如金尚憲在《〈拙翁集〉序》中有云："公於詩，不采色爲工，遇境寫情，遇事紀實，敦厚之氣也，温柔之風也。"②這與漁洋要求寫詩自然、"興會神到"的主張是相同的。再考察《池北偶談》中所録金尚憲諸詩句，李德懋在《王阮亭》一文中指出這些詩句在風格上有著清婉的共同特徵，云：

> 貽上所撰《池北偶談》略記《朝鮮采風録》中詩。……録中特抄先生詩，載《偶談》。如"三秋海岸初賓雁，五夜天文一客星"；"橋石已從秦帝斷，星槎猶許漢臣通"；"五更殘月水城頭，咏史何人獨倚舟？不向東溟覓歸路，還倚北斗望神州"；"南商北客簇沙頭，畫鷁青簾幾處舟。齊唱竹枝聯袂過，滿城明月似

---

① 洪大容《湛軒書·外集》卷二《乾净衕筆談》，《韓國文集叢刊》第 248 册，第 129 頁。
② 金尚憲《清陰集》卷三八，《韓國文集叢刊》第 77 册，第 580 頁。

揚州"之類,皆其所謂清婉可誦者也。①

李德懋所云"清婉",筆者以爲"清"乃清奇冲澹之風格,"婉"爲含蓄蘊藉的境界,這又與王士禛所倡導的美學旨趣是一致的。

三、小結

金尚憲與張延登、張萬鍾、張萬選間的詩文往復、文學批評以及張延登刊刻《朝天録》等,開了安東金氏家族與清文人交往的先河,初步奠定了金尚憲在中國的聲名。

由於創作理念的一致,詩風的相近,所以海內詩宗王士禛對金尚憲的詩歌加以推崇,在《池北偶談》中對金尚憲詩歌佳句的介紹,《論詩絶句》中直接引用"淡雲微雨小姑祠,菊秀蘭衰八月時"詩句等,使得清陰的聲名在中國進一步遠揚。

正是在金尚憲詩才聞名於中土的家族自豪感下,十八世紀,其後裔金昌業、金益謙、金在行、金善行、金履素、金履度、金祖淳等繼承了其先祖世好中原文化的傳統,先後與清文士進行了一系列文學交流,譜寫出中朝文人交流史上的動人篇章。

第二節　十八世紀安東金氏家族與中國文壇關係考述

安東金尚憲家族成員世代仰慕中原文化,在十八世紀,家族中有不少人去過中國,且與清文壇一些文人來往密切。李德懋《農岩、三淵慕中國》一文中概括性地描述了金尚憲後裔出使中國與清文士的交遊情況:

---

① 李德懋《清脾録》卷三《王阮亭》,洪大容、李德懋撰,鄺健行點校《朝鮮人著作兩種——〈乾浄衕筆談〉、〈清脾録〉》,第243頁。

其弟稼齋先生則隨其伯兄夢齋先生入燕，壯觀山河之固、人物之盛，城池、樓臺、風俗、儀文著録而歸。選輯昆季之詩爲《金氏聯芳集》，屬浙士楊澄寧水評序而來，於是金氏文獻照爛中國。寧水推獎農岩之詩，尤賞其《關侯廟》詩："廟貌森牖户，窺臨颯有風。丹青鬼神接，涕泪古今同。北地羞銜璧，南陽效鞠躬。忠貞恨一概，合此並幽宫。"蓋清陰先生水路朝京，於濟南逢張御史延登。後七十餘年癸巳，曾孫稼齋入燕，逢楊澄證交，望見李榕村光地。後二十有八年，清陰先生玄孫潛齋益謙日進入燕，逢豸青山人李鍇鐵君，相與嘯咤慷慨於燕臺之側。後二十有六年，清陰先生五代族孫養虛堂在行平仲逢浙杭名士陸飛起潛、嚴誠力闇、潘庭筠香祖，握手投契，淋漓跌宕，爲天下盛事。自清陰以來，百有四五十年，金氏文獻甲於東方者，未必不由於世好中原，開拓聞見，遺風餘音至今未泯也。①

這段文字中，自清陰金尚憲出使中國與張延登相交遊後，清陰曾孫稼齋金昌業、玄孫潛齋金益謙、五代族孫養虛堂金在行都出使過中國，相交的清文士有楊澄、李鍇、陸飛、嚴誠、潘庭筠等。李德懋認爲金氏家族創作聞名東方的重要原因是：他們世好中原文化，出使中國，與中原文士來往密切，開闊了眼界，爲自己文學創作素養的提高創造了有利條件。

一、楊澄與《金氏聯芳集》

金昌業是十八世紀初期與清代文人交流次數最多的朝鮮文士。他與清文人的交流是該世紀早期中朝文人交流的典型，因此具有不容忽視的價值，故本書將於下節列專篇考述其與衆多清文人的關係。爲了避免重複，此處僅專門探討《金氏聯芳集》與楊澄的關係。金昌業與楊澄的來往事迹詳見本書下編《十八世紀中朝

---

① 李德懋《青莊館全書》卷三五，《韓國文集叢刊》第258册，第53頁。

文人交流長編》"金昌業與楊澄"條,此不贅述。

李德懋《農岩、三淵慕中國》提供了三個重要信息:《金氏聯芳集》是金昌業編選的詩歌集,收錄了其兄弟若干人的詩作,文序由中國浙江文士楊澄撰寫,金氏兄弟的文學作品在中國傳揚①。這是中朝文人、文學交流的一條重要資料,筆者認爲有兩點值得思考:

第一,"金氏文獻照爛中國"的真實性問題。《金氏聯芳集》雖亡佚,但楊澄確實爲《金氏聯芳集》作了序。金昌業子金信謙在《〈鈍庵集〉跋》中有云:"一日,家翁從趙員外求《聯璧集》序文而得其人,即先生也,先生浙中奇士。讀其序,蓋因詩而論其情性,又謂目擊之間得其氣象。則先生之於家翁,亦一見而知矣。"②序文歷史上的真實存在沒有問題,但是,金氏作品盛傳中國的說法,頗值得懷疑。其理由如下:

一是就現存的十八世紀中朝文人來往資料(主要是朝鮮文人撰寫的諸多"燕行錄")考察。金昌業出使後約九十年間,他和其兄弟都沒有文集或作品在中國流傳的記錄。1778年(戊戌),李德懋隨朝鮮使節團來到中國,撰寫有使行日記《入燕記》。使行期間,他不僅與民間文人有接觸,而且還與許多著名朝廷文人有交遊,如李鼎元、李驥元、潘庭筠、祝德麟、唐樂宇等,其中還包括北京琉璃廠的書商五柳居主人陶氏③。李德懋在與他們交往中,無論是其本人,還是清文士都從未提及"金氏文獻"。換言之,如果"金氏文獻照爛中國"是事實,那麼金氏文獻或評價金氏兄弟的內容,在十八世紀"燕行錄"中至少有所反映。

二是就十八世紀中國文士對朝鮮文壇瞭解程度的狀況來考察。以三掌禮部的紀昀爲例,紀昀博學多識,故其能充任《四庫全書》總撰修官一職。加上禮部職司外交的使命,他與朝鮮文士的來

---

① 參見李德懋《青莊館全書》卷三五,《韓國文集叢刊》第258冊,第53頁。
② 金信謙《檜巢集》卷九,《韓國文集叢刊(續)》第72冊,第283—284頁。
③ 參見本書下編第六章《燕岩師門與清文人交流長編》。

第二章　安東金氏家族與中國文壇關係　　　　　　　　　　　197

往次數、寓目過的朝鮮詩文數量不可謂不多，故其有云："其同文之國，納贄獻琛，得簪筆彤墀，賡颺天藻者，惟朝鮮，琉球，安南。而篇什華贍，上邀睿賞，惟朝鮮爲多；其詩文集傳入中原者，亦朝鮮爲最夥。余兩掌春官，職典屬國，所見不能搜數也。"①而其又在《〈李參奉詩鈔〉序》中指出："考新羅之詩，初見於唐；《鷄林相解》辨白香山詩，亦見於唐。自是以後，名章雋句，多散見於諸書，而全集傳於中國者，則世罕見。余典校四庫，自明以來，著録者惟徐敬德《花溪集》而已。"②於此，紀昀明白指出"全集傳於中國者，則世罕見"，因而，如若"金氏文獻照爛中國"是歷史真實的話，那麼聞多識廣的紀昀不可能不提及金氏兄弟或他們的文集。但是，在十八世紀"燕行録"以及《紀曉嵐文集》中，找不到金氏作品盛行中國的任何綫索與證據。

　　三是就金氏作品在中國盛行的可能性來考察。金昌業請楊澄爲《金氏聯芳集》作序，應該是爲了有助於金氏兄弟詩文的流傳。其求序之用意，當如李鼎元所云："竊惟自古才人，或生非其地，遇非其時，而能流傳千古者，端賴好事之人爲之表揚。"③楊澄雖然爲《金氏聯芳集》撰寫了序文，但問題的焦點在於楊澄序的完成，果真能起到"金氏文獻照爛中國"的效果嗎？雖然現在無從知道《金氏聯芳集》序文的詳實內容，但是單從楊澄的名望上分析，他的序大概無助於金氏文獻在中土的流傳。其基本情況，金昌業《老稼齋燕行日記》卷四載云："卓（桌）頭坐一老人，年五十餘，間代趙華書字，與我問答。歸後，寄趙華書。問其人，言姓楊諱澄，字寧水，號二橙，浙江紹興府餘姚人，大雅君子也。少有隱志，年三十，歷試二

---

① 紀昀《〈耳溪詩集〉序》，洪良浩《耳溪集》卷首，《韓國文集叢刊》第241册，第3頁。
② 紀昀《〈李參奉詩鈔〉序》，紀昀撰，孫致中等校點《紀曉嵐文集》第1册，河北教育出版社，1991年，第211—212頁。
③ 徐瀅修《李墨莊傳》，徐瀅修《明皋全集》卷一四，《韓國文集叢刊》第261册，第303頁。

次,未捷,心不平,即絶迹仕進,但以文章詩酒自娛云。蓋華之師也。"①可見,楊澄衹是趙華家的塾師,雖年過五旬,但在學術上並無建樹。其試闈二次,都名落孫山,從而心灰意冷,絶迹仕進。作爲一位普通的清朝下層文人,在當時並無多大聲望,甚至是默默無聞,那麼他寫出的序文,無論如何不會在中國有大影響,當然也就不可能有助於金氏文獻在中國流播。綜上所述,李德懋所言"金氏文獻照爛中國"的言論不符合歷史事實。

第二,李德懋爲何在《農岩、三淵慕中國》一文中有這種言論呢?就文章創作意圖分析,李德懋虛構或誇大事實真正用意在於:一方面彰揚金氏兄弟由於向慕中國從而給他們自己文學創作及文學聲望所帶來的種種好處,即向慕中國,不惟可以開拓聞見,而且可以揚名海内外,而《農岩、三淵慕中國》一文最後結論"金氏文獻甲於東方者,未必不由於世好中原,開拓聞見,遺風餘音,至今未泯也",恰恰是所對應的證據之一。另一方面,通過詩文流播以求得不朽畢竟是大多數儒家文人的願望,李德懋言此語,也是期望其他朝鮮文人能以詩文流傳中土爲志向。可見,李德懋創作此文的真正意圖是鼓勵更多的本國文人去壯遊中國,吸引更多的國内文人去關注中國文壇。

二、金益謙與豸青山人李鍇

金益謙,生平行狀不詳。據李德懋《農岩、三淵慕中國》載:"後二十有八年,清陰先生玄孫潛齋益謙日進入燕。"②可知,金益謙爲清陰金尚憲玄孫,號潛齋,字日進。《國朝文科榜目》"肅宗癸巳"條載:"幼學金益謙,濟汝。父世維,祖□□,曾□□,外□□,妻父□□。丙辰,縣監。永同人。"③疑兩處文獻中的金益謙爲同一人。

---

① 金昌業《老稼齋燕行日記》卷四,《燕行録全集》第33册,第247—248頁。
② 李德懋《青莊館全書》卷三五,《韓國文集叢刊》第258册,第53頁。
③ 佚名《國朝文科榜目》第2册,太學社,1984年,第992頁。

金益謙著有《潛齋稿》，原本現爲日本東京大學阿川文庫收藏，韓國國立中央圖書館有複寫本。

李鍇，字鐵君，號眉山，清乾隆年間文人。《李眉山傳》載云：

> 李眉山名鍇，字鐵君。其先居琅琊，後遷遼，世傳爲遼東李氏。父輝祖，以操行敦厚且積功歷官楚制軍、晉司寇，嘗爲蜀方伯，生眉山，遂以爲號云。眉山故貴介，然家無餘資，以先人之廉也。好讀書，務窮源本。爲古詩，有漢魏陶、謝風，其它得少陵神采而屏絶龐雜，以故以詩傳。若其有良史材，則人莫之識。積二十年，著《尚史》，凡八十餘萬言，貫《左》、《國》之離析，補龍門之遺失，訖秦嬴，始於五帝，班掾以下莫能及也。素貧不得刊布，惜哉，惜哉！眉山既肆於文，不樂仕進，門功凡八職，輒病不就襲。居於盤，與田父野老相周旋，築室廌峰，又自號廌青山人。歲丙寅年，六十有一矣。①

金益謙與李鍇的相識相交，緣於金益謙1740年（庚申）的燕行。金益謙入燕時的身份不詳，《朝鮮王朝實錄》無載，但通過現存的金益謙《潛齋稿》可瞭解其入燕的明確目的。《奉贐李相國（宜顯）燕行序》載云："始益謙欲以匹馬䩞縤獲從於遼薊之野外，縱觀乎山河大地。至於禮樂文物之舊墟，豪杰英賢之遺烈，一於詩發之，以攄其平日感憤憂愁之思。間則陰察天下之動静，默伺虜運之盛衰，迨其歸日，敷袛於先祖之靈。"②可見，金益謙入燕實是爲了窺伺清朝的動静，以告先祖之靈。因此，他出使中國，並没有懷有明確的與清

---

① 《李眉山傳》，李鍇《尚史》卷一○七，文淵閣《四庫全書》本。又，李調元著，詹杭倫、沈時蓉校正《〈雨村詩話〉校正》卷一四中也有其介紹，云："李豸青鍇，奉天布衣，索相子婿也，極博，仿蘇潁濱《古史》著《尚史》七十卷。家本仕胄子，而淡於仕進，《睫巢前後集》朝鮮人奉爲至寶。有《聞雁感賦》云：……此君詩骨故自不凡。"巴蜀書社，2006年，第319頁。
② 金益謙《潛齋稿》上，日本東京大學阿川文庫藏，韓國國立中央圖書館有複寫本。

文人結交的想法。他與李鍇的相識也僅僅是偶遇，李德懋《豸青山人》載云："歲庚申，金潛齋益謙入燕，遇鐵君於旅次，相視莫逆，證爲知音。"①《農岩、三淵慕中國》載云："後二十有八年，清陰先生玄孫潛齋益謙日進入燕，逢豸青山人李鍇鐵君，相與嘯咜慷慨於燕臺之側。"而現存的金益謙的《潛齋稿》，李鍇的《睫巢集》、《睫巢後集》、《含中集》均未載有金益謙與李鍇交往的文字，李德懋的《豸青山人》、《農岩、三淵慕中國》似是保存金益謙與李鍇交往事實的唯一材料，遺憾的是，二文記載的交往事實非常簡略。但據李德懋《豸青山人》、《農岩、三淵慕中國》，還是可以瞭解其二人的一些交往事實的。如兩人主要在詩歌方面有交流，李德懋《豸青山人》載云：

> 當掃席焚香出示一詩，嘘唏感嘆，自不能已。其題爲《秋山舊作》："几上殘編倦不收，溪邊沙鳥默相求。看書忽下千秋泪，臨水翻增萬里愁。老去襟懷偏憶遠，古來詞賦已悲秋。塾中同學今誰在？獨許青山照白頭。"其手書者，今藏於宋注書俊載家。李槎川作跋，筆法磊磊勁遒，當在逸品。《睫巢集》若干卷亦來東國。②

可見，李鍇與金益謙詩文交流時，曾手書《秋山舊作》一首贈與金益謙，後來此書流傳存留於宋俊載家。李德懋所提及的"《睫巢集》若干卷亦來東國"中的《睫巢集》，很有可能最早就是由金益謙帶回朝鮮。由此，李鍇的聲名就開始在朝鮮文士間傳播，如柳得恭在聞説李鍇其人後，就非常想看到他的全部作品，其有詩云："看書泪下染千秋，臨水騷人無限愁。磧士編詩嫌草草，豸青全集若爲求。"③柳

---

① 李德懋《豸青山人》，李德懋《青莊館全書》卷三二，《韓國文集叢刊》第258册，第13頁。
② 同上。
③ 柳得恭《恭呈家叔父遊燕六首》，柳得恭《冷齋集》卷二，《韓國文集叢刊》第260册，第30頁。

得恭因爲自己所見到的李鍇作品集很簡略，於是在此詩中請托其叔父柳琴在出使中國時，爲其尋訪李鍇的全部作品——豸青全集。

三、金善行、金在行兄弟與清文人的交流

金善行（1716—1768），字述夫，號休休先生，英祖朝禮曹判書。嚴誠稱其衣冠狀貌乃類世所畫李太白像，胸襟磊落，議論高曠，亦工書①。金在行，生卒年不詳，金善行之弟，字平仲，號養虛，工詩，善草書。兄弟二人是清陰先生侄曾孫②。

1765年（乙酉）十一月金善行以三節年貢兼謝恩副使的身份出使中國③。其弟金在行"因願見中華風物，故隨使來"④。據洪大容《湛軒燕記》、佚名編《中朝學士書翰》，金氏兄弟所交流過的清文人有太學助教張元觀，杭州舉人嚴誠、潘庭筠、陸飛，寧遠衛兩文士（舉人王渭，另一人名字不詳）⑤。在這些清人中，寧遠衛兩文士與金氏兄弟僅是一面之緣。他們二人在朝鮮使團途徑寧遠衛時，主動拜訪，得以與金氏兄弟交流。洪大容《湛軒燕記·王舉人》載："十二月二十六日，行到寧遠衛。昏後副使伻言有兩士人來見。……其一本郡舉人，姓王，名渭，字尚賓，年二十九。與平仲有酬唱詩數首，不甚佳。副使與爲筆談，應對敏速，頗有文識。問：'道學宗何人？'答云：'並宗朱子。'問：'科試滿漢並赴，漢人多中乎？'答曰：'運氣在滿洲，滿人多中。'問祖大壽兄弟事，答曰：'事犯時諱，不敢言。'余問：'山海關人林本裕原是吳三桂部下，以善圖章，名聞東國。君豈聞之乎？'並答云：'未聞。'副使以清心一丸與

---

① 參見朱文藻編《日下題襟集·金宰相》，嚴誠撰，朱文藻編《鐵橋全集》第4册。
② 參見朱文藻編《日下題襟集·金秀才》，同上。
③ 佚名《使行錄》載："乾隆三十年十一月初二日，三節年貢兼謝恩行，正使順義君李烜，副使禮曹判書金善行，書狀官兼執義洪檍。"《燕行錄全集》第27册，第286頁。
④ 朱文藻編《日下題襟集·金秀才》，嚴誠撰，朱文藻編《鐵橋全集》第4册。
⑤ 交流事迹詳見本書下編《十八世紀中朝文人交流長編》。

渭,以一墨與同來者。"①據此記載,雙方交流時間並不長,交流内容還僅僅停留在客套應酬層面。

而金氏兄弟與太學助教張元觀的交流較與王渭的會晤顯得更爲深入。金氏兄弟與張元觀首次相會是在1766年(丙戌)二月二十四日,金氏兄弟拜訪太學之時。洪大容《湛軒燕記·太學諸生》載:"正月初五日往大學,時當拜歲,衙門皆封印,諸生亦散盡,學中空虛。至二月二十四日,陪季父與上副使復往。"②洪大容《乾净衕筆談續》中亦載:二月二十四日,"食後,三行皆往太學,余與平仲亦隨往"③。這次在太學中,金氏兄弟遇到了"掌督諸生隸業"的太學助教張元觀舉人。張元觀熱情地接待了金氏兄弟、朝鮮三使、洪大容等人。在這次見面中,張元觀與副使金善行"打話半日",惜現存筆談内容不甚詳細。洪大容在《乾净衕筆談續》中僅記載了雙方筆談的極少内容,金善行向張元觀打聽陸飛其人,張元觀云"同鄉未曾見也,其人善丹青",並認爲陸飛文學甚優,"丹青即其餘事耳"④。此次筆談記錄散逸不少,但僅從筆談半日的時間長度上看,雙方交流内容應該頗爲豐富,兩人情性也當默契,而且張元觀還給金善行一行留下了良好印象,洪大容稱張元觀在此次筆談中"筆翰高妙,議論純正,宜其爲諸生之領袖也"⑤。因而,第二天,"(金善行)使平仲同一譯往請助教筆法"⑥。無疑,筆談時,張元觀所顯示出的才學引起了金善行的關注,其第二天的求書行爲反映出他希望與張元觀繼續交往下去的心願。

---

① 洪大容《湛軒燕記》,《燕行錄全集》第42册,第102頁。
② 同上,第124頁。
③ 洪大容《湛軒書·外集》卷三《乾净衕筆談續》,《韓國文集叢刊》第248册,第163頁。
④ 同上。
⑤ 洪大容《湛軒燕記》,《燕行錄全集》第42册,第124頁。
⑥ 同上,第126頁。

而在二月二十四日,金在行與張元觀的交流情況不詳。洪大容《湛軒燕記·太學諸生》僅記載有金在行與太學諸生筆談、賦詩情形,並未提及二人相交流。張元觀才學給金在行留下深刻的印象發生在二月二十五日的第二次會面後,洪大容《湛軒燕記·太學諸生》又載云:"明日,副使以宮箋紙數幅使平仲同一譯往請助教筆法。……平仲仍請觀其詩,私稿甚富,皆工煉,不覺驚服云。"[1]"驚服"二字形象地反映出此時金在行對張元觀詩歌才華的欽佩。二月二十六日,金在行在與浙杭三士筆談過程中,問及張元觀其人,其內心當是有著進一步瞭解張元觀的意圖。此後,金氏兄弟是否與張元觀有繼續交流,由於文獻的缺載,無從得曉。但無論如何,金氏兄弟與張元觀進行了較爲深入的交流,從他的身上也瞭解到了當時清朝一般舉人的才華。無疑這對促進兄弟二人對清文士的總體印象改觀會起到積極作用。

需要特別指出,停留北京期間,金氏兄弟最爲主要的清文人交流對象是浙杭三士(嚴誠、潘庭筠、陸飛)。由於他們間的交流事迹在十八世紀中朝文人交流史中具有重要意義,故在下文列專節論述。

四、金履素、金履度兄弟與清文人的交流

金履素(1735—1798),朝鮮文士,字子安,號庸庵,安東人。府使坦行子,忠獻公昌集曾孫,英祖甲申文科,歷說書大司成,正祖壬子拜右相,至左議政。戊午卒,諡翼獻[2]。金履度(1750—1813),號松園居士,爲金履素季弟。兄弟二人爲清陰金尚憲六世孫[3]。

---

[1] 洪大容《湛軒燕記》,《燕行錄全集》第42冊,第126頁。
[2] 參見安鍾和會纂《國朝人物志》"金履素"條,第293頁。
[3] 朱瑞椿有《人日,與朝鮮使臣金松園(履度)、李東谷(祉源)、尹遠照(仁泰)小集,即席書贈》詩,中"君多微雨淡雲句"詩句有注云:"昔使臣金清陰有'淡雲微雨小姑祠'句,松園其六世孫也。"潘衍桐輯《兩浙輶軒續錄》卷一六,《續修四庫全書》第1685冊,上海古籍出版社,2002年,第416頁。

1791年(辛亥)十月，金履素以冬至兼謝恩正使的身份出使中國①，金履度依循其先人稼齋金昌業曾隨其兄夢窩金昌集出使中國的舊例，亦作爲其兄的隨從而前往中土②。

金履素、金履度兄弟在使行中國的過程中，與衆多的清文人進行了交流。其具體交流事迹參見本書下編《十八世紀中朝文人交流長編》。與其先輩相比，他們與清文人交流呈現出兩個主要特點：

（一）他們與一大批身在朝廷的著名清文士進行了廣泛而深入的交流，這與其先人金昌業與大量的普通清文士相交流有明顯不同。如金履度交流過的清文人有畫家張道渥，朱熹後人朱景貴，翁方綱子翁樹培，癸丑進士朱瑞椿，文人伊秉綬、羅聘、盧炡、劉錫五，庶常館翰林辛從益、卞雲龍、龐士冠、葉大觀等人。且金履度與他們多有長時間的筆談，金正中《燕行録》載云：辛亥十二月二十八日，金履度"訪晦庵支孫竹西朱君，終日筆談而歸"③。壬子正月初七日，他同朱瑞椿熱烈筆談，朱氏有詩句記云"清言落紙玉參差"，注云："言語不通以筆達之。"④壬子正月初八日，在北京琉璃廠"聚好齋"，他同浙江舉人盧炡也有過融洽的筆談，金正中記有云：盧炡"才涌手捷，隨問隨答，片紙如飛。雖松園之雄詞健筆，猶覺其滯鈍也"⑤。壬子正月十一日，金履度"訪翁翰林樹培，終日劇談，得其柱

---

① 佚名《使行録》載："乾隆五十六年十月二十日，冬至兼謝恩行：正使判中樞金履素，副使禮曹判書李祖源，書狀官兼掌令沈能翼。"《燕行録全集》第27册，第301頁。
② 金正中《燕行録》載："庸庵金相公以冬至正使兼謝恩使銜命出疆，携季氏松園居士與之作萬里之役。因先相公夢窩赴燕時與稼齋偕行，舊例也。"《燕行録全集》第75册，第49頁。
③ 金正中《燕行録》，《燕行録全集》第75册，第143頁。
④ 朱瑞椿《人日，與朝鮮使臣金松園（履度）、李東谷（祖源）、尹遠照（仁泰）小集，即席書贈》，潘衍桐輯《兩浙輶軒續録》卷一六，《續修四庫全書》第1685册，第416頁。
⑤ 金正中《燕行録》，《燕行録全集》第75册，第179頁。

第二章　安東金氏家族與中國文壇關係　　　　　　　　　　　205

聯八分及龔協詩一首而歸"①。正月二十三日,金履度"遊庶常館,與辛從益均吞、卞雲龍起田、龐士冠鹿園、葉大觀董華諸翰林竟日談論,盡歡乃罷"②。由上可以看出,筆談是金履度與清文人交流最爲主要的形式,惜筆談記録均散逸,不能不説是個遺憾。

　　(二)在所有交流過的清文人中,張道渥與金履度來往最爲密切。張道渥,清文士,字竹畦,一字水屋,自稱風子,浮山人,工詩畫,爲人傲岸不羈。③ 金履度去世後,其侄金祖淳將此噩耗告知張道渥時有云:"竊惟先生之於叔父,神交至情,可質幽明。邃聞此報,想爲慟絶。"④稱金履度與張道渥之間的關係爲"至情"。據金正中《燕行録》考察,金履度在1791年(辛亥)十二月二十七日,1792年(壬子)正月初六日、初十日、二十日、二十二日、二十四日、二十五日都曾與張道渥會晤,其可知的會面次數7次就遠遠超過了金履度與其他任何清文人見面的次數。而在雙方交往的過程中,張道渥於金履度多有書畫贈送,如1792年(壬子)正月初六日,金履度訪張道渥,"得《泰山圖》、扇子三、《吴八景圖》一軸、《江村山寺圖》一紙而歸"。正月初十日,"松園往張水屋草堂,得其指頭八分及羅翰林歆硯圖章石以歸"⑤,這些都反映出兩人關係的親密無間。

　　雙方之所以建立起如此親近的感情,究其原因,這與兩人在書畫方面有著共同的嗜好有極大關係。張道渥在當時就已是著名的書畫家,金正中《燕行録》中有云:"水屋,太原人,名道渥,號夢覺,或謂之風子。善詩善書,尤工指隸,官揚州刺使。"⑥朴齊家稱其"工

---

① 金正中《燕行録》,《燕行録全集》第75册,第183頁。
② 同上,第216頁。
③ 參見朴長馣《縞紵集》上,卷二,朴齊家撰,李佑成編《楚亭全書》下册,第93頁。
④ 金祖淳《與張水屋道渥》(祖淳再拜水屋張刺史先生足下……),金祖淳《楓皋集》卷一〇,《韓國文集叢刊》第289册,第234頁。
⑤ 金正中《燕行録》,《燕行録全集》第75册,第175頁、第182頁。
⑥ 同上,第175頁。

詩善畫"①，其《張水屋》有云其"世以詩畫云"②。而金履度在書法方面也頗有造詣，清人屢有向金履度求書的行爲，如金正中《燕行錄》載一張姓人"聞松園善草書，出粉唐紙大一幅辛勤有求，松園書唐人絶句，其人喜不自勝"③。載清人劉錫瓚向金履度求書，有云："劉則素是無雅之人，委訪求書尤感，其人時爲通州知縣，可謂東道主人也。松園揮灑數紙以塞其請。"④又載一楊姓人向金履度求書，有云："其人以其紙請松園草書，持霜毫、瓦硯及渠家所蓄白露紙數十箋來，其子亦磨墨一升。松園或草或楷，隨其所願，書放翁詩、叔夜文以贈之。"⑤等等。因而，可以推想，正是兩人在興趣愛好方面的一致，使得金履度在停留北京期間與張道渥來往頻繁。

五、金祖淳與張道渥的交遊

金祖淳（1765—1832），清陰金尚憲七世孫。字士源，初名洛淳，號楓皋，安東人。府使履中子，承旨濟謙曾孫。正祖乙巳文科大提學，以純祖國舅封永安府院君，謚文忠⑥。南秉哲稱其"於經史諸家博洽貫澈，發爲文章率清健雋雅，自成大家軌範。若其服襲詩禮，淵源濂洛，真知實踐又非俗儒淺學所可希到也"⑦。

1792年（壬子，乾隆五十七年）十月，金祖淳作爲三節年貢兼謝恩使團書狀官出使中國。《使行錄》載："乾隆五十七年十月二十一

---

① 朴長馣《縞紵集》上，卷二，朴齊家撰，李佑成編《楚亭全書》下册，第93頁。
② 朴齊家《貞蕤閣集·三集》，《韓國文集叢刊》第261册，第529頁。
③ 金正中《燕行錄》，《燕行錄全集》第75册，第71—72頁。
④ 同上，第223頁。
⑤ 同上，第273頁。
⑥ 金祖淳在《與張水屋道渥》（祖淳再拜水屋張刺史先生足下……）中稱松園金履度爲從叔父，云："從叔父松園公上年出守畿南分司，不幸於今年三月十二日，奄忽背世。"金祖淳《楓皋集》卷一〇，《韓國文集叢刊》第289册，第234頁。而金履度爲清陰金尚憲六世孫，故可知金祖淳爲金尚憲七世孫。生平情況另參見安鍾和會纂《國朝人物志》"金祖淳"條，第301頁。
⑦ 南秉哲篆並書《楓皋金祖淳碑文》拓本，韓國國立中央圖書館藏。

日,三節年貢兼謝恩行。正使判中樞朴宗岳、副使禮曹判書徐龍輔、書狀官兼持平金祖淳。"①在第二年,也就是在1793年(癸丑)停留北京期間,金祖淳與張道渥相識定交。其《送澹寧洪尚書(義浩)上使》詩注云:"張水屋刺史自稱龍角山中畫師,與僕定交在乾隆癸丑。"②

兩人初次相識情形,由於相關文獻闕失,不詳。據金祖淳《走筆贈水屋張刺史道渥》詩句云"一見歡然張水屋,松園壁上見君詩",可知他在出使中國前,已從從叔父松園金履度那裏得到張道渥的相關信息,閱讀過其詩畫作品。因此,極有可能,金祖淳來到北京後,便主動與張道渥取得聯繫。

兩人在北京相交流的具體情形也不甚清楚,但據金祖淳《與張水屋道渥》書,金祖淳當拜訪過張道渥家,其在書信中有回憶云:"今不佞之於先生,非素相識也,別後日月,又如是深也。先生之鬚眉森於吾目,言笑硍於吾耳,以至居停之門巷室宇,羅列之器用、圖書,無不歷歷能記,何哉?"③可見,兩人間曾有過熱情洋溢的會晤,這給金祖淳留下了極其深刻的印象,遺憾的是雙方筆談內容不詳。停留北京期間,他還有詩寫贈與張道渥,題作"走筆贈水屋張刺史道渥",從詩句"我家痴叔君知否,較叔須知我更痴"看,顯然,他對張道渥的心儀程度已經超過了其叔金履度對張道渥的仰慕之情。可見,此時金祖淳已經把張道渥引爲知己。

正是因爲在北京建立起來的友誼非常深厚,別後,金祖淳和張道渥都對對方懷著深切的思念之情。金祖淳《與張水屋道渥》書中就描繪了這種夢牽魂繞的相思,有云:"不佞自東還以後,或遊池塘之上,則輒自語於心,吾與水屋合分蓋如此萍。然此萍同在一池之

---

① 佚名《使行錄》,《燕行錄全集》第27冊,第301頁。
② 金祖淳《楓臯集》卷三,《韓國文集叢刊》第289冊,第66頁。
③ 金祖淳《與張水屋道渥》書(祖淳再拜水屋張刺史先生足下……),金祖淳《楓臯集》卷一〇,《韓國文集叢刊》第289冊,第233頁。

内,雖分復合,吾與水屋限以中外,一分之後,再無合理,真萍之不若也。既又自語風動萍動,風靜萍靜。男子有事四方,蓋棺始定。吾事如未定,安知不復遊金臺之下,得與水屋再見乎？如是思惟,悵然而興懷,黯然而傷神者屢矣。"①張道渥也没有忘懷金祖淳,他在1809年(己巳),通過朝鮮使團成員李文哲帶書信與金祖淳,信中也充分表達了對金祖淳的眷念之情,金祖淳有云:"己巳春,李進士文哲帶到手書一函,眷戀之情溢於行墨。又手畫一卷、柱聯一對、扁額一摺,心畫宛然,芳香襲人,三復摩挲,恍惚驚喜,若重挹高風,促席談晤。"②而在1793年(癸丑)雙方別離後至1809年(己巳)春間,是否有書信往來,由於文字缺載,無從考證。

　　金祖淳在收到張道渥1809年(己巳)春的來信後,應有多次答書,但是其杳無音信。1823年(癸未),金祖淳《送澹寧洪尚書(義浩)上使》詩注有云:"張水屋刺史自稱龍角山中畫師,與僕定交在乾隆癸丑。近年寂不聞消息,或傳已作故,或傳尚在霸州任所,或傳老歸本鄉,幸澹寧得的耗來也。"③金祖淳托人從中原打聽來的是各種關於張道渥的不確實消息,因此他迫切希望洪義浩歸到朝鮮之時,能夠從清朝帶回其人的確切消息。由此可見他對張道渥念念不忘,感情非常真摯。他寫給張道渥的信件現僅存1封,載金祖淳《楓皋集》卷一〇,題作"與張水屋道渥"書,信中有云:"不佞之與先生別已有二十一年矣。"④雙方別離是在1793年(癸丑),故此書

---

① 金祖淳《與張水屋道渥》書(祖淳再拜水屋張刺史先生足下……),金祖淳《楓皋集》卷一〇,《韓國文集叢刊》第289册,第234頁。
② 同上。
③ 金祖淳《送澹寧洪尚書(義浩)上使》,金祖淳《楓皋集》卷三,《韓國文集叢刊》第289册,第66頁。此詩注有云:"澹寧近住鄉園養閑,而三膺專對。"故此詩當寫於洪義浩第三次出使中國時。洪義浩第三次出使中國是在1823年(癸未)。(參見本書上編第三章第一節《朝鮮時期豐山洪氏家族出使中國的燕行記録》)
④ 金祖淳《楓皋集》卷一〇,《韓國文集叢刊》第289册,第233頁。

當寫於1813年(癸酉)。

此外,還需要指出,金祖淳與其他清人交往的文字在其《楓皐集》及相關材料中未見載,僅可知其與張道渥有交往。

第三節 稼齋金昌業與清文人交遊考述

一、金昌業生平

金昌業(1658—1721),字大有,號稼齋,清陰金尚憲的曾孫。其"生而英慧,纔八朔,手啓區鑰。嘗從諸兄弟論氣盈朔虛及其他深文奧義,雖長者,多逡巡聽瑩,而公輒言下即悟,農岩先生深奇之。稍長,能文辭,尤長於詩。其所爲科體,亦必以漢唐爲法。出遊場屋,多居上遊,最爲西浦金公萬重所稱賞焉"①。"肅宗辛酉,中進士。時公以名家子,聲譽藉甚,當世士大夫莫不以公輔期之",而金昌業則因時局動蕩,黨爭不已,無意仕途,一心向往田園之樂。金元行《從祖老稼齋公行狀》載云:"公雅慷慨豪俠,疏於富貴功名,慕古人清世園林之樂,於是就東郊之松溪,治田舍,種樹卉,疏池關圃,以爲終老計。"②1689年(己巳),政局劇變,發生了"己巳換局",金昌業時年三十一歲。歷此變故,他更覺宦途多舛,遂决意"廢舉務農"。"甲戌更化,授内侍教官,不應,遂就松溪力農圃自晦","没身自靖者,淵明之悟往知來,寄情松菊也"③。"辛丑冬,時事大變,

---

① 金元行《從祖老稼齋公行狀》,金元行《渼湖集》卷一九,《韓國文集叢刊》第220册,第373頁。
② 同上。
③ 金祖淳《〈老稼齋集〉序》,金昌業《老稼齋集》卷首,《韓國文集叢刊》第175册,第3頁。

夢窩被竄海島,昌業憤悒卒,年六十四。"①其傳見金信謙《金昌業墓表》(金昌業《老稼齋集·附錄》)、金元行《從祖老稼齋公行狀》(金元行《渼湖集》卷一九)、金邁淳《老稼公》(金邁淳《臺山集》卷一四)、安鍾和會纂《國朝人物志·金昌業》等。

二、金昌業與清文人的交遊

金昌業與清文士的交遊緣於其出使中國的經歷。1712年(壬辰)十一月,金昌業長兄金昌集以冬至兼謝恩正使的身份出使中國,其以"軍官子弟"身份隨行。在出使中國期間以及歸國之後,他與清朝文士有較多的交往。金元行《從祖老稼齋公行狀》載云:"其所遇人物,無論儒士道流,一見皆傾心與交。及歸,猶因使者相問訊不絕,至有聞公之歿而爲之寄奠者,其見慕如此。"②其與清文士的交遊情況詳見本書下編第二節《朝鮮金昌業與清文人交流長編》。作爲十八世紀早期與清文人交流的朝鮮文人典型,他與清文人間的交往具有如下特點:

第一,金昌業沒有主動與清文人結識的願望。

與金昌業相識的22個清文人中,主動來結交的有王俊公、王寧潘、郭如柏、吳廷璣、康田、李廷宰、李廷基、潘德輿、李元英、趙華、王化、李永紹、楊大有等,共13人,約占交流人數的60%。偶然相遇並與之交流的清文人有劉姓人(名不詳,寓所主人)、榮琮(寓所主人)、樂生(姓名不詳)、王之啓、楊澄、程洪、王眉祝、郭垣等,共8人。金昌業主動請見的僅馬維屛1人,其見面原因出於"志恒每言其家多花草,故余使志恒請來"③,並不是出於學術交流的目的。

---

① 安鍾和會纂《國朝人物志》"金昌業"條,第270頁。
② 金元行《從祖老稼齋公行狀》,金元行《渼湖集》卷一九,《韓國文集叢刊》第220冊,第374頁。
③ 金昌業《老稼齋燕行日記》卷三,《燕行錄全集》第33冊,第96頁。

第二章　安東金氏家族與中國文壇關係　　　　　　　　　211

　　金昌業没有主動與清文人結識的心態,主要是出於以下的原因:其一,出遊前,他把照顧兄長、遊歷中國名山大川作爲其燕行的主要目的。其《老稼齋燕行日記》"往來總目"中載:"壬辰六月二十三日,政伯氏爲冬至兼謝恩使,時伯氏大病新瘳,子弟一人宜隨往。且吾兄弟,皆欲一見中國,於是叔氏欲行,已而止,余乃代之以打角。啓下,一時譏謗讙然,親舊多勸止。余詼諧曰:'孔子微服過宋,爲今世通行之義,吾何獨不可乎?'聞者皆笑。及治行,圖陰以沿路名山大川古迹録一册、月沙《角山閭山千山遊記録》一册並輿地圖一張,置橐中。"①其二,金昌業對當世清文人的情况知之甚少。在其《老稼齋燕行日記》問世之前,朝鮮並没有別本《燕行録》或文獻對當世的清文人,特別是著名的清文人有詳細的記載。在《老稼齋燕行日記》中,僅記載有一位他通過他人《燕行録》知曉的當世清文人,載云:"曾見宋兄日記,漢兒王寧潘年十四,頗端秀,已讀《四書》云。試問其存否,一人曰在城内。"②因此,他在出使中國前無從瞭解清文士的才學,當然也就更談不上有明確的結識對象了。其三,有一現象尤其值得關注:在《老稼齋燕行日記》記載中,金昌業也没有主動詢問或探尋途經之地有無才學之士的舉動。究其原因,筆者認爲,他感激明朝對朝鮮的再造之恩,不承認滿族對中原的統治,對清朝始終懷有强烈的不滿,甚至可以説是懷有敵意的,這也是十八世紀早期出使中國的朝鮮文人的普遍心態。此種心態影響到他對清朝現實事物、文人的看法,阻礙了其積極交友舉動的出現,其有詩云:"茫茫往事與誰論?來訪殘碑祇斷魂。北望深羞猶未雪,兹行又過壽星村"③;"龍灣城池昔壯哉,丙丁之事寧不愧?

---

①金昌業《老稼齋燕行日記》卷一,《燕行録全集》第32册,第338頁。
②同上,第452頁。
③金昌業《謹次龍灣感懷先韻》,金昌業《老稼齋集》卷五,《韓國文集叢刊》第175册,第102頁。

安得砲手袛一千？把截三江殺胡騎"①；"隨人渡遼水，携劍向燕雲。俠窟悲無士，窮廬恥有君。百年猶左衽，四海尚同文。何日夷風變？中原脫鹿裙"②。面對滿族佔據中原，他仍懷有殺敵雪恥之心。對清朝厭惡的心態，在其燕行詩集《燕行塤篪錄》中有集中的體現。其有云"胡塵幸久靜"、"忽報胡山出"、"俯視胡山手可攬"、"時有胡騎倏忽過"、"把截三江殺胡騎"、"過江明日宿胡山"、"胡山寒自燒"、"胡霜厚似雪"、"胡兒並轡争相顧"、"盡遣胡兒解漢歌"、"雪和胡雲暮"、"胡雲朔雪模糊裏"、"匹馬入胡天"、"遍野知胡畜"、"通宵虜馬行"、"枉教胡馬救中原"、"腥塵盡日胡車塞"、"恐遣胡兒識此行"、"胡塵塞天地"、"胡兒他自得"、"胡月見重彎"、"旗帘新肆半胡家"、"胡雲遠欲隨"、"胡虜傳神勇"等③。這些詩句中稱塵爲"胡塵"，山爲"胡山"，雲爲"胡雲"，天爲"胡天"，馬爲"胡馬"、"虜馬"，車爲"胡車"，居所爲"胡家"，月爲"胡月"，人爲"胡騎"、"胡兒"、"胡虜"，就連雪也成了"胡雪"，霜也成了"胡霜"，可見金昌業對滿族佔

---

① 金昌業《龍灣雜咏和息庵》，金昌業《老稼齋集》卷五，《韓國文集叢刊》第175册，第103頁。
② 金昌業《次伯氏孤家子述懷韻》，金昌業《老稼齋集》卷五，《韓國文集叢刊》第175册，第105頁。
③ 以上引用詩句依次見金昌業《燕行塤篪錄》(金昌業《老稼齋集》卷五)中，《謹次安州先韻》第102頁，《次伯氏所串道中韻》第102頁，《龍灣雜咏和息庵》第103頁，《龍灣雜咏和息庵》第103頁，《龍灣雜咏和息庵》第103頁，《寄信兒》第103頁，《湯站途中》第103頁，《謹次湯站曉起先韻》第103頁，《八渡河，借騎胡騾，騾主遼東人》第104頁，《謹次草河先韻》第104頁，《謹次會寧嶺先韻》第104頁，《會寧嶺》第104頁，《瀋陽感懷》第104頁，《宿新廣寧》第106頁，《小凌河》第106頁，《寧遠衛，謹次先韻》第106頁，《到山海關》第107頁，《次伯氏山海關，謹次先韻》第107頁，《訪三忠祠》第108頁，《次伯氏，謹次暮景先韻》第108頁，《過大凌河》第111頁，《入遼東，謹次冒雨入遼東先韻》第111頁，《次伯氏出柵韻》第112頁，《金將軍祠宇》第112頁。《燕行塤篪錄》亦載於《燕行錄全集》第34册，影印底本即爲金昌業《老稼齋集》卷五中的《燕行塤篪錄》。

據中原的極度鄙夷。中原的事事物物在他的眼中是那麼的不自然，毫無疑問，在他看來，整個中華文化在清朝已經沉淪，其有詩云："天道如今可復論，尚看腥穢滿乾坤。"①其四，他在去北京的路程中，特別想遇到的是對明朝懷有深厚感情的燕趙悲歌之士，其《燕行塤篪錄》中有詩句云："燕中壯士悲歌地，萬一相迎坐上頭。"②但是在從朝鮮地域行至北京的整個過程中，他的這個願望沒有得到實現，這令他極度失望。使團在玉河館住下以後，其有詩云："錯料英豪隱屠肆，慢教兒女泣閨闈。"③因爲不見英豪，他都開始後悔此次燕行之舉，強烈的沮喪之情溢於言表。後更有詩云："幽燕不得意，匹馬復歸來。"④其不得意處正在於反清英豪之不見。此種失望無疑也會影響到他與清文人的積極交往。

　　第二，金昌業與清文人交流時，多有筆談。他對那些影響清朝時政情況的事情非常關心，諸如錦州的海賊情況、吳三桂之事、清太子被廢之事等。

　　在金昌業看來，這些都是反清的重要事件，或許有利於中華文明的重建。此外交流最多的是清朝人對朝鮮使者衣冠的感受、年輕人的讀書情況等。因爲這些都是中華文明現狀的表徵。詢問清文人對朝鮮使者衣冠的感受，如與寓所劉姓主人見面時，問："我輩衣冠如何？"與郭如柏見面時，問："俺們衣冠，你見可笑否？"第一次與榮琠見面時，問："我們衣冠與大國異制，可駭不駭？"與康田見面時問："纔設要看我人物文章，是東夷，有甚可觀文物？穿的衣冠與

---

① 金昌業《瀋陽感懷，次雩沙韻》，金昌業《老稼齋集》卷五，《韓國文集叢刊》第 175 冊，第 105 頁。
② 金昌業《嘉平途中，謹次先韻》，金昌業《老稼齋集》卷五，《韓國文集叢刊》第 175 冊，第 102 頁。
③ 金昌業《次伯氏，謹次人日先韻》，金昌業《老稼齋集》卷五，《韓國文集叢刊》第 175 冊，第 108 頁。
④ 金昌業《永平途中》，金昌業《老稼齋集》卷五，《韓國文集叢刊》第 175 冊，第 111 頁。

大國異樣,想必見笑。"與李元英見面時,問:"我輩衣冠,君見如何?得無笑否?"第二次與榮琮見面時,他書曰:"我捫(們)冠服,皇帝曾拿去看。"與崔文燦見面時,問:"看怎地與你? 是一樣面目,祇是衣冠不同。"金昌業對讀書情況的詢問如,問王寧潘:"曾聞君年十四,已讀《四書》,今日文辭當益進,功名已成也。"問榮琮:"(令郎)讀幾本書?"問吳廷璣:"讀幾本書?"問康田:"讀幾本書?""經書想已完了,文章曾熟何書?"問李元英之弟:"君讀幾卷書?"問王之啓:"文筆贍敏,曾讀幾本書?"問周炳文:"讀過幾本書?"問程洪:"讀何書?"問王眉祝:"經書想已讀完。"①金昌業詢問清文士對他們衣冠的感受和清文人的讀書情況,其真正目的是希望借此瞭解中華文明的淪喪與否。

第三,在交往的清文人中,金昌業與李元英的交流最爲頻繁和密切。

關於與李元英的交流,在《老稼齋燕行日記》中有文字可查的交往日期有:癸巳正月十日戊子、十一日己丑、十二日庚寅、十八日丙申、二十二日庚子、二十三日辛丑、二十七日乙巳,二月初二日庚戌、二月初三日辛亥、二月初十日戊午②。

金昌業與李元英交往密切的原因主要基於以下兩點:

1. 兩人都善於寫詩,且彼此欣賞詩歌才能,如,癸巳正月十日,兩人首次見面時,金昌業寫除夕所作一絶曰:"燕館投來歲亦窮,夜深孤坐燭華紅。同來火伴相勞苦,共說家鄉若夢中。"少年見之有

---

① 此節引文依次參見金昌業《老稼齋燕行日記》,《燕行録全集》第 32 册,第 443 頁、第 477 頁、第 489 頁、第 533 頁;《燕行録全集》第 33 册,第 99 頁、第 307 頁、第 383—384 頁;《燕行録全集》第 32 册,第 452 頁、第 489 頁、第 500 頁、第 535 頁;《燕行録全集》第 33 册,第 168 頁、第 210 頁、第 289 頁、第 315 頁、第 327 頁。
② 金昌業與李元英的具體交往過程,詳見本書下編第二章《朝鮮金昌業與清文人交流長編》。

第二章 安東金氏家族與中國文壇關係 215

喜色,書曰:"似唐人語。"因言:"君與我爲友何如?"①李元英正是看到金昌業的詩歌,瞭解了其杰出的詩歌才能後,纔欣然提出與其交友的要求。金昌業也欣賞李元英的詩歌才能,有詩云:"玉河東畔去遊春,邂逅詩朋結社新。竊比波斯能識寶,莫言明月暗投人。"②表達出與李元英結爲詩友的欣喜之情。李元英"出律絶數十首",金昌業閱後評曰:"詩精工。"③正月二十二日,金昌業評李元英《元夕》曰:"貴詩極佳,詩語亦道著吾人情境也。"④兩人詩歌才能的彼此欣賞,使得詩歌往來成爲兩人交流的最主要形式:癸巳正月十一日,"(金昌業)作書於李元英,以其絶句六首,同封筆墨各三,送善興"⑤。正月十八日,"李元英許裁書,並上元所題七律一首,與元建往傳"⑥。正月二十二日,金昌業曰:"元夕詩如已俯和,見示如何?""元英又要見余比日所作,余書示《咏海棠》、《梅花》、《紙菊》七言絶句三首,《咏琉璃瓶魚》五言絶句一首"⑦。正月二十三日,"(金昌業)次李元英律詩,使元建傳之"⑧。正月三十日,"(李元英)以咏蘭一律寄來"⑨。可見,詩歌的贈酬對促進兩人的關係起到了重要作用。

2.第一次見面時,李元英的真誠也使得金昌業更願意與之繼續交往。首先表現爲他主動提出與金昌業結交,云:"君與我爲友何如?"⑩在《老稼齋燕行日記》中,李元英是第一個,也是惟一的一

---

①金昌業《老稼齋燕行日記》卷三,《燕行録全集》第 33 册,第 56 頁。
②金昌業《次李元英韻》,金昌業《老稼齋集》卷五,《韓國文集叢刊》第 175 册,第 109 頁。
③金昌業《老稼齋燕行日記》卷三,《燕行録全集》第 33 册,第 56 頁。
④同上,第 97 頁。
⑤同上,第 59 頁。
⑥同上,第 77 頁。
⑦同上,第 98 頁。
⑧同上,第 100 頁。
⑨同上,第 154 頁。
⑩同上,第 56 頁。

個,明確提出願與金昌業結爲朋友的清文人。其次,表現爲舉動的親近。如李元英主動"出示卓(桌)上書一匣,題以《佩文齋廣群芳譜》,是乃皇帝新編之書"。當金昌業提出要携歸閱讀時,"遂與一匣"①。再次,表現爲款待的熱忱,如招待用的食品,《老稼齋燕行日記》卷三載云:"一種似我國乾飣,此中稱爲珍者,即餅屬。一種似我國釵散糁之爲,而味好。一種如卷薄紙然,大如我國蓼花果柄。主人勸先嘗(嚐)。此物啖之,輕脆,味似鷄卵和砂糖者。而歸聞譯輩之言,此非鷄卵,乃熬酪所成,此中所稱異味云矣。"②李元英拿與金昌業品嚐的食物不僅味好,而且是當地食物中的"珍者"、"異味",可見李元英待他的細緻周到。最後,他的真誠還表現爲言語的真實率真,金昌業詩云:"海外狂歌五十春,交遊常恨白頭新。誰知今日金臺畔,邂逅輸肝剖膽人?"③稱其爲"輸肝剖膽人",可見在交流過程中,李元英言語坦誠至極。

第四,金昌業結識的清文人以中下層文人爲主,多是秀才或普通文人。

從文獻資料上看,這些清文人並沒有杰出的文學才能和深厚的文化底蘊,因此,學術對話的平臺很難在金昌業與他們之間形成,當然,交談的内容也就很少涉及深層次的學術問題。綜觀金昌業的整個交遊歷程,交流時金昌業往往掌握著發語權,多是由他提問或打聽關於時勢的一些消息,清文人則作出回答。因此,在某種程度上可以説,金昌業此次燕行,並沒有得以對清代的學術文化有更深層次的瞭解。其云"幽燕不得意,匹馬復歸來",其不得意處,應該也有這方面的因素。但也必須注意到,實際上,金昌業還是願意與杰出的清文人作深入的學術、文學方面交流的。他與李元英

---

① 金昌業《老稼齋燕行日記》卷三,《燕行録全集》第 33 册,第 57、58 頁。
② 同上,第 58 頁。
③ 金昌業《次李元英韻》其三,金昌業《老稼齋集》卷五,《韓國文集叢刊》第 175 册,第 109 頁。

之間頻繁的書信、詩歌等的來往，就是有力的證明。此外，如他在角山寺，在對程洪講解了詩歌創作的層次理論後，其有云："纔所說，乃泛論詩法。如我所作，安有所謂辭理次第乎？忘拙呈醜者，不過欲質於大方之家。君乃以不解爲嫌，請試轉示於能詩君子，或者有所評論也。"①其樂意與大方之家談論詩法的願望溢於言表。

此外還需指出，部分清文人主動結識金昌業的行爲往往帶有功利色彩。其主要表現爲：他們有的是爲了看朝鮮使者的衣冠而去接近金昌業，如李元英第一次請見金昌業；有的是期望得到清心丸、紙墨、扇子等而去與金昌業套近乎，如王俊公主動來見金昌業，告知其海賊平康王之事後，"索紙筆及扇"；更有甚者，有些清文人爲了自己的生意，諸如賣書、賣畫、賣古董等，而去結交金昌業，如郭如柏拜會的行爲。此三點在本書第一章第一節《中朝文人交遊的時代背景和原因》中已有相關論述，此不贅述。

三、金昌業與清文人交遊的意義

在十八世紀初期前二十年中，金昌業是與清代文人交流次數最多的朝鮮文人。他們的交往情況典型地代表了十八世紀早期中朝文人間的關係，即當時朝鮮使團的文人出於對清朝的厭惡和蔑視，還沒有主動結交清文人的意識。金昌業與清文人多因路途偶遇而發生的交流多流於比較客套的寒暄而缺乏深入細緻的文學、學術等的探討。但必須注意到，他們間的筆談、詩歌唱和、書信來往等都被詳細地保存在金昌業《老稼齋燕行日記》和其文集《老稼齋集》中，很好地反映了清朝的政治現狀、風俗民情、學術文化等。由於金昌業在朝鮮時期的文壇上有較高的聲名，再隨著他《老稼齋燕行日記》的廣爲流播，越來越多的朝鮮文人開始關注清朝的歷史和現狀，這無疑就爲後來準備出使中國的使團文人繼續深入瞭解清王朝、繼續與清文人展開交往奠定了良好的基礎。

---

① 金昌業《老稼齋燕行日記》卷五，《燕行錄全集》第33冊，第317—318頁。

第四節　金在行、金善行兄弟與浙杭三士交遊考述

金在行，字平仲，號養虛，秀才，十八世紀朝鮮著名詩人。朱文藻編《日下題襟集・金秀才》載：

> 鐵橋曰：金秀才在行，字平仲，號養虛，年四十五歲，清陰先生侄曾孫也，金宰相之弟。本秀才而作戎裝者，因願見中華風物，故隨使來而改服耳。每自謔曰"武夫、武夫"云。豪邁倜儻之士，工詩，善草書。不修邊幅，舉止疏放可喜。①

洪大容《金養虛在行〈浙杭尺牘〉跋》載云：

> 今平仲在東方，家甚貧，不能得斗粟之禄。才長於詩，人亦不甚奇之。每醉後狂吟，陶陶然樂也。人皆笑之以爲虛也。平仲聞而喜之曰："虛，真我欲也。"乃自號曰"養虛"。夫貧者，人之所惡也，平仲不欲苟去也；有才而不見知，士之不幸也，平仲不欲苟衒也。虛者，世俗之所棄也，平仲乃樂而養之，惟恐其虛之不成也。②

據以上兩則材料，可見金在行具有這樣的特點：1. 出生名門，爲朝鮮名士清陰金尚憲的侄曾孫，禮曹判書金善行的弟弟；2. 性格豪邁，舉止疏放，不慕榮利；3. 才長於詩，擅長草書。

"浙杭三士"指的是嚴誠、潘庭筠和陸飛。嚴誠（？—1768），字

---

① 朱文藻編《日下題襟集・金秀才》，嚴誠撰，朱文藻編《鐵橋全集》第4册。
② 洪大容《金養虛在行〈浙杭尺牘〉跋》，洪大容《湛軒書・内集》卷三，《韓國文集叢刊》第248册，第74頁。

力闇,號鐵橋,浙江仁和人,乾隆乙酉(1765)舉人。才識超詣,年少之時,即勤於學問。深於性理之學,嫻於六書聲韻,書法繪畫頗有造詣,工文章,詩歌創作一本性情。爲人峻潔,傲視一世,惜年三十六而卒,有《鐵橋全集》等存世①。其傳主要見周亮工《印人傳》(清光緒《翠琅玕館叢書》本)卷三,李德懋《青莊館全書》卷三三,汪啓淑撰《續印人傳》(清道光二十年海虞顧氏刻本)卷三,邵晉涵等修,鄭澐等續修《(乾隆)杭州府志》卷九四等。

潘庭筠,生卒年不詳,字蘭公,一字香祖,號秋庫,又號德園,浙江錢塘人。乾隆己丑(1769)中正榜,三十六年(1771)五月由内閣中書入直,復中戊戌(1778)進士,官至陝西道御史。洪大容稱其"瀟灑美姿容,好修飾以爲潔。性坦率,信口諧謔。風調絶人,詞翰夙成。操筆如飛,頗自喜其才,亦不欲匿己之過,是以對人開心見誠,不修邊幅,爲最可愛也"。著《稼書堂遺集》②。傳見李德懋《青莊館全書》卷三四,潘衍桐輯《兩浙輶軒續録》卷一二等。

陸飛(1719—?),字起潜,號篠飲,浙江仁和人。乾隆乙酉(1765)鄉榜第一人,著名畫家。其性情高曠,工於詩作,不事雕飾以求媚於世。"慕張志和之爲人,自造一舟,妻孥茶竈悉載其中,遨遊西湖,以水爲家。"著《篠飲齋詩集》四卷、《讀易象臆》等③。傳見李德懋《青莊館全書》卷三二,陶元藻輯《全浙詩話》

---

① 嚴際昌《家傳》略曰:"鐵橋髫年就學,手不釋卷,六書諧聲,洞悉源流。篆、楷則宗漢、晉,藻繪則法倪、黄,詠歌所出,一本性情。"阮元、楊秉初輯,夏勇等整理《兩浙輶軒録》卷三四,浙江古籍出版社,2012年,第2386頁。邵晉涵等修,鄭澐等續修《(乾隆)杭州府志》卷九四云其"歿年三十有六"。
② 參見潘衍桐輯《兩浙輶軒續録》卷一二,《續修四庫全書》第1685册,第301頁;梁章鉅撰,朱智續撰《樞垣記略》卷一八,清光緒元年刊本;佚名編《搢紳赤牘》,寫本,韓國首爾大學奎章閣藏,第15—16頁。
③ 參見陶元藻輯《全浙詩話》卷五〇,清嘉慶元年怡雲閣刻本。邵晉涵等修,鄭澐等續修《(乾隆)杭州府志》卷五九載:"《篠飲詩集》四卷,舉人仁和陸飛起潛撰。"又卷五七載:"《讀易象臆》,國朝舉人仁和陸飛起潛撰。"

卷五〇等。

金在行密切交往的清文人,主要是浙杭三士,即嚴誠、潘庭筠和陸飛。1765年(乙酉,乾隆三十年)十一月,他隨從其兄朝鮮使團副使金善行出使中國,次年二月在北京,與浙杭三士相識。《日下題襟集·洪高士》載有起初兩次雙方間的交往情況,云:

> 初來見訪,亦裝詭托武臣。翼日見之,乃易儒服,恂恂如也。設飯相款,余與蘭公爲之一飽飯時,每人橫一短几,上列衆羞、一銅盂飯,不設筋而用匙,食必先祭。坐則如今之人之跪,故皆古禮也。流連至暮,問答語極多,不能悉記。後云:"君等不能再來,僕更圖走訪,然終歸一別,不如初不相逢。"彼此揮涕而別。①

初次與嚴、潘見面時,金在行想試探清文人之學識,故"裝詭托武臣",並請見二人文筆,與二人詩篇往復。雖然第一次筆談有應酬之語,嚴、潘二人對涉及時諱的話題亦有所顧忌②,但金在行對第一次與嚴、潘見面是滿意的,其有云:"今承兩位德儀,益覺中華人物之不可企及也。""留館經春,日日相接皆刀錐競利。今來承誨,快滌茅塞。"且臨別"握手不忍相捨"③。嚴誠對金在行印象也極佳,稱

---

① 朱文藻編《日下題襟集·洪高士》,嚴誠撰,朱文藻編《鐵橋全集》第5冊。
② 洪大容《湛軒書·外集》卷二《乾净衕筆談》載:平仲曰:"我副大人見蘭公硃卷中有'茫茫宇宙捨周何適'之語,不覺斂衽。"蘭公色變良久,余咎平仲以交淺言深。蘭公乃曰:"此乃草率之語,大指亦不過謂中華乃萬國所宗,今天子聖神,文武爲臣者,當愛戴依歸之意而已,尊周所以尊國朝也。"蓋漢人於當今反同羈旅之臣,謹慎嫌畏,其勢然矣。其言之如此,無足怪矣。余勸平仲勿復言,平仲即曰:"所示極善。"第一次筆談記錄中亦有載:"力闇曰:'既成相好,不當作客話。'且曰:'此後宜袛説真話。'"可見,雙方第一次交流,在思想上是有所保留的。
③ 洪大容《湛軒書·外集》卷二《乾净衕筆談》,《韓國文集叢刊》第248冊,第129頁。

其爲"異人"、"豪邁倜儻之士"①，有云："余既敬洪君之爲人而於金君又愛之甚焉。"嚴誠對洪大容表現出的是敬重之情，而對金在行表現出由衷的喜愛之情。其原因，他自云："洪君於中國之書無不遍讀，精曆律、算卜之法，顧性篤謹，喜談理學，具儒者氣象。而金君嶔崎歷落，不可羈絏，趣若不同，而交相善也。"②因此，嚴誠指出其"不修邊幅，舉止疏放可喜"③。

第一次會面以後，金在行在北京，於二月初四日、初八日、十四日、十六日、十九日、二十三日、二十六日與嚴誠、潘庭筠、陸飛有來往。交遊的具體事件詳見本書下編《十八世紀中朝文人交流長編》"金在行與嚴誠、潘庭筠、陸飛"條。

金在行與浙杭三士交流的特點是：

（一）與洪大容主要通過筆談與浙杭三士交流不同，金在行與浙杭三士的見面交流形式主要以詩歌唱和爲主，兼有少量筆談。雙方在未見面的日子裏又以書信保持著聯繫。韓國高麗大學中央圖書館藏《中朝學士書翰》、韓國首爾大學中央圖書館藏朱文藻編《日下題襟集》（嚴誠撰，朱文藻編《鐵橋全集》第 4 册）、美國哈佛大學哈佛燕京圖書館藏藤塚鄰鈔校《燕杭詩牘》主要保存了金在行與浙杭三士之間的來往詩篇、書信等。文字不多的筆談記録見載於洪大容《乾净衕筆談》（洪大容《湛軒書·外集》卷一）、《乾净筆譚》（《燕行録全集》第 43 册）。

洪大容曾與浙杭三士七次筆談，其中 5 次金在行在座。會晤時，洪大容與浙杭三士主要是交流思想、探討學術問題，而金在行則是與浙杭三士進行詩歌方面的交流，極少涉及學術問題的研討。第一次筆談時，潘庭筠出示陸飛畫作、嚴誠題畫詞、自己題畫詩，而

---

①朱文藻編《日下題襟集·金秀才》，嚴誠撰，朱文藻編《鐵橋全集》第 4 册。
②嚴誠《養虛堂記》，《中朝學士書翰》。
③朱文藻編《日下題襟集·金秀才》，嚴誠撰，朱文藻編《鐵橋全集》第 4 册。

金在行則出示己作《鸚鵡》律詩三首,並"即席次清陰韻賦一絶"。"(嚴誠、潘庭筠)看畢,即次之,皆援筆疾書,頗有較藝之意"①。第二次筆談時,他有欲"發詩令"的舉動②。第三次筆談進行之初,他便與嚴誠、潘庭筠展開對彼此詩歌的品評。而在隨後的筆談中,金在行又請見潘庭筠詩作,潘庭筠衹示已妻《次湘夫人韻》。後,金在行又主動出示己作《枕上不寐,有懷鐵橋、秋庫,仍用前韻》(金門待詔駐雙旌)③。第六次筆談時,他與陸飛互評對方詩作,又即興創作了《贈別蘭公》(金玉其人錦綉腸),並請嚴、潘、陸諸人批教。"酒行已餘十鍾矣,平仲(金在行字)發詩令分韻"④。第七次筆談時,其又有提倡作詩行酒令之舉,有云:"千載酒令亦誰禁之?今將永別矣,吾四人不可無詩。"⑤綜觀5次金在行在座的筆談記錄,在洪大容與浙杭三士筆談時,他多以陪客的身份參與,極少參與學術問題的研討,可是其對詩歌的交流却表現出極大的興趣,積極提倡詩歌唱和。除了這5次與浙杭三士面對面的詩歌交流外,在1766年(丙戌)二月十六日,他還曾單獨與嚴誠、潘庭筠進行過筆談。其重點仍是談詩論詩,而無諸如朱陸之學等哲理問題的探討⑥。

　　比較金在行、洪大容兩人在北京期間詩歌創作情况,可見:洪大容與包含浙杭三士在內的清文人之間没有詩歌的唱和活動,洪大容寫給清人的贈詩僅有1首——寫給潘庭筠的騷體(樂莫樂兮新相知)詩,而金在行與浙杭三士之間的唱和詩歌現存6組⑦,寫給潘庭筠的贈詩有2首(《題册贈蘭公》、《贈別蘭公》)。此結果也從一

―――――――
①洪大容《湛軒書・外集》卷二《乾净衕筆談》,《韓國文集叢刊》第248册,第129頁。
②同上,第133頁。
③同上,第136頁。
④同上,第156—160頁。
⑤同上,第165頁。
⑥同上,第146—148頁。
⑦參見本書附錄表4:十八世紀中朝文人唱酬詩一覽表。

第二章　安東金氏家族與中國文壇關係

個方面反映出詩歌來往是金在行與浙杭三士的主要交流形式之一。

除了詩歌交流外，書信來往是金在行在北京期間，與浙杭三士保持聯繫的另一種主要交流形式。就現存的金在行與浙杭三士的來往書信考察：雙方來往書信現存共計 17 封：其中寫給嚴誠 3 封；寫給嚴誠、潘庭筠 1 封；寫給嚴誠、潘庭筠和陸飛 1 封；寫給陸飛 1 封；嚴誠寫給金在行 3 封；嚴誠、潘庭筠共同寫給金在行 2 封；潘庭筠寫給金在行 4 封；陸飛寫給金在行 2 封①。經考察，現存書信中，有 9 封是寫於金在行北京期間，另 8 封是別離後的來往書信。

（二）金在行與浙杭三士的交往，是十八世紀中朝兩國失意文人交往的典型。他們在詩文、書信來往中有大量的憤激之言，一方面是對現實取士制度、自身遭遇等的不滿，另一方面慨嘆知音的難得。在交流中彼此多有盡情發泄不滿的言行，如金在行慨然太息曰："子亦知吾之所以號'養虛'者乎？吾國俗重門閥，庸庸者，或不難得高位，而後門寒畯之士，雖才甚良，弗見焉。"②金在行在書信中也指出嚴誠"激"與"驕"的個性特點，有云："然而竊觀吾友志氣高邁，常懷慷慨。未知高明或無所激於中而不能容忍乎？激與驕雖美惡不同，而見嫉於人而受其害則一也。"③惟其雙方都自認爲不得志，有著"同是天涯淪落人"之感，因此，他們在交往中都非常珍視深厚的情誼，可以說金在行與浙杭三士是真正"心相善"的知己之交。其有詩云："平生感慨頭今白，異域逢迎眼忽青。"④這種深厚的學誼主要表現在以下幾個方面：

其一，雙方的賞識。在才、學、德等諸方面，雙方都給予對方充分

---

① 參見本書附錄表 6：十八世紀中朝文人間來往書信一覽表中"金在行與清文人之間來往書信"部分。
② 嚴誠《養虛堂記》，《中朝學士書翰》。
③ 金在行《與鐵橋、蘭公書》（在行臨岐拜別於力闇、蘭公……），朱文藻編《日下題襟集·金秀才》，嚴誠撰，朱文藻編《鐵橋全集》第 4 册。
④ 金在行《用從高祖清陰先生韻，贈鐵橋》，同上。

的肯定。嚴誠第一次與金在行會面後,就稱其是"異人"、"豪邁倜儻之士"①。在《養虛堂記》中稱他是"正人正言"②。潘庭筠稱其"天懷高妙,琴書跌宕,詩酒蕭閑,如李青蓮、蘇子瞻一輩人,目中未見其匹。顧詩以窮而益工,品以貧而益堅,則又今日之梅聖俞、石曼卿也"③。把金在行的瀟灑豪邁比擬於李白、蘇軾,拿他的詩才、人品媲美於梅堯臣、石延年。嚴誠稱贊金在行的詩歌"於漢魏盛唐諸家,心摹手追,風格遒健,而書亦俊爽可喜"④。金在行對嚴誠、潘庭筠同樣推崇備至,其有云:"二友之高才博識,邁於一世,而開懷見誠,促膝如舊。氣宇軒昂,胸襟闊達,少無俗士挾才驕人之態。每與洪友退歸私次,未嘗不擊節咨嗟,茫然自失。不知中華有如此高士者,更有何人?"⑤其有詩贊云:"金門待詔駐雙旌,江表高才擅九經。"⑥

其二,金在行在與浙杭三士相識後,在與他們進行再次交遊時,無論是言語、舉動等都顯得非常的直率、誠懇。如《乾净衕筆談》載:

  平仲曰:"枕上偶次前篇,茲塵覽焉。"有詩曰:"金門待詔駐雙旌,江表高才通(筆者按,《鐵橋全集》中一作"擅")九經。一破襟期春晝永,不堪離思暮岑青。榮名已闡承文彩,瑞氣方看映客星。明欲訪君頻視夜,曉天簾外尚冥冥。"力闇看畢,打圈於頷聯及落句曰:"情深語,不堪多讀。"又曰:"即將此詩,望一揮,以作篋中珍秘。"蘭公曰:"妙句,乞爲我一書,以垂永遠。"各以紙與

---

① 朱文藻編《日下題襟集‧金秀才》,嚴誠撰,朱文藻編《鐵橋全集》第 4 冊。
② 嚴誠《養虛堂記》,《中朝學士書翰》。
③ 潘庭筠與金在行書(養虛先生安啓。庭筠再拜,謹白養虛先生師席……),同上。
④ 嚴誠《養虛堂記》,同上。
⑤ 金在行《與鐵橋、蘭公書》(在行臨岐拜別於力闇、蘭公……),朱文藻編《日下題襟集‧金秀才》,嚴誠撰,朱文藻編《鐵橋全集》第 4 冊。
⑥ 金在行《枕上不寐,有懷鐵橋、秋㢝,仍用前韻》,同上。

第二章　安東金氏家族與中國文壇關係　　　　　　　　　　225

之。平仲書畢曰："不辭而書,聊見愚直之性耳。"①

金在行主動呈上昨晚創作的和詩,請嚴誠、潘庭筠過目。當他們請金在行手書自己的創作"以作篋中珍秘"時,金在行毫不推托。書畢,且云："不辭而書,聊見愚直之性耳。"一舉一動、一言一行無不透露出其爽直性格。

其三,敢於真誠規勸對方。如潘庭筠規勸金在行力田。在給金在行的信中寫道："顧詩以窮而益工,品以貧而益堅,則又今日之梅聖俞、石曼卿也。但不治生産,至使室人交謫,亦未爲賢士中行之道,還宜料理園田。弟之所見雖近鄙陋,然陶徵士亦云'衣食固其端',可見高雅如陶公,亦未嘗以三旬九食。爲賢者,必當如是而後可也。高明以爲如何?"②金在行也有勸誡浙杭三士之語,其云:

　　闇弟年近不惑,鄙性愚魯,庶幾望其崖岸,無所奉勉。然而竊觀吾友志氣高邁,常懷慷慨。未知高明或無所激於中而不能容忍乎?激與驕,雖美惡不同,而見嫉於人而受其害,則一也。其畏、其慎亦有緊於一激字,幸乞賢弟勿以已成德,而益加三省。必以小忿爲戒,又以忠告而善道,不可則止爲念也。弟不能明知吾友之有此病而率意張皇,愚妄、愚妄!蘭弟纔過弱冠,才華絶倫,實非愚魯之所可窺測,而或者英拔之氣有勝於穩重之德耶?必須一言一動克慎克畏,立志必堅固,持己必抑損,起居造次毋或放心,一以爲見重於人,一以免見忤於人也。興戎出好,聖人所誡;蠆蠆有毒,尚能害人,而况人乎?是以,弟益知天下之所可畏者,莫過於不如己,所可慎者,

---

① 洪大容《湛軒書・外集》卷二《乾浄衕筆談》,《韓國文集叢刊》第 248 册,第 136 頁。
② 潘庭筠與金在行書(養虛先生安啓。庭筠再拜,謹白養虛先生師席……),《中朝學士書翰》。

莫過於志不固而心易驕也。非謂賢弟實有此病,爲其年少氣銳,慮無不至,乃敢率言,而意長辭拙不能盡情,或蒙俯恕否?……起潛年已知命,其德已就,何須奉勉?衛武公九十猶誦《詩》,猶在至老益篤耳。①

這段文字,金在行旨在勸誡嚴誠、潘庭筠和陸飛。援引《尚書·大禹謨》"惟口出好興戎,朕言不再"和《左傳·僖公二十二年》"君其無謂邾小,蠭蠆有毒,而況國乎"之典,意在勸誡潘庭筠一定要斂其銳氣,謹慎言語,以免惹來不必要的麻煩。又引用《中論·虛道》"昔衛武公年過九十,猶夙夜不怠,思聞訓道。……又作《抑》詩,以自儆也"之典,激勵陸飛培養愈加純篤的德行。

此外,雙方情深意重,特別表現在彼此對別離之情的不堪。嚴誠有詩云:"惆悵相逢即相別,不堪兀坐思冥冥。"②嚴誠去世後,金在行"所作鐵橋哀辭,文工而意苦,可謂不忘死友者"③。

(三)金在行在與浙杭三士交往中,與陸飛最爲性情投合。他在與陸飛相遇交流後,感到特別快樂,其《與鐵橋》中云:"與二兄邂逅,已是千古奇事,陸兄之遇,何以形其樂邪?"④稱自己與嚴誠、潘庭筠的見面是"千古奇遇",而與陸飛會晤後的愉悅更是無法用言語表達。在洪大容與浙杭三士的第六次筆談過程中,陸飛與金在行、洪大容結成金蘭之交。其後,金在行在寫給陸飛的書信中,多主動稱其爲賢弟或陸兄,如其《與篠飲》中有云:"既與闇、蘭披襟頗久,今自逢賢弟之後,又有新舊之歡而猥忝爲人之兄,平生之樂無

---

① 金在行《與鐵橋、蘭公書》(在行臨岐拜別於力闇、蘭公……),朱文藻編《日下題襟集·金秀才》,嚴誠撰,朱文藻編《鐵橋全集》第4冊。
② 嚴誠《敬次清陰韻,和養虛》,同上。
③ 潘庭筠與金在行書(養虛先生安啓。庭筠再拜,謹白養虛先生師席……),《中朝學士書翰》。
④ 金在行《與鐵橋》(與二兄邂逅,已是千古奇事……),朱文藻編《日下題襟集·金秀才》,嚴誠撰,朱文藻編《鐵橋全集》第4冊。

第二章　安東金氏家族與中國文壇關係　　　　　　　　　227

逾於此。"①而金在行在寫給嚴誠、潘庭筠的書信中多稱他們爲"二友",如《與鐵橋》中云:"昨承二友書,祇自沾襟。"②"在行臨岐拜別於力闇、蘭公二友足下。""今來上國初見二友之高才博識邁於一世。"③他在《鐵橋嚴先生力闇哀辭並序》一文的末尾也僅是自稱爲"海東友人金在行平仲拜哭"④。從對浙杭三士細微的稱呼差別,同樣可察覺出金在行對陸飛的情感最爲深厚。他與陸飛特別投緣的情形,被當時出使中國的一些朝鮮文人注意到,如李德懋《清脾録》卷一有云:"養虛歸國後,起潛寄書曰:'一時萍聚,淋漓跌宕,忽而莊語,忽而諧語,極天下之至文。嘗謂真氣不死,真情不斷,千里萬里,窈窈默默,流絲裊空,不可踪迹,皆情境也。非阿兄絶妙文心,不足以狀之。'起潛與養虛骯髒不羈,氣味吻合,故尤相好云。"⑤不僅指出兩人特別相好,而且道出彼此投合的最主要原因正在於不受羈束的相似性格。

　　金在行其兄金善行與浙杭三士也有著較爲深入的交流。

　　洪大容、金在行在1766年(丙戌)二月初三日與嚴誠、潘庭筠筆談之後,洪大容告知金善行嚴、潘二人明日來訪之約,金善行得以知曉他們二人⑥。初四日,嚴、潘二人來朝鮮使館玉河館,雙方第一次會晤。之後,彼此間通過詩歌、書信等形式進行了多方面的交流。金善行與浙杭三士交流的主要內容如下:

---

① 金在行《與篠飲》(羲之蘭亭,太白桃園……),朱文藻編《日下題襟集·金秀才》,嚴誠撰,朱文藻編《鐵橋全集》第4冊。
② 金在行《與鐵橋》(昨承二友書,祇自沾襟……),同上。
③ 金在行《與鐵橋、蘭公書》(在行臨岐拜別於力闇、蘭公……),同上。
④ 金在行《鐵橋嚴先生力闇哀辭並序》,同上。
⑤ 李德懋《清脾録》卷一《陸飛飲》,洪大容、李德懋撰,鄺健行點校《朝鮮人著作兩種——〈乾净衕筆談〉、〈清脾録〉》,第183頁。
⑥ 洪大容《乾净筆譚》載:"歸到館中,以話草遍示一行,且言明日約會。副使使裨將安世洪議於堂譯,俾無阻搪。"副使即是金善行。《燕行録全集》第43冊,第24頁。

（一）與浙杭三士有過詳細的筆談。嚴誠稱金善行"遍問中華山川名勝，往復殆數萬言。繭紙亘丈者，盡十餘幅，而尤詳於江浙等處"①。由"往復殆數萬言"、"繭紙亘丈者，盡十餘幅"等語，可見其與浙杭三士筆談的熱烈。雙方還曾就朝鮮衣冠、明朝遺事有過交流。洪大容《乾净筆譚》記載有1766年（丙戌）二月初四日，嚴誠、潘庭筠在玉河館與金善行筆談之事，時順義君李烜、洪檍在座，有云："語及衣冠及前朝事，副使（筆者按，即是金善行）故爲迫問，多犯時諱。難於應酬而不慌不忙，言言贊揚本朝而間以戲笑，無半點虧漏，而言外之意自不可掩，則其事理當然。"②惜筆談的詳細記錄未留存。

（二）與浙杭三士間有數量較多的唱和詩歌，這是金善行與浙杭三士相交流又一個比較顯著的特點。金善行有《贈嚴鐵橋、潘秋廗》、《簡鐵橋四首》、《集朱子句，留別鐵橋、秋廗》等，而對於這些詩歌嚴誠均有和詩。金善行還專門爲陸飛創作有《題篠飲曾祖少微先生忠天廟畫壁詩》，陸飛亦有《題畫松扇，贈金丞相》、《又題畫竹扇，送金丞相》、《金丞相書來道別，未面之情深於既面。對來使，率成小幅，題詩送之》等。這些詩歌多表達欽佩之情以及不忍別離的傷感之痛，如詩句有云"摩挲彩筆題詩處，相像青蓮被酒時"；"漢隸唐文已鮮儔，虎頭神妙又全收"；"雄文浩瀚捲滄波，風貌親承更飲和"等等，均顯示出對友人的仰慕之心；"別恨方催都脉脉，離章欲寫故遲遲。從今祇是相思日，此後那堪獨去時"；"他年空憶今年事，草草相逢又黯然"等等，又無不表達出對離別的依依不捨之感③。

---

①朱文藻編《日下題襟集·金宰相》，嚴誠撰，朱文藻編《鐵橋全集》第4冊。
②洪大容《乾净筆譚》，《燕行錄全集》第43冊，第28—29頁。
③此小節所引詩句分別參見：嚴誠《次韻答詩》（新愁不斷正如絲）、金善行《簡鐵橋四首》、嚴誠《次韻答詩四首》（雄文浩瀚捲滄波）、金善行《贈嚴鐵橋、潘秋廗》、金善行《集朱子句，留別鐵橋、秋廗》，朱文藻編《日下題襟集·金宰相》，嚴誠撰，朱文藻編《鐵橋全集》第4冊。

第二章　安東金氏家族與中國文壇關係　　　　　　　　　　229

　　（三）停留北京期間，金善行與浙杭三士雖會晤不多，但雙方却通過書信保持著密切聯繫。現存金善行在北京期間寫給嚴誠、潘庭筠的信件有6封，載於《日下題襟集·金宰相》。嚴誠、潘庭筠亦有多封書信寫與金善行，如金善行《與鐵橋、秋庫》書中有云："雖未能更承清誨，伻書源源，稍慰鄙懷。"①此處透露出兩點信息，一是雙方應僅僅會晤過一次，二是嚴、潘二人寫給金善行的書信當有不少，惜逸失。但單從現存金善行寫給嚴、潘二人的書信中已經可以看出雙方結識後的情感特點：一是，彼此間才華的傾慕、推重之情時時洋溢於書信的字裏行間，如金善行云："僕不喜交遊，同邦罕知舊，況境外乎？然一見兩足下，忽忽傾倒，眷眷不能捨。殆瘡痲耿結，未知愛才之癖好邪，抑佛氏所謂前塵宿因邪？然秋庫端謹，鐵橋爽塏，對之默然相契，深惜以此才華風範之美，生於聲明文物之邦不能展。"②對嚴、潘二人的懷才不遇表達了深深的惋惜和慨嘆。金善行在回信中也提及了嚴、潘二人對他的傾仰之情，其書信有云："兩足下德章忽至，推重之過、相信之深可以仰想。"③二是，由於雙方建立了深厚的學誼，因此他們對別離特別敏感。如金善行書信中的黯然傷別之句隨處可見，有"僕何肯安分自疏，不慽慽於長別邪？"④"相逢之喜既大，相離之愁將奈何？"⑤"逢別太遽，不勝悤如"⑥等等。

　　由上文所述可見，金在行、金善行兄弟與浙杭三士有著較爲深入的詩歌和情感等交流。雖然他們與浙杭三士的交往，被朝鮮洪

---

①金善行《與鐵橋、秋庫》（雖未能更承清誨……），朱文藻編《日下題襟集·金宰相》，嚴誠撰，朱文藻編《鐵橋全集》第4册。
②金善行《與鐵橋、秋庫》（僕不喜交遊，同邦罕知舊……），同上。
③金善行《與鐵橋、秋庫》（東歸之轍匪久當發……），同上。
④金善行《與鐵橋、秋庫》（雖未能更承清誨……），同上。
⑤金善行《與鐵橋、秋庫》（日間兩足下德履珍重……），同上。
⑥金善行《與鐵橋、秋庫》（逢別太遽，不勝悤如……），同上。

大容與浙杭三士摯交的光環所掩蓋，但是前者間的交往同樣有著重要意義，主要體現在兩點：

（一）金在行、金善行兄弟承襲了其先祖金尚憲與中土人士結交的傳統，他們與浙杭三士的交往成爲中朝文人交流史上的佳話，在朝鮮長久流傳，如成大中就閲讀過金在行與浙杭三士的唱酬詩歌而創作有《題養虚金平仲（在行）〈杭士酬唱帖〉，用清陰韻》[①]。而流傳至今的金在行寫給嚴誠、潘庭筠的詩牘帖《中朝學士書翰》更是雙方深厚學誼的重要見證。

（二）金在行、金善行兄弟是十八世紀最早與清朝文士有著大量詩歌交流的朝鮮詩人。在某種程度上，此點意義更大：他與清文人的詩歌唱和活動，既恢復了明朝時中朝文人以大量詩歌唱酬的傳統，促進了兩國文人以詩文切磋來加深瞭解，又爲十八世紀末期朝鮮北學派文人朴齊家、柳得恭等人與清人大量的詩歌酬唱活動開闢了道路。

---

① 成大中《青城集》卷二，《韓國文集叢刊》第 248 册，第 371 頁。

第三章　豐山洪良浩家族與清文人的交往

豐山洪氏家族是韓國古代名門望族,在高麗朝和朝鮮有著顯要的官宦地位和極高的文學聲譽。南有容稱其"族大而多賢"①。其家族後代洪顯周云:

> 我洪氏系出安東之豐山縣。始祖諱之慶,仕高麗,官國學直學。生諱侃,官舍人知制誥,以詩名於時,有《洪厓集》。生諱侑,侑生諱演,俱官大提學,賜紫金魚袋。生諱龜,見麗季政亂,以郎將棄官,歸高陽家焉。戒子孫,勿求科宦,以故數世無顯仕。至我朝穆陵時,有諱履祥,以道學文章蔚爲儒宗。官大司憲,贈領議政,諡文敬,學者稱慕堂先生。有孫諱柱元,尚宣祖大王女貞明公主,封永安尉,諡文懿,積德毓祉,以大昌厥後,實先生七世祖也。高祖諱錫輔,吏曹參判贈左贊成。曾祖諱象漢,行禮曹判書,致仕贈領議政,諡靖惠。祖諱樂宬,贈左贊成。本生祖諱樂性,領議政,諡孝安。考諱仁謨,以孝安公第二子出爲贊成公後,官至右副承旨,贈領議政。②

---

① 南有容《忠州牧使贈吏曹參議洪公墓志銘並序》,南有容《雷淵集》卷二〇,《韓國文集叢刊》第 217 册,第 441 頁。
② 洪顯周《家狀》,洪奭周《淵泉集》卷四四,《韓國文集叢刊》第 294 册,第 242 頁。

洪顯周指出高麗朝洪侃公以歌詩名聞於世，而其後兩世凡三出大提學。逮至朝鮮，家族成員中亦屢出大賢與顯官。洪奭周在《〈豐山世稿〉跋》中亦有云："吾家以文學相傳紹，迨今十八世矣。"① 在歷史中，家族成員洪樂性、洪秀輔、洪良浩俱入耆社，是家族繁盛、在朝鮮極有地位的重要標志。洪仁謨有云："家親（筆者按，指洪樂性）與松峴判書公（秀輔氏）泥峴判書公（良浩氏）俱入耆社。以一門三耆堂，世所罕有。"②

值得注意的，豐山洪氏家族一直與中國文壇有著聯繫。其先祖，生活在高麗元宗時的洪侃就與中國文人保持著密切關係，其後代洪奭周在其編纂的《豐山世稿》卷一中有云："公（筆者按，指洪侃）文久散佚。有集一卷，僅詩四十二篇。中國人孔聞漂爲之序。"③ 稱其"以歌詩名聞中國"④。而後代，一大批家族成員都有出使中國的記錄，其中又有不少人與中國文人有接觸或與他們建立了深厚的學誼。特別是十八世紀後期至十九世紀中葉，洪良浩和子孫洪義俊、洪錫謨、洪敬謨、宗親洪樂性、洪仁謨等與一大批清人建立了密切的學術交往關係。其中洪良浩與紀昀的學術交往是十八世紀中朝官方文人交往的典型，是當時兩國官方學術第一次真正意義上的重要交流。兩人間的深厚學誼直接影響到雙方後代的學術交往，具有重要的歷史意義，因此，專列此章重點探討豐山洪良浩家族與清朝文人的文學和學術關聯。

---

① 洪奭周《〈豐山世稿〉跋》，洪奭周《淵泉集》卷二一，《韓國文集叢刊》第293冊，第480頁。
② 洪仁謨《足睡堂集》卷二，韓國成均館大學藏書閣藏本。
③ 洪奭周編《豐山世稿》卷一，純祖二十四年古活字本，韓國國立中央圖書館藏本。
④ 洪奭周《〈豐山世稿〉跋》，洪奭周《淵泉集》卷二一，《韓國文集叢刊》第293冊，第480頁。

第一節　朝鮮時期豐山洪氏家族出使中國的燕行記録

本節主要考察朝鮮時期豐山洪氏家族成員出使中國的情況。豐山洪氏家族成員依據《豐山洪氏》（家譜）所載系譜①，使行時間、人員、事由等依據《朝鮮王朝實録》（韓國首爾大學奎章閣藏本）、佚名編《使行録》《燕行録全集》第27册）以及相關文集。現將其可知的家族成員出使中國(1636—1911)②的燕行記録考辨如下：

一、十八世紀之前的家族成員燕行

1. 洪柱元"自丁亥至辛丑，奉使赴燕凡至四"(金壽恒《永安尉洪公墓志銘(並序)》③)，"公前後四出疆"(李敏叙《永安尉洪公謚狀》④)，分别是：

1647年(丁亥，順治四年)十一月初一日，以謝恩兼冬至行正使身份出使中國。《使行録》載："順治四年(1647)十一月初一日，謝恩兼冬至行(謝迎敕違禮，仍減年貢敕)：正使永安尉洪柱元，副使判尹閔聖徽，書狀官執義李時萬。"⑤"乙酉丁外艱，服闋復原封，其冬代大臣使燕京"。(《永安尉洪公謚狀》)

---

① 《豐山洪氏》(家譜)，韓國高麗大學圖書館藏本。
② 中國清朝的存在時間是從1636年(丙子)至1911年(辛亥)。一説清朝自1616年(丙辰)建立，從1644年(甲申)起爲全國性政權。
③ 金壽恒《永安尉洪公墓志銘(並序)》，金壽恒《文谷集》卷一九，《韓國文集叢刊》第133册，第381—383頁。
④ 李敏叙《永安尉洪公謚狀》，李敏叙《西河集》卷一六，《韓國文集叢刊》第144册，第300—303頁。
⑤ 佚名《使行録》，《燕行録全集》第27册，第203頁。

1649年(己丑,順治六年)六月十二日,第二次出使中國。《使行錄》載:"順治六年六月十二日,告訃兼奏請行(告仁祖大王升遐,請諡請承):正使永安尉洪柱元,副使工曹參判金煉,書狀官判校洪璡。"①"己丑,孝宗即位,差告訃使。上以公纔使還,又以母老,欲勿遣,任事者竟以公行"。(《永安尉洪公神道碑銘(並序)》"遣永安尉洪柱元告訃清國"。(朴世采《記孝宗初時事(己丑)》②)

1653年(癸巳,順治十年),閏七月二十七日,洪柱元第三次出使中國。《使行錄》載:"順治十年閏七月二十七日,謝恩兼陳奏行(謝改頒□清字印,謝停查敕,奏犯人擬律):正使永安尉洪柱元,副使左參贊尹絳,書狀官司藝林葵。"③"癸巳又使燕京"。(《永安尉洪公諡狀》)

1661年(辛丑,順治十八年)二月二十日,洪柱元第四次出使中國。《使行錄》載:"順治十八年二月二十日,陳慰兼進香行(慰順治崩逝,慰皇后崩逝):正使永安尉洪柱元,副使左參贊李正英。"④"辛丑又奉使赴燕京"。(《永安尉洪公諡狀》)

2.1688年(戊辰,康熙二十七年)二月十二日,洪萬鍾以陳慰兼進香正使身份出使中國。《使行錄》載:"康熙二十七年二月十二日,陳慰兼進香行:正使左參贊洪萬鍾。"⑤《肅宗實錄》卷一九載:"十四年六月十二日癸丑,進香使洪萬鍾等還。"

3.1688年(戊辰,康熙二十七年)十一月初二日,洪萬容以賀至正使身份出使中國。《使行錄》載:"康熙二十七年十一月初二日,

---

① 佚名《使行錄》,《燕行錄全集》第27冊,第204—205頁。
② 朴世采《記孝宗初時事(己丑)》,朴世采《南溪集》卷五八,《韓國文集叢刊》第140冊,第186頁。
③ 佚名《使行錄》,《燕行錄全集》第27冊,第208—209頁。
④ 同上,第215頁。
⑤ 同上,第234頁。

三節年貢行:正使左參贊洪萬容。"①《肅宗實録》卷二〇亦有載:"十五年閏三月一日朔戊戌,賀至使洪萬容、副使朴泰遜、書狀官李三碩還自清國,命引見。"

4.1696年(丙子,康熙三十五年)七月二十五日,洪萬朝以謝恩副使身份出使中國。《使行録》載:"康熙三十五年七月二十五日,謝恩行:正使臨昌君焜,副使右參贊洪萬朝。"②《肅宗實録》卷三〇亦載:"二十二年七月二十五日己卯,謝恩正使東平君杭、副使洪萬朝、書狀官任胤元如清國。"

二、十八世紀中的家族成員燕行

1.1723年(癸卯,雍正元年)八月初八日,洪重禹以陳慰副使身份出使中國。《使行録》載:"雍正元年八月初八日,陳慰兼進香行:正使禮曹判書吴命峻,副使户曹參判洪重禹。"③《景宗實録》卷一二亦載:"三年六月二十日,吴命峻爲陳慰正使,洪重禹爲副使,黄晸爲書狀官,以有清國皇太后喪也。"

2.1734年(甲寅,雍正十二年)十一月初四日,洪景輔以冬至副使身份出使中國。《使行録》載:"雍正十二年十一月初四日,三節年貢行:正使吏曹判書尹遊,副使禮曹參判洪景輔。"④《英祖實録》卷三九亦載:"十年十一月四日,冬至正使尹遊、副使洪景輔、書狀官南泰温詣闕拜辭,上引見慰諭送之。"

3.1740年(庚申,乾隆五年)十一月初四日,洪昌漢以書狀官身份出使中國。《使行録》載:"乾隆五年十一月初四日,謝恩兼三節年貢行:正使洛豐君楺,副使吏曹判書閔亨洙,書狀官司僕正洪昌漢。"⑤《英祖實録》卷五二亦載:"十六年閏六月二十九日,洛豐君懋

---

①佚名《使行録》,《燕行録全集》第27册,第234—235頁。
②同上,第240頁。
③同上,第256頁。
④同上,第265頁。
⑤同上,第269—270頁。

爲謝恩兼冬至正使,閔亨洙爲副使,洪昌漢爲書狀官。"洪昌漢寫有使行日記《燕行日記》。

4.1742年(辛酉,乾隆七年)十一月初七日,洪重一以書狀官身份出使中國。《使行錄》載:"乾隆七年十一月初七日,三節年貢兼謝恩行:正使洛昌君橙,副使吏曹判書徐命彬,書狀官兼掌令洪重一。"①《英祖實錄》卷五六載:"十八年九月四日,洪重一爲書狀官。"

5.1763年(癸未,乾隆二十八年)二月十二日,洪重孝以奏請副使身份出使中國。《使行錄》載:"乾隆二十八年二月十二日,謝恩兼陳奏奏請行:正使長溪君棅,副使禮曹判書洪重孝。"②《英祖實錄》卷一〇一載:"三十九年二月十二日庚子,召見奏請三使臣長溪君棅、副使洪重孝、書狀官洪趾海。"

6.1763年(癸未,乾隆二十八年)十一月初二日,洪名漢以冬至副使身份出使中國。《使行錄》載:"乾隆二十八年十一月初二日,謝恩兼三節年貢行:正使順悌君烜,副使禮曹判書洪名漢。"③《英祖實錄》卷一〇二亦載:"三十九年七月二十八日,洪名漢爲冬至副使。"

7.1769年(己丑,乾隆三十四年)十月二十二日,洪樂信以書狀官身份出使中國。《使行錄》載:"乾隆三十四年十月二十二日,三節年貢行:正使禮曹判書徐命膺,副使吏曹參判洪梓,書狀官兼持平洪樂信。"④

8.1779年(己亥,乾隆四十四年)十月二十九日,洪明浩以書狀官身份出使中國。《使行錄》載:"乾隆四十四年十月二十九日,三節年貢兼謝恩行:正使昌城尉黃仁點,副使禮曹判書洪檢,書狀官

---

①佚名《使行錄》,《燕行錄全集》第27册,第270—271頁。
②同上,第284頁。
③同上,第285頁。
④同上,第287頁。

第三章　豐山洪良浩家族與清文人的交往　　237

兼掌令洪明浩。"①《正祖實錄》卷八亦載："三年十月二十九日己卯，召見冬至正使黃仁點、副使洪檢、書狀官洪明浩、全羅道觀察使徐有鄰、仁點等赴燕，有鄰辭陛也。"

9.1781年（辛丑，乾隆四十六年）十一月初一日，洪秀輔以冬至副使身份出使中國。《使行錄》載："乾隆四十六年十一月初一日，三節年貢兼謝恩行：正使昌城尉黃仁點，副使禮曹判書洪秀輔。"②《正祖實錄》卷一二亦載："五年九月一日，洪秀輔爲冬至副使。"

10.1782年（壬寅，乾隆四十七年）十月二十二日，洪良浩以冬至副使身份出使中國。《使行錄》載："乾隆四十七年十月二十二日，三節年貢兼謝恩行：正使判中樞鄭存謙，副使吏曹判書洪良浩。"③《正祖實錄》卷一四亦載："六年十月二十二日乙酉，召見冬至正使鄭存謙、副使洪良浩、書狀官洪文泳，辭陛也。"

11.1783年（癸卯，乾隆四十八年）十月十五日，洪樂性以謝恩正使身份出使中國。《使行錄》載："乾隆四十八年十月十五日，謝恩行：正使判中樞洪樂性。"④《正祖實錄》卷一六亦載："七年九月二十日，洪樂性爲謝恩正使，尹師國爲副使，李魯春爲書狀官。"是行，洪樂性子洪仁謨隨行⑤。

12.1794年（甲寅，乾隆五十九年）十月二十九日，洪良浩冬至兼謝恩正使身份出使中國。《使行錄》載："乾隆五十九年十月二十九日，三節年貢兼謝恩行：正使判中樞洪良浩。"⑥《正祖實錄》卷四〇亦載："十八年七月七日，以洪良浩爲冬至兼謝恩正使。"此次

---

①佚名《使行錄》，《燕行錄全集》第27冊，第293—294頁。
②同上，第295頁。
③同上，第295頁。
④同上，第296頁。
⑤洪奭周《先考右副承旨贈領議政府君家狀》載："是冬，（洪仁謨）隨孝安公入燕京，縱觀中國名勝，與江南人方維翰、盧烜等遊，日爲詩相和。"孝安公即洪樂性。洪奭周《淵泉集》卷三五，《韓國文集叢刊》第294冊，第96頁。
⑥佚名《使行錄》，《燕行錄全集》第27冊，第302頁。

出使，洪良浩子洪羲俊隨行①。

13.1797年（丁巳，嘉慶二年）十月十五日，洪樂遊以書狀官身份出使中國。《使行錄》載："嘉慶二年十月十五日，三節年貢兼謝恩行：正使判中樞金文淳，副使禮曹判書申耆，書狀官兼掌令洪樂遊。"②《正祖實錄》卷四七亦載："二十一年十月十五日庚戌，召見冬至兼謝恩正使金文淳、副使申耆、書狀官洪樂遊，辭陛也。"申緯《送洪蘭塾尚書（羲臣）使燕》詩注有云："先尚書巽齋公、尊叔耳溪太史皆有是役。君於丁巳行，充書狀官，今又爲上价。"申緯又有云："余壬申之役，偕君《丁巳日錄》。"③丁巳即1797年。筆者按，洪樂遊即洪羲臣。《韓國人名字號辭典》"洪羲臣"條載："洪羲臣初名樂遊，字叔藝，蘭塾，號梧軒，豐山人。"④

三、十八世紀後的家族成員燕行

1.1803年（癸亥，嘉慶八年）七月十一日，洪羲浩以謝恩副使、洪奭周以書狀官身份出使中國。《使行錄》載："嘉慶八年七月十一日，謝恩使行：正使判中樞李晚秀，副使禮曹判書洪羲浩，書狀官兼執義洪奭周。"⑤《純祖實錄》卷五載："三年七月十一日癸卯，召見謝恩正使李晚秀、副使洪羲浩、書狀官洪奭周，辭陛也。"

2.1805年（乙丑，嘉慶十年），洪受浩以書狀官身份出使瀋陽。《純祖實錄》卷七載："五年閏六月十五日，召見瀋陽問安使李秉模、書狀官洪受浩，辭陛也。"

3.1815年（乙亥，嘉慶二十年），洪羲浩以冬至正使身份出使中

---

① 參見本章第三節《洪良浩與紀昀交遊考述》。
② 佚名《使行錄》，《燕行錄全集》第27冊，第304頁。
③ 申緯《送洪蘭塾尚書（羲臣）使燕》，申緯《警修堂全稿》卷七，《韓國文集叢刊》第291冊，第137頁。
④ 李斗熙、朴龍圭等編著《韓國人名字號辭典》，啓明文化社，1988年，第435頁。
⑤ 佚名《使行錄》，《燕行錄全集》第27冊，第309頁。

國。《純祖實録》卷一八載:"十五年十月二十四日乙亥,召見冬至正使洪義浩、副使趙鐘(鍾)永、書狀官曹錫正,辭陛也。"

4.1817年(丁丑,嘉慶二十二年),洪義瑾以書狀官身份出使中國。《純祖實録》卷二〇載:"十七年十月二十九日己亥,召見冬至正使韓致應、副使申在明、書狀官洪義瑾,辭陛也。"是行,洪義錫當隨行①。

5.1819年(己卯,嘉慶二十四年),洪義臣以冬至正使身份出使中國。《純祖實録》卷二二載:"十九年十月二十四日,召見冬至正使洪義臣、副使李鶴秀、書狀官權敦仁,辭陛也。"

6.1821年(辛巳,道光元年),洪命周以告訃使、洪彦謨以書狀官身份出使中國。《純祖實録》卷二三載:"二十一年三月十二日,以洪命周差告訃使,洪彦謨差書狀官。"

7.1823年(癸未,道光三年),洪義浩以冬至正使身份出使中國。《純祖實録》卷二六載:"二十三年十月二十一丙辰,召見冬至正使洪義浩、副使李龍秀、書狀官曹龍振,辭陛也。"是行,其子洪義福隨行②。

8.1826年(丙戌,道光六年),洪羲俊以冬至正使身份出使中國。《純祖實録》卷二八載:"二十六年十月二十七日乙亥,召見冬至正使洪羲俊、副使申在植、書狀官鄭禮容,辭陛也。"洪羲俊子洪

---

① 徐世昌編,聞石點校《晚晴簃詩匯》卷二〇〇載云:"晶山與洪駱皋以嘉慶戊寅(筆者按,1818年)奉使入都,時陶文毅方在詞館,相遇於琉璃廠,遂與訂交。"中華書局,1990年,第9192頁。而《答高麗駙馬都尉豐山君洪顯周書》有云:"昨又晤晚窩、駱皋兩君子。晚窩老成典雅,駱皋清標玉立,皆與不佞一見如故,有以知貴族爲東方詩書之閥。"陶澍《陶文毅公全集》卷四〇,清道光刻本。晚窩即洪義瑾,駱皋即洪義錫,故由此推斷1817年(丁丑),洪義錫隨洪義瑾出使中國。

② 洪義浩有《以一律贈壽棠周生(錫祺)。周生能文詞,又解星命,卜筮與義福,最相好故也》詩,提及清人周錫祺與其子洪義福最相好。而周錫祺是洪義浩第三次出使中國時結識的文人,故可推斷洪義浩此行有洪義福相隨。洪義浩《澹寧瓿録》卷一八,第150頁。

錫謨陪同前往北京，其《遊燕稿》載詩《丙戌十月二十七日，陪家親正使之行，出弘濟院站，述懷》，詳細寫明了此次出使時間。

9. 1827年（丁亥，道光七年），洪遠謨以書狀官身份出使中國。《純祖實錄》卷二九載："二十七年十月二十八日，召見冬至正使宋冕載、副使李愚在、書狀官洪遠謨，辭陛也。王世子亦召見之。"

10. 1829年（己丑，道光九年），洪羲瑾以冬至副使身份出使中國。《純祖實錄》卷三〇載："二十九年十月二十七日戊子，召見冬至正使柳相祚、副使洪羲瑾、書狀官趙秉龜，辭陛也。王世子亦召見之。"

11. 1830年（庚寅，道光十年），洪敬謨以謝恩副使身份出使中國。《純祖實錄》卷三一載："三十年十月三十日，召見謝恩正使徐俊輔、副使洪敬謨、書狀官李南翼，辭陛也。"

12. 1831年（辛卯，道光十一年）七月二十二日，洪奭周以謝恩正使身份出使中國。《使行錄》載："道光十一年七月二十二日，謝恩使行：正使判中樞洪奭周。"①《純祖實錄》卷三二亦載："三十一年七月二十二日壬申，召見謝恩正使洪奭周、副使俞應煥、書狀官李遠翊，辭陛也。"

13. 1834年（甲午，道光十四年），洪敬謨以進賀正使身份出使中國。《純祖實錄》卷三四載："三十四年二月十二日丁未，召見進賀正使洪敬謨、副使李光正、書狀官金鼎集，辭陛也。"是行，其子洪翼周隨行。洪敬謨《耘石山人文選》卷九《祭亡兒縣監文》載："維歲甲午二月，余以進賀正使受命如燕，兒子翼周爲護父行，願從之，余許以偕作。粤三月初七渡鴨江，涉遼野，穿山海關，行三十有一日入燕京，舍於玉河館。"②

14. 1835年（乙未，道光十五年），洪命周以陳賀兼謝恩正使身份出使中國。《憲宗實錄》卷二載："元年二月二十一日，以洪命周

---

① 佚名《使行錄》，《燕行錄全集》第27册，第329頁。
② 洪敬謨《祭亡兒縣監文》，洪敬謨《耘石山人文選》卷九，韓國首爾大學奎章閣藏本。

爲陳賀兼謝恩正使,尹聲大爲副使,趙鶴年爲書狀官。以皇后册封皇太后加上徽號也。"

15. 1850年（庚戌,道光三十年）,洪羲錫以陳慰進香副使身份出使中國。《哲宗實錄》卷二載:"元年三月二十六日戊午,召見陳慰進香使（正使徐左輔、副使洪羲錫、書狀官金會明）,辭陛也。"

16. 洪顯周在"道光中嘗奉使詣京師"。徐世昌編,聞石點校《晚晴簃詩匯》卷二〇〇載:"洪顯周,字世叔,號約軒,朝鮮人。有《海居齋詩鈔》。"又載:"詩話:豐山洪氏爲三韓大族,約軒尚主,授都尉。篤雅有文采,嘗彙刻十世遺稿曰《豐山世稿》,又與兩兄合刻詩稿號《永嘉三怡集》。道光中嘗奉使詣京師,集中有與吳蘭雪、蔣秋吟唱和詩。"①

17. 1864年（甲子,同治三年）,洪必謨以書狀官身份出使中國。《使行錄》載:"同治三年正月二十一日,告訃請諡兼承襲奏請行:正使右議政李景在,副使吏曹判書林肯洙,書狀官司僕寺正洪必謨。"②

18. 1873年（癸酉,同治十二年）,洪遠植以謝恩兼冬至副使身份出使中國。《使行錄》載:"同治十二年十月二十四日,謝恩兼冬至行:正使判中樞鄭建朝,副使禮曹判書洪遠植,書狀官兼掌令李鎬翼。"③

19. 1875年（乙亥,光緒元年）,洪兢周以陳慰兼進香副使身份出使中國。《使行錄》載:"光緒元年四月十三日陳慰兼進香行:正使判中樞姜蘭馨,副使禮曹判書洪兢周,書狀官兼執義姜贊。"④

四、結論

1. 在1636年（丙子）至1911（辛亥）年間,至少有46人次出使

---

① 徐世昌編,聞石點校《晚晴簃詩匯》卷二〇〇,第9197頁。
② 佚名《使行錄》,《燕行錄全集》第27册,第353頁。
③ 同上,第359頁。
④ 同上,第360頁。

中國，而其中一些成員還多次出使中國，如洪柱元 4 次、洪良浩 2 次、洪奭周 2 次、洪羲俊 2 次、洪羲臣 2 次、洪敬謨 2 次、洪羲浩 3 次等。豐山洪氏家族成員頻繁充任朝鮮使團三使的職銜出使中國，此現象在朝鮮外交史上非常突出，可以反映出豐山洪氏家族在朝廷的顯赫地位。

2. 十八世紀家族成員的使清次數與以前相比有了很大增加，洪重禹、洪景輔、洪良浩、洪樂性、洪仁謨等出使清朝在 15 人次（含隨行的家族成員）以上，至少超過以前 8 人次，這爲他們與清文人大量結交創造了良好的先決條件。這也爲十八世紀以後家族成員的使清和結識清人奠定了良好基礎。

第二節　洪良浩及子孫與清代文人關係考述

十八世紀豐山洪氏家族成員與清文人的交往中，最引人注目的是洪良浩、洪羲俊父子與清人紀昀、戴衢亨、蔣詩等的交往。洪良浩、洪羲俊父子與他們建立下深厚學誼後，洪錫謨、洪敬謨又沿著其父、其祖的交流足迹，與他們後嗣紀樹蕤、蔣釴、戴嘉會等一大批清文人進行了文學、學術等方面的大量交流，形成了中朝學術交流史上一道亮麗的風景。分別考述如下：

一、洪良浩與清文人的交流

洪良浩（1724—1802），初諱良漢，字漢師，後改名良浩，號耳溪，豐山人。北學派的代表人物之一。英祖壬申生員，文科。歷檢閱修撰。甲午登俊試，擢大提學判義禁府事。入耆社，謚文獻[1]。有《耳溪集》、《耳溪洪良浩全書》等存世。其傳見洪良浩《太史氏自序》

---

[1] 參見安鍾和會纂《國朝人物志》"洪良浩"條，第 294 頁。

(洪良浩《耳溪集》卷一八)、《朝鮮洪良浩墓碑》(韓國成均館大學藏書閣藏拓本)、李晚秀《大提學耳溪洪公謚狀》(李晚秀《屐園遺稿》卷一〇)、鄭元容《判中樞府事兼吏曹判書洪公(良浩)墓誌銘》(鄭元容《經山集》卷一七)、安鍾和會纂《國朝人物志・洪良浩》等。

洪良浩曾兩次出使中國,1782年(壬寅)十月第一次出使中國時,交流過的清文士有徐紹薪、戴衢亨、德保、博明、金簡、齊佩蓮、李美等。1794年(甲寅)第二次出使中國之時,交流的清文士有紀昀、鐵保、李鼎元、釋廣老等。歸國後,他仍然與戴衢亨、戴心亨、紀昀、齊佩蓮、李美等保持著詩書聯繫。其間,洪良浩與他們有書信往復、詩歌贈酬、學術研討、禮物互贈等等①。

總體來考察洪良浩與清人的交流,其交流内容和特點如下:

1. 洪良浩雖兩次出使中國,但其與清文士面晤筆談並不多,如其從未與戴衢亨、紀昀握手言晤。他主要通過書信往復長期與清文人保持著交流,現存與戴衢亨、紀昀、齊佩蓮、李美來往書信24封。《與戴翰林衢亨書》是時間最早的一封書信,寫於1783年(癸卯)。《與紀尚書書(辛酉)》是最晚的一封書信,寫於他去世前一年,即1801年(辛酉)。這些書信,一是表達出彼此的傾慕之情,傳遞著彼此的境況等。二是包含著文學和學術方面的大量研討,這是洪良浩與一些清文士深入交流的重要表現。如戴衢亨在書信中對洪良浩所著《六書妙契》作了品評,有云:"所著《六書妙契》,理解精到,不讓古人。"②並有詩句贊曰:"偏傍點畫具心得,奧字奇語令人驚","上考冰斯溯倉頡,貴從山下窮滄瀛","洪公讀書究源委,欲以新意超前英。強尋波磔欣創獲,細與注釋誇研精。有如園客獻獨繭,音徽一一符天成"③。指出洪良浩六書研究"究源委"、重創

---

①洪良浩與清文士的具體交遊事迹,參見本書下編《十八世紀中朝文人交流長編》。
②戴衢亨與洪良浩書(副使洪先生啓。渴慕已久……),《同文神交》。
③戴衢亨《戴翰林答詩》,洪良浩《耳溪洪良浩全書》卷六,第119頁。

獲、有新意等諸多特點。又如，洪良浩在收到清人李美贈送的《韓文公書後叙》一文後，通過書信，向李美傳達了自己對該文的看法，有云："前呈書院《後叙》，蓋欲溯論清聖讀書之旨，以破世人之惑，且使知韓子大書表章之者，實有功於希聖之方也。"①

2.洪良浩在與清文人交往中側重於詩歌的贈酬，如其"壬寅奉使，與德定圃尚書、博晰（昕）齋洗馬、戴蓮士修撰遞相唱和"②。現存洪良浩與清文士間的贈詩多達32首；其中洪良浩贈詩21首、受贈詩11首。其數量僅次於朴齊家、洪大容、柳得恭與清文人來往贈詩數目。此外，他與清文士詩歌唱酬數量多達9組（當爲20首詩歌，其中16首詩歌可考）。其所交流的清文士，都與他有詩歌贈酬。這些贈酬之作主要內容爲：一是傳達對彼此的敬慕之情，如洪良浩贈戴衢亨詩句有云："側聞有戴氏，赫焉聲遠暨。三蘇可並駕，二陸方聯轡。狀元何英妙，藹然爲國瑞。"③將戴衢亨比肩於北宋"三蘇"，晉朝太康時期的陸機、陸雲兄弟，指出戴衢亨才華超妙的特點。又如清秀才齊佩蓮在贈詩中稱洪良浩"儒雅風流是我師"④。二是表達臨別的不忍之情和別離後的相思之念，真實地展現出洪良浩與清友人的深厚友誼。這在洪良浩與紀昀間的贈酬詩作中表現得尤爲明顯。下節《洪良浩與紀昀交遊考述》中有專門論述，此不贅及。

3.紀昀是洪良浩聯繫最爲緊密的清文士。洪良浩與紀昀雖從未面晤筆談過，但兩人主要通過書信進行了長期交往，關係極其密切。主要表現爲：首先，自1795年（乙卯）他與紀昀有學術交流後，一直延續到他生命的最後時期，雙方幾乎一年一書信往復，其間有

---

① 洪良浩《答孤竹國李秀才美純之書》（節使伴春而歸……），洪良浩《耳溪洪良浩全書》卷一六，第322頁。
② 紀昀《〈耳溪詩集〉序》，洪良浩《耳溪集》卷首，《韓國文集叢刊》第241冊，第3頁。
③ 洪良浩《贈戴翰林衢亨》，洪良浩《耳溪洪良浩全書》卷六，第119頁。
④ 齊佩蓮《贈耳溪老人七律》，《同文神交》。

第三章　豐山洪良浩家族與清文人的交往　　　　　　　　　　　　245

詩歌唱酬、禮物相贈等，始終保持著音信互通。其次，他與紀昀的往復尺牘、詩歌贈酬數量在他與清人來往書信、唱酬詩歌總量中最多。現存其與紀昀來往書信10封，來往贈詩多達17首，詩歌唱酬有1組（共4首詩歌）。再次，他與紀昀是"傾蓋如故，同氣相求"的學術之交，交流内容涉及文學創作目的、創作動因、門户之爭等諸多方面的深層次研討，此在十八世紀中朝學術交流史中具有重大意義。最後，他與紀昀的交往給雙方家族子孫的延續交流奠定了堅實的基礎。之後，雙方子孫的來往時間多達半個世紀之久，此現象在中朝文人交流史中極爲罕見。

　　4. 作爲北學派重要人物之一，洪良浩既善於吸納清朝治國的長處，積極地向正祖進陳向清朝學習的主張①，也特別善於主動地向清文士推介自己的文學創作和學術著作，從而弘揚本民族文化。他曾先後贈送《六書妙契》、《六書經緯》(《六書妙契》的增删本)與戴衢亨，希望自己的學説能在清朝得到傳揚。其1797年(丁巳)寫給戴衢亨的書信中云："往歲所呈《六書妙契》，尚置案頭否？厥後多有增删，易名以《六書經緯》，面目比前稍異，故更書以呈此書。如有可采，則布示學者，以廣其傳。使海外管見得齒中國書肆，則豈非聖代奇事耶？"②又先後贈送《耳溪詩集》、《耳溪文集》、《六書經緯》與紀昀。1786年(丙午)，洪良浩又讓李喜經携己著詩一卷贈徐大榕，並屬其爲序。總體來看，洪良浩向清友人介紹自己文學創作和學術研究的情況非常成功，紀昀欣然爲其撰寫了《〈耳溪詩集〉

————

① 1783年(癸卯)，洪良浩出使中國歸國後撰寫了《陳六條疏》一文，具體陳述了向清朝有所學習的主張，有云："地是中華之舊，人是先王之民，流風餘俗尚有可徵，至於利用厚生之具皆有法度。……臣謹取其有裨於國計，最切於民用者，分爲六條，開列於左，惟聖明垂察焉。"此是其爲北學派代表人物之一的明證。洪良浩《耳溪集》卷一九，《韓國文集叢刊》第242册，第345—346頁。

② 洪良浩《與戴翰林書》(壬寅貢行……)，洪良浩《耳溪洪良浩全書》卷一六，第320頁。

序》、《〈耳溪文集〉序》、《〈六書經緯〉後題》。徐大榕在閱讀其詩後，也爲其撰寫了《〈洪尚書詩卷〉序》。在這些序跋中，洪良浩的著述得到了他們的高度評價。如他的詩，徐大榕從根正情雅、寄托遥深等方面給予了充分肯定，有贊云："然撫其篇什，類天姿曠朗，至性過人，而窺其根底，則浸淫乎騷選者居多。凡初唐諸名家，尤力所摹仿，故氣清而骨隽，不落凡格，每一吟咏，則寄托遥深。求諸'三百篇'之遺旨，胥於是乎在。"①對其六書研究，紀昀稱頌了其致思深刻、實事求是的治學精神，有云："《字説》以深湛之思，溯治官察民之本意。不求同於古人，亦不求異於古人，因所固有而得其當然。有此一編，始知書契所繫之大。其尤當理者，在不全爲之説，亦不强爲之説。……高郵王給事懷祖，東原高足也，於小學，最有淵源。昨以示之，渠深佩服，知弟非阿所好矣。"②

二、洪義俊與清文人的交流

洪義俊(1761—1841)，字仲心，號薰谷，初名樂浚，字仲深，後改名爲義俊③，洪良浩次子，"英宗辛巳二月二十六日生，幼遲重，寡喜怒，獨喜遊翰墨間。長益矻矻治墳典，不問户外事"。"甲寅，中庭試丙科，以攝記注侍上"，後歷任成均館典籍、兵曹佐郎、司諫院正言、判中樞府事等職。紀昀稱其"能讀父書，比之蘇叔黨之稱小坡"。陳用光稱其學術"能闡啓蒙之緒，宋學之盛於東方如此云"④。洪義俊自云："嘗讀古人之書，每有北學之志向者。"⑤時人對其有"朝廷之老成

---

① 徐大榕《〈洪尚書詩卷〉序》，《同文神交》。
② 紀昀《〈六書經緯〉後題》，洪良浩《耳溪集·外集》卷一〇，《韓國文集叢刊》第242册，第338頁。
③ 洪義俊《與紀茂林樹蕤書（庚寅）》（義俊頓首，致書茂林世友足下：海山悠遠……）有云："僕亦於甲寅之行名是樂浚，後改爲義俊。"洪義俊《傳舊》卷五。
④ 徐有榘《吏曹判書文穆洪公墓志銘》，徐有榘《楓石全集·金華知非集》卷八，《韓國文集叢刊》第288册，第455—458頁。
⑤ 洪義俊《與李墨莊鼎元書》（樂浚拜手，上墨莊學士足下……），洪義俊《傳舊》卷四。

人典型"、"賢德宰相"之譽。辛丑十月二十四日,"終於正寢,春秋八十有一"。洪羲俊精《易》學,著《大貫》、《玩易大旨》、《圖書衍象》、《易象集説》等書①,有文集《傳舊》。其傳見徐有榘《吏曹判書文穆洪公墓志銘》(徐有榘《楓石全集·金華知非集》卷八)、洪錫謨《先考吏曹判書府君墓志》、《先考吏曹判書府君行狀》(《陶厓集》卷八)等。

(一)洪羲俊與清文士交流概况

洪羲俊曾兩次出使清朝,第一次在1794年(甲寅)十月,其父洪良浩以冬至兼謝恩正使身份出使中國,他作爲軍官子弟隨行。第二次是在1826年(丙戌)十月,以冬至正使身份出使中國,而其子洪錫謨以軍官子弟身份隨行。

第一次出使,洪羲俊結識的清文士有紀昀、齊佩蓮、李鼎元、羅聘、羅允紹、熊方受、朱承寵、釋雲光、蔣詩等人②。總體看,甲寅年之行,他與紀昀、李鼎元以及與李鼎元援引介紹的洛下諸學士有比較多的交往,關係相當親密。主要表現在:

其一,洪羲俊與紀昀、李鼎元面晤筆談次數較多,相互間的尺牘往復也較爲頻繁。與紀昀僅面晤筆談就有三次,在別後與紀昀的書信中有云:"不鄙庸陋之姿而猥抗賓主之禮,三登末席,榮耀已極。"③他還通過書信與紀昀保持有密切聯繫。《傳舊》中收錄有1795年(乙卯)至1798年(戊午)與紀昀來往書信6封。同樣,洪羲俊與李鼎元也有著比較多的面晤次數,其與墨莊書信中有云:"僕於囊日遊覽上都,……蒙足下之眷愛,屢參賓筵之末席。"稱自己屢次得到李鼎元邀請而參加與清文人的聚會。由此也可見,李鼎元在洪羲俊與清文人的結識過程中發揮了重要的介紹作用。洪羲俊對此非常感激,在後

---

①洪錫謨《先考吏曹判書府君行狀》,洪錫謨《陶厓集》卷八,韓國成均館大學藏書閣藏本。
②參見本書下編第五章《十八世紀後期中朝文人交流長編》。
③洪羲俊《與紀尚書昀書》(樂浚再拜,上書於曉嵐先生閣下:歸冬半載……),洪羲俊《傳舊》卷四。

來的書信中有云："如非足下好士之風，何以及此？且能因緣介紹，得與洛下諸學士從遊於翰墨之場。選卜暇日，追躡高風，杯酌殷情，詩牘聯翩。自顧淺陋，何以得此於諸君子也？"①顯然，李鼎元正是將洪義俊視爲知己，故纔有多次引薦他與自己朋友相會的舉動。

其二，別離後，洪義俊對紀昀、李鼎元以及洛下諸公念念不忘。在回國路途中就寫有思念李鼎元、紀昀的詩作《十六日，途中懷李墨莊，次杜》、《途中懷紀尚書，次杜》，其詩句"蘭心新契合，筆舌雅談長。關外良朋遠，奇遊詎可忘"，"龍門末席曾三上，別夢長懸薊北天"體現出的思念之情悠長。回到朝鮮後，他還在給李鼎元的信件中一再詢問中原諸友情況，云："曩者交遊諸公安否，近何如？幸爲僕傳此區區之懷也。"1797年（丁巳）冬，在《寄墨莊書》中又問及："洛下諸公學士安否，亦何如？此身雖在萬里之外，夢魂長繞於翰墨之場。何以則復登華軒，重聆清談？"②顯然，在北京與友人的歡聚暢談，給他留下了極爲深刻的印象。

1826年（丙戌）洪義俊第二次出使中國。此次，他並未能與甲寅之行所結識的友人會面，其原因在於紀昀、李鼎元、羅聘、熊方受等已經過世，而當年年紀稍輕的蔣詩則未在京城③。洪義俊此行雖未遇到蔣詩（號秋吟），但蔣詩不忘舊要，後有書信寄與洪義俊，以

---

① 洪義俊《與李墨莊鼎元書》（樂浚拜手，上墨莊學士足下……），洪義俊《傳舊》卷四。
② 此段四處引文分別參見洪義俊《十六日，途中懷紀尚書，次杜》（詞宗李墨莊），洪義俊《傳舊》卷二。洪義俊《途中懷紀尚書，次杜》（夫子清明間四邊），洪義俊《傳舊》卷二。洪義俊《與李墨莊鼎元書》（樂浚拜手，上墨莊學士足下……），洪義俊《傳舊》卷四。洪義俊《寄墨莊書》（丁巳冬……），洪義俊《傳舊》卷四。
③ 紀昀生卒年（1724—1805）、李鼎元（1749—1812）、羅聘（1733—1799）、熊方受（1761—1825），參見黃南津《熊方受生平考辨》，《廣西地方志》1995年第5期第61頁。1827年（丁亥）初，蔣詩未在京師。蔣詩《蔣秋吟書》（三十年前薰谷先生……）有云："昨年薰谷先生充使選，余以歸里未得晤。"洪義俊《傳舊》卷六。

第三章　豐山洪良浩家族與清文人的交往　　　　　　　　　　　　249

表達未會晤的遺憾以及兩家之子以繼世好的欣悦①。此後，洪羲俊和蔣詩通過書信往復重新接繼起舊誼。

　　此番中國之行，洪羲俊結識的新友人有陳用光（號石士）、陳延恩（字登之）、陳孚恩（字子鶴）②、紀樹蕤（號茂林）等。陳用光、陳延恩、陳孚恩屬同一家族，陳孚恩是陳延恩從弟，兩人都爲陳用光從侄孫。洪羲俊停留北京之際，他們三人都在京師，且來往密切③。洪羲俊與陳氏三人的最初相識，其《傳舊》未有記載，而洪錫謨《遊燕稿》載洪錫謨與陳延恩"約會訂交於雲莊宅"④。故由此推斷，洪羲俊可能通過其子洪錫謨的介紹而得以與陳延恩相識，後又通過陳延恩的援引從而與陳用光、陳孚恩訂交。洪羲俊《與陳學士石士用光書》中描繪了自己與陳用光在陳延恩家第一次見面的情形，有云："幸蒙閣下之許接，得瞻清儀於登之之宅，塵論曲摯，杯酌殷勤。"⑤此似乎也表明陳延恩推薦陳用光、陳孚恩與洪羲俊相識的作用。洪羲俊與紀樹蕤相會交流的基礎則是洪良浩和紀昀間深厚的學誼關係，因此，洪羲俊一到達北京，"先問曉嵐先生宅安否"，在得

---

①參見蔣詩《蔣秋吟書》（三十年前薰谷先生……），洪羲俊《傳舊》卷六。
②洪羲俊《與陳學士石士用光書》（羲俊頓首，敬上石士先生閣下……）有云："瞻望北斗，神思黯結，登之、子鶴諸君安否？ 近何如？幸爲僕傳此戀戀不能忘之懷也。"洪羲俊《傳舊》卷六。由此，可知洪羲俊當曾與子鶴交往過。子鶴是陳孚恩。洪錫謨《遊燕稿》載："陳子鶴名孚恩，號少默，子鶴其字也。文淵閣直閣事希曾之子，登之之從弟。乙酉，選建昌府拔貢科，今官吏部京官。與登之同居，故得與結交焉。"《燕行錄續集》第129册，第137頁。洪羲俊書中將登之、子鶴並稱，顯然洪羲俊所云子鶴爲陳孚恩無疑。
③洪錫謨有《二十九日，陳登之宅約陳石士來會，又與陳子鶴叙話，臨歸用前韻書贈登之便面》詩，《燕行錄續集》第129册，第137頁。洪錫謨停留北京期間，陳氏三人同在陳延恩宅與洪錫謨相會，即爲陳氏三人關係密切的重要明證。
④洪錫謨《奉贈陳登之延恩》詩注曰："（陳登之）爲戴雲莊之婦弟，故約會訂交於雲莊宅。"洪錫謨《遊燕稿》，《燕行錄續集》第129册，第129頁。
⑤洪羲俊《與陳學士石士用光書》（羲俊頓首，敬上石士先生閣下……），洪羲俊《傳舊》卷六。

知紀昀孫紀樹蕤獨在舊宅的消息後，便"委送家兒面叙世好"。此後，雙方通過面晤筆談、尺牘往復等在學術、文學等方面展開深入的交流，直接承繼了洪良浩和紀昀同氣相求的交遊傳統。

(二)洪羲俊與清文士交流的形式與内容

據洪羲俊《傳舊》中載錄的與清文人間的來往書信、贈酬詩歌等考察①，其與清文士交流事迹主要有：

1.面晤筆談：洪羲俊兩次出使中國過程中，與清人紀昀、李鼎元、蔣詩、陳用光、紀樹蕤、齊佩蓮等有筆談。如第一次出使中國時，除了與紀昀、李鼎元有較多的筆談交流外，他還與蔣詩在紀昀宅中有筆談。蔣詩在給洪羲俊書信中有云："乾隆乙卯之春，在紀宗伯曉嵐先生齋，得挹芳儀，藉聆塵教。……每溯清譚，時增馳念。"②第二次出使中國，洪羲俊又與陳用光、陳延恩、齊佩蓮、紀樹蕤等有筆談。其給陳用光書信中有云："羲俊以東海遐踪，特被閣下不鄙之盛眷。向日約會枉顧，教誨諄摯，接待款曲。閣下愛士之風，孰不欽仰？"③給齊佩蓮書信中有云："僕於曩冬旅舍，幸接清儀，半夜雅話，傾倒心肝。"④可惜這些筆談記錄都没有留存下來，具體内容也無從知曉。

2.書籍贈送：出於弘揚自己、祖先或師友的學術成就，洪羲俊與清友人間多有書籍饋贈。如其將洪良浩詩文選本二册、洪良浩

---

① 與洪羲俊有過交流的清人的文集，如李鼎元《師竹齋集》(清嘉慶刻本)，陳用光《太乙舟詩集》十三卷及《太乙舟文集》八卷(《續修四庫全書》第1493册)，羅聘《香葉草堂詩存》(清嘉慶刻道光十四年印本)等，未載寫與洪羲俊的詩文。紀昀撰，孫致中等校點《紀曉嵐文集》中僅載有紀昀寫給洪羲俊的一封書信，故此主要依據洪羲俊《傳舊》來考察。
② 蔣詩《蔣秋吟詩答書》(蔣詩再拜奉書薰谷先生閣下……)，洪羲俊《傳舊》卷六。
③ 洪羲俊《與陳學士用光石士書》(日來微雪助寒……)，同上。
④ 洪羲俊《與榆關齊秀才佩蓮書》(樂浚拜手，上黄厓足下……)，洪羲俊《傳舊》卷四。

第三章　豐山洪良浩家族與清文人的交往　　251

《萬物原始》和己著《大貫》等贈與陳用光①。清友人也積極地將一些書籍贈與洪羲俊，如陳用光贈其先祖陳道《集思堂外集》以及其老師姚鼐所著《古文辭類纂》目錄與洪羲俊②。蔣詩寄贈己著詩文鈔《榆西仙館集》與洪羲俊③。此外，洪羲俊在與紀樹蕤長期交往中也有書籍的相互贈與行爲。洪羲俊曾寄贈洪良浩著《耳溪遺稿》四卷、己著《大貫》二卷、《丌文》四卷、《玩易大旨》一卷與紀樹蕤。紀樹蕤也曾將紀昀《紀文達公遺集》寄贈與洪羲俊④。這些書籍的互贈行爲促進了雙方對彼此學術的瞭解，加深了雙方的友誼。

　　3. 請序題跋：與上點相關聯，洪羲俊兩次入燕都携帶有洪良浩和自己的學術專著，積極地向清友人推薦，其直接目的在於向清著名文士求序。他曾請求李鼎元爲洪良浩《萬象經緯》作序，書信中有云："家君所著《萬象經緯》，曩請華序，未蒙屬筆。今若肯題，則可以發揮闡揚，永作傳家之寶，幸乞留神焉。"⑤又如，陳用光爲洪良浩《萬物原始》、洪羲俊《大貫》二書作了跋文，題作"《萬物原始》、《大貫》二書後"。是跋對二書評價較高，認爲它們是朝鮮宋學繁盛的重要表現，有云："今耳溪先生《原始》一書，本於邵子之觀物。先生之哲嗣今薰谷判院著《大貫》，復能闡啓蒙之緒。宋學之盛於

---

① 洪羲俊《與陳學士用光石士書》（日來微雪助寒……）有云："僕之先君子邃學高文，……詩文選本二册，今亦携來，而仰惟閣下主盟詞垣清鑒達識，必有大方之權錘，故茲以仰呈。"洪羲俊《傳舊》卷六。
② 洪羲俊《答陳學士書》（華牘盛教……）有云："盛惠《集思堂外集》及《古文辭類纂》目錄，賴資發蒙。謹受，珍謝之至。"同上。
③ 蔣詩《蔣秋吟詩答書》（蔣詩再拜奉書薰谷先生閣下……）附禮單，載："拙著詩文鈔各一部。"洪羲俊《傳舊》卷六。又洪錫謨《挽蔣秋吟，用前寄三絶韻》詩注有云："（蔣秋吟）又贈公《榆西仙館集》，故云。"洪錫謨《陶厓詩集》卷一二。可見蔣詩贈送《榆西仙館集》給洪羲俊。
④ 洪羲俊與紀樹蕤的相互贈書的具體情況參見本章第四節《洪良浩子孫與紀昀子孫交往考述》一文。
⑤ 洪羲俊《與李墨莊鼎元書》（樂浚拜手，上墨莊學士足下……），洪羲俊《傳舊》卷四。

東邦也如此,故樂爲書之。"①這些序跋充分展示出清友人對其家族學術成就的充分認可。

4. 書信往來:歸國後,洪羲俊與清人紀昀、李鼎元、齊佩蓮保持著書信的往復,他們間來往書信共計13封,發信時間在1795年(乙卯)至1798年(戊午)冬之間②。第二次出使中國及其歸國後,洪羲俊仍然通過書信與蔣詩、陳用光、紀樹蕤等保持著聯繫。其往復尺牘情況詳見下表。

(洪羲俊第二次出使中國期間及歸國後與清人來往尺牘一覽表)

序號	發信者及信件名	收信人	撰寫時間	出處
洪羲俊在歸國後與蔣詩間的往復書信:共4封				
1	蔣詩《蔣秋吟書》(三十年前薰谷先生……)	洪羲俊	時間不詳	《傳舊》卷六
2	洪羲俊《答蔣秋吟詩書》(羲俊頓首,謹呈秋吟先生足下:往在丁亥春……)	蔣詩	1828年(戊子)	同上
3	蔣詩《蔣秋吟詩答書》(蔣詩再拜奉書薰谷先生閣下……)	洪羲俊	1828年(戊子)七月既望	同上
4	洪羲俊《寄蔣秋吟詩書》(某頓首,謹呈秋吟先生足下:去年初冬……)	蔣詩	1829年(己丑)	《傳舊》卷五
洪羲俊在北京與陳用光間的往復書信:共3封				
1	洪羲俊《與陳學士用光石士書》(日來微雪助寒……)	陳用光	1827年(丁亥)	《傳舊》卷六
2	陳用光《陳學士書》(薰谷正使閣下:昨相見承勤拳之意……)	洪羲俊	1827年(丁亥)	同上

---

① 陳用光《〈萬物原始〉、〈大貫〉二書書後》,洪羲俊《傳舊》卷六。
② 參見本書附錄表6:十八世紀中朝文人間來往書信一覽表中第166—178封書信。

第三章　豐山洪良浩家族與清文人的交往　　253

續表

序號	發信者及信件名	收信人	撰寫時間	出處
3	洪義俊《答陳學士書》（華牘盛教……）	陳用光	1827 年（丁亥）	同上
歸國後與陳用光間的往復書信：共 3 封				
4	洪義俊《與陳學士石士用光書》（義俊頓首，敬上石士先生閣下……）	陳用光	1827 年（丁亥）	《傳舊》卷六
5	陳用光《陳學士用光答書》（洪薰谷先生足下：承從舍侄孫登之處……）	洪義俊	1828 年（戊子）	同上
6	洪義俊《寄陳石士學士用光書》（義俊再拜，奉書石士先生閣下……）	陳用光	時間不詳	同上
洪義俊與紀樹蕤的來往書信共計 19 封，發信時間從 1827 年（丁亥）至 1839 年（己亥）之間①。				

　　據此可知，現存洪義俊與清文士來往尺牘共計 42 封，其數量在十八世紀末、十九世紀初的中朝文士尺牘交往中比較突出。可以説，書信往復是洪義俊與清友人保持聯繫、進行交流的最重要形式。
　　5.詩歌酬贈：洪義俊與清友人有著一定數量的詩歌贈酬。1795 年（乙卯）出使期間就有《題羅介人允紹〈畫梅〉帖》、《題李墨莊翰林鼎元〈登岱圖〉帖》、《留贈李墨莊》、《贈羅兩峰（聘）》、《贈熊夢庵翰林方受》、《題朱侍讀承寵〈海市圖〉帖》、《初六日，聞縣北十五里有靈山寺，往遊，書贈主僧雲光》等詩分別贈送與羅允紹、李鼎元、羅聘、熊方受等清友人。在與清友人別離後，又寫有《十六日，途中懷李墨莊，次杜》、《途中懷紀尚書，次杜》、《奉寄曉嵐紀尚書》、

---

①洪義俊與紀樹蕤來往尺牘情況詳見本書附錄表 8：洪義俊與紀樹蕤來往書信一覽表。

《寄榆關齊秀才佩蓮》等贈詩①。清人也有詩歌贈與洪羲俊,如蔣詩曾寄贈三絕句與洪羲俊,其寫給洪羲俊書信中有云:"奉寄絕句三首塵薰谷先生,並陶厓公子政之。"②這些贈詩無不表達出彼此的傾慕和思念之情,是雙方深厚友誼的重要見證。

(三)洪羲俊與清文士交流的主要特點

1.洪羲俊通過書信向清友人噓寒問暖或表達結交之幸、敬佩之情等之外,尤其側重於與清友人進行學術方面的交流。如1798年(戊午)冬,在給紀昀書信中請教關於服制方面的疑問,有云:"日讀喪祭之禮而問嘗考閱。竊有疑難者,偏邦固陋,無所就正,當今之世,捨閣下,其誰哉? 敢恃不鄙之厚誼,謹以十四條問,別寫仰質。"③洪羲俊《服制疑禮,書問紀尚書昀》一文收錄於《傳舊》卷一一。又如,第二次出使期間,"與陳石士用光討論《易》理。出示《大貫》,石士大加稱賞,贈以跋語曰:'《大貫》復能闡啓蒙之緒,宋學之盛於東邦也如此。'"④洪羲俊對學術精益求精的追求給陳用光留下了極為深刻的印象,陳用光寫給他的書信中有云:"薰谷正使閣下:昨相見,承勤拳之意,好問之懷,使人自發其覃思劬學之心。"⑤總體上看,洪羲俊熱衷與清人進行學術研討,最為集中地體現在他與紀樹蕤別後的8封往復尺牘中,每一封書信都涉及《易》學的研討。此點在本章第四節有專門論述,此不贅述。

2.在所有清友人中,紀樹蕤是洪羲俊關係最為密切的朋友。其父洪良浩與紀昀建立起的真摯學誼,加上其本人與紀樹蕤取得

---

① 此所引洪羲俊贈詩參見洪羲俊《傳舊》卷二。
② 蔣詩《蔣秋吟書》(三十年前薰谷先生……),洪羲俊《傳舊》卷六。
③ 洪羲俊《上紀尚書疏(戊午冬)》(樂浚稽顙再拜言,樂浚罪逆深重……),洪羲俊《傳舊》卷四。
④ 洪錫謨《先考吏曹判書府君行狀》,洪錫謨《陶厓集》卷八。
⑤ 陳用光《陳學士書》(薰谷正使閣下:昨相見承勤拳之意……),洪羲俊《傳舊》卷六。

第三章　豐山洪良浩家族與清文人的交往　　　　　　　　　　255

聯繫後,彼此通過面晤交流、尺牘往復等,不斷地加深了瞭解,因而他們之間的友誼一直持續到洪羲俊晚年。現存洪羲俊與紀樹蕤的來往書信多達 19 封,來往時間長達 12 年之久,遠遠超過他與其他清文士的來往尺牘數量和交往時間,這是雙方友誼特別堅固的重要標志。他與紀樹蕤的深厚學誼也爲其侄洪敬謨與紀樹蕤的結識和深入交往奠定了極好的基礎。紀樹蕤在與洪敬謨尺牘往復中,不時提起洪羲俊與其交往的往事,這也是兩人關係特別親密的重要證據。

三、洪錫謨與清文士的交流

洪錫謨(1781—1857),洪羲俊長子。朝鮮後期文人,字敬敷,號九華齋、近窩、陶厓、望西堂、薜翁、玉灘居士、一兩軒、紫閣山人、餐勝子等①。著有《陶厓集》(韓國成均館大學藏書閣藏)、《陶厓詩集》(韓國國立中央圖書館藏)、《遊燕稿》(《燕行錄續集》第 129 册)等,編有《東國歲時記》。

1826 年(丙戌),洪羲俊以冬至正使身份出使中國,洪錫謨以軍官子弟身份隨行。在行程中,他與鄒維田、劉承謙、楊德新、吴德基相逢而交流。到達北京後,他又積極地拜訪蔣詩、紀昀、戴衢亨家,與他們的子孫蔣鉽、紀樹蕤、戴嘉會取得聯繫以講世好。在蔣鉽、戴嘉會援引下,又與熊昂碧、張祥河、曹江、陳延恩等一大批清文士相識,彼此間進行了深入而廣泛的文學、學術等交流。此行,洪錫謨結識並有較爲深入交流的清文人共計 20 人,雙方交往的脉絡如圖示一:

其交流事迹在其使行日記《遊燕稿》、文集《陶厓集》以及《陶厓詩集》等中有大量的記載,具體如下:

---

① 徐有榘《吏曹判書文穆洪公墓志銘》載云洪羲俊"舉二男。長即錫謨,前府使。次永謨,未冠而夭"。徐有榘《楓石全集・金華知非集》卷八,《韓國文集叢刊》第 288 册,第 457 頁。

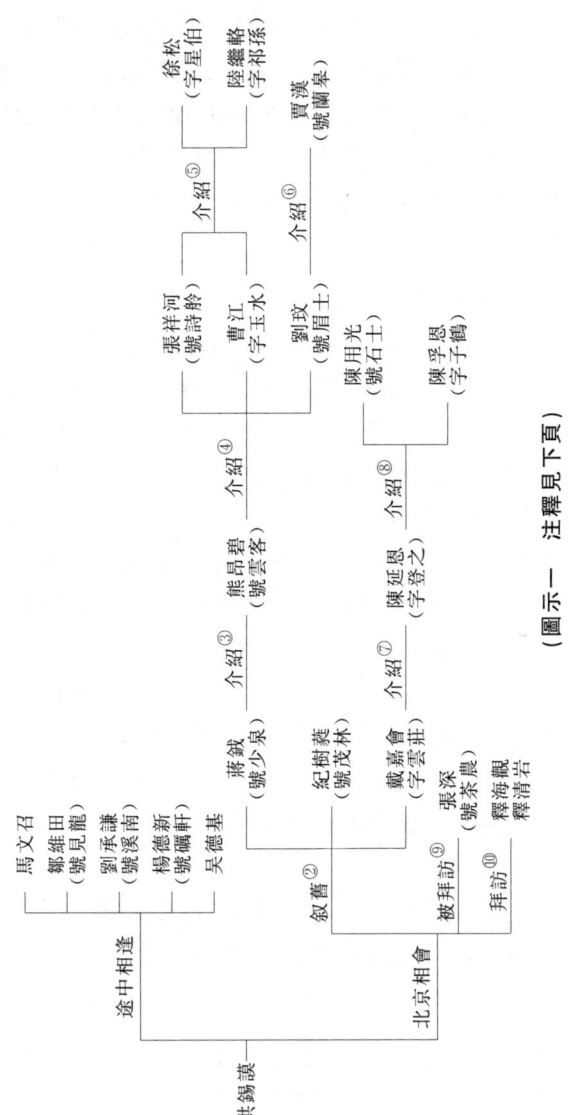

（圖示一　注釋見下頁）

第三章　豐山洪良浩家族與清文人的交往　　　　　　　　　　　257

1. 與清文人進行了大量筆談。在登州，與秀士鄒維田"筆話縱

①洪錫謨在前往北京途中，與鄒維田、楊德新、劉承謙相逢。《和贈登州秀士鄒維田》詩注有云："(鄒維田)來住於鳳凰城云，相逢於草河溝店。"《奉贈劉溪南教授承謙》詩注云："入瀋之日，通刺來訪。"洪錫謨又有《十九日，過撫寧縣，書贈楊礪軒秀才德新》。洪錫謨在回朝鮮國經過瀋陽途中，與吳德基相逢。《書贈吳少年德基》詩注云："吳生本以通州人寓居瀋陽學宫，治舉業。"又，洪錫謨兩次行經小黑山時，都與文士馬文召相逢。《二十日，宿小黑山，店舍主人馬君文召贈以三詩，走筆和之以謝其意》，詩句有云："東歸萬里路重對，去年親客燕能尋。"由此可見與馬文召兩次相會。分别參見洪錫謨《遊燕稿》，《燕行録續集》第 129 册，第 31 頁、第 37 頁、第 68 頁、第 203 頁、第 199 頁。

②《蔣少泉鉞宅，與熊雲客、劉眉士玟會話，和贈少泉别詩二首》詩注云："秋吟以南城監察御史罷官歸鄉。少泉獨住京寓，屢訪叙舊。"《十三日，訪紀茂林樹蕤，書贈一律》詩注云："王考甲寅之行與紀公托文字之交，故委訪以講世好。"《二十五日，戴雲莊嘉會宅，書贈一絶》詩注云："戴雲莊，名嘉會，……即蓮士閣老衢亨之從祖任也。王考壬寅之行與戴蓮士結交，故委訪講好。"分别參見洪錫謨《遊燕稿》，《燕行録續集》第 129 册，第 137 頁、第 104 頁、第 129 頁。

③《贈熊雲客昂碧》詩注云："(熊昂碧)來京師寓於蔣秋吟侍御宅，即詩酒豪放之士也。得與訂交於秋吟齋中。"洪錫謨《遊燕稿》，《燕行録續集》第 129 册，第 121 頁。

④《二十一日，詩齡張祥河宅，走和一絶》詩注："因熊雲客(昂碧)往會結交詩齡。"《奉贈曹玉水中書江》詩注云："因熊雲客往訪訂交。"《蔣少泉鉞宅，與熊雲客、劉眉士玟會話，和贈少泉别詩二首》詩注云："劉眉士即錢塘縣人，與少泉同鄉，雲客相好，約會於此，與之結交，余之同年生也。"洪錫謨《遊燕稿》，《燕行録續集》第 129 册，第 122 頁、第 128 頁、第 137 頁。

⑤《二十七日，詩齡宅餞席，與曹玉水徐星伯約會，陸祁孫追到共賦》詩注云"因詩齡玉水約會訂交"於徐星伯。又云陸祁孫"與詩齡、玉水同鄉文士也，追後來會"。洪錫謨《遊燕稿》，《燕行録續集》第 129 册，第 134 頁。

⑥《酬賈蘭皋漢》詩注云："賈君名漢，號蘭皋，浙江省嘉興府人，與雲客、眉士遊。見余詩札於雲客寓齋，有神交之感。"洪錫謨《遊燕稿》，《燕行録續集》第 129 册，第 143 頁。

⑦《奉贈陳登之延恩》詩注云："(陳登之)爲戴雲莊之婦弟，故約會訂交於雲莊宅。"洪錫謨《遊燕稿》，《燕行録續集》第 129 册，第 129 頁。

⑧《奉贈陳登之延恩》詩注云："陳登之名延恩，……石士用光之從孫。"《二十九日，陳登之宅約陳石士來會，又與陳子鶴叙話，臨歸用前韻書贈登之便面》詩注有云："陳子鶴……，登之之從弟。"洪錫謨《遊燕稿》，《燕行録續集》第 129 册，第 129 頁、第 137 頁。

⑨《贈張茶農深三首》詩注云："(張深)與東人相好，故聞名往訪，托交與余，同年生也。"洪錫謨《遊燕稿》，《燕行録續集》第 129 册，第 144 頁。

⑩洪錫謨《萬青寺，與海觀清岩兩大師叙話》詩序："寺中有僧號海觀者能文翰。"洪錫謨《遊燕稿》，《燕行録續集》第 129 册，第 116 頁。

横破睡魔"①；在瀋陽，與劉承謙"相逢促膝若平生"②；在北京，與陳延恩"半日論心傾蓋地"③。此外，洪錫謨還與釋海觀、釋清岩、蔣鈫等有過筆談④。

2. 與清文人有大量的詩歌贈和。洪錫謨寫有大量詩歌贈與清人，僅以其使行日記《遊燕稿》爲例，其中載錄洪錫謨寫給清人的贈詩、唱酬詩就有24篇（以詩題計）：如《和贈登州秀士鄒維田》、《奉贈劉溪南教授承謙》等⑤。在別離後，洪錫謨仍然與清友人有著密

---

① 洪錫謨《和贈登州秀士鄒維田》，洪錫謨《遊燕稿》，《燕行錄續集》第129册，第31頁。
② 洪錫謨《奉贈劉溪南教授承謙》，洪錫謨《遊燕稿》，《燕行錄續集》第129册，第37頁。
③ 洪錫謨《奉贈陳登之延恩》，洪錫謨《遊燕稿》，《燕行錄續集》第129册，第129頁。
④ 洪錫謨《萬青寺，與海觀清岩兩大師叙話》詩序載："寺中有僧號海觀者，能文翰。有號清岩者，善畫蘭竹。與之叙話於客堂。"並有詩句云："方外幸逢文暢話，竹窗茶熟凈圖書。"洪錫謨《遊燕稿》，《燕行錄續集》第129册，第116頁。又，洪錫謨自云："蔣少泉，名鈫，字左之，少泉其號也。秋吟侍御詩之第二子，……家君與秋吟相面於紀曉嵐門下，其時曉嵐作王考詩文集序以贈，即秋吟筆也。秋吟以南城監察御史罷官歸鄉，少泉獨住京寓，屢訪叙舊。"有詩句云"文筵叙舊悵臨分"等。《燕行錄續集》第129册，第137頁。
⑤ 具體篇目如下：《和贈登州秀士鄒維田》、《奉贈劉溪南教授承謙》（附劉承謙和詩）、《十九日，過撫寧縣，書贈楊礪軒秀才德新》、《十三日，訪紀茂林樹蕤，書贈一律》（附紀樹蕤和詩）、《萬青寺，與海觀清岩兩大師叙話》、《贈熊雲客昂碧》、《二十一日，詩紒張祥河宅，走和一絕》（附張祥河原韻）、《奉寄張詩紒》、《奉贈曹玉水中書江》（附曹江和詩）、《二十五日，戴雲莊嘉會宅，書贈一絕》、《奉贈陳登之延恩》（附陳登之和詩）、《二十七日，詩紒宅餞席，與曹玉水徐星伯約會，陸祁孫追到共賦》（附張詩紒原韻、陸祁孫和詩、曹江和詩）、《贈徐星伯即席要和》（附徐松和詩）、《二十九日，陳登之宅約陳石士來會，又與陳子鶴叙話，臨歸用前韻書贈登之便面》、《蔣少泉鈫宅，與熊雲客、劉眉士玟會話，和贈少泉別詩二首》（附蔣鈫原韻）、《三十日，約雲客會玉水宅叙別，留贈玉水》、《和贈熊雲客別詩（用別詩中一韻）》（附熊昂碧原韻）、《酬劉眉士玟》（附劉玟《驢行騷體四章》）、《酬賈蘭皋漢》（附賈漢贈詩）、《贈張茶農深三首》（附張深和詩）、《和贈雲客詩》、《初二日，陳登之來訪叙別，書贈一律》、《二十日，宿小黑山，店舍主人馬君文召贈以三詩，走筆和之以謝（轉下頁注）

切的詩歌往來，寫有《用前寄贈韻，呈曹玉水中書（江）》、《用前別詩韻，寄徐星伯舍人（松）》等22篇（以詩題計）①。

3. 與清人間還有贈物。如徐松贈送洪錫謨唐時石刻，洪錫謨有詩句云："唐石墨華持贈別，詞人好古見真情。"自注云："贈以唐時石刻，故云。"②蔣鈛贈送其紫霞杯一對，洪錫謨有詩句云："多謝少泉情好篤，祝親爲贈紫霞杯。"自注云："少泉贈紫霞杯一對，爲我作養親之資。"③又如，陳延恩曾寄贈玉螭佩、玳瑁盒、未央瓦硯、隋鏡與洪錫謨④。

4. 洪錫謨從北京歸國後，與清人張祥河、張深、紀樹蕤、曹江、熊昂碧、蔣鈛、陳延恩有書信來往。其文集《陶厓集》收有《與張詩舲祥河書》、《與張茶農深書》、《答紀茂林樹蕤書》、《答曹玉水江書》等9篇洪錫謨寫給清文人的書信。

總體來看，洪錫謨與清人的交遊主要具有兩個特點：

其一，洪錫謨在與清人交往中，特別側重詩歌贈酬。這在洪氏

（接上頁注）其意》、《書贈吳少年德基》等。

①22篇詩歌具體如下：《用前寄贈韻，呈曹玉水中書（江）》、《用前寄贈韻，呈張詩舲舍人（祥和）》、《用前別詩韻，寄徐星伯舍人（松）》、《寄戴雲莊（嘉會）》、《寄陳登之（延恩）》、《寄陳少默京官（孚恩）》、《寄熊雲客（昂碧），用前別詩韻》、《寄張茶農（深），用前別詩韻》、《寄劉眉士（玟）》、《用前寄贈韻，呈賈蘭皋》、《奉和蔣秋吟侍御寄贈家君三絕詩韻》、《和蔣少泉寄贈詩韻》，以上詩作參見洪錫謨《陶厓詩集》卷一一；《挽蔣秋吟，用前寄三絕韻》、《寄熊雲客，用前寄示韻》、《寄張茶農，用前韻》、《寄張詩舲》、《寄曹玉水（江）皖江任所》、《和陳登之便面贈詩韻，以謝之》，以上詩作參見洪錫謨《陶厓詩集》卷一二；《奉謝陳登之寄贈四物詩四首》、《和寄陳登之古體三首》、《寄張詩舲，用前日酬唱韻》、《寄熊雲客》，以上詩作參見洪錫謨《陶厓詩集》卷一三。

②洪錫謨《贈徐星伯即席要和》詩注，洪錫謨《遊燕稿》，《燕行錄續集》第129冊，第136頁。

③洪錫謨《蔣少泉鈛宅，與熊雲客、劉眉士玟會話，和贈少泉別詩二首》，洪錫謨《遊燕稿》，《燕行錄續集》第129冊，第138頁。

④洪錫謨有《奉謝陳登之寄贈四物詩四首》，四首詩旁分別注明贈物名：玉螭佩、玳瑁盒、未央瓦硯、隋鏡。洪錫謨《陶厓詩集》卷一三。

家族成員與清友人的交往事迹中，顯得十分突出。以詩題計，現存他寫給清友人的詩歌多達46篇，而清友人用於與洪錫謨交遊的詩作存世量亦有不少，僅洪錫謨燕行日記《遊燕稿》中就附清人詩各體29首。他與清文士詩篇往復，與其喜歡詩歌、擅長寫詩有著密切關係。現存洪錫謨《陶厓詩集》煌煌二十一卷，詩歌數量極其龐大。其使行日記《遊燕稿》全部以詩體創作，五古、五絕、五律、七古、七絕、七律、六絕無不兼備，收錄詩作473首。其沉潛詩歌創作，由此可見一斑。而洪錫謨杰出的詩歌才能也得到了清人的高度贊譽，紀樹蕤贊云："鴻才超卓追前賢，雅韻清新入短篇。"曹江贊云："一自登州傳妙句，祗今人竟接髯蘇。"將其比作蘇東坡，而張祥河更是將他視作太白金星下凡，有比詩仙李白之意味，有云："仙才合是李長庚。"①

其二，在清友人中，紀樹蕤與洪錫謨的聯繫最爲頻繁，關係也最爲親密。在北京期間，洪錫謨與紀樹蕤叙舊論志以講世好。離開北京後，他仍與紀樹蕤保持著書信和詩文聯繫②。在1839年（己亥）前，兩人尺牘往復頻繁。而且從1827年（丁亥）至1848年（戊甲）間，洪錫謨幾乎每年都有懷人詩寄贈紀樹蕤③。由此可見，在所結識的清友人中，紀樹蕤與洪錫謨來往最爲密切。其主要原因當然與洪錫謨祖父洪良浩、父親洪羲俊同紀昀、紀樹蕤建立的良好世交不無關係。

其三，由洪錫謨與清人交往脉絡圖可見，清人蔣鈨、戴嘉會在洪錫謨與清人的結識中，發揮了關鍵作用。正是在與蔣鈨、戴嘉會相識相交流的基礎上，洪錫謨才得以與熊昂碧、陳延恩、張祥河、曹江、劉

---

① 以上三處贊語分別參見洪錫謨《遊燕稿》，《燕行錄續集》第129册，第105頁、第129頁、第136頁。
② 參見本章第四節《洪良浩子孫與紀昀子孫交往考述》"洪錫謨與紀樹蕤交往考述"部分。
③ 同上。

玫、陳用光、陳孚恩、徐松、陸繼輅、賈漢等相識。而洪錫謨能够與蔣鈛、戴嘉會聯繫上,又與其祖父洪良浩與蔣鈛、戴嘉會的先輩蔣詩、戴衢亨有著良好的交往關係密切相關。蔣鈛爲蔣詩之子,戴嘉會是戴衢亨從祖侄①,因而洪錫謨能在其先輩的交遊基礎上與他們講世好。由此,洪良浩與清人交遊給其後代所帶來的巨大影響可見一斑。

四、洪敬謨與清文人的交流

洪敬謨(1774—1851),字敬修,自號冠岩,豐山人,耳溪良浩孫。純祖己巳文科,官至吏判,謚文貞。一生"涉博經典,秩積涵渟,凡有述作,贍麗典雅"②,有《冠岩全書》、《冠岩外史》、《冠岩叢史》、《冠岩遊史》等存世,另編有《重訂南漢志》、《大東掌考》、《耆社志》等③。其傳另有鄭元容《判敦寧府事兼吏曹判書洪公(敬謨)神道碑》(《經山集》卷一五)、李裕元《判敦寧府事兼吏曹判書文貞洪公墓志》(《嘉梧稿略》卷一八)、洪錫謨《祭從兄判敦寧公文》(《陶厓集》卷八)等。

洪敬謨曾於1830年(庚寅,道光十年)十月以謝恩兼冬至副使身份,1834年(甲午,道光十四年)二月以進賀兼謝恩正使身份兩次出使中國。庚寅如燕時,洪敬謨主要與紀樹蕤、陳延恩、陸慶頤三人有比較多的交往。此外,他還交結有趙元勛、齊治平、釋海觀、連山關借宿家主人(名不詳)等普通清文士。甲午之行,洪敬謨與葉

---

①洪錫謨《蔣少泉鈛宅,與熊雲客、劉眉士玫會話,和贈少泉別詩二首》詩注云:"蔣少泉,名鈛,……秋吟侍御詩之第二子。……昔在甲寅,家君與秋吟相面於紀曉嵐門下。其時,曉嵐作王考詩文集序以贈,即秋吟筆也。……少泉獨住京寓,屢訪敘舊。"又《二十五日,戴雲莊嘉會宅,書贈一絶》詩注云:"戴雲莊,名嘉會,……即蓮士閣老衢亨之從祖侄也。王考壬寅之行,與戴蓮士結交,故委訪講好。"洪錫謨《遊燕稿》,《燕行錄續集》第129册,第137頁、第129頁。

②參見安鍾和會纂《國朝人物志》"洪敬謨"條,第318頁。朴永元《判敦寧洪公謚狀》,朴永元《梧墅集》卷一二,《韓國文集叢刊》第302册,第459頁。

③參見李斗熙、朴龍圭等編著《韓國人名字號辭典》,第422頁。

志詵、陳瑾光、帥方蔚、卓秉恬有較爲深入的面晤筆談。此外,他還與陳蘭疇、卓秉愭、卓研侯、卓檖、趙元模等人有一定的往來。

總體上看,洪敬謨與清文人的交遊,在交往形式、交流内容、結交對象上分別顯示出三個顯著特點:

其一,筆談交流、尺牘往復是洪敬謨與清文士交往的最主要形式。

洪敬謨與清友人進行了大量較爲深入的筆談。據他回憶:"登之生乎詩禮之家,文藝夙就,敏於酬答,操紙輒下數千言,縱橫反覆,揚扢千古,經史子集隨手拈來,佳句妙偈順口輒成,可謂宏博之士。"①稱陳延恩筆談時,落筆千言,上下千古,涉及經史子集,可見交流内容的豐富。出於對紀樹蕤、陳延恩、陸慶頤的崇敬之情,他將與陳延恩、紀樹蕤諸君的筆談編爲《傾蓋叢話》②,後又將與陳瑾光、帥方蔚、葉志詵等清友人的筆談記録收入《同文奇賞》③。這些都是洪敬謨與清文人有過詳細筆談的重要證據,惜這些筆談帖均亡佚。

洪敬謨兩次停留北京期間,以書信與清友人保持著頻繁的聯繫。離開北京後,與一批清文士仍然有著詩書往復,其《〈茶墨零屑〉引》有云:"及夫東還,以書、以詩相問訊不絶。至以海内知己、天涯比鄰之詩爲辭,尤可見中國人寬大之風,而謂之遇逸士奇人也,亦宜。於是乎,並收詩牘諸篇,合而編之。以諸篇每出於茶墨樽俎之餘,故曰'茶墨零屑'。"④洪敬謨將自己與紀樹蕤、陳延恩、陸慶頤三士別離後的來往詩牘帖編在《茶墨零屑》中。可見,他非常看重尺牘往復這種交往形式,惜《茶墨零屑》亡佚。洪敬謨與清人間的來往尺牘共計169封(詳見本書附録表7:洪敬謨與清文人來

---

① 洪敬謨《〈斗南奇緣〉序》,洪敬謨《冠岩山房新編耘石外史續編》卷四。
② 洪敬謨有《〈傾蓋叢話〉引》,同上。
③ 洪敬謨《〈同文奇賞〉序》載:"余之再奉使如燕也,與中州士大夫遊者多。前乎紀茂林、陳登之、陸菊人,後而陳玉士、帥石村、葉東卿諸人。……今古同情,遂收聚詩文書話,並粧池成帖,用代小説而欲合觀者。"同上。
④ 洪敬謨《〈茶墨零屑〉引》,同上。

第三章　豐山洪良浩家族與清文人的交往　　263

往書信一覽表）。其數量龐大，超過十九世紀初期其他朝鮮文士與清人間的通信數量。這些書信的來往時間主要集中在1831年（辛卯）至1836年（丙申）間，可見這五六年是洪敬謨與清友人書信交往最爲密切的時期。而他與紀樹蕤的書信往復一直延續到1849年（己酉）。可見，以大量書信保持與清友人的聯繫，確實是洪敬謨與清人交往過程中的一個重要特點。

其二，洪敬謨與清人有著比較多的文學與學術交流，這是他與清友人交往内容中所體現出的最大特點，主要表現在以下四個方面：

1.書籍互贈。洪敬謨贈送給清人的書籍有洪良浩詩文選本，洪義俊系列學術著作，己著《經説》、《遊金剛山詩》等。第一次停留北京期間，洪敬謨贈洪良浩詩文選本二册與陳延恩①。回國後，又寄贈經書、詩卷等與陳延恩②。第二次停留北京期間，洪敬謨將洪良浩紀行詩、己撰《書紀行詩後奉贈玉士》一文贈與陳瑾光③，又有洪義俊《丌文》、《大貫》、《圖卦發蕴》、《圖書衍象》、《玩易大旨》等書贈送帥方蔚④，還有使行途中撰寫的紀行詩若干贈與卓秉恬等⑤。別離後，洪敬謨又寄贈了一批書册與葉志詵、帥方蔚、卓秉憛等人。有《遊金剛山詩》寄贈葉志詵，並求序言，後，葉志詵替其題詞並有

---

①洪敬謨《登之足下手啓》（宵回，體事護安……）云："先王考詩文選本二卷呈上，若蒙播示於藝林間，則受賜多矣。"洪敬謨《耘石山人文選》卷六。
②洪敬謨《寄陳登之》（敬謨頓首，謹啓登之足下……）云："經書各帙新印附呈。"又，洪敬謨《與松江通判》（前冬年貢……）云："拙稿中抄選紀遊詩三卷以備垂覽，必當見笑於方家。"同上。
③陳瑾光《藉呈洪大人惠展》云："伻來，蒙以耳溪公遺集及大著示。"同上。
④帥方蔚《洪冠岩樞密足下台展》（手教至……）云："承贈《丌文》四册、《大貫》二册、《圖卦發蕴》一册、《圖書衍象》二册、《玩易大旨》一册，謹已拜受，容暇中一一研讀也。"洪敬謨《耘石山人文選》卷五。
⑤洪敬謨《海帆先生手啓》（敬謨拜啓追海帆先生……）云："兹以紀行詩若干篇代之，要祈斤政，兼擬留筆迹於案下以替日後相思之資。"同上。

和章。有描寫自己居所的文章若干篇寄贈卓秉惛，還有《經説》一册、先祖《萬柳堤記》一文寄贈帥方蔚①。清友人也向洪敬謨贈送了諸多書籍，如姚學塽《竹素齋遺集》、陳用光所著詩卷、陸慶頤《有性情齋詩草》、卓秉恬《省吾齋集》、《五經》等②。

2.詩文贈答。洪敬謨編有詩牘帖，其中載録了與清人的大量唱酬之作，如其1801年編定的《斗南神交集·下帖》中就收録了與紀樹蕤的唱和之詩。其引有云："《斗南神交集》成於純宗辛酉夏。……手書文獻公、紀曉嵐詩什粧成一帖，因以集名名之，弁以前序，而又書余之與茂林相和之詩附成'下帖'，以識海内之奇遇云爾。"③其編定的

---

① 分别參見洪敬謨《藉呈平安館》（前接芝宇……）云："東海之上有金剛山。僕之鞍驀之遊凡再，遊必有詩，録爲二卷，自視欿然，用是仰質於高明，兼祈斥正，如有取也，幸賜一言之弁，至禱。"葉志詵答書《冠岩先生安啓》（握别芝儀……）中有云："大集如教，題詞一章，並有覆和拙句，特以心交自忘醜劣，恐先生見之不免噴飯。"洪敬謨《笋山奉候》（閉户荒廬……）有云："僕之山莊在於近郊，一區丘壑可爲岩居之勝，……故記文數篇録上。"帥方蔚《洪冠岩樞密足下》（昨正接展惠書……）有云："昨正接展惠書並《經説》一册，當即作書奉復。……《萬柳堤記》讀之，又以見足下先世循良之善。"洪敬謨《耘石山人文選》卷五。

② 證據如下：陳延恩《冠岩好友細察》（冠岩足下：墮迹風塵……）云："先師姚鏡堂先生，浙江進士，品高學粹，今之古人。僕受知最深，感恩最重，故以校刊遺集爲任。兹甫竣工，適已裝印，特寄呈二部，俾得傳播海外，使學者咸知推重，則先師幸甚。"陳延恩師遺集爲《竹素齋遺集》。陳延恩《洪大人即外》（兹有和答數詩合前所作……）云："兹有和答數詩合前所作，於昨宵窮一夜之力書成一册，非敢謂瓊瑶之報，聊以致楊柳之思。"洪敬謨《奉覆陳登之》（維歲之清和……）有云："向年，陸菊人先生遺我以《有性情齋詩草》一卷，置諸案頭，時以拂讀。"上三封書信見載於洪敬謨《耘石山人文選》卷六。卓秉恬《洪冠岩先生展》（來示領悉……）云："附以拙書楹帖、徐安槎石刻、拙作吴中留别詩、《省吾齋集》，聊以伴函。"陳瑾光《冠岩先生賜覽》（人日奉到惠書……）云："家刻《五經》全帙，聊以伴函而已。"上兩封書信見載於洪敬謨《耘石山人文選》卷五。

③ 洪敬謨《〈斗南神交帖〉引》，洪敬謨《冠岩山房新編耘石外史續編》卷四。

《茶墨零屑》收錄了與紀樹蕤、陳用光、陸慶頤的唱和詩歌①。這些詩牘帖是他與清人大量詩歌往復的重要證據，惜均已亡佚。

3. 學術研討。洪敬謨與清友人就經學問題有過較爲深入的探討，如在給帥方蔚書信中有云："今兹以平日之所蓄疑者，錄成諸條，忘其拙蕪，仰叩洪鍾（鐘）之大旨。幸須細覽後，一一逐條辨破，使海隅局見牖迷而指南，則豈不大幸也哉？"②又如，與陳延恩通過互贈書籍，瞭解了彼此學問，對學術觀點有疑問處進行商榷。陳延恩給洪敬謨書信中有云："承示大著《經說》一卷，匆匆一覽。其中問難皆言微奧旨，具見造詣之深，可謂讀書得間。僕於此中，略有所見，以迫於時日，不克即答，容稍暇逐條闡發，互相商榷，續當奉質。"③

4. 請序贈文。出於推介詩文或睹物思人目的，洪敬謨請清友人給其文集作序。如曾請求陸慶頤、紀樹蕤、帥方蔚、葉志詵等給他的詩文作序。第一次停留北京期間，請陸慶頤給《冠岩遊史》作序，陸慶頤記云："談宴未已，顏色若感，又示以遊史數卷，書紙告余：'二月九日，馬首欲東，盍以數行弁卷之文，副別後相思之誠？'"④應洪敬謨請求，1831年（辛卯），紀樹蕤也爲洪敬謨《冠岩遊史》作了序⑤。此外，紀樹蕤還爲洪敬謨的文章作序，題作"耘石山

---

① 洪敬謨《〈茶墨零屑〉引》載："即茂林、陳登之、陸菊人三士。茂林以曉嵐之孫有世講之好，登之、菊人邂逅相遇，文以會於茶墨樽俎之間。……並收詩牘諸篇合而編之，以諸篇每出於茶墨樽俎之餘，故曰《茶墨零屑》。"洪敬謨《冠岩山房新編耘石外史續編》卷四。
② 洪敬謨《帥石村御史收啓》（曩入都下……），洪敬謨《耘石山人文選》卷五。
③ 陳延恩《冠岩好友細察》（冠岩足下：墮迹風塵……），洪敬謨《耘石山人文選》卷六。
④ 陸慶頤《〈冠岩遊史〉序》，洪敬謨《冠岩遊史》卷首，韓國首爾大學奎章閣藏本。此序，洪敬謨《耘石外史》，韓國首爾大學奎章閣藏本，卷首題作"耘石詩序"。
⑤ 紀樹蕤《〈冠岩遊史〉序》，洪敬謨《冠岩遊史》卷首，文末署"道光辛卯上元前一日，世愚弟河間紀樹蕤茂林氏謹序"。此序，洪敬謨《耘石外史》卷首題作"耘石詩序"。

人文序"①。洪敬謨還曾通過書信向帥方蔚、葉志詵求詩文之序②,葉志詵收到詩卷後,爲其題寫了序文,並寫有和章,自謙有云:"大集如教,題詞一章,並有覆和拙句,特以心交,自忘醜劣,恐先生見之,不免噴飯。"③

其三,從交往對象上考察,洪敬謨與清文士的交往還有一個重要特點:在所交遊的清文人中,洪敬謨與紀樹蕤關係最爲密切。

兩次出使中國期間,他都曾與紀樹蕤會晤暢叙。而且,自1830年(庚寅),兩人首次有書信往來,至現存的1849年(己酉)洪敬謨寫給紀樹蕤的最後一封書信,二十年來,雙方來往書信多達59封,遠超過洪敬謨與其他清文士的來往書信數量。且他與紀樹蕤的交往時間也遠超過與其他清文士的聯繫時間,現存與其他清文人的最後一次來往書信是1838年(戊戌)帥方蔚寫給他的《洪冠岩樞密手啓》(冠岩樞密足下……)。洪敬謨與紀樹蕤聯繫最爲緊密的原因在於雙方家族自1794年(甲寅)洪良浩、紀昀始,就有著文學、學術交流的傳統。其間,洪敬謨叔父洪義俊與紀昀,從弟洪錫謨與紀樹蕤交流頻繁。1830年(庚寅)洪敬謨以謝恩兼冬至副使身份出使中國,欲拜訪紀樹蕤之時,兩家族的深厚友誼已積淀將近半個世紀之久,有"三代世好"④的堅實基礎。而後,洪敬謨與紀樹蕤取得聯繫後,彼此通過面晤筆談、尺牘往復、詩歌酬贈、請序求文、書籍惠贈等進行了頻繁而深入的交流,建立下金石般的友誼。

①《耘石山人文序》載於洪敬謨《耘石外史》卷七。
②洪敬謨《石村御史收覽》(維暮之春……)云:"今若以指南之義作爲拙稿序文以惠之。謹當弁卷得以常目而努力,且頌先生下士之風及於海外。"洪敬謨《冠岩山房新編耘石外史續編》卷五。又,洪敬謨《藉呈平安館》(前接芝宇……)云:"東海之上有金剛山,……遊必有詩,録爲二卷,自視欿然,用是仰質於高明,兼祈斤正。如有取也,幸賜一言之弁,至禱。"同上。
③葉志詵《冠岩先生安啓》(握別玉儀……),洪敬謨《耘石山人文選》卷五。
④紀樹蕤《冠岩世兄手啓》(斗柄回寅……),洪敬謨《冠岩全書》卷一一,《韓國文集叢刊(續)》第113册,第308頁。

五、結論

據以上對洪良浩及子孫與清文人交遊的考述，可以得出結論：

1. 從十八世紀末期到十九世紀中葉，豐山洪良浩家族一直有著與清朝文士進行文學、學術交流的傳統。洪良浩與清文士的交往，尤其是與紀昀的交往，具有歷史性的開創意義。他是豐山洪氏家族中第一個與清朝廷文人和民間文士都有著文學、學術深入交往的朝鮮文人。其與清人的交往行爲直接影響到後代子孫洪義俊、洪錫謨、洪敬謨等人與清文士的交流。

2. 洪良浩與紀昀、戴衢亨、蔣詩建立起的"世好之交"是十八世紀中朝文人交流深入發展的重要標志，表現爲：其一，洪良浩、洪義俊、洪錫謨、洪敬謨，通過面晤筆談、尺牘往復、詩歌唱酬、書籍贈與等多種形式與一大批清朝廷文士或民間文人等進行了深入的學術、文學交流。他們交流過的名姓可考的清文士數量分別如下：洪良浩有 12 人，洪義俊有 13 人，洪錫謨有 20 人，洪敬謨有 16 人，共計 61 人。他們與清人的交往，無論從交流形式上看，還是從交流對象上考察，都很廣泛。其二，洪良浩、洪義俊、洪錫謨、洪敬謨與清文士間有著大量的尺牘往復。其現存往復尺牘數量分別爲：洪良浩有 26 封，洪義俊有 42 封（其中，十九世紀期間有 29 封），洪錫謨有 9 封，洪敬謨有 169 封，除去洪良浩書信，他們與清人的往復尺牘多達 207 封，佔了十九世紀中朝文人來往尺牘總量的十分之一以上①。以尺牘往復同清人進行大量交流的現象，在十九世紀中朝

---

① 目前筆者收集到的十九世紀中朝文人詩牘集達 60 餘種，如《清朝名家書牘》、《中士尺牘》、《尺牘藏弆集》、《中朝學士書翰錄》、《清人簡格》、《札翰》、《華人魚雁集》、《葉東卿手札帖》、《韓中簡札》、《蘭言彙鈔》（美國哈佛燕京圖書館藏，不同版本稱作《華東唱酬集》或《海鄰尺素》，凡 16 種版本）、《清人簡格》、《天雁尺芳》、《北雁尺尊》、《北雁尺一》、《大陣尺牘》（韓國首爾大學中央圖書館藏本）、《大陣尺牘》（韓國首爾大學奎章閣藏本）、《華使尺牘》、《海外墨緣》、《朝鮮外交關係書翰錄》、《華人唱和帖》、《中華尺牘》等，加（轉下頁注）

文人交流史中是比較突出的。這也就從另一個側面反映出洪良浩與清友人建立起的學誼，在他們後代間進一步得到發展，這也更加表明了洪良浩與清人交往意義的重大。

3. 與十八世紀朝鮮安東金氏家族成員與清文人的交往相比，洪良浩及其子孫與清文人交往的一個突出特點是：除了與清人在文學上進行詩歌的大量唱酬外，他們之間還有著大量的學術交流。如洪良浩與紀昀曾就文學創作目的、創作動因、門戶之爭等作過深層次研討；洪羲俊曾與陳用光、紀樹蕤等就《易》學展開過多次辯論；洪敬謨與陳延恩、帥方蔚等就經學有過研討等。他們間側重於學術的交流，是對兩國文士交流內容的重要開拓，極大地豐富了十八世紀以來中朝文士交往的內容，促進了兩國在學術研究諸多方面的交流。它是十八世紀末至二十世紀初中朝文人學術交流的重要組成部分，毫無疑問，具有重要的歷史意義。

第三節　洪良浩與紀昀交遊考述

一、引論

洪良浩與紀昀分別是十八世紀中後期朝、清文壇上享有盛名的學者。他們的交往，緣於1794年(甲寅)十月洪良浩以冬至兼謝恩正使的身份出使中國①。當時，他與禮部尚書紀昀相識，並展開交流。

（接上頁注）上散落在各種中朝文人文集、十九世紀燕行錄等中的中朝文人往復尺牘，據初步統計，數量約在1900封。

① 《正祖實錄》卷四〇載：十八年七月七日，"以洪良浩爲冬至兼謝恩正使"。洪良浩子洪羲俊《傳舊》卷二載洪羲俊語："甲寅十月廿九日，陪家親赴燕離京。"

第三章　豐山洪良浩家族與清文人的交往

洪良浩在正祖朝文學地位很高，"蓋公之文章，名於天下"①。正祖曾稱其曰"鉅儒也"，又贊其爲"當世鴻匠"②。其創作及理論對朝鮮文壇有極大的貢獻，李晚秀稱云："夫燕、許作於唐，而三古之大雅復興；歐、蘇倡於宋，而一代之文體丕變。世必有握文權，長詞盟之大宗師，然後方可以儀型後生，鼓發衰俗，渢浃灝噩之美，與治道齊升矣。國家右文，聲光彌宇，而祖宗作成之鴻儒碩學，邈乎難追。公獨如靈光之巋然，績學種文，多積博發，卒能執耳詞苑，下掃糠粃。世之下里嘄殺之音，小品稊稗之體，吹萬不同者，得公而一切取正焉。此我先王所以命公以一夔之任而當世文昌之責，公不得辭也。今公之没，文章正脉殆將無傳。"③於此，李晚秀實際上認爲洪良浩是正祖時期"執耳詞苑"，慧眼真僞，"導文章正脉"的大宗師。

紀昀（1724—1805），字曉嵐，一字春帆，晚號石雲，河北獻縣人。乾隆十九年（1754）進士，歷官至協辦大學士。學識淵博，以漢學爲時人所重。紀昀在文壇上，有極高的聲譽，也爲當時的學術領導者之一。其門生劉權之有序，言其師爲"李杜之光焰、燕許之手筆，盡歸腕下，裒然一代文宗也。"④阮元評紀昀云："我朝賢俊蔚興，人文鬱茂，鴻才碩學，肩比踵接；至於貫徹儒籍，旁通百家，修率情性，津逮後學，則河間紀文達公足以當之。"⑤

洪良浩與紀昀是士林所宗仰的學者，他們的交遊有著極其重要的意義：一方面這是中朝學術大宗師間的交遊。清朝、朝鮮立國後，如此高級別、高水平的學術交流，這是第一次。因而，它必然顯

---

① 李晚秀《大提學耳溪洪公謚狀》，李晚秀《屐園遺稿》卷一〇，《韓國文集叢刊》第 268 册，第 436 頁。
② 同上。
③ 同上。
④ 《劉權之序》，紀昀撰，孫致中等校點《紀曉嵐文集》第 3 册，第 725—726 頁。
⑤ 《阮元序》，紀昀撰，孫致中等校點《紀曉嵐文集》第 3 册，第 727 頁。

示出不同以往中朝文人交流的特點;另一方面,他們之間的交流不僅僅是一面之緣,書信、贈文、贈詩和贈物等往復頻繁,兩者的交流是全面而深入的,中朝的學術火花在此間碰撞摩擦。在交流中所論述的學術思想,代表著中朝官方學壇的學術導向,因此,比較他們學術思想的異同,即可把握住當時中朝學術的傾向。從這個意義上講,他們的交流已經超越了個人交流的範疇,而是兩國主導學術思想的大交匯、大碰撞。

韓國研究洪良浩與紀昀交流的學者主要有陳在教、李君善先生等,陳在教《耳溪洪良浩文學研究》一書在第57—59頁概括性地談到洪良浩與紀昀在文學、學術上的交流,叙述了洪良浩通過紀昀購得西洋書籍,進而瞭解了西洋學術動向,因而促成了其開明思想的形成。該文引用資料主要是《耳溪洪良浩全書》(民族文化社,1982,影印本)中的《碑志》和與紀昀間的來往書信[①]。陳在教另撰有《十八世紀朝鮮與清朝學人的學術交流——以洪良浩和紀昀爲中心》一文,此論文較爲詳細地描述了洪良浩與紀昀的學術交流以及兩人契結海外的深厚情誼,並指出雙方間的交流所帶給朝鮮的學術和文化影響。此外,李君善撰有《紀昀與朝鮮文人的交流及其意義》一文,主要叙述了洪良浩及其子洪羲俊與紀昀間的詩文、書信等交流,描述了雙方締結神交的具體內容。文中引用資料,主要有洪良浩文集中的贈詩和書信、洪羲俊《傳舊》一書中的部分資料等。可見,陳在教、李君善先生掌握了洪良浩與紀昀相交遊的相關資料,其論文對洪良浩與紀昀關係的研究起到了重要的先導作

---

① 韓國陳在教教授發表的《홍양호의 交遊관계와 문학활동에 대하여》,《한문교육연구》,제13호,한국한문교육학회,1999年(《關於洪良浩的交遊關係和文學活動》,《漢文教育研究》第13號,韓國漢文教育學會,1999)一文,與《耳溪洪良浩文學研究》一書中的這部分内容大致相同。

用①。而本節的研究正是基於這些研究成果，筆者在全面掌握現存的雙方交遊的文獻資料基礎上，試圖通過厘清兩人交遊的具體事迹，以呈現雙方的交遊特徵，並由此總結出交遊的意義與價值。

二、洪良浩與紀昀交往事迹考

洪良浩於 1795 年（乙卯）到達北京後，與禮部尚書紀昀聯繫上，並展開交流。需要指出的是，洪良浩與紀昀從未直接見面交流過，主要通過派遣其子洪羲俊造訪或通過書信、詩文等的往來，與紀昀展開文字上的神交。洪錫謨在《先考吏曹判書府君行狀》中提及自己祖父洪良浩與紀昀的文學交流時，有云："（洪羲俊）始入燕也，紀尚書昀求見文獻公詩文，大賞之，爲文字之神交。"②時年，洪良浩與紀昀均爲七十一歲。紀昀有詩句云："白首論交兩老翁。"③今據洪良浩的《耳溪洪良浩全書》④（民族文化社版）、《耳溪集》（《韓國文集叢刊》本）和紀昀撰，孫致中等校點《紀曉嵐文集》等中的材料，依時間順序，對洪良浩和紀昀的交遊情況考證如下：

1. 1795 年（乙卯），於北京端門，洪良浩與紀昀第一次相見，但二人未交談。洪良浩《送從子樂遊赴燕序》載云："及至甲寅再行，大宗伯紀公頒賞於端門。余在旅庭之班，望見其儀容，清癯秀朗老成人也。遠不得越位語，紀公亦數目我，若有相感者然。"⑤《太史氏

---

①上文所提陳在教、李君善研究成果韓文題目分別爲진재교《이계 홍양호 문학 연구》（성균관대학교 대동문화연구원，1999）、《18 세기 조선조와 청조 학인（學人）의 학술교류——홍양호와 기윤을 중심으로》，（《고전문학연구》23 집，한국고전문학회，2003）、이군선《기윤과 조선문인과의 교유와 그 의미》（《한문교육연구》제 24 호，한국한문교육학회，2005）。
②洪錫謨《先考吏曹判書府君行狀》，洪錫謨《陶厓集》卷八。
③紀昀《寄懷洪良浩》，紀昀撰，孫致中等校點《紀曉嵐文集》第 1 册，第 545 頁。
④洪良浩《耳溪洪良浩全書》，民族文化社，1982 年。此版本收録的洪良浩詩文較《韓國文集叢刊》本爲多。
⑤洪良浩《送從子樂遊赴燕序》，洪良浩《耳溪集》卷一一，《韓國文集叢刊》第 241 册，第 198 頁。

自序》載云:"是行,衢亨適以學政出外,中朝無知面者。及領賞於午門,禮部尚書紀昀頒賞來。相去稍遠,無以交話,以時注目。"①

2.清朝庭頒賞結束後,紀昀派人至其居所,致殷情於洪良浩父子,並請見洪樂浚。《送從子樂遊赴燕序》載云:"及禮成而退,送人致殷勤。"②洪良浩《太史氏自序》載:"及退出,遣象胥致款曰:'久仰高名,交臂而失之,殆有數焉。今聞令郎學士隨來,求與相見。'"③

3.洪良浩派其子洪樂浚(即洪義俊)造訪紀昀。《太史氏自序》載:"乃遣樂浚造門,紀公步出中門而迎之,延置上座曰:'夙慕尊大人盛名,今也望見而不得接語,可恨。'"④其他交談語不詳。

4.紀昀求見洪良浩詩文,並分別爲其詩集、文集作序。《送從子樂遊赴燕序》載:"求見我述作,蓋欲知東方文獻也。余謙讓不獲,書示行中作詩文若干篇,公大賞之,各製弁卷文以還。"⑤《太史氏自序》載:"因求見詩文,以宿稿二卷贈之。紀公大賞之,各著詩文序,使其門人蔣詩書而遺之。"⑥紀昀《〈耳溪詩集〉序》載:"索其詩,因出所著《耳溪集》,求余爲序。"⑦

5.紀昀以長書請求與洪良浩定交。《太史氏自序》載:"又以長

---

① 洪良浩《太史氏自序》,洪良浩《耳溪集》卷一八,《韓國文集叢刊》第241册,第328頁。
② 洪良浩《送從子樂遊赴燕序》,洪良浩《耳溪集》卷一一,《韓國文集叢刊》第241册,第198頁。
③ 洪良浩《太史氏自序》,洪良浩《耳溪集》卷一八,《韓國文集叢刊》第241册,第328頁。
④ 同上。
⑤ 洪良浩《送從子樂遊赴燕序》,洪良浩《耳溪集》卷一一,《韓國文集叢刊》第241册,第198頁。
⑥ 洪良浩《太史氏自序》,洪良浩《耳溪集》卷一八,《韓國文集叢刊》第241册,第328頁。
⑦ 紀昀《〈耳溪詩集〉序》,洪良浩《耳溪集》卷首,《韓國文集叢刊》第241册,第3頁。

第三章　豐山洪良浩家族與清文人的交往　　　　　　　　　　273

書請與定交,可謂海内知音也。"①此長書未見載於《紀曉嵐文集》,洪良浩《耳溪集》中亦未見有關定交之事的答書。疑此長書散失。

6.洪良浩作書,感謝紀昀爲其詩文集作序,紀昀有答書。《送從子樂遊赴燕序》載:"謂余詩文暗合古人,可驗正脉一支,獨傳於東國云。余作書以謝之。"②洪良浩書和紀昀答書載於《耳溪集》卷一五。《紀曉嵐文集》中也收載紀昀的這封書信。此兩封書信雖均未署明寫信日期,但應均爲洪良浩停留北京期間兩人的來往書信。因紀昀在書信中云:"別期在邇,後會無期。此日不向先生一言,又何日能傾倒情愫耶?"③答書中明確指出信件是寫於兩人在北京分別之前。

7.洪良浩離開北京前,有《贈禮部尚書紀曉嵐昀》詩。詩云:"乘槎往歲副行人,執玉今朝大使臣。迹似老駒能識路,身隨候雁復來賓。山川跋履三千里,日月貞明六十春。宗伯聲名高北斗,清風難和頌昌辰。"載於洪良浩《耳溪集》卷七《燕雲續咏》④。

8.洪良浩停留北京期間,1795年(乙卯)正月,洪良浩有書與紀昀(良浩東海鄙人也……乙卯正月朝鮮國正使洪良浩再拜),書載於《耳溪洪良浩全書》卷一六、《耳溪集》卷一五。紀昀有答書(昀拜啓耳溪先生閣下:晉人有言……),書亦載於《耳溪洪良浩全書》卷一六、《耳溪集》卷一五。此答書紀昀親手書寫,信中有云:"昀書迹之拙聞於天下,故文章多倩人書。此札亦本擬假手,緣後會無期,欲存一手迹於高齋以當面晤,故竟自塗鴉,希鑒區區之意,勿以爲

---

①洪良浩《太史氏自序》,洪良浩《耳溪集》卷一八,《韓國文集叢刊》第241册,第328頁。
②洪良浩《送從子樂遊赴燕序》,洪良浩《耳溪集》卷一一,《韓國文集叢刊》第241册,第199頁。
③紀昀《答洪良浩書》,洪良浩《耳溪集》卷一五,《韓國文集叢刊》第241册,第265頁。
④《燕雲續咏》,亦載於《燕行録全集》第41册,影印所用底本即洪良浩《耳溪集》卷七《燕雲續咏》。

笑也。昀又附題。"

9.1795年（乙卯）歲暮，洪良浩離開北京後，有書信（拜辭皇都……）和詩寄與紀昀，請見紀昀各體詩文。信中有云："歸路口占近體二首，不宜終隱，兼附七言一律，仰申區區嚮慕之忱。若賜瓊琚之報，則何等榮感。且白閣下文章滿天下，而所贈序文與長牘，祇窺一斑片羽而已，未見宗廟百官之富。如荷投示詩文各體若干篇，俾此井蠡之眼得望江海之大，則偏邦窾陋有所模型，豈非曠世之厚幸耶？"①此書僅載於《耳溪洪良浩全書》卷一六。紀昀因事務繁雜，未有答書和和詩。洪良浩《與紀尚書書（丙辰）》中提及："前冬貢行，修上一書，仰訊起居，兼呈三篇詩矣。會值大禮事繁，祇承領受之教。"②前冬即爲1795年（乙卯）。洪良浩信中所云"歸路口占近體二首……仰申區區嚮慕之忱"，當是指《紀曉嵐宗伯以清白文章冠冕一世，實有知音之感。出都門，聊賦惓惓之意（二首）》，詩云："東國書生好大談，奇材何處見樟枏？中州人物稱淵海，稀世文章有曉嵐。知己難逢天下一，大觀方盡域中三。行行萬里頻回首，魂夢應懸北斗南。""河間生杰富文章，博雅儒林擅大方。足躡河源二萬里，手翻天祿三千箱。百年隻眼明如鏡，諸子迷津涉有航。白首相逢寧偶爾，一言契合示周行。"詩載於洪良浩《耳溪集》卷七。又，洪良浩信中所云的另外七言一律，疑爲《寄紀尚書》。詩云："彤庭執玉憶新年，王會同文厠末筵。北斗光瞻東海外，春風氣接午門前。片言遽荷千金重，尺素遥飛萬里傳。欲識精神相照處，一輪明月半空懸。"詩載於《耳溪集》卷八。

10.1796年（丙辰）夏天，洪良浩有書與紀昀並期待其回信。紀昀未有回書，但寄贈七律一首。洪良浩《與紀尚書書（丙辰）》（前冬

---

①《與紀尚書書（乙卯）》（拜辭皇都……），洪良浩《耳溪洪良浩全書》卷一六，第329—330頁。
②洪良浩《與紀尚書書（丙辰）》（前冬貢行……），洪良浩《耳溪洪良浩全書》卷一六，第330頁。

貢行……)中提及："今夏賫咨官之行，敬付赫蹄，冀奉回音。又因郊祀期迫，春官事鉅，未暇賜答，而手書七律一篇，詞旨溫厚，精神灌注，音節疏亮，擎讀珍玩，如獲拱璧。"赫蹄，即紙的別稱。此處當指信件。紀昀寄贈的七律當是《寄懷洪良浩》一詩，云："金門握別惜匆匆，白首論交兩老翁。聖代原無中外別，迂儒恰喜性情同。長吟消夜青燈下（洪嘗以詩文集留贈），遠夢懷人紫瀣東。兩遇歸鴻都少暇，緘情惟藉一詩筒。"《紀曉嵐文集》現存紀昀寄贈洪良浩詩三篇，一篇是《以水蛀硯、水中丞、搔背、茶注贈朝鮮國相洪良浩，各繫小詩》，此爲四首五言絕句。一篇是《懷朝鮮洪良浩》七律二首，寫於1797年（丁巳）十月，其考證見下文考證第11條。餘下《寄懷洪良浩》一篇，其詩體與信中所云"七律一篇"相吻合。又，其詩中提到"兩遇歸鴻都少暇"，當是回答洪良浩未及復書之由。"兩遇歸鴻"，在寫此詩之前，紀昀確實接到過洪良浩歸國後寫的兩封信件，分別是乙卯書和丙辰年夏書，故繫此詩於此。詩載於《紀曉嵐文集》第1冊，第545頁。洪良浩寫於丙辰年夏天與紀昀的書信亡佚。

　　是年冬天，洪良浩又有書信（前冬貢行……）與紀昀，書載於《耳溪洪良浩全書》卷一六、《耳溪集》卷一五。與書信同時寄出的，當有兩首贈詩《宣德硯歌》和《玉如意歌》。洪良浩此書信中提及："向者赴京時，伏承贐行二物，俱是文房珍品。致意鄭重，感佩無比。而臨行未及仰暴謝悃，歸後賦得長篇，要作傳後之資。敢此手寫以呈，望垂斧教焉。"①贐行二物，即是宣德硯和玉如意。《宣德硯歌》序云："紀公既贈以詩文二序，又贐以宣德硯一、玉如意一，……俱文房之珍也，乃作長篇以謝之。"②洪良浩當時未及言謝，後來"寫以呈，望垂斧教焉"的詩歌，當是此二首詩。《宣德硯歌》和《玉如意

---

①洪良浩《與紀尚書書（丙辰）》（前冬貢行……），洪良浩《耳溪洪良浩全書》卷一六，第330頁。
②洪良浩《宣德硯歌》，洪良浩《耳溪集》卷八，《韓國文集叢刊》第241冊，第144頁。

歌》載於《耳溪集》卷八、《耳溪洪良浩全書》卷八。《耳溪洪良浩全書》繫此二詩於丙辰年。

11. 1797年(丁巳)正月二十四日紀昀有答書與洪良浩,信件署明日期"丁巳正月廿四日"。書信載於《耳溪集》卷一五、《耳溪洪良浩全書》卷一六。《紀曉嵐文集》中也收載紀昀的此封答書。丁巳年正月,紀昀在給洪良浩寄信的同時,寄贈水蛙硯、搔背、水中丞、茶注等物,並各繫以小詩一首。紀昀與洪良浩書載云:"因鄭同知歸輅之便,附上水蛙硯一方,上有拙銘。白瑪瑙搔背一件、郎窯(康熙中御窯,今百年矣)水中丞一件、葛雲瞻茶注一件(宜興之名工),各系(繫)以小詩。先生置之几右,時一摩挲,亦足關遠想也。"①四首小詩載於《紀曉嵐文集》第1冊,第545頁。

1797年(丁巳),紀昀有詩歌寄贈洪良浩,洪良浩有和詩。紀昀原韻《懷朝鮮洪良浩》,詩云:"淼漫鯨波兩地分,懷人時望海東雲。文章意氣期韓孟,父子交遊近紀群(令亦似與余善)。鶴髮劇憐皆已老(與余同甲辰生),魚書莫惜數相聞。新詩能向星軺寄,也抵清談一晤君。""衰翁五度掌烏臺,又到春卿署裏來。譯使易從通問訊(頒朔時,見來使者邊君,稍訊近狀)。筵庭彌覺憶追陪。梯航不阻三山遠,琛贐行逢九帙開。夔鑠倘能重奉使,待君同醉紫霞杯。"詩後附注云:"小詩寄懷耳溪先生,時年七十四歲,河間紀昀拜具。"②紀昀此詩載於《紀曉嵐文集》。《耳溪集》卷八載洪良浩唱和詩《丁巳冬,憲書賚(賫)官之回,曉嵐宗伯寄詩,步其韻答之》二首,詩云:

---

① 紀昀與洪良浩書(紀昀頓首,奉書耳溪先生執事……),洪良浩《耳溪洪良浩全書》卷一六,第330頁。
② 孫致中《紀曉嵐年譜》載:"嘉慶二年,丁巳,1797年,74歲。"又,1798年(戊午)正月廿七日,紀昀與洪良浩書(紀昀頓首頓首,敬啓耳溪先生閣下:闊別久矣……)載:"客歲十月,曾寄小詩二首奉懷。"故可知紀昀《懷朝鮮洪良浩》作於1797年(丁巳)十月。紀昀撰,孫致中等校點《紀曉嵐文集》第3冊,第455頁。洪良浩《耳溪洪良浩全書》卷一六,第332頁。

第三章　豐山洪良浩家族與清文人的交往　　277

"端門執玉一睽分，萬里相思有片雲。自幸蒼蠅攀驥尾，爭瞻孤鶴立鷄群。人間樂事朋從遠，海外神交古罕聞。珍重瓊詞要後約，白頭何日更逢君？""風稜嶽嶽坐霜臺，司馬春卿歷颺來。吉甫憲邦文武並，高陽會友子孫陪。壯遊已躡崑崙遠，奇氣應排積石開。一別三年山海隔，夢中猶復共含杯。"

　　12. 1797年（丁巳）冬天，洪良浩有答書與紀昀，並附別簡。別簡中主要與紀昀探討西洋之教。洪良浩寄信的同時，兼寄示自己的文章《字說》和雜文等，紀昀撰《字說》跋文。紀昀1798年（戊午）正月二十七日的答書中載云："令侄侍讀寄到華札及大作《字說》、雜文，喜滄溟以外尚念及故人，深爲慰藉。"①《字說》即《六書經緯》，載於《耳溪集·外集》卷一〇，有《仰觀篇》、《俯察篇》、《辨名篇》等。紀昀跋文，《耳溪集·外集》卷一〇和紀昀與洪良浩書（紀昀頓首頓首，敬啓耳溪先生閣下：闊別久矣……）中均見載。是年，洪良浩書信中，又有索見紀昀文集之請。書信中有云："且告先生，著述、序書數篇之外，尚未得寓目全集。雖未及印行，如有詩文數卷別錄者，幸乞投示，俾作偏邦指南，則受賜大矣。"②

　　13. 1798年（戊午），紀昀有答書與洪良浩，署明日期爲"戊午正月廿七日"，載於《耳溪集》卷一五、《耳溪洪良浩全書》卷一六。其信中對索詩文請求有云："弟今年七十有五，學問粗浮，不敢自信。凡有詩文，大抵隨手置之，不甚存稿。近小孫樹馨始略爲摭拾抄錄，未知將來能成帙否。倘其成帙，定當奉寄一本，刊正也。"③

　　是年，紀昀在答書的同時，抄錄了天主教新刊印本中數篇文字及

----

①紀昀與洪良浩書（紀昀頓首頓首，敬啓耳溪先生閣下：闊別久矣……），洪良浩《耳溪洪良浩全書》卷一六，第332頁。
②洪良浩《與紀尚書書（丁巳）》（昨年貢使之回……），洪良浩《耳溪洪良浩全書》卷一六，第331頁。
③紀昀與洪良浩書（紀昀頓首頓首，敬啓耳溪先生閣下：闊別久矣……），洪良浩《耳溪洪良浩全書》卷一六，第333頁。

其《四庫全書總目》中的相關提要,寄與洪良浩。有云:"別簡所言西洋教事,……其書入中國者,秘閣皆有。除其算法書外,餘皆闢駁,而存目已列入《四庫[全書]總目》。印本新出,先生諒尚未見,今抄錄數篇呈閱。至其法出於古法,先生所見,灼然不誣,亦發其凡於《四庫[全書]總目》。《周髀》條下,一並抄錄呈閱,見此理中外相同也。"①

是年,紀昀在給洪良浩答書的同時,贈送端硯、丹砂研山、程君房墨、威斗、葫蘆茶注等。端硯上鐫有紀昀所撰之銘。書信附言云:"外附呈鈕祜禄制府新開端研一匣,有拙銘。明程君房墨二圓一匣。萬曆天啓間人,辰州丹砂床研山一匣。康熙印模壺盧、茶瓶、茶碗一匣,漢銅威斗一件。"②

14. 1798年(戊午),洪良浩有答書(前冬憲書之便……)與紀昀,並有和詩。其書中有云:"前惠二律,謹此步韻,先付憲書賚官之行,更待冬間歲貢便,續伸區區之忱。"此書載於《耳溪洪良浩全書》卷一六。洪良浩和詩題作"寄曉嵐紀尚書(戊午,二首)",詩注有云:"東歸後,屢寄詩篇,兼贈文房珍品,故寄書以謝云"。詩云:"北斗以南見一人,片心相照絶畦畛。斯文正脉明華夏,多士模楷冠搢紳。海内知音慚後甲,天門識面自前寅。殷勤寵貺無虛歲,爭睹東韓百世珍。""故人遥隔五雲邊,鴨水燕山路四千。河漢文章空入望,蓬萊消息有誰傳?看花對酒應相憶,朗月清風獨不眠。自恨白頭何見晚,精神惟寄伯牙弦。"載於《耳溪集》卷八。

15. 1798年(戊午)冬,洪良浩又有書信(前月憲書之行……)與紀昀,此書信載於《耳溪洪良浩全書》卷一六。與書信同時寄出的,還當有四篇銘《威斗銘》、《丹砂研山銘》、《葫蘆茶注銘》、《程君房墨銘》。書信中有云:"前惠研山、威斗、葫蘆、程墨等四種實係希世之珍。偏方得此,可以傳示來後,故一物各成一銘用賁賢者之貺。端

---

① 紀昀與洪良浩書(紀昀頓首頓首,敬啓耳溪先生閣下:闊別久矣……),洪良浩《耳溪洪良浩全書》卷一六,第333頁。
② 同上。

第三章　豐山洪良浩家族與清文人的交往

硯則既鎸盛銘,故不敢附贅。"①《威斗銘》詩序亦有云:"曉嵐紀公贈以宣德硯、丹砂研山、程君房墨、玉如意、威斗、葫蘆茶注,俱是文房佳品也。研與如意,賦得長句,威斗、研山諸品,銘以識之,帶書而謝,蓋報瓜之意也。"②《威斗銘》、《丹砂研山銘》、《葫蘆茶注銘》、《程君房墨銘》載於《耳溪集》卷一七。就此書,紀昀沒有答書。洪良浩《與紀尚書書(辛酉)》中有云:"年前修書兼呈賤作諸銘,伊後未奉答教,殊切泄鬱。"③

16. 從1798年(戊午)冬至1801年(辛酉)二月上旬,洪良浩、紀昀未有書信往來,但兩人通過朝鮮使行人員互有贈物。洪良浩《與紀尚書書(辛酉)》中有云:"三四年來,不敢以隻字相聞,伏想先生有以俯諒也。"④1800年(庚申),紀昀有書畫贈與洪良浩。洪良浩《與紀尚書書(辛酉)》中有云:"昨歲賤价之還,伏奉片幅名帖,俯贈黃山圖墨二匣。"⑤其間,紀昀有文彭書障贈與洪良浩,洪良浩有尹淳的書障贈與紀昀。洪良浩《與紀尚書書(辛酉)》載云:"前惠文彭書障,謹已領受,宛見衡山遺範。而本國尹白下淳書亦嘗擅名於東方,故付呈一障於使价,聞已得徹於座右。"⑥

17. 1801年(辛酉),洪良浩又有書信(三四年來不敢以隻字相聞……辛酉如月上旬)與紀昀,此書信載於《耳溪洪良浩全書》卷一六,主要是問候紀昀並對紀昀先前的贈物表示感謝。

---

① 洪良浩《與紀尚書書》(前月憲書之行……),洪良浩《耳溪洪良浩全書》卷一六,第334頁。
② 洪良浩《威斗銘》,洪良浩《耳溪集》卷一七,《韓國文集叢刊》第241册,第298頁。
③ 洪良浩《與紀尚書書(辛酉)》(三四年來不敢以隻字相聞……),洪良浩《耳溪洪良浩全書》卷一六,第334頁。
④ 同上。
⑤ 同上。
⑥ 同上。

三、兩人結交原因考述

洪良浩與紀昀第一次見面是在北京端門，時紀昀正在頒賞，但"遠不得越位語"，雙方僅是注目而已。第一次相會應該是偶然的。但後來紀昀"及禮成而退，送人致殷勤"。洪良浩則"乃遣樂浚造門"，拜訪紀昀。雙方都表示出交往的意願。考察其交往的原因，主要有以下兩點：

一是，第一次見面，洪、紀二人互爲對方的氣質所吸引，洪望見紀的儀容，稱其是"清癯秀朗老成人也"，因"遠不得越位語"而頗感遺憾①。紀昀亦數目於洪良浩，對其額外關注。後來，在給洪良浩的書中回憶道："因東琛入獻，得接容輝，見道氣深醇，峙立爻間，如霜林獨鶴，已驚爲丰采迥殊。"②其《〈耳溪詩集〉序》亦云其"器宇深重，知爲君子"。③ 敬慕於對方的氣儀，這是雙方願意結交的前提原因。

二是，由慕名而引發的對學術深入交流的期待，是雙方願意結交的本質原因。紀昀在與洪良浩深入交往前，對其人應該是有所耳聞的。其有云："乾隆甲寅冬，判中樞府事洪君漢師，以職貢來京師，器宇深重，知爲君子。既而知其先以壬寅奉使，與德定圃尚書、博晣（晰）齋洗馬、戴蓮士修撰遞相唱和。"④紀昀當是於第一次會面以後不久，通過一些途徑，對洪良浩的情況進行了一番瞭解，因此，後來，紀昀遣象胥致款曰："久仰高名，交臂而失之，殆有數焉。"⑤見

---

① 洪良浩《送從子樂遊赴燕序》，洪良浩《耳溪集》卷一一，《韓國文集叢刊》第241冊，第198頁。
② 紀昀與洪良浩書（紀昀頓首，奉書耳溪先生執事……），洪良浩《耳溪洪良浩全書》卷一六，第330頁。
③ 紀昀《〈耳溪詩集〉序》，洪良浩《耳溪集》卷首，《韓國文集叢刊》第241冊，第3頁。
④ 同上。
⑤ 洪良浩《太史氏自序》，洪良浩《耳溪集》卷一八，《韓國文集叢刊》第241冊，第328頁。

到洪樂浚時又云:"夙慕尊大人盛名,今也望見而不得接語,可恨。"①也正是慕名,紀昀纔進一步索見洪良浩之詩文,以期達到學術交流的目的。洪良浩《送從子樂遊赴燕序》載:"求見我述作,蓋欲知東方文獻也。"②也恰恰是證明了紀昀的學術期待。

洪良浩在紀昀遣人來訪之後,亦派其子造訪,是出於禮節的需要,但更重要的也是出於學術交流的目的。洪良浩曾兩次出使中國,除了政治上的使命外,他懷抱明確的學術目的而前往北京,其有云:

> 天下者,普天之下也,中國之地不足以盡之。中國者,九土之中也,一州之疆不足以當之。東使之賓上國者,止於燕薊一方,則不足言觀中國矣。余於十數年來,再奉使如燕。山川之雄偉、都邑之壯麗,固已目飫之耳。至於先王之禮樂文章,邈然無所稽。思見衣冠舊族、中土名士,與之激昂談論。③

有人僅僅因出使中國,途經燕薊一方,以爲通過所見所聞就可以瞭解中國。在洪良浩看來,這種想法是錯誤的。他認爲要瞭解中國,必須要與中土的名士激昂談論。這種看法與他首次出使中國的經歷有關。壬寅年首次中國之行,他是帶著學術上的遺憾而歸的,其云"先王之禮樂文章,邈然無所稽",正是指此。我們還可以從下面的這則材料中看出他的遺憾:

> 壬寅之行,得戴衢亨翰林。少年魁鼎甲,聲名甚盛,而終未得接見顏色,祇以詩篇往復而已。④

壬寅之行,給洪良浩留下最深印象的中國文人是戴衢亨,但由於種

---

① 洪良浩《太史氏自序》,洪良浩《耳溪集》卷一八,《韓國文集叢刊》第241冊,第328頁。
② 洪良浩《送從子樂遊赴燕序》,洪良浩《耳溪集》卷一一,《韓國文集叢刊》第241冊,第198頁。
③ 同上。
④ 同上。

種原因，始終未能與之當面交流，"衹以詩篇往復而已"，"終"、"衹"等字眼鮮明地表明了自己未能與他作深入學術交流的遺憾。而甲寅之年，紀昀的遣人致訪無疑給洪良浩提供了實現自己學術宿願的契機。紀昀的博學，洪良浩在與其結交前，就有所耳聞，有云："今幸奉使命詣上國，側聽於輿人之誦，惟閣下掌邦禮尸詞盟，凡天下之學士大夫，皆仰之以標準，蘇子由之大觀於是焉在。而非有公事，不敢私謁。"①對於紀昀其人，洪良浩是敬慕的，而對於能够與紀昀作深入交流機會的到來，洪良浩内心是無比興奮的，在書信中有云："適因家督隨來，夤緣聞名於左右。乃蒙大君子不鄙夷之，許以進身於門屏，接以賓客之禮。賜之坐，而假以顔色，遂得以文字請教。行中所賫數編賤稿，遽然仰塵崇覽矣。"②其《玉如意歌》亦有云："不敢越位交言語，猶幸因人質文字。"③洪良浩因其子造訪紀昀之機，出示詩文集，得以交往大學者的欣喜溢於言表。

以紀昀遣人問候、洪良浩遣子回訪爲契機，之後，洪良浩在留北京期間以及回國以後，與紀昀展開了學術交流，兩人並結下了深厚的學誼。就交遊的形式來看，主要是書信、寄詩和贈物。由於口頭語言的不通，洪良浩主要以贈文集和書信的形式向紀昀傳達自己的學術思想，紀昀《寄懷洪良浩》詩自注有云"洪嘗以詩文集留贈"④，而紀昀也通過序文、書信等向洪良浩表達自己的學術見解。這樣的交流經過數次以後，雙方都深入地瞭解了對方，最終結爲知己之交。

四、兩人"傾蓋如故"考述

洪、紀雙方特別珍惜兩人間的情誼。從兩人交往事迹考可以看出，從1794—1798（甲寅年到戊午年），兩人每年都通過書信、寄

---

① 洪良浩《與紀尚書書（乙卯）》（良浩謹再拜，上書於大宗伯紀先生閣下……），洪良浩《耳溪洪良浩全書》卷一六，第328頁。
② 同上。
③ 洪良浩《玉如意歌》，洪良浩《耳溪集》卷八，《韓國文集叢刊》第241册，第144頁。
④ 紀昀《寄懷洪良浩》，紀昀撰，孫致中等校點《紀曉嵐文集》第1册，第545頁。

第三章　豐山洪良浩家族與清文人的交往

詩或贈物等形式向對方傳達惺惺相惜之意。其"傾蓋如故"的情感主要表現爲：

其一，對知音難求的慨嘆，以及求得之後的欣悦之情。洪良浩有詩句云："東國書生好大談，奇材何處見樟柟？中州人物稱淵海，稀世文章有曉嵐。知己難逢天下一，大觀方盡域中三"；"三韓使者赴王會，午門一接回英眄。文章契遇自古難，同氣相求非我衒。許我門路近正脉，何以得此中州彦？……嗚呼，千載知音今並世，山海迢迢獨不見"；"自幸蒼蠅攀驥尾，争瞻孤鶴立鷄群。人間樂事朋從遠，海外神交古罕聞"；"午門一接如傾蓋，萬里知音在斗南"①。而紀昀則亦有云："不揣拿陋，竟爲徐無黨之續，先生亦許以賞音。是我二人，彼此以知己相許也。夫人不相知，日接膝而邈若山河；苟其相知，則千萬載如朝夕，千萬里如庭除。清風朗月，倘一相思，但展卷微哦，即可作故人對語矣。"②

洪良浩知音難逢的感慨主要出於兩方面原因：一則洪良浩早年仕途並不順利，蔡濟恭云："耳溪以之才之學嘗不利於時，作君平之兩棄者有年，鬱然美鬚髯蒼以白矣，猶且素履晏晏，若將終身。幸荷聖主知臣，卒能展布於冢宰文衡之位。"③他大半生"素履晏晏"，一直到晚年，纔"展布於冢宰文衡之位"。仕途的坎坷，是造成他慨嘆的重要原因。二則與紀昀的白首相逢，實現了學術上的宿

---

① 以上四處引用詩句分别見：洪良浩《紀曉嵐宗伯以清白文章冠冕一世，實有知音之感，出都門聊賦惓惓之意（二首）》（其一）（洪良浩《耳溪集》卷七，《韓國文集叢刊》第241册，第129頁），《宣德硯歌》（《耳溪集》卷八，《韓國文集叢刊》第241册，第144頁），《丁巳冬，憲書賫（賷）官之回，曉嵐宗伯寄詩，步其韻答之》（《耳溪集》卷八，第145頁），《送曹學士錫中以書狀赴燕》（《耳溪集》卷八，第145頁）。
② 紀昀與洪良浩書（紀昀頓首，奉書耳溪先生執事……），洪良浩《耳溪洪良浩全書》卷一六，第330頁。
③ 蔡濟恭《書耳溪洪尚書（良浩）〈燕雲雜咏〉後》，蔡濟恭《樊岩集》卷五六，《韓國文集叢刊》第236册，第546頁。

願。甲寅之行,洪良浩見到了紀昀、鐵保、戴衢亨、李鼎元等清代名士,與他們進行了詩文、學術上的多方面交流①。特別是,他與紀昀同氣相求,紀昀對其賞識,許其"門路近正脉"而引之爲知己,使得洪良浩感到傾蓋如故的歡欣。

其二,對對方的崇敬、期勉之情。洪良浩對紀昀以傳播學術爲己任,"指點迷津"、"示周行"無私點撥同志者的精神特別地崇敬。洪良浩的尊崇之語多見之於詩。如有句云:"曉嵐先生文章伯,手握權衡臨講肆。單車遠躡星宿源,隻眼遍窺石渠秘。揮斥狂瀾障泛濫,扶持正脉辟淫詖";"中州人物稱淵海,稀世文章有曉嵐";"河間生杰富文章,博雅儒林擅大方。足躡河源二萬里,手翻天禄三千箱。百年隻眼明如鏡,諸子迷津涉有航";"宗伯聲名高北斗,清風難和頌昌辰";"海内文宗紀曉嵐,春官瀛閣坐潭潭";"北斗光瞻東海外,春風氣接午門前";"斗北有神交,紀公長禮部。胸海吞九夢,腹笥貯二西。十年典屬國,進退明好醜。東方秉周禮,旋斡多左右";"南宫鵠立千官上,不問須知紀曉嵐"②。洪良浩文中亦有云:"今之禮部尚書紀昀,宏博文章之士也,掌春官典屬國,已十餘年矣。"③總之,在洪良浩看來,紀昀其人"斯文正脉明華夏,多士模楷冠搢紳"④,無論是學識,還是人品都是中國文人的典範。

---

① 參見本書下編第五章《十八世紀後期中朝文人交流長編》。
② 以上八處引用詩句分別見:洪良浩《玉如意歌》(洪良浩《耳溪集》卷八,《韓國文集叢刊》第241册,第144頁),《紀曉嵐宗伯以清白文章冠冕一世,實有知音之感,出都門聊賦惓惓之意(二首)》(其一)(《耳溪集》卷七,《韓國文集叢刊》第241册,第129頁)、(其二)(《耳溪集》卷七,第129頁),《贈禮部尚書紀曉嵐昀》(《耳溪集》卷七,第128頁),《送曹學士錫中以書狀赴燕》(《耳溪集》卷八,第145頁),《寄紀尚書》(《耳溪集》卷八,第144頁),《送奏請副使李侍郎赴燕》(《耳溪集》卷八,第145頁),《送正使曹尚書赴燕》(《耳溪集》卷八,第146頁)。
③ 洪良浩《送趙尚書爾真(尚鎮)赴燕序》,洪良浩《耳溪集》卷一一,《韓國文集叢刊》第241册,第199頁。
④ 洪良浩《寄曉嵐紀尚書(戊午,二首)》,洪良浩《耳溪集》卷八,《韓國文集叢刊》第241册,第145頁。

而紀昀則主要通過書信和贈物來表達對洪良浩的崇敬與期勉。其書信有云：

> 先生生於海隅，獨挺然追古作者，豈非豪杰之士不汨於流俗，不惑於異學者哉？然韋布寒儒，閉門學古，各尊所聞而已。有主持文柄之責者，則當爲振興斯道計。先生身爲國相，又爲儒宗，願謹持此義，以導東國之學者。登高一呼，必皆響應，久而互相傳習，使文章正脉，別存一支於滄海之外。豈非盛事歟？①

除了對洪良浩秉持儒家詩文之道的肯定，紀昀更期待洪良浩能在握朝鮮文柄之時，以儒家之義導東國之學，從而使其國文士雲從而響應，使文章正脉得以流傳。此外，紀昀還多以贈物的形式來表達對洪良浩的期勉，如，丁巳年正月，紀昀給洪良浩寄贈水蛀硯、水中丞、搔背、茶注等，並各繫以小詩一首，詩云：

> 紫雲割下岩，水蛀穴如蠧。鋒芒雖欲平，貴爾形模古。
> 哆腹水易容，縮口塵不染。久貯仍清泉，君子悟防檢。
> 指爪肖麻姑，藉以搔背癢。銛利彼所能，操縱仍吾掌。
> 老披一品衣，能無勞案牘。香茗時一澆，亦足滌煩溽。②

四首小詩都卒章見其志，分別是紀昀對洪良浩在尚古、立身、傳道和戒躁等儒家修養方面的期許。紀昀其他的贈物也多有此意，洪良浩也深深地體會到了對自己的企望之情。他寄贈紀昀的《宣德硯歌》、《玉如意歌》、《威斗銘》、《丹砂研山銘》、《葫蘆茶注銘》、《程君房墨銘》等詩歌，固然一方面是爲了表達報瓜之意，但更重要的

---

① 紀昀與洪良浩書（昀拜啓耳溪先生閣下：晉人有言……），洪良浩《耳溪洪良浩全書》卷一六，第329頁。
② 紀昀《以水蛀硯、水中丞、搔背、茶注贈朝鮮國相洪良浩，各繫小詩》，紀昀撰，孫致中等校點《紀曉嵐文集》第1冊，第545頁。

另一方面是借這些詩歌向紀昀傳達對這些贈物所蘊含的故人翹企之情的理解，如其中有詩句云："臨分贈此別有意，勉我九仞加一簣。玉兮可比君子德，君子存誠貴無二。如意兮如我意，長隨我兮無不利"①；"故人贈心，式堅且壽"②等。

其三，是對知音的相思之情。洪良浩有詩云："故人遙隔五雲邊，鴨水燕山路四千。河漢文章空入望，蓬萊消息有誰傳？看花對酒應相憶，朗月清風獨不眠。自恨白頭何見晚，精神惟寄伯牙弦"；"行行萬里頻回首，魂夢應懸北斗南"；"公乎惠我何鄭重，中夜思之空嬋媛"；"片言遽荷千金重，尺素遙飛萬里傳。欲識精神相照處，一輪明月半空懸"③。洪良浩離開北京後，紀昀寫有《懷朝鮮洪良浩》、《寄懷洪良浩》④，其中有句云："長吟消夜青燈下，遠夢懷人紫瀣東。兩遇歸鴻都少暇，緘情惟藉一詩筒"；"淼漫鯨波兩地分，懷人時望海東雲"；"新詩能向星軺寄，也抵清談一晤君"；"鼉鏶倘能重奉使，待君同醉紫霞杯"。

五、兩人"同氣相求"考述

洪良浩有詩句云："文章契遇自古難，同氣相求非我衒。"⑤稱自己與紀昀文章契遇、同氣相求。這正是兩人知己之交的最大特點，也是與其他中朝文人關係的不同之處。可以說，"同氣相求"，即對

---

① 洪良浩《玉如意歌》，洪良浩《耳溪集》卷八，《韓國文集叢刊》第241冊，第145頁。
② 洪良浩《威斗銘》，洪良浩《耳溪集》卷一七，《韓國文集叢刊》第241冊，第299頁。
③ 以上四處引用詩句分別見《寄曉嵐紀尚書（戊午，二首）》（洪良浩《耳溪集》卷八，第145頁）、《紀曉嵐宗伯以清白文章冠冕一世，實有知音之感，出都門聊賦惓惓之意（二首）》（其一）（《耳溪集》卷七，第129頁）、《宣德硯歌》（《耳溪集》卷八，第144頁）、《寄紀尚書》（《耳溪集》卷八，第144頁）。
④ 兩首詩分別載於紀昀撰，孫致中等校點《紀曉嵐文集》第1冊，第552頁、545頁。
⑤ 洪良浩《宣德硯歌》，洪良浩《耳溪集》卷八，《韓國文集叢刊》第241冊，第144頁。

第三章　豐山洪良浩家族與清文人的交往　　　　　　　　　　287

詩文之道的共同取向與高度契合，對高尚人格的塑造，是維繫二人情誼的基石。紀昀與洪良浩書有云："今統觀雅製，實愜素心，是真異地之同調矣。不揣弇陋，竟爲徐無黨之續，先生亦許以賞音。是我二人，彼此以知己相許也。"①點明二人知己相許正是由於文學創作傾向的一致。洪良浩有詩云："白首相逢寧偶爾，一言契合示周行。"②紀昀亦有詩云："聖代原無中外別，迂儒恰喜性情同。"③二人的詩句也正指出他們的傾蓋如故並非出於偶然，而恰恰是兩人所追求儒家至善之道的契合。兩人精神方面的契合主要表現在如下一些方面：

（一）就創作的目的，兩人都對"文以載道"傳統的衰微感到痛心，都指明文章當以載道爲要，於世有益。

洪良浩認爲"文章者，道之英華也。在天爲日月、星斗、河漢、風雲之象，在地爲江海、山嶽、鳥獸、草木之文，在人則爲辭令、威儀、禮樂、車服之章"④，但"三代以後，文與道歧"⑤，他在給紀昀的信中寫道：

夫文章，天下之公理也，古聖人立言明道，垂教後人。而三代以降，道術分裂，門户歧異，惟楚人之騷、漢人之賦，皆造其極。詩至於中唐，文至於盛宋，獨臻其妙，可謂各擅一代之長技。而逮夫有明三百年之間，無人乎繼其響者。人有恒言曰："文章與世級升降。"豈其然歟？雖然，不佞嘗謂天地一天

---

① 紀昀與洪良浩書（紀昀頓首，奉書耳溪先生執事……），洪良浩《耳溪洪良浩全書》卷一六，第330頁。
② 洪良浩《紀曉嵐宗伯以清白文章冠冕一世，實有知音之感。出都門，聊賦惓惓之意（二首）》，洪良浩《耳溪集》卷七，《韓國文集叢刊》第241册，第129頁。
③ 紀昀《寄懷洪良浩》，紀昀撰，孫致中等校點《紀曉嵐文集》第1册，第545頁。
④ 洪良浩《〈御定八家手圈〉跋》，洪良浩《耳溪集》卷一六，《韓國文集叢刊》第241册，第273頁。
⑤ 同上，第274頁。

地也,山河一山河也,日月之所照,雨露之所養,夫豈有豐於古而嗇於今乎?況文者,性之所發,道之所寓,古今一道,賢愚一性。《孟子》曰:"人皆可爲堯、舜。"堯、舜猶可希也。奚有乎文章,奚有乎內外遠邇之別哉?惟在乎其人之志之高卑、功之淺深焉耳。凡有自畫自薄者,非愚則惑也。①

洪良浩認爲文章功用在於"立言明道,垂教後人"。自三代至盛宋,各代尚能擁有長技之文章,可是至有明一代,文章不惟不載道,亦幾無長技可言,故其稱"無人乎繼其響者"。但無論如何,"文者,性之所發,道之所寓"。其在《文會齋記》、《稽古堂記》、《〈御定八家手圈〉跋》等文中亦多次指出"文以載道"的意義,如:

> 所謂文者,非章句佔傳之謂也。學以聚之,問以辨之,修辭以明理,立言以衛道,皆是也。②
>
> 夫文章者,道之精華也。道形於外,文乃成章,如水有源而波瀾生焉,木有根而榮華發焉。即乎文而道在,是公之讓而不居,蓋將由是而求之歟。……下此而子思氏、孟軻氏之文,由道學而成文章也。劉向氏、韓愈氏、歐陽氏由文章而明道學也。至若屈子之歌騷,莊叟之放言,管、商、孫、吳之奇辯,賈太傅之高識,太史公之雄才,皆文之至者,而各以其學宣之於辭,未嘗捨道而爲空言也。③

洪良浩指出:"寫作文章的目的,就是要宣揚儒家之理,衛護儒家之道。"此自古而然,杰出的文人的作品無不與"道"相關,或"由道學

---

① 洪良浩《與紀尚書書(乙卯)》(良浩謹再拜,上書於大宗伯紀先生閣下……),洪良浩《耳溪洪良浩全書》卷一六,第328頁。
② 洪良浩《文會齋記》,洪良浩《耳溪集》卷一二,《韓國文集叢刊》第241册,第204頁。
③ 洪良浩《稽古堂記》,洪良浩《耳溪集》卷一三,《韓國文集叢刊》第241册,第216頁。

第三章　豐山洪良浩家族與清文人的交往

而成文章",或"由文章而明道學",其文都未嘗捨棄儒家之學而泛爲空言。

對文章的功用,紀昀同樣持"文以載道"的見解,其在《〈明皋文集〉序》中有云:

> "文以載道"非濂溪所創論也,"理扶質以立幹,文垂條以結繁",陸平原實先發之,要皆孔子所謂言有物也。……夫事必有理。推闡其理,融會貫通,分析別白,使是非得失厘然具見其端緒,是謂之文。文而不根於理,雖鯨鏗春麗,終爲浮詞;理而不宣以文,雖詞嚴義正,亦終病其不雅馴。①

紀昀於此闡明言之有物的重要性,其所言之"物"即事必有之理。"推闡其理",則是非得失昭然,纔可謂"文"。文與理密不可分,文章不根植於理,必然言辭浮誕;而理不以文宣揚,也終究失之於雅馴。而對於洪良浩指出古文傳統的衰頹之勢,紀昀也是有著相近看法的。在給洪良浩的書信中有云:

> 嘗謂文章一道,旁門至多,旁門自以爲正派者尤多。其在當時,旁門自恐其不勝,必多方以爭之。守正派者,大都孤直淡泊之士,聲氣必不如其廣,作用必不如其巧,故旁門恒勝,正派恒微。自宋以來,兩派遂如陰陽晝夜之並行,不能絕一。②

> 昀才鈍學疏,本未窺作者之門徑,徒以聞諸師友者。謂文章一道,傳自古人,自應守古人之規矩,可以神而明之,不可以偭而改之。是以暖暖姝姝,守一先生之言,不欲以側調幺弦,新聲別奏。③

---

① 紀昀《〈明皋文集〉序》,徐瀅修《明皋全集》卷首,《韓國文集叢刊》第261册,第3頁。
② 紀昀與洪良浩書(昀拜啓耳溪先生閣下:晉人有言……),洪良浩《耳溪洪良浩全書》卷一六,第329頁。
③ 紀昀與洪良浩書(紀昀頓首,奉書耳溪先生執事……),洪良浩《耳溪洪良浩全書》卷一六,第330頁。

紀昀之言"歷舉中國文章之淵源",也指出:"近世文章則旁門盛而正脉微,寥寥乎不能大振"①。但無論如何,他認爲文章之"道"古今相同,創作"應守古人之規矩",可以闡明發揚其"道",但不可違背篡改其"道",因而,他寧"守一先生之言",也不願意別奏新聲。可以看出,兩人所持"文以載道"的見解是一致的,因此,紀昀對洪良浩詩文"載道"的特點給予了充分肯定,其云:

> 洪君之文,雖暢所欲言,而大旨則主於明道。其言道也,不遊談鮮實,索之於先天無極;不創論駭俗,求之於索隱行怪而惟探本於《六經》。蓋經者,常也,萬世不易之常道也。道者,理也,事之制也。理明,則天下之是非不淆,百爲之進退有率,千變萬化不離其宗。以應世,則操縱咸宜,以立言,則了了於心者。自了了於口,投之所向無不如志。②

指出洪良浩之文以《六經》爲本,其文載之"道"正是萬世不變的常理。而常理明,人們行事自然得到節制,就不會混淆是非,進退無序、遊離儒道,無論是"應世"還是"立言",都會行動自如,不違心志。

（二）就創作的動因和旨歸,兩人都指出"情"、"志"爲詩歌之原,"溫柔敦厚"乃是詩歌之旨歸。洪良浩在《與宋德文論詩書》中有云:

> 所謂詩道者,何也?《書》曰:"詩言志。"子曰:"興於詩。"《禮》曰:"溫柔敦厚。"詩之教,夫言者發於心而矢諸口;興者觸於外而感乎中。出之以溫柔,行之以敦厚,可以化民,可以觀政,故在閭巷謂之風,在朝廷謂之雅,在宗廟謂之頌,如是而

---

① 洪敬謨《〈斗南神交集〉序》,洪敬謨《冠岩全書》卷一二,《韓國文集叢刊（續）》第113册,第327頁。
② 紀昀《〈耳溪文集〉序》,洪良浩《耳溪集》卷首,《韓國文集叢刊》第241册,第4—5頁。

已。周衰俗漓,言益多而聲隨長,四言變而爲五六七言,所謂歌永言也。漢魏樂府者,國風之遺也;楚人之騷,小雅之變也;西京之賦,雅頌之流也;皆足以發舒情志,感動人心,有裨於風教。及夫近體興,而雕花鏤月,排紅比白,較錙銖於聲病,鬥巧拙於態色,適足以戕人心,敗世教,詩之道於是亡矣。①

於此,洪良浩引用"詩言志"、"興於詩"和"溫柔敦厚"等儒家詩論,其用意在於指明詩歌乃是内心之志訴諸於口,情感受到外物的觸動而言於其外的產物。但發乎情,必須要止乎禮,這樣纔能避免無節制的語言,使得詩歌"出之以溫柔,行之以敦厚",呈現出"化民"、"觀政"的作用。其《〈風謠續選〉序》中,亦有相近的論說,其云:

> 風者,東南之和氣也,其行地上,於《易》爲觀。其鼓萬物,於人爲詩。……蓋列國之風,皆出於村謳巷謡,叙其情志,發於天機,於以見四方之俗,審治亂之本。孔子曰"詩可以觀",此之謂也。降至後世,詩體屢變,人工勝而天機淺,失自然之真。②

洪良浩論詩強調"情"、"志"二字,認爲由此出發創作出的"溫柔敦厚"之作則必然呈現感動人心的藝術魅力。他特別反對創作"雕花鏤月"、"排紅比白","人工勝而天機淺",以形式上的雕飾掩蓋内容上的蒼白無力,認爲這樣的詩作喪失了自然之真,所帶來的惡果是"戕人心"、"敗世教",整個詩道傳統消亡殆盡,因此,他提倡"人籟之合天機"③的自得之詩文,有云:

---

① 洪良浩《與宋德文論詩書》,洪良浩《耳溪集》卷一五,《韓國文集叢刊》第 241 册,第 261 頁。
② 洪良浩《〈風謠續選〉序》,洪良浩《耳溪集》卷一〇,《韓國文集叢刊》第 241 册,第 183 頁。
③ 洪良浩《辨名篇》,洪良浩《耳溪集・外集》卷九,《韓國文集叢刊》第 242 册,第 313 頁。

然人心之靈、天機之妙亘萬世而不息不變,惟在自得之耳。《孟子》曰:"樂則生[矣],生則烏可已也,烏可已則不知手之舞之足之蹈之。"此天機之動於人心者也。學詩之道,盡於是矣。①

詩則發於天機,疏宕而不靡於俗,温雅而自中於軌。文則流出胸中,浩浩不竭,譬如太湖之水風定浪平,萬象俱形;淇園之竹烟收雨斂,千竿自苫,不待組織之工而文采爛然。可見性情之正、才格之高、本源之深也。②

他指出"人心之靈"、"天機之妙"惟在自得,"自得"緣於情性的真實流露,此爲學詩之道。但其旨歸必須"發乎情,止乎禮",即其所云的"疏宕而不靡於俗,温雅而自中於軌",惟此創作出的詩文"可見性情之正、才格之高、本源之深",有冲和淵永之味。

紀昀論詩同樣注重"情"、"志",認爲優秀的詩篇無不與"情"、"志"相關③,如其云:

情往興來,處處有宛轉關生之妙,東坡得意之筆。④
其詩多觸事起興,吐屬自然,意格乃在繼盛上。⑤
此天機所到,偶然得之,非苦吟所可就也。⑥

紀昀諸評語用意正是爲了指出詩情的產生緣於對外物的感觸,反

---

① 洪良浩《與宋德文論詩書》,洪良浩《耳溪集》卷一五,《韓國文集叢刊》第241册,第261頁。
② 洪良浩《〈春庵集〉序》,洪良浩《耳溪集》卷一〇,《韓國文集叢刊》第241册,第186頁。
③ 紀昀強調詩之動因在於"情"、"志",其論語甚多,如《〈冰甌草〉序》、《〈挹緑軒詩集〉序》、《〈鶴街詩稿〉序》、《〈詩教堂詩集〉序》等中均有論述,本書兹舉數例,餘不錄。
④ 紀昀評點《蘇文忠公詩集》,宏業書局,1969年,第465頁。
⑤ 紀昀、永瑢等《四庫全書簡明目録》,商務印書館(臺灣)文淵閣原鈔本,1983年,第348頁。
⑥ 方回原選,紀昀批點《瀛奎律髓刊誤》第3册,佩文書社,1960年,第877—878頁。

對爲文矯情,強調優秀的作品往往是"情往興來"、"天機所到"的自然之作,非苦思冥想、閉門造車所能成就,因此,他在《〈耳溪詩集〉序》中指出:

> 知詩也者,發乎情,止乎禮義,此心此理,含識皆同,非聲音文字之殊所能障礙,共相傳習。①

《〈清艷堂詩〉序》亦有云:

> 帝媯有言曰:"詩言志,歌永言。"揚雄有言曰:"言,心聲也;文,心畫也。"故善爲詩者,其思浚發於性靈,其意陶熔於學問。凡物色之感於外,與喜怒哀樂之動於中者,兩相薄而發爲歌咏,如風水相遭,自然成文,如泉石相舂,自然成響。②

於此可見,紀昀把詩歌產生的動因歸結爲兩點,一是"志",即"思浚發於性靈,其意陶熔於學問"③;二是"情",即"凡物色之感於外,與喜怒哀樂之動於中者,兩相薄而發爲歌咏"。

與洪良浩論詩一樣,紀昀的詩學主張最終也歸結到"溫柔敦厚"的詩教核心,其核心在於詩歌既要發乎情,但又要止乎禮,二者不可偏廢,其《〈月山詩集〉序》有云:

> 斯真窮而後工,又能不累於窮,不以酸惻激烈爲工者。溫柔敦厚之教,其是之謂乎? 三古以來,放逐之臣,黃馘牖下之士,不知其凡幾;其托詩以抒哀怨者,亦不知其凡幾。平心而

---

① 紀昀《〈耳溪詩集〉序》,洪良浩《耳溪集》卷首,《韓國文集叢刊》第241冊,第4頁。
② 紀昀《〈清艷堂詩〉序》,紀昀撰,孫致中等校點《紀曉嵐文集》第1冊,第202頁。
③ 紀昀在《〈郭茗山詩集〉序》中亦指出:"鍾嶸以後,詩話冗雜如牛毛,而要其本旨,不出聖人之一語。《書》稱'詩言志'也。蓋志者,性情之所之,亦即人品、學問之所見。"紀昀撰,孫致中等校點《紀曉嵐文集》第1冊,第192頁。與此引文意相近。

論，要當以不涉怨尤之懷，不傷忠孝之旨，爲詩之正軌。①

紀昀於此，強調詩歌創作"要當以不涉怨尤之懷，不傷忠孝之旨"，其意正與"樂而不淫，哀而不傷"的傳統儒家詩教一脉相承。又，如其《〈雲林詩鈔〉序》有云：

> 其中"發乎情，止乎禮義"二語，實探《風》、《雅》之大原。後人各明一義，漸失其宗。一則知"止乎禮義"而不必其"發乎情"，流而爲金仁山"濂洛風雅"一派，使嚴滄浪輩激而爲"不涉理路，不落言詮"之論；一則"發乎情"，而不必其"止乎禮義"，自陸平原"緣情"一語引入岐途，其究乃至於繪畫橫陳，不誠已甚歟！②

於此，紀昀正是強調"發乎情"、"止乎禮義"於詩歌創作而言缺一不可，否則創作必然誤入岐途，走向極端。當然，也就違背了"溫柔敦厚"之旨。紀昀在評價別人的詩作時，也往往以"溫柔敦厚"爲標準，如：

> 是集以不可一世之才，困頓偃蹇，感激豪宕，而不乖乎溫柔敦厚之正，可謂"發乎情止乎禮義"矣。③

> 孔子論詩，歸本於事父、事君，又稱溫柔敦厚爲詩教。可典是集，可謂探比興之原，得性情之正，不以雕章鏤句與文士鬥新奇，而新奇者終莫逮。④

可見，"溫柔敦厚"就是紀昀奉行的詩歌之"道"。他自己創作的詩

---

① 紀昀《〈月山詩集〉序》，紀昀撰，孫致中等校點《紀曉嵐文集》第 1 册，第 195 頁。
② 紀昀《〈雲林詩鈔〉序》，紀昀撰，孫致中等校點《紀曉嵐文集》第 1 册，第 198 頁。
③ 紀昀《〈儉重堂詩〉序》，紀昀撰，孫致中等校點《紀曉嵐文集》第 1 册，第 185 頁。
④ 紀昀《〈鶴井集〉序》，紀昀撰，孫致中等校點《紀曉嵐文集》第 1 册，第 191 頁。

作也是以其爲旨歸。洪良浩在閱讀了紀昀的詩後,感受到了其"溫柔敦厚"之旨,而有云:"而手書七律一篇,詞旨溫厚,精神灌注,音節疏亮,擎讀珍玩,如獲拱璧。"①

正是由於詩學見解的高度契合,紀昀既對洪良浩的詩學理論加以贊揚,稱:"觀其《耳溪文集》,中有與人論詩數篇,往往能洞見根柢,深究流別,宜其醞釀深厚,葩采自流。所謂詩人之詩,異乎詞人之詩矣。"又對其詩歌的"溫柔敦厚"給予了充分肯定,稱之"詩文暗合古人,可驗正脉一支,獨傳於東國云"②。其在《〈耳溪詩集〉序》又有云:

> 近體有中唐遺響,五言吐詞天拔,秀削絶人,可位置馬戴、劉長卿間。七言亮節微情,與《江東》、《丁卯》二集,亦相伯仲。七言古體縱橫似東坡,而平易近人、足資勸戒又多如白傅。大抵和平溫厚,無才人妍媚之態,又民生國計念念不忘,亦無名士放誕風流之氣。③

此評論中,紀昀把洪良浩與唐宋著名詩人馬戴、劉長卿、楊萬里、許渾、蘇軾、白居易等相並列。其"五言吐詞天拔"之語點明了洪良浩詩歌語言有自然之巧,無斧鑿之痕。"秀削絶人"説明其言語秀美,給人以深刻印象。"七言亮節微情",指出詩作情正無邪,有委婉含蓄表達情感的特點。"七言古體縱橫似東坡"稱贊其七古流宕自然之美。"平易近人、足資勸戒又多如白傅"肯定其七古體達人情、美刺褒貶、炯戒諷諭的教化之功。最後,紀昀把洪良浩創作的總體特點歸結爲"和平溫厚",這恰恰也就是他大力提倡的"溫柔敦厚"的詩教傳統。

(三)兩人都主張評論文章、獎掖人材當秉以公心,反對門户之

---

① 洪良浩《與紀尚書書(丙辰)》(前冬貢行……),洪良浩《耳溪洪良浩全書》卷一六,第330頁。
② 洪良浩《送從子樂遊赴燕序》,洪良浩《耳溪集》卷一一,《韓國文集叢刊》第241册,第199頁。
③ 紀昀《〈耳溪詩集〉序》,洪良浩《耳溪集》卷首,《韓國文集叢刊》第241册,第3頁。

争、地域之見,認爲"文章之患,莫大乎門户"。紀昀在《〈耳溪詩集〉序》中有云:

> 余天性孤峭,雅不喜文社詩壇互相標榜。第念文章之患,莫大乎門户。元遺山詩曰:"鄴下曹劉氣盡豪,江東諸謝韻尤高。若從華實評詩品,未便吴儂得錦袍。"此以疆域爭門户也。劉後村詩曰:"書如逐客猶遭黜,詞取横汾亦恐非。筝笛安能諧雅樂?綺羅原未識深衣。"此以學術爭門户也。朋黨之見,君子病焉。朝鮮距京畿最近,内屬最早,奉職貢最虔,沐浴醲化亦最久,聖朝六合一家,已視猶閩閻。貢使文章又有志於古作者,如區分畛域,置之不道,是所見與門户等,豈王道蕩蕩無偏無黨之意哉?①

紀昀指出:"文章最大的禍害就在於門户之爭。古代就有"以疆域爭門户",有"以學術爭門户"者,但君子都以之爲病禍。他還進一步强調"文士談藝應無中外之歧"②。指出朝鮮李參奉詩歌之所以寫得好的重要原因之一正在於其"居滄溟以外,閉户孤吟,泊然無黨同伐異之見,故翻能直抒性情,爲自鳴之天籟也"③。

於公心、門户方面,洪良浩在執耳文苑時,所展示的行爲,李晚秀《大提學耳溪洪公謚狀》有載云:

> 接人謙恭誠愨,色笑可親。襟懷坦曠,可容人數十輩。愛好人倫,引獎後進。見人之有善,欣然若己有之。④

---

① 紀昀《〈耳溪詩集〉序》,洪良浩《耳溪集》卷首,《韓國文集叢刊》第 241 册,第 3 頁。
② 紀昀《〈李參奉詩鈔〉序》,紀昀撰,孫致中等校點《紀曉嵐文集》第 1 册,第 212 頁。
③ 同上。
④ 李晚秀《大提學耳溪洪公謚狀》,李晚秀《屐園遺稿》卷一〇,《韓國文集叢刊》第 268 册,第 434 頁。

第三章　豐山洪良浩家族與清文人的交往

> 公獨如靈光之巋然，績學種文，多積博發，卒能執耳詞苑，下掃糠粃。世之下里噍殺之音，小品秭稗之體，吹萬不同者，得公而一切取正焉。此我先王所以命公以一夔之任而當世文昌之責，公不得辭也。今公之没，文章正脉殆將無傳。①

於此可見，在摒棄門户、秉持公心方面，他與紀昀同樣是契合的。因而，對紀昀能抛開畛域之別，實事求是地評價詩文並爲其詩文集作序，他是極其感激的，有云：

> 而展讀文辭，所以獎許倫擬者，極其過情，不覺騂然而愧，怵然而不寧也。然竊觀遣辭立論，明覈精到，覷破作者精神所注功力所到，有非假借慰藉之爲者，有以見閣下大眼目大權錘，未嘗爲物低仰，而妍媸莫逃，鉅纖靡差。於是乎恍然有覺，怡然自信也。……自顧偏邦下品，無足與論，而乃閣下引而進之，謂有可教，此古君子用心，所以公天下，不限於門户閫域也。蘇明允即川蜀一布衣也，得歐陽子一言之重，父子遂擅名天下。知己之遇不遇，殆有命焉，如不佞者何敢比擬於昔賢，而閣下即今之歐陽子也。不佞之托名於閣下之筆，誠曠世一遇也。豈惟一身之光榮？抑海東學者胥將聞風而自勵。豈惟海東學者而已？抑天下四方之士皆稱閣下好士之誠，至及於遐遠僻陋之人，則亦將有光於盛德宏規矣。②

洪良浩稱紀昀對其詩文洞察入微，瞭解了其蘊含的精神，其評"妍媸莫逃，鉅纖靡差"，實事求是，而"非假借慰藉"的客套之言。並贊紀昀出於"公天下"古君子之心，不以地域爲限，對其"引而進之"，爲其詩文集作序的舉動就像歐陽修當年稱譽援引蘇洵一樣，使得

---

① 李晚秀《大提學耳溪洪公謚狀》，李晚秀《屐園遺稿》卷一〇，《韓國文集叢刊》第 268 册，第 436 頁。
② 洪良浩《與紀尚書書（乙卯）》（良浩謹再拜，上書於大宗伯紀先生閣下……），洪良浩《耳溪洪良浩全書》卷一六，第 328—329 頁。

其父子名揚天下。言紀昀對他的知遇，必將使得朝鮮學者"聞風而自勵"，而天下之人也必將崇揚紀昀的"好士之誠"。

六、結論

就人與人之間的個體關係而言，洪良浩與紀昀的交遊是成功的，兩人晚年建立起來的學誼是中朝官方學者交流的典範。二人年紀相同，地位相當，雖白首相交，相見恨晚，但情誼深重，可謂是"傾蓋如故"。他們之間雖未有筆談記錄存留於今，但以書信、贈文、贈物等形式展開的交流是深刻的，尤其在文學之道、儒家理想的理解和追求上，形成了精神上的高度契合，可謂是"同氣相求"。

就國與國之間的關係而言，中朝的學術傾向在十八世紀末期是一致的，即兩國都企望恢復傳統的儒家之道，其重要的載體就是詩文。洪良浩與紀昀交往之時，兩人皆是官方學壇的執牛耳者，這種深刻而頻繁的學術來往，已經超越了個體交流的範疇和意義，是十八世紀中朝官方第一次真正意義上的重要學術交流。

第四節　洪良浩子孫與紀昀子孫交往考述

豐山洪氏家族與清紀昀家族的交往，最早可以追溯到洪良浩與紀昀的相交。他們在交往過程中，就曾相互表達過建立世好的願望。1797年（丁巳），紀昀與洪良浩書（紀昀頓首，奉書耳溪先生執事……）中有云："前兩接手書俱已裝潢成軸，付小孫樹馨收貯拜讀，華藻亦並付珍弆。此孫尚能讀書，俾知兩老人如是之神交亦將來佳話也。"①洪良浩《與紀尚書書（丁巳）》（昨年貢使之回……）中

---

① 紀昀與洪良浩書（紀昀頓首，奉書耳溪先生執事……），洪良浩《耳溪洪良浩全書》卷一六，第330頁。

第三章 豐山洪良浩家族與清文人的交往

有云:"況教以前後拙筆付諸令孫,使之藏篋而傳家,此何等至意盛眷耶!賤孫祖榮年方弱冠,粗解文墨。亦使此兒擎收盛迹,以修永世之好也。"①自從洪良浩與紀昀建立了深厚的學誼關係後,其雙方子孫仍然保持著學術上的交往。洪良浩之子洪羲俊一方面與紀昀保持書信聯繫,另一方面還同紀昀孫子紀樹蕤保持著聯繫。此後,洪羲俊兒子洪錫謨又與紀樹蕤保持著詩文來往。其從子洪敬謨在與紀樹蕤會晤後,也長期與其保持著書信往復。這種中朝兩大家族間的學術交往在兩國學術交流史上是比較特殊的。

一、洪羲俊與紀樹蕤交往考述

紀樹蕤,字春圃,號茂林,直隸省河間府獻縣人,儒學生員,清朝著名學者紀昀第五孫②,長期與朝鮮文人洪羲俊、洪錫謨、洪敬謨保持著學術交往。

洪良浩、洪羲俊父子與紀昀在北京別後的一段時期內一直保持著書信聯繫,洪羲俊《與紀茂林樹蕤書(丁亥)》(入都以後……)有云:"僕於甲寅隨家大人耳溪公入京得謁曉嵐先生,屢拜床下,獲奉家大人詩文集二序,其後書牘聯翩往來,作為家中珍藏。"③洪羲俊《傳舊》中收錄有1795年(乙卯)至1798年(戊午)洪羲俊與紀昀的來往書信6封④。而在洪良浩、紀昀先後去世後,雙方家族一度失去聯繫。洪敬謨《〈斗南神交帖〉引》有云:"壬戌春,王考捐背。後三年乙丑(筆者按,1805),紀文達亦卒。兩家之往復遂絕矣。"⑤

時隔二十二年後,1827年(丁亥),洪良浩家族又與紀昀家族

---

① 洪良浩《與紀尚書書(丁巳)》(昨年貢使之回……),洪良浩《耳溪洪良浩全書》卷一六,第331頁。
② 參見洪錫謨《十三日,訪紀茂林樹蕤,書贈一律》詩條下,洪錫謨《遊燕稿》,《燕行錄續集》第129冊,第104頁。
③ 洪羲俊《傳舊》卷六。
④ 參見本書附錄表6:十八世紀中朝文人間來往書信一覽表。
⑤ 洪敬謨《〈斗南神交帖〉引》,洪敬謨《冠岩山房新編耘石外史續編》卷四。

重新建立起聯繫。1826年(丙戌)十月,洪良浩之子洪羲俊以冬至兼謝恩正使的身份出使中國。在出使之前,他便做好了尋訪紀昀子孫的充分準備。申緯《送貫翁使相年貢之行》詩注有云:"先丈文章大爲紀曉嵐激賞,至比歐陽公。今君行篋載公集一本,擬博訪曉嵐子孫而贈之云。"①1827年(丁亥),洪羲俊到達北京後,便積極地打聽紀昀家族情況並想與其取得聯繫。其寫給紀昀之孫紀樹蕤的書信中有云:"入都以後,先問紀嵐先生宅安否。仄聞足下獨在舊宅,昨日委送家兒面叙世好。""竊擬奉面話舊不容虛徐。聞與家兒有十三之約,故伊日僕將欲躬進貴門。"②紀樹蕤在收到洪羲俊的書信後,與其再次相約十三日見面。其答書中有云:"十三日台駕枉顧,蕤當烹茗恭候也。"③在北京期間,洪羲俊與紀樹蕤多次見面會談,其《與紀茂林樹蕤書(丁亥)》(羲俊頓首,致書茂林世友足下:別來半載……)有云:"向者得與足下復修世好,屢叙清談,傾倒心肝,實是人生難再得之會。"④雙方見面會談的具體内容不詳。

此次北京相別後,洪羲俊一直與紀樹蕤保持著書信聯繫。洪羲俊《傳舊》卷五、卷六中收有雙方的來往書信共計19封(詳見本書附録表8:洪羲俊與紀樹蕤來往書信一覽表)。由表8可見:1827年(丁亥),洪羲俊離開北京後,到1839年(己亥),基本上與紀樹蕤保持著書信聯繫。僅1831年(辛卯)至1835年(乙未),兩人暫時失去書信的往來。洪羲俊《與紀茂林樹蕤書(乙未)》(紀茂林世友足下啓:流光迅邁……)中亦有云:"流光迅邁,海山悠闊,音信阻絶,居然已四更裘葛矣。"⑤指出兩人失去書信

---

① 申緯《警修堂全稿》卷一三,《韓國文集叢刊》第291册,第286頁。
② 洪羲俊《與紀茂林樹蕤書(丁亥)》(入都以後……),洪羲俊《傳舊》卷六。
③ 紀樹蕤《紀茂林答書》(頃閣下遺伻到舍……),同上。
④ 洪羲俊《與紀茂林樹蕤書(丁亥)》(羲俊頓首,致書茂林世友足下……),同上。
⑤ 洪羲俊《與紀茂林樹蕤書(乙未)》(紀茂林世友足下啓:流光迅邁……),洪羲俊《傳舊》卷五。

聯繫四年之久。

洪羲俊與紀樹蕤在別後的十三年内，主要以書信的形式傳達著惺惺相惜之情，同時也藉書信進行著較爲集中而深入的學術交流，其内容主要有以下兩點：

（一）詩文集的交流。雙方互相索求對方先人遺集。洪羲俊《與紀茂林樹蕤書（丁亥）》（羲俊頓首，致書茂林世友足下：別來半載……）云："尊先大人《文達公文集》向已留約，幸蒙惠賜。行狀、碑志同爲錄示。俾此尊丌誦讀以副平日景仰之心也。先人文獻公《耳溪集》抄本未成，容俟他日奉呈也。"①可見，1827年（丁亥）在北京時，洪羲俊就向紀樹蕤求紀昀文集，而後他又通過書信再次向紀樹蕤求其先公文集。紀樹蕤在收到書信後，答書告知："先文達公詩文集本擬今春藉使奉寄，……刊成後，實不免魯魚亥豕之訛，不得已重加更正，挖補舛錯之字，不下萬餘。……現命工匠大加修補，非數月不可補竣。必俟春夏之間，始能印成寄到。而貴邦貢使匆匆歸國，又未能久待，祇可今冬貴邦之人再至都門時定行交寄。"②1830年（庚寅），洪羲俊托其侄謝恩兼冬至副使洪敬謨給紀樹蕤捎去《耳溪遺稿》以及自己的創作。《與紀茂林樹蕤書（庚寅）》（羲俊頓首，致書茂林世友足下：海山悠遠……）有載："從子洪敬謨今以副价執玉入都，……家大人《耳溪遺稿》鈔錄爲四卷以呈。而僕之所著《大貫》二卷、《丌文》四卷、《玩易大旨》一卷亦爲付送，以質得失於高明之見耳。"③同年，紀樹蕤收到洪良浩《耳溪遺稿》以及洪羲俊的創作。《紀茂林樹蕤答書（辛卯）》（世愚侄紀樹蕤頓首，謹啓薰谷世叔大人閣下：丁亥春……）中有云："客歲嘉平廿七日，冠

---

① 洪羲俊《與紀茂林樹蕤書（丁亥）》（羲俊頓首，致書茂林世友足下：別來半載……），洪羲俊《傳舊》卷六。
② 紀樹蕤《紀茂林樹蕤答書》（薰谷世叔大人座右：客歲……），同上。
③ 洪羲俊《與紀茂林樹蕤書（庚寅）》（羲俊頓首，致書茂林世友足下：海山悠遠……），洪羲俊《傳舊》卷五。

岩世兄抵都，葊接奉瑤函。……並寄到耳溪文獻公抄本一部及大著七册。"①紀樹葊在 1831 年（辛卯）也向洪羲俊寄出《紀文達公遺集》，其在辛卯年答書中有云："文達公遺集二函呈覽，即乞驗收。"②同年，洪羲俊收到《紀文達公遺集》。其《寄紀茂林樹葊書（辛卯）》（季春，家侄副价回便……）中有云："俯惠尊大父文達公遺集二函，盥手擎展。"③二人互贈文集的行爲，意義是巨大的：一方面可以增進雙方家族對對方家族文學成就的全面瞭解，如紀樹葊在閲讀洪良浩、洪羲俊的作品後有云："並寄到耳溪文獻公抄本一部及大著七册，葊盥手莊誦，知先後文章巨手不特爲東海宗工，直可與千秋名儒争勝無怪乎！"④另一方面，由於雙方家族在清朝和朝鮮的特殊地位，可以推想此舉必然會有助於兩國文人對對方國家當時文學巨匠的瞭解。

（二）洪羲俊積極地向紀樹葊推介自己的《易》學研究成果《圖卦發蘊》。他繼承了其父洪良浩精於《易》學的治學傳統⑤，也渴望像其父親一樣能夠繼續與紀昀後代展開深入的學術探討。其《與紀茂林樹葊書（乙未）》（紀茂林世友足下啓：流光迅邁……）中有云："僕嘗讀習《易經》，沉潛演繹者有年，往往有所悟而發其藴奥，自以爲有一得之見……而邵、朱諸先生之所未及道者，則可爲發前

---

① 紀樹葊《紀茂林樹葊答書（辛卯）》（世愚侄紀樹葊頓首，謹啓薰谷世叔大人閣下：丁亥春……），洪羲俊《傳舊》卷五。
② 同上。
③ 洪羲俊《寄紀茂林樹葊書（辛卯）》（季春，家侄副价回便……），洪羲俊《傳舊》卷五。
④ 紀樹葊《紀茂林樹葊答書（辛卯）》（世愚侄紀樹葊頓首，謹啓薰谷世叔大人閣下：丁亥春……），同上。
⑤ 洪良浩潛心於《易》學研究，撰寫有《易象翼傳》系列文章：《圖説》、《重卦》、《序卦》、《上經》、《下經》、《大象解》、《十三卦解》、《説卦傳》、《諸家證解》。參見洪良浩《耳溪集・外集》卷三至卷七，《韓國文集叢刊》第 242 册，第 180—265 頁。

人之未發者也。今乃合成一册，以質得失於高明之見。中華大方之家亦多有深於治《易》者，從而審問，俾傳於後世，則實爲樂成其美，嘉惠後學之一道也，未知如何？"①在1836年(丙申)寫給紀樹蕤的書信(義俊頓首，致書茂林世友足下：往春使回……)中又以絶大多數的文字希望紀樹蕤能够向中國的學者推薦其撰寫的《圖卦發蕴》。1837年(丁酉)，又以書信請求紀樹蕤能爲他在中國廣布其《易》學研究的心得，其書有云："向呈三圖發前未發，亦有所論難者，而中華大方治《易》之家必多有之，故竊望足下就質於高明之見矣。未承詳教，深用紆鬱。幸爲廣布《易》家，開示其奥旨，俾東方學者得聞窮理之妙，至企至企。"②在得到洪義俊的反復請求後，紀樹蕤1837年(丁酉)夏答書有云："前所寄《圖卦發蕴》，蕤不時潜心繹玩其中奥理精思。不特侄以爲發前人之所未發，即質之文社朋儕亦莫不嘖嘖贊美，深爲拜服，借抄者已洛陽紙貴矣。現有同人商確，擬將此册付諸梨棗，以爲廣布流傳之計，俾中華士夫咸知東海一代儒宗亦快事也。"紀樹蕤並在此封書信中從《易》學的内容、《易》學研究的發展變化等方面發表了對《易》學的看法③。洪義俊在與紀樹蕤交换《易》學研究心得的過程中，還在不斷修改《圖卦發蕴》。1838年(戊戌)寫給紀樹蕤的書信中有云："前日覆書謂以《圖卦發蕴》質之文社，……原書亦有删煩而增補，更成一書，兹以送呈，仰希收納耳。"無疑，紀樹蕤對《易》學的見解或多或少對洪義俊的《易》學研究起到了影響。經過修改後，《圖卦發蕴》的内容也變得更爲精微。1839年(己亥)，紀樹蕤在給洪義俊的書信中肯定了

---

① 洪義俊《與紀茂林樹蕤書(乙未)》(紀茂林世友足下啓：流光迅邁……)，洪義俊《傳舊》卷五。
② 洪義俊《與紀茂林樹蕤書(丁酉)》(義俊頓首，致書茂林足下：節使回便……)，同上。
③ 紀樹蕤《紀茂林樹蕤答書》(蕤頓首，謹啓薰谷世叔大人閣下：六月望後二日……)，同上。

洪羲俊《圖卦發蘊》的内容修改及全書成就，其云："《圖卦發蘊》一册領到，雜誦披覽之下，所謂删煩增補之處更加義理精微，既詳且備。是書也，議論宏深，廣大悉備，雖聖人復起，當不易斯言。任前言發前人之所未發，實非虛譽，即同人中，亦莫不深以爲然。"①由上述可見，洪羲俊積極地向紀樹蕤推介自己《易》學研究成果以及雙方關於《易》學研究的反復探討，無疑促成了其《易》學研究成果在中國的流播，同時客觀上也促使兩國的學術探討與研究向深層次發展。

二、洪錫謨與紀樹蕤交往考述

洪錫謨與紀昀之孫紀樹蕤也在北京相識。洪錫謨《陶厓詩集》卷一一"丁亥"條繫有《寄紀茂林（樹蕤）》一詩，詩中有云："相別橋西宅（茂林家住虎坊橋頭），迢迢萬里分。"據此可知，他曾與紀樹蕤於1827年（丁亥）前在北京相識，後又在北京分别。又，洪錫謨《遊燕稿》載詩《丙戌十月二十七日，陪家親正使之行，出弘濟院站，述懷》。可見，1826年（丙戌）十月二十七日，洪羲俊以正使的身份出使中國②，洪錫謨陪同前往，故由此可推斷，洪錫謨當於1827年（丁亥）到達北京後與紀樹蕤相識。

洪錫謨與紀樹蕤在北京的交遊事迹，由於相關文獻資料的闕失，惜不詳。筆者考察《陶厓集》、《陶厓詩集》，僅可略推知雙方交遊事迹一二。如，洪錫謨來到北京後，在1827年（丁亥）正月初十日，於虎坊橋紀家古宅拜訪了紀樹蕤，叙舊論志③。洪錫謨《拜送從

---

①紀樹蕤《紀茂林樹蕤答書（己亥）》（世侄樹蕤謹啓薰谷世叔大人閣下：新正廿二日……），洪羲俊《傳舊》卷五。
②佚名《使行錄》載："丙戌，道光六年十月二十七日，冬至兼謝恩使行：正使判中樞洪羲俊，副使禮曹判書申在植，書狀官兼執義鄭禮容。"《燕行錄全集》第27册，第325頁。
③洪錫謨《遊燕稿》載"十三日，訪紀茂林樹蕤，書贈一律"，此詩繫在1827年（丁亥）正月。詩題下並有小序云："王考甲寅之行，與紀公托文字之交，故委訪以講世好。"《燕行錄續集》第129册，第104頁。

兄使燕序》有載："弟於年前陪家君赴京師，先訪紀尚書子孫，見其孫樹蕤於虎坊古宅，叙舊論志，修三世之好。"①在首次會面時，洪錫謨與紀樹蕤並有詩歌唱和。洪錫謨《遊燕稿》載雙方唱和詩作一組。原韻，洪錫謨《十三日，訪紀茂林樹蕤，書贈一律》："吾祖神交在甲年，來瞻喬木感懷先。勝如孔李通家好，況是荀陳繼世賢。光動河間新鋟梓，香留海外舊酬篇。欣披寸素聊相勉，慎守前人一古氈。"和韻，紀樹蕤："神交已在卅餘年，世好重來叙後先。日下一時敦夙契，海東三代見名賢。鴻才超卓追前哲，雅韻清新入短篇。愧我未能繩祖武，至今猶坐蕉青氈。"據此唱和詩歌內容和洪錫謨《十三日，訪紀茂林樹蕤，書贈一律》詩句下注，可以推測此次交流的主要內容是：（一）先輩的交往往事。洪錫謨詩句有云："吾祖神交在甲年，來瞻喬木感懷先。"紀樹蕤詩句有云："神交已在卅餘年，世好重來叙後先。"（二）紀昀孫輩情況。洪錫謨詩句注有云："曉嵐之孫，凡十一昆弟，樹庭官兩淮鹽運司知事，樹馨官湖北宜昌知府，樹喬官山西代州州判，樹蔭官山東候補縣丞，樹馥官廣東鹽運司。"（三）先輩詩文的整理和刊行情況。洪錫謨詩句注有云："曉嵐謚文達，刊行文集於河間故鄉，稱《紀文達公集》。王考與曉嵐往復詩札，曉嵐並粧池付孫樹馨作珍藏。王考亦輯曉嵐詩札名之曰《斗南神交集》。"（四）雙方自身現狀。洪錫謨詩句有云"欣披寸素聊相勉，慎守前人一古氈"，紀樹蕤有詩句云"愧我未能繩祖武，至今猶坐蕉青氈"，故推斷雙方都曾詢問過對方情況。

洪錫謨與紀樹蕤在北京第一次會晤後，是否再次或多次相會，現存文獻無見載，但其父洪義俊在北京期間，曾多次與紀樹蕤會晤清談（見上文考證），故筆者推斷洪錫謨或曾陪同其父多次與紀樹蕤見面交流。另外需要指出，紀昀的另外一孫紀樹馨，洪錫謨此行並未見到。洪錫謨《拜送從兄使燕序》有云："時樹馨以宜昌知府將

---

① 洪錫謨《拜送從兄使燕序》，洪錫謨《陶厓集》卷六。

報政而不獲相面。"①

1827年(丁亥)洪錫謨離開北京後，仍與紀樹蕤保持著書信和詩文的聯繫。《陶厓集》卷八載洪錫謨《答紀茂林樹蕤書》(錫謨頓首,奉啓茂林世兄座右……)一封,此信約寫於1831年(辛卯)②。其他相關文獻雖無雙方來往信件載錄,但筆者認爲,雙方的來往書信仍比較頻繁。理由有三:(一)1839年(己亥)紀樹蕤在給洪羲俊的書信(世侄樹蕤謹啓薰谷世叔大人閤下:新正廿二日……)中有云:"陶厓世兄今歲並無一言見寄,殊覺悶悶然如物在喉。即世叔大人來書中亦未道及。或出任他方,未暇作書耶?"③紀樹蕤在己亥年由於没有收到洪錫謨的來信而殊覺悶悶然,特意在信件中向洪錫謨之父洪羲俊詢問緣由,故由此可推斷,己亥年前,洪錫謨與紀樹蕤常有書信來往。(二)從1827年(丁亥)至1848年(戊甲),一般每隔一兩年,洪錫謨總有詩歌寄贈紀樹蕤(見下文),洪錫謨在寄詩的同時,當有書信亦托使行携往。(三)1837年(丁酉)洪錫謨《簡寄紀茂林用前日唱酬韻》詩中有云:"海天異域徒憑信,翰墨神交共感先。"1845年(乙巳)洪錫謨《寄紀茂林》詩中亦有云:"是何華軸貺？祇有尺書傳。"這兩處詩句也反映出雙方書信來往較多。通過以上三點可以確定,洪錫謨與紀樹蕤別後,書信來往頻繁。

洪錫謨與紀樹蕤在北京相別後,除了書信往來外,還多有詩歌的寄贈行爲。據洪錫謨《陶厓詩集》,以時間先後爲序,將洪錫謨寄贈與紀樹蕤的九首詩歌梳理如下:

1. 1827年(丁亥),洪錫謨有《寄紀茂林(樹蕤)》:"相別橋西宅(茂林家住虎坊橋頭),迢迢萬里分。光陰同逝水,懷緒共停雲。雪夜尋

---

① 洪錫謨《拜送從兄使燕序》,洪錫謨《陶厓集》卷六。
② 此信中有云:"而謾添一齒,將迫五旬。"洪錫謨生年爲1781年(辛丑),故推斷此信寫於約1831年(辛卯)。
③ 紀樹蕤《紀茂林樹蕤答書(己亥)》(世侄樹蕤謹啓薰谷世叔大人閤下:新正廿二日……),洪羲俊《傳舊》卷五。

第三章　豐山洪良浩家族與清文人的交往　　307

梅韻,霜天羨雁群。山齋當歲暮,音信佇頻聞。"(《陶厓詩集》卷一一)

2.1829年(己丑),洪錫謨有《寄紀茂林,用文達公贈耳溪公韻》:"前遊若夢過燕臺,地隔東瀛待雁來。文達集中知夙契,宜昌足下未曾陪。有時對月神孤往,何日論襟眼更開？今幸家昆充使去,也應握手共銜杯。"(《陶厓詩集》卷一二)

3.1832年(壬辰),洪錫謨有《紀茂林寄贈玻璃圓挂鏡,喜題》:"故人情重海山遥,寶鏡團團自虎橋。壁面高懸流照處,却疑飛月下層霄。"(《陶厓詩集》卷一三)

4.1837年(丁酉),洪錫謨有《簡寄紀茂林,用前日唱酬韻》:"萬里相分已十年,迢迢芝宇永懷賢。海天異域徒憑信,翰墨神交共感先。古宅空留魏公笏,幽居應乏廣文氈。獨斟菊酒南山下,高咏蒼葭白露篇。"(《陶厓詩集》卷一五)

5.1839年(己亥),洪錫謨有《寄紀茂林》:"迢遞重瀛外,懷人在日邊。芸香鄴侯壘,虹氣米家船。去夢渾如水,來緣欲問天。把杯遥攢賀,花甲是今年。"(《陶厓詩集》卷一六)

6.1841年(辛丑),洪錫謨有《寄紀茂林》:"粲粲籬下菊,猗猗園中竹。不受風霜凌,歲寒葆貞直。所懷天涯人,仿佛如有覿。念昔通世好,穀遂屢更易。河山縱修复,寸素縈夢懇。兩家同是孫,摩抄舊筆牘。白首迄無成,徒增忝先惡。願把金蘭契,毋替長相憶。"(《陶厓詩集》卷一七)

7.1845年(乙巳),洪錫謨有《寄紀茂林》:"不見茂林久,停雲左海天。是何華軸睍？祇有尺書傳。夢思三千里,神交二十年。懷人驚歲晏,獨酌菊花前。"(《陶厓詩集》卷一八)

8.1846年(丙午),洪錫謨有《寄紀茂林》:"縱謂天涯即比鄰,幾年不見會心人。曉嵐先契書中在,春圃清儀夢裏親。困躓風塵形已老,優遊文史意堪真。舊氈猶坐橋東宅,萬里停雲獨岸巾。"(《陶厓詩集》卷一九)

9.1848年(戊申),洪錫謨有《寄紀茂林》:"日日相思歲色徂,燕雲消息近來疏。百年地寂虎坊宅，三載栖寒春樹廬（丙午，自虎橋移寓小春樹衚衕）。先世神交還發夢（年前有夢見曉嵐尚書），半生緣業幾編書。叫鴻斷盡黃花老，悵望天涯白首餘。"（《陶厓詩集》卷二一）

　　考察以上洪錫謨寄贈與紀樹蕤的詩歌內容，可以發現：（一）洪錫謨引紀樹蕤爲知己，贈詩中通過各種表達方式不時展現出對對方的仰慕之情。如"有時對月神孤往，何日論襟眼更開"，借景傳情，傳達對對方的親近之情；"縱謂天涯即比鄰，幾年不見會心人"則直抒胸臆引紀樹蕤爲會心人等。而直接展示雙方知己之情的"神交"二字，在九首贈詩中三次出現，顯示出雙方感情的深厚緣於心意的相通。（二）洪錫謨每一首贈詩都表達出相思之情，贈詩中多處指出自己在夢中與紀樹蕤相會。如"夢思三千里"、"春圃清儀夢裏親"等，以夢中相會的愉悅，展現出對對方的相思之切。而直接顯示懷人之情的"懷"、"思"字在九首贈詩中七次出現，鮮明地傳達出對對方的相思之苦。（三）筆者雖未發現紀樹蕤贈與洪錫謨的詩歌①，但從洪錫謨的贈詩內容中，亦可知紀樹蕤對洪錫謨也懷有深厚的知己感情。如由洪錫謨"紀茂林寄贈玻璃圓挂鏡，喜題"詩題可知，紀樹蕤曾寄贈玻璃圓挂鏡與洪錫謨以表達對對方的情誼，以寓團圓再會之意，故而洪錫謨詩句中有云："故人情重海山遥，寶鏡團團自虎橋。"②

三、洪敬謨與紀樹蕤交往考述

　　洪敬謨，文獻公洪良浩之孫，薰谷洪義俊之從子③。洪敬謨與紀樹蕤的交往最早可以追溯到1830年（庚寅）洪敬謨第一次出使

---

① 紀樹蕤的文集不詳，待考。筆者查《續修四庫全書》、《四庫未收書輯刊》等叢書未見紀樹蕤存世文集。
② 洪錫謨《陶厓詩集》卷一三。
③ 參見紀樹蕤《耘石詩序》，洪敬謨《耘石外史》卷首。

中國之時。洪敬謨《冠岩全書》卷一一載有云："庚寅如燕，與茂林、陳登之、陸菊人訂交。"①其拜見紀樹蕤的目的，在到達北京後的第二天，其寫給紀樹蕤的第一封書信中有云："年前舍叔薰谷公奉使赴京，與足下講好而歸，而敬謨亦曾有承聞於趨庭之時者。居在海外，無由一登高門，以遂識荊之願。今幸以年貢副使，昨纔入都，可謂天借之便，擬效孔李通好之事，將欲詣門而納刺。"②紀樹蕤在《耘石詩序》中也有回憶云："（洪敬謨）今世奉貢使入都，來修世好，與余清談竟日。"可見，出於以修三代世好的願望，洪敬謨迫切希望能與紀樹蕤會晤③。

洪敬謨與紀樹蕤會晤僅僅三次，兩人主要通過書信的頻繁往來而展開文學、學術等的交流。據洪敬謨《冠岩全書》、《耘石山人文選》、《耘石外史》、《冠岩山房新編耘石外史續編》、《叢史》等考察，雙方來往尺牘數量龐大（詳見附錄表7：洪敬謨與清文人來往書信一覽表中洪敬謨與紀樹蕤來往尺牘部分）。可知，書信是洪敬謨和紀樹蕤交往的最主要形式，紀樹蕤晚年在給洪敬謨的書信中亦云雙方"歲歲尺素相通"④。自1830年（庚寅）洪敬謨寫給紀樹蕤第一封書信《與紀茂林（樹蕤）書》（敬謨白：敬謨先王考耳溪公……），至1843年（癸卯）紀樹蕤《冠岩仁兄啓》（夙切神交……）書，十四年間，雙方間去書和答書，共計57封被完整地保存下來。而1843年（癸卯）以後，雙方一度音信隔阻，失去聯繫，洪敬謨《與紀茂林》中有稱："聲徽久斷，穀燧屢改。"⑤約1848年（戊申）、1849年（己酉），洪敬謨又寫給紀樹蕤2封

---

① 洪敬謨《與紀茂林（樹蕤）書》（敬謨白：敬謨先王考耳溪公……），洪敬謨《冠岩全書》卷一一，《韓國文集叢刊（續）》第113冊，第308頁。
② 同上。
③ 紀樹蕤《耘石詩序》，洪敬謨《耘石外史》卷首。
④ 紀樹蕤《冠岩仁兄啓》（夙切神交……），洪敬謨《冠岩山房新編耘石外史續編》卷五。
⑤ 洪敬謨《與紀茂林》（聲徽久斷……），洪敬謨《叢史》卷八，韓國首爾大學奎章閣藏本。

書信,紀瑛璜替其父紀樹蕤答書 1 封①,惜此書亡佚。總的來看,現存的 59 封書信基本上保存了兩人尺牘往來的原貌。

這些書信是反映洪敬謨與紀樹蕤交往情況最爲重要的材料,據此考察,雙方交流内容主要有以下四方面:

1. 面晤筆談。1830 年(庚寅)第一次出使中國停留北京期間,二人會面兩次,紀樹蕤在洪敬謨歸國後,給他的書信中有云:"弟與吾兄三世神交固不待言,轉而思之,與吾世兄晤面僅止兩度,清談不過數時耳。"②雙方第一次會面是在 1831 年(辛卯)正月初八日,第二次是在 1831 年(辛卯)正月二十五日③。雙方兩次會晤交流的具體内容不詳,而據二人現存書信,面晤交流的重點首先當是開懷見誠以修世好。雙方第一次會晤後,洪敬謨書信中有云:"昨荷眷顧之意,先之以賜款開懷見誠,繼之以美羞,俾得以飽德。縱未竟晷,猶足慰平日渴仰之懷。"④其次當是談學論文,洪敬謨歸國後,仍然對會面的熱烈場景歷歷在目。其與紀樹蕤書信中有云:"既而思辛卯之春,與吾世兄於斗室之中,圍爐促膝,尊酒論文。曾幾何時,而裘葛又經三易矣。"⑤

1834 年(甲午),洪敬謨第二次出使中國,本擬一到達北京後便

---

① 1849 年(己酉)洪敬謨《與紀茂林》(貢使伴春而還⋯⋯)書中有云:"貢使伴春而還,未拜書教。令胤以尺牘替答。"洪敬謨《叢史》卷八。
② 紀樹蕤《冠巖世兄手啓》(壬辰嘉平念[廿]七日⋯⋯),洪敬謨《冠巖全書》卷一一,《韓國文集叢刊(續)》第 113 册,第 316 頁。
③ 紀樹蕤《上覆冠巖世兄》(頃奉手示⋯⋯)中云:"明歲新正初八日,弟當掃路烹茗恭候也。"紀樹蕤《冠巖世兄閣下》(世弟蕤頓首,謹啓冠巖仁兄閣下⋯⋯)中有云:"謹啓冠巖仁兄閣下:廿五日面證,廿六日遣伻至館。"洪敬謨《冠巖全書》卷一一,《韓國文集叢刊(續)》第 113 册,第 308 頁、第 311 頁。
④ 洪敬謨《茂林世兄手展》(夜回,兄體伏惟護安⋯⋯),洪敬謨《冠巖全書》卷一一,《韓國文集叢刊(續)》第 113 册,第 308 頁—309 頁。
⑤ 紀樹蕤《冠巖世兄手啓》(壬辰嘉平念[廿]七日⋯⋯),洪敬謨《冠巖全書》卷一一,《韓國文集叢刊(續)》第 113 册,第 315 頁。

第三章　豐山洪良浩家族與清文人的交往

造訪紀樹蕤,但遭遇喪子之痛,故初未成行。其寫給紀樹蕤的書信中有云:"弟之今者重來,可謂天送之緣。擬於下馬後,即地造門,以叙數年縈纏之懷。今月初七日午刻,入抵會同館,而家兒欲遂蘇子由大觀之心隨來老父,忽於伊夕,無病身故,……擬於下馬後,即地造門者,因此遲遲,曷勝悵恨!若或支保驚喘,幸得不死,當於歸國之前一造,承穩先此報音。"①後隨著尺牘往來,洪敬謨平靜下心緒,紀樹蕤亦留出閑暇時間,兩人終於在四月二十三日在紀樹蕤家中又相會晤以接世好。洪敬謨《謹啓茂林世兄》信中載錄了這次相會歡暢而未盡興的情形,云:"昨午暢歡,如有所得,但未竟晷而歸,深悵!深悵!"②遺憾的是,此次雙方交流的具體内容不詳。這次相會後,兩人未再謀面,紀樹蕤寫給洪敬謨的書信中有云:"數日後,雖勉强一聚,而吾兄慘沮之色實令人觀之不忍。半日盤桓終屬不歡而散。迨吾兄行旌還歸,又值弟有采薪之憂,未得旗亭一餞,至今如物在喉而悵悵不已也。"③

2. 請序求文。洪敬謨請紀樹蕤爲自己的詩文作序,以繼洪良浩家族與紀昀家族的世好。在給紀樹蕤的書信中云:"曾於宣力四方時,有紀遊之作,並此附呈,留置案頭以替日後之顏面,亦賜弁文追繼文達公序《耳溪集》故事,可作將來佳話而亦使後人知吾兩家之世好也。"④紀樹蕤在帶病閲讀了洪敬謨詩文後,替其撰寫了序文,其在給洪敬謨的書信中云:"弟連日養疴,全賴大作詩文以作消遣。今已讀竟,並業經製成詩文序各一篇。"⑤兩篇序文,在洪敬謨《耘石外史》中

---

① 洪敬謨《拜啓茂林世兄》(茂林世兄足下:敬謨於本年正月……),洪敬謨《耘石山人文選》卷六。
② 洪敬謨《謹啓茂林世兄》(昨午暢歡……),同上。
③ 紀樹蕤《冠岩世兄台展》(世弟紀樹蕤頓,啓冠岩仁兄足下:客歲四月……),同上。
④ 洪敬謨《茂林世兄手展》(夜回,兄體伏惟護安……),洪敬謨《冠岩全書》卷一一,《韓國文集叢刊(續)》第113册,第309頁。
⑤ 紀樹蕤《冠岩世兄即覽》(接示,知閣下……),洪敬謨《冠岩全書》卷一一,《韓國文集叢刊(續)》第113册,第311頁。

有載,題作"耘石詩序"、"耘石山人文序"。紀樹蕤對洪敬謨詩文評價很高,有稱其詩云:"見其和平暢達,莫不宗昌黎而師少陵。折衷所歷,博而能精,有以得乎性情之正。"①又贊其文云:"冠岩先生潛心經史,家學淵源,故凡生平吐屬悉有關於世道人心。無論一切憤時嫉俗之言、諷刺憫傷之句,與夫強詞奪理之論,大拂所好於風雲月露,亦未嘗虛抛一筆,所謂淳意發高文,莫不一歸於純粹。"②應該説,洪敬謨請紀樹蕤作序,承接了其祖父洪良浩與紀昀文學相交的傳統,而紀樹蕤通過給洪敬謨詩文作序也進一步加深了對洪氏家族文學成就的瞭解,正如他自己所云:"先生與余家爲三世神交。今雖初睹先生之文,覆而按之,大抵一脉相傳,故於洪氏之文,余知之又最悉。"③

3. 詩歌酬贈。兩人在交往過程中,亦有詩歌贈答。洪敬謨曾將與紀樹蕤的唱和詩作編定成《斗南神交集·下帖》。惜此唱酬集亡佚,而無法得窺他們二人唱和詩作的全部,但雙方的來往尺牘内容也反映了兩人詩作往復的頻繁。如洪敬謨在給紀樹蕤的書信中有云:"弟馬首欲東矣。瞻望屋角祇增黯然,謹以一律一絶道此贈别之意。"④又如,紀樹蕤書信中有云:"頃讀世兄賡和之什,依依離悰溢於言表,使弟感佩交並。"⑤再如,紀樹蕤1836年(丙申)書信中有云:"尊札之末,情發爲詩句,雖短而情愈長。盥手吟哦,心感欲泣。"⑥一直到晚年,洪敬謨都將詩歌寄贈紀樹蕤,其書信中有云:"愚弟華髮種種,居然爲八旬翁矣。……信筆隨書,遂成韻語。又步前日見惠古體詩,以寓瞻往之思,繫之以《述懷》二篇,並爲塗鴉

---

① 紀樹蕤《耘石詩序》,洪敬謨《耘石外史》卷首。
② 紀樹蕤《耘石山人文序》,洪敬謨《耘石外史》卷七。
③ 同上。
④ 洪敬謨《拜覆茂林世兄》(日來,世兄體事勝安否……),洪敬謨《冠岩全書》卷一一,《韓國文集叢刊(續)》第113册,第311頁。
⑤ 紀樹蕤《冠岩世兄如晤》(頃讀世兄賡和之什……),洪敬謨《冠岩全書》卷一一,《韓國文集叢刊(續)》第113册,第312頁。
⑥ 紀樹蕤《洪冠岩世兄覆書》(都門判袂……),洪敬謨《耘石山人文選》卷六。

第三章　豐山洪良浩家族與清文人的交往　　　　　　　　　　313

以呈，可博一粲，亦可想見其鬚眉矣。"①可見，在年届八旬時，洪敬謨對紀樹蕤所贈古詩進行了唱和。此寄贈詩作當爲《寄茂林》（二首），詩云："左海千山隔，中州一士豪。風流餘俊及，文藻繼遷皋。癯鶴傳神逼，疏梅得韻高。還憐百年宅，喬木漫蕭騷。""秋山今夜月，如見所懷人。舊契仍三世，殘年已八旬。天涯心共印，夢裏語非真。一種此生恨，芝眉更難親。"②詩作中洪敬謨對紀樹蕤的思念之深力透紙背。總之，雙方通過詩歌的贈答充分表達出對別離的戀戀不捨和分離後對友人的憶念之情。

　　4.惠贈書籍。紀樹蕤將家族成員的著作介紹或贈送與洪敬謨。紀樹蕤將自己祖父紀昀的文集贈送與洪氏家族。他在給洪敬謨的信件中云："先文達公遺集一部，乞吾兄携歸轉呈。"也向洪敬謨寄贈過紀樹森《痴説》一部，其書信中有云："外寄去《痴説》一部，此係弟從堂兄名樹森所著，大率講身心性命之學。兹特呈覽，萬勿貽笑於方家。"洪敬謨也曾將自己的著作《耘石詩》、《文集》介紹或贈與紀樹蕤。紀樹蕤在給洪敬謨的書信中曾詢及："《耘石詩》、《文集》而外，復有新著作否？"可見，紀樹蕤也非常關心洪敬謨創作情况③。

　　經過在北京的三次會晤以及一年一度的書信交流，洪敬謨和紀樹蕤結下了深厚的學誼。如紀樹蕤在給洪敬謨的書信中提及兩人關係時，有云："夫同聲相應、同氣相求，聲氣之所感，原不在遐邇，而在臭味之相投。蕤幸生中華，年近六衰，文壇詩社頗不乏知己之交。等而下之，傾蓋忘形者有之，患難扶持者有之，甚至共車

---

①洪敬謨《與紀茂林》（聲徽久斷……），洪敬謨《叢史》卷八。
②洪敬謨《寄紀茂林》，洪敬謨《叢史》卷七。
③此節引文分別參見紀樹蕤《冠岩世兄閣下》（世弟蕤頓首，謹啓冠岩仁兄閣下……），紀樹蕤《冠岩世兄手啓》（壬辰嘉平念［廿］七日……），洪敬謨《冠岩全書》卷一一，《韓國文集叢刊（續）》第113册，第311頁、第316頁。紀樹蕤《冠岩仁兄拜覆》（客歲嘉平廿二日……），洪敬謨《冠岩山房新編耘石外史續編》卷五。

馬、輕裘弊之無憾者亦間或有之,然有時懷之,有時置之,終不若懷吾世兄之心而耿耿不已也。"洪敬謨亦有云:"咸山之於皇都爲五千餘里,殆如瓊雷之相望,而懷我好音宛如面談,寧不奇哉?"可見雙方對對方的思念刻骨銘心,雙方間的深厚情感已經超越了一般的知己之情①。

最後需要指出,洪敬謨在晚年還與紀樹蕤之子紀瑛璜有交往。在與紀樹蕤的交往過程中,洪敬謨早就聽聞紀瑛璜其名,祇是最初未有書信往復,洪敬謨給紀瑛璜的書信中有云:"自夫世好之篤,芳名灌於耳,未有以文字往復,手書致意,足慰識荆之願。"約1849年(己酉),紀瑛璜替其父紀樹蕤答書與洪敬謨,惜此封書信亡佚,內容不得而知。後,洪敬謨也寄書致意於紀瑛璜,表達心儀之情,有云:"同在一天之下,又有三世之契,而老不能奉使命入都一瞻顏儀。《詩》所云'未見君子,憂心忡忡',豈非今日道耶?"可見,豐山洪良浩家族與清紀昀家族在三世契交後,仍然期待著繼續與紀昀四世孫交往下去,由此,也可見兩家族間學誼的深摯②。

綜上,通過對洪羲俊與紀樹蕤以及洪錫謨、洪敬謨與紀樹蕤,洪敬謨與紀瑛璜交往的考述,可見洪良浩子孫與紀昀子孫沿襲了洪良浩與紀昀知音之交、學術之交、文學之交的傳統。雙方家族成員的交往在中朝文人交流史上具有典型意義,正如紀樹蕤所云:"三世神交良非易得,較之孔李通家、荀陳繼世亦未能少遜,較之泛言金蘭縞紵者更不啻霄壤之分。"③總之,由洪良浩與紀昀所奠定下

---

① 此節引文分別參見紀樹蕤《冠岩世兄手啟》(壬辰嘉平念[廿]七日……),洪敬謨《冠岩全書》卷一一,《韓國文集叢刊(續)》第113册,第315—316頁。洪敬謨《茂林世兄玉展》(世弟敬謨拜啓茂林仁兄足下……),洪敬謨《冠岩山房新編耘石外史續編》卷五。
② 此節所引書信參見洪敬謨《與紀瑛璜》(自夫世好之篤……)。洪敬謨《與紀茂林》(貢使伴春而還……)中有云:"令胤以尺牘替答。"洪敬謨《叢史》卷八。
③ 紀樹蕤《冠岩世兄台展》(世弟紀樹蕤頓,啓冠岩仁兄足下:客歲四月……),洪敬謨《耘石山人文選》卷六。

第三章　豐山洪良浩家族與清文人的交往

的兩個家族間長達半個世紀之久的交往[①]，一方面促進了雙方家族的互相深入瞭解，另一方面對於以後兩國文化、學術的深入交流無疑也起到了巨大的推動作用。

[①] 從 1795 年（乙卯）北京端門，洪良浩與紀昀第一次相見到 1849 年（己酉）洪敬謨給紀瑛瑛書信，中間歷經 54 年。

第四章　洪大容與清代文人的交遊

　　洪大容與清文士的密切關係是十八世紀中朝文人交往的典型，他與浙杭三士的知音之交更是中朝文人交流史上的佳話。基於其與浙杭三士間筆談、與清文士間往復書信的存世數量在當時中朝文人交流中最多，且其筆談和尺牘來往在雙方交往中又極具代表性，因此，本章重點考述他與浙杭三士的筆談、與清人間的往復尺牘，闡述其與清代文士交往的歷史意義。

　　洪大容(1731—1783)，字德保，號湛軒，十八世紀朝鮮著名哲學家、天文學家、文學家，"北學派"的先驅人物。"於中國之書無不遍讀，精曆律算卜之法。顧性篤謹，喜談理學，具儒者氣象"①。朱文藻編《日下題襟集·洪高士》云其"本貴胄，居王京，自以爲不慕榮利，退居於忠清道清州之壽村，與農夫雜處，構愛吾廬，偃仰其中，善觀天文，精騎射及撲蓍。暇則焚香讀書，鼓琴自娛而已。於書無所不觀，與之議論皆見原本"②。他與朴趾源、朴齊家、李德懋、柳得恭等，主張學習清朝文化，以改變朝鮮貧窮落後的面貌。著有《湛軒書》。其傳見朴趾源《洪德保墓志銘》、李淞《湛軒洪德保墓表》、洪大應《從兄湛軒先生遺事》、洪大容《湛軒書·附錄》等。

　　1765年(己酉，乾隆三十年)冬，洪大容以書狀官洪檍的"軍官

---

① 嚴誠《養虛堂記》，《中朝學士書翰》。
② 朱文藻編《日下題襟集·洪高士》，嚴誠撰，朱文藻編《鐵橋全集》第5冊。

子弟"身份隨使團赴中國,"以十一月二十七日渡鴨水,十二月二十七日至北京,留館凡六十餘日而歸"①。他來中國的目的是"得一佳秀才會心人,與之劇談"②。在停留中國期間,其廣泛接觸了各階層人士,先後與二十多名中國文人接觸交流,其中包括翰林、進士、舉子、秀才、塾師等清代不同地位、身份的知識分子。姓名可考的文人有:拉永壽、王渭、郭生(名不詳)、吳湘、彭冠、宋舉人(名不詳)、兩渾、劉生(名不詳)、嚴誠、潘庭筠、陸飛、張元觀、蔣本、周應文、彭光廬、張經、鄧師閔、孫有義、宋生(名不詳)、賈熙、孫進士(名不詳)、周學究(名不詳)、白姓人(名不詳)、希姓人(名不詳)等③。洪大容燕行歸國後,與其書信往復的清文人有:嚴誠、潘庭筠、陸飛、孫有義、鄧師閔、趙煜宗等十五人④。其中,他與嚴誠、潘庭筠、陸飛浙江三學士的接觸和交流最爲頻繁、深刻。這對洪大容思想產生了很大的震動和影響。洪大容和浙杭三士的交往,包括與他們家人和親戚的交往,是十八世紀中朝文士交流的典型。

第一節　洪大容與浙杭三士的七次筆談

　　洪大容和浙杭三士在口頭語言不通的情況下,主要以筆談、書信的形式進行交流。從1766年(丙戌)二月初一日在北京琉璃廠相識,至二月二十九彼此以書信告別,此二十九天內,雙方先後進行了七次筆談。六次在三學士所住館舍即正陽門外乾净衕附近的

---

① 洪大容《乾净筆譚》,《燕行錄全集》第43册,第12頁。
② 洪大容《湛軒書・外集》卷二《乾净衕筆談》,《韓國文集叢刊》第248册,第129頁。
③ 參見本書下編第四章《朝鮮洪大容與清文人交流長編》。
④ 參見本書附錄表9:洪大容與清文人來往書信一覽表。

第四章　洪大容與清代文人的交遊　319

天陞店,一次在朝鮮使節團住處。洪大容云:"與鐵橋、秋㢑會者七,與篠飲會者再。"①在十八世紀中朝文人交流中,他與浙杭三士的筆談是次數最多的交流之一,其留存下來的筆談記錄篇幅最長。

七次筆談的內容極其豐富、深刻,雙方圍繞政治、哲學、文化、科技、文學、宗教、道德、風俗等問題進行了廣泛的交流和探討。洪大容回憶有云:"會必竟日而罷。其談也,各操紙筆疾書,彼此殆無停手,一日之間不啻萬言。但其談草多為秋㢑所藏,是以錄出者,惟以見存之草,其無草而記得者,十之一二。其廿六日歸時,秋㢑應客在外,故收來者頗多,猶逸其三之一焉。"②嚴誠對交流內容的廣泛也有著深刻的印象,先後有云:"流連至暮,問答語極多,不能悉記。""二月初八日,過余邸舍,談心性之學,幾數萬言。""十二日,又來寓舍,蓋三過矣,談數萬言,不可悉記。"③後來,朴趾源在得閱他們間的筆談記錄後,有稱:"所與筆談累萬言,皆辨析經旨、天人性命、古今出處大義。宏肆俊杰,樂不可勝。"④對其內容的宏富也是贊嘆不已。雖然現存的筆談記錄並不完整,但是由於內容涉及面很廣,因此這些筆談記錄具有重要的文獻價值。七次筆談詳載於洪大容《乾净衕筆談》(洪大容《湛軒書・外集》卷一)、《乾净筆譚》(《燕行錄全集》第 43 册)、朱文藻編《日下題襟集》。藤塚鄰鈔校《燕杭詩牘》對筆談的內容也略有提及。

一、以試探性為目的的第一次筆談

第一次筆談的時間是在 1766 年(丙戌)二月初三日。洪大容、

---

①洪大容《湛軒書・外集》卷三《〈乾净錄〉後語》,《韓國文集叢刊》第 248 册,第 174 頁。
②同上。
③朱文藻編《日下題襟集・洪高士》,嚴誠撰,朱文藻編《鐵橋全集》第 5 册。
④朴趾源《洪德保墓志銘》,洪大容《湛軒書・附錄》,《韓國文集叢刊》第 248 册,第 321 頁。

李基成、金在行三人至乾浄衕客店天陞店訪嚴誠、潘庭筠二人,相與交流。語涉金尚憲、吕留良、吴穎芳、省試硃卷、朱熹和陸九淵學說、杭州風俗等,其間金在行與嚴、潘二人以詩較藝。臨別,嚴誠持《感舊集》全帙贈洪大容。

縱觀第一次筆談,其特點爲:

第一,這次筆談爲雙方試探性的交流。由於初次會面,洪大容試圖通過發問的形式來瞭解嚴、潘二人的人品、學識等。他提出的問題有:"兩位尊府在浙省何縣?""吕晚村是何處人,其人品如何?""浙江山水何如而能人才輩出如是耶?""王陽明亦浙人乎?""處學者遵何人?""此一句語,以之修身事君,何事不做?""兩位先世有何顯官?""同氣間有此師友之益,其樂可知也,請問西林先生德行之大略?""洞庭湖距貴鄉不遠乎?""(浙地)風俗厚薄如何?"等等。這些問題內容之間似乎没有順序和關係,但仔細分析,它們無不是其對嚴、潘二人在人品、學識、理想等方面的考察,有著先後的邏輯關係。在相與寒暄後,洪大容的第一個問題是"吕晚村是何處人,其人品如何",真正用意是想通過嚴、潘的回答,瞭解他們的人品和民族大節。洪大容是不可能不知道吕留良其人的。原因有二:其一,吕留良(1629—1683),明末清初杰出的學者、詩文家,著名的反清義士。其死後 49 年時,即 1732 年(壬子),受湖南儒生曾静反清一案牽連,被雍正皇帝欽定爲"大逆"罪名,慘遭開棺戮尸梟示之刑,其子孫、親戚、弟子廣受株連,無一幸免,鑄成清代震驚全國的文字冤獄。其二,在朝鮮,吕留良因其民族氣節也爲衆多文人所知曉,1752 年(壬申),英祖就命使者求購吕留良集,以便刊行。俞漢雋《送從兄持憲公赴燕序(壬申)》載:

> 上之二十八年秋,從父兄持憲公以小行人北聘於清。將行,三使臣侍上,上進公而前。教曰:"予聞明人吕留良書爲虜所忌諱,不行於世。今汝往試求之,可求而得取而來,予欲觀焉。"留良,明遺民也。明亡,留良抗節不屈,於虜庭磔死。其

後,有爲留良之學者曰曾静,静亦殺死。静死,其書遂不出。顯宗朝,我使入燕,有夜懷呂氏書而求見者,曰:"環顧海內,惟朝鮮可以藏此書,故來相托耳。"使者有難色,其人慟哭而去。上蓋聞其事也。嗚呼,自明亡,四海朝於清,獨朝鮮心不下,故建大報壇於禁苑之東,以祀三帝。天下風其義,於是錢謙益、林本裕之屬皆有書東出朝鮮,而獨留良之書不出。道顯晦皆有其時,無乃此其機歟?惟我國國小力弱,卒莫可有爲於天下。然其一脉,《匪風》、《下泉》之烈思,三聖相傳以至於上,上亦常所寤寐焉,故乃有是教。①

洪大容其後又問及"王陽明亦浙人乎"。他是深刻瞭解王陽明的,也不可能不知道王陽明的基本情況。其曾有云:"陽明間世豪杰之士也,文章事業實爲前朝巨擘。"②"陽明之學儘有餘憾,但比諸後世記誦之學,豈非霄壤乎?"③其發問目的,就在於想通過嚴、潘的回答,來瞭解他們的學識。再之後,洪大容措"事業從誠正"之語而謂蘭公曰:"祇此一句語,以之修身事君,何事不做?"並問及"兩位先世有何顯官",其發問的目的是爲了瞭解潘庭筠修身、齊家、治國、平天下的儒家理想。由此,不難發現洪大容的發問其實都是經過縝密思考,帶有明顯的試探性目的。

第二,由於此次是試探性的筆談,雙方在交流時表現出一定的謹慎,所以此次筆談彼此間並没有袒露心迹。如洪大容提及呂留良時,年輕氣盛的潘庭筠僅僅以一句作答,云:"浙江杭州石門縣人,學問深邃,惜罹於難。"其間,嚴誠對呂留良則不作任何評説。臨別之時,洪大容云:"邂逅良晤,深愜鄙願,未知繼此而可得見

---

①俞漢雋《送從兄持憲公赴燕序(壬申)》,俞漢雋《自著集·準本》卷二,《韓國文集叢刊》第249册,第510頁。
②洪大容《湛軒書·外集》卷二《乾净衕筆談》,《韓國文集叢刊》第248册,第130頁。
③同上。

耶？"潘庭筠則謹慎地説："人臣無外交，恐難再圖良會。"但從此次筆談記録的後文中明顯可以看出，此話非潘庭筠内心真實想法，其有云："天子以天下爲一家，況貴國乃禮教之邦，爲諸國之長，自當如此。俗人之議，何足道哉？天涯知己愛慕無窮，寧以中外遂分彼此耶？或他時得邀微官，奉使東方，當詣府叩謁，中心藏之，何日忘之？"此外，又如當金在行有觸及清代時諱之語時，"蘭公色變良久"，而洪大容的舉動是"咎平仲以交淺言深"，"勸平仲勿復言"①。這些言語、舉動無不説明了雙方的小心謹慎。

　　第三，經過這次試探性的交流，他們彼此間有了一定的瞭解，相互間懷有一定的傾慕之情，且都感到筆談意猶未盡而期求再會。如洪大容云："鄙等回期尚有餘日，豈忍遽作永别耶？"蘭公曰："交情古誼令人銘感不忘。倘枉駕容易，乞再過我，作竟日談，幸甚。"洪大容和潘庭筠都表達出再行會晤的願望。洪大容甚至云："衙門如有阻撓之弊，鄙等當先期出待於門外，擇乾净去處，更爲一日之會，無妨。"他表示即使遇到如"門禁"等阻礙，也會想辦法相聚。經過這次筆談，雙方都流露出欽佩之情，如同行的金在行云："今承兩位德儀，益覺中華人物之不可企及也。"潘庭筠亦有云："天涯知己愛慕無窮，寧以中外遂分彼此耶？"②

二、以中華禮儀爲交流重點的第二次筆談

　　第二次筆談是在二月初四日，嚴、潘兩生前往玉河館訪洪大容、金在行等，與其進行又一次的筆談。此次交流内容有了深入，雙方關係有了進一步發展，呈現出與第一次筆談不同的特點。

　　第一，筆談内容集中，以中國禮儀爲核心話題而展開交流。朝鮮自古以遵從古代儒家禮俗而著稱，有"小中華"之稱。由於滿族

---

① 此節引文均參見洪大容《湛軒書・外集》卷二《乾净衕筆談》，《韓國文集叢刊》第248册，第131頁。
② 同上，第130頁。

第四章　洪大容與清代文人的交遊

入主中原,朝鮮使者也特別關注中華傳統禮俗的留存,因此第二次的筆談,洪大容著重詢問這方面的問題,主要涉及有:中國和朝鮮不同的衣冠制度、中國的拜禮形式、中國動樂娛尸的現象、清朝剃頭之法等。

第二,雙方筆談較第一次顯得坦誠,氣氛也較爲輕鬆。《乾净衕筆談》載此次會晤分手之際,"蘭公亦執余手曰:'弟二人到京十餘日,並未見一奇人握手稱知己。即在南方,亦未嘗有披肝瀝膽者,不意相逢兩兄,萬幸之至。'"①平仲曰:"古亦有逆旅相逢便作知己者,豈有如我四人之披肝相照?"②交流中對涉及清朝時忌的話,不再避而不答,而是小心謹慎地進行觀點的交換,如:

蘭公曰:"貴處朝服皆紗帽團領乎?"余曰:"然。亦有上衣、下裳、金冠、玉佩之制。"蘭公曰:"國王戴何冠?"余曰:"冕旒,亦有便服之冠。"力闇畫出冕旒及各冠制而問之曰:"如此制乎?"余曰:"然。"余曰:"中國戲臺專用古時衣帽,想已習見之也。"蘭公曰:"來此見場戲乎?"余曰:"見之。"蘭公曰:"場戲有何好處?"余曰:"雖是不經之戲,余則竊有取焉。"蘭公曰:"取何事?"余笑而不答。蘭公曰:"豈非復見漢官威儀耶?"即塗抹之。余笑而頷之。③

"余入中國,地方之大、風物之盛,事事可喜,件件精好,獨剃頭之法看來令人抑塞。吾輩居在海外小邦,坐井觀天,其生靡樂,其事可哀,惟保存頭髮爲大快樂事。"兩生相顧無語。余曰:"吾於兩位苟無情分,豈敢爲此言乎?"皆頷之。力闇曰:"早晨必梳頭乎?"余曰:"余則果日日梳頭,而他人未必盡然。"④

―――――

① 洪大容《湛軒書·外集》卷二《乾净衕筆談》,《韓國文集叢刊》第 248 册,第 133 頁。
② 同上,第 132 頁。
③ 同上。
④ 同上。

力闇云:"北音雜以胡樂,皆是金石噍殺之聲。"即塗抹之。①

無論是對衣冠制度,還是剃頭之法,雙方都清楚表明自己的見解,連一向沉著的嚴誠也直接表示對北音的不滿,但作答以後"即塗抹之"的舉動,還是反映出嚴、潘二人對洪大容有所顧忌,存有對清文字獄的恐懼。這次筆談較第一次筆談氣氛要輕鬆,從這次筆談文字中,可以找到一些插科打諢的言語,而這在第一次交流時是沒有的,如:

> 余曰:"有奠雁禮耶?"力闇曰:"杭州獨廢此禮,可笑。"又戲曰:"不親迎,竟得妻。"②

一個"戲"字顯示了談話氛圍的輕鬆。

第三,與首次會晤相比,這次筆談還有一個顯著的特點:雙方都以大量的文字抒發不忍離別的情感,說明彼此已經發展爲惺惺相惜的學誼關係,如:

> 余曰:"鄙等初無官差,此來無他意,祇願見天下奇士,一討襟抱。歸期已迫,將未免虛來虛歸。忽得兩位,一面如舊,幸愜大願,真有志者事竟成也。祇恨疆域有限,後會無期。顧此愛慕之誠,何日忘之?"蘭公看畢,不禁淒傷。力闇亦傷感不已曰:"鄙等至性之人,未遇真正知己。今日之會,臨歧不覺酸鼻傷心。以此愈見中土之薄,而貴國之厚,足以感人矣。"

> 余曰:"終當一別,不如初不相逢。"蘭公以筆打圈於"不如初不相逢"六字而淒然有感,力闇亦慘然。

> 蘭公亦執余手曰:"弟二人到京十餘日,並未見一奇人握手稱知己。即在南方,亦未嘗有披肝瀝膽者,不意相逢兩兄,

---

① 洪大容《湛軒書・外集》卷二《乾淨衕筆談》,《韓國文集叢刊》第 248 册,第 132 頁。
② 同上。

萬幸之至,而一別又無相見之期,令人感泣。"①

三、以心性之學爲交流重點的第三次筆談

第三次筆談是在二月初八日,洪大容與金在行前往天陞店訪嚴、潘二人,進行交流。先是互評詩作,嚴誠有在朝鮮翻刻廣傳《感舊集》之托,接著,語涉婦人能詩者、吴穎芳先生德行、佛儒之辨、朝鮮風俗等。其間,除洪大容外,各有題贈詩歌。

第三次筆談的特點是:

第一,内容雖涉及多方面,但談論最多的是心性之學。朱文藻編《日下題襟集·洪高士》載:

> 二月初八日,過余邸舍,談心性之學,幾數萬言,真醇儒也。才固不以地限哉!②

"心性之學"的辯論主要是在嚴誠與洪大容之間展開。主要包括以下四個方面的話題:一是佛經,特別是《楞嚴經》與儒學的關係。嚴誠的觀點是"《楞嚴經》論心盡有好處",云:"此經,即弟亦喜觀之,以之治心最好。其論心之處原與吾道無大分別而竟至大分別者,墮於空耳。"洪大容則強調:"吾儒論心,自有樂地,何必求之外道乎?"二是對儒門"慎獨"二字發表見解。嚴氏認爲"慎獨之前,欠一段工夫,則已心之初發,是非邪正,焉能知之? 未發時最難潛養。此處一差,即墮入佛氏之頑空矣"。洪氏同意嚴誠的觀點,云:"此是著手不得,然不著手力(亦)不可。"嚴誠認爲慎獨與餘事的關係是"工幾深造後,可說餘事"。三是談論"反躬自省"之道。嚴氏認爲"求放心,原要刻刻提撕","制其外以安其内"。洪氏則認爲"言之非難,踐之實難。言而不踐,反不如不知言者之爲愚直也。此最

---

① 洪大容《湛軒書·外集》卷二《乾净衕筆談》,《韓國文集叢刊》第248册,第132—133頁。
② 朱文藻編《日下題襟集·洪高士》,嚴誠撰,朱文藻編《鐵橋全集》第5册。

可懼"。四是對"主敬"發表看法。嚴氏認爲"敬字已成儒者真談","此敬字終身受用不盡",但人鮮能知其味。洪氏認可嚴誠的這種看法,云:"俗者不足説。自謂好學者,祇是談經説性,務發前人所未發,不覺其心界日荒於倫理有多少。不盡分處,極可痛悶。"①經過這次"心性之學"的辯論後,嚴誠對洪大容的評價極高,稱其爲"真醇儒也"②。

第二,由於有了前兩次筆談的基礎,雙方有些交流語變得更爲直白,顯示出相互間關係又有了進一步發展。試看金在行與嚴誠間的一段對話:

> 平仲曰:"旅遊到京洛,幾過一月,有文人才士之相從者耶?"力闇曰:"無之。"平仲曰:"京城乃士林之所聚,豈曰無之?或未及相聞,抑二兄不肯接應而然耶?"力闇曰:"此處交遊亦不乏矣。然大率冠蓋之士,以文貌相與而已。至於可與論心之士,豈易得耶?"③

金在行直截地問嚴誠知道其他文人才士否,嚴誠乾脆地用"無之"回答他。金在行對此回答表現出不滿,用反問的語氣説"豈曰無之",用略帶指責的語氣詢問嚴誠是沒有聽説才士,還是不肯延引接見他們。從這段對話的語氣,完全可以看出,兩人説話不是委婉,而是直截了當,不再是講究客套的一般朋友關係。間或彼此間還有戲言,可見交流之愉快,如圍繞"齒落"的一段對話:

> 余曰:"嚴兄未老,齒疏何也?"答曰:"兒時愛喫甜物致之,而金兄齒落亦早。"平仲曰:"髮雖白而齒不摇。今行不能戒下

---

① 此段文中的引文均出自洪大容《湛軒書·外集》卷二《乾净衕筆談》載録的二月初八日筆談,《韓國文集叢刊》第 248 册,第 137—138 頁。
② 朱文藻編《日下題襟集·洪高士》,嚴誠撰,朱文藻編《鐵橋全集》第 5 册。
③ 洪大容《湛軒書·外集》卷二《乾净衕筆談》,《韓國文集叢刊》第 248 册,第 136 頁。

堂,非謝鯤踰墻,范叔彼笞而致傷。"蘭公曰:"還不損君嘯歌。"平仲曰:"後能爲秦相乎?"蘭公曰:"一寒如此。"平仲曰:"徒步之邸偶相似。"力闇曰:"僕幸非須賈。"①

首先以外貌上的"齒落"缺陷爲話題,可見關係的親密。其次,雙方的話語多爲詼諧之語。金在行笑稱自己齒落非"謝鯤踰墻,范叔彼笞而致傷"。"謝鯤踰墻"之典出《晉書》卷四九《謝鯤傳》,云:"鄰家高氏女有美色,鯤嘗挑之,女投梭,折其兩齒。時人爲之語曰:'任達不已,幼輿折齒。'"②金在行用此典,是在調侃自己齒落非調戲婦女所受到的懲罰。"范叔彼笞"事見《史記》卷七九《范雎蔡澤列傳》,云:"魏齊大怒,使舍人笞擊睢,折脅摺齒。"③金在行引此事,是戲謔自己齒落亦非別人誣陷受刑所致。潘庭筠則調笑說,此不妨礙金在行吟嘯。此後的"一寒如此"、"徒步之邸偶相似"語均引自《史記》卷七九《范雎蔡澤列傳》,都爲調戲之言。此外,這次筆談中出現的輕鬆話題還有:

  蘭公自外入來,見力闇"喜觀《楞嚴》"之語曰:"此經,弟沐手誦之,並好手寫佛經。"余戲之曰:"兩兄來世必登天堂。"皆大笑,蘭公書於傍曰:"雅謔。"④

  蘭公曰:"《漢隸字源》貴處有之?"余曰:"或有之。"力闇曰:"如有,則爲遼東豕。"余曰:"以情與之,以情受之,其有無緊歇不須論。且弟書法本拙,實同僧梳,而家嚴常喜隸書,歸當奉獻。"兩人問"僧梳"二字。余以漢語答曰:"和尚頭髮沒有,篦子那里使得?"皆大笑,指其頭曰:"我們亦光光的。"⑤

---

①洪大容《湛軒書·外集》卷二《乾净衕筆談》,《韓國文集叢刊》第248冊,第136頁。
②房玄齡等《晉書》卷四九《謝鯤傳》,中華書局,1974,第1337頁。
③司馬遷《史記》卷七九《范雎蔡澤列傳》,中華書局,1982,第2401頁。
④洪大容《湛軒書·外集》卷二《乾净衕筆談》,《韓國文集叢刊》第248冊,第137頁。
⑤同上,第136頁。

平仲以紙請書畫,力闇曰:"獸蹄鳥迹交東國。"余曰:"前有李牧隱先生入中國,與人唱酬。有人戲曰:'獸蹄鳥迹之道交於中國。'李即對曰:'鷄鳴犬吠之聲達於四境。'其人嘆服。今日言,與此相反。"兩人皆笑。①

第三,與第一次、第二次會晤相比,這次筆談,雙方開始有論辯之語,各自的學術思想逐步展示出來,無疑這是筆談內容深入的標志。如上文提及的"心性之學"的論辯。又如嚴誠、潘庭筠、洪大容三人論女流之詩:

蘭公曰:"東方婦人有能詩乎?"余曰:"我國婦人惟以諺文通訊,未嘗使之讀書。況詩非婦人之所宜,雖或有之,内而不出。"蘭公曰:"中國亦少而或有之,仰之若慶星景雲。"力闇曰:"他之夫人能詩。"蘭公視力闇頗有侵嘖,力闇不應,向余誦"無非無儀,惟酒食是議"。蘭公曰:"然則《關雎》、《葛覃》,非聖女之詩乎?"余曰:"有聖女之德則可,無聖女之德則或歸於蕩。此則力闇之論甚正,君子好逑,琴瑟和鳴,樂則樂矣,比之慶星景雲則過矣。"蘭公曰:"貴國景樊堂許蘄(䚡)之妹以能詩入於中國詩選。"余曰:"女紅之餘,傍通書史,服習女誡,行修閨範,是乃婦人事。若修飾文藻以詩得名,終非正道。"②

潘庭筠推崇女流之詩,把其比作慶星景雲。嚴誠不贊成女流寫詩,引用《詩經》中成語"無非無儀,惟酒食是議"表明觀點,認爲寫詩非女流份内之事。潘庭筠又用《詩經》中的《關雎》、《葛覃》篇是女子之詩來反駁嚴誠。而洪大容則贊成嚴誠的觀點,反對潘庭筠的説法,強調説女子若有聖女之德,那麼寫出來的詩歌還可以,若没有的話,那麼寫出來的詩歌就會充溢流蕩之情,稱潘庭筠把女流之詩

---

① 洪大容《湛軒書·外集》卷二《乾净衕筆談》,《韓國文集叢刊》第 248 册,第 136 頁。
② 同上。

比作慶星景雲,太過。從這段筆談辯論,可以洞悉三人對女流詩的看法還是有著不同觀點的。其反映出來的學術信息是有較大價值的,十八世紀中朝學界對於女性文學的看法,由此可見一斑。

第四,這次筆談中首次出現的規誡之語,是雙方關係深入的標志,如洪大容告誡嚴誠不能沉溺於佛:

> (力闇)又曰:"弟不敢作謊話,其實亦不能不有取於佛經也。但佞佛而談因果,則俗僧之所爲,而不圖西林先生亦出於此。"余曰:"取其長以補吾治心之功,亦何傷乎?但恐如淫聲美色之駸駸然入其中矣。"力闇曰:"溺而不返之弊,吾輩自問,不至於此。即如前日所説平日好看《近思録》。如溺於外道,又何必好《近思録》耶? 世間儘有聰明之人,以《近思録》爲引睡之書,哀哉!"余曰:"弟非敢爲佞也。看兄之才學甚高,深爲吾道望焉。好看《近思録》,已見所安之不在彼也。雖然,若有少差失,必令儒門得一強敵,豈非可畏乎?幸爲道自勉。"①

當嚴誠説自己的思想不能不有取於佛經後,洪大容告誡其若取用佛經以補治心之功,没有大害,但要防備佛經如淫聲美色般很快地腐蝕心性。當嚴誠自信地説不會溺而不返後,他又警示其千萬不能大意,不能有少許差失,應爲道自勉。這些無不反映出洪大容對嚴誠懷有真切的愛才之心。

四、知己之情初步確立的第四次筆談

第四次筆談是在二月十二日,洪大容獨往乾净衕訪嚴、潘二生,相與交流,筆談語涉清人剃頭、婦人小鞋、官妓情形、壬辰倭亂、金元行《論性書》、金尚憲《清陰集》、《箕雅》、《吕晚村文集》、律曆兵機等書、婚喪之俗、朝鮮教育等,内容極爲豐富。筆談語之間,無不

---

① 洪大容《湛軒書·外集》卷二《乾净衕筆談》,《韓國文集叢刊》第 248 册,第 137 頁。

透露出知己之情。

第四次筆談的特點是：

第一，三人相約"極言無諱"，傾心而談，表明彼此信任程度比第三次會晤時更進了一步。但對於時諱，往往是洪大容主動談及，嚴、潘二人由於對其畏懼，並未有言語上的積極回應。《乾净衕筆談》載：

> 余曰："行將別矣，極言無諱可乎？"皆曰："善。"①

這次筆談一開始就涉及時諱問題，如洪大容嘆惜嚴、潘二人剃頭留辮事，有云：

> 中國非四方之表準乎？兩兄非我輩之知己乎？對兄威儀，每起嘆惜者。在元儒宗，惟許魯齋一人不能隨世顯晦，既不從厓山之舟，又無浙東之行，而大書元祭酒許衡致仕。則夫子欲居九夷之訓，認真有心耶？②

嚴、潘二人聽了此語後，"相顧無語"。洪大容接著又表明自己著網巾不惟"安於故常，且不忍忘明制耳"③。其提及"惟中國之剃頭變服、淪陷之慘甚於金元時，爲中國不勝哀涕"時，"兩人皆相顧無言"④。他指出他的宗人有詩云"大明天下無家客，太白山中有髮僧"，嚴誠"看畢，轉身而坐，再三諷誦，頗有愴感之色"，但亦未有言語上的回應。而潘庭筠則轉換話題，詢問朝鮮《箕雅》一書的情況⑤。嚴、潘二人對於時諱問題保持言語上的沉默，表明了雙方的關係還沒有發展到無語不到的境地。

---

① 洪大容《湛軒書・外集》卷二《乾净衕筆談》，《韓國文集叢刊》第248册，第141頁。
② 同上。
③ 同上。
④ 洪大容《湛軒書・外集》卷二《乾净衕筆談》，《韓國文集叢刊》第248册，第142頁。
⑤ 同上。

第二,這次筆談,洪大容議論務實而無矯激之習。如其既對明朝懷有深深的懷念之情,又認識到明朝的種種弊端;既存有對滿人入主中原的不滿,又開始承認清人治理政治的可許之處。其向嚴、潘二人打聽《呂晚村文集》以及記載弘光南渡後事迹的書籍,言"我國於前明,有再造之恩"等,均是出於對明朝的追念。但他又清醒地認識到明朝的滅亡是時勢所然,云:"前朝末年,太監用事,流賊闖發,煤山殉社,天實爲之,謂之何哉!"①又如,洪大容對康熙帝某些政策頗爲贊許,其云:"康熙皇帝,我東亦稱以英杰之君。此一事(按,指康熙盡去官妓一事),亦歷朝之所不及。""自康熙以來,待之迥異他藩,有請曲徇。前明時則太監用事,欽差一出,國内震撼。雖然,豈敢以此怨父母之國哉?""衹以貢米言之,前則一萬包,年年蠲减,今則數十餘包。"②等等。

第三,經過這次筆談之後,彼此間的感情進一步增强。與洪大容四次筆談後,嚴誠、潘庭筠二人對其學識佩服有加。在第三次筆談時,嚴誠於他還有傲色,洪大容回憶有云:"鐵橋始聞余論斥王陸及佛學,頗有不悦之色。當其時有問而多不肯答,有答而多不肯詳,間以玩世不恭之語。觀其意,蓋嫉世之不識何狀而徒人云亦云者也,是以於余頗有傲色。此其氣質之偏處。雖然,余之所以喜之深而謂其可與友者,亦以此也。其後見余之議論平淡務實而不事浮躁矯激之習,然後亦以余爲異於紛紛之輩而情好日密矣。"③在第四次筆談時,嚴誠有云:"弟則自今心折之後,竟至奉吾兄若神明然,此或不免太過耶。"並且表明:"所可恨者,弟自一聞吾兄緒論,自覺得生平未見此人。將來相遇者,雖不至於淫朋暱友,而欲求如

---

① 洪大容《湛軒書·外集》卷二《乾净衕筆談》,《韓國文集叢刊》第248册,第141—142頁。
② 同上,第141頁、第144頁、第144頁。
③ 洪大容《湛軒書·外集》卷三《〈乾净録〉後語》,《韓國文集叢刊》第248册,第173—174頁。

此古義敦勉之人,頻相鞭策,不可得矣,並非以離別之苦傷心。"洪大容亦有云:"弟於二兄,非愛其才也,取其學也;非取其學也,慕其心也。祇恨言語不通,逢別太忙,未能盡叩深奧,弟亦略有平日小小自得而不得效愚。此爲至恨。"① 顯然,第四次筆談時,雙方的知己之情得到了初步確立。

五、以兩國科舉爲交流重點的第五次筆談

第五次筆談是在二月十七日,洪大容訪嚴、潘二人,嚴誠出示爲洪大容"愛吾廬"八景所作的《八咏》詩,詩載於《湛軒書·附錄》中的《愛吾廬題咏》。筆談内容涉及西洋之教、錢謙益、兩國科舉、衣冠等。

這次筆談的特點是:

一、有關兩國科舉方面的話題,是這次筆談中涉及最多的。如對應試舉子的才能、科場之弊、中國科舉試法、狀元遊街、進士仕途前程等的談論。此話題的討論,體現出洪大容對嚴誠、潘庭筠的關心。科舉的話題,從筆談記錄中可見,最初是由洪大容提出,其問:"浙省同年凡幾人?"② 筆者認爲,他此次對中國科舉的關注,最主要的原因是緣於對嚴誠、潘庭筠二人科舉前途、命運的關心,所以他首先問及的是"浙省"而非他省或全國的情況。嚴誠感覺到了洪大容對他們科舉命運的關心,有云:"弟輩舉動,大異紛紛之輩,即如舉業,已絕口不談,而同輩人皆以爲怪。然得之不得有命,此孔子家法也,紛紛者自生荆棘耳。所謂君子之所爲,衆人固不識也。"③ 應該説,洪大容在經過了與嚴誠、潘庭筠的四次會談後,對二人的才學是肯定的,且其内心已經認爲嚴、潘二人已經符合進士的要求。對嚴誠發出的科舉命運在天的感慨,深爲疑惑,所以他進一步提出了中國科場之弊的話

---

① 洪大容《湛軒書·外集》卷二《乾净衕筆談》,《韓國文集叢刊》第 248 册,第 144 頁。
② 同上,第 149 頁。
③ 同上。

題。目的在於，他想搞清楚是否是科場之弊導致了嚴誠對科舉前途的灰心喪氣。嚴誠是理解洪大容的發問用意的，所以他也接著向其詳細介紹了科舉考試的整個艱難過程。《乾净衕筆談》載：

  （力闇曰）："中國凡鄉試則第一場，試以《四書》文三篇，性理論一篇，一晝夜而畢進。此等場最爲辛苦，先要精神爲主，否則不能支矣。"余曰："經試者往往吐血云，然否？"力闇曰："連日連夜不能睡，即苦矣。"第二場，試以經文四篇，排律一首，一日而畢。第三場，試以策五道，或一日或一晝夜而畢。此一場亦極苦，每必七八百言或千言。會試，亦同殿試，試策一道，亦一晝夜，然必至萬餘言，此最難。又必格式無一差誤，乃可入翰林。而此後，又有朝考。試以詔、誥、論、詩，亦祇許一日而畢。鄉試百人取一，會試三十取一，殿試則無不取者，但分一、二、三甲耳。"余曰："策中亦論時務耶？"力闇曰："鄉、會試五道内，則三條古策，二條時務。至於殿試，則時務。"蘭公曰："然而倖選者多矣，其宿學者或不得與此選，亦不少也。"力闇曰："吾鄉亦多有耆儒老學，然終身一青衿，可憐！鄉試有經過十七八場者，三年一舉，如年十七八時入學，至六七十歲時是也。"余曰："賺得英雄盡白頭，正指此等人也。"蘭公曰："有其徒之徒已登科甲，而其師之師尚應鄉試者，可笑！"力闇曰："其實得之又甚易。"余曰："運好者實容易。若終身爲舉人，實是此生可憐。知幾者不如早爲之所。"力闇曰："終身爲秀才，乃真可憐。若已中鄉試，爲舉人，則待至十餘年，得爲一知縣，亦差足慰窮儒之願矣。"余曰："一經知縣，歸於致仕乎？"力闇曰："日暮途窮而爲知縣，亦惟有致仕耳。否則，有卓異而升遷，至府，至道，至司，至巡撫、總督者。"①

---

① 洪大容《湛軒書·外集》卷二《乾净衕筆談》，《韓國文集叢刊》第 248 册，第 150 頁。

嚴誠於此說明了應試有四難：一是考試場次多。鄉試共要經歷三場，通過後，其後還有會試、殿試和朝考等。二是每場考試連日連夜不能睡。三是考試內容繁瑣，有《四書》文、性理論、經文、排律、古策、時務等的考查。四是鄉試三年一舉，參與鄉試的機會並不多，因此，他纔有"終身爲秀才，乃真可憐。若已中鄉試，爲舉人，則待至十餘年，得爲一知縣，亦差足慰窮儒之願矣"的慨嘆，纔有對自己科舉命運的"不中乃意中事，中則意外耳"①的清醒認識，因此，在清朝科舉中得中前三甲是比較困難的，之後的話題，也就自然地引入前三甲的榮耀之舉，如狀元遊街、進士仕途前程等。

二、嚴誠對洪大容是真正的推心置腹，無所不言，而潘庭筠則是明哲保身，思想觀點仍有所保留。如潘庭筠擔心他們的交往會被清朝的官吏所知，所以開始見到洪大容時，就問相會之事是否被朝鮮館守門人知道，其云："出入必告則至此，渠亦知之耶？"②當洪大容問及"近聞宮中有大事，舉朝波蕩云，兄輩亦聞之乎"後③，潘庭筠的言語舉動是：

> 蘭公失色曰："何以知之？"余曰："豈無所聞乎？"蘭公曰："我朝家法，無廢立事，且皇太后有聖德，故賴以無事。滿人阿永阿極諫幾死，漢人無一人敢言者，可愧！"此時，蘭公隨書隨裂，舉措慌忙。④

"失色"二字明顯看出潘庭筠內心的恐懼，故其辯稱朝廷因"家法"、"皇太后"而"賴以無事"，並云"漢人無一人敢言者"，以此來拒絕向洪大容透露此事情況。其一邊書寫，還一邊撕去所書之紙。洪大

---

① 洪大容《湛軒書·外集》卷二《乾净衕筆談》，《韓國文集叢刊》第 248 册，第 151 頁。
② 同上，第 148 頁。
③ 同上，第 151 頁。
④ 同上。

容對潘庭筠的此種言語和舉動是不滿的,當潘氏辯稱"國朝法令甚嚴,此言一出必死,弟怕死故自不覺如此"後①,他有云:"不然,同是中國之人,則此等酬酢亦何妨乎?但弟於兄輩,雖曰密交,其中外之別自在也,兄之驚動,亦無足怪也。"②於此,其指出:同是中國人談論此事,並無大礙。此語透露出世上的清人有談論此事者,很有可能,朝鮮使者是從世人的交談中得知此事的。然後,他又點明潘庭筠拒談乃是出於"中外之別"的緣故。很明顯,潘庭筠恐懼的最主要原因是擔心談論此事而影響到仕途前程。嚴誠對潘庭筠此舉亦是不滿,《乾浄衕筆談》載:

> 力闇奮然曰:"天知地知,子知我知,老兄何畏而有此粧撰!湛軒篤實君子,汝以渠爲何等人耶?"又向蘭公大言之。蘭公變色著急曰:"闇兄殊競氣。"余曰:"闇兄過矣,危行言遜,豈非聖訓乎?雖然,蘭公非中外云云,欲以親我而反疏我也。且兄若怕死,在今日爲舉人,則猶可也,在他日爲諫官,則吾不知其何所止泊也。誠如是也,不如早早歸田之爲無過也。余嘗以爲出身事君者,不能辦得一死,則其勢必無所不至矣。"力闇奮筆大書曰:"砍頭便砍頭,此嚴將軍語也。"又曰:"凡事總有個恰好處,此公祇是不恰好耳。"蘭公曰:"中庸不可能也。"又曰:"恐老兄之中庸乃胡公也。"力闇又奮然曰:"既明且哲以保其身二句,誤盡天下好人。"又曰:"此雖宋大儒,我亦不能盡然之也,如程子之不論新法。"余曰:"此雖有爲而發,不免苛論。"蘭公曰:"此等皆悖謬之論。"余笑曰:"不用相激,由弟妄發,致此紛紛。"彼此皆笑而爲他語。③

---

① 洪大容《湛軒書·外集》卷二《乾浄衕筆談》,《韓國文集叢刊》第 248 册,第 152 頁。
② 同上。
③ 同上。

再如，洪大容問到："科場亦有借文代述之弊耶。"①潘庭筠云："即不借文代述，亦無足道。總之科目中，庸人多而奇人千無一人耳。古語云：'孝廉聞一知幾？'今日科目中，聞十而不知一者也。"②洪大容問的是科場之弊，潘庭筠則以"亦無足道"一語回避了這個問題，又草草云科目中"庸人多而奇人千無一人"，觀點仍是有保留，而絕口不提科場弊病。嚴誠對待洪大容則真誠得多，把科場之弊病一五一十地告知他，云："科場之弊多矣。有懷挾、有代倩、有傳遞，故於入場時，必行搜驗，而歸號舍後，必嚴其鎖鑰。繳卷後，必彌封謄錄種種，皆以防作奸者也。此時立法甚嚴，即不肖者亦皆有身家之念，犯法者少矣。"③通過對嚴誠、潘庭筠答語的對比，明顯地看出潘庭筠內心還是與洪大容保持著一定距離的，並沒有把其真正當作爲無話不談的知己，而嚴誠此時已經完全視洪大容爲一個與自己有密切關係的至交，此外，在這次筆談中，嚴誠首次稱洪大容"吾湛軒"，也從一個側面反映出他對洪大容骨肉般的親情關係④。

六、氣氛最爲熱烈、心情最爲輕鬆的第六次筆談

第六次筆談是在二月二十三日，洪大容、金在行前往嚴誠、潘庭筠寓所，訪其二人，後陸飛、韓姓文人出見，相互筆談、暢飲。交

---

①洪大容《湛軒書·外集》卷二《乾凈衕筆談》，《韓國文集叢刊》第 248 册，第 149—150 頁
②同上，第 150 頁。
③同上。
④此次筆談中嚴誠有云："若時時有吾湛軒之在其旁而督責之，庶幾小有成就。"洪大容《湛軒書·外集》卷二《乾凈衕筆談》，《韓國文集叢刊》第 248 册，第 153 頁。此次筆談後，據筆者統計，嚴誠在北京期間又有兩次稱洪大容是"吾湛軒"的舉動。一在第七次筆談中，嚴誠有云："安得吾湛軒者朝夕爲之監史哉？"洪大容《湛軒書·外集》卷三《乾凈衕筆談續》，《韓國文集叢刊》第 248 册，第 168 頁。另外一次，嚴誠與洪大容、金在行書（弟誠啓：燕山判袂，黯然銷魂……）中有云："猶記吾湛軒有云。"《中士寄洪大容手札帖》5，第 259 頁。而潘庭筠則沒有稱洪大容爲"吾湛軒"的舉動。

第四章　洪大容與清代文人的交遊　　　　　　　　　　　　337

流內容主要涉及朝鮮禁酒、朝鮮藏書、朝鮮衣冠、朱陸之學。雙方間還圍繞朱子《詩》注展開辯駁。

這次筆談的特點是：

第一，陸飛於此次與洪大容、金在行訂交。三人在筆談中直接表達出相互間的傾慕之情，並顯露出與對方結交的熱切心情。如筆談載：

> 余曰："仰聲久矣，幸此承顏，驚喜之極，第蒙謬愛，愧無以仰答。"平仲曰："海隅鯫生偶入中國，獲拜二友，遂爲知己。項覽瓊篇，願一見之，不意今日瞻望雅儀，此必有神鬼之助也。"解元曰："昨日一到，即傾倒欲狂，自分不得相見，得見實屬非常之幸。"余曰："吾輩歸期，決以初一，不料其遷就若是，歸心如箭，宜其爲鬱，惟以更會二兄，尚有餘期爲幸。今又獲拜陸先生，是天與之便。"解元曰："昨力闇、秋㢓極道理學大儒，願爲弟子不暇。今忽此稱呼，是鄙棄我耶？"余曰："今承盛教，非我棄長者，長者棄我也。"諸人皆笑。解元曰："如此，便糾纏世故不了矣，竟訂交何如？"余曰："敢不惟命。"解元曰："我年四十八。金公貴庚多少？"平仲曰："四十九。"解元曰："吾兄也。"平仲曰："不敢辭也。"解元又問余曰："貴庚多少？"余曰："三十六。"解元曰："然則吾弟也。"余笑曰："亦不敢辭也。"①

與嚴、潘第一次會晤時，洪、金二人通過欣賞陸飛的創作，就已知曉了陸飛其人，並對其留下深刻印象，因而，二人對於此時得與陸飛會面喜出望外。《乾淨衕筆談》載錄了洪、金二人初次知曉陸飛的經過：

> 蘭公曰："風塵碌碌，未有所成。來時，同榜解元陸飛作畫，偶題小詩呈教。"乃出示一幅畫，水墨蓮花一朵，筆畫奇勁，上有

---

① 洪大容《湛軒書·外集》卷三《乾淨衕筆談續》，《韓國文集叢刊》第248冊，第156頁。

陸詩七絶一首,下有力闇詞及蘭公詩,皆佳,而陸詩尤高。①

洪大容認爲陸飛題畫詩的水平超過嚴誠、潘庭筠,因此這次他親自見到陸飛後云"仰聲久矣,幸此承顔"並非僅僅是客套之語,更多的是表示出自己對陸飛的敬佩之情。而金在行作爲擅長於寫詩的朝鮮文人,其云"頃覽瓊篇,願一見之",也是發自肺腑的言語。陸飛則憑借嚴誠、潘庭筠的介紹、通過閱讀雙方的筆談記録,也瞭解了洪大容、金在行其人。由於敬佩二人,故也萌生出急於結識的念頭,並連夜畫畫,作爲來日的會見之禮。結交經過,李德懋《清脾録》卷一有載:"乾隆丙戌,洪湛軒大容隨其季父書狀官檣,金養虛在行隨其宗人副使善行入燕京,適遇錢塘名士嚴誠、潘庭筠俱以舉人計偕來燕京。湛軒、養虛與之證交甚歡。陸爲同年解元,後數日而至,始聞之大喜。即夜剔燭草畫五綃,畫竟,漏下已三鼓,並《篠飲齋稿》五册,以代羔雁。"②由於在相會之前,雙方就惺惺相惜,因此在見面之後,期待訂交的心情自然也就顯得比較迫切和直接。

第二,在七次筆談中,這次筆談的氣氛最爲熱烈、輕鬆。究其原因,主要有兩點:其一,由於有了前面五次筆談的基礎,雙方有了比較深入的瞭解,相互戒心已經完全解除,因此把酒言歡,無話不語。交流之中,還時帶戲謔之言,如,"起潛謂余曰:'聞兄宗朱,我則陸學,奈何?'余曰:'陸先生之學,非陸學而何?'"③李德懋在《清脾録》卷一中稱這次聚會"把臂引觴,歡笑淋漓"④。據筆者統計,

---

① 洪大容《湛軒書·外集》卷二《乾净衕筆談》,《韓國文集叢刊》第 248 册,第 129 頁。
② 李德懋《清脾録》卷一《陸篠飲》,洪大容、李德懋撰,鄺健行點校《朝鮮人著作兩種——〈乾净衕筆談〉、〈清脾録〉》,第 182 頁。
③ 洪大容《湛軒書·外集》卷三《乾净衕筆談續》,《韓國文集叢刊》第 248 册,第 157 頁。
④ 李德懋《清脾録》卷一《陸篠飲》,洪大容、李德懋撰,鄺健行點校《朝鮮人著作兩種——〈乾净衕筆談〉、〈清脾録〉》,第 182 頁。

第四章　洪大容與清代文人的交遊　　339

《乾净衕筆談》記錄這次筆談的文字中涉及諸人皆大笑的文字就有17處，涉及個人"笑曰"的文字達15處①，清楚地表明了此次聚會的歡愉。其二，由於陸飛的加入，使得筆談氣氛顯得更爲歡洽。陸飛"爲人長者，疏髯皤腹，磊砢可觀"②，其性格的樂觀開朗也爲此次筆談的融洽起到了重要作用。

　　第三，此次筆談中，洪大容對嚴、潘的知己之情有了進一步的發展。其在寫給二人的勸勉之文中，明顯地表現出來。發自肺腑的真誠之語，毫無掩飾的箴規之言，是他對嚴、潘知己之情的集中體現。如其有云："弟於二兄，愛之切，故望之深，義在納誨，不敢爲遊辭贊嘆。言雖蕪拙，其義則有稽，幸勿以人廢言。"③明確指出自己對嚴、潘二人"愛之切，故望之深"。又如，其寫給潘庭筠的贈文中提出修身之道，云："太上修己而安人；其次善道而立教；最下者著書而圖不朽，外此者求利達而已。"並進一步勸誡潘庭筠："才不可恃而德不可緩也。非寡欲無以養心，非威重無以善學，任重而道遠。凡我同志，奈何不敬？善惡萌於中而吉凶著於外，如欲進德而修業，蓋亦反求諸己而已矣。"④其對潘庭筠的洞察是十分透析的，他看到了潘庭筠身上恃才而傲、嗜好女色、輕浮急躁等不足，提出以"敬"、"反求諸己"等方式來進德修業。他對潘庭筠的勸誡之語是十分直白的，並無委婉之辭。潘庭筠在看了贈文後，憮然少頃曰："大訓真乃對症之藥，當終身敬佩。"⑤"憮然"二字，顯示出洪大容之語於潘庭筠之心戚戚焉。嚴誠看後，亦感慨道："但見贈蘭兄

―――――――――

① "諸人皆笑"、"滿座皆笑"、"一座大笑"、"笑曰"等文字見洪大容《湛軒書·外集》卷三《乾净衕筆談續》，《韓國文集叢刊》第248册，第156—161頁。
② 李德懋《清脾錄》卷一《陸篠飲》，洪大容、李德懋撰，鄺健行點校《朝鮮人著作兩種——〈乾净衕筆談〉、〈清脾錄〉》，第182頁。
③ 洪大容《湛軒書·外集》卷三《乾净衕筆談續》，《韓國文集叢刊》第248册，第159頁。
④ 同上，第157—158頁。
⑤ 同上，第158頁。

語,深切著明,不特爲蘭兄對症之藥,而弟亦讀之悚然。"①起潛看畢亦曰:"寫一張與我,作座右銘常目。"又曰:"竟是正蒙,不特其文之似而已。"②從嚴誠、陸飛閱後的感受和反應,可以看出洪大容勸誡之語强大的震撼力量。

七、内容最爲豐富、情懷最爲傷感的第七次筆談

第七次筆談是在二十六日,洪大容、金在行早食後前往嚴、潘、陸住所——乾净衚天陞店,雙方進行交流。這次筆談的特點是:

第一,留存的七次筆談記録中,這次的文字篇幅最長,交流的内容最爲豐富,參與筆談的人數也最多(朝鮮方:洪大容、金在行;清朝方:嚴誠、潘庭筠、陸飛、潘庭筠繼父、韓生,後二人中途離去)。筆談内容有:先洪大容與陸飛圍繞陸飛作《籠水閣記》展開商榷。洪大容對嚴誠贊揚他的"時中、純粹"等語提出異議。後,潘庭筠從外歸來,雙方話題圍繞中國繼父之稱,浙東、浙西之别,酒不可多飲,與清人張元觀交遊事,達海、庫爾纏奏請衣服從漢人之制,送别朝鮮朋友事宜,如何修改嚴誠《養虚記》酒字,筆談也應以詩助興,《詩》注是否成於朱子,朱子廢《小序》是否合理,清兵未入關時東方被兵事迹,關東一路朝清貿易情况,表達黽勉勸戒之意,雙方以後如何稱呼,離别傷感之情等,次第展開交流或辯論。而其中,又尤以《詩》注是否成於朱子,朱子廢《小序》是否合理等問題展開的辯論内容最爲詳細。總的看,此次筆談的内容較以往的交流更爲豐富。而且還需指出,留存下來的這次筆談記録並不完整。洪大容在這次筆談録中,就兩次提及由於酬酢内容太多或涉及時諱,故而不能記,有云:"此時酬酢頗多而皆不能記。""此時亦多酬酢而隨書

---

① 同上。
② 洪大容《湛軒書·外集》卷三《乾净衚筆談續》,《韓國文集叢刊》第248册,第157頁。

隨裂,故不能記。"①又載云:"蘭公以小紙書示,隨即吞而嚼之。""余即裂去其紙。"②等等。其在《〈乾净錄〉後語》一文中指出此次筆談記錄失收的文字有三分之一,云:"談草多爲秋庫所藏,是以録出者,惟以見存之草,其無草而記得者,十之一二。其廿六日歸時,秋庫應客在外,故收來者頗多,猶逸其三之一焉。"③據存留文字考察,這次筆談除了載録下部分關於清朝衣冠、萬曆東征等涉及時諱的談論外,其他諸如清兵未入關時東方被兵事迹、九王及龍馬二將事等等同樣犯及時諱的交流内容也被大量地省略了。與前六次相比,這次也是涉及時諱問題最多的一次筆談。

第二,洪大容和嚴誠筆談之語都非常直率而真誠,兩人完全建立起兄弟般的骨肉至情。這個特點,在這次會晤中表現得尤爲明顯。究其原因,一是兩人通過前六次的筆談和書信往來等,已經完全建立起非同一般的知己之情。二是兩人都意識到這可能是平生中最後一次會面交流,都特別珍惜這次機會,因此兩人話語都極盡真誠。如洪大容在這次筆談開始後不久,就對嚴誠贊賞他之語表現出疑惑和不滿,云:"請訴鄙悃,弟於兄欽仰非不切,不敢爲一毫贊嘆語,乃將以友道自處也。惟兄於弟,多以不倫之語加之,如時中、純粹等字,此何等題目而遽以此稱之,是兄不是相處以友,乃以此爲眼前一玩戲之物。此豈所望於吾兄者耶?且騷體不減屈宋云者,君子樞機之發,恐不當若是率爾也,如何?"④其後又直率地向嚴誠指出潘庭筠身上的弱點,希望嚴誠能多加提醒,云:"蘭兄爲人甚

---

① 洪大容《湛軒書・外集》卷三《乾净衚筆談續》,《韓國文集叢刊》第 248 册,第 167 頁。
② 同上。
③ 洪大容《湛軒書・外集》卷三《乾净衚筆談續》,《韓國文集叢刊》第 248 册,第 174 頁。
④ 同上,第 163—164 頁。

可愛,但其人少壽法,兄須隨事提掇,勿令至浪蕩也。"①他告知嚴誠而不向潘庭筠當面指出,正是緣於他對嚴誠的信任。他的這種知己至情,正如他對嚴誠説:"使兄苟容風塵,出没名場,雖因此相逢,祇有見面之慰而大違期望之意。弟之於吾兄,實有此至情,於蘭兄則恐言之無益,不必責之以所不可從耳。是以贈蘭公語,多從出世上説去耳。"②可見,其對嚴誠之語完全發自肺腑,與對潘庭筠之言是不同的。其付予嚴、潘二人的情感實際上是有區别的,正如《乾净衕筆談續》載洪大容語:"昨日臨歸酬酢,蘭公始亦云然,而及其約定,則蘭公不與焉。且蘭公終多客氣,未必如力闇之出於中心,故但於力闇稱兄焉。"③清楚地表明其對嚴誠是以弟待之,對潘庭筠則是以朋處之。

  第三,雙方都意識到此次相會可能是有生之年的最後一次,因此,别離的傷楚在七次筆談中顯得最爲沉重,連一向老成穩重的嚴誠也情不能已。《乾净衕筆談續》載:"力闇曰:'八、九二日,暇可再來。'大書慘極二字,又無數打點於其下。此時力闇嗚咽慘黯無人色,吾輩亦相顧愴然不自勝。……篠飲、蘭公入來,祇相對慘沮而已。……至門内而别,力闇含泪顰蹙,以手指心而示之而已。"④在前六次筆談後别離時,嚴誠雖有傷感,但都没有落泪的舉動。而這次别離時,嚴誠傷心到"嗚咽慘黯無人色"的地步。而以手指心的舉動,一是表明自己心痛至極,二是表明自己與洪大容的心靈神交。這些都有力地顯示出嚴誠與洪大容之間雖非骨肉同胞,但却勝似血肉親情的兄弟至情。

  據以上對七次筆談的分析,可以得出結論:

---

① 同上,第 164 頁。
② 同上,第 169 頁。
③ 洪大容《湛軒書·外集》卷三《乾净衕筆談續》,《韓國文集叢刊》第 248 册,第 171 頁。
④ 同上,第 170 頁。

第四章　洪大容與清代文人的交遊

1.洪大容與嚴誠、潘庭筠和陸飛之間深厚情誼的建立不是一蹴而就的，而是有一個漸進和發展的過程。第一次筆談是試探性的交流。第二次、第三次筆談，雙方的謹慎戒備之心逐漸在消失，交流氣氛朝著信任、坦誠、熱烈、輕鬆、務實的方向發展，他們之間逐漸建立起惺惺相惜的學誼關係。在第四筆談中，相互間初步確立了知己關係。在第五次、第六次、第七次筆談中，雙方的知己關係得到了進一步的鞏固。

2.雖然嚴誠、潘庭筠、陸飛與洪大容建立了知己關係，但其感情深厚程度，因人而異。洪大容與嚴誠建立起的是勝似骨肉同胞的兄弟至情，而潘庭筠、陸飛與他之間則是才學上相互傾慕的知音之交。

3.七次筆談的內容雖然龐雜，但是雙方還是有交流的重點。洪大容特別關注中國的禮儀、心性之學、中國的科舉制度、《詩小序》、朱子注《詩》等問題。特別是他與嚴誠之間的學術問題的論辯，一方面標志著十八世紀中朝文人學術交往的深入，另一方面反映出在漢文化圈背景下，十八世紀中朝學術崇尚風氣的不同以及在發展途徑上的分野。

第二節　洪大容與清文人來往書信考論

洪大容與清文人的交流，特別是與浙杭三士（嚴誠、潘庭筠、陸飛）的交往，一直被奉為中朝文人交往的典範。其間，書信的往來對雙方起到了重要的溝通作用，如其停留北京期間與嚴誠、潘庭筠、陸飛筆談七次，而書信的來往，則有十七日。從交流日期的數量看，書信是洪大容與清人最為主要的交流方式。從北京歸國後，他仍是通過書信往來，結識或繼續交遊了一批包括浙杭三士在內的清代文人朋友，如兩渾、徐光庭、嚴果、朱文藻、鄧師閔、孫有義、趙煜宗、嚴昂、嚴老伯（嚴誠之父）、安汝止、朱德翿、翟允德、徐忠、周步仙等。洪大容從1766年（丙戌）正月開始與兩渾有書信往來，到他去世前夕，一直與清文人保持有書信聯繫。洪大容是十八世紀與清文人來往書信最多的文人，書信可以説是維繫其與清文人關係最爲重要的媒介。

一、洪大容與清文人來往書信的存留情況

書信在洪大容與清文人的交往中發揮著極其重要的作用，但其與清文人來往信件存世的確切數量及其信件相互間的關係，學術界一直没有定論，也没有專文討論，因此，本書以存留在《中士寄洪大容手札帖》（韓國崇實大學藏）、《薊南尺牘》（韓國翰林大學博物館藏）、《杭傳尺牘》（洪大容《湛軒書·外集》卷一，《韓國文集叢刊》第248册）、《乾净衕筆談》（洪大容《湛軒書·外集》卷二）、《乾净衕筆談續》（洪大容《湛軒書·外集》卷三）、《乾净筆譚》（《燕行録全集》第43册）[①]、洪大容《湛軒燕記》（《燕行録全集》第49册、洪大容《湛軒書·外集》卷七）、藤塚鄰鈔校《燕杭詩牘》（美國哈佛大學哈佛燕京圖書館藏）、朱文藻編《日下題襟集》（嚴誠撰，朱文藻編《鐵橋全集》第4册、第5册，韓國首爾大學中央圖書館藏）、《中朝學士書翰》（韓國高麗大學中央圖書館藏）、《搢紳赤牘》（韓國首爾大學奎章閣藏）等書籍中的洪大容與清文人之間的來往書信爲考察對象，重點考述、分析他們間的書信往來現象及其意義。其與清文人書信來往情況詳見附録表9：洪大容與清文人來往書信一覽表。

對其中的表一進行考察：

（一）洪大容停留北京期間與清文人的來往書信現存59封，存留最多的是與嚴誠、潘庭筠、陸飛之間的來往書信，共51封（與

[①] 本書同時采用此版本，是因爲《燕行録全集》第43册中的《乾净筆譚》較洪大容《湛軒書·外集》卷二《乾净衕筆談》更爲詳細。

第四章　洪大容與清代文人的交遊

嚴誠、潘庭筠14封,嚴誠、潘庭筠共同署名寫給他的書信有1封;與嚴誠3封,嚴誠寫給他的有14封;與潘庭筠2封,潘庭筠寫給他的有7封;與陸飛5封,陸飛寫給他的有5封)。其餘8封爲洪大容與彭冠、蔣本、周應文間的各1封,與兩渾間的5封。由以上數據可見,停留北京期間,洪大容與嚴誠、潘庭筠和陸飛,尤其是與嚴誠的書信往來最爲頻繁,這在一定程度上反映出洪大容與嚴誠肝膽相照的學誼。兩渾也是洪大容停留北京期間,交往比較密切的清文人。

(二)存留至今的洪大容在北京期間與嚴誠、潘庭筠、陸飛之間的來往書信散見於不同的書籍,經筆者整理考證,其出使中國期間與清文人的來往書信可分爲二十一組,這些信件都自成體系,當没有散失。首先,從日期上考察信件來往的完整性:從丙戌二月初五日至丙戌二月二十九日,他們没有書信往來的日期是:丙戌二月初八日、二月十二日、二月十三日、二月十七日、二月十八日、二月二十日、二月二十三日、二月二十六日。而丙戌二月初八日、二月十二日、二月十七日、二月二十三日、二月二十六日是洪大容與嚴誠、潘庭筠、陸飛見面筆談的日期,故無書信的往來。二月十三日無音信往來,《乾净筆譚》中無二月十三日的任何事件記載,疑是日雙方經過二月十二日的見面後,都在自己住所休息。二月十八日没有音信往來,是由於當天有雨,送信者不便前往,洪大容在丙戌二月十九日與嚴誠、潘庭筠書(日者,晚去早來……)中有云:"昨者阻雨,不得怦候,悵鬱,悵鬱!"①二月二十日無音信往來是因爲門禁至嚴。《乾净筆譚》"二月十九日"條下載云:"自是日至二十日,門禁至嚴,下輩亦不得出門。"②因此,從丙戌二月初三日、初四日,雙方第一、二次筆談後至丙戌二月二十九日,除去二月十三日、二月十

---

① 洪大容《乾净筆譚》,《燕行録全集》第43册,第134頁。
② 同上,第142頁。

八日、二月二十日客觀上無音訊相通機會的 3 天時間，餘下的 22 天，洪大容與嚴誠、潘庭筠、陸飛都保持有消息往來，而書信正是在其間起到了重要的紐帶作用。其次，從去書和答書的相互構成考察每組書信的完整性。由表一明顯可以看出第一組、第三組、第四組、第五組（含表格中第 11 封書信）、第六組、第十六組、第十九組、第二十組和第二十一組書信都由去書和答書完整組成。而第二組丙戌二月初六日，潘庭筠沒有與洪大容的答書，《乾净筆譚》"丙戌二月初六日"條載云："伻回。蘭公出外未還，祇有力闇書。"①第四組丙戌二月初九日，潘庭筠沒有與洪大容的答書，《乾净筆譚》"丙戌二月初九日"條載云："伻回。……祇有力闇答書。"②而初十日，潘庭筠有與洪大容二月初九日書信的答書。第七組丙戌二月十四日，潘庭筠沒有與洪大容的答書，《乾净筆譚》"丙戌二月十四日"條載："伻回，力闇又送一帖，書曰：'……。'僕人歸言，兩君看書畢，即使渠坐於椅上。累辭不得，待以茶烟，極其厚接云。"③第八組丙戌二月十五日，潘庭筠沒有與洪大容的答書。《乾净筆譚》"丙戌二月十五日"條載："伻回。力闇書曰……"④第九組丙戌二月十六日，潘庭筠沒有與洪大容的答書。《乾净筆譚》"丙戌二月十六日"條載："伻回，力闇書曰……"⑤第十組丙戌二月十九日，潘庭筠沒有與洪大容的答書。《乾净筆譚》"丙戌二月十九日"條載："伻回，言又有客擾，草草裁答云。力闇書曰：'……。'"⑥此日，當是有客拜訪，潘庭筠無暇答書。第十一組丙戌二月二十一日，洪大容給嚴誠、潘庭筠去信後，嚴誠有兩度書。《乾净筆譚》"丙戌二月二十一日"條載：

---

① 同上，第 42 頁。
② 洪大容《乾净筆譚》，《燕行録全集》第 43 册，第 67 頁。
③ 同上，第 93—94 頁。
④ 同上，第 105 頁。
⑤ 同上，第 105 頁。
⑥ 同上，第 142 頁。

"伻回。力闇有兩度書。其一前此書置者,書曰:'誠再拜。别後起居何似……。'其答書曰:'不但不得接奉談笑以爲煩鬱……。'"①第十二組陸飛丙戌二月二十二日寫給洪大容、金在行的書信,嚴誠、潘庭筠在二月二十三日與其相聚時,當面示與他,後陸飛又出來相會,故嚴誠、潘庭筠無答書。第十三組丙戌二月二十四日,嚴誠沒有與洪大容的答書,疑是日潘庭筠與他的答書中也表達了嚴誠想對其説的話,故無答。第十四組丙戌二月二十五日,嚴誠、潘庭筠没有與洪大容的答書。洪大容在給嚴誠、潘庭筠的信中有云:"明當就叙,都在默會。"②故二人無答,符合情理。第十五組丙戌二月二十七日,嚴誠、潘庭筠没有與其的答書,情况不詳。第十七組丙戌二月二十九日,陸飛没有與其的答書,洪大容在給陸飛的去信中有云:"含笑登車,無所恨矣。承諭不必更來,弟等實有此意。"③故陸飛無答,符合情理。第十八組彭冠没有答書與洪大容。洪大容《湛軒燕記·吴彭問答》載:"德裕歸言:始至門者先報,出言老爺不在家,强而後開封,秖以書入。少頃,出以還給,累請之,終不聽,不得已持歸。二十二日,使世八往探其故,門者言適有客至,拘於形迹,無他意云。"④彭冠未收納洪大容寫給他的書信,故無答書。

通過以上考證可見:現存的51封書信完整地反映出歷史上洪大容在北京期間與浙杭三士的書信往來情况。這些來往書信保存完整的重要原因是:雙方都及時對書信進行了整理。洪大容回國後不久便整理了筆談内容和書信,題爲"乾净衕會友録"並寄給浙杭三士。他在給潘庭筠的信中有云:"弟以四月十一日渡鴨水,以

---

①同上,第143—146頁。
②洪大容《與鐵橋、秋庒》(容頓首,上兩兄足下:昨承辱覆……),朱文藻編《日下題襟集·洪高士》,嚴誠撰,朱文藻編《鐵橋全集》第5册。
③洪大容與陸飛書(弟明發東歸……),洪大容《乾净筆譚》,《燕行録全集》第43册,第233頁。
④洪大容《湛軒燕記·吴彭問答》,《燕行録全集》第42册,第25頁。

五月初二日歸鄉廬。以其十五日，諸公簡牘俱粧完共四帖，題之曰'古杭文獻'。以六月十五日，而筆談及遭逢始末，往復書札，並錄成共三本，題之曰'乾净衕會友錄'。"①而洪大容逝世後，朴趾源"手自檢其杭人書畫、尺牘，諸詩文共十卷"②。洪大容停留北京期間的大部分尺牘、筆談等，經過他本人、知友和子孫們的收集整理，已收錄於文集《湛軒書》中，較完整地保存下來。而嚴誠也及時地把洪大容在北京期間寫給他的信件做了整理。其在與洪大容、金在行書中有云："惟日守二兄臨別贈言，兢兢罔敢失墜。所遺手翰，寶如拱璧，謹已裝（粧）成一帖，暇輒展觀，如與故人晤語。"③在嚴誠去世後不久，朱文藻又對其詩文和來往書信進行了整理，並寄與洪大容。朱文藻在給他的信中云："鐵橋生平所作詩文，文藻爲鈔其全，得八卷，題曰'小清凉室遺稿'，其與足下及諸公贈答詩文、尺牘，別彙爲一册，題曰'日下題襟合集'，附於本集之後。"④洪大容1778年（戊戌）收到嚴誠的遺稿集。"戊戌秋間，始自蓉洲並寄前後兩札及遺像、遺稿。……全集五册，鈔錄精審，良友苦心，可以有辭於幽明，令人感嘆。《題襟集》劄記稱説，雖或過情，其於我輩，纏綿如此。披卷嗚咽，酬報無地"⑤。可見，嚴誠本人及其知己也對雙方交流的尺牘、詩文等作了及時整理，這也是這些信件得以存留至今的另一個重要原因。

---

① 洪大容《與潘秋庫庭筠書》（大容頓首白：別後起居萬安……），洪大容《湛軒書·外集》卷一《杭傳尺牘》，《韓國文集叢刊》第248册，第103頁。
② 朴趾源《洪德保墓志銘》，洪大容《湛軒書·附錄》，《韓國文集叢刊》第248册，第321頁。
③ 嚴誠與洪大容、金在行書（弟誠啓：燕山判袂，黯然銷魂……），《中士寄洪大容手札帖》5，第259頁。
④ 朱文藻與洪大容書（愚弟朱文藻頓首，頓首。奉書湛軒先生足下：交友之道……），《中士寄洪大容手札帖》6，第385—386頁。
⑤ 洪大容《與嚴九峰書》（容謹啓：曾在庚寅……），洪大容《湛軒書·外集》卷一《杭傳尺牘》，《韓國文集叢刊》第248册，第122—123頁。

第四章　洪大容與清代文人的交遊　　　　　　　　　　　　　　349

　　對其中的表二進行考察：
　　（一）洪大容歸國後，與清文人的來往書信現存 91 封：其中，洪大容與浙杭三士間的有 22 封、與鄧師閔間的有 19 封、與孫有義間的有 18 封、與趙煜宗間的有 7 封、與嚴果間的有 6 封、與嚴昂間的有 3 封、與徐光庭間的有 3 封、與三河官鹽店佚名間的有 4 封、與朱文藻間的有 2 封、與兩渾間的有 1 封、與嚴誠父親間的有 1 封、與潘其祥間的有 1 封、與朱德翩和翟允德間的有 1 封、與安汝止間的有 1 封、與周步仙間的有 1 封、與徐忠間的有 1 封。主要收錄在《杭傳尺牘》、《日下題襟集》、《燕杭詩牘》、《搢紳赤牘》、《薊南尺牘》、《中士寄洪大容手札帖》中。其中發信者是洪大容的爲 39 封，發信者是清文人的爲 52 封。
　　這批信件雖數量也較多，但總體上考察，它們比較零散而缺乏體系。顯而易見，洪大容回到朝鮮，雙方間的來往書信當亡佚不少。其原因在於：洪大容歸國後，與清友人間的信件往來，都是托付朝鮮使團中人轉遞，容易導致遺失。如他在給孫有義的信中云："惟頒朔便回，未承覆書。身在南方，倩人托附，易致浮沉，甚可嘆也。"①其對信件的散失也是無可奈何。孫有義在給洪大容的信中也提及："客秋賜札已屬浮沉，是以所諭冠服，無從報命。"②趙煜宗給他的信件中提到："去臘接得華翰，識初秋之書未曾手接，悵悵奚似。"③其給趙煜宗的信件中亦有云："客秋有書，未獲傳納，方庸悵嘆。"④嚴果給他的書信中也云："書中所云己庚之際，再因蘭公轉寄

────────
①洪大容《與蓉洲書》（蓉洲足下：戊戌七月……），洪大容《湛軒書・外集》卷一《杭傳尺牘》，《韓國文集叢刊》第 248 册，第 124 頁。
②孫有義與洪大容書（湛軒尊兄啓：臘底伻來……），《薊南尺牘》，韓國翰林大學博物館藏本。
③趙煜宗與洪大容書（去臘接得華翰……），《中士寄洪大容手札帖》1，第 50 頁。
④洪大容《與梅軒書》（客秋有書……），洪大容《湛軒書・外集》卷一《杭傳尺牘》，《韓國文集叢刊》第 248 册，第 119 頁。

寸函，果處竟未得收覽，想因蘭公從宦，未遑之故。"①等，這些都表明信件在傳遞過程中遺失的事實。另外，現存的此時期清人尺牘較多，恐與洪大容重視收集原帖有關，而清人拘於"人臣無外交之義"，則不敢保存洪大容書信原帖，其書信必然散失了一部分，因而，造成了兩者現存數量的不平衡。

（二）在所存世的洪大容歸國後與清文人交往信件中，數量最多的爲其與浙杭三士的來往書信，共計23封，其中從1766年（丙戌）至1768年（戊子）嚴誠去世三年間，洪大容與嚴誠之間的書信有7封，其主要原因，在於他們雙方有著深厚的學誼，特別是其與嚴誠有著生死之交，如朱文藻與洪大容書中載嚴誠彌留之際情形，有云："疾革之夕，文藻坐床側，被中出足下書，令讀之，讀竟泪下。又於被中索得足下所惠墨，愛其古香，取而臭之，仍藏之被中。而其時已手戰氣逆，目閉口斜，不能支矣。嗚呼，其彌留之情深如此。"②洪大容在給嚴誠其兄嚴果的信件中亦有云："弟兄二字，雖爲交際之泛稱，至若愚兄賢弟，以異姓而結天倫，宜不可以一時客氣遽爾相證，若一訂之後，便成骨肉，終身恩愛，勿忘勿改。友朋信義，固不當如是耶？記昔城南證交，篠飲之高雅，秋庫之英達。畏服愛重，無間於鐵橋。而弟兄之訂，獨在於鐵橋。"③《乾净筆譚》亦載其自云："蘭公終多客氣，未必如力闇之出於中心，故但於力闇稱兄焉。"④這些都清楚地表明：他所交往的清文人中，祇有嚴誠與他有著骨肉般的兄弟情誼。

---

① 嚴果與洪大容書（湛軒先生手啓。哀子嚴果泣血稽顙……），《中士寄洪大容手札帖》6，第393頁。
② 朱文藻與洪大容書（愚弟朱文藻頓首，頓首。奉書湛軒先生足下：交友之道……），《中士寄洪大容手札帖》6，第385頁。
③ 洪大容《與嚴九峰書》（容謹啓：曾在庚寅……），洪大容《湛軒書·外集》卷一《杭傳尺牘》，《韓國文集叢刊》第248冊，第122頁。
④ 洪大容《乾净筆譚》，《燕行錄全集》第43冊，第221—222頁。

第四章　洪大容與清代文人的交遊　　　　　　　　　　　　　351

　　（三）從表二還可以看出：從1766年（丙戌）至1769年（己丑），洪大容主要與浙杭三士有書信往來，而1769年（己丑）後，其主要與孫有義、鄧師閔、趙煜宗等有書信來往，基本上失去了與潘庭筠、陸飛的書信聯繫。1777年（丁酉），潘庭筠與洪大容書中有云："判袂以來，忽忽十餘載，音問闊疏者五六年。知己天涯，惟此尺書可以達悃。中間復因人事錯迕，動多顧忌，未獲修函。"①洪大容與潘庭筠失去聯繫的最主要原因正在於潘庭筠所自云的"動多顧忌"。其擔心與朝鮮文人的來往，會影響到自己的仕途，因此，1769年（己丑）他中舉爲官後，多找托詞，拒絶洪大容的多方聯繫。孫有義對其此行爲開始不解，後頗有微詞。1774年（甲午），孫有義在給洪大容的書信中有云："秋廎潘公自辛卯暮春一晤。小春一札，而後迄今總未相見，亦並無隻字相通。蓋弟之赴都，歲不過一二次。以未有回字寄兄，故必往謁，而閽人以入直辭者三次。及去秋復往，則又以歸浙辭矣。然乎？否也？非弟所知。萬一將來覿面，自當致尊意於彼，而或得遇九峰，亦必爲之問及焉。"②可見，潘庭筠以入直、歸浙等爲藉口，拒絶通過孫有義與洪大容取得聯繫。即使在1777年（丁酉）洪大容千方百計又與潘庭筠取得書信聯繫後，潘庭筠仍少有書信寄與他。爲此，他在1780年（庚子）給孫有義的書信中感嘆道："秋廎身居近密，畏葸固然，來教各行其是云云及引孔聖云云，高明爽快，大義卓爾，讀之令人胸次灑然。天下一家，四海兄弟，義有可據，迹無可嫌。同心之交，麗澤之樂，其可以徒然而捨之乎？惟人之多言，亦可畏也。謹密之教，甚善，甚善。"③

---

①潘庭筠與洪大容書（庭筠頓首再拜，啓湛軒先生足下：判袂以來……），《中士寄洪大容手札帖》4，第218頁。
②孫有義《與湛軒》（奉違八載……），藤塚鄰鈔校《燕杭詩牘》，美國哈佛大學哈佛燕京圖書館藏。
③洪大容《與孫蓉洲書》（大容再拜啓：頃因李白石……），洪大容《湛軒書・外集》卷一《杭傳尺牘》，《韓國文集叢刊》第248册，第124頁。

綜合考察表一、表二，並結合書信的内容，還可以看出：

現存的洪大容與清文人的來往書信共計 150 封，從 1776 年（丙申）正月十三日第一次寫信給清文人（兩渾）直到 1780 年（庚子），其一直與清文人保持著密切的書信聯繫，可以說，他是十八世紀與清文人書信來往數量最多的一位朝鮮文人。由此也可見，洪大容一生都在實踐著"求天下奇士"的理想，其爲十八世紀中朝文人交往的典型，應是當之無愧的。

需要指出，《薊南尺牘》、《中士寄洪大容手札帖》是近年所揭示出的洪大容與清文人交往的新資料，均是尺牘原帖，因而是彼此間往來最爲真實的寫照。與其他被抄錄的尺牘相比，它們所顯示的文獻價值更大。

《薊南尺牘》收錄的尺牘原帖共計 18 封，爲清人兩渾（3 封）、周應文（1 封）、鄧師閔（2 封）、孫有義（7 封）、徐光庭（1 封）、趙煜宗（2 封）、朱德翻和翟允德（1 封）、西洋人劉松齡和鮑友管①（1 封），均寫與洪大容。其中，14 封後來爲《湛軒燕記》、《燕杭詩牘》所載錄。但未被其他文集和詩牘集收錄的書信，共計 4 封：兩渾與洪大容書（分袂以來，倏爾寒暑遞遷……）、鄧師閔與洪大容書（戊子、丁亥兩函及珍物……）、孫有義與洪大容書（洪湛軒先生啓：弟因候秋庳之信……）。劉松齡、鮑友管與洪大容書，衹有書信封面，無正文内容。由於是尺牘原帖，其更爲完整，更爲真實地反映出彼此間的交流情況。而《湛軒燕記》、《燕杭詩牘》所轉錄的這些書信，往往缺信件正文後的署名、時間、附言。而附言部分的贈詩、贈物名目呈現出交流的真實情感和交往的具體内容，因而不可或缺。如孫有義與洪大容書（奉違道範……）附言中"萬里關河一紙書"一詩，抒發了對洪大容的無盡思念，渴求再晤的情愫。鄧師閔與洪大容書（憶

---

① 劉松齡、鮑友管，據洪大容《湛軒燕記·劉鮑問答》，兩人爲西洋人，北京天主教堂傳教士，精通算學。洪大容在北京時與他們有書信往來。《燕行錄全集》第 42 册，第 40 頁。

丙戌二月間……），附言所附載孫有義所作"少年志功名"一詩，凡五十六句，含有對命途多舛的悲嘆，得交知己的欣喜，友人才華的欽慕，積極從仕的期勉等諸多内涵。這些無疑都是彼此交往中的重要信息，是洪大容與清文人交流的最新材料。

《中士寄洪大容手札帖》也是近年所揭示出的洪大容、洪檍、洪大應與清文人尺牘往復、以及部分清文人間來往尺牘的新資料。書信共計52封，均爲原帖。其中，洪大容與清文人間的尺牘有33封，25封後來被《日下題襟集》、《燕杭詩牘》、《杭傳尺牘》鈔錄，未被載錄者8封：孫有義與洪大容書（貴邦取士有大小科之號……）、鄧師閔與洪大容書（正月十五日天津旅館……）、鄧師閔與洪大容書（貴廬八景拙作……）、鄧師閔與洪大容書（癸巳臘月初四日……）、周步仙與洪大容書（啓者：梅軒趙公業有……）、三河官鹽店與洪大容書（客臘，接見尊札……）、鄧師閔與洪大容書（讀書者，初應童子試……）①、徐忠與洪大容書（孫先生今歲仍在沙嶺教讀……）。可見，《中士寄洪大容手札帖》主要揭示出鄧師閔、三河官鹽店寫與洪大容的新尺牘，進一步呈現出他們間原被湮沒的一些交流情況。該手札帖還揭示出原本不爲人知的與洪大容有交往的清文人姓名，如周步仙、徐忠等，也清晰表明了三河官鹽店在傳遞中朝文人尺牘中發揮了重要的作用。

二、洪大容與清文人間書信傳遞的媒介

停留北京期間，洪大容與清文人間的尺牘往復，其傳遞媒介主要是雙方的僕人。分別後，彼此間的尺牘遞送主要借助於一年一往來的朝鮮使團。洪大容把書信交與使團中的朋友，讓其捎往三河縣。而在清朝的接信者主要是孫有義或鄧師閔，信件所投之地

---

① 鄧師閔與洪大容書（讀書者，初應童子試……）與其下的鄧師閔與洪大容書（《山樓鼓琴》……）、鄧師閔與洪大容書（聞東邦玉瓜最好……），合起來爲一封完整的書信。考證參見本書附錄表9：洪大容與清文人來往書信一覽表中的脚注。

點爲三河官鹽店。因而，除"浙杭三士"外，孫有義和鄧師閔成爲了與洪大容來往書信最爲頻繁的清文士。

洪大容與清文人的書信之所以不直接投遞北京，主要因爲北京没有固定的投遞場所，也没有穩定而可靠的接信者。縱觀洪大容結交的清友人，祇有潘庭筠與其表弟徐光庭時常寓於北京。潘庭筠雖然可被信任，但是其在1769年（己丑）後的五六年間，爲了求取功名而避嫌，如其信中有云緣於"動多顧忌"①，便不再與洪大容聯繫。洪大容委托其轉遞浙江杭州嚴家的信件也石沉大海。徐光庭在替洪大容傳遞過幾封信件與潘庭筠後，因懼怕被人揭發與異域之人通交而禍及自身，便在後來書信中向洪大容道明自己不願再做轉信者，有云："而來使到店，必盤問諄諄，過爲慎密之狀，似覺反涉於私。且盛价出城，必有番役跟隨伺察。小店又屬經營之地，耳目昭著，大非所宜。並懇向後書函亦以稀疏爲妙。辱在知愛用，敢據實布聞，勿以過慮見罪是荷。"②潘庭筠在與洪大容書中有云："寄札之事，朗亭已峻拒之，將來惟有從三河縣孫、鄧兩公處謀一良法。弟當如教，往覓其人也。"③因而，北京無法成爲洪大容信件投遞清文人的地點，北京友人中，又無一可作穩定的居間轉信者。而爲了仍然與清文人保持交往，洪大容把請托的目光轉到孫有義以及與孫有義有友好關係的三河官鹽店上。

三河官鹽店是鄧師閔和友人爲謀生所開的店鋪。洪大容《湛軒燕記·鄧汶軒》載："家在山西太原府，入選貢士，爲舉子業，近因病懶而廢。來此探親，且有生意，與數友開鋪賣鹽。"④以鹽業

---

① 潘庭筠與洪大容書（庭筠頓首再拜，啓湛軒先生足下：判袂以來……），《中士寄洪大容手札帖》4，第218頁。
② 徐光庭與洪大容書（陽回初轉，物序維新……），《薊南尺牘》。
③ 潘庭筠與洪大容書（庭筠再拜，白湛軒先生足下：去歲今春兩得手書……），《中士寄洪大容手札帖》5，第291頁。
④ 洪大容《湛軒燕記·鄧汶軒》，《燕行録全集》第42册，第164頁。

第四章　洪大容與清代文人的交遊

爲謀生的店鋪，由於與百姓生活密切相關，不難推斷，其店鋪名當然會爲三河縣當地人廣爲知曉，故而也便於朝鮮燕行使團打聽。因而，三河官鹽店成爲了洪大容選擇的與清人書信的最佳固定投遞地點。新近揭示的《中士寄洪大容手札帖》中所録三河官鹽店佚名與洪大容書3封，是三河官鹽店爲洪大容投遞信件地點的直接證據。這3封書信的具體内容，是店中之人告訴洪大容已經完成其所托任務，信件、物品均已轉寄送達清人收信者，清人收信者又有某信或物品寄呈。該店居間轉遞信件的角色十分明顯。此外，該尺牘集中首次揭示的周步仙與洪大容書（啓者：梅軒趙公業有……）、《薊南尺牘》中揭示的朱德翽、翟允德與洪大容書（敝同事章句迂儒……）、《燕杭詩牘》中的安汝止與洪大容書（敬啓者：翟、朱兩敝友俱調别地……），也都清晰顯示出三河官鹽店傳遞信件的居間地位，而周步仙、朱德翽和翟允德應當就是與鄧師閔一起開鹽鋪的合伙人。由於商人鄧師閔常常外出異地，不在店鋪，因而洪大容與鄧師閔的信件往往是由三河鹽店同事再行轉遞。一些原本要鄧師閔轉遞清文人的信件，也順其然由他們所代勞轉寄了。

　　孫有義是洪大容與清文人書信往復過程中最爲穩定而可靠的轉遞者。孫有義所居三河縣是燕行路綫中的必經之地，且距離北京不遠，地理位置的優勢，使其成爲了洪大容與清文人書信往復的可行的交接點。洪大容在給潘庭筠的信中就有云："但三河之距京爲百餘里，此中之傳札，固其順便。"[1]且孫有義一般都會在三河縣，長久外出的情況不多。如鄧師閔與洪大容書中有云："蓉洲長寓三河，寄札極便，何以並無回音？"[2]此外，孫有義得到洪大容的極大信任。孫有義本人一直與洪大容保持有密切的聯繫，音信不斷，從

---

[1] 洪大容《與秋庠書》（大容白：去歲七月……），洪大容《湛軒書・外集》卷一《杭傳尺牘》，《韓國文集叢刊》第248册，第114頁。
[2] 鄧師閔與洪大容書（貴廬八景拙作……），《中士寄洪大容手札帖》2，第118頁。

1766年(丙戌)至1780年(庚子),幾乎每年都有書信往來。如洪大容《與湛軒》書中有云:"奉違八載,夢想徒殷。雖荷隆情,經年一札。"①孫有義對於轉遞洪大容與清文人的信件也相當負責。如歸國後,洪大容與潘庭筠間尺牘往來主要就是倚仗他的轉遞。即使洪大容與潘庭筠失去聯繫五六年後,他仍舊積極幫助洪大容找尋到潘庭筠,使得彼此間的音訊得以再續。從現存信件内容來看,浙西嚴誠之兄嚴果、誠之子嚴昂、鄧師閔、趙煜宗等人與洪大容間的尺牘往復,也多是依賴孫有義的中間傳遞。祇要有孫有義居間,信件傳遞往往不誤。洪大容對孫有義表示出極大信任,他在給潘庭筠的信中有云:"吾輩通信,雖無彼此法禁,要不必妄播耳目致生薄俗之譏議。其居間任事者,苟非情知之素乎而處事之詳敏者,不可。……無已,則三河縣城裏舉人孫有義、太原鄧師閔二人俱有文學……,若得此二人而爲之主,既無譏議狼狽之憂,又無開坼沈滯之慮。"②其在給嚴果的信中有云:"向後有便,當因蓉洲時附寸械。……蓉洲孫公,店舍半面,終成至好,淳風懿義,弟所師範。今此萬里傳札,用心良苦。此種氣誼,求之叔世,豈易得哉?"③

需要進一步指出,孫有義不僅自己承擔了信件轉送者的任務,他還囑咐自己的門生也加入到傳信的行列。如《中士寄洪大容手札帖》中最新揭示的徐忠與洪大容書,反映出孫有義的門生徐忠在其師外出的情況下,承擔起傳遞信件的任務。由上可見,孫有義成爲洪大容與清文人間尺牘的傳遞者,與其所居三河縣,對傳遞信件有著責任心,洪大容對其的極大信任等有著直接的關係。

---

① 孫有義《與湛軒》(奉違八載……),藤塚鄰鈔校《燕杭詩牘》。
② 洪大容《與秋庫書》(大容白:去歲七月……),洪大容《湛軒書·外集》卷一《杭傳尺牘》,《韓國文集叢刊》第248册,第114頁。
③ 洪大容《與嚴九峰書》(容謹啓:曾在庚寅……),洪大容《湛軒書·外集》卷一《杭傳尺牘》,《韓國文集叢刊》第248册,第121頁。

三、洪大容與清文人往復書信的主要内容

洪大容與清文人間的往復尺牘的内容極爲豐富，除去一般信件中往往含有的互致問候、祝福、介紹近况等的内容外，還包括：

（一）對儒家正學的倡導

綜觀洪大容與清文人間的書信，對儒家正學的倡導是雙方尺牘交流的核心内容，具體表現爲三點：

其一，對朱子之學的推崇，圍繞朱子之學展開的一系列學術辯論。如洪大容與孫有義圍繞《朱子家訓》内容的真僞而展開探討，洪大容指出："且其《家訓》一篇尤是日用之指南，但語意或傷淺促絶，不類大賢口氣，盛意如何？"①孫有義答書中回應云："《朱子家訓》真僞難考，其淺促處，或欲使下等人之易曉，未可知也。"②

其二，對聖學、異端作出區别，闡述各自爲學之實質，以正本清源。如洪大容在給陸飛的尺牘中提出"陽明之背朱子大要在於格物致知"，"竊以爲陽明之高可比莊周，而學術之差同歸於異端矣"的觀點。故而，他特别强調闢異端的重要性，有云："世儒有志於學者，必以闢異端爲人道之權輿。"而清人孫有義在與洪大容書中，也詳細論述了異端誤人的危害。雙方尺牘中所載對儒、道、佛三教同異的辨析，對西學的排斥，無非也是爲了凸顯儒學的正統地位。當洪大容請托潘庭筠尋覓《天學初函》一書，潘氏在信中對西學進行了嚴厲斥責，定其爲"邪説"，斥傳耶穌之學者，有叵測之心。由於擔心洪大容沉湎其中，他委婉勸誡道："足下欲覓其書，亦不過資博聞供遊藝而已。"③而對於如何走上立身治學的儒家正途，交流雙方

---

①洪大容《與孫蓉洲書》（前歲十一月書、詩……），洪大容《湛軒書·外集》卷一《杭傳尺牘》，《韓國文集叢刊》第 248 册，第 124 頁。
②孫有義與洪大容書（湛軒長兄先生啓：去歲賜書……），《中士寄洪大容手札帖》3，第 168 頁。
③潘庭筠與洪大容書（庭筠頓首再拜，啓湛軒先生足下：判袂以來……），《中士寄洪大容手札帖》4，第 221 頁。

也是各抒己見,暢所欲言。如洪大容特別强調立身爲學之正,提出知行合一,不可偏廢:"先知而後行,此古今之通義也。雖然,知得半分,必繼以行得半分。"①洪大容還提出"古今人品分六等"、"爲學五種之弊"②,也是爲使嚴誠在修身求學的過程中,避免誤入迷途而能够擇善趨道。此外,洪大容在給陸飛的尺牘中,勸勉陸飛勿以文墨藝術爲安身立命之所,當以儒學爲業。在與嚴昂的信中,勉勵其繼父之志,更加努力,並表達出樂於扶助嚴昂的想法,此亦爲對嚴昂走上儒家正道的期許。書信中對趙煜宗判然於人己之分,對安身立命知所究竟的贊譽,亦清晰顯示出洪大容認知的走上儒家正道的必由條件。由此,我們可以較爲清晰看到,洪大容對於維護儒家的正統地位,有著自己深入的思考,非泛泛而談者,强調明儒學的本質,以別異端,强調學中做,做中學,是其秉承儒家之道的一個鮮明特點。

其三,對禮儀風俗的詢問,同樣顯示對儒學的關注。如洪大容與孫有義來往尺牘的別紙中,就有多次關於兩國風俗的交流:"椅橙(凳)踞坐之法,始於何時?父兄長者之前,既不當踞坐,又不可終日侍立,願聞其禮。"③"中國之不用匙,始自何代?"④"又聞有鳳冠之制,係是禮家常用,亦有市上所賣否?惟是婦女章服三代傳來之製樣,此或有古今損益者耶?"⑤清文人由於很少有機會踏上朝鮮的國土,因而對朝鮮的諸多禮儀風俗,也抱有濃厚的興趣。在清友人的請求下,洪大容在一些書信中也對朝鮮的相關情形,作了詳細描

---

① 洪大容《與鐵橋書》(大容白:正月初二日……),洪大容《湛軒書·外集》卷一《杭傳尺牘》,《韓國文集叢刊》第 248 册,第 108 頁。
② 參見洪大容《九月十日與鐵橋》(大容頓首白:初秋一書,已關崇聽否……),朱文藻編《日下題襟集·洪高士》,嚴誠撰,朱文藻編《鐵橋全集》第 5 册。
③ 洪大容《與孫蓉洲書》(前歲十一月書、詩……),洪大容《湛軒書·外集》卷一《杭傳尺牘》,《韓國文集叢刊》第 248 册,第 124 頁。
④ 同上。
⑤ 洪大容《與孫蓉洲有義書》(半面之雅,異域長思……),洪大容《湛軒書·外集》卷一《杭傳尺牘》,《韓國文集叢刊》第 248 册,第 118 頁。

述。最爲典型的代表,是其隨信附寄的《東國記略》一文。禮儀是儒家思想在現實生活中實踐的具體準則,雙方對彼此禮制、風俗的問詢,其目的不惟出於瞭解,更是爲了找出可資模範的樣式。追本求源的問詢,恰也是爲了驗證其是否符合儒家禮制的要求。

(二)對自己學識背景、志向情操的介紹

在洪大容與清文人的來往尺牘中,雙方都有意識地介紹自己的學識背景、志向情操等,希望以此來更加直觀地展示自己的文學、學術專長、研究領域和價值取向等,便於彼此間進一步開展更加深入的文學、學術交流。此類内容的介紹主要有兩種方式,一是直接介紹自己的師承,如洪大容向嚴誠、潘庭筠介紹云:"弟之師門是清陰玄孫,而年六十五,以遺逸見任國子祭酒而累徵不起,閑居教授,學者宗之爲渼湖先生。"① 爲了讓嚴、潘二人瞭解渼湖金元行的學術旨趣,後來在給二人的書信中又附上金元行撰《論性書》。二是通過贈讀自己創作的詩文,以便讓對方進一步瞭解自己的學識特點、情操取向等。如洪大容贈與陸飛的《籠水閣渾天儀記事》,無疑會讓陸飛知道他雅好天文、精於渾儀之制的另一學術特點。洪大容與孫有義書後所附一詩,結句有云:"棄置固天放,素心或虛徐。憂樂無了時,物性奈如予。"② 正爲了表明自己虛曠澹雅,與世無争的情懷。而這些詩文的贈與,確實也提供了讓對方深入瞭解自己的途徑。鄧師閔在讀了洪大容所贈《與友書》後,有云:"《與友書》兩篇,反覆數百言,具見重本抑末。真實本領,真實學問,其情文相生,滔滔不盡,則又韓柳遺派也。嗣當令録,細批奉上。"③ 洪大

---

① 洪大容與嚴誠、潘庭筠書(夜來僉寓况萬相……),洪大容《湛軒書·外集》卷二《乾净術筆談》,《韓國文集叢刊》第248册,第129頁。
② 洪大容《杭傳尺牘》、佚名編《搢紳赤牘》所録書信均未載此詩,據洪大容《乾坤一草亭題咏》補入洪大容《與蓉洲書》(蓉洲足下:某年已四十三矣……)。洪大容《湛軒書·内集》卷三,《韓國文集叢刊》第248册,第76頁。
③ 鄧師閔與洪大容書(貴廬八景拙作……),《中士寄洪大容手札帖》2,第118頁。

容的學問指向、文章的審美特點借助於《與友書》的傳遞，清晰地呈現在鄧師閔眼前。

（三）詩歌、序跋等的文學交流

請序題跋、詩歌唱酬在洪大容與清人的來往尺牘中，也時有出現。如潘庭筠爲洪大容寫了《湛軒記》，隨信附上。嚴誠爲金在行撰寫了《養虛堂記》，陸飛爲洪大容撰寫了《籠水閣記》，洪大容爲陸飛撰寫了《忠天廟畫壁記》。這些序跋產生於雙方深入交流後，既傳達出對異域友人的深刻理解，又將自己的内心旨趣、性靈等向友人作了直接傳達，此無疑對進一步拉近情感距離，起到了較大作用。

典型的例子有洪大容與鄧師閔之間圍繞"愛吾廬"八景、"澹園"主題，集結了一批中朝文人而所作的題咏。洪大容請托清友人爲其"愛吾廬"八景題咏，在給他們的書信中也一再催促他們動筆，由於遲遲未完成，鄧師閔在與洪大容書中表達了愧意，有云："愛吾廬八景詩，已曾遍囑同人各爲題贈，目下尚未會齊。弟因心思茅（矛）盾，竟仍無句可答。統容來歲同所徵諸公詩，一總覆命可也。遲延之罪，惟吾兄宥諒爲幸。"① 鄧師閔曾多次在書信中請托洪大容延請朝鮮名士爲其友郭執桓的澹園題咏。洪大容《與鄧汶軒師閔書》有云："澹園詩序及《八咏》託諸友共賦，並以附去。"② 這種交流顯然是承襲了明朝以來中朝文人詩歌往復的傳統，其主要是爲了成就一番文學佳話，正如鄧師閔在與洪大容的書中有云："來年，附貢使捎回一部以便續刻，庶部列海外名流姓字，將來作一番佳話也。"③

隨信而附寄的詩歌創作目的與筆談過程中的詩歌唱酬之作有著明顯的不同。面對面的詩歌唱酬多爲了助興或是比試詩藝的目的。而信件所附詩歌，尤其是己之創作，多是爲了表達心志、情操，

---

① 鄧師閔與洪大容書（癸巳年店所覆一函……），《中士寄洪大容手札帖》3，第165—166頁。
② 洪大容《與鄧汶軒師閔書》（汶軒足下：四月貢使還……），佚名編《搢紳赤牘》。
③ 鄧師閔《答湛軒書》（辛卯歲三月間……），藤塚鄰鈔校《燕杭詩牘》。

第四章　洪大容與清代文人的交遊　　361

以便異域友人更好地瞭解。正如鄧師閔在收到洪大容的寄章後，有云："吾兄詩抄，粗讀數首，雄健老到，寓意深遠。吾讀其詩，吾知其人也。"①在其後的書信中又有云："吾兄詩稿等作，業已詳讀，旨深筆超，宿積不凡，人品學術即此可見，不僅在聲調之美也。"②洪大容與嚴誠、潘庭筠書中亦指出："誦其詩可以知其人矣。"③而這些詩作往往也能起到勸勉、激勵友人的作用，如洪大容與陸飛書中就有云："昨惠兩便面詩畫，不啻百朋，且《咏竹》一節益見諷誨之意，敢不時省而自勉焉。"④也正是緣於言志的主要目的，書信中的酬贈之作多含有哲理的意味。如洪大容與嚴誠書後所附四言詩九章，有云："聖道雖遠，莫云其艱。惟善是勸，惟邪是閑。""韜光坦布，正慮修容。精神寂寞，乃與天通。""無安小道，致遠恐泥。敬慎屋漏，莫曰幽細。"⑤等等，無不發揮著儒家説詩倡導的理人情性、疏導扶正的功用，其説教勸誡的意味是十分明顯的。嚴誠在答書中指出："《飛鳥》九章，古雅絶倫，真乃魏晉遺音。"⑥也正是指出其類似魏晉玄言詩而長於説理的特點。

　　在收到異域友人的詩文後，閲者往往多有贊賞之語，恐與禮節方面有利於勉勵對方有關，但也不乏質疑之語，如鄧師閔信中有云："其《穀壇射鵠》末二句'堪笑商武乙，彎弓衹射天'，謂武乙有弓

---

① 鄧師閔與洪大容書（癸巳臘月初四日……），《中士寄洪大容手札帖》3，第 160 頁。
② 鄧師閔與洪大容書（癸巳年店所覆一函……），《中士寄洪大容手札帖》3，第 164—165 頁。
③ 洪大容與嚴誠、潘庭筠書（日者，晚去早來……），洪大容《乾净筆譚》，《燕行録全集》第 43 册，第 135 頁。
④ 洪大容與陸飛書（弟明發東歸……），洪大容《乾净筆譚》，《燕行録全集》第 43 册，第 233 頁。
⑤ 洪大容《九月十日與鐵橋》（大容頓首白：初秋一書，已關崇聽否……），朱文藻編《日下題襟集·洪高士》，嚴誠撰，朱文藻編《鐵橋全集》第 5 册。
⑥ 嚴誠與洪大容書（去秋承惠書，即於本年接閲……），《中士寄洪大容手札帖》5，第 280 頁。

而不善用耳,非比也,亦非擬也,用敢上質,並望再教。"①

(四)學術方面的交流

1.對本國學壇、文壇的介紹

洪大容與清文人對對方國家學壇、文壇的情況表示出了極大的興趣,並分別介紹了本國的古今代表作家、文學現象和風氣、文學創作技法等。此舉一方面可以對本國的學術、文學發展狀況予以介紹和宣傳,另一方面更是爲了能深入瞭解彼此在學術和文學領域的主張,從而相互交換看法並進行切磋。

對本國學壇、文壇的介紹,首先往往從代表性作家入手,如洪大容《與秋庳書》中有云:"東方之詩,新羅之崔孤雲、高麗之李白雲號爲大家,而孤雲地步優於展拓,聲調短於蒼健;白雲造語偏喜新巧,韻趣終是淺薄,都不出偏邦圈套。本國以來,如朴挹翠、盧蘇齋俗稱東方李杜。雖然,挹翠韻格高爽而少沈渾之味,蘇齋體裁遒勁而無脱灑之氣,惟權石洲之鍊達精確,深得乎少陵餘韻,蔚然爲中葉之正宗,而高爽不及挹翠,遒勁不及蘇齋,悠揚簡澹之風又不能不遜於國初諸人,此皆先輩定論。聞西林先生有詩學,可得題品耶?"②洪大容歷數了崔致遠、李奎報、朴誾、盧守慎、權鞸這五位朝鮮文學發展史上的大家,指出他們的詩歌創作在聲調、造語、韻格等方面風采各異、互有參差。通過選取這些代表性詩人,再以短短數語精準概括他們各自的創作特點,便爲潘庭筠呈現出了一個朝鮮詩歌發展的概況。

其次,對某一階段文壇現象、風氣的探討。如趙煜宗與洪大容書中有云:"第盛朝崇尚實學,務紬浮華,而草茅誦法非見舉於風闈寸晷之中,決難徵生平歧趨之正。"③可見十八世紀後期,清朝漢學

---

① 鄧師閔與洪大容書(正月十五日天津旅館……),《中士寄洪大容手札帖》2,第117頁。
② 洪大容《與秋庳書》(大容白:去歲七月……),洪大容《湛軒書・外集》卷一《杭傳尺牘》,《韓國文集叢刊》第248册,第109頁。
③ 趙煜宗與洪大容書(去臘接得華翰……),《中士寄洪大容手札帖》1,第50頁。

第四章　洪大容與清代文人的交遊　　　　　　　　　　　　363

訓詁之風強盛的事實。

　　再次，也會具體地探討到某一文體的創作，相互交流看法和心得。如鄧師閔與洪大容書中談到對古體詩、近體詩創作的看法，有云："詩言性情，'三百篇'之後，漢、晉爲高，以其古也。唐人限以平仄近體，在唐猶高。其流漸至粧紅點綠，隨（遂）有後代靡靡之弊。非謂近體不好，若胸中無物，獨事聲調，便觀之不入目，讀之不入耳也。"①認爲唐以後的近體詩創作多著力於聲調形式，忽視了内在思想和情感的充實，因而後代的近體詩的題材範圍往往非常局限，容易淪爲靡靡之音，不似古體詩格調高古，從中可見鄧師閔提倡近體詩的創作要借鑒古體詩之長、避免流於外在形式的主張。

　　由上可見，這方面交流的話題還是較爲廣泛的，既有對於他國學術、文學發展史的求知，也有對個體文人的品評，還有對諸多文學體裁創作規律的探討等。這些是清前期中朝文人尺牘中未有的話題，洪大容與清文士尺牘對於這些的研討，也極其鮮明地標誌著中朝文士學術交流的深入。

　　2.對中國史書誤記朝鮮史實的辯誣

　　從明代以來，朝鮮對中國史書中關於本國史實的記載情況就格外關注，對其中的謬誤之處更是不惜代價進行辯誣，一方面是爲朝鮮的儒家禮教秩序正名，維護本國行爲舉事符合儒家正統的名聲，另一方面也是在鞏固與中國的宗藩關係。洪大容在與清朝文人的交往過程中，也不遺餘力地向清文士介紹歷史的真相。如洪大容在清代朱璘《明紀輯略》一書中發現了朝鮮史實的多處誤記，認爲這種訛傳對朝鮮有極其不利的影響，需要一位"當世大君子有德有言可以徵信於後者"②撰文進行辯誣，而自己正擔負有義不容

---

① 鄧師閔與洪大容書（丁酉正月間，由三河轉來一書……），《中士寄洪大容手札帖》3，第185頁。
② 洪大容《與秋庫書》（大容白：去歲七月……），洪大容《湛軒書·外集》卷一《杭傳尺牘》，《韓國文集叢刊》第248册，第109頁。

辭的責任,故而專門撰寫了《〈明紀輯略〉辨說》一文,附於與潘庭筠書中。其用意,希望清友人能將此文散播開來,從而糾正天下後世對朝鮮的某些錯誤認識。在這篇辯誣文中,洪大容詳細地列舉了《明紀輯略》中十一處具體的錯誤,包括"朝鮮王諱沉湎於酒,弛備云云","丙申七月條聽嬖臣李德馨言云云"①等,並一一舉出事實證據,對其說法予以反駁。一個對於國家、歷史抱有強烈的責任感的朝鮮士大夫形象,鮮明而感人地呈現在讀者面前。

3. 書籍、書藝等的交流

一是互爲打聽、求索自己所關心的書籍。文人相交,免不了詩文切磋,對友人近來創作的問詢,自然是尺牘中常見的話題。此外求索之書往往出於對歷史、學術等的關心,如洪大容信中向潘庭筠索求王士禎《池北偶談》一書,恰是因爲該書含有替朝鮮辯誣被歪曲的歷史內容。洪大容渴望見到與朱子學說有關的著作,便在與潘庭筠書中云:"東方貢使相望,中國書籍頗有流傳,惟《黃勉齋集》祇有四五卷小本。聞有全集中有論禮書多可觀,每年購諸京市,終未得之。其他如《邵子全書》及《天文(學)類(初)函》②兩書,平生願見,而諒其卷秩不少。設或有見在者,何可遠寄耶?"③他期待能够閱讀到朱熹門生,也是其婿黃幹的《勉齋集》以及得到朱熹推崇的

---

① 洪大容《與秋庫書》(大容白:去歲七月……),洪大容《湛軒書·外集》卷一《杭傳尺牘》,《韓國文集叢刊》第248册,第109頁。
②《天文類函》,據潘庭筠與洪大容書(庭筠頓首再拜,啓湛軒先生足下:判袂以來……),當爲《天學初函》之誤。《天學初函》爲叢書,明末李之藻輯,刊於崇禎元年(1628)。天學即天主教。收書二十種,分理篇、器篇各十種,其大多爲明末入華耶穌會士編著。《四庫全書》研究所整理《欽定四庫全書總目》卷一三四載:"《天學初函》五十二卷,兩江總督采進本,明李之藻編。之藻有《頖宮禮樂疏》,已著錄。初,西洋人利瑪竇入中國,士大夫喜其博辯,翕然趨附,而之藻與徐光啓信之尤篤,其書多二人所傳錄,因裒爲此集。"第1761頁。
③ 洪大容《與秋庫書》(大容白:去歲七月……),洪大容《湛軒書·外集》卷一《杭傳尺牘》,《韓國文集叢刊》第248册,第109頁。

第四章　洪大容與清代文人的交遊

邵雍著作。《天學初函》屬於西學，内容多有與儒學相悖者，洪大容渴望閱讀，恐是與批判的目的有關。二是品評書籍的内容或價值。如潘庭筠與洪大容書有云："又委覓《天學初函》一書，後得半部，其中算指、水法、天問略數種稍可存。至其言超性處，語多不經，至耶穌事迹尤多荒誕。而西人之遍遊諸國者，無非欲傳耶穌之學。倘從其説，必須盡棄所學，而彼得以陰行其叵測之心。"①三是互相贈送書籍等，有時尺牘的末尾還會附有贈送的書籍名目。考察書籍互贈的原因不盡相同，有如下幾個方面：

（1）爲了表明自己的學術立場，勉勵其異域友人從事於儒學正道。嚴誠與洪大容書中有云："前蒙書册内德行、文藝及德性問學之語，切中膏肓，謹當陳之左右以作終身之佩，敢不拜嘉。"②其閱讀所贈之書的效果，正從另一面道出了贈書的一個原因。又如，潘庭筠向洪大容贈閲乾隆下令編纂的《詩義折中》，且有云："曩者，説《詩》日下，各主一見，皆有未醇。後敬讀我皇上御纂《詩義折中》，以聖人而注聖經，精微廣博，真賜、商之所不能企，而毛、鄭之所未嘗知也。敬寄一部，欲足下潛心玩味，可以正先人之見，可以抉《葩經》之心。道必尊王，言必宗聖，願爲東儒勉焉。"③潘庭筠以乾隆敕命撰的《詩經》注爲正統，以導儒學正途的用意相當明顯。

（2）介紹本國的學術精華，希望其能在異域得到傳播，而對於受贈者而言，能起到多識見、廣見聞的作用。洪大容與嚴誠書中有云："兹以家藏舊本仍便呈去。望力闇平心熟看，深體而力行之，且

---

① 潘庭筠與洪大容書（庭筠頓首再拜，啓湛軒先生足下：判袂以來……），《中士寄洪大容手札帖》4，第220頁。
② 嚴誠與洪大容書（不但不得接奉談笑以爲煩鬱……），洪大容《乾净筆譚》，《燕行録全集》第43册，第146頁。
③ 潘庭筠與洪大容書（庭筠再拜，白湛軒先生足下：去歲今春兩得手書……），《中士寄洪大容手札帖》5，第294頁。

仍此轉付剞劂,流布天下,豈非東方之榮且幸耶?"①潘庭筠請托洪大容將《國朝詩》一種計六冊,轉致洪大應,顯然出於介紹清詩壇的用意。洪大容贈與嚴果《農岩雜識》、《三淵雜錄》、《聖學輯要》,信中有云:"望九峰收領,或爲多聞之一助。"②潘庭筠在收到洪大容寄贈的《東事總要》、《卜居論》後,有云:"承惠《東事總要》、《卜居論》二冊,甚善,可資廣聽,足備摭言。"③鄧師閔寄贈洪大容"繪聲園"詩三部,有云:"係敝友之園同人分咏者。《唐詩法》三本,亦係友人所著,雖非大觀,傳之足利後學。"④以上諸例所云"多聞之一助"、"足備摭言"、"足利後學"均清楚表明贈書的目的在於進一步擴大這些書的傳播和影響範圍。又如,洪大容贈潘庭筠自己所編的《海東詩選》,也是緣於潘庭筠擬編朝鮮詩選而求索朝鮮詩歌的請托,潘庭筠收到此書後,有云:"《海東詩選》九卷,持擇甚精,考據頗核,一邦雅製,想已略備,惠然持贈,不啻真珠一船、珊瑚一網也。顧遴選劇繁,書抄匪易,良友苦心,深爲銘感。從此,卷中諸家流傳中土,永永不朽。足下不特爲故人廣聞見,並有功於鄉先生不淺也。"⑤其所云正是爲了道明書的異域傳播,使得著書不朽的涵義,在流傳範圍的擴大方面,得到了真真切切的實現。此外,如孫有義贈《詩韻》一本與洪大容,洪大容贈《聖學輯要》四本與嚴誠,洪大容向潘庭筠寄

---

① 洪大容《與鐵橋書》(大容白:正月初二日……),洪大容《湛軒書·外集》卷一《杭傳尺牘》,《韓國文集叢刊》第248冊,第108頁。
② 洪大容《與九峰書》(孤子洪大容稽顙再拜,上九峰先生足下:今首夏貢使自京還……),朱文藻編《日下題襟集·洪高士》,嚴誠撰,朱文藻編《鐵橋全集》第5冊。
③ 潘庭筠與洪大容書(庭筠再拜,謹白湛軒大兄先生禮席:正月晦前一日……),《中士寄洪大容手札帖》5,第303頁。
④ 鄧師閔與洪大容書(戊子、丁亥兩函及珍物、佳章俱收悉矣……),《薊南尺牘》。
⑤ 潘庭筠與洪大容書(庭筠再拜,白湛軒先生足下:去歲今春兩得手書……),《中士寄洪大容手札帖》5,第288—289頁。

贈洪大應詩一卷等也是出於本國文化能够在異域傳播的目的。

（3）藉贈書傳達出希望長久交往的強烈願望。此類贈書，其内容本身就是異域友誼建立的證據。通過對交往詩文、筆談等的整理，刊刻成書，加以互贈，表達友誼長存的期望。如陸飛與洪大容書中就有云："所云《古杭文獻》及《會友録》具見不忘故人。"①此外，如洪大容向嚴果贈與鐵橋詩札謄本一册，嚴果向洪大容寄上《鐵橋遺集》五册、遺照册頁一本、新舊答書四函。洪大容贈與朱文藻《乾净筆譚》三册等，均是出於永不忘之意。

（4）通過所贈之書，希望對方能够瞭解自己國家、故土的形勝、文化等。如潘庭筠與洪大容、金在行書中有云："封札畢，復得《湖山便覽》兩册，計十二本，西湖名勝約略俱備。謹以奉寄，僉兄分領如何？"②嚴誠、潘庭筠贈與洪大容《飛來峰畫本》，用繪畫的形式展示故鄉的風景名勝的用意也是不言而喻的。

（5）某類書籍較爲罕見，不易得到，故而相贈。如潘庭筠與洪大容書中有云："篋中有《漢隸字源》一部共六本，在中國不易購。敢致之湛軒齋中，以供清賞。"③

書法、繪畫作品的互贈，在洪大容與清文人的來往尺牘中亦較爲常見，此大概與文人相交，以雅物相贈的傳統有關。如洪大容贈給潘庭筠的書法作品有："宋士行隸體，黄太史語八頁"、"李元靈篆體二頁"、"尹淳書長幅一頁，李匡師草書四頁"、其父洪櫟"自書各體詩十九頁"④。又如，鄧師閔寄贈洪大容《子白論書》三本，有云：

①陸飛與洪大容書（愚兄陸飛再拜，覆書湛軒賢弟足下：丙戌冬杪……），《中士寄洪大容手札帖》5，第312頁。
②潘庭筠與洪大容、金在行書（分袂京華，音塵遂絶……），《中士寄洪大容手札帖》5，第264頁。
③潘庭筠與洪大容書（客邸都無長物……），洪大容《湛軒書・外集》卷二《乾净衕筆談》，《韓國文集叢刊》第248册，第135頁。
④洪大容《與秋㢼書》（大容白：去歲七月……），洪大容《湛軒書・外集》卷一《杭傳尺牘》，《韓國文集叢刊》第248册，第109頁。

"係河南濬縣張石松所書,此人業已作故而書法最爲遒勁也。"①又贈其友人任蜜所書子昂、工部詩三紙。再如兩渾贈與洪大容"仙樓一副、壽意圖一張、水墨寫意一張、小百古一張、合歡圖一張"②。縱觀所贈書畫作品,多以名家書寫爲主,且有自己親朋之作,其用意或是值得珍藏,或是期勉友人,或是觸物懷人等,不一而足。

(五)對科舉、八股等的介紹

科舉無論是在清朝,還是在朝鮮朝,都受到文人們的高度重視。它爲中下層的士人進入仕途提供了一條最爲穩健、相對寬闊的道路。作爲極爲重要的人生大事,自然會成爲尺牘中的重點話題之一。如洪大容在書信中向孫有義詳細詢問中國科舉的基本情況,有云:"貢舉法,有童生、貢生、秀才、舉人之別,願聞其制。省府州縣每年選士幾人?選之法,各用幾日?所試詩文,其體幾何?時文號以八股,是何義也?"孫有義對這些問題詳細作了解答,字數多達千餘字③。

科舉中文章體制的選擇,清朝與朝鮮有著明顯的區別。清朝科舉所采用的八股文體制,是朝鮮科舉中沒有的,因而,其成爲了朝鮮文人所關注的重點之一。朝鮮文人在問詢科舉的同時,時常也會問及八股文的基本情況,如孫有義在尺牘中就向洪大容介紹了八股文基本體式特點。

由於對朝鮮科舉情況一無所知,因而清人對其亦懷有一種新鮮感,也常常問詢基本情況。如孫有義與洪大容書中有云:"貴邦取士有大小科之號,夙聞命矣。不識兩科中式之卷,可寄覽一二,以開毛塞否?"④鄧師閔與洪大容書亦有云:"東邦取士之法,其詳可

---

① 鄧師閔與洪大容書(戊子、丁亥兩函及珍物、佳章俱收悉矣……),《薊南尺牘》。
② 兩渾與洪大容書(分袂以來,倏爾寒暑遞遷……),《薊南尺牘》。
③ 洪大容《與孫蓉洲書》(前歲十一月書、詩……),洪大容《湛軒書·外集》卷一《杭傳尺牘》,《韓國文集叢刊》第248册,第125頁。
④ 孫有義與洪大容書(貴邦取士有大小科之號……),《中士寄洪大容手札帖》2,第110頁。

得聞乎？"①洪大容在隨書信附上的《東國記略》一文中對朝鮮科舉的過程、科考內容、錄取名額、出路等作了較爲詳細的介紹，並與中國科舉的諸多方面作了比較。

（六）相慕、相思之情的表達

洪大容與清文士間尺牘內容的一個重要特點，是知己情感的表達特別豐富而真摯，與十八世紀的其他尺牘相比，他們間尺牘的"情"的成分更多，更真誠，這也是洪大容與清文人交往成爲佳話的重要原因。

一是對知己之情的表達。洪大容與清文人的來往尺牘中，常常相互表達彼此間的知己之情。如在嚴誠寫與洪大容的尺牘中表示："天涯知己，千古所無。弟等下俚鄙人雖幸生中國，交遊頗廣，從未見有傾蓋銘心真切懇至如吾兄者也，感激之極，手爲之顫。"②這種情感不僅僅停留於言辭，而是已經升華爲一種發自内心的互相仰慕、學習。再如鄧師閔與洪大容書中有云："朋友相聯，以心相合以義，若一味頌美，便非交誼，亦辜負上天使我兩人巧遇之美意也。來札稍有不如意者，輒直筆批答，諒當不怪。倘與義有乖，仍祈示下。"③希望二人之間不要一味祇言贊美之詞，而是應當及時指出對方的缺點、錯誤之處，起到相互幫助與進步的作用，如此纔稱得上是知己之交。顯然，洪大容和清友人認爲知己之交，不當僅僅有著懇切之懷，更要互相勸勉，有裨於修身進業。在這一點上，洪大容與清友人的認識是高度一致的，時常見於信中的勸勉之詞，即是對知己之情認識的實踐發揮。

---

① 鄧師閔與洪大容書（丁酉正月間，由三河轉來一書……），《中士寄洪大容手札帖》3，第184頁。
② 嚴誠與洪大容書（跪誦手教……），洪大容《湛軒書·外集》卷二《乾净衕筆談》，《韓國文集叢刊》第248册，第134頁。
③ 鄧師閔與洪大容書（丁酉正月間，由三河轉來一書……），《中士寄洪大容手札帖》3，第183頁。

二是別離後相思之情的抒發。洪大容歸國後，與嚴誠、潘庭筠、鄧師閔等知己分隔天涯，再難相見，祗能通過往復尺牘來互訴彼此的思念之苦。潘庭筠與洪大容書中有言："相思彌襟，曷有其極！此非筆墨之所能罄也。惟仰望天末，臨風泣下而已。"①鄧師閔與洪大容書中有云："乃造化既使之平空一遇，又使之永隔天涯，反似巧爲翻弄，留人心以不奇之端也。多情原屬我輩，東瞻雲樹，能不酸辛？"②這樣的例子還有很多。往日在北京相識相交的場景仿佛還歷歷在目，如今祗能將滿腹的相思與酸辛寄托於尺牘。附於信件末尾的諸多贈詩，更是進一步傳達出相思不盡的情感。

第三節　洪大容與清文人交流的意義

據《湛軒燕記》、《乾净衕筆談》、《燕杭詩牘》、《日下題襟集》以及《湛軒書》等考證，可考的洪大容交流過的清文士共計 37 人。洪大容出使中國期間，除了結識有嚴誠、潘庭筠、陸飛外，另外與他交往過的清文人還有：瀋陽府學助教拉永壽、舉人王渭、文士郭生（名不詳）、翰林學士吳湘、翰林學士彭冠、宋舉人（名不詳）、康熙曾孫兩渾、樂師劉生（名不詳）、太學助教張元觀、監生蔣本、監生周應文、文士彭光廬、欽天監官張經、葛姓文人（名不詳）、貢士鄧師閔、孝廉孫有義、宋生（名不詳）、知縣賈熙、孫進士（名不詳）、周學究（名不詳）、貢生白姓人（名不詳）、瀋陽户部員外郎希姓人（名不詳）等。回國以後，他主要又以書信方式與文士徐光庭、兩渾、嚴果、朱

---

① 潘庭筠與洪大容書（庭筠再拜湛軒學長兄先生足下：筠昨歸……），藤塚鄰鈔校《燕杭詩牘》。
② 鄧師閔與洪大容書（憶丙戌二月間……），《薊南尺牘》。

第四章　洪大容與清代文人的交遊

文藻、嚴昂、嚴老伯（嚴誠父親）、鄧師閔、孫有義、趙煜宗、潘其祥、朱德翽、翟允德、徐忠、周步仙、安汝止、三河官鹽店佚名等一批清文士保持著聯繫。現存他歸國後與清文人的來往書信就達91封。洪大容與清文人交流的時間跨度也較長，從1765年（乙酉）出使中國，至現存的1780年（庚子）他給清文人的最後一封書信，中間歷時15年，因此，他與清文人的交往廣泛而深入。其顯示出的交流意義重大，主要體現在以下幾個方面：

一、洪大容與清文士的交往，特別是與"浙杭三士"的交遊成爲了中朝文人交流的典型，它爲後來的燕行文人如何與清文人展開交流提供了諸多經驗。

洪大容回國後，他與清文士的來往事迹爲衆多的朝鮮文士所熟知。其一，洪大容會主動地向朋友介紹他與清文士之間的交往。在與嚴誠、潘庭筠第五次筆談時，他就表達出自己的這種意願，云："歸後以此錄出問答之語，以爲生前睹思之資，且以示之儕流，傳之後孫耳。"①他準備把筆談之語進行整理以傳示同輩之人，並期待他們的交往能成爲後世的佳話。確實，以後在與一些朝鮮文士的現實交往中，洪大容詳細介紹了他與清文人的交往經歷。如其《〈海東詩選〉跋》載："丹丘先生閔順之氏，父友也，適自灑江來，聞余北行與中國高士交，叩其事甚悉。"②其二，洪大容與清文人的來往尺牘、詩歌、筆談等流傳於世，感染了一大批朝鮮學者，使得他們更深切地瞭解了諸多清文人。如李德懋心儀湛軒杭士舊遊，將他們的來往尺牘、詩歌和筆談，删定爲《天涯知己書》，並收錄在自己文集《青莊館全書》中。其云："今觀其諸帖，輪寫相和之樂，不愧古人，往往感激有可涕者。錄其尺牘及詩文抄，删筆談，名曰'天涯知己

---

① 洪大容《湛軒書·外集》卷二《乾净衕筆談》，《韓國文集叢刊》第248册，第152頁。
② 洪大容《湛軒書·内集》卷三，《韓國文集叢刊》第248册，第74頁。筆者按，"灑"，疑爲"麗"之誤。

書',以刺薄於朋友之倫者焉。"①朴趾源有云:"敝邦洪大容,乾隆丙戌隨貢使入都,遇潘(庭筠),其後繼有相交者。僕雖未見,神情默契。"②朴趾源在入燕之前就稱與潘庭筠"神情默契",無疑與湛軒杭士舊遊文字的流傳有很大的關係。此外,朴趾源在看了洪大容與浙杭三士的筆談記錄後,稱自己也懂得了爲友之道,其《〈會友錄〉序》載:

> (洪大容)乃出其所與三士譚者,彙爲三卷,以示余曰:"子其序之。"余既讀畢而嘆曰:"達矣哉!洪君之爲友也。吾乃今得友之道矣,觀其所友,觀其所爲友,亦觀其所不友,吾之所以友也。"③

洪大容與"浙杭三士"生動感人的交往事例,吸引著朴趾源、李德懋、朴齊家等繼續沿著他與清文人的人脉關係,去聯繫並結交清文士④,如朴趾源《洪德保墓志銘》載云:

> 德保没,越三日,客有從年使入中國者,路當過三河。三河有德保之友,曰孫有義號蓉洲。曩歲,余自燕還,爲訪蓉洲不遇,留書具道德保作官南土,且留土物數事,寄意而歸。蓉洲發書,當知吾德保友也。乃屬客赴之曰:"……。"⑤

---

① 李德懋《天涯知己書》,李德懋《青莊館全書》卷六三,《韓國文集叢刊》第 259 册,第 123 頁。
② 朴趾源《熱河日記》,第 265 頁。
③ 朴趾源《〈會友錄〉序》,洪大容《湛軒書·外集》卷一,《韓國文集叢刊》第 248 册,第 101 頁。
④ 日本學者夫馬進在《洪大容燕行的目的以及對國内的衝擊》一文中亦指出:"洪大容的燕行給朴趾源以很大影響,並促成了朴趾源的燕行。受到洪大容更深的影響的是年輕且多情善感的李德懋和朴齊家。"參見夫馬進著,伍躍譯《朝鮮燕行使與朝鮮通信使》,第 167 頁。在文中,夫馬進對他們三人燕行所受到洪大容的影響進行了較爲詳細的闡述,故本節不再贅述。
⑤ 朴趾源《洪德保墓志銘》,洪大容《湛軒書·附録》,《韓國文集叢刊》第 248 册,第 321 頁。

第四章　洪大容與清代文人的交遊

孫有義是洪大容的朋友，因此，朴趾源在入燕途中就去尋訪，可惜未遇，他留下一封書信給孫有義。洪大容逝世的第四天，朴趾源還專門寫了一封信，告知孫有義洪大容逝世的消息，托朝鮮使者路過三河縣時轉交。又如，成大中《書金養虛杭士帖》云："金養虛與洪湛軒，隨至使入燕。……後之入燕者與潘翰林交，必援二公而爲介。"①其指出，後來的朝鮮使者欲與潘庭筠結交時，一定會舉出洪大容、金在行而作爲自己的介紹。在十九世紀與清文人交往甚密的金正喜也指出："東人入燕交遊之盛，每先稱湛軒"②。可見，洪大容在清朝的交友確實爲以後兩國文士的交往奠定了良好的基礎。

二、洪大容對清代中國的政治情况、學術特徵、學人才學等有了重新認識，他意識到有必要在朝鮮介紹清文化和清文人，這有利於清文化的真實信息在朝鮮的傳播。

通過與清代文人廣泛接觸、深入交流，洪大容對清朝的社會現狀有了真切的感受，如他在與嚴誠、潘庭筠筆談後，對清朝的民心向背有了更爲確切的瞭解，從而解除了心中的疑惑，如《乾净衕筆談》載：

> 余曰："聞説中國多災異，民心多動，未知實狀如何？"力闇曰："此説實在無之。"蘭公曰："並無此事。數年前，回部抗逆三年而滅。"力闇曰："此時太平極盛之世，即有小醜無聊竊發，皆是即時勦滅。有所謂馬朝柱者，叛迹雖著，然大索天下，十年不獲，今聞其人已斃，伏天誅矣。至於民心，則普天之下，無不感戴，並無騷動之説。江浙尤甚，屢蒙蠲租，賜復之恩故

---

① 成大中《書金養虛杭士帖》，成大中《青城集》卷八，《韓國文集叢刊》第248册，第504頁。
② 金正喜《與權彝齋》，金正喜《阮堂全集》卷三，《韓國文集叢刊》第301册，第58頁。

也。"余曰:"我東亦被顧恤,貢獻奏請,事事便宜。"①

而洪大容對清代中國學術特徵的重新認識,則來源於與中國文人學術對話後的深入思考。如通過書信和見面筆談多次與浙杭三士交換了對朱子學,諸如朱陸異同、朱子《詩》注、朱子廢《小序》等的看法後②,他提出了對清朝朱子學的看法:

> 東儒之崇奉朱子,實非中國之所及。雖然,惟知崇奉之爲貴,而其於經義之可疑、可議,望風雷同,一味掩護,思以箝一世之口焉,是以鄉原之心望朱子也,余竊嘗病之。及聞浙人之論,亦其過則過矣,惟一洗東人之陋習,則令人胸次灑然也。③

指出清人研究朱子之學的特點在於不盲目崇信,對經義可疑可議之處,敢於提出自己的見解,而這種質疑的精神在朝鮮文人身上很難得到體現。顯然,他對清友人求真知的努力作出了充分肯定。

在與清人深入接觸後,洪大容對他們同樣有了重新認識:中華優秀傳統文化並沒有蕩然無存,一些清文士仍然有著深厚的文化底蘊,如他在《〈乾净録〉後語》一文中評嚴誠、潘庭筠和陸飛語:

> 三人者,雖斷髮胡服,與滿洲無別,乃中華故家之裔也。吾

---

① 洪大容《湛軒書·外集》卷二《乾净衕筆談》,《韓國文集叢刊》第 248 册,第 145 頁。並無騷動之説,原文作"並獻騷動之説",誤,據洪大容《乾净筆譚》改。《燕行録全集》第 43 册,第 91 頁。
② 洪大容與嚴誠、潘庭筠第一次筆談,就談到了朱陸之學的異同問題。參見洪大容《湛軒書·外集》卷二《乾净衕筆談》,《韓國文集叢刊》第 248 册,第 130 頁。第六次筆談、第七次筆談曾就朱子詩注、朱子廢《小序》等問題,雙方詳細提出自己見解。參見《乾净衕筆談》,第 159—160 頁,165—168 頁。而洪大容丙戌二月初十日《與鐵橋、秋庫》(夜來僉履萬安。昨覆承慰……)書中也論及了對朱子《詩》注、《詩小序》的看法。參見朱文藻編《日下題襟集·洪高士》,嚴誠撰,朱文藻編《鐵橋全集》第 5 册。
③ 洪大容《湛軒書·外集》卷三《〈乾净録〉後語》,《韓國文集叢刊》第 248 册,第 174 頁。

第四章　洪大容與清代文人的交遊　　　　　　　　　　　　　　375

輩雖闊袖大冠,沾沾然自喜,乃海上之夷人也。其貴賤之相距也,何可以尺寸計哉？以吾輩習氣,苟易地而處之,則其鄙賤而鞍韉之,豈啻如奴僕而已哉？然則三人者之數面如舊,傾心輸腸,呼兄稱弟。如恐不及者,即此氣味,已非吾輩所及也。①

洪大容稱三人雖衣胡服,但却承接了中華的優秀文化。其開放、真誠的胸襟是一般朝鮮文士所無法企及的。這種對清朝文士的新認識在朴趾源《〈會友錄〉序》轉述他的話中同樣得到體現:

洪君愀然爲間曰:"吾非敢謂域中之無其人而不可與相友也,誠局於地而拘於俗,不能無鬱然於心矣。吾豈不知中國之非古之諸夏也,其人之非先王之法服也？雖然,其人所處之地,豈非堯、舜、禹、湯、文、武、周公、孔子所履之土乎？其人所交之士,豈非齊、魯、燕、趙、吳、楚、閩、蜀博見遠遊之士乎？其人所讀之書,豈非三代以來四海萬國極博之載籍乎？制度雖變而道義不殊,則所謂非古之諸夏者,亦豈無爲之民而不爲之臣者乎？然則彼三人者之視吾,亦豈無華夷之別而形迹等威之嫌乎？然而破去繁文,滌除苛節,披情露真,吐瀝肝膽,其規模之廣大,夫豈規規齷齪於聲名勢利之道者乎？"②

洪大容強調自己所交之清士處於"堯、舜、禹、湯、文、武、周公、孔子所履之土",其所讀之書爲"三代以來四海萬國極博之載籍",因而,清兵入關雖造成改朝換代,但整個中華道義却沒有隨之淪喪。而嚴誠、潘庭筠和陸飛三人能摒除華夷之別、形迹等威之嫌,與他交往"披情露真",確非趨趨於聲名勢利之徒。洪大容此言語明顯透露出三人繼承了中華的道義傳統。

---

① 洪大容《湛軒書·外集》卷三《〈乾浄錄〉後語》,《韓國文集叢刊》第 248 册,第 174 頁。
② 朴趾源《〈會友錄〉序》,洪大容《湛軒書·外集》卷一,《韓國文集叢刊》第 248 册,第 101 頁。

正是緣於對清朝的重新認識，對清人學術的認可，洪大容覺得有必要、有責任向消息閉塞的朝鮮文人介紹清代文人，如《乾淨衕筆談》載：

> 余曰："日前妄論須從容書教。"力闇曰："弟愚蒙失學，未敢妄論。所論陽明朱子之説極好。"余曰："不必即刻論示。欲得二兄書，歸後籍以聞於東方師友間。"力闇曰："胸中淺陋，恐即有論議，徒然貽笑大方，奈何？"余曰："弟實非爲佞也。如二兄才學，求之東方，在先則或有之，見在則鮮有可比。"①

其認爲清人嚴誠、潘庭筠才學在當時朝鮮鮮有可比者，出於對二人的欽佩，他非常真誠地期待能向朝鮮時人介紹他們所論陽明、朱子等的學説。

三、洪大容與清文人的交流，特別是與浙杭三士大量筆談、書信等的往來標志著中朝文化、學術等交流的深化。這在十八世紀兩國文人、學術交流史中具有里程碑式的開創意義。

一方面，就交流内容來看，洪大容除了主動地瞭解清朝學術外，而且還就一些學術的熱點問題與清文人展開激烈的討論，並且還有意識地積極推介朝鮮的傳統文化、學術思想等。其所涉問題範圍之廣泛，探討内容之深刻，在以前的中朝文人交往中是沒有的。這種深入的交流，主要表現在以下三個方面：

（一）就雙方所關心的學術熱點問題，洪大容與清文人有過大量的研討。如在北京期間，他與浙杭三士通過筆談或書信，曾圍繞陽明之學、朱子注《詩》、朱子廢《詩小序》等問題有過多次詳細的熱烈論辯。歸國後，通過書信傳遞，他希望與嚴誠研討儒、道、佛三教之同異②；曾提出古今人品概有六等，爲學當避東方先輩所云"五

---

① 洪大容《湛軒書·外集》卷二《乾淨衕筆談》，《韓國文集叢刊》第 248 册，第 142 頁。
② 參見洪大容《九月十日與鐵橋》（大容頓首白：初秋一書，已闕崇聽否……），朱文藻編《日下題襟集·洪高士》，嚴誠撰，朱文藻編《鐵橋全集》第 5 册。

第四章　洪大容與清代文人的交遊

心"之説而與嚴誠商榷①；他還對《中庸》三十三章作過疏解，並將疏解之文寄與嚴誠，其目的也在於希望與之探討②；又希望就那些與儒學相對的異學問題而與鄧師閔探討③；又曾向嚴誠、趙煜宗提出過自己讀書之法的心得等等④。洪大容歸國後寫給清文人的每一封書信，其内容除了嘘寒問暖、介紹近況、表達情誼等外，很多地方都涉及學術問題的研討。可以説，洪大容熱衷於與清文人進行學術研討的精神，一直貫穿在他與清人的交流過程中。

（二）對於朝鮮文化、學術的介紹，洪大容除了向清人普及朝鮮的基本情況，更爲重要的是，他把朝鮮大量的學術研究精華以及自己的研究成果不遺餘力地向清朝友人介紹，這在以前的中朝文人交流史中是没有的，其開創之力，功不可没。如，停留北京期間，爲了讓清友人瞭解朝鮮概況，他創作了《東國記略》長文贈送給嚴誠、潘庭筠⑤；爲了展現自己的精神求索，他又書寫了《高遠亭賦》贈與嚴誠⑥；爲了讓清人瞭解朝鮮代表性的"心性之説"，他把渼湖先生

---

① 參見朱文藻編《日下題襟集・洪高士》，洪大容《九月十日與鐵橋》書後別紙。此人品"六等"，爲學避"五心"之説，實爲朝鮮金昌翕言論。參見金昌翕《三淵集》卷三三，《韓國文集叢刊》第 166 册，第 131—132 頁。
② 參見洪大容《寄書杭士嚴鐵橋誠，又問〈庸〉義》，洪大容《湛軒書・内集》卷一，《韓國文集叢刊》第 248 册，第 17—19 頁。
③ 參見洪大容與鄧師閔來往書（孟子距楊墨……），《中士寄洪大容手札帖》2，第 106—108 頁。
④ 參見洪大容與嚴誠書《九月十日與鐵橋》（大容頓首白：初秋一書，已關崇聽否……），朱文藻《日下題襟集・洪高士》，嚴誠撰，朱文藻編《鐵橋全集》第 5 册。洪大容《與梅軒書》（客秋有書……），洪大容《湛軒書・外集》卷一《杭傳尺牘》，《韓國文集叢刊》第 248 册，第 119—120 頁。
⑤ 洪大容《東國記略》載於洪大容《湛軒書・外集》卷二《乾浄衕筆談》，《韓國文集叢刊》第 248 册，第 145—146 頁。
⑥ 洪大容《高遠亭賦》載於洪大容《湛軒書・外集》卷二《乾浄衕筆談》，《韓國文集叢刊》第 248 册，第 153 頁。

金元行《論性書》等全文推薦給嚴誠、潘庭筠①。歸國後，通過信件傳遞，他又把己作《〈明紀輯略〉辨説》、《洪花浦奏請日録略》等全文介紹給潘庭筠，以糾正中國典籍中記載的訛謬，從而還原歷史的真相②。此外，洪大容通過燕行使團給嚴誠捎去李珥《聖學輯要》，給潘庭筠捎去《海東詩選》、《東事總要》、《卜居論》、洪大應詩一卷，贈送給嚴果《農岩雜識》、《三淵雜録》，給朱文藻寄去己著數十編詩文等等③。而清友人在與洪大容交往過程中，也向其贈送了一些書籍，如因洪大容好古，潘庭筠贈送其《漢隸字源》一部④，還寄贈《湖山便覽》兩册⑤。孫有義曾向他寄贈過《詩韻》一本⑥，鄧師閔寄贈過"繪聲園"詩三部⑦，嚴果寄贈過鐵橋詩文及《日下題襟集》等等⑧。雙方這種學術文章、專著的頻繁往來必然帶來學術研討範圍的擴大、程度的加深，這是洪大容與清文人間交流深入的重要標志之一。

（三）洪大容與清友人通過筆談或書信等方式，還曾互相請教過諸多問題，其内容的豐富性是他們交流深入的重要表現。相互

---

① 金元行《論性書》附載於朱文藻編《日下題襟集·洪高士》，第八封書信《與鐵橋、秋庳》（嘗見中國書以陽明之好背朱子……），嚴誠撰，朱文藻編《鐵橋全集》第 5 册。
② 洪大容《〈明紀輯略〉辨説》、《洪花浦奏請日録略》載於洪大容《與秋庳書》（大容白：去歲七月……），洪大容《湛軒書·外集》卷一《杭傳尺牘》，《韓國文集叢刊》第 248 册，第 109—113 頁。
③ 這些贈書之事都見載於洪大容與清文人的來往書信中，依次參見《韓國文集叢刊》第 248 册，第 108 頁、第 113 頁；《中士寄洪大容手札帖》3，第 303 頁；《韓國文集叢刊》第 248 册，第 117 頁、第 123 頁。
④ 洪大容《湛軒書·外集》卷二《乾净衕筆談》，《韓國文集叢刊》第 248 册，第 135 頁。
⑤ 參見潘庭筠與洪大容、金在行書（分袂京華，音塵遂絶……），《中士寄洪大容手札帖》6，第 264 頁。
⑥ 參見孫有義《與湛軒》（奉違八載……），藤塚鄰鈔校《燕杭詩牘》。
⑦ 參見鄧師閔《答湛軒書》（辛卯歲三月間……），同上。
⑧ 參見嚴果與洪大容書（湛軒先生手啓。哀子嚴果泣血稽顙……），《中士寄洪大容手札帖》6，第 395—396 頁。

第四章　洪大容與清代文人的交遊

間請教的問題範圍涉及書籍字畫、文學文士、鑒賞品評、哲學藝術、音韻訓詁、科場貢舉、官制爵秩、衣冠飲食、婚姻祭祀、地域形勢、宗教信仰、星象術數、火藥印刷、茶飯烹調、住行習慣、跪坐禮儀、入學啓蒙、泰西之學等等。如《乾净衕筆談》載第四次筆談時，雙方關於書籍的問詢和交流就有如下內容：潘庭筠向洪大容詢問《清陰集》有幾卷，《箕雅》一書是否多近代詩人之作等；洪大容請潘庭筠幫購《呂晚村文集》、《讀禮通考續編》等，且向潘庭筠詢問"響山樓藏書幾千卷"等等①。又如，1767年（丁亥），洪大容在《與鐵橋書》中向嚴誠請教中華衣冠古制、飲食用具習俗、住行習慣、跪坐禮儀等②。再如清人鄧師閔在書信中曾向其請教東邦丹青何如③。由上數例，可見雙方請教問題的範圍極其廣泛，而此特點在以往的中朝文人交流史中是沒有的。由此我們可進一步推斷，隨著這些問題在書信往來中一一被解答，洪大容和清友人對彼此國度的文化必然有了更爲深刻的認識和瞭解。毫無疑問，這對促進清朝、朝鮮兩國關係也有著積極意義。

另一方面，就交流形式來看，洪大容與清文人間有筆談、書信、贈文、唱和、題詞、評點、贈物等等，但凡十八世紀中朝文人交流所采用的各種形式，他們間的交流都具備。其交往形式之全，在以往的兩國文人交流過程中未見。這在某種程度上也反映出他與清文士交往的深入。

四、洪大容與浙杭三士的交往，尤其是與嚴誠的生死之交，既真切地體現出"海內存知己，天涯若比鄰"，"兩情若是久長時，又豈在朝朝暮暮"的交友真理，又反映出在相同的儒家文化大背景下，

---

① 洪大容《湛軒書·外集》卷二《乾净衕筆談》，《韓國文集叢刊》第248册，第142頁。
② 洪大容《與鐵橋書》（大容白：正月初二日……），洪大容《湛軒書·外集》卷一《杭傳尺牘》，《韓國文集叢刊》第248册，第108頁。
③ 鄧師閔《答湛軒書》（辛卯歲三月間……），藤塚鄰鈔校《燕杭詩牘》。

十八世紀中後期的兩國文人有著共通的交友價值取向，即在知音、知心基礎上建立起生死不渝的情誼①。從歷史上看，"洪嚴之交"確實是中朝文人交流的典範，雙方所呈現出的勝似骨肉同胞的至情感染和震撼了當時及後來的一大批中朝文人。如嚴誠病逝後，"潘庭筠爲書赴德保。德保作哀辭，具香幣，寄蓉洲，轉入錢塘，乃其夕將大祥也。會祭者環西湖數郡，莫不驚嘆"②。對於嚴誠在彌留之際，念念不忘舊情，取洪大容所贈古墨而嗅之、藏之的感人舉動，朝鮮末期的著名文人金澤榮有詩句贊云："錢塘烈士鐵橋翁，殉墨奇談滿海東。"③而清人對洪大容與嚴誠的高尚情誼，同樣有著極高的評價，如著名學者吳穎芳有詩句贊云："紫薇北都方一論，厠身人海誰過存？得朋正在純陰坤，萬里王會車來奔。立談結交闤闠門，東海知有文章尊。得一知己死不恨，千古含笑騷人魂。"④其謳歌的也正是洪大容與嚴誠的真摯情誼。

由上述四點論述可知，洪大容與清文人的交流，特別是與嚴誠、潘庭筠和陸飛三人的交往是十八世紀中朝文人交流史的典範。

---

① 此外如李德懋在《清脾録》卷三《知己知音》中有云："舒瞻字雲亭，遼陽人，乾隆己未進士，有詩曰：'人生難得惟知己，天下傷心是別離。'蔣文肅《題顧文寧〈海粟集〉》曰：'不作廊廟歌，云是騷人詞。寫出肝膽語，願得知己知。不得知己知，甘受他人嗤。'林佳璣字衡者，'干戈亂後無知己，筆墨焚餘有故山'。法若其字黃石，'論古存知己，談心誤半生'。大抵知音與知己有異，知己即與知心相同，而知音者，能相知文詞技藝而已，然前人以知音、知己渾稱。余嘗有詩曰：'丁寧有眼堪千古，珍重知音衹數人。'林龍村處士見此笑曰：'知音數人之多，可謂有福人也。'余對以知音知己有分數，龍村頷可。"當時中朝文人對知音、知己之情的追求由此可見一斑。洪大容、李德懋撰，鄺健行點校《朝鮮人著作兩種——〈乾凈衕筆談〉、〈清脾録〉》，第233頁。
② 朴趾源《洪德保墓志銘》，朴趾源《燕岩集》卷二，《韓國文集叢刊》第252冊，第53頁。
③ 金澤榮《寄浙江蔣孟潔(瑞藻)》，金澤榮《韶濩堂集·詩集定本》卷六，《韓國文集叢刊》第347冊，第221頁。
④ 吳穎芳《戊子人日，瓣香吟會，用杜工部〈追酬故高蜀州人日見寄〉韻，哭挽鐵橋二兄》，嚴誠撰，朱文藻編《鐵橋全集》第3冊。

第四章　洪大容與清代文人的交遊

其意義不惟是洪嚴生死之交所帶給人的强烈震撼，而且他們間的交往具有開創意義：其頻繁而深入的交流，不僅使得雙方國度的文人對對方的文化有了較爲真實而深刻的瞭解，而且還爲以後朝鮮北學派展開與清文人的大量交流提供了許多有價值的信息和經驗。正是在此基礎上，以朴趾源、李德懋、朴齊家、柳得恭等爲代表的北學派改變了對清朝的看法，意識到中華傳統文化的延續性和生命力，故而以前所未有的熱情積極擴大和加強了與清文人的聯繫，從而使得十八世紀末期的中朝文人交流出現了彬彬之盛的景象，因此，總的來説，洪大容與清文士的來往無論是在交流內容上，還是在交往方式上都是對以往中朝文人交往的巨大超越，具有重要的學術價值和歷史意義。

第五章　燕岩師門與清文人的交遊

　　燕岩師門是指在十八世紀末期,以朴趾源爲首,主要以師承關係和共同的實學思想爲紐帶,集結了朴齊家、柳得恭、李德懋等文人的一個朝鮮學術團體。朴齊家、柳得恭、李德懋三人,詩藝相磋,聯繫密切。柳得恭曾云:"余與懋官、次修結髮稱詩於曹溪白塔之西。唐宋元明無適無莫,意在縱觀百家,掇拾精華而已。"①朴趾源與他們亦師亦友,在出使中國之時,就向清人介紹過他們間的師徒關係,《熱河日記》載清人林皋誇朴齊家、李德懋爲"清曠高妙之士"後,朴趾源有云:"是皆吾之門生,雕蟲小技,安足道哉?"②他與柳得恭有長達五十年之久的交往③。滄江金澤榮亦有云:"一時文學之英,如李德懋、柳得恭、朴齊家及李相書九之倫,皆傾慕而師友之。"④燕岩師門在當時的朝鮮學壇影響很大,如成海應《柳惠甫哀辭》:"時李炯庵、朴楚亭皆倡爲古文詞。自娛於寂寞之濱,見公即莫逆也。炯庵長於淹博,談古今疑難,叩之如響,纚纚然不絕。楚

---

① 柳得恭《古芸堂筆記》卷四"檢書體"條,栖碧外史海外蒐佚本第10册,亞細亞文化社,1986年,第399頁。
② 朴趾源《熱河日記》,第95頁。
③ 柳得恭《挽朴燕岩四首》(其一):"尊酒論文蓋有人,曹溪白塔尚嶙峋。如今試問悠悠世,五十年交幾個真?"可見雙方交往有五十年。柳得恭《冷齋集》卷五,《韓國文集叢刊》第260册,第102頁。
④ 金澤榮《朴燕岩先生傳》,金澤榮《韶濩堂集·文集定本》卷九,《韓國文集叢刊》第347册,第339頁。

亭性警拔，每酒酣放論，廉利鋒鍔，若不可犯。公又從容談笑，秀麗都雅，藻彩蔭映。三子者相會，淋漓爲歌詩以舒其鬱，士皆傳誦，謂之新聲。"①因此，從朝鮮歷史上看，他們無論在思想創見上，還是在文學創作上，都取得了極高的成就。

十八世紀後期，中朝文人的交流出現了前所未有的盛況，這與燕岩師門有著極爲密切的關係。在某種程度上，甚至可以說，沒有他們也就沒有十八世紀末期中朝文人交流的繁榮景象。以他們四人爲代表的朝鮮北學派文人，在出使的過程中，主動與清文人大量接觸並交流，意義重大。他們間的交往極大地促進了中朝在學術、文學、宗教等方面的相互瞭解，而雙方的交流也呈現出與十八世紀早期、中期不同的特點，如與清朝廷文人開始大量交流、在交流過程中大力推介朝鮮文化的主體意識、長時期與清著名文人保持學術聯繫等等。爲了勾勒出十八世紀後期中朝文人交流的盛況，反映其交流特點，展示交流意義，所以專列此章考察燕岩師門與清代文人的交遊。

第一節　朴趾源與清文人的交遊

一、引論

朴趾源（1737—1805）是十八世紀朝鮮著名實學家、思想家和文學家，"北學派"代表人物之一。字仲美，一字美仲，號燕岩，又號烟湘，洌上外史，潘南人。漢城世族名門出身，知事彌均孫，錦陽尉瀰五世孫。性情豪邁不羈，蔑視權貴、科舉，遂至落拓不遇。晚爲襄陽府使，以老自劾而歸，卒年六十九。有《燕岩集》、《熱河日記》

---

① 成海應《研經齋全集》卷一一，《韓國文集叢刊》第 273 册，第 236 頁。

等傳世①。在創作上有鮮明的特色和較大的影響,如洪吉周題其文集曰"氣足以橫六合,才足以駕千古,文足以顛倒萬類"②,比較準確地概括出他在文壇上的成就。其傳主要見金澤榮《朴燕岩先生傳》(《韶濩堂集・文集定本》卷九)、安鍾和會纂《國朝人物志・朴趾源》等。

朴趾源研究是韓國古典文學研究的一個重點,也是中國學者關注的一個焦點。中韓學界的成果頗多,從 1979 年至今,據初步統計,漢文成果有 4 篇學位論文,50 餘篇期刊論文。這些漢文成果主要圍繞三個方面對朴趾源進行了研究:一是實學思想;二是朴趾源小說;三是《熱河日記》以及其他散文。用韓文撰寫的研究論文更多,其研究領域也更加寬泛。除上面所提及的三方面研究外,還有關於其教育思想、文藝書畫認識、對中國文化的認知等一系列文章③。

以上各種學術論文,從不同角度對朴趾源作了較爲深入的研究,對推動韓國古典學的發展功不可沒。而目前圍繞其與清文人

---

① 參見安鍾和會纂《國朝人物志》"朴趾源"條,第 298 頁。
② 金澤榮《朴燕岩先生傳》,金澤榮《韶濩堂集・文集定本》卷九,《韓國文集叢刊》第 347 册,第 339 頁。
③ 漢文研究成果:一是對朴趾源實學思想的研究,此類文章最多,如鄭判龍《朝鮮實學派文學和朴趾源的小說》(《延邊大學學報》1978 年第 3 期);二是對朴趾源小說的研究,如申相星《韓國十八世紀後期燕岩小說再探討》(《解放軍外國語學院學報》1995 年第 3 期);三是對《熱河日記》以及其他散文的研究,如朴蓮順、楊昕《〈熱河日記〉中的康乾盛世》(《東疆學刊》2009 年第 3 期)。韓文撰寫的有關朴趾源的研究論文更多,其研究領域更加寬泛。除上面所提及的三個方面的研究外,還有關於朴趾源教育思想的研究,如이창국《燕岩朴趾源的教育思想研究》(首爾大學博士學位論文,1987);關於朴趾源的文藝書畫認識的研究,如전상모《關於燕岩朴趾源的書藝認識研究》(《東洋藝術》Vol.15,2010)等;關於朴趾源《熱河日記》以及對中國文化認知的研究,如진병빈《通過〈熱河日記〉看十八世紀中國文化的樣相》(成均館大學博士學位論文,2008)。

交流所作的研究不多。需要指出,朴趾源的實學思想、《熱河日記》的創作等都與其出使中國的經歷有關,與同清朝學者的交流經歷有關。他與清文士的交遊在中朝文人交流史中具有重要意義。概而言之,他是十八世紀後期與清學者進行交流的朝鮮重要文人之一。在十八世紀中,除去朴齊家、柳得恭外,他是交往清文士數量最多的朝鮮文士。他還是繼洪大容之後,與清文士筆談內容最多、最爲深入的朝鮮學者。而且,他與清文士的交流有諸多開創之功,如他是十八世紀第一個與清朝舉人以及朝廷文人大量結識並交流的朝鮮文人;是第一個積極且大量地向清文人推介朝鮮學術、文人等信息的朝鮮文人;是十八世紀惟一對中朝文人交流做深刻反省、進行經驗總結的朝鮮文士。因而,他與清文士的交流呈現出與衆不同的特徵。基於上述因素,朴趾源與清文士的總體交流情況值得去關注和研究。

二、朴趾源的出使中國及其與清人交流前的準備

1780年(庚子,乾隆四十五年),朴趾源的堂兄朴明源被任命爲使行團正使,率團赴中國祝賀乾隆皇帝七十壽誕,其以隨從身份(即"伴當")伴行①。此次中國之行歷時三個多月,先後遊歷盛京、北京、熱河等地,他與中國學者廣爲結交,進行了大量的交流活動。與之前出使中國的大部分朝鮮文人不同,朴趾源是在大量地瞭解了有關中國的背景資料後而出使中國的。

1. 從前輩和摯友處得到的清朝信息

早在使清之前,朴趾源已從前輩和摯友的"燕行錄"、筆談材料和談話等中瞭解了較多有關中國的情況。在他之前出使中國的洪

---

① 佚名《使行錄》:"乾隆四十五年五月二十五日,進賀兼謝恩行,正使錦城尉朴明源、副使吏曹判書鄭元始、書狀官兼掌令趙鼎鎮。"《燕行錄全集》第27冊,第294頁。朴趾源《熱河日記》云:"從使者入中國,須有稱號。譯官稱從事,軍官稱裨將,閑遊如余者,稱伴當。"第265頁。

第五章　燕岩師門與清文人的交遊

大容、李德懋、柳得恭等都是其摯交,如成大中《李懋官哀辭》云:"洪澹(湛)軒大容、朴燕岩趾源最其得意交也。"①朴趾源與他們的親密關係,無疑爲他間接地瞭解中國提供了便利。這可以在《熱河日記》的許多記錄中找到佐證,如《關内程史》載李德懋向他介紹清朝的人和事,有云:"入琉璃廠,初街有'五柳居'三字題,此屠鈺册肆也。前歲懋官輩多貿此肆,津津説五柳居,今過此中,如逢故人。懋官臨别又言,若尋唐駕港樂宇,先至先月樓,其南轉小衖衖第二門即唐宅云。"②又如,《銅蘭涉筆》中有云:"乾隆丙戌春,與嚴誠、潘庭筠來燕京,洪德保證交乾净衖衖,有《會友録》,余曾有序。"③朴趾源給《會友録》作過序,可見他對洪大容與"浙杭三士"的交往事迹必然是諳熟的。再如,他閲讀過柳得恭描繪瀋陽的詩作,其在《渡江録》中有云:"'紅粉樓中别莫愁,秋風數騎出邊頭。畫船簫鼓無消息,斷腸清南第一州',此柳惠風入瀋陽時作也。"④因此,朴趾源對當時清朝的一些人和事,可以説是瞭如指掌,正如他自己所云"若數鬚眉"⑤。

2. 從古典文獻中得到的中國信息

出使中國前,朴趾源已閲讀過大量的古代文獻,對中國的歷史知識有較多的瞭解,他在《熱河日記》中大量引用了中國典籍即爲明證。以《熱河日記》卷一、卷二(《渡江録》至《太學留館録》)爲例,其引用的書籍、文章多達40餘種,有《史記》、《漢書》、《唐書》、《資治通鑑》等歷史典籍,有《山海經》、《地理通釋》、《皇輿考》等地理專著,有《周易》、《詩經》、《春秋》等儒學經典,有劉向《别録》目録學書

---

① 成大中《青城集》卷一〇,《韓國文集叢刊》第248册,第548頁。
② 朴趾源《熱河日記》,第110頁。
③ 同上,第368頁。
④ 同上,第3頁。
⑤ 朴趾源《熱河日記》載朴趾源語:"疑其爲潘庭筠、李調元、祝德麟、郭執桓諸名士也。此諸人者,有先余交遊者,故名芬牙頰,若數鬚眉。"第264頁。

籍,有《采風錄》、《明詩綜》等文學總集,有《月令》、《錢譜》等譜錄類文獻。顯然,朴趾源對中國的傳統文化非常熟悉。《熱河日記》後面數卷中還有很多嫻熟地引用中國典籍資料的事例。由此可以斷定,1780年(庚子)前朴趾源雖未到過中國,但通過對這些典籍的閱讀,他對中國的傳統,諸如歷史、地理、文化、文學等必然有著較爲深刻的瞭解。這也爲其以後與清文人展開多方面的交流奠定了良好的中國歷史知識基礎。

3.做好與清文士筆談的充分準備

在與清朝儒學之士相會之前,朴趾源已經做好了與他們筆談的充分準備。《熱河日記·鵠汀筆談》末尾就叙述了他在前往中國途中每日考慮筆談內容的情況:

> 余離我京八日,至黃州,仍於馬上自念,學識固無藉手入中州者,如逢中州大儒,將何以扣質? 以此煩冤,遂於舊聞中討出地轉、月世等說,每執轡據鞍,和睡演繹,累累數十萬言,胸中不字之書,空裏無音之文,日可數卷。言雖無稽,理亦隨寓,而鞍馬增憊,筆硯無暇,奇思經宿。①

由此可知,其與清人會面以後筆談所涉及的地轉、月世等說,是經過了他精心準備的。不惟數量驚人,有"累累數十萬言",而且構思奇巧,道理深刻,正如他在文中所云,其言論有著"奇思"、"理亦隨寓"。正是由於他的精心準備,其筆談言論往往得到清文士的認可,《鵠汀筆談》載云:"志亭自'信斯言'至'瑣瑣小星'亂圈之,鵠汀甚稱'奇論快論,發前人所未發'。"②從此記載的文字上看,朴趾源因被贊許,是頗爲得意的。

三、朴趾源與清文人交流的特點

朴趾源在出使中國期間以及在歸國以後,通過筆談、詩文往復

---

①朴趾源《熱河日記》,第243頁。
②同上,第224頁。

第五章 燕岩師門與清文人的交遊

等與一大批清文士進行了較爲深入的交流,據其《燕岩集》、《熱河日記》等考察,與他之間有交流事迹可考的清文士就有50位:康永太、通遠堡民家主人、富圖三格、遼陽城外兩滿洲少年、遼東一滿洲秀才、田仕可、李龜蒙、吳復、費穉、裴寬、十三山謝姓老者、謝孝壽、登州客李先生、東關驛祝姓老者、胡應權、徐苕(紹)芬、林皐、胡迴恒、沈由朋、秦璟、博明、俞世琦、凌野、高棫生、初彭齡、王晟、馮秉健、徐璜、陳庭訓、王民皞、王羅漢、尹嘉銓、敬旬彌、鄒舍是、奇豐額、王三賓、汪新、屢一旺、破老回回圖、曹秀先、趙光連、徐大榕、陸可樵、李冕、國子監歐陽助教、塞外一客、郭執桓、孫有義(其中,朴趾源與郭執桓、孫有義未謀面,僅以尺牘詩文往復)。他們間的交流呈現出以下特點:

1. 朴趾源交友目的的明確性

朴趾源懷著非常積極的交友心態去接觸清朝社會中的各階層文人,其目的在於全面瞭解清朝社會。這一交友目的在其身上表現得尤爲突出,而在十八世紀來到中國的其他朝鮮文人身上則沒有。在朴趾源之前,朝鮮文士一般僅僅樂意與自己認爲是賢人或"燕趙悲歌"的反清知識分子打交道,而不願意與平庸清士人作深入交流①。而他在中國的交友之道有二,一是無論清人賢與不賢,地位高或卑賤,年老或年輕,滿漢或蒙古人,祇要是可以交流的,他都尋找一切機會與之交往。二是友當今當世之人,他在《〈繪聲園集〉跋》中指出:前人雖提出"尚友千古",但"孰能鬱鬱然上溯千古之前,昧昧乎遲待千歲之後哉?由是觀之,友之必求於現在之當世

---

① 筆者在本書上編第一章第一節《中朝文人交遊的時代背景和原因》中從朝鮮文人的主觀願望方面對朝鮮文人結交清文人的原因作了詳細闡釋,概括如下:第一,希望見到對明朝懷有深厚感情的士人。第二,意欲結交清朝才士,以實現賢者嘉會、傾心劇談的宿願。第三,朝鮮文士特別願意與中國才士相交流的目的在於:一方面可以通過交流更好地來瞭解中國,另一方面也可以通過筆談、唱和、求序和贈書等形式來傳播本國文化,展示學術觀點等。

也明矣"①。因此無論在鄉村、市集,還是在城市,他都主動地尋找可以交流的士人,如七月初三日己卯,於通遠堡,他向店主詢問:"此村裏可有秀才塾師麼?"②在抵達盛京之後,"入一收賣古董鋪子,鋪名'藝粟齋'。有秀才五人,伴居開鋪,皆年少美姿容,約更來齋中夜話。……又入一鋪,皆遠地士人新開錦緞鋪,鋪名'歌商樓',共有六人,衣帽鮮華,動止視瞻俱是端吉。又約同會藝粟夜話"③。朴趾源此種廣泛交遊的用意是爲了藉交談内容知曉清朝"時政之得失、民情之向背"。他在《熱河日記·審勢編》中明白地道出此種交友之道的緣由:

> 余在熱河,與中州士大夫遊者多矣,尋常談討,雖曰知其所不識,而至若時政之得失、民情之向背,無術而可識。《傳》曰:"觀其禮而知其政,聞其樂而知其德。由百世之後等百世之王,莫之能違也。"既無子貢之藝、季札之智,則雖使笙鏞干羽日陳於前,固莫識政德之所出,況泛論上世之律吕,而惡能識當時污隆哉?然而不避其支離煩複之嫌,而故爲此迂闊誕漫之問者,何也?④

可見,爲了瞭解當今清朝的方方面面,他與清文人見面後,迂闊漫問,然後會根據他們的回答達到對清朝的全面瞭解。

2.朴趾源交友對象的廣泛性

基於積極的交友心態,朴趾源所交流的清文人對象必然是廣泛的,所筆談的内容必然是豐富的。據《熱河日記》和《燕岩集》的記載,筆者統計,可考的與他有交流事迹的清文人共計 50 人,而在

---

① 朴趾源《燕岩集》卷三,《韓國文集叢刊》第 252 册,第 70 頁。
② 朴趾源《熱河日記》,第 23 頁。
③ 同上,第 38 頁。
④ 同上,第 218 頁。

第五章　燕岩師門與清文人的交遊　　391

他之前出使中國的洪大容交流過的清文人也祇有 37 人①。交流對象的廣泛性主要還表現在，交流之人中有民間的年輕書生，如漢人康永太；有鄉村的秀才、塾師，如滿人老學究富圖三格；有市集中的文商，如古董鋪子商人田仕可；還有清政府中的各種官員等，如通奉大夫大理寺卿尹嘉銓。其交流的對象也不僅僅局限於漢族人，其中還包括滿人，如奇豐額；蒙古人，如博明等。而且他們也分別來自於社會不同的階層，有普通的漢族文士，如蘇州人沈由朋；有旗下文士，如王羅漢；更多的是清朝舉人以及朝廷文人，其中還包括康熙皇帝的外孫破老回回圖。

需要特別指出，在十八世紀，朴趾源是第一個與清朝舉人以及朝廷文人大量結識並交流的朝鮮文人。他與清上層文人的廣泛接觸與交流的舉動，在十八世紀中朝文人交流史中具有開創意義。在朴趾源出使中國之前，十八世紀中與清文人有大量接觸的朝鮮文人有金昌業、李器之、李商鳳、洪大容、李德懋等。金昌業交流的清文人絕大多數是民間文人，以自稱秀才的清文人爲主，其中地位最高的僅有《一統志》纂修官李元英、瀋部郎中趙華②。李器之出使中國過程中雖與清進士鄭愉、進士胡世圖、盛京禮部部教官關碩善、瀋部郎中趙華、翰林院檢討官陳法 5 位清朝地位較高的文士有交流，但他所交流的其他大量清文士仍然地位較低③。李商鳳交流過的地位較高的清文士僅有縣教諭薛文儒、國子監教習潘相、舉人胡少逸、劉知縣，其餘他所交流過的清文士都是普通文人，且多以

---

① 參見本書上編第四章第三節《洪大容與清文人交流的意義》。
② 金昌業交流過的清人名錄參見本書下編第二章《朝鮮金昌業與清文人交流長編》。
③ 據李器之《一庵燕記》、《一庵集》考證，除去進士鄭愉、進士胡世圖、盛京禮部教官關碩善、瀋部郎中趙華、翰林院檢討官陳法，李器之交流過的清文士還有：原吳三桂書記蔣晨、僧秀行、秀才宋美成、秀才張瑞、文士宋珂郁、文士宋重藩、秀才陳浩、縣學教諭谷一柱、商賈萬天衡、僧孚蒼、塾師楊澄、僧天然、道士李元堈、僧永清。這些清文士均爲地位較低的普通文人。

秀才爲主①。1765年（乙酉）出使中國的洪大容交流過的地位較高的清朝廷官員有翰林學士吴湘、翰林學士彭冠、瀋陽府學助教拉永壽、康熙曾孫兩渾，其餘與之交流的也是不爲官的清普通文士。而1778年（戊戌）出使中國的李德懋所交流過的朝廷文人數量比金昌業、李器之、李商鳳所交流的有了明顯增加，有李鼎元、黄道煥、李憲喬、唐樂宇、潘庭筠、李驥元、祝德麟、裴振等②，但其數量還是少於朴趾源所交流的清朝廷文人數。他所交流的名姓可考的清舉人及朝廷文人有：王民皥（舉人）、郝成（見任山東都司）、尹嘉銓（通奉大夫、大理寺卿）、敬旬彌（見任講官）、鄒舍是（舉人）、奇豐額（見任貴州按察使）、汪新（見任廣東按察使）、破老回回圖（見任講官）、曹秀先（禮部尚書）、徐大榕（户部主事）、博明（兵部員外郎）③、俞世琦（舉人）、凌野（舉人）、高棫生（太史）、初彭齡（翰林）、王晟（翰林）、馮秉健（舉人）、姓歐陽者（國子監助教）等，共計18人。與之有過交流的徐文圃（璜）、陳立齋（庭訓），被其稱爲"佳士"，疑亦爲舉人或朝廷官員。由此，可知朴趾源所交往清文士的總體學術素質要超過以往朝鮮使者所結交的清文士，因此他們之間的交流有了更爲深入、細緻的可能，同時也就有更高學術價值的可能。

　　朴趾源能够與許多清朝舉人以及朝廷文人交流，有其主客觀因素。當然上文論及的他主觀上積極的交友心態爲其重要因素外，其客觀上還有一些有利條件便於朴趾源與他們相識交往，主要

---

①據李商鳳《北轅録》，除去縣教諭薛文儒、國子監教習潘相、舉人胡少逸、劉知縣外，李商鳳交流過的其他清文士如下：周姓秀才、蘇姓教書先生、秀才李芝英、文士張豐緒、文士吴山源、文士葉彬、秀才陳希平、貢生徐阜年、秀才李斐、秀才谷慶元、舉人劉秘正、文士宋瑛、文士劉松齡、文士徐承恩、筆帖式秀凝、筆帖式富勤赫、秀才金仁、秀才金義、秀才任烺燿、文士胡一中、文士孟廷璽、生員莫如爵。
②參見本書下編第六章《燕岩師門與清文人交流長編》。
③朴趾源《熱河日記》中未載博明官職與身份，但與朴趾源同時出使的盧以漸《燕槎録》中載博明官職爲兵部員外郎，見《燕行録全集》第41册，第93頁。

有三點：其一，在熱河時，其留宿於熱河太學，而當時許多清舉人爲參加乾隆皇帝的萬壽節也借寓在太學，這就便於朴趾源與清舉人接觸與交流。《熱河日記·傾蓋錄》中云："既入太學爲寓館，則中原士大夫亦多先寓太學者，爲參賀班來也。同寓一館，晝宵相從，彼此羈旅，互爲客主，凡六日而散。"①在熱河太學裏，結識了王民皞、郝成、尹嘉銓、奇豐額、鄒舍是、汪新等，並與他們有六日的交流。熱河太學成爲了他與清文人交遊的最主要的地點之一。其二，清舉人俞世琦引薦了一大批清文人與其相識。《熱河日記·楊梅詩話》有載云："余初遇俞黃圃世琦於琉璃廠中。……黃圃多引海内名士，如凌擧人野、高太史棫生、初翰林彭齡、王翰林晟、馮擧人秉健，皆才高韻清。其隻字片語，無不芬馥牙頰，然其談草多爲諸名流所掠去，及檢歸裝，僅存其十之三四。"②可見，正是由於俞世琦的介紹，朴趾源得以認識了一批在當時頗有地位的清文人，他們之間有著廣泛的交流。北京琉璃廠的楊梅書街成爲了另外一個他與清文人大量交遊的地點。其三，朴趾源掌握了一定的漢語口語，便於他接近清朝人士。如其在東關驛，遇到兩滿族少年，"略以言語酬酢"③。在前往熱河途中，遇哈密王和蕃王，以漢話問："哈密王年紀多少？"在與他們交談後，其贊蕃王"尤善漢話"④。一定的漢語口語技巧使得朴趾源拉近了與交流者之間的心理距離，這是他能與清人廣泛交流的一個非常有利的條件。

3. 與清文士筆談内容的豐富性與獨特性

朴趾源不惟結識的清文人對象廣泛，其與他們交流的内容也非常豐富。主要集中體現在筆談内容的多樣性上：在盛京，與田仕

―――――
①朴趾源《熱河日記》，第161頁。
②同上，第284頁。
③同上，第79頁。
④同上，第298頁。

可、李龜蒙、穆春、溫伯高、吳復、費穉、裴寬等文商交流過世間俗事①;在熱河與郝成、鄒舍是、王民皡、破老回回圖、尹嘉銓、奇豐額等談論黃教、班禪、佛教諸事②;又曾與王民皡、郝成交流過科舉、婚嫁、衣冠、裹脚、吃烟等習俗③;與奇豐額交流過月世、地轉之説等④;在琉璃廠書肆與俞世琦、徐璜、陳庭訓、初彭齡、高械生、馮秉健等文人交流過詩文;與徐璜交流過藏書闙盍方⑤;在漠北,與尹嘉銓交流過近世醫書⑥;歐陽助教詳細記録國子監内外學舍之制以示朴趾源⑦;在尹嘉銓寓所,與王民皡共論"樂律古今同異"⑧等。可以説,他是繼洪大容之後,與清文士筆談内容最多、最爲深入的朝鮮學者。其筆談内容涉及諸多方面,如幾何、食器、天文、西教、佛教、儒道經義、史實、時事、音調、樂律、醫藥等,分别見載於《盛京雜識》、《粟齋筆談》、《商樓筆談》、《太學留館録》、《傾蓋録》、《黃教問答》、《班禪始末》、《忘羊録》、《鵠汀筆談》、《避暑録》等。因而,朴趾源《熱河日記》成爲了十八世紀載録筆談内容最多的一部使行日記。

其筆談内容有其獨特性。關於班禪和西藏方面的大量筆談,在其他朝鮮使行日記中很罕見。其能得到朴趾源和清文人筆談的關注,主要有兩點原因:其一,由於萬壽節,乾隆皇帝請班禪入觀,朝鮮使者得以見到班禪。而親見班禪非常不易,班禪形象在外界眼中一直有著神秘色彩。其自云:"在熱河時,雖朝貴,反問余班禪狀貌。蓋非親王、額駙及朝鮮使者,未之得見故也。"⑨郝成亦有云:

---

① 朴趾源《熱河日記》,第 39—48 頁。
② 同上,第 165—179 頁。
③ 同上,第 131—133 頁。
④ 同上,第 141—142 頁。
⑤ 同上,第 352 頁。
⑥ 同上,第 374 頁。
⑦ 同上,第 336 頁。
⑧ 同上,第 193—210 頁。
⑨ 同上,第 183 頁。

"活佛居在深嚴,非人人所可得見。"①都指出班禪不是一般的朝廷官員所能見到。其二,朴趾源來到熱河後,還對天下的形勢作了深入的思考,其有云:"余至熱河,有以默審天下之勢者五:皇帝年年駐蹕熱河,熱河乃長城外荒僻之地也,天子何苦而居此塞裔荒僻之地乎?名爲避暑,而其實天子身自備邊,然則蒙古之强可知也。皇帝迎西番僧王爲師,建黃金殿以居其王,天子何苦而爲此非常僭侈之禮乎?名爲待師,而其實囚之金殿之中,以祈一日之無事,然則西番之尤强於蒙古,可知也。此二者,皇帝之心已苦矣……"②正是由於班禪難以親見和"西番之尤强於蒙古"對中原造成威脅,班禪和西藏自然成爲了他與清文人筆談的重點。而十八世紀其他"燕行錄"中的筆談則没有涉及這方面的内容。圍繞班禪和西藏的話題展開交流,確實是朴趾源與清人筆談内容的獨特性。而《黃教問答》和《班禪始末》所載録的文字也僅僅是他們筆談的一部分。其曾自云:"今録其爐餘談屑之係班禪者,爲《黃教問答》。"③我們所能看到的《黃教問答》雖僅是"爐餘談屑",但也詳細載録了朴趾源在熱河與郝成、鄒舍是、王民皥、破老回回圖、尹嘉銓、奇豐額等談論黃教、班禪、佛教諸事的筆語,字數在八千字左右。可以想見,若此筆談原稿留存,那麼其内容必然更爲豐富。朴趾源從熱河回到北京後,黃教和班禪仍然成爲他與清文人筆談的重要話題,《班禪始末》就詳細載録了他在北京與王晟、俞世琦、陳庭訓等人關於班禪話題的筆談記録,同時也附載了在熱河時,敬旬彌告訴其黃教來歷及其發展的大段筆談記録。

4. 朴趾源與王民皥的篤密關係

在交往的清文人中,王民皥是與朴趾源關係最爲密切的朋友。

---

① 朴趾源《熱河日記》,第 166 頁。
② 同上,第 165 頁。
③ 同上,第 166 頁。

"王民皞,江蘇人也。時年五十四,爲人淳質少文。……王君長者,號鵠汀,別有《鵠汀筆談》、《忘羊錄》。身長七尺餘,頗有窮愁之態,坐間頻發嘆息之聲。"①朴趾源孫朴珪壽在《與沈仲復秉成》中亦云:"先王父日下交遊,如曹地山、尹亨山、初頤園諸公,皆聞望著於海內者。而其中有王舉人名民皞號鵠汀者,最爲至交。"②在中國期間,朴趾源與王民皞交流的時間最長。其後來回憶說:"余與鵠汀談最多,蓋六日對窗通宵會話,故能從容,彼固宏儒魁杰,然多縱橫反覆。"③

兩人之所以成爲至交,交流最多,筆者認爲主要原因有二:

其一,兩人在才學上互相傾慕。王民皞佩服朴趾源知識廣博,稱其爲"海上異人"。在某種程度上,他甚至視朴趾源爲惟一可以吐露衷腸的知己,如《熱河日記》記載其向朴趾源表明一段心曲後,有云:"此等區區自得,不可獻諸君上,不可傳與子孫,不可輒向同窗強辨。今逢海上異人,畢生無再會之地,又安得不激我衷情?"說完此語後,王民皞"潸然泪下"④。可見,王民皞既爲自己能夠得遇朴趾源這樣的知己而慶幸,又爲以後不可能再與之交流而傷感。其情感的真實流露,完全出於他視朴趾源爲至交。此後,兩人最後一次別離時,王民皞極爲傷感而落泪,又再次證明了他發自於內心的真摯情感,《熱河日記·太學留館錄》載云:"轉辭王鵠汀,鵠汀流涕曰:'千古訣別,衹在此宵。況奈來夜月明何?'蓋前日約十五日中秋月夕會話明倫堂故也。"⑤

朴趾源也極其欽佩王民皞的文才,稱其爲"宏儒魁杰"⑥。在

---

① 朴趾源《熱河日記》,第161頁。
② 朴珪壽《瓛齋集》卷一〇,《韓國文集叢刊》第312册,第484頁。
③ 朴趾源《熱河日記》,第243頁。
④ 同上,第239頁。
⑤ 同上,第147頁。
⑥ 同上,第243頁。

第五章　燕岩師門與清文人的交遊　　397

《傾蓋録》中,更是將王民皡置於他所交往的清文人名録之首,稱其"爲人淳質少文"①,此可看出王民皡在其心目中的重要地位。在評價王民皡的文字中,更是極盡贊美之辭,如其有云:

> 蓋鵠汀敏於酬答,操紙輒下數千言,縱橫宏肆,揚扢千古,經史子集隨手拈來,佳句妙偈順口輒成,皆有條貫,不亂脉絡。或有指東擊西,或有執堅謂白,以觀吾俯仰,以導余使言。可謂宏博好辯之士,而白頭窮邊,將歸草木,誠可悲也。②

朴趾源將王民皡的才能總括爲宏博好辯,稱其具體表現爲:才思敏捷,下筆如流,所言内容縱橫捭闔,上下千載;引經據典,佳句聯翩,脉絡清晰;自己善於論述,又善於引導别人論述。而就是這樣一個才學突出的清文士,却白頭窮邊,朴趾源感到極爲惋惜,發出了"誠可悲也"的感慨。

因爲兩人在學術上互相推崇,所以他們也特别願意交流。而每次交流後,雙方都感到意猶未盡,如《鵠汀筆談》載:

> 昨日語尹公所,不覺竟日。尹公時時睡,以頭觸屏。余曰:"尹大人倦矣,請退。"鵠汀曰:"睡者睡,語者語,不相干。"尹公微聞其語,向鵠汀數轉云云,鵠汀首肯,即收談草,揮余同出。蓋尹公老人,因余早起,過午酬酢,其昏倦思睡無足怪也。鵠汀約明日設朝饌,要余共飯,余曰:"每談席常苦日短,明當早赴。"鵠汀唯唯。次日五更,使臣起趨班,余同起,因赴鵠汀,明燭而語。郝都司成相會,而尹公曉已赴朝也。且飯且語,易數三十紙,自寅至酉凡八時,而郝公晚會先罷。③

第一天,彼此筆談竟日仍興趣盎然,不肯停歇,而同時在座的尹嘉

---

① 朴趾源《熱河日記》,第161頁。
② 同上,第243頁。
③ 同上,第220頁。

銓則昏倦思睡。當尹嘉銓婉勸二人停止筆談後,朴趾源談興正濃,祇能發出"每談席常苦日短"的感慨。而第二天天還沒有亮,朴趾源就趕去與王民皞筆談。兩人的筆談又有八小時之久,而晚來相會的郝成則先告辭離去。通過人物間的相互對比,王民皞與朴趾源兩人痴迷於筆談的情態躍然紙上。也因其二人時常筆談,《熱河日記》中筆談內容記載最多的就是他們間的對話,分別見載於《鵠汀筆談》、《忘羊錄》、《黃教問答》、《太學留館錄》等。

其二,王民皞與朴趾源交流時,多有犯時諱之言行。其所透露出的信息恰恰是朴趾源從其他交流者那裏無法得到的,因此朴趾源特別願意與他親近而多作交流。如王民皞有對清俗不滿的言行,當朴趾源問漢女裏腳"貌樣不雅,行步不便,何故若是",王民皞曰:"恥混韃女。"即抹去,又曰:"抵死不變也。"①後,王民皞又講述"三厄",提及明洪武時高皇帝以道士結網巾之制令天下人從之,有云:"其後漸以鬃網代絲,緊箍狠纏,瘡痕狼藉,名虎坐巾,謂其前高後低如虎蹲踞,又名囚巾。當時亦有譏之者,謂天下頭額盡入網羅,蓋多不便之矣。"筆指朴趾源額曰:"這是頭厄。"朴趾源笑指其額曰:"這個光光,且是何厄?"王民皞慘然點頭,即深抹"天下頭額"以下字②。顯然,王民皞內心中有著嚴格的滿漢之分,對於中華某些傳統習俗的喪失,他是感慨而愧疚的。在與王民皞交流的過程中,朴趾源也覺察出他對歷史變遷、朝代更迭的失落之感,記載道:"雖極口每誦清得國之正,談說之際,時露本情,特借歷代逆順成敗之迹以俯仰感慨。"③而朴趾源對於清人入主中原造成中國文化的變遷、沒落,同樣很是心痛,其在《熱河日記》篇首就有云:"清人入主中國,而先王之制度變而爲胡。環東土數千里畫江而爲國,獨守先王之制度,是明明室猶存於鴨水以東也。雖力不足以攘除戎狄,

---

①朴趾源《熱河日記》,第132頁。
②同上,第132頁。
③同上,第237頁。

第五章　燕岩師門與清文人的交遊

肅清中原,以光復先王之舊,然皆能尊崇禎以存中國也。"①毫無疑問,朴趾源與王民皞兩人內心對中華文化、習俗等的變遷有著共鳴,這就使得兩人情感上的距離較他人更爲親密。

又如,關於禁書之類社會上忌諱的話題,王民皞多能向朴趾源娓娓道來,而其他的清文人一般都不能做到。如王民皞向朴趾源談起自己的朋友介休然先生匿書一事,《熱河日記》載云:

> 鵠汀曰:"(介休然)窮目高顙。閣老兆公(惠)薦介經行於朝,特授江西教授,稱疾不起。介嘗美鬚髯,一朝自斷其鬚,以明兆誤薦,仍授七品帽服。有一達官,將薦其所著諸書,介欣然諾之。一夜廬舍失火,書皆燼,未果奏。"余曰:"先生痞證可以道破。"鵠汀曰:"僕元無此證,老革多奸,烹魚洋洋,何損君子?"相與大笑。鵠汀曰:"太初著書,實未曾燒,秘在其友董程、董稽所,必傳於後無疑。公外國人,僕所以暢襟一泄。"余曰:"介先生著書,多忌諱否?"鵠汀曰:"並無忌諱。"余曰:"然則何故秘之?"鵠汀曰:"比歲禁書,該有三百餘種,並是他君公顧厨。"余曰:"禁書何若是夥耶? 總是崔浩謗史否?"鵠汀曰:"皆迂儒曲學。"余問禁書題目,鵠汀書亭林、西河、牧齋等集數十種,隨即裂之。余曰:"永樂時,搜訪天下群書爲《永樂大全(典)》等書,賺人頭白無暇閑筆。今《集成》等書,並是此意否?"鵠汀忙手塗抹曰:"本朝右文,度越百王,不入《四庫》,顧爲無用。"②

王民皞云朴趾源是外國人,所以可以向其"暢襟一泄"介休然不願在清朝爲官、不願向朝廷獻書的事實。他還主動告訴朴趾源近來清朝禁書三百餘種,又以"八顧"、"八厨"(出自《後漢書·黨錮列傳序》)之典傳達出這些書都是反抗清朝壓迫之作,並羅列包括顧炎

---

① 朴趾源《熱河日記》,第 1 頁。
② 同上,第 226 頁。

武、毛奇齡、錢謙益在內的文集數十種。當朴趾源提出當今編《四庫全書》亦是"賺人頭白無暇閑筆"的問題,他忙用手塗抹朴趾源此筆談內容,以暗示其認可之意,並且以稱頌清朝崇尚文化超越歷代的口吻,明褒暗貶,表達出對清朝文禁的不滿①。而同樣是對待禁書的問題,與朴趾源交流的其他清文人則表現出別樣的態度,如《熱河日記·避暑錄》有載:

> 余又寫"看書泪下染千秋,臨水騷人無限愁。碣士編詩嫌草草,豸青全集若爲求。"黃圃搖手,筆指"豸青全集"曰:"有禁。鐵君祖係貴國人。"余問:"緣何有禁?"黃圃不答。②

俞世琦看到朴趾源寫出"豸青全集",其表現一是搖手,二是云有禁,當朴趾源詢問有禁的原因,他則沉默不語,可見他對清朝禁書的話題唯恐避之不及。其言行與王民皥的舉動形成了鮮明對比。由此可見,他想從王民皥以外的其他清文人那裏得到時諱的詳細信息比較困難。而正是由於王民皥的暢所欲言,所以朴趾源在與王民皥交流時,經常會問及敏感的時諱問題,如詢問"明朝立國何如"③,"是時天下都是睿親王得之,何不遂自做天子","弘光若斥馬士英輩而全仗史可法諸賢,則江南之地,如之何不世守也"④等等。這從另一個側面也反映出兩人的"至交"關係。

四、朴趾源與清文人交遊的意義

1. 有助於促進朝鮮文士對現世清朝文化的正確認識

---

①朴趾源在《熱河日記》中就指出:"觀人文字,雖尋常數行之札,必鋪張列朝之功德、感激當世之恩澤者,皆漢人之文也。蓋自以中國之遺民,常懷疢疾之憂,不勝嫌疑之戒,所以開口稱頌,舉筆諛佞,益見其自外於當世也。漢人之爲心亦已苦矣。"觀其上下文,鵠汀語"本朝右文,度越百王,不入《四庫》,顧爲無用",明爲頌諛,實暗含不滿。第165頁。
②朴趾源《熱河日記》,第264頁。
③同上,第233頁。
④同上,第238頁。

第五章 燕岩師門與清文人的交遊

朴趾源與清文人的大量交流不僅是引發其轉變"尊華攘夷"思想的重要因素,而且對促進朝鮮文人重新全面審視現世清朝具有現實意義。爲了全面瞭解當時的清朝社會,朴趾源在出使過程中除了注意細心觀察社會的方方面面,他還通過與清朝著名文人學士的交流,瞭解他所不知的關於清朝社會的情況,如其有云:"日知其所不識。"① 由此,他對清朝有了更爲清晰的認識。他逐漸認識到一定的清朝文化就是中國傳統文化的延續,並不是完全陌生的,其有云:

> 然而尊周自尊周也,夷狄自夷狄也。中華之城郭、官室、人民固自在也,正德、利用、厚生之具固自如也,崔、盧、王、謝之氏族固不廢也,周、張、程、朱之學問固未泯也,三代以降聖帝明王、漢唐宋明之良法美制固不變也。彼胡虜者,誠知中國之可利而足以久享,則至於奪而據之,若固有之。②

可見,他清醒地認識到朝鮮"北伐論"的空洞性,以後,不惟拋棄了原來總體否定清朝的思想,而且提出了"華夷一也"、"師夷制夷"的北學改革思想,有云:

> 故今之人誠欲攘夷也,莫如盡學中華之遺法,先變我俗之椎魯,自耕蠶陶冶以至通工惠商,莫不學焉。人十己百,先利吾民,使吾民制梃而足以撻彼之堅甲利兵,然後謂中國無可觀可也。③

爲了提倡自己新的改革思想,朴趾源把與清文人交流的大量內容寫進了《熱河日記》,隨著該書在朝鮮的流行,必然也會促進朝鮮人士對清朝的正確認識,從而引發朝鮮文士對中國經世致用的實學的重視。

---

① 朴趾源《熱河日記》,第 218 頁。
② 同上,第 61 頁。
③ 同上。

2. 有利於促進朴趾源對清人及學術的客觀瞭解

朴趾源與清文人的深入交往使得他對當時的清人及其學術有了較爲客觀、真切的認識。這點與在他之前出使到中國的朝鮮文人一般視清人爲胡,認爲清人"不足觀"是不一樣的。在朴趾源看來,一大批當世清文人具有"博雅"的學術特點,如《熱河日記·避暑錄》中有云:"而俞式韓《球堂錄》引《日知錄》用東史所證《書大傳》以辨此詩鴻嘉之誤。中州之士勤於考據辨析,以爲博雅,類多如是。"① 由此,他通過閱讀俞式韓《球堂錄》,指出了當時清朝文士"勤於考據辨析,以爲博雅"的學術風氣。在《審勢篇》亦有載云:"蓋中州之士,性喜矜誇,學貴該洽,出經入史,揮麈風發。"② 在與王晟筆談後,朴趾源評曰:"筆語如流,頗示博雅。然考據史傳,此似爲實錄。"③ 在琉璃廠楊梅書街,與清人高棫生、凌野飲酒交談後,朴趾源有評曰:"凌、高諸君頗詡博雅。"④ 從總體的層面指出當時清學術"博雅"的特點,朴趾源是十八世紀朝鮮文士中的第一人。

更難能可貴的是,朴趾源也是十八世紀惟一對中朝文人交流作深刻反省、進行經驗總結的朝鮮文士。他在清楚地瞭解了清文人的學術共性後,指出了以往朝鮮人士與清人交往中的弊病,提出了與清人交往的策略,其云:

> 蓋中州之士,性喜矜誇,學貴該洽,出經入史,揮麈風發。然我人類多未閑辭令,或急於質難,遽談當世;或自誇衣冠,觀其愧服;或直問思漢,使人臆塞。此等非但彼所忌諱,在我疏失亦自不細。故將要得其歡心,必曲贊大國之聲教,先安其心;勤示中外之一體,務遠其嫌。一則寄意禮樂,自附典雅;一

---

① 朴趾源《熱河日記》,第267頁。
② 同上,第218頁。
③ 同上,第180頁。
④ 同上,第373頁。

第五章　燕岩師門與清文人的交遊

則揚扡歷代,毋逼近境。遜志願學,導之縱談,陽若未曉,使鬱其心,則眉睫之間誠僞可見,談笑之際情實可探。此余所以略得其影響於紙墨之外也。①

朴趾源強調在與清人交流時,先安其心,除其戒心;接著找準話題;最後態度謙恭又善於引導談話進程,這樣就能準確地把握住清文人的誠僞、情實等。可以說,他與清文人交流的經驗之談爲以後朝鮮文人與清文士的順利交往指明了途徑和方法。

3. 有益於促進兩國學術、文化等的交流

在十八世紀中朝文人交流史中,朴趾源是第一個積極且大量地向清文人推介朝鮮學術、文人,並指出一批中國文獻中所錄有關朝鮮文人信息錯誤的朝鮮文人。對朝鮮文化的大力介紹,既有利於清人瞭解朝鮮文化與學術狀況,也有利於朝鮮杰出文士的聲名在中國傳播。《熱河日記》中記載了若干他自己向清文人推介朝鮮文化、文人的事迹及由此而帶來的影響,如他向郝成介紹了若干朝鮮文人,郝成寫了他們的小傳並連同相關詩作收錄入自己的詩話《榕齋小史》中,有金履度《奉別燕岩朝京城》,孫南壽《贈行》,李在誠《贈行》,韓錫祜《送燕岩朝京》、《春院細雨》,梁尚晦《送燕岩朝京》,李行綽《送別》等②。又如,其曾與俞世琦筆談過朝鮮洪大容與清朝潘庭筠的詩文之交和柳得恭詩作,筆談結束之時,俞世琦即收其紙納懷中曰:"僕方錄《球堂詩話》,幸得一段佳話。"③再如,其出使中國前,把友人羅仲興詩作納入行囊,來到中國後,將羅仲興《偶成》、《不寐》、《午枕》等作品介紹給奇豐額,奇豐額有評曰:"蒼健沉鬱,其格力真似老杜云。"④除了介紹朝鮮文人和文學外,他還積極

---

① 朴趾源《熱河日記》,第 218 頁。
② 同上,第 278—280 頁。
③ 同上,第 265 頁。
④ 同上,第 272 頁。

推介當時朝鮮文士的著名學説。一個顯著例子是,他積極而詳細地向清朝人士奇豐額、王民皥、郝成等推介朝鮮金錫文"三大丸浮空之説"、洪大容"地轉"説以及自己對月亮世界的看法等,從而使得他們對地球之説有了耳目一新之感。奇豐額稱其説是"奇論",爲發泰西人所未發的地球之説①。王民皥有云:"今先生所論亦非西人所發,則吾不敢遽信爲然,亦不敢遽斥爲非,要之渺茫難稽,而先生辯説甚精,如高麗磨衲,針孔綫蹊,一一明透。"②由此可推斷,朴趾源這些關於朝鮮近世學術的介紹,必然會使一些清文士知道朝鮮學術的創新點,從而也有利於提高朝鮮文人在清文士心目中的地位。

除了大力正面推介朝鮮文人與學術外,朴趾源在與清文人交流時,還對中國文獻中關於朝鮮的記載文字進行糾謬,從而有利於清人正確地瞭解朝鮮文人和相關文獻,避免出現以訛傳訛的情況。如他向尹嘉銓、王民皥介紹自己先祖,並指出《詩綜》有不少錯誤,《熱河日記·太學留館録》載:

> 尹公曰:"菀(宛)有太師之遺風,可敬可敬。《詩綜》所有令尊先公,何無小傳?"余曰:"非特僕之先人闕漏字號官爵,其有小傳者還不免訛謬。僕之五世祖諱瀰,字仲淵,號汾西,有文集四卷行於方内。明萬曆時人,昭敬王駙馬錦陽君,謚文貞公。"尹公收納懷中曰:"當補闕遺。"王舉人曰:"他餘謬録,願得郢政。"奇公曰:"是也,天假之便。"余曰:"僕記性鹵莽,請臨本考證。"……余曰:"敝邦李達,號蓀谷,而録李達詩又別録蓀谷詩,是認號爲別人姓名也,而各録之。"三人者皆大笑,相顧曰:"是也,是也,鴟夷、陶朱,故是一范。"③

---

① 朴趾源《熱河日記》載:"奇公大笑曰:'奇論,奇論! 地球之説,泰西人始言之,而不言地轉。先生是説,自理會歟,抑有師承否?'"第142頁。
② 同上,第224頁。
③ 同上,第127頁。

第五章　燕岩師門與清文人的交遊

尹公愷悌樂易人也，曰："俄刻甚忙，未畢塵談。願聞《詩綜》闕謬，以補先輩遺略。"余曰："敝邦先輩生老病死不離海陬，螢飄菌萎，僅以寂寥詩篇見收大邦，榮且幸矣。然而墮井之毛遂，驚座之陳公，不幸甚矣。敝邦先儒有李先生珥，號栗谷，而李相公廷龜號月沙，《詩綜》誤錄李廷龜號栗谷。月山大君，公子也，以其名婷而疑女子。許筠之妹許氏，號蘭雪軒，其小傳以爲女冠，敝邦元無道觀女冠，又錄其號曰景樊堂，此尤謬也。許氏嫁金誠立，而誠立貌寢，其友謔誠立，其妻景樊川也。閨中吟咏元非美事，而以景樊流傳，豈不冤哉？"尹、奇兩公皆大笑。①

第一則材料中，朴趾源向尹嘉銓介紹了《明詩綜》中所闕漏的自己先祖情況，並指出《詩綜》把李達之號——蓀谷當作另一詩人而與李達同列的錯誤。第二則材料中，他又指出《詩綜》誤錄李廷龜號栗谷、疑月山大君爲女子等錯誤，又特別對《許蘭雪軒小傳》進行了辨正。後來在另一場合，他又向奇豐額、尹嘉銓指出尤侗悔庵著《外國竹枝詞》中的"景樊之誣"，把尤侗對許蘭雪軒的錯誤注解處一一加以辨正。《避暑錄》載云：

蘭雪軒許氏詩載《列朝詩集》及《明詩綜》，或名或號，俱以景樊載錄。余嘗著《〈清脾錄〉序》詳辨之，懋官之在燕，以示祝翰林德麟、唐郎中樂宇、潘舍人庭筠，三人者輪讀贊許云。及余在此，論《詩綜》闕謬，因及許氏。尹公曰："尤悔庵侗《外國竹枝詞》首著貴國，其曰'楊花渡口杏花紅，八道歌謠東國風。最憶飛瓊女道士，上梁曾到廣寒宫'，注云：'閨秀許景樊，後爲女道士，嘗作廣寒宫白玉樓上梁文。'"余詳辨其景樊之誣，尹、奇兩人俱爲分錄收藏，中州名士當又以此事爲一番著書之資。②

---

① 朴趾源《熱河日記》，第128頁。
② 同上，第261—262頁。

此外，他還對王民皥所云"高麗公案"（即《東坡志林》載宋朝蘇軾上札論高麗入貢無絲髮利而有五害）進行了辯駁，指出："是誠冤枉，東方慕華即其天性也"，"此非高麗公案，乃高麗冤案"①等等。朴趾源對中國文獻中一些關於朝鮮文人方面的記載進行糾繆，此無疑會極大地促進清文人對朝鮮的瞭解，推動朝鮮文化、學術等的準確信息在中國流傳，因而在進行了有關辨正後，朴趾源內心往往極爲高興。上一則資料中，他自云"尹、奇兩人俱爲分録收藏。中州名士當又以此事爲一番著書之資"，言語中所蘊含的喜悦之情鮮明地被展示出來。

由以上三點分析可知，《熱河日記》所記載的朴趾源與清文士的交往事迹對於朝鮮、清朝共同改變對彼此的程式看法或偏頗成見，具有重要的社會意義和歷史意義。

第二節　李德懋與清文人的交流

李德懋（1741—1793），字懋官，初字明叔，號青莊館，一號蟬橘堂、炯庵、端坐軒、注蟲魚齋、學草木堂、香草園、梅宕，晚號雅亭，完山人。"其爲人，外若峭簡而內行修潔，不爲利勢所撓奪。博覽強記，貫穿古今"②。正祖初，置奎章閣，舉以爲檢書官，與柳得恭、朴齊家、徐理修，世稱"四檢書"。其人雖才華出衆，文名著世，然以其庶出故，僅官至積城縣監。有《雅亭遺稿》、《青莊館全書》等書印行於世。傳見南公轍《積城縣監兼奎章閣檢書官李君墓表》（《金陵集》卷一八）、李光葵《先考積城縣監府君年譜》（李德懋《青莊館全書》卷七〇）、朴趾源《炯庵行狀》（《燕岩集》卷三）、成大中《李懋官

---

①朴趾源《熱河日記》，第213頁。
②南公轍《金陵集》卷一八，《韓國文集叢刊》第272册，第348頁。

哀辭》《《青城集》卷一〇)、李書九《李懋官墓志銘》《《惕齋集》卷九)、尹行恁《李懋官墓碣銘》《《碩齋稿》卷一九)等等。戊戌(1778)三月,其隨從朝鮮謝恩兼陳奏使團赴中國。

一、李德懋出使中國前與清人的關係

(一)出於對中華文化的向慕,李德懋在入燕前,就積極地瞭解清文化和清文人情況。

他主要通過以下三種途徑來瞭解清文化:其一,閱讀此前文人撰寫的《燕行錄》。朝鮮"燕行錄"中,最著名者有三家,即"稼齋金氏、湛軒洪氏、燕岩朴氏也。以史例,則稼近於編年而平實條暢,洪沿乎紀事而典雅縝密,朴類夫立傳而贍麗閎博,皆自成一家,而各擅其長"①。稼齋金氏即金昌業,湛軒洪氏也就是洪大容,而燕岩朴氏則指朴趾源。朴趾源入燕在李德懋之後,姑置勿論。李德懋在入燕前就仔細地閱讀了金昌業和洪大容的作品,我們可以從文獻中找到證據。如其在《入燕記》和文章中多次提及《老稼齋燕行日記》中記載的內容:

> 金稼齋入燕,見李光地,一目眇,蓋其時閣老。②
> 老稼齋以爲此東明所築,非安市城。③
> 老稼齋自燕京歸時,路由此入桃花洞。④
> 後七十餘年癸巳,曾孫稼齋入燕,逢楊澄證交,望見李榕村光地。⑤

對於洪大容與清文人的交遊情況,李德懋也是瞭如指掌。在閱讀

---

① 金景善《〈燕轅直指〉序》,《燕行錄全集》第70册,第246頁。
② 李德懋《天涯知己書》,李德懋《青莊館全書》卷六三,《韓國文集叢刊》第259册,第130頁。
③ 李德懋《入燕記》,《燕行錄全集》第57册,第216頁。
④ 同上,第243頁。
⑤ 李德懋《清脾錄》卷四《農岩、三淵慕中國》,洪大容、李德懋撰,鄺健行點校《朝鮮人著作兩種——〈乾净衕筆談〉、〈清脾錄〉》,第252頁。

了洪大容與浙杭三士交往的文字後,他爲雙方至誠感情所感,編寫《天涯知己書》和删整《會友錄》中的筆談材料,並加以評論,其《天涯知己書》小序云:

> 今觀其諸帖,輸寫相和之樂不愧古人,往往感激有可涕者。録其尺牘及詩文,抄删筆談,名曰"天涯知己書",以刺薄於朋友之倫者焉。①

文中又有云:

> 今撮《會友錄》秘本,並載不佞評語,爲此篇。莊語諧語層見叠出,真奇書也,異事也。書牘亦有不佞評語,而恨不抄載。②

李德懋編寫的《天涯知己書》和删整的《會友錄》及評語見載於《青莊館全書》卷六三。其二,閱讀同時期清文人作品,其與李調元書載:

> 今讀《粵東皇華集》,淵博韶穎,乃其餘事。竊自庶幾想像先生之萬一也。③

又如,李德懋《入燕記》載:

> 其從兄雨村調元,字羹堂。以吏部員外郎出爲廣東學政。著書工詩,詩有名於世。見其詩卷,贍博宏達,可想其爲人。④

其三,通過友人的介紹來瞭解清文壇。李德懋經常從洪大容處得到有關清文人的信息,其與潘庭筠書記載了他通過與洪大容的交流,知曉了洪大容與嚴誠、潘庭筠、陸飛的真摯情誼,潘庭筠妻湘夫人的文學才華,潘庭筠女兒之名等,有云:

---

① 李德懋《天涯知己書》,李德懋《青莊館全書》卷六三,《韓國文集叢刊》第259册,第123頁。
② 同上,第137頁。
③ 李德懋與李調元書(去年冬,友人柳彈素……),李德懋《青莊館全書》卷一九,《韓國文集叢刊》第257册,第266頁。
④ 李德懋《入燕記》,《燕行録全集》第57册,第291—292頁。

第五章　燕岩師門與清文人的交遊

> 湛軒洪先生,奇士也,遊燕而歸,每説篠飲、鐵橋、秋庫三先生風流文物,照耀江左,仍示其談録及詩文墨迹。不佞欣然欲起舞,淒然又泣下,以其朋友之感,藹然觸發,自不覺其如此也。①
>
> 前因湛軒聞先生賢閤湘夫人有《舊月樓集》。閨庭之内,載唱載和,真稀世之樂事。詩品與桐城方夫人、會稽徐昭華,何如也? 似有刊本,願賜一通,留爲永寶。②
>
> 湛軒嘗傳令胤名時敏,今年紀幾何? 而文學似應不愧鳳毛,幸示其所作數篇也。大抵先王子女爲幾人耶?③

又如,李德懋從柳琴處也得到了不少關於清文人的消息,其與李調元書載:

> 去年冬,友人柳彈素賷《韓客巾衍集》入燕京也。不佞輩日屈指待其歸來,不知遇何狀名士以評以序,心焉懸懸,無以爲喻。彈素之歸,自詫遇天下名士,仍出《巾衍集》使不佞輩讀之。果然朱墨煌煌,大加嘉獎,序文評語,爾雅鄭重。真海内之奇緣,而終古之勝事也。④

顯然,柳琴會向他介紹其遇到清名士而得到《韓客巾衍集》序言、評語的經歷。有時,李德懋也會主動向友人打聽清文人情況,如他曾向柳琴詳細地打聽李調元,其與李調元書中載云:

> 且從彈素詳問起居威儀、待人接物,忠信仁厚洋溢可觀。彈素信實人也,豈欺我哉?⑤

---

① 李德懋與潘庭筠書(不佞左海鯫生……),李德懋《青莊館全書》卷一九,《韓國文集叢刊》第 257 册,第 262 頁。
② 同上,第 264 頁。
③ 同上,第 264—265 頁。
④ 李德懋與李調元書(去年冬,友人柳彈素……),李德懋《青莊館全書》卷一九,《韓國文集叢刊》第 257 册,第 266 頁。
⑤ 同上。

（二）李德懋未出使到中國前，其詩名就爲一些清代學者所知。

朝鮮鴻臚李廷奭在出使到中國時，曾帶給潘庭筠李德懋撰寫的《蟬橘堂濃笑》一卷。潘庭筠與洪大容書中有云：

> 往時所晤鴻臚李白石①先生，今有札見寄，並以李德懋炯庵所著《蟬橘堂濃笑》一卷相示。未知炯庵爲何如人，足下曾識面否？卷中多高曠清妙之語，想亦一隱君子也。②

1776年（丙申），柳琴出使中國時，携帶《韓客巾衍集》（李德懋《青莊館集》、柳得恭《歌商樓集》、朴齊家《明農初稿》、李書九《薑山集》），並把它介紹給清代學者。李調元、潘庭筠爲是書寫了序文和跋文，並令是書在清代刊行。因此，可以確定地說，李德懋在出使中國前，他和部分清文人之間是有一定瞭解的，這就爲他到達北京後，與這些人士進行面對面的深入交流奠定了良好的基礎。事實上，他來到北京城後，確實非常順利地與眾多上層文人展開交流。南公轍《積城縣監兼奎章閣檢書官李君墓表》載云：

> 其於友朋文章，蓋天性也。間嘗從沈學士念祖遊燕京，日與閩浙間騷人墨客之來遊宦者，飲酒賦詩以爲樂。而沈公又善待士，未嘗責以事務，恣其出遊，故懋官能歷覽山川道里、宮室樓臺，以及於草木、蟲魚、鳥獸之名而多所記識。③

在與部分清文人相互有一定瞭解的背景下，李德懋於1778年（戊戌），與朴齊家等一起參加了朝鮮謝恩陳奏使團，出使中國，以實現自己"願欲一見中原"的"男兒四方之志"，其《入燕記》有云：

> 上之二年戊戌三月十七日丁丑，風。自京發行，高陽四十

---

① 李白石，即朝鮮文士李廷奭，號白石，牛峰人，李尚迪的叔父。
② 潘庭筠與洪大容書（庭筠再拜，謹白湛軒大兄先生禮席：正月晦前一日……），《中士寄洪大容手札帖》5，第306頁。
③ 南公轍《金陵集》卷一八，《韓國文集叢刊》第272冊，第348頁。

第五章　燕岩師門與清文人的交遊　　　411

里宿。余與朴在先齊家願欲一見中原，賷志未果。至是，沈蕉齋念祖充謝恩陳奏使書狀官，與余有雅，要余偕行。在先亦隨上使蔡公濟恭而入焉。連袂並轡，萬里跋涉，足爲友朋之韻事，亦不負男兒四方之志也。①

李德懋出使中國，見面交流過的清代文人有貢生王紳，孔子書院諸生金科豫，《四庫全書》謄録官徐紹薪，庶吉士李鼎元，《四庫全書》謄録官舉人黃道奐、李憲喬，戶部員外郎唐樂宇，書商五柳居主人陶正祥，庶吉士潘庭筠，蘇州府秀才沈瀛，查祖馥，李驥元，浙江諸生馬照，編修祝德麟，海寧諸生沈心醇，孫有義，瀋陽書院秀才裴振等。此外，他還與未謀過面的李調元保持著書信聯繫、詩歌唱和等②。

二、李德懋與清文人交遊的内容及特點

（一）李德懋具有強烈的主動交流意識，這是他與清文人來往時的最主要特點。

首先，停留北京期間，李德懋主動找機會與清朝文人交流。如其《入燕記》載：1778年（戊戌）五月十七日到達北京後的第三天，他就與朴齊家訪《四庫全書》謄校官徐紹薪。五月二十三日"與在先訪李鼎元、潘庭筠於潘之寓舍。舍與吏部鄰近，潘設盛饌待之。筆談如飛，可補晉人清談"。五月二十五日，"與在先因往唐員外館論樂"。五月二十七日，"訪潘秋庫，筆話移時"。五月二十八日，"同在先訪李墨莊"，李鼎元不在家，聞其在祝編修德麟家，二人又"直往祝家"。祝德麟方居母憂，會客不是很方便，李德懋還是"與墨莊筆話，因請見主人"。六月初二日，"往五柳居陶生書坊"。六月初三日，拜訪了蘇州府秀才沈瀛。六月初五日，雖因雨留館，但"送人於四川西會館，館即墨莊所寓也"。六月初六日，"往潘蘭坨之館"。

---

① 李德懋《入燕記》，《燕行録全集》第57册，第190—191頁。
② 李德懋與這些清文人的交遊，詳見本書下編第六章《燕岩師門與清文人交流長編》。

六月初八日,"與在先,訪墨莊不遇,仍與其弟驥元筆話",又"轉至唐鴛港家,唐往圓明園,不來,祇與其戚人馬照約以明日又訪"。六月初九日,"與在先訪唐鴛港、祝芷塘"。六月十一日,"同在先赴潘香祖之約"。六月十三日"同在先赴唐鴛港之約"。六月十五日,"同在先往祝芷塘家叙別"等等①。李德懋停留在北京一個月(五月十五日—六月十五日)時間内,主動而頻繁地與清人相會,顯示出他積極的交友心態。而在因某些緣故不得外出與清人交流的日子里,他感到特別難受,如坐針氈,如其有云:"三千七十餘里,炎天驅馳之餘,留館又四五日,真如南冠楚囚。"②這就從另一側面反映出他渴望與清人交流的積極心態。

其次,李德懋的主動交流意識還表現爲十分積極地介紹朝鮮文學,推介北學派文人以及自己的創作。1778年(戊戌)赴中國時,他就曾帶去己著《清脾録》以及柳得恭《二十一都懷古詩》、《洌上周旋集》等不少北學派同仁的詩集、文集。他携書入燕的舉動在朝鮮文獻中多有記載,如柳得恭《題〈二十一都懷古詩〉》云:

> 憶戊戌年間,……時閲《東國地志》,得一首輒苦吟,稚子童婢皆聞而誦之,可知其用心不淺也。是歲,懋官、次修入燕,手抄一本,寄潘香祖庶常。及見潘書,大加嗟賞,以爲兼竹枝、咏史、宫詞諸體之勝,必傳之作。李墨莊爲題一絶,祝編修另求一本。異地同聲,差可爲樂,傳不傳不須論也。③

可見,李德懋來到北京時,把柳得恭《二十一都懷古詩》推薦給潘庭筠,此後,李鼎元、祝德麟也得以閲讀。他在與李調元書中還記録

---

① 此段引文分別見李德懋《入燕記》,《燕行録全集》第57册,第277頁、291頁、294頁、297頁、298—299頁、301頁、302頁、305頁、306頁、309—310頁、310頁、313頁、316頁、319頁。
② 李德懋《入燕記》,《燕行録全集》第57册,第278頁。
③ 柳得恭《冷齋集》卷八,《韓國文集叢刊》第260册,第118頁。

第五章　燕岩師門與清文人的交遊

了自己携帶《清脾錄》至北京向清人推介的基本情況：

> 鄙人携來自著《清脾錄》皆古今詩話，頗多異聞。但其隨腕漫筆，編次乖當，已經秋庫刪訂，芷塘弁卷。因囑墨莊遥寄先生，先生亦爲之序之，因便東寄，有足不朽。①

李德懋把自著《清脾錄》携至北京，請潘庭筠刪訂，祝德麟弁卷，並托李鼎元將此書寄給李調元，又請李調元爲之作序。又如，柳得恭《灤陽錄》卷二《潘秋庫御史》載：

> 潘庭筠，字香祖，號秋庫，浙江錢塘人，陝西道監察御史。丁酉春，家叔父入燕時，序《巾衍集》。戊戌夏，懋官、次修入燕定交，又序《洌上周旋集》，遂致書於余。②

由此可知，1778年（戊戌）夏，李德懋、朴齊家入燕時帶去《洌上周旋集》，並把此集介紹給潘庭筠，潘庭筠爲此書撰寫了序文。

除了面對面地向清文人推介朝鮮詩文、學術等外，李德懋還在給清人的一些書信中推揚朝鮮的優秀文化。如他特別推崇朝鮮李珥之學，在給李調元信件中，請求他將己著《雜纂》、李珥《聖學輯要》等編入《五嶽叢書》。通過書信，他又請求潘庭筠將來助李珥《聖學輯要》刊行，有云：

> 我東栗谷先生李文成公珥，資品顏、曾，義理程、朱，竊想先生已於湛軒熟聞之。此是東方聖人，而其學不表章於中國，誠爲缺典，令人慨嘆。嘗湛軒年前仰饋先生栗谷所著《聖學輯要》。先生何不開雕廣布，以光儒學耶？③

---

① 李德懋與李調元書（前年修尺牘付桂同……），李德懋《青莊館全書》卷一九，《韓國文集叢刊》第257册，第269頁。
② 柳得恭《灤陽錄》卷二，第56頁。
③ 李德懋與潘庭筠書（初夏修書以後……），李德懋《青莊館全書》卷一九，《韓國文集叢刊》第257册，第265頁。

其在書信中多次請求李調元、潘庭筠等刊行朝鮮著作,可見推廣本國文化之心的誠摯與急切。

需要特別指出,李德懋推介文化和學術,有著明確的深層次想法。這與在他之前出使到中國的一些朝鮮文人僅僅零碎地介紹本國文化不同,他期盼的是全方位對朝鮮文化進行介紹,期望把最精華的部分介紹給清人士。如他在評論洪大容與浙杭三士的筆談内容時,就指出了洪大容介紹朝鮮古代文化與學術代表人物的不足。洪大容曾向浙杭三士介紹本國優秀文人,有云:

> 我國文章,新羅有崔孤雲,高麗有李奎報、李牧隱。本國朴挹翠軒、盧蘇齋、崔簡易、車五山、權石洲。①

李德懋就此評論云:

> 漏佔畢齋及三淵翁,可謂缺典。又別立門目,書金東峰、徐文康、李忠武、趙文烈數人,似好矣。②

他認爲在文學方面的朝鮮代表人物,洪大容少提了佔畢齋金宗直、三淵翁金昌翕,可謂是一闕漏。此外,他還認爲,在其他朝鮮文化的杰出方面,若再向清朝人士介紹金東峰(時習)、徐文康(敬德)、李忠武(舜臣)、趙文烈(憲)等人,則更佳。據有關文獻,李德懋此處所提四人均爲朝鮮名士。金時習、徐敬德爲歷史上著名的思想家,而李舜臣、趙憲爲在壬辰倭亂中聞名遐邇的抗倭名將③。很明顯,李德懋期

---

① 李德懋《天涯知己書》,李德懋《青莊館全書》卷六三,《韓國文集叢刊》第259册,第137頁。
② 同上。
③ 崔海鍾稱金時習云:"我國自古多天才之鍾(踵)出,而未有若梅月堂之高出千秋,絶無儔類者也。以其文章、風節爲世所棄,放浪玩弄,諷謔當世。栗谷先生曰'標節義,扶倫紀,可與日月争光者',其信夫矣。"崔海鍾《槿域漢文學史》,韓國高麗大學華山文庫藏本,第32頁。尹孝先稱徐敬德:"東人復有言曰:'先生學不下横渠,數不讓康節。'奇哉!高麗氏五百年立都之鵠嶺,又能毓精孕秀而降如此名世之人豪也。盛矣!海外鄒夷之邦生如此(轉下頁注)

望能從文學、思想、軍事等方面全面介紹本國的代表人物。因而可知，李德懋就如何全面而成功地傳揚朝鮮文化確實有著自己的認真思索。這樣也就不難理解，爲了有利於全面介紹朝鮮詩學成就以及自己的詩學見解，李德懋有意識地携帶己著《清脾録》及其北學派同仁的文集等入北京，並積極地投送於一些著名清文人的舉動。

再次，李德懋的主動交流意識還表現爲，曾主動地向一些清文人指出中國文獻中載録有關朝鮮文人資料的錯誤，如《熱河日記·避暑録》載朴趾源語：

> 蘭雪軒許氏詩載《列朝詩集》及《明詩綜》，或名或號，俱以景樊載録。余嘗著《〈清脾録〉序》詳辨之。懋官之在燕，以示祝翰林德麟、唐郎中樂宇、潘舍人庭筠，三人者輪讀贊許云。①

朴趾源《〈清脾録〉序》中有著對許蘭雪軒名、號的具體辨正。李德懋入燕後把《〈清脾録〉序》介紹給祝德麟、唐樂宇、潘庭筠三人，三人對該文表示贊許。值得注意的是，李德懋有著對中國文獻中記載朝鮮方面内容的强烈糾錯意識，即使在清朝著名文人面前也毫不畏懼。與李調元未見面前，他在寫給李調元的第一封書信中就指出中國的前輩文人"著述於外國則每多踳駁"的現象，希望李調元"十分精詳於朝鮮，則尤爲加意也"②。在入燕歸國後寫給李調元的書信中又直言不諱地指出其詩句"寄語朱蒙蟬橘老"中以朱蒙爲國號，"此甚疏謬"，並有云：

> 大抵中國之書於海外之事，每患紕繆。《列朝詩集》、《明詩綜》

（接上頁注）續不傳之大儒也。"尹孝先《〈花潭先生文集〉跋》，徐敬德《花潭集》，《韓國文集叢刊》第24册，第342頁。可見，金時習、徐敬德以其才華出衆、思想精粹而聞世。而李舜臣、趙憲爲壬辰倭亂中的抗倭名將。安鍾和會纂《國朝人物志》有傳，第284—285頁、第166—168頁。
① 朴趾源《熱河日記》，第261頁。
② 李德懋與李調元書（去年冬，友人柳彈素……），李德懋《青莊館全書》卷一九，《韓國文集叢刊》第257册，第267頁。

東國小傳,考證非不該洽,而亦多顛錯,勢所固然。先生之學地負海涵,著書汗牛,搜討極博。若及東國故迹,須當移書質問於不佞,則可以一正從前之訛舛,其於東方榮亦大矣。先生其圖之。①

李德懋當仁不讓地向李調元建議,其在詩文創作過程中如若涉及朝鮮故迹時,應當寫信向他請教。這樣不惟可以避免創作中的知識錯誤,而且可以糾正中國典籍記載中的訛舛。

(二)在與清文人的交往中,李德懋特別注重與他們在文學、學術上進行交流,同時也非常關注中國的書籍。

李德懋是十八世紀第一個與清文人有著大量文學、學術交流的朝鮮文人。他在未出使到中國前,就通過書信向李調元、潘庭筠請教文學、學術等方面的大量問題:如天一閣藏書的歸屬情況,《四禮通考》開雕與否,《清詩別裁集》爲何獨漏載李漁,能與顧炎武並列的有哪些人,《五代詩討》收錄詩歌的年限,陸九淵與王陽明學說流傳情況,開雕於中國的朝鮮圖書有哪些等等②。這些問題所涉及的學術範圍相當廣泛,充分體現出李德懋瞭解清學術之心的迫切與真誠。

在停留北京期間,李德懋更是利用面對面的機會與一些清文人多次進行詩文、音樂等的探討。他在與李調元書中有云:"今春換著戎裝,一洗儒酸,隨謝恩使。先訪墨莊、凫塘,握手殷勤如見先生。又相逢秋庫、芷塘、鴛港、匏尊諸先輩。茲皆先生執友,晴匄(筆者按,疑爲"窗"之誤)談藝,有若舊交。"③其《入燕記》有著他與清文人文學交往的具體記

---

① 李德懋與李調元書(去年冬,友人柳彈素……),李德懋《青莊館全書》卷一九,《韓國文集叢刊》第 257 册,第 268 頁。
② 參見李德懋與李調元書(去年冬,友人柳彈素……),李德懋《青莊館全書》卷一九,《韓國文集叢刊》第 257 册,第 266—267 頁、第 268—269 頁;李德懋與潘庭筠書(不佞左海鯫生……),李德懋《青莊館全書》卷一九,《韓國文集叢刊》第 257 册,第 263—265 頁。
③ 李德懋與李調元書(前年修尺牘付桂同……),李德懋《青莊館全書》卷一九,《韓國文集叢刊》第 257 册,第 269 頁。

第五章　燕岩師門與清文人的交遊　　　　　　　　　　　　　417

載,如五月二十五日,"與在先,因往唐員外館論樂"。雙方還曾談論過湯顯祖《牡丹亭記》①。又如,五月二十八日,他拜訪了祝德麟後,稱其"學右朱子,詩宗香山,文許毛西河,音學從《廣韻》。蓋與程普(晉)芳、李調元鬱然有藝林之重望"②。從學術、詩文、音學等方面對祝德麟進行了全面評價。顯然,在這一天,雙方在這些方面應有較爲詳細的交流。六月初九日,在祝德麟家,他又與祝德麟、沈心醇討論詩韻③。李德懋在寫給李鼎元書信中也回憶云:"談藝於芷塘之室。"④可見,他與祝德麟關於文學方面的研討給他留下了深刻印象。他也曾多次與潘庭筠進行文章的討論,六月初六日,"往潘蘭垞之館,時頗靜寂,論文章,綽有來歷,犂然相契"⑤。六月十一日"同在先赴潘香祖之約。墨莊及沈匏尊心醇俱會,設饌叙別,又論文章"⑥。這些頻繁的詩文研討,必然促進並加深了對彼此學識的瞭解。

　　停留北京期間,李德懋於空暇之餘還非常注重搜集朝鮮的稀有之書。他在到達北京後的第三天(五月十七日),就"歷觀琉璃廠市書籍、畫幀、鼎彝、古玉、錦緞之屬"⑦。五月十九日,與朴齊家往琉璃廠,在嵩秀堂、文粹堂、文盛堂、經腴堂、聚星堂、帶草堂、郁文堂、文茂堂、英華堂、文煥齋等書肆,抄朝鮮"稀有及絶無"之書目,"盡錄之",共一百三十餘種。五月二十五日,"過琉璃廠,又搜向日未見

---

① 李德懋《入燕記》,《燕行錄全集》第 57 册,第 294 頁。雙方談論《牡丹亭記》事見載於柳得恭《並世集》卷一,載云:"鴛港與懋官、次修談次,稱湯若思《牡丹亭記》之佳。懋官、次修以未見爲恨。鴛港即命僕書肆中取來,使讀之。懋官、次修一讀便曰:'殊不見其佳處。'鴛港大笑曰:'公不以爲佳,惠風必以爲佳。'遂以其書寄來。"《燕行錄全集》第 60 册,第 101 頁。
② 李德懋《入燕記》,《燕行錄全集》第 57 册,第 299 頁。
③ 同上,第 310—311 頁。
④ 李德懋與李鼎元書(東洛山房之別……),李德懋《青莊館全書》卷一九,《韓國文集叢刊》第 257 册,第 269 頁。
⑤ 李德懋《入燕記》,《燕行錄全集》第 57 册,第 306 頁。
⑥ 同上,第 313 頁。
⑦ 同上,第 277 頁。

之書肆三四所,而陶氏所藏,尤爲大家,揭額曰'五柳居'。自言書船從江南來,泊於通州張家灣,再明日,當輸來,凡四千餘卷云。因借其書目而來,不惟吾之一生所求者盡在此。凡天下奇異之籍甚多,始知江浙爲書籍之淵藪。來此後先得浙江書目,近日所刊者見之,已是瓌觀。陶氏書船之目,亦有浙江書目所未有者,故謄其目"。五月二十八日,"與在先往琉璃廠五柳居,閱南船奇書。書狀囑余沽數十種,其中朱彝尊《經解》、馬驌《繹史》稀有之書而皆善本也"。六月初二日,"往五柳居陶生書坊,檢閱《經解》六十套"。六月初四日,"因訪五柳居,檢閱書狀所購書籍,封裹以置"。六月二十一日,"陶生以爲當今之禁書三百餘種,《亭林集》居其一,申申托其秘藏歸來"①。李德懋亦曾自云:"德懋戊戌遊燕市,於書坊得見《[古今]圖書集成》散帙者,如獲吉光片羽,詑以爲奇觀。今奉聖旨,手自翻閱五千餘册,真不負平生之眼。"②可見,李德懋是十八世紀最爲關注琉璃廠書肆的朝鮮文人之一,也是十八世紀謄錄中國書目最多的朝鮮文人。

(三)李鼎元在李德懋與清文人結交過程中發揮了巨大的媒介作用。在北京期間,二人見面最爲頻繁。據李德懋《入燕記》統計,兩人直接見面交流的次數共有 7 次,而與唐樂宇直接見面 5 次,與潘庭筠見面交流 5 次,與書商陶正祥見面交流 4 次,與李驥元見面 3 次,與其他清文人見面的次數僅爲一兩次③。由此可見,停留北京

---

① 李德懋五月十九日至六月二十一日期間,前往琉璃廠書鋪情況分別參見李德懋《入燕記》,《燕行錄全集》第 57 册,第 278—282 頁、第 293—294 頁、第 298 頁、第 300—301 頁、第 305 頁、第 324 頁。
② 李德懋《圖書集成》,李德懋《青莊館全書》卷五七,《韓國文集叢刊》第 259 册,第 9 頁。
③ 據李德懋《入燕記》文字記載,李德懋與李鼎元的 7 次見面時間分別爲 1778 年(戊戌)五月二十日、二十三日、二十八日、二十九日,六月十一日、十三日、十五日。與唐樂宇的 5 次見面時間分別爲五月二十四日、二十五日,六月初九日、十三日、十五日。與潘庭筠的 5 次見面時間分別爲五月二十三日、二十七日、二十九日,六月初六日、十一日。與陶正祥的 4 次見面(轉下頁注)

第五章　燕岩師門與清文人的交遊

期間,李德懋與李鼎元的關係最爲密切。李鼎元利用他的文學交遊關係幫助李德懋結識了一大批清代著名文人,如祝德麟、唐樂宇、李驥元、沈心醇等。對於李鼎元的此種磊落之舉,李德懋非常感激,在與李鼎元書中有云:

> 不佞下土鯫生,乃敢接武東吳之名士,拍肩西蜀之勝流,談藝於芷塘之室,訂交於鵞港之堂。吹噓羽毛,洗濯塵垢,莫非我墨莊爲之先容,爲之紹介。其爲感幸,可勝言哉?每與楚亭談此事,未嘗不詑足下爲人之磊落,奇偉天下之士也。①

說自己之所以能與吳、蜀名流交往,能與祝德麟、唐樂宇等人談藝訂交,都是因爲李鼎元的介紹作用,而自己對此的感激之情是無法用言語來表達的。

李鼎元援引李德懋結識清文人的方法,一是極力在友朋面前贊揚李德懋,即上引文所云"吹噓羽毛";二是組織友人會聚,邀請李德懋參加,即上所云"洗濯塵垢"。據現存文獻考察,李鼎元向清友人援引李德懋確實不遺餘力,如李德懋來到北京後,曾多次請見祝德麟,而祝德麟此時方居母憂而不便會客,但"墨莊代達誠意甚殷"②。又如《入燕記》中記載了李鼎元向祝德麟引薦他的具體過程,云:

> 二十八日丁亥,大熱。……同在先訪李墨莊,墨莊在魏染衚衕祝編修德麟家。直往祝家,墨莊果在焉。祝(筆者按,指祝德麟)時方居母憂。前日因墨莊見余及在先詩,大加稱賞。評余曰:"贍而肆。"在先曰:"蒼而潤。"與墨莊筆話,因請見主

(接上頁注)時間分別爲五月二十五日、二十八日,六月初二日、初四日。與李驥元的3次見面時間分別爲六月初八日、十三日、十五日。
①李德懋與李鼎元書(東洛山房之別……),李德懋《青莊館全書》卷一九,《韓國文集叢刊》第257册,第269頁。
②朴長馣《縞紵集》下,卷一,朴齊家撰,李佑成編《楚亭全書》下册,第215頁。

人。主人趍趉良久,始出。①

可見,在他與祝德麟會晤前,李鼎元就已經把李德懋、朴齊家詩作推薦給祝德麟。而在二十八日其唐突地來到祝家後,也是因李鼎元的關係,纔得與正在丁憂中的祝德麟會面。祝德麟《〈洌上周旋集〉序》有關回憶文字也驗證了李鼎元的重要媒介作用,載云:

> 逾年,朴、李來京師,因雨村之弟墨莊庶常,復以《洌上周旋集》相質。余受而讀之,則與《巾衍集》爲一家言。②

柳得恭在《叔父幾何先生墓志銘》中也指出李鼎元在李德懋等人結識清文人過程中所起到的積極介紹作用,有云:

> 友人李德懋及同志數輩踵入燕,因吏部之弟中書舍人鼎元,以遊乎吏部之友——當世鴻儒紀昀、祝德麟、翁方綱、潘庭筠、鐵保諸人之間,與之揚扢風雅。③

因此,可以説正是李鼎元的引薦,李德懋得以"接武東吳之名士,拍肩西蜀之勝流",結識祝德麟、唐樂宇等清代著名文士,並與之交遊。

此外值得注意的是,作爲李調元從弟④,李鼎元在李德懋與李調元交往過程中也發揮了重要的媒介作用。因爲李調元有很長一段時間在蜀地,所以李德懋的書信、書籍、贈物等時常由李鼎元轉呈李調元。如李德懋與李調元書中有云:"來時付書以致先生。今托墨莊,想當自去。鄙人携來自著《清脾録》,……因囑墨莊,遥寄先生。"⑤

―――――――

①李德懋《入燕記》,《燕行録全集》第57册,第298—299頁。
②朴長馣《縞紵集》下,卷一,朴齊家撰,李佑成編《楚亭全書》下册,第213頁。
③柳得恭《泠齋集》卷六,《韓國文集叢刊》第260册,第108頁。
④李光葵在李德懋《有懷李墨莊》詩題下注云:"名鼎元,字焕其,雨村從弟也。公入燕時相識,今官翰林侍讀。"李德懋《青莊館全書》卷一一,《韓國文集叢刊》第257册,第199頁。
⑤李德懋與李調元書(前年修尺牘付桂同……),李德懋《青莊館全書》卷一九,《韓國文集叢刊》第257册,第269頁。

第五章　燕岩師門與清文人的交遊

（四）在所交往清文人中，李調元是李德懋最爲欽佩的清文人。他雖然與李調元從未謀過面，但是其充分利用書信、詩歌或通過朋友的關係等間接地與李調元保持著較爲密切的聯繫和交流①。這在十八世紀中朝文人交往中成爲一段佳話。其雙方交往事迹詳見本書下編《十八世紀中朝文人交流長編》"李德懋與李調元"條。李德懋對李調元的崇敬之情主要表現在：

首先，李德懋主動寫信與李調元，一方面表達對李調元"披丹見素"的感激，另外一方面傾吐自己意欲與對方神交的渴求。書信有云：

> 如此交道，開闢所稀，以文而不以幣，以心而不以面。尺書去來，片言相契。披丹見素，萬里匪遥。此係不佞至誠之攸感，亦見先生真心之相向。②

李德懋稱自己與李調元的交往是"以文而不以幣，以心而不以面"的真心相向之交，這種神交關係是建立在雙方相互欽佩、賞識的基礎上的。他一直對李調元存有傾慕之情，在看了李調元《韓客巾衍集》序文後，稱其爲"大君子"，並主動地寫給李調元第一封信，表達渴求結交的意願，有云：

> 顧此下土小生，何以得此於大君子？……凡取友之道，先看其品，後看其材。今讀《粤東皇華集》，淵博韶穎，乃其餘事。竊自庶幾想像先生之萬一也。且從彈素詳問起居威儀，待人接物，忠信仁厚洋溢可觀。彈素信實人也，豈欺我哉？及觀先生小照，斐几燒

---

① 李德懋與李調元的交遊，詳見本書下編第六章《燕岩師門與清文人交流長編》。筆者按，李德懋在1778年（戊戌）三月入燕時，李調元當時被任命爲廣東學政，正離京在外，因此李德懋並未與李調元見過面。參見楊世明《李調元年譜略稿》"乾隆四十三年戊戌"條，載於《西華師範大學學報》1980年第2期。
② 李德懋與李調元書（初夏修書，遽屆首冬……），李德懋《青莊館全書》卷一九，《韓國文集叢刊》第257册，第267頁。

香,舉目諦視,顏如滿月,吉祥善良,定爲神交,決知無疑。①

其次,李德懋在給李調元寫的第一封書信中,出於對其"淵博韶穎"的敬佩,在書信末尾向他一連請教七個學術問題②。接到李調元答書後,他在去信中更是表達出自己的無比崇敬之情。描寫接到李調元答書後的喜極欲狂的興奮:"先生清翰翩翩飛墜。盥手莊誦,字字醒眼,言言沁肺。喜極欲狂,感深而涕。"又稱李調元"問目之答,足發蔀蒙。扁額示其心畫,堂記寓其規諷。人生爲學,可貴雅正"。評李調元論李笠翁語有云:"'文人之行,顧不重耶?'惟此一言,可以見先生之心事,亦足爲當世之表準,彌益愛敬,以代座銘。"信末有云:"贈之以石,喻以石交,先生以爲如何?"等等③。信件字裏行間無處不洋溢著他對李調元的敬愛之情。

再次,在一些著名清文人已經給《清脾錄》作了序的情況下,他仍請托李調元從弟李鼎元將《清脾錄》寄送給李調元,並請其撰寫序文。他在給李調元第二封書信中有云:

> 來時付書,以致先生,今托墨莊,想當自去。鄙人攜來自著《清脾錄》,皆古今詩話,頗多異聞,但其隨腕漫筆,編次乖當,已經秋庫刪訂,芷塘弁卷。因囑墨莊遙寄先生,先生亦爲之序之,因便東寄,有足不朽。④

此處李德懋提及自己攜帶入北京的《清脾錄》,已經過潘庭筠的刪

---

① 李德懋與李調元書(去年冬,友人柳彈素……),李德懋《青莊館全書》卷一九,《韓國文集叢刊》第257册,第266頁。
② 參見李德懋與李調元書(去年冬,友人柳彈素……),李德懋《青莊館全書》卷一九,《韓國文集叢刊》第257册,第266—267頁。
③ 以上四處引文分別參見李德懋與李調元書(去年冬,友人柳彈素……),李德懋《青莊館全書》卷一九,《韓國文集叢刊》第257册,第267頁、第267頁、第267頁、第268頁。
④ 李德懋與李調元書(前年修尺牘付桂同……),李德懋《青莊館全書》卷一九,《韓國文集叢刊》第257册,第269頁。

訂,而且祝德麟也已經撰寫了序文。值得注意的是,雖然潘庭筠、祝德麟已是清朝名家,而潘庭筠更是由於與朝鮮洪大容、金在行等的交往,在當時朝鮮文壇享有盛名,但是李德懋却不滿足於他們二人的删訂和序文之舉,仍然拜托李鼎元將《清脾錄》遥寄李調元,請作序以求不朽。由此可見李調元在李德懋心目中的崇高學術地位是旁人無法替代的,這同時也驗證了李德懋信件中對李調元的欽佩、敬愛之語確非客套虛言。此外,也正是因爲李德懋對李調元的極其傾慕之情,所以李德懋曾請求他而非旁人手寫"蟬橘堂"三字以賜,又請求撰寫《〈青莊館集〉序》、《蟬橘堂記》、《端坐軒記》、《石砮長歌》等以賜[①]。

三、李德懋與清文人交往的意義

李德懋在十八世紀中朝文學交流中,起到了重要的橋梁作用,極大地推動了兩國學術文化,特別是兩國詩學在相互間的傳播。

(一)李德懋是十八世紀第一個向清人全面而系統地介紹韓國古代詩壇情況的朝鮮文人。

他在與清文人交流活動中對朝鮮文學、學術的大力推揚,促進了清文人對朝鮮詩壇的瞭解。特別是其創作的《清脾錄》在他與清文人交往過程中得以傳播中土,並在清朝刊刻,其意義重大。因爲在當時,絕大多數清人對朝鮮茫然無知,他們對這個有著千絲萬縷聯繫的鄰邦不惟不瞭解,甚至可以説比較陌生,如舊學功底較爲深厚的清文人嚴誠、潘庭筠對朝鮮的歷史、現狀等就知之甚少,洪大容爲了向他們普及朝鮮的大略而特意撰寫了《東國記略》贈送給他們[②]。柳得恭在《古芸堂筆記》卷四中也曾結合自身的經歷,指出清朝人士由於對朝鮮文化的閉目塞聽,而提出了許多令人啼笑皆非

[①] 參見李德懋與李調元書(初夏修書,遽屆首冬……),李德懋《青莊館全書》卷一九,《韓國文集叢刊》第 257 册,第 266 頁、第 268 頁。
[②] 參見洪大容《湛軒書·外集》卷二《乾净衕筆談》,《韓國文集叢刊》第 248 册,第 145 頁。

的問題,其有云:

> 余曰:"中國人不甚讀書者,其言類多如此。逢我人輒問:'旱道來,水道來?'又問:'貴國有火前詩書乎?'又指笠頂孔雀羽曰:'此是皇上賞賜否?'皆不足答。至於何其習於漢字之問,可謂尤甚者也。"①

因而,在這種狀況下,《清脾錄》的傳入及在中國的刊刻流傳,對於當時和後代的清文士較爲全面而客觀地瞭解朝鮮古代和當時的詩學情況和成就,無疑起到了重要的啓蒙作用,而這也是以往任何一次中朝交流事件所不能替代的。

需要進一步指出,《清脾錄》全面傳揚朝鮮詩學的作用與其内容的豐富性、品評的客觀性等有著密不可分的關係。柳得恭曾指出《清脾錄》收錄朝鮮詩學的豐富性,有云:

> 勝國至本朝五六百年之間,采爲四編。含英佩苕,題品乎允。滄浪、苕溪,又何足道哉？覽之者,其將解頤之不暇矣。專取東詩者,鄭大夫賦詩,不出鄭志之義也。名儒碩輔、志士高人之作,托興深遠。關乎風教者,莫不表揚,惓惓致意。又不執褊見,取其所長,無固哉之譏,庶幾乎古聖賢說詩之旨,可謂詩話之選也。②

李德懋《自序》亦有云:"嘗手錄耳目所到古今詩句,有辨訂,有疏解,有評品,有記事。"③確實,朝鮮本《清脾錄》四卷從李德懋所云的四個方面用177個條目對高麗朝到朝鮮五六百年的一些朝鮮詩歌、詩學以及自己的詩學見解等作了介紹。詳見下表:

---

① 柳得恭《古芸堂筆記》卷四,第405頁。
② 柳得恭《〈清脾錄〉序》,李德懋《清脾錄》卷首,洪大容、李德懋撰,鄺健行點校《朝鮮人著作兩種——〈乾净衕筆談〉、〈清脾錄〉》,第153—154頁。
③ 李德懋《青莊館全書》卷三二,《韓國文集叢刊》第258册,第5頁。

第五章　燕岩師門與清文人的交遊

〈李德懋《清脾錄》內容分類表〉

分類	條目
1. 辨訂	夷齊廟、望海樓、蝶醉、芙蓉堂、《龍城錄》、東坡紕繆、唐太宗眇目、武英殿聚珍版（以上卷一）；林惟正集句、劉平國、咏秋詩、殷堯藩、麗、倭詩之始、鴛鴦槬、詩有慣用字、朱子諱松字、淶潯淵泳（以上卷二）；《朝鮮詩選》、郭璞墓、詩用助語辭、知己知音、元呂妙境、鄭鶬鴣學《黃鶴樓》（以上卷三）；徐寶摩詩、芝峰詩播遠國、《新曆嘆》、裵（以上卷四）。
2. 疏解	四十雙、松羔、月似蛾桃如馬、樓宣獻公、雀語諧韻、蚰、紅丁、宇文虛中（以上卷一）；暹、僧詩贈圃隱（以上卷二）；䱽、小蟲諸趣、注蟲魚學草木（以上卷三）；邵翁（以上卷四）。
3. 評品	楊凝詩、咏漁父、李孝則、袁王詩、經語、福娘、黎黃二詩、魚無迹、日本《蘭亭集》、九歲兒詩、李烓尹鑐、鬼詩、金高城副室、聖嘆評李楚望詩、鷄潮蟹火、鳴蟲懇到晨、蝸國步蟻軍容、真身月本色山、劉豫詩、趙文敏祝枝山、換凡齋、堪刻圖章、古語湊合、江爲林逋、槎川《梅花詩》、光海君詩（以上卷一）；李榕村、鄭敏僑、對仗精煉、《晚村集》、月澗、陳髥詞、觀齋庵、槎川善學宋、毛西河、雲江小室、《出世篇》、《披襟亭題》、李春卿、心溪、李芝峰、詩妓、四月天氣、子虛《翠寒集》、高花望更多、盧同、何中（以上卷二）；李益齋、兩王詩文快活、黑、鳥飛、律陶、旗光甲色、綸庵、凝齋、鳳籠、《偏凉亭詩》、洪西洲、閑花夢中落、閨人雅正、險句、崔杜機大人詩、浮雲自在青山晚、端陽佳節、燕岩、申石北、李進士、功懋詩、秋日詩（以上卷三）；西樵、宋景文《獵詩》、別詩妙絕、薑山、玄川翁《咏朱子》、李吉翁、袁子才、林龍村、心溪《秋懷詩》、李穆堂《庚寅元朝》、鱸魚香、篠川詩、工於體物、楚亭、丁湖堂、劉希慶、凌壼館、理學諸先生詩、僧翠微、惠寰（以上卷四）。
4. 記事	崔簡易堂、魏伯子、蒹葭堂、嬋娟洞、倪朱許牧隱、尹月汀、題《黃雀圖》、穉川談藝、《江山秋霽圖》、豸青山人、鷄聲似柳、漁洋論詩、陸篠飮、《中州集》咏高麗（以上卷一）；崔杜機、玄圃、泰伯不喜孟子、李美、嚴鐵橋、柳醉雪（以上卷二）；懸鶉老人詩、李虞裳、高麗閨人詩祇一首、寒松亭曲、楊根樵夫、王阮亭、潘秋㡡、邊逸民、東方子（以上卷三）；農岩三淵慕中國、冷齋、郭封圭、李雨村、槎川詩入中國、《咏觀漲》、崔楊浦、梅花漆林、輪回梅、一枝紅、四時花、所謂亭、《蜻蛉國詩選》（以上卷四）。

從品評的詩人數量看：李德懋詳細介紹的本國詩人共計119位①，其中有聞名遐邇的古代著名詩人，如朴誾(1479—1504)，李德懋稱"挹翠軒朴誾詩，世推爲東方杜甫"②；有當時耳熟能詳的著名詩人，如李匡呂(1720—1783)，李德懋稱其"詩雅重深潔，名滿一國，或云詩爲當世第一"③；還有一大批默默無聞的普通文人，包括詩妓、孩童等，因此，可見《清脾錄》所介紹的朝鮮詩人層面較爲廣泛。

---

① 在《清脾錄》中，被李德懋較爲詳細介紹的本國詩人依次是：李孝則、朴誾、成三問、金唐卿、扶安縣妓福娘、崔岦、魚無迹、李秉淵、湖中九歲兒(姓名不詳)、李娃、尹鑴、柳得恭、朴崖、權韐、一儒生妹婿(姓名不詳)、李達、許筠、金盛達、金盛達副室(李氏，名不詳)、尹根壽、尹昭盛、朴浩、元玄川(重舉)、薑山(李書九)、朴宗山、漫堂先生(宋犖)、陳溥、鄭礥、高麗忠宣王(王璋)、李德懋、本庵(金鍾厚)、龍村(林配屋)、元子承、高麗牧隱(李穡)、崔文靖公(崔恒)、三淵(金昌翕)、徐四佳(徐居正)、松江(鄭澈)、權韠、李安訥、光海君(李琿)、洪大容、金在行(以上卷一)；鄭敏僑、林惟正、崔杜機、申維翰、朴齊家、柳彈素、尹治、金崇謙、李仁老、洪侃、詩僧(名不詳)、雲江小室(李玉峰)、金城披襟亭石壁題詩人(姓名不詳)、李奎報、李心溪(李光溪)、李晬光、龍城娼于咄、彭原娼動人紅、松都妓黃眞、李仲牧、友生(姓名不詳)、"雲起春天黑"詩作者(姓名不詳)、柳逅(以上卷二)；李益齋(李齊賢)、李喜經、李喜之、金履坤、洪禹教、吳載純、吳載紹、懸鶉老人(姓名不詳)、崔泰仁、李彥瑱、金台鉉、先進之女(姓名不詳)、張延祐、鄭鳳、觀齋(疑爲徐觀齋)、燕岩(朴趾源)、申光洙、李匡呂、邊日休、李功懋、元若虛、金錫汝(以上卷三)；農岩(金昌協)、清陰先生(金尚憲)、稼齋先生(金昌業)、金益謙、素玩(李洛瑞)、蘇書(姓名待考)、李書九、趙裕壽、李亨祥、安錫儆、金基長、瓮湖許主簿(名不詳)、崔彥沈、崔有海、金水部(金用謙)、丁範祖、劉希慶、崔大立、金孝日、李麟祥、鄭一蠹、李栗谷(李珥)、成牛溪(成渾)、宋尤庵(宋時烈)、李陶庵(李縡)、府妓一枝紅、沈念祖、所謂亭(姓名待考)、高麗僧禪坦、近世僧守初、李用休(以上卷四)。
② 李德懋《清脾錄》卷一《李孝則》，洪大容、李德懋撰，鄺健行點校《朝鮮人著作兩種——〈乾净衕筆談〉、〈清脾錄〉》，第156—157頁。
③ 李德懋《清脾錄》卷三《李進士》，洪大容、李德懋撰，鄺健行點校《朝鮮人著作兩種——〈乾净衕筆談〉、〈清脾錄〉》，第246頁。

第五章　燕岩師門與清文人的交遊

從品評標準看,李德懋評詩强調公平博雅,反對貴遠賤近,向聲背實。其《清脾録》卷一有云:"王漁洋《論詩絶句》:'鐵崖樂府氣淋漓,淵穎歌行格盡奇。耳食紛紛説開寶,幾人眼見宋元詩?'余嘗愛此詩之公平博雅。"①李德懋對王世禎能够摒除盲目崇尚開元、天寶之詩的社會之風,而實事求是對宋元詩歌進行公正品評的精神表示欽佩。而他評價詩人的公平之心、客觀態度也貫穿了《清脾録》始終,如其秉持"專門漢魏損真心,我是今人亦嗜今"②,"選詩非選官,論詩非論人"③的信念,祇要是優秀的詩篇、詩句,無論作者年代遠近、貴賤與否,他都加以摘句褒揚。這也是《清脾録》中存有大量普通作者優秀章句的原因。而對於當時詩名很盛的一些朝鮮文士的詩作,李德懋也能作出恰如其分的品評,而不一味地褒揚。如《清脾録》卷一《魚無迹》,李德懋評魚無迹詩"春夢亂於秦二世,羈愁强似魯三家"出於明楊基詩"春風顛似唐張旭,天氣和於魯展禽",而魚詩不如楊詩,是由於魚詩"有亂夢而無强愁,愁用强字不馴"④。又如,卷二《李春卿》中,評李奎報,並没有因爲"春卿詩名藉甚當世,至於今,其名不泯,而亦載於中國詩選"而人云亦云,他則云李奎報"詩苦無警切之趣,粗率散漫,名不副實"。進而,一方面引用農岩先生(金昌協)之語"近見壺谷所編《箕雅》,稱李奎報文章爲東國之冠,余意此論殊不然。其學識鄙陋,氣象庸下,格卑而調雜,語瑣而意淺"來支持自己見解;另一方面以李奎報擔憂己詩身後之不傳,來説明其詩汗漫支離之弊。但在文末,李德懋也並非對李奎報詩

---

① 李德懋《清脾録》卷一《漁洋論詩》,洪大容、李德懋撰,鄺健行點校《朝鮮人著作兩種——〈乾净衕筆談〉、〈清脾録〉》,第177頁。
② 李德懋《題香祖評批詩卷》,李德懋《青莊館全書》卷一一,《韓國文集叢刊》第257册,第189頁。
③ 李德懋《清脾録》卷二《劉平國》,洪大容、李德懋撰,鄺健行點校《朝鮮人著作兩種——〈乾净衕筆談〉、〈清脾録〉》,第191頁。
④ 李德懋《清脾録》卷一《魚無迹》,洪大容、李德懋撰,鄺健行點校《朝鮮人著作兩種——〈乾净衕筆談〉、〈清脾録〉》,第160頁。

全盤否定,認爲其《夏日》一絶可堪入選①,可見,其評李奎報有理有據,恰如其分。總之,由於《清脾録》内容的豐富性、品評的客觀性,隨著其在清朝的傳播並刊行,清人瞭解到的朝鮮詩學情況必然更爲真實而全面。

此外,李德懋還在《清脾録》中較爲詳細地介紹了日本漢詩的起源和發展,以及一些著名日本詩人、詩集等,這在十八世紀中朝文人交流中是一個突出的現象。如《清脾録》卷二《倭詩之始》指出王仁持《千家文》東來日本後,"道雅又師之,儒教始行",又載云:

> (王)仁本漢高帝之後,作《難波津歌》、《仁德寶祚頌》,謂之歌父;陸奥宋女奉《葛城王歌》,謂之歌母。天武天皇第二子曰大友,其弟曰大津,有才學,詩賦之興自此始。五言詩昉於大友,七言詩昉於大津,五言十句昉於紀麻呂,七言長篇昉於紀古麻呂,七言四句昉於紀男人,人君詩昉於文武天皇,釋氏詩昉於智藏,女子詩昉於大伴姬。林道春曰:"藤太政者,淡海公也。本朝和韻,於此始見之,且在元、白、劉酬和之前,則可謂奇也。"②

於此,李德懋指出詩賦之興的時代,勾勒出日本五言詩、七言詩、人君詩、釋氏詩和女子詩等的起源。又如,《清脾録》卷一《日本〈蘭亭集〉》介紹了日本詩人高野惟馨和他的文集《蘭亭集》;卷一《兼葭堂》重點介紹了日本詩人木弘恭以及朝鮮詩人成大中出使日本時請木弘恭作《雅集圖》之事;卷四《蜻蛉國詩選》介紹了李書九編選的日本漢詩集《蜻蛉國詩選》,其中重點推介的日本漢詩作家有合離、岡田宜生、富野義胤、草安世、德田、那波師曾、岡田惟周、守屋

---

① 李德懋《清脾録》卷二《李春卿》,洪大容、李德懋撰,鄺健行點校《朝鮮人著作兩種——〈乾净衕筆談〉、〈清脾録〉》,第 207—208 頁。
② 李德懋《清脾録》卷二《倭詩之始》,洪大容、李德懋撰,鄺健行點校《朝鮮人著作兩種——〈乾净衕筆談〉、〈清脾録〉》,第 205 頁。

元泰、宮田明、井敏卿、源忠、源雲等①。可見,李德懋《清脾錄》介紹日本詩壇相當詳細。《清脾錄》被他帶到清朝而介紹給清友人,這在當時清朝與日本兩國相互閉關鎖國的時代背景下,對於促進清朝文人對日本文壇歷史與現狀等的瞭解,起到了十分積極的作用。

由上所述可知,由於《清脾錄》本身內容的豐富性、品評的公正性等,它確實起到了在十八世紀第一次較爲全面而客觀地向清文壇介紹朝鮮詩學、日本詩學等的重要作用,甚至可以説,在十八世紀,任何一次中朝文人筆談或書信交流等所涉及的研討朝鮮詩學的廣度、深度和真實性等都無法與《清脾錄》比肩。

《清脾錄》在中國流傳過程中,本身的學術價值也得到了一批著名清文士,諸如李調元、李鼎元、潘庭筠、祝德麟等的充分認可。他們以不同方式表示出對《清脾錄》的贊賞,如祝德麟爲《清脾錄》作了序。李鼎元對《清脾錄》有詩贊云:"零金碎粉間收拾,潛德幽微亦表揚。中國即令雖比似,夫子亭老鵲山荒。"②而李調元將《清脾錄》刻入《函海》和《續函海》中,李德懋孫李圭景在《〈清脾錄〉大小記得本辨證説》一文中指出:

> 我王考《青莊館全書》中《清脾錄》二卷。公嘗取貫休詩"乾坤有清氣,散入詩人脾。千人萬人中,一人兩人知"之語,著《清脾錄》如詩話。中原蜀人雨村李調元爲之剞劂以行,初刻大本回禄,重刻小本以行。③

初刻大本即《函海》本(三卷),重刻小本即《續函海》(四卷)④。此

---

① 以上三例分別參見李德懋《清脾錄》卷一《日本〈蘭亭集〉》,洪大容、李德懋撰,鄭健行點校《朝鮮人著作兩種——〈乾净衕筆談〉、〈清脾錄〉》,第161—162頁;卷一《蒹葭堂》,第166—167頁;卷四《蜻蛉國詩選》,第281—282頁。
② 李鼎元《題〈清脾錄〉》,柳得恭《並世集》卷一,《燕行錄全集》第60册,第95頁。
③ 李圭景《〈清脾錄〉大小刻本辨證説》,李圭景《五洲衍文長箋散稿·經史篇》。
④ 關於《清脾錄》大小本在中國的刊刻流傳,張伯偉先生在《清代詩話東傳略論稿》一書中已有充分詳細辯證,兹不贅述。第105—110頁。

外,對於《清脾錄》的内容,李調元還在自己的《雨村詩話》中加以引用,可見他對《清脾錄》的重視。

而隨著李德懋《清脾錄》在清朝的刊行,不惟北京的書肆中已經能夠見到《清脾錄》①,在四川、江西、江南、浙江等地也有《清脾錄》的流傳②。因而,李德懋及其北學派文人的文學聲名在清朝有了較大的顯揚。在隨後幾十年中,一些未曾與李德懋有交往的清文人也關注起李德懋及其北學文人的著作,如1828年(戊子)入燕的朴思浩《心田稿》載其與清人吳嵩梁的對話:

> (吳)曰:"《清脾錄》有持來刻本否?"(朴)曰:"僕秋間遊海嶽之間,臨使行不多日啓發,故書册未曾帶來。"……(吳)出《冷齋集》一卷曰:"此貴國柳公得恭詩也。其懷古詩,山水人物皆可以備掌。"(朴)故答:"惠風此詩,詩史也。又有李雅亭《清脾錄》,覽否?"答:"此書,四川李君調元曾采入刻本。"③

又載其與熊昂碧對話:

> (熊)曰:"東國多畸人,向所深悉。近如朴貞蕤、柳惠風二先生亦復矯矯不群。前見《稗海》裁(載)四家所著及《清脾錄》云云。未稔行篋中亦有帶來一二種乎?"(朴)曰:"柳、朴兩公詩文,東國之所重,而《清脾錄》李雅亭德懋所著也,未曾帶來。"④

清人吳嵩梁、熊昂碧見到朴思浩後,都向其索求李德懋《清脾錄》一

---

① 李調元著,詹杭倫、沈時蓉校正《雨村詩話校正》卷一一載李調元語:"余弟在京市上,偶見朝鮮李德懋懋官所撰《清脾錄》四卷,買歸示余,蓋取唐貫休'乾坤有清氣,散入詩人脾'而名也,皆彼國人詩話,亦間有采中國人者。"第254頁。
② 李圭景《〈清脾錄〉大小刻本辨證説》有載云:"大本與小本,當並行於中國之蜀中及江西與江南、浙江等地也。"李圭景《五洲衍文長箋散稿·經史篇》。
③ 朴思浩《心田稿》,《燕行錄全集》第86册,第53—54頁。
④ 同上,第58—59頁。

第五章　燕岩師門與清文人的交遊

書,並都談及北學派詩人朴齊家、柳得恭等,可見是書在當時清朝文壇已有較大影響。無怪乎柳得恭在《燕臺再遊錄》中指出,他們北學派文人聲名在清朝的傳揚,很大程度上是由於李德懋《清脾錄》在清朝的刊行,其云:

> 《雨村詩話》四卷,携歸館中,見之記近事特詳,李懋官《清脾錄》及余舊著《歌商樓稿(集)》亦多收入。中州人遇東士,輒舉吾輩姓名者,蓋以此也。①

(二)在燕岩師徒中,李德懋、朴齊家是同時最早出使到中國的。李德懋與清文人的交流,對朴趾源、柳得恭在其後的中國之行是有影響的。

朴趾源、柳得恭通過李德懋的介紹瞭解了中國文化、文人等諸多信息。這爲他們將來的北京之行奠定了良好基礎。如柳得恭曾向李德懋詢問清人沈孫璉、沈心醇、蔡曾源的基本情況。李德懋在給他的信中介紹道:"沈孫璉字蘆士,錢塘人。沈心醇字刳樽(匏尊),海寧人。蔡曾源字吕橋,羅江人。中原人舉皆以字爲號,三子另有他號,未之聞也。蘆士,官編修。沈、蔡俱舉人。"②沈心醇、蔡曾源二人是李德懋在北京期間曾有過往來的清文人。柳得恭通過李德懋的介紹,必然也就初步瞭解了這三個清文人。又如,燕行前,朴趾源所掌握的許多清文人信息來自於李德懋的介紹,其《熱河日記》中多處提及李德懋當年在北京的交遊事件,有載云:"前歲懋官輩多貿此肆,津津説五柳居。今過此中,如逢故人。懋官臨别,又言若尋唐鴛港(樂宇),先至先月樓,其南轉小衚衕第二門,即唐宅云。"③顯然,李德懋曾向朴趾源詳細介紹過北京琉璃廠"五柳

---

① 柳得恭《燕臺再遊錄》,第12頁。
② 李德懋與柳得恭書(讀足下詩及素玩……),李德懋《青莊館全書》卷一九,《韓國文集叢刊》第257册,第253頁。
③ 朴趾源《熱河日記》,第110頁。

居"書肆和唐樂宇的北京住址。《熱河日記》又有載云:"余嘗著《〈清脾録〉序》詳辨之。懋官之在燕,以示祝翰林德麟、唐郎中樂宇、潘舍人庭筠,三人者輪讀贊許云。""前年李懋官遊此寺,值市日,逢内閣學士嵩貴。"①可見,朴趾源在李德懋那裏瞭解了李德懋與清文人交流的相關情況。

(三)通過與清文人的交往,李德懋瞭解了更多的中國信息。他回國後,大力向友人介紹清朝文化,同樣也促進了朝鮮文人對清朝文壇的瞭解,極大地推動了中國文化、特别是清朝文學在朝鮮的傳播。

李德懋傳播清朝文化,主要通過兩種途徑:一是通過與友人們的交流,向他們介紹清文壇、清文人等。如徐瀅修《與紀曉嵐(昀)》書中稱自己從李德懋那裏瞭解到紀昀的學術情況,有云:"又因李懋官諸人聞閣下經緯之門路,儲峙之菁華。斯可謂真文章,而天下果有人矣。"②又如,其友李書九有詩題"懋官入燕遇浙蜀文士。歸後思之,談次偶及,漫賦以示"。可知,李德懋曾經向李書九介紹過自己與浙蜀文士交往的情況。再如,他的朋友南公轍也是從他那裏瞭解到清文士潘庭筠、李調元、李鼎元等人情況,南公轍有云:"而懋官、次修俱以文章入燕京,與秋庘、雨村、墨莊諸名士遊者也。"③二是創作懷人詩,向世人展示他與清文人的交遊事迹。如其入燕回國後,寫有《有懷李墨莊》、《有懷唐鴛港》、《有懷潘秋庘》、《有懷李鳧塘》、《論詩絶句有懷篠飲、雨村、蘭垞、薑山、冷齋、楚亭》等詩。毫無疑問,這些懷人詩對於李調元、李鼎元、唐樂宇、潘庭筠、李驥元等人的聲名在朝鮮的傳播必然起到一定作用。

---

① 同上,第 261 頁、第 346 頁。
② 徐瀅修《與紀曉嵐(昀)》(文章本有真,千古一脉……),徐瀅修《明皋全集》卷六,《韓國文集叢刊》第 261 册,第 113 頁。
③ 南公轍《〈寄所軸〉跋》,南公轍《金陵集》卷一三,《韓國文集叢刊》第 272 册,第 239 頁。

(四)通過與清文人的交往,及對清朝琉璃廠書肆的特別關注,李德懋極大地擴充了自己的文學視域,成爲了睜眼看東亞詩壇的第一人。

由《清脾錄》所載錄的詩學內容可知,李德懋既通曉韓國古代詩學,又瞭解日本詩歌歷史與狀況。通過在北京的耳聞目睹以及與清人的筆談、書信等交流,他又對清朝詩壇情況有了較爲深刻的理解。在十八世紀東亞文人中,沒有其他文人像李德懋一樣,如此深入地同時瞭解古代中日韓三國詩壇的情況,可以説,他是那個時代睜眼看東亞詩壇的第一人。因而,他可以較爲自如地概觀當時清朝與朝鮮的文學情況,能够從整體上對雙方詩壇做出品評。如其創作有《論詩絶句有懷篠飲、雨村、蘭垞、薑山、冷齋、楚亭》:

句襲荷風竹露清,因詩悟畫總精英。何年入洛才名盛?自是雲間陸士衡。

蜀産伊來足勝流,楊(揚)雲太白亦君儔。命辭真得詩人意,卉木禽蟲筆底收。

聯咏樓頭舊月懸,湘夫人唱想夫憐。飛卿名字安仁姓,詩句如何不妙妍?

薑山明澹且妍哀,僞體詩家別有裁。眉宇上升書卷氣,漁洋流派海東來。

詩到冷齋不可删,頭頭寧有字難安?此真文鳳非虛語,芝麓梅村伯仲間。

楚亭瑟颯別開門,才氣雙全古罕聞。詩品如將諸佛喻,東來第一達摩尊。

各夢無干共一床,人非甫白代非唐。吾詩自信如吾面,依樣衣冠笑郭郎。

六子聞名見面知,不才如我幸同時。津津到處逢人語,結習非徒浪好奇。

薑山冷楚入精微,天上不知地上稀。老子時參談藝席,如磁引鐵竟同歸。

百年交契馬牛風,香祖醒園暨篠翁。七子詩壇如更築,不知誰是李攀龍。①

在這組詩中,李德懋把同時期的朝鮮四位詩人(李書九、柳得恭、朴齊家、李德懋)、清朝三位詩人(陸飛、李調元、潘庭筠)並列,媲美於"明代七子",有云"七子詩壇如更築,不知誰是李攀龍"。把陸飛比肩魏晉時著名詩人陸機;把李調元比作揚雄(字子雲)、李白(字太白);把潘庭筠比作潘岳(字安仁);把李書九稱作爲海東漁洋(王士禛);將柳得恭與"江左三大家"中的兩位龔鼎孳(號芝麓)、吳偉業(號梅村)相提並論;把朴齊家比喻爲詩壇的菩提達摩;同時又強調己詩如己面。這樣,通過與中國古代詩人的比擬,他非常精要地點出他們詩歌的創作特點:陸飛才氣橫溢、李調元風流倜儻、潘庭筠纖柔細膩、李書九明澹妍哀、柳得恭凝練精微、朴齊家才氣雙全、李德懋真情自信。值得注意的是,這七位詩人分別來自朝鮮、清朝,本來他們之間並沒有直接的關聯,正如李德懋在詩句中所云"馬牛風"。但是在這樣一組詩中,李德懋之所以能夠並提他們,並且拿他們與古代的著名詩人相比照,且品評時既有分評,又有總評,這顯然是與他本人具有通曉朝鮮和清朝詩學狀況的特點是分不開的。自然,這組詩歌是他睜眼看東亞詩壇的重要證據。

第三節　朴齊家四次出使中國與清文人的交遊

朴齊家(1750—1805),朝鮮著名詩學家,字次修、在先、修其,

---

① 李德懋《青莊館全書》卷一一,《韓國文集叢刊》第257册,第191—192頁。

第五章　燕岩師門與清文人的交遊

號楚亭①、貞蕤或葦杭道人,籍貫密陽。正祖時,爲奎章閣檢書官兼承文院吏文學官,檢書內閣十數年,恩寵冠於諸僚,與李德懋、柳得恭、徐理修齊名。後出補鎮岑縣監,升通政階爲五衛將。丁巳,除永平縣令。其博學多聞,詩詞清警,著述豐富,有《北學議》、《明農草稿》、《貞蕤詩稿》、《蕤亭集》等行於世②。其傳主要見朴齊家《貞蕤閣集·文集》卷三中的《小傳》、安鍾和會纂《國朝人物志·朴齊家》、吳世昌輯《槿域書畫徵·朴齊家》等。

一、朴齊家的四次出使及結交的清文人

據史籍記載,朴齊家共四次出使中國:

1778年(戊戌,乾隆四十三年)三月,朴齊家和李德懋一起隨蔡濟恭爲正使的謝恩使團第一次出使中國。李德懋《入燕記》載云:"上之二年戊戌,三月十七日丁丑,風。自京發行,高陽四十里宿。余與朴在先齊家願欲一見中原,賚志未果。至是,沈蕉齋念祖充謝恩陳奏使書狀官,與余有雅,要余偕行。在先亦隨上使蔡公濟恭而入焉。"③此次朝鮮使團的出使目的,《正祖實錄》中1778年(戊戌)上清朝奏文有載:"一以頌天朝曲庇之寵,一以追小邦謬妄之罪焉。"④

1790年(庚戌,乾隆五十五年)五月,朴齊家與柳得恭一起隨黃仁點爲正使,徐浩修爲副使的聖節兼謝恩使團第二次出使中國,目

---

①朴齊家《小傳》云:"出新羅而祖密陽,其系也。取《大學》之旨而名焉,托《離騷》之歌而號焉。"朴齊家《貞蕤閣集·文集》卷三,《韓國文集叢刊》第261冊,第649頁。
②參見安鍾和會纂《國朝人物志》"朴齊家"條,第299頁。李斗熙、朴龍圭等編著《韓國人名字號辭典》,第138頁。
③李德懋《入燕記》,《燕行錄全集》第57冊,第190頁。
④《正祖實錄》卷五"二年三月三日"條,清朝統治者認爲1777年(丁酉)以河恩君垙爲陳奏使的朝鮮使團奏文中有"儲君嗣位等字,不當用而用",又載:"奏文中字句之違式,禮部聞有移咨,不可無謝過之舉也。"故1778年(戊戌)朝鮮派出以蔡濟恭爲正使的使團前往清朝陳奏謝過。

的是爲了慶賀乾隆皇帝八十壽辰。柳得恭《灤陽録》卷一《鴨緑江》載:"庚戌,進賀副使、奎章閣原任直學徐公筵禀辟檢書二員爲從官,余與次修也。"①朴齊家《贈別》詩小序云:"余以五月辭陛赴熱河,還至燕京參萬壽宴,往來西山、圓明園者幾四十日。"②

1790年(庚戌,乾隆五十五年)十月,朴齊家隨金箕性爲正使的冬至使團第三次出使中國③。此次出使目的是:朝鮮正祖讓他傳達對乾隆有邦慶喜賀之語的謝意。《正祖實録》卷三一有載:"十四年十月二十四日,謝恩使黄仁點等歸奏:'皇帝聞我國邦慶,有喜賀之語。'上曰:'是不可無特謝。'命文任閣臣別撰奏咨,另具方物,以檢書官朴齊家借衔軍器寺正,賫持追附冬至使行。"④朴齊家自云:"余以五月辭陛赴熱河,還至燕京參萬壽宴,往來西山圓明園者幾四十日。復路渡鴨之夕,有召命,騎三百里飛撥抵京。以賫表,官升軍器正,再赴燕京。"⑤

1801年(辛酉,嘉慶六年)二月,朴齊家與柳得恭一起隨趙尚鎮謝恩使團第四次出使中國。這次朝鮮使團的主要使命是去北京通報正祖辭世與純祖的即位。朴長馣《縞紵集》下,卷三載黄成《辛酉四月,以應試禮部留京,遇朝鮮朴修翁先生於五柳居中,索得華翰,爰寫折枝二種贈之,以當縞紵可乎》、《嘉慶辛酉五月朔,奉送朝鮮内閣朴、柳二檢書歸國》,夏文燾《辛酉春,應禮部試,被黜留都下肄業,如唐人所謂過夏者。過琉璃廠書肆,識朝鮮檢書朴修其先生。於其歸也,作此詩送之》、盛學度《辛酉余計偕入都,遇朝鮮使臣朴、

---

① 柳得恭《灤陽録》卷一,第7頁。
② 朴齊家《貞蕤閣集・三集》,《韓國文集叢刊》第261册,第520頁。
③ 白景炫《燕行録》卷首載:"庚戌十月十一日,冬至正使,光恩副尉金禩將,前判官金[箕性]。"正使隨從下,有列"前察訪朴齊家"。又載"副使,參判閔台爀","書狀官,副司果李趾永"。參見《〈燕行録選集〉補遺》中册,第45頁。
④ 《正祖實録》卷三一"十四年十月二十四日"條。
⑤ 朴齊家《贈別》,朴齊家《貞蕤閣集・三集》,《韓國文集叢刊》第261册,第520頁。

第五章　燕岩師門與清文人的交遊

柳二君於五柳居書肆,工詩能書,爲余作條幅,字極飛舞無庸俗氣。翌日,復遇之白衣禪院,筆談竟日,意甚惓惓。聞其歸國在即,作此贈之,兼以志別》,朱鎬《嘉慶六年四月廿三日,偶成二絶,録奉古芸、貞蕤兩詞伯斧正》等詩歌。由這些詩題,可見在嘉慶六年(辛酉年),朴齊家與柳得恭一起出使中國。關於此次出使時間,柳得恭《燕臺再遊録》亦有載:"辛酉正月二十二日,余以豐川府使罷歸閑居。二十八日,内閣知會隨謝恩使一行赴燕,購朱子書善本。二月十五日,差備門下,直發路文乘驛。"①

筆者考證,朴齊家四次出使中國交流過的清文人分别有②:

1. 戊戌年第一次出使:金科豫、金科正、金淳、李點、魏錕、郭維翰、博明、郭文焕、王如、王爾烈、宣聰、何寧、徐紹芬、徐紹薪、林皋、胡迥恒、李鼎元、李驥元、潘庭筠、祝德麟、唐樂宇、蔡曾源、沈心醇、鮑紫卿、孫有義、鐵保。

2. 庚戌年第二次出使:李鼎元、潘庭筠、祝德麟、唐樂宇、紀昀、吴省欽、羅聘、張道渥、蔣和、張問陶、熊方受、石韞玉、蔣祥墀、完顔魁倫、辛從益、鄒登標、玉保、章煦、巴忠、湛潤堂、文某(名不詳)、魚某(名不詳)、鐵保。

3. 庚戌——辛亥年第三次出使:潘庭筠、羅聘、翁方綱、伊秉綬、龔協、汪端光、江德量、洪亮吉、宋鳴珂、吴廷燮、吴照、張問陶、曾燠、莊復旦、王肇嘉、錢東壁、孫衡、齊佩蓮、鐵保。

4. 辛酉年第四次出使:錢大昕、錢東垣、阮元、陳鱣、黄成、言朝標、言可樸、夏文燾、殳夔龍、陳森、虞衡、崔琦、盛學度、黄丕烈、潘煜、裘鏞、朱鎬、毛祖勝、孫琪、曹江、彭蕙支、張燮、劉鐶之、王霶、張玉麒、劉大觀、唐晟、楊嗣沅、葉廷策、李聯輝、傅應壁、康愷、陸慶勛、周松年、王蘭、陳蒿、汪之琛、孫銓、汪彦博、沈剛、董桂敷、華棆、

---

①柳得恭《燕臺再遊録》,第3頁。
②朴齊家與以下清文人的交遊事迹詳見本書下編第六章《燕岩師門與清文人交流長編》。

褚通經、沈酉、吳詒谷、陳文述、吳衡照、完顏魁倫、李鼎元。

未詳第幾次出使而交流過的清文人有（朴長馣將這些文人繫於《縞紵集》上，卷二"庚戌、辛亥"條下）：彭元瑞、吳省蘭、陳崇本、孫星衍、萬應馨、馮應榴、陸費墀、曹振鏞、嵇承群、宋葆淳、王寧焯、潘有爲、張伯魁、成策、興瑞、豐紳殷德、葛鳴陽、王濤、蔡炎林、寧泰、湯兆祥、湯潘、鄂時、周鄂、陳希濂、曹日瑛、邵晉涵、陳澍、劉墉、楊心鎔、楊紹恭、余國觀、余維翰、周升桓、吳明煌、吳明彥、吳鳴籛、吳焯、徐元、林瑶光、湯錫智、周有聲、王枚、李秉睿、李樞煥、章學濂、符泰交、朱文翰、張問行、程樅、顧宗泰、嚴蔚、陳淮、姚雨岩、朱爾賡額、回回王子、曹銳、莊會琦。

此外，雖未會晤，但有書信或詩文聯繫的清文人有：郭執桓、李調元、嚴翼。

由上述可見，朴齊家得以結識大量清文士與其四次出使中國的經歷密切相關。四次出使，交流過的清文士共計176人次，其中包括詩人、畫家、學者、達官等。第一次出使時交流過的有姓名可考的清文人26人。第二次出使交流過的有姓名可考的清文人23人。第三次出使交流過的有姓名可考的清文人19人。第四次出使交流過的有姓名可考的清文人50人。有待進一步考證第幾次出使而交流過的清文人有58人。此外，僅有書信或詩文聯繫的清文人3人。除去重複的人名，朴齊家所交流過的清朝人士（含以書信或詩文聯繫的清文人3人）數量共168名，因此，朴齊家是十八世紀結識清文人數量最多的朝鮮文人。

二、朴齊家與清文人交流的特點

（一）在十八世紀中，朴齊家是與清文人交流面最廣的朝鮮文人。

與十八世紀其他和清文士有廣泛交流的朝鮮文士相比，朴齊家交流過的清文士數量最多。如洪大容交流過的可考的清文士有

第五章　燕岩師門與清文人的交遊

37人①，朴趾源交流過的可考的清文士有50人②，柳得恭交流過的可考的清文士共有99人③。他們三人可以說是十八世紀與清文士有著大量交往的朝鮮文士，但他們所交往的清文士數量還是無法與朴齊家所交流過的168名清文士人數相比肩。顯然，在十八世紀，朴齊家是結識清文人最多的朝鮮文士。其結識大量清文人與他四次出使中國的經歷有很大關係。十八世紀期間，以個體計，文人出使中國大多爲一次，少數文人出使中國次數爲兩次。而朴齊家四次出使中國，這就使得他有機會與大量清文人結交並作深入交流。而四次出使中國的主要原因在於：其一，由於才能拔卓，他深爲朝鮮正祖所寵幸，如成海應云："正廟惜其材，常優容而榮耀，迥出常格。"④其二，自身向往中華文化，渴望與清朝賢士結交。他曾用詩句形象地描繪了自己對中華的思慕之情，《幾何柳公歸自燕邸，書其夾室》有云："屋小庭多轉寂寥，土恒風日菜花摇。憑君細繹幽燕夢，爭似香烟冉冉消。"⑤稱自己對中華的向往之夢猶如香烟裊裊不絕。在《奉送尹副使（坊）之燕》詩中也云自己"祇爲風光如昨日，夢魂長繞玉河塵"⑥。其三，他具有出色的論辯才能，格律詩又寫得特別好，便於外交酬酢。成海應指出："在先獨能追古學，其格律聲調皆足師法，一洗東人之陋，要當見知於後世乎。在先既負高才，不肯隨人俯仰，任真自得，發言風生，鋒鍔殆不可犯。人有難

---

① 參見本書上編第四章第三節《洪大容與清文人交流的意義》。
② 參見本書上編第五章第一節《朴趾源與清文人的交遊》。
③ 參見本章第四節《柳得恭三次出使中國與清文人的交往》。
④ 成海應《朴在先詩集序》，成海應《研經齋全集》卷九，《韓國文集叢刊》第273册，第184頁。
⑤ 朴齊家《幾何柳公歸自燕邸，書其夾室》，朴齊家《貞蕤閣集·初集》，《韓國文集叢刊》第261册，第460頁。
⑥ 朴齊家《奉送尹副使（坊）之燕》，朴齊家《貞蕤閣集·初集》，《韓國文集叢刊》第261册，第477頁。

者,必務挫折,是故積謗喧轟,然其名不可得而掩也。"①

(二)同朴齊家有交往的清文人,很多都是當時活躍於清代文壇的俊彦。

朴齊家出使中國過程中多與清朝名士結交。成大中稱朴齊家"入燕都者三,盡與其英豪交結,名聲照爛一時"②。《天竹齋劄録》亦載有云:"朴楚亭齊家嘗受知於正廟,以別賷官三入燕京,與當時名士,莫不證交。"③所結交大名鼎鼎者,如紀昀、李鼎元、李驥元、祝德麟、孫星衍、錢東垣、洪亮吉、陸費墀、邵晉涵等等。他們在當時文壇的地位,試看以下清朝與朝鮮時人的若干評論:

　　1. 紀昀:柳得恭《灤陽録》卷二《紀曉嵐大宗伯》載:"禮部尚書,海内推爲詞林宗匠。"徐瀅修《明皋全集》卷一四載:"路逢官人、舉人之稍解文字者,輒問經術文章之爲天下第一流者,則無不一辭推曉嵐。"

　　2. 李鼎元:朴長馣《縞紵集》上,卷一載:"乾隆戊戌,擢三甲一名進士,改庶吉士,授檢討,現任兵部主事。"徐瀅修《明皋全集》卷一四《李墨莊傳》:"墨莊以雨村之弟擢高第,歷翰苑,爲時名流。"

　　3. 李驥元:朴長馣《縞紵集》上,卷一載:"號鳧塘,乾隆甲辰進士,授編修,出紀曉嵐之門。"王述庵昶評鳧塘曰:"西川文人,前爲費此度,近爲彭樂齋,皆不逮也,當爲蜀中一大名家。"

　　4. 祝德麟:朴長馣《縞紵集》上,卷一載:"十四歲,中乾隆二十五年庚辰舉人,有神童之名。……二十八年癸未,登進士,時年方十七。二十而入翰林,出趙雲松之門。"

　　5. 孫星衍:朴長馣《縞紵集》上,卷二載:"袁倉山枚常謂淵

---

① 成海應《朴在先詩集序》,成海應《研經齋全集》卷九,《韓國文集叢刊》第273册,第184頁。
② 成大中《送朴在先赴任永平序》,成大中《青城集》卷六,《韓國文集叢刊》第248册,第451頁。
③ 吴世昌編著《槿域書畫徵》卷五"朴齊家"條,學資苑,2015年,第201頁。

第五章 燕岩師門與清文人的交遊

如曰:'天下清才多,奇才少。君天下之奇才也。'"

6.錢東垣:柳得恭《燕臺再遊錄》載:"曉嵐所稱能世其家學者也。"

7.洪亮吉:朴長馣《縞紵集》上,卷二載:"詩近韓杜,與黃景仁齊名,號洪黄;學與刑部孫星衍齊名,號孫洪。……未弱冠,尚書錢文敏公維城見其樂府百首,徒步訪之,名大起。"

8.陸費墀:李德懋《青莊館全書》卷三五載:"雨村又曰:'……如吏部主事程晉芳,學士陸錫熊、紀昀(案,紀、陸兩人總纂《四庫全書》)、陸費墀,庶吉士汪如藻,少詹廷璋,皆當今現在之博學也。'"

9.邵晉涵:朴長馣《縞紵集》上,卷二載:"乾隆辛卯中第一,入翰林。……《四庫》館纂校中,稱博學第一。"①

與朴齊家亦師亦友關係的朴趾源也曾在《熱河日記》中提及當時的清朝名士8名,有云:"當今海内名士:梁國治、彭元瑞、紀昀號(字)曉嵐、吳聖欽②、戴衢亨、其兄心亨,俱吳人。祝德麟、李調元並蜀綿竹人。"③這些名士中,除未詳梁國治、戴心亨是否與朴齊家有來往

---

① 以上9條分別見:1.柳得恭《灤陽錄》卷二,第53頁;《韓國文集叢刊》第261册,第300頁。2.朴長馣《縞紵集》上,卷一,朴齊家撰,李佑成編《楚亭全書》下册,第24頁;《韓國文集叢刊》第261册,第303頁。3.《縞紵集》上,卷一,第29—30頁。4.《縞紵集》上,卷一,第46頁。5.《縞紵集》上,卷二,第79頁。6.柳得恭《燕臺再遊錄》,第25頁。7.《縞紵集》上,卷二,第80頁。8.《韓國文集叢刊》第258册,第59頁。9.《縞紵集》上,卷二,第112頁。
② 疑吳聖欽爲"吳省欽"之誤寫,疑"聖"與"省"音近,故相混淆。十八世紀中朝文人交往記録中無吳聖欽此人,筆者僅見朴趾源《熱河日記》中載"吳聖欽"名。朴趾源《熱河日記》,第292頁。
③ 朴趾源《熱河日記》,第292頁。筆者按,據趙爾巽等撰《清史稿》卷三二〇,梁國治,浙江會稽人;彭元瑞,江西南昌人;紀昀,直隸獻縣人。第10767頁、第10769頁、第10770頁。據《清史稿》卷三四一,戴衢亨,江西大庾人;其兄戴心亨,亦當爲江西大庾人。第11098頁。據《清朝續文獻通考》卷二六〇《經籍四》,吳省欽,江蘇南匯人。第55頁。是六人,除去紀昀,均是吳人。朴趾源將紀昀視作吳人,誤。

外，其他6位名士都與朴齊家有過交流。這也從一個側面反映出朴齊家所交遊清文士中多名士的特徵。

（三）朴齊家特別注重與清文人進行詩歌理論、詩歌創作方面的交流。他是十八世紀與清文人詩歌來往最爲密切的朝鮮文人。

在朴齊家出使到北京前，一批清文人如李調元、潘庭筠、祝德麟等已經閱讀過他的詩歌。丁酉年，柳琴携《韓客巾衍集》入燕，與李調元交遊。李調元因柳琴第一次得知朴齊家其人，得見收録在《韓客巾衍集》中的朴齊家詩歌並爲《韓客巾衍集》作序[①]。同年，潘庭筠和祝德麟又都因李調元而得以閱讀朴齊家詩作，潘庭筠爲收有朴齊家詩作的《韓客巾衍集》作了序，祝德麟爲朴齊家的詩卷作了跋。潘庭筠《〈韓客巾衍集〉序》載："昨於李吏部雨村齋頭，得讀柳君彈素所録海東四家之詩，多刻畫景物，攄寫襟抱，妍妙可喜之作。諷誦數四，不忍釋於手。余雖未悉四人之生平，而因詩以想其爲人，大抵皆高曠恬淡之士也。……丁酉元夕後二日，文淵閣檢閱、充方略館總校官、《四庫全書》分校官、內閣中書舍人，杭州潘庭筠書。"[②]其丁酉七月四日寫給朴齊家信中亦有云："庭筠頓首再拜啓，楚亭先生足下：春間讀《巾衍集》，始知先生名，欽服妙詠，及三君子之作，嘆爲目中所罕見，深以未得相與題襟爲憾。"[③]而祝德麟《〈洌上周旋集〉序》有云："丁酉四月，同年李雨村吏部携柳彈素所纂《韓客巾衍集》示予，既得，盡讀李炯庵、朴楚亭、柳惠風、李薑山四家之詩矣。"其評騭語："古體才氣浩瀚，筆善變化，惟字句偶有未揀净處。近體亦頗有風格。"[④]由上可見，朴齊家在出使中國前，其

[①] 參見李調元《〈韓客巾衍集〉序》，柳琴編，朴齊永注，白斗鏞校《四家詩》卷首。
[②] 同上。
[③] 潘庭筠《朴楚亭先生書》（庭筠頓首再拜啓，楚亭先生足下……），朴長馣《縞紵集》下，卷一，朴齊家撰，李佑成編《楚亭全書》下册，第192頁。
[④] 朴長馣《縞紵集》下，卷一，朴齊家撰，李佑成編《楚亭全書》下册，第213頁、第216頁。

第五章　燕岩師門與清文人的交遊　　　　　　　　　　　　　　　443

詩作就被柳琴帶到了北京,李調元、潘庭筠、祝德麟等清文士已經對其人及其詩作有了一定瞭解。

　　朴齊家四次出使中國期間,又與清朝文人尤其是與著名文人進行了大量的詩歌交流,主要表現爲:

　　其一,經常地與清文人談論詩歌,如1778年(戊戌),和李德懋一起拜訪祝德麟,祝德麟閲二人之詩,並推薦韻書《佩文齋詩韻》、邵長蘅《韻略》給兩人參看①。同年,他也同唐樂宇討論過樂律,曾回憶有云:"樂宇號鴛港……,戊戌與余訂交。家在琉璃廠之先月樓南,與余有樂律問答數千言。"②又如,1790年(庚戌),和柳得恭經常前往朝鮮使館隔壁的庶常館,與清翰林熊方受、蔣祥墀等談論詩歌。柳得恭《灤陽録》卷二《熊、蔣二庶常》載:"玉河館西壁爲庶常館,余與次修屢往談詩。"③在熱河期間,他也曾和鐵保談論過詩歌,其《熱河,次鐵侍郎(保)寄示韻》有詩句云:"落落談詩快,翩翩上馬雄。"④1790年(庚戌)或1791年(辛亥),同張伯魁也談論過詩歌,其《懷人詩仿蔣心餘》"張春溪伯魁"有詩句云:"張君困公車,談詩語頗壯。"⑤再如,1801年(辛酉),他在北京時,又與盛學度、朱鎬等人品鑒過詩歌,盛學度贈别朴齊家詩中有云:"把酒論詩漲墨豪,東來節使擅才高。"⑥朱鎬贈朴齊家詩中有云:"自從壇坫論詩後,不

————————————

①李德懋《入燕記》,《燕行録全集》第57册,310—311頁。
②朴長馣《縞紵集》上,卷一,朴齊家撰,李佑成編《楚亭全書》下册,第47頁。
③柳得恭《灤陽録》卷二,第66頁。
④朴齊家《貞蕤閣集·三集》,《韓國文集叢刊》第261册,第515頁。
⑤同上,第531頁。
⑥盛學度《辛酉余計偕入都,遇朝鮮使臣朴、柳二君於五柳居書肆,工詩能書,爲余作條幅,字極飛舞無庸俗氣。翌日,復遇之白衣禪院,筆談竟日,意甚倦倦。聞其歸國在即,作此贈之,兼以志别》,朴長馣《縞紵集》下,卷三,朴齊家撰,李佑成編《楚亭全書》下册,第335頁。

盡蒼葭嘆溯洄。"①而對於朴齊家勤於詩歌的精神,清友人崔琦更是贊其爲"謫仙才",有云:"卜得燕臺題咏遍,龍蛇飛舞謫仙才。"②因此可見,朴齊家在四次出使中國的過程中,都曾與一批清文人有過詩歌創作方面的討論。

其二,經常與清文人相互贈詩或詩歌唱和:一般來説,朴齊家與交往的清文人間多有贈詩或和詩。彭藴璨《歷代畫史彙傳》卷六四"釋氏門"有云:"朴齊家,字修其,……屢奉使來京師,與中朝士大夫多酬倡之作。"③如1778年(戊戌)朴齊家首次出使中國時,在瀋陽太學就與諸生金科豫、金科正、金淳、李點、魏錕、郭維翰等有詩歌唱和。諸生都寫有《次楚亭元韻》詩,朴齊家原韻詩《分談字贈金科豫》載於朴齊家《貞蕤閣集・初集》、朴長馣《縞紵集》下,卷一。而其後的三次出使中國過程中,他又與紀昀、翁方綱、羅聘、伊秉綬、龔協、宋鳴珂、蔣和等許多詩人有過詩歌唱酬。筆者據文獻考察,在與清文人交往中,朴齊家寫給清文人的贈詩多達138首(另有2首創作於1800年[庚申]後),清文人寫給朴齊家的贈詩有61首(另有42首創作於1800年[庚申]後),雙方間唱和詩作共有24組④。

由以上三個特點可見,極具詩才的朴齊家通過四次出使最大量地結識了清文士,並與當時活躍在文壇上的一大批清朝名士如紀昀、李調元、李鼎元、羅聘等有著密切的詩歌唱酬。他是十八世紀結交清文士數量最多,與清文士詩歌贈酬數量最多的朝鮮文人。

三、朴齊家與清文人交流的意義

(一)朴齊家把中國文學、尤其是清朝當代詩人及其作品介紹

---

① 朱鎬《嘉慶六年四月廿三日,偶成二絶,録奉古芸、貞蕤兩詞伯斧正》(二首),朴長馣《編紵集》下,卷三,朴齊家撰,李佑成編《楚亭全書》下册,第339頁。
② 崔琦《句奉貞蕤先生斧正》,朴長馣《編紵集》下,卷三,朴齊家撰,李佑成編《楚亭全書》下册,第334頁。
③ 彭藴璨《歷代畫史彙傳》卷六四"釋氏門",清道光刻本。
④ 參見本書上編第一章第四節《中朝文人交流的形式》中的相關內容。

到朝鮮,同時又把朝鮮當代詩人及其作品傳播到中國,爲十八世紀中朝文學交流作出了突出貢獻。

首先,朴齊家以"懷人詩"形式向朝鮮文壇介紹清代的著名文人,以促進朝鮮文人對清詩壇的瞭解。在第一次來到中國前,朴齊家就根據自己所瞭解的清人信息創作了一些懷人詩,收在組詩《戲仿王漁洋〈歲暮懷人〉》(六十首)中,品評到的清代文人有:李調元、陸飛、潘庭筠、鐵保、博明、吳穎芳、沈初、袁枚,共計7人①。在來到中國與清代文人交流後,他又以組詩形式寫了許多懷人詩,這必然就使得與他同時代的清代文人的聲名得以在朝鮮傳播。以組詩的形式對與自己同時代的清文人進行介紹,朴齊家是十八世紀朝鮮文人中唯一的一位,其評介的清文人的數量,在十八世紀朝鮮文集中,也是最多的。其創作的《懷人詩仿蔣心餘》,詩序云:"余以不才三入燕京,中朝人士不鄙而與之傾倒焉。倦遊既罷,根觸於中,追述舊事,得知名五十人。漁洋爲七絶,蔣清容爲五言。"②評介的五十位清代文人是:彭元瑞、紀昀、翁方綱、鐵保、玉保、吳省欽、吳省蘭、陳崇本、李調元、祝德麟、潘庭筠、李鼎元、羅聘、孫星衍、洪亮吉、伊秉綬、龔協、汪端光、萬應馨、馮應榴、江德量、陸費墀、宋鳴珂、吳廷燮、吳照、張道渥、蔣和、葛鳴陽、孫衡、張問陶、熊方受、石韞玉、蔣祥墀、王學浩、曾燠、曹振鏞、嵇承群、宋葆淳、王寧焊、章煦、沈心醇、莊復旦、成策、興瑞、回回王子、王肇嘉、豐紳殷德、完顏魁倫、錢東壁、張伯魁。後來,朴齊家又創作了《續〈懷人詩〉》(十八首),其中評介到的十八個清代文人是:彭元瑞、紀昀、翁方綱、羅

---

① 朴齊家《戲仿王漁洋〈歲暮懷人〉》作於他第一次出使中國的1778年(戊戌)之前。朴長馣《縞紵集》上,卷一載:朴齊家與博明在瀋陽第一次見面時,朴齊家有云:"曾因柳琴如雷聽聞,我曾仿漁洋《歲暮懷人》作七絶,呈公可因此爲士相見禮耶?"據此可斷定此詩寫於兩人第一次會面前。朴齊家撰,李佑成編《楚亭全書》下册,第22頁。
② 朴齊家《貞蕤閣集·三集》,《韓國文集叢刊》第261册,第527頁。

聘、張道渥、鐵保、陳崇本、孫衡、龔協、伊秉綬、洪亮吉、孫星衍、潘庭筠、江德量、張問陶、蔣和、吳照、王寧焊。另外,其創作的《燕京雜絕贈別任恩叟姊兄,追憶信筆,凡得一百四十首》,其中有十七首詩歌評介到清代文人,共計 18 人:紀昀、翁方綱、鐵保、伊秉綬、陳崇本、龔協、汪端光、蔣和、孫衡、張問陶、張道渥、李鼎元、吳照、熊方受、潘庭筠、李調元、潘有爲、江德量。除去重複的,朴齊家這四組懷人詩中涉及的清文人就有 56 人。而這些詩人都是十八世紀中後期清朝文壇的著名詩人。朴齊家這些懷人詩的創作無疑會進一步促進朝鮮文士對當時著名清詩人的瞭解。

應該說,朴齊家用詩歌形式來介紹清文人是成功的。爲了更清楚地介紹清詩人,他在創作這些懷人詩時,采用了與一般詩歌創作不同的手法。朴齊家這些詩最顯著的特點是:每一首詩都可視爲一篇生動的交流小記,具有顯著的寫實特徵。李德懋《清脾錄》卷四有云:"楚亭之詩,才超而氣勁,詞理明白,亦能記實。嘗仿漁洋山人《懷人絕句》例,爲當世所見聞名流賢士作五十餘絕句,各取所長,贊美停當。"①就指出朴齊家懷人詩除品評恰當外,"亦能記實"的特色。以《懷人詩仿蔣心餘》組詩中"紀曉嵐昀"一首爲例:

    曉嵐今龍門,胸涵四庫富。灤陽説鬼棻,鬼亦嘲學究。推轂戴東原,遺書爲我購。②

朴齊家純用客觀的叙述手法介紹了紀昀,其涵蓋的内容極其豐富。一是強調紀昀聲望卓著;二是強調其主持《四庫全書》的編訂,才學淵博;三是介紹其撰寫的《灤陽消夏錄》的主要内容與鬼神、人杰有關;四是介紹紀昀曾向他推薦過戴震(字東原),並且還爲他購買過請托的書籍。由此,紀昀才博學富、情深意重的個性躍然紙上。朴

---

① 李德懋《清脾錄》卷四《楚亭》,洪大容、李德懋撰,鄺健行點校《朝鮮人著作兩種——〈乾净衕筆談〉、〈清脾錄〉》,第 273 頁。
② 朴齊家《貞蕤閣集·三集》,《韓國文集叢刊》第 261 册,第 528 頁。

第五章　燕岩師門與清文人的交遊　　　447

齊家其他懷人詩同樣具有此特點。此外,《燕京雜絶贈別任恩叟姊兄,追憶信筆,凡得一百四十首》中評介清文人的十七首詩下都有詩人自撰的注文,以簡明扼要的文字介紹清文人的字號、特長等,並記載有自己與他們交往的一些事迹,如評介孫衡的詩注:"孫舍人衡字雲麓,總督士毅之子。聞余喪婦,寄挽曰:'自昔安仁工製誄,如今奉倩暗傷神。'"①既交代了孫衡的字,又叙寫了孫衡曾經因爲朴齊家喪妻而寄挽聯的事情。其他注文也是一目瞭然。由於朴齊家在當時朝鮮具有較高的詩名,這些懷人詩必然會促進並加深朝鮮人對清文人的瞭解。

其次,朴齊家除了將清詩人情況介紹給朝鮮學壇外,在出使中國前以及在四次出使中國過程中,他還把自己、友朋的作品以及朝鮮部分典籍介紹給清友人。這既推揚了朝鮮詩人的聲名,也促進了清文人對當時朝鮮文人、文化的瞭解。其所推揚的朝鮮文人及其書籍舉例如下:

在約1777年(丁酉),朴齊家就將己著詩作一卷隨信件寄與李調元,其與李調元書中有云:"弊集今年作一卷,乞賜教。移謄還其一,不瑕(暇)有勞否？悚悚！"②

1778年(戊戌)三月,朴齊家第一次出使中國時,將朝鮮文人詩集《洌上周旋集》贈送給清文人李鼎元、祝德麟等。參見祝德麟《〈洌上周旋集〉序》③。

1790年(庚戌)五月,朴齊家第二次出使到中國時,向紀昀推薦了好友柳得恭詩集《泠齋集》。柳得恭《灤陽録》卷二《紀曉嵐大宗伯》載紀昀與柳得恭交談語,紀昀有云:"朴次修携《泠齋集》到,已拜讀矣。天骨秀拔,與次修一時之瑜亮。昨與次修集俱品,以味含書卷,語出

---
①朴齊家《貞蕤閣集·四集》,《韓國文集叢刊》第261册,第550頁。
②朴齊家與李調元書(齊啓:入秋以來,側耳搔眉……),朴長馣《縞紵集》上,卷一,朴齊家撰,李佑成編《楚亭全書》下册,第37頁。
③朴長馣《縞紵集》下,卷一,朴齊家撰,李佑成編《楚亭全書》下册,第213頁。

性靈,不勝佩服之至。連日官政冗忙,稍遲,當赴館暢談。"①

1790年(庚戌)十月,朴齊家第三次出使中國時,也曾將自己詩册贈送於龔協,龔協壬子正月二十五日與朴齊家書中有云:"別來倏已一年,此心忽忽如有所失。每一念及,輒展足下所示書册,往復觀玩。"②

1801年(辛酉)二月,朴齊家第四次出使中國時,又主動把《貞蕤稿略》贈送給陳鱣、夏文燾、黃丕烈等清文人。他們在自己撰寫的文字中都記載有朴齊家贈書之事,如陳鱣《〈貞蕤稿略〉序》載云:"越數日又相見,辱贈以柬紙、摺扇、野笠、藥丸。余即賦詩四章志謝,副以楹聯、碑帖及拙著《論語古訓》,幾幾乎投縞獻紵之風焉。有頃,檢書手一編出示曰《貞蕤稿略》,皆其舊作。……此所存者纔十之一,然其中考證之作、酬唱之篇,雲流泉涌,綺合藻抒,粲然具備。同人亟爲校刻,請余弁其端。"③夏文燾與朴齊家交往後,有詩句回憶云:"一編親見贈,感佩勝璚琚。"自注云:"君出大稿見贈。"④黃丕烈在閱讀《貞蕤稿略》後,有詩句云:"一編稿略號貞蕤,洋洋大篇冠諸首。"⑤此外,朴齊家還贈送了《箕田説》等朝鮮書籍給清文人。張問陶《與朴老爺書》中有云:"《箕田説》,橐中如有餘者,祈再惠一卷。"⑥

---

① 柳得恭《灤陽録》卷二,第53—54頁。
② 龔協與朴齊家書(愚弟龔協再拜……),朴長馣《縞紵集》下,卷二,朴齊家撰,李佑成編《楚亭全書》下册,第261頁。
③ 陳鱣《〈貞蕤稿略〉序》,朴齊家《貞蕤閣集》卷首,《韓國文集叢刊》第261册,第596頁。
④ 夏文燾《辛酉春,應禮部試,被黜留都下肄業,如唐人所謂過夏者。過琉璃廠書肆,識朝鮮檢書朴修其先生。於其歸也,作此詩送之》,朴長馣《縞紵集》下,卷三,朴齊家撰,李佑成編《楚亭全書》下册,第332頁。
⑤ 黃丕烈《余與五柳居主人爲莫逆交,至都每觀書,至其肆。時遇朴貞蕤、柳惠風二公,……持贈二公……》,朴長馣《縞紵集》下,卷三,朴齊家撰,李佑成編《楚亭全書》下册,第336頁。
⑥ 張問陶《與朴老爺書》(圖書二方、小額一張……),朴長馣《縞紵集》下,卷二,朴齊家撰,李佑成編《楚亭全書》下册,第283頁。

第五章　燕岩師門與清文人的交遊　　　　　　　　　　　　　　449

可見，朴齊家在與清文人交往過程中常有贈書行爲，而這些贈送的書籍無疑爲清文人瞭解朝鮮文壇提供了較爲豐富的原始資料。上文所摘引的清文人在閱讀這些朝鮮文獻後的評價就是重要的證據。而後來的一些清文人在自己創作中，援引朴齊家贈書中的材料，也充分體現出這些贈書起到了豐富清人關於朝鮮知識的作用。如清蔣超伯《南漘楛語》卷四"衚衕"條、卷五"金剛峰"條分別引用朴齊家的《城市全圖應令》中的詩句"五城衚衕列次第，大都宫殿疏源委"、《金剛一萬二千峰，再試應令》中詩句"近海蒼茫元氣積，滿空飛舞素峰稠"，以之爲重要的學術佐證材料①。而蔣氏所參考的這兩首詩作，正是朴齊家贈送給清人的詩集《貞蕤稿略》中載錄的第一首和第二首詩②。

（二）朴齊家四次出使中國期間，與一批著名清文人進行了大量的詩文唱和，其爲人和作品得到了他們的贊許，李調元甚至在《雨村詩話》中收錄並褒揚其詩歌，後又隨著其詩集《貞蕤稿略》在清朝的刊刻並流傳，他的聲名在中國更加顯揚，從而確立了其在中國詩壇上的地位。

據現存清文獻考察，朴齊家是十八世紀在清詩壇聲名最盛的一位朝鮮詩人。許多清文人對他贊賞不已，與他有交往的伊秉綬有詩句贊其"文能通繹語，詩解繼吾聲"③。其清朝摯友潘庭筠有詩贊云："十載詩名日下傳，近充貢使又朝天。中朝卿士多相譽，輝映清陰作後先。"④將朴齊家與享譽清文壇已久的朝鮮著名詩人清陰金尚憲並稱。法式善在閱讀了朴齊家《題羅峰先生〈鬼趣圖〉卷》一

---

① 蔣超伯《南漘楛語》，《續修四庫全書》第 1161 册，第 311 頁、第 331 頁。
② 參見朴齊家《貞蕤稿略》，韓國國立中央圖書館藏本。
③ 伊秉綬《送高麗朴檢書齊家歸國》，伊秉綬《留春草堂詩鈔》卷二，清嘉慶十九年秋水園刻本。
④ 潘庭筠《重晤次修先生，率成一絶，並存没口號三首奉政》，朴長馣《縞紵集》下，卷一，朴齊家撰，李佑成編《楚亭全書》下册，第 191 頁。

絕後稱"其諷諭者深矣"①。而生活在其後的許多清文士,在誦讀其詩文後,也對其稱揚不已,如張祥河《小重山房詩詞全集·詩舲詩錄》卷三有云:"朴齊家號貞蕤居士。戊辰在都下得其詩、古文,讀之卓然名家。"②又如,張維屏輯《國朝詩人徵略》卷四〇引己《聽松廬詩話》云:"朝鮮《四家詩》四家者,李書九洛瑞、柳得恭惠風、朴齊家次修、李德懋懋官也。《雨村詩話》采其詩,四家中朴齊家之名尤著。"③再如,朴齊家被清人視爲博學的朝鮮詩人,如陳文述有詩句云:"爲問貞蕤老居士,年來更有此人無。"④而一些清詩話對朴齊家其人其詩的載錄,更是對他的聲名起到了重要的傳揚作用。如與其有文學交往的李調元在《雨村詩話》中介紹朴齊家著有《暫遊集》,並錄存《東潞河,見山東督撫何裕城船》、《宿李光錫復初心溪草堂》、《次李宜庵韻》三首完整詩歌以示褒許之意⑤。又如,黄培芳《香石詩話》卷四亦有贊朴齊家之語,稱其"能詩",並舉出朴齊家《重陽直摘文院》整首詩及其《内閣直中》"地潔明孤鶴,天清煦百花"兩句而稱贊云"並佳"⑥。洪亮吉《北江詩話》卷五稱"朴齊家工詩及畫"⑦。吳騫《拜經樓詩話續編》卷二載:"(朴齊家)著《貞蕤稿[略]》,仲魚爲刻於都門。"等等⑧。可以說,在十八世紀朝鮮文人中,朴齊家是現存清朝文獻載錄次數最多、評賞最爲頻繁的詩人。

---

① 法式善著,張寅彭、張迪藝編校《梧門詩話合校》卷七,鳳凰出版社,2005年,第223頁。
② 張祥河《小重山房詩詞全集·詩舲詩錄》卷三,清道光刻光緒增修本。
③ 張維屏輯《國朝詩人徵略》卷四〇,清道光十年刻本。
④ 陳文述《題朝鮮女士許蘭雪(景樊)詩集》,陳文述《頤道堂集·詩外集》卷七,清嘉慶十二年刻道光增修本。
⑤ 參見李調元著,詹杭倫、沈時蓉校正《雨村詩話校正》卷一六,第370—371頁。
⑥ 黄培芳《香石詩話》,《續修四庫全書》第1706册,第170頁。
⑦ 洪亮吉《北江詩話》卷五,清光緒授經堂刻《洪北江全集》本。按,人民文學出版社1983年版《北江詩話》未載"朴齊家"條,故采用清光緒本。
⑧ 吳騫《拜經樓詩話續編》,清鈔本。

第五章　燕岩師門與清文人的交遊　　　　　　　　　　　　451

　　此外,需要强調,《貞蕤稿略》在清朝的刊刻,是中朝文學交流史上的一件大事。自明朝以來,流傳中國的朝鮮文集很少,因而《貞蕤稿略》在清朝的廣泛流傳,意義尤顯重大。《四庫全書》總撰修官紀昀曾指出:"考新羅之詩,初見於唐;《鷄林相解》辨白香山詩亦見於唐。自是以後,名章雋句,多散見於諸書,而全集傳於中國者,則世罕見。余典校四庫,自明以來,著録者惟徐敬德《花溪集》而已。"①在當時清文人對朝鮮當代詩人創作情況幾乎毫不知曉的情況下,《貞蕤稿略》的傳入與刊刻,無疑爲清文人瞭解同時代的朝鮮文人創作、朝鮮文化情況等打開了一扇窗户。朴齊家本身的詩名在當時及以後清文壇也得到了最大範圍的流播。主要體現在以下四個方面:

　　其一,清朝文士用詩文直接表達對《貞蕤稿略》的肯定和贊揚。如法式善有云:"朴有貞蕤閣詩,士大夫多傳之。"②生活在十九世紀中後期的同光體浙派詩人代表袁昶有詩句贊云:"采風昔見貞蕤稿,講肄今傳《畫荻圖》。"③

　　其二,李調元將《貞蕤稿略》收入叢書《函海》,吴省蘭將《貞蕤稿略》收入叢書《藝海珠塵》。李尚迪云:"朴楚亭嘗三遊燕臺,而所著有《貞蕤稿略》,陳仲魚爲序而刻之。李雨村《函海》及吴泉之《藝海珠塵》諸書並有收録。"④近代徐世昌編《晚晴簃詩匯》卷二〇〇"朴齊家"條亦載:"其詩集,吴省蘭泉之采入《藝海珠塵》。"⑤

　　其三,一些著名的清代書目中收録有《貞蕤稿略》的相關信息。

----

① 紀昀《〈李參奉詩鈔〉序》,紀昀撰,孫致中等校點《紀曉嵐文集》第 1 册,第 211—212 頁。
② 法式善著,張寅彭、張迪藝編校《梧門詩話合校》卷九,第 278 頁。
③ 袁昶《題朝鮮金梅隱母朴氏〈授經圖〉後》,袁昶《浙西村人初集·詩》卷一一,清光緒刻本。
④ 李尚迪《江都符南樵(葆森)孝廉輯〈國朝正雅集〉略載東國人詩,拙作亦在其中。題絶句五首》,李尚迪《恩誦堂集·續集·詩》卷五,《韓國文集叢刊》第 312 册,第 278 頁。
⑤ 徐世昌編,聞石點校《晚晴簃詩匯》卷二〇〇,第 9182 頁。

如劉錦藻撰《清朝續文獻通考》卷二七〇《經籍十四》載:"《貞蕤稿略》二卷,朝鮮朴齊家。"①又如趙爾巽等撰《清史稿·藝文志》重要來源之一的杭州丁氏《八千卷樓書目》卷一七有載:"《貞蕤稿略》二卷,朝鮮朴齊家撰,《藝海珠塵》本。"②

其四,有些清詩人在創作中化用朴齊家的詩句。如 1805 年(乙丑)進士孫原湘的詩句"酒月衣雲足唱酬"就脫胎於朴齊家詩句"人靜雲從衣上住,窗虛月在酒中行"③。

十九世紀出使中國的朝鮮使者,通過耳聞目睹,也切身地感受到朴齊家在清朝的聲名之盛。如,有六次出使中國經歷的趙秀三有詩句云:"往歲遊燕市,逢人説楚亭。"④在 1829 年(己丑)至 1864 年(甲子)年間曾十二度赴中國的李尚迪有絶句云:"三入春明遍所知,至今人説朴貞蕤。蜀中吴下諸名輩,争采新詩付棗梨。"⑤趙秀三、李尚迪都指出但凡遇到的清朝人士都會提及朴齊家,因而他們在詩句中油然而生出民族的自豪感。

要之,通過與清文人的廣泛交流,朴齊家的聲名在清詩壇廣爲流傳。清人陳文述《題朝鮮使臣朴齊家〈貞蕤稿略〉》一詩形象而恰當地道出朴齊家在清朝的地位與影響,有云:"能達藩侯翊戴誠,雁程來往片雲輕。中朝人物都相識,東國聲詩舊擅名。鴨緑江寒秋

---

① 劉錦藻《清朝續文獻通考》卷二七〇《經籍十四》,浙江古籍出版社,2000 年,第 43 頁。
② 丁仁編《八千卷樓書目》卷一七,民國十二年鉛印本。
③ 孫原湘《朝鮮使臣申紫霞尚書(緯)詩爲周菊人學博(達)題》詩注,孫原湘《天真閣集》卷三一,清嘉慶五年刻增修本。
④ 趙秀三《哭朴楚亭》,趙秀三《秋齋集》卷三,《韓國文集叢刊》第 271 册,第 410 頁。
⑤ 李尚迪《江都符南樵(葆森)孝廉輯〈國朝正雅集〉略載東國人詩,拙作亦在其中。題絶句五首》,李尚迪《恩誦堂集·續集·詩》卷五,《韓國文集叢刊》第 312 册,第 278 頁。

第五章　燕岩師門與清文人的交遊

水闊,龍灣館近月華明。卷中宵雅真堪肆,四牡皇華過一生。"①

（三）四次出使中國以及與清文人的大量接觸和交流的經歷,使得朴齊家對清朝有了更爲真切而客觀的認識,這就更加堅定了他提倡北學的思想。

朝鮮雖然一般每年都有使團前往中國,但是固有的"尊華攘夷"②的觀念已經造成絕大多數朝鮮文人對清朝認識上的偏頗。在十八世紀,他們一方面表現出對清人的傲慢與輕視,如朴趾源在《熱河日記》中云:"且我東大夫生貴甚矣,見大國人,無滿、漢一例以胡虜視之,驕倨自重,本自鄉俗然也,當不察彼是何許胡人,何等官階,而必無款接之理。雖相接,必以犬羊待之。亦必以我爲不緊矣。"③另一方面,一般朝鮮文人仍然對清朝文化、風俗等閉目塞聽,朴齊家在《北學辨》一文中叙述道:"下士見五穀,則問中國之有無;中士以文章不如我也;上士謂中國無理學。"④當他介紹了真實而繁盛的清朝社會後,那些踵門而請的朝鮮人士"皆茫然不信,失所望而去,以爲右袒於胡也"⑤。當他"試言於人曰:'中國之學問有如退溪者,文章有如簡易者,名筆有勝於韓濩者。'必怫然變色直曰:'豈有是理?'甚者,至欲罪其人焉"。有感於朝鮮文士的這些言行,朴齊家一針見血地指出朝鮮文士對清朝看法的現狀:"今人正以一胡字抹殺天下。"⑥

―――――――

① 陳文述《題朝鮮使臣朴齊家〈貞蕤稿略〉》,陳文述《頤道堂集·詩選》卷五。
② 朴齊家在《尊周論》一文中指出:"東民之一毛一髮罔非再造之恩。不幸而值田地崩坼之時,剃天下之髮而盡胡服焉。則士大夫之爲《春秋》尊攘之論者磊落相望,其遺風餘烈祇今猶有存者,可謂盛矣。"朴長馣《縞紵集》"附《北學議》",朴齊家撰,李佑成編《楚亭全書》下册,第 560 頁。
③ 朴趾源《熱河日記》,第 127 頁。
④ 朴齊家《北學辨》,朴長馣《縞紵集》"附《北學議》",朴齊家撰,李佑成編《楚亭全書》下册,第 535 頁。
⑤ 同上,第 537 頁。
⑥ 同上,第 538—539 頁。

朴齊家對朝鮮文人這種偏頗的清朝觀有著清醒的認識，正是緣於四次出使中國而對清朝積極文化內容的深刻反思，他認爲自己有義務去糾正朝鮮人士的偏見。在1778年（戊戌）與李德懋第一次出使中國回國後不久，他就撰寫了《北學議》一書，從政治、經濟、社會、文化四個層面積極提倡向清朝學有用之學的思想①。其《〈北學議〉序》一文有云：

> 今年夏，有陳奏之使，余與青莊李君從焉，得以縱觀乎燕薊之野，周旋於吳蜀之士。留連數月，益聞其所不聞，嘆其古俗之猶存而前人之不余欺也。輒隨其俗之可以行於本國，便於日用者，筆之於書，並附其爲之之利與不爲之弊而爲説也。②

在《北學議》一書中，明確指出清朝學術承襲了中華文化的優秀傳統，而有云：

> 夫載籍極博，理義無窮，故不讀中國之書者，自劃也；謂天下盡胡也者，誣人也。中國固有陸、王之學，而朱子之嫡傳自在也。③

基於"尊周自尊周也，夷狄自夷狄也。夫周之與狄必有分焉。未聞以夷之猾夏而並與周之舊而攘夷也"④的認識基礎，朴齊家在《北學議》中更是從正反兩方面強調了北學的意義，如其云：

> 今也以堂堂千乘之國，欲伸大義於天下，而不學中國之一法，不交中國之一士，使吾民勞苦而無功，窮餓而自廢。棄百

---

① 參見尹映淑碩士學位論文《《北學議》를통해본朴齊家의思想研究》（1994年），韓國慶熙大學教育大學院。
② 朴齊家《〈北學議〉序》，朴長馣《縞紵集》"附《北學議》"，朴齊家撰，李佑成編《楚亭全書》下册，第417—418頁。
③ 朴長馣《縞紵集》"附《北學議》"，朴齊家撰，李佑成編《楚亭全書》下册，第535—536頁。
④ 朴齊家《尊周論》，朴長馣《縞紵集》"附《北學議》"，朴齊家撰，李佑成編《楚亭全書》下册，第559頁。

第五章　燕岩師門與清文人的交遊

倍之利而莫之行,吾恐中國之夷未可攘,而東國之夷未盡變也。故今之人欲攘夷也,莫如先知夷之爲誰;欲尊中國也,莫如盡行其法之爲逾尊也。若復爲前明復仇雪恥之事,力學中國二十年後,共議之,未晚也。①

除了創作了《北學議》一書宣揚北學外,還通過"懷人詩"創作,與人交流等形式來大力宣傳當時的清朝文化,強調當代清文化的有益價值,如他提倡應多向當時清朝書法學習,有云:

> 今書家動引鍾、王,唐以後則概乎不欲觀也。余嘗謂學魏晉書不若學宋明人書,宋明人書,不若直學中國今人書。試取中國市肆帳簿視之,無論工拙,皆風氣迥殊絕矣,有非東國諸公終身習學者所可幾及。先透此關,然後可論時代,又況書籍愈古愈失其真。既僻左海外,見聞不廣,安能一一辨其真贋?②

由上述可見,隨著四次出使及與清文士的交往越來越密切、深厚,朴齊家的北學信念也變得愈來愈堅定,正如他自己詩句所描繪云:"沾沾自喜近中華,掩口不向時人誇。"③

(四)朴齊家與清文人的交流爲十九世紀中朝文人的交往,尤其是爲秋史金正喜與清著名文人的結識和深入交流奠定了良好的基礎。

金正喜作爲十九世紀朝鮮北學派的巨匠,受到十八世紀朝鮮實學家們的影響是毋庸置疑的,而在十八世紀後期朝鮮實學家中,朴齊家是金正喜聯繫最爲密切,對其影響也最大的文士。金正喜童稚之時,朴齊家就因其聰慧而對其寄予了厚望,有云:"吾將教而

---

① 朴齊家《尊周論》,朴長馣《縞紵集》"附《北學議》",朴齊家撰,李佑成編《楚亭全書》下册,第561—562頁。
② 朴齊家《有旨書進屏風一事,柳寮爲作長歌,遂和其意。時壬寅四月二十日也》,朴齊家《貞蕤閣集·二集》,《韓國文集叢刊》第261册,第489頁。
③ 同上。

成之。"①金正喜長大成人後,與朴齊家仍然保持著較爲緊密的聯繫。朴齊家《貞蕤閣集·文集》卷四中就收有朴齊家寫給金正喜的1封書信。金正喜還與朴齊家之子小蕤朴長馣保持著詩文往來,如其寫有《題李墨莊〈獨行小照〉,即寄贈小蕤朴君者也》(二首),這也是他與朴齊家關係密切的重要證據。金正喜也當大量閱讀過朴齊家的詩文,如其《仿懷人詩體,歷叙舊聞,轉寄和舶,大板浪華間諸名勝,當有知之者》②十首五言六句詩兼有記實性的小注,明顯是模擬朴齊家《懷人詩仿蔣心餘》的詩歌形式。由上所述,可見金正喜與朴齊家確實關係密切。

朴齊家與清文人的交往事迹對金正喜的人生影響巨大。金正喜通過與他的交往瞭解了大量的朴齊家與清文人的交遊,因而在青年時期,他也非常向往與清著名文士交往,其"慨然起別想,四海結知己。如得契心人,可以爲一死。日下多名士,艷羨不自已"③的詩句非常鮮明地表達了這種憧憬。金正喜研究專家日本學者藤塚鄰在《清朝文化東傳の研究——嘉慶·道光學壇と李朝の金阮堂》一書中指出,朴齊家所帶給金正喜的影響在於:

  金正喜天禀不群的才學受到楚亭朴齊家的認可後,得到進一步的發展。朴楚亭是當時最著名的博學之人,他對清朝文化有著深刻的理解,可以說是當時瞭解清朝文化最多的朝鮮文士。他把自己的新知識傾注在這天才兒金正喜身上,鼓舞並激勵他。他把三次入燕所得的經驗和在北京學壇的消息詳細講給阮堂金正喜聽,從而使得金正喜興奮不已。朴楚亭第三次入燕回來時,阮堂正好是16歲,楚亭想通過這個少年

---

① 崔完秀《金秋史研究草》,知識産業社,1976年,第12頁。
② 參見金正喜《阮堂全集》卷九,《韓國文集叢刊》第301册,第162頁。
③ 藤塚鄰撰,藤塚明直編《清朝文化東傳の研究——嘉慶·道光學壇と李朝の金阮堂》第一燕行篇第一章《金阮堂の家系と年少時》,國書刊行會,1975年,第78頁。

第五章　燕岩師門與清文人的交遊　　　　　　　　　　　　　　457

　　來復蘇第二個自我。①

藤塚鄰强調了朴齊家對金正喜的學術成長傾注了心血，不斷地向其灌輸他所瞭解的清朝文化、清文人信息等，希望金正喜能繼續沿著他與清文人的交遊之路走下去。而1809年（己巳），金正喜第一次入燕時，確實也對要會晤的清人對象作了思考和選擇，其所挑選的會晤對象都是朴齊家交流過的清文人，如曹江、翁方綱、阮元等。這些人的學識和高誼令他企慕，所以他入燕後就非常致力於尋找這些健在且在北京的清文人。藤塚鄰在《清朝文化東傳の研究——嘉慶・道光學壇と李朝の金阮堂》一書中這樣描述道：

　　　　半島的麒麟兒阮堂第一步踏入燕都時，深深打動他心的並不是巍然的城壁、廣大華麗的宮殿樓閣，而是那些可以滿足他強烈求知欲的清朝的碩學鴻儒。東國使行人唯一喜歡看的名勝，對他來說簡直是兒戲一般。他想首先去拜訪何人呢？朴楚亭、柳惠風往來交流的諸名流大部分或是去世，或是星散，留在北京的很少。紀曉嵐、羅兩峰、洪稚存、宋芝山、江秋史等已歸道山。孫淵如、陳仲魚、黃蕘圃等都已離都而南下。幸好翁覃溪還依然健康地屹立於學壇，鐵冶亭、李墨莊、法梧門、曹玉水等也健在，尤其阮芸臺正好此時也在北京居住。這些名賢之名，他早早地就從楚亭、惠風那裏瞭解到，耳熟能詳

---

①藤塚鄰撰，藤塚明直編《清朝文化東傳の研究——嘉慶・道光學壇と李朝の金阮堂》第一燕行篇第一章《金阮堂の家系と年少時》，第77頁。原文：彼が天稟不群の才學は、間もなく楚亭朴齊家の認むる所となって、兹に一進展の境を開いた。朴楚亭は、當時に於ける最も優れた達識の士であり、清朝文化に對する最大の理解者で、自家の新知識を傾け盡して、天才兒を鼓舞激勵した。楚亭が三度入燕の經驗から得た北京學壇の消息を、手に取る如く物語つては、若き阮堂の心を、狂ふばかりに躍らした。楚亭が第三次の入燕から歸った時は、阮堂は、方に十六歲の少年であった。楚亭は此の少年を通して第二の自己を蘇らしめようとしたのであった。

且企慕已久。這次入燕的目的就在於面晤結交諸名流,因此他全力歷訪諸家。年内較早往訪的人好像是曹玉水。①

正是在朴齊家力主北學而全心致力於與清文人展開文學、學術等交流的精神的引領下,金正喜與一批清朝碩儒進行了廣泛、深入的學術交流,如閔奎鎬《阮堂金公小傳》就金正喜與阮元、翁方綱建立的深厚學誼載云:

> 先是判書公使於燕,公隨而入,時年二十四。阮閣老元、翁鴻臚方綱皆當世鴻儒,大名震海内,位且顯,不輕與人接,一見公莫逆也,辨論經義,旗鼓當不肯相下。是以阮元撰《經解》,海内諸大家莫之見,而特先寄公抄本也。②

在交往的過程中,金正喜確實也從翁方綱、阮元那裏得到了大量啓發,大力提倡爲學當"實事求是","必精求訓詁者",指出:"此語乃

---

① 藤塚鄰撰,藤塚明直編《清朝文化東傳の研究——嘉慶・道光學壇と李朝の金阮堂》第一燕行篇第二章《阮堂の入燕と曹玉水》,第79頁。原文:半島の麒麟兒阮堂が、第一步を燕都に印した時、深く彼の心を動かしたものは、巍然たる城壁や、廣大華麗な宮殿樓閣の類ではなくて、彼れの知的欲求を充たすに足るべき碩學鴻儒其の人であった。東國の使人が、唯一の樂みとした名所見物は、彼れに取っては、一種の兒戲に等しかった。彼れは先づ何人を叩くべきかを考へた。朴楚亭・柳惠風の往來交歡した諸名流の多くは、或は下世し或は星散して、京に留まって居る者は少なかった。紀曉嵐・羅兩峰・洪稚存・宋芝山・江秋史等は、既に道山に歸し、孫淵如・陳仲魚・黃蕘圃等は、悉く南下して居合はせなかったが、幸に翁覃溪は猶ほ矍鑠として學壇に立ち、鐵冶亭・李墨莊・法梧門・曹玉水等も健在で、殊に阮芸臺の如きは、折りよくも是の歲に北上し留京して居た。是れ等の名賢は、夙に楚亭・惠風から耳聞し企慕して居たところであり、今次入燕の目的も、亦實に諸名流との面晤心契に在ったので、諸家の歷訪に全力を傾け盡した。其の年内に早くも往訪したのは、曹玉水であったやうであるから、先づ兩者の關係から敘べる。
② 閔奎鎬《阮堂金公小傳》,金正喜《阮堂全集》卷首,《韓國文集叢刊》第301册,第7頁。

學問最要之道。"①這些思想的出現,在朝鮮學術思想發展史上意義巨大。藤塚鄰指出:

> 特別值得注意的是,金正喜作爲朴齊家的弟子,是朝鮮五百年歷史上罕見的英才,他出使到中國與翁方綱、阮元兩大經學大師相識,與諸名流往來,瞭解到清朝學問的核心後而回國,從此朝鮮的學界迅速地采納了實事求是的學風,呈現出五百年來的嶄新面貌。②

總之,朴齊家與清文士所建立的學術脉絡,爲金正喜與他們的深入交往開了先路,無論是朴齊家本人還是金正喜,都從清學術上獲得了大量啓發,爲朝鮮學術視野的擴大及學術發展的轉型等作出了巨大貢獻。

由以上四點論述可見,朴齊家與清文人交流的重要意義就在於他積極地充當了朝鮮、清朝兩國間文化使者的角色。通過對雙方詩文的介紹,極大地促進了中朝文人對彼此詩文創作的瞭解,同時使得雙方在對等的平臺上進行著文學創作的交流,他的詩歌聲名也在清朝得到極大的顯揚。他與清文人的文學交流是十八世紀後期中朝文人交流的典範,也深深地影響到當時和以後的中朝文人交流。它爲十九世紀以金正喜爲代表的朝鮮文士與清文人的結識和深入交流奠定下堅實的基礎。

---

① 金正喜《實事求是説》,金正喜《阮堂全集》卷一,《韓國文集叢刊》第 301 册,第 21 頁。
② 藤塚鄰著,藤塚明直編《清朝文化東傳の研究——嘉慶・道光學壇と李朝の金阮堂》導言,第 4 頁。原文:殊に朴齊家の弟子にして、李朝五百年來稀に見る英物阮堂金正喜の出現し、ひとたび入燕して翁覃溪・阮芸臺二經師の知を受け、諸名賢と往來し、清朝學の核心を捉らへて歸東するや、半島學界は、實事求是の學を以て急角度に進展し、五百年來未だ見ざるの新生面を露呈した。

第四節　柳得恭三次出使中國與清文人的交往

柳得恭(1748—?)，字惠甫、惠風，號泠齋、泠庵、古芸堂，"早中進士。己亥，拜奎章閣檢書官，外補提川、抱川、楊根郡守。雖在外，每帶檢書之銜，是故世稱四檢書之一。以壽升通政僉知中樞府事，晚爲豐川府使"①。成海應《柳惠甫哀辭》云其"少孤而貧，具屋數椽，奉母夫人以居。……然公務實學，所著多地理名物之書。正宗時設奎章閣置學士，舉公及炯庵、楚亭佐之。每朝廷有纂修役，未嘗不與聞，輒稱上旨。以是屢蒙異恩，於內歷軍資、司導、濟用諸寺監，於外典府郡縣四"②。柳得恭文學成就較高，與李德懋、朴齊家、李書九三人在朝鮮漢文學史上有著"朝鮮後四家"的美譽。

一、柳得恭的三次出使中國

據史料記載，柳得恭曾三次出使中國。第一次於1778年(戊戌，乾隆四十二年)閏六月，隨問安使團書狀官南鶴聞出使瀋陽。徐瀅修《送柳惠風之瀋陽序》有載："柳子惠風從問安書狀官南學士鶴聞，將之瀋陽，造余請余言。"③南鶴聞充問安書狀官出使瀋陽，《正祖實錄》卷五有載："二年四月十五日，以徐命善爲瀋陽問安正使，南鶴聞爲書狀官。""二年六月十一日，許副瀋陽問安使徐命善，以李澈代之。"又載："二年閏六月二十六日，召見瀋陽問安正使李

---

① 安鍾和會纂《國朝人物志》"柳得恭"條，第299頁。
② 成海應《研經齋全集》卷一一，《韓國文集叢刊》第273冊，第236頁。
③ 徐瀅修《送柳惠風之瀋陽序》，徐瀅修《明皋全集》卷七，《韓國文集叢刊》第261冊，第153頁。

第五章　燕岩師門與清文人的交遊

澂、書狀官南鶴聞。澂等辭陛也。"①

第二次於1790年(庚戌,乾隆五十四年)五月,與朴齊家一起充任以黃仁點爲正使的進賀使團的檢書官,爲慶賀乾隆皇帝八十壽誕來到熱河、北京等地。柳得恭《灤陽錄》卷一《鴨緑江》有載:"庚戌,進賀副使,奎章閣原任直學徐公筵禀辟檢書二員爲從官,余與次修也。"②此行,柳得恭寫有使行日記《灤陽錄》。

第三次於1801年(辛酉,嘉慶六年)二月,仍是與朴齊家一起,充任以趙尚鎮爲正使的謝恩使團中的檢書官,出使到中國。柳得恭《燕臺再遊録》有載:"辛酉正月二十二日,余以豐川府使罷歸閑居。二十八日,内閣知會隨謝恩使一行赴燕,購朱子書善本。二月十五日,差備門下,直發,路文乘驛。"③此行,柳得恭寫有使行日記《燕臺再遊録》。

二、柳得恭與清文人的交流特點

(一)在出使中國之前,柳得恭就非常關注同時期清文人的創作,因而他對當時一批著名清文士有了一定的瞭解,這就有利於他在出使中國後,有指向性地與清文士取得聯繫而展開交流。

柳得恭曾編選《中州十一家詩選》,重點介紹了陸飛、嚴誠、潘庭筠、李調元、李鼎元、祝德麟、博明、周厚轅、郭執桓、李美、孫有義11位清代文人及其詩作127首。而實際上,當時柳得恭瞭解到的清文人及其詩作當不止於此,其在《中州十一家詩選》序中有云:"爲詩而不知所宗,其可乎? 輒録其詩之流傳東土者,手自點定,各有小傳,爲一卷,與吾黨二三子共之。若夫崔、金、二李之遺風餘韻,則余不敢希,而後之覽此者可知其早享瓜果云爾。丁酉重陽後二日,柳得恭書。"④因而,編入《中州十一家詩選》中的詩作祇是柳

①《正祖實録》卷五"二年六月二十六日"條。
②柳得恭《灤陽録》卷一,第7頁。
③柳得恭《燕臺再遊録》,第3頁。
④柳得恭《中州十一家詩選》序,柳得恭《中州十一家詩選》。

得恭所過目詩歌的一部分。可見，柳得恭在1777年（丁酉）前後，知曉了一批清文人的基本情況，無疑這就爲到達中國後與他們順利展開交流奠定了良好的基礎。

（二）除朴齊家外，柳得恭是十八世紀與清文人面對面交流次數最多的朝鮮文人。其交遊事迹詳見本書下編《十八世紀中朝文人交流長編》，三次出使中國，相結識相交遊的清文人詳見下表：

（柳得恭結識的清文人一覽表）

赴中國時間	交流的清朝學人及其身份
1778年（戊戌）	裴振（瀋陽書院教授）、張燮（秀才）、孫鎬（奉天府治中）、王瑷、沈映宸、王志騏、金科豫、姜文玉、沈映楓、王志鼇、王琮、魏琨、于恒、金渟、劉景何、王如、郭維翰、白永敏（以上爲瀋陽書院監生）、趙學淦（遼陽秀才）。
1790年（庚戌）	紀昀（禮部尚書）、潘庭筠（陝西道觀察御史）、李鼎元（翰林侍讀）、李驥元（翰林編修）、孔憲培（孔子七十二世孫，衍聖公）、羅聘（無官職，畫家，文人）、張道渥（曾任兩淮鹽務分司通州）、吳照（無官職，文人）、莊復朝（中書舍人）、莊會琦（莊復朝弟）、阮元（翰林編修）、劉鐶之（翰林檢討）、熊方受（翰林庶吉士）、蔣祥墀（翰林庶吉士）、鐵保（禮部侍郎）、完顏魁倫（福建將軍）、玉保（内閣學士）、章煦（翰林編修）、巴忠（理藩院侍郎）、湛潤堂（理藩院員外郎）、文某（中書舍人）、魚某（中書舍人）、瑚圖靈額（蒙古中書）、張經由（漢中書）、陶正祥（琉璃廠書商）。
1801年（辛酉）	八十太、明文、雅隆阿、覺羅富坤、于漈、王開緒、吳化鵬、溫岱、徐祥霖、董理、馮天良、王潔儒、金尚綱（以上爲瀋陽書院書生）、胡迴恒（豐潤縣吏目）之子、沙流河站一老翁、紀昀（禮部尚書）、李鼎元（中書舍人）、彭惠支（孝廉）、王霽（孝廉）、蒲文甲（舉人）、奚大壯（舉人）、楊鼎才（舉人）、張智瑩（舉人）、張玉麒（進士）、張問彤（張問陶從弟）、曹江（大理評事）、唐晟（曹江館師，布衣）①、陸慶助（以舉人充《實錄》謄錄官）、沈剛

① 朴長馣《縞紵集》上，卷三載："唐晟，號采江，江蘇青浦人，進士。"而柳得恭《燕臺再遊錄》載唐晟爲曹江館師。按常理，唐晟若爲進士，按例會授官，不可能去做館師，當朴長馣書錄有誤。朴齊家撰，李佑成編《楚亭全書》下册，第135頁。柳得恭《燕臺再遊錄》，第19頁。

第五章　燕岩師門與清文人的交遊　　463

續表

赴中國時間	交流的清朝學人及其身份
1801年(辛酉)	(孝廉)、康愷(舉人)、陳鱣(孝廉)、錢東垣(舉人)、黄丕烈(布衣)、黄成、盛學度(舉人)、吴紹泉(舉人)、顧晉采(舉人)、陳希濂(布衣)、夏文燾、章寶蓮、顧蒓、湯錫智、趙曾、王寧埠(考功)、王寧埏、朱鎬(文公十八世孫,布衣)、裘鏞(布衣)、孫琪(布衣)、毛祖勝(布衣)、崔琦(文商)、陶生(文商)、陳森(布衣)、倉斯升(户部主事)、莫瞻菉(工部侍郎)、劉大觀(寧遠知州)、劉大均(廩生)。
附未見面而有交流的清文人	李調元(進士)、祝德麟(進士)。

　　由此表可見,第一次出使中國時交流的清文人,可考的有19人;第二次出使交流過的清文人,可考的有25人;第三次出使交流過的清文人,可考的有56人;附未見面而有交流的清文人有2人。除去重複的人名,三次出使可考的交流過的清文人共有99人。可以說,柳得恭是十八世紀與清文人會晤次數最多的朝鮮文人之一。

　　(三)柳得恭三次出使中國,三次所交往的清文人對象有各自的鮮明特點:第一次出使,結識的清文人大部分是瀋陽書院的年輕秀才;第二次出使結識了一大批清朝廷的著名文人;第三次出使則結識了大量的清舉人。

　　1778年(戊戌)出使中國瀋陽時,柳得恭所結識的清人以瀋陽書院秀才爲主,柳得恭《灤陽録》卷一《瀋陽書院》載:"戊戌秋,余在瀋陽書院與奉天府治中孫西京鎬、西京女婿張燮、教授裴振、監生沈映宸、映楓兄弟、金科豫、王瑗、王志騏輩遊。臨別,贈詩者凡十七人,屬余和之,且問何時復來。……曾遊書院,多識遼瀋間秀才,或有遺忘者。"①由現存史料看,柳得恭這次出使與清文人的交流形式多爲詩歌唱和。由於這些清文士多爲普通文人,且無過人的文

---

①柳得恭《灤陽録》卷一,第8—9頁。

學才能,柳得恭後來回國後,也並未與他們保持聯繫。但這次出使仍具有一定意義,他通過與這些清秀才的詩歌往來,瞭解了清普通秀才的文學才能、生活狀態等,從而也體會到了此時清朝的太平氣象。如其在《挹婁旅筆序》一文中指出:"余之客瀋陽也,所與遊者,旗下人乎,皆學習詩書,魚魚雅雅,有士君子之風。……興京吾未之遊焉,而盛京之士吾見之矣,吾未知天下有變。"①

1790年(庚戌),柳得恭第二次出使中國時,所結交的清文人則以朝廷上層官員爲主,其中包括當時清文壇的著名文人,如紀昀、潘庭筠、李鼎元、孔憲培等等。這次出使,柳得恭之所以能與大量著名清文人進行交流,原因除了具有積極的交友心態外,還在於:1790年(庚戌)朝鮮使團的這次出使是爲了慶賀乾隆皇帝八十壽誕。熱河是此次乾隆生日慶賀地,雲集了從各地趕來參與慶賀活動的大批清人,故而於此柳得恭遇到了一大批著名人士。之後,他又從熱河來到北京,這又爲與清上層文士交往創造了有利條件。

1801年(辛酉),柳得恭第三次出使中國時,接觸到清朝大量舉人。究其原因,主要有二,一是辛酉年正好是三年一次的會試之年,各地舉人來到北京趕考,多遊觀琉璃廠,這就爲柳得恭結識他們提供了有利條件。他在《燕臺再遊錄》中有云:"係大比之年,各省舉人雲集都門,多遊廠中。與之言,往往有投合者,或群輩沓至,問答姓名鄉縣,擾擾而散。"②二是庚戌年曾有密切交往的一大批清朝廷友人或過世,如李驥元、孔憲培、羅聘、玉保③;或離京,如阮元此時在浙江巡撫任上;或不問世事,閉門深居,如潘庭筠。柳得恭

---

① 柳得恭《〈挹婁旅筆〉序》,柳得恭《冷齋集》卷七,《韓國文集叢刊》第260册,第112頁。
② 柳得恭《燕臺再遊錄》,第29—30頁。
③ 李驥元(1745—1799)、孔憲培(1756—1793)、羅聘(1733—1799)、玉保(1759—1798),參見江慶柏編著《清代人物生卒年表》,人民文學出版社,2005年,第300頁、第95頁、第489頁、第97頁。

第五章　燕岩師門與清文人的交遊

在《並世集》卷二中就有云:"庚戌秋,余在燕,聞香祖深居禮佛,未及訪。"此外,還有一批柳得恭熟悉的文人,他雖想拜會,但由於其他各種原因,也無法與他們會面。如1801年(辛酉),在與紀昀交流時,問及李調元、翁方綱、孫星衍等人,紀昀有云:李調元在四川"徵歌選妓,玩水遊山,兼作詩話若干卷,甚得意也";"翁公已以鴻臚奉祠東陵";"淵如外轉道員,現在丁憂"①。由於以上所提到的各種各樣的原因,柳得恭此次雖又在北京,却很少有機會與清廷的上層文人相會晤。

(四)與柳得恭有交往的清文人中,李鼎元、羅聘、陳鱣與其關係最爲密切。

早在1790年(庚戌)出使中國前,柳得恭與李鼎元就已經互通消息,建立了比較穩定的聯繫。柳得恭在《灤陽錄》卷二《李墨莊、鳧塘二太史》中稱李鼎元、李驥元兄弟"雨村從父弟,十餘年來信息相聞,天涯舊識也"②。1790年(庚戌)來到北京後,柳得恭更是頻繁造訪李鼎元兄弟二人,其《並世集》卷一有云:"余在燕時,亦與次修一再訪之,墨莊、鳧塘同寓四川會館。天涯舊雨,把杯劇歡。"此處"把杯劇歡"四字形象地顯示出二人交流的投緣③。1801年(辛酉)停留北京期間,他又"訪李墨莊舍人鼎元叙舊"④,其後,又多次與李鼎元會晤暢談,其《並世集》卷一有稱:"辛酉再入燕,墨莊以副价册封琉球而歸,官中書舍人,數與相會於琉璃廠書肆。"⑤其《燕臺再遊錄》就載有當時兩人兩次交流的詳細記録,從篇幅上看,這是現存的柳得恭與清文人間的最爲詳細的筆談記録,這在一定程度上也反映出兩人的親密關係。

---

①柳得恭《燕臺再遊録》,第6—7頁。
②柳得恭《灤陽録》卷二,第56頁。
③柳得恭《並世集》卷一,《燕行録全集》第60册,第94頁。
④柳得恭《燕臺再遊録》,第9頁。
⑤柳得恭《並世集》卷一,《燕行録全集》第60册,第94頁。

羅聘與柳得恭的關係也非常密切。1790年(庚戌),柳得恭來到北京與羅聘相識後,頻繁造訪其家,雙方建立了極其深厚的學誼。其《灤陽錄》卷二《羅兩峰》載:"余與次修屢過兩峰。偶數日未往,寫余小照,旁寫《折枝梅》,題云:'驛路梅花影倒垂,離情別緒繫相思。故人近日全疏我,持一枝兒贈與誰?'余以蘇定方平百濟、劉仁願紀功二碑謝之。兩峰大喜,即付裝潢。"①由此處柳得恭頻繁拜訪羅聘的舉動以及羅聘寫柳得恭小照、寫《折枝梅》等以寄相思之情的行爲,可見兩人見面時間雖不長,但確實有著一見如故的情誼。出於對柳得恭的知己之情,羅聘繼而把他援引給一批著名清文人,如吳照、張道渥等清文人相識。關於羅聘對柳得恭的大力推介,柳得恭《灤陽錄》卷二《羅兩峰》有載:"羅兩峰爲道余姓名,(吳照)便寄《説文偏旁考》,後遂相識。"而亦云張道渥"兩峰處相識"等②。

1801年(辛酉),柳得恭交往密切的清文人除上文所提及的李鼎元外,還有陳鱣。是年,柳得恭與陳鱣在北京的交往次數較他與其他清文人的來往爲多,而兩人間的交流内容也更爲深入、細緻。兩人在琉璃廠書肆中相識,一見如故。初次見面,雙方交流的内容就很豐富,有關於六書之學、朝鮮地理、語音變化、當代詩人等問題,兩人熱烈地交換了意見③。這次交流後,兩人意猶未盡,又"連日約會於五柳居"④,又就川楚匪亂、清廷狀況等話題展開交流,其中還涉及明朝遺民耻滿洲衣冠之事⑤。據柳得恭"連日約會"、"談草爲仲魚所毁,不能記其名,可恨"語⑥,雙方的筆談内容應該極其

---

① 柳得恭《灤陽錄》卷二,第60頁。
② 同上,第62頁、第61頁。
③ 參見柳得恭《燕臺再遊錄》,第20—23頁。
④ 同上,第23頁。
⑤ 同上,第23—24頁。
⑥ 柳得恭《燕臺再遊錄》,《燕行錄全集》第60册,第297頁。廣文書局版《燕臺再遊錄》此處有闕文,故參考《燕行錄全集》中的《燕臺再遊錄》。

第五章 燕岩師門與清文人的交遊　　　　　　　　　467

豐富,當不止《燕臺再遊錄》所載錄的內容。這也就從一個方面反映出兩人的交流非常投機,兩人的關係在相互來往中也越來越緊密。

（五）在與清文人交流過程中,柳得恭特別側重於與清文人進行文學、學術方面的交流。這主要表現在以下三方面:

首先,柳得恭與清友人多有詩歌酬唱、詩歌品評的活動。其在與清人的交往中,至少寫有 30 首詩歌贈與李調元、羅聘、紀昀、阮元等 34 個不同的清文人。羅聘、莊澤珊、熊方受、李鼎元等清文人則寫有 48 首詩歌贈與柳得恭①。除了相互贈送詩歌以外,柳得恭還常與李調元、紀昀、鐵保等清文人進行詩歌唱和,現存的他與清文人的唱和詩歌就有 11 組之多,涉及詩歌 48 首（其中劉大觀《朱素人畫百合花》原句不詳）②。除了詩歌的互贈外,1790 年（庚戌）柳得恭在北京期間還常與熊方受、蔣祥墀等清友人品詩論詩,柳得恭自云:"玉河館西壁爲庶常館。余與次修屢往談詩。"③並有詩句回憶道:"隔窗茶甌松風似,暇日論詩二庶常。"④

其次,柳得恭多次與紀昀、李鼎元、陳鱣等進行了内容豐富的學術交流。1790 年（庚戌）停留北京期間,與紀昀的筆談主要就圍繞遼金元明史、《清一統志》、徐敬德《花潭集》、朴齊家《冷齋集》等學術、文學專著而展開。同年,與李鼎元的筆談主要談論李調元《函海》刊刻、《函海》内容等的基本情況⑤。1801 年（辛酉）,與紀昀的筆談主要圍繞朱子書的存世情況、蘇州七子的學術特點等話題

---

① 參見本書附錄表 3:十八世紀中朝文人贈詩一覽表中"柳得恭與清文人間的贈詩"條。
② 參見本書附錄表 4:十八世紀中朝文人唱酬詩一覽表中"柳得恭與清文人間的唱酬詩"條。
③ 柳得恭《熊、蔣二庶常》,柳得恭《灤陽錄》卷二,第 66 頁。
④ 同上,第 65 頁。
⑤ 參見柳得恭《灤陽錄》卷二,第 53—54 頁。

而展開①。同年,與李鼎元筆談之時,雙方就戴震的學問進行了評論,還曾就"嫖"是何涵義進行了探討等②。與陳鱣的連日交流,涉及六書之學重要性、斥山及不咸山方位的考證、語音隨時代而變化等學術話題,雙方還對顧炎武、袁枚、蔣士銓等人進行了品評③。

再次,柳得恭在與清文人交流過程中往往伴隨有書籍的互贈和一些書籍的介紹,由此雙方推廣了自己或本國文人的文學成就。柳得恭積極地向清人推介自己和朝鮮友人的作品,在1778年(戊戌)第一次出使中國前,就手抄自己創作的《二十一都懷古詩》,托李德懋、朴齊家帶給清人潘庭筠。其《題〈二十一都懷古詩〉》云:"憶戊戌年間,……是歲懋官次修入燕,手抄一本寄潘香祖庶常。及見潘書,大加嗟賞,以爲兼竹枝、咏史、宮詞諸體之勝,必傳之作。"④在1790年(庚戌)之前,柳得恭也曾向李鼎元介紹或贈送過《歲時記》。《灤陽録》卷二《李墨莊、鳧塘二太史》載李鼎元詢問柳得恭語:"近有著作如《歲時記》之類否?"⑤

而在第二次、第三次出使中國時,柳得恭更是不遺餘力地向清友人介紹自己和友朋的創作。1790年(庚戌)第二次出使中國時,贈送《〈二十一都懷古詩〉注》給紀昀,《灤陽録》卷二《紀曉嵐大宗伯》載柳得恭語:"余更以《〈二十一都懷古詩〉注》贈之。"⑥他也曾向羅聘出示過《二十一都懷古詩》,《灤陽録》卷二《羅兩峰》載:(羅聘)"見余懷古詩而喜之,云:'與鮑以文爲密友。他方續刻《知不足齋叢書》,留下一本與他,自無不刻之理。'余已贈紀曉嵐尚書,更無以

---

① 柳得恭《燕臺再遊録》,第6—7頁。
② 同上,第14—15頁。
③ 同上,第20—23頁。
④ 柳得恭《冷齋集》卷八,《韓國文集叢刊》第260册,第118頁。
⑤ 柳得恭《灤陽録》卷二,第58頁。
⑥ 同上,第54頁。

第五章　燕岩師門與清文人的交遊

贈也。"①1801年(辛酉)第三次出使中國時,柳得恭又把自己近期的創作出示於紀昀。其《燕臺再遊錄》載與紀昀筆談語,柳得恭云:"近作二卷請教。"曉嵐曰:"謹當拜讀。此數日內,典禮繁重,須至册立禮成,方稍暇也。"②

而清文人在與柳得恭交往的過程中,也向他贈送了一些典籍並介紹了大量著作。如1790年(庚戌),紀昀贈金日追《儀禮正訛》十七卷③。同年,孔憲培贈趙汸《春秋金鎖匙》一卷,戴震《考工記圖》二卷、《聲韻考》四卷④。1790年(庚戌),於熱河時,鐵保向柳得恭出示了自己的近作《容臺集》⑤。而在1801年(辛酉),清人向柳得恭介紹的學術著作、文學創作更多,如錢東垣向其出示《詩古訓》十二卷、《爾雅釋文補》三卷、《廣雅疏義》二十卷等錢大昭所述十種書目,又出示了自己的著作《孟子解誼》十四卷、《小爾雅校證》二卷等八種作品⑥。同年,論學過程中,陳鱣向柳得恭介紹己著《説文解字正義》三十卷、《論語古訓》十卷等⑦。陳希濂將其所著《燕臺吟稿》一卷出示給柳得恭看⑧。當時的學術泰斗紀昀也曾將祖父文集《花王閣剩稿》一卷介紹給柳得恭⑨。

此外,需要指出的是,在一些場合中,柳得恭能多用漢語與清人進行口頭交流。此現象在十八世紀中朝文人間的交流中比較少見。如1790年(庚戌),他就曾用漢語與衍聖公孔憲培進行過交流。孔憲培感到驚訝,問云:"初入中國能作漢語,何也?"柳得恭答

---

① 柳得恭《灤陽錄》卷二,第60頁。
② 柳得恭《燕臺再遊錄》,第8頁。
③ 柳得恭《灤陽錄》卷二,第54頁。
④ 同上,第59頁。
⑤ 柳得恭《並世集》卷二,《燕行錄全集》第60册,第172頁。
⑥ 柳得恭《燕臺再遊錄》,第25頁。
⑦ 同上,第22頁、第24頁。
⑧ 同上,第28頁。
⑨ 同上,第8頁。

云:"略解之。"①《燕臺再遊録》中也自云他與陳鱣問答"多用漢言,或有談草"②。能用口語與清人進行一定的交流,這就爲柳得恭結識清人提供了便利條件,應該也是柳得恭得以順利與一大批清文人進行交流的重要原因。

三、柳得恭與清文人的交流意義

柳得恭三次出使中國,通過筆談、詩歌唱和等與99位清文人進行了文學、學術等方面的廣泛交流,意義重大,主要體現在以下兩個方面:

(一)通過與清文人的交流,柳得恭瞭解了清文壇的現狀、當代清人的文學創作成就。同時,出於對朝鮮文壇閉塞於當時清文壇情況的清醒認識③,他在出使中國以後,開始向朝鮮文壇大力介紹清代的文化和學人等,這必然會促進朝鮮文壇對清文壇的瞭解。如在大量結識並瞭解了清代文人後,柳得恭收集整理了清人贈送朝鮮人士的唱酬之作以及所寓目的一些與自己同時代的清人詩作,結集成《並世集》兩卷,既向朝鮮文壇介紹有名清文士如袁枚、李調元、程晉芳、紀昀等人,又介紹有自己所結交的一般清文士,如瀋陽書院諸生金科豫、沈映宸、王瑗等人,涉及的清詩人共計71人。他還在撰寫的使行日記《灤陽録》、《燕臺再遊録》中詳細列出自己與部分清文人交往的經歷等,不遺餘力地向朝鮮文壇介紹清文人。此外,還創作了懷人詩來向朝鮮文壇介紹清文人,如憶念李調元的詩作有《落花生歌,寄李雨村吏部》、《寄李雨村綿州閑居》、

---

① 柳得恭《灤陽録》卷二,第59頁。
② 柳得恭《燕臺再遊録》,第23頁。
③ 柳得恭在《〈並世集〉序》中指出:當時一大批朝鮮文士對明清以來的中國著名詩派、優秀詩人側耳無聞,直接造成了朝鮮文壇與清文壇缺乏交流、荒陋寡聞的弊病,致使近來朝鮮文壇出不了歷史上像崔致遠、金夷吾、李仲思等一樣能夠與中土著名文士並駕齊驅的偉大詩人。《〈並世集〉序》原文參見柳得恭《並世集》,《燕行録全集》第60册,第50—52頁。

第五章　燕岩師門與清文人的交遊　　471

《次雨村幾何歌韻》等等,這一系列的做法成功推動了兩國文學的進一步交流。

（二）由於同清人頻繁、廣泛而深入的交流,柳得恭的聲名逐漸在清朝當時和後代流傳,其《二十一都懷古詩》在清代也得以刊行,這也有利於清文壇加深對朝鮮文壇的印象,提高朝鮮文士在清文士心目中的地位。

當時清代一些著名文人如紀昀、李驥元、曹江等都仔細閱讀過柳得恭的詩歌作品,並對其有較高的評價。如紀昀評云:"古有鷄林相,能知白傅詩。俗原嫻賦咏,君更富文詞。序謝《三都賦》,才慚一字師。惟應傳好句,時説小姑祠。"①紀昀贊柳得恭比以前朝鮮的詩人更富有文采,且將其作品與左思的《三都賦》相提並論。可見紀昀對柳得恭才學的推重之高。又如,李驥元在閱讀了柳得恭《二十一都懷古詩》後,有詩句贊云"二十一都懷古情,高歌似欲遏雲行",並將柳得恭比作是中國南朝永明時期的著名詩人謝朓而有云"秋風秋雨相逢夜,又讀驚人謝朓篇"②。曹江亦有詩贊柳得恭云:"雅望中朝著,新詩古驛傳。"③指出柳得恭詩名無論是在朝鮮還是在清朝都得到了極大的傳揚。李調元還把柳得恭《歌商樓集》裏的《同宋芝山話舊述懷》、《松京雜絶》等詩作轉載到自己的《雨村詩話》中④。後來的一批清文人對柳得恭的才學也是贊賞有加,如法式善有云:"余於羅兩峰齋見柳得恭烏絲闌緼錢鈔本,筆畫纖勁可愛,事迹足補小史所缺,詩亦可傳。"⑤法式善對柳得恭的近體之作

---

① 紀昀《庚戌秋,送惠風檢理東歸》,柳得恭《並世集》卷二,《燕行録全集》第60册,第132—133頁。
② 李驥元《次惠風郡守寄雨村兄韻》,柳得恭《並世集》卷一,《燕行録全集》第60册,第98頁。
③ 曹江贈柳得恭詩（雅望中朝著）,柳得恭《燕臺再遊録》,第18頁。
④ 李調元著,詹杭倫、沈時蓉校正《雨村詩話校正》卷一六,第370頁。
⑤ 法式善著,張寅彭、張迪藝編校《梧門詩話合校》卷九,第271頁。

更是推崇,有云:"高麗人詩向少長篇,近見柳惠風(得恭)《冷齋集》可謂杰出。然古詩究不若近體之工。"隨後,他在詩話中載錄了柳得恭《題金德亨畫水禽》、《堅城雜咏》、《將雨》、《南江謠》等近體詩作以示褒揚①。又如,徐世昌編《晚晴簃詩匯》卷二〇〇中收錄了柳得恭《松泉雜詩》(二首)②,也是對其近體詩成就的充分肯定。

而《二十一都懷古詩》隨著柳得恭與清文人的交流而傳入清文壇,後來,在中土得以出版,更是說明了其詩歌在中國詩壇上的旺盛生命力。該詩集曾由清咸豐舉人趙之謙收錄到《鶴齋叢書》初集中予以公開出版③。丁仁編《八千卷樓書目》卷一八也收有柳得恭《二十一都懷古詩》書目,小注云:"朝鮮柳得恭撰,仰視千七百二十九鶴齋本。"④柳得恭《二十一都懷古詩》是歷史上爲數不多的在清朝得以出版的十八世紀朝鮮文人詩集之一⑤。這在某種程度上,反映出清人對其詩作的重視。《二十一都懷古詩》共收錄詩歌43首,依次抒寫了從檀君朝鮮、箕子朝鮮一直到高麗王朝末年辛禑在位時的歷史。詩人以極其敏銳的眼光真切地點出每個歷史階段的特點,給人以印象深刻的藝術衝擊,這組詩完全可以稱得上是史詩般的作品。它在中國的流傳和刊行,無疑會促進清人士對朝鮮歷史的瞭解。此外,在二十世紀三十年代,柳得恭的《灤陽錄》、《燕臺再遊錄》還被金毓黻收入到《遼海叢書》,這也是其文學創作在中國文

---

① 法式善著,張寅彭、張迪藝編校《梧門詩話合校》卷九,第270頁。
② 徐世昌編,聞石點校《晚晴簃詩匯》卷二〇〇,第9184頁。
③ 劉錦藻《清朝續文獻通考》卷二七三《經籍十七》,第81頁。
④ 丁仁編《八千卷樓書目》卷一八。
⑤ 現在中韓學界有學者認爲柳琴編《韓客巾衍集》(又名《四家詩》)亦曾在清朝得以刊行,但筆者未發現該詩集在中國出版的明確證據。筆者同意韓國學者朴現圭先生的意見,對《韓客巾衍集》是否曾在中國出版存疑。參見朴現圭《韓國的〈四家詩〉與清朝李調元的〈雨村詩話〉》一文,《四川師範大學學報》第25卷第4期,1998年10月。在中國得以刊行的十八世紀朝鮮文人作品集還有朴齊家的《貞蕤稿略》,參見本章第三節。

壇具有持久生命力的有力證據。由上所述，可見由於與清文人大量而深入的交流，柳得恭的文學成就得到了中國文壇的充分認可，提升了朝鮮文學在清文壇的地位，這應該是柳得恭與清文人交流所體現出的最大意義。

徐毅著

十八世紀中朝文人交流研究

下冊

中華書局

下編　十八世紀中朝文人交流長編

中朝有關文獻概述

要對十八世紀朝鮮文人與清文人的交流作全面而細緻的考察和分析，必須要瞭解這一時期雙方文人交往的具體情形，諸如交流的時間、地點、對象、形式、內容等等，因此專列下編對十八世紀中朝文人的交流情況進行梳理和編撰，以厘清這個時期兩國文人間的文脉關係。本編依據現存的與兩國文人交流有關的中朝文獻進行整理和考證：

一、十八世紀出使中國的朝鮮文人撰寫的使行日記

（一）現代出版的"燕行錄"著作：林基中編《燕行錄全集》（韓國東國大學出版部，2001）收錄的 63 種"燕行錄"[①]。林基中、夫馬進編《燕行錄全集（日本所藏編）》（東國大學韓國文學研究所，2001）收錄的十八世紀"燕行錄"，如李澤《兩世疏草(《燕行日記》附)》、尹汲《燕行日記》、李心源《丁亥燕槎錄》、佚名《燕行記著》、金箕性《燕行日記》5 種。《〈燕行錄選集〉補遺》（東亞細亞學術院、大東文化研究院，2008）中的十八世紀"燕行錄"，如李器之《一庵燕記》、李健命《寒圃齋使行日記》、姜浩溥《桑蓬錄》、李商鳳《北轅

[①] 具體篇目參見本書附錄表 11：十八世紀朝鮮燕行使團及燕行日記一覽表，《燕行錄全集》中誤收、重收的燕行錄不在統計範圍內。

録》、趙瓊《燕行日録》①、白景炫《燕行録》6種。林基中編《燕行録續集》中收録的,未收入上述三種燕行録全集或選集中的十八世紀的使行日記,如金尚奎《甲辰啓下》、趙文命《燕行日記》、李時恒《燕行見聞録》、沈銷《戊申燕行詩》、趙錫命《墨沼燕行詩》、南泰良《燕行雜稿》、李德壽《燕行録》、任斑《燕行録》、南泰齊《椒蔗録》、李基敬《飲冰行程曆》、李憲默《燕行日録》、李魯春《北燕紀行》(韓文版)、姜世晃《豹庵燕京編》、魚錫定《燕行録》、趙秀三《燕行紀程》、黃仁點《庚戌乘槎録》(韓文版)、洪羲俊《甲寅燕行詩》、洪致聞《丙辰苦塊録》等,共18種。林基中編《增補燕行録叢刊》獨有收録的,如韓祉《燕行日録》、權以鎮《燕行詩》、黃景源《燕行詩》、金箕性《燕行日記》(乾卷)、李繼祜《燕行録》(韓文版)等5種。此外還有校點本燕行録,如朴趾源著,朱瑞平校點《熱河日記》(上海書店出版社,1997),柳得恭《灤陽録》(廣文書局,1968)。

(二)筆者收集到的未現代單獨刊行的"燕行録":1704年(甲申)李器之《燕行詩》(李器之《一庵集》,《韓國文集叢刊[續]》第70册)、1721(辛丑)李正臣《燕行録》(李正臣《樂翁遺稿》卷一,《韓國文集叢刊[續]》第53册)、1721(辛丑)李正臣《燕行録》(李正臣《樂翁遺稿》卷七、卷八,《韓國文集叢刊[續]》第53册)、1728年(戊申)李時恒《赴燕雜咏》(李時恒《和隱集》卷五,《韓國文集叢刊[續]》第57册)、1732年(壬子)吳瑗《月谷燕行詩》(吳瑗《月谷集》卷三,《韓國文集叢刊》第218册)、1794年(甲寅)洪良浩《燕遼雜記》(洪良浩

---

① 《〈燕行録選集〉補遺》中册將此《燕行日記》作者定爲趙琓,誤。該《燕行日記》文首云:"丁未七月十二日,政拜冬至兼謝恩副使。蓋六月,都政仲弟拜上价,以病辭,遞其代右相俞彥鎬。爲之副使閔鍾顯有姻嫌,許遞,而余爲其代。"可見此燕行録作者爲副使。《正祖實録》卷二五載:十二年二月二十五日,"冬至正使俞彥鎬、副使趙瓊等在北京《馳啓》言……"且所記副使趙瓊姓名與《同文彙考》中一致,故《〈燕行録選集〉補遺》所寫作者"趙琓"是"趙瓊"的誤寫。

《耳溪先生三編全書》卷八四、八五），共6種。

二、中國文人出使朝鮮的使行日記，如阿克敦《東遊集》（殷夢霞、于浩選編中朝關係史料叢刊《使朝鮮錄》，北京圖書館出版社，2003）等。

三、朝鮮的歷史文獻，如朝鮮《肅宗實錄》、《景宗實錄》、《英祖實錄》、《正祖實錄》、《承政院日記》、《備邊司謄錄》、《通文館志》等。清朝歷史文獻，如趙爾巽等撰《清史稿》，《清實錄》中的《聖祖仁皇帝實錄》、《世宗憲皇帝實錄》、《高宗純皇帝實錄》、《仁宗睿皇帝實錄》（中華書局1985年影印版），鐵保《鐵保年譜》（清道光二年石經堂刻本），錢大昕編《錢辛楣先生年譜》（清咸豐間刻本），劉錦藻撰《清朝續文獻通考》（浙江古籍出版社，2000），《阿文勤公年譜》（《北京圖書館藏珍本年譜叢刊》第92册，北京圖書館出版社，1999），詹杭倫著《李調元學譜》（天地出版社，1997），王章濤著《阮元年譜》（黃山書社，2003），胡傳淮著《張問陶年譜》（巴蜀書社，2005）等。

四、十八世紀中朝文人間的唱酬集、尺牘集：《中士寄洪大容手札帖》（韓國崇實大學韓國基督教博物館藏本）、《東華筆話集》（私人藏本）、《薊南尺牘》（韓國翰林大學博物館藏本）、藤塚鄰鈔校《燕杭詩牘》（美國哈佛燕京學社藏本、韓國首爾大學奎章閣藏本）、《同文神交》（韓國國立中央圖書館藏本）、佚名編《中朝學士書翰》（韓國高麗大學中央圖書館藏本）、朱文藻編《日下題襟集》（嚴誠撰、朱文藻編《鐵橋全集》第4、5册，韓國首爾大學中央圖書館藏本）、佚名編《搢紳赤牘》（韓國首爾大學奎章閣藏本）等。

五、十八世紀中，出使過中國的朝鮮文人現存文集、與朝鮮文人有交往的清朝文人現存文集、其他記載兩國文人交流事件的相關文集、資料彙編、研究專著等。

（一）朝鮮文人文集如：金昌集《夢窩集》、徐宗泰《晚静堂集》、李頤命《疏齋集》、金昌業《老稼齋集》、趙泰采《二憂堂集》、李觀命《屏山集》、李健命《寒圃齋集》、李宜顯《陶谷集》、李德壽《西堂私載》、尹淳《白下集》、趙文命《鶴岩集》、沈錥《樗村先生遺稿》、李匡德《冠陽集》、趙觀彬《悔軒集》、趙顯命《歸鹿集》、俞拓基《知守齋集》、徐命膺《保晚齋集》、蔡濟恭《樊岩集》、李福源《雙溪遺稿》、李匡呂《李參奉集》、洪良浩《耳溪集》、吳載純《醇庵集》、洪大容《湛軒書》、朴趾源《燕岩集》、李德懋《青莊館全書》、金載瓚《海石遺稿》、柳得恭《冷齋集》、徐瀅修《明皋全集》、朴齊家《貞蕤閣集》、李晚秀《屐園遺稿》、李書九《惕齋集》、趙秀三《秋齋集》(以上《韓國文集叢刊》本)、姜世晃《豹庵稿》、李正臣《櫟翁遺稿》、李時恒《和隱集》、李器之《一庵集》(以上《韓國文集叢刊(續)》本)、李喆輔《止庵遺稿》(韓國首爾大學奎章閣藏本)、尹顯東《著石雲集》(韓國首爾大學奎章閣藏本)、洪仁謨《足睡堂集》(韓國成均館大學藏書閣藏本)、李德懋《青莊館全書》(韓國首爾大學古典刊行會，1966)、洪良浩《耳溪洪良浩全書》(民族文化社，1982)、李佑成編《楚亭全書》(首爾亞細亞文化社，1992)、洪義俊《傳舊》(韓國首爾大學奎章閣藏本)、柳得恭《後雲錄》(韓國首爾大學奎章閣藏本)、洪錫謨《陶匡詩集》(韓國國立中央圖書館藏本)、洪慎猷《白華子集抄》(韓國首爾大學奎章閣藏本)、李書九《薑山初集》(韓國國立中央圖書館藏本，卷末有"己酉五月裝於駱西之希篆堂語")、金益謙《潛齋稿》(日本東京大學藏本)。

(二)清朝文人文集如：揆叙《益戒堂詩集》(清雍正刻本)；阿克敦《德蔭堂集》(清嘉慶二十一年那彥成刻本)；紀昀撰，孫致中等校點《紀曉嵐文集》(河北教育出版社，1991)；李調元《童山集》(清乾隆刻《函海》道光五年增修本)；羅焕章主編，陳紅、杜莉注釋《李調元詩注》(巴蜀書社，1993)；祝德麟《悅親樓詩集》(清嘉慶二年姑蘇刻本)；李鼎元《師竹齋集》(清嘉慶刻本)；翁方綱《復初齋文集》(文海出版社，1974)；羅聘《香葉草堂詩存》(清嘉慶刻道光十四年印本)；李文藻《嶺南詩集》(清乾隆刻本)、《南澗文集》(清光緒刻《功順堂叢書》本)；許兆椿《秋水閣詩集》(清道光二十五年刻本)；鐵保

《梅庵文鈔》（清道光二年石經堂刻《梅庵全集》本）、《梅庵詩鈔》（清道光二年石經堂刻《梅庵全集》本）、《惟清齋全集》（《續修四庫全書》本）；博明《西齋集》（南京大學藏清代稿抄本）；德保《樂賢堂詩鈔》（《四庫未收書輯刊》本）；彭元瑞《恩餘堂輯稿》（清道光七年刻本）；伊秉綬《留春草堂詩鈔》（清嘉慶十九年秋水園刻本）；曾燠《賞雨茅屋詩集》（清嘉慶刻增修本）；石韞玉《獨學廬稿》（清寫刻獨學廬全稿本）；陳文述《頤道堂集》（清嘉慶十二年刻道光增修本）；洪亮吉《卷施閣集》（清光緒三年洪氏授經堂刻《洪北江全集》增修本）、《更生齋集》（清光緒三年洪氏授經堂增修本）；錢大昕《潛研堂集》（清嘉慶十一年刻本）；李調元著，詹杭倫、沈時蓉校正《雨村詩話校正》（巴蜀書社，2006）；張問陶《船山詩草》（中華書局，1986）；魏元樞《與我周旋集》（清乾隆五十八年清祜堂刻本）；吳省欽《白華前稿》（清乾隆刻本）、《白華後稿》（清嘉慶十五年刻本）、《白華詩鈔》（清刻本）；孫星衍《孫淵如先生全集》（清嘉慶刻本）；阮元《研經室集》（《四部叢刊》景清道光本）；嚴誠撰，朱文藻編《鐵橋全集》（韓國首爾大學中央圖書館藏）。

（三）記載十八世紀兩國文人交流事件的相關文集、資料彙編、研究專著等：清朝有吳振棫撰，童正倫點校《養吉齋叢錄》（中華書局，2005）；徐世昌編，聞石點校《晚晴簃詩匯》（中華書局，1990）；法式善著，張寅彭、强迪藝編校《梧門詩話合校》（鳳凰出版社，2005）；楊鍾羲《雪橋詩話》（民國《求恕齋叢書》本）等。朝鮮有柳得恭《中州十一家詩選》（韓國首爾大學奎章閣藏）；柳琴編，朴齊永注，白斗鏞校《四家詩》（翰南書林出版，1917，韓國高麗大學圖書館藏。此書是《韓客巾衍集》的校注本）；朴長馣《縞紵集》（朴齊家撰，李佑成編《楚亭全書》下册，亞細亞文化社，1992）；李喜經著，李佑成編《雪岫外史》（亞細亞文化社，1986）；鄺健行點校《乾净衕筆談・清脾錄》（上海古籍出版社，2010）；李裕元《林下筆記》（成均館大學、大東文化研究院，1961）；南有容《雷淵集》；成海應《研經齋全集》；成大中《青城集》;沈象奎《斗室存稿》;申緯《警修堂全稿》(以上五種爲《韓國文集叢刊》本);李圭景《五洲衍文長箋散稿》(東國文化社,影印本,1959);藤塚鄰撰,藤塚明直編《清朝文化東傳の研究——嘉慶·道光學壇と李朝の金阮堂》(日本國書刊行會,1975);《秋史體的真髓,果川時節——秋史字體拓本展》(果川市·韓國美術研究所,2004);《一千支筆和十隻硯都磨損了——秋史青年時期的書法》(韓國果川文化院,2005);《秋史書法歸鄉展——藤塚鄰寄贈的秋史資料展》(韓國果川文化院,2006);《藤塚鄰寄贈的秋史資料展Ⅱ——秋史與韓中交流》(韓國果川文化院,2007);《藤塚鄰寄贈的秋史資料展Ⅲ——藤塚鄰的秋史研究資料》(韓國果川文化院,2008);《秋史資料的歸鄉》(韓國果川文化院,2008);《秋史燕行二百周年紀念——金正喜與韓中墨緣》(韓國果川文化院,2009);《看秋史的十雙眼睛——秋史金正喜燕行二百周年紀念展示會》(華豐美術館、華豐書博物館,2010)①。

---

① 《秋史體的真髓,果川時節——秋史字體拓本展》及其以下諸書的韓文書名依次是:《추사체의진수,과천시절—— 추사 글씨 탁본전》(과천시·한국술연구소,2004)、《붓 천 자루와 벼루 열 개를 모두 닳아 없애고——추사의 작은 글씨》(韓國果川文化院,2005)《추사 글씨 귀향전——후지츠카 기증 추사 자료전》(韓國果川文化院,2006)、《후지츠카 기증 추사 자료전Ⅱ——秋史와韓中交流》(韓國果川文化院,2007)、《후지츠카 기증 추사 자료전Ⅲ——후지츠카의 추사연구자료》"藤塚鄰的秋史研究材料"(韓國果川文化院,2008)、《추사 자료의 귀향》(韓國果川文化院,2008)、《秋史燕行 200 주년기념——金正喜와 韓中墨緣》(韓國果川文化院,2009)、《추사·秋史를 보는 열 개의 눈——추사 김정희 연행(燕行) 200 주년 기념 전시회》(華豐美術館、華豐書博物館,2010)。

凡　例

1. 中朝文士交流事迹主要以朝鮮文士出使中國的年代先後順序編列，分作三個時期以專節編排：十八世紀早期（1701年、康熙四十年、肅宗二十七年至1730年、雍正八年、英祖六年）、中期（1731年、雍正九年、英祖七年至1770年、乾隆三十五年、英祖四十六年）、後期（1771年、乾隆三十六年、英祖四十七年至1800年、嘉慶五年、正祖二十四年）。

2. 朝鮮三使（正使、副使、書狀官）出使時間以佚名編《使行錄》（《燕行錄全集》第27册）所載出使日期爲據，同時參照《朝鮮王朝實錄》中記載的出使中國的時間。對中韓研究專著、專文中記載朝鮮文士出使中國時間錯誤者、不詳者等進行考證，而對林基中編《燕行錄全集》，林基中、夫馬進《燕行錄全集（日本所藏編）》，東亞細亞學術院、大東文化研究院編《〈燕行録選集〉補遺》，林基中編《燕行録續集》，林基中編《增補燕行録叢刊》等中已正確指明朝鮮文士出使中國時間者，不再另行考證。

3. 以人繫事，同一朝鮮文士與清文士的交遊事迹編列在一起。

4. 詳細考證中朝文人交流事迹，用傳記例爲之，並附交流詩文、筆談、來往尺牘、文學批評等情況。

5. 十八世紀重要的中朝文人交流事迹列專節考述者：本世紀早期朝鮮金昌業與清文人交流長編、中期朝鮮洪大容與清文士交流長編、後期朝鮮燕岩師門（朴趾源、李德懋、朴齊家、柳得恭）與清文人交流長編。

6.其他十八世紀中朝文士交流事迹發生時間不詳或待考者，附錄於最後。

第一章　十八世紀早期中朝文人交流長編

1701年　康熙四十年　肅宗二十七年

[辛巳]十月二十六日,於遼東新城,首譯崔希卨往見通官文鳳先於其住所,"問皇帝西獵事,則答以姑無出獵之事。將於臘月初,似有出獵,而亦非久當還云"。(孟萬澤《閑閑堂燕行録》①)

[辛巳]十月二十八日,於瀋陽,崔希卨問奉天户部官姓練者出獵事。《閑閑堂燕行録》載云:"渠以皇帝出獵事問之,答以'二十二三日間,已出獵於長城'云。"(孟萬澤《閑閑堂燕行録》)

[辛巳]十一月初六日,於寧遠縣察院,孟萬澤與一自稱教授的漢人有交流。孟萬澤(1660—1710),朝鮮文士,字施仲,籍貫新昌。1701年(辛巳)九月,其作爲告訃使團書狀官出使中國。

　　《閑閑堂燕行録》載云:"西轉而北入察院,院甚精潔。有一漢子以教授爲名,率胡兒數十人入處房屋,而壁間有木牌,上書'先師孔子神位'六字,插香其前,其無知妄作,誠可駭也。城中聞有知府。問之,即'張建策爲名,而將校鄔爾度、胡世達率百人協守城

---

① 孟萬澤《閑閑堂燕行録》載於《燕行録全集》第39册,第187—274頁。《燕行録全集》載作者未詳。左江考定該使行日記的作者爲孟萬澤,見《〈燕行録全集〉考訂》第25條,載於張伯偉編《風起雲揚——首届南京大學域外漢籍研究國際學術研討會論文集》,第238—239頁。

池'云。"(孟萬澤《閑閑堂燕行録》)

[辛巳]十一月初九日,於山海關城内,孟萬澤與秀才張練有交流。《閑閑堂燕行録》載云:"右側小室即本關教授之家也。教授六品官,以秀才得選,來此已周歲云。教授者出迎,自言山東鹽山人,姓名張練,而動止頗從容。"具體交談語不詳。"十一日甲午,晴。平明起行,教授者來見。以昨日款接之故,出贈筆墨。至床下叩頭,真過恭者也。仍問税官及管關城將之名,則'税官費養古,管關曰劉光唐,城將曰馮西生'云。仍與作別"。(孟萬澤《閑閑堂燕行録》)

[辛巳]十一月十二日,於雙望堡城内,孟萬澤與守防之子(名不詳)有交流。《閑閑堂燕行録》載云:"堡亦有城,皆塌夷。主胡漢人也,頗識字而家殷富,朱棟彩户,儼如公廨。問之,自稱守防之子云。"(孟萬澤《閑閑堂燕行録》)

[辛巳]十一月十四日,於豐潤縣,孟萬澤與谷應泰之侄有交流。《閑閑堂燕行録》載云:"主胡谷姓,即爲編次明事者應泰之侄,而家殷富,屋宇宏杰,門墻重叠。帷帳之屬,几卓(桌)之類皆極侈靡,非如閑漢之所居也。聞客來,設茶出見。問其知縣姓名,乃'陝西舉人王之勛'云。"(孟萬澤《閑閑堂燕行録》)

[辛巳]十一月二十三日,"清吏司主客二人來見譯輩",詢問朝鮮逝世王妃年齡,因何疾而終,王妃父親名,王妃是否有王子、公主等。朝鮮譯輩一一答之。(孟萬澤《閑閑堂燕行録》)

[辛巳]姜銀在出使中國過程中,與江南人祝愷有詩歌唱和。姜銀(1650—1733),朝鮮文士,字子精,號白閣,謚文安,籍貫晉州。1701年(辛巳)十月,其作爲三節年貢使團正使出使中國。

姜世晁《豹庵稿》卷五《題〈華人詞翰帖〉後》一文載:"康熙四十年辛巳冬,先府君文安公以冬至正使兼告訃使赴燕,江南祝愷呈五排十二韻一首,又呈七律一首。"

第一章　十八世紀早期中朝文人交流長編　　487

　　祝愷贈詩七律載於姜銀《看羊錄》,云:"簡書來往不辭勞,相送關門日正高。愧我欲投宗慤(愨)筆,感公能解呂處刀。雪花片片飄青蓋,柳綫垂垂映綠袍。君命遠將真不辱,還朝定有衮衣褒。"姜銀有和詩,《次江南祝愷韻》:"殊方誰更慰勞勞?贈語多君意氣高。困翮低垂籠裏鳥,壯心牢落匣中刀。退之自是招窮鬼,由也何曾恥敝袍?立懶清風人莫識,此行欣得一言褒。"(姜銀《看羊錄》)惜祝愷所呈五排十二韻一首不詳。

[辛巳]姜銀出使中國,過豐潤谷家時,與谷梣有詩歌唱和。姜世晃《豹庵稿》卷五《題〈華人詞翰帖〉後》一文載:"康熙四十年辛巳冬,先府君文安公以冬至正使兼告訃使赴燕,……豐潤谷一枝梣呈七律二首。"

　　姜銀有《次豐潤谷一枝韻》:"舍伯銜綸歲在庚,契丹猶説長公名。駑駘下質慚難弟,冰蘗清標樂有兄。異域無人堪與語,新篇非子更誰評?河梁從此分南北,脉脉臨歧去留情。""殊方客抱向誰開?青眼談詩喜子來。嫩柳迎春抽綠綫,寒梅謝臘謝紅腮。比來思渴愁吟月,老去年衰怯把杯。最是男兒揮涕處,烟塵埋没舊金臺。"原韻不詳。(姜銀《看羊錄》)

[辛巳]姜銀出使中國過程中,清山東人蔡瑚有一首五絶相贈。姜世晃《豹庵稿》卷五《題〈華人詞翰帖〉後》一文載:"康熙四十年辛巳冬,先府君文安公以冬至正使兼告訃使赴燕,……山東蔡瑚呈五絶一首。"惜此五絶未詳。(姜世晃《豹庵稿》)

1703年　康熙四十二年　肅宗二十九年

[癸未]是年,六月十七日,出使到朝鮮的清上敕(揆叙)、副敕(名字不詳)請見東方好詩,並表達出欲與朝鮮官員相唱和的意願。揆叙(1675—1717),錢仲聯《清詩紀事》載:"字愷功,號惟實居士,滿洲正黄旗人。蔭生。康熙三十五年,由二等侍衛特授翰林院侍讀,官至左都御史。諡文端。有《益戒堂自訂詩集》十二卷,《益戒堂詩後集》十二卷。"

《肅宗實錄》卷三八載：二十九年六月十七日，"北使各求綃屏，上敕要宰相製詩贊揚，並書於屏，副敕要宰相書古詩。廟堂抄啓作詩書寫宰臣。既而上敕自以職是翰林學士，願與貴國翰林相對唱和，此外侍郎、學士中能詩者，亦令製述以示。政院言：'奉教以下官雖稱翰林，惟秉筆修史而已，無與於詞章，不可創開新規。侍郎、學士，我朝無此官號，宜就知製教中，抄擇製示。'從之。被抄諸人多稱托不肯製。上敕求詩文日急，政院屢請推考，久而始製呈上。下教曰：'予觀數詩，柳成運詩外，皆有病，宜加點檢。'李健命、李觀命、權尚遊、崔昌大、金栽竟不應命。上敕又求見東方好詩。命弘文館抄送數十首。上敕以李震休、吳泰周筆法甚善，使震休書李濡等十二人所製詩，具職銜、姓名。副敕使吳泰周書東方古詩十二首以去。上敕出示七言絕句二首以致謝意"。

揆叙出示的七言絕句二首，題作"朝鮮諸君子有詩見贈，予未暇遍和，賦二絕句酬之"。揆叙《益戒堂詩集》（清雍正刻本）卷八有載："六月星軺駐海東，地傳仁聖有遺風。神交忽枉瑤華贈，伸紙還應識面同（予與諸君未曾識面）。""戛玉摐金各擅長，玕琪才譽重東方。盡收海外驚人句，不數當年陸賈裝。"

1704年　康熙四十三年　肅宗三十年
[甲申]是年，李頤命與張赤城有交流。李頤命（1658—1722），朝鮮文士，初字智仁，字養叔，號疏齋，謚忠文，籍貫全州。著有《疏齋集》等。1704年（甲申）十月，其作爲三節年貢使團正使出使中國。

於寧遠衛，"秀才張赤城持詩請和"，李頤命與副使（李喜茂）共和。李頤命詩云："論文無雜語，傾蓋却成歡。使魯延陵子，居遼管幼安。燕歌還遠別，鶴野尚餘寒。去後能相憶，回頭旭日看。"（李頤命《燕行詩》）

1705年　康熙四十四年　肅宗三十一年
[乙酉]是年，鄭載崙與白受采有交遊。鄭載崙（1648—1723），朝鮮

文士,字秀遠,號竹軒,諡翼孝,籍貫東萊。著有《東平記聞》、《閑居漫錄》等。1705年(乙酉)十月,其作爲謝恩兼三節年貢使團正使出使中國。白受采,姜浩溥《桑蓬錄》卷四載其自云"以癸卯科中式","虛度三十八歲,尚未及仕也"。姜浩溥《桑蓬錄》卷三載其友程瑍向姜浩溥稱贊道:"吾所居里中有舉人白受采者,大儒也。習文章,又兼善於算命。使行入山海關日,吾當與往尋館舍矣。其人與吾甚善,吾當以致之。"

姜浩溥《桑蓬錄》卷四載:"白(受采)因問曰:'東平尉鄭駙馬無恙乎?'令公答曰:'已没纔過三年矣。'……白曰:'乙酉年曾結契誼,至今耿耿不忘,聞已故,不勝凄愴。'"東平尉鄭駙馬當指鄭載崙,金壽恒《文谷集》卷一九《仁宣王后寧陵志》載云:"我殿下聘領敦寧府事金佑明女爲妃,五公主,……次曰淑静公主,下嫁東平尉鄭載崙。"1705年(乙酉),鄭載崙以謝恩兼冬至正使身份出使中國。《肅宗實錄》卷四二載:三十一年八月二十七日,"東平尉鄭載崙以冬至正使將赴燕"。《肅宗實錄》卷四三載:三十二年三月二十六日,"甲申,回還謝恩兼冬至正使鄭載崙、副使黄欽、書狀官南迪明入來"。

1709年　康熙四十八年　肅宗三十五年

[己丑]是年,一些朝鮮人士向出使到朝鮮的清人受敏問藥,向清副敕年羹堯①求其筆迹。年羹堯(?—1726),法式善輯《清秘述聞》卷三載:"字亮工,漢軍鑲黄旗人,庚辰進士。"籍貫鳳陽府懷遠縣。1709年(己丑),清復立其太子,赦天下。内閣學士年羹堯作爲清使團副敕出使朝鮮。

《肅宗實録》卷四七載:三十五年五月十一日,"上還御仁政殿,受胡敕,仍接見虜使。受敏者稍解醫理,有識朝士皆遣子問藥,人

---

① 清使團此行副敕爲年羹堯。《肅宗實錄》卷四七載:三十五年五月十一日,"上出西郊,迎虜使。引見遠接使姜銳於幕次,問上、副敕人物。銳對曰:'上敕,即胡武,而爲人稍沉晦,副敕年羹堯,即内閣學士,以文見用'云"。

皆慕效,不知羞恥。時去丙、丁已遠,尊周之義寖晦。虜使入城之日,士夫女子多占路傍家舍,競爲觀光。且副敕稍能書,故士夫因譯舌輩,求其筆迹者又多,識者駭嘆"。(《肅宗實錄》卷四七)

1710年　康熙四十九年　肅宗三十六年

[庚寅]是年,朝鮮譯官金指南在瀋陽與瀋帥松柱交流數日。金指南(1654—?),朝鮮譯官,字秀明,籍貫牛峰。1710年(庚寅)十月,隨冬至正使鄭載崙出使中國。

《備邊司謄録》載:肅宗三十八年正月二十五日,"偶與瀋帥松柱語數日,盛陳我國家恪謹候度。柱後入相,面奏皇帝,自是帝多蠲省於本國"。(《備邊司謄録》)

1711年　康熙五十年　肅宗三十七年

[辛卯]是年,於鳳凰城,趙泰東與秀才明姓少年相識。趙泰東(1649—1712),朝鮮文士,字聖登,號楓溪,籍貫漢陽①。1711年(辛卯)六月,其作爲參覈使出使中國。

閔鎮遠《燕行録》載:壬辰三月二十,"(少年)又書示曰:'老先生識刑曹參判趙先生否?'昨年趙令聖登以參覈使來此,必指此令也"。交流事迹不詳。(閔鎮遠《燕行録》②)

1712年　康熙五十一年　肅宗三十八年

[壬辰]是年,閔鎮遠與明姓秀才有交流。閔鎮遠(1664—1736),朝鮮文士,字聖猷,號丹岩、洗心,謚文忠,籍貫驪興。著有《丹岩奏議》、《丹岩漫録》、《燕行録》等。1712年(壬辰)二月,其作爲謝恩使團副使出使中國。

三月二十日,閔鎮遠於鳳凰城逢一自稱秀才的明姓少年,且云

---

① 李宗城《司憲府大司憲趙公神道碑銘(並序)》載:"公字聖登,自號楓溪,漢陽人。"李宗城《梧川集》卷一〇,《韓國文集叢刊》第214册,第240頁。
② 閔鎮遠《燕行録》載於《燕行録全集》第36册,第139頁—442頁。林基中先生把作者定爲趙榮福,誤。作者應爲閔鎮遠。上文注中已有説明,此處略。

能通經書,故閔鎮遠出《詩傳》使讀之,"則讀一章,又令讀注,則不肯,仍曰:'願得此册。'"閔鎮遠云"此是吾愛玩之册,不可許也"。後,少年又問閔鎮遠是否與朝鮮刑曹參判趙先生識。閔鎮遠意其趙先生當指趙聖登,因去年其人以參覈使出使中國,而有云:"相親矣。"(閔鎮遠《燕行録》①)

[壬辰]三月二十五日,於狼子山,諸裨與住家侄子(王姓)言中國科舉之事。侄言"近來非賂,則難做官",誦民謡曰:"衙門處處向南開,有理無錢休入來。"且云:"此則非關皇帝事,宰執多貪婪者,故如此。皇上何以知之耶?"(閔鎮遠《燕行録》)

[壬辰]四月初六日,閔鎮遠等於大凌河逢一秀才,姓氏不詳。談話内容主要涉及科場試策之規、當地賦税情況等。(閔鎮遠《燕行録》)

[壬辰]四月二十六日,於北京智化寺,閔鎮遠、李東培等與清人李大均、李廷基有交流。閔鎮遠《燕行録》載:"食後,李裨東培族人所謂李大均者來見,相對涕泣。其年十六,已爲章京。聞都城章京品秩頗高,可比於我國訓局千把總云。此人可謂早達,而或言門蔭授職,故如此云。少坐,即起出。"交談語不詳。

四月二十九日,"食後,李大均率其宗人廷基又來,與李裨叙話而去"。交談語不詳。

四月三十日,"李大均之父李煒貽書李裨,饋以餅四器、茶二壺。煒則欲爲來見,而得罪皇帝,皇帝命拘囚於其家,使不得出入云"。李煒書信内容不詳。

---

① 閔鎮遠《燕行録》卷首云:"上之三十七年辛卯十一月二十七日,余以江華留守移差謝恩副使。三十八年壬辰二月二十二日乙亥,晴,余以謝恩副使,同上使錦平尉朴公弼成、書狀官柳中丞述,天明詣闕下直。"故閔鎮遠的此次出使中國時間是肅宗三十八年,即1712年(壬辰)。《燕行録全集》第36册,第169頁。

五月十二日,"李廷基、李大均又來見李禈,而通官輩同坐不起。諸禈脉脉相看,不出一言云"。

五月二十二日,於北京,"李禈東培之族李廷基貽書李禈,贈以各種玩好之物,又以書畫四種及香囊等物要李禈呈納於余(筆者按,指閔鎮遠),余謝却之"。(閔鎮遠《燕行錄》)

五月二十六日,"李廷基又以書問。李禈以難於爲答,還送前日袖去問目"。書信内容不詳。

[壬辰]五月二十五日,留北京智化寺,閔鎮遠與禮部序班潘德興談,聞其家在浙江紹興府山陰縣,故向其詢問蘭亭宴會之事及其流觴曲水現狀。(閔鎮遠《燕行錄》)

[壬辰]五月二十六日,於北京,序班周仲章贈《范忠貞集》一匣予閔鎮遠,閔鎮遠以鰒魚等物謝之。閔鎮遠云:"凡可買書册,(周仲章)竭力求覓,余曾以筆墨等物謝之。"(閔鎮遠《燕行錄》)

[壬辰]五月二十六日,於北京,序班潘德興與朝鮮諸禈有交流。諸禈向潘德興詢問皇明後裔生存情況,潘德興告訴他們,皇明後裔多在江西地方散居,爲民不得做官。

六月初三日,於北京,潘德興言於諸禈曰:"南京地方有劉灝者,年過三十,抱英雄之才,蘊英雄之略,大識時務,博通群書,天下皆聞其名,而隱遁山中深自韜晦,朝廷亦無辟名之舉。"(閔鎮遠《燕行錄》)

[壬辰]六月初八日,於薊州,貢生丁含章訪閔鎮遠,相與筆談。丁言己爲明皇後裔,本姓朱,其父隱遁此地,"變姓丁,得以免禍"。兩人談話内容涉及當今天下形勢和朝鮮使者所著衣冠等,閔鎮遠作五言絶贈之曰:"傾蓋渾如舊,含懷却不言。百感徒填臆,臨分拭泪痕。"(閔鎮遠《燕行錄》)

[壬辰]六月初九日,於玉田縣,閔鎮遠見秀才王緯"聚會童蒙數十

人教誨講讀",故向其詢問"教授童幼,以何書爲先"。王緯云:"先教《三字經》,次教《大學》、《中庸》、《論語》、《孟子》矣。"閔鎮遠問及"朱文公小學不爲教習否",王緯云:"即今皇上以爲小學中語皆經史之説。既讀經,史則不可又讀。"閔鎮遠認爲"此書禁天下,不得學習矣,可怪"。(閔鎮遠《燕行録》)

[壬辰]是年,柳述與井姓人有交流。柳述(1656—1726),朝鮮文士,字懷祖,籍貫全州。1712年(壬辰)二月,其作爲謝恩使團書狀官出使中國。

六月十四日,於山海關,教授井姓人來訪,書狀官柳述與之談。内容涉及朝鮮使節衣冠及天下形勢等。(閔鎮遠《燕行録》)

[壬辰]是年,尹趾仁、盧世夏與郭朝瑞有交流。尹趾仁(1656—1718),朝鮮文士,字幼麟,號楊江,籍貫坡平。1712年(壬辰)十一月,其作爲謝恩兼三節年貢使團副使出使中國。盧世夏(1657—?),朝鮮文士,字大而,籍貫豐川。1712年(壬辰)十一月,其作爲謝恩兼三節年貢使團書狀官出使中國。

十二月初九日,於新民屯,"副使(筆者按,尹趾仁)、書狀(筆者按,盧世夏)見郭朝瑞,有問答。朝瑞以吴三桂部下人,三桂敗後,配於此。前後使行,多招見問事情。南相九萬、崔相錫鼎特親厚,問遺久不替。其人頗有文翰,而爲人浮誕,言不實云"。交談語不詳。(金昌業《老稼齋燕行日記》卷一)

[壬辰]十二月二十六日,於通州,崔德中與漢人孫心維有筆談。崔德中,身份待考。1712年(壬辰)十一月,其以謝恩兼三節年貢使團副使尹趾仁手下一名軍官的身份出使中國①。

崔德中《燕行録》載云:"(孫心維)自稱秀才……余欲買書册,

---

① 金昌業《老稼齋燕行日記》卷一《一行人馬渡江數》載:"副使,尹趾仁。軍官,折衝崔德中……"《燕行録全集》第32册,第293頁。

夜借宿其家,夜與相話。則渠云漢人用三年之喪,不飲酒食肉,不火葬。而有力者則壙中以灰隔磚,成槨窆葬。貧者則不用其制,祗以掩土。或有旅死無親者,則自其村入棺,置野中。而清人用三月之喪,飲酒食肉,火葬後收其燼骨,裹以十襲錦袱,又盛花瓮,覆以玉蓋,更以錦袱裹瓮埋葬。不擇地,不加莎草,或以塗灰於墳土,狀如覆盆矣。漢人之大族巨卿之家尚不與清人相婚。其他常漢貧班與清婚姻者有之,而爲其子孫者,喪制裹足等事,一從父邊。而雖清人,其死者有遺言,則不火葬。曾於太皇后之喪,不火葬云矣。漢用漢語,清用清話,而第朝廷上皆用清語。漢人若不用清語,礙於仕路云矣。"(崔德中《燕行録》)

1713年　康熙五十二年　肅宗三十九年

[癸巳]二月初三日,於北京,崔德中與周姓序班①有交談。語涉蒙古人、清皇帝子女、太子囚禁處、皇帝常居處、南貨稀貴之因等。(崔德中《燕行録》)

[癸巳]二月初三日,清康熙帝要見朝鮮書籍,聖旨云:"伊等俱好讀書,或有持來的文章,不拘何樣書籍俱拿來朕覽曉諭。伊等無得隱匿,盡皆拿來,一覽並無妨礙。""使臣相議,以爲皇帝既問我國所有書籍,又以所無書籍爲問,則雖係禁書,一概秘諱,非誠實之道。如是懇叩之,後必不以禁物爲咎。設有所問,但以明朝所嘗得來爲對,事不打緊,以利害言之,使知禁書之出去亦得矣。遂以《四書》、《五經》、《綱目》、諸子、《事文類聚》等書,並書十餘種列録。譯輩以《五經》中《春秋》爲禁書,故去而對之,然不成事理,故以《五經》録之。至於兵書,亦不可謂全無,故《孫武子》、《吳子》、《三略》等書,並皆入録。現今帶來書籍無他册,以伯氏《唐律廣選》、副使《陸宣公奏議》呈納爲定"。

---

① 筆者按,疑周姓序班即閔鎮遠《燕行録》所載序班周仲章。

第一章　十八世紀早期中朝文人交流長編

初四日,"册名録紙及《唐律[廣選]》、《陸宣公奏議》二册,授通官入送。俄而還其册,而通官宣皇旨曰:'這書俱是這裏有的。或伊等地方做作,或舊書雖朽爛破壞,無論著拿來,朕欲覽云。'"金昌業從《國朝詩删》抄律絶並三十五首,"夜令寫字官繕寫作册。所對文字亦商議改書,而索還前紙"。

初五日,"乃以所對文字及詩册,授常尊入之。其所對文字曰:'朝鮮國正使某,副使某等謹奏。《陸宣公集》、《唐律廣選》此二書外,並不曾帶。得別樣書籍,如果帶來,豈敢欺隱?小邦諸人所作詩律若干首,隨其所記誦者,敢寫進云。'"後得皇旨云:"昨日進覽之書,伊處書少,我處新著書籍甚多,欲賞伊等幾部。"朝鮮使團書對曰:"朝鮮國正使某、副使某謹奏'小邦偏陋,本少書籍。伏蒙皇上特垂軫念,有此聖旨。此非陪臣等意望之所曾及者,皇恩優異,迥出前古。陪臣等聚首榮感,不知所達'云云。"

初六日,康熙帝旨曰:"爾國書册少,清朝多新書,今賜四部,毋壞傷,歸致國王。東國詩賦雜文,朕欲覽,可付來使。"贈書與朝鮮使團,侍郎示使臣曰:"題目皆皇帝筆云。"其書《淵鑒類函》二十套、《全唐詩》二十套、《佩文韻府》十二套、《古文淵鑒》四套,共三百七十卷也。使臣對曰:"小邦前後蒙被皇恩,蠲減方物,非止一再。小邦君臣,不勝感祝。今兹書籍之頒,實曠世盛典,此不但陪臣等榮感而已,謹奉持獻於國王。東國詩文亦當以皇旨歸告於國王云。"(金昌業《老稼齋燕行日記》卷四)

[癸巳]是年,清人有詩贈與金德三。金德三,朝鮮御醫。1712年(壬辰)十一月,其作爲謝恩兼三節年貢使團隨員出使中國①。

二月十四日,於北京,"(金)德三出示紅紙,書五言律詩一首,云是問病胡人所贈"。詩曰:"楊柳未堪折,君行何可留?語言相漸

---

① 崔德中《燕行録》"同行録"條載:"御醫金德三。"《燕行録選集》第 3 册,民族文化促進會,1970 年,第 69 頁。

熟,離別忽深愁。袖拂春風裏,巾欹紫陌頭。一鞭果下馬,東海路悠悠。"(金昌業《老稼齋燕行日記》卷四)

[癸巳]二月十七日,於薊州,崔德中逢一秀才,名字不詳,有交談。崔德中《燕行錄》載:"問觀音之閣四字下小書太白二字之故,答云太白之筆法也。又問卧佛之故,果如吾料,答云如來佛也。又問漁陽聖景之意,答云日出三竿,先照佛頂故也。又問禄山起兵於此,而有所居之基云,在於何處。答云城北二里許有舊基,而禄山起兵於范陽,范陽乃今幽、代也。又問翠屏山下二石人,或云楊雄、石秀,然耶。答云非也,乃以石形人,鎮山下之村也。又問翠屏之意,答云山面層層之岩,如翠屏故也。"(崔德中《燕行錄》)

[癸巳]二月二十日,於沙河驛城門外三皇寺,崔德中與一九十老僧交談。崔德中《燕行錄》載:"余問:'甲申之歲,汝年廿一,能記其時乎?'答曰:'其時出家久矣,豈不明知?'問:'我等衣冠與明制一樣耶?'答云:'一樣,而第無笠子,祇著冠與帽子矣。'余問:'其歲李賊之亂,汝何以避耶?'答云:'往匿玉田地山谷矣。'余問:'清初削髮,舉皆順從,而今則樂爲耶?'答云:'其時仍其削髮,人多自死,或囚或打。一年之後,人皆削髮。而今已成習,或樂或痛。'"(崔德中《燕行錄》)

[癸巳]二月二十一日,於永平府,崔德中與寓所主人田姓人(名不詳)有交談。語涉慶科之考試過程、考試内容,會試録取人數等。後又談及田間種桑之用。(崔德中《燕行錄》)

[癸巳]十二月初四日,於狼山,一清朝年輕儒生向韓祉索求筆迹。韓祉(1675—?),朝鮮文士,字錫甫,清州人,泰東子[①]。1713年(癸巳)十月,其作爲三節年貢使團書狀官出使中國。

　　韓祉《燕行日録》載:"狼山主胡年可十八九,面白眉清,自云業

---

① 參見安鍾和會纂《國朝人物志》"韓祉"條,第188頁。

儒,求見臣筆迹,乃書眎(示)數字。渠亦寫字以答而能成樣矣,因給筆墨。"(韓祉《燕行日錄》)

1715年　康熙五十四年　肅宗四十一年
[乙未]是年,於新遼東村,書狀官尹陽來與吳三桂舊將談韞瑜有交流。尹陽來(1673—1751),字季亨,號晦窩,坡平人。孝成公仁鏡六世孫,府尹理子①。1715年(乙未)十一月,其作爲謝恩陳奏兼三節年貢使團書狀官出使中國。

　　俞拓基《燕行錄》載云:"新遼東村有老人談韞瑜者,曾佐吳三桂,爲布政使。三桂敗死,謫戍此地,仍居焉。副使乙未燕行時,曾與相見云。"1721年(辛丑),俞拓基出使中國時,副使即是尹陽來。(俞拓基《燕行錄》)

1717年　康熙五十六年　肅宗四十三年
[丁酉]是年十一月三日,出使到朝鮮的清上、副使(筆者按,指阿克敦、張廷枚)②向朝鮮肅宗出示沿途所製五篇詩歌。阿克敦(1685—1757),趙爾巽等撰《清史稿》卷三〇三本傳載:"字仲和,章佳氏,滿洲正藍旗人。康熙四十八年進士,改庶吉士,授編修。……六十一年,朝鮮國王李昀請立其弟昑爲世弟,命阿克敦偕侍衛佛倫充使册封。"有《德蔭堂集》。張廷枚,錢仲聯《清詩紀事》載:"字卜臣,漢軍旗人。官福建布政使。有《春暉堂詩鈔》。"曾三次出使朝鮮。

　　《肅宗實錄》卷六〇載:四十三年十一月三日,"清使上、副使出其沿途所製詩五篇,使鑴揭所經各處"。(《肅宗實錄》卷六〇)

1719年　康熙五十八年　肅宗四十五年
[己亥]是年,趙榮福與郭如柏交流。趙榮福(1672—1728),朝鮮文士,字錫五,號二知堂,籍貫咸安。著有《燕行日錄》等。1719年(己

———
①參見安鍾和會纂《國朝人物志》"尹陽來"條,第223頁。
②《肅宗實錄》卷六〇載:四十三年十月十三日,"癸巳,清遣使日講官起居注翰林院侍讀學士阿克敦、副使鑾儀衛治儀正兼佐領張廷枚來,牌文先至"。

亥)十月,其作爲三節年貢使團副使出使中國。郭如柏,清秀才,金昌業《老稼齋燕行日記》卷二載云:"年可四十餘,自言是廩庠生,遂延坐炕上。問其姓,答姓郭,字廓庵。問廓庵是表德是號,答諱如柏,號新甫。以字爲號,以號爲字,有未可知也。"

十二月十八日,於山海關,趙榮福邀郭如柏相見,有筆談。趙榮福先致金昌業問候之意,並"問其滿漢與否"。郭如柏使其子書示曰:"明三百年人家,中清甲午科擧人。"趙榮福請賣銅雀瓦硯,郭如柏言硯臺已被穆春元攜往外地。後,趙榮福又問曰:"案上有古書畫,出售否?"郭如柏辭去,"使其子來示諸書畫。問其值,少不下百餘金"。趙榮福問:"近來西邊勝負如何?"小郭答曰:"書生未敢豫聞國家大事耳。"趙榮福對郭氏父子有評云:"概郭之父子爲人皆無樸實,意其所答,可恨,可恨。"1720年(庚子)二月二十三日,趙榮福從燕京回還至山海關,郭如柏"率其四子來見,請付《石郊》而去畫角,且以一幅書贐"。趙榮福"以扇爲謝"。其交談語不詳,且趙榮福對其父子頗有鄙夷之意。(趙榮福《燕行日録》)

1720年　肅宗四十六年　康熙五十九年

[庚子]二月十七日,於盤山一寺廟中,趙榮福逢兩書生錢兆豫和王詢。趙榮福《燕行日録》載:"錢兆豫住江南常州府武進縣,王詢住直隸順天府寶坻縣。"

趙、錢有筆談,主要語及清朝科擧年份、錢生先祖仕宦情況、朝鮮衣冠、朝鮮八路區劃及節度使之官職等。其間,趙榮福求見錢生所製時文,錢生"出示《四書義》五篇"。趙榮福評云:"文辭富贍,高捷可期。"錢生索求趙榮福筆,趙榮福"屢辭不獲,書給一紙"。錢生出示其所製七律四首,其書首曰:"梗居近咏,以將赴都門,留別同學諸子爲題。"其詩不詳。趙榮福"以筆墨紙束贈之","錢生以紙紋織成趙子昂所書《前赤壁賦》爲七幅及他書二幅爲謝"。(趙榮福《燕行日録》)

第一章　十八世紀早期中朝文人交流長編　　499

［庚子］是年，於榛子店，李宜顯與秀才馬倬酬酢數語。李宜顯（1669—1745），朝鮮文臣，字德哉，號陶谷，謚文簡，籍貫龍仁。著有《陶谷集》等。1720年（庚子）十一月，其作三節年貢使團正使出使中國。

李宜顯問其季文蘭壁上所題詩何處，馬倬不知。馬倬問朝鮮使者衣冠，"顯有愧屈之色"。且書示曰："我們未嘗不羨，但我們遵時耳。"（李宜顯《庚子燕行雜識》）

［庚子］是年八月二十日，於鳳城李姓人家，秀才覺羅明德來訪朝鮮使團，李器之與其有筆談。李器之（1690—1722），朝鮮文士，字士安，號一庵，籍貫全州。著有《一庵集》、《一庵燕記》等。《一庵燕記》載李器之以正使軍官子弟身份出使中國，於"肅宗四十六年，庚子七月二十七日辭朝"。李器之先後向其詢問："此城亦多文士乎？""建州乃興京否？""建州距此多少路程？""我們衣冠稀見眼生，得無驚怪乎？""能做八股文章乎？""貴一門中立朝幾人？""尊叔父姓諱甚麼？"等等。覺羅明德一一作答。覺羅明德亦向李器之詢問："先生官在何職？""先生之書法甚妙，聞貴國以詩筆取士，必能詩，幸見示。"等。（李器之《一庵燕記》卷一）

［庚子］是年八月二十一日，於松站，李器之與甲軍曾玉有筆談。李器之《一庵燕記》卷一載："問：'你既爲甲軍，緣何不往西邊徵兵處？'答：'但發滿洲，不發蠻子。'問：'何以但發滿洲？'答：'滿洲是萬歲爺之親信的，故送之。'問：'兵出幾年？'答：'久者七年，近者二三年。'問：'你欲從軍乎？'答：'願從軍而不得。'問：'去家萬餘里，離父母妻子，往九死一生之地，有何可樂而欲往哉？且治裝凡具，豈無費力乎？'答：'戰勝有功當拜官，雖不拜官，亦得賞賜，多可五百銀，少不下百餘兩。治行，則官給天銀三十兩，又賜鞍馬刀槍，一路所用，合五人給一馳，以備衣服什物馱載，治行無甚難，不費私財一錢'云。"（李器之《一庵燕記》卷一）

[庚子]是年八月二十二日,於通遠堡,李器之、李頤命與秀才徐成紋有筆談。李器之《一庵燕記》卷一載:"書問姓名、年幾、居位、所業,答'姓名徐成紋,遼東人,虛度三十二歲,僥幸忝泮水'。仍書一詩曰:'玉貌塵中不易逢,彬彬卓越位三公。國分中外東西界,道貫天人今古同。遂復豈悠文武則,衣冠疑是夏商風。識荆一念鏤心肺,肯吐珠璣化儇蒙。'余問'遂復'二字何意,答'遂生復性,即教養也'。大人書'俺持方喪,未可歌咏。古詩云:邊頭詞客古來稀。既入太學,何爲落拓邊城?'其人又書二句曰:'自揣文章慚半豹,誰推學業副全牛?'又問:'住在遼陽,應知遼陽事,世以白塔認爲丁仙華表是否?'答:'觀覽無多識,未及此。'又問:'管幼安家何鄉?公孫瓚據今城否?'答'不知',仍頗有愧色。彼又問:'貴國年歲豐登乎?'答:'失稔。'仍去,其人面目帶媚人氣,驕妄可惡。"(李器之《一庵燕記》卷一)

[庚子]是年,李器之與關碩善有筆談。

八月二十八日,李器之行至雙家子,逢清人關碩善,其人"盛京禮部部教官,司祭享"。兩人有筆談,大致爲酬酢之語,關碩善借書二册與李器之在路程中閱讀。(李器之《一庵燕記》卷一)

[庚子]九月初一日,李器之、李樞於二道井訪蔣晨。李樞言:"二道井有江南人蔣晨者,乃吴三桂書記也。吴伯後當斬,而三王惜其才救之,堇(僅)得終身流配於其地,而天文、地理、六壬、太乙、易占、相法、推數皆通曉無礙。"李器之與蔣晨以書問答,語不詳。(李器之《一庵燕記》卷一)

[庚子]九月初二日,李器之於甘露庵逢僧人秀行,有交談,主要語及稼齋金昌業。"秀行言金進士詩草,城中官人持去云"。李器之《過醫巫閭,憶甘露寺》詩句有云:"祇今回首地,猶憶上人賢。"詩注有云:"庵僧秀行誠信端慤,待余甚厚。臨別戀戀,送至洞口。"可見,兩人之間懷有較爲深厚的情誼。(李器之《一庵集》卷一)

[庚子]九月初五日,於高橋鋪,李器之拜會秀才宋美成。宋美成以教書爲業。

兩人有交談。語及八股文,宋美成云:"近今場屋多取搭句散行。""以兩頭爲講,首尾動講,首尾動,有吊有挽,層次出。題有正有反,要貴一氣而行,筆無停留,此爲搭句散行法也。"並出其所作《季文子受女樂,孔子遂行章義》一篇,請李器之斧正。李器之以不慣時文婉拒。後,又語涉清朝科場之法、朝鮮詩賦取士等。(李器之《一庵燕記》卷一)

[庚子]九月初七日,於七里坡,李器之逢秀才張瑞及其童子數人。

李器之向其詢問師長情況、鄉試何處、附近有無好文章者等。後,"其中一人來前書:'先生出去時,留下題目數三件,使我輩製述,幸即代以述。'給其題,乃八股《四書》義也"。李器之以外國人不習時文婉拒。又一兒來求李器之書迹,李器之以半草書放翁詩:"信命從來不問天,經旬無酒亦陶然。夢爲估客楊(揚)州去,水調聲中月滿松。"(李器之《一庵燕記》卷一)

[庚子]九月十二日,李器之購得《明史紀事本末》、韻册、書帖。(李器之《一庵燕記》卷二)

[庚子]九月十二日,於豐潤縣,李器之與谷礫有筆談。谷礫爲谷應泰後代,年方十六,李器之稱其"年雖少而甚端雅可愛"。

李器之向其詢問谷氏後代多寡、其中能文者等情況。後,李器之讓其取出家中所藏字畫、書籍等觀覽。(李器之《一庵燕記》卷二)

[庚子]九月十四日,於玉田縣,李器之逢進士鄭愉。鄭愉,李器之《一庵燕記》載:"乙丑科進士,原任掌河南道,今爲母喪回家守制。本不宜會人,因瞻仰貴邦衣冠文物,故而從權。"又,牛昶煦、郝增祜纂輯,周晉塈續纂《(光緒)豐潤縣志》(清光緒十七年刻本)卷六載:"字又和,號稼村,御史恂之弟也。性嚴毅,酷嗜詩書。李應豸學使

試童子,拔第一。嗣以父歿兄官於外,寡交接,以課子侄研經味道。著《易一見解》、《四書研朱》、《十三經對語》、《周禮集要》、《左傳十六國類編》、《史略》諸書。"

兩人有筆談,語涉頤養之術、朝鮮取士之法等。後,鄭愉將清人登科時試卷謄印本五卷册贈與李器之。(李器之《一庵燕記》卷二)

[庚子]九月十五日,於宋家城,李器之逢宋珂郁及其從子宋重藩。宋珂郁,宋家城主人,李器之《一庵燕記》卷二載云:"貌濁無文,不堪與語。"稱宋重藩"問答頗聰穎,眉目開朗"。

李器之與宋重藩有筆談。語涉宋家城築城歷史、上交稅銀情況等。宋珂郁向李器之索詩,李器之寫一絕云:"宋家亭子白雲中,獨上危樓送晚風。一道烟光橫樹面,征鞭遥指薊門東。"宋重藩亦向李器之索詩,李器之書《從軍行》一首,詩云:"出塞不知處,夜聞邊草聲。劍花霜滿地,旗脚月臨城。結髮隨戎馬,捐軀答聖明。嫖姚許深入,分道作奇兵。"(李器之《一庵燕記》卷二)此詩亦載於《一庵集》卷一,題作"出塞行(丙申)"。

[庚子]九月十五日,於薊州,李器之與秀才陳浩相識,後有詩文、書信往來。

《一庵燕記》卷二載:"豐潤知縣之子來到,邀坐炕上,以書問答。姓陳名浩,年二十一,貴州人云。"交談語不詳。李器之有《豐潤縣,期陳秀才不遇》詩,云:"美人消息隔河洲,怊悵佳期古驛樓。萬里相逢一宵話,百年回首幾時休?薊門寒日烟光渺,遼海長雲雁影悠。地角天涯從此別,北風低草莽生愁。"詩注云:"陳名浩,字聖泉,貴州安平縣人,爲人清明端雅,隨其父豐潤任所。相逢於薊州漁陽河上,約回時相尋於豐潤館次,適值其出他,悵而有作,使其縣節級往傳矣。其後陳以詩答之曰:'市樓何處覓君房?詞翰無因附末行。我向燕臺仍寂寞,君過瀚海總淒凉。邊城漠漠雲垂樹,山館

第一章　十八世紀早期中朝文人交流長編

蕭蕭月滿床。未把離樽相送得,空餘別泪灑青裳。'"(李器之《一庵集》卷一)李器之後與陳浩之兄陳法有書信往來。其《與陳翰林(法)書》、陳法答書載於《一庵集》卷二。注有云:"陳字世垂,貴州人,時爲翰林檢討,乃陳浩之兄也。"

[庚子]九月十六日,李器之於盤山雲照寺逢滿洲人胡世圖,兩人有筆談。

《一庵燕記》卷二載:"有一人入來,對坐。大人使余書問姓名,答姓名胡世圖,方爲翰林進士,號青林,滿洲人也。有病來此調息服藥云。"後,李器之"隨至其房",見"壁上有新題數詩,語雖暢而無警絶,又書示少林八景於壁上"。李器之向其詢問:"八景中有今日內可往見者乎?"其他交談語不詳。(李器之《一庵燕記》卷二)

[庚子]九月十六日,於三河縣,李器之與縣學教諭谷一柱相識,兩人有筆談。

交談語主要涉及谷一柱仕途遭遇及其近況等,李器之並向其打聽當地及附近有無好文章、好學識之人。(李器之《一庵燕記》卷二)

[庚子]九月十七日,於通州白河(一名鷺河),李器之與江西籍商賈萬天衡相識。李器之稱"其人人品樂易精明,亦能解文字,筆又敏速,甚可與語"。兩人有筆談,語及江西距此地路程、滕王閣、船航行路綫、桐油之用等。(李器之《一庵燕記》卷二)

[庚子]九月二十四日,於北京法藏寺,李器之逢文僧壁行,壁行邀李器之入僧房交談。李器之有云:"和尚能詩善畫,標格清秀,甚可慕悦,行忙,不能談討,明日能訪館中否?"文僧云:"當進。"

二十五日,壁行與本地寺僧孚蒼同來訪李器之,相與酬酢。李器之索見孚蒼詩作,孚蒼書一絶云:"室靜閑焚柏子香,攤書欹枕卧匡床。困魔不禁擎書手,擲卷悠然到上皇。"李器之書曰:"貴詩好好,但既曰'擲卷',則'不禁'字不相照應,改以'欲禁'則尤佳。"孚

蒼稱善。臨別,李器之向壁行索畫,壁行云五六日後當寄來。(李器之《一庵燕記》卷二)

[庚子]是年,李器之於北京與楊澄、趙華有交遊。趙華,理藩員外郎,職管蒙古,年三十四。自十三歲,常在皇帝傍云[①]。雙方交往情況如下:

九月二十七日,李器之前往趙華家見楊澄,三人有筆談,語涉金昌業近況、皇帝何時回等。李器之"書示楊,願見近作佳句",楊澄"即示《憶稼齋金公》七律",並求和詩,李器之書之曰:"燕館秋風斷往來,緣何懷抱對君開?日斜又聽傳魚鑰,愁對寒鴉啄晚苔。"後,筆談又涉及朝鮮科舉之法。

十月初一日,《一庵燕記》載云:"朝以一詩付王四送楊澄,蓋約往而不能往,故以詩謝之也。還館則楊澄已次且送《思歸賦》一篇,《雜物銘》四首,皆所自作也。"

十月初八日,李器之"次楊澄微字韻,又書《燕京三絕》,使王四傳之,且言今日欲歷人,因雪衣濕不得往云"。

十月初九日,"王四入來傳楊澄書、次余詩及《咏雪》二絕,歌詞十首送來矣"。

十月初十日,李器之訪趙華家,楊澄亦在。交談語不詳。

十月十六日,李器之訪趙華家,楊澄亦在座。寒暄後,"楊澄袖出一文贈之,上題'贈李先生遊燕京序'"。該文不詳。李器之稱"其文頗不俗",並言"幸得瓊琚之作,實可寶玩,辭語奇健,似從韓、蘇中出來,然過蒙獎詡,愧汗"。後,趙華出其家中所藏畫作,請李器之觀賞,雙方言語多圍繞畫作展開。(以上據李器之《一庵燕記》卷三)

十月二十五日,"朝,(李器之)作書付王四送楊澄,次前來韻",並送扇子、紙張等以答前來之物。書信內容不詳。

---

① 參見金昌業《老稼齋燕行日記》卷四,《燕行錄全集》第33冊,第212頁。

十月二十九日，"趙華送書言，昨邀畫人王璀至其家，須來見云"。趙華全書内容不詳。

十月三十日，李器之訪趙華家，楊澄在座，逢浙江畫師王璀。兩人有筆談，語涉王璀籍貫、李器之想要創作的畫作題材等。李器之並向其索畫，王璀許之。後，趙華與李器之談及禮部文書不覆奏、禮部官員索賄之事。

十一月初一日，李器之"作書於趙華，言禮部文書事要更探以示，且書大人及余。四柱送之"。此書信亡佚。

十一月初三日，趙華有書於李器之，書信内容不詳。楊澄亦有書於李器之，言："王畫師家貧，難辦采色，須送布云。"全書内容不詳。

十一月初七日，楊澄有書於李器之，言："（王畫師）本草之畫甚費功夫，請以各家畫花鳥禽魚等物仰呈。""趙華使王四之兄王三送書，言連以衙門多事，不能修謝，歉歉。抵稼齋書一封，幸傳致也。"全書内容不詳。

十一月十二日，楊澄有書於李器之，"兼送雜畫七丈"，書載於《一庵燕記》卷四。

十一月十八日，楊澄有書於李器之，寄畫三丈，李器之有答書。兩書内容不詳。

十一月二十二日，"楊澄送書，且寄詩一篇，（李器之）夜次韻，朝使王三傳之"。楊澄書内容不詳。

十一月二十四日，李器之往趙華家，與楊澄、趙華作別。"趙華晨往暢春苑，楊澄獨在"。（以上據李器之《一庵燕記》卷四）

又，李器之有《北京贈楊澄》詩，注有云："楊以浙江人漂泊北京，曾因稼齋金丈見其文集，爲序文而送之。至北京，相與通問，仍贈以詩。"詩云："青丘浙水各天涯，中有滄溟萬里奇。一見燕雲如舊識，曾從雁字讀新詩。居庸秋色當樓滿，屠市歌聲和筑悲。重嘆奇才成白髮，黄金臺上草離離。"《又贈楊澄》云："秋入燕雲雁渡遼，夢中頻聽浙江潮。青丘客子來相問,爲説家鄉路更遥。"其二:"曙色欲開清漏殘,滿城珂馬響珊珊。西山爽气無人愛,輸與先生盡日看。"(李器之《一庵集》卷一)上文提及的李器之爲楊澄文集撰寫的序文,載於《一庵集》卷二,題作"《楊鈍庵文集》序"。

[庚子]十月初二日,於北京,李器之爲寺僧天然題詩扇。

李器之《一庵燕記》卷三載云:"午後,寺僧天然持扇來請詩。"李器之走筆題贈曰:"蝶也無佛性,一心戀香色。清霜八九月,花蝶俱無迹。上人寤此意,扇面摹紅緑。一偈誦與蝶,空空是色色。"李器之《一庵集》卷一亦載此詩,題作"法華寺,僧天然持扇求詩,扇面畫花叢蛺蝶"。十月初四日,"寺僧天然持大筆來請書,余遂書贈一詩,且書給唐人絶句"。(李器之《一庵燕記》卷三)

[庚子]十月初三日,於北京白雲觀,李器之與道士李元堈相識。兩人有筆談。

筆談語多涉道教之事,道教之書。臨行,李器之謂李元堈曰:"萬里之人萍逢於此,實是奇緣,行忙草草不能盡情,能枉吾所住所否?"李元堈欣然曰:"吾固有志,須言於守門者,俾無阻搪余。"李器之諾。李元堈約初六日去訪李器之。十月初六日,李元堈訪李器之,交談語不詳。(李器之《一庵燕記》卷三)

[庚子]是年,於北京法華寺,李頤命、李器之與文僧永清有來往。

《一庵燕記》卷三載:"十月初四日丁酉,晴。大人(筆者按,指李頤命)使乾粮[官]貿大布四十尺給永清。永清即下樓合掌膜拜致謝,因書一詩曰:'種竹春來發笋芽,栽荷夏至長蓮花。人間天上尊榮客,盡是當年作福家。'大人書示曰:'喜你不俗,憐你飄零。施以布衣,何足爲謝?'"李器之稱其"博覽强記,有過人者矣"。(李器之《一庵燕記》卷三)李頤命《燕行雜識》亦載:李頤命借寓北京法華寺時,逢嵩山僧永清,數邀與之語。永清向李頤命求得一袍,並作謝詩。

詩歌內容與《一庵燕記》中所記相同。(李頤命《燕行雜識》①)

［庚子］十月初五日，於北京，李器之訪陳法。陳法，李器之《一庵集》卷二載："陳字世垂，貴州人，時爲翰林檢討，乃陳浩之兄也。""李器之《一庵燕記》卷三亦有云："其年二十八，而方爲翰林院檢討官矣。"

兩人有筆談，語涉朝鮮科制、朝鮮藏書情況、崔致遠情況、朝鮮杜詩版本情況、杜詩刊本中誤字等。陳法索見李器之詩作，李器之書《燕京雜詩》一絶曰："寒鴉落木燕丹村，短草荒烟蒯徹墳。千古賢豪俱寂寞，薊丘秋日望中原。"②且書："拙詩不足觀，請教。"陳法評云："丰神蘊籍，絶句本調。"李器之亦索見陳法詩作，陳云："當於後日持寫往訪。"後，兩人又語及豐潤縣朝鮮使團失銀之事、中國西邊用兵勝負情況等。臨別，兩人相約初七日再會。(李器之《一庵燕記》卷三)十月二十三日，陳法來朝鮮使館訪李器之，以筆問答。李器之先云："一自奉晤之後，寤寐清標，今幸見枉，奇幸，奇幸。"答"連有事，故久未踐約，適得暇隙，今始進叙"云。並以筆、墨、貴州茶贈李器之。後兩人又談及豐潤縣朝鮮使團失銀之事。十月二十五日戊午，"陳法送人來送書，畫帖三，軸五，皆他人物欲賣者云"。李器之有答書，書有云："昨者求《東文選》，余言無帶來者，此有《東人詩集》一卷，當寄送云。欲送《抱翠軒集》，而集中碑狀多我國事實，故遂擘去行文及序文，但以詩作一卷，蓋詩中無一可諱者矣。"

---

① 李頤命《燕行雜識》當作於 1720 年(庚子)，《燕行錄全集》定爲 1704 年(甲申)，誤。理由如下：一、《燕行雜識》文首載云："金大有嘗云我《甲申燕行録》太草草，可恨。今行欲詳録道中見器也。記行甚悉，故録數日而止，以省一勞。甲申今十七年，西路館宇駙騎多圮疲，無復舊樣。過江後見山路河水有變遷，舊館主人亦多死，義州馬與卒尤無狀。世事念念遷謝如此，況我形神乎？"《燕行録全集》34 册，第 124 頁。文中提及甲申年距今 17 年，故此年應爲 1720 年(庚子)。二、李器之《一庵燕記》作於 1720 年(庚子)，所載李頤命與清人釋永清的互贈詩歌内容與李頤命《燕行雜識》所載相同。
② 此詩亦載於李器之《一庵集》卷一，《韓國文集叢刊(續)》第 70 册，第 272 頁。

(李器之《一庵燕記》卷四)

[庚子]十月三十日,於北京一天主堂,李器之與浙江一秀才(姓名不詳)有筆談交流。語涉造建天主堂的財力出處,朝鮮、中國、西洋等地的天文地理情況,渾天儀情況等。(李器之《一庵燕記》卷四)

1721年　康熙六十年　景宗元年

[辛丑]是年四月十九日,李正臣在中右所村逢秀才郭士魁。李正臣(1660—1727),朝鮮文士,字我彦,號松薾堂,籍貫延安。著有《燕行錄》等。1721年(辛丑)三月,其作爲謝恩使團副使出使中國。

　　郭士魁出紙(四片)筆,請留贈筆迹。"(李正臣)遂書五言絶句於二片紙,又一片則書'爲善最樂'四字,又一片則書'雙石城村'四字而給之"。(李正臣《燕行錄》)

[辛丑]是年,李正臣有書法贈與沙德保等。

　　"六月初三日,年老有官職者及年少秀才,一時入見。手持各色紙幅,請書甚懇。不得不酬應。書畢,吾書示之曰'欲知僉尊華銜,書示如何'云,則老者書曰'姓沙,名德保,其官一等阿達哈哈番'云。吾問曰:'此官爲何事?'對曰'一等功臣之子孫,例爲此職'云。其官如我國之忠勳府堂上矣。其少者書示曰'工部員外郎陽烏之子'云"。(李正臣《燕行錄》)

[辛丑]是年,俞拓基對張福蓮詩有評。俞拓基(1691—1767),朝鮮文士,字展甫,號知守齋,謚文翼,籍貫杞溪。著有《知守齋集》。1721年(辛丑)十月,其作爲陳奏奏請兼三節年貢使團書狀官出使中國。

　　俞拓基出使途中逢小兒張寅策。張寅策示其母張福蓮詩數十篇,俞評云:"間有楚楚可咏之句。"張索見俞詩,俞書二律送之。後,張玉亭書送一小紅條云:"閨中俚句無乃籠中之鳥仿佛人言?因豚兒妄言,實獻笑大方,祈高明諒之,勿嗤感感。"俞拓基《燕行錄》載:"其姓名即張福蓮,而玉亭則乃其字,年今五十四。有詩集

二卷,名曰《綉餘集》,而未付刻云。"(俞拓基《燕行録》)

[辛丑]是年,李健命與谷擎天有交流。李健命(1663—1722),朝鮮文士,字仲剛,號寒圃齋、霽月齋,謚忠愍,籍貫全州。著有《寒圃齋集》《寒圃齋使行日記》等。1721年(辛丑)十月,其作爲陳奏奏請兼三節年貢使團正使出使中國。

十二月二十六日,於三河縣,李健命與縣教授谷擎天相見。李健命《寒圃齋使行日記》載云:"夕抵三河縣,本縣教授谷擎天送詩一律,而頗有來見之意。不得已請之,少選來到,自謂谷應泰之子。問其父死年甲,則以倉卒不能記得爲答,事甚可疑。"(李健命《寒圃齋使行日記》)

[辛丑]是年,李健命與虞甫、陸光岳有交流。

十二月三十日,於北京,清文士虞甫、陸光岳來見李健命,有筆談,語不詳。李健命《寒圃齋使行日記》載云:"又有兩胡來見,以文字問答。一頭等侍衛虞甫,一湖廣人陸光岳,癸巳登萬壽科進士者,而陸方爲虞甫館客云。"1722年(壬寅)二月初七日,李健命"略給紙束以送前來進士陸姓人"。二月十一日,"前來進士陸姓人與其弟來贈以七言四韻草書者及墨畫一丈,給筆墨以謝"。二月二十八,"前來進士陸姓人與其主人來見"。(李健命《寒圃齋使行日記》)

1722年　康熙六十一年　景宗二年

[壬寅]正月十五日,於北京,清翰林教習黃越訪李健命。

李健命《寒圃齋使行日記》載云:"食後,翰林教習黃越請謁,遂邀見問答。黃乃湖廣人,今年六十有五,中辛丑進士,方帶是職。"交談語不詳。(李健命《寒圃齋使行日記》)

[壬寅]是年三月,俞拓基於通州逢赴京考生寶坻縣人彭坦、彭城。俞拓基與彭坦筆談。

俞拓基有"皇帝尚不建儲,何也?""十四王稱賢云然耶?""宰相誰爲最賢？""明朝冠服，今可曉得否？""此地去年豐歉如何？""見今天下太平，有無盜賊否？""皇帝年老，尚能勤政否？""明朝制度尚有流傳者否？""婚喪祭禮俱以改變否？""漢人或有追思明朝者否？"等等諸問。彭坦則問及朝鮮是否保存有《樂經》、朝鮮書籍與中國書籍同異情況等，並索求俞拓基書法。俞拓基書《岳陽樓》詩（詩下書"壬寅三月，海東歸人書奉彭坦秀才"）贈之。（俞拓基《燕行錄》）

1723年　雍正元年　景宗三年

[癸卯]是年，朝鮮詩人洪世泰製四韻一詩贈出使到朝鮮的清上敕圖蘭。圖蘭，字號不詳，清通政使。1723年（癸卯）作爲正使出使朝鮮①。洪世泰（1653—1725），朝鮮文士，字道長，號柳下、滄浪，南陽人。

《景宗實錄》卷一三載：三年七月十一日，"清使出城，王世弟郊送於慕華館。前後敕使皆貪黷無厭，今兩敕則意在律己，且以傳訃爲言，諸處宴享，一切停廢，例給物種，十減七八，別求各種，初令折價償之。儐臣使舌人，固請乃已，而人參菱花等物終不受。其言曰：'從前敕使恣意徵求，或有鞭笞人，或怒色相加，必得而後已。爾雖不言，吾豈不聞？今若受去，我與這樣人一般。'副敕辭氣尤峻。上敕又出一小扇，要詩人題咏。使詩人洪世泰製贈四韻一詩，寫字官書給。蓋欲得我國人贊揚廉介之言，以誇張於自中也。留四日即歸，近來所未有，而聞雍正新立，操切亦嚴云"。（《景宗實錄》卷一三）

[癸卯]七月二十日，"（清）雍正皇帝賜朝鮮國王《御纂周易折中》全部、《御纂朱子全書》全部"。（《通文館志》卷九）

[癸卯]九月二十一日，朝鮮使團行至永平府，有一秀才來見，黃最與其筆談。黃最（1689—1752），朝鮮文士，字陽甫，籍貫長水。著有《癸卯燕行錄》等。1721年（辛丑）八月，其作爲陳慰兼進香使團

①《景宗實錄》卷一三載：三年七月六日，"癸未，清國正使通政使圖蘭、副使頭等侍衛覺羅七十五（人）入城。王世弟延敕於慕華館"。

書狀官出使中國。

其談話內容涉及秀才家世、天下形勢和中原年事等。黃晟云："觀其爲人不甚奇,故祇有此酬酢而給筆墨以送之。"(黃晟《癸卯燕行録》)

[癸卯]十月二十四日,黃晟"宿豐潤縣内秀才魏姓人家,以書酬酢。則渠是明朝舊家,至今以讀書爲業"。魏秀才告訴黃晟,壁上琵琶乃是其祖先仕明時,神宗皇帝手賜之物。(黃晟《癸卯燕行録》)

1724年　雍正二年　景宗四年

[甲辰]十一月初七日,金尚奎在出使中國途中①,於瀋陽萬壽寺與一僧人有交流。金尚奎(1682—1736),字士昌,金始焕之子。著有《甲辰啓下》等。1724年(甲辰)十月,其作爲告訃兼奏請使團書狀官出使中國。

金尚奎《甲辰啓下》載云:"路旁有一寺揭號以萬壽寺,……主僧中有年少一人頗精明,類有道。使譯輩問年紀幾何,則答以年方二十五。又問誦經工夫如何,則答以幾盡遍覽《大藏經》。舉止極安閑,仍勸茶於臣等。"(金尚奎《甲辰啓下》)

[甲辰]十二月初二日,於北京,常明派其子慰問朝鮮使團。常明,李德壽《燕行録》載:"常明姓金氏,義州人也。其曾祖三達,滿洲人之後,没於虜仍爲中土人。常明自康熙時有寵,歷三朝恩眷不替。每我國使至,必伻人存問,以示不忘本之意云。"

金尚奎《甲辰啓下》載:"(十二月)初二日辛未,晴,留玉河館。常明遣其子來問臣等安否。以行厨餘饌待之,亦致其從前顧護我國幾事,心常感激之意。答以本是東土人,宣力處惟力所及,何謝之有。臨歸,三使臣(筆者按,李橝、李真儒、金尚奎)各出筆墨、扇

---

① 佚名《使行録》載:"雍正二年十月初六日,告訃兼奏請行。正使密昌君橝、副使吏曹判書李真儒、書狀官兼執義金尚奎。"《燕行録全集》第27册,第257頁。

柄以贈之。"(金尚奎《甲辰啓下》)

[甲辰]是年冬,魏元樞與出使到中國的朝鮮使團正使(筆者按,當是密昌君李樻)、書狀官金中丞(筆者按,當是金尚奎)[①]有筆談。魏元樞(1686—1758),牛昶煦、郝增祜纂輯,周晉堃續纂《(光緒)豐潤縣志》卷六載:"字聯輝,號朧庵。"陶樑撰《國朝畿輔詩傳》卷三二載:"元樞,字朧庵,豐潤人,雍正元年進士,歷官山西汾州府知府,有《與我周旋集》十二卷。"又引薛寧廷語:"元樞少委身於學,而家塾少墳籍,適書賈寄卷軸數千,因得縱覽大義。其視鄉里同輩鮮當其意,以爲不足師友,獨扃户誦讀達旦,探古人奥賾。"

魏元樞《與我周旋集·詩》卷一二載尹顯東與魏元樞筆談語,魏元樞云:"雍正甲辰冬,曾與貴國正使筆談久之。云是狀元及第,吏部判書。儀貌甚偉。後問一疏(書)狀官金御史中丞,云伊第七人及第,非狀元也。"魏元樞與正使筆談語不詳。

臨別,魏元樞有贈別詩與金中丞,魏元樞《與我周旋集·詩》卷一載《贈別朝鮮金中丞歸國》:"朝鮮自古文章地,況是君家邁等倫。折俎已承天上賜,形鹽驚見宴中新。來庭最喜圖王會,復命應知頌聖人。溟海波恬仍獻賦,白駒常得樂嘉賓。""漫道班荆少片言,兩心已寫静無喧。相期致主懷冰蘖,莫使來王壞館垣。覆幬詎因山海界?車書長作蕩平藩。已知把臂難前定,瑞雉逢迎滿故園。"(魏元樞《與我周旋集·詩》卷一)

[甲辰]是年,魏元樞有唱和朝鮮使團一文人詩。

魏元樞《與我周旋集·詩》卷一載《和高麗使臣〈登薊州獨樂寺閣〉》:"金天法界覆空壕,海客登臨駐節旄。盤谷晚霞浮檻動,漁陽春色入樓高。因緣度世歸形幻,寂滅無心脱劫牢。勝迹已超出入

---

① 雍正甲辰冬出使中國的朝鮮使團書狀官有金尚奎、柳綎。參見佚名《使行録》,《燕行録全集》第 27 册,第 257—258 頁。因而,可知魏元樞所云書狀官金御史中丞當是金尚奎。

涅,須憑珠玉落添毫。"(魏元樞《與我周旋集·詩》卷一)

1725年　雍正三年　英祖元年

[乙巳]是年,趙文命與宋美成有交流。趙文命(1680—1732),朝鮮文士,字叔章,號鶴岩,謚文忠,籍貫豐壤。著有《鶴岩集》等。1725年(乙巳)五月,其作爲謝恩兼進奏奏請使團書狀官出使中國。

六月初一日,趙文命抵小黑山,入察院止宿,逢秀才漢人宋美成。趙文命問:"吾之衣服制樣與你所服著,何如?"美成曰:"你們之所服著,曾是吾先祖之所服著,豈不好哉?"頗有嗟嘆之色。趙文命曰:"見爾文筆甚可愛,吾當出題,你可做示否?"美成曰:"諾。"趙文命"欲觀其意,故以'孔子作《春秋》論'爲題",則美成即於席上構成。其文頗有可觀,而第一篇之中終不提論華夷内外字。趙文命曰:"文固可佳,而但孔聖之所以作《春秋》,專爲上下之分、内外之別而作也。今無此等語,可謂失旨矣。"美成微笑曰"居今之天下,安敢爲此語"云。(趙文命《燕行日記》)

[乙巳]六月初二日,於新廣寧,趙文命與吴三桂舊將田生畸相識,有筆談,語多涉明末以及吴三桂諸事。趙文命有詩贈之。(趙文命《燕行日記》)

《贈田生畸》詩載於趙文命《鶴岩集·燕行録》。詩云:"少時曾隸雲南幕,老去來爲關外氓。七十二年頭似雪,尚能揮涕説吴王。"

[乙巳]是年,趙文命入山海關後,偶逢秀才程洪,有交流。程洪,金信謙《程洪》載云:"字度容,山海關秀才。"①

趙文命《燕行日記》載:"洪即文雅士也。與之酬酢之際,問天下第一關字是誰筆也,則洪書示曰'此乃明朝尚書蕭咸筆'云。"趙文命有詩贈程洪,詩載於《鶴岩集·燕行録》。《關内遇程秀才洪,甚可人也。實是北來初見,故書贈一絶》云:"清氣看君淡翠眉,佛

---

① 金信謙《檜巢集》卷二,《韓國文集叢刊(續)》第72册,第147頁。

燈疏雨對吟詩。江南亦得堪同話,誰道寒山片石奇?"《書贈程秀才,訪問文士》云:"才子中原往昔多,雪樓千載尚嵯峨。平生四海思劤敵,誰是騷壇老伏波?"

[乙巳]是年,趙文命於"豐潤縣,寓魏秀才家,見其叔父元樞詩稿,草一絕以贈之"。

詩載於《鶴岩集‧燕行録》,云:"疏疏旅榻雨聲時,刮眼朣庵卷裏詩。剛恨見詩人未見,此心書與阮咸知。"

[乙巳]是年,趙文命出使途中與清秀才文德馨相識。趙文命有詩贈文秀才,詩題作"書贈文秀才德馨",載於《鶴岩集‧燕行録》。

詩云:"羇抱無緣得暫開,門前日日厭喧豗。君能辦我愁中趣,時或評詩品畫來。"

[乙巳]是年,趙文命於玉田縣與李秀才相識,有詩、畫等方面交流。

趙文命《玉田縣,偶訪李秀才玉林書堂有吟》詩云:"偶然過茅屋,初不設幽期。繫馬槐陰處,聽仙雨歇時。對床評古畫,開篋出新詩。偃仰松壇側,渾忘畏日遲。"《感吟一絶,書贈李秀才》云:"名縣依然舊里閭,此間誰是讀書人?曾聞日暖烟生地,彥得崑山第一珍。"二詩載於《鶴岩集‧燕行録》。

[乙巳]是年,申之淳與程洪有交流。申之淳(1666—?),朝鮮譯官,字太古,滌子,籍貫高靈。金信謙《程洪》載:"乙巳自登州歸,譯官申之淳言度容昨年訪見渠輩,流涕曰'稼齋金老爺已辭世,其兩子亦以禍故流落遠方'云。尤可悲也。"(金信謙《檜巢集》卷二)

1727年　雍正五年　英祖三年

[丁未]十二月初四日,姜浩溥於小石嶺正白旗王弘之家見一秀才,並贈詩。姜浩溥(1690—?),朝鮮文士,字養直,籍貫晉州。編有《朱書分類》等。1727年(丁未)十一月,其作爲謝恩兼三節年貢使團副使李世瑾的隨員出使中國。

第一章　十八世紀早期中朝文人交流長編

姜浩溥《桑蓬錄》卷二載云："一少年胡兒自稱秀才,持扇來要我寫詩,余即走筆以書曰:'遠從箕子國,來過古遼東。莫致殷勤意,其如語未通。'蓋示不欲狎昵之意也。其秀才吟讀數三,叩頭而去。"(姜浩溥《桑蓬錄》卷二)

[丁未]是年十二月十一日,於二道井,姜浩溥與張寅、秀才(姓名不詳)有筆談。

姜浩溥《桑蓬錄》卷三載:

村有算命者張寅,字東伯,兼學唐舉術,能相人云,故令公曾於戊戌年,以副价入來時相邀以語矣。今日又使舌人招之,張即來而年方七十六也,耄不能記戊戌事。令公使余把筆,問今行及將來流年吉凶,張寅書一句以示曰:"事似孤舟離海口,身如明月出雲間。"未詳其義,又聽其論令公相,多疏略無神奇。然山海以東獨稱張寅算命云,故余寫兄弟生年月日以與之,囑曰:"詳評之,則回還時,當覓去矣。"以壯紙二束,僧頭摺扇二把爲幣,寅有嫌少之色,復加給如原給之數,乃受焉。余於令公席與張寅語時,群胡數十人從寅來,侍立炕下,而其中一人眉目動止與他胡有異。余問驛卒曰:"誰也立於第四者? 必可與語者。"驛卒對曰:"秀才也。"令公諭驛卒招其人坐,其人曰:"大人之前,焉敢便坐,況敢與長者同席乎?"蓋尊者之前不敢坐,中國之古禮也。……余書問曰:"居何處?"答曰:"家住山海關。"又問曰:"有何幹而來此?"答曰:"欲見張老人看命。"余又書示曰:"將發行,不可以長語,不知可以繼此而得見乎?"答曰:"進訪前路店館,仰承誨言矣。"揖而退。"行中有知其面者?"曰"彼程秀才也,能文章,善言語"云。(姜浩溥《桑蓬錄》卷三)

[丁未]是年,出使中國途中,姜浩溥與秀才程瑍、舉人白受采有交遊。白受采,參見1705年(乙酉)"鄭載崙與白受采交流"條。

十二月十一日,姜浩溥於二道井村逢程瑍,兩人有筆談。姜浩溥向其詢問"居何處"、"有何幹而來"。兩人相約前路店館相會。

"行中有知其面者曰'程秀才也能文章,善言語'云"。夕,於小黑山,程瑛訪姜浩溥,稱己爲明道先生程顥後裔,"名瑛,字玉章,永平府山海衛人","年三十四"。兩人有筆談,語涉算命相人之術、八股文程式、當今以文章名者、朝鮮衣冠等。臨去,"復以明日爲約"。

十二月十二日,於新廣寧,夜,程瑛訪姜浩溥,徹夜筆談。語涉儒商之辨、貧富之辨、中朝大儒學術之高低之辨、清朝文士之衣冠等。鷄報晨時,程瑛辭去,相約明日再會。

十二月十七日,"程瑛來見,問其數日不來之由。程曰'其間往來中後所,故未得來。今始還來矣'。因即辭去,曰'今夜又馳往中後所,明當相待'云"。

十二月十八日,於中後所,姜浩溥訪程瑛家,程瑛及其兄出迎,姜浩溥與程瑛兄有筆談,語不甚詳,姜浩溥有云:"與季方結異域之交者已久,一見如舊也。"姜浩溥與程瑛"約前路更逢焉"。(姜浩溥《桑蓬録》卷三)。

十二月十九日,於寧遠城,程瑛訪姜浩溥,筆談。程瑛曰:"今日來路見日方出而月猶未落,偶得一句詩而未能屬對,敢請對於大方也。"書曰:"日月兩輪天地眼。"姜浩溥"即書其對曰:'詩書萬卷聖賢心。'因謂之曰:'此詩二句,紫陽夫子嘗手書以附壁者,尊以鄙人爲孤陋未宜得見也,以此相試耶?'"程瑛笑曰:"非敢然也,豈以尊爲未得見朱子詩而漫以此試之也,但以眼前即景求其對爾。"姜浩溥又應之曰:"雲烟百態海山容。"程瑛又書"紅日照白月,陰陽相配"請對,姜浩溥始以"鄙人不文"書"大明"二字婉拒,後有對曰:"青山臨碧水,峨洋誰奏?"程瑛曰:"有心哉句乎!有心哉句乎!尊可謂善爲諷諫者。"臨別,程瑛相約山海關再會。於山海關,程瑛與白受采訪姜浩溥,姜浩溥領二人拜謁副使李世瑾,四人有筆談,李世瑾問白受采"尊年幾何"、"何年,以何文中何科"、"今爲何官"等,白受采向李世瑾打聽朝鮮東平尉鄭駙馬近況。後,程、白邀姜浩溥"會其家夜話"。夕飯罷,姜浩溥先去舉人白受采家,後與白受采同訪程瑛家，程瑛弟亦在座。姜浩溥與他們徹夜筆談，語涉兩國進士科考、看相論命之術、當時清朝西征之役、蒙古奪地之事、郭如柏①持朝報來示之事、奏請清朝請改史誣朝鮮仁祖之事等。

十二月二十日，姜浩溥"起，與程、白相別，白舉人贈七絕一首，即走筆以次韻留別焉"。詩不詳。（姜浩溥《桑蓬錄》卷四）。

1728年（戊申）三月初一日，姜浩溥從北京回還至山海關，又去訪程瑛家，與之相別，程瑛兄亦在座。三人有筆談。程瑛有云："白舉人設帳於三臺以待兄矣。"其間，程瑛兄向姜浩溥詢問"倭是何國人"。程瑛再三向姜浩溥索求書筆，姜浩溥遂寫唐詩七絕一首以贈。後，三人約別後以書信往復。

三月初三日，白受采在三臺設帳，迎接姜浩溥，但兩人未得相見。姜浩溥《桑蓬錄》卷一〇載云："適病，驛卒又誤聽，竟失握別。回首馬上，悵歉難抑，又念此生無更逢之期，咄咄嘆嗟而已。"於中後所，姜浩溥訪程瑛於其賣冠之肆。程瑛忙於買賣之事，"無言談之暇"。《桑蓬錄》卷一〇載云："觀其氣色，見余欣倒之狀似不如前，真爲買竪貌樣矣。余嘗以渠爲可人，爲儒者矣，今日見之，乃市中爭利之賤丈夫也。意有所移處，故向余殷勤之色所以不如前日也，可惜也。""然吾既與瑛情厚，故復以篋中所餘一筆、一墨、二丸贈別。瑛以一毛冠贐余矣。"後，姜浩溥又"草草書數行札於白舉人"，"令壽萬送於程瑛使傳於白舉人"。（姜浩溥《桑蓬錄》卷一〇）

別後，姜浩溥與程瑛、白受采有書信往來，《桑蓬錄》卷一一載姜浩溥、程瑛寫給對方的2封書信，以及姜浩溥寫給白受采的1封書信。

[丁未]十二月十六日，於寧遠城，秀才吳宗周訪姜浩溥。姜浩溥向其詢問年歲，"讀書幾卷"，"所工者何文"，"城中秀才幾何"，"其中善文詞名者幾人"，"拔類者爲誰"等。（姜浩溥《桑蓬錄》卷三）

---

① 郭如柏，姜浩溥《桑蓬錄》中作"郭如恒"，誤。

［丁未］十二月十九日，於山海關，秀才郭如柏訪姜浩溥，兩人有筆談。

郭如柏向姜浩溥詢問"尊文進士乎"，"年幾何"，"今做何官"等，並云："海東稼齋金進士昌業聞已下世，不勝悲念也，欲寄一書以吊之，足下許之乎？"姜浩溥許之。郭又云："稼齋隨使東來時，得相親，仍十餘年以書信往來，彼此相酬，詩札甚多矣。"姜浩溥請見信札，郭不答。郭出朝報印本一張，乃雍正帝許改給明朝野史中誣辱朝鮮仁祖之說者。姜浩溥請以之示副使，郭不許，請買之，亦不許。後，程瑛、白受采來訪姜浩溥，郭如柏見程、白入，色變，匆匆辭去。姜浩溥《桑蓬錄》載云："余與郭未半晌問答，數語而已而知其爲人矣。"（姜浩溥《桑蓬錄》卷四）

［丁未］十二月二十一日，於永平府，秀才李開訪姜浩溥，兩人有詳細筆談。

相與寒暄後，兩人就文人是否可言國事展開激烈辯論。姜浩溥並向其詢問清朝"色尚黑，抑非水德歟"，清朝"婚喪用《朱子家禮》耶，用俗禮耶"。夜深，李開請辭去。（姜浩溥《桑蓬錄》卷五）

［丁未］十二月二十三日，於豐潤縣，姜浩溥與秀才谷可成有交談。

姜浩溥問其先祖，答云："漢諫議大夫谷耶律爲遠祖也。"姜曰："谷耶律乃唐時人，何謂漢也？"後，姜"問他事及此地古稱，皆不能對"。姜浩溥對其人有評云："谷孱孫不肖，全無學識，盡墜先美也。"（姜浩溥《桑蓬錄》卷五）

1728年　雍正六年　英祖四年

［戊申］是年，沈鐈與文士孫策有交流。沈鐈（1685—1753），朝鮮文士，字和甫、彥和，號樗村、樗軒，沈壽賢子，籍貫青松。1728年（戊申）正月，隨其父擔任正使的謝恩兼陳奏使團出使中國。

沈鐈《樗村夜坐，忽有抱琴而至者，問之，孫策其名也，爲賦三篇短律》："白日臨空迥照心，逢君此夜好開襟。春寒草堂懸燈語，語到人天思轉深。""琴聲繞屋夜將深，誰識調中有古今？欲弄峨洋

第一章　十八世紀早期中朝文人交流長編

山水曲,鍾期千載復知音。""一室氤氳自有春,也知窗外柳梅新。悠然便覺襟期獨,山水音中憶遠人。"(沈錥《戊申燕行詩》)

[戊申]是年,尹淳出使中國,於盤山與僧人性德有交流,交流內容不詳。尹淳(1680—1741),朝鮮文士,字仲和,號漫翁、羅溪、白下、鶴陰,籍貫海平。著有《白下集》等。1728年(戊申)十一月,其作爲三節年貢使團正使出使中國。李宗城《梧川集》卷一一《白下尹公墓志銘》有載:"公諱淳,字仲和,海平人,白下其號也。……戊申冬,以正使赴燕。"

李德壽《燕行録》載:"頃年,尹仲和自燕還,言盤山僧性德即今世之宗杲也。"

[戊申]是年,於撫寧縣,尹淳與徐鶴年相逢,有交流。張上龢修,史夢蘭纂《(光緒)撫寧縣志》(清光緒三年刻本)卷一一載:"徐鶴年,升聞子,監生,布經歷。"

朴趾源《熱河日記·關内程史》載:"徐鶴年性本喜客,初逢白下尹公,開襟款接,多出所有書畫以示之。自此撫寧縣徐進士之名膾炙東韓。每歲使行,必爲歷訪,遂成舊例。"交談語不詳。自此,徐進士之名在朝鮮流播開來。以後,燕行使者在途經撫寧縣時,訪問徐家,便成爲了一個慣例。

[戊申]是年,李時恒出使中國,於鳳城,有詩贈扈潔、李令龍。李時恒(1672—1736),朝鮮學者,字士常,號和隱、晚隱,籍貫遂安。著有《和隱集》等。1728年(戊申)正月,其作爲謝恩兼陳奏使團的隨從出使中國。

李時恒《口號贈扈、李兩人》,詩注云:"扈潔、李令龍家在鳳城,與我國原譯相親。聞我使事,有周旋之意,同行入關,其氣意可尚。"詩云:"笑擲千金醉酒壚,此人疑是舊燕屠。腰間匕首寒如許,能爲知音死也無。"其二:"寶馬玉龍流水車,燕南云是我家居。長鞭一著輕千里,翁伯朱家却不如。"(李時恒《和隱集》卷三)

[戊申]是年，於豐潤縣，李時恒與魏姓人在科舉文方面有交流，具體内容不詳。

李時恒《燕行見聞録》載："余於豐潤魏姓人家，得見試文、論策、經義，亦類似我國科文。"（李時恒《燕行見聞録》）

1729年　雍正七年　英祖五年

[己酉]十一月初六日，金舜協訪文山祠途中，逢一清朝少年文人，向其打聽祠廟何在，並向其表達傾仰文天祥忠義的心意。其人握住金舜協的手，曰："子非東國之以文學自任者乎？君之志可尚也。"並告知祠廟地點。（金舜協《燕行録》）

金舜協（1693—1732），朝鮮文士，字士迥，號五友堂①。1729年（己酉）八月，其隨謝恩使團出使中國。

[己酉]是年，清雍正皇帝賜《康熙字典》、《性理精義》、《詩經傳説彙纂》、《音韻闡微》等書籍四種與朝鮮國王。（《通文館志》卷九）

1730年　雍正八年　英祖六年

[庚戌]是年，於周流河，南泰良與生員鄭家琚有交流。南泰良（1695—1752），朝鮮文士，字幼能，號廣陵居士，籍貫宜寧。著有《燕行雜稿》等。1730年（庚戌）八月，其作爲告訃使團書狀官出使中國。

南泰良《燕行雜稿》載《行抵周流河，止宿生員鄭家琚學舍，其人以〈四書〉教授鄉里，入其室，慨然有作》，詩云："胡羯腥羶地，青眸對塾師。詩書誦朱子，俎豆儼宣尼。此道終須在，生人豈遂夷？吾言説不出，默默意中悲。"由此，可推知雙方曾就中華儒家文化和禮儀等有過交流。

---

① 參見李英浩《〈燕行録〉序》，《燕行録全集》第38册，第169頁。

第二章 朝鮮金昌業與
清文人交流長編

1712年　康熙五十一年　肅宗三十八年

[壬辰]是年,於舊遼東,金昌集、金昌業與僧人崇慧有筆談、書信等交流。金昌集(1648—1722),朝鮮文士,字汝成,號夢窩,謚忠獻,籍貫安東,清陰金尚憲的曾孫。著有《國朝自警編》、《夢窩集》、《五倫全備諺解》。1712年(壬辰)十一月,金昌集作爲謝恩兼三節年貢使團正使出使中國,金昌業作爲軍官子弟隨行。

十二月初四日,"至永安寺,伯氏(筆者按,金昌集)方在藏經閣與副使(筆者按,尹趾仁)書狀(筆者按,盧世夏)同坐,與一老僧問答。僧,福建人,姓陳,法名崇慧,號雲生。容貌清癯,文筆辭氣皆不俗"。交談語不詳。(金昌業《老稼齋燕行日記》卷一)

1713年(癸巳)三月初八日,金昌業有書於釋崇慧,書曰:"全仗道力,遍踐靈境。寶筏登岸,不足喻喜。唯師大德,何以爲報? 唯有東歸,瞻雲頂禮。癸巳三月初八日,海東人某。"(金昌業《老稼齋燕行日記》卷六)

[壬辰]十二月初十日,於小黑山察院,金昌業與清人高陞有筆談。

金昌業《老稼齋燕行日記》卷一載:"有胡兒稍有秀氣,進而問之,乃漢人也。遂書問其年,對以'十八'。問姓名,對以'高陞'。問讀書否,對以'已讀《四書》,而能誦之'。問:'爾讀書,要做秀才?'對曰:'貧人讀書,不過識字。'問:'爾師何人?'對以'包閻'。

問其所住，對曰'是此處人，方往廣寧'云。問其父母存否，對曰：'俱存。'問兄弟，對以'無'云。問：'爾見俺衣冠，好笑否？'答：'不好矣。'問：'此村亦有秀才否？'對曰：'有生員王天爵。''晚間請來如何？'陞諾而去。與一筆。"（金昌業《老稼齋燕行日記》卷一）

[壬辰]十二月十二日，於十三山，金昌業與清人甲軍之子張奇謨有交流。

　　金昌業向張奇謨問及中華古代衣冠、其祖先父母兄弟情況、對清人剃頭的看法、錦州海賊情況、滿人與漢人結親情況等。（金昌業《老稼齋燕行日記》卷一）

[壬辰]十二月十三日，於大凌河，自稱秀才王俊公者主動來見朝鮮使者。金昌業與其有筆談。王俊公告訴其海賊平康王者作亂之事，並索紙、筆、扇而去。（金昌業《老稼齋燕行日記》卷一）

　　1713年（癸巳）二月二十九日，朝鮮使團自北京回到大凌河時，王俊公又來見金昌業。以此處所傳俗語"冠紫荊，衣紅羅。繫呂洪，乘亮馬。兩龍河邊玩景"寫於紙上，示金昌業，並加以解釋，書曰："錦州東有紫荊山，西有紅羅山，南有呂洪山，北有亮馬山，此是四大名山。""冠紫荊云云，指錦州形勝而言"等。金昌業向其詢問："人言平康王已招安，然否？"答："福建招安。"王俊公又書曰"子念書小扇一把，刀子一把，烟代（袋）一介，頂子一介、墨一丁"，意欲得朝鮮使團禮物。金昌業以一烟袋、頂子、墨贈之。王俊公書曰："讀書人至誠，感謝不盡。"（金昌業《老稼齋燕行日記》卷五）

[壬辰]十二月十四日，於高橋鋪，金昌業與寓所劉姓主人有交談。

　　《老稼齋燕行日記》卷一載："問其役，屬真（正）黃旗下軍。問海賊事，與王俊公言，大同小異。問此去海幾里，答十餘里。問錦州幾里，答六十里。問我輩衣冠如何，曰好看，如吾所著，其可謂衣冠乎？"（金昌業《老稼齋燕行日記》卷一）

[壬辰]十二月十五日，於寧遠衛，老稼齋金昌業請見儒生王寧潘，

問及錦州海賊、寧遠守將祖大壽、吳三桂、松杏事等諸事。松杏之事，寧潘諱而不宣。臨別，王寧潘請托金昌業轉贈《春秋》一書與宋公（筆者按，宋公指的是1697年即丁丑年出使中國的朝鮮書狀官宋相琦）。（金昌業《老稼齋燕行日記》卷一）

　　1713年（癸巳），二月二十六日，金昌業自北京還至寧遠衛，又去拜訪王寧潘家，王寧潘外出，不遇。與其侄王眉祝有筆談。金昌業向其詢問其叔何往，貴庚貴諱，經書是否讀完，此城內亦有飽學秀才否，君師何人，這裏有書鋪否等。王眉祝將今人詩文類抄之書交給金昌業，云："此書也，是我家叔有言，要拿送宋公。"（金昌業《老稼齋燕行日記》卷五）

　　[壬辰]十二月十八日，入山海關宿。金昌業遇廩庠生郭如柏，號新甫。求見金昌業所作，金昌業以東關所作一絶書示，其詩曰："客從東海向燕京，鄉月隨人處處明。卧算關門明日入，戍樓南畔聽濤聲。"①郭如柏和其詩曰："文物衣冠莫如京，願隨驥尾啓文明。未窺全豹偶相見，可憶當年弦誦聲。"（金昌業《老稼齋燕行日記》卷二）

　　金昌業回國後，1718年（戊戌），郭如柏有詩寄金昌業，詩歌內容不詳。金昌業有和詩，詩題作"榆關郭舉人如柏以《目送歸鴻小像》詩遣示求和，遂次其韻（戊戌）"，詩云："榆關山氣秀，其土復如何？《易》講義文熟，詩凌鮑謝多。襟情寄高遠，容鬢任蹉跎。試看傳神處，飛鴻天際過。"（金昌業《老稼齋集》卷五）

　　[壬辰]十二月十九日，於榆關，金昌業與漢人榮琮有筆談，時朝鮮文人金中和、柳鳳山、金德三、金昌曄、申之淳在座②。

　　金昌業向榮琮詢問姓名、年齡、家庭情況，對朝鮮衣冠的觀感，錦州地方海賊作亂情形，清廷太子被發的原因，蒙古部落、太極獮

---

① 此詩亦載於金昌業《老稼齋集》卷五，題作"次伯氏《東關驛》韻"。《韓國文集叢刊》第175冊，第106頁。
② 參見金昌業《老稼齋燕行日記》卷二，《燕行錄全集》第32冊，第490頁。

子是否入貢等。榮琯一一作答。金昌業對榮琯頗有好感,稱其"文章敏速,有問即答"。(金昌業《老稼齋燕行日記》卷二)

1713年(癸巳)二月二十二日,金昌業自北京還,至榆關時,榮琯携其子箋來訪,相約別後以書信來往。(金昌業《老稼齋燕行日記》卷五)

[壬辰]十二月二十日,於永平府,金昌業逢秀才吳廷璣,問讀幾本書。吳廷璣答:"《四書》文章、《易經》。所謂文章者,此處試場程式文也。"(金昌業《老稼齋燕行日記》卷二)

[壬辰]十二月二十二日,於榛子店一客店,金昌業見江右女子季文蘭題壁上詩後,亦書詩於壁上曰:"江南女子洗紅妝,遠向燕雲淚滿裳。一落殊方何日返?定憐征雁每隨陽。"並下書"朝鮮人題"。(金昌業《老稼齋燕行日記》卷二)

1713年(癸巳)二月二十日,金昌業自北京還至榛子店,入其去時所入家,見己所題詩下有一次韻詩,其詩曰:"面撲風埃未解裝,逢人泣淚滿衣裳。道旁閱到伮離色,那禁敲詩下夕陽?"詩旁書曰:"旅店見朝鮮客題壁,因以次之,灤州刺史。"金昌業閱後,評云:"筆如詩拙。"(金昌業《老稼齋燕行日記》卷五)

[壬辰]十二月二十四日,於薊州,秀才康田,字惠蒼,主動來見朝鮮使者。與金昌業有筆談,內容主要涉及清朝和朝鮮科舉考試基本情況、朝鮮衣冠等。金昌業並向康田打聽丁含章、烏金朝情況。(金昌業《老稼齋燕行日記》卷二)

1713年(癸巳)二月十七日,"夕,康田偕諸秀才入來,以余醉睡不得見"。(金昌業《老稼齋燕行日記》卷五)

1713年 康熙五十二年 肅宗三十九年
[癸巳]正月初三日,於北京,金昌業見寧遠伯李成梁四代孫廷宰、廷基二人,出李東培書及李如柏畫像與之。是日,亦與序班潘德興談,問及"閣老中德望重者爲誰,大將則智勇備者幾人",談及九門

提督有罪伏法,皇上非儉樸乃愛財是實,錦州海賊出没,蠻子與猲子通婚等諸事。(金昌業《老稼齋燕行日記》卷三)

[癸巳]正月初十日,金昌業於北京逢李元英,籍貫高陽,號誦芬齋。李元英云已爲《一統志》纂修官,向金昌業索詩。金昌業以除夜所作一絶示之:"燕館投來歲亦窮,夜深孤坐燭華紅。同來火伴相勞苦,共説家鄉若夢中。"①元英評云:"似唐人語。"並書示七絶一首:"嘉品從教不耐春,舊時香氣尚清新。憐他投贈非容易,莫把瓊琚別報人。"元英後又出律絶數十首,皆精工。金昌業於元英處,借得皇帝新編之書《佩文齋廣群芳譜》以歸。

金昌業與李元英相識後,詩書來往甚爲頻繁。十一日,金昌業作書於李元英,以其絶句六首,同封筆墨各三。十二日,又作書李元英,遣元建。十八日,"李元英許裁書,並上元所題七律一首,與元建往傳,《群芳譜》亦還之。以元英不在,畀其兄而歸云"。二十二日,李元英於書狀房拜訪金昌業,以元夕詩作見示,金昌業評云:"貴詩極佳,詩語亦道著吾人情境也。"元英又索比日所作。金昌業書示咏海棠、梅花、紙菊七言絶句三首,咏琉璃瓶魚五言絶句一首,元英覽已藏去,評云:"尊作佩服之極,直與唐人並立。"又,金昌業問及李元英先祖之事。二十三日,金昌業次李元英律詩,使元建傳之。元英答書,《蘭亭》一本亦隨至。二十七日,"李元英許裁書。送咨文紙四丈、雪花紙三丈,而咨文、雪花各一丈,要得善畫也"。三十日,作書李元英,使善興送之。元英答之,以《咏蘭》一律寄來,並約同往藥王廟遊。(金昌業《老稼齋燕行日記》卷三)

二月初二日,金昌業約李元英往觀觀象臺、太學府學,作書使元建傳之,有答而諾。二月初三日,金昌業在李元英家與其交流。主要問及"《一統志》何時印行耶","大國能詩者稱何人"等問題。

---

①此詩亦載於金昌業《老稼齋集》卷五,題作"除夕"。《韓國文集叢刊》第175册,第108頁。

元英曰:"似在明年冬間,……共有十三人,我國宰相宋犖所選十三才子詩,今行於世。其中第一人姓名王端,江南省楊(揚)州人,癸未科狀元。此人即僕受業先生。前月奉聖旨歸鄉矣。"金昌業求見其所著,其後送一卷詩賦,見之,却平常。二月初十日,金昌業"買方物餘紬一匹,使元建送李元英。元英以徽州墨一匣爲答"。(金昌業《老稼齋燕行日記》卷四)

金昌業《燕行塤箎錄》載《次李元英韻》:"霜園老果見方春,落在樽前色漸新。造次相投休望報,瓊琚元不在他人。"其二:"玉河東畔去遊春,邂逅詩朋結社新。竊比波斯能識寶,莫言明月暗投人。"其三:"海外狂歌五十春,交遊常恨白頭新。誰知今日金臺畔,邂逅輸肝剖膽人?"(金昌業《老稼齋集》卷五)

[癸巳]正月二十二日,於北京,李元英拜見金昌集,求見犀帶、浩然巾,並試之,云:"此正衣冠也。"去時,以筆抹其語。其他交談語不詳。又請見金昌集詩,金昌集使金昌業書示七言律一首。(金昌業《老稼齋燕行日記》卷三)

[癸巳]是年,於北京,金昌業與馬維屏有交往。馬維屏,生平行狀不詳,金昌業《老稼齋燕行日記》卷四僅載:"此人家在大佛寺西偏。"正月二十二日,金昌業聞馬維屏家多花草,使志恒將其請來。金昌業問其家有蘭草幾盆及其價格,後又談及蠟梅花、煎藥法等。二月初三日,金昌業訪馬維屏家,有筆談。語涉其家蘭花、水仙花、屏風上畫作的作者等。(金昌業《老稼齋燕行日記》卷三)二月初八日,金昌業"書五絕一首於僧頭扇,使元建送馬維屏"。後,馬維屏來見,有筆談。語涉前兩日不遇之遺憾,馬維屏前此所送水墨圖的作者、石竹等。後,馬維屏又以家藏字示之於金昌業。二月十三日,金昌業又至馬維屏家拜訪,馬維屏出其家藏書畫示之。(金昌業《老稼齋燕行日記》卷四)

[癸巳]正月二十四日,於北京藥王廟,金昌業逢一樂生,有筆談。

第二章　朝鮮金昌業與清文人交流長編　　527

　　《老稼齋燕行日記》卷三載："一少年從樓下，迎入其室，笙在卓（桌）上。余索筆，書於卓（桌）曰：'此何名也？'曰：'笙也。'請一吹，其人即吹一曲，其聲清婉可聽。取一小册示余，即天、地壇及日、月壇所用樂章也。其文四字，而一行書四句，以細字傍書曰'四合二合'，似是習樂者表其音節也。其人每奏一章，即以手指其所起所止處，又奏其次，盡册而止。唯天、地壇初獻不奏，問其故。曰'此皇帝所行，不可吹'云。余問：'君是何人，習此？'答曰：'樂生。'問余姓及年，皆告之。"（金昌業《老稼齋燕行日記》卷三）

[癸巳]是年，於北京，金昌業與王之啓有交流。

　　二月初八日，於北京馬維屏家，金昌業逢王之啓。其二十八歲，丙寅生人，浙江紹興府山陰縣人。王氏書五言律詩一首相贈："貴國交情薄，惟君迥異人。話言從肺腑，舉動盡天真。皎月同君度，高山合我心。何須金石譜？友道本彝倫。"金昌業見詩，書云："高作絶佳，但稱獎太過，愧不敢當。"王氏云："道其實耳，安敢過譽？絶佳之稱，萬不敢當。"二月十三日，金昌業於馬維屏家又逢王之啓。金昌業問其籍貫，王之啓云"浙江紹興府山陰縣人也"。當金昌業"求《蘭亭帖》於維屏"時，王之啓云："羲之乃二十四代祖也，家有真本，後當送之。"（金昌業《老稼齋燕行日記》卷四）

[癸巳]是年，金昌業與清文人趙華在北京有交遊。趙華，參見1720年（庚子）"李器之與楊澄、趙華交遊"條。

　　二月初八日，文人趙華托甲軍王四，傳欲拜會金昌業之意。二月十二日，金昌業有書於趙華，書信內容見《老稼齋燕行日記》卷四。二月十三日，金昌業拜會文人趙華。趙華索見金昌業之詩，金昌業婉辭以拒，而以友人律絶數首書示之。趙華又出所作文草《代岳飛遺秦檜〈請勿返師書〉》示金昌業。金昌業自忖云："不特文精耳，辭甚激昂。中有'逆虜'等文字，此處諱'胡虜'字，書册中皆去之，而此文則'逆虜'二字之外，此等文字多不擇，可怪。"華請改正其文。金昌業曰：“不敢，願歸示東國文人。”二月十四日，“晚後趙華送自筆三丈，綉囊一副”。金昌業“以紙一卷、僧頭扇一、南草一封回禮”。趙華又回禮火鐵一個，金昌業又“書三忠祠所作五古及律絶數首，與王四送於趙華”。二月十五日，金昌業“以大好紙二張付王四兄，使傳趙華”。（金昌業《老稼齋燕行日記》卷四）

兩人在北京相別後，仍有書信往來。李器之《〈楊鈍庵文集〉序》有載：“其後因趙員外書，始聞鈍庵之名，又稱其辭榮求志，博學妙文辭。金先生喜曰：‘信然哉。其人之如是高士也。’”趙員外，李器之在該文中指出即是趙華。李器之在1720年（庚子）出使中國前，與趙華並不相識，無聯繫。因而此處的趙員外書，當是指趙華寫給金昌業的書信，惜内容不詳。金昌業在別離後，寄與趙華的書信，現存1封，由其子金信謙代筆，載於金信謙《檜巢集》卷七。

1720年（庚子）十一月初七日，趙華作書，請托李器之帶回朝鮮轉交金昌業。李器之《一庵燕記》卷四載云：“趙華使王四之兄王三送書，言連以衙門多事，不能修謝，歉歉。抵稼齋書一封，幸傳致也。”

[癸巳]是年，於北京趙華家，金昌業與餘姚楊澄相識，後交流密切。

楊澄，《老稼齋燕行日記》卷四載：“卓（桌）頭坐一老人，年五十餘，間代趙華書字，與我問答。歸後，寄趙華書，問其人。言姓楊諱澄。字寧水，號二橙，浙江紹興府餘姚人。大雅君子也，少有隱志，年三十，歷試二次，未捷，心不平，即絶迹仕進，但以文章詩酒自娛云，蓋華之師也。”

停留北京期間，金昌業請楊澄爲《金氏聯芳集》作序。金信謙《〈鈍庵集〉跋》云：“一日，家翁從趙員外求《聯璧集》（筆者按，即《金氏聯芳集》）序文而得其人，即先生也，先生浙中奇士。讀其序，蓋因詩而論其情性，又謂目擊之間得其氣象，則先生之於家翁，亦一見而知矣。”（金信謙《檜巢集》卷九）李德懋《農岩、三淵慕中國》亦載云：金昌業“選輯昆季之詩爲《金氏聯芳集》，屬浙士楊澄寧水評序而來，於是金氏文獻照爛中國”。（李德懋《青莊館全書》卷三五）

金昌業歸國後,楊澄與其多有書信往來,文學交流。《酬楊澄》其二有云:"魚雁書時見。"李器之《一庵燕記》卷三載李器之與楊澄筆談記錄,楊澄有云:"往年及今春付兩度書,至今未見答,可怪。"來往信件內容不詳。

1718年(戊戌),金昌業有詩寄楊澄,因《酬楊澄》有云:"燕都一邂逅,六載耿難忘。"《寄楊澄》云:"短褐餘姚客,栖栖燕市間。虞翻懶就辟,嚴子憶歸山。竹箭東南美,烟波歲月閑。千岩與萬壑,何處掩荆關?"其二:"萍水同浮迹,風塵偶識顔。贈衣慚季札,弄斧遇輸般。禹穴蒼山古,箕封碧海環。婆娑二橙樹,長入夢中攀。"《酬楊澄》云:"夙抱烟霞疾,死生久任天。惟求免形累,安敢慕神仙?灰冷丹竈敗,霜添白髮鮮。高人有秘授,庶可駐餘年。"其二云:"魚雁書時見,峨洋琴獨張。同生老天地,各抱熱心腸。伏櫪衰騏驥,翻風鬱豫章。燕都一邂逅,六載耿難忘。"(金昌業《老稼齋集》卷五)

又,楊澄將己著《二橙集》二卷寄贈金昌業,求序文。金信謙《百六哀吟(並序)》"楊澄"條載:"又寄示《二橙集》二卷要序文,先君子命余製送,頗加稱賞。"(金信謙《橧巢集》卷二)金信謙代其父作序,序載於《橧巢集》卷八。金信謙也寫有《〈鈍庵集〉跋》,載於《橧巢集》卷九。

[癸巳]二月十九日,於沙流河,秀才王化,年二十六,來見朝鮮使者。金昌業向其問及"聖壽加科取士之法如何";"生與童,有分別否";"自秀才選爲生員否";"童子與秀才亦有差等否";"這童生試法如何";"童生中的,亦同生員就考鄉試否";"加鄉試,取幾人";"然則謂之加者,何也";"加科,今年何月日試取耶"等諸問題,王化一一作答。金昌業稱"其人爲人分曉,文筆亦贍敏"。又,是日,"金萬喜得一詩稿來示,題曰'自娛草',乃此處所作也。律絶合數十首,往往有佳句,今行所未見也。問其人存否,數年前已死云"。(金昌業《老稼齋燕行日記》卷五)

［癸巳］二月二十一日，於永平府，金昌業與秀才李永紹、楊大有有交流。金昌業《老稼齋燕行日記》卷五載："有兩胡人來，自稱秀才。略有問答。一人李永紹。年二十六，一人楊大有，年二十九云。"問答語不詳。（金昌業《老稼齋燕行日記》卷五）

［癸巳］二月二十三日，金昌業於角山一寺廟逢青年才俊程洪，二十三歲。《老稼齋燕行日記》卷五載："（程洪）在炕上讀書，見余，遂掩卷起立。余直上炕，揖而坐。其人出紙筆，書問曰：'老先生至此何幹？'余答曰：'外國人，因遊玩至此，不期得遇佳士。'其人書曰：'佳士二字，不敢當。'呼童子，煎茶而進，若相酬酢，起而出。"此後，金昌業又與程洪相會，遂向其問及"此處科文有八股之名，是何意也"。少年以《明文商》、《今文商》示之，並詳細解釋八股之意。後又問金昌業朝鮮科舉之法，金昌業略以答之。金昌業云："是夜問答說話頗多，而所書紙皆留少年處，不能書記。少年眉目清俊，舉止閑雅，言語不苟，文字亦精，前後所見秀才無如此人也。"甚爲推崇該少年。

二十四日，金昌業書兩詩以贈少年。少年因專攻八股，無暇學詩，詩之理論知之甚少，特向金昌業請教詩之層次如何，"即一篇中先後次第"。金昌業曰："所謂先後第次，乃是辭理也。其辭理，文與詩豈曾有異也？但詩固亦辭理爲主，而辭理亦有雅俗之分。辭理之外又有聲調清濁。其妙境自非天才高者，不可勉而至，此所以難於文也。"（金昌業《老稼齋燕行日記》卷五）

金昌業歸朝鮮後，仍通過書信與程洪保持聯繫。金昌業子金信謙云："歸後不能忘，以書往復，托契殊不淺。每書來，纖悉懇曲如對語。要聞先君子出處及所居山川勝致，先君子作《樅村莊記》送示。度容亦寄來詩文書畫，極有才情法度。年年使行，九年不廢音墨。禍故以後，漠然不相聞，今爲四年矣，悲夫。"（金信謙《槽巢集》卷二）又，1714年（甲午），金昌業在書信中曾問及角山寺僧情況。金昌業《寄角山寺僧》載云："既歸三年，寄少年書，始問其人

（筆者按，指角山寺僧）姓名來歷。"惜來往書信亡佚。（金昌業《老稼齋集》卷五）

金昌業去世後，程洪寄送誄文香幣。金信謙云："趙文命入燕時，訪見度容。知其爲先君子女婿，寄送誄文香幣，使祭於先君子墓，其文出於惻愴。"（金信謙《檜巢集》卷二）

［癸巳］三月初四日，在郭民屯，申之淳、金應灝與郭垣來，金昌集讓金昌業與郭垣筆談。郭垣，據金昌業《老稼齋燕行日記》卷六載，其自云："祖籍江西南昌府。聞係汾陽之裔，因家譜失散，遷移不常，故世系莫考。"且云自己祖父爲吳三桂幕僚。

筆談內容涉及"平康王今在何處"，《四書異同條辨》所著人李沛霖情況，"近時文章道學爲世所推者幾人"，吳王外貌、勇略如何等。郭一一作答，回答"近時文章道學爲世所推者幾人"時云："王礎生、呂晚村，浙江人，皆有《四書》彙通解行世。癸丑年壯（狀）元韓菼，號元少。又有許元。"稱韓、許兩人文稿，有行世者。因話題多觸及時諱，郭垣強調"所書之事不合人見"。（金昌業《老稼齋燕行日記》卷六）崔德中《燕行錄》"三月初四日"條亦載有金昌集詢問郭垣的記錄，內容與此大致相同。

［癸巳］三月初七日，於千山，金昌業與道士劉弘虛有筆談。劉弘虛，自云"家住廣東，南海縣人氏。自少流落北方，故此出家，今已十年了。姓劉，道名清閑，字弘虛，年二十五歲"。

筆談內容主要涉及道觀中先祖師影像、劉弘虛出家緣由等。（金昌業《老稼齋燕行日記》卷六）

［癸巳］三月初八日，於千山龍泉寺，金昌業有詩贈釋朗然，詩云："無人指覺路，爾獨在吾前。共宿龍泉寺，應知有宿緣。"（金昌業《老稼齋燕行日記》卷六）

［癸巳］三月初八日，於千山龍泉寺，金昌業有二詩贈釋精進，詩云："踏遍山東北，來經路四千。風沙涉苦海，烟雨到諸天。晚飯供榆

蕈,新茶瀹石泉。何妨未通語,默坐更翛然。""石扇啓初地,中藏界大千。龍潛峰有水,僧老洞爲天。壁色含春雨,松聲挾夜泉。明朝下蘿迳,回首但蒼然。"金昌業《老稼齋集》卷五亦載此詩,題作"龍泉寺,次壁上韻,書贈主僧精進,寺在千山"。(金昌業《老稼齋燕行日記》卷六、《老稼齋集》卷五)

第三章　十八世紀中期中朝文人交流長編

1731年　雍正九年　英祖七年

[辛亥]是年,朝鮮使團行經永平府時①,知縣白錫"具名帖,餉以兩種果"。趙尚絅有《永平府太守具名帖,餉以兩種果》(知縣姓名白錫)一詩,李日躋亦有和詩。趙尚絅(1681—1746),朝鮮文士,字子章,號鶴塘,諡景獻,籍貫豐壤。著有《燕槎録》等。李日躋,朝鮮文士,字君敬,號華岡,籍貫全州。

趙尚絅詩云:"數朵盈盈萬果團,炯然濃郁帶青寒。金篋盛來香滿座,一年秋色雪中看。"(右葡萄)"爾味不酸又不甘,清香同與橘柑參。切來片片沾喉渴,一嚼吾能盡數三。"(右雪梨)"數掬葡萄雪梨並,辛勤送餽有其名。紙束兼將扇柄報,君能領得客中情。"

李日躋詩云:"紫顆如新個個團,些兒不帶雪霜寒。未論咀嚼清香味,盛得金盤已好看。""柑橘猶酸柿太甘,仙家火棗爾能參。一切世間香色味,即知珍品獨兼三。""擎來二種一盤並,紅帖兼書太守名。紙篚聊爲酬謝禮,客中那免惜人情?"(趙尚絅《燕槎録》)

[辛亥]是年,於撫寧縣,趙尚絅、李日躋訪徐姓文人,在朝鮮衣冠、文學等方面有深談。

---

① 此次出使中國是在1731年(辛亥)。《英祖實録》卷三〇載:七年十一月七日,"謝恩兼冬至正使洛昌君樘、副使趙尚絅、書狀官李日躋辭陛"。

趙尚絅《歷訪徐家》詩云："花叢如綉柳枝金，瀟灑幽居路左深。一見欣然如舊識，中堂引坐露真心。""一庭花卉俗緣疏，眼底兒孫緝緝如。嘉爾腥塵焚濁裏，獨從文苑事琴書。"李日躋詩云："主人齋斗積黃金，綺席花氍内屋深。撫我衣冠長太息，憐渠左衽本非心。""簾閣重重花木疏，慣看東客色驊如。小郎引我中堂坐，壁上披誇白下書。"（趙尚絅《燕槎錄》）

[辛亥]是年，於瀋陽，李日躋與清代文人林本裕有筆談。林本裕，姜世晃《題〈華人詞翰帖〉後》載："號辱翁……林曾爲吴三桂從事。三桂敗，仍被留瀋陽。雅有文學。"①

李田秀《農隱入瀋記》載此筆談内容，主要涉及吴三桂起兵之事以及對吴三桂的評價等。又，《農隱入瀋記》云李日躋與林本裕之子林奭亦有筆談。筆談内容不詳。林奭曾有一絶句示李日躋，詩云："羡爾青葱擁碧溪，蒙茸簇簇四山齊。不教生向芳園裏，却與行人送馬蹄。"（李田秀《農隱入瀋記》）

1732年　雍正十年　英祖八年

[壬子]是年，李宜顯與林玠有交流。李宜顯（1669—1745），朝鮮文臣，字德哉，號陶谷，諡文簡，籍貫龍仁。著有《陶谷集》等。1732年（壬子）七月，其作爲進賀兼謝恩使團正使出使中國。

李宜顯宿十三山甲軍趙連城家，聞此處人林玠方爲驛丞，以善刻圖章名，使安譯邀來，以文字相酬答。李宜顯以圖章印本出示之，金益謙所刻印本亦出示。林氏閲後云："好，然皆近時俗，泛無古氣耳。印章須古雅爲上，均和次之。"《壬子燕行雜識》載云："至金益謙所刻小圖章本貫及字，皆稱好。姓名圖章大小二顆亦稱好，而'李'字稍不合云，蓋李字之'木'不連於'子'字故也。至燕人所刻圖章本貫字二顆，以爲字未誤刀法，近於俗。本貫姓字三顆，亦

---

① 姜世晃《豹庵稿》卷五，《韓國文集叢刊（續）》第80册，第392頁。

曰:'此三件皆用得,惟稍俗耳。'又書曰:'近日多此等刀法耳。此三方字,皆是刀法不流動耳。此等妄議,未知能當大鑒家之意否?'"李宜顯同意其見解,並言本國石品不佳,欲求諸此中,林玠約以二石相贈。其後,林氏"刻吾名字圖章,專人追送。刻法頗佳,但'宜'字無點,於字法不合,還付,使之改送",故"約於回路刻贈"。李宜顯自北京還時,又去拜訪林玠,"適值出他未還"。後林氏使專人追送印章。宜顯作詩以謝,但其人已去,不得付。詩載於《陶谷集》卷三,《贈善篆人林玠》:"家承問禮志,義邁棄金風。雅素彌堪挹,嶔崎也自雄。談諧出翰墨,符采滌昏蒙。贈我圖章妙,斯邕未足工。"(李宜顯《壬子燕行雜識》、《陶谷集》卷三)

[壬子]是年,北京天主堂費姓人送李宜顯《三山論學記》、《主制群徵》各一册。所送二册,即論西洋國道術者也。(李宜顯《壬子燕行雜識》)

[壬子]是年,李宜顯還到豐潤,宿谷礦家。礦踐前約,精修客室以待。宜顯贈其二詩。詩載於《陶谷集》卷三,題作"還到豐潤谷家,修屋許處,預釀酒以待,又餉茶果。其義可尚,遂贈以詩"。詩云:"谷氏好兄弟,重逢識舊顏。萍蓬欣偶合,鬢髮嘆多斑。世業青編在,幽扉皓鶴閑。相思他夜夢,明月滿關山。"(主人即谷應泰之從孫,應泰著《明史[紀事]本末》,故第五云。)其二:"掃室須吾至,深堂暖氣熏。芳醪看預釀,美果藹新芬。亟踐前時約,能忘此意勤。懸知四海內,信義少如君。"宜顯請步韻以贈,礦婉拒而以《廿一史彈詞》二卷相贈,云:"全不能為此,末如之何?如欲看我顏面,此有一册子,中有叔父序,敢以奉贈,願以此替面。"(李宜顯《壬子燕行雜識》)

　　李宜顯與谷氏兄弟還曾筆談,李宜顯《紀行述懷,次三淵韻》(其三十六)描繪出他們筆談情形,有云:"豐潤境與燕都近,故家至今沾禄秩。經途重對谷氏子,默數曾覯一紀閱。良宵軟語暢客懷,嘉爾持心最純實。"(李宜顯《陶谷集》卷三)

[壬子]是年,於豐潤縣,李宜顯與生員王天壽有筆談。

《壬子燕行雜識》載云:"生員王天壽者呈名帖,蓋以山西人,留此地(筆者按,指豐潤)教學資生者也。其名帖云:'套言不敢妄呈,竊窺君之衣冠文物,真不愧聖人之裔,宛然箕子如在也。吾輩忝生中華,雖與太平之草木同沾雨露之深恩,何意得睹先朝之遺風爲快也?幸而邂逅相逢,敬具酒肉微儀,以志斯文一氣之盛事。實非射利,望其笑納。'余書示曰:'原義多感,然盛儀不敢奉領。'又書曰:'可須薄禮,不過敬先聖風,却非射利之徒,何須推阻?'余不得已許之。即持猪肉酒壺以呈,且書曰:'不堪之儀,微表寸心,深取大人之笑,罪罪。'又書曰:'敢請大人在貴省,官居何職?尊姓大號?後日再逢此過,即爲舊交。'余方食,使安譯書示,渠首肯。余又書示曰:'吾衣冠何如?'即書曰:'衣冠如前代。吾等不幸而生斯世,又幸而見大人也。'余又書曰:'吾衣冠乃是箕子之舊,即古中華禮服也。'渠即叩首拱手,以致敬恭之意。余贈紙一束,臘藥數種,固辭至於再三。余力請,始乃強受。此地人求索紛然,而此人則例贈,亦且固拒。且觀所書,不無思漢之意,心以爲嘉。"(李宜顯《壬子燕行雜識》)

[壬子]是年,清乾隆皇帝將新修《明史·朝鮮列傳》稿本贈與朝鮮國王李昑。《英祖實錄》卷三一載:八年五月八日,"冬至正使洛昌君樘、副使趙尚絅、書狀官李日躋奉《明史·朝鮮列傳》還自清國"。《世宗憲皇帝實錄》卷一二四載:"(雍正十年)十月乙卯朔,壬申,朝鮮國王李昑以恭遇孝敬皇后册謚禮成,遣陪臣李宜顯等奉表稱賀,兼謝頒給《朝鮮列傳》稿本恩。"

1736年　乾隆元年　英祖十二年
[丙辰]正月初一日,李德壽在朝房先與一禮部郎有簡單交談,後又與禮部尚書三泰有寒暄之語。李德壽(1673—1744),朝鮮文士,字仁老,號西堂、蘗溪,謚文貞。著有《西堂集》、《罷釣錄》等。1735年

(乙卯)十一月,其作爲謝恩兼三節年貢使團副使出使中國。三泰,吳孝銘《樞垣題名·軍機大臣題名》(清道光十八年七峰別墅刻增修本)載:"正白旗漢軍人。乾隆二十三年正月,由吏部侍郎入直,旋授參贊大臣,贈三等子。謚果勇。"

李德壽《燕行録》載:"正月初一日,曉入闕中,暫憩朝房。俄千官駢集,有少年禮部郎,自言二十一擢第,由翰林苑(院)升是職。問余職名、年甲,頗致款密。俄禮部尚書至,余爲降座,尚書固請安坐,仍問庶從:'弟君家老爺胡不吸烟茶?'對曰:'大人在前,其敢自安?'尚書曰:'烏有是理?'顧從者以其茶具進,余爲之强吸。俄兵部尚書繼至,殊覺擾甚,遂避之他所。""二月初七日,禮部尚書三泰復伻人勞問"。

[丙辰]正月初五日,閣老常明派人慰問朝鮮使團,時李德壽爲副使,"饋以餅餌果實"。李德壽《燕行録》載:"常明姓金氏,義州人也。其曾祖三達,滿洲人之後,没於虜,仍爲中土人。常明自康熙時有寵,歷三朝,恩眷不替。每我國使至,必伻人存問,以示不忘本之意云。"(李德壽《燕行録》)

[丙辰]是年,豐盛額與朝鮮使團文士有交流。豐盛額,吳孝銘《樞垣題名·軍機大臣題名》載:"阿里袞子,鑲黃旗,滿洲人。乾隆三十五年八月,由署兵部尚書入直。官至户部尚書,授副將軍襲一等果毅繼勇公。謚誠勇。"

正月初六日,豐盛額來慰問朝鮮使團。李德壽《燕行録》載:"總理事務英誠公豐盛額稱有皇旨來勞問,仍言:'久處陋地,何以耐遣? 飯廩不腆,得無窘於朝夕否?'坐語移時而去。"其交談語不詳。(李德壽《燕行録》)

[丙辰]二月二十一日,"提督率二通官來見,傳十二王之言,要令首譯率行中能書、能棋者趁明朝來見於禮部"。二十二日,"首譯鄭泰賢、崔壽溟詣禮部,十二王延見,從容問以我國冠婚喪禮及職品、章

服、山川、道里"。問答内容詳載於李德壽《燕行録》。"三月初二日領賞,十二王來見於禁庭,勞問甚款,既出,又送人囑以在途中加護"。(李德壽《燕行録》)

[丙辰]三月初五日,李德壽於盤山尋訪僧人性德未得,但與遠法師有交流。李德壽《燕行録》載:"聞老釋潤遠言,性也年前以雍正命往南京,未歸云。"(李德壽《燕行録》)李德壽有《盤山贈遠法師》詩,云:"欲向廬山識遠公,清溪引我到禪宮。林深漸覺諸天近,地勝能教萬慮空。松杏參差輕靄外,樓臺高下夕陽中。憑師試問西來意,笑指雲間滅没鴻。"(李德壽《西堂私載》卷二)

1737年　乾隆二年　英祖十三年

[丁巳]九月初六日,李喆輔於鳳凰城逢少年安民者,"年方十七,而頗解文字。問之則能通《四書》,所做科文兩篇亦頗可觀"。(李喆輔《丁巳燕行日記》)

　　李喆輔(1691—?),朝鮮文士,字保叔,號止庵、止山,籍貫延安。著有《丁巳燕行日記》等。1737年(丁巳)七月,其作爲陳奏兼奏請使團書狀官出使中國。

[丁巳]九月初十日,於甜水店,李喆輔與店主顧進相有交流。《丁巳燕行日記》載:"顧進相者,頗伶俐。問之乃甲軍也。自言雍正時,隨上將西征,十二年始平。昨年凱旋受賞罷還,今以販業資生云。"其他交談語不詳。(李喆輔《丁巳燕行日記》)

[丁巳]九月初十日,於甜水店,李喆輔與滿人趙鶴嶺有詳細筆談。《丁巳燕行日記》載:"趙鶴嶺者,居在鳳城,因雇車隨來,而稍解文字,身手亦好,爲人似不碌碌也。"李喆輔向其詢問"何不就文武業","滿人本無姓而稱趙何也","何年自滿來,亦有從宦者否","關外民役如何","瀋陽比寧古塔,孰爲富盛","寧古塔距瀋陽幾里","即今天下太平,民皆樂業否","爾們男女衣服無異同,男不帶,女無裳,是何制度"等問題,趙鶴嶺一一作答。(李喆輔《丁巳燕

行日記》)

[丁巳]九月十三日,李喆輔宿十里堡李家莊,與主人二子(筆者按,長曰李成璧,次曰李成玉)有交流。二子能通《四書》,李喆輔"令取來所讀册,則乃是本朝入格科文類,皆齷齪不足觀"。李喆輔云:"此皆不好文字,何用讀爲?"李云:"就科業者不得不習。"李喆輔感嘆云:"科文之誤人到底如此,可嘆。"(李喆輔《丁巳燕行日記》)

[丁巳]九月十四日,於白塔堡,李喆輔逢符姓、王姓兩秀才,相與交談。語及清朝科舉、試主公正與否、文廟守備、此地的尚文、服飾、通婚等風俗。(李喆輔《丁巳燕行日記》)

[丁巳]九月十五日,於瀋陽,李喆輔逢吳三桂幕賓林本裕,有筆談。
　　筆談主要内容有:清朝盛京官制、對當朝皇帝的看法、喪祭等禮在清朝的尊奉情况、明季事何野史載之等。(李喆輔《丁巳燕行日記》)

[丁巳]閏九月初三日,李喆輔於宋家莊與宋之四代孫交談。
　　語涉宋家城人口規模、姓氏情况、歲收情况等。其間,李喆輔問:"剃髮何心?"宋曰:"無可奈何。"(李喆輔《丁巳燕行日記》)

[丁巳]是年冬,朝鮮海興君李橿在出使中國途中,與清人林本裕相遇,有筆談。林本裕有詩歌相贈。李橿(1700—1762),字伯壽,謚號貞孝,朝鮮王室成員。1737年(丁巳)十一月,以進賀謝恩兼三節年貢使團正使的身份出使中國。姜世晃《豹庵稿》卷五《題〈華人詞翰帖〉後》一文載:"又有林本裕(號辱翁)七絶一首贈余姊兄海興君者。海興於丁巳冬亦以正使赴燕,林乃贈此詩。林曾爲吳三桂從事,……與之語,多感慨激烈之意云。"惜此七絶與筆談均不詳。(姜世晃《豹庵稿》)

1738年　乾隆三年　英祖十四年
[戊午]是年,清乾隆皇帝將新修訂《明史》中的《朝鮮列傳》贈與朝

鮮國王李昑。"

《高宗純皇帝實錄》卷八九一載:"今恭閱欽定《明史·朝鮮列傳》,載其始祖世系及國人廢琿立倧之處,考據已極詳明。乾隆三年,我皇上允該國王所請,刷印頒給。"

1740年　乾隆五年　英祖十六年

［庚申］是年,於北京,李匡德與貢生張偉烈有筆談、詩歌贈酬。《英祖實錄》卷五〇載:十五年十一月三日,"上行召對,引見冬至正使綾昌君櫶、副使李匡德、書狀官李道謙。……命購《明史》全帙而來"。李匡德(1690—1748),朝鮮文士,字聖賴,號冠陽,籍貫全州。著有《冠陽集》等。1739年(己未)十一月,其作爲三節年貢兼謝恩使團副使出使中國。張偉烈,舒夢齡纂修《(道光)巢縣志》卷一三載:"字效騫,以歲貢入成均。雍正十三年,詔舉博學鴻詞。司成以偉烈應詔不果,年滿,授安慶府訓導。所著有《紅杏軒詩稿》。"

李匡德有《與張貢生(偉烈)書(庚申使燕時)》,云:"連日掃榻苦企,竟不成更回。鄙人今日東出都門,所欲對攄心曲者非一二,亦復吞啞而歸,悵悵不可言。匆匆,不宣。"(李匡德《冠陽集》卷一四)

李匡德有《僕在海東樂聞大江以南山川人物之美,夢想欣慕者久矣。及來燕都,偶遊太學,得鄉進士杏軒張君(偉烈)風流博雅,真江南人也。相與問隋宮吳苑之遺迹,論蘇臺鍾阜之勝概,傾囷倒廩,彌日忘疲。張君贈示長律一首,咳唾琳琅,紙墨爛然,尤可敬愛。諷賞之餘,遂忘拙和呈,因用留別》詩,云:"多生有債在湖山,垂老征車朔易間。行遇楚材真縉帶,坐談吳會恍探環。馬牛風阻猶交臂,鵬鷃飛殊却汗顏。萬里何妨一肝膽?秦淮月出照遼關。"(李匡德《冠陽集》卷一)

［庚申］是年,李匡德與江南人進士凌春有交遊。凌春,字號、籍貫等不詳。

其《與進士江南凌君（春）》書云："盛什有疇範異傳之教，故以殷墟歌曲仰覆矣。更思之，歌曲於聖人事微甚，弊國箕聖舊都之地，有井田遺址經界宛然，此可以傳聞於中國諸君子。兹以改書以呈，前詩敢望還擲。"（李匡德《冠陽集》卷一四）

有《和進士江南凌君春》二首，云："拭玉初終光禄筵，逢人皆問九疇篇。八夫舊址今猶在，要與中原助法傳。"其二："四海環瞻數仞墻，敷尺不斷《六經》香。吾生況在乘槎地，未害同升闕里堂。"（李匡德《冠陽集》卷一）

[庚申]是年，於北京，李匡德與白世昌有詩歌唱酬。孔繁樸修，高維嶽纂《（光緒）綏德州志》（清光緒三十一年刊本）卷七載："白世昌，字際五，仲賢六世孫。經史博洽，工柳書，授生徒河汾間。乾隆元年以覃恩貢入成均，時山右孫文定公爲祭酒，重其宿學，常對南北諸生稱羨不置。"

《（光緒）綏德州志》卷七載交流情形云："一日，高麗使臣李匡德謁太學，見世昌詩稿，擊節傾服，遂與世昌詩筒往來。其歸國也，以詩贈世昌曰：'篇章渾厚謝尖巧，獎愛隆深拔例常。始識小戎聲大夏，真瞻太華氣旁唐。飛牋已得傾風雅，促榻何由講伯王？不羨千金裝越使，此時歸橐總詩香。'"此詩亦載於《冠陽集》卷一，題作"和白貢士（世昌）韻"。

[庚申]是年，潛齋金日進（益謙）與豸青山人李鍇有交遊。

李德懋《豸青山人》載："歲庚申，金潛齋益謙入燕，遇鐵君於旅次，相視莫逆，證爲知音。嘗掃席焚香出示一詩，噓唏感嘆，自不能已。其題爲'秋山舊作'：'几上殘編倦不收，溪邊沙鳥默相求。看書忽下千秋泪，臨水翻增萬里愁。老去襟懷偏憶遠，古來詞賦已悲秋。塾中同學今誰在？獨許青山照白頭。'其手書者今藏於宋注書俊載家，李槎川作跋，筆法磊磊勁遒，當在逸品。《睫巢集》若干卷亦來東國。"（李德懋《青莊館全書》卷三二）又，"後二十有八年，清

陰先生玄孫潛齋益謙日進入燕,逢豸青山人李鍇鐵君,相與嘯咤慷慨於燕臺之側"。(李德懋《青莊館全書》卷三五)

1743年　乾隆八年　英祖十九年
［癸亥］是年,趙顯命在瀋陽與秀才孔毓貴相識。趙顯命(1690—1752),朝鮮文士,字稚晦,號歸鹿、鹿翁,謚忠孝,籍貫豐壤。著有《歸鹿集》等。1743年(癸亥)七月,其作爲問安使團正使出使中國。孔毓貴,覺羅普爾泰、陳顧灝等纂《(乾隆)兗州府志》(清乾隆三十五年刻本)卷一二"主簿"條載:"監生,奉天府承德人,乾隆三十三年任。"

《歸鹿集》卷三載云:"瀋陽遇孔毓貴,自以爲以聖人之後,不能繼述云,故書以贈之。"詩云:"屋上烏猶愛,矧其後嗣賢。欲知繼述善,歸讀子思編。"又有《贈別孔秀才毓貴》詩,云:"此地重逢曾不分,他時相見豈無緣？浮雲萬事悲歌起,薊樹天低落日懸。"(趙顯命《燕行錄》、《歸鹿集》卷三)

［癸亥］是年,趙顯命在出使瀋陽途中與秀才魏廷熙相識。《歸鹿集》卷三載云:"(魏)秀才,頗識文字。"有《贈魏秀才廷熙》,詩云:"道學千年喪,文章八股非。請看四郊牧,日夕牛羊歸。"(趙顯命《歸鹿集》卷三)

［癸亥］是年,趙顯命於瀋陽與文廟教授高昛相識。《歸鹿集》卷三載云:"昛,河南人。河南,程夫子鄉。"有《謁文廟,贈教授高昛》,詩云:"聞子河南士,河南程氏鄉。冢中奴可作,試爲問朱王。"(趙顯命《歸鹿集》卷三)

1746年　乾隆十一年　英祖二十二年
［丙寅］是年,十二月初七日,於白塔堡,尹汲與孔秀才有交流。尹汲(1697—1770),朝鮮文士,字景孺,號近庵,籍貫海平。著有《燕行日記》等。1746年(丙寅)十一月,其作爲謝恩兼三節年貢使團副使出使中國。

尹汲《燕行日記》載："及到此堡，有一胡舉止稍異。譯官李天培以爲此是瀋陽孔秀才。自謂大聖之後者也，曾與柳忠相善，有所贈詩云。使孔胡誦之，即誦'乘桴當日意，流落爾何歸？萬事殘燈外，相看泪滿衣'。仍書示渠《悼忠》七律，而不能成篇矣。余問：'爾之祖先仕於明朝否？'答云：'必有之，而不能知矣。'又問：'爾是大聖之後，則何不爲冠裳之制耶？'胡有羞愧色而不答。"（尹汲《燕行日記》）

［丙寅］是年，十二月十二日，於醫巫閭，尹汲與村居秀才李天一有交流。尹汲《燕行日記》載："李天一者，村居秀才也。云'與驪善君相親，驪善求見呂晚村集，而家在燕京南三百里之地，不得持來，使行之還持付'云。"（尹汲《燕行日記》）

［丙寅］是年，十二月二十一日，於撫寧縣，尹汲拜訪貢士徐升立家。尹汲《燕行日記》載："歷貢士徐升立家，升立已歿，而有三子曰松年、鶴年、阜年，皆不凡庸。"尹汲與三子有交流，尹汲問："爾文士也，且多書册，有呂留良文集否？"徐掉頭曰："無矣。"又問："爾是漢人，有思漢之心否？"曰："去古已遠，今天子仁聖，豈有此心乎？"（尹汲《燕行日記》）

［丙寅］是年，十二月二十五日，於薊州，朝鮮一譯官與清秀才張昕有交談。譯官向其詢問"即今學問名世者，誰也"。張昕云："張廷玉、陳世倌、鄂容安、張若藹。"譯官問："在前則爲誰？"張曰："熊伯龍、方苞、高玢、黃際飛、周學健、帥念祖。"譯官又問："文章家爲誰？"張曰："朱佩蓮、董邦達、趙炳、齊价人、劉吳龍、任芝蘭。"後，譯官又向張昕打聽薊州古迹、《呂晚村文集》流傳情況等。（尹汲《燕行日記》）

1748年　乾隆十三年　英祖二十四年

［戊辰］是年十月，李彝章以進賀謝恩兼三節年貢使團書狀官身份

出使中國①。到達北京後，與博明相識，有交流。李彝章（1703—1764），朝鮮文士，字君則，號水南，謚忠正，籍貫韓山。博明（？—1787），原名貴明，姓博爾濟吉特氏，字希哲，號晰齋，又號西齋、西哲、晰之，滿洲鑲藍旗人。元代蒙古貴族後裔，邵穆布之孫。徐世昌編，聞石點校《晚晴簃詩匯》卷八一載："乾隆壬申進士，改庶吉士，授編修，歷官雲南迤西道，降兵部員外郎。有《晰齋詩》。詩話：'晰齋博學多識，於經史詩文，書畫圖書，蒙古、唐古忒文字，無不貫串嫻習。著《鳳城瑣錄》、《西齋偶得》，多述遺聞逸事，自爲序刻行之。'"

南泰齊《椒蔗錄》載博明語："前數歲，貴國使臣有李君則者，一晤如故，作數日談，至今猶耿耿在心。……李君則奇士也。自入關以來，購《大清會典》一部，廣加尋訪，蓋欲得中原文獻之全。僕與談此書者屢日乃定交焉。"雙方其他交流事迹不詳。李彝章字君則。李裕元《林下筆記》卷二九《春明逸史》"靈城名句"條亦載："李忠正彝章，字君則也。以三行人赴燕。"

1751年　乾隆十六年　英祖二十七年
［辛未］1750年（庚午）十二月，尹顯東隨其父進賀兼謝恩使團副使尹得和出使中國②。1751年（辛未）來到中國後，與魏元樞有詩歌

①佚名《使行錄》載："乾隆十三年，十月二十八日，進賀謝恩兼三節年貢行，正使領敦寧鄭錫五、副使禮曹判書鄭亨復、書狀官兼掌令李彝章。"《燕行錄全集》第27冊，第274頁。
②尹得和在十八世紀曾兩次出使中國：佚名《使行錄》載："雍正九年十二月二十六日，陳慰兼進香行，正使陽平君橍、副使禮曹參判李春躋、書狀官兼持平尹得和。"《燕行錄全集》第27冊，第263頁。又，佚名《使行錄》載："乾隆十五年十二月二十六日，進賀兼謝恩行，正使洛豐君楙、副使吏曹判書尹得和、書狀官司僕正尹光纘。"《燕行錄全集》第27冊，第276頁。尹顯東與魏元樞筆談有云："吾輩以書生隨家尊過此，幸奉尊先佳誨。"當魏元樞問及尹顯東其父官職時，尹顯東有云："大人秩二品，官吏部判書。"魏元樞《與我周旋集·詩》卷一二。此處所云"吏部判書"職正與尹得和乾隆十五年出使時的職銜相吻合，所以可知，尹顯東隨其父出使中國當在1750年（庚午）十二月。

唱和、筆談。尹顯東（1713—1782），朝鮮文士，字誠中，號石雲，籍貫海平。著有《石雲集》。魏元樞，參見1724年（甲辰）"魏元樞與李禥、金中丞交流"條。

魏元樞《與我周旋集·詩》卷一二載《和朝鮮貢使尹散官韻（辛未冬月）》："醫閭名勝俯層濤，渡海星槎萬里豪。雪滿長空天宇净，人來諸夏客程高。車書九譯郵傳遠，雨露三韓帝念勞。縱使神仙今尚在，何須華表夜深翱？"

尹顯東與魏元樞有詳細筆談，尹顯東請求魏元樞將其詩文帶回館中玩誦，魏元樞以有中外之分而婉拒。尹顯東以中朝歷史上文人相交盛況向魏元樞感嘆今不如昔。雙方筆談內容還有：魏元樞向尹顯東打聽柳宗元《薑芽帖》在朝鮮的存留情況；魏元樞告誡尹顯東作詩當細推敲；魏元樞打聽雍正甲辰冬自己所交流過的正使名姓等等。（魏元樞《與我周旋集·詩》卷一二）

第二天，尹顯東有書信與魏元樞，云："昨承款遇，早又書辱，感荷不知名喻。瓊琚之投，三復咏嘆，恍若袪汗衣，濯清風。題額違命不恭，老人眼暗，夜又深，強作仰呈耳。昨來三軸，稟玩還完。臨行，不宣。東海尹顯東頓首。"註云：書贈"務滋堂"、"尺蠖齋"六行，書大字。（魏元樞《與我周旋集·詩》卷一二）

[辛未]是年，魏元樞有詩歌贈送尹得和。尹得和（1688—1759），朝鮮文士，字德輝，號四休，籍貫海平。

《與我周旋集·詩》卷一二載《賦贈朝鮮貢使四休居士尹冢宰》①："浩然天地何空闊，海內海外挺喆人。氣象直干青霄立，落落心交如有神。我自周旋遂初服，海東豪杰亦寫真。國士既作六卿長，一朝知遇殊等倫。富貴終有浮雲意，築室瞻闕西湖湄。將命不

---

① 四休居士尹冢宰，即尹得和。尹顯東與魏元樞筆談時，魏元樞曾問尹顯東其父爲何號"四休"，有云："大人何以號四休？"尹顯東答云："是矣。"可見尹得和號"四休"。魏元樞《與我周旋集·詩》卷一二。

辱見天子,重惹御香出楓宸(雍正八年,尹爲書狀官)。馬頭東認長白色,蘭楫回棹鴨綠津。逸興更超山水上,投簪志乞百年身。名公所志屬四休,詎知天涯有比鄰？亭在西湖心在國,人在西湖憂在民。感恩恩重曷有極？中外相望二老臣。"(魏元樞《與我周旋集·詩》卷一二)

1752年　乾隆十七年　英祖二十八年

[壬申]是年,南泰齊與扈湘有交流。南泰齊(1699—1776),朝鮮文士,字元鎮、觀甫,號澹亭、鶴野,籍貫宜寧。著有《椒蔗錄》等。1752年(壬申)十一月,其作爲三節年貢兼謝恩使團副使出使中國。扈湘,南泰齊《椒蔗錄》載其爲書堂訓長。

十二月二日,於鳳城,副使南泰齊邀請扈湘前來交流。雙方有詳細筆談:南泰齊向其詢問教授書童的基本情況,清朝設科取士之法,當今文風狀況,對朝鮮衣冠看法等。扈湘一一答之。

十二月三日,扈湘又來與南泰齊交流,有筆談。南泰齊向其詢問赴京參加科舉考試的費用情況,盛京名士中何人擅名等。扈湘則詢問南泰齊基本情況。其間,雙方並互相請見詩作。詩作不詳。(南泰齊《椒蔗錄》)

[壬申]十二月三日,於松站,南泰齊與山西太原行商人李成仁有交流。南泰齊向其"略問山西事情"。雙方還主要談及清朝西部聚兵之事。(南泰齊《椒蔗錄》)

[壬申]十二月十五日,於十三山,南泰齊向驛長李華詢問置驛情況。(南泰齊《椒蔗錄》)

[壬申]十二月二十二日,於撫寧縣,南泰齊與徐進士兩子有交流。
　　徐進士兩子邀請朝鮮三使進入其家。南泰齊請見徐家所藏古代字畫並觀覽。(南泰齊《椒蔗錄》)

[壬申]十二月二十四日,於豐潤縣,南泰齊與谷應泰曾孫有交流。

《椒蔗録》載云:"宿豐潤縣谷姓人店舍。出其族譜示之,自言谷應泰之曾孫。盤盛十餘種乾果進之。自斟酒以勸,其意頗厚。"具體交談語不詳。(南泰齊《椒蔗録》)

[壬申]十二月二十五日,於豐潤附近,南泰齊與丁姓人有簡單交流。

《椒蔗録》載云:"問讀何書,書答此時何用讀書。又問不讀書之由,則答以家貧不能云。而觀其氣色,似有所忌諱而不顯言之。以主人在傍,不能詳問,可恨。"(南泰齊《椒蔗録》)

1753 年　乾隆十八年　英祖二十九年

[癸酉]正月二十日,於北京太學,南泰齊與太學諸生廣東人黄觀清、湖南人郭焌有交流,有詳細筆談。

南泰齊向其詢問太學生人數,掌管太學官員情况,朱熹升配殿時間,方今天下第一文章爲誰等。兩人向南泰齊詢問其基本情况等。(南泰齊《椒蔗録》)

[癸酉]正月二十三日,於北京,副使南泰齊、書狀官金文行與博明第一次見面有交流,有詳細筆談。

南泰齊向其詢問"今之翰林掌詞命,贊機密,如唐宋故制否"、經術文章當今誰爲第一、《大清會典》編纂情况、朝鮮金姓來源情况等。南泰齊稱其"儀觀秀麗,筆翰如飛,可謂彼中翹楚也"。(南泰齊《椒蔗録》)嚴璹《燕行録》"二月初二日"條亦載:"壬申,澹亭南丈與庶吉士博明相往來善,以庶常館隔一墻故也。"筆者按,南泰齊與博明相識是在 1753 年(癸酉),嚴璹記載年份誤。

[癸酉]是年,南泰齊翰林院庶吉士龍煜岷、候選知縣閻姓舉人有筆談、詩歌贈酬。龍煜岷,朱汝珍輯《清代翰林名録》"乾隆十七年壬申恩科"條載:"字蘭圃,四川華陽人。散館歸班。"

正月二十三日,於北京翰林院,南泰齊與龍煜岷、閻姓舉人有詳細筆談。龍煜岷主要向南泰齊詢問朝鮮大小科制情况、朝鮮六部以何部爲先等。後龍煜岷書贈兩句與南泰齊,云:"梯航來萬里,

邂逅幸三生。""來享應沾新雨露,作賓仍是舊衣冠。"閻姓舉人主要問及南泰齊年歲、顏貌不老原因等。(南泰齊《椒蔗錄》)

二月六日,南泰齊又與龍煜岷相逢。南泰齊請見龍煜岷課試程文,龍煜岷以程文已交與館師未發爲由婉轉拒絕。龍煜岷又請求南泰齊以昨日所課詩題、賦題創作,南泰齊以素不能詩賦,亦婉轉拒絕。

[癸酉]二月三日,於北京,南泰齊"聞翰林院每朔課試,大學士定其甲乙云。欲見其程文,使崔譯往見庶吉士輩,借數卷以來,皆律賦也。往往組麗有絕作,而大抵文氣萎弱耳"。(南泰齊《椒蔗錄》)

[癸酉]二月六日,於北京翰林院,南泰齊與翰林庶吉士黃鴻閣相識,筆談。

《椒蔗錄》載云:"轉到後堂,又有一庶吉士出迎。問其姓名、鄉貫。姓黃而江西省民籍也。追檢官案,黃鴻閣號燮庵者也。"南泰齊詢問其年齡,"課試,以何文而何人主考"等,黃鴻閣一一作答。後南泰齊請見黃鴻閣課考程文,黃鴻閣以"弟係清書,不習詩賦,故無所課漢文"爲由婉拒。(南泰齊《椒蔗錄》)

[癸酉]二月六日,於北京翰林院,南泰齊與舉人黃喦相識,有交流。黃喦,《椒蔗錄》載其號壁軒,其他情況待考。

見面前,南泰齊先閱讀了龍煜岷所示黃喦所著詩冊中的一兩首詩,有評云:"體裁婉弱,頗似元人詩。"後兩人見面,有筆談,語涉黃喦此次不參加科考的原因、朝鮮名士南衮等。(南泰齊《椒蔗錄》)

1755年　乾隆二十年　英祖三十一年

[乙亥]十二月初九日,於瀋陽,李基敬與房舍主人劉姓人以及在旁青年朱潤有交流。李基敬(1713—1787),朝鮮文士,字伯心,號木山,籍貫全義。1755年(乙亥)十一月,其作爲三節年貢兼謝恩使團書狀官出使中國。

李基敬《飲冰行程曆》載:"主人姓劉,販米爲業,自稱漢人,專

《易經》，作秀才云，而觀其貌不甚雅。"與朱潤交流，李基敬主要問其姓名，與大明國姓同否，年紀，籍貫，所業何事，祖先何官等。後，李基敬向朱潤打聽此地賢人，並讓其請來相見，朱潤許諾而去。（李基敬《飲冰行程曆》）

［乙亥］十二月初十日，於瀋陽，朱潤率盛堯章來劉姓房舍見李基敬，李基敬與盛堯章有筆談。

李基敬先問其"年紀多大，所業何書，旗下麼、民家麼"，然後又向其打聽八股爲何文，在旁劉姓人"出其所藏近歲壯（狀）元文章示之"。李基敬後又與盛堯章談及清朝衣冠，民家與蠻子結親否等話題。（李基敬《飲冰行程曆》）

［乙亥］是年，鄭光忠與柳姓人有交流。鄭光忠（1703—?），朝鮮文士，字聖錫，1755年（乙亥）十一月，其作爲三節年貢兼謝恩使團副使出使中國。

十二月十四日，於新廣寧，"柳姓人家，夜步月訪副使（鄭光忠）以破思家之愁。副使之聞祖先曰東溟，與語，大說其文章故事"。語不詳。（李基敬《飲冰行程曆》）

［乙亥］是年，鄭光忠拜訪撫寧徐進士家。

十二月二十二日，鄭光忠"入撫寧縣城內，抵所謂徐進士家門外，則有二三少年著金頂帽子出立門前，與親知行中拼（拱）手相問矣。語殷勤而邀使行入其家。問於行中，則以爲徐進士之孫。兄弟而皆以貢生頗識禮節云。大者名鶴年，次者名阜年云。仍入其家"。鄭光忠入徐進士家後，與徐進士之孫當有交流，語不詳。（鄭光忠《燕行日錄》）[1]

---

[1] 鄭光忠《燕行日錄》載於《燕行錄全集》第39冊，第11—83頁。林基中《燕行錄全集》載作者未詳。左江考定該使行日記的作者爲鄭光忠，見《〈燕行錄全集〉考訂》第24條，載於張伯偉編《風起雲揚——首屆南京大學域外漢籍研究國際學術研討會論文集》，第238頁。

1756年　乾隆二十一年　英祖三十二年

[丙子]正月十七日，於北京文廟監生住處，李基敬與拔貢生趙標、歲貢生嚴秉鋼、優貢生冉芳譽等有筆談。

除雙方互相詢問對方基本情況，諸如名姓、官職、年歲等外，李基敬還向其詢問"成均生徒額數幾何"，"讀書之室何其蕭條"，"中州經學宗朱子，宗陽明"，"宗朱者，誰爲其最"，"經學而不求科宦隱居修行者，亦有其人否"等，趙標、嚴秉鋼作答。惟李基敬問及"天下之廣，豈無其人（筆者按，指隱居修行者），而一筆斷之曰無有，何其誣一世耶"時，"趙憮然不答"。後，李基敬有清心丸、黃筆分與趙、嚴、冉三人。（李基敬《飲冰行程曆》）

[丙子]正月十七日，於北京文廟監生住處，李基敬與江南徐州府蕭縣貢生孟毓衡、四川順慶府營山縣拔貢生宋時憲有筆談。

李基敬《飲冰行程曆》載："孟年五十三，專《詩經》，三代皆生員。……宋年二十五，亦專《詩經》，三代俱係生員。"李基敬向其詢問："江南泗（四）川之間多經學之士隱居求志者否？"孟曰："蕭縣孟文輝積學之士，丁卯舉人也。""宋難於爲對，良久始書曰：'四川經學亦間有之，一時不能枚舉。'"後，雙方又談及呂留良其人及其著述情況等。（李基敬《飲冰行程曆》）

[丙子]二月二十三日，於撫寧縣，李基敬與徐進士有筆談，內容不詳。

《飲冰行程曆》載："所謂徐進士出門迎候，遂更入其家。索紙筆與之酬酢，仍請見所藏書畫。蓋多絶寶，如吳道子、米元章、蘇東坡真迹，尤可愛也。"（李基敬《飲冰行程曆》）

1760年　乾隆二十五年　英祖三十六年

[庚辰]九月二十二日，於瀋陽，徐命臣與一滿洲人五個兒子有交流。徐命臣(1701—1771)，字元直，號袁窩，籍貫大丘。著有《庚辰燕行録》。1760年（庚辰）七月，其作爲進賀兼謝恩使團副使出使

中國。

《庚辰燕行録》載:"主胡以滿洲人有七子三女,見其五子,則皆俊邁,亦有讀書志。"交談語不詳。(徐命臣《庚辰燕行録》)[①]

[庚辰]十月初四日,於兩水河,徐命臣與借宿家主人(名字不詳)交流。徐命臣主要向其詢問是否漢人,"漢人與滿人相婚否",滿漢不相婚是何意,何以剃頭等,此人一一作答。徐命臣有評云:"其人雖業商賈而粗解文字,所答亦皆有理,稍可強意。"(徐命臣《庚辰燕行録》)

[庚辰]十月初五日,於山海關一寺廟,徐命臣與主僧(法名天女)有交流。徐命臣向其詢問兩盆花卉情况。其他交談語不詳。(徐命臣《庚辰燕行録》)

[庚辰]十月初七日,於撫寧縣,書狀官趙憼與徐鶴年有交流。

《庚辰燕行録》載:"故文士甚多,有徐阜年、鶴年兄弟聯璧。……書狀追來,言歷入徐進士家,則其兄昨年已没,衹有其弟進士,及又其弟監生一人,並爲兩人出待之。書畫花草可見者甚多。東國使臣尹判書淳、曹參判命采詩亦有之云。"具體交談語不詳。(徐命臣《庚辰燕行録》)

[庚辰]是年,於高麗堡,徐命臣派人詢問高麗人後裔情况。

十月初十日,徐命臣"使書者訪堡人之年老者,問高麗人子孫有無,則答以元無高麗人子孫居此之事。顯有隱諱之意云"。其他交談語不詳。(徐命臣《庚辰燕行録》)

[庚辰]是年,於北京,高麗後裔宋姓人拜訪朝鮮使團。

十月十八日,"有宋姓人來過三使(筆者按,李樴、徐命臣、趙

---

① 《庚辰燕行録》載於《燕行録全集》第 62 册,第 11—158 頁。林基中《燕行録全集》載作者未詳。左江考定該使行日記的作者爲徐命臣,見《〈燕行録全集〉考訂》第 32 條,載於張伯偉編《風起雲揚——首届南京大學域外漢籍研究國際學術研討會論文集》,第 241 頁。

憝)下處。揖而言以高麗人之子孫聞高麗人來到,不勝感愴,委此來見云"。與正使、書狀交談語不詳。副使徐命臣自云:"過余之時,適無通語人在傍,不得譯問,可恨。"(徐命臣《庚辰燕行録》)

［庚辰］是年,徐命臣與金德瑛有交流。金德瑛,法式善輯《清秘述聞》卷六載:"江西考官禮部侍郎金德瑛,字慕齋,浙江仁和人,丙辰進士。"有《詩存》四卷。

十月十九日,禮部侍郎中金德瑛言於徐命臣曰:"當以書字奉贈云矣。"

十一月初七日,金德瑛"以各色紙大書古人尺牘三篇,律詩三聯以送之三使"。尺牘、律詩内容不詳。(徐命臣《庚辰燕行録》)

［庚辰］十一月初一日,於北京,徐命臣與畫師任思南有交流。

徐命臣《庚辰燕行録》載:"留館所,招畫師任思南,出畫像草本。任年四十二,本以漢人居浙江。以繪事被選來北京已十二年云,爲人頗精明。"具體交談語不詳。(徐命臣《庚辰燕行録》)

［庚辰］十一月初一日,於北京,金在鉉、趙鼎說與清誠親王有交流。金在鉉(1715—?)朝鮮譯官,字台中,尚賓子,籍貫樂安。1760年(庚辰)七月,隨進賀兼陳奏使團出使中國。趙鼎說,字號不詳,徐命臣《庚辰燕行録》載其爲書狀官趙憼之侄。1760年(庚辰)七月,隨其叔父出使中國。

《庚辰燕行録》載:"誠親王又招金在鉉去,書狀之侄趙鼎説爲玩賞隨金譯而行。王見之而問之。金譯以實對。王款待之,給紙筆,求詩。趙生即製五言律一首。王覽而稱之,給紋緞一匹、綉黄囊二部云。"五律内容不詳,交談語不詳。

十一月十七日,金在鉉、趙鼎説又去誠親王府。趙鼎説有詩贈誠親王。徐命臣《庚辰燕行録》載趙鼎説言:"故賀禮罷後,與金譯並進王家。則良久後,王自闕内退出,款待之。設戲子而使見之。出其二子,使之作詩酬和。其長子引而入後園周覽宫室。長則年

第三章　十八世紀中期中朝文人交流長編

二十二,季則十七,英俊弟勝於兄,俱不善於文。'"趙即題五言四韻以贈之,誦云:'釋氏□□□,抱送麒麟兒。骨煉明珠似,貌凝秋水疑。休言裏綉富,多愛□□姿。珍重維駒意,斜陽客去遲。'"(徐命臣《庚辰燕行錄》)

[庚辰]是年,於北京,書狀官趙憼和侄趙鼎說與太學助教張元觀有交遊。張元觀,洪大容《湛軒燕記·太學諸生》載云:"浙江温州人,見任太學助教,掌督諸生肄業,年已六十餘,尚爲舉人。"

十一月二十日,於北京太學,趙憼與太學助教張元觀有交流。趙憼向其詢問清朝理學情況、利瑪竇之學、清朝文章情況等,張元觀一一詳細答之。

十一月二十二日,趙憼和其侄趙鼎說又與張元觀交流,筆談語不詳。《庚辰燕行錄》載:"夕,書狀來見。書狀之侄復往見國子助教張元觀而來入見,傳酬酢之言。書狀亦送書及紙扇、清心元諸物於張。見其答書,則辭甚精緊、筆亦遒妙。"

十一月二十五日,"國子助教張元觀自賀班直來館所見書狀。書狀略舉三學士忠節,使之考。出其時史書以示之,張頗有愴然之色"。

十一月二十七日,趙憼、趙鼎說又與張元觀有筆談。内容涉及陳世倌、喇嘛教、天主教等基本情況和主張。(徐命臣《庚辰燕行錄》)

[庚辰]是年,李商鳳與周姓秀才有交流。李商鳳(1733—1801),朝鮮文士,後改名義鳳,字伯祥,號懶隱,籍貫全州。著有《山川志》、《懶隱囈語》、《北轅錄》等。1760年(庚辰)十一月,其作爲三節年貢使團書狀官李徽中的軍官子弟出使中國。

十一月三十日,於鳳凰城,有周姓秀才求見朝鮮使臣,李商鳳與之語。李商鳳《北轅錄》卷二載云:"有周姓人自稱山東生員請見。與之語,大不明白,問:'君姓周,能知濂溪爲何世人乎?'其人左右顧視,末乃俯首括席默無一語。饋以盤上雉炙,數次齒決而捨諸器,羞涉之態溢於舉止。即告辭將歸,願得刀子,問是何物,以手

指窗紙曰:'這物,這物。'與之紙一束,懷諸袵叩頭而去。"(李商鳳《北轅録》卷二)

[庚辰]十二月初七日,於瀋陽,李商鳳於甲軍吳成家請見一蘇姓教書先生。兩人有筆談,李商鳳通過言語酬酢來試其學識,問云"漢之典屬國、宋之眉山子是君同源麽","蘇左右視而莫知所對","又問所讀何書","蘇能列書不差"。又問"傳《易》、《書》、《春秋》者,誰氏",蘇姓的回答,"《易》傳外,皆錯應",李商鳳一一書示,其"頗有愠意"。李商鳳又問其"《大學》誰所作述"。蘇姓有答,李商鳳對其答,又加以指正,蘇姓"勃然作色"。(李商鳳《北轅録》卷二)

[庚辰]十二月十二日,於小黑山漢人戴文會家,秀才李芝英請見,李商鳳與之語,"語略涉經史",李商鳳父親李徽中在座。李商鳳先向其詢問"此地亦有能文士乎","清朝科規","一場解額約幾人","房官是怎麽人","當今天下最有文聲者,誰氏子也"等。其間,李徽中向其詢問云:"遼東白塔或以爲華表柱,太子河之真贗莫能辨,君知之乎?"曰:"不能。"又問易水,以不識對。李芝英云:"史係閑覽,唯專毛詩。"故,李商鳳又向其提問"傳《詩》者誰","朱子是何世何地人"等,李芝英答云:"不曾識。"李商鳳曰:"君既以《四書》文爲業而不以朱子義爲主歟?"答曰:"有當今之李、吕二氏。""臨歸,仍要清心,與之一丸,謝而起"。(李商鳳《北轅録》卷二)

[庚辰]十二月十八日,於東關驛丞居處,李商鳳與其父李徽中逢三文士。李徽中(1715—?),字汝慎,籍貫全州。1760年(庚辰)十一月,其作爲三節年貢使團書狀官出使中國。

"主人丞乃張豐緒,瀋陽鐵嶺城人。一是蘇州人吳山源,一是葉彬"。李徽中問吳山源何官,"答曰進士出身。曰居何地?曰蘇州長洲縣。問仙鄉有文士麽?曰太宗伯沈德潛其人也。皇帝不時寄詩律到蘇州,常諭改正。算渠有名望也"。李徽中後又向其詢問蘇之山川形勝、樓觀臺榭等,當問及"三魏文迹,吳不能對,忙忙起去"。李商鳳"問諸張丞曰:'吳生之稱進士是樸實的話麼。'曰:'彼乃江南之士,其真贗不可卞。'仍微笑,可知其冒稱也"。李商鳳後又向張豐緒問及其月俸。(李商鳳《北轅錄》卷二)

［庚辰］十二月二十日,於榆關,"有陳希平者自稱秀才請見"。李商鳳"與之坐叙寒暄,問曰此地人家約幾許,曰六十餘戶。問撫寧縣則有能文之士乎,曰不可勝計。就中以巨擘名者,爲誰,曰李玉桂、張國綱。問在何地,曰抬頭營。問徐進士外也有做進士者麼,曰抬頭營進士翰林院溫如玉也。贈以一清心,請再賜,又與之一,拜而去"。(李商鳳《北轅錄》卷二)

［庚辰］是年,李商鳳、李徽中、洪啓禧與徐阜年有交流。洪啓禧(1703—1771),朝鮮文士,字純甫,號淡窩,籍貫南陽。著有《三韻聲彙》等。1760年(庚辰)十一月,其作爲三節年貢正使出使中國。

十二月二十一日,於撫寧縣,李商鳳與其父李徽中拜訪徐進士阜年家。(筆者按,亦是徐鶴年家,鶴年乃阜年之兄。此處"進士"爲"歲進士",不是殿試進士,而是歲貢生別稱。李商鳳問徐阜年:"先代無顯職否?"曰:"明時有延榮者,曾任大夫,本朝則歲進士耳。")雙方有交談,寒暄之後,李商鳳主要向徐阜年詢問徐家祖貫、仕宦、謀生情況,當今中國人文學以誰爲宗,以及附近有無著名文人等。(李商鳳《北轅錄》卷三)

1761年(辛巳)二月十六日,於撫寧縣,朝鮮使團文人又歷徐進士阜年家。"正使(筆者按,洪啓禧)已先到,坐其内室,方與主人筆談"。筆談語不詳。後李商鳳、李徽中來,徐阜年領其觀覽室内題咏,李徽中稱李侍郎日躋詩爲最佳,中有"落盡當時未發花"句。(李商鳳《北轅錄》卷五)

［庚辰］十二月二十二日,於豐潤縣沙河驛,一老秀才李斐來見李商鳳、李徽中。李徽中向其問"所業何事","貫何鄉","先代有官否","能詩否"等。李斐一一告知,並出己作詩卷,請李商鳳、李徽中批

評。李商鳳有評云："語雖生涉，亦足可觀。"李徽中對其詩卷略加點化，李斐"起而叩謝，進清人應制詩五冊"。李徽中以"未可白受人物"婉拒。李斐再三固請，李徽中"不得已，以回路更議辭受，答之"。後，李徽中又向其打聽豐潤縣谷、魯二姓文人。李斐云己爲谷霖蒼（號應泰）外孫，並告知李徽中豐潤城中有魯克讓進士、谷應泰之孫谷慶元兩位名士可去拜訪。（李商鳳《北轅錄》卷三）

1761年（辛巳）二月十四日，朝鮮使團回程途中，於沙河驛，李斐又來謁見李商鳳、李徽中。李斐"請見其學徒數十人"，李徽中以人多太煩而令其揀可語者來見。後，李斐"又以去時所却清人應制詩四卷懇請受去"，李商鳳、李徽中"以藥丸換取"。（李商鳳《北轅錄》卷五）

[庚辰]十二月二十三日，於豐潤縣，李商鳳、李徽中"送人邀魯知縣克讓、谷秀才慶元，曾不在，唯谷生踵入而來"，雙方有交談。李徽中向其詢問"何時移居"，"先代官職"，谷應泰"學政事迹"，《明史紀事本末》流傳情況，"今世以道學名者，誰爲最"，"朱文公道統"繼承情況，"仙鄉，誰積五車"，"此地業儒者"名姓，"炕是古制否"等，谷生一一作答。後，李商鳳又向其詢問此地名勝。（李商鳳《北轅錄》卷三）

[庚辰]十二月二十五日，於玉田縣，李商鳳訪舉人劉秘正家。"劉年可六十，出門迎揖，延入小室"，相與寒暄。李商鳳請登其家書樓，劉秘正使其子導之。其他交談語不詳。（李商鳳《北轅錄》卷三）

[庚辰]十二月二十五日，於宋家莊，李商鳳、李徽中訪宋瑛。寒暄訖，李商鳳向宋瑛問"清案積書幾帙，曰何書"，並請登其書樓閱書。宋瑛以朝鮮使臣停留時間短，不便看書，且書樓之書與十七史類似而婉拒。後，李徽中又向其詢問"能讀多少書"，"讀書將以致用，年近四十何尚寢"，"不做科業今幾世，而祇治家事，則讀書否"等，宋瑛一一作答。其後，宋瑛引李徽中、李商鳳父子觀覽其家。其間，李商鳳"撫其頂曰：'能不悲乎？'曰'烏得不悲？'仍淒然"。還至外

室,李徽中"贈七絕,仍啓行,日已西矣"。(李商鳳《北轅録》卷三)

[庚辰]十二月二十六日,於三河縣,李商鳳訪縣教諭薛文儒,號緯軒。兩人有詳細筆談。相與寒暄後,李商鳳向其問樂、問禮。薛文儒曰:"貴國箕子遺風歷世流傳,禮樂文物久聞可景。至於三河地近郊甸,居民不失淳厚之風,以安享聖化而已。唯曲阜有禮樂尚存焉,餘無可述。"李商鳳又向其請教記載於典册中的古代禮樂,云:"《春秋》芹釋之儀,幸爲我陳之。"接著,薛文儒詳細説明了祭孔之禮樂,鄉飲酒禮,祭社稷、山川、關帝、鬼神等禮樂,迎春之禮,朝賀之禮,上任之禮等等。後,李商鳳又延引薛文儒去拜謁李徽中,李徽中向其問"《四書》孰看否"、"貫何地"、"三河古今沿革,可歷指否"等,薛文儒一一作答。最後,李商鳳又與薛文儒探討治《詩經》諸家之優劣,語涉周大璋、王步青、吕留良、汪紛、黄際飛等。李徽中向其詢問"自貢舉中出來耶,抑教諭亦是仕路耶"、"所捧月禄幾何"等。(李商鳳《北轅録》卷三)

1761年(辛巳)二月初十日,朝鮮使團回程途中,於三河縣,薛文儒又訪李商鳳,"以《達生編》面幣",云:"此書利於生産,家家所須有,所以敬奉。"兩人有筆談,主要語及皇帝賜朝鮮使團下馬宴,饌未撤時,禮部下屬攔入攫食之事、提督通官等索賄之事、三河新修縣志等。後,薛文儒又與李徽中筆談,語涉薛文儒作的《楚辭補注》、三河縣知縣,縣志作序者方觀承爲何如人等。別後,薛文儒"伻人送《楚辭補注》首篇及小牘"。二月初十一日,李徽中"令小子把筆書《楚辭補注》序,送之薛教諭"。(李商鳳《北轅録》卷五)

1761年　乾隆二十六年　英祖三十七年

[辛巳]是年,於北京,李商鳳、李徽中、李鳳焕與國子監琉球官學教習潘相相識,有交遊。李鳳焕(?—1770),朝鮮文士,字聖章,號雨念齋、濟庵,籍貫全州,有《雨念齋詩稿》。1760年(庚辰)十一月,其作爲三節年貢使團正使洪啓禧的隨從人員出使中國。潘相

（1713—1790），李商鳳《北轅録》卷四載："號經峰，湖南安鄉人，方爲琉球官學教習。"

正月初八日，李徽中"與之坐"，問其"入都今幾年"、"教諭之職否"。潘相"進二書，其一乃是渠順天鄉試中式八股文四篇，其一亦渠所撰《平準格爾頌》及《擬哈薩克稱臣入貢》排律百韻"。正月十六日，潘相帶其子拜訪李商鳳、李徽中父子，有詳細筆談。潘相"先以琉球鄭生詩卷及二書扇送"，後"踵而入，相揖坐定，呈二箋"。箋有詩序曰："朝鮮國老先生大人謁廟後，枉顧館次，並惠扇藥，率此鳴謝，即請教正。"詩曰："海國名臣重禮儀，紫宸朝罷謁先師。探奇競寫槐坍賦，好古親摹獵碣詞。遂有仁風來塵榻，兼叨大藥豁心脾。皇華詢度傳周雅，獨以才微愧見知。"後，其子又呈小紅箋，書曰："恭呈老大人求教。"詩曰："欣睹先生謁聖人，班行肅肅禮儀純。風流猶有仁賢釋，長共中華萬世春。""覽訖，先叙寒暄"，李徽中向其詢問"在京經學文章，以誰爲最"、"徐健庵有文集否"，潘相作答，有云："近日方望溪諱苞之文甚好。"其間，李鳳煥聞潘相來，亦來見。向其問"沈歸愚年今八十九云，老境詩律亦能如牧齋諸人否"，"侯朝宗、魏叔子、汪琬之文，優劣何居"，"楚中近日詩文之士煞有名稱者，誰也"等，潘作答，有云："能詩文者車載斗量，不可勝數。""以侯爲第一，魏次之，汪又次之"，而對沈德潛之文，無所答。李徽中和潘相所呈之詩贈之，贈詩不詳，云："猝遽信筆，不足塵高眼。"潘相云："佳作可謂名篇，真瓊琚也，歸當什襲珍之。"正月十七日，李徽中"作師字韻，送潘教習舍館"。（李商鳳《北轅録》卷四）

［辛巳］是年，於北京，李商鳳、李徽中、趙榮進等與清人胡少逸有交流。胡少逸，李商鳳《北轅録》載其爲清舉人，籍貫泰州，會同館書辦從兄。趙榮進（1703—1775），朝鮮文士，字汝揖，謚定獻，籍貫楊州。1760年（庚辰）十一月，其作爲三節年貢副使出使中國。交流事迹如下：

正月十一日，舉人胡少逸由會同館書辦紹介而來見朝鮮使者，與李徽中有筆談，交談語不詳。

正月二十二日，舉人胡少逸拜訪朝鮮使團，與李商鳳、趙榮進等交流。有筆談，主要語及其籍貫，清朝婚喪之禮，女子纏足之源出等。後與李商鳳謁見其父李徽中，"自靴中抽出印本二册、一中式八股文三篇、一和送春詩十六篇，覽過，又呈二律"。詩云："日下欣逢客使槎，翩翩詞賦擅清華。椒盤已薦當元會，火樹同看上苑花。霧裏微班窺豹變，雲中寸爪見龍拏。車書聖世梯航遠，几席相親本一家。""國語方言兩未諳，屑霖偶借筆爲談。粲花共識青蓮麗，粘蜜還輸子政甘。竹扇遠寄留却暑，銀丸收得利祛痰。祗今後會知何日？秋水伊人樂浪南。"李徽中稱贊云："足下《送春詩》雖謂之絶唱，可也。"並和其詩，云："荆南書劍照東槎，春蚕煤岑尚雪華。於子不私三島藥，爲吾解説九江花。白鹿淵源何處溯？少陵衣鉢別人拏。高才莫逐風波去，一路分明向二家。"胡少逸"浪吟，曰：'格甚高。'"又抽筆和呈詩曰："還泛博望識仙槎，韻語連篇氣自華。庾信遠來猶有賦，江淹老去豈無花？從容麈尾珠時落，健筆龍文勢可拏。鹿洞高風今闃寂，傳詩敢自詡吾家。"李徽中吟罷云："'從容'改以'晴窗'似妙。"胡少逸從之。其間，李徽中、李商鳳父子問胡少逸"住城裏者，也有能詩大秀才乎"，"金聖嘆何許人，而有文行於世乎"，"聞足下左袒陸學，信乎"，"尊什四句平仄如何"等。胡少逸均作答。最後，臨别，李徽中請胡少逸時來閑談唱和。胡少逸許之，並有詩贈李徽中，云："别時情脈脈，兩地此心同。夕陽無限意，盡在筆談中。"

正月二十八日，李徽中"作槎諳韻七篇，贈胡舉人少逸"，並致書，胡少逸有答書。信件内容俱見李商鳳《北轅録》卷四。

二月初二日，"胡舉人少逸來訪，以《送别序》一篇、槎諳韻七篇見寄"。李徽中即席又口占一律曰："春水方生舊釣槎，匣中吴劍動星華。長城未鎖思鄉夢，洱渡應開照客花。别意太行雲共遠，離章五老筆同拏。秋來定有南歸雁，爲問蠶頭第一家。"胡又叠之曰：

"何事觀風遠泛槎？座間博物自章華（自注云：學士出示和詩，辨東國事數條，極爲該備）。即今誰擅三長史？自古多迷五色花（自注曰：詢及科目，從事中亦有不第者）。兵已敗時猶一戰（自注曰：學士詩才，僕已望風而降，強與筆戰，終爲敗劫），紙因書盡教重挐。名駒本是金閨產，池上絲綸世作家（自注曰：學士知製教，故云。嗣子伯祥亦從使而來）。後，兩人又筆談，語涉清朝會試時間，會試公正與舞弊，胡少逸姓諱及其祖先情況，胡少逸以後是否願意出使朝鮮，席帽爲何物等。

二月初三日，李徽中"以短牘抵胡舉人，先問起居，次要見《廣輿志》，又請還昨日和章。章有錯叠也"。

二月初四日，李徽中閱《廣輿志》載朝鮮風俗文字，發現其中有不少訛誤，遂"作小序卞其訛"，又爲詩，詩曰："織路當時天使槎，至今酬唱載《皇華》。風謠采似痴前說，山水看如霧裏花。漢史真傳皆脫落，《齊東野語》却橫挐。隔江輿志猶多錯，四海誰言大一家？""並小牘，送胡舉人寓居"。書信內容不詳。而李商鳳"以書告別"，書內容不詳，並酬二詩歌，詩曰："人似浮萍世似槎，往來消遣衹年華。春回瓊嶼千尋塔，夢繞金溪幾樹花。鴨水方生吾欲逝，桂香初動子應挐。前頭定有青丘使，須問終南進士家。""殊方邂逅似前諳，旅榻清香繞筆談。四叠春詞愁落魄，三場白戰閱辛甘。玉河分袂還無語，靈藥傾囊可療痰。肝膽不曾千里隔，雁書應自洞庭南。"

二月初五日，胡少逸"以書謝"，信載於李商鳳《北轅錄》卷四，並和李商鳳昨日贈詩，詩云："萬里追隨奉使槎，翩翩才子富詞華。紫庭瑞鳥皆爲鳳，珠樹奇葩半是花。偶得金丹顏可駐，好將漆管手頻挐。他年訪古鷄林去，記取西湖（自注曰：君家住西湖）文獻家。""夜月如鈎挂漢槎，軟紅塵土憶東華。來時瑟瑟風生桂，歸路蓁蓁桃始花。伐木方歌求友句，垂楊忽爲贈人挐。使君玉節乘驄馬（自注曰：尊公以學士爲監行御史），經緯璠璵總克家。""別緒離思我素諳，何時春雨對床談？交情都蔗津尤美，臭味鱧魚膽亦甘。肯把金針來撥眼,如將玉液與祛痰。滿車載得書千卷,博學東朝有世南(自注曰:京歸所購皆寄書)。""茗柯妙理夙深諳,清耳曾聞樂令談。筆下綺絲如劈繭,舌端繁露共搏甘。錦囊句好能醫俗,金匱方奇可療痰。彪固一時才並美,風騷誰不羨樊南?"是日,李商鳳有答書於胡少逸,"書謝胡君和章,兼及《杜詩箋注》、《合璧事類》送示之意","胡覆以書齋二書首卷來余"。信件原文不詳。後,李商鳳、李鳳煥同去訪胡少逸,有詳細筆談,語涉李光地《安溪集》,昨天胡少逸之和章,朝鮮科舉之法,滕將軍劉綎之事,李安溪(光地)、熊孝感(賜履)主持科場之公正,安溪門人"四科十哲",明末遺民孫奇逢,漢人與滿人自稱,清朝衣冠,當朝宰相才能等。(李商鳳《北轅錄》卷四)

二月初六日,胡少逸有書於李徽中,書見《北轅錄》卷五。且有詩贈李商鳳,其小序曰:"伯詳公子過余話別,勤拳懇惻,沁人心脾。自顧爲駑駘,長此伏櫪而空群之目,乃竟得之異邦人哉!感極有作,仍用前韻。"詩云:"可笑浮生類斷槎,何期京洛滿聲華。山中合作長年櫟,世上爭看富貴花。口自問心樓獨倚,形來吊影鏡常拏。馮驩不爲無車嘆,彈鋏歸兮尚有家。""爾契余神兩地諳,真交原不在言談。無求安飽簞閑好,得意琴書澹泊甘(自注曰:公子頗憐余岑寂)。懸秣空多難止餓,望梅何益豈除痰?兔青鴨綠如相憶,魂夢飛來蠡水南。"

二月初七日,胡少逸來朝鮮使者住處,與李徽中父子等作別,有詳細筆談,語多涉時諱,如李徽中向其問"康雍兩世如何",圓明苑奢靡之風"能不流毒百姓乎","蕭牆藩屏姑無見影耶","漢大臣中有腹心之人乎","今之野史或得覽過否","搪報外可觀文字亦豈無現行於世者乎"等等。

二月初八日,"胡孝廉又拈槎字韻一篇奉呈"。詩歌不詳。

二月初九日,胡少逸又去同朝鮮使者作別。"正使贈一扇,幼成贈二清,聖章贈三絕",三絕內容不詳。李徽中曰:"雖終日言,意猶無窮。萬里神會,形之隔不隔不須嘆咤,政好一笑作別。""孝廉省笑而氣色淒然"。李商鳳"無紙筆叙多少語,衹舉手揖曰:'好在,好在。'"孝廉曰:"恐傍人物色,不敢久談。"李徽中、李商鳳等與之别。(李商鳳《北轅録》卷五)

[辛巳]二月初六日,李商鳳於北京天主堂與劉松齡、徐承恩相交流,"指點圖畫之妙,辨論方輿之大"。後,李徽中來,有交談,語亦多涉天象、地輿、曆法等。(李商鳳《北轅録》卷五)

[辛巳]二月初八日,於北京朝鮮使者住所,李商鳳逢光禄寺筆帖式秀凝、禮部筆帖式富勤赫,有交談。李商鳳問其姓名、官職、俸禄等。(李商鳳《北轅録》卷五)

[辛巳]二月初九日,於通州,李商鳳逢三江南秀才。金仁,年方二十六,浙江人。其弟金義,年方二十五。任烺燿,年方二十六,浙江紹興人。雙方有筆談。

李商鳳向其問"金秀才與金仁山同籍否","君懸頂子似是舉人","能八股文否","能品題風花否","仁山之隱德不仕,何意"等。後,李商鳳請見他們詩作,云:"所欲聞者,大國風雅耳。"金義即題一絶曰:"先生才大原如誨,奉使新從海上回。一卷圖盡親裁筆,墨花飛動小蓬萊。"李商鳳云:"吾是武人,爲大人幕官而來,'奉使'字殊爽實。"金義遂"抹'奉使'二字,改書曰'近日'"。李商鳳亦和其詩,云:"燕山日月渺如海,征馬翩翩故路回。東國尚傳箕子化,可能携手入蓬萊。"金義吐舌曰:"一何神速,詞又新峻。"(李商鳳《北轅録》卷五)

[辛巳]二月初十日,於廣惠庵,正使洪啓禧、書狀官李徽中與文僧石瞽的師弟有交流。洪啓禧與其有詩歌唱和。是僧"少解文字,和進正使去時題壁詩二首,粗成語而不甚韻。正使又贈二絶"。詩歌不詳。李徽中"去時吟一絶,不題壁而行,至是書贈俾傳瞽上人。與之筆談,頗固陋"。筆談語不詳。(李商鳳《北轅録》卷五)

[辛巳]二月十一日,於薊州,胡一中請見朝鮮使者。李商鳳評其人云:"爲人庸駿而純勤則有之,與之筆談,不甚鹵莽。"李徽中向其問:"清人無漢婿,漢人有清婿,果否?"曰:"試看今日誰家之天下。"李徽中曰:"四海一家則孰貴孰賤?"胡一中笑而不對。後,李徽中題一絶而贈之,詩歌不詳。(李商鳳《北轅録》卷五)

[辛巳]二月十一日,於薊州,"有孟廷璽者通謁而入,叙寒暄"。李商鳳向其詢問"貴藏積書幾秩","居在何處",並云:"欲就見如何?"後李商鳳、吳正等隨其人去其家觀書,其間有交談,李商鳳向其詢問"君所戴所服何如吾儕","君是山東人,能有擊劍悲歌之意乎","不做舉子業否"等。李商鳳欲購孟廷璽所藏《玉海纂》、《多寳塔碑》,孟廷璽"外爲慷慨之談",曰:"何用買爲,吾當奉進。"後嫌李商鳳謝禮少,以托詞婉拒李商鳳得此二書。李商鳳有感嘆云:"蓋此地人知東人不忘皇明,外爲慷慨之談,要得厚幣,或不滿意,則必露本色,吁亦痛矣。"(李商鳳《北轅録》卷五)

[辛巳]二月十六日,於榆關,劉知縣拜謁李徽中。《北轅録》卷五"二月十七日"條載:"家君進朝飯少許,歷見正使於文昌宫,言關中居劉知縣來謝昨日之顧。年過七十,熟舉子業,金昌業角山所逢秀才即其妹夫。尚誦所贈詩,非其觀見而到老猶不忘彼人之愛,慕吾東可見。"(李商鳳《北轅録》卷五)

[辛巳]二月二十三日,於閭陽驛鎮武廟,李商鳳逢廣寧北屯生員莫如爵,"原籍江南江寧縣,其祖過青田知縣"。有筆談,李商鳳問其所業。云:"師長業八股文,學童自十五至十二皆《論》、《孟》,自十歲至七歲皆《百家姓》。"其他語不詳。(李商鳳《北轅録》卷五)

1763年　乾隆二十八年　英祖三十九年

[癸未]十二月二十六日,於玉田縣,知縣于易簡與朝鮮使團有書信往來。李憲默《燕行日録》載:"夕抵玉田縣,知縣于易簡修單子云:'恭聞軒車過境,特備疏食以佐行厨。王事勤勞,並申福祉。所有

微物開列於左:德禽肆翼、鮮魚貳尾、上米壹斗、上麵壹斗。直隸遵化州玉田縣知縣于易簡拜'云云。即漢人也,三年前登文科云矣。即修謝單,以紙扇、丸藥答送。"(李憲默《燕行日錄》)

1764 年　乾隆二十九年　英祖四十年
[甲申]二月二十一日,於北京太學,李憲默與學官張元寬①有筆談。李憲默(1714—1788),朝鮮文士,字伯容,籍貫驪州。著有《燕行日錄》等。1763 年(癸未)十一月,其作爲謝恩兼三節年貢使團書狀官出使中國。

李憲默《燕行日錄》載:"學官張元寬浙江人,亦漢人也。張居正六世孫云矣。爲學官十年而不調,爲人精明,文才有餘。以筆談半餉酬酢,自言今年若遷禮部當挈家歸隱矣。"(李憲默《燕行日錄》)

1766 年　乾隆三十一年　英祖四十二年
[丙戌]是年,於北京太學,金在行與張元觀相識並有多次交流。

洪大容與浙杭三士第七次筆談記錄中有載:"平仲曰:'太學助教張元觀先生知之乎?'皆曰不知。力闇曰:'何時相識者?'平仲曰:'大人爲見太學,弟亦陪去,仍相逢。'力闇曰:'不期而會耶?'平仲曰:'弟昨日爲見此人而去,洪兄再昨見,弟昨見。'力闇曰:'然則洪兄何以前日去?'平仲曰:'弟則連日去。'"由此可知兩人有多次交流,惜交流内容不詳。(洪大容《乾净衕筆談》)

[丙戌]於北京張經家,金復瑞與武侯諸葛亮三十餘世孫葛姓文人相交流。金復瑞(1733—?),朝鮮譯官,字汝晦,弘梁子,籍貫牛峰。1765 年(乙酉)十一月,其作爲三節年貢兼謝恩使團的譯官出使中國。葛姓文人,名不詳,洪大容《湛軒燕記·葛官人》載云:"有官人窄座,帽頂黯白,是六品職也。風儀俊偉,問其姓,曰葛,問其居,曰巴蜀。"且自稱爲武侯三十餘世孫。

①張元寬,據下文對其籍貫、身份等記載,疑爲張元觀。寬與觀,音近而誤。

談話內容主要是朝鮮風俗、中國衣冠淆亂等。（洪大容《湛軒燕記·葛官人》）

[丙戌]是年，嚴誠與出使到北京的順義君李烜有詩歌唱和、書信來往。李烜（1708—？），號睡隱、睡翁，封號順義君，籍貫全州。1765年（乙酉）十一月，其作爲三節年貢兼謝恩使團正使出使中國。

朱文藻編《日下題襟集·順義君》載鐵橋曰："順義君李烜，國君之弟，號爲君者猶中國之親王也。詩極高妙，草書入晉人之室。"一日，嚴誠拜訪順義君李烜。《日下題襟集·順義君》載："順義君則題二詩邀余和，余走筆應之。俄頃間而順義君已再叠韻，余亦再叠韻，往反數四，每人得十四首焉，連書於一紙之上。余欲携之歸，而順義君已令人匿去矣。"《日下題襟集·順義君》載兩人唱和詩有：順義君《鸚鵡詩二首》、嚴誠《次韻二首》（回首故山遠）（東風吹暖律）；順義君《次金副使韻，呈鐵橋》、嚴誠《次韻答詩》（吳鹽那得便無絲）；順義君《題扇贈鐵橋》、嚴誠《次韻答詩》（浩淼洪波浿薩東）；順義君《鐵橋過訪寓館，即席有作三首》、嚴誠《次韻答詩三首》（高館披襟興欲飛）（復見東風柳絮飛）（衮衮黃塵盡日飛）（原注，在館倡和十四首，惜不能記矣，此特其中之三首云）；順義君《次金秀才韻，謝鐵橋見惠書畫》、嚴誠《次韻奉答》（凌晨初盥漱）、《又再叠前韻》（自覺天機淺）（序云：雅意纏綿，寤思無斁，德音稠叠，捧誦欲狂。謬邀三絶之褒，再效一言之獻敢云和韻聊代承顔）①。

《日下題襟集·順義君》載嚴誠贈順義君詩一首《又題畫蘭扇，贈順義君》："春風吹百卉，枝葉何揚揚。嗟我本騷客，愛兹王者風。"又載有《舊作三首》②。

順義君與嚴誠有書信來往，現存12封。參見表6：十八世紀中

---

① 藤塚鄰鈔校《燕杭詩牘》亦收録此詩，題作"和次金碩士韻，敬呈睡隱李大人"。
② 朱文藻編《日下題襟集》有嚴誠《舊作三首》（前夜濛濛雨）（馬行白沙闊）（誰謂鷺無欲），注云："文藻曰：'未詳何題。'"故於本書中不録入。

朝文人間來往書信一覽表。

[丙戌]是年，潘庭筠與順義君李烜相識，有詩、書等往復。

順義君有詩贈潘庭筠。《日下題襟集·順義君》載李烜《題扇贈秋庫》，詩云："相看成邂逅，各自天涯來。未得臨歧別，歸心何似裁？"載順義君寫給潘庭筠和嚴誠的書信2封，即《與鐵橋、秋庫》。藤塚鄰鈔校《燕杭詩牘》載潘庭筠《奉和睡隱李大人〈鸚鵡詩〉二首》（月殘珠戶曉）（猶憶長安樂）。

[丙戌]是年，陸飛與順義君李烜有詩歌唱和。

《日下題襟集·順義君》載其唱和詩。李烜《題扇贈篠飲二首》云："不面先見書，精神已相照。咫尺猶天涯，無由開一笑。"其二云："生綃一幅畫，想見其人好。夢裏有別離，作詩詩草草。"陸飛《次韻答詩》云："天地猶蓬廬，日月同所照。神交來異域，頓令向東笑。"其二云："不見空相思，負此春日好。何處望行塵？愁心滿芳草。"

[丙戌]是年，於北京，朝鮮禮曹判書金善行與嚴誠、潘庭筠、陸飛等有交遊，多有筆談、詩歌唱和。

雙方有筆談：嚴誠稱其"胸襟磊落，議論高曠。遍問中華山川名勝，往復殆數萬言。繭紙亘丈者，盡十餘幅，而尤詳於江浙等處"。惜筆談語散佚。（朱文藻編《日下題襟集·金宰相》）

雙方有詩歌唱和：金善行《贈嚴鐵橋、潘秋庫》云："城頭楊柳綠如絲，送客江南折一枝。別恨方催都脉脉，離章欲寫故遲遲。從今祇是相思日，此後那堪獨去時？東海浮槎知有路，春闈聯捷爲君期（冀其有奉使海東之役耳。區區掇一第，又烏足爲力闈道哉）。"嚴誠有《次韻答詩》，云："新愁不斷正如絲，仿佛鶺鴒寄一枝。要路欲登爭奈懶，德人相見苦嫌遲。摩挲彩筆題詩處，相像青蓮被酒時（昨見金公衣冠狀貌，戲以李翰林比之，故云）。賤子尚餘心一寸，畢生難忘此良期。"《簡鐵橋四首》云："荷花十里漾清波，錦綉江山一氣和。畫舫笙歌隨處足，讀書聲却在誰窩？""漢隸唐文已鮮傳，虎頭神妙又全收。地靈從古生人杰,杭是江南第一州。""江南江北鷗鵠啼,風雨驚飛失舊栖。蒲葉欲生新柳細,悲歌一曲夕陽低。""丈夫不灑別離泪,爲唱陽關第四聲。吴中對月相思否,滄海東頭幸寄情。"嚴誠《次韻答詩四首》云:"雄文浩瀚捲滄波,風貌親承更飲和。緑野漫須誇晉國,休休聞已葺吟窩(君別號休休居士,其別業有休休窩云)。""倪王别派古無儔,愛殺烟雲腕底收。一角遠山摹不得(宋馬遠畫西湖遠山一角),笑儂生長在杭州(時君求余畫西湖山水)。""宣武門東烏夜啼,愁人伏枕感羈栖。朝來一事伸眉處,聽説鄉邦米價低。""狂來起學劉琨舞,夜半荒鷄非惡聲。萬里乘風他日事,霜天搔首不勝情。"臨别,金善行和嚴誠又互有贈詩。金善行《集朱子句,留别鐵橋、秋庫》云:"借得新詩連夜讀,世間無物敢争妍。他年空憶今年事,草草相逢又黯然。"嚴誠《集元遺山句,次韻答詩》云:"看盡春風不回首,題詩端爲發幽妍。重來未必春風在,却望都門一慨然。"(朱文藻編《日下題襟集·金宰相》)

是年,金善行有詩贈陸飛。金善行《題篠飲曾祖少微先生忠天廟畫壁詩》:"高人留絶藝,古壁尚餘光。仙佛精神活,塵煤氣色香。揄揚先輩筆,悲喜後孫腸。遠客聆遺躅,滄桑感慨長。"陸飛亦有詩贈金善行,《題畫松扇,贈金丞相》云:"松高依海日,材大意如何?頂上白雲起,人間雨澤多。"《又題畫竹扇,送金丞相》云:"匆匆愁聽使車聲,不見争如得見情?一語寄君差足慰,養虚弟我我呼兄。"《金丞相書來道别,未面之情深於既面。對來使,率成小幅,題詩送之》云:"萍合浮生都是幻,况教言笑不曾親。海天無際昏於夢,夢裏還尋夢過人。"(朱文藻編《日下題襟集·金宰相》)

又,《日下題襟集·金宰相》載金善行尺牘《與鐵橋、秋庫》共6封。

雙方臨别之時,金善行黯然神傷,對嚴誠、潘庭筠有云:"千里觀光大非容易,二兄所以慰父母之心而爲門户之計者。在此旅府,易疏筆硯。二兄春闈之捷固意中事,恨遠人不日將歸,不及親見,

即區區亦更無入京之勢。惟冀二兄或有奉敕海東之役,再謀良晤耳。"(朱文藻編《日下題襟集‧金宰相》)

金善行去世後,潘庭筠有《挽休休先生》:"海上德星沉,天東斷作霖。訃從魚腹得,愁比鴨江深。僑札三年夢,程朱一世心。篋中詩札在,重讀易沾襟。""獨上金臺哭,生離復死離。重來無使節,昨夢下靈旗。令弟尤貧劇,吾曹恨亦奇。黃泉逢老鐵,可有憶儂詩。"(藤塚鄰鈔校《燕杭詩牘》)

[丙戌]是年,於北京,書狀官洪檍與嚴誠、陸飛、潘庭筠等有交遊。洪檍(1722—1809),朝鮮文士,字幼直,謚貞簡,籍貫南陽。1765 年(乙酉)十一月,其作爲三節年貢兼謝恩使團書狀官出使中國。雙方交往事迹如下:

一、詩文唱和:洪檍《簡鐵橋》云:"東海三千里,南州幾百程。參商今日別,能不愴人情?"嚴誠次韻云:"長安居不易,日日算歸程。爲送還鄉客,彌傷去國情。"①洪檍《索鐵橋畫》云:"十里荷花桂子秋,風流從古說南州。煩君細寫湖山勝,挂向寒齋作臥遊。"嚴誠《畫〈飛來峰圖〉遺洪幼直,即次索畫韻,題於上方》云:"白石清泉媚好秋,天然畫本説吾州。生綃半幅間皴染,忽憶龍泓洞裏遊。"②洪檍《呈鐵橋》云:"江南髦士蓋傾遲,怱然襟抱片言時。世間多少傷心事,說與西林老友知?"嚴誠《次韻答詩》云:"怕看日景晝遲遲,手把新吟坐六時。翻羨痴僮酣午夢,愁邊滋味不曾知。"③(朱文藻編《日下題襟集‧洪執義》)嚴誠《即次休休公原韻,敬呈洪大人鈞覽》詩云:"自憐帽影與鞭絲,浪迹渾如鵲繞枝。道路始諳爲客苦,風塵真愧識公遲。敢忘一榻追陪日,深荷雙魚饋問時。夢想容輝猶在

---

①《中士寄洪大容手札帖》1 亦載嚴誠此詩原跡影本,題作"次韻恭和洪大人,兼求訂訛",故詩句以此爲準。第 48 頁。
②同上,第 48 頁。
③同上,第 49 頁。

眼,再窺東閣更無期。"①(《藤塚鄰寄贈的秋史資料展Ⅲ——藤塚鄰的秋史研究資料》)

又,潘庭筠有和洪檍詩,《敬和原韻(二絶)》詩云:"樹影蕭森石氣秋,寓齋含墨寫杭州。何當笑約詩翁去,一個峰高一月遊。"其二云:"第一人歸落照遲,離愁無奈禁烟時。浪雲島樹遥相望,遼水蒼茫未備知。"(藤塚鄰鈔校《燕杭詩牘》)潘庭筠《呈洪大人》詩云:"中原愛說洪丞相,東國羞稱許狀頭。更見先生足千古,才名德望兩無儔。"(《藤塚鄰寄贈的秋史資料展Ⅲ——藤塚鄰的秋史研究資料》)《敬和洪大人元韻》:"高館無公事,春風緩客程。吟懷如有意,頻寄海天情。""樹影蕭森石氣秋,寓齋含墨寫杭州。何當笑約詩翁去,一個高峰一月遊。""第一人歸落照遲,離愁無奈禁煙時。浪雲島樹遥相望,遼水蒼茫未備知。"(《中士寄洪大容手札帖》1)

又,陸飛《畫西湖景扇送洪執義》詩云:"垂楊到處綰愁絲,隔面何緣有別離?惟有黃鶯知此意,盡情啼上最高枝。"②《題畫梅扇送洪執義》云:"昧愛調羹好,花宜驛路看。臨風最相憶,我亦太酸寒。"(朱文藻編《日下題襟集·洪執義》)

二、筆談交流:洪檍與嚴誠、潘庭筠見過面有筆談。二月初四日,嚴、潘兩生來玉河館訪朝鮮使團,洪檍、金善行與嚴、潘兩生會坐筆談,語及朝廷官方、西湖故迹、南方樂器、衣冠及前朝事等。(洪大容《乾净筆譚》)

三、書信往復:洪檍與嚴誠、陸飛、潘庭筠間的書信現存12封,參見表6:十八世紀中朝文人間來往書信一覽表。

---

① 朱文藻編《日下題襟集·洪執義》録此詩,題作"次金副使韻,謝洪執義"。藤塚鄰鈔校《燕杭詩牘》亦收録此詩,題作"次休休公原韻,敬呈晚含洪大人"。《中士寄洪大容手札帖》1亦載此詩原跡影本。嚴誠撰、朱文藻編《鐵橋全集》第4册。《中士寄洪大容手札帖》1,第46—47頁。
② 藤塚鄰鈔校《燕杭詩牘》亦收録此詩,題作"書贈西湖大略附詩而別晚含洪公(檍書狀)"。

[丙戌]是年，於北京，金在行與嚴誠、潘庭筠、陸飛有交遊，多有詩歌唱和。

一、洪大容《乾净衕筆談》載金在行與浙杭三士在北京交流過程，整理如下：

二月初三日，金在行與洪大容、李基成至乾净衕客店天陞店訪嚴、潘二人，相與交談。其間金在行與嚴、潘二人以詩較藝。

初四日，嚴、潘兩生來玉河館訪洪大容、金在行等。金在行請嚴、潘兩生給自己養虛堂作詩寫記。

初七日，嚴誠有詩贈金在行，題作"承次清陰先生韻，和答養虛尊兄，兼請教定"。詩亦載於《中朝學士書翰》，原文見下文嚴誠《次清陰先生韻，和養虛》。

初八日，金在行與洪大容前往天陞店訪嚴、潘二人，進行筆談。

十四日，金在行雖未與嚴、潘二人會面，但洪大容送潘庭筠所托書帖，上有金在行《題册贈蘭公》詩，詩載於《日下題襟集·金秀才》。

十六日，金在行往天陞店訪嚴、潘，筆談之語多爲談詩論文、處世之道。

十九日，嚴誠有《養虛堂記》呈送金在行。

二十三日，金在行、洪大容訪嚴、潘，潘言陸飛已抵京，嚴出示陸飛書信。後陸出見，五人筆談。是日，金在行有《贈別蘭公》詩，載於《日下題襟集·金秀才》。

二十六日，金在行、洪大容訪嚴、潘、陸。有筆談，金在行與嚴誠就《養虛堂記》中"酒"字，進行商榷。後，金在行作文以贈諸人，"大意以驕字爲戒"。（洪大容《乾净衕筆談》）

二、朱文藻編《日下題襟集》、柳得恭《並世集》、藤塚鄰鈔校《燕杭詩牘》、《中朝學士書翰》等載金在行與浙杭三士來往詩篇。他們詩歌交流情況如下：

1.金在行與嚴誠：金在行《用從高祖清陰先生韻，贈鐵橋》云："迢遞關山滯去旌，一城淹泊此同經。平生感慨頭今白，異域逢迎眼忽青。合席披襟皆遠客,出門摻手已寒星。明朝我亦聯翩去,語罷歸來必及冥。"(朱文藻編《日下題襟集·金秀才》)嚴誠和詩《承次清陰先生韻,和答養虛尊兄,兼請教定》云:"客心無定似懸旌,孤館荒寒味乍經。攬鏡怯連雙鬢白,攤書愁對一燈青。天涯我幸追詞伯,人海誰能識酒星?惆悵相逢即相別,不堪兀坐思冥冥。"(《中朝學士書翰》)

金在行《枕上不寐,有懷鐵橋、秋庠,仍用前韻》云:"金門待詔駐雙旌,江表高才擅九經。一破襟期春晝永,不堪離思暮岑青。清才已許分花縣(謂秋庠),曠抱今看映客星(謂鐵橋)①。明欲訪君頻視夜,曉天簾外尚冥冥。"《乾淨衕筆談》載:"力闇看畢,打圈於頷聯及落句曰:'情深語,不堪多讀。'又曰:'即將此詩望一揮以作篋中珍秘。'蘭公曰:'妙句乞爲我一書,以垂永遠。'各以紙與之,平仲書畢曰:'不辭而書,聊見愚直之性耳。'"嚴誠和其詩,《和養虛,偕湛軒再造寓廬劇談竟日,仍次清陰韻》云:"朝來門外停雙旌,二妙連襟歡重經。大笑俗儒死章句,頗憐小弟能丹青(時請余作山水橫幅。《遺唾》②注:養虛方看余作畫,'小弟丹青能爾爲',王季友句也)。自辰到酉坐繾綣,以筆代舌書零星。相邀共宿苦無計,斜陽在壁愁昏冥。"(朱文藻編《日下題襟集·金秀才》)

嚴誠《簡寄養虛》云:"素書讀罷吾他説,祇餘一斗千秋血。相逢都是好男兒,從此朱弦爲君絶。"(《中朝學士書翰》)金在行《訪鐵橋、蘭公於南城邸舍,即席有作》云:"郭外鳴禽晚,尋君步屧來。偏邦無好友,中國遇奇才。旅榻迎人少,衡門爲我開。一般真氣味,詩語莫相猜。"嚴誠和其詩,《養虛過訪寓廬,即事有作,次原韻》云:

---

① 洪大容《湛軒書·外集》卷二《乾凈衕筆談》亦録是詩,此二聯作"榮名已闌承文彩,瑞氣方看映客星"。《韓國文集叢刊》第248册,第137頁。
② 《遺唾》,即《鐵橋遺唾》。嚴果與洪大容書(愚兄嚴果頓首,上湛軒賢弟先生足下:嗚呼蒼天……)中有云:"承頒《聖學輯要》四册,《農岩雜志》、《三淵雜録》各一册,并《鐵橋遺唾》一册,俱已收領。"《中士寄洪大容手札帖》6,第371頁。

"屋角喧晨鵲,幽人曳履來。行杯慚小户(《遺唾》作行杯微雅令),鬥韻怯粗才。意氣真相得,胸情此暫開。衡門頻見款(《遺唾》作'衡門頻枉駕'),莫惜(《遺唾》作'那堪')俗流猜。"(朱文藻編《日下題襟集·金秀才》)

嚴誠《題畫贈養虛》:"茅堂入翠微,永與俗情違。好客偶相訪,朝陽初上衣。松間殘露滴,嶺外孤雲飛。余亦懷長往,山中采蕨薇。"(柳得恭《並世集》卷一)

嚴誠《酬養虛留別原韻》云:"輕暖微寒釀好春,燈前孤客最傷神。天涯意氣存吾黨,海外文章見此人。豪興擬陪千日醉,深情空寄一詩新①。分襟草草無他語,隔歲音書莫忘頻。"(朱文藻編《日下題襟集·金秀才》)

別後,1767年(丁亥),嚴誠有詩寄金在行。《中朝學士書翰》中嚴誠與金在行書(金養虛尊兄啓:弟今年遠客福建……),後附寄懷養虛詩二首(聞道金平仲)(一別成千古)。參見本書附錄"十八世紀中朝文人學誼的新見證(二)——《中朝學士書翰》"第十四封書信。

2. 金在行與潘庭筠:金在行有詩贈潘庭筠,其《題册贈蘭公》云:"異域開襟賴友生,不妨經歲滯寒城。離亭草綠斜陽外,萬里垂鞭獨去情。"《贈別蘭公》云:"金玉其人錦綉腸,西湖秀氣見潘郎。公車一擢聲名早,客館初迎坐處香。自喜奇逢應有助,最憐佳會未能長②。平生作別常無泪,今日同君灑夕陽。"(朱文藻編《日下題襟集·金秀才》)

又,潘庭筠有和金在行《訪鐵橋、蘭公於南城邸舍,即席有作》(筆者按,詩歌原文見上文)之詩,詩載於柳得恭《並世集》卷一,題

---

① 李德懋《清脾録》卷二《嚴鐵橋》亦録此詩,"空寄"作"共寄"。洪大容、李德懋撰,鄺健行點校《朝鮮人著作兩種——〈乾净衕筆談〉、〈清脾録〉》,第218頁。
② 洪大容《湛軒書·外集》卷二《乾净衕筆談》亦録此詩,"最憐"作"祇憐"。《韓國文集叢刊》第248册,第158頁。

作"奉和養虛碩士城南見訪之作",詩云:"孤館忽無悶,翩然上客來。淺杯便小户,妙句角清才。雲影澹未夕,花枝紅欲開。衣冠復淳古,人作畫圖猜。"

又,潘庭筠有《次韻奉贈養虛吟長兄》(碣石宫南駐遠旌)、《簡寄養虛》(袖裏相思字)、《養虛堂爲金丈平仲所居,不能蔽風雨,賦詩志慨》(遼海孤貧士),參見《中朝學士書翰》第四封、第七封、第十封書信。《題畫贈養虛二首》云:"吾家西子湖邊樹,淺碧深紅二月時。如此江南歸不得,軟塵如粉夢如絲。""秋氣蕭寒晚岫明,閑心野趣一時生。何時小築松毛屋?坐對青山不入城。"①(藤塚鄰鈔校《燕杭詩牘》)

3. 金在行與陸飛:柳得恭《並世集》卷一載陸飛贈金在行詩,《便面荷花贈養虛》云:"開宜明月下,種愛碧池深。清曠有如許,誰知多苦心?"《中朝學士書翰》載《丙戌二月送養虛兄別》(別愁千斛斗難量)、《哭鐵橋》(千里無端賦遠遊),又載金在行唱酬陸飛詩二首:(車轍門外日如飛)(高齋不見一塵飛)②。參見本書附録"十八世紀中朝文人學誼的新見證(二)——《中朝學士書翰》"第一封、第十六封、第十三封書信。

三、金在行與嚴誠、潘庭筠、陸飛來往尺牘現存 17 封,參見表 6:十八世紀中朝文人間來往書信一覽表。

---

① 朴趾源《熱河日記·避暑録》録此詩第一首,但云此詩是潘庭筠贈洪大容。第 265 頁。李德懋《清脾録》卷三《潘秋庫》亦録此二首,云是詩爲潘庭筠贈金在行。《潘秋庫》中,此詩"何時"作"何年","青山"作"南山"。洪大容、李德懋撰,鄺健行點校《朝鮮人著作兩種——〈乾浄衕筆談〉、〈清脾録〉》,第 247 頁。李書九《踏橋日,復次潘香祖前年韻寄懷》詩注有云:"潘曾畫春柳遺洪湛軒,題詩有'吾家西子湖頭樹'之句。"李書九亦認爲此詩是贈與洪大容的。李書九《薑山初集》卷四。
② 此詩柳得恭《並世集》卷一"嚴誠"條下亦載,但作者誤作嚴誠。《燕行録全集》第 60 册,第 70 頁。《中朝學士書翰》所載均爲手帖,故以《中朝學士書翰》所云爲準。

四、嚴誠去世後，金在行有祭文和祭詩。

《日下題襟集·金秀才》載《祭鐵橋文後又呈一律》、祭文《鐵橋嚴先生力闇哀辭並序》。詩云："芳草江南曲，遊魂夢裏來。玉人難復見，瓊什有餘哀。萬里知心友，中原絕世才。自君成死別，詩牘爲誰裁？"祭文此處略。祭文中有云："今歲之夏，潘先生以先生之訃赴焉。"1768年（戊子），潘庭筠與洪大容書中（庭筠再拜，白湛軒先生足下：去歲今春兩得手書……）告之嚴誠去世的消息，故此推斷金在行此哀辭當寫於1768年（戊子）。

1767年　乾隆三十二年　英祖四十三年

[丁亥]十二月初八日，於使行路程中，李心源與留宿家主人就徵兵情形有交流。李心源，朝鮮文士，字號待考，李祖源從弟，籍貫延安。1767年（丁亥）十月，其作爲三節年貢兼謝恩使團副使出使中國。

李心源《丁亥燕槎錄》載："主人年可二十三而有怒氣焉。入問其故，答云：'不得選出征，故憤憤云。'云：'戰死地也不去則幸，何爲返（反）憤其不得去？'答曰：'人皆一死，況戰亡即丈夫之事也。成功則固好，死則自朝錄其子孫，給料其妻，何惜死之有乎？'問：'一年兵料爲幾許？'曰'有食銀百兩者，有七八十兩者，有五六十、三四十兩者耳。戰馬乃自備'云。"（李心源《丁亥燕槎錄》）

[丁亥]是年，鄧師閔有書信與洪檍。書信載於《中士寄洪大容手札帖》1。據此信，兩人當於三河相識。信中有云："閔浪遊天涯，先生奉差榮返，踪迹參商，奚啻馬牛，乃邂逅一會，遂成心交。"附隨此信，鄧師閔贈一詩，題作"丁亥新正十九日，書於臨泃退一步居中，恭呈幼老先生斧政"。詩云："憶昔人如玉，相逢去三河。幻如夢裏事，匆匆白雲過。一過何足惜？所惜不再來。寒夜人不寐，月下自徘徊。舉頭望明月，月色照九江。溶溶無偏向，孤影各一邦。行行荒郊外，征馬度東西。相思人不見，掩袖泪淒淒。歸來理瑤琴，彈之不成聲。中有離鴻調，繞指先自鳴。梅花香暗室，竹影橫碧窗。

獨坐人無語,鳴禽飛雙雙。故人重離別,憑人寄錦囊。展卷從頭讀,客意轉徬徨。讀君寒温句,動我別離腸。分明切切語,人隔海東洋。野戍超荒烟,白草飛連天。鴨綠動奇波,行人阻往還。已矣重已矣,不復望前緣。三河古城地,春草自年年。"

1768年　乾隆三十三年　英祖四十四年

[戊子]二月十九日,於撫寧縣,李心源拜訪了徐鶴年家。"其子秀才紹芬出迎",領李心源參觀其家。交流過程中徐紹芬出示其父《鶴年文集》。(李心源《丁亥燕槎錄》)

[戊子]二月十九日,於撫寧縣,聖岩(筆者按,李壽岱①)與清人姚哥有筆談。聖岩向姚哥詢問所耕之地大小、收成、税收情況等。(李心源《丁亥燕槎錄》)

[戊子]是年,於北京,朝鮮李廷奭與潘庭筠有交流。李廷奭,號白石,朝鮮譯官,李尚迪的叔父。李德懋與潘庭筠書(不佞左海鯫生……)中有云:"昔者舌官李白石持獻不佞雜纂一篇於先生。"舌官即譯官。

　　潘庭筠寫於1769年(己丑)的《答李白石》(城南一別……)書中有云:"城南一別,倏忽經年。遥想清儀,殊深渴仰。"兩人具體交遊事迹不詳。兩人別後,有書信往來。《燕杭詩牘》收錄潘庭筠《答李白石》書1封。信件全文此處略。(藤塚鄰鈔校《燕杭詩牘》)

---

① 李心源《丁亥燕槎錄》篇首隨行人員名錄中有"書狀軍官李壽岱",李壽岱號聖岩。林基中、夫馬進編《燕行錄全集(日本所藏編)》第1册,第280頁。

第四章　朝鮮洪大容與清文人交流長編

1765年　乾隆三十年　英祖四十一年
[乙酉]是年,於瀋陽,洪大容與瀋陽府學助教拉永壽有交流。
　　十二月初八日,洪大容與瀋陽府學助教滿洲人拉永壽識。洪大容先與其長子交談,語涉讀書之功用。後與拉助教談,主要內容爲朝鮮科制及官方,一些外藩的醜行等。
　　1766年(丙戌)三月二十二日,洪大容復至拉助教家,與之談,語涉瀋陽軍隊衛戍、武器情況、婚嫁費用等。(洪大容《湛軒燕記·拉助教》)

[乙酉]十二月二十六日,寧遠衛,兩士人來見副使金善行與洪大容,"其一本郡舉人姓王名渭字尚賓,年二十九,與平仲(筆者按,指金在行)有酬唱詩數首,不甚佳"。副使與爲筆談,問:"道學宗何人?""科試滿漢並赴,漢人多中乎?"二人作答。問及祖大壽兄弟事,答曰:"事犯時諱,不敢言。"洪大容問其識山海關人林本裕否,答曰:"未聞。"(洪大容《湛軒燕記·王舉人》)

[乙酉]十二月,於沙河,洪大容遇郭生,李譯與郭生對話,主要就讀書功用展開辯駁。洪大容聞郭生之言,失聲稱奇。惜使行促行,不得延坐與語。(洪大容《湛軒燕記·沙河郭生》)

1766年　乾隆三十一年　英祖四十二年

[丙戌]是年,洪大容與清翰林吳湘、彭冠有交流。聯印修,張會一、耿翔儀纂《(光緒)霑化縣志》卷七載:"吳湘,號素軒,乾隆丁丑進士,選庶吉士,旋授檢討,轉户科給事中。"又,洪大容《湛軒燕記·吳彭問答》載:"彭冠,字魯宜,號莊士,年三十四,進士出身,爲翰林檢討官,河南人。"交往事迹如下:

　　正月初一日,於北京端門外,洪大容與翰林吳湘、彭冠(湘,字素軒,號篁村;冠,字魯宜,號莊士)相識。二十日,訪吳彭二人,相與筆談,語涉衣帽之制、讀書、科舉、吕留良、吳三桂、《讀禮通考續編》、孔子後裔、四禮之儀,朝鮮年號、文字、音樂,文天祥等。二十一日,洪大容作書於吳彭,馬頭德裕送,歸言"出言老爺不在家,强而後開封,衹以書入。少頃,出以還給,累請之,終不聽,不得已持歸"。書信内容詳見《湛軒燕記·吳彭問答》,此處略。二十三日午後,三人相會庶吉士廳,語涉門禁、婚俗、服色、吕留良、湯斌、陸隴其等。(洪大容《湛軒燕記·吳彭問答》)

[丙戌]正月初四日,於北京,洪大容逢宋舉人,與之談。宋舉人,山東人,故二人言多及孔子故里、後裔等。洪大容想請宋舉人引見孔氏後裔,宋撫其首曰:"其衣冠與我一樣,見之何益?"洪聞之愴然。(洪大容《湛軒燕記·宋舉人》)

[丙戌]正月初十日,於北京陳哥鋪子,洪大容與兩渾相識、相談,語多寒暄。兩渾,洪大容《湛軒燕記·兩渾》載:"宗親愉郡王之少子,康熙主之曾孫。"

　　兩渾以禮部左侍郎錢如誠七言絶句一首示之。洪大容評云:"書法華暢,可知其爲達人筆也。"後,洪大容在北京期間與兩渾有書信往來:正月十三日,洪大容有書信與兩渾。正月二十五日,兩渾有答書與洪大容。正月二十六日,洪大容有書與兩渾。二月十五日洪大容有書與兩渾,二月十七日,兩渾有答書與洪大容。書信

内容詳見《湛軒燕記·兩渾》。(洪大容《湛軒燕記·兩渾》)

洪大容離開北京後,雙方仍保持書信聯繫,互有贈物。如1766年(丙戌),兩渾與洪大容書(分袂以來,倏爾寒暑遞遷……)中有云:"近接華翰,知兄福祉日增,不勝欣幸。兼之遠方厚貺,佳品極多,却之不恭,惟有道謝而矣。"(《薊南尺牘》)

[丙戌]正月十三日,於北京,洪大容、李溴與樂師至琉璃廠訪劉生。李溴(1727—?),朝鮮譯官,字廣夫,命稷子,籍貫金山。1765年(乙酉)十一月,作爲上通事隨三節年貢兼謝恩使團出使中國。劉生,洪大容《湛軒燕記·琴鋪劉生》載:"姓劉,是太常伶官,方在琉璃廠,開鋪賣器玩。"

洪大容"請劉一聽其曲,劉辭以人多嘈雜,強而後略鼓數聲而止,約明日會於館外"。十四日,洪大容先彈數闋,請劉生評品,劉祇再三稱好而已,終曰:"中國之琴乃聖人大樂。"後劉生鼓琴,先鼓一闋,乃《平沙落雁》十二章。再請,鼓《思賢操》數章而止。洪大容云"蓋劉身居市井,專意牟利","鄙其瑣瑣,從此不復往"。(洪大容《湛軒燕記·琴鋪劉生》)

[丙戌]是年,洪大容與嚴誠、潘庭筠、陸飛在北京有密切交往,交往事迹如下:

二月一日,洪大容與裨將李基成爲買遠視鏡,往琉璃廠,遇嚴誠、潘庭筠。

初三日,洪大容、李基成、金在行三人至乾浄衚客店天陞店訪嚴、潘二人,相與交談。語涉金尚憲、吕留良、吴穎芳,嚴、潘二人省試硃卷,朱、陸道術,杭州風俗等,其間金在行與嚴、潘二人以詩較藝。臨别,嚴生持《感舊集》全帙而贈洪大容。

初四日,嚴、潘兩生來玉河館訪洪大容、金在行等。先洪大容、金譯漢慶、張譯宅謙與二人談,語涉朝鮮衣冠、中國拜禮、中國動樂娱尸、清朝剃頭之法等。後洪檍、金善行與嚴、潘兩生會坐筆談,語及朝廷官方、西湖故迹、南方樂器、衣冠及前朝事等。最後，洪大容又引嚴、潘兩生到住處筆談，洪請二生給自己的"愛吾廬"八景作詩寫記，金在行請二生給自己養虛堂作詩寫記。

初五、初六日，洪大容與嚴、潘兩生有書信來往。

初七日，嚴誠、潘庭筠與洪大容有書信往來，嚴誠並有詩贈洪大容，詩云："驚心十日返行旌，烈士遺墟此暫經。官道漸看新柳綠，旅懷同憶故山青。從今燕雁成千里，終古參商恨兩星。縱説神州無間隔，離憂如醉日沉冥。"潘庭筠送洪大容《漢隸字源》一部，有詩贈曰："日高風勁送雙旌，小別千年未慣經。徐市魂消波影闊，燕臺人去柳烟青。難禁客泪春深雨，易散歡悰曙後星。惆悵響山池閣遠，登車可奈軟塵冥。"

初八日，洪大容與金在行前往天陞店訪嚴、潘二人，進行筆談。先是互評詩作，嚴誠請洪大容回到朝鮮翻刻廣傳《感舊集》，接著，語涉婦人能詩者、吴穎芳先生德行、佛儒之辨、朝鮮風俗等。其間，除洪大容外，各有題詩。

初九日、初十日、十一日嚴誠、潘庭筠與洪大容有書信來往。

十二日，洪大容獨往乾净衕訪嚴、潘二生，三人相約"極言無諱"，傾心而談，語涉清人剃頭、婦人小鞋、官妓、壬辰倭亂、金元行《論性書》、金尚憲《清陰集》、《箕雅》、《吕晚村文集》、律曆兵機等書、婚喪之俗、朝鮮教育等，言語之間，無不透露出知己之情。

十四日，洪大容有書信與嚴、潘二人，並"送蘭公所托書帖。平仲（筆者按，金在行）題一絶曰：'異域開襟有友生，不妨經歲滯寒城。離亭草綠斜陽外，萬里垂鞭獨去情。'"洪大容"題於其最下一帖曰：'樂莫樂兮新相知，悲莫[悲]兮生別離。岸有柳兮山有花，千秋萬歲兮長相思。歸來兮逍遥，西江波浪何時平？荷衣兮蕙帶，願携手兮同行。'"嚴誠有答書與洪大容。

十五日，洪大容與嚴、潘二人有書信往來，洪大容寫《東國記略》，書送嚴、潘。

十七日，洪大容訪嚴、潘二人，嚴誠出示爲"愛吾廬"八景所作《八咏》詩，詩載於洪大容《湛軒書·附錄》中的《愛吾廬題咏》。筆談之語涉及西洋之教、錢謙益、兩國科舉、兩國衣冠等。此次筆談多觸時諱。

十九日，洪大容與嚴、潘有書信往來，潘有《湛軒記》呈送，《湛軒記》載於洪大容《湛軒書·附錄》中的《愛吾廬題咏》。嚴有《養虛堂記》呈送，《養虛堂記》原帖載於《中朝學士書翰》。洪書贈蘭公四句，又書贈《高遠亭賦》。

二十一日、二十二日，洪大容與嚴、潘有書信往來。

二十三日，洪大容、金在行訪嚴、潘，潘言陸飛已抵京，嚴出示陸飛書信。後陸出見，五人筆談。洪大容有贈嚴、潘二人臨別之文。金有《贈別蘭公》詩，云："金玉其人錦綉腸，西湖秀氣見潘郎。公車一擢聲名早，客館初迎坐處香。自喜奇逢應有助，祇憐佳會未能長。平生作別常無泪，今日同君灑夕陽。"交談内容主要涉及朝鮮禁酒、朝鮮藏書、朝鮮衣冠、朱陸之學等。洪、陸、嚴、潘四人圍繞朱子《詩》注展開辯駁。其間，陸飛贈送自己詩稿、畫作與洪大容、金在行，另三册詩稿及其三幅畫作，又請他們轉贈給朝鮮使團三使（筆者按，順義君李烜、金善行、洪檍）。

二十四日，洪與嚴、潘、陸有書信來往。洪大容呈送《籠水閣渾天儀記事》，請陸爲渾儀之制作詩或記。

二十五日，洪大容與嚴、潘、陸有書信來往。

二十六日，洪大容、金在行訪嚴、潘、陸。先陸飛"以記草（爲渾儀之制而作）示之，略有商確之語"。後語及中國繼父之稱、浙東浙西之别、張元觀、離别之誼、東方被兵事迹等。此外，金在行與嚴誠還對《養虛堂記》中"酒"字，進行商榷。洪大容與諸人又就朱注《詩小序》展開辯論。平仲作文以贈諸人，"大意以驕字爲戒"，陸出示《荷風竹露草堂詩》等。

二十七日，洪大容作書予嚴、潘、陸，陸有答書，並呈送《籠水閣記》一文，文載於洪大容《湛軒書·附錄》中的《愛吾廬題咏》。

二十八日，洪與嚴、潘、陸有書信來往，主要叙及離別之情。陸有詩贈予洪，一詩云："參商萬古總悠悠，欲語先看制泪流。此去著書應不朽，莫教容易寫離愁。"《咏竹》詩云："得雨益斐然，著雪更清絶。到老不改柯，中虛見高節。"此日，洪大容贈送爲陸飛寫的《忠天廟畫壁記》。

二十九日，洪大容作書予嚴、潘、陸，與之別，嚴、潘有答書。（洪大容《乾净衙筆談》、《乾净筆譚》）

洪大容停留北京期間，與嚴誠、潘庭筠、陸飛間來往書信，現存51封。別後，洪大容與浙杭三士來往書信，現存22封。書信內容、寫作時間等相關考證詳見表9：洪大容與清文人來往書信一覽表中《表二：洪大容歸國後與清文人的來往信件》，此處略。

別後，洪大容與嚴誠、潘庭筠、陸飛還保持著學術、文學等方面的交流。主要據雙方來往書信考察，事迹如下：

1. 學術方面的探討。如，洪大容《九月十日與鐵橋》（大容頓首白：初秋一書，已關崇聽否……）書後別紙中，洪大容就古今人品羅列六等，有云："右六等五種之目，東方先輩之説也。余喜其造語切實，巧中時弊，常銘之心頭，作爲懿戒。今取其目，略加演辭，繋之以狂言，奉寄鐵橋。僭擬瞽御之箴，兼以求教於篠飲、秋庫兩兄。"又請嚴誠談論對儒、道、佛三教的見解等，有云："凡此其同中之異，似是而非者，願聞其説。"（朱文藻編《日下題襟集·洪高士》）後，嚴誠在《鐵橋丁亥秋答書》（去秋承惠書，即于本年接閱……）中對洪大容提出的問題一一發表了自己看法。（《中士寄洪大容手札帖》5）

2. 詩文方面的交流。贈詩如，洪大容《九月十日與鐵橋》書信後附《飛鳥》四言詩九章。其有云："飛鳥，懷良朋也。遥遥南國，獲此良友，同心離居，欣悵交中。"詩云："翾翾飛鳥，集於北林。堂堂嚴子，金玉其心。無營無欲，矢我好音。聖道無疆，與子鈎深。""翾翾飛鳥，集於南山。堂堂嚴子，婉如其顔。聖道雖遠，莫云其艱。

惟善是勸,惟邪是閑。""猗歟嚴子,既明且聰。聖道孔邃,無情爾功。韜光坦布,正慮修容。精神寂寞,乃與天通。""猗歟嚴子,既聰且明。英風外達,妙鑒内貞。燁燁文藻,藹如其成。温恭如雌,人莫汝争。""猗歟嚴子,才藝蓋世。高天闊海,廣居無際。無安小道,致遠恐泥。敬慎屋漏,莫曰幽細。""嗟余小子,有志未就。西南得朋,與子邂逅。視爾高朗,愧我寡陋,徘徊歲暮,嘆此三秀。""截彼釣臺,山高水長。典刑不墜,惟子之良。矯矯九峰,益篤其光。覃及海隅,德音孔彰。""嗟爾伯仲,坡潁是鄙。並美儒門,二程是冀。春風渾成,乃敬作字。伊川謹禮,日履安地。""相古先民,入德有門。懼以終始,要道不煩。斂華就實,勖以存存。想思昵昵,予欲無言。"(朱文藻編《日下題襟集·洪高士》)

又,洪大容《寄陸篠飲飛》:"人心湛無迹,定静發靈寤。萬化相尋繹,燭微有餘裕。玄聖垂大猷,紫陽有箋注。俗儒忘本領,營營死章句。終身鑽故紙,彼哉真一蠹。""夕霽生秋氣,金風決陰雲。月出天地白,萬井息遊氛。繁慮蕩無迹,幽興自歡欣。瑶琴二三曲,滿堂爐烟薰。對景發深省,肅然事天君。""圜則誰營度?大塊浮空界。積氣如輻湊,萬品成倒挂。上下無定勢,遠近殊見解。海外豈無地?平望空澎湃。西叟真慧識,盲聾謾驚怪。""落日淪西河,明月生東嶺。陰魄本幽晦,虚白傳日影。圓光恒如鏡,盈虧在人境。分合有常度,薄蝕非災眚。法象人鮮知,陋見乃坐井。""雲林動秋聲,空翠濕人衣。行歌發清商,心事嘆乖違。晷運不我與,寒暑無停機。良朋在萬里,驛使近復稀。何以慰相思?夢魂無是非。"(洪大容《湛軒書·内集》卷三)

洪大容《寄嚴鐵橋誠》:"疏雨響庭梧,高齋生夕凉。古鼎香烟歇,清琴自横床。炎暑忽已徂,時物增感傷。沉吟不能寐,悠悠思遠方。洪濤隔滄海,萬里空相望。""宴坐息機事,悠然心自閑。浮雲任舒卷,飛鳥亦往還。形神雙寂寞,萬象有無間。筋骸各安宅,淑氣登容顔。苟能存此境,至道可躋攀。""悠悠積雨霽,爽氣濯炎燠。月出群動息,天地净如掃。林園響虛籟,清露結幽草。宴坐且忘言,披襟息煩惱。此中有深省,真意誰共討?""楞嚴妙心相,黃庭固真元。主敬與養浩,吾道有本源。志士或外慕,速成乃厭煩。聖訓有至要,萬徑終一門。豈若誇毗子?呫囁逞巧言。""神明寓匡郭,萬象隨燭照。民動紛如烟,滓穢蕩靈竅。精英内自蘊,緣業苦纏繞。洗濯亦多術,息養乃要妙。鑒沼静不浪,犁然成獨笑。"(洪大容《湛軒書·内集》卷三)

洪大容《又寄秋庫》:"愛此閣中梅,玄冬發素萼。清標迥自持,暗香浮簾箔。潛藏能及時,孤根幸有托。窮陰閉九野,窗外風雪虐。卓哉孤山子,静觀心澹泊。""白雪下庭樹,寒沍凝作花。桃李不敢言,枝枝揚素葩。折之將有贈,故人在天涯。晴旭忽相照,古槎空杈枒。浮華諒難久,擲地仍咨嗟。""上山采薇蕨,入谷折幽蘭。故人在萬里,關河行路難。芳馨日消歇,臨風每長嘆。不怨終相別,但恨初結歡。惟有海上月,長照兩心肝。"(洪大容《湛軒書·内集》卷三)

洪大容《有懷遠人》:"皓天久溟漠,黑月迷中原。矯矯二三子,華胄有賢孫。儒林既鳳舉,藝苑亦鴻軒。天地大父母,四海同弟昆。一樽乾净地,脉脉已忘言。東來歲月深,天涯各翩翩。孤懷無與語,十年杜余門。鼎香燒不盡,爐酒爲誰温?青眼爲子開,大燭張黃昏。高談半江左,意氣窄乾坤。峨洋出新聲,大招吳山魂。真意少人知,知音惟前村。多言有衆猜,請君且心存。"(洪大容《湛軒書·内集》卷三)

又,嚴誠《鐵橋丁亥秋答書》(去秋承惠書,即於本年接閱……)後附贈詩,朱文藻編《日下題襟集·洪高士》題作"南閨寓館簡寄湛軒二首"。詩云:"京國傳芳訊,遥遥大海東。斯文吾輩在,異域此心同。情已如兄弟,交真善始終。相思不相見,慟哭向秋風。""見面悲無日,論心喜有書。來從萬里外,到及一年餘。激厲(勵)煩良友,衰遲感獨居。無聞將四十,忍使寸陰虛。"(《中士寄洪大容手札帖》5）又如潘庭筠還曾爲洪大容父親洪櫟寫過祭詩，詩云："治績並龔黃，遺愛千秋留。海國詩名同鮑謝，高才萬古播中華。"此詩刻在洪櫟墓碑碑陰。載於《湛軒書·内集》卷四。再如，洪大容在回到朝鮮後，寄其從弟洪大應詩作給潘庭筠。潘庭筠《〈韓客巾衍集〉序》載："湛軒嘗寄余其弟葆光詩一卷，諸體並不在四人之下。"

3. 其間，雙方還互有贈書、贈物等。如，洪大容《與鐵橋書》（大容白：正月初二日……）中有云："外呈《聖學輯要》一部四本。"洪大容《與秋庠書》（大容白：去歲七月……）中有云："外呈《海東詩選》一部四本……宋士行隸體，黄太史語八頁……李元靈篆體二頁……尹淳書長幅一頁……李匡師草書四頁"等。（洪大容《杭傳尺牘》）又如，潘庭筠寫給洪大容、金在行的信（分袂京華，音塵遂絶……）中有載："封札畢，復得《湖山便覽》兩册，計十二本，西湖名勝約略俱備。謹以奉寄，僉兄分領何如？"（《中士寄洪大容手札帖》5）

嚴誠去世後，洪大容寫有祭文，題作"戊子中秋，祭哭鐵橋文"，載於《日下題襟集·洪高士》。文云："海東洪大容聞浙杭故友嚴力闇先生不幸短命死於邑。悲哀如喪右臂。顧煢煢哀苦，言不暇文。謹具香燭，侑以鮻魚十個，賻幣一段，奉托令兄九峰先生，一陳於靈筵，冀以少叙終天之訣。嗚呼哀哉，力闇竟棄予而死耶！嗚呼惜哉，力闇而止於斯，豈非命耶？嗚呼痛哉，天之荼毒予者，亦孔之酷矣！伏惟尊靈鑒此苦情。"（此祭文《杭傳尺牘》亦有載，題作"祭嚴鐵橋文"，文字與《日下題襟集》所載大致相同。）

[丙戌]二月二十四日，於北京，洪大容與洪檍、金善行往太學，逢太學助教張元觀，相與交談。副使金善行向其打聽陸飛其人，張元觀云："同鄉，未曾見也。其人善丹青。"並認爲陸飛文學甚優，"丹青即其餘事耳"。洪大容評張元觀"筆翰高妙，議論純正，宜其爲諸生之領袖也"。（洪大容《湛軒燕記·太學諸生》）

[丙戌]是年，洪大容與清文人蔣本、周應文等有交往。據洪大容

《湛軒燕記・蔣周問答》記載，蔣本年五十三，河南人。"鬢白齒落，形容黧瘁，六十監生，可見窮儒貧相"。"周名應文，年二十三，西江人"。"玉貌秀眉，聲容温敏，應對如流，詞翰夙成"。事迹如下：

正月二十六日，於北京，洪大容於琉璃廠"味經齋"書坊與監生蔣本、周應文談，少年彭光廬在座。語及八股文、飲食、宮室、太學、文丞相廟、井田之法、婦人小鞋、《牧齋續集》、《讀禮通考續編》等，並就《大學》首章"明德"之涵義展開探討。

正月三十日，洪大容有書與蔣本，二月初六日，周應文代答書。書信内容詳見《湛軒燕記・蔣周問答》。（洪大容《湛軒燕記・蔣周問答》）

[丙戌]是年，洪大容、金復瑞、李德星與張經有交流。洪大容《湛軒燕記・張石存》載："石存名經，石存其號也，或稱石可。時年三十，見任欽天監博士。居琉璃廠，開鋪賣器玩、古董，刻印章，與金譯復瑞素善。"

正月十一日，與金譯往訪不遇。正月二十六日，洪大容與金譯、李德星至欽天監官張經家。"經延坐進茶，爲人頗精雅。爲筆談，筆法亦妙"。"德星略問曆法，（經）皆疏淺無識"。二月初六日，洪大容又與張經談，語涉皇后囚廢、邇來政令、張廷玉獲罪等。（洪大容《湛軒燕記・張石存》）

[丙戌]是年，洪大容與鄧師閔相識。別離後，兩人在很長時間内保持著書信聯繫，並有詩文交流等。鄧師閔，據洪大容《湛軒燕記・鄧汶軒》載，其號汶軒，爲鄧伯道之後。家在山西太原府，入選貢士，爲舉子業，近因病懶而廢。來北京目的：爲探親，且有生意，與數友開鋪賣鹽。

交流事迹如下：

三月初二日，洪大容於三河逢貢士鄧師閔，相交流，言及其先祖鄧伯道、朝鮮衣冠、中原剃頭之法等。鄧生獻兩書帖，"一與余

第四章　朝鮮洪大容與清文人交流長編

（筆者按，指洪大容），一獻於季父（筆者按，指洪憶）。獻季父者，趙孟頫書碑字印本，與余者，趙孟頫書蘭亭印本"，並相約"憑使便時，通信札"。（洪大容《湛軒燕記・鄧汶軒》）

別後，兩人有書信往來，現存兩人間來往書信19封。書信內容、寫作時間等相關考證詳見表9：洪大容與清人來往書信一覽表中《表二：洪大容歸國後與清文人的來往信件》，此處略。

兩人間詩文交流情況：

1.《中士寄洪大容手札帖》4中載有鄧師閔爲洪大容"愛吾廬"題寫的《八咏》詩。詩云：《山樓鼓琴》："瑤琴彈古調，山樓韻無窮。座有子期否？翹首望海東。"《島閣鳴鐘》："機動鐘自鳴，時刻已了了。閣里藏陰陽，道大天地小。"《鑒沼觀魚》："俯檻觀遊魚，生意活潑潑。相對似忘形，還自樂其樂。"《蓮舫學仙》："廢瓢可爲船，斲木可爲蓮。何須避烟火？座此即神仙。"《虛橋弄月》："橫木架成橋，往來通島閣。有時憐清光，跌座且息脚。"《玉衡窺天》："錢樂泄天機，躔度漏其幻。製成雞子形，枕畔數星漢。"《靈龜占蓍》："一畫陰陽著，數語吉凶曉。靈龜占天機，手揲孔陵草。"《穀壇射鵠》："貫鵠有良矢，穀壇樂事偏。堪笑商武乙，彎弓祇射天。"此詩，洪大容《湛軒書・附録》亦有載。

2.鄧師閔有《澹園八咏》寄呈洪大容，請求斧正。詩云：《來春（青）閣》："閉閣山在野，開閣山在懷。却之不可去，招之若可來。"《鑒影池》："閉戶謝塵囂，息心傍池坐。誰知水中魚，早已知有我？"《松陰（蔭）亭》："槐陰祇宜夏，冬來剩有枝。何如松陰好？鬱鬱蔭四時。"《留春洞》："何年鑿古洞？四時春融融。不似甲子序，九十春便終。"《飛霞樓》："崐崙有赤水，海風吹天末。餘影吹不開，朝暮挂樓角。"《素心居》："精瑩一間房，清光射床席。安得素心人，同居數晨夕？"《語花軒》："簾外花一池，時時向人笑。羞殺解語花，馬嵬遭凶殺。"《嘯月臺》："拾級上層臺，清光襲我衣。何當凌空嘯，振碎碧琉璃。"（《薊南尺牘》）

3. 洪大容有《次郭澹園桓贈師魯詩韻，遥寄鄧汶軒師閔以資替書，亦望轉示澹園》，詩云："蘆泉灌腴壤，虎嶽聳纖峰。靈根毓英秀，艷藻播正宗。栖息岩岫間，幽思妙何窮。觀物贊飛鵬，研《易》玩潛龍。鳴佩響洞陰，道心静而工。形影托豪素，灑泣向西風。"（洪大容《湛軒書·內集》卷三）

4. 鄧師閔有《熟讀吾兄詩有感，即用原韻奉寄一首，並祈改政爲望》，詩云："束髮知讀書，心頗厭交遊。非爲交遊薄，知己難逢儔。三十上長安，功名非所求。又非薄功名，賦命分劣優。此意欲語人，語之恐不投。中情惟自喻，世路任悠悠。誰知東海外，卓然來名流？三河古城隅，日暮栖軒輈。風塵兩相得，斗室任綢繆。遣筆寫肝肺，憑譯話來由。几席待盤餐，布衣映羊裘。我愧非膠鬲，君豈讓馬周？奇緣前生定，一息成千秋。君言離別後，鱗鴻總可收。鴨綠有新道，歲末度行騶。至期果不爽，雲章自海浮。義氣詩中話，讀之益人愁。殷殷如對語，顔色隔海丘。朔風吹錦箋，寒冰凝客眸。此中滋味苦，涕泗泪不休。嘗讀蘇李句，掩卷起深憂。又讀古離別，神昏天地幽。而今君與我，踪迹適相侔。白雲生山巔，相思寸寸抽。我欲跨鰲背，凌波渡滄洲。又欲登青岱，極目海盡頭。爲問長房術，東方有也不？"（《薊南尺牘》。此詩藤塚鄰鈔校《燕杭詩牘》亦有載，同題。）

5. 鄧師閔寄其友郭執桓詩稿《繪聲園詩集》，請洪大容批之。洪大容有《繪聲園詩跋》，載於《湛軒書·內集》卷三。李德懋子李光葵撰《先考積城縣監年譜》（上）載："（鄧汶軒）寄其友郭執桓封圭詩繪聲園稿一册。封圭，平何（河）人也，時年二十四，詩品精妙。湛軒托公評之，凡一百六十餘段，又有序。"（李德懋《青莊館全書》卷七〇）李德懋《清脾録》卷四《郭封圭》載云："其同邑汶軒鄧師閔，乃洪湛軒遊燕時所交也。嘗寄封圭《繪聲園詩集》，余嘗評批'蓋清虛灑脱，學李供奉者也'。"（李德懋撰，鄺健行點校《乾净衕筆談·清脾録》）

［丙戌］是年，洪大容、洪檍與孫有義、趙煜宗相逢，有交流。洪大容《湛軒燕記·孫蓉洲》載云："年長者孫有義，字心裁，號蓉洲，居（三河）城内，被選孝廉。少者趙煜宗，字繩先，號梅軒，亦貢生也，皆執禮温謹儒雅可喜。"

事迹如下：

三月初二日，於三河城内，孫有義、趙煜宗來訪朝鮮使者，洪大容、洪檍與二人筆談。洪大容向其詢問"科場經義主何説"，"喪家用樂，此何禮也"等，梅軒也向洪大容詢問朝鮮"書法仿效何人筆法"。蓉洲向洪檍索詩。洪檍示其留燕時邂逅南方舉人臨别之詩，詩曰："東海三千里，南州幾百程。參商今日别，能不愴神情？"後，蓉洲也即成一絶曰："夙企文風邁等倫，今朝快睹果堪珍。從今一别何時晤？鴨水歸雲謾愴神。"並相約别後，以書信來往。（洪大容《湛軒燕記·孫蓉洲》）

洪大容與孫有義、趙煜宗分别後，在很長時間内保持書信往來。洪大容與孫有義的來往書信現存18封，洪大容與趙煜宗來往書信現存7封，書信内容、寫作時間等相關考證詳見表9：洪大容與清文人來往書信一覽表中《表二：洪大容歸國後與清文人的來往信件》，此處略。洪檍與孫有義間的書信現存1封，參見表6：十八世紀中朝文人間來往書信一覽表。

其間，雙方還互有贈詩、贈物等。洪大容有《寄潘秋庫庭筠語，三河歸路逢人酬詩》詩贈孫有義，云："眼中東海小如杯，鯫生起滅同蜉蝣。窮廬濩落意不適，尚友千載思前修。單車直北成遠遊，歲暮悲歌燕市秋。煌煌寶頂映綉轂，九街甲第皆王侯。男兒四方志遠圖，風塵文貌非所求。臨朐（泃）高士宛清揚，自言心裁號蓉洲。黄昏相逢市門内，秉燭一笑心相投。渾忘鴨水天有限，四海同胞無薰蕕。即席清篇若有神，筆下峽水驚倒流。是日霜風撲窗鳴，新知未洽還離愁。從古傾蓋如舊識，出門握手情悠悠。東來踪迹隔雲泥，謾托雙鯉伸綢繆。願君努力崇令德，莫向名場空白頭。邇來節義在窮士,衡門蔬褐非我羞。相思百年關山月,神交萬里君知不?"
洪大容又有《次孫蓉洲有義寄秋庫詩韻,仍贈蓉洲》:"人文積有弊,
薄俗爭奢詡。同心就若蘭,異趣棄如土。藻華徵衰季,質行想太
古。老墨雖異教,淳素亦可取。乾坤爲父母,四海同廊廡。蠢動皆
含靈,肖翅亦掀舞。賢能無限域,不必登天府。匏瓜寄左海,鹿鹿
嘆寡數。幽谷獨飛翔,嚶鳴心自苦。草澤唉棗栗,朱門厭膏乳。千
古管鮑義,此道今如縷。巧言鸚鵡舌,群居鹿豕聚。雲雨生翻覆,
百憤填微臆。層冰鴨綠水,積翠居庸色。京華搜奇士,七旬勞旅
食。芒鞋遍九街,惆悵情靡極。眼穿狗屠間,涕灑金臺側。聞有西
湖客,蜚英謄(騰)茂實。香祖美瀟灑,鐵橋聳嶒直。篠飲亦豪爽,
並是百夫特。南城酌春酒,樽彝多宣德。縱談各忘形,筆舌不暫
息。思古而傷今,誰知我心惻?亹亹千百言,纏綿到日昃。各言相
別後,此心矢不忒。尺書通精誠,朝暮若相即。禔身務時省,殖學
貴自得。良誨已相說,我言非巧飾。三子雖異撰,高朗略相似。惟
有鐵橋子,昭融忘汝爾。東風潞河柳,暮雨南郭市。嗚咽半袂泪,
歸鞭已東指。行行三河路,邂逅又二子。此行多機緣,結識皆名
士。炯炯床上燭,脉脉心未已。半面雖匆遽,兩情共邐迤。詞林尚
浮藻,風月污行止。維子質有餘,當面生歡喜。非無功名志,鳴珂
遊帝里。升沉知有時,進修寧已矣。温温筆下語,滾滾腹中書。身
寄榮利場,心遊水竹居。窮愁竟何病,逸迹藏跛驢。新知已生別,
浩歌歸弊廬。一心結不解,多情真屬余。佳辰倍懷思,花月當庭
除。便身紫貂裘,半臂青蔥裾。潘郎美如玉,韶顏今何如?悠悠夢
不飛,鬱鬱氣難噓。忽聞嚴公訃,書來不忍舒。天涯結知己,信誓
有日白。中途竟短折,此君真可惜。慟哭向吴山,我懷何時釋?哀
樂在須臾,化翁真戲劇。秋庫亦多故,赤牘不復擲。食言豈其然?
素心應不懌。失意常八九,人生非千百。棄捐雖不道,清泪時霑
席。洗手讀君詩,使我心蹜踏。七百四十言,諄諄復剌剌。高風出
真意,雅言遠便僻。款款終無報,惜哉彼不迹。無怪紫宸班,意冷

青山宅。知君喜静修，歌誦自朝夕。顧我雖拙謀，聲氣頗相同。洵河接東海，潮信相流通。悠悠一歲思，傾寫半幅中。心畫見情素，腹稿知殷充。翩翩文貌士，語工心不工。豈若意中人？謙謙守淵沖。要言在敬德，至道可和衷。臨事貴奮勇，發氣撑青空。瑚璉是子器，晨夕勤磨礱。時行諒有期，天視豈瞢瞢？"（洪大容《湛軒書·内集》卷三）

孫有義有《更奉答湛軒尊兄，兼祈教正》，詩云："萬里關河一紙書，慰余長想幸何如？况兼妙句連篇寄，况復殊珍滿案臚。相對宛同芝宇接，撫懷頓覺俗塵袪。却嫌後會難先定，幾得躬迎長者車。"（《薊南尺牘》）

趙煜宗有六絶句贈洪大容，趙煜宗《與洪湛軒書》（幸接光儀，無由再晤……）有詩云："漫天春雨作濃陰，此日幽齋寄遠心。渺渺烟波空注目，懷人清夢壓重衾。""一夕清談意氣深，至今懿範總如臨。空餘洵水澄明月，静照懷人一片心。""分袂於今已二秋，衷懷輾轉動離愁。伊人宛在中央裏，道阻何從一溯遊。""別後魚書憾未通，殷殷芳詢屢從東。滿懷無限相思恨，盡在雲牋半幅中。""羡君雅負濟時才，紬繹清篇意興開。安得乘槎東海去？高齋重叙舊時懷。""瀌落風塵快識君，丰姿奕奕映青雲。海東地接瀛洲近，願得佳音慰遠聞。"（《薊南尺牘》）

又，洪大容有《寄趙梅軒煜宗》："温温孫子見清真，同舍梅軒有德鄰。萬里關河天下士，百年東海夢中人。""江南驛使近來稀，海上停雲冷欲飛。千里論交寸心是，一年繒簡莫相違。""東林霜後雁行斜，數朵幽香綉菊花。醉把茱萸臺上去，不堪秋思在天涯。""獨抱瑶琴坐暮鐘，月明霜意聽吟蛩。相思一夜遼西夢，踏盡燕雲千萬重。""半面春燈記典型，清詞六叠故人情。幽燕使者無消息，腸斷歸鴻三兩聲。""田横島下海塵生，夷叔祠前草自春。一片青邱乾净地，滿天風月作閑人。"（洪大容《湛軒書·内集》卷三）

趙煜宗《答洪湛軒書》（臘底歸三……）中有云："外附對一幅、

對箋二聯、圖書石三方、印色盒一枚，笑納是幸。"（藤塚鄰鈔校《燕杭詩牘》）

洪大容《湛軒書‧附錄》中收錄有孫有義、趙煜宗分別爲洪大容"愛吾廬"題寫的《八詠》詩。孫有義爲洪大容"乾坤一草亭"題寫的詩作，詩云："我昔讀君八景志，幾回魂夢愛吾廬？今聞移宅向西園，幽哉結構尤清虛。森森古木環院落，汩汩清流繞庭除。亭額乾坤一草亭，此中所有惟琴書。琴書之樂樂陶陶，不覺功名利祿疏。豈無經猷堪問世？返璞歸真少毀譽。鐘鼎總榮勞不免，何如園圃摘時蔬？車服雖華形莫適，何如林壑寡悲噓？詩酒無時隨興致，起居惟我覺舒徐。高風若此足千古，繼見何時得慰予？"

又，《中士寄洪大容手札帖》1 收錄孫有義與洪檍書（幸獲識荊……）。

[丙戌]三月初四日，於宋家城，洪大容逢宋生。宋生邀入其家，相與筆談。因朝鮮傳宋家城人士認爲朝鮮首先歸服清朝，故而與朝鮮人士水火不容，因此洪大容就其宋家仕籍、城池毀壞、族人、納租情況等向宋生詢問，以解胸中疑惑。（洪大容《湛軒燕記‧宋家城》）

[丙戌]三月初七日，永平府，河南漢官知縣賈熙請見，洪大容、洪檍與副使金善行去會，相與筆談，語及捐生、知縣年俸諸事，但多爲應酬之語。（洪大容《湛軒燕記‧賈知縣》）

[丙戌]三月初九日，於八里鋪，孫進士請見朝鮮使節，洪大容與之談。孫進士，名不詳。洪大容《湛軒燕記‧孫進士》僅載云："進士出身，未及補官。"

孫問使臣職品、朝鮮科制、詩文所尚等。洪大容向其詢問當地名勝古迹，關隘之來歷、典故等。（洪大容《湛軒燕記‧孫進士》）

[丙戌]三月二十二日，於瀋陽拉永壽家，洪大容遇周學究，相與筆談。周學究，拉永壽家塾師。

洪大容書問"《易經》有程傳有朱義，考文主何説"，"《詩經》主《集注》乎,主《小序》乎","學生念書講書不同,何也"等問題,並云"願聞清書考試之法"。但"周生文筆俱拙,書語往往不成文理",洪大容評云:"蓋讀書而不講義者,皆此類也。"(洪大容《湛軒燕記·周學究》)

[丙戌]三月二十七日,於甜水店,山西貢生白姓人以朝鮮白紙十張,索洪大容書迹,洪辭以拙。後到栅後數日,洪與白相逢,白作二詩,五絕云:"策馬赴邊關,義河對鳳山。清風明月下,屈指幾時還?"七律曰:"取道朝鮮直上溝,悠悠行過鳳城頭。層巒聳翠山途險,叠嶂崎嶇石徑幽。紫氣東來義鎖鑰,雲山北面襄咽喉。崇墉屹屹難輕渡,威鎮皇圖千百秋。"洪書《夢作二絕》,曰:"平生不會吟咏,年前嘗夢入長城,有詩曰:'秦帝長城萬世圖,當時設險備凶奴。一朝禍起夷宮裏,畢竟亡秦有別胡。'又曰:'天險由人不在城,將軍夜入八旗營。萬里山河一掬泪,秦關明月海濤聲。'"白稱善曰:"情在詩外。"又曰:"古詩云'雖然萬里連雲壁,不及堯階三尺高',兩詩亦此意。"洪又以桃花爲題令白賦之。白少間書曰:"和風輝萬象,桃蕊倍爭妍。獻眉迎風笑,呈濃帶露鮮。西廂人映玉,南陌客凌烟。滿眼韶光動,芳情引少年。"洪評云:"蓋其數詩皆不甚佳,惟得之邊門荒穢之中,亦足奇也。"(洪大容《湛軒燕記·白貢生》)

[丙戌]四月,一日於栅門,洪大容與瀋陽户部員外郎希姓人相逢,相與交談,語涉朝鮮國王姓氏。後數日,洪大容又過之,希員外向其詢問朝鮮科制、俗尚、書畫所尚等。(洪大容《湛軒燕記·希員外》)

[丙戌]洪大容雖未與嚴誠兄嚴果謀過面,但是年秋洪大容有書信與嚴果,表達希望結交的真摯情感。《日下題襟集·洪高士》中載《又與九峰書》(大容再拜,上九峰先生長兄足下:容,力闇友也……),信末署名和日期,有云:"丙戌季秋海東愚小弟洪大容拜上九峰長兄先生足下。"阮元、楊秉初輯,夏勇等整理《兩浙輶軒録》(浙江古籍出版社)卷三三載:"嚴果,字敏中,號九峰,晚號古緣,仁和人。乾隆庚寅舉人。著《古緣遺集》。"又引《碧谿詩話》云:"古緣與弟鐵

橋並篤學有盛名，賓朋往來，門庭接踵，茗杯酒盞羅列無虛日，胸襟曠達，嗜遊山。"

此後，洪大容與嚴果保持著書信聯繫。現存兩人間來往書信共計6封，相關考證詳見表9：洪大容與清文人來往書信一覽表中《表二：洪大容歸國後與清文人的來往信件》，此處略。

據來往書信考察，雙方互有贈書。洪大容《與九峰書》（孤子洪大容稽顙再拜上九峰先生足下：今首夏貢使自京還……）中有云："外有《農岩雜識》、《三淵雜錄》各一册，原欲奉寄鐵橋，輒此附呈，並前去《聖學輯要》四卷，望九峰收領，或爲多聞之一助。""鐵橋詩札謄本一册附上，而字畫舛訛頗多，忙未讎校，諒之。"（朱文藻編《日下題襟集・洪高士》）嚴果與洪大容書（哀子嚴果泣血稽顙……）中有云："今奉上鐵橋詩文並《日下題襟集》一格鈔錄，共裝五册。"（《中士寄洪大容手札帖》6）

雙方還互有贈詩。嚴果《九峰庚寅十二月答書》（愚兄嚴果頓首上湛軒賢弟先生足下：嗚呼蒼天……）後附嚴果《追次鐵橋原韻，寄湛軒》，詩云："海天不識路，無夢到遼東。終古形骸隔，開械氣類同。懷思千寫一，酬答始爲終。已矣君休念，雲分萬里風。""星軺歸客笥，吾弟有遺書。人去傳真在，情留不盡餘。守身圖德業，撫侄保興居。祇此酬良友，千秋誼不虛。"（《中士寄洪大容手札帖》6）

1767年　乾隆三十二年　英祖四十三年

[丁亥]洪大容雖未與徐光庭見過面，但是年，洪大容有書信（湛軒先生啓：前歲舍表弟在京，道及老先生大人高風古誼……）寄達，請托他中間傳書與嚴誠、潘庭筠等。（《中士寄洪大容手札帖》5）徐光庭，字堯鑒，朗亭似爲其號，潘庭筠表兄。洪大容《與徐朗亭光庭書》有云："容於前年隨貢使入京，得與杭郡潘蘭公證交客邸，且因此得聞朗亭先生於蘭公爲表兄。"（洪大容《湛軒書・外集》卷一）其具體身份情況，《乾净衕筆談》亦載："蘭公曰：'煤市街徐朗亭即弟之表兄也，寄此便是。'余曰：'朗亭是京裏人耶？'蘭公曰：'他亦杭

第四章　朝鮮洪大容與清文人交流長編

州舉人，留京開鋪七年，後他亦作官去矣。'"（洪大容《湛軒書・外集》卷二）

首封書信載於《杭傳尺牘》，有云："容於前年隨貢使入京，得與杭郡潘蘭公證交客邸。且因此得聞朗亭先生於蘭公爲表兄，特爲行事猝遽，終未及一瞻尊儀，誠淺緣薄，愧恨耿耿。顧容以遠方賤陋之身，猥被蘭公眷愛，至誼銘心，無以爲報，惟有尺素嗣音，稍可慰天涯願言之懷。且今天下一統，海内同胞書牘寄信，初無法禁，粵自明朝故事具在，但人心難測，俗情多猜，其勢不可以廣煩耳目，必得一靜細好心期者，乃可以居間斡旋，無致疏漏。側聞座下脱略小嫌，不憚身任其事，高風古誼令人感服。"但徐光庭對於承當書信傳遞者一職有畏忌，其《答湛軒書》（陽回初轉，物序維新……）有云："且盛价出城，必有番役跟隨伺察。小店又屬經營之地，耳目昭著，大非所宜。並懇向後書函，亦以稀疏爲妙。辱在知愛用，敢據實佈聞，勿以過慮見罪是荷。"因此，洪大容與徐光庭的聯繫時間維持不長。（《薊南尺牘》）

徐光庭亦有書信與洪大容，現存 2 封，載於藤塚鄰鈔校《燕杭詩牘》。

1768 年　乾隆三十三年　英祖四十四年
［戊子］是年，洪大容與朱文藻神交。朱文藻（1736—1806），潘衍桐輯《兩浙輶軒續録》（《續修四庫全書》本，上海古籍出版社）卷一五載："字暎漘，號朗齋，一號碧溪居士，仁和諸生。著《碧谿草堂詩集》。"其學識淵博，既精六書，又通史學，兼工詩文。曾佐校《四庫全書》，又奉敕在南書房考校經籍。除詩文著述外，尚有《東城小志》、《東皋小志》、《青烏考原》、《金箔考》、《苔譜》、《續禮記集説》、《説文繫傳考異》等。

朱文藻雖未與洪大容謀過面，但 1768 年（戊子），朱文藻與洪大容書（愚弟朱文藻頓首，頓首，奉書湛軒先生足下：交友之道……），表達意欲結交意願，並有贈詩與洪大容。書信末尾署日期爲"乾隆戊子春正月二十五日"。信後附贈詩《追次鐵橋二兄韻奉寄湛軒先生》:"放目懷君處,滄溟萬里東。音書初達意,言笑未曾同。自此交情始,安能寸楮終?千秋吾輩事,後世或聞風。""死別悲嚴二,彌留示手書。痛心惟墮泪,瞑目不談餘。生豈投東國?魂應認爾居。海天文字在,墨瀋幸非虛。"(《中士寄洪大容手札帖》6)

十年後,洪大容收到此封書信,於1780年(庚子)有答書(愚兄洪大容頓首,拜覆朱朗齋……)與朱文藻。(洪大容《杭傳尺牘》)

[戊子]洪大容雖未與嚴誠父親見過面,但是年,洪大容有書信與嚴誠父親。主要對嚴老伯痛失愛子嚴誠表達出深切哀悼之情。洪大容《與嚴老先生書》載於《杭傳尺牘》、《日下題襟集・洪高士》。

[戊子]洪大容雖未與嚴誠子嚴昂見過面,但是年,洪大容有書信(孤子大容稽顙言……)與嚴昂,對其父嚴誠之逝表達哀悼之情,勉勵嚴昂永懷其父,繼父之志。此信載於《杭傳尺牘》、《日下題襟集・洪高士》。

1774年(甲午),嚴昂有書信(愚侄期嚴昂頓首再拜……甲午長夏,愚侄期嚴昂再頓首)與洪大容。(《中士寄洪大容手札帖》6)1778年(戊戌),洪大容有書信(昔在丙戌年……)與嚴昂。(洪大容《杭傳尺牘》)此二書内容、寫作時間等詳見表9:洪大容與清文人來往書信一覽表中《表二:洪大容歸國後與清文人的來往信件》,此處略。

1769年　乾隆三十四年　英祖四十五年
[己丑]是年,朱德翿、翟允德有與洪大容書,載於《薊南尺牘》。據此書信,二人當爲三河官鹽店鋪中人。雙方間其他交流事迹不詳。

1770年　乾隆三十五年　英祖四十六年
[庚寅]是年,洪大容有與潘其祥書,載於《日下題襟集・洪高士》。潘其祥,生平不詳,待考,疑其爲三河官鹽店中人。據此信,兩人當於洪大容停留中國期間相識。信中有云:"教範睽違,倏逾三季。"雙方間其他交流事迹不詳。

1775年　乾隆四十年　英祖五十一年

［乙未］是年,周步仙有與洪大容書,載於《中士寄洪大容手札帖》3。周步仙,生平不詳,待考。疑其爲三河官鹽店中人。兩人其他交流事迹不詳。

約1777年　乾隆四十二年　正祖元年

［丁酉］是年,徐忠有與洪大容書,載於《中士寄洪大容手札帖》4。徐忠,據此書信,其爲孫有義門生。兩人其他交流事迹不詳。

時間不詳

1. 三河縣官鹽店鋪中人(佚名)與洪大容多有書信往來,現存書信4封。內容多爲交流來往轉托信件的收寄情況。詳見表9:洪大容與清文人來往書信一覽表中表二《洪大容歸國後與清文人的來往信件》。

2. 安汝止有與洪大容書。書載於藤塚鄰鈔校《燕杭詩牘》。安汝止,生平不詳,待考。疑其爲三河官鹽店中人。兩人其他交流事迹不詳。

3. 洪大容有《望仙詞》三首寄贈郭執桓。洪大容《湛軒書·内集》卷三載《余因鄧文(汶)軒語次,聞山右郭青嶺先生曠識清才,享有園池之勝,每爲之神邁,及得其嗣君澹園所爲詩數卷,並觀諸名勝題語,然後益徵中華人文之盛,而澹園之雅意蕭疏,真是神仙中人也。顧身在下土,望汾晉如天上,憤懣之極,輒成〈望仙詞〉三首以寄之》,詩云:"蓬萊消息水雲遥,何處仙人弄玉簫?空遣樓船橫極浦,凌波誰起步虛橋。""麻姑書信近來稀,春晚蟠桃花亂飛。塵網半生雙鬢白,上清歸夢轉依依。""天臺萬丈入雲霄,香袂飄風渡石橋。珠宮尚閉青銅鎖,瑶海那聞黄竹謡。"

第五章　十八世紀後期中朝
　　　　文人交流長編

1772年　乾隆三十七年　英祖四十八年

[壬辰]是年春,朝鮮譯官李彥容與清翰林庶吉士周厚轅有筆談。周厚轅有贈詩與李彥容。李彥容(1724—?),朝鮮譯官,字士好,籍貫全州。周厚轅,王昶輯《湖海詩傳》(清嘉慶刻本)卷三二載:"字駕堂,湖口人,乾隆三十六年進士,官監察御史。有《蜀遊草》。"

　　柳得恭《中州十一家詩選·周庶常厚轅》載:"壬辰春,譯官李彥容入燕相逢。與之筆談,以詩代言,出口成章,指腕如飛,曲有理致,真天下之慧種也。"周厚轅《贈李彥容》:"爲赴尋梅約,相思訪戴來。劇談憐永晝,驚座拓高懷。落葉紛紅樹,歸鴉暗碧苔。相將分手去,行與暮雲回。"柳得恭《並世集》卷一亦載此詩,題作"庶常館,贈朝鮮客"。

1773年　乾隆三十八年　英祖四十九年

[癸巳]李書九與郭執桓未見過面,但是年,緣於洪大容對郭執桓的介紹,他爲郭執桓澹園創作了若干詩篇。李書九(1754—1825),朝鮮文士、學者,字洛瑞,號惕齋、薑山、席帽山人,謚文簡,籍貫全州,有《薑山集》、《惕齋集》等。其一生雖未涉足中土,但與清朝名士多有詩文交流。郭執桓,李德懋《清脾錄》卷四《郭封圭》載:"字封圭,又字覲廷,自號半迂,又號東山,亦曰繪聲園,山西平河人,乾隆丙寅生。父泰峰字青嶺,號木庵,又號錦衲。"有《繪聲園詩集》。

《臨汾郭廷觀①(執桓)澹園詩爲洪湛軒(大容)作》②:《素心居》:"芳姿還可憐,清香更幽獨。折此君莫遺,素抱徒脉脉。"《來青閣》:"青山判移文,白雲無定所。主人還不知,朝晡自來去。"《鑒影池》:"悠然水中觀,素漪涵而静。現在相爲吾,奚論形與影?"《飛霞樓》:"小瀑輕欲落,纖霏映日紅。炯然山澤癯,長留水晶宫。"《松蔭亭》:"因樹結茅屋,屋外雲常深。中有學道人,松花當點心。"《語花軒》:"冲襟窅無泊,妙香開頓悟。欲語還自會,詩魂共約住。"《嘯月臺》:"一聲高柳蟬,皓月流雲裏。長空善徘徊,得非蹈海士。"《留春洞》:"名花惜艷陽,志士憐知己。春歸人不見,盡結相思子"(李書九撰,東亞細亞學術院、大東文化研究院編《薑山全書·薑山初集》卷一,成均館大學出版部,1975)

李書九又有《澹園四咏爲洪丈(大容)作》,《來青閣》:"高閣對青山,浮嵐無定處。殷勤如故人,朝暮自來去。"《鑒影池》:"襟懷瀅相照,笑語亦堪親。何事玄亭上,空期後世人?"《嘯月臺》:"登高發長嘯,林木振餘聲。一片青天月,應知此夜情。"《留春洞》:"林花香不斷,庭草緑新滋。物外春長在,惟應静者知。"(李書九《惕齋集》卷一)

郭執桓去世後,李書九專門寫有悼念詩歌。《癸巳秋,爲洪湛軒賦平河郭東山觀廷澹園詩。今其死矣,爲作二首》:"名園勝事總歸虚,聯唱於今五載餘。晉地山川人去後,燕天消息雁飛初。龍蛇歲運纔驚夢,甲乙交情未下車。依舊研山蒼翠裏,可憐泪滴玉蟾蜍。""風流李郭映千春,敢道天涯續後塵。笑緒悲端元少頃,生離

---

①廷觀,當爲"觀廷"之誤。洪大容《與鄧汶軒閔書》(阻信餘奉書……)中稱郭執桓均爲"觀廷"。洪大容《湛軒書·外集》卷一,《韓國文集叢刊》第248册,第118頁。又,朴長馣《縞紵集》上,卷首"郭執桓"條,稱其字勤庭(筆者按,當爲"觀廷"諧音之誤),第9頁。李書九《薑山初集》中的"廷觀"之誤,在本書下文中均直接改正爲"觀廷"。
②此詩,韓國國立中央圖書館藏《薑山初集》(卷末有"己酉五月裝於駱西之希籛堂"語)卷一僅載《鑒影池》、《松蔭亭》、《留春洞》三首,題作"臨汾郭觀廷(執桓)澹園詩爲洪湛軒(大容)作三首"。

死別却相因。邈姑還有升仙客，汾上今無講業人。獨把詩名傳左海，東山遺集帳中珍。"（李書九《薑山初集》卷四）

1774年　乾隆三十九年　英祖五十年

[甲午]二月初二日，於北京，清庶吉士邱庭瀍、許兆椿使人送名帖於朝鮮使者，嚴璹遂與書狀官任希簡往訪二人，相與筆談。嚴璹（1716—1786），朝鮮文士，初名璘，字孺文，號梧西，謚肅憲，籍貫寧越。著有《燕行錄》等。1773年（癸巳）十一月，其作爲三節年貢兼謝恩使團副使出使中國。任希簡（1729—?），朝鮮文士，字季能，籍貫豐川。1773年（癸巳）十一月，其作爲三節年貢兼謝恩使團書狀官出使中國。許兆椿（1747—1814），徐世昌編，聞石點校《晚晴簃詩匯》卷九五載："字茂堂，號秋岩，雲夢人。乾隆壬辰進士，改庶吉士，授編修，官至漕運總督。有《秋水閣詩集》。"邱庭瀍，法式善輯《清秘述聞》卷八載："字叔大，順天宛平人，壬辰進士。"

筆談主要内容是：《四庫全書》修撰情況、《永樂大典》校改情況等。後翰林平恕①來，加入筆談，語涉雲夢澤、清朝科舉中的恩科、《古今圖書集成》情況、當今清朝文壇領袖、清朝隱居者、京兆試、中國語音與朝鮮語音同異等。又一日，嚴璹與三翰林筆談，談及三人居住現狀，字號等。嚴對三人有評云："三人皆年少，神采精明。邱則似真實，許則平易，平則似輕銳，有才勝之意。"初十日，嚴璹又與三人筆談，語涉有子升爲哲聖，中國近諱夫子之名，中國南方學術等諸事，並約以別後以書信往來。十一日，"許翰林送人致書，伴以四扇、四墨"。信件内容不詳。（嚴璹《燕行錄》）

1776年　乾隆四十一年　英祖五十二年

[丙申]是年冬，蔡濟恭品評清副敕嵩貴出使途中創作的詩歌，嵩貴

---

① 平恕（?—1804）。徐世昌編，聞石點校《晚晴簃詩匯》卷九五載："字寬夫，又號餘山，浙江山陰人。乾隆壬辰進士，官至户部侍郎。有《留春書屋詩集》。"第3997頁。

歸國前送其《陶詩本義》。蔡濟恭(1720—1799),朝鮮文士,字伯規,號樊巖,謚文肅,籍貫平康。著有《樊巖集》等。1778年(戊戌)三月,其作爲謝恩兼陳奏使團正使出使中國。嵩貴(?—1789),法式善《八旗詩話》載:"字撫棠,號補堂,蒙古人,乾隆辛巳進士,改庶吉士,授編修,累官内閣學士。有《郵囊存略》。學士屢掌文衡,八旗俊彥多出門下。"據趙爾巽等撰《清史稿》卷五二六《屬國一》載,乾隆四十一年,朝鮮國王李昑薨,清廷派遣覺羅萬福、嵩貴前往朝鮮。祭朝鮮國王李昑,謚莊順,追賜故世子李緈爵,謚恪憫,封世孫李祘爲朝鮮國王。

蔡濟恭《題清使所贈〈陶詩本義〉後》載:"上之初元丙申冬,余以遠接使赴龍灣館儐清國使。方在途,副敕嵩貴招譯人語曰:'聞遠接使善文章,吾有沿途述作,欲得一作評品,若能圖之否?'譯以敕言言於余,余閱其軸而隨意評騭以還之。及入京師,敕又謂譯人曰:'吾將竣事歸矣,願以《陶詩本義》一册謝遠接使高義。是册也,中州馬長洲授疇新注釋,東國未應有也。若傳之上,進其册而覽之,命臣受之勿辭。'嗚呼,春秋列國之世,使臣之辭令交際輒引《詩》而與之酬酢,此古道也。今清使之贈我以陶詩,我之受而有之,於義何傷之有?但恨吾生也後於皇明盛際,不得與皇華諸君子結紵衣縞帶之契,爲之撫卷一欷。"(蔡濟恭《樊岩集》卷五六)

1777年 乾隆四十二年 正祖元年

[丁酉]十二月二十一日,李在學、李坤於撫寧縣與進士徐紹薪相識。李在學(1745—1806),朝鮮文士,字聖中,號芝浦,謚翼獻,籍貫龍仁。著有《燕行記事》等。1777年(丁酉)十月,其作爲進賀謝恩陳奏兼冬至使團書狀官出使中國。李坤,朝鮮文士,字號不詳,1777年(丁酉)十月,其作爲進賀謝恩陳奏兼冬至使團副使出使中國。張上龢修,史夢蘭纂《(光緒)撫寧縣志》卷一一載:"徐紹薪,乾隆庚子(四十五年,1780)進士,山東平度州知州,本城人。"又,王贈芳等修,成瓘等纂《(道光)濟南府志》(清道光二十年刻本)卷三八

載:"徐紹薪,字樵丹,號蘇亭,直隸撫寧人。乾隆庚子舉人。由《四庫》館議叙,以知縣分發山東。"

李在學《燕行記事》載云:"路旁有徐進士紹薪家,多藏書畫器玩,東使每歷玩,故余於丁酉行,歷入,主人待之甚厚,與之筆談。移時臨歸,書贈一絶詩矣。"詩不詳。李坤《燕行記事》載云:"與之筆談,酬應如流,輒能操紙立成,文辭通暢,筆勢敏速。在座一人,即岳姓,而與紹薪爲内外從。……内外從請贈一詩,而停驂移時,日色已晚,未暇構思,留約。"後1793年(癸丑),李在學再度出使中國路過撫寧縣時,又訪徐紹薪,惜未遇。徐紹薪已作宰於山東夏津縣。(李在學《燕行記事》、李坤《燕行記事》)

[丁酉]是年,柳琴與李調元有交流。柳琴,柳得恭《叔父幾何先生墓志銘》載云:"公姓柳氏,諱璉,字連玉。遊燕中改稱琴,字彈素,燕中人至今問柳彈素先生無恙是也。"[①]1776年(丙申)十一月,其隨進賀兼謝恩使團赴中國。李調元(1734—1802),號雨村。劉錦藻撰《清朝續文獻通考》卷二五七《經籍一》載:"字羹堂,四川羅江人,乾隆癸未進士,官至陝西潼商道。"張維屏輯《國朝詩人徵略》(清道光十年刻本)卷四〇引《聽松廬文鈔》云:"雨村觀察襟懷瀟灑,跌宕不羈,家藏書多至萬卷,嘗輯《函海》一書,卷帙繁富。又愛才若渴,撰《雨村詩話》,人有一聯片語之佳者,輒采而録之。"並有詩句評云:"敢言勤學通今古,深愧爲人在下中。"

正月,朝鮮副使徐浩修派柳琴登門拜訪李調元,求近著書。李調元《〈韓客巾衍集〉序》載:"今年春正,偶以心疾,閉門攝静,謝絶來客,不窺户外者十有五日。……偶有剥啄聲。啟之,則一秀士,丰神朗潤,眉如長松,眼爛爛若岩下電。頭戴笠子,衣道衣,不似中國人。問之,則目瞪然,不解一語。因以筆代言,始知爲朝鮮來中國賀聖天子元朝副使禮曹判書徐浩修所差幕官,來求詩集。姓柳,

---

① 柳得恭《冷齋集》卷六,《韓國文集叢刊》第260册,第108頁。

名琴,字彈素,而別號幾何主人者也。"(柳琴編,朴齊永注,白斗鏞校《四家詩》卷首)李調元著,詹杭倫、沈時蓉校正《雨村詩話校正》卷一六載:"乾隆丁酉上元,余在京,忽有朝鮮人柳琴到門云:'我朝鮮副使徐浩修使也。……因在琉璃廠書肆見尊刻《粤東皇華集》,無心山谷、放翁而自合於山谷、放翁,竊意著作必不止此,不知此外尚有幾種,乞求數部。'勉懇不已。因令人與之,使去。"李德懋《清脾錄》卷四《李雨村》亦載:"丁酉春,柳琴彈素隨謝恩使入燕。彈素奇士也,欲一交天下文章博洽之士。嘗於端門外見蔞堂,儀容甚閑雅,直持其襟請交,遂畫磚,書其姓名及字。蔞堂一見投契,稱其名字之甚奇。彈素屢造其室,諄諄善接人,呈露心素,有長者風。"筆者按,李德懋所云柳琴與李調元在端門外相識情況與李調元所云兩人相識情況有出入,當是李德懋所云有誤。李德懋《清脾錄》卷一《陸篠飲》亦載云:"丁酉春,柳琴彈素入燕,遇綿州李雨村。聞起潛已舉進士,未官家食。"

第一次會面,柳琴請李調元給《韓客巾衍集》作序。李調元《〈韓客巾衍集〉序》有載:"延談之際,因探懷出其《巾衍集》,爲李懋官、柳冷齋、朴楚亭、李薑山四家之詩,而爲彈素所選訂者。乞余批定,余既細閱之,而益嘆詩學之未亡也。……而並爲評騭四家,以重其請。……乾隆四十二年歲在丁酉元夕後一日,賜進士出身、吏部考功司員外郎、前翰林院庶吉士、甲午科廣東副主考,西蜀李調元雨村書。"(柳琴編,朴齊永注,白斗鏞校《四家詩》卷首)。

李調元有詩作,記錄兩人會面情形。柳得恭《並世集》卷一載《幾何柳公來訪》詩,云:"瓮中柏酒壓槽濃,有客來從箕子封。纔喜相逢恨相別,鴨頭春浪幾千里。"載《幾何再訪》詩云:"天寒風勁撲窗紗,佳客論心細煮茶。日暮歸懷留不得,惟將明月托天涯。""筆談字字沁人心,鴨綠江無此意深。別後故人如見憶,雁書應有自雞林。"

柳琴、李調元有對時下文士的評價。"雨村語家叔父曰:'見今文章第一如袁枚、蔣士銓，俱翰林，高蹈不入朝，放浪於江湖。'丁酉冬，録寄袁《博浪城》、《杜牧墓》二作，云：'詩人寥寥矣，如此公，乃不嘆自鄶以下也。'"（柳得恭《並世集》卷一）李德懋《清脾録》卷四《李雨村》亦載云："見彈素兄子得恭惠風別詩，大加稱賞。"柳得恭《中州十一家詩選·祝編修德麟》記載有李調元向柳琴介紹祝德麟語："雨村曰：'此人年少才子，與余有齊名之稱。'"

交遊過程中，李調元有《看雲樓集》請柳琴轉贈徐浩修。李調元與徐浩修書（貴幕下柳公來……）載："今呈《看雲樓集》一部奉上。"（《同文神交》）李調元《〈韓客巾衍集〉序》亦有載："因以向之所著《看雲樓集》付之，以不辜其求。"（柳琴編，朴齊永注，白斗鏞校《四家詩》卷首）李調元另有《粤東皇華集》、看書小照、落花生等贈送柳琴。李德懋《清脾録》卷四《李雨村》："仍饋其廣東主考時所作《粤東皇華集》及松下看書小照。"（李德懋《清脾録》卷四）李德懋《讀李雨村〈粤東皇華集〉》，詩注有云："雨村，名調元，字羹堂，四川羅江人，號雲龍山人。與柳彈素相識，寄其《粤東皇華集》及小影。又聞公深於《爾雅》之學，另寄落花生一包。"（李德懋《青莊館全書》卷一一）《青莊館全書》卷五八載李雨村調元謂柳彈素曰："此果，南方廣東、四川皆有之。係草本，四月開花，花謝落於沙池之上，因成果，與本身不相連屬。即於沙土中取出，明年下種，又成根苗，花落地上，結實如前，北方地冷不産。蓋以子爲種，宿根不復生。"彈素曰："吾友李懋官多識草木，欲使見之。"雨村曰："一包帶回東土，以試懋官。"

李調元還曾爲柳琴的書齋"幾何室"作記，李鼎元與柳琴書（未知家兄約定否……）中有云："《幾何室記》尚未製就，候家兄回衙後再爲言，或二十三日俱可呈閲。"李鼎元與柳琴書（斗聞國訃……）中有云："家兄《幾何室記》已作好，呈寄，查收。"（《東華筆話集》）

臨别，李調元有《幾何主人歌，送彈素歸國，並寄賢侄冷庵》，云："幾何主人身姓柳，自言一生少朋友。竭來隨使到中華，獨與余交開笑口。天隔三韓大海東,衣冠雖異文字同。共醉新年椒柏酒,高談落筆生清風。胸蟠萬卷羅星宿,咳唾霏霏如屑玉。可憐語盡意無窮,落日已挂西山角。二月春城花亂飛,天津冰泮黃華肥。如此風光欲歸去,薊門烟柳空依依。幾何子,歸何速?人生最苦天一方,那堪見面情初熟?幾何子,歸何遲?家有小阮正相憶,唱和還應勝此時。"(《東華筆話集》)此詩亦載於柳得恭《並世集》卷一。

別後,李調元有《懷幾何子》詩,云:"三韓雖異國,四海本同家。相遇非雍齒,知音是伯牙。來時齎有韻,去想筆生花。秋水人猶溯,何堪萬里涯?"(柳得恭《並世集》卷一)《七月初五立秋日作,奉寄幾何主人》:"秋從昨夜來,舉頭見飛雁。如何春水波,人去長不見?去年籬下菊,今復掇其英。如何白衣人,不復門前迎?思君令人老,思君令人瘦。吾老尚可支,吾瘦不可救。故鄉在西蜀,時於夢中望。及夢返在東,常若來君旁。風搖梧桐影,雨動芭蕉葉。謂是君忽來,不見君步屧。秖此白硾紙,曾爲君所遺。還以書贈君,問君知未知。"(《東華筆話集》)此詩有云:"去年籬下菊,今復掇其英。"故可推斷此詩當寫於1777年(丁酉)的次年,即1778年(戊戌)。柳得恭《並世集》卷一亦載此詩。

每逢李調元生日,柳琴都會瀝酒遙賀。李德懋《讀李雨村〈粵東皇華集〉》詩小注有云:"十二月初五,爲羹堂生朝,彈素每集親知,西向瀝酒。"李德懋有《雲龍山人生朝爲柳彈素作》詩贊二人情誼,云:"綿州萬里看(若)比鄰,自定神交意轉真。歲歲餘冬初五屆,遥飛一盞賀生辰。"(李德懋《青莊館全書》卷一一)李調元著,詹杭倫、沈時蓉校正《雨村詩話校正》卷一六載兩人別後數年,柳琴寄贈爲李調元生日所作詩一首,云:"今夕是何夕?西蜀故人降生辰。故人在燕京,一杯爲祝故人真。憶惜燕京瞻仰日,有似自古斷腸別。爲近婦人縱不泣,有物如石塞胸臆。長別路隔三千里,丑月五日心中記。是日夙興掃正堂,殺雞買猪濁醪沽。稚子先知乃翁意,蹲蹲起舞庭一隅。少女亦知乃翁意,金橘香梨作醍醐。病妻亦知

第五章　十八世紀後期中朝文人交流長編　607

丈夫意,截餅作湯親入厨。李朴諸人騎驢至,髯頭各携酒一壺。鶴山大人聞舉觴,鰈鰒鮮魚送忙忙。徐家少年碧香春,厥弟準平然沉香(鶴山二子)。是日月上紗窗遲,頗似雲樓求書時。故人今日在雲樓,左膝抱兒右手巵。但願故人此時化蝴蝶,翩翩飛來入此室。已矣哉！故人那得來入此室中？故人不來心冲冲。歲歲年年一杯酒,此月此日遥祝公。"

別後,李調元有書籍贈與柳琴。1777年(丁酉)七月,李調元與柳琴書(離絶以來……)中有云:"《皇華集》①已成本奉上一部。"李調元與柳琴書(再柬詩文有歷代選本或法帖……)有云:"篋中尚有《浣壁吟》删稿,今寄呈。中多塗乙,然尚可觀,與戀官、楚亭、惠風、洛瑞同看,乞爲批削也。"(《東華筆話集》)

柳琴與李調元有尺牘往來。現存4封李調元與柳琴書,均見載於《東華筆話集》,爲手帖。其中2封寫於柳琴停留北京期間,另外2封寫於別離之後。

[丁酉]是年,徐浩修與李調元雖未會晤,但有書信、詩歌、書籍等方面的交流。徐浩修(1736—1799),朝鮮文士,字養直,諡文敏,籍貫達城。著有《燕行録》等。1776年(丙申)十一月,其作爲進賀兼謝恩使團副使出使中國。

正月,朝鮮副使徐浩修派柳琴登門拜訪李調元,求近著書(見上條)。

徐浩修在北京期間曾有信與李調元,求李調元爲其"見一亭"題詩。李調元《童山集》卷一九載《寄題徐副使浩修見一亭二首(並序)》。序云:副使來啟云:"僕官雖清華,志在林泉。去京百里之地,有白鶴嶺,頗有邱壑之勝。新建一亭,名曰'見一亭',取林下何曾見一人之意也。乞題詩携歸,以侈園林之觀。"不忍辜其意,爲題二首。詩云:"急流勇退古難尋,果見飄然返故林。自古詩人無假

————————
① 筆者按,《皇華集》,即《粤東皇華集》,李調元撰。

語,如今若個是真心。世傳永叔《歸田録》,客奪昌黎諛墓金。聞到羊腸無限險,見幾誰是早投簪?""得歸三徑就荒蕪,點檢松杉十倍粗。尚有頭巾堪漉酒,絶無手簡問催租。鹿迷雪崦逢樵叟,魚擲烟波訪釣徒。莫學放翁太顛劇,家家團扇畫成圖。"(李調元《童山集》卷一九)此外,《同文神交》載李調元爲徐浩修"見一亭"所題寫的另外一首詩手帖,題作"奉題徐大人見一亭,呈斧政"。參見本書附録"十八世紀中朝文人學誼的新見證(一)——《同文神交》"下册第二封書信。

接到李調元的所題贈詩帖後,徐浩修有書信傳與李調元。此書載於李調元《粤東皇華集》(清刊本)卷首,其内容主要高度評價了李調元《粤東皇華集》中的詩歌,有云:"乃執事之詩,則即以《皇華》諸篇觀之,超脱沿襲之陋,一任淳雅之真,非唐非宋。獨依執事之言而若其格致之蒼健,音韻之高潔,無心於山谷、放翁而自合於山谷、放翁,亦可謂歐陽子之善學太史公。三復之餘,不勝敬嘆。所恨者,富有之業當不止此,而一臠之味無以盡九鼎爾。然詞律不過小技,執事必有事於詩外,如近世李榕村之沉潛經術,顧寧人之博物考古,梅勿菴之專門絶藝,皆深造自得之學,而非入耳出口之説。"李調元在答書中稱贊此信,表示將來要以此信作爲《粤東皇華集》的序文,有云:"接讀手教,長言灑灑,愧不敢當。其中備蒙批賞拙集,實爲過譽,然其議論古人長短處,則真爲吾鄉通人所見不到者,佩服,佩服。當什襲藏之,異日即以爲僕全集之序,可也。"

據李調元答書(貴幕下柳公來……)(參見本書附録"十八世紀中朝文人學誼的新見證(一)——《同文神交》"下册第一封書信),兩人文學交流的其他事迹如下:

1. 李調元贈送《看雲樓集》、《鄉試録》給徐浩修。答書有載:"今呈《看雲樓集》一部,奉上。""進呈《鄉試録》一本。"

2. 徐浩修在信中向李調元打聽《四庫全書》刊刻情況,李調元在答書中進行了詳細回答,有云:"至我皇上修《四庫全書》,共抄寫四部：一部留大內，一部留圓明園，一部留文淵閣，一部留熱河。除四部外，並無抄本。間有刻者，不過聚珍板一二部，在武英殿，然不能購也，皇上賜人，則人有之。《四庫全書》四部皆抄本，無印本。《薈要》係皇上手邊披覽之書，亦抄本，無印本，大半爲部頭大，所以不能刻也。不過天府之藏，無書不有，以備文獻而已，非以流行天下也。《薈要》亦然。"

3. 李調元向徐浩修贈送了自己書寫的《憶醒園》詩，答書中有云："僕亦有此意，故有《憶醒園》詩，今錄呈覽。"

[丁酉]是年，在北京，柳琴與李鼎元見面交流。李鼎元（1750—1815），王昶輯《湖海詩傳》卷三六載："字味堂，號墨莊，綿州人。乾隆四十三年進士，官宗人府主事。有《師竹齋集》。"並引《蒲褐山房詩話》云："近日綿州稱'三李'，以墨莊爲最，意沉摯，辭警拔，……所過名山大川發其抑鬱無聊之氣，拔地倚天，三吳士大夫以英挺自命者未或之先也。"其爲清名士祝德麟的門人①。

據李鼎元與柳琴書（此書余所選輯者……），此書末尾署日期爲"丙申十月二十九日書"，可見柳琴在1776年（丙申）十一月出使中國前，就與李鼎元相識有交往。此書中有云："此書余所選輯者，近已發刻，共二十卷。此先刻成之二卷寄來，送令侄冷庵先生一閱，餘俟刻成全部再寄可也，並請諸君一評騭之。"亦可見李鼎元與柳琴、柳得恭等人的文學交流至遲在1776年（丙申）已經展開。

李鼎元與柳琴書（未知家兄約定否……）中有云："別來數日，甚相念也，潘公亦急欲見尊駕。其《巾衍集》已交潘公批好。廿三日可一出會否？"可見，在北京，雙方曾經會晤，並約正月二十三日再會。此書中有詩描繪了會晤的情形，題作"小詩奉贈彈素先生，即請大教。羅江李鼎元墨莊和禧"。詩云："春正有客來東國，頭戴

---

① 祝德麟《和四客詞》小序有云："癸丑八月，余病疸未瘳，門人李墨莊檢討自京師來。"祝德麟《悦親樓詩集》卷二六，清嘉慶二年姑蘇刻本。

笠子衣淺白。酒酣長歌出門去,咫尺之間千里隔。"(《東華筆話集》)此詩亦載於柳得恭《並世集》卷一,題作"贈幾何主人"。

兩人間有尺牘來往。現存李鼎元與柳琴書4封,均載於《東華筆話集》,其中1封寫於柳琴來北京之前。2封寫於柳琴停留北京期間,1封寫於別離之後。

[丁酉]是年,柳琴入燕,通過李調元贈潘庭筠《韓客巾衍集》,但並未謀面。潘庭筠爲《韓客巾衍集》作序。柳得恭《並世集》卷一亦載:"香祖美姿容,……家叔父入燕物色之。李雨村曰:'潘與吾最相好,見在京師。'爲致《巾衍集》。香祖喜而序之。約會未果而歸。"藤塚鄰鈔校《燕杭詩牘》載潘庭筠《湛軒大兄先生書》亦有云:"今春,柳公彈素來,方幸得因李吏部訂期一晤,遽逢國恤,敬謹在署齋宿二十餘日,遂未謀面。"又,李德懋《青莊館全書》卷一一中《題香祖評批詩卷》詩小注云:"柳彈素入燕,抄《巾衍集》,贈潘香祖。香祖喜而評隲,故寄此詩。"

柳琴停留北京期間,潘庭筠曾約其於二月二十三日,在李鼎元家一晤。後適逢清朝國恤,見面未果。李鼎元與柳琴書(未知家兄約定否……)中有云:"未知家兄約定否?惟潘公深感厚意,相約於二十三日屈駕過我,潘亦在敝寓恭候。"潘庭筠與柳琴書(庭筠頓首拜啓彈素先生足下……)中亦有云:"甚欲一詢湛軒兄消息,因約於二十三日一晤。詎意屆期遽逢國恤?趨赴齊集,從此齋宿將及匝月,遂不獲一面,抱憾殊深。"(《東華筆話集》)

疑是年,於北京,潘庭筠有書信與柳琴。潘庭筠《〈韓客巾衍集〉序》載云:"余告柳君:'歸而合葆光與養虛之作都爲一集,爲東方竹溪之六逸,不亦可乎?並寄語湛軒以余言爲,何如也?'"(柳琴編,朴齊永注,白斗鏞校《四家詩》卷首)既有言告知柳琴,兩人又未謀面,故疑告言通過書信傳遞。

柳琴離開北京後,於1777年(丁酉),曾幫洪大容、李德懋、朴齊家轉寄書信與潘庭筠。潘庭筠與柳琴書(庭筠頓首拜啓彈素先生足下……)中有云:"頃盛价至,得湛軒書及李、朴兩公手札,知從先生處寄來,感感。"此書載於《東華筆話集》,爲手帖。

[丁酉]是年,柳琴與李美有文學交流。李美,十八世紀後期清永平府普通秀才。李德懋《清脾錄》卷二《李美》載云:"字純之,永平府人。"喜與朝鮮文士交流,除洪良浩外,尚有柳琴、洪樂性、金照等人。

李美有詩册一卷贈與柳得恭。柳得恭云:"美字純之,直隸永平府人。家叔父自燕回,聞村塾中書聲甚聒噪,入視之,美率群蒙方據師席。以所著詩稿一册見贈,工拙姑無論。"(柳得恭《中州十一家詩選·李布衣美》)柳得恭《並世集》卷一亦載此事,有云:"家叔父自燕還時,遇於村塾中,以所著詩一卷見贈,如'花開十里芙蓉國,鳥語三春畢盡淡';'大漠秋陰生碣石,太行空翠接祈連';'幾處蒼烟迷古戍,一聲寒雁下汀州'等句,頗警絶。"

李德懋云:"丙申,柳琴彈素自燕回相親①,贈詩稿一册。'花開十里芙蓉國,鳥語三春罨畫溪';'大漠秋陰生碣石,太行空翠接祈連';'幾處蒼烟迷古戍,一聲寒雁下汀洲',此不過邊裔之一學究,其詩如此,中原之文雅成俗可知也。"(李德懋《青莊館全書》卷三三)

[丁酉]是年,柳琴入燕,於北京,祝德麟有文集相贈。祝德麟(1742—1798),劉錦藻撰《清朝續文獻通考》卷二七九《經籍二十三》載云:"德麟,字芷堂,浙江海寧人。乾隆癸未進士,官至御史。"並著録其文集《悦親樓詩集》三十卷、外集二卷。又,張維屏輯《國

---

① 柳琴跟隨徐浩修出使中國是在1776年(丙申)十一月。佚名《使行録》載:"正使領府事李溵、副使司直徐浩修、書狀執義吳大益,進賀兼謝恩,十一月初三日辭朝,……丁酉三月初七日還渡。"《燕行録全集》第27册,第463—464頁。可見柳琴離開北京時,已是1777年(丁酉),故此處李德懋所云丙申年,誤,當爲丁酉年。

朝詩人徵略》卷四〇引《聽松廬詩話》云:"芷塘詩以性靈爲主,亦能驅遣故實,蓋欲力追其鄉先輩查初白及其房師趙甌北兩先生。"

柳得恭《中州十一家詩選·祝編修德麟》載:"以《悦親》、《看雲樓集》二册贈家叔父。"李德懋《青莊館全書》卷五四亦有載:"近世祝德麟著《悦親樓集》。"《悦親樓集》注云:"刻其功令詩賦。丁酉歲,柳琴彈素自燕中持來。"筆者按,《悦親樓集》中收錄賦作,應非《悦親樓詩集》,當別是一種文集。

[丁酉]是年,於北京,柳琴與博明有筆談。柳得恭在《中州十一家詩選·中江權使博明》中云:"丁酉春,家叔父自燕因訪之,髮已星星矣。與之筆談,國家典故、郡邑因革,問無不答,確有所據,且喜焚香啜茶、賞鑒古董。家叔父素嫺星曆,舉西法中難解者叩之,亦皆剖拆(析)。自詫讀書二萬餘卷,多識軼事,喜辨證。年來勞於馳逐,平生著作都未收拾,今將老矣,記性大不如前,急筆之於書,以爲不朽之舉云。"

博明還以八分書寫"幾何室"贈柳琴。《中州十一家詩選·中江權使博明》載云:"家叔父堂號'幾何室',明以八分書贈,頗遒峻。"(柳得恭《中州十一家詩選·中江權使博明》)"幾何室"書迹,見《東華筆話集》,題曰:"丁酉春日,中江權使博明書。"

[丁酉]是年,於北京,柳琴與胡琮有交流。據《東華筆話集》中的柳琴與胡琮筆談,胡琮爲李調元家文學侍從,江南徽州府人。現存胡琮與柳琴書1封,載於《東華筆話集》。李調元未有空閑時,胡琮幫助其與柳琴聯繫。如胡琮與柳琴書(承贈烟三斤……)中有云:"主人已於五更送梓宮到園去矣。出門時,曾囑顧亭林集、落花生一斤奉送者,來歸即交,爲此奉上。"

[丁酉]是年,於北京,柳琴與一佚名篆刻人有交流。現存有柳琴與清佚名書,載云:"先生鐵筆甚佳,可能刻一二章以爲記念乎?敝友吳公東叙所刻圖書三個,不知佳否,奉上。"(《東華筆話集》)

[丁酉]是年,羅杰在北京與博明有交流①。羅杰,朝鮮文士,字仲興,籍貫安定。1776年(丙申)十一月,其作爲三節年貢兼謝恩使團書狀官申思運的隨從出使中國。

李德懋《青莊館全書》卷六〇:"近世羅杰入燕京,見博明。問碩妃事。明曰:'即故元元妃,見《明太常志》云。'"其他交流事迹不詳。

[丁酉]李書九雖然從未與李調元見過面,但是從是年開始,兩人有文學方面的交流。1777年(丁酉),柳琴携《韓客巾衍集》入燕,與李調元交遊。李調元因柳琴第一次得知李書九其人,得見其收録在《韓客巾衍集》中詩歌(即《薑山集》),並對其中一些詩歌作了品評。李調元《〈薑山集〉跋》云:"薑山諸體皆工,而尤嫻五古,元本陶、謝而時泛觴於儲、孟之間,詩品爲最高矣。'落日不逢人,長歌白石澗',此人此品安得朝暮遇之?劍南李調元半峰評。"(柳琴編,朴齊永注,白斗鏞校《四家詩》卷四)

1778年(戊戌),李德懋又携帶李書九《薑山初集》入燕。李調元爲《薑山初集》作序。作序原委,參見李書九《〈薑山初集〉自序》②。李調元其序載於《薑山初集》卷首。李調元並對《薑山初集》中《鶴墜井死,作挽辭二首》、《雜畫》、《陳曉畫》、《李元靈(麟祥)扇頭小景》、《鄭五叔子花(存實)要余以八分書其詩,强爲把筆,仍贈此索和》、《偶讀唐人數家詩,得絶句三首》、《遊清風溪仰懷金仙源先生》、《寄堤川趙山人》、《步踰荳浦後麓,至某氏園亭》、《仲牧和余

---

① 朴趾源《熱河日記·避暑録》載:"余友人羅杰仲興,文章魁杰士也。……歲丙申仲冬,隨申書狀思運入燕。"第272頁。
② 1778年(戊戌),李德懋入燕時並未有機會與李調元會晤,時李調元出爲廣東學政。李德懋《入燕記》載:"其從兄雨村調元字羹堂,以吏部員外郎出爲廣東學政。著書工詩,詩有名於世。見其詩卷,贍博宏達,可想其爲人。"《燕行録全集》第57册,第291—292頁。李書九《薑山初集》當是李德懋通過其他清文人間接交與李調元。

詩，復次答之》、《讀漁陽山人詩集三首》、《曉起觀漲》、《同金葛川夕訪流霞亭，道上分韻，得野曠天低樹五字》、《休夏二首》、《早起看晴二首》、《雨後，從西岡口步至白雲溪作》、《晚自白雲溪，復至西岡口，少卧松陰下作，三首》、《早從屋東門小立溪上，懷人》、《午後出步溪邊，歸草堂，作二首》、《晚往溪上送玉屛故人》、《秋日田園有感二首》、《野亭晚行》、《水洞道中》、《山行》、《贈橫城李山人（明復）德初》、《冬夜讀孟襄陽詩，却寄山中故舊》、《送李山人還鄉三首》、《朝爽閣詩爲金丈（用謙）作，三首》、《南扶餘懷古，送進士族叔青，七首》、《山居春晴，偶題絶句三首》、《過南山下村家二首》、《松山道中懷柳進士二首》、《山中大雪，有懷仲牧》、《前年春爲訪近庵金丈（尚默）》、《清明在近，寒意未已，聊以自慰》、《新晴，出漢北門》、《懷李雨村（調元）三首》等詩歌作了品評。（李書九《薑山初集》卷一至卷三）

李調元對《薑山初集》的總體評價，還有：“薑山五古冲澹，字字唐音，王、孟之遺也。”又曰：“薑山稿披覽之下如對唐人集，觸目琳琅，美不勝收，而於懷古之什尤覺心精辭綺，燦然有第。”又曰：“薑山清才不凡，諸詩直逼漢魏以還而於彭澤尤近。”（李書九《薑山初集》卷一）

李書九有《懷李雨村（調元）三首》，詩序云：“丁酉春，有自燕歸者得李所著《粤東皇華集》及其松下讀書小照，爲江南人莊文雅所畫。又聞其所居羅江有醒園，池臺竹樹爲蜀中名勝，遂爲之名賦一詩，因以起懷。”詩云：“梅花嶺路鬱嵯峨，落日荒臺吊慰佗。一自仙郎懷古後，蜑船争唱竹枝歌。”“琴薦香壚在處隨，松風謖謖拂鬚眉。手中書味還何似？政是痴人啖蔗時。”“停雲西北望悠悠，花鳥春來總惹愁。最是千絲樓外柳，可應風物似綿州。”（李書九《薑山初集》卷三）李調元有和詩，題作“和寄席帽山人”，詩云：“羅浮佳處勝岷峨，不向天南訪補陀。慚到寶山無麗句，等閑休付雪兒歌。”（右酬《題〈粤東皇華集〉》）“入骨强嚴少詭隨，年來世事祇攢眉。請看松老雲多處，正是先生悟道時。”（右酬《題〈松下小照〉》）“半世功名總

謬悠,閑思無計伴牢愁。因君益動歸鄉念,家有荒園磊落州。"(右酬《題醒園》)(柳得恭《並世集》卷一)

[丁酉]李書九與潘庭筠未見過面,但是從是年開始,兩人有文學方面的交流。1777年(丁酉),柳琴携《韓客巾衍集》入燕,與潘庭筠交遊。潘庭筠因柳琴第一次得知李書九其人,並爲《韓客巾衍集》中的《薑山集》寫了跋文,云:"薑山五古冲淡閑遠,王、韋門庭中人,視王漁洋格詞尤近。七律参以宋體,亦多新穎之思。年纔二十餘,真天才也。錢塘潘庭筠德園跋。"(柳琴編,朴齊永注,白斗鏞校《四家詩》卷四)

1778年(戊戌),李德懋携帶李書九《薑山初集》入燕。潘庭筠爲《薑山初集》作序,序載於《薑山初集》卷首,並對《薑山初集》中的《鶴墜井死,作挽辭二首》、《鄭五叔子花(存實)要余以八分書其詩,強爲把筆,仍贈此索和》、《寄堤川趙山人》、《望狎鷗亭》、《曉起觀漲》、《同金葛川夕訪流霞亭,道上分韻,得野曠天低樹五字》、《江夕》、《晚自白雲溪,復至西岡口,少臥松陰下作,三首》、《早從屋東門小立溪上,懷人》、《晚往溪上送玉屏故人》、《水洞道中》、《郭胤伯八分小帖》、《秋日懷秋庫居士三首》詩歌作了品評。(李書九《薑山初集》卷一至卷四)

潘庭筠對《薑山初集》的總體評價有:"筆墨之外自具性情,登覽之餘別深寄托。"(李書九《薑山初集》卷一)

李書九有詩歌寄懷潘庭筠。《用潘秋庫(庭筠)丁酉元夕韻寄懷》:"潘郎天下士,文物憶神州。萬里燕山隔,千年鴨水流。片心遥托契,異地却生愁。何日金臺畔?相逢辦壯遊。"①《秋日懷秋庫居士三首》:"千秋米趙接前塵,現世風流特地新。最是鷗波亭子

---

① 原韻爲潘庭筠《李吏部齋中元夕》:"人生幾元夕,留滯尚皇州。月是千山隔,星仍萬户流。浙燈鄉國夢,魯酒歲時愁。耿耿高堂燭,頻年憶遠遊。"柳得恭《並世集》卷一,《燕行録全集》第60册,第76頁。

裏,湘夫人並管夫人。""畫裏秋山照玉堂,鵝溪三尺仿兒黃。依稀想到閑窗下,口角猶含墨沫香。""魚書兩地付洪喬,秋後懷人減帶腰。望斷天涯何處是？峨眉山月浙江潮。"《踏橋日,復次潘香祖前年韻寄懷》:"微黃橋外柳,畫裏憶杭州。兩地同佳節,中原足勝流。殘梅飄夜夢,新月映春愁。聯袂玉河路,翩翩誰共遊？"(李書九《薑山初集》卷三、卷四)

潘庭筠曾爲李書九書寫匾額。李德懋與潘庭筠書(初夏修書以後……)中有云:"薑山得足下之書額,奉以爲天球,使我致謝。"(李德懋《青莊館全書》卷一九)

[丁酉]李書九與祝德麟未見過面,但是從是年開始,兩人有文學方面的交流。

1777 年(丁酉),祝德麟閱讀了李調元帶給他的《韓客巾衍集》,1778 年(戊戌),又閱讀了朴齊家、李德懋帶給他的《洌上周旋集》,因而對李書九詩作有了一定的瞭解。祝德麟撰有《〈洌上周旋集〉序》[①]。

1778 年(戊戌)李德懋入燕時,同時帶來了李書九《薑山初集》,祝德麟爲該詩集寫了序文,序載於《薑山初集》卷首。祝德麟並對其中一些詩作作了品評:評李書九《雨後,從西岡口步至白雲溪作》云:"結構殊非草草,五古從此路入,問津王、韋不遠矣,即追踪陶、謝何難耶？"評《晚自白雲溪,復至西岡口,少臥松陰下作,三首》云:"詩好而韻不可通。"評《送葛川金君歸關西三首》云:"氣格雄蒼,風調高穩,如此詩非唯抗衡何、李,直可追配義山矣。"評《春日題伯皋山居七首》其六云:"寫景入細。"(李書九《薑山初集》卷二、卷四)

祝德麟還對《薑山初集》有總體評價:"五古清曠夷澹,直可造

---

① 參見祝德麟《〈洌上周旋集〉序》,朴長馣《縞紵集》下,卷一,朴齊家撰,李佑成編《楚亭全書》下册,第 213—214 頁。

魏晉人之室。近體格律整齊,風調諧朗,在晚唐蕢宋間亦應高置一座。"又曰:"薑山諧而暢。"(李書九《薑山初集》卷一)

1778年　乾隆四十三年　正祖二年

[戊戌]五月初八日,於撫寧縣,蔡濟恭、鄭一祥、沈念祖、李德懋、朴齊家等訪問徐鶴年家。"鶴年字鳴皋,進士也,爲人長者。家富好客,今已没。有二子,長曰紹芬,字咏香。次曰紹薪,字樵丹。樵丹時在皇城,咏香在家。待客中堂。器玩位置蕭閑,可以留連"。筆談語不詳。(李德懋《入燕記》)蔡濟恭有《訪徐進士家》七絕五首,載於蔡濟恭《含忍錄》。李德懋有《題撫寧縣徐紹芬家》詩,載於李德懋《青莊館全書》卷一一。

[戊戌]五月初十日,於豐潤縣,沈念祖與秀才董榮圻、董越堃兄弟有交流。沈念祖(1734—1783),朝鮮文士,字伯修,號涵齋,籍貫青松。1778年(戊戌)三月,其作爲謝恩兼陳奏使團書狀官出使中國。

李德懋《入燕記》載:"夜,書狀召秀才董榮圻、董越堃兄弟。榮圻年二十三,字建封。越堃年十八,字超飛。居董家莊,距豐潤城南八十里。……使持其所業囟(舊)稿,二人各持經義四五篇而來,請書狀評。文甚精工,兄愈於弟。書狀各題紙尾數語,二人俱謝,乃饋酒。建封疏秀散朗,超飛凝雅端詳,盡佳士也。"(李德懋《入燕記》)

[戊戌]五月初十日,於豐潤縣,沈念祖與谷應泰五代孫有筆談。李德懋《入燕記》載:"書狀又召主人筆談,此谷霖蒼應泰之五代孫也。問《明史紀事本末》,則嚬蹙良久,乃曰:'先祖坐此書被禍,故毀板,不行於世。'蓋直書清事,爲家僮所告。康熙二十九年,年七十坐死。登順治科,官至浙江提學。書狀屢請詳言其事,其人竟秘諱不言,擲筆而起。"時李德懋在座。(李德懋《入燕記》)

[戊戌]五月十二日,於玉田縣,沈念祖讓秀才朱述曾給其畫像。李德懋《入燕記》載:"有秀才朱述曾,善畫。書狀招之,朝日寫其像。

雖無十分之肖，筆勢較我國韓宗愈輩，超超出凡，約以歸時更寫。"（李德懋《入燕記》）

［戊戌］是年，於北京，沈念祖與李鼎元、祝德麟、潘庭筠有交遊。

其子沈象奎《次韻李墨莊鼎元（癸酉）》云："昔在戊戌，先大夫以行臺書狀官赴京，與李墨莊、祝芷塘、潘蘭垞諸公朋遊甚契。家藏《綠波送遠》一帖，即其所爲詩文送別先大夫者。"（沈象奎《斗室存稿》卷一）

［戊戌］是年，蔡濟恭與李鼎元、潘庭筠在法藏寺裏相識，有筆談，語不詳。歸國前，蔡有贈別詩《走草長歌，贈潘庭筠、李鼎元爲別》，詩云："少小抱奇志，軒冕浮雲視。經史百家頗閱歷，金剛五臺恣遊戲。但恨踪迹似窗蜂，不見中州人物與山水。今年奉使催叱馭，皇城一踔三千里。皇城之南使館小，鬱鬱鎖我重門裏。有時巾車聊寫憂，炫煌祇是金銀肆。一旬未遇寒山石，暇日閑尋法藏寺。法藏寺裏天借便，邂逅中州二學士。李侯復枯峨嵋草，潘子中懷夜光寶。一笑傾蓋如故人，縱橫筆談傾懷抱。密契便許投磁針，古誼直欲輕紵縞。白日未暮遽分手，歸來黯黯長回首。後期空負翰林館，別意未把陽關酒。行人起視明星没，驅車復指扶桑樹。車前鴨水波聲起，茫茫往事如夢裏。人生此會已千金，苦不知足無乃侈。但願生死兩不忘，有便頻寄相思字。"潘評云："氣勢如長江大河、泰山華嶽。一筆寫出，真有韓、蘇力量。"評蔡濟恭《燕京雜咏》云："雄偉杰出，大家手筆。"（蔡濟恭《含忍錄》）

［戊戌］是年，蔡濟恭訪撫寧徐進士家，有《訪徐進士家》詩，其一云："中堂迎客静無譁，易識寧州第一家。椅子東西纔設禮，小童擎進雨前茶。"其二："午閣香來百和如，黃梅結子海棠舒。楣頭日照黃金字，半是親王手自書。"其三："別院清幽畫不摸（摹），雕床紋氍點塵無。窗紗一面如烟薄，卧領移花種藥奴。"其四："魚體全紅鳥嘴黃，小籠纖密小池方。庭前百種皆經濟，也道優閑亦自忙。"其五：

"傳家舊有百家書，貫月虹光夜照間。如玉季方今不見，向來京國已騎驢。"(蔡濟恭《含忍錄》)

[戊戌]是年六月，潘庭筠爲洪大應《大東風雅》作序。洪大應(1744—1808)，號葆光，洪大容之從弟，洪檍之子。在洪大容的介紹之下與清人潘庭筠多有詩文往復。其人一生未曾赴燕。

序文中稱洪大應詩"清超絶俗"。其文末有署曰："大清乾隆四十三年六月，錢塘潘庭筠撰。"此序載於《藤塚鄰寄贈的秋史資料展Ⅲ——藤塚鄰的秋史研究資料》。

在此之前，因洪大容的介紹作用，兩人有書信往來，現存2封。參見表6：十八世紀中朝文人間來往書信一覽表。

又，潘庭筠還曾有書籍寄贈洪大應。潘庭筠與洪大容書(湛軒先生禮席……)有云："至《國朝詩》一種，計六冊，煩致葆光。"(《中士寄洪大容手札帖》5)

[戊戌]李書九與李鼎元未見過面，但是從是年開始，兩人有文學方面的交流。1778年(戊戌)，李德懋携帶《洌上周旋集》、李書九《薑山初集》入燕，與李鼎元交遊，李鼎元得以閱讀了李書九詩作。李鼎元在閱讀《薑山初集》後，有《題〈薑山詩集〉後》："澹遠陶彭澤，莊嚴李義山。誰將唐晉語，傳向馬辰間？洌上千峰隔，江邊一雁還。錦囊如可寄，愁思待君删。"(李書九《薑山初集》卷末)

李鼎元曾有《牡丹亭記》贈與李書九。李德懋與李鼎元書(東洛山房之別……)中有云："薑山、冷齋既得《牡丹亭記》，留爲一段風流，使之傳致謝意耳。"(李德懋《青莊館全書》卷一九)

[戊戌]李書九與沈心醇未見過面，但是從是年開始，兩人有文學方面的交流。沈心醇，海寧諸生，與祝德麟、李鼎元相善。阮元、楊秉初輯，夏勇等整理《兩浙輶軒錄》卷三七載："(沈心醇)字匏尊，海寧國子生。官永從縣丞。著《訒齋詩鈔》。朱文藻曰：'匏尊工詩，兼善金石之學，久客京師，與名公卿往還，翁閣學覃溪尤重之。'"

1778年(戊戌),李德懋携帶《洌上周旋集》、李書九《薑山初集》入燕,與沈心醇交遊,沈心醇得以閱讀了李書九詩作。沈心醇在閱讀《薑山初集》後,有《集中名句余已采入〈飽尊詩話〉,因題》:"好句清於白花薰,美人環佩隔秋雲。尊前紅荳憑豪素,詩話新添洛瑞君。"(李書九《薑山初集》卷末)

1780年　乾隆四十五年　正祖四年
[庚子]是年八月,盧以漸與博明在北京相識,並有多次筆談。盧以漸(1720—1788),朝鮮文士,字士鴻,號楸山,籍貫萬頃。著有《隨槎錄》等。1780年(庚子)五月,其隨從進賀兼謝恩使團出使中國。

　　盧以漸《隨槎錄》載:"(八月)初十日,朝雨濕即止。朝後出衙門外閭舍與兵部員外郎博明酬以筆談。"此次筆談語涉中國儒學發展變化、清朝科舉程式、清朝佛道現狀、清朝培養學人的情況、程朱後人情況等;博明詢問盧以漸的基本情況及其參加科舉考試時的試題;盧以漸向博明詢問中國境內的一些古迹情況等。

　　"十四日晴,(盧以漸有)書與博員外,兼贈四律"。書信詳見盧以漸《隨槎錄》末尾所附《與博詹事書》(某白:士之生於偏邦……)①,所贈律詩内容不詳。

　　二十二日,博明來訪盧以漸,兩人有詳細筆談。此次筆談,盧以漸主要向博明詢問其對儒家之"性"、孟子所提"氣"等的理解,並就自己對《尚書》、《詩經》、《春秋》等經書的疑惑,中國歷史上儒學大家的後代情況進行詢問。雙方還就韓愈、柳宗元散文創作,中國歷史上的一些詩歌、詩人等發表詳細見解。

　　九月初一日,"(盧以漸)與博員外書而兼贈一律"。書信内容詳見盧以漸《隨槎錄》"九月初一日"條,此處略。所贈律詩内容

---

① 盧以漸《與博詹事書》中有云:"所獻四律辭未暢意,調不入格。"故可知八月十四日盧以漸寫給博明的書信當是此書。盧以漸《隨槎錄》,《燕行錄全集》第41冊,第173頁。

不詳。

此後,博明"以考官入試所",二人未再能會晤。(盧以漸《隨槎錄》)

[庚子]是年八月十四日,於北京,盧以漸與一序班有筆談。序班名字不詳。盧以漸《隨槎錄》載:"其中一少年來見,與之打話略相筆談。"盧以漸向其詢問"熱河繁華如何","邯鄲距此幾日程耶"。少年一一作答。(盧以漸《隨槎錄》)

1782年　乾隆四十七年　正祖六年

[壬寅]是年,洪良浩出使中國期間,雖未能與翰林戴衢亨會晤,但兩人有詩文、書信往來。1782年(壬寅)十月,洪良浩作爲三節年貢兼謝恩使團副使出使中國。1794年(甲寅)十月,作爲三節年貢兼謝恩使團正使再次出使中國。戴衢亨(1755—1811),字荷之,一字蓮士,江西大庚人(今大餘縣),原籍安徽休寧。梁章鉅撰,朱智續撰《樞垣記略》(清光緒元年刊本)卷一五載:"(戴衢亨)字蓮士,江西大庚人,乾隆戊戌狀元,官至大學士,諡文端。"其出生於書香仕宦之家,父第元、叔父均元、兄心亨並居館職,叠任文衡,稱"西江四戴"。著有《震無咎齋詩稿》。

洪良浩《送從子樂遊赴燕序》載云:"壬寅之行得戴衢亨翰林。少年魁鼎甲,聲名甚盛,而終未得接見顔色,祇以詩篇往復而已。"(洪良浩《耳溪集》卷一一)《耳溪集》卷一六《題李北海〈娑羅樹碑〉》亦云:"壬寅奉使如燕,翰林修撰戴衢亨因從者求見余詩,乃手書紀行詩二篇以遺之。戴君覽詩嘆賞,又評書曰:'大類李北海。'夫北海之筆,余固好之而未能學也。今戴君一見數行漫草,便識平日好尚,非精於鑒識者能如是乎,誠可異也。戴君字蓮士,江西人。妙年魁鼎甲,入館閣有盛名於中國云。"兩人詩文、書信往來考證如下:

1783年(癸卯),洪良浩《與戴翰林衢亨書》云:"行到關外,已聞高名遠播。及入都下,益覺藉甚遠人。恨無以自通,適有會心之客,獲承盛眷,延款踟望,不佞亦得聞其緒餘,頗發蒙蔀,何幸如之!

顧以使命在身，不敢唐突自進，終未克一瞻清光。今將竣事言旋，祇切向風馳神，豈意高明不我遐棄？特惠文房之具。物既華美。意甚鄭重，中心之貺，何日忘之？謹以古體一篇，手寫以獻。筆研紙墨，皆用盛賜，蓋出不虛受之意也。臨行事劇，言未成章，惟君子略其辭而領其意而已。不腆數品，聊表菲忱，非曰報也。馬首明將東矣，浮生會合，邈然無期，祇願珍重自愛，益懋遠大之業，以副中外之望，千萬不宣。"（洪良浩《耳溪集》卷一五）

洪良浩贈戴衢亨詩云："生平慕古人，夙懷四方志。每恨東海偏，未睹中華懿。顛髮已種種，偶充朝元使。眼看神州大，足踐堯封地。側聞有戴氏，赫焉聲遠暨。三蘇可並駕，二陸方聯轡。狀元何英妙，袞然爲國瑞。無路接光輝，願言徒傾跂。有客頗倜儻，好文仍好義。擬上光範書，遂懷孔融刺。既覯君子儀，兼致主人意。一見即解榻，再見更倒屣。談理如析毫，論文已嚌胾。上下揚千古，快若並刀利。虛往每實歸，亦足窺一二。幸因蟠木容，得識瑚璉器。縱未登門屏，猶喜質文字。王程有常限，歸期在造次。勝言懷伊人，寧無感氣類。不意蓬萊客，殷勤致珍饋。瑤函動光彩，羅列文房四。摩挲手不停，個個香且膩。豈徒物爲美？諒是賢者賜。況我老翰墨，真愜性所嗜。貺之由中心，受言藏弊笥。自顧疏且遠，乃蒙不遐棄。無以答厚意，禮際良可愧。但願崇明德，九仞加一簣。茫茫宇宙內，孰非男子事？惟能擇路歧，然後造精粹。敢將一言贈，聊披片心示。精神貴相通，何間山川異？春風動江海，悠悠策征駟。願憑東飛翼，毋慳尺素寄。"（洪良浩《耳溪集》卷六《燕雲紀行》①）

戴衢亨答書（副使洪先生啓。渴慕已久……）及附寄的贈行詩（鴨綠江頭春水生）原帖載於《同文神交》。參見本書附錄"十八世

---

① 洪良浩《燕雲紀行》亦載於《燕行錄全集》第41冊，其影印的底本就是《耳溪集》卷六《燕雲紀行》，《韓國文集叢刊》第241冊。

紀中朝文人學誼的新見證（一）——《同文神交》上册第二封書信。由此信可知：是行，洪良浩將自己所著《六書妙契》贈送給戴衢亨。

洪良浩回國後，兩人仍有書信往來。在接到戴衢亨書信後，1785年（乙巳），洪良浩有答書與戴衢亨，主要内容是告知戴衢亨他近來不順的境況，並對對方寄贈之舉表示感謝，如其書有云："阻想政爾耿耿，即奉手帖，漢室殘暑，旬履清勝，至如濯熱。第因華陽之事，轉成藤葛，真是横逆，而辭謝路阻，想增悶隘。……伴惠兩種，謹領多謝，餘姑不宣。"此書載於《同文神交》。

十年之後，洪良浩又與戴衢亨書。此書，《耳溪洪良浩全書》繫於1797年（丁巳），《耳溪集》中亦有載。書云："壬寅貢行，獲蒙盛眷。詩篇往復，非不聯翩，而終未得一接清範，至今耿結在中。伊後，側聞執事受任遠方，屢經寒暑。使价之行，聞問遂絕。甲寅歲，不佞又奉使詣京，而執事尚未還朝。追憶往事，倍切悵恨。昨歲使行之回，始聞從者在朝班，遇東使問鄙人安否云，驚喜之極，如聞天上消息。況十年之後，姓名尚留盛聰，垂問殷勤，苟非海内神交，何以致此？感服高誼，如聆金玉之音也。居然歲改，伏惟尊體神勞百福。某年過七耋，舊學都荒，間經重疢，神精益落，無足言者。從子樂遊充書狀官赴京，謹修起居之禮，竊想欣然如見故人也。往歲所呈《六書妙契》，尚置案頭否？厥後多有增删，易名以《六書經緯》，面目比前稍異，故更書以呈此書。如有可采，則布示學者，以廣其傳。使海外管見得齒中國書肆，則豈非聖代奇事耶？且煩，前歲見石鼓於太學，傍有新刻碑，即張公照書也，筆法遒妙，無愧古人。匆匆未及印來，或可求惠一本耶？千萬非遠書可及，不宣，謹狀。"（洪良浩《耳溪集·外集》卷一五）

［壬寅］是年，洪良浩於撫寧縣，訪徐進士紹薪，携登會心亭，有詩留贈，《撫寧縣，訪徐進士紹薪。携登會心亭，留贈》云："雲間削立玉芙蓉，奇秀應爭五老峰。何年吏部騎龍去？靈氣由來不盡鍾。"（洪良浩《耳溪集》卷六《燕雲紀行》）

後，徐紹薪有《惜春詞四首》寄贈洪良浩。參見本書附錄"十八世紀中朝文人學誼的新見證（一）——《同文神交》"上册第六封書信。

此外，徐紹薪有祝允明（枝山）書帖贈送洪良浩。參見本書附錄"十八世紀中朝文人學誼的新見證（一）——《同文神交》"上册第五封書信。

［壬寅］是年，朝鮮使臣黄仁點、洪秀輔有詩進呈清乾隆皇帝。黄仁點（？—1802），朝鮮文士，禮曹參判贈領議政黄梓之子。《禮曹參判贈領議政黄公（梓）墓誌銘》載："仁點尚和柔翁主，爵昌城尉。"①洪秀輔（1723—？），朝鮮文士，字君擇，號含翠，籍貫豐山。1781年（辛丑）十一月，黄仁點爲正使、洪秀輔爲副使，率三節年貢兼謝恩使團出使中國。

吴振棫撰，童正倫點校《養吉齋叢録》卷一五載："乾隆壬寅，命朝鮮、琉球、南掌、暹羅四國陪臣亦入宴觀禮。朝鮮使臣黄仁點、洪秀輔各賦紀恩七律一章。"詩作不詳。

［壬寅］是年，《燕行記著》的作者（待考）有詩贈清僧人體燦。《贈體燦》云："寺在白雲第一峰，曉風吹送上房鐘。滿庭竹月清無寐，君是懷民去後踪。"（《燕行記著》）

1783年　乾隆四十八年　正祖七年
［癸卯］是年，洪良浩與禮部尚書德保有詩歌唱和。紀昀《〈耳溪詩集〉序》載云："既而知其先以壬寅奉使，與德定圃尚書、博晰（晰）齋洗馬、戴蓮士修撰遞相唱和。"（洪良浩《耳溪集》卷首）德保（？—1789），徐世昌編，聞石點校《晚晴簃詩匯》卷七四載："索綽絡氏，字仲容，一字潤亭，號定圃，又號龐村，滿洲旗人。乾隆丁巳進士，官至禮部尚書。諡文恭。有《樂賢堂詩鈔》。"

---

① 趙斗淳《心庵遺稿》卷二三，《韓國文集叢刊》第307册，第472頁。

第五章　十八世紀後期中朝文人交流長編　　625

　　《耳溪洪良浩全書》卷六載《禮部尚書德保致款於詣闕時。屢送餅糕，後日又到館外問訊。求詩筆，書此以贈》："梯航萬里趁三元，劍佩成行集午門。南至使星滄海遠，中朝卿月秩宗尊。笋班顧眄榮光動，蔗餅殷勤禮意溫。自念遐踪那得此，絣襷應是體皇恩。"德保有和詩——《禮部尚書次韻》（御苑華燈慶上元）。《同文神交》載德保此和詩手稿，題作"朝鮮使臣慶賀元旦來京，因指引禮數，饋送飲食，見贈以詩，即用原韻答之"。參見本書附錄"十八世紀中朝文人學誼的新見證（一）——《同文神交》"上册第三封書信。

　　又，洪良浩《用前韻，又贈禮部尚書》："春官掌禮引朝元，幾日追隨在禁門。厚意每勤三揖進，耿光頻近九重尊。仙醪瀲灩天香溢，珍資便蕃玉色溫。何幸遠人偏雨露？箕邦萬世頌洪恩。"（洪良浩《耳溪洪良浩全書》卷六）

［癸卯］是年，洪良浩與博明有詩歌唱和。《耳溪洪良浩全書》卷六載《西齋博明次應制韻以示，遂和以贈（博明蒙人，能文善書，曾爲翰林）》："匀天一夢到仙園，尺五欣瞻瑞日暾。祇幸卿雲歌共和，那期《白雪》曲新翻？鏗鏘玉佩鳴王國，璀璨驪珠照海藩。慚愧木瓜何以報？文章自古帝鄉尊。"博明原韻（詔命遐臣集玉園），《同文神交》載此博明原韻手稿，題作"春日，和朝鮮使者應制元韻"。參見本書附錄"十八世紀中朝文人學誼的新見證（一）——《同文神交》"上册第四封書信。博明此詩的原韻爲洪良浩《圓明園應制》（參見下條）。

［癸卯］是年，洪良浩有詩歌和清乾隆皇帝詩。《耳溪洪良浩全書》卷六載《圓明園應制》："佳氣葱籠入御園，璇霄黃幄映朝暾。景星歌奏千官抃，仙露香濃萬舞翻。身近五雲同内服，禮優三晝邁諸藩。彤庭競獻華封祝，左海長瞻北極尊。"《正祖實錄》卷一五載《在燕馳啓》云："故臣等各製七言律詩一首，送禮部。"洪良浩所製七言

律詩一首當爲此詩。

[癸卯]是年，户部侍郎金簡送示蕉園小像帖，名曰《綠天圖》，洪良浩遂作長篇，以題其後。金簡（？—1794），字可亭，謚勤恪，武備院卿三保之子，淑嘉皇貴妃之兄。乾隆年間重臣，初爲内務府筆帖式，歷官至總管内務府大臣、工部尚書兼鑲黃旗漢軍都統、吏部尚書。曾任《四庫全書》副總裁，纂輯《四庫薈要》。趙爾巽等撰《清史稿》卷三二一，列傳一〇八有傳，載："賜姓金佳氏，滿洲正黃旗人。……嘉慶初，仁宗命其族改入滿洲，賜姓。"好作詩，鐵保《熙朝雅頌集》卷一〇三著錄其詩作 20 首。

詩云："洛城佳氣繞神嵩，名園處處百花叢。誰家一丘占清幽？芭蕉萬本礙晴空。中有翛然野鶴姿，滿庭濃陰退自公。翩翩翠扇如相迓，脱帽露頂來清風。微雨散珠鳴琳琅，明月流輝透玲瓏。興到題詩當側理，客來飲酒勝碧筩。復有奇石羅几案，清峭宛似主人翁。真是野老閒趣足，誰知司農職事雄？朝元使者三韓客，乘槎偶然遊瀛蓬。笋班傾蓋即傾心，自言系出鷄林東。示我一幅圖與詩，璀璨珠璣炫彩紅。毛髮盡帶烟霞氣，丹青能奪造化功。公卿風流重恬素，始識化理方昭融。把筆欲和綠天歌，大雅難繼聲渢渢。但見公心似蕉心，千抽萬展自不窮。"（洪良浩《耳溪集》卷六《燕雲紀行》）

[癸卯]是年，於榆關，洪良浩與齊佩蓮有交流，洪良浩有贈詩。齊佩蓮，十八世紀後期清普通秀才。金正中《燕行録》載："名佩蓮，字君裳，山西人。"居住於榆關。喜與朝鮮使者交往，除洪良浩外，尚有金載璉、白景炫、朴齊家、金正中、李在學、洪義俊、金載瓚等。雙方多有詩文往復。

洪良浩曾爲齊佩蓮的詩集題評。1793 年（癸丑）出使中國的李在學《癸丑燕行詩》中《榆關店舍，次齊秀才佩蓮見贈韻》詩注有云："佩蓮詩集中有泥厓洪台丈赴燕時題評，而耳溪即洪丈之號。"此題

評内容不詳。（李在學《癸丑燕行詩》）

洪良浩贈詩《榆關贈齊秀才佩蓮》："愛君丰秀比南金，逆旅逢迎已許心。萬里行人初返節，三春麗景更開襟。樽前雅話停歸轄，林外和鳴有好禽。別後相思滄海隔，祇應努力報知音。"（洪良浩《耳溪洪良浩全書》卷六《燕雲紀行》）

1783年（癸卯）兩人別後，有書信往來：《耳溪洪良浩全書》卷一六載洪良浩《答榆關齊秀才佩蓮書》（山川悠邈……），此書寫作時間不詳。齊佩蓮去書内容不詳。《同文神交》載齊佩蓮與洪良浩書（拜違榘範……），此書寫作時間不詳。又載齊佩蓮與洪良浩書（泥厓洪大人……）。此書信前，齊佩蓮署寫作時間爲"庚戌孟春如月上旬五日，自榆關鎮，冲"。1790年即爲庚戌年。參見本書附録"十八世紀中朝文人學誼的新見證（一）——《同文神交》"上册第十二封、第十三封書信。

在1792年（壬子），洪良浩閲讀了齊佩蓮的文集《黄厓詩稿》，並寫了後跋《題榆關齊佩蓮〈黄厓詩稿〉後》："文則引經證史，源遠流洪。體裁馴雅，理致精詣，浩浩乎其進不可量已。詩則藻彩映發，聲韻清警，才逸而語妙。十年之間不覺斂袵而擊節。古所稱三日刮目者，非過語也。更願博觀群書，深求古人用意處。文以八子爲準，詩以三唐爲歸，則何難造名家閫域耶？曩歲所贈'努力報知音'之句，於今果驗矣。老夫與有幸焉耳。"文中有云"十年之間"，洪良浩與齊佩蓮在1783年（癸卯）第一次會晤，1792年（壬子）距此正好是十年之間。（洪良浩《耳溪洪良浩全書》卷一八）。

又，1794年（甲寅）春，齊佩蓮有書信與洪良浩（客歲冬底……）。李在學《燕行記事》載云："入榆關止宿焉。黄厓山人齊佩蓮已袖耳溪所去書而來待，沽酒以飲之。"齊佩蓮此信載於《同文神交》。參見本書附録"十八世紀中朝文人學誼的新見證（一）——《同文神交》"上册第十五封書信。

《同文神交》又載齊佩蓮與洪良浩書（癸卯仲春，深蒙教益……），此信當寫於1794年（甲寅），信中有云："客冬得晤芝圃李公，倍悉閣下名冠箕城。"芝圃李公即李在學，號芝浦。芝圃當爲"芝浦"之誤。齊佩蓮與李在學第一次見面是在1793年（癸丑）冬天（見上文）。此外，信中又有云："前歲深承台德，將拙作點定，更加跋語。"洪良浩創作《題楡關齊佩蓮〈黃厓詩稿〉後》的時間在1792年（壬子）（見上文）。由此二點，判斷此書寫於1794年（甲寅）。參見本書附錄"十八世紀中朝文人學誼的新見證（一）——《同文神交》"上册第十四封書信。

1794年（甲寅）十月，洪良浩第二次出使中國。於楡關，洪良浩又與秀才齊佩蓮有交流。洪良浩《耳溪集》卷七《燕雲續咏》載："楡關秀才齊佩蓮，曾於壬寅（筆者按，1782）相識，今來迎候店舍，把酒叙阻，即席獻詩。"洪良浩和以書贈，詩云："行斾悠揚萬里風，天涯明月一樽同。十年不見黃崖子，半夜相看白髮翁。我似老蹄猶識路，君將豪翮可搏空。眉間尚有青霞氣，期振芳名聞海東。"

此次相別後，兩人又有書信來往。《耳溪洪良浩全書》卷一六載《與齊秀才書》（十年遠別……），並將此書繫在1795年（乙卯）。1796年（丙辰），齊佩蓮有書信與洪良浩（嘉慶元年二月初吉……），隨書並有贈詩《贈耳溪老人七律》（儒雅風流是我師）。參見本書附錄"十八世紀中朝文人學誼的新見證（一）——《同文神交》"上册第十六封書信。

［癸卯］是年，於孤竹城，洪良浩與李美會晤，李美談及自身境遇及孤竹古迹等。洪良浩《題韓昌黎書夷齊讀書處大字》載："癸卯之春，余自燕歸，歷孤竹故城，謁二子像於灤河。暮抵永平府，有一秀才懷刺請見，延入爲禮，即孤竹李美字純之者也。袖其文數卷，求余一言，覽未竟，知其爲博聞之士也。自言治舉子業，年老無成，以著述自喜，因與語孤竹古迹。純之曰：'此中有夷齊讀書之墟，水石甚奇。'余呀然笑曰：'夷齊之世邈矣，今何以徵焉？'純之曰：'距此

百餘里有山曰書院山,有寺曰雲居寺。昌黎韓公剛崖石,大書曰夷齊讀書處。夫豈無稽而韓公書之乎?'余曰:'然則有印本否?'純之曰:'適無在者,後當拓來寄示。'余漫應而未之信也。"(洪良浩《耳溪集》卷一六)

又,"翌年春,宗侄左相公(筆者按,洪樂性)使燕,還路永平。純之(筆者按,指李美)來見曰:'聞大人與洪副使同姓,爲我傳此紙。'仍出'夷齊讀書處'五大字及《嘉靖刻古迹碑》一本,下附其《遊山記》,隨使行來"。(洪良浩《耳溪集》卷一六)。

洪良浩歸國後,當有《夷齊讀書處後叙》(即《題韓昌黎書夷齊讀書處大字》)寄贈李美(參見下節李美與洪良浩書)。

洪良浩歸國後,與李美還有有書信來往。《同文神交》載李美與洪良浩書手帖,下題:"永平秀才自永平府寄。"此書參見本書附錄"十八世紀中朝文人學誼的新見證(一)——《同文神交》"上册第九封書信。

《耳溪洪良浩全書》卷一六載洪良浩《答孤竹國李秀才美純之書》,將此書繫在1784年(甲辰)。《耳溪集》卷一五亦載此書,題作"答孤竹國李秀才純之美書",書云:"節使伴春而歸,獲奉手書,鄭重諄摯,如接千里顔範。居然寒暑已換,尊體益膺神休。前呈《韓文公書後叙》,蓋欲溯論清聖讀書之旨,以破世人之惑,且使知韓子大書表章之者,實有功於希聖之方也。自顧識淺而辭陋,無足發揮,聊以酬見寄之厚意而已。不意來諭推詡過情,至欲勒之石而傳之世。僕惕然愧懼,誠不敢當。然遂事今不可追,盛意又不可孤,謹以賤銜如戒錄上。海表鄙人不見棄於中華大方,得以托名於先賢之下,榮莫大焉。非足下好善之篤優於天下,何以及此?又不勝欽服之至。第於原本,有數字點削處,更此書納,如未入刻,用此改本,如何?前承拓示數十紙之教,庶可以廣布弊邦,尤切感幸。不腆土産,略助紙墨之費。千萬不宣。"(洪良浩《耳溪集》卷一五)洪良浩此答書的李美原書①(孤竹郡人李美謹再拜,致意洪老尚書閣下……)亦載於《同文神交》,此書的撰寫時間亦當爲 1784 年(甲辰)。參見本書附録"十八世紀中朝文人學誼的新見證(一)——《同文神交》"上册第十封書信。

又,1795 年(乙卯),洪良浩第二次在中國時,有詩贈孤竹居士李美,詩云:"海左行人洪漢師,關西豪士李純之。山連墨子清風遠,雲護文公大字奇。萬里精神犀一點,十年顏髮雪千絲。燈前把酒還分手,明月長懸兩地思。"(洪良浩《耳溪集》卷七《燕雲續咏》)

[癸卯]是年,以鄭存謙爲冬至兼謝恩正使、洪良浩爲副使的朝鮮使團有詩作進獻清乾隆皇帝。鄭存謙(1722—1794),朝鮮文士,字大受,號陽齋、陽庵、源村,謚文安,籍貫東萊。著有《陽齋集》等。

戊子日,冬至兼謝恩正使鄭存謙、副使洪良浩,《在燕馳啓》曰:"臣等一行,……禮部尚書邀見臣等於路左,使通官傳語曰'外國陪臣,引至御榻,饋以御酒'。今番恩數之隆異前所未有,使臣宜一一歸奏於本國。俄者,皇上問使臣能詩否,吾奏必能之,則仍命製進,兩使臣須速製進云,故臣等各製七言律詩一首送禮部。十三日晚後,皇帝出御山高水長閣檐楹間,命召朝鮮使臣。禮部尚書引臣等進御座前。皇帝曰:'儞等所製詩,予庸嘉之,特爲頒賞。'仍賜臣等各紋緞一匹、絹紙一軸、描金牋一軸、貢筆一匣、貢墨一匣。"(《正祖實録》卷一五)

---

① 兩書内容互爲呼應,故判爲答書和原書的關係。如李美書有云:"至《夷齊讀書處後叙》,鉅筆鴻裁,直發揮其所以然,此古今來有數之文字也。……幾欲鳩工礱石刻於是山。"洪良浩答書則云:"自顧識淺而辭陋,無足發揮,聊以酬見寄之厚意而已。不意來諭推詡過情,至欲勒之石而傳之世。僕惕然愧懼,誠不敢當。"又如,李美書有云:"閣下倘別有以教之,更以冰銜詳示。"洪良浩答書則云"謹以賤銜如戒録上"等等。洪良浩《答孤竹國李秀才美純之書》(節使伴春而歸……),洪良浩《耳溪洪良浩全書》卷一六,第 322 頁。李美與洪良浩書(孤竹郡人李美謹再拜,致意洪老尚書閣下……),《同文神交》。

吴振棫撰，童正倫點校《養吉齋叢錄》卷一五亦載："向例，紫光閣及上元賜宴，……癸卯，依例與宴。朝鮮使臣鄭存謙、洪良浩亦賦詩呈進。"詩作不詳。

[癸卯]七月二十日，李田秀在柵門前與王姓人有交談。李田秀（1759—?），朝鮮文士，字君稷，福源侄，籍貫延安。著有《農隱入瀋記》等。1783年（癸卯）六月，其隨從聖節兼問安使團赴瀋陽。

《農隱入瀋記》載："其人能誦《毛詩》、《中庸》。"李田秀主要問及他穿著打扮之物的名稱。（李田秀《農隱入瀋記》）

[癸卯]七月二十一日，於鳳城，李田秀和李晚秀在一學堂與高姓文人有交流。李晚秀（1752—1820），朝鮮文士，字成仲，號屐翁、屐園，諡文獻，福源子，籍貫延安。著有《屐翁集》等。1783年（癸卯）六月，其隨從聖節兼問安使團赴瀋陽。

《農隱入瀋記》載："主人高姓人，年可六十許，自稱高盤（攀）龍後裔，門徒六七兒，方讀《奎璧》。"李晚秀讓其中一兒讀《詩經》中的《緇衣》章，後李田秀和李晚秀又讀一回《緇衣》給他們聽。其他交流事迹不詳。（李田秀《農隱入瀋記》）

[癸卯]七月二十九日，於十里河堡附近關帝廟，李田秀與仲兄（李晚秀）逢一九品史姓官員，與之交談。借看其手中畫扇，賞其中圖，讀其上詩，詩云："朝來空翠濕雲根，幽逕無人破蘚痕。縛個茅亭通水閣，滿山紅葉未全髡。"其旁寫"古薌弟查桐書"。李田秀有評云："詩與筆極有雅致，且末句押韻深有寓意。"李田秀向史姓官員詢問其人。史官云："古薌是號，查桐是姓名，而查大受之後，亦在瀋陽。"李田秀傾慕此人，"遂與仲兄約入瀋陽日首訪此人焉"。（李田秀《農隱入瀋記》）

[癸卯]八月初三日，於路傍一家，李田秀逢清朝四個四品官，有交流。其中有一人是進士，有一人是滿洲人，姓鄂，名可十餘字（筆者按，指名有十多個字）。李田秀向他們詢問戴衢亨、陳崇本諸人是

否目前陪駕。他們向李田秀出示陪從百官單目,並向其索求清心丸及清心丸配方等。(李田秀《農隱入瀋記》)

[癸卯]八月初三日,於奉天府,李田秀入一貢生洪姓人家,與其書塾先生有筆談。《農隱入瀋記》載:"先生是永平府人,筆談數轉語,雖是差勝前頭數三先生,亦貿貿無足取,故約改日再訪而回。主人則姓洪,旗下。先生則姓王,民家云。"筆談語不詳。初五日,"陪仲兄(筆者按,李晚秀)往貢生家,主人又不在,故與先生略談數語而歸"。筆談語不詳。八月初七日,貢生家王先生與其友胡姓人及貢生兒子訪朝鮮使者。李田秀"問查桐,不知。又問:'此處有文士否?'答:'有宣聰、夏桐二人,……俱是瀋陽名士。'"後,胡姓人與李田秀主要談及朝鮮人衣冠。(李田秀《農隱入瀋記》)

[癸卯]是年,李田秀、李晚秀多次前往拜訪宣聰,均未遇。宣聰,朴長馣《縞紵集》上,卷一載:"宣聰,號蘭溪,進士。"

八月初八日,於奉天府,李田秀陪仲兄李晚秀訪問宣聰家,遇宣聰弟,其弟云其不在家。李田秀、李晚秀與宣聰弟有筆談。李氏兄弟先主要問及宣聰的官職、年齡、籍貫等基本情況,後又就其家牆壁上所掛的一幅書畫里提及的孫鎬、查桐、蘭溪等姓名、字號進行詢問等。李田秀並錄下此幅字畫的全部內容,見《農隱入瀋記》。初九日,李田秀又陪李晚秀訪問宣聰家,其弟云:"家兄昨因公差出木廠,送人來云數三日後方可回來。"後,李氏兄弟向其詢問治中衙門在何處、治中姓名及其有關情況等,並留名帖而去。十三日,李田秀又訪宣聰家,宣聰兄弟二人均未在家,李田秀自云:"未免無聊而歸。"晚飯後,李田秀派姜同則往宣聰家打探情況。其弟有云:"你們老爺若來,我有可言者。"李田秀和李晚秀以爲宣聰已抵家,急忙趕往宣家,但僅見到宣聰弟。宣聰弟出示其兄書,有云:"方看飭橋梁,回鑾前不可歸家。"李晚秀心裏認爲:"以今日治中衙門所見聞觀之,則宣聰未必真不在家。似是過於忌諱,不欲見我輩,故

屢稱托辭，今乃拒絕也。"後，李晚秀決定不再訪宣聰。（李田秀《農隱入瀋記》）

［癸卯］八月十八日，於奉天府孝子祠，李田秀逢三位漢人秀才，與其酬酢並索見詩稿，"其人笑而辭之"。後一滿族王姓監生入，李田秀與之筆談。其人向李田秀打聽"朴、柳、李諸人安否"，並語涉1778年（戊戌），於三義廟與使臣筆談之事。後李田秀問其"有詩稿否"，"答有之，而邦禁甚嚴不得出示外人云"。十九日，三位漢人秀才中的楊姓、張姓秀才訪李田秀和李晚秀，相與筆談，主要語涉貢生與監生的區別，清朝科舉制度的基本情況等。李氏兄弟並向他們打聽清人查桐。其間，李田秀索見得楊姓秀才課考之詩《賦得月中桂得香字》。二十日，楊秀才與石秀才來訪李田秀。寒暄後，石秀才告訴李田秀查桐的近況。九月十四日，楊秀才、石秀才來訪李田秀、李晚秀、柳景明等。雙方有筆談，李田秀、柳景明主要向他們詢問清帝來盛京時設科取士情況、查桐的行踪等。（李田秀《農隱入瀋記》）

［癸卯］八月二十一日，海州單生者訪李田秀，出示《梅軒遺草》，"稱是瀋人近作，其人已死"。李田秀閱詩稿，稱其詩"清雅可愛"，並與之相約明日共訪爲是書作跋的周錦。附：李晚秀《輶車集》載《題〈梅軒集〉》詩："始因潘清遠，結識萬泉老。今與萬泉歡，重惜梅軒稿。秋回霞鶩天，夢斷池塘草。鷄林有詩徒，歸示袖中寶。"二十二日，李田秀和單生訪周錦，"作筆談數轉"。李田秀稱"其答甚不了了，且令學堂先生代談，頗失所望"。又，李田秀有詩扇贈單生。《農隱入瀋記·附錄》載李田秀《題扇面，贈單生》，詩云："秋半關河客意新，與君相識袖中珍。瀋陽城裏家千萬，除却梅軒更幾人？"（李田秀《農隱入瀋記》）

［癸卯］八月二十三日，於瀋陽通永家，李田秀與劉克柔有筆談。劉克柔，李田秀《農隱入瀋記》稱其爲漢人，籍貫瀋陽，年三十六，禮部

教官①。

　　李田秀主要詢問劉克柔的基本情況，包括姓氏、年齡、民族、官職、收藏等等。後，劉克柔邀約李田秀去其家欣賞所藏的李邕字畫。二十五日，李田秀與滿人姓七克湯阿者一起去訪劉家，與劉克柔有筆談。寒暄畢，先語涉朝鮮國名之涵義。後，劉克柔又出示淳化帖、玄秘塔等所藏字畫，其中多爲贗品。李田秀有云："察其意，似欲鬻書畫，要我輩來見也。"最後，李田秀又約二十八日再訪。二十八日，李田秀和李晚秀又訪劉克柔家。李田秀有云："劉克柔家書籍更無可觀，數語欲起……"此交談語不詳。（李田秀《農隱入瀋記》）

　　[癸卯]是年，李田秀、李晚秀於瀋陽與清文士張又齡有筆談、詩文書信往來等。張裕昆，名又齡，字裕昆，號萬泉居士，瀋陽布衣、文商，自稱原籍山東登州人，清朝初遷瀋，爲漢軍②。

　　交遊事迹，以時間爲序，考索如下：

　　八月二十三日，李田秀與李晚秀首次拜訪張又齡。相見後，與之筆談。先李晚秀試問其諸多清朝名士以試其學，後交談語主要涉及《明詩綜》中朝鮮詩小注的錯誤、清朝科舉現狀、寒士文人處境、禪學妙處等。李田秀、李晚秀對其人頗爲推崇，並與之相約日後多相會、付書。張又齡《贈李二君東歸序》（載於《農隱入瀋記・附錄》）亦記其首次相會之梗概，云："癸卯仲秋，余方杜門靜坐，忽聞剝啄聲。僕人言有東方士人相訪。初聞甚驚疑，即索衣冠出迎。見二丈夫亭亭玉立，氣宇軒昂，余竦然迎入斗室。敬詢姓字，長爲進士李君成仲，次爲從弟秀才君稷。二君珠玉在前，對之自覺形穢。叩其世，知爲朝鮮鉅族。聆其論，如飲醇醪，不覺心醉。"

　　二十六日，張又齡訪李田秀、李晚秀，相與交流。先是語涉明朝、清初諸多名士，特別討論了對錢謙益、王士禛等的看法。後又

---

①參見李田秀《農隱入瀋記》，《燕行錄全集》第30冊，第207頁。
②同上，第199頁。

語及清朝文字之禍，學問所尚，對西學的看法，《中庸》、《大學》刊本的單行時間等，雙方並就詩文句中的一些典故進行了探討。

二十七日，李田秀與李晚秀訪張又齡。張先以自己所藏佳品筆帖出示，後筆談，語涉沈德潛《說詩晬語》，中國押韻之法，東人爲何不填詞，清朝官制，清朝當今爲何不立太子，鄧將軍爲何被祭祀等。此次所交流，有不少秘諱之事。

二十八日，張又齡訪李田秀與李晚秀，因"日已向暮，忽忽不能長語"。張又齡向李氏兄弟詢問所贈鰻魚爲何物。其他交流語不詳。別後，李田秀與李晚秀"以一律、四絶兼黃白花箋二十葉，作小札，送萬泉（筆者按，指張又齡）"。《農隱入瀋記·附錄》載李晚秀《與卯君以一律、四絶兼黃白花箋二十葉，作小札，送萬泉》，詩云："萬泉老叟卧窮廬，東海愚夫識面初。青眼厭看當世士，白頭閑閱古人書。床前破硯詩情懶，簾外寒花晚計疏。未必子雲千載待，忘形今日也歡如。"李晚秀《輀車集》亦載此詩。李田秀四絶："東海鯏生上國來，如今文雅孰賢才？瀋城日日囂塵裏，青眼於君始許開。""名花異石郭東廬，胸裏藏書富五車。奇字於今多不識，誰人來訪子雲居？""楊柳陰陰高士家，客來窮巷款荆笆。霜毫不及黃花齏，慚愧香山送六茶。""獨有東鄰宣作謀，悲歌高論共相酬，何當玉樹清風下，解榻從君盡日遊。"（張好篆而嘗以武夷茶答吾筆枝之贈，故二篇、三篇及之。）

二十九日，李田秀與李晚秀訪張又齡，雙方有詳細筆談，語涉佛儒，清朝冠、昏、喪、祭之制，滿漢通婚等。

九月初一日，張又齡訪李田秀，借《施愚山集》給李田秀。雙方有筆談，內容主要涉及朝鮮衣冠、中國婦女纏足等。

九月初二日，李田秀有信與張又齡，還《施愚山集》，並送張又齡索要的柳景明篆書。信件內容不詳。

九月初三日，李田秀與李晚秀訪張又齡。雙方有詳細筆談，主要涉及永曆皇帝下落，吴三桂起兵原因，皇族之姓，清朝田制，內地外地之別，一旗之規模，漢軍之概況，清朝邊疆藏族、蒙古族等現狀，兩國土產以及施閏章、朱彝尊、王士禛的文學特色，"黃花韰"的典故等。其間，張又齡向李田秀贈送《經義考》、《楞嚴經》、《錦囊錄》和《潘梅軒遺稿》。

九月初四日，李田秀"朝送紙、扇、筆於裕昆作回禮"。

九月初七日，張又齡訪李田秀與李晚秀。雙方有詳細筆談，主要談及的內容有清朝的閣老情況，西域、西人的歸化情況，清朝結黨營社的情況，清朝婚喪冠諸禮實行情況等。

九月初八日，李田秀與李晚秀及柳景明同訪張又齡。雙方有詳細筆談。先是張又齡拿出所藏字畫請朝鮮使節品鑒，並請李田秀與李晚秀就其中的一佳本題詩文，李晚秀答應爲其撰寫真贊。其後，張又齡又索求柳景明所寫篆書等。

九月初九日，張又齡訪李田秀、李晚秀、柳景明。李田秀"出示所草真贊及題後文"，張又齡"諷誦數過，亟稱不敢當"。此後筆談內容主要是關公顯靈事，張又齡師承情況，遼東三老情況，張又齡與宣作謀交往情況等。其間，李田秀拿出重陽詩，請張又齡和作。張又齡婉辭拒絕，但願"作一贈行文"與之。贈行文當爲《農隱入瀋記·附錄》所載張又齡《贈李二君東歸序》，此處全文略。

九月初十日，李田秀"書送重陽詩於裕昆"。《農隱入瀋記·附錄》載李田秀《重陽日小酌，示張裕昆》，詩云："霜落黃花雁有音，清樽佳節好相尋。山河萬里中原國，風雨孤城遠客心。醉後不知誰是主，詩成惟許子長吟。交遊一世還今日，莫作悲歌泪滿襟。"李晚秀亦有詩贈張又齡。《農隱入瀋記·附錄》、李晚秀《輶車集》均載《重陽日小酌，示張裕昆》，詩云："短褐蕭蕭鬢雪侵，十年湖海孰知音？哀鴻落木清秋節，大陸長河烈士心。今日不辭隨意醉，此間那可少君吟？即看三逕無塵客，別後應思二仲尋。"

九月十一日，張又齡訪李田秀與李晚秀，送李田秀所求眼藥。有詳細筆談，主要內容是剩人和尚語錄、張又齡祖上情況等。

九月十二日，張又齡又訪李田秀、李晚秀，有筆談，此次語涉金聖嘆及六才子書、《聊齋志異》中狐仙事等。

九月十三日，李田秀"書送萬泉（筆者按，指張又齡）真贊。景明以八分書之"。《農隱入瀋記·附錄》載李晚秀《〈裕昆真〉序》，此亦載於李晚秀《輶車集》，此處略。《農隱入瀋記·附錄》載李田秀《〈裕昆真〉贊》："修魚出遊，知子之樂。仙鶴獨立，知子之適。異石奇茗，妙蓮高梧。清淨居士，蕭散丈夫。子所觀者，爲問何經。除非楞伽，也應黃庭。形殼任運，志氣長新。韶容癯骨，總非子真。"

九月十四日，李田秀與柳景明訪張又齡，不遇。他們回到住處，張又齡已來相訪，時文廟楊秀才在座。雙方有筆談，內容主要是朝鮮的歷史本末，朝鮮的尊孔子、重節操情況，是時官占民家之弊等。

九月十五日，張又齡訪李田秀與李晚秀，送《贈行序》正本、《書巢記》草本。李田秀有評云："《書巢記》草本記比序文字句雅潔，鋪置齊整，令人拭目。始知斯人非徒能言者也。"《贈行序》即爲上文所提《贈李二君東歸序》。《書巢記》全文載於《農隱入瀋記·附錄》，此處全文略。《書巢記》寫作緣由，文中有云："海東進士李君好蓄書，常取陸放翁舊號名其室曰'書巢'，索余爲記。余遜謝不敏，不獲命，免（勉）爲一言。"後雙方言及惜別之情，不勝感慨。後，李田秀與李晚秀各贈張又齡留別古詩。《農隱入瀋記·附錄》、李晚秀《輶車集》均載李晚秀《留別裕昆》，詩云："昔者延陵吳君子，北聘上國識名士。當時諸夏於斯盛，晉胖鄭僑齊晏氏。讀書東山三十年，往往見人黃卷裏。男兒不能守螢窗，一日走馬瀋陽市。瀋陽市上行路難，肩摩轂擊吾何觀？獨有萬泉張夫子，傾蓋不啻平生歡。三旬九餐陶元亮，十年一榻管幼安。小王真帖石田畫，分鐺古爐烹龍團。腹中奇字藏《爾雅》，古來文獻徵於野。白首羞曳朱門裾，有時悲歌清淚灑。四海茫茫各一隅，老死無怪無往來。君家易知誠難諼，相見苦晚別何催。昨夜風雨撼旅床，雁陣驚度遼雲長。

關外九月無黃花，匆匆不暇把離觴。不如共我東歸鞭，去參金剛萬二千。"《農隱入瀋記・附錄》載李田秀《留別裕昆》，詩云："北方有一士，學富家獨寒。白首成濩落，悲歌意未闌。訪之語久清，幽香臭如蘭。解君孺子榻，供我君薈團。案上多好書，觸目琳琅玕。酒酣擎玉壺，感涕獨泛瀾。萬里真有緣，一朝會當還。行子念征途，俶裝望河關。此生便永訣，握手慘別顏。臨歧丈夫泪，不作兒女潸。精神苟相通，山川安足間？勖君歲暮心，珍重以加餐。"

九月二十二日，張又齡去使館與朝鮮使者告別，與李晚秀相遇。李晚秀有贈詩，《農隱入瀋記》載詩末句"未涯書尺到，應有夢魂知"。《農隱入瀋記・附錄》、李晚秀《輶車集》均載李晚秀《臨別又贈》，詩云："此別何時見？悠悠歲暮期。未涯書尺到，應有夢魂知。鶴野秋風晚，龍灣落日遲。那堪分手後，一步一回思？"（李田秀《農隱入瀋記》、李晚秀《輶車集》）

又，張又齡曾請李田秀作詩以吊唁其內弟潘清遠。李田秀《農隱入瀋記・附錄》載李田秀《裕昆爲其內弟潘清遠請作詩以吊之，遂題示二絕》："瀋陽之水洐而揚，化出潘君錦綉腸。天上玉樓人已遠，空留寶唾滿奚囊。""萬泉居士集遺書，強半多情虎賁如。獨有憐才東海客，新詩殷勤誄瓊琚。"

李田秀、李晚秀回到朝鮮後與張又齡有書信往來。李田秀《農隱入瀋記・附錄》載《甲辰冬張裕昆答書》，注有云："問札失稿不得錄。"此甲辰年爲 1784 年。李田秀、李晚秀去札失逸，此去札亦當寫於 1784 年（甲辰）。《甲辰冬張裕昆答書》中有載："中秋上澣，貴邦人賫到手書。"且該信末尾署日期爲"十月初八"，故推斷李氏兄弟的信寫於 1784 年（甲辰）。

[癸卯]是年，於瀋陽，朝鮮正使李福源、副使吳載純、書狀官尹曈等人有詩和乾隆皇帝詩。李福源（1719—1792），朝鮮文士，字綏之，號雙溪，謚文靖，籍貫延安。有《雙溪遺稿》存世。吳載純（1727—1792），朝鮮文士，字文卿，號醇庵、愚不及齋，謚文靖，籍貫海州。

著有《周易會旨》、《玩易隨言》、《讀書起疑》、《聖學圖》、《醇庵集》等。尹曔(1731—?)，朝鮮文士，字號不詳。1783年(癸卯)六月，三人分別作爲正使、副使、書狀官率聖節兼問安使團赴瀋陽。

《農隱入瀋記·附錄》載清帝御製七律以及朝鮮正使、副使、書狀官等人和作。乾隆皇帝詩云："玉帛尋常入薊幽，栖栖六月又征輈。袁熊戰處離宮壯，遼鶴飛來故郭愁。雅度須教徵禮義，雄詞應遣洗啁啾。中原人士如相問，鴨水依然萬折流。"正使李福源和詩："直北堯封古冀幽，宸詩榮動飲冰輈。已聞夷險忘身義，敢作衰疲去國愁。心寄江山郵騎緩，夢回京闕塞鴻啾。君恩天大何由報？欲草辭章赧汗流。"書狀尹曔和詩："年年皮幣走燕幽，握火飧冰又戒輈。大价誠推忠信節，宸章寵慰道途愁。龍城返駕霜鴻叫，鶴野觀風牧馬啾。無似忝居三使列，迎恩門外泪潛流。"柳景明和詩："直北燕山磧勢幽，丈人六月戒征輈。頻煩禮弊由常貢，珍重天書慰遠愁。石嶺古途淒雨濕，遼陽殘郭暮烏啾。千秋不盡朝宗感，看取三江日夜流。"李田秀和詩："鴨江波闊鶻山幽，宸翰從天慰遠輈。朔北秋生征馬疾，終南雲遠使車愁。遺民尚感衣冠制，古壘惟聞鳥雀啾。青嶺更逢寒雨色，小臣危涕不禁流。"李學源和詩："香烟携滿九重幽，錯落驪珠寵使輈。白髮生光真有得，炎塵極望未須愁。長安漸遠瞻蟾缺，周道猶存聽馬啾。玉露清風歸路好，恩波深淺鴨江流。"副使吳載純、李晚秀等人和詩逸失。(李田秀《農隱入瀋記》)

[癸卯]九月，於盛京，清乾隆皇帝有詩贈朝鮮國王李祘，詩云："迎鑾祝壽陪臣价，按轡踟途賜謁溫。問悉國中逢稔歲，夙知海外得賢藩。習經史地心無貳，遵禮義邦教有源。慎守封疆撫黎庶，萬斯年永受朝恩。"(《高宗純皇帝實錄》卷一一八八)《正祖實錄》卷一六載：七年九月十三日，"軍機大臣和珅、福常安、福康安三人出來，以皇帝御製詩一章、德符心矩一帖、玉如意一副，傳授臣等曰'皇上特賜國王'云。"此處所云皇帝御製詩一章即爲此章。李田秀《農隱入

瀋記》載此事於"九月十七日"條下,有云:"和珅以皇旨出,給御製七律一章、德符心矩一帖、玉如意一副,令進國王。且令使臣賡入,而使通官微示曰'不必善作'。"正使李福源和詩:"蓐收佳節歧豐地,輦路恭瞻八彩溫。日月岡陵天地極,梯航玉帛海東藩。宸章特侈骿幪化,善頌深知慶禄源。格外便蕃皆曠數,偏邦何以答皇恩?"副使吴載純和詩:"瑞暉黄道鑾轡至,駐驛宣綸旨意溫。宸藻昭回從紫極,寵光隆洽被青藩。萬年獻祝逢熙運,四海咸寧仰化源。手捧瑶函稽首出,陪臣此日亦皇恩。"

[癸卯]是年,李喜經出使中國,請陳崇本爲徐瀅修《學道關》作序。李喜經,朝鮮文士,字聖緯、緯客、十三,號麕泉、綸庵、雪岬、光明居士等,籍貫陽城。曾五次隨朝鮮使團出使中國①。徐瀅修(1749—1824),朝鮮文士,字汝琳,號明皋,籍貫達城。著有《洪範直指》、《詩故辨》、《明皋全集》等。1799年(己未)七月,其作爲進賀兼謝恩使團副使出使中國。陳崇本,法式善輯《清秘述聞》卷一〇載:"字伯恭,河南商邱人,乾隆乙未進士,嘉慶二年以祭酒任。"又,朴長馣《縞紵集》上,卷二載云:"字井養,一字伯恭,河南商丘人。官日讀起居注,官翰林院侍講學士。"柳得恭《並世集》卷二載:"字樞言,號伯恭,河南商邱人,翰林編修。"

陳崇本作序,序載於徐瀅修《明皋全集》卷首。序云:"李生綸庵,朝鮮人。歲癸卯,從貢使來京師。能詩文嗜風雅,蔚然東國之秀也。出其友徐子瀅修所著《學道關》,請余一言以弁其首。"徐瀅修有《送李喜經綸庵之燕》詩,由詩題可見李綸庵即是李喜經。

李喜經與陳崇本交遊事迹還有:

---

① 李喜經五次赴中國:1.1782年(壬寅)十月,隨從三節年貢兼謝恩使團赴中國。2.1786年(丙午)九月,隨從謝恩兼三節年貢赴中國。3.1790年(庚戌)五月,隨從進賀兼謝恩使團赴中國。4.1794年(甲寅)十月,隨從進賀使團赴中國。5.1799年(己未)七月,隨從進賀兼謝恩使團赴中國。參見金榮鎮《日本天理大學天理圖書館所藏〈綸庵集〉》,《古典與解釋》第3輯,第206頁。

第五章　十八世紀後期中朝文人交流長編　　641

　　李喜經《雪岫外史》卷一載："余嘗於陳侍郎（崇本）座上語及婦人之髻，要得其制。陳曰：'燕髻甚草草，江南髻最好，當以工畫以贈之。'忙未果焉。"（李喜經《雪岫外史》卷一）

　　1786年（丙午）冬，於北京，李喜經與陳崇本、戴衢亨談論中國女子纏脚之由，内容詳見《雪岫外史》卷一。云："丙午冬，與陳（崇本）、戴（衢亨）兩人相與飲酒談話，仍問纏脚之由。"（李喜經《雪岫外史》卷一）

　　1786年（丙午），一日，李喜經與戴衢亨同去拜訪陳崇本。《雪岫外史》卷一載："三人共坐，飲酒相樂。已而，戴君出行路所作以示之。陳君拈卷中七言古詩一首，朗聲大讀。戴君隨其聲以手拍床，音節相合，若唱歌而和管弦。"（李喜經《雪岫外史》卷一）

　　李喜經離開北京時，陳崇本有贈别詩。柳得恭《並世集》卷二載陳崇本《小詩奉送李綸庵歸國（二首）》："鴨緑江頭水，春風貢使船。來從雪花裏，還向雁聲邊。溝漊（上聲）名城舊，元菟（平聲）古郡傳。聲詩愛東國，相送與題箋。""劉蕡還下第，王粲尚依人。中酒心情薄，論交涕泪真（綸庵再舉於鄉，不第。今來隨正使幕中。所著《綸庵集》内《論交》諸篇，斐然可誦）。江山新得助，圖史故相親。上國依光切，歸時筆有神。"（柳得恭《並世集》卷二）

［癸卯］徐瀅修雖未與陳崇本見過面，但兩人有學術上的交流。

　　是年，陳崇本爲徐瀅修《學道關》作序（考證見上條），序載於徐瀅修《明皐全集》卷首。後兩人有書信往來，《明皐全集》卷五載徐瀅修《與陳編修（崇本）》書信1封，有云："僕之獲賜於閣下有年矣。平生無一面之舊、一言之酬，而徒以氣意相感、精神相通。至煩其鉥心劇肝，不朽我《學道》之篇，則僕之於閣下，方寸之往來，蓋一日而朝暮矣。夫形骸之都忘，曾面與言云乎哉？"（徐瀅修《明皐全集》卷五）

［癸卯］是年，李喜經出使到中國，與戴衢亨相識，有筆談、詩文交流

等,戴衢亨爲李喜經《綸庵集》作序。

戴衢亨在《〈綸庵集〉序》里記載了兩人相交流的基本情形:"朝鮮李綸庵挾所著詩文,航海遊京師而來見於余。與之語,不甚可曉,則置筆札於几間,有問答,則書之,與之縱談者竟日。其言論,則彬彬儒者也。且狀貌魁偉,蓋其國之秀士。……既出其詩文,讀之,詩則清言雋旨,婉以多風。其文縱橫排宕,往往見古人法,且多務本見道之言,知其讀書有得也。"(李喜經《綸庵集》卷首,日本天理大學天理圖書館藏本)

李喜經與戴衢亨的其他交流事迹有:

一日,戴衢亨告訴李喜經《清一統志》中山川道里有許多舛誤,朝鮮國州縣的記載亦有錯亂,清朝皇帝正欲厘正改刊《清一統志》。戴衢亨請李喜經考證舛誤之處。事見李喜經《雪岫外史》卷一①。

1786年(丙午)冬,李喜經與戴衢亨有交流。李喜經《雪岫外史》卷一載:"丙午冬,往尋戴翰林衢亨。戴君以三晉學正竣事纔還,相見歡然叙懷。"由"相見歡然叙懷"之語可推測,李喜經與戴衢亨當在1783年(癸卯)李喜經第一次出使中國時相識。(李喜經《雪岫外史》卷一)

戴衢亨有贈別詩與李喜經。柳得恭《並世集》卷二録戴衢亨《李綸庵將歸朝鮮,作此贈之》,詩云:"東風芳草趁斜暉,萬里征人挽別衣。怊悵樽前連日語,激仰天外片帆飛。江流靰鞈懷無限,海國元菟望轉違。我愧中朝稱第一,莫將名姓浪傳歸。"(柳得恭《並世集》卷二)

一日,李喜經與戴衢亨談及毛奇齡。徐有榘《與李愚山論〈尚書〉古文書》云:"前年綸庵李生喜經入燕,遇中州士戴衢亨,語及西河,必戟手罵曰:'彼其唇鋒舌劍,非大雅所尚。'"(徐有榘《楓石全集·楓石

---

① 此事載於《雪岫外史》卷一,"戴衢亨"誤作"戴衢昌","亨"、"昌"形近而誤。亞細亞文化社,1986年,第39頁。

鼓篋集》卷三)

[癸卯]是年,洪仁謨隨其父洪樂性出使中國。到達北京後,與方維翰、盧烜等交遊。洪奭周《先考右副承旨贈領議政府君家狀》載:"(洪仁謨)是冬,隨孝安公入燕京,縱觀中國名勝,與江南人方維翰、盧烜等遊,日爲詩相和。西登蘆(盧)溝橋,以望趙代之界而後歸。"(洪奭周《淵泉集》卷三五)孝安公即洪樂性。洪樂性(1718—1798),朝鮮文士,字子安,號恒齋,謚孝安,籍貫豐山。1783年(癸卯),洪樂性以謝恩正使身份出使中國。《正祖實錄》卷一六載:七年九月二十,"洪樂性爲謝恩正使,尹師國爲副使,李魯春爲書狀官。"洪仁謨(1755—1812),朝鮮文士,初名大榮,字而壽,號足睡居士,籍貫豐山。著有《足睡堂集》等[①]。方維翰,字藕堂,號種圃,順天大興人,浙江布政司経歷[②]。盧烜,金正中《燕行錄》載:"姓盧名烜,家在會稽山下,去蘭亭不遠。去年,以舉人應試來燕京,今寓居其岳丈琴知縣府中。"

俞蛟《朝鮮使臣記》載洪仁謨與盧烜相識與交往經歷:"友人盧藥林,於琉璃廠書肆,晤朝鮮使臣。視其貌清俊不凡。進與語,各不能辨,因以筆墨作問答。自書洪姓,名大榮,號涵齋,曾五舉於鄉,始登進士,今官翰林。蓋其國鄉、會試以詩、古文、經解分三場。會試不售,仍與秀才同入秋闈,不赴,則以詭避論。科目之難,視中國爲尤甚焉。間述其榜後忽委頓,無疾而呻吟床次,朝夕入睡鄉,家人強之飲食,未畢,鼾聲輒起,閱三月始醒,因又號'足睡居士'云。藥林贈以詩,將歸,握手不忍別。逾年,復奉使入貢,遍訪藥林,而藥林旋里。"(俞蛟撰,駱寶善校點《夢廠雜著》卷二)

1784年(甲辰),停留北京期間,洪仁謨有詩贈送盧烜。《贈盧

[①] 參見洪奭周《洪仁謨墓表》,洪仁謨《足睡堂集·附錄》,韓國成均館大學藏書閣藏本。
[②] 劉錦藻《清朝續文獻通考》卷二七五《経籍十九》,第205頁。

藥林(烜)字愛堂(甲辰。浙江人)》:"忽逢南國士,意氣欲相傾。月照冰壺潔,風吹玉樹清。襟懷纔半日,談笑若平生。後會惟憑夢,那堪此別情?"洪仁謨亦有詩贈送方維翰。《藕堂(方維翰,字南屏)座上主人出示小帖即〈春山欲雨圖〉,求題一詩,乃走筆書贈》:"濃雲一片鎖千岑,春樹依微晝欲陰。應有神龍潭底卧,飛來早晚作祥霖。"(洪仁謨《足睡堂集》卷一)

雙方別離後,洪仁謨仍有詩寄贈方維翰、盧烜。1785年(乙巳),洪仁謨《拜呈藕堂足下浙江仙府(乙巳)》:"杭州自古號仙府,詩酒江山兩得歡。鷲嶺高秋開墨壘,馬潮寒日鬥文瀾。心隨海月神交在,魂阻關雲夢會難。一扇都將千緒去,幾時能得故人看?"(洪仁謨《足睡堂集》卷一)洪仁謨《奉寄盧藥林》:"我本東海客,君是中州彦。邂逅相逢地,燕趙千里甸。山川盡遼薊,於子窮殊昕。清風灑玉樹,皎與月輪轉。從容方子宅,文酒憺清宴。温温笑語親,摯摯肝膽見。西風吹鴻鵠,羽翮差後先。奈何碣石水,一逝如激箭?匆匆臨歧別,歲月倏已變。人生既同時,何不共鄉縣?迢迢長路外,不如重會面。""凉風西北至,天寒萬木霜。惻惻何所思,所思在遠方。手折黄花枝,欲贈無人將。引領不可見,蒼然熱中腸。茫茫隔山河,落落分參商。恨無摩雲翮,一舉度遼陽。"(洪仁謨《足睡堂集》卷二)

1784年　乾隆四十九年　正祖八年
[甲辰]是年春,於永平,洪樂性與李美有交流。

洪良浩《題韓昌黎書夷齊讀書處大字》載:"癸卯之春,余自燕歸,歷孤竹故城,謁二子像於灤河,暮抵永平府,有一秀才懷剌請見,延入爲禮,即孤竹李美字純之者也。……翌年春,宗侄左相公使燕,還路永平。純之來見曰:'聞大人與洪副使同姓,爲我傳此紙。'仍出'夷齊讀書處'五大字及《嘉靖刻古迹碑》一本,下附其《遊山記》,隨使行來。"(洪良浩《耳溪集》卷一六)宗侄左相公當指洪樂性。文中提及洪良浩與李美會晤是在1783年(癸卯)之春。文中

第五章　十八世紀後期中朝文人交流長編　　645

稱"翌年春，宗侄左相公使燕，還路永平"而遇到李美。查《使行錄》，洪樂性於癸卯年（1783）十月十五日出使中國①，其還路永平時，當爲1784年（甲辰）。此與洪良浩所云"翌年春，宗侄左相公使燕"時間相吻合。又，洪樂性於此時擔任左議政一職，剛剛請免。《正祖實錄》卷一五載：七年六月十二日，"左議政洪樂性免。樂性連上章乞解，屢加敦召，終不膺，至是許副。"由此，故可知宗侄左相公即是洪樂性。

〔甲辰〕是年，趙懷玉有詩歌寫贈李喜明、李承薰②。李喜明（1749—?），朝鮮文士，字聖欽，籍貫陽城。李承薰（1756—?），朝鮮文士，字子述，東郁子，籍貫平昌。二人在1783年（癸卯）十月，隨從三節年貢兼謝恩使團赴中國。趙懷玉，趙爾巽等撰《清史稿》卷四八五《文苑二》載："字憶孫，武進人，尚書申喬四世孫。乾隆中召試舉人，授中書。久之，出爲青州府同知，以憂歸，終於家。性坦易，工古文辭。嘗自言不敢好名爲欺人之事，不敢好奇爲欺世之學。惲敬稱其文無有雜言詖義離真反正者。著《〔亦〕有生齋文集》。"

贈詩載於清趙懷玉《亦有生齋集·詩》（清道光元年刻本）卷九，題作"徐户部大榕齋中，晤高麗記室李（喜明）、進士李（承薰）。索詩，各贈一首"，詩云："翩翩踪迹托賓鴻，仙李才名擅海東。萬里

---

①佚名《使行録》，《燕行録全集》第27册，第296頁。
②李承薰父親李東郁在1783年（癸卯）十月以書狀官身份出使中國，參見佚名《使行録》，《燕行録全集》第27册，第296頁。此年，李承薰以軍官子弟身份出使中國。《正祖實錄》卷三三載：十五年十一月八日，命李承薰削職，權日身減死，圍籬安置。義禁府啓言："李承薰供：'洪樂安問啓中，謀陷渠者，凡三條：一是購書，一是刊册，一是泮會。'購書事，則渠於癸卯冬，隨父赴燕，聞西洋人所居之館壯麗瓌奇，多有可觀，隨諸使臣一番往見，則寒暄纔罷，西洋人即將《天主實義》數秩分置各人前，有若茶飯之接待。渠初不展看，納之歸裝。"清人趙懷玉有《徐户部大榕齋中，晤高麗記室李（喜明）、進士李（承薰）。索詩，各贈一首》詩，可見李承薰出使到中國，同行者還有李喜明，故知李喜明出使中國亦在1783年（癸卯）冬。

人來箕子國，一家詩有建安風。際天蜃氣吹雲黑，不夜鯨波沃日紅。晁監此還真畫錦，自慚摩詰序難工。""高館葡萄日下開，南州榻畔識君纔。自非帝溥無垠化，那得臣交越境才？記室孔璋原不忝，參軍明遠久相推。如今海宴梯航便，好訂重銜燕市杯。"（趙懷玉《亦有生齋集·詩》卷九）

［甲辰］是年，金載璉與清文士齊佩蓮有來往。金載璉（1750—？），朝鮮文士，字國器，金載瓚之弟①，籍貫延安。1784年（甲辰）七月，跟隨父親金煜爲正使的謝恩兼陳奏奏請使團出使中國。

金載瓚《海石遺稿》卷四載："甲辰，國器燕行，與齊生相酬唱，齊生尚説甲辰事，故尾句及之。"（金載瓚《海石遺稿》卷四）

［甲辰］是年，戴衢亨兄戴心亨閲讀洪良浩燕行詩作，並有題評。戴心亨，字習之，號石士，別號卧禪居士。戴第元長子，江西大庾人。乾隆乙未，與叔父同登進士，授翰林院編修，先後典試江南，視學湖北②。

題評有云："嚴滄浪論詩法有五：曰體制，曰格律，曰氣像，曰興趣，曰音節，五者俱備，然後可以言詩。耳溪洪先生雅工篇什，所作《遼薊雜咏》十數首，或繩古以崇辭，或隨方以合度，其體則正也，其律則嚴也，其氣像則超，而音節則亮也。又有山川之眺覽，景物之流連，以資其才而暢其氣。譬之溟渤，日瀉不窮，其間大波小瀾叠相推助，循是而龍門焉，積石焉。以上溯乎崑崙之墟，所得不綦廣乎？因讀其詩而徵諸滄浪之説。乾隆甲辰春二月上澣，大庾戴心亨題。"（洪良浩《耳溪集》卷六）

---

① 金載瓚《海石遺稿》中有諸多詩題提及國器此人。金載瓚有《送舍弟國器（載璉）入清潭》，故可知國器當是其弟金載璉。《海石遺稿》卷一，《韓國文集叢刊》第259冊，第348頁。1784年（甲辰）七月，其父金煜以謝恩兼陳奏奏請正使身份出使中國。參見佚名《使行録》，《燕行録全集》第27冊，第297頁。金載璉當以軍官子弟身份隨行。
② 參見吳寶炬等修，劉人俊等纂《（民國）大庾縣志》卷八，民國八年刻本。

戴心亨與洪良浩未有會晤之記載，其當通過其弟戴衢亨得以與洪良浩相結交。《同文神交》載戴心亨與洪良浩書2封：（戴心亨啓：昨春奉誦佳什……）（李生來京……）。第一封書信撰寫時間不詳。第二封書信當撰寫於1785年（乙巳）。信中有云："舍弟昨歲恭奉恩命，提督山西學政。"戴衢亨於1784年（甲辰）督山西學政①。

據兩封信件内容，兩人互有贈物之舉。洪良浩有東紙、古帖等物寄贈。第一封書信戴心亨有云："兼荷寄惠古帖並東紙諸件，珍感，珍感！"第二封書信戴心亨有云："承寄惠花牋、古帖諸物，拜領。"戴心亨有《夫子廟堂碑》拓本、墨硯等物寄贈，如第一封書信戴心亨有云："兹寄上虞永興《夫子廟堂碑》一通並家刻墨硯。"第二封書信戴心亨有云："虞永興書《夫子廟堂碑》寄洪先生收。""外附寄紫玉光墨一匣、拙書扇聯二種。"（《同文神交》）

[甲辰]是年十二月五日，朝鮮國王李祘讓李福源代撰清副敕和章，洪良浩代撰清上敕贈章（筆者按，清上敕是西明，副敕是阿肅）②。西明，即公西明，内大臣。阿肅（？—1792），法式善輯《清秘述聞》卷七載："字敬之，滿洲鑲白旗人，甲戌進士。"1784年（甲辰），清廷命内大臣西明、翰林院侍讀學士阿肅使朝鮮册封世子。

《承政院日記》（韓國首爾大學奎章閣藏本，第1572册）載：

甲辰十二月初五日，副敕詩文如已來到，即爲持入。……其詩曰："箕疇衍化夙敦仁，秉恪尤聞布政新。入境山川覘獻秀，行程信

---

①吴寶炬等修，劉人俊等纂《（民國）大庾縣志》卷八《戴衢亨傳》載："甲辰，扈駕南巡，回躍，命督山西學政。"民國八年刻本。可見，戴衢亨在1784年（甲辰）督山西學政。
②《正祖實録》卷一八載：八年十一月二十日，遠接使趙時俊《馳啓》曰："皇帝九月二十六日還自圓明園，有旨：'特差正使西明、副使阿肅，仍令斯速起程。凡干贐物切勿濫受，以體朕愛恤東藩之至意。'"又，《高宗純皇帝實録》卷一二一五載："庚辰，諭，朝鮮國王請封世子，正使著派内大臣公西明，副使著派翰林院侍讀學士阿肅。"《清實録》第24册，第297頁。

宿坐如春。篤循禮義風存古，廣教詩書學尚醇。此日自天申錫重，綿綿奕葉慶長臻。"又曰："匝月星軺載路皇，開筵每令醉瓊觴。邦華起鳳騰文蔚，國瑞徵麟衍緒長。重列珍羞隆敕使，精摹寶篆表宸章。歸途回首瞻松嶽，何幸東都得禮王？"

上覽訖曰："上敕雖無贈詩，副敕既有詩，則不可無答。上敕一體次韻給之甚好。且肅廟，有倭人贈章，權愈代撰之例，此足爲旁照之資。"仍命李福源代撰副敕和章，洪良浩代撰上敕贈章。其副敕和章曰："率普咸歸帝德仁，吾東今歲寵逾新。恩光耀册深如海，和氣隨車暖欲春。人自日邊銜鳳詔，化行天下仰鴻醇。拜瞻北斗遙呈賀，萬世繩繩慶祿臻。""登瀛學士侍瑤皇，下土榮臨醉薄觴。視草南宮華聞久，乘槎東海德音長。可堪惜別餘三宿，爲謝多情惠二章。冲子亦蒙嘉貺及，知公官是教諸王。"

其上敕贈章曰："藩服偏蒙字小仁，煌煌寶册寵榮新。華封久戴中天日，薄海均涵壽域春。珍寶擎來同挾纊，溫綸頒處若含醇。環東更獻無疆祝，百院初傳吉慶臻。""五紀昇平仰聖皇，北辰遙獻萬年觴。使星不道三韓遠，賓日初隨一綫長。薄禮多慚留玉節，菲忱粗效篆雲章。恩光海外傳無極，爭頌鴻猷冠百王。"命前翊衛曹允亨以紅紙書兩本。上敕，則以筆、墨、硯、畫帖贈之。副敕，則筆、硯、墨與上敕同，以詩箋紙贈之，使東浚賫傳。《承政院日記》"正祖八年十二月五日"條）

西明、阿肅歸國後，向乾隆帝禀明於朝鮮唱酬情形，禮部尚書德保有和朝鮮國王李祘詩，題作"阿雨齋少宰奉使朝鮮册封世子，賦詩以贈國王，國王即席答和。使旋奏聞，蒙上褒獎。因用其韻以志風雅之盛"，詩云："洋洋東土久懷仁，國本初承寵命新。萬里槎乘金馬客（雨齋時以學士奉命前），大江波涌太和春。嘉賓賢主如投漆，唱玉聯珠若飲醇。五色絲綸天上至，綿綿世德慶休臻。""許陳忱悃感吾皇，行館寅賓共泛觴。海國數蒙頒賜重，冲齡正喜沐恩長。褒嘉溫語榮華袞（上知王好學，特降旨褒獎），敏捷雄才賦綺

章。禮序樂和文采溢，東瀛風雅屬賢王。"（《正祖實錄》卷一九）

1785年　乾隆五十年　正祖九年

[乙巳]是年，於永平府，金照與清人李美有交流。金照，朝鮮文士，具體身份待考。1784年（甲辰）十二月，其隨從謝恩使團出使中國。

金照《燕行錄①·永平府》載云："余館於府城南街東三道衙衕路北李美家。美能詩，頗可與語。美言永平凡七州縣皆古孤竹地。灤州、盧龍更扼其要云。"李美還告訴金照曰："此是韓昌黎讀書處，岩石有大刻字。洪尚書之赴燕有□記文。"李美並出示記文。其他交談語不詳。（金照《燕行錄·永平府》）

[乙巳]是年，於北京，金照與清人屠秀才有詩歌往來。屠秀才，金正中《燕行錄》載："（正月二十三日），余過酒肆，逢一秀才，姓屠，外號搏庵，即湖北人。"

屠秀才與金正中書（讀君之詩……）中有云："數年前貴國有金照者，貌甚陋，頗能詩，與僕相善。詩稿贈我，計其詩不下數十首，日久失落，爲可惜也。猶記其咏七夕句，云'一道銀河萬古流'。其贈某隱士詩末句，云'鳴吠隨人亦不喧'。即此二句便覺可愛。未知此公現爲何如人。君必知之，明以告我。"（金正中《燕行錄》）

[乙巳]是年，於北京，金照與清人徐大榕、朱慶貴有交流。徐大榕（1747—1804），柳得恭《並世集》卷二載："號惕庵，江南昆陵人，户部主事。"清丁紹儀輯《國朝詞綜補》（清光緒刻前五十八卷本）卷一四載："字惕庵，武進人，大興籍，乾隆三十七年進士，官濟南知府。"

金照《燕行錄·玉河記夢》載："與徐大榕、朱慶貴輩相叙無幾，酬和不久，大都留館二十六日，逢別甚促。"雙方交流的事迹有：

1.雙方圍繞中國的一些特産有過交流。如金照《燕行錄·食

---

① 金照《燕行錄》載於《燕行錄全集》第70册，第11—126頁，然作者名姓題佚名。林基中編《燕行錄叢刊》中金照《燕行錄》與《燕行錄全集》第70册中佚名《燕行錄》内容相同，故將其作者定爲金照。

品》載:"余過徐惕庵,主人爲之設饌,特奉長生果佐酒。其狀如雀瓢而體圓……云是南中所產。"又:"余嘗詣朱翰林家,見具酒饌而淡菜與淅蝦爲下酒物。余指淡菜曰:'此紅蛤耶?'主人點頭,余又指紅蛤曰:'此中國人所稱東海夫人。'主人大笑。"

2.雙方還曾圍繞北京琉璃廠有過交流。金照《燕行録·琉璃廠》載:"漢人之未仕者皆於正陽門外作家。惕庵爲余言之。"

[乙巳]是年,於北平店,金照與武舉人計元龍相逢,兩人有筆談、詩歌贈酬等。

金照《燕行録·山海關》載:"余於北平店遇計元龍者,與之筆談,知山海關非秦時所築也。元龍即關内武學生,器宇軒軒,兼通文墨,爲余話舊甚詳。"顯然,計元龍把山海關、長城的歷史淵源詳細告訴給金照。計元龍還曾就射虎石的真僞與金照有過筆談。金照《燕行録·永平府》載:"與之久話,仍問射虎石真贋。元龍云:'姑妄信之不妨。'其言大有見識也。"後計元龍"以詩贈別",並買狀元餅以餞行。詩歌内容不詳。

[乙巳]是年,在北京,李鼎運與阿肅有筆談。李鼎運(1743—?),朝鮮文士,字公著,號五沙,謚文敏,籍貫延安。1784年(甲辰)十二月,其作爲謝恩使團的書狀官出使中國。

二月初六日午後,朝鮮使團正使朴明源、副使尹承烈、書狀官李鼎運去拜訪曾經出使到朝鮮的清人阿肅。李鼎運與阿肅進行筆談,主要内容爲:阿肅對當年出使到朝鮮時得到朝鮮國王的眷顧、惠贈等表示感謝;阿肅從朝鮮歸國後把朝鮮國王詩作進獻清皇帝,李鼎運向其表達感激之情;雙方還談及藥材如肉桂、藿香等。(《正祖實録》卷一九)

[乙巳]是年,朝鮮使團朴明源、尹承烈等與德保有詩歌唱和。朴明源(1725—1790),朝鮮文士,字晦甫,號晚葆亭,謚文僖,籍貫潘南。1784年(甲辰)十二月,其作爲謝恩使團正使出使中國。尹承烈

(1722—?),朝鮮文士,字士述,籍貫海平。1784年(甲辰)十二月,其作爲謝恩使團副使出使中國。

《正祖實錄》卷一九載:"十七日,德保自圓明園奉和御製韻二首,各書一紙,分送臣等,又饋餅糕四盒。臣等亦各贈和章,兼致薄儀,而德保詩原本,謹此付進。"詩歌内容不詳。(《正祖實錄》卷一九)

[乙巳]是年,朝鮮使團正使朴明源、副使尹承烈與江南人狄翔有筆談。

《正祖實錄》卷一九載:"江南狄翔,名以漢人。臣行帶來中人以彼之能文與之相識。此人素與阿肅甚親切,筆談間以爲:'欽差阿公自貴國回,盛稱東國接待逾於常格,文華彬彬,禮栗恭濟,令人起敬。素稱小中華,盡非虛語。'"(《正祖實錄》卷一九)

[乙巳]是年,清乾隆皇帝將仿宋板《五經》全部十二套贈送朝鮮國王李祘。(《正祖實錄》卷一九)

[乙巳]是年,朝鮮使團正使朴明源、副使尹承烈與江西人戴均元有筆談。戴均元,趙爾巽等撰《清史稿》卷三四一載:"字修原。乾隆四十年進士,選庶吉士,授編修。遷御史,迭典江南、湖北鄉試,督四川、安徽學政,……累擢工部侍郎。"

《正祖實錄》卷一九載:"又有江西人戴均元,現官翰林,稱阿肅爲老師,自稱門人。話語間以爲'老師回京後往見,則盛道東方禮義之彬蔚,接待之隆厚'云。大略與狄翔言,別無差殊。"(《正祖實錄》卷一九)

[乙巳]是年,姜世晃與清禮部尚書德保有詩歌唱和。姜世晃(1712—1791),朝鮮文士,字光之,號豹庵,諡憲靖,籍貫晉州。有《豹庵稿》存世。《正祖實錄》卷一八載:八年十月九日,"以李徽之爲進賀謝恩兼冬至正使,姜世晃爲副使,李泰永爲書狀官。正副使皆以耆臣,爲參千叟宴也"。

姜世晃《甲辰拜副使入燕京,和禮部尚書德保三首》:"新春又值太平年,禁籞清晨設御筵。繞殿仙童飄彩服,遏雲清唱逐繁弦。鞦韆競出迷空霧,燈火争穿罨地烟。海外微踪瞻勝事,相隨蹈抃赤墀前。""清宵圓月漸東升,瑞靄微分彩閣層。星走忽連千點火,花開驚見萬枝燈。架頭仙拂飄飄袂,空裏人行裊裊繩。鼇忭千官齊獻壽,太平歡樂盡堪徵。""高閣良宵百喜開,忽驚雲霧走轟雷。仙登彩架衣峨詭,龍舞丹墀鼓笛催。漠漠雲烟迷錦綉,層層燈火幻樓臺。深更宴罷歸青瑣,醉後相將緩步回。"(姜世晃《豹庵稿》卷二)

姜世晃有《次德保〈次上使千叟宴詩〉韻》詩,云:"八域群生囿皞熙,神勞君子壽祺綏。鏗鏘樂奏雲韶曲,瀲灔春浮玉液巵。觀國愧當衰暮日,贊治欣睹太平時。東歸競詫恩榮感,滿紙瓊琚敢自私。"(筆者按,德保原韻見下條《奉和朝鮮李正使〈恭紀千叟宴詩〉元韻》)(姜世晃《豹庵稿》卷二)

又,姜世晃《次德保〈次千叟宴詩〉韻》云:"海外遐踪厠法筵,一堂湛露尚高年。洪休誕迓皇穹貺,曠典欽承聖祖傳。粗效微誠星北拱,欣逢令節斗東旋。蕪詞聊寓封人祝,倘把丹忱達九天。"(姜世晃《豹庵稿》卷二)德保原韻《乾隆乙巳上元佳節,圓明園正大光明殿賜宴恭紀》:"鳳紀祥書五十年,日華寶殿錫瓊筵。班聯鵷鷺環堯陛,樂奏簫韶叶舜弦。雜伎紛陳迷色相,仙童高唱出雲烟。陪臣二國承恩寵,抃舞嵩呼聖主前。"(藤塚鄰撰,藤塚明直編《清朝文化東傳の研究——嘉慶・道光學壇と李朝の金阮堂》,國書刊行會,1975)

後,德保又有和詩,其《奉和朝鮮姜副使〈恭紀千叟宴詩〉元韻》:"古稀聖主賜華筵,寶祚祥徵五十年。壽寓洪延耆叟集,遠臣同慶玉音傳。太平雅樂昌期協,長養春風大地旋。愧我追隨諸老後,千秋盛典共瞻天。"(藤塚鄰撰,藤塚明直編《清朝文化東傳の研究——嘉慶・道光學壇と李朝の金阮堂》)

[乙巳]是年,李徽之與德保有詩歌唱和。李徽之(1715—?),朝鮮

第五章　十八世紀後期中朝文人交流長編　　　　　　　　　　653

文士,字美卿,籍貫全州。1784年(甲辰)十月,其作爲進賀謝恩兼三節年貢使團正使出使中國。

　　德保有《奉和朝鮮李正使〈恭紀千叟宴詩〉元韻》:"皇朝邦治洽重熙,航海冠裳玉帛綏。五代福堂昭世德,敷天春酒介瓊卮。禮成東國蒙庥日,疇衍南山獻壽時。恩命寵教陳雅句,寰瀛廣拜樂無私。"(藤塚鄰撰,藤塚明直編《清朝文化東傳の研究——嘉慶・道光學壇と李朝の金阮堂》)

[乙巳]是年,清乾隆皇帝有親筆《御製千叟宴詩》,各刻一張贈朝鮮使團正使李徽之、副使姜世晃,姜世晃有和詩。乾隆親筆詩云:"抽秘無須更騁妍,惟將實事紀耆筵。追思侍陛髫垂日,訝至當軒手賜年。君酢臣酬九重會,天恩國慶萬春延。祖孫兩舉千叟宴,史策饒他莫並肩。"下題:"乾隆五十年歲次乙巳新正月上澣,御筆。"(藤塚鄰撰,藤塚明直編《清朝文化東傳の研究——嘉慶・道光學壇と李朝の金阮堂》)

　　姜世晃和詩當爲《和進千叟宴詩》:"勝日金宮敞御筵,熙朝歡慶入新年。七旬遐壽人稀有,五紀光臨史罕傳。宇内群生争蹈舞,樽前千叟與周旋。小邦賤价躬親睹,還報吾君共祝天。"(姜世晃《豹庵稿》卷二)

[乙巳]是年,李徽之與清吏部尚書金簡相見,並有書信往來。現存金簡與李徽之書2封,其一:"金簡頓首拜啓:舊冬使節入朝,兩次接瞻儀範,朗若玉山,欣遂私忱。因在禁近,未暢話言。兹奉手書,並惠筆、墨、扇、牋等件,感紉雅愛,再誦鴻篇,喬皇和雅,洵堪鳴盛。昨知已呈聖覽,欽羨曷極?肅械佈復,不盡欲言。新正五日。"其二:"金簡頓復。蒙惠佳製藥餌,不殊神仙青粃,珍感、珍感。雜什賜教,詞翰斐然,惟獎藉,愧不敢當。謹志盛意,謝謝,不備。正使李學士執事。簡拜手。"金簡並有《欽定重刻淳化閣帖釋文》全函、《欽定快雪堂法帖》全部、羽緞二件、錦緞二件、徽墨二匣、湖筆二

匣、歙硯一方等物贈與李徽之。（藤塚鄰撰，藤塚明直編《清朝文化東傳の研究——嘉慶・道光學壇と李朝の金阮堂》）

［乙巳］是年，姜世晃有詩歌贈送金簡。《次正使韻，呈金尚書簡》："自有靈犀一點通，慣聞聲望冠群公。遐踪幸廁陪班末，和氣欣瞻笑語中。君澤昔傳圖像譜，全書今見《聚珍》工。歸車來日還催發，倘復音書寄海東。"（姜世晃《豹庵稿》卷二）

［乙巳］是年，姜世晃與兵部員外郎博明有詩歌唱酬。

姜世晃有《次博西齋明見贈韻》詩，云："高風雅韻迥超儔，翰墨場中早出遊。杰句知非當世有，遐陬久望盛名流。乍逢愚劣偏傾倒，未接容華遽唱酬。擬向西齋伸宿願，終朝倘許款譚否？"又《次上使韻，贈博西齋》云："雅儀欣始接，華譽慣曾知。款曲攜壺遠，縱橫落筆奇。壯心憐瀿落，朽質愧衰遲。大字將歸揭，天涯慰夢思。"（姜世晃《豹庵稿》卷二）

又，博明對姜世晃有品評，稱"詩宗放翁，字有晉人風骨"。（鄭元容《漢城府判尹姜公（世晃）諡狀》，鄭元容《經山集》卷一九）

［乙巳］是年，姜世晃與和琳有交遊。和琳（1753—1796），和珅弟。趙爾巽等撰《清史稿》卷三一九本傳載："自筆帖式累遷湖廣道御史。"又，徐世昌編，聞石點校《晚晴簃詩匯》卷一〇三載："字希齋，滿洲旗人。由筆帖式官至四川總督，封一等宣勇公。諡忠壯。"有《倉山集》。

姜世晃有《贈和郎中琳》詩，云："三韓鞍馬動春陽，獲接王臣與有光。不日經營成璧沼，妙年才望縮銀章。清芬乍挹芝蘭室，薄技多慚翰墨場。記取今朝相會地，長廊東近聖宮牆。"（姜世晃《豹庵稿》卷二）

［乙巳］是年，姜世晃與屠秀才有交往。

屠秀才與金正中書（讀君之詩……）中有云："昔年皇上舉行千叟宴大典，貴國副使姜豹翁者來朝京師，與僕相接數次。見其書法

之妙,知其老不廢學,有古人風。但聞此君久與世辭,其子靠天子,近又不知何如。"(金正中《燕行錄》)

[乙巳]是年,李徽之與博明有交遊。博明有和李徽之詩。韓國果川市文化院藏博明書和李徽之詩作一篇,《奉和老浦師相元韻》:"人生千萬里,所貴在心知。文字緣非淺,逢迎遇更奇。古松幽壑老,秋惠澗芳遲。翹首東來氣,佳文慰鄙懷。""矻矻窮年老,天涯契所知。芳喜逢令日,妙語喜探奇。蕭寺雲來晚,殘陽西下遲。無窮幽賞意,抽筆攄新思。"下題:"乙巳新正三日,西齋博明書。"李徽之,號老浦。

1786年　乾隆五十一年　正祖十年

[丙午]是年,以安春君李烱爲冬至正使、李致中爲副使的朝鮮使團有詩歌進獻清乾隆皇帝。清禮部尚書德保有和詩,惜不詳。李烱(1731—1805),洪奭周《安春君諡狀》載:"公諱烱,字焖遠。我元宗恭良王別子,綾原大君貞孝公諱俌之曾孫也。"(洪奭周《淵泉集》卷三三)1785年(乙巳)十月,其作爲三節年貢兼謝恩使團正使出使中國。李致中(1726—?),字稚和,籍貫全州。1785年(乙巳)十月,其作爲三節年貢兼謝恩使團副使出使中國。

《正祖實錄》卷二一載:

(十年二月二十八日),冬至正使安春君烱、副使李致中等《馳啓》言:"臣等十二月二十二日到北京,詣禮部呈表文。……正朝賀,以日食免。……越翌日,禮部郎自圓明園來宣皇旨,令臣等製詩以進,臣等各製七言律一首以進。禮部尚書德保要見臣等詩,遂和,而又要臣等和之。後數日,臣等詣軍機房。德保以皇旨賜臣等各緞絹筆墨等物,賞應制詩也。少頃,皇帝御山高水長閣,德保引臣等入違御座數步。皇帝曰:'儞們善詩矣。'德保令臣等叩頭。皇帝又曰:'今有贈於國王,而道途遥遠不必專价致謝,歸傳可也。'臣等對如禮……"(《正祖實錄》卷二一)

［丙午］是年，沈樂洙與白琇有交流。沈樂洙（1739—1799），朝鮮文士，字景文，號恩坡，籍貫青松。著有《恩坡散稿》、《燕行日乘》等。1786年（丙午）五月，其作爲賫咨使團正使出使中國。

六月二十一日，沈樂洙於柵門與秀才白琇（字瑶圃）相識，相與筆談。寒暄後，沈向其詢問中國當今有德行文章者，喪制是否用《朱子家禮》，中國賦法，朝廷用人貴文還是貴武，漢清人是否相婚嫁，中國科舉何文取人，宰相中有文章者，白生先世仕何朝等。其間，白生作詩兩首，沈視"其詩甚劣下"，出於禮貌，強曰："把筆成章，才調贍敏。"（沈樂洙《燕行日乘》）

［丙午］七月初十日，於撫寧縣，沈樂洙訪進士徐紹薪，相與筆談。問其治何經，徐曰專治《麟經》。問今中國有何學問文章大名世之人，徐向沈介紹詩學有吴錫祺、余集、吴省欽、紀昀、張德懋；經學有周永年、戴震、竇光鼐。問其善詩否，徐曰粗有所解，並指壁上自己所題七言絶句五首給沈看。沈評其詩"聲調纖濃可愛"。閏七月二十一日，沈樂洙回國途中行經撫寧縣，又訪徐紹薪，雙方主要圍繞沈德潜、錢謙益書被禁展開筆談。最後，徐約請沈回國後，以書信往來。（沈樂洙《燕行日乘》）

［丙午］閏七月初一日，沈樂洙往國子監，逢監官景文，相與筆談。景文，據沈樂洙《燕行日乘》載，其爲博士加一級，滿洲白旗人，庚辰進士。

筆談語涉雙方身份、石鼓遷徙、中國文章名世之人（梁國治、劉墉）等。沈並向其打聽監中古迹、文丞相死處等。（沈樂洙《燕行日乘》）

［丙午］是年，於北京，沈樂洙與陳木、虞友光來往密切。據沈樂洙《燕行日乘》載，陳木，質齋疑爲其號，浙江錢塘人，助教加一級，舉人。虞友光，潤軒疑爲其號，江蘇金壇人，庚子進士。

閏七月初一日，沈樂洙往彝倫堂觀儒生《四書》文試，逢陳木、虞友光，相與筆談。主要言及舉人、進士的仕途，江南學問文章名士趙祐，竇光鼐，中國喪祭之禮，吴越舊迹，貢、監生鄉試地點，箕子之後裔等。

初二日,虞友光、陳木訪沈樂洙。沈先向虞詢問其進士考內容,以後遷何官,從何可選入翰院等。陳向沈打聽先前出使到中國的朝鮮文人金載璉近況,沈告知其人已逝。後雙方又談到朝鮮區域道的劃分,中國語音與朝鮮語音,兩國科舉考所選用的《五經》注本,秦檜後裔現狀,進士由皇帝定鼎甲,萬曆年間中朝兩國文士交往,儒釋道三教等。沈樂洙評二人曰:"二人俱是好人,陳醇良,吳亦明敏。"

初五、初六日,沈樂洙與陳木、虞友光有書信往來。書信內容不詳。

初九日,沈樂洙訪虞友光家,陳木在座。沈先與虞寒暄,虞友光兄出見,雙方筆談,語及景山教習的職責,鄭夢周及其著作,唐以來朝鮮文人赴中國科舉考等。後,虞友光父虞鳴球出見,寒暄後,沈樂洙與之筆談。老人向沈詢問朝鮮開科取士、箕子之後、百姓、農產品、稅收、藏書、道佛等情況,並請沈去冠而坐,沈婉拒。老人以己創作的七律八首印刻本、書院碑帖等贈沈。最後,沈又與虞、陳筆談,語涉宋張浚、韓世忠、胡銓等人後裔的現狀,沈德潛因所謂的別集欠檢點,墓碑被仆倒之事的來龍去脉等。(沈樂洙《燕行日乘》)

[丙午]洪良浩與徐大榕從未謀面,但是年,徐大榕爲洪良浩詩集作序,是序載於《同文神交》。參見本書附錄"十八世紀中朝文人學誼的新見證(一)——《同文神交》"上册第十一封書信。

[丙午]是年,李喜經第二次出使到中國,與徐大榕相會。其間,李喜經請徐大榕爲洪良浩的詩集作序。徐大榕有詩贈與李喜經。李喜經,字聖緯,號麝泉,籍貫陽城①。

---

① 李斗熙、朴龍圭等編著《韓國人名字號辭典》,第 332 頁

徐大榕爲洪良浩詩集撰寫的序中有云："丙午冬，麝泉李喜明之兄喜經充書記來我帝京，携洪尚書詩一卷，屬余爲序。……與尚書未嘗如麝泉兄弟把酒譚心，共稱莫逆。"（《同文神交》）據此序文內容，可推斷1786年（丙午）以前，徐大榕當與李喜明會過面。

徐大榕有《與李麝泉會飲，贈之》詩，云："街鼓懶聽第幾聲，雄談有客盡縱橫。何曾海内無知己？又得厨頭一酒兵。""黯向天涯溯别期，瀛洲遥指望空迷。何因便得留君住，醉倒山公舊接䍦。""帝城如海此潜藏，斗室能令引興長。何似揚帆蓬島外？眼看初日照扶桑。"（柳得恭《並世集》卷二）

1788年　乾隆五十三年　正祖十二年

［戊申］是年，於瀋陽一市鋪，朝鮮文人元生（名不詳）與一批清文人有交流。魚錫定《燕行録》載詩題："元生暮入一肆，乃文人所會處。四壁塗以粉紙，整列文房之具，極瀟灑精潔。出我國紙，進霜毫筆，要寫數張。饋龍眼、橘餅，勸四麴酒。夜歸誇張，遂吟短律以記之。"詩云："遊觀在市鋪，扶醉步康莊。偶尋文士宅，遂傾竹葉觴。毫端鮮紙潔，爐上篆烟香。高倚聽誇説，寒宵剪燭衣。"雙方交談語不詳。（魚錫定《燕行録》）

［戊申］是年，於撫寧縣，魚錫定入徐紹蓮家，雙方當有交流。魚錫定（1731—1793），朝鮮文士，字静甫、鱗之，號慎庵，籍貫咸從。著有《慎庵詩集》等。1788年（戊申）十月，其作爲三節年貢兼謝恩使團副使出使中國。

魚錫定《燕行録》載《入徐紹蓮家》詩，云："路過撫寧縣，駐馬入徐家。梅白初開萼，烟青細煎茶。盈床皆古匣，塗户即紋紗。此外文房具，尚奇又尚奢。"1789年（己酉），回還路上，魚錫定又入徐紹蓮家，有《歸路過徐進士家》詩，云："撫寧縣北有徐莊，去臘停鞭共一床。漫壁圖書猶在眼，却思梅萼暗傳香。"（魚錫定《燕行録》）

第五章　十八世紀後期中朝文人交流長編

[戊甲]約1788年(戊甲)①,於北京,李命圭與盧焞、俞蛟有交流。盧焞有楹句贈送李命圭,俞蛟有詩作寫贈李命圭。李命圭,朝鮮文士,號耦山,其具體身份、出使中國準確時間等待考。俞蛟(1752—?),字清源,又字六愛,號夢廠居士,浙江山陰(今紹興市)人。著有《夢廠雜著》②。

俞蛟《朝鮮使臣記》載:"又逾年,使臣李命圭號耦山,亦晤藥林於書肆。詢涵齋(筆者按,指洪仁謨,號涵齋)近狀,則進秩蘭臺矣。將歸之前一日,耦山留贈彩牋、清心丸數事。又出其著《陶情集》索題。冲容和雅,似合乎開元、天寶之風格。所謂'取法乎上,得乎中'者。相傳朝鮮爲有殷箕子之後,故其國崇學校,明禮義,弦歌雅化,猶有存焉。藥林故工書,因作楹句贈之曰:'快睹彩毫傳麗句,偶懷舊雨得新知。'又屬其携贈涵齋曰:'望月三秋夢,揮毫萬里情。'余時在座,亦口占七律贈之:'銜命梯航覲紫宸,風流文采羨詞臣。聖朝柔遠宣恩渥,荒服輸誠入貢頻。舊雨新知皆繫念,彩牋靈藥總宜珍。小明莫向歸程賦,計日帆收鴨緑津。'"(俞蛟撰,駱寶善校點《夢廠雜著》卷二)

1790年　乾隆五十五年　正祖十四年

[庚戌]是年,出使到北京的李性源有和清乾隆皇帝詩。李性源(1725—1790),字善之,號湖隱,謚文肅,籍貫延安。1789年(己酉)十月,其作爲進賀謝恩兼三節年貢使團正使出使中國。

徐世昌編,聞石點校《晚晴簃詩匯》卷二〇〇載:"乾隆五十五

---

① 李命圭出使中國約在1788年(戊甲)。俞蛟撰,駱寶善校點《夢廠雜著》卷二稱洪大榮(筆者按,即洪仁謨)與盧焞(筆者按,號藥林)在中國北京會晤後,"逾年復奉使入貢,遍訪藥林,而藥林旋里"。又有云:"又逾年,使臣李命圭號耦山亦晤藥林於書肆。"上海古籍出版社,1988年,第29頁。洪大榮與盧焞相會在1784年(甲辰),參見癸卯"洪仁謨與方維翰、盧焞交流"條,故由此推斷李命圭與盧焞在北京相會時間約在1788年(戊甲)。
② 參見俞蛟撰,駱寶善校點《夢廠雜著》,第4頁。

年春,朝鮮遣使朝正,性源以行判中樞府事爲正使,禮曹判書趙宗鉉爲副[使],與琉球、安南諸使同時詣京師。高宗錫宴,手金巵以賜。日午宣示御製詩,諸使能詩者皆和進,一時稱盛。"李性源《恭和御製賜朝鮮琉球安南諸國使臣詩》:"堯階春葉報中旬,湛露恩深法宴頻。薄海歡欣同玉帛,寰區慶祝競神人。陪筵每感黃封遍,賜醖那安御手親? 五紀馨香臻八耋,南山北斗總歸仁。"(徐世昌編,聞石點校《晚晴簃詩匯》卷二〇〇)李性源此詩紀昀《紀文達公遺集·文集》卷一〇、吴振棫撰,童正倫點校《養吉齋叢録》卷一五均有載。

[庚戌]是年,出使到北京的趙宗鉉有和清乾隆皇帝詩。趙宗鉉(1731—1800),朝鮮文士,字元玉,號天隱,謚孝憲,籍貫楊州。著有《天隱亂稿》等。1789年(己酉)十月,其作爲進賀謝恩兼三節年貢使團副使出使中國。

《恭和御製賜朝鮮琉球安南諸國使臣詩》:"春回慶歲月中旬,玉帛來庭侍宴頻。姬籙萬年躋壽域,堯階三祝效封人。身沾法醖叨恩曠,衣惹爐香仰聖親。武帳嵩呼同内服,雙擎雲漢頌皇仁。"(徐世昌編,聞石點校《晚晴簃詩匯》卷二〇〇)趙宗鉉此詩,紀昀《紀文達公遺集·文集》卷一〇、吴振棫撰,童正倫點校《養吉齋叢録》卷一五均有載。

[庚戌]七月十六日甲午,於熱河,徐浩修、黄仁點與吏部漢尚書彭元瑞、安南吏部尚書潘輝益等交談。彭元瑞(1731—1803),徐世昌編,聞石點校《晚晴簃詩匯》卷八八載:"字掌仍,一字輯五,號雲楣,南昌人。乾隆丁丑進士,改庶吉士,授編修,官至工部尚書,協辦大學士。贈太子太保,謚文勤。有《恩餘堂稿》[①]。"

彭元瑞向徐浩修詢問《海東秘史》、《東國聲詩》二書情況,朝鮮

---

① 《恩餘堂稿》,當爲"《恩餘堂輯稿》"之誤。

結負法與中國頃畝法之同異。徐浩修和潘輝益主要圍繞萬曆丁酉間的馮、李玉河館唱酬，展開相關於李睟光、馮克寬情況的問詢，二人對馮、李詩歌給予了高度評價。徐、潘談話内容還涉及朝鮮李徽重的情況，中國的疆域狀況，南方特産藿香、肉桂等。（徐浩修《燕行記》卷二）

［庚戌］是年，於北京，徐浩修與鐵保有交往。鐵保（1752—1824），徐世昌編，聞石點校《晚晴簃詩匯》卷九五載："字冶亭，號梅庵，滿洲旗人。乾隆壬辰進士，由郎中遷少詹事，官至兩江總督、吏部尚書，降洗馬，賜三品卿銜。有《梅庵詩鈔》、《應制詩》、《玉門詩鈔》。"現存《惟清齋全集》。徐浩修《燕行記》載二人交往事迹如下：

1. 七月十七日，"鐵侍郎（保）示其《熱河詩》一卷求評"，且索徐浩修所著書。徐浩修"以《渾蓋圖説集箋》①二卷送之"。

2. 十八日，徐浩修訪鐵侍郎於寓館，云："貴稿前夜略綽看過，氣格遒雋，意致醇雅，句法字眼皆出性靈之自然。以漁洋之清切，兼牧齋之綺麗，非俺等管見所可窺也。"且就《渾蓋通憲圖説集箋》求評。鐵曰："僕粗解詞章而已，至於律曆，真是聾者丹青，何敢以叩盤而捫燭之見，強爲之評乎？第觀其繪圖立説，亦可知專門絶藝也。"徐、鐵間的談話還涉及翁方綱、李演，《東國聲詩》無是書却誤傳名於中華的原因，清朝禁書之法的執行情況等。（徐浩修《燕行記》卷二）

3. 八月二日，於朝房外，徐浩修"與紀尚書、鐵侍郎暫話"。交談内容不詳。

4. 八月二十日，徐浩修"贈鐵侍郎五言律一，兼致野笠一頂、詩箋三十葉、竹清紙一百葉、雪花紙二束"。詩曰："妙齡馳翰墨，海内

---

① 此當爲"《渾蓋通憲圖説集箋》"之誤。徐浩修《燕行記》卷三載："朴檢書以副使徐公所著《渾蓋通憲圖説集箋》四册見示。其上二册，明仁和李水部原書。其下二册，則徐公集箋也。"《燕行録全集》第51册，第243頁。

仰高名。交爲論詩重，官仍掌禮清。陪班聯屬國，走馬出長城。一副鬆絲笠，蕭疏寄野情。"

5.八月二十七日，"鐵侍郎書送鶴山'見一亭'扁額及對聯三軸，且伴徽墨一匣，貢硯一方，蘭箋四束"。（徐浩修《燕行記》卷三）

又，《同文神交》載徐浩修是年停留北京，鐵保寫給他的2封信件。鐵保第一封書信（尚未通候……）主要是向徐浩修表達想借閱朝鮮書籍之意，其有云："尊處有貴國前人詩集或雜書？希假數本消長日，廣見聞也。……看畢，即奉還。"第二封書信（承示渾儀諸書……）對徐浩修《渾蓋通憲圖說集箋》給予了較高評價，有云："承示渾儀諸書，義理深奧，非博學而能窺測。客中心緒雜沓，更不敢造次落筆，謹以原書奉璧。"參見本書附錄"十八世紀中朝文人學誼的新見證（一）——《同文神交》"下冊第五封、第六封書信。

［庚戌］是年，徐浩修與嵇璜有交流。嵇璜（1711—1794），徐世昌編，聞石點校《晚晴簃詩匯》卷六七載："字尚佐，一字黼廷，晚自號拙修，長洲人。雍正庚戌進士，改庶吉士，授編修，官至文淵閣大學士，加太子太保。乾隆庚戌重宴瓊林。贈太子太師，謚文恭。有《錫慶堂詩集》。"

七月二十四日，懷柔城內，徐浩修逢閣老嵇璜也。徐浩修"進揖請安，嵇曰：'何如是過禮？俺爲接駕，已喫飯，忙向口外，恨不得從容也。'"後一次，於圓明園宴退，徐又遇嵇於勤政殿門外，二人僅僅寒暄。（徐浩修《燕行記》卷二）

［庚戌］七月三十日，圓明園內，徐浩修逢禮部漢尚書紀昀、滿尚書常青、內閣漢學士沈初。紀昀（1724—1805），徐世昌編，聞石點校《晚晴簃詩匯》卷八二載："字曉嵐，一字春帆，別號石雲，獻縣人。乾隆甲戌進士，改庶吉士，授編修，官至禮部尚書，協辦大學士，加太子太保，謚文達。有《紀文達公遺集》。"並引詩話云："文達以學問文章早受主知，乾嘉間凡大著作皆出其手，校理秘書，博綜群籍，

才力宏富。餘事爲詩，不求奇詭，而恢然有餘，集中多華貴典贍之作。"

徐向紀詢問其奉敕校正《明史》、《大清一統志》是否完工。紀曰："《明史》中地名、人名之差舛者，事實之疏漏者，皆已訂補付剞。《一統志》則秩巨而訛謬尤多，必欲徹底校正，故尚未就緒爾。"且二人就二書疏漏發表見解。徐紀談話還涉及鄭麟趾《高麗史》、徐敬德《花潭集》在清朝的傳播。後徐、紀二人相約入京後再會。又，八月二日，徐浩修於南門外御道南朝房外"與紀尚書、鐵侍郎暫話"。語不詳。又，十四日，徐浩修"書問紀尚書昀，兼致黃鼠筆三十枝、油煤墨十笏、彩箋三十葉。紀答以端硯一方、墨竹一軸。硯首刻'玉井'二字，背刻曉嵐自撰銘，曰'坡老之文，珠泉萬斛。我浚我井，灌畦亦足'"。徐浩修此書内容不詳。（徐浩修《燕行記》卷三）

[庚戌]是年，徐浩修與王杰有書籍方面的交流。王杰（1725—1805），趙爾巽等撰《清史稿》卷三四〇本傳載："字偉人，陝西韓城人。以拔貢考銓藍田教諭，未任，遭父喪，貧甚，爲書記以養母。歷佐兩江總督尹繼善、江蘇巡撫陳宏謀幕，皆重之。初從武功孫景烈遊，講濂、洛、關、閩之學。及見宏謀，學益進，自謂生平行己居官得力於此。乾隆二十六年，成進士，殿試進呈卷，列第三。……五十一年，命爲軍機大臣、上書房總師傅。"有《葆淳閣集》。

八月三日，宴班軍機大臣王杰向徐浩修求《東國秘史》、《東國聲詩》二書，徐告之朝鮮無此二書。王杰又求《牧隱》、《圃隱》二集，又問朝鮮可觀書籍。徐浩修以權近《禮記淺見》、韓百謙《箕田考》薦之。徐浩修意其"如是屢求懇切，安知非出於皇旨，將欲編入《四庫全書》耶？還到鳳凰城邊門，書報内閣，陳達筵席，印《箕田考》二十本，付諸冬至使行，分送於王閣老杰、紀尚書昀、鐵侍郎保"。（徐浩修《燕行記》卷三）

[庚戌]是年，徐浩修與孔憲培多有交流。孔憲培（1756—1793），字

養元,號篤齋,山東曲阜人①。柳得恭《灤陽錄》卷二《衍聖公》載云:"衍聖公孔憲培,孔子七十二代孫,年可三十餘,笑貌,善書。"有《凝緒堂詩稿》八卷。

八月九日,徐浩修於朝房逢孔憲培。歸館後,徐浩修吟成七言二絶,"翌日使柳檢書得恭往傳,兼伴清心元十丸、扇十柄、色箋四十葉,又請鶴山'見一亭'扁額。篤齋即遣差官張廷誨謝之,且云:'和章及扁額當於入京後成送。'"詩曰:"扶桑海闊九夷東,洙水淵源萬里通。曉漏聯床心已醉,杏壇希瑟思無窮。"又曰:"清秋冠蓋遠朝京,箕聖遺風尚浿城。御李識韓微願足,依依曲阜舊家聲。"

又,十日,孔憲培遣差官張廷誨送《先聖行像石刻拓本》四件、《聖迹圖》四卷、《聖賢圖贊》四套各四卷、《林廟圖》四件、《党懷英杏壇碑》四件、蓍草四束各五十莖(生於先聖廟前)與徐浩修。

又,二十一日,"衍聖公和送贈詩,書送鶴山'見一亭'扁額"。(徐浩修《燕行記》卷三)

《同文神交》載孔憲培此贈詩手帖,題作"奉和朝鮮副使徐提學大人見贈元韻,即祈訂正。時庚戌八月廿又一日",詩後題"闕里孔憲培拜稿"。參見本書附錄"十八世紀中朝文人學誼的新見證(一)——《同文神交》"下册第四封書信。

[庚戌]八月二十四日,於北京,朝鮮使團與工部尚書金簡互有贈物。徐浩修《燕行記》卷三載:"工部尚書金簡求竹清紙,以三百葉送副,且伴野笠一頂、倭鏡一面、白紬二匹、白棉布二匹、彩花席十張、雪花紙五束、清心元三十丸、扇三十柄。金之先德雲,我國義州人也,德雲之孫,常明内附,爲尚書。簡即常明之從孫。而前後效勞於我國事甚多,故不得不加意也。金報以錦二匹、春紬二匹、歙硯一方、湖筆二匣、徽墨一匣、曹扇一匣、五色絹箋一卷、龍井茶二匣。"(徐浩修《燕行記》卷三)

---

① 參見其墓志銘,王杰《葆淳閣集》卷五,清嘉慶刻本。

[庚戌]是年，徐浩修在北京與翁方綱有交流。翁方綱（1733—1818），趙爾巽等撰《清史稿》卷四八五本傳載："號覃溪，大興人。乾隆壬申進士，選庶吉士，授編修。擢司業，累至内閣學士。……著有《復初齋全集》及《禮經目次》、《蘇詩補注》等。"

八月二十五日，徐浩修"聞翁閣學方綱爲參萬壽賀儀，自盛京來留正陽門外。送柳檢書得恭質正《渾蓋圖説集箋》①，翁請借四五日看詳"。且問徐浩修云："某現在撰《春秋四家朔閏表》，以杜元凱所定長曆與一行之説不合，正在互相考訂，不識徐副使以某家之説爲是？"又問："徐公自然見過一行《大衍曆》，以爲是否？"又問："某意欲求轉致徐公將夙日所見春秋朔閏之説，略寫數論見示，以便載於拙著内。"徐浩修書送答語（答語詳見其《燕行記》卷三）。

九月二日，翁方綱書送《渾蓋通憲圖説集箋》跋語（内容詳見《燕行記》卷三）。徐浩修評翁方綱云："今見跋語，益驗其空疏。大抵目今中朝士大夫，徒以聲律書畫爲釣譽媒進之階。禮樂度數，視如弁髦。稍欲務實者，亦不過掇拾亭林、竹坨之緒餘而已。乃知榕村之純篤，勿庵之精深，間世一出而不可多得也。"（徐浩修《燕行記》卷三）

[庚戌]趙秀三曾六次出使中國，其中的四次出使時間，其自云："秀三以乾隆庚戌（1790）、嘉慶庚申（1800）及癸亥（1803）及丙寅（1806），從貢使四次進京。"（趙秀三《秋齋集》卷八）1818年（戊寅），他第五次出使中國，其有詩題作"戊寅秋孟，余從事接駕使臣作瀋陽之行，留別同社"。（《秋齋集》卷三）1829年（己丑），他第六次出使中國，其《明實錄歌》序云："歲己丑冬，余從國使入燕。"（《秋齋集》卷五）趙秀三（1762—1849），朝鮮詩人，一名景維，字芝園、子翼，號秋齋、經畹，籍貫漢陽。著有《秋齋集》、《經畹總集》等。1789

---

①此當爲"《渾蓋通憲圖説集箋》"之誤。

年（己酉）十月，其隨從進賀謝恩兼三節年貢使團正使李性源出使中國①。

　　1790年（庚戌），趙秀三燕行途中與舉人馬喜有交往。趙秀三有《映水寺書贈馬石莊舉人》詩，小序云："石莊與余庚戌相識，故及之。"詩云："映水寺前沙皓皓，遼陽城外樹蒼蒼。主人相見能相識，隔岸催呼馬石莊。"由此小序可知，趙秀三此贈詩當寫於第一次以後的出使中國過程中，疑在1800年，即嘉慶庚申。（趙秀三《秋齋集》卷一）

　　趙秀三完成於1790年（庚戌）的使行日記《燕行紀程》載《遼陽店有馬石莊者處館，名喜，兗州人也。贄詩來見，以扇索句，書此爲贈》："滚滚離愁釀鬢霜，錦囊今日忽生光。斷橋流水遼陽驛，魯國詩人馬石莊。"（趙秀三《燕行紀程》）

　　[庚戌]是年，趙秀三與顧王霖有交遊。顧王霖，秦祖永《續桐陰論畫》（清同治三年刻朱墨套印本）載："號容堂，鎮洋人，乾隆五十五年庚戌進士。"

　　趙秀三有《贈顧王霖容堂中書》："中書載酒日相還，更有清詩動客顔。家住江南佳麗地，畫中樓是眼中山。"（趙秀三《燕行紀程》）

　　趙秀三《秋齋集》卷一載《謝顧主政容堂書畫》："老木虛堂暑氣無，彈棋弄筆足清娱。即看座上多名士，底事人間愛腐儒？何以報君龍尾硯？居然贈我虎頭㘬。鄉兒預識東歸日，一道書虹渡海隅。""老木虛堂暑氣無"，當指夏天，與第一次出使時段（十二月十五日入燕，次年三月二十六日歸國）不符，顧王霖卒於1805年（乙丑），故此詩當寫於趙秀三第二次或第三次出使中國時。

————————

①《燕行紀程》（六十七首）是趙秀三第一次出使中國的使行日記。前有小引，云："歲己酉冬，蘆上李相國膺專對之命……余雖愧無華國之手而夙有觀周之志，於是乎出而不辭。以是歲十月十五日假裝，十二月十五日入燕，粵明年三月二十六日歸國。在途凡百二十餘日，在館計四十六日，得詩幾七十篇矣。"《燕行録續集》第119册，第437頁。

第五章　十八世紀後期中朝文人交流長編

[庚戌]是年,趙秀三與内閣中書舍人朱文翰有交遊。朱文翰,法式善輯《清秘述聞》卷八載:"主事朱文翰,字屏茲,江南歙縣人,庚戌進士。"又,趙秀三《題朱文翰滄湄舍人葦航書屋》詩注有云:"舍人即晦庵朱先生廿三世孫。"

朱文翰《〈秋齋集〉序》載録了兩人相識過程,有云:"粤我天子御宇五十有五載,皇人菜幣,海國來庭,則有朝鮮趙君芝園,從教士之徵,副用賓之選。子雲筆札,元瑜書記。方且沉研慕乎劉向,該博師乎馬融。回翔入幕,紅溢池蓉。儼雅修儀,青分瑣闥。已事而逡,邂逅相遇,蹌焉愉焉。主敬主慎,君子韙之。謂中於古私覿之禮,於是把其光采,衣艷蘭干。詢厥邑居,鄉名栗里。靖節之望,琴德偏優。清獻之家,鶴糧差給。有《經腕》、《詩橐》諸集十五卷,因録如干首,以爲贄焉。"朱文翰爲趙秀三《秋齋集》作序。(趙秀三《秋齋集》卷首)

趙秀三有《題朱文翰滄湄舍人葦航書屋》:"鹿洞舊書田,燕京路八千。琳瑯輪甲藏,鶯鶯瑞丁年。几案春風裹,園林霽景前。閉門勤注疏,芳緒象先賢。"朱文翰還曾邀飲趙秀三,趙秀三《滄湄中書邀飲園館》:"偶尋松子店,仍到葦航園。四海交遊遍,中書禮數尊。衣珠燈戲散,酒雪漏籌繁。歌管休相鬧,徒傷遠客魂。"趙秀三曾爲朱文翰扇面題詩,趙秀三《戲題滄湄便面》:"五步一奇石,十步一嘉樹。中書兩句話,畫出江南路。"(趙秀三《燕行紀程》)

在後來出使到中國的過程中,趙秀三有《漪塘宅,留簡滄湄朱内翰兄弟、程音田中書》:"每憶燕南舊酒徒,小車門巷日相呼。今來與子隔千里,直欲買船遊五湖。匪惠匪夷聊足爾,一邱一壑可容吾。知音幸有江員外,細雨高齋説二蘇。"(趙秀三《秋齋集》卷一)

趙秀三與朱文翰別後有書信往來,趙秀三有《題滄湄中書尺牘》:"蒼茫逢別思循環,萬里音書咫尺還。天下知應傾意氣,夢中時復見容顔。丹經要我論玄道,烏笠贈君遊碧山。長記弟兄朝退後,玉缸春酒坐花間。"此詩寫作時間不詳。(趙秀三《秋齋集》卷三)

［庚戌］是年，趙秀三與程振甲有交遊。程振甲，徐康《前塵夢影録》（清光緒二十三年江標刻本）卷上有載："音田名振甲，爲名進士，歙人。……自號音田。"

趙秀三有《飲程音田振甲内翰也園》（二首）："城濠春水滿，略彴向平郊。魚潑過人影，鴉喧動竹梢。退朝繁諫草，遲暮結雲巢。幸有同車好，文樽且永宵。""石壁淡朝曦，青山映小池。主人能作畫，賓客總吟詩。乃伯魁鄉解，於今判度支。弟兄六男子，蘭桂蔚門楣。"（趙秀三《燕行紀程》）

在後來出使到中國的過程中，趙秀三有《漪塘宅，留簡滄湄朱内翰兄弟、程音田中書》，内容見上條。

趙秀三又有《屬音田》："故人手作秋山卷，置我古松流水間。十載東歸常奉讀，真身一與畫身閑。"（趙秀三《秋齋集》卷一）

［庚戌］是年，趙秀三與中書舍人江漣有交遊，江漣爲其《秋齋集》作序。江漣（1748—1817），字漪塘，號白眉老人，江蘇江都人。著有《閣注文鈔》①。

江漣《〈秋齋集〉序》云："如趙君芝園茂才其一也。茂才以王會佐樞密院使，作書記來京師，高冠大袖，儒雅風流。暇日入都市購書史，蕭然出塵壒之外，與僕傾蓋訂交……越日又出舊詩如干卷，曰《秋齋集》，曰《經畹詩叢》，乞僕一言弁其首。……乾隆庚戌春王月，内閣撰文中書舍人江漣拜撰。"（趙秀三《秋齋集》卷首）

趙秀三有贈江漣詩，《贈江漪塘編修漣》："江氏四昆季，翰林稱白眉。文聲遐裔振，酒癖至尊知。豹直歸家少，鯉箴出殿遲。尋常小技藝，鐵筆冠今時。"（趙秀三《燕行紀程》）

［庚戌］是年，趙秀三與孝廉言尚煒有交流。言尚煒，字號不詳，蘇州人。李銘皖修，馮桂芬纂《（同治）蘇州府志》（清光緒九年刻本）

---

① 參見謝延庚修，劉壽曾纂《（光緒）江都縣續志》卷二五，清光緒十年刊本。

卷六五有載:"乾隆五十四年己酉恩科。"

趙秀三有《贈言尚煒雨春孝廉》:"奉佛心仍寂,攻詩骨更癯。春風森玉樹,秋月澹文壺。聲價推聯璧,田園在五湖。大庭遺小照,觀感早年孤。"(趙秀三《燕行紀程》)

[庚戌]是年,趙秀三與洪梧有交遊。洪梧(1750—1817),法式善輯《清秘述聞》卷八有載:"編修洪梧,字桐生,江南歙縣人,庚戌進士。"有《辛壬韓江唱酬集》。

趙秀三有《洪序常桐生宅,留別孟晉齋諸人》詩。(趙秀三《燕行紀程》)1803年(癸亥)的《薊山紀程》卷三載:"洪翰林梧,號桐生,與芝園有雅。"具體交遊事迹不詳。

[庚戌]是年,趙秀三與言朝標有交遊。言朝標(1755—1837),徐世昌編,聞石點校《晚晴簃詩匯》卷一〇六載:"字皋雲,常熟人。乾隆己酉進士,歷官鎮安知府。有《孟晉齋詩集》。"

趙秀三有《洪序常桐生宅,留別孟晉齋諸人》:"斗酒相逢意氣多,燕南終古是悲歌。如今季子貂裘弊,幾日長卿駟馬過。城樹夕陽紅作雨,官橋春雪綠生波。東風萬里歸家後,魂夢時時繞玉河。"(趙秀三《燕行紀程》)《秋齋集》卷一亦載此詩,題作"和言雨香贐別韻"。此處孟晉齋當爲言朝標,葉昌熾《緣督廬日記抄》(民國上海蟬隱廬印本)卷七載:"常熟吳蔚光《素修堂集》、言朝標《孟晉齋詩》各一部。"可知言朝標號孟晉齋。又王昶《金石萃編》(清嘉慶十年刻同治錢寶傳等補修本)載《朗空大師塔銘》,言朝標跋有云:"此帖爲朝鮮使臣趙秀三所贈。"故可知,言朝標與趙秀三有來往。由此,《洪序常桐生宅,留別孟晉齋諸人》中的孟晉齋當指言朝標。

[庚戌]是年,趙秀三與清人邵茗有交遊。邵茗,生平不詳,待考。

趙秀三有《臨別,留題邵員外茗幽居》:"伸者不得局,直者難爲曲。雖有楨幹資,矯亢乖輪輻。大匠審其用,大賈常韞櫝。夫君類如此,出世若窮谷。潛光早勿吝,冥心絕馳逐。薄有奉檄喜,實非營寵祿。數畦種苤地，舊業頗自足。歸來已白頭，一丘聚宗族。門徑生春草，窗牖依修竹。顏頰駐丹華，歌聲發金石。故家多書籍，兒孫能誦讀。寧復作偃蹇，聊以娛心目。我本海邦賤，草野亦跧伏。道同氣易感，傾蓋如宿昔。清語揚千古，杯酒權永夕。明朝各天涯，心往如咫尺。"（趙秀三《燕行紀程》）

[庚戌]是年，李喜經與張問陶詩酒唱和。張問陶（1764—1814），張維屏輯《國朝詩人徵略》卷五一載："字仲冶，號船山，四川遂寧人。乾隆五十五年進士，官萊州知府，有《船山詩草》。先生為相國文端公元孫。"彭蘊璨撰《歷代畫史彙傳》（清道光刻本）卷二六云其："好為詩，著《船山詩集》。又好道家，言曾校定《抱樸子》。"

李喜經有《張翰林（問陶船山）席上，題扇以贈》："張公真雅士，閉戶日吟哦。小別思還切，相逢情更多。清談憑不律，轟飲屬無何。素知臨池興，殷情乞擘窠。"（李喜經《綸庵集》卷二）朴齊家《燕京雜絶贈別任恩叟姊兄，追憶信筆，凡得一百四十首》詩注有云："張船山名問陶，文端公鵬翮曾孫。嘗邀余食蟹於翰林館中，南進士德新最嗜食，李十三次之。"（朴齊家《貞蕤閣集・四集》）李喜經，又號十三齋。此處所云李十三即為李喜經。朴齊家與張船山食螃蟹事發生在1790年（庚戌），時李喜經陪同，詳見1790年，乾隆五十五年，正祖十四年"朴齊家與張問陶交遊"條，故《張翰林（問陶船山）席上，題扇以贈》一詩亦繫在此年。

[庚戌]十二月初四，於榆關，白景炫、朴齊家、金宗煥、李箕元、李光稷與齊佩蓮筆談、詩歌唱和等。白景炫（1732—1799），朝鮮文士，字時晦，號悟齋。著有《燕行錄》等。1790年（庚戌）十月，其隨從冬至兼謝恩使團出使中國。

白景炫《燕行錄》卷二載云："（十二月）初四庚戌，……是夜，（齊佩蓮）騎驢帶燈而來。余與朴齊家在善、金宗煥翼卿、李箕元子範、李光稷畊之相迎，坐成，筆談論交，唱和詩律，夜深而罷。"白景炫有詩云:"萬里來遊客,榆關夜卸鞍。春心梅獨暖,月色雪交寒。元是同天在,休將異國看。談詩猶不倦,一別再逢難。"(白景炫《燕行錄》卷二)

　　1791年(辛亥),二月初三日,白景炫自北京還至榆關,齊佩蓮復來見。交談語不詳。(白景炫《燕行錄》卷四)

[庚戌]是年,白景炫、金宗煥、朴齊家等與羅聘有交遊。羅聘(1733—1799),徐世昌編,聞石點校《晚晴簃詩匯》卷九七載:"字遁夫,號兩峰,江都人。有《朱草詩林》、《香葉草堂集》。"又,柳得恭《灤陽錄》卷二《羅兩峰》載:"號兩峰,又稱花之寺僧,江南揚州府人。少年風流,晚來奉佛,携其子允纘寓琉璃廠之觀音閣,落拓可憐。學畫於古杭金農。"

　　白景炫《燕行錄》卷二載:"(十二月)十五日辛酉,……往見羅聘。羅聘號兩峰,文章之士也。朴在先曾與之交而每稱道其才,欲余同往訪之,余與翼卿從之。及見,羅聘殷勤迎入,置酒款待。"朴齊家抽案上書畫軸《鬼趣圖》示白景炫,白景炫有評云:"無形無聲之謂鬼,然或有顯英之語雜出於古書,則鬼之形乍無乍有未有常定,無憑模著。此古人所未爲之事,而兩峰之才可謂出古人所未到之外矣。""羅聘唯唯謙讓"並請白景炫題詩文,白景炫以不文婉拒。(白景炫《燕行錄》卷二)

[庚戌]是年十月,朴宗善、尹仁泰隨從冬至兼謝恩使團出使中國①。來到北京後,與張問陶、羅聘有交流。朴宗善,字繼之,號菱洋,潘南人。著有《菱洋詩集》②。尹仁泰,朝鮮布衣,字五一,號遠照,籍貫坡平。

---

① 李圭景《風槍、氣炮辨證說》載:"正廟庚戌,朴菱洋(宗善,官知縣)隨使入燕也。"李圭景《五洲衍文長箋散稿·人事篇》。
② 朴趾源《〈菱洋詩集〉序》載:"余侄宗善字繼之,工於詩,不纏一法,百體俱該,蔚然爲東方大家。"朴趾源《燕岩集》卷七,《韓國文集叢刊》第252册,第109頁。又,李圭景《種痘辨證說》載:"宗善,官知縣,潘南人。"李圭景《五洲衍文長箋散稿·人事篇》。

朴宗善有詩投贈張問陶，張問陶有和作。《船山詩草·補遺》卷四載張問陶《正月十八日，朝鮮朴檢書宗善從羅兩峰山人處投詩於予曰：曾聞世有文昌在，更道人將草聖傳。珍重鷄林高紙價，新詩願購若干篇。時兩峰處適有予近詩一卷，朴與尹布衣仁泰遂携之歸國。朴字菱洋，尹字由齋。戲用其韻，作一絶句志之》："性靈偶向詩中寫，名字寧防海外傳。從此不妨焚剩草，鬱陵島上有遺篇。"由此詩題亦可知，朴宗善、尹仁泰還將張問陶詩一卷携帶歸國。

雙方別離後，張問陶有懷尹仁泰之詩，張問陶《船山詩草》卷一二《懷人書屋（朝鮮尹仁泰隸書）》："多情徒自苦，日日坐懷人。寫以朝鮮使，天涯盡北鄰。"（張問陶《船山詩草》卷一二）

[庚戌]是年，朴宗善於北京與豐伸隱德（筆者按，即豐紳殷德）有交流。豐紳殷德（1775—1810），朴長馣《縞紵集》上，卷二載："字樹滋，駙馬都尉。"又，徐世昌編，聞石點校《晚晴簃詩匯》卷一〇三載："字潤圃，滿洲旗人。官副都統。有《延禧堂詩鈔》。"

李圭景《風槍、氣炮辨證説》載："正廟庚戌，朴菱洋（宗善，官知縣）隨使入燕也。中堂和珅之子額駙豐伸隱德，年最少，相逢於琉璃廠，要其一過。菱洋爲造其家，額駙款接，出一物示之，誇耀不已曰：'此物自阿蘭佗入貢，皇上爲我特賜一枝，其名風槍，乃是天下之利害之奇器也。子欲觀其放丸乎？'菱洋請一見之，額駙許之，手自放焉。"（李圭景《五洲衍文長箋散稿·人事篇》）

[庚戌]是年，金箕性到達北京後，與工部尚書金簡有交流，且多有詩歌、書籍、物品等饋贈。金箕性（？—1811），朝鮮文士，字汝成，號頤吉齋，謚孝憲，籍貫光山。1790年（庚戌）十月，其作爲冬至兼謝恩正使出使中國。交往事迹如：

十二月十九日是金簡生日，金箕性派洪命福、金宗煥前往金簡家贈送禮物和詩篇。又如，十二月二十六日，金箕性與金簡有交談,其内容涉及朝鮮國王感念金簡厚待東使,清皇敬待朝鮮使臣,金箕性籍貫等。再如,1791年(辛亥)正月二十一日,於北京,"金簡作單子送書籍及他物筆墨香等合六種。領來人給紙扇、清心元。擔來人給小錢二十兩,答語以送之"。(金箕性《燕行日記》)

[庚戌]十二月初七日,於豐潤縣,金箕性與賈人胡秉瑞、其父胡迥恒有交流。金箕性《燕行日記》乾卷載:"路歷賈人胡秉瑞家,家甚峻麗,人亦美雅可愛。其父迥恒業儒能文云。"惜交流内容不詳。(金箕性《燕行日記》)

[庚戌]十二月十一日,於北京,金箕性與禮部尚書紀昀有寒暄語,告訴其此次使行早出發、晚到達的原因。金箕性《燕行日記》乾卷載:"尚書將退。余使洪命福傳語曰:'使臣欲言。'尚書留立,余問其起居。彼答曰唯唯,而問余曰:'好來耶?'余亦曰唯,仍又傳語曰:'節使例於念(廿)後入來,今番則國王之叩謝是急,別例早送,而冰路間關,人馬疲憊,不能如意趕程,今始入來矣。'彼答曰:'好矣。'仍相揖而退。"

1791年　乾隆五十六年　正祖十五年
[辛亥]正月十九日,於北京,金箕性與阿桂有交流。阿桂(1717—1797),趙爾巽等撰《清史稿》卷三一八本傳載:"字廣庭,章佳氏。初爲滿洲正藍旗人,以阿桂平回部駐伊犁治事有勞,改隸正白旗。父大學士阿克敦。"

金箕性《燕行日記》載:"前日公故屢見阿桂,未有與語。今適從容逢著,故略叙寒暄。"交談語不詳。(金箕性《燕行日記》)

[辛亥]是年,於北京,金箕性與駙馬豐紳殷德、富姓少年相識,有交流。正月十五日,於朝廷内班,金箕性與駙馬豐紳殷德、富姓少年第一次見面,並有酬酢,語涉雙方姓名、官職等。正月二十三日,"駙馬豐紳殷德送來筆墨等諸種,(金箕性)故以四五十清心元答送"。(金箕性《燕行日記》)

[辛亥]正月初一日，太和殿朝參後，白景炫與禮部郎中張姓相交談。白景炫《燕行錄》卷三載："班中有一人以手捫余冠帶而有數句說話，余不嫺漢語，問諸譯官，乃是吾輩冠帶渠祖先所著之服云爾。又以渠手指畫吾掌問余何官，余以三品官書示，渠頗有敬待之意。余問貴姓而何官，渠書示姓張而官是禮部郎中云。"(白景炫《燕行錄》卷三)

[辛亥]正月二十四日，白景炫"與漢人沈彥輝話別"，並有贈詩。白景炫《燕行錄》卷三載："沈彥輝，浙江山陰人，性淳良，可與言之人也。渠言家貧入屬於禮部序班……日日來往於我所，頗親熟。"白景炫"與翼卿、子範、畊之同賦七言絶句以贈之"。詩云："久客愁懷孰與開？惟君日日訪吾來。是知海內皆兄弟，離席依依酒一杯。"(白景炫《燕行錄》卷三)

[辛亥]十二月十九日，在玉田縣，尹仁泰與清人李無名有交流。李無名向尹仁泰出示《李莒州傳》，兩人並有筆談，惜不詳。

申緯《余讀遠照老人所示〈李莒州傳〉》詩注載尹仁泰記其與李無名交流事："乾隆辛亥十二月十九日，余在玉田縣酒樓獨酌，有人來立椅子前，若屬意焉。余即致敬請坐，勸以酒，不辭。連倒三巨觥，握余手而言曰：'共飲於田疇舊基，可乎？'余曰：'唯。'伊人命酒家保携大酒，拉余至曠野邱原上，西指遥山曰：'此無終山也，燕昭王之冢在焉。今吾輩坐處是田子泰舊基也。'余問：'尊姓大名？'答曰：'我姓李而無名，人以無名稱之。今則年老，人又以李老稱之，以無名爲名可，以老爲名亦可。'仍大笑，又長太息。酒至五六巡，日已曛，同往其寓館，剪燈更酌。李於主人架上抽《豐潤志》四冊，指示《李莒州傳》曰：'此是吾先祖事迹。'余一讀訖，悚然正襟曰：'烈哉！先生既是忠孝家名士，敢問所業？'李曰：'吾世居豐潤，近移徽州。性好遊山，屢入五嶽。明日又約同遊，入翳巫閭。今夜偶然相逢，可樂也。'李年五十許，而面瘦黑，無肉食氣。達夜痛飲，若無醉痕。筆譚，時時恍惚，不省爲何語，可異也。鷄喔喔，各於椅上少睡。覺來，李已不在矣。驚問主人，主人曰：'客去有頃。'余惝恍惆悵者久之。噫，李之不告別去，以余爲不足交面然耶？余手錄《李苩州傳》，又爲詩吊田疇曰：'春秋右無終，丈夫有田疇。世值初平亂，托身劉幽州。中耐虎原邊，道路阻且修。不用車騎衆，壯士家中鳩。祖席附耳語，密勿帷幄籌。間關到長安，天子寵靈優。歸來哭墓前，壯哉蠻布傳。一入深山中，誓天復君仇。燕趙悲歌士，咸願修戈矛。威信著邊郡，北服烏桓酋。笑謝袁家招，知渠小人輈。李廣弭節地，韓信陳倉謀。豈以虛龍塞，買取一亭侯？楚臣逃邑賞，齊士辭金酬。主怨終未雪，此心魚銜鉤。不作負心人，烈烈映千秋。'尹仁泰五一題。"（申緯《警修堂全稿》卷九）

[辛亥]是年，金履度、金正中與淸人張道渥在北京交遊。金正中，朝鮮文士，生卒年不詳，字士龍①。著有《燕行錄》等。1791 年（辛亥）十月，其隨從冬至兼謝恩使團出使中國。張道渥（1757—1829），金正中《燕行錄》載云："字水屋，號夢覺，太原人，善詩畫，尤工指隸。官至揚州刺史，今爲落職在家。"

此年，松園金履度隨其兄金履素入燕②。十二月二十七日，松

---

① 李德懋《贈金士龍（正中）歸平壤》載："金正中，字士龍，集功令詩，目曰點睛，曾若批之，余作弁語。"李德懋《靑莊館全書》卷九，《韓國文集叢刊》第 257 册，第 154 頁。
② 金正中《燕行錄》有云："庸庵金相公以冬至正使兼謝恩使，銜命出疆，携季氏松園居士，與之作萬里之役。"《燕行錄全集》第 75 册，第 49 頁。金正中《燕行錄》另一版本記錄有使行名單：正使金相國履素、副使李參議祖源、書狀沈校理能翼。渡鴨綠江時間爲 1791 年（辛亥）十一月二十三日。《燕行錄全集》第 74 册，第 13 頁、第 15 頁。考佚名《使行錄》：乾隆五十六年、正祖十五年辛亥十月二十日，冬至兼謝恩行，正使判中樞金履素，副使禮曹判書李祖源，書狀官兼掌令沈能翼。《燕行錄全集》第 27 册，第 301 頁。松園居士爲金相國履素弟，即金履度。成海應《研經齋全集》卷四九有云："松園金尚書履度隨其伯兄議政公入燕。"《韓國文集叢刊》第 275 册，第 41 頁。

園金履度遊琉璃廠,逢張道渥。後松園持張道渥《古藤書屋圖》以示金正中。金正中評云:"畫意詩品足以有起余之嘆。"

壬子(1792)正月初六日,金履度再訪張道渥。交談語不詳。松園"得《泰山圖》、扇子三、《吳八景圖》一軸、《江村山寺圖》一紙而歸。其紙面,水屋以指頭八分自題。其詩曰:'天涯歲暮意如何?慚負韶華度又虛。胡不云歸猶作客? 其將焉往總移居。數經易水三年內,乍別揚州一夢餘。記得江南時節好,滿山風物似秋初。'"金正中評其詩云:"悲歌慷慨之意透出紙背,古所謂陽狂自重者耶?"

正月初十日,"松園往張水屋草堂,得其指頭八分及羅翰林歙硯、圖章石以歸"。交談語不詳。

正月二十日,金履度訪張道渥。語不詳。

正月二十二日,"松園與張水屋遊庶常館,昏後乃歸"。語不詳。

正月二十四日,金履度和金正中訪張道渥,相與交談。金正中賦七律以示之,詩云:"山釋行裝野鶴姿,隱然風彩動京師。窮途或飲狂成哭,白髮偏多病在奇。書劍假鳴燕趙性,文章羞道宋明詩。千家莫恨無青眼,後世張三也自知。"水屋曰:"腹笥可敬,敢請寫別紙。"

正月二十五日,"松園遊水屋家,與諸友話別"。語不詳。

正月二十六日,"一夕間,張水屋以指隸寫一翁亭韻二紙,畫幽居於扇面以贐"金正中。(金正中《燕行錄》)

[辛亥]是年,於北京,金履度與朱景貴、朱瑞椿叔侄相識,有多次交流。朱景貴,金正中《燕行錄》載云:"浙江人,晦庵之後,號伯志齋,其侄砥齋,號春山,其文筆俱有可觀。"朱瑞椿(1758—1828),潘衍桐輯《兩浙輶軒續錄》卷一六載:"字春山,海鹽人,乾隆癸丑進士。官福建霞浦知縣。著《春山詩存》。"金正中稱朱瑞椿號春山,當是誤記。

十二月二十八日,金履度"訪晦庵支孫竹西朱君,終日筆談而歸"。筆談語不詳。二十九日,松園金履度又訪朱君。語亦不詳。

1792年(壬子)正月初七日,"松園著黑笠青道服,訪朱司務。竟日還館,袖朱君叔侄詩稿"。金正中評云:"二詩皆有淵源,亦可愛也。"二詩不詳。(金正中《燕行錄》)潘衍桐輯《兩浙輶軒續錄》卷一六載朱瑞椿《人日,與朝鮮使臣金松園(履度)、李東谷(祉源)、尹遠照(仁泰)小集,即席書贈》:"來賓納贐通瀛海,促席分題及歲時。彩勝堆花春爛漫,清言落紙玉參差(言語不通,以筆達之)。君多微雨淡雲句(昔使臣金清陰有'淡雲微雨小姑祠'句,松園其六世孫也),我愧新黄殘白詩(我鄉張黄門寧使朝鮮,與館伴朴君聯句有'溪流殘白春前雪,柳折新黄夜半風'句,朴敬服)。可有才名傳遠徼,滄波萬里重將携(謂余《楊花》詩也)。"據詩歌内容,雙方間曾有筆談、分題作詩等。朱景貴贈詩不詳。

[辛亥]是年,金正中與程嘉賢相識,雙方交往頻繁。程嘉賢,金正中《燕行錄》載云:"名嘉賢,字少伯,號聲路,江南人。""明道二十三世孫,善詩工書,今爲國子隸業,爲士林所宗。"其爲琉璃廠"聚好齋"主人。又,李斗《揚州畫舫録》卷六載:"程嘉賢,字少伯,歙人,工詩書,效董文敏。"

十二月三十日,金正中於琉璃廠與"聚好齋"主人程嘉賢、胡寶書(字錦堂,廣東人)相識,相與酬酢,並拈新年初六日爲約,再叙。

1792年(壬子)正月初三日,金正中訪程嘉賢。程"出文房諸具,對作筆談"。談話的主要内容是朝鮮的井田,朝鮮的衣冠,蘇、杭和歙州的風貌,清朝的科舉,詞翰之爲海内所宗者等。後,程嘉賢勸金正中詩賦題壁。金正中作四律,一首以示之曰:"語雖荒拙,既許知音,則敢不披露心素,奉塵高眼以待斥正。"詩曰:"一樹扶桑下,琴書自掩門。東風隨上价,寒雪入中原。大地黄河走,深宫北極尊。從爲誇有眼,長嘯依乾坤。"程嘉賢評曰:"大得唐人風骨,敬服敬服。"仍書示詩曰:"伊洛傳先派,當躬頗自慚。文章差可信,性道詎能諳?何幸來京邑,同君一劇談?始知仁化遠,大地猶抱含。"

金正中評曰："一字加減不得，焚香可誦。"最後，兩人以初六日爲約再叙。

初六日，金正中再訪程嘉賢。程嘉賢兄萍寄、從子十然皆在座。先分韻作詩。金詩云："吾生苦晚猶好古，少讀河南夫子文。座上春風門外雪，恨未摳衣三沐薰。後世雲孫在京國，典形猶存特出群。長安市上十萬家，日夜車馬何紛紛。忽到程氏草堂裏，紙窗畫壁無塵氛。翻然出户喜折屐，坐我胡床禮甚勤。況復番番一幅錦，筆能二分詩三分。温如滄海拾明珠，皎若青山籠白雲。逖矣扶桑千里外，不意今行得吾君。君家仲容眉骨奇，咬菜脱粟窮典墳。相看握手成三笑，牙頰生香日已曛。莫問平生我所爲，四十五十今無聞。"程評曰："工部之骨，眉山之氣，非數十年研精耽究，何得有此？"程詩云："平生重交遊，動輒忘氣勢。仰睇古風遠，俯懷壯心厲。偶遊燕市中，放眼袪捍蔽。君從東海來，萬里結神契。語我殷俗存，井田規古制。三代法物在，遵循仍勿替。詩書夙所好，禮義敢自勵。高談豁心骨，鄙俗忽已逝。譬觀滄海大，始覺衆流細。何時復來遊？行李不敢滯。相思如層雲，行行仰天際。"金評云："不費一金得此錦綉之文字，歸橐不貧。"十然詩曰："空齋忽不懌，新歲作羈旅。昨日城西來，遠客乍容與。相隔三千里，何幸班荆叙？況且春風吹，龍團爲君煮。呵凍略陳辭，古今略備舉。且作斯文談，未暇問出處。珠玉既在望，敢云較角汝。慚無東道情，未克速肥羜。但得風雲篇，歸爲錦囊貯。"金又評曰："字字古雅，濂洛餘派。"

正月初十日，金正中共金護軍、洪禮卿往琉璃廠，訪程嘉賢，與之筆談，時胡寶書、馮戌亦在旁。筆談主要内容是程嘉賢向金正中介紹在座的馮戌情况，馮戌詢問金正中姓字，胡寶書介紹化州産陳皮的功用等。

正月十一日，金正中與程嘉賢有書信往來。金正中書信主要感謝胡、程二人之厚誼。程嘉賢書信主要表達對金正中贈物行爲的感謝，告訴金正中"委作序文現在起草，脱稿再容寫呈政。別章已經賦就,改日而呈",並約金正中再次見面叙懷。

正月二十日,金正中訪程嘉賢。程"出《牧(牡)丹圖障子》及《一翁亭序文》、別章一軸贈之"。金正中感嘆云:"吾東與江南不啻萬有餘里,邂逅燕市,面不過數次,書不滿一束,而許以曠世神交,呼之以海內知音,是宿世因緣未盡除去。"《一翁亭序文》詳見金正中《燕行録》。其別章云:"重譯光賓貢,隨行一壯遊。風濤輕巨海,安穩到神州。得句新成帙,藏書舊滿樓。何堪成乍別?雲樹兩悠悠。"又曰:"萬里難爲夢,翻成恨滿空。遙思讀書處,如過大同江。獨坐樓頭月,懷人雨打窗。不知滄海客,能再到中邦。"又曰:"我亦天涯客,何期一笑逢。風流務別調,磊落仰高踪。落月還相照,歸雲幾萬重。蓬萊如有路,同上碧芙蓉。"又曰:"爲訪金臺迹,都忘市肆喧。問年慚馬齒,得價托龍門。落落還如此,悠悠豈足論?寄語東海客,吾道有時尊。"

正月二十二日,金正中吟得詩五首,寄謝程嘉賢曰:"狸襪羊裘窄窄哉,北風嘶馬路悠哉。平生蓄眼來中國,不見奇男誓不回。"又曰:"金臺歲暮得其人,西竺茶床絶市塵。家本江南今在北,琉璃廠裏寂寥濱。"三曰:"公是河南夫子孫,春風眉宇典形存。燕臺日夕分唐韻,儂作長歌子五言。"四曰:"新起高樓碧水涯,殷勤爲我庶爲之。異日城東紅樹下,三回披讀一相思。"五曰:"雲歸鳥散更無期,怊悵都門立馬遲。爲是中邦千萬里,支離論士到君奇。"後與程嘉賢見面筆談,問李觲何時代人。其間,程嘉賢書一絶示金正中,其詩曰:"會短離長可奈何?黯然東望邈山河。君歸記取傳書意,珍重秋天一雁過。"金正中即席和之曰:"浮生聚散一世何,不日征車渡玉河。莫恨新秋稀嶺雁,江南黄葉夢經過。"

正月二十五日,金正中訪程嘉賢,江堅(號班香,江淹三十三世孫)在座。談及江南景多有似盧溝橋之壯觀。程嘉賢以墨二笏、歙硯一介贈金正中,並題一絶贈之,詩云:"十載隨身一硯存,烟雲滿處筆騰奔。此行倘若經滄海,爲掬波濤洗墨痕。"金正中和贈,云:

"眉文如畫完然存,龍尾山深雷雨奔。歸路潜蛟應有怒,爲君珍重掩苔痕。"江堅評云:"此詩無偏邦人口氣。"

正月二十六日,程嘉賢、胡寶書與劉錫瓚(字瑟堂,通州知縣)到朝鮮使館訪金正中,爲其餞行。金履度在座。"(金履度)揮灑數紙以塞其請。與之匝坐,話別良久"。"(金正中)以苔紙十幅、南靈二封謝其往餞之意"。交談語不詳。

別後,金正中與程嘉賢有書信來往,二人書均有載於金正中《燕行録》。金書有云:"少伯足下:正月末,南館枉餞,感幸無量,況惠之分韻一紙、送別一軸、及江亭序文一通。其餘圖書、硯、牧(牡)丹畫皆抵千金。余顧何人?得此盛貺,終身佩恩,永世難忘也。僕跋涉水草,得免顛蹎,至春暮還家。吾鄉之能詩文者無慮十數名家,來問行中所得。僕出足下詩示之,人皆嘆賞曰:'詩道自嘉隆以來,其變極矣,格卑意淺,無復大雅遺音。而此詩平淡瀏亮,不拘繩尺,不窘塗轍,鬱然有古作者氣格。'遞相傳誦,至今不息。"程書有云:"至吾兩人千萬隔絶之中,一朝遇於燕市,傾蓋之間便成莫逆,殆天作之合。誠所爲莫之致而致者,當與足下共勉之,毋爲非道,毋墜令名,以毋負彼蒼默相之意,不特足爲交遊光寵而已。"金正中書信中並載有贈程嘉賢詩七絶一首,云:"東奎瑞彩耀中秋,皇帝臨軒試九州。太學門前新劇石,賀君名在百花頭。"

又,金正中《燕行録》成書後,請程嘉賢爲其作序,序文亦載於《燕行録》,其有云:"既歸,茸而讀之,得詩凡若干首,爲燕行日記二卷,附諸剞劂。明年,以書來告,且屬一言,以冠篇首。其辭謂東人不乏能文,而必徵言於余者,藉此以替萬里顔面,且欲爲永世寶藏。"且程嘉賢撰寫該序前,當收到金正中寄贈的諸詩,該序中有云:"其意纏綿悱惻,一往而深,蓋深得乎風人之遺。而温厚和平之旨溢於意外,豈特見諸詩而已?至於鐫刻萬物,而復接之以藤績,所謂窮工極巧。讀其詩者,自知之,豈余言之所能盡其萬一哉?是爲序。"(金正中《燕行録》)

[辛亥]是年，龔協與六娥仙史有神交。龔協，字克一，乾隆壬戌進士龔廉之子。柳得恭撰《並世集》卷二載："號荇莊，江蘇陽湖人，候補部司務。韋約軒謙恒女婿也。母爲王漁陽曾孫女。"六娥仙史，身份待考。

正月二十二日，龔協寫有寄六娥仙史的書信（書奉六娥仙史硯北……重光大淵獻月正二十二日……）載於朴長馣《縞紵集》下，卷二。筆者按，太歲在辛曰重光，在亥曰大淵獻，故可知此信寫於1791年（辛亥）。

朴長馣《縞紵集》下，卷二又載有龔協《偶讀六娥仙史絕句，感賦二絕，奉寄並正》："蓮葉田田妾苦心，眉尖舊恨上侵尋。多情我自天涯客，別賞成連海上音。""春山淺澹碧於螺，紅豆相思可奈何？解佩濯纓心事苦，漫歌驟雨打新荷。"筆者按，此二詩當是龔協與六娥仙史書中所云"奉柬小句二首，書之畫箑"的小句二首。

1792年　乾隆五十七年　正祖十六年
[壬子]是年初春，金履度與伊秉綬有來往。伊秉綬（1754—1815），伊朝棟之子。劉錦藻撰《清朝續文獻通考》卷二七九《經籍二十三》載："秉綬，字組似，號墨卿，福建寧化人，乾隆己酉進士。官至江蘇揚州府知府。"有《留春草堂詩鈔》七卷。

臨別，伊秉綬有《題張水屋刺史道渥畫册，送高麗金履度（華山）歸國，並訊次修先生，即祈斤正（壬子初春，弟伊秉綬墨卿草）》，云："吳中山水天下無，十年不見心縈紆。縈誰導我江干路？眼前漠漠飛烟凫。推篷曾看山數尺，怪底群峰羅一册。絕頂纔鋪莎薦青，半天却挂天①紳碧。前山雄峙偉丈夫，後山窈窕如吳姝。精靈仿佛照江水，筆墨化作云模糊。誰能寫此石谷子？百餘年來張刺史。倪迂范緩元章顛，由來絕藝非偶然。春風跌蕩②天門闢，句驪

---

①天，《留春草堂詩鈔》作"泉"。
②跌蕩，《留春草堂詩鈔》作"詇蕩"。

貢使來重譯。偶因邂逅聚浮漚，折角巾烏練裙白。送憐晁監太匆匆，贈惜張顛點筆工。不信醫巫山下過，卧遊還看吳江楓。青陰逸韻留茶屋，朱蒙風景畫不足。桃花箕子廟前紅，芳草檀君祠下綠。君歸勝日集詞人，貞蕤居士知情親（朴齊家檢書）。言瞻刺史不可見，披圖題遍江南春。"（朴長馣《縞紵集》下，卷二）此詩亦載伊秉綬《留春草堂詩鈔》卷二，詩題作"題張水屋刺史道渥畫册，送高麗金履度歸國"。詩中有云"偶因邂逅聚浮漚"，故金履度與伊秉綬是偶然邂逅而相識。

[壬子]1791年（辛亥）末或1792年（壬子）初，羅聘有書信與金履度，但兩人未曾見面。1792年（壬子）春正月二十四日，羅聘與朴齊家書（朴次修先生座前：欲言頗多……）中提及："金松園先生以一書通之，未得識面。"（朴長馣《縞紵集》下，卷二）。羅聘與金履度書信内容不詳。

[壬子]正月初四日，於北京庶常院，金正中逢兩文士，"一人晦庵二十二世孫，號砥齋（筆者按，即朱景貴之侄朱瑞椿），一人姓章，皆浙江人也"。相與交流，金云："朱夫子牖後之功不下於孔聖，吾東之士讀其書，服其行，恨生世之晚而未及摳衣於滄洲門下矣。今邂逅足下，典禮猶存。僕之壯觀，到足下盡矣。豈不喜幸也歟？"朱曰："吾先夫子手書及小像在浙江敝舍，不得對足下奉玩，可嘆。今寓居順直門外第幾洞，若足下不吝臨枉，當掃榻而待，同作竟日之歡。未知尊意若何？"金曰："諾。"（金正中《燕行録》）

[壬子]正月初八日，金正中、金履度等於"聚好齋"逢浙江舉人盧烜，與之筆談。盧烜"才涌手捷，隨問隨答，片紙如飛。雖松園之雄詞健筆，猶覺其滯鈍也"。交談語不詳。（金正中《燕行録》）

[壬子]正月初十日，金正中於"聚好齋"逢山西舉人馮宬，與之相酬酢，多爲寒暄語。（金正中《燕行録》）

第五章　十八世紀後期中朝文人交流長編　　　683

[壬子]是年，金履度與翁樹培有交流。翁樹培（1765—1811），徐世昌編，聞石點校《晚晴簃詩匯》卷一〇五載："字宜泉，大興人。乾隆丁未進士，改庶吉士，授編修，歷官刑部員外郎。有《翁比部遺詩》。"又有《三十漢瓦軒遺詩》。

正月十一日，金履度"訪翁翰林樹培，終日劇談，得其柱聯八分及龔協詩一首而歸"。筆談語不詳。（金正中《燕行録》）

[壬子]是年，金履度與劉錫五有交流。劉錫五（1758—1816），徐世昌編，聞石點校《晚晴簃詩匯》卷一〇四載："字受兹，又字澄齋，介休人。乾隆辛丑進士，改庶吉士，授編修，歷官武昌知府。有《隨俟書屋詩集》。"

劉錫五有《贈朝鮮三使臣》"金履度"條："文物遥聞盛海邦，如君國士定無雙。昭陵玉碗人間少，真本何時過鴨江？""銜杯每到夕烏斜，中外於今久一家。他日懸知相憶處，河豚魚與杜鵑花（渠言烹河豚、煮杜鵑爲其國春日佳風味）。"（劉錫五《隨俟書屋詩集》卷九）

兩人多有詩歌贈酬。劉錫五有《次韻和金履度〈元宵前夜看月相憶〉》："此月靡不照，於人都有情。戴來重譯遠，看近九霄明。鱗瓦條條影，鼉鐘隱隱聲。寂寥求友意，拄笏到參橫。"又，劉錫五《金履度以詩稿就正，題兩斷句》："持節朝天使客星，滄波萬里助吟情。行經豐鎬興王地，應有周京雅頌聲。""烏闌細字寫銀鈎，玉札丹砂著意收。十五國風都著録，別添新咏海東頭。"（劉錫五《隨俟書屋詩集》卷九）

臨别，雙方又互有贈物、贈詩。劉錫五《張水屋所畫吴中山水爲金履度題，即送其歸國》："張顛昔作江南遊，五花駿馬千金裘。掉頭萬事不屑意，溪山佳處時勾留。揭來策蹇入燕市，白眼相對輕王侯。典裘沽酒日蕭索，酒酣却唱江南樂。濡墨拈豪寫舊遊，無數青山酒杯落。自言十載費經營，粉本翻殘畫不成。即今縮得吴山小，恨少瀟瀟夜雨聲。一朝脱手贈知己，海東詞客松園子。松園好友兼好遊，獲畫何如獲璧喜？春風悠悠楊柳陌，攀折長條送行客。

倘憶長安舊酒徒,但看畫裏青山色。"又,《金履度瀨行,捧素箋乞詩,走筆應之》:"彼美松園子,風流夐不群。書名王內史,詩法鮑參軍。惜別原頭草,行歌隴首雲。滄波足雙鯉,尺素願時聞。"又,《次韻贈別》:"芥子須彌不隔塵,誰分越客與秦人? 天涯他日如相憶,大海茫茫一葉身。""閑雲搖曳看將歸,出岫何緣定後期? 南浦萋萋無限綠,一聲驪唱鳥飛遲。"《又次韻贈別》:"料峭風寒二月天,江郎欲賦重凄然。青青楊柳三千里,何處攀條不可憐?""一出春明便隔天,南魚北雁兩茫然。心知弱水難飛渡,強說重逢倍可憐。"(劉錫五《隨俟書屋詩集》卷九)

[壬子]是年,朝鮮正使金履素、副使李祖源有和詩與清乾隆帝。李祖源(1735—1806),朝鮮文士,字玄之,號板橋,籍貫延安。1791年(辛亥)十月,其作爲冬至兼謝恩使團副使出使中國。

正月二十日,乾隆有詩作《燕幾日,同蒙古王回部入覲官及外蕃年貢使臣等觀燈有作》,"而令內閣諸臣、列國諸使奉和,自禮部送通官,即席製進"。正使金履素有和詩,詩云:"朝袍新惹滿爐香,宮漏聲稀近御床。三夜市街遊不禁,千燈錦字壽[無]疆。金門欄入車書貢,火樹雙懸日月光。偏感遐邦同內服,敬將南斗更稱觴。"副使李祖源和詩曰:"字小恩深左海濱,每年齎送獻琛臣。天臨殿陛呼山祝,日照衣冠捧玉宸。川至月恒開壽域,歲豐民樂際昌辰。煌煌火樹圓明夕,分明榮光耀遠人。"(金正中《燕行錄》)

[壬子]是年,於北京庶常館,金履度與辛從益、卞雲龍、龐士冠、葉大觀等有筆談。辛從益,朱汝珍輯《清代翰林名錄》"乾隆五十五年庚戌恩科"載條:"字謙受,號筠谷,江西萬載人。散館授編修,官至禮部左侍郎。著有《公孫龍子注詩文集》。"同條目下又載,卞雲龍,"字起田,貴州仁懷人。散館改主事,官至知州"。龐士冠,"字一桂,號鹿園,山西文水人。散館授編修"。葉大觀,"字巨賓,號蓮山,福建羅源人。散館授檢討"。

正月二十一日，金履度"觀天柱觀，遊庶常館，五翰林適在座，相與傾倒，昏後乃歸"。交談語不詳。正月二十三日，金履度"遊庶常館，與辛從益均吞、卞雲龍起田、龐士冠鹿園、葉大觀董華諸翰林，竟日談論，盡歡乃罷"。交談語不詳。（金正中《燕行録》）

[壬子]是年，於北京，金正中與屠秀才有交往。

正月二十三日，金正中於一酒肆中逢湖北屠姓秀才，外號搏庵，相與酬酢。屠秀才云是屠赤水（筆者按，屠隆，號赤水）及漸西（筆者按，不詳待考）二人之後裔，並出其所作文一篇，要金正中斥正。金正中袖以歸。

正月二十四日，屠秀才使從者來索金正中之詩，金正中披撿"短律數首，兼修數行書以謝之"。書有云："足下所作，旅燈閱披，可以忘我牢騷之懷也。蒼蒼有古作者起格，不以曼辭雕飾，求媚一時之眼，而將老大坎軻，不自懷恨，亦有得而然也。僕於是感焉，足下益勉焉。"並亦請屠秀才評品己作。屠秀才有答書，有云："讀君之詩，音節古峭，字句新穎，蓋非近人手筆，拜服。但未知此外更有佳作否？倘不見棄，即祈示我。或同人中有如君者，仰觀其著作，幸甚。"（金正中《燕行録》）

[壬子]二月初五日，於永平府，金正中、金履度逢村野老學究石姓人者，年五十八，教授生徒。"與之筆談，文義不暢"。其弟子有孫振榮者，出自作科文《焕乎其有文章》，示金正中請教。金正中問學徒中能詩人否。答曰不能。其師亦不能。孫出詩箋二張，要金正中作詩以贈。金即書一絶云："旅窗徧①近讀書床，日夕聲聞喜欲狂。勸我清茶仍乞句，北平人士愛文章。"（金正中《燕行録》）

[壬子]二月初五日，於榆關，有山西秀才齊佩蓮來訪朝鮮使者，金正中與之交談。齊向金問："洪耳溪先生平安乎？"金曰："何以得交

---

① 徧，疑此字爲"偏"字之誤。

於洪公？"答曰："偶際千里之過，幸得尺地之借。"金曰："洪公今爲吾州方伯，能健飯作詩不衰。"二人"對語良久，夜深乃罷"。交談語不詳。（金正中《燕行錄》）

[壬子]是年正月五日，龔協在北京與朝鮮遠照軒尹仁泰①第一次見面。正月二十五日，龔協與朴齊家書（愚弟龔協再拜……）中提及："獻歲五日，得晤遠照軒，接到足下手書。……遠照軒灑脱可喜，與弟一見如故，真足當次修之友矣。"

龔協有《拙句奉贈遠照軒詞丈並正》："相逢便覺夙心親，使信天涯若比鄰。自古有情惟我輩，此生無憾見斯人。停雲預恐催離緒，落日先期訂後因。長慶橋西尋舊雨，煩君爲道二毛新。"

正月二十四日，羅聘與朴齊家書（朴次修先座前：欲言頗多……）中也提及："潘御史携歸浙去。觀其留札，自知遠照先生書法直追唐李陽冰，可稱能手，弟所見作篆書者皆不及也。弟有周時《歃血銅盤銘》拓本二紙，貴重之物，到時可分一紙與之。"（朴長馣《縞紵集》下，卷二）

[壬子]是年，朝鮮遠照軒尹仁泰與劉錫五有交流。

朴長馣《縞紵集》下，卷二載劉錫五《遠照軒尹君》："書記何如小杜名？琴書新作上京行。若從酒國論門户，鼎足難爲魯兩生（尹君善飲，金、李皆不及也）。""奉使前回朴次修，旗亭隨處好詩留。憑君爲寄相思字，當日何緣未識君（君與朴爲親串，故戲及之）②？"此詩亦載於劉錫五《隨俟書屋詩集》卷九。

[壬子]是年，李祉源與劉錫五有交流。李祉源（1741—？），朝鮮文

---

① 朱瑞椿有《人日，與朝鮮使臣金松園（履度）、李東谷（祉源）、尹遠照（仁泰）小集，即席書贈》詩，潘衍桐輯《兩浙輶軒續錄》卷一六，《續修四庫全書》第1685册，第416頁。據此可知遠照軒即尹仁泰。
② 當日何緣未識君（君與朴爲親串，故戲及之），劉錫五《隨俟書屋詩集》卷九作"當日何緣未識劉（尹與朴親串，故戲及之）"。

士,字永之,祖源弟,籍貫延安。1791年(辛亥)十月,其隨從冬至兼謝恩使團出使中國。

劉錫五有《贈朝鮮三使臣》"李祉源(字東谷,多髯。自言有山水癖,屢詢天台、雁宕諸勝云。)"條:"雲海蒼茫隔大千,隋唐往迹渺寒烟。如今那復論中外?天覆滄溟一樣圓。""遊仙清夢落東南,髯也風流見一班。曾自醫巫閭下過,不須重問浙中山。"筆者按,此三使指李祉源、金履度、尹仁泰。

劉錫五又有《三使詢予生平,詩以誌之》:"家在秋風汾水邊,看花早策祖生鞭。玉皇親賜宮袍著,身傍紅雲十一年。""豈有雄文傳兩制?偶將佳句付雙鬟。向禽未遂生平志,已看滇雲萬里山。"(劉錫五《隨俟書屋詩集》卷九)

1793年　乾隆五十八年　正祖十七年
[癸丑]是年,金祖淳出使中國,與張道渥相識定交①。

金祖淳《送澹寧洪尚書(義浩)上使》詩注有云:"張水屋刺史自稱龍角山中畫師,與僕定交,在乾隆癸丑。近年寂不聞消息,或傳已作故,或傳尚在霸州任所,或傳老歸本鄉,幸澹寧得的耗來也。"(金祖淳《楓皋集》卷三)

停留北京期間,金祖淳有《走筆贈水屋張刺史道渥》詩。詩云:"一見歡然張水屋,松園壁上見君詩。我家痴叔君知否,較叔須知我更痴。"(金祖淳《楓皋集》卷一)

此後,金祖淳回國後,兩人仍有書信來往。1808年(戊辰),張道渥有書與金祖淳,書信內容不詳。金祖淳《與張水屋道渥》書有云:"己巳春,李進士文哲帶到手書一函,眷戀之情溢於行墨。又手畫一卷、柱聯一對、扁額一摺,心畫宛然,芳香襲人,三復摩挲,怳惚驚喜,若重挹高風,促席談晤。"由此亦可見,金祖淳停留北京期間,

---

① 林基中《燕行錄全集》第100冊將金祖淳出使中國時間繫在1789年(己酉),誤。第272頁。

雙方曾有過筆談。信中又云："不佞之與先生別已有二十一年矣。"雙方別離是在1793年（癸丑），故金祖淳此書信寫於1813年（癸酉）。《與張水屋道渥》書載於《楓皋集》卷一〇。

［癸丑］是年正月十六日，朴宗岳、徐龍輔等有詩歌進獻清乾隆皇帝。朴宗岳（1735—1795），朝鮮文士，初名相岳，字汝五，號蒼岩，籍貫潘南。徐龍輔（1757—1824），朝鮮文士，字汝中，號心齋，諡翼獻，籍貫達城。1792年（壬子）十月，朴宗岳爲正使、徐龍輔爲副使，率三節年貢兼謝恩使團出使中國。《正祖實錄》卷三七載云：

十七年二月二十二日，冬至正使朴宗岳、副使徐龍輔《在燕馳啓》曰："臣等一行，去年十二月二十二日到北京。……本年初月初一日，臣等入午門前朝房……十六日，內閣知會內，令臣等製進紀恩詩，故臣等各製七言四韻律詩一首，送於禮部。"（《正祖實錄》卷三七）

［癸丑］十二月十五日，於榆關，齊佩蓮訪朝鮮使者，"攜其所著文集來示之，仍問近年往來使价之安信，且言與耳溪洪尚書相厚"。李在學與之筆談，稱其"筆談頗有才思，操筆成言"。筆談語不詳。齊佩蓮作五言一律於席上，李在學和韻贈之。齊詩云："聞道旌旗駐，趨承恐後時。詞源何卓落，意氣更瑰奇。爲訪高人信，得逢君子姿。愧無一尊酒，終夜共論詩。"李詩云："關山逢客處，村舍駐車時。海外聞名久，燈前拭眼奇。藻詞看逸格，芝宇挹清姿。歸對耳溪老，爲傳今夜詩。"（筆者按，此二詩亦載於李在學《癸丑燕行詩》）後，李在學又向其詢問《禹貢》所載碣石今在何處。但交流後，李在學評價齊佩蓮云："察其言貌，雖解文字而頗有求索之意，未可謂佳士也。"

1794年（甲寅）二月初九日，於榆關，齊佩蓮又與李在學相見。李在學《燕行記事》載云："入榆關止宿焉。黃厓山人齊佩蓮已袖耳溪所去書而來待，沽酒以飲之。"交流語不詳。（李在學《燕行記事》）

[癸丑]是年,於撫寧縣,李在學與徐紹薪侄(名不詳)有交流。

李在學《燕行記事》載:"(十二月十六日)路傍有徐進士紹薪家,……今又過此,問之,則作宰於山東夏津縣,衹留其侄看家云。"

1794年(甲寅)二月初九日,"至撫寧縣,入東城內徐紹薪家。其侄迎入。正堂曰'守訓堂',壁上圖書、門楣東人之詩如去年所見矣"。(李在學《燕行記事》)

[癸丑]十二月二十六日,李在學與吏部尚書金簡互有問候致意。李在學《燕行記事》載:"晚後,吏部尚書金簡送伻行,餽以餅饌。正副房各六榼,書狀房四榼矣。伻人回,先致謝意,又以另遣從人申謝之意。"

十二月二十八日,李在學"送軍官李繼祜於金尚書簡家,以謝日前問餽之意,兼齎丸藥、紙草、筆墨之屬爲回禮焉"。(李在學《燕行記事》)

1794年　乾隆五十九年　正祖十八年

[甲寅]是年,金宗吉與紀昀有筆談。金宗吉(1755—?),朝鮮譯官,初名宗哲,字保汝,父履行,籍貫樂安。1793年(癸丑)十月,隨三節年貢兼謝恩使團出使中國。

正月,一日,金宗吉"與禮部尚書之子鴻臚寺鳴贊紀某面話甚熟,故仍訪其家,家在正陽門外。紀尚書(昀)方公退,見東客之至,相揖於門外,而入於正堂,延之上坐。設椅子對坐,恭執賓主之儀。煮茶筆談,辭氣款款。歸時,贈硯墨,出門送之"。交談語不詳。(李在學《燕行記事》)

[甲寅]正月十五日,以黃仁點爲冬至正使、李在學爲副使的朝鮮使團有詩歌進獻清乾隆皇帝。《正祖實錄》卷三九載:

十八年二月二十二日,冬至正使黃仁點、副使李在學《馳啓》曰:"臣等一行,上年十二月二十二日到北京……。本年正月初一日……,十五日曉頭……退歸後,禮部因皇旨令臣等製詩以進,故

臣等各製七言律詩一首，書送禮部。"(《正祖實錄》卷三九)

［甲寅］是年，李在學與孫衡有交往。孫衡，朴長馣《縞紵集》上，卷二載云："字雲麓，浙江仁和人。太子太保、兵部尚書、世襲一等輕車都尉、署理四川總督士毅之子，善八分。"

正月二十八日，秀才、清閣老孫士毅之子孫衡"因從者之往來"要見李在學筆迹。李在學"故以數幅贈之。彼亦以手寫障子及別製紙筆爲回禮"。李在學稱"其有文士韻致者耶"。（李在學《燕行記事》）

［甲寅］二月初一日，於北京南天主堂内，李在學、鄭東觀與江南人傅姓者有筆談。鄭東觀（1762—1809），朝鮮文士，字文詹，籍貫東萊。1793年（癸丑）十月，其作爲三節年貢兼謝恩使團書狀官出使中國。

李在學《燕行記事》載：二月初一日，"晚飯後與書狀往觀宣武門内南天主堂，……有將命者傅姓而家江南，與其徒數人來學者也。以筆代話，隨問隨答而頗有識，形貌亦甚疏雅矣"。筆談語不詳。（李在學《燕行記事》）

［甲寅］是年春，紀昀應朝鮮貢使通文館教授金成中之請，爲《李參奉詩鈔》作序。金成中，朝鮮文士，字號、籍貫等待考。

紀昀對其詩評價甚高，略云："參奉之詩，則真詩人之詩矣。大抵自郊、島導源，而冥心孤詣，擺落蹊徑。其秀拔者有塵外之致，其蕭疏淡遠者有弦外之音。蓋自北宋以來，談詩者各有門户，往往爲流派所拘；其才大者，又往往激而橫溢，改錯價規。"（紀昀撰，孫致中等校點《紀曉嵐文集·年譜》）

［甲寅］是年十月二十九日，洪羲俊隨其父洪良浩出使中國，於榆關，洪羲俊與秀才齊佩蓮有交流。

兩人有筆談。洪羲俊《與榆關齊秀才佩蓮書》（樂浚拜手，上黄厓足下……）有云："僕於曩冬旅舍，幸接光儀，半夜雅話，傾倒心肝。"交談語不詳。（洪羲俊《傳舊》卷四）

洪羲俊歸國後有《寄榆關齊秀才佩蓮》詩，云："風雪榆關路，天涯遇故人。交從三樂密，詩得八义①新。別思雲千里，清儀月一輪。雁書雖久絕，犀點暗通神。"（洪羲俊《傳舊》卷二）並有《與榆關齊秀才佩蓮書》（樂浚拜手，上黃厓足下……）。書中有云："歸東半載，萬里悠遠。"（洪羲俊《傳舊》卷四）洪羲俊《傳舊》卷二有載："（乙卯）閏二月初七日，還渡鴨江。"故此書當寫於乙卯年九月左右。齊佩蓮有答書（雪窗兀坐……）。後，洪羲俊又有《寄齊秀才書》（春間使价之回……）。（洪羲俊《傳舊》卷四）

1795年　乾隆六十年　正祖十九年

[乙卯]1794年（甲寅）十月二十九日，洪良浩出使中國。1795年（乙卯）到達北京後②，洪良浩與禮部尚書紀昀相識，有交遊。洪良浩與紀昀的交流情況詳見本書上編第三章第三節《洪良浩與紀昀交遊考述》"洪良浩與紀昀交往事迹考"，此處略。

[乙卯]是年，洪良浩與禮部侍郎鐵保有交流。禮部侍郎鐵保手寫一聯詩贈與洪良浩。洪良浩亦以詩謝之，詩云："近讀《涉江草》，驚看倒海瀾。南宮賓遠國，東閣抗詞壇。玉帛登嘉會，文章盡大觀。輝光生一顧，筆下耀琅玕。"（洪良浩《耳溪集》卷七《燕雲續詠》）又，《耳溪洪良浩全書》卷八《燕雲續詠》載洪良浩《冶亭鐵侍郎書示北海陪遊記恩詩，依韻和之》："白玉京高連五城，塵踪那意到蓬瀛？三清夢接身如化，兩腋風生步自輕。仙露分霑從帝座，雲梯攀引是星卿。皇恩溥博何由報？海外長瞻壽曜明。"鐵保原韻《乾隆乙卯正月九日詔陪朝鮮各國貢使遊北海諸勝恭紀》："縹緲蓬山峙鳳城，

---

① 八义，當爲"八叉"之誤。陳鴻墀輯《全唐文紀事》卷五六載："庭筠才思艷麗，工於小賦，每入試押官韻作賦，凡八叉手而八韻成，時號温八叉。"清同治十二年方功惠廣州刻本。

② 洪良浩子洪羲俊《傳書》卷二載："甲寅十月廿九日，陪家親赴燕離京。""（臘月）廿五日朝發邦均冒大雪。""（乙卯）二月初三日離出皇城。"

詔陪貢使笑登瀛。鑒湖波静冰床穩，佛國春寒綉紱輕。玉蝀金鰲環寶地，雕題鑿齒屬春卿。海東耆彦文章伯，會有新詩紀聖明。"

[乙卯]是年，洪良浩有和清乾隆皇帝詩。《耳溪洪良浩全書》卷八《燕雲續咏》載《十二日重華宮侍宴，命鐵侍郎同遊北海子，仍賞元宵月應制（北海子即太液池）》："九五龍飛寶甲新，萬邦同賀太平辰。瑶池桃熟三千歲，南極星回六十春。樂動雲門登玉砌，路通蓬島躪冰輪。仙園更賞元宵月，光寵偏優海外臣。"又載《圓明園觀燈應制》："光臨六紀撫瓊瑰，紫篆元宵寶榻巍。珠樹長懸恒月影，銀花遍綴壽星輝。杯傳玉露承三錫，爐散天香滿九圍。東海小臣偏聖渥，十年重到觀皇威。"

[乙卯]是年，"墨莊李翰林鼎元，送示《登岱圖》一帖"，洪良浩"遂書《泰山高歌》一篇以歸之"，詩云："泰山高，東海低。祥雲遥擎日月輪，元氣長浮乾坤倪。我居東海夢泰山，巍巍如天不可階。今年執玉上神州，路過遼陽近青齊。青烟九點漫入矚，白雲千丈何由躋？墨莊學士青雲客，雅志名山辭金闈。匹馬短筇登絶頂，大觀寰區一放睇。歸來貌得尺絹上，包盡千岩與萬溪。丰茸奇石膚寸舒，攢蹙深壑咫尺迷。謂我遠途人，求我數字題。岱宗全面入几案，淋漓筆下生雲霓。飄然坐我日觀峰，仿佛耳邊聞天鷄。七十二代何杳茫，秦碑漢封餘金泥。千年石戴尼父屐，何處雲霾孫公栖？自憐老夫腋下無羽翰，安得振衣上丹梯？山岩岩兮水渺渺，我向天東君住西。泰山之歌何時續？惟有歸雲送馬蹄。"（洪良浩《耳溪集》卷七《燕雲續咏》）

[乙卯]是年，洪良浩有詩贈北鎮廟廣老和尚。洪良浩《耳溪集》卷七《燕雲續咏》載《轉向北鎮廟，縱觀醫巫閭全面，書贈守僧廣老和尚》："天作高山鎮北東，層峰崔屼插晴空。扶桑遠挂朦朧影，渤海長嘘廣漠風。齊楚蒼茫遊氣外，雲烟變化太虛中。三韓使者乘槎到，目送飛鴻意不窮。"

[乙卯]洪羲俊於北京與李鼎元相識並有交流。雙方交流事迹如下：

洪羲俊屢次與李鼎元會面。洪羲俊《與李墨莊鼎元書》（樂浚拜手，上墨莊學士足下……）載云："僕於曩日遊覽上都，顧以遠人齟齬，文辭拙訥，而幸蒙足下之眷愛，屢參賓筵之末座。"（洪羲俊《傳舊》卷四）

"墨莊李翰林鼎元，送示《登岱圖》一帖"，洪羲俊有《題李墨莊翰林鼎元〈登岱圖〉帖》詩，云："夜見峨眉月，朝登岱嶽雲。滄溟杯裏影，赤縣掌中紋。慧眼通三界，冷風御八垠。壯遊從此始，應助子長文。"（洪羲俊《傳舊》卷二）

分別時，洪羲俊有《留贈李墨莊》詩，云："君住巴西我海東，逢迎之處蹈高風。欲從奇士求天下，翻喜清談動座中。傾蓋便成文酒會，虛襟自有肺肝通。分張萬里相思日，一片冰輪兩地同。"（洪羲俊《傳舊》卷二）

二月十六日，洪羲俊回國途中有《十六日，途中懷李墨莊，次杜》詩，云："詞宗李墨莊，高會錦筵張。文酒爭投轄，圖書喜滿堂。蘭心新契合，筆舌雅談長。關外良朋遠，奇遊詎可忘？"洪羲俊又有《寄墨莊李翰林》，詩序云："仲春歸路曾賦五言近體詩一首，以寓別後耿結之懷。兹因貢使又賦七律一首，奉呈墨莊學士兼寄諸公求和（筆者按，五律見上）。"七律詩云："東海書生眼目偏，中華始見大山川。追隨一代文章士，跌宕元春翰墨筵。市到波斯方識寶，琴逢流水乃操弦。願言洛下諸君子，莫惜瓊琚萬里傳。"（洪羲俊《傳舊》卷二）《十六日，途中懷李墨莊，次杜》、《寄墨莊李翰林》二詩是乙卯年洪羲俊給李鼎元書信後的附呈之詩。1796年（丙辰），李墨莊答書（鼎元頓首，敬覆薰谷學士足下……）有云："至贈詩二首，渾融大雅。"（洪羲俊《傳舊》卷四）

兩人別後有書信來往：1795年（乙卯），洪羲俊有書（樂浚拜手，上墨莊學士足下……）與李鼎元。其書有云："歸來半歲，音墨已絕，天涯懷人，尋常耿結。"（洪羲俊《傳舊》卷四）洪羲俊《傳舊》卷二有載:"(乙卯)閏二月初七日,還渡鴨江。"故此書當寫於 1795 年(乙卯)九月左右。李鼎元有答書(鼎元頓首,敬覆薰谷學士足下……),該書中有云:"別來一載,無日不思。"洪義俊離開北京是在 1795 年(乙卯)二月初三日①,故此書信寫於 1796 年(丙辰)。1797 年(丁巳)冬,洪義俊有《寄李墨莊(丁巳冬)》(春間羽便……)。1799 年(己未),李鼎元有答書(薰谷先生足下:前咸辱示書……)。(洪義俊《傳舊》卷四)

[乙卯]是年,於北京,洪義俊與羅聘相識並交遊。有《贈羅兩峰(聘)》詩,云:"都人争誦兩峰名,老去毫端畫有聲。十丈青霞傾蓋處,少陵獨惜鄭先生。"(洪義俊《傳舊》卷二)

[乙卯]是年,於北京,洪義俊爲羅聘子羅允紹《畫梅》帖題詩,詩題作"題羅介人允紹《畫梅》帖",詩云:"見晛不消難謂雪,迎門無語未稱人。羅浮春返羅公宅,紙上欄頭孰是真?"(洪義俊《傳舊》卷二)

[乙卯]是年,於北京,洪義俊與熊方受相識並交遊。熊方受(1762—1825),朴長馣《縞紵集》上,卷二載:"字介兹,號定峰,廣西永江人,官翰林庶吉士。"

洪義俊《有贈熊夢庵翰林方受》詩,云:"昨日纔過便夢中,人間萬事孰真空?先生大夢何時覺?春睡東窗日欲紅。"(洪義俊《傳舊》卷二)

[乙卯]是年,於北京,洪義俊爲侍讀朱承寵《海市圖》帖題詩。朱承寵(1758—1813),勞逢源修,沈伯棠纂《(道光)歙縣志》(清道光八年刻本)卷七載:"浯村人,並以乾隆四十九年選進,詩賦召試,行在欽賜舉人,授内閣中書。"著有《蟬餘集》。

洪義俊《題朱侍讀承寵〈海市圖〉帖》:"海市蒼茫入畫圖,樓臺慌惚似蓬壺。人間幻境皆如此,莫把神仙説有無。"(洪義俊《傳舊》卷二)

---

① 洪義俊《傳舊》卷二載詩《二月初三日,離發出皇城》。

[乙卯]是年，於北京，洪羲俊與紀昀相識，並有交遊。洪良浩遣其造訪紀昀。洪良浩《太史氏自序》載："乃遣樂浚造門，紀公步出中門而迎之，延置上座曰：'夙慕尊大人盛名，今也望見而不得接語，可恨。'"（洪浪浩《耳溪集》卷一八）洪羲俊《途中懷紀尚書，次杜》有詩句云："龍門末席曾三上，別夢長懸薊北天。"故可知，洪羲俊曾三次會面紀昀。（洪羲俊《傳舊》卷二）

1795年（乙卯），洪羲俊歸國半年後，有書與紀昀。其書有云："歸冬半載，音書斷絶。"（洪羲俊《傳舊》卷四）洪羲俊《傳舊》卷二載云："（乙卯）閏二月初七日，還渡鴨江。"故繫此書於此。

洪羲俊後有詩寄紀昀，詩題作"奉寄曉嵐紀尚書"，詩序云："仲春歸路曾賦七言近體詩一首，以寓別後悵慕之誠，兹因貢使又賦一篇奉呈曉嵐先生閣下。"詩云："末學退踪左海陬，中州始見翰林歐。人争附驥青雲路，士喜登龍白雪樓。鉅匠騷壇傳正脉，清談賓館憶風流。何年更得瞻芝宇？日下關山萬里修。"仲春歸路，洪羲俊曾賦七言近體詩，詩題作"途中懷紀尚書，次杜"，詩云："夫子清名聞四邊，温公以後我公賢。春官卿月臨台府，翰苑文星耀綺筵。萬里河源傳紀略，九州縫掖誦詩篇。龍門末席曾三上，別夢長懸薊北天。"（洪羲俊《傳舊》卷二）

1796年（丙辰），洪羲俊又有《與紀曉嵐書（丙辰冬）》（樂浚謹白，客冬貢使之便……），其書有注云"丙辰冬"，且書中有云："俟經二載。"1797年（丁巳）春，紀昀有答書（紀昀頓首頓首，致書薰谷世講侍史……），其書有注云："丁巳春。"1797年（丁巳）冬，洪羲俊有《上曉嵐書（丁巳冬）》（春間貢使之回……），其書有注云："丁巳冬。"1798年（戊午）春，紀昀有答書（紀昀敬啓，薰谷世講閣下……），其書有注云："戊午春。"此書《紀曉嵐文集》中亦有載，題作"與朝鮮洪薰谷書"。1798年（戊午）冬，洪羲俊有《上紀尚書疏（戊午冬）》（樂浚稽顙再拜言，樂浚罪逆深重……），其書有注云："戊午冬。"（洪羲俊《傳舊》卷四）

[乙卯]二月初六日，於三河縣，洪羲俊與靈山寺住持雲光有交流。洪羲俊有《初六日，聞縣北十五里有靈山寺，往遊，書贈主僧雲光》詩，云："瀟灑靈山寺，春風到上頭。雲林依佛僻，烟樹近村稠。迎客禪門闢，提名古塔留。歸車東海去，何日更來遊？"（洪羲俊《傳舊》卷二）

[乙卯]是年春，洪羲俊與蔣詩在紀昀家中相識。蔣詩（1768—1829），潘衍桐輯《兩浙輶軒續錄》卷二三載："字泉伯，號秋吟，師爐子，仁和人。嘉慶乙丑進士，官陝西道監察御史。著《榆西仙館初稿》。"並引《府志》云："初尚書彭齡跋曰：'余嘉其學古懷道，有國士之風，而仕於朝又能不失職。'尚書固不易許人者也。所著有《尚書古注釋義》四十卷、《讀詩句釋》六十卷、《河防翼議》四十卷、《海運雜錄》二卷、《臺灣兵備志》十八卷、《地理辨正釋義》四卷、《畿輔水利略》五卷、《別纂畿輔水利志》一百卷、《榆西仙館詩古文集》四十五卷。"又引《緝雅堂詩話》云："秋吟先生有《沽河雜咏》一百首，引證雅博，可備掌故。"

其子洪錫謨《陶匡詩集》卷一一《奉和蔣秋吟侍御寄贈家君三絕詩韻》詩注載："乙卯春，家大人與先生相識於紀文達公齋中。今年入都，先生時在杭州故鄉未得拜謁，故云。"洪錫謨《遊燕稿》中《蔣少泉鉞宅，與熊雲客、劉眉士玟會話，和贈少泉別詩二首》詩序亦載："家君與秋吟相面於紀曉嵐門下，其時曉嵐作王考詩文集序以贈，即秋吟筆也。"

1796年　嘉慶元年　正祖二十年
[丙辰]是年，李鼎元有送朝鮮文人東歸詩。朝鮮文人名待考。李鼎元《師竹齋集》卷九"丙辰"條下載《送客東歸二首》，詩云："故人書到聞佳士，畫室杯深見小詩。最是夕陽留不得，琉璃春巷立多時。""聞到驪駒早晚行，亟圖一面竟難成。相思不得情多少？鴨綠春江有淚聲。"（李鼎元《師竹齋集》卷九）

[丙辰]是年，於北京，李鼎元和趙寬達、趙學謙有交往。趙寬達，朝鮮文士，號惺窩。趙學謙，朝鮮文士，號漳南①。二人當隨1795年（乙卯）十月的三節年貢兼謝恩使團或1795年（乙卯）十一月的進賀兼謝恩使團出使中國。

李鼎元與洪羲俊書（鼎元頓首，敬覆薰谷學士足下……）中有載："昨因足下來書得交惺窩，又因惺窩得交漳南，益信足下藻鑒不虛。惜僕爲公事羈身，未得暢談，殊深恨惋。"（洪羲俊《傳舊》卷四）李鼎元的此封書信寫於1796年（丙辰）（書信時間考證見上文"乙卯年洪羲俊與李鼎元交遊"條），故李鼎元與朝鮮文人趙寬達、趙學謙的交往是在1796年（丙辰）。（洪羲俊《傳舊》卷四）

1797年　嘉慶二年　正祖二十一年
[丁巳]是年，金思穆、柳爋等有觀燈詩進獻當時清太上皇乾隆皇帝。金思穆（1740—1829），朝鮮文士，字伯深，號雲巢，籍貫慶州。柳爋（1736—?），朝鮮文士，字士精，籍貫全州。1796年（丙辰）十月，金思穆爲正使、柳爋爲副使，率謝恩兼三節年貢使團出使中國。

《正祖實錄》卷四六載：

二十一年二月十七日，冬至正使金思穆、副使柳爋《在燕馳啓》曰："臣思穆，去年十二月二十七日，追到燕郊堡，與副使臣爋、書狀臣翊模會竣使事。間於皇帝宴戲，輒進參。太上皇召至榻前，親酌御酒，凡三賜之。又頻賜食物，命撰進觀燈詩。臣等各製七言律詩一首以進，賜緞匹筆墨。"（《正祖實錄》卷四六）

[丁巳]是年，洪樂遊到達北京後，與紀昀有聯繫。洪樂遊（1761—?），朝鮮文士，後改名羲臣，字叔藝，號蘭塾、梧軒，籍貫豐山。1797年（丁巳）十月，其作爲三節年貢兼謝恩使團書狀官出使中國。

---

①方濬《夢園書畫錄》卷二三"羅兩峰《墨幻圖》卷"條載："嘉慶元年正月二十四日，朝鮮惺窩居士趙寬達、漳南散人趙學謙、行人司判事玄以遠同觀。"清光緒刻本。

洪良浩在《與紀尚書書(丁巳)》(昨年貢使之回……)書中向紀昀推薦洪樂遊,有云:"從子樂遊充書狀官赴京。敢伸起居之儀,竊想欣然如見故人之子也。其行兼付近日所作數篇文,仰質高明。海内雙眼非執事,誰也？附驥青雲,昔人所榮,惟冀逐篇繩削,以發孤陋耳。"紀昀在答書(紀昀頓首頓首,敬啓耳溪先生閣下:闊別久矣……)中有云:"令侄侍讀寄到華札及大作《字説》雜文。"洪樂遊與紀昀具體交遊事迹不詳。(《耳溪洪良浩全書》卷一六)

1798年　嘉慶三年　正祖二十二年

[戊午]是年,以金文淳爲冬至正使、申耉爲副使的朝鮮使團有觀燈詩進獻當時的清太上皇乾隆皇帝。金文淳(1744—1811),朝鮮文士,字在人,籍貫安東。1797年(丁巳)十月,其作爲三節年貢兼謝恩使團正使出使中國。申耉(1741—?),朝鮮文士,字國老,籍貫平山。1797年(丁巳)十月,其作爲三節年貢兼謝恩使團副使出使中國。

《正祖實録》卷四八載:

二十二年二月十九日,冬至正使金文淳、副使申耉自燕京離發,《馳啓》曰:"臣等一行,文淳病留栅内,臣耉與書狀官洪樂遊奉表、咨文先爲離發,十二月十八日入北京。(今年正月)十一日,……臣等退出後,自禮部知會,撰進觀燈詩,而以《上元賜宴觀燈》爲題,故臣等各製七言律詩一首以進。十二日朝,自禮部還給前詩,又送他題,而以"承恩宴賚觀燈恭紀"爲題,此則昨日製進之詩,未及登徹,旋更出題云,故臣等又製七言律詩一首以進,琉球使臣亦爲應製。"(《正祖實録》卷四八)

[戊午]是年,李光稷隨朝鮮使團出使到中國,與陳文述有詩歌唱和。李光稷(1745—?),朝鮮文士,字耕之,籍貫慶州。李光稷自云:"嘉慶戊午冬日,偶附星軺來遊上國。"①故其當於1798年(戊

---

①陳文述《頤道堂集‧詩選》卷三。

第五章　十八世紀後期中朝文人交流長編　　　　　　　　　　　699

午)十月隨從李祖源擔任正使的三節年貢兼謝恩使團出使中國。陳文述(1771—1843)，徐世昌編，聞石點校《晚晴簃詩匯》卷一一四載："原名文杰，字雋甫，號雲伯，又號退庵，錢塘人。嘉慶庚申舉人，官全椒知縣。有《碧城仙館詩鈔》、《頤道堂集》、《秣陵集》、《西泠懷古集》、《仙咏》、《閨咏》、《碧城詩髓》。"

陳文述《頤道堂集・詩選》卷一四附録王曇贈陳文述詩歌，詩注有云："君在京師與朝鮮李光稷有倡和之作，在武林節院送行之什，趙介山修撰、李墨莊中翰爲携至琉球。"

陳文述《頤道堂集・詩選》卷三載陳文述《從故紙中得朝鮮李書記見和老松之作，因並原作及贈詩存之》："未識何年種此松，深山黛色老重重。濤聲忽起夜驚鶴，冷甲欲騰春化龍。但覺此身足生氣，不知人世有嚴冬。天門風雨孤吟嘯，秦鼻如來肯受封。"並附李光稷《嘉慶戊午冬日，偶附星軺來遊上國，敝友朴儀卿携示浙江陳君雲伯咏老松之作，愛其氣格高異，步韻奉和一首。朝鮮國書記廣陵李光稷書於京師行館》："有客揮毫賦老松，筆端但覺翠重重。踏餘偃蹇霜枝鶴，吟罷騫騰雨葉龍。清韻已知擅朱夏，寒心應不畏元冬。晚來東海風吹急，欲洗秦家曩日封。"

陳文述贈詩《朝鮮書記李光稷以詩見貽，署其籍曰廣陵，蓋其國亦有揚州也。因題一絶贈之》："雲接扶桑萬里秋，今從海外識揚州。吟邊觸我江南夢，三月烟花是舊遊。"(陳文述《頤道堂集・詩選》卷三)

[戊午]是年，於玉泉縣，徐有聞與縣令在清朝服飾、女子裹足、男子髮辮等方面有交談。徐有聞(1762—1822)，朝鮮文士，字鶴叟，籍貫達城。著有《戊午燕行録》等。1798年(戊午)十月，其作爲三節年貢兼謝恩使團書狀官出使中國。

十二月十六日，"到玉泉縣，縣令來觀朝鮮服色。乃出帽帶、木靴等物示之。縣令仍著朝服坐於校椅上，汪然出涕。怪問之，則答曰：'此吾之先祖所著之服也，是以悲之。'仍問曰：'大國女子多是裹足，是何故也？'答曰：'漢人之女子皆爲裹足，其法自漢宣帝始，雖嚴禁，不得去。'又問曰:'腦上一條髦是何意故也?'即脱紅兜撫髦,曰:'此韃子之法也。今皇帝,韃子後裔故也。"(徐有聞《戊午燕行録》)

[戊午]是年,十二月二十日,朝鮮一譯官向清人打聽翰林院近來閉門之由。徐有聞載云:"館西有翰林院直所,我東文士每入中國,日往翰林院詩酒唱和,近年以來閉門不納。譯官怪問之,答曰'翰林本是大明時大家後裔也。貴國文士或有酬酢之際,問其姓名與地閥後,忽曰:我家即大明之孫。名祖子孫豈忍被髮左衽求仕於本朝乎?聞者不悦,自後拒之'云。交淺言深,致有此舉。"(徐有聞《戊午燕行録》)

1799年　嘉慶四年　正祖二十三年

[己未]正月初二日,於北京,朝鮮人致馨(姓待考)與清人李陽筆談。

雙方語及清朝進士考甲乙丙三科的選官情況,寒士難以科舉高中的現狀,新皇無法知政等。(徐有聞《戊午燕行録》)

[己未]是年,朝鮮使團副使金勉柱、書狀徐有聞與鐵保相識,有交流。金勉柱(1740—?),朝鮮文士,字汝中,籍貫慶州。1798年(戊午)十月,其作爲三節年貢兼謝恩使團副使出使中國。

徐有聞《戊午燕行録》載:"(正月)二十五日午,奠後,禮部侍郎鐵甫①至,見副使與書狀舉手而禮,問官品與立朝年數。又問朴齊家、洪良浩好在耶。蓋朴、洪兩公入中國時曾有面雅矣。爲人峭强,舉止瀟爽,有文士之風,欲爲酬酢而言語不通,故無味而歸。今日班次,又爲相逢,相去稍遠。副使先爲舉手送情,鐵甫亦舉手加胸,如摇木之樣,以示有情之意。"(徐有聞《戊午燕行録》)

[己未]是年,於北京,徐有聞與禮部尚書紀昀之子紀汝似相識,有

---

① 此處鐵甫當是鐵保之誤,疑"甫"與"保"音近而誤。鐵保曾爲禮部侍郎,與洪良浩、朴齊家有交流。參見上文"鐵保與洪良浩交流"條和"鐵保與朴齊家交流"條。

交流。徐有聞《戊午燕行録》載:"禮部尚書奇均①之子奇生,鴻臚寺官員也,宴享時已有面分矣。"紀汝似(1766—?),字象庭,紀昀第三子。附學生,由鴻臚寺序班加捐廣東候補知縣②。

正月二十六日,紀汝似訪朝鮮使節。書狀徐有聞向紀汝似詢問當今皇帝、皇子情况等。紀汝似一一作答,且云:"貴國多文士,大國人相與親之者多矣。生與大人已交之矣,請得一首詩以光陋室,如何?"徐有聞許之,紀汝似致謝而去。午後,紀汝似與侄一人又訪朝鮮使節。徐有聞《戊午燕行録》載云:"午後,奇生與侄一人來,年紀二十五六。問其官品,則曰五品也,姑無職任,皇帝引見後考定用之云。奇生之叔侄形貌甚薄,文筆不分明,比於其父,不知落幾許層。"

二月初一日,徐有聞有詩贈紀汝似。徐有聞《戊午燕行録》載:"二月初一日,前奇生求詩於我,而公除前作詩,禮爲不可,若負懇請,則恐失信於異國之人,遂作詩以送。"詩云:"大明寅亮屬名臣,儒雅風流第一人。自是車書同海宇,何曾肝膽異燕秦?三時會泣星槎客,萬國翻悲一馭賓。隔水扶桑猶不遠,與君邂逅續前因。""又有夾紙以寄臨别之意,色簡二十幅、筆墨各五、清心丸五丸、廣濟丸二十丸,使譯官以遺之"。(徐有聞《戊午燕行録》)

[己未]是年,致馨、李光植與李雲、葉登喬、周源、韓休、陳淵等相識,有交流。

正月十八日,"致馨崇文門外遇南方李雲及葉登喬,筆談而歸"。其間,李雲、葉登喬出紹興酒、海石(海魚名)、無花果、落花生

---

① 奇均即紀昀,據錢實甫編《清代職官年表》,1799年(乙未),清禮部尚書由紀昀擔任。中華書局,1980年,第252頁。又,此處提及"奇均,河間人也,天性忠厚,文筆超世,愛惜人才",均與紀昀籍貫、個性相符。"奇均"與"紀昀"諧音,故有此誤寫。奇生則紀生之誤寫,下同。

② 參見孫致中《紀曉嵐年譜》,紀昀撰、孫致中等校點《紀曉嵐文集》第3册,第255頁。引梁紹壬《兩般秋雨庵隨筆》云:"鴻臚寺序班一官,皆考取大(興)宛(平)生員爲之。河間紀象庭二尹,曉嵐宗伯之少子嘗爲此職。"

等酒食款待致馨。徐有聞《戊午燕行錄》云:"(李雲、葉登喬)語次之間多有慷慨之意。"此次筆談具體内容不詳。

正月二十七日,李光植與清朝南方士李雲、葉登喬及清漢人數人詩酒筆談,相和而歸。徐有聞《戊午燕行錄》云:"己未正月二十七日,致馨與敬仁李光直(筆者按,直爲植之誤)訪李雲於陳生(名淵)之客館,時江南士人葉登喬、李雲表弟周源、浙江人韓休、山陰人陳淵相會,偶成奇會,相與若干酬酢。後陳生盛陳酒肴菜果而進。"此次筆談主要内容多爲酒席間應酬或戲謔之語。其間,李光植有詩句云:"今日偶逢天下士,百年長作夢中人。"李雲詩云:"東南賓主門分曹,漏觶偏緣奠酒醪。渾沌何年傷鑿窾?東方有意復偷桃。通波有穴尋源易,穿石雲根導脉勞。那得携樽重陽會?龍山頂上更題糕。"葉登喬詩云:"落日金樽邀上客,酒鱗紅動綺筵開。主人雅欲傾千榼,闒坐何曾進一杯?蟻穴潰堤從古有,尾閭泄海幾時回?憑教換取鸕鶿酌,醉倚梅花待月來。"

二月初一日,致馨得李雲、葉登喬詩。葉詩云:"淡雲微雨蕭孤寺(筆者按,當是"小姑祠"之誤),東國風流想見之。海外昔存殷日月,眼中猶睹漢威儀。"① 李詩云:"百尺西城斐几前,如虹義氣達遥天。雲山有客攀嘉會,海國何人話昔緣?"②(徐有聞《戊午燕行錄》)

[己未]二月初二日,清户部王郎中訪徐有聞,相與筆談。交談主要内容是藿香茶、朝鮮衣冠、太上皇出喪日期、朝鮮外職情况等。王邀請徐擇日到家中終日交流,徐婉拒之。(徐有聞《戊午燕行錄》)

---

① 此詩,徐有聞《戊午燕行錄》(《燕行錄選集》第 7 册)中作七律,詩云:"澹雲微雨蕭孤寺,東國風流想見之。海外昔存殷社稷,眼中猶照漢威儀。萬里心期一杯酒,幾多别泪灑金卮。相風烏動潮初起,貫月槎回春自歸。"第 281 頁。
② 此詩,徐有聞《戊午燕行錄》(《燕行錄選集》第 7 册)中作七律,詩云:"百尺西城斐几前,如虹義氣達遥天。雲山有客攀佳會,海國何人話昔緣。雙管聲飛蠶食葉,一爐香焚鴨生煙。新詩試展臨風錦,莫認鴻泥詩偶然。"第 282—283 頁。

[己未]二月初三日，副譯鄭子玄與紀昀有交流。鄭子玄，朝鮮譯官，字號不詳。

徐有聞載云："副譯鄭子玄往見禮部尚書奇均，來傳其言。奇均，河間人也，天性忠厚，文筆超世，愛惜人才。問於鄭譯曰：'洪相公良浩無事乎？'曰：'然。'因問曰：'太上皇因山窆於何月？'答曰：'九月十五，窆行於易州矣。'又問：'廟號上於何時？'答曰：'高宗順皇帝。因山前上廟號後，有敕使祔太廟，後又有敕使。（高宗二字從乾隆之言也）'"（徐有聞《戊午燕行錄》）

[己未]是年，於北京，徐有聞、金春世等與禮部尚書紀昀有筆談、書信往來和贈物等。金春世，朝鮮譯官，字號不詳。

徐有聞《戊午燕行錄》載："（二月）初七日，首譯官金春世別奇尚書，持筆談而來。筆畫精妙，不如老筆。傳其言，因使副譯裏送紙筆扇藥數種請付壁書。奇問：'三大人皆侍下乎？'明日書送而嫡孫持來矣。捧而視之，華箋紙三張，內二張'福壽康寧'、一張'松茂竹苞'，皆大字者也，又四張皆書一字。雖曰老筆，筆力雄健如有龍飛鳳起之勢。紙則我國雙紋綃樣，畫以神仙物形及奇花異草之狀。余閱視再三，乃嘆曰：'去者薄而來者厚，心甚不安。'遂封藥果一櫃、別烟竹三介、香草十斤、詩箋紙三十張、別壯紙二卷、臘藥五種各三十丸，具件記，兼修數行別書以送。奇尚書又送厚州墨二匣、甫夷茶二匣、孔州茶四封、月印香四封以答之。"惜金春世與紀昀筆談語不詳，徐有聞與紀昀來往書信內容不詳。（徐有聞《戊午燕行錄》）

[己未]二月十三日，徐有聞於豐潤縣逢秀才谷延興，云："客來有害於工夫。"谷生云："君子以文會友，客至何妨？"故相與筆談。

語涉清朝與朝鮮教小兒讀書法的不同，清朝科舉之法，秀才與貢生的區別等。（徐有聞《戊午燕行錄》）

[己未]二月二十九日，於白旗堡，徐有聞向蔣哥詢問中國喪服之制。

徐有聞《戊午燕行錄》載云："（二月）二十九日，到白旗堡，主人蔣哥有被喪者。問之曰：'誰服也？'答曰：'叔父服。'……余因問曰：'父母居及親戚之服制？'答曰：'父母與伯叔父母同三年服；祖父母、兄弟皆百日服；堂叔父母及從兄、再從兄弟皆二十七日；妻父母及妻祖皆百日服；妻子與弟皆無服；此則漢人之服也。滿人則不然，漢人三年之喪，百日服之；漢人百日之服，二十七日後脱之；漢人二十七日之服，清人不服。'"（徐有聞《戊午燕行録》）

[己未]是年，徐瀅修以進賀兼謝恩副使身份出使中國①，與劉大觀有交流。劉大觀（1753—？），王昶輯《湖海詩傳》卷三八載："字崧（松）嵐，邱縣人。貢生，今官奉天寧州知州。有《玉磬山房詩鈔》。崧（松）嵐始仕遼陽，仁聲懋著，方且洊登牧守，奮迹仕途。乃其詩蕭閑刻峭，卓然自立於塵埃之表。正如梁伯鸞滅竈更炊，不因人熱。推其源，似出於《瀛奎律髓》，足與四靈三拜，分手抗行，不僅爲五言長城已也。"另有《玉磬山房文集》。雙方交往事迹如下：

1. 於寧遠與劉大觀相識，兩次經過寧遠時，徐瀅修與劉大觀均有筆談。徐瀅修云："劉大觀號松嵐，山東臨清人也。……余於己未赴燕時，行過寧遠，見一官員乘檐頂太平車，從者數十人皆騎馬擁後，前有一騎揮鞭呵引。余策馬而前，使隸私問其爲誰，則寧遠知州也。及抵客店，松嵐躡後來訪，余即出門揖迎，引入坑（炕）對坐。……及余自燕還，松嵐寄書迎問於數日程外。既抵寧遠，會余於玉磬山房。"（《明皋全集》卷一四）徐瀅修《與劉松嵐（大觀）》中有云："驛路邂逅，仍成佳會。半夜秉燭，津津説古今，談經史。"兩次筆談記録詳載於徐瀅修《明皋全集》卷一四《劉松嵐傳》。第一次筆談主要内容是：清朝和朝鮮文物風俗，徐瀅修向劉大觀詢問"經學文章之爲世眉目者"，陳崇本近況等。第二次筆談主要談及紀昀博學、王士禛、吕留良的相關

----
①《正祖實録》卷五二載：二十三年十月十二日，"進賀兼謝恩正使趙尚鎮、副使徐瀅修以頒赦詔順付形止。《馳啓》曰：'臣等八月二十七日入燕京，詣禮部呈表咨文。'"

情況、清代科舉制度、清代太學士等。第二次筆談期間，劉大觀爲徐瀅修題扁額"明皋静居"四字。《劉松嵐傳》載："余求扁額及柱聯數幅，松嵐即寫'明皋静居'四字，及'於古人書無不讀，則天下事皆可爲'一聯。顧余而笑曰：'著題否？'余笑答曰：'不敢當。'"

2. 徐瀅修與劉大觀有詩歌唱和。徐瀅修有《奉贈寧遠知州劉松嵐（大觀）二首》，詩云："艷體陳言弊百年，紛紛壇墠總忘筌。方皋相馬無他法，吾愛松嵐獨恬然。""秋風傾蓋古城隈，如舊交情一笑開。飽讀中原文藻富，歸程話到篆烟灰。"劉大觀和韻云："何人兀兀以窮年？掃盡浮華得意筌。把臂忽逢徐季海，山中草木亦欣然。""醺醺同醉白雲隈，隔水斜陽樹杪開。自古詞人具仙骨，不煩爐裏畫殘灰。"徐瀅修《奉和松嵐見貽元韻，仍乞雅正》詩云："論交萬里即千秋，長恨春波似鴨頭。遼野征轅難再駐，山房醉筆憶曾抽（與松嵐曾會於玉磬山房）。一年寄字憑霜信，兩地相思聽栗留。閉户著書聊復爾，識韓從古博封侯。"劉大觀原韻云："鑄史鎔經問幾秋，相逢已白著書頭。吟毫欲捲寒雲去，别恨應隨碧草抽。雁寄書來人又遠，鐘敲夢散月難留。浮生盡是違心事，擬署頭銜作醉侯。"（徐瀅修《明皋全集》卷二）

3. 臨别，劉大觀有詩集一卷相贈。柳得恭《恩暉堂筆記》卷六"劉松嵐詩"條載："劉大觀號松嵐，今爲寧遠知府。明皋徐侍郎己未秋以副价過寧遠，與之證交，得詩集一卷而歸。"

4. 别後，兩人有書信往來。徐瀅修《明皋全集》卷一四《劉松嵐傳》載云："中有與余往復書數篇。"徐瀅修與劉大觀别後來往書信現存3封：劉大觀書（伏讀閏月十五日書……）、徐瀅修《與劉松嵐（大觀）》（驛路邂逅……）、劉大觀答書（去年嘉平五日……）。

5. 别後，徐瀅修有詩文三册抄寄劉大觀。徐瀅修《明皋全集》卷一四《劉松嵐傳》中有云："臨别，求示余詩文甚切，故歸國後，因貢便抄寄三册。"

[己未]是年，徐瀅修雖未與李鼎元謀面會晤①，但其入燕前，與李鼎元有書信、詩歌等往來。

徐瀅修《明皋全集》卷一四《李墨莊傳》載："余入燕，以書往復。"徐瀅修與李鼎元間往復書，現僅見1封：李鼎元給徐瀅修的最後一封書信（前使至……）。李鼎元於信中請托其幫助收集朝鮮詩文，有云："僕不自揣，擬從海上歸來，即將搜索海濱奇文，彙刻一集。本朝外藩文風之盛，無如貴國，自當取以冠首。懇閣下歸時，代爲搜括，無論僕知與不知，凡能詩者，皆令自將本集選擇抄寄。如令兄薑山、燕岩、冷齋、青莊及閣下，尤僕所汲汲者。俾千百載後，流傳中土。既足以頌揚盛朝文教之廣，並可表彰知己用力之深，亦勝事也。殆有同心乎？"其信中且有云："行旌已近，悵悵奈何？"當是李鼎元云己出使琉球日期迫近，故可判斷此信當寫於1799年（己未）八月間。

徐瀅修有詩歌贈與李鼎元。徐瀅修《奉贈李翰林（鼎元）琉球奉使之行》，詩云："錦纜初開海日紅，琉球山色杳難窮。道雖遠矣皇靈仗，五虎門（在福建使行乘船之處）前舶趁風（吳中梅雨既過，清風彌旬，吳人謂之舶趁風）。"（徐瀅修《明皋全集》卷二）

[己未]於北京，徐瀅修與紀昀有交遊。其交遊事迹如下：

1. 徐瀅修首先寫書信與紀昀，以致意，並抄送己著詩文請紀昀指正。其次親自上門拜訪紀昀。徐瀅修云："余於入燕後，先以書致意，並送抄稿請序。繼以小車造其門，則曉嵐顛倒出迎，歡然如舊。"（《明皋全集·紀曉嵐傳》）紀昀云："朝鮮徐判書明皋奉使來

---

① 《正祖實錄》卷五二載：二十三年十月十二日，"進賀兼謝恩正使趙尚鎮、副使徐瀅修以頒敕詔順付形止。《馳啓》曰：'臣等八月二十七日入燕京，詣禮部呈表咨文。'"言朝鮮使團於正祖二十三年八月二十七日（即嘉慶四年）入北京。趙爾巽等撰《清史稿》卷一六《仁宗本紀》載："（嘉慶四年，八月）乙巳，命修撰趙文楷、中書李鼎元册封琉球國王尚溫。"八月乙巳日，李鼎元出使琉球，故可判定徐瀅修出使到北京，並未與李鼎元謀面。第576頁。

第五章 十八世紀後期中朝文人交流長編　　707

朝,余適掌春官,職典屬國,得接其言論,因得讀其所作《學道關》及《明皋詩文集》。其《學道關》以正蒙之精思,參以皇極經世之觀物,即數闡理,即理明數,哀然成一家言。詩則規橅金仁山,濂洛風雅,自成一格。其文則揖讓俯仰,有歐陽子之風度。而大旨根柢理要,不失洛閩之正宗,彬彬乎質有其文,是非雕章繪句者所能,亦非南宋以來方言俚語皆可入文者所能也。東國聲詩傳播中國者多矣,文筆傳播中國者,余唯見徐君敬德一集,然頗有荆川晚年之意。續見《耳溪文集》,嘆爲希(稀)有。不意今日復見君之大作焉,信斯邦世傳詩禮,具有古風,非但以篇咏擅長矣。判書乞余爲序,製書論文"(紀昀《〈明皋文集〉序》)徐瀅修寫給紀昀致意之書爲《與紀曉嵐(昀)》(文章本有真,千古一脉……)。書信中有云:"今幸天借其便,奉使朝京。而閣下以文垣盟主與我先兄判書公有特契,於僕知不恝然。僕之就正有道,長進一格,此其機乎。兹將詩文若干篇,所撰《學道關》一書,冒塵高案,仍乞集序。"據此段文意和措辭判斷此書當爲徐瀅修寫給紀昀的首封書信。

2. 應徐瀅修請求,紀昀給其文集作序。序文所署寫作時間爲"嘉慶己未九月二十五日"。紀昀《〈明皋文集〉序》載於《明皋全集》卷首。

3. 徐瀅修與紀昀見面後,有詳細筆談,載《明皋全集》卷一四《紀曉嵐傳》。主要内容爲:徐瀅修談及近來文風,紀昀評價徐瀅修作品,紀昀向徐瀅修介紹可得的朱子書及前後《漢書》種類,徐瀅修請求紀昀代覓朱子書及前後《漢書》,紀昀評價洪良浩詩文等。

4. 徐瀅修與紀昀有書信往來。現存徐瀅修在北京期間與紀昀的來往書信3封:《與紀曉嵐(昀)》(文章本有真,千古一脉……)、《與紀曉嵐》(昨於崙使之來……)、紀昀答書(不揣固陋……)。現存徐瀅修歸國後與紀昀間的來往書信5封:《與紀曉嵐》(未見而憂……)、紀昀答書(紀昀頓首頓首,敬啓明皋先生閣下……)、《與紀曉嵐》(春間節使之還……)、紀昀答書(昀敬啓,明皋先生閣下:

別來日久……)、《與紀曉嵐》(往歲小車造門……)。此8封書信載於《明皋全集》卷六。

5.紀昀答應徐瀅修代覓、代購朱子書的請求,其書信中有云:"使輶歲歲往來陸續,得一種即寄一種也。""所委采辦各書,陸續必有以報命。"後,1801年(辛酉),紀昀有朱子書寄給徐瀅修。徐瀅修信中有云:"辛酉、壬戌貢使之還,連蒙《朱子語類》建安合刻本及《全集》閩刻本兩裘之寄惠。此知是陳糧道書所云向閩中書坊買得者,長者之不忘舊要如此,後生所以激感於知己也。"

[己未]是年,停留北京期間,徐瀅修曾向翁方綱多次詢問內閣書下之書目。徐瀅修《題奏謝恩使〈聞見雜事〉》載:"當世所稱藏書名儒如翁方綱者,與之往復質問,則自內閣書下之書目,間或不辨其何等義例,何人編刻。"(徐瀅修《明皋全集》卷一〇)

[己未]是年,於北京,李喜經與紀昀、翁方綱有交流。李喜經《雪岫外史》卷一載:"己未秋使行,自內閣有朱子諸書十餘種購來之命,是時余亦入燕,親往書肆搜求不得。又廣問知舊,皆無有。最後往見紀昀,示其書目要求。則曉嵐援筆書其諸種凡例,撰述人姓名,無不詳備,仍曰:'此册雖皆入《四庫[全]書總目》,而初未刊行,不可得也。'又曰:'其中數種見在於門生某人家,而其人家在浙江,當書求以付後便。'前年始送傳使便,其博洽之深、信義之重,亦可知矣。其時余往見翁覃溪,亦要購之,則翁拈《白石雜錄》、《翁季錄》兩册曰:'此則吾當購贈矣。'其後竟未得焉。紀曰:'《白石雜錄》余所刪定者,而雖入於《四庫》書,更無他本矣。'翁則不知而妄稱可購,博洽與雅度,翁讓於紀可知矣。"(李喜經《雪岫外史》卷一)

[己未]是年,金載瓚與齊佩蓮有交遊。金載瓚(1746—1827),朝鮮文士,字國寶,號海石,謚文忠,籍貫延安。有《海石遺稿》、《海石日錄》等存世。1799年(己未)十月,其作爲謝恩兼歲幣使團正使出使中國。

《正祖實錄》卷五二載：二十三年十月十三日，"以金載瓚爲進賀兼謝恩正使"。金載瓚有《榆關贈齊生佩蓮（甲辰國器燕行，與齊生相酬唱，齊生尚説甲辰事，故尾句及之）》詩，云："書劍遲回鬢已疏，看君自是古家餘。客從銀浦停槎路，地近金臺擁彗壚。已向詩中深有得，始知名下盡無虛。關榆歷落星霜老，存没悲懷各自攄。"（金載瓚《海石遺稿》卷四）

[己未]是年，金載瓚與蘇州士人朱生有來往。朱生，名不詳，自云朱熹之後。金載瓚《贈蘇州士人朱生》云："考亭門路可參三，遺轍千年唤指南。君去試從多士問，誰將陸學使人耽？"其二："文能載道乃爲文，師道詞源有典墳。降自八家猶正路，雪樓旗鼓始紛紛。"其三："秦楷蒼篆各天真，書到山陰是謂神。米董以來才子筆，都將小品競誇人。"（金載瓚《海石遺稿》卷四）

[己未]是年，金載瓚與劉大觀有交遊。其《寧遠，贈知州劉大觀》云："星軺一路隔年餘，傳舍留燈枉駟車。談笑宛如傾蓋久，襟期先得識荆初。桑麻饒境門無牒，松桂開衙案有書。怊悵聲光從此遠，塞雲飛盡雁歸疏。"其二："東國衣冠世襲儒，文宗經史學宗朱。生同一代逢何晚，憑軾今來見大巫。"其三："翰墨淋漓談屑飛，清香自覺襲人衣。斗南知有文章氣，會見青霞夜夜輝。"其四："二月關河客未還，夜來春色數州山。野亭酒盡天將夕，偷得行人半日閒。"（金載瓚《海石遺稿》卷四）

[己未]是年，金載瓚與徐承緒有交遊。金載瓚《贈江蘇貢士徐承緒（劉大觀之婿）》云："君在江南第幾州？江南吾向夢中遊。傷心莫過金陵郭，野殿虛無麥欲秋。"其二："曾見《西湖春曉圖》，蘇堤月落有啼烏。最憐荷桂三秋景，留醉南朝幾大夫？"其三："三湘鳥獸有餘悲，花落黄陵怨二妃。叫舜蒼梧從古恨，竹間清血染枝枝。"其四："江潭春暮吊三閭，草緑王孫去後墟。聞説荆南諸士女，至今不食汨羅魚。"（金載瓚《海石遺稿》卷四）

十八世紀,無法確考兩國文人交遊時間者,繫於下:
1. 朝鮮柳約雖未與清人林本裕會面,但兩人以書信往來而神交。

　　南有容《贈原州柳生約,柳生善古篆,爲余作印章數枚》詩注有云:"柳篆入中國,爲燕人林本裕所賞,有往復書,托以異域知己。"(南有容《雷淵集》卷五)成大中《青城雜記》卷四載兩人書信神交本事,云:"柳約字休文,晉州人,工金石篆隸之學。陶谷李相宜顯奉使之燕,約爲刻其圖章數顆贐其行。約時未知名,李相亦未之奇也。及至燕,購異石,問工刻圖章者,皆稱蓋州林本裕。李相返,至蓋州訪焉。本裕本武林人,和靖之裔也。少爲吳三桂書記,被獲於清,編管蓋州。本裕既顛沛流離,乃以書籍自娛,居小樓不出,自號辱翁。時年九十餘,冠帶出肅,容儀觀甚偉。語良久,李相以贄請其刻,本裕許之,仍問行箱有朝鮮刻否。李相乃出約刻示之,本裕驚異之,知其出於約也。乃手具書幣,求其圖章於約。書疏往復,終本裕身,至以海內知己稱之,約由是名聞天下。"惜書信內容不詳。

2. 林本裕有柱聯贈送朝鮮安某號夢賚者。

　　成海應《研經齋全集・外集》卷五五載:"林本裕,和靖之後,爲吳三桂所累,清人放之蓋州,與我譯安某號夢賚者親熟。嘗手書柱聯一對曰'四壁墨華暉旭彩,一簾香篆靄晴雲'以遺之。安某轉致之宿雲柳約,約手裝(粧)之,今在權上舍拓所。"

3. 清阿克敦出使到朝鮮後,與朝鮮鴻臚(姓名不詳)有交流,具體交流內容不詳。

　　阿克敦《東遊集》載《行館即事》詩,云:"粗通言語效中華,官是鴻臚古大加。人意未能全解釋,有時書代數行斜。(朝鮮舊以鴻臚主賓客,即大加也,俗名差備。朝夕侍奉左右,以通言語。)"(阿克敦《東遊集》)

第五章　十八世紀後期中朝文人交流長編　　711

4.朴齊家雖未與王學浩見過面,但二人有神交。王學浩,趙爾巽等撰《清史稿》卷五〇四《藝術三》載:"字椒畦,江蘇昆山人。乾隆五十一年舉人。幼學畫於同縣李豫德,豫德爲王原祁外孫,得南宗之傳。學浩溯源倪、黄,筆力蒼勁。……著《南山論畫》。"

朴齊家《題王椒畦(學浩)畫扇見贈》云:"秋山一幅亂麻皴,老屋疏林點染新。另有神交在便面,夢中人是畫中人。"(朴齊家《貞蕤閣集·三集》)

王學浩曾有山水畫作寄與朴齊家。朴齊家曾問潘庭筠:"王學浩相熟否?他畫山水寄吾。我今倦遊不得作天涯想。"(朴長馣《縞紵集》上,卷一)

又,朴齊家有懷王學浩詩,詩云:"椒畦寫山水,皴染如元人。含情托紈扇,贈以心所親。真交不在面,此意良足珍。"(朴長馣《縞紵集》上,卷二)

5.龔協有詩歌寄贈黄室仙史,黄室仙史身份待考。

朴長馣《縞紵集》下,卷二載龔協《律詩五首,寄贈黄室仙史並正》:"春水緑波長,芳洲杜若芳。名花憐北里,彼美在東方。問訊容顏瘦,低徊姓字香。所思不可見,夢繞我聞堂。""玉人何處所?長對水晶盤。明月三千里,春雲十二欄。祇傳眠食減,未許畫圖看。今日涼風起,遥知倚暮寒。""異地空怊悵,天涯可奈何?多愁懷杜牧,好句憶秦哦。珍重栽紅豆,殷勤補碧蘿。盈盈還脉脉,難渡是銀河。""橋真填七夕,石可證三生。但許貽彤管,何曾限碧城?情痴應笑我,命薄始憐卿。香草傳幽怨,清寒徹玉笙。""地偏分異域,生幸得同時。音問何曾識?因緣也算奇。卷中人可見,夢裏境堪思。待得菖蒲發,吟牋寄好詞。"(朴長馣《縞紵集》下,卷二)

6.朝鮮洪慎猷有贈清學士博明詩。洪慎猷(1722—?),朝鮮文士,字徽之,號白華子,籍貫南陽。著有《白華子集抄》等。出使中國時間不詳。

《贈人(清學士博明)》:"詞翰平生用力深,百家門逕費推尋。珠躍衣上藏如意,指乏琴中發妙音。天質既偏生海國,魔精亦劣入肝心。一聲杖卓難承誨,遥乞鴛鴦綉後針。"(洪慎猷《白華子集抄》)

7. 唐樂宇曾有《牡丹亭記》贈與李書九。唐樂宇(1739—1791),王培荀《聽雨樓隨筆》(清道光二十五年刻本)卷二載:"堯春,綿竹人,乾隆丙戌進士,吏部主事,官貴州平越府知府。……李雨村序其詩,謂其學西崑體。"著有《東絡叢書》。

李德懋與唐樂宇書(不佞之一生……)中有云:"薑山、冷齋獲見足下所贈《牡丹亭記》,深感足下之好奇,遥謝千萬。"(李德懋《青莊館全書》卷一九)

8. 朝鮮使臣鄭思賢與紀昀有交流,鄭思賢以棋子兩奩贈送紀昀。鄭思賢,朝鮮文士,字號待考,曾於1786年(丙午)三月、1792年(壬子)十月、1795年(乙卯)十一月三次作爲賷咨使出使中國。

紀昀《閱微草堂筆記》卷二〇載:"朝鮮使臣鄭思賢以棋子兩奩贈予,皆天然圓潤不似人工云。"惜鄭思賢與紀昀其他交流事迹不詳。(紀昀《閱微草堂筆記》卷二〇)

9. 朝鮮徐瀅修雖然與清徐大榕没有見過面,但二人有詩歌唱和、書信聯繫等。兩人交往事迹如下:

詩歌唱和:徐瀅修《明皋全集》卷一載徐瀅修與清徐大榕唱和詩一組。徐大榕原韻:"著作分明柳柳州,與君家世舊南洲。何時共訂三生約?盡日忘機看海鷗。""聽説疏狂醉亦醒,文通有筆亦通靈(陸文通也)。欲求風雨連床會,銀漢迢迢舊使星。"徐瀅修和詩題作"李生喜明之赴燕也,遇徐惕庵(大榕),示余文稿數篇。惕庵比之柳柳州,仍作兩絶,以題卷端。遂次其韻,答其厚意",詩云:"一脉千年貫九州,奎文近日耀東洲(英廟甲戌,西洋人劉松齡謂我國行人曰:'奎星之不明久矣。歲丙申乃大明,朝鮮亦箕尾分測之可見')。鯫生不有攀援力,桑海窮濱但狎鷗。"其二:"希音雅畫夢余醒,不朽新工賴子靈(惕庵又作余文集序,自書一帖以送)。最是平生無限恨,才疏難望泛槎星(泛槎星,用漢張騫奉使事)。"

書信往來:徐瀅修《明皋全集》卷五載徐瀅修《與徐員外(大榕)》(足下之評我稿曰……)。

徐大榕爲徐瀅修文集作序。徐大榕《〈徐五如軒主人詩文〉序》載徐瀅修《明皋全集》。疑徐瀅修詩文當由李喜明赴燕時,贈與徐大榕。徐瀅修有詩題曰"李生喜明之赴燕也,遇徐惕庵(大榕),示余文稿數篇。惕庵比之柳柳州,仍作兩絶,以題卷端。遂次其韻,答其厚意"。且徐大榕序中有云:"(徐瀅修)遥頒書册。"故有此推斷。

10. 於北京,李喜經與李鼎元有交遊。雙方交遊事迹如下:

李喜經《雪岫外史》卷一載:"余在燕館,每與之飲酒論詩。臨別贈余以詩,曰:'客從東方來,帶得東海量。千杯百杯何足言?聚沙而雨不知漲。昨集船山宅,自午及申酒百石,端然騎馬夜歸去。館人不識是酒客,十三醉後能吟詩。由齋八分善書額,手提一畫與之易。却嘆洪學士,開口稱户窄。盡人嘲謔甘獨醒,守口如瓶未肯闢。高冠危坐何翩翩,三子都是東方賢,説到離思心欲然。如相憶,一瓮付海船,尺素托鴻翼。'"

雙方論詩曾談及杜甫詩句"江流石不轉"。《雪岫外史》卷一載:"余往年入中原,與李墨莊談話。李,蜀人也。語及蜀事,問:'石不轉果真有否?'李曰:'何獨杜子美時然也。其石至今宛存,尚如昨日所積。石非大而難動,不過江邊水磨小石纍之作幾堆。夏雨泛濫,漂蕩散盡,更無前樣。即見水退,復還爲堆。未知武侯有何神術,而千載之後,能拾舊石,復作陣勢也。甚可異也。'"

一日,李喜經"與李墨莊談話,難其言語之相殊。李曰'非獨貴邦言語相殊,今廣東、雲南諸省言語,亦殊不可解'云"。(李喜經《雪岫外史》卷一)

11. 李喜經有詩贈與擅長刻章的清文士余文翰。

　　李喜經有《贈余秀才（文翰）》："印之所創自古昔，秦文漢章何琳瑯。篆殊鐘鼎自有體，始見朱文生於唐。刀法全昧平與舞，誰能更識急就章？近來神手數諸公，後有許容前文彭。餘子碌碌不足道，作譜無如賴古堂。我在海隅眼不廣，幸見一二心不忘。余君好古隱於市，堆石璀璨皆燈光（燈光，石名，稱天下第一）。刻法勁方掃近代，雕鏤良玉如截肪。奇技亦足傳遠國，請君爲我鎸數方。"（李喜經《綸庵集·補》）

12. 博明有贈詩與朝鮮譯官李瀗。

　　博明《題李瀗扇》："浿陽塵界仙源譜，謝氏庭中看玉樹。哲昆縞紵二十年，君更聯情繼芳圃。""邊城三月喜春陰，林外幽禽弄好音。願將一段絲桐意，結作高山流水心。"（柳得恭《中州十一家詩選·中江権使博明》）

第六章　燕岩師門與清文人交流長編

一、李德懋與清文士交流長編

1773年　乾隆三十八年　英祖四十九年

［癸巳］李德懋與郭執桓未曾謀過面，但是年，李德懋評郭執桓《繪聲園詩集》，並爲其作序。

李德懋子李光葵撰《先考積城縣監府君年譜》（上）載："癸巳（公三十三歲）……六月二十六日，評繪聲園詩稿。先是洪湛軒大容遊燕京，遇堯都鄧騫如，與之交。鄧子寄其友郭執桓封圭詩繪聲園稿一册。封圭，平何（河）人也，時年二十四，詩品精妙。湛軒托公評之，凡一百六十餘段，又有序。"李德懋《清脾錄》卷四《郭封圭》亦有載："其同邑汶軒鄧師閔乃洪湛軒遊燕時所交也。嘗寄封圭《繪聲園詩集》，余嘗評批。蓋清虛灑脱，學李供奉者也。"李德懋所評及序均不詳。洪大容《〈繪聲園詩〉跋》（洪大容《湛軒書·內集》卷三）載李德懋評語一條："炯庵李懋官爲之評閱而題其下曰：'澹園承先大夫富有之業，吟放於池臺水竹之間。今見其詩而想其人，冰月之姿，秋水之神。'"

李德懋有次郭執桓《澹園八咏》詩。李德懋《青莊館全書》卷一〇載《澹園八咏爲平河郭封圭（執桓）作（執桓因同邑人鄧師閔寄其〈繪聲園詩集〉於洪湛軒，屬公爲序。又與冷齋、楚亭次其集中〈八咏〉以送）》，詩《素心居》："梅妍助幽獨，竹静鋪空綠。虛室無餘氛,攬兹當眷屬。"《來青閣》:"眼去青峰未,青峰來眼麼。無論去與來,且放雙扉問。"《鑒影池》:"蓮房綠鳥翻,荇帶紅魚迅。映發玻璃堆,鱗翎一拓印。"《飛霞樓》:"寒空收急雨,斜沫初濛濛。日出聯餘映,虚樓彩翠中。"《松蔭亭》:"凉影濃於酒,幢幢十笏地。起居飲食中,所見無非翠。"《語花軒》:"香國一生住,憐伊姊妹嫣。爲修瓶史贈,十幅冷金箋。"《嘯月臺》:"那能無磈礧?秋士當寒宵。試學空林鬼,寥天月動摇。"《留春洞》:"花繁不須喜,花墮未爲愁。願脱緣情見,跳跳活著眸。"

1777年　乾隆四十二年　正祖元年

[丁酉]李德懋與李調元雖從未謀面,但從是年開始兩人有交往。

1777年(丁酉)柳琴入燕時,携帶《韓客巾衍集》(筆者按,其中包括李德懋《青莊館集》)請李調元作序,李調元得以閲讀李德懋詩作,並爲《韓客巾衍集》作序。

1777年(丁酉),李德懋第一次寄書信(去年冬,友人柳彈素……)與李調元①。書載於《青莊館全書》卷一九《雅亭遺稿》。李德懋在信中稱與李調元"定爲神交,決知無疑",又請李調元手寫"蟬橘堂"三字相賜,製《〈青莊館集〉序》和《蟬橘堂記》相賜。信中又有云:"謹以七絶四篇仰獻,亦賜和如何?"李調元當有答書。李德懋與李調元第二封書信中有云:"兹者,桂同之歸,先生清翰,翩翩飛墜。盥手莊誦,字字醒眼,言言沁肺。喜極欲狂,感深而涕。如此交道,開闢所稀,以文而不以幣,以心而不以面。尺書去來,片言相契。

---

① 此信中有云:"去年冬,友人柳彈素賫《韓客巾衍集》入燕京也。"柳彈素,即柳琴,字彈素。其出使時間是在1776年(丙申)十一月,1777年(丁酉)年初來到北京,故可推斷此信寫於丁酉年柳琴回到朝鮮後,即1777年(丁酉)。且此信中又有云:"彈素,不佞密友也。先生,彈素之所尊慕,唐突修書,或有可恕之道耶?"李德懋稱自己"唐突修書",故可推斷這是李德懋寫給李調元的第一封書信。李德懋與李調元書(去年冬,友人柳彈素……),李德懋《青莊館全書》卷一九,《韓國文集叢刊》第257册,第266頁。

披丹見素,萬里匪遙。此係不佞至誠之攸感,亦見先生真心之相向。……寄和之作,情溢言外。問目之答,足發瞽蒙。扁額示其心畫,堂記寓其規諷。人生爲學,可貴雅正。"此處提及"寄和之作,情溢言外……扁額示其心畫,堂記寓其規諷",可見李調元書寫"蟬橘堂"三字相贈,並爲李德懋創作了《蟬橘堂記》。惜李調元未見存。

1778年(戊戌),李德懋在北京時,雖與李調元不遇,但其寫有書信托李鼎元轉給李調元。此信中有云:"來時付書,以致先生。今托墨莊,想當自去。……鄙人行期,定於今月十六日,暫此修候。六月十日,有懷先生之作一篇謄寄,扇一又贈。"在信中,李德懋請求李調元給《清脾錄》作序。其云:"鄙人携來自著《清脾錄》,皆古今詩話,頗多異聞,但其隨腕漫筆,編次乖當,已經秋庫删訂,芷塘弁卷,因囑墨莊,遙寄先生。先生亦爲之序之,因便東寄,有足不朽。"又請李調元作《端坐軒記》相賜,並品評自己近期詩作等,其云:"先生作《端坐軒記》亦請冶(治)筆,以爲刻本,至祝千萬。近日所作詩錄上,亦望手書一册,從而評品,以爲懷來一閱,如何,如何?"(李德懋《青莊館全書》卷一九)

李德懋與李調元詩歌往來情況如下:

李調元《次韻寄李炯庵》:"養生未得藉黄婆,豈有微紅佛面酡?近得地仙餐飯法,金人十二問君何。"(右《題見題小照》)"鳥飛盡處是誰鄰?四杰情投語自真。莫道生身中外隔,春秋佳日共三辰。"(右《題與彈素約賤辰之會》)"證持文柄海南天,贏得詩名萬口傳。寄語三韓蟬橘老,就中細與辨媸妍。"(右《題見題〈皇華集〉》)"傳來海外好詩名,應識捻髭太瘦生。何必成連琴外想?青莊一卷足移情。"(右《題〈青莊館集〉》)(柳得恭《並世集》卷一)

李德懋《題雲龍山人小影松下看書》:"澹紅口角賽頻婆,卷裏烏絲爍眼花。奕奕裝池呼欲出,神怡心醉奈儂何。"注云:"牟尼佛脣如頻婆色。"

李德懋《雲龍山人生朝,爲柳彈素作》:"綿州萬里看(若)比鄰,自定神交意轉真。歲歲餘冬初五屆，遙飛一盞賀生辰。"

李德懋《讀李雨村〈粵東皇華集〉》："梅花嶺外五羊天，到處珠娘樂府傳。珍重星橋評隲好，詩情清麗斷霞妍。"

李德懋《柳彈素（琴）餽李雨村所贈落花生》："樹有稊含狀外名，辭枝結子落花生。從君手裏傳吾口，別樣香津心肺清。"

李德懋《論詩絕句有懷篠飲、雨村、蘭垞、薑山、冷齋、楚亭》，其中懷李調元詩云："蜀產伊來足勝流，楊（揚）雲太白亦君儔。命辭真得詩人意，卉木禽蟲筆底收。"（李德懋《青莊館全書》卷一一）

又，李調元還爲李德懋在中國刊行《清脾錄》。李圭景《〈清脾錄〉大小刻本辨證說》載："我王考《青莊館全書》中《清脾錄》二卷。公嘗取貫休詩'乾坤有清氣，散入詩人脾。千人萬人中，一人兩人知'之語，著《清脾錄》，如詩話。中原蜀人雨村李調元爲之剞劂以行，初刻大本回祿，重刻小本以行。"（李圭景《五洲衍文長箋散稿·經史篇》）

1778年　乾隆四十三年　正祖二年

[戊戌]二月十四日，於鳳凰城，李德懋與貢生王紼有筆談，筆談內容不詳。李德懋《入燕記》載："副使所館主人王紼，貢生也，稍識字，以筆代舌，有書六架。"（李德懋《入燕記》）

[戊戌]四月二十一日，瀋陽城內"有孔子書院，院中諸生金科豫等七人來見三使（筆者按，蔡濟恭、鄭一祥、沈念祖），和李德懋筆談，夜深乃罷。科豫筆勢翩翩，酬應如流，頃刻成二詩，甚疏率"。筆談語不詳（李德懋《入燕記》）。柳得恭《並世集》卷一載云："金科豫，字先立，號笠庵，錦州人。"小注云："先立誦李懋官《灣上作》'汀花貼額歸'之句曰：'何等風流。'蓋懋官過瀋時，見其稿也。"由此可知，李德懋曾有詩示金科豫。

閏六月初六日，於瀋陽，金科豫等書院生又來見李德懋、沈念祖、朴齊家等人，有交流。李德懋《入燕記》載："則書院生金科豫等

第六章　燕岩師門與清文人交流長編　　　　　　　　　　　　719

來見，殊有欣款之意。科豫較前日消瘦。書狀戲問之，對曰：'有酒癖、詩癖，自然瘦削。'書狀笑曰：'恐不止詩酒二字，又坐一字而然也。'科豫笑問：'一字何字？'時在先在傍曰：'君有登徒子之病。'滿坐大笑。"（李德懋《入燕記》）

［戊戌］五月初八日，於撫寧縣，李德懋訪問徐鶴年家。徐鶴年已去世，李德懋有詩贈其子徐紹芬，題作"題撫寧縣徐紹芬家"。詩云："高麗客到古驪城，賢主華堂把臂迎。惜別深杯傾細細，鵝黃名酒出南京。"（李德懋《青莊館全書》卷一一）

［戊戌］五月十七日，李德懋與朴齊家前往北京琉璃廠北佛庵訪徐紹薪，有筆談。

李德懋《入燕記》載：五月十七日，"譯官金在協將傳撫寧縣徐紹芬書於其弟紹薪，時紹薪寓琉璃廠北佛庵。余與在先隨往，紹薪方充《四庫全書》謄校官，自言一月課謄五萬字。相與筆談，翩翩可愛"。具體筆談語不詳。（李德懋《入燕記》）

［戊戌］是年，於北京，李德懋與李鼎元第一次見面，並交遊。兩人交遊事迹有：

五月二十日，李德懋留館，"遇綿州李鼎元，饋落花生"。交談語不詳。二十三日，李德懋與朴齊家訪庶吉士李鼎元、潘庭筠於潘之寓舍。"潘設盛饌待之，筆談如飛，可補晉人清談"。交談語不詳。二十八日，李德懋與朴齊家訪李鼎元於魏染衕衕祝編修德麟家。"祝時方居母憂，前日因墨莊見余及在先詩，大加稱賞。評余曰'贍而肆'，在先曰'蒼而潤'。與墨莊筆話，因請見主人，主人趑趄良久，始出"。李德懋稱其"學右朱子，詩宗香山，文許毛西河，音學從《廣韻》。蓋與程普（晉）芳、李調元鬱然有藝林之重望"。二十九日，李德懋於一寺廟中與李鼎元、潘庭筠筆談。語不詳。六月初八日，李德懋"與在先，訪墨莊不遇"。六月十一日，潘庭筠設宴叙別,李鼎元俱會。六月十三日,唐樂宇設宴餞別,李鼎元亦在。六月十五日,在唐樂宇家叙別,李鼎元亦來送行。(李德懋《入燕記》)

李鼎元閱讀過李德懋《清脾録》,並有《題〈清脾録〉》詩。詩云:"零金碎粉間收拾,潛德幽微亦表揚。中國即令雖比似,夫子亭老鵲山荒。"(柳得恭《並世集》卷一)

李德懋回朝鮮後,有詩懷李鼎元。《有懷李墨莊》:"新知如舊要,暫遇亦機緣。玉壘秋雲杳,青丘曉月妍。孤懷連萬里,一别抵千年。珍重青莊記,留爲世寶傳。"詩注云:"名鼎元,字焕其,雨村從弟也。公入燕時相識,今官翰林侍讀。"(李德懋《青莊館全書》卷一一)

李德懋回朝鮮後,有書與李鼎元,載於《青莊館全書》卷一九《雅亭遺稿》,有云:"五言律一首奉寄左右,聊表深情,伴以香山小箋廿番,匪物爲貴,俯念其孤懷,至可至可。薑山、泠齋既得《牡丹亭記》,留爲一段風流,使之傳致謝意耳。"所寄五言律一首,當爲上文所云《有懷李墨莊》。

李德懋去世後,李鼎元有《哭懋官》詩寄其子。柳得恭《燕臺再遊録》中載柳得恭與李鼎元筆談語,李鼎元有云:"曾有哭懋官詩,寄其子。近何爲?"

[戊戌]於北京,李德懋"出遊琉璃廠時,逢鄆州舉人黃道㻞、李憲喬,通姓名"。五月二十二日,兩人來訪,李德懋《入燕記》載:"今日朝兩人來訪,乃《四庫全書》謄録官也。憲喬即地作七絶贈余而去。"(李德懋《入燕記》)

[戊戌]是年,於北京,李德懋、朴齊家與唐樂宇有交遊。朴長馣《縞紵集》上,卷一"戊戌"條下載:"先君記曰:樂宇,號鴛港……,戊戌與余訂交。家在琉璃廠之先月樓南,與余有樂律問答數千言。"

五月二十四日,朴齊家"訪唐樂宇於琉璃廠畔四川新會館。樂宇字堯春,號鴛港,綿州人。與雨村童稚爲友,今官户部員外郎,通易理律曆之類"。筆談語不詳。二十五日,李德懋與朴齊家"往唐員外館論樂"。唐樂宇"蓋從中指一寸爲尺之説,以鄭世子《樂書》爲鐵論"。(李德懋《入燕記》)李德懋之孫李圭景《石磬琴、魚石磬辨證説》中亦載李德懋與唐樂宇論樂零星之語:"我王考入燕,與漢人户部員外郎唐樂宇論樂。問:'笙不用匏何也?'唐曰:'匏聲浮而竹聲沉,不合,故不得已用木。今人之事,務趨簡便,凡事均不與古合,不獨樂也。即以琴論,豈古調耶?'"(李圭景《五洲衍文長箋散稿・人事篇》)

六月初九日,李德懋與朴齊家訪唐樂宇。唐問:"貴國曆法遵用中朝否?"李德懋答曰:"每年十一月,本國差官入北京,受時憲書而歸,頒國中遵行。"其餘語不詳。六月十三日,李德懋同朴齊家"赴唐鴐港之約。唐亦設盛饌以餞之。時墨莊(筆者按,李鼎元)、凫塘(筆者按,李驥元)來。而潘公(筆者按,潘庭筠)前既叙别,又聞風而來。會有一士,成都府崇寧縣人蔡曾源,字吕橋,亦人品甚好,文翰可觀,工隸書墨梅。酒既酣,莊言雅謔,迭發遞奏。唐公嫻於名物之學,故其言多考據辨訂,真博雅之君子也"。六月十五日,李德懋同朴齊家訪唐樂宇,與之叙别。"時墨莊、凫塘亦來。主人設酒餞飲。及其出門,各自握手,緒語款款,有不忍别之真情"。(李德懋《入燕記》)又,一日,"鴐港與懋官、次修談次,稱湯若思《牡丹亭記》之佳。懋官、次修以未見爲恨,鴐港即命僕書肆中取來,使讀之。懋官、次修一讀便曰:'殊不見其佳處。'鴐港大笑曰:'公不以爲佳,惠風必以爲佳。'"遂以其書寄來"。(柳得恭《並世集》卷一)

臨别,唐樂宇有《别李炯庵、朴楚亭東歸》詩,云:"睡足羲窗日幾回?醉中飛夢到蓬萊。鷗盟海上三山迥,鶴化遼東二客來。坐對清風生高柳,談深白日下高槐。相逢莫話浮塵事,且盡天涯酒一杯。""高閣停雲日正遲,河橋烟雨又絲絲。暫勞少駐親風雅,竟作長征賦别離。白袷青驢人去後,紅亭綠酒雁來時。懸知不盡開心處,擁鼻長吟遠寄思。"(柳得恭《並世集》卷一)此詩亦載於朴長馣《縞紵集》下,卷一,並附有朴齊家次韻:"燕山消夏憶遲遲,翻見西風撼柳絲。萬里如今非小別,九歌終古怨生離。天高海闊裁詩處,月色蟲聲望遠時。簾外花棚無恙否,雙雙兒戲總堪思。"朴齊家《貞蕤閣集・二集》亦載此次韻,題作"次韻唐員外鴛港贈別"。

李德懋回朝鮮後,有書與唐樂宇。李德懋與唐樂宇書(不佞之一生……)載於《青莊館全書》卷一九《雅亭遺稿》。

李德懋回國後,有詩懷唐樂宇。《有懷唐鴛港》詩,云:"平生真不負,海內托名流。雅謔開青眼,神交到白頭。雞林書賈返,燕市酒人遊。驥子荳棚下,知應玄草收。"(李德懋《青莊館全書》卷一一)

1790年(庚戌),於北京,朴齊家又去拜訪唐樂宇。朴長馣《縞紵集》上,卷一"戊戌"條下載:"庚戌遭艱,候補在京。余即之,問其稚女,已嫁同鄉朱瑾登科云。"其他交談語不詳。

[戊戌]是年,於北京,李德懋與文商五柳居主人陶正祥有交往。

李德懋《入燕記》載:"五月二十五日甲申,過琉璃廠,又搜向日未見之書肆三四所,而陶氏所藏,尤爲大家,揭額曰'五柳居'。自言書船從江南來,泊於通州張家灣,再明日,當輸來,凡四千餘卷云。因借其書目而來,不惟吾之一生所求者盡在此。凡天下奇異之籍甚多,始知江浙爲書籍之淵藪。來此後,先得浙江書目近日所刊者見之,已是瓌觀。陶氏書船之目,亦有浙江書目所未有者,故謄其目。"五月二十八日,"與在先往琉璃廠五柳居,閱南船奇書。書狀囑余沽數十種,其中朱彝尊《經解》、馬驌《繹史》稀有之書而皆善本也"。六月初二日,"往五柳居陶生書坊,檢閱《經解》六十套"。六月初四日,李德懋"與乾粮官先出,因訪五柳居,檢閱書狀所購書籍,封裹以置"。六月十六日,"五柳居陶生使其戚人袁姓載書狀所購書於車,追及通州"。六月二十一日,"陶生以爲當今之禁書三百餘種,《亭林集》居其一,申申托其秘藏歸來"。(李德懋《入燕記》)

[戊戌]是年,於北京,李德懋與潘庭筠首次見面,並交遊。

五月二十三日,李德懋"與在先(筆者按,朴齊家)訪李鼎元、潘庭筠於潘之寓舍,舍與吏部鄰近,潘設盛饌待之。筆談如飛,可補晉人清談"。筆談語不詳。

五月二十七日,李德懋訪潘庭筠,問皇帝姓。潘云:"本朝姓愛新覺羅氏,見於康熙御題文集及滿州氏族譜。《百家姓》乃宋初杭州人所作,宋姓爲趙,故先言之。愚氓遵古讀之訛傳,以爲當今之國姓。其次錢姓,吳越之姓。其次曰孫、曰李,乃吳越錢氏妃嬪之姓,明知其爲杭州人所著也。"

五月二十九日,"潘秋庫、李墨莊適避暑於寺中,(李德懋)因與筆談。數數顧視甲軍,多有怖色,因別去,不可强留"。

六月初六日,李德懋往潘庭筠之館,相與筆談。"論文章,綽有來歷,犁然相契"。潘爲李德懋詩集撰序並贈之。李德懋評其"遣辭清妙,但有脂粉氣。與東方人相交情甚敦摯,有戀戀不能相捨之意,亦畏約瑟縮,蓋謹慎之極也"。

六月十一日,李德懋同朴齊家"赴潘香祖(筆者按,即潘庭筠)之約。墨莊及沈匏尊心醇俱會,設饌叙別,又論文章"。主要談及侯方域、魏禧、汪琬之文等。(李德懋《入燕記》)。

李德懋與潘庭筠其他交往事迹還有:

又,李德懋《青莊館全書》卷五六《四庫全書》載:"戊戌入燕時,求聚珍版書目。則潘庭筠出示小紙,列書書目二十餘種。蓋此目刊刻印紙者。而潘曰:'此皆武英殿發賣書也,俱是來東者,而《薈要》踰萬之目,不可見矣。'或曰:'謄寫凡四件,分貯四處。選天下善書者六百餘人,號曰謄錄官,廩食燕京。'嘗於潘氏家,見謄本,則册樣稍大,而朱絲闌,字體不甚楷精。潘曰'此役已踰五年。從今以往,五年可以迄工'云。"

又,成海應《研經齋全集·外集》卷五五載:"青莊李公德懋入燕都,訪李鼎元墨莊。座上徵詩潘秋庫,潘曰:'吾前爲詩,頗費思索,苦困作,故詩苦未多。比覽惲鐵簫寒柳册子,王秋史題四詩於後,柳爲明殷相國通樂園舊植,感而有云:'愁心都付畫工論,凄絶長條夢水村。海右亭荒名士散,天涯木落廢園存。半規殘月春留別,一例斜陽暮歛魂。六十年來看粉本,墨香箋色又塵昏。'其二:'看遍東風窣地新,蘸波吹絮總情塵。可憐碧葉吟蟬地,不見紅欄繫馬人。衰影驛樓傷老杜,離悰門巷憶髯秦(秦觀詞:花下重門,柳邊深巷)。鵲萃山麓髡枝外,秖有明湖冷濯巾。'其三:'畫人吟子一時稀,減盡金城翠十圍。緣岸卧枝欹暮雪,入樓暝色帶冬暉。靜中黄葉無多響,遠處昏鴉數點歸。猶有沾泥閑恨在,逢春莫更作團飛。'其四:'七十泉聲亂石春,兩株憔悴野霜濃。前朝臺榭沙痕在,晚歲關河樹影重。偶爲士流青眼放,恰如女伎白頭逢。桐花零落山薑老,誰識王郎濯濯容?'"

又,與李德懋見面前,潘庭筠就閲讀過《韓客巾衍集》中的李德懋詩作,1777年(丁酉)並爲《韓客巾衍集》作序。潘庭筠《〈韓客巾衍集〉序》載:"昨於李吏部雨村齋頭,得讀柳君彈素所録海東四家之詩,多刻畫景物,攄寫襟抱,妍妙可喜之作。諷誦數四,不忍釋手。余雖未悉四人之生平,而因詩以想其爲人,大抵皆高曠恬淡之士也。……丁酉元夕後二日,文淵閣檢閲、充方略館總校官、《四庫全書》分校官、内閣中書舍人,杭州潘庭筠書。"(柳琴編,朴齊永注,白斗鏞校《四家詩》卷首)潘庭筠還閲讀過李德懋《蟬橘堂濃笑》一卷等。潘庭筠與洪大容書(湛軒先生禮席……)中有云:"往時所晤鴻臚李白石先生,今有札見寄,以李德懋炯庵所著《蟬橘堂濃笑》一卷相示。未知炯庵爲何如人?足下曾識面否?卷中多高曠清妙之語,想亦一隱君子也。"(《中土寄洪大容手札帖》5)後,李德懋與潘庭筠書(不佞左海鯫生……)中也提到:"昔者舌官李白石,持獻不佞雜纂一篇於先生。先生大加獎詡,稱爲高士。人非石腸,安得不感?信息茫茫,於今十載。"(李德懋《青莊館全書》卷一九)此處所云"雜纂一篇"當是《蟬橘堂濃笑》一卷。

又，李德懋對潘庭筠能評價《韓客巾衍集》中的己作表示感激，有詩寄潘庭筠。《題香祖評批詩卷》："專門漢魏損真心，我是今人亦嗜今。晚宋晚明開別逕，蘭公一語托知音。"詩題下注云："柳彈素入燕，抄《巾衍集》，贈潘香祖。香祖喜而評隲，故寄此詩。"（李德懋《青莊館全書》卷一一）後，李德懋又有《寄潘香祖》："日晏薇郎退食初，名香手爇勘新書。筆端舍利含桃大，散落天東塔畔廬。"李德懋入燕歸國後，有《有懷潘秋庫》："翰苑名流即馬枚，鮸生何幸共銜杯？從今海左開文運，自古江南出異才。白雲詩聲增價返，青雲氣義結交來。願言没齒無相忘，玄晏佳篇一諾裁。"詩題下注："公入燕時相識。"《論詩絶句有懷篠飲、雨村、蘭垞、薑山、冷齋、楚亭》其中懷潘庭筠詩云："聯咏樓頭舊月懸，湘夫人唱想夫憐。飛卿名字安仁姓，詩句如何不妙妍？"（李德懋《青莊館全書》卷一一）

又，潘庭筠還删訂過李德懋《清脾録》。李德懋與李調元書（前年修尺牘付桂同……）中有云："鄙人携來自著《清脾録》，……已經秋庫删訂，芷塘弁卷。"（李德懋《清莊館全書》卷一九）

又，成大中《青城雜記》卷四載："及李懋官德懋朴在先齊家至燕，則潘已登第，爲庶吉士，交之比於洪金。……又贈懋官詩曰：'不見炯庵逾十載，懷人常在海東頭。詩名官職今何似？要是新羅第一流。'"（成大中《青城雜記》）

別後，潘庭筠與李德懋有書信往來。現存李德懋寫給潘庭筠書信2封（不佞左海鮸生……）（初夏修書以後……），載於李德懋《青莊館全書》卷一九《雅亭遺稿》。

[戊戌]六月初三日，於北京，李德懋與蘇州府秀才沈瀛筆談。"問蘇杭優劣，答曰：'江山勝概，杭勝於蘇；閻閭繁麗，蘇勝於杭。'問婚喪禮，答曰：'婚禮喪禮，如今俱亡了，可勝浩嘆。'因裂其所書紙，有畏忌之色"。（李德懋《入燕記》）

[戊戌]是年，於北京，李德懋與浙江海寧查祖馥有交往。

李德懋《入燕記》載：六月初五日，"送人於四川西會館，館即墨莊所寓也。……送扇一、清心丸三於浙江海寧查祖馥。祖馥，祝芷塘之外黨也，嘗寓於芷塘之接葉亭，亭在琉璃廠南魏染衚衕"。（李德懋《入燕記》）

［戊戌］是年，李德懋與李驥元有交往。李驥元（1745—1799），字鳧塘，號雲棧，四川綿州（今綿陽）人。李鼎元弟，李調元從弟，出紀昀之門。張維屏輯《國朝詩人徵略》（清道光十年刻本）卷四八載云："乾隆四十九年進士，官編修，有《雲棧詩稿》。"王昶撰，周維德校點《蒲褐山房詩話新編》云："鳧塘詩有奇氣，亦有逸氣。"另有《李中允集》六卷。

六月初八日，於北京，李德懋與李鼎元弟驥元筆話。李德懋稱其"年方廿四，文筆夙成。人品休休，問無不答，亦奇才也"。交談語不詳。六月十三日，李德懋"赴唐鴛港之約。唐亦設盛饌以餞之，時墨莊（筆者按，即李鼎元）、鳧塘（筆者按，即李驥元）來"。六月十五日，李德懋"同在先（筆者按，即朴齊家）往祝芷塘家敘別，仍會唐鴛港家。時墨莊、鳧塘亦來。主人設酒餞飲，及其出門，各自握手，緒語款款，有不忍別之真情"。（李德懋《入燕記》）

李德懋回朝鮮後，有書與李驥元。書載於《青莊館全書》卷一九《雅亭遺稿》。

李德懋回國後，有詩懷李驥元，《有懷李鳧塘》："軒然李仲子，談笑見情真。二陸鳴當世，參墟降異人。槐風搖酒浪，梅雨宿書塵。即事如撈月，天東獨愴神。"（李德懋《青莊館全書》卷一一）

［戊戌］六月初八日，於北京，李德懋去拜訪馬照。李德懋《入燕記》載："轉至唐鴛港家。唐往圓明園，不來，祇與其戚人馬照約以明日又訪。照字青田，號鶴汀，浙江諸生，年少而人甚醇謹。"交流細節不詳。

［戊戌］是年，李德懋、朴齊家通過李鼎元得與祝德麟相見，並有

筆談。

李德懋《入燕記》載："（五月）二十八日丁亥，大熱。……同在先訪李墨莊，墨莊在魏染衚衕祝編修德麟家。直往祝家，墨莊果在焉。祝時方居母憂。前日因墨莊，見余及在先詩，大加稱賞。評余曰：'贍而肆。'在先曰：'蒼而潤。'與墨莊筆話，因請見主人。主人趑趄良久，始出。"有筆談。語不詳。但通過此次筆談，李德懋瞭解了祝德麟"年今三十七。浙江海鹽人，官編修。學右朱子，詩宗香山，文許毛西河，音學從《廣韻》。蓋與程普（晉）芳、李調元鬱然有藝林之重望"。（李德懋《入燕記》）祝德麟《〈洌上周旋集〉序》亦有載："逾年，朴、李來京師，因雨村之弟墨莊庶常，復以《洌上周旋集》相質。……二君數數請見，墨莊代達誠意。"（朴長馣《縞紵集》下，卷一）六月初九日，於北京，李德懋與朴齊家訪祝德麟。祝德麟閱李德懋與朴齊家之詩，"指摘其抑韻通韻之違法"，並推薦韻書《佩文齋詩韻》、邵長蘅《韻略》給二人參看。"時海寧諸生沈心醇字匏尊在座"，亦與李德懋討論詩韻。六月十五日，李德懋與朴齊家前往祝德麟家叙別。語不詳。（李德懋《入燕記》）

早在1777年（丁酉），祝德麟就閱讀過《韓客巾衍集》中的李德懋詩作。1778年（戊戌），李德懋、朴齊家又贈《洌上周旋集》給祝德麟，祝德麟爲收有李德懋詩作的《洌上周旋集》作序。其評騭語有："炯庵贍而肆。"（朴長馣《縞紵集》下，卷一）

又，祝德麟還曾給李德懋《清脾録》作序。李德懋與李調元書（前年修尺牘付桂同……）有云："鄙人携來自著《清脾録》……已經秋庠删訂，芷塘弁卷。"祝德麟《〈清脾録〉序》現不詳。

[戊戌]六月十六日，李德懋逢孫有義於通州。語不詳。十七日，李德懋從孫嘉衍處索來蓉洲所托《鐵橋遺集》、小照，準備帶回朝鮮，交與洪大容。（李德懋《入燕記》）

在此次會晤前，雙方已有詩歌交流。柳得恭有云："有義，字心裁，號蓉洲，三河人。湛軒遊燕時相識。後寄其功令詩二首及二絶

句,懋官評批還之。翼年,與湛軒書曰:'讀炯庵先生之評,可知其學粹而養醇。'"(柳得恭《中州十一家詩選·孫蓉洲有義》)

[戊戌]閏六月初五日,李德懋訪瀋陽書院,與教官裴振(字西鷺,山西平陽府人)相逢,與之交談。李德懋向其詢問五國城在何地,稱其人云:"貌甚醇厚,學亦瞻博。"(李德懋《入燕記》)

[戊戌]是年,李德懋携帶李書九《薑山初集》入燕。後,潘庭筠、李調元、祝德麟爲《薑山初集》分別作序,李鼎元、沈心醇爲《薑山初集》作跋。作序題跋原委,參見李書九《〈薑山初集〉自序》。(李書九《薑山初集》卷首)

[戊戌]是年,於沙窩堡,李德懋與賈姓老人有交流。李德懋《沙窩堡賈老人歌》:"沙窩村裏賈老人,坐送七十有餘春。到老不踏門前路,看書種樹怡其神。涼棚把卷據凳子,發笑時時口自陳。花樹刊牌記紅白,菜種賚囊分甘辛。耳聾不辨牛與蟻,幼孫附語傳向賓。見我欣然如舊交,雪桃瀹茗談津津。暗挑崇禎年間事,以手拊膺激觸頻。長吁一聲不敢哭,寸髮鬇鬆空自循。詎耐口中銜石闚?但道腸裏碾車輪。自言大父指揮使,仕宦依稀記甲申。傳聞束髮如君髻,蟒龍緞衣虎坐巾。漢兒身手女真裝,不肖如今丁不辰。嗚呼不忘烈皇帝,口誦遺詔稱聖神。淋漓手寫十數行,停毫飲泣仍悲呻。有君無臣非虛語,不傷百姓何其仁!臨行却把《椒山集》,贈我東方之使臣。貽予一匊白芥子,托種青丘憶老身。激烈文章辛芳菜,意非偶然情却真。可憐中原多名士,得得紅帽坐絨茵。縱饒詩書奈爾何,不及草澤一遺民。"

雙方有筆談,由"暗挑崇禎年間事,以手拊膺激觸頻",可知雙方談及明末崇禎年間事情;由"自言大父指揮使,仕宦依稀記甲申",可知賈老人談及自己祖父仕宦;由"傳聞束髮如君髻,蟒龍緞衣虎坐巾",又可知賈老人談及明代服飾。由"嗚呼不忘烈皇帝,口誦遺詔稱聖神"又可知賈老人談及崇禎皇帝遺詔;由"臨行却把《椒山集》，贈我東方之使臣"，"貽予一匊白芥子，托種青丘憶老身"，又可知，臨別時，賈老人有《椒山集》、白芥子贈送給李德懋。（李德懋《青莊館全書》卷一一）

[戊戌]是年，單鼎有詩寫贈李德懋。余有林、曹夢九修，王照青纂《(民國)高密縣志》(民國二十四年鉛印本)卷一四載："單鼎，字子固，乾隆甲寅舉人。學行爲世所重，工詞賦，詩尤清雅，李懷民定爲"後四靈"之一，入《山左詩續鈔》。"

《(民國)高密縣志》卷一五載單鼎《贈朝鮮詩人李炯庵秀才》："到海天應盡，君家更海東。譯傳中夏語，詩有謫仙風。日近驪江曉，山開葭徑通。遥思長白外，高咏幾人同？"

二、朴齊家與清文人交流長編

1773年　乾隆三十八年　英祖四十九年

[癸巳]是年，朴齊家開始與郭執桓有書信、詩文等往復。朴長馣《〈縞紵集〉凡例》稱郭執桓是朴齊家"折簡往復而未見其人者"。

1773年(癸巳)，朴齊家第一次寫信給郭執桓，信載於朴齊家《貞蕤閣集·文集》卷四，題作"與郭澹園"，下附郭執桓答書。朴長馣《縞紵集》下，卷一亦載此二封書信。朴齊家《與郭澹園》書云："齊家頓首澹園足下：齊家之獲睹足下詩者，已數閱月矣，遥托神交。……癸巳中秋二日，朝鮮楚亭鄙人朴齊家和南。"郭執桓答書有云："大清國山右堯都居士郭東山，頓首拜書。奉朝鮮楚亭先生足下：於乾隆三十八年十一月上浣，以敝友鄧汶軒先生得接大教，並承製荒園八景佳什，殊深感荷。惟是弟遠處遐荒深山窮谷之中，得與足下作詩文交，實前生夙緣，幸何如之。"(朴齊家《貞蕤閣集·文集》卷四)1774年(甲午)，郭執桓有回信，兼附寄多種贈物。柳得恭《中州十一家詩選·郭東山執桓》載："歲癸巳，因其同邑人鄧師閔，使之寄書湛軒，兼致《繪聲園詩集》一册。……越明年，封圭貽書在先，以銀色綾手臨米襄陽筆、印章二方以致纏綿之意，兼付《木庵墓志》及遺墨、石刻各一頁。"惜信件内容不詳。

朴齊家曾次郭執桓《澹園八咏》詩。朴長馣《縞紵集》卷首"郭執桓"條載："郭執桓字封圭，……因同邑鄧師閔寄《繪聲園[詩]集》一卷於洪湛軒。李青莊撰序。柳泠齋與先君次其《澹園八咏》以寄。"朴齊家次《澹園八咏》詩，不詳。

郭執桓去世後，有《聞澹園郭氏入道山》詩："汾河仙子白雲鄉，何處青山古錦囊？一點人間知己泪，應隨流水到榑桑。""北方詩句語還高，嵃崒家園倚彩毫。上黨元來天下脊，封圭自是一時豪。""庭樹花肥踏月歸，入門如見羽人衣。分明憶得詩中景，似此胸襟烟火非。""山西家世振文風，楊賈詩名遍海東。日下争傳先友記，江南首數別裁翁。""青綾手拓米元章，深篋猶傳萬里香。坡老當年心似鐵，白頭那得記簀箵？""三絕平生兩得之，翩翩更憶畫蘭時。閑將詩筆推餘意，想見翻風泣露姿。""神交枉被俗人驚，落地人生總弟兄。欲向斜陽西峴望，養虚前日哭嚴誠。"（朴長馣《縞紵集》上，卷首）

1777年　乾隆四十二年　正祖元年
[丁酉]朴齊家雖然從未與李調元見過面，但是從是年開始，兩人有文學交流。

是年，柳琴携《韓客巾衍集》入燕，與李調元交遊。李調元因柳琴第一次得知朴齊家其人，得見《韓客巾衍集》中的朴齊家詩歌。李調元並爲《韓客巾衍集》作序。李調元評《巾衍集》中朴齊家詩作曰："《明農初稿》工於七律，夢得、香山其鼻祖也，而嶔崎歷落之氣，則似過之，無不及焉。"（朴長馣《縞紵集》下，卷一）

1777年（丁酉），李調元爲朴齊家寫有《〈明農初稿〉序》，其序載於朴長馣《縞紵集》下，卷一和朴齊家《貞蕤閣集》卷首。朴齊家與李調元書（朝鮮畸人朴齊家……）中有云："而況先生以卓犖雄贍之才，處清華銓選之任，其一言可否，足以進退天下之名流。則於斯時也，身爲屬國之布衣，名托上都之龍門，不朽之榮，比它尤當萬萬。雖然齊家庶幾天察其衷,得隨歲貢,備馬前一小卒,使得縱觀山川人物之壯,宮室車船之制,與夫耕農百工技藝之倫,所以願學而願見者,一一筆之於書,面質之於先生之前,然後雖歸死田間,不恨也。先生以爲如何?"(朴長馣《縞紵集》下,卷一)李調元《〈明農初稿〉序》中亦有云:"萬里之外,以求序於余。"1777年(丁酉)七月初四日,李調元與朴齊家書(調元奉書楚亭先生足下……)中有云:"擬尊集一序,自愧不文。足下見之如見有疾者,幸勿殼之也。並候近祉,不宣。楚亭先生足下。丁酉七月初四日,李調元拜。"(朴長馣《縞紵集》下,卷一)此書信中提及的"擬尊集一序",當爲李調元《〈明農初稿〉序》。《述懷四首》評:"楚亭於詩多學陶、謝,而於謝尤近,此四首體高格古,所謂摛藻如春華者,俗眼幾曾見之?"(朴長馣《縞紵集》下,卷一)

朴齊家與李調元有書信、詩文等交流。朴長馣《〈縞紵集〉凡例》云朴齊家與李調元"先以詩文書札相通,而後竟面接"。《縞紵集》下,卷一載朴齊家與李調元書(朝鮮畸人朴齊家……)。朴齊家生於1750年(庚午),此信中有云:"齊家海外之鯫生也,年今二十有八歲。家人罕睹其面,鄰里不聞其名。不意今者,因敝友柳君彈素所抄《巾衍集》,見賞於中朝之大人。傾倒淋漓,不啻若合席談而傾蓋遇也。"故此信寫於1777年(丁酉),柳琴已經回到朝鮮,帶回清朝文人爲《巾衍集》作序的消息。《縞紵集》下,卷一並載有李調元寫於1777年(丁酉)七月初四日答書(調元奉書楚亭先生足下:自得手書,重如拱璧……丁酉七月初四日。李調元拜)。《縞紵集》上,卷一"戊戌"條又載有朴齊家對這封答書的回信(齊家啓:入秋以來,側耳搔首……)[①]。朴長馣言朴齊家與李調元"而後竟面接",

---

[①] 朴齊家此書是上面李調元書信的答書,理由如下:兩封書信的内容多有呼應之處,如李調元云:"足下年甫二十七,而所得已如此,必傳無疑,何中外之云。"朴齊家云:"嗟乎,不佞誠何人哉,鼇處龜居二十七年,一朝被大君子吹噓,剪拂無所不在。"又如李調元云:"聞足下善草隸,及見手書,(轉下頁注)

誤。理由如下：1778年（戊戌），朴齊家與李德懋出使中國時，李調元在廣東學政任上①。1790年（庚戌）、1791年（辛亥），朴齊家兩次在北京時，李調元在四川成都。柳得恭有云："余在燕時，晤墨莊、鳧塘二太史，聞雨村撰刻《函海》一部，凡一百八十五種，頗及洌上唱和諸篇，尋以通永道，罷官日即歸，多在成都。辛酉入燕訪莊，始得《雨村詩話》二卷，聲伎自娛云：'《函海》中一種也。'李懋官《青脾錄》及余詩集多采入。"（柳得恭《並世集》卷一）1801年（辛酉），朴齊家第四次出使中國到北京時，李調元"是年始從成都回綿"②，故朴齊家四次出使中國均未能與李調元面接。

朴齊家與李調元還有詩歌往來。朴齊家有《寄雨村》詩："書來忽地墜虛空，説未傳時意已通。西笑無端懷舊雨，東臨何處慕長風？天涯友道悲籠鳥，海外詩名付雲鴻。弗恨龍門生未遇，襟期省識畫圖中。"《懷雨村》詩："小照東來洌水堂，松風謖謖讀書床。天涯詞伯無人識，獨爇名香畫味長。"《病中懷雨村》詩："沉沉園樹一蟬遥，萱草萱花雨未消。萬里知名猶外事，一身多病又今朝。僑居恰送秋千月，客路頻從第五橋。獨有伊人忘不得，阜城門外雁迢迢。"《寄雨村》詩："生來不見看雲樓，萬里人歸磊落州。蜀道青天嗟遠別，秦風白露又深秋。纔聞宦迹追貽上，還把文章配用修。留

（接上頁注）果名不虛。附僕所著有《金石關文考》，惜未得與足下見之，一訂其失也。"朴齊家云："不佞素不學書。陋鄉無師友口訣，狂自塗抹，不知者見其沾沾疾書，以爲可喜。先生亦以名下無虛稱之，地若可入，豈敢見人哉？……先生所著數數更僕，而其《金石關文考》一段特載寄不佞。札中共訂之教，雖不敢當，而神往則深矣。"李調元與朴齊家書（朴楚亭先生啓。調元奉書楚亭先生足下……），朴長馣《縞紵集》下，卷一，朴齊家撰，李佑成編《楚亭全書》下册，第178—179頁、第178頁。朴齊家《答雨村書》（齊家啓：入秋以來，側耳搔首……），朴長馣《縞紵集》上，卷一，朴齊家撰，李佑成編《楚亭全書》下册，第34頁、第36—37頁。
① 參見楊世明《李調元年譜略稿》"乾隆四十三年戊戌"條，《西華師范大學學報》，1980年第2期。
② 參見楊世明《李調元年譜略稿》"嘉慶六年辛酉"條，同上。

得十年香一瓣，樂浪西畔夢悠悠。"《懷雨村》詩："羹堂罷官去，多作成都遊。猖狂意殊得，絶似楊用修。欲聞二三子，須從《函海》求。"《燕京雜絶》①詩："成都雨村叟，放浪今如何？萬里歸舟重，千秋《函海》書。"（朴長馣《縞紵集》上，卷一）

又，朴齊家爲李調元生日所作詩一首，載於朴齊家《貞蕤閣集·初集》，題作"題幾何室所藏雲龍山人小照"。詩云："岷峨碧天下，江水所自出。長庚照李樹，間氣挺豪杰。胸次蟠竹石，詞源貫天地。常存遐舉情，肯爲簪組累。前日遇吾友，片言輸真意。中外即一家，群議不足道。鷄林一卷詩，木瓜瓊瑤報。詩中有知己，珍重一言付。小照來颯爽，迢迢鴨水渡。萬里懸弧日，人間臘月五。生死結寸心，酒一香一炷。未登清閟閣，欲綉宛陵句。拜像如拜佛，閨集堪千古。"②李調元收到此詩後，寫有和詩，詩載於《並世集》卷一，題作"和寄朴楚亭"，詩云："從來名世輩，五百年一出。豈意海之東，群賢處一室？江河萬古流，何異唐四杰。觀其金石聲，殆是錚錚鐵。造化本至公，人才不擇地。我看朴夫子，尤爲脱俗累。寄我述懷詩，閑澹多古意。風雅久淪夷，陶謝誰爲道？經田百不耕，往往鹵莽報。君以經爲詩，良由得深造。尋思未得故，意者天所付。譬如佛法傳，慧者以杯渡。嗟余忝詞場，坦率慚宋五。祇自抒余懷，懶爲瓣香炷。天涯有知心，因風吹好句。鳳來爲儀韶，鼉知應鳴鼓。願從漢魏還，勖哉倍稽古（較來韻多加四韻，以從佩文韻，轉通也）。"

---

① 朴長馣《縞紵集》上，卷一所云《燕京雜絶》，即朴齊家《貞蕤閣集·四集》中《燕京雜絶贈別任恩叟姊兄，追憶信筆，凡得一百四十首》，爲朴長馣對此詩的簡稱。下文同。
② 此詩亦載於李調元著，詹杭倫、沈時蓉校正《雨村詩話校正》卷一六，第369—370頁。兩處詩句個別有異，因清朝詩人往往有修改朝鮮詩人詩句再將其收入詩話的習慣，故此處詩句以《貞蕤閣集·初集》所載爲準，而不錄《雨村詩話校正》所載。

1778年　乾隆四十三年　正祖二年

［戊戌］是年，朴齊家與鮑紫卿有交往。鮑紫卿，朴長馣《縞紵集》上，卷一"戊戌"條下載："錢塘西湖人，……山東督撫何裕城之女婿也。"

五月十四日，於通州附近，朴齊家、蔡濟恭、鄭一祥、沈念祖等與浙江文士鮑紫卿相識。"還館良久，紫卿乘馬而來。書二紙，一趙松雪詩，一詞，筆勢翩翩可愛，貌亦秀雅。三使設小饌待之，又各贈扇、藥、墨、筆、紙。時紫卿持贈綠紗於三使各一匹，蓋其婦翁回報舟中所贈扇、藥也"。（李德懋《入燕記》）

蔡濟恭《通州曲》其三云："第一船橫夕照間，鮑家才子笑開顏。祇緣慣住西湖曲，還說西湖似等閑。"詩小注云："領漕官船泊在沙岸，雕窗綠簾，望之如畫。三使下船，步入其中，領漕官欣然出接，其婿鮑少年紫卿尤款洽。罷歸後，來訪通州店舍，筆談良久，曛黑始辭。鮑是西湖人，問西湖勝概，答云以其生長在此，不知其別般有奇。"（蔡濟恭《含忍錄》）

朴長馣《縞紵集》上，卷一"戊戌"條下載："先君《潞河運船記》曰：……余與青莊李君登其船。……設椅命茶，燒香筆語。紫卿請詩，余以東扇書贈一律。其一聯有'萬里生涯春水宅，一天魂夢白鷗鄉'之句，紫卿極贊之曰：'春水宅是張志和船名，諒非隱僻。白鷗鄉即近代江南船名，公何從知之？'紫卿云：'歸當刻揭楹帖也。'"又載朴齊家《贈紫卿》詩："有客乘舟到夕陽，自言嫁娶住蘇杭。南朝寺外鐘聲遠，西子湖頭樹影長。萬里生涯春水宅，一天魂夢白鷗鄉。三韓使者腸堪斷，回首烟波入渺茫。"《贈紫卿》詩亦載於朴齊家《貞蕤閣集・初集》，題作"東潞河，贈鮑紫卿"。"渺"作"杳"。（朴長馣《縞紵集》上，卷一）

［戊戌］是年，於瀋陽，朴齊家與金科豫有筆談、詩歌等交流。

朴長馣《縞紵集》上，卷一"戊戌"條下載："金科豫字先立，號笠庵，錦州人，父任湖南淮安府。先君過瀋陽時，見壁上畫指云：'高品。'科豫云:'好畫當畫。'先君答云:'讀韓柳者未必盡如韓柳。'皆大笑。書云:'妙語。'先君次科豫詩曰:'軒車穿大陸,城郭壓全遼。萬里逢佳話,千金抵一宵。'"(朴長馣《縞紵集》上,卷一)

朴齊家有詩贈金科豫,其《分談字贈金科豫》云:"海内皆兄弟,天涯合席談。桑蓬真愧我,不得到江南。"(朴長馣《縞紵集》下,卷一)

金科豫有詩贈別朴齊家,《俚句奉贈楚亭吟長,兼志別意》:"佳客來東國,清宵共接談。流泉思乍涌,潑墨興初酣。縞紵君情洽,文章我輩慚。朝天旋有日,佇目望歸驂。"(朴長馣《縞紵集》下,卷一)

[戊戌]是年,於瀋陽,朴齊家與金科正有交談,有詩歌唱和。交談語不詳。朴長馣《縞紵集》上,卷一"戊戌"條下載:"金科正,號竹坡。"①

金科正有《奉次楚亭元韻》:"清尊聊卜夜,抵(扺)掌發雄談。未樹騷壇幟,推敲望斗南。"朴齊家《元韻》(筆者按,朴齊家《貞蕤閣集·初集》題作"分談字,贈金科豫"):"海内皆兄弟,天涯合席談。桑蓬真愧我,不得到江南。"(朴長馣《縞紵集》下,卷一)

[戊戌]是年,於瀋陽,朴齊家與金渟有交流。朴長馣《縞紵集》上,卷一"戊戌"條下載:"金渟,字靜泉,號凝川,錦州人。"

金渟有《次楚亭元韻》:"旅邸初逢面,張燈坐夜談。十年遊賞地,久已厭江南(楚亭贈句有'弗得到江南',故云)。"(朴長馣《縞紵集》下,卷一)

[戊戌]是年,於瀋陽,朴齊家與李點有交流。朴長馣《縞紵集》上,卷一"戊戌"條下載:"李點,號行齋,字知裁,盛京人。"

李點有《次楚亭元韻》:"味契金蘭譜,襟開玉屑談。五陵佳氣滿,形勝邁江南。"(朴長馣《縞紵集》下,卷一)

---

① 朴長馣《〈縞紵集〉凡例》稱:"諸人結交次第,戊戌、辛酉皆有所據。"故是年朴齊家與金科正有交遊。朴長馣《縞紵集》,朴齊家撰,李佑成編《楚亭全書》下册,第4頁。

[戊戌]是年,朴齊家與魏錕有交遊。朴長馣《縞紵集》上,卷一"戊戌"條下載:"魏錕,字貢九,號牧堂,住承德。示所作《曠觀亭賦》云:'亭在醫巫閭山中,有猿鳥啁啾之語。'先君云:'北方無猿猴,字得無欠歟?'指旁一人云:'此人曾見猿於巫閭。'"(朴長馣《縞紵集》上,卷一)

魏錕有《次楚亭元韻》:"萬國車書共,相逢任接談。香山佳句在,曾不到東南。"(朴長馣《縞紵集》下,卷一)

[戊戌]是年,朴齊家與郭維翰有交遊。朴長馣《縞紵集》上,卷一"戊戌"條下載:"郭維翰,字邵楨,號宗齋,鐵嶺人。"有《鴻爪集》。

郭維翰有《次楚亭元韻》:"邂逅情初洽,中宵接席談。遠遊應有志,同譜望江南。"(朴長馣《縞紵集》下,卷一)

[戊戌]是年,朴齊家與博明有交遊。朴長馣《縞紵集》上,卷一"戊戌"條下載:"博明,滿洲人,官兵部員外郎,以校書來往瀋陽。""我欲尋他,但他是官人,殊音異服,恐煩人眼。已而博明乘車來到,先君云:'曾因柳琴如雷聽聞,我曾仿漁洋《歲暮懷人》作七絕,呈公可因此爲士相見禮耶?'博云:'好,可取來。'先君書示之,博云:'二十八字頗有清新之致。'是時,一行圍立不能細語。其貌肥晳,性沉靜,可知文人也。詩曰:'中江權使著書才,石室名山泛覽回。又被高麗羅碩士,終朝問答碩妃來。'"(朴長馣《縞紵集》上,卷一)

[戊戌]是年,朴齊家與郭文煥有交遊。交遊事件不詳。朴長馣《縞紵集》上,卷一"戊戌"條下載:"郭文煥,字郁哉,號騰霄,居大北關。"(朴長馣《縞紵集》上,卷一)

[戊戌]是年,朴齊家與王如有交遊。交遊事件不詳。朴長馣《縞紵集》上,卷一"戊戌"條下載:"王如,字右瞻,號竹亭。"(朴長馣《縞紵集》上,卷一)

[戊戌]是年,朴齊家與王爾烈有交遊,王爾烈(? —1801),朴長馣

第六章 燕岩師門與清文人交流長編 737

《縞紵集》上，卷一"戊戌"條下載："官翰林。"又，黃叔璥撰《國朝御史題名》（清光緒刻本）載："王爾烈，字堯峰，號君武，奉天遼陽州人，乾隆辛卯進士，由翰林院編修考選陝西道御史，轉吏科給事中，官至大理寺卿。"著有《瑤峰集》。交遊事件不詳。（朴長馣《縞紵集》上，卷一）

[戊戌]是年，朴齊家與宣聰有交遊，交遊事件不詳。朴長馣《縞紵集》上，卷一"戊戌"條下載："宣聰，號蘭溪，進士。"（朴長馣《縞紵集》上，卷一）

[戊戌]是年，朴齊家與何寧有交遊。交遊事件不詳。朴長馣《縞紵集》上，卷一"戊戌"條下載："何寧，舉人。"（朴長馣《縞紵集》上，卷一）

[戊戌]是年，朴齊家與徐紹芬、徐紹薪兄弟有交往。李德懋《入燕記》載：五月初八日，丁卯，於撫寧縣，朴齊家與蔡濟恭、鄭一祥、沈念祖、李德懋等訪問徐鶴年家。"鶴年，字鳴皋，進士也，爲人長者。家富好客，今已没。有二子，長曰紹芬，字咏香。次曰紹薪，字樵丹。樵丹時在皇城，咏香在家，待客中堂。器玩位置蕭閑，可以留連"。筆談語不詳。朴長馣《縞紵集》上，卷一"戊戌"條下載："徐紹芬，撫寧人，父鶴寧，進士。家在永平府古驪城。……自尹白下淳每年歷訪爲常。其弟紹薪，戊戌舉人，性頗伶俐，翩翩能詩。先君《燕京雜絶》云：'撫寧徐進士，東人遇一過。猶存舊書畫，迎送世其家。'"（朴長馣《縞紵集》上，卷一）

五月十七日，朴齊家與李德懋前往北京琉璃廠北佛庵訪徐紹薪，有筆談。李德懋《入燕記》載：五月十七日，"譯官金在協將傳撫寧縣徐紹芬書於其弟紹薪，時紹薪寓琉璃廠北佛庵。余與在先隨往，紹薪方充《四庫全書》謄校官，自言一月課謄五萬字，相與筆談，翩翩可愛"。（李德懋《入燕記》）

[戊戌]是年，於豐潤城，朴齊家與林皋、胡迥恒有交流。朴長馣《縞紵集》上，卷一"戊戌"條下載："林皋，楚人，與先君路逢，略叙一

面。"又載:"胡迥恒,浙江人,家在豐潤,與皋友善。"

朴趾源《熱河日記·關内程史》有載:"(朴趾源)路逢楚人林皋,同往胡迥恒宅,張燈觀次修所書戀官詩。……胡、林兩人欣然出迎,堂中已設酒果。問:'李炯庵、朴楚亭安好?'余答:'皆安。'林生稱朴、李清曠高妙之士。余曰:'是皆吾之門生。雕蟲小技,安足道哉?'林生曰:'相門出相,將門出將,果非虚語也。'"《熱河日記·避暑録》又載:"林皋曰:'前年朴楚亭與同國李炯庵共登文昌樓,因宿同郡胡迥恒。指城底一門曰:'這是胡宅,壁上有楚亭筆。'遂同卞季涵、鄭進士珏入其中堂。日已昏黑,主人爲張四燈,照壁一讀,乃余家典洞時,炯庵在余作也。'沈瀿秋令樹先知,任忘暄凉做白痴。壁静萬蟲勤自護,簾虚一鳥慣相窺。抛他錢癖如將涴,呼我書淫故不辭。好事中州空艷羨,堯峰文筆阮亭詩'①。"

可見是年途經豐潤縣時,朴齊家與李德懋借宿於胡迥恒家。朴齊家爲胡迥恒題寫李德懋詩。

[戊戌]是年,於北京,朴齊家與李鼎元認識,並開始交遊。朴長馣《縞紵集》上,卷一"戊戌"條載:"先君記曰:初墨莊在春樹衚衕,時見藍袍一人。有人指云:'此便是李先生。'余直呼云:'雨村先生之弟墨莊非子耶?'其人驚喜曰:'諾。'遂握手作顫顫焉,蓋風俗然也。"(朴長馣《縞紵集》上,卷一)。

1778年(戊戌),朴齊家第一次出使到中國,就與李鼎元有來往。李德懋《入燕記》載,二十三日,朴齊家與李德懋訪庶吉士李鼎元、潘庭筠於潘之寓舍。交談語不詳。二十八日,朴齊家與李德懋訪李鼎元於魏染衚衕祝編修德麟家,"祝時方居母憂,前日因墨莊見余及在先詩,大加稱賞。評余曰'贍而肆',在先曰'蒼而潤'。與墨莊筆話,因請見主人,主人趑趄良久,始出"。六月初八日,李德

---

① 此詩亦載於李德懋《青莊館全書》卷一〇,題作"秋日讀《帶經堂集》"。沈瀿作"沈寥"。自護作"自語"。《韓國文集叢刊》第257册,第171頁。

第六章　燕岩師門與清文人交流長編　　739

懋"與在先,訪墨莊不遇"。(李德懋《入燕記》)

1778年(戊戌),李鼎元閲讀《洌上周旋集》中朴齊家等人的詩作後,題詩。李鼎元《題〈洌上周旋集〉》詩云:"洌水如烟凝一碧,竹林風味無今昔。殷勤寄語集中人,爲我西隅添一席。"(朴長馣《縞紵集》下,卷一)

朴長馣《縞紵集》上,卷一"戊戌"條又載,朴齊家《懷墨莊》詩曰:"墨莊吾同庚,纔過强仕年。自云世間事,漸覺不如前。不驕亦不媚,行藏隨自然。"《燕京雜絶》:"年來東國士,稍説墨莊名。寄語故人道,緋衣衛尉卿。"(朴長馣《縞紵集》上,卷一)

1790年(庚戌),朴齊家第二次出使中國來到北京後(柳得恭同行),仍與李鼎元有來往。柳得恭云:"余在燕時,亦與次修一再訪之。墨莊、凫塘同寓四川會館。天涯舊雨,把杯劇歡。辛酉再入燕,墨莊以副价册封琉球而歸,官中書舍人,數與相會於琉璃廠書肆。"(柳得恭《並世集》卷一)李鼎元有《題貞蕤書屋,應楚亭檢書之屬》:"不知嘉樹植何年,翠蓋蒺蘢帶碧烟。幾陣天風吹不定,濤聲似起大江前。""波瀾不起井留芳,第一清泉古藻香。最愛雨餘風定後,月沉疑吐夜珠光。""扶疏樹繞屋邊清,一頃蔬園草不生。幾朵黄花千個竹,有人仙隱在王城。"(朴長馣《縞紵集》下,卷一)

1801年(辛酉),朴齊家第四次出使中國,來到中國後,仍與李鼎元有交流,有筆談、贈詩等。《縞紵集》上,卷一"戊戌"條載兩人筆談語。朴長馣將此筆談繫於1778年(戊戌),誤。此次筆談,朴齊家有云:"如王偉人中堂向在庚戌,苦向東使覓《四家詩》。"故此次筆談當發生在1790年(庚戌)後的1801年(辛酉)。此次筆談主要內容:李鼎元對朴齊家對策進行評價,朴齊家提及朝鮮寫對策的名家,朴齊家詢問王杰、戴衢亨以及《懷人詩》中的清朝諸位朋友情況等。雙方還談及李調元《函海》編纂情況。朴齊家有《題李墨莊中翰〈琉球奉使圖〉》:"横覽齊州未了烟,飄然玉節上樓船。歌成白帝皇娥外,家住青天蜀道邊。偶問簪纓知漢姓,閑尋款識辨倭年。

平生兀硉胸中氣，好借中山酒一眠。"李鼎元"庚申年充琉球副使"，故繫此詩在1801年（辛酉）。（朴長馣《縞紵集》上，卷一）

兩人在交往中，有書信往來。李鼎元有書信與朴齊家，朴長馣《縞紵集》下，卷一"戊戌"條下載4封李鼎元與朴齊家書："石鼓文遍求肆中……"、"次修先生足下：不通音問有年矣……嘉慶四年九月望日，故人李鼎元頓首。外附上《文昌感應篇》一刻，亦時下名手也"（筆者按，此信寫於1799年（己未））、"楚亭道人足下：頃接手書，情詞惻惻……"、"昨值元旦……"。但自1801年（辛酉）分別後，兩人失去音信聯繫，李鼎元《別顆山秀才》詩中有云："記自辛酉別楚亭，天涯無由問死生。"（朴長馣《縞紵集》下，卷一）

朴齊家去世後，李鼎元有《哭楚亭》："人日東望哭故人，天涯從此斷鴻鱗。童烏夭後玄誰與？桑户嗟來夢已真。空有奇文神鬼泣，最憐廉吏子孫貧。程門高弟傳家法，又結三生未了因。（於覃溪前輩宅，晤東人顆山，知楚亭已作古人。歸直人日，爲位而哭之，仍將書付顆山寄去，焚於楚亭之墓。尚恨詩拙，不能道意中之痛楚亭耳。時辛未人日，鼎元草並識。）"（朴長馣《縞紵集》下，卷一）

又，李鼎元有《鄭進士東歸，寄洌上諸子》，詩云："自從別後廢吟哦，洌上周旋近若何？幾度夢遊滄海上，醒來猶自怯風波。"洌上諸子當指朴齊家、柳得恭、李德懋、李書九①。（朴長馣《縞紵集》下，卷一）

［戊戌］是年，朴齊家與李驥元有交遊。

六月十三日，李德懋同朴齊家"赴唐鴛港之約，唐亦設盛饌以餞之。時墨莊、鳧塘來，而潘公前既叙別，又聞風而來。會有一士，成都府崇寧縣人蔡曾源，字吕橋，亦人品甚好，文翰可觀，工隸書墨梅。酒既酣，莊言雅謔，迭發遞奏。唐公嫻於名物之學，故其言多考據辨訂，真博雅之君子也"。六月十五日，李德懋同朴齊家訪唐鴛港，與之叙別。"時墨莊、鳧塘亦來。主人設酒餞飲。及其出門，

---

①《洌上周旋集》收有此四位詩人詩作。

各自握手,緒語款款,有不忍別之真情"。(李德懋《入燕記》)

又,朴長馣《縞紵集》上,卷一"戊戌"條載有零星筆談語:"十一歲而先大夫棄世,今有老母在堂,年五十八。後漸難遠遊也。"(先君,筆者按,指朴齊家)"知君孝友本天生。"(李,筆者按,指李驥元)(朴長馣《縞紵集》上,卷一)

朴長馣《縞紵集》下,卷一"戊戌"條下載李驥元《題貞蕤書屋三絕,應楚亭故人之囑》:"樹歷千年古,蒼鱗欲化龍。相依君子宅,不羨大夫封。""古井何時鑿?人間第一泉。不風知浪净,沉月訝珠圓。""認作淵明宅,松風日夜吹。不須還學圃,霖雨澤邊陲。"又載《楚亭以詩見寄,敬和元韻答之》:"北風海上來,曠然思舊好。欲寄篋中書,鴻飛苦不早。翹首望天東,暮雲千里掃。三望不見君,入室空煩惱。昨者接君詩,薛華風格老。月下一長吟,落落見懷抱。安得生兩翅,東飛向海島?與君訪安期,呼童拾瑶草。丹如九轉成,百年庶相保。"朴齊家元韻不詳。(朴長馣《縞紵集》下,卷一)

朴齊家與李驥元別後有書信往來。朴長馣《縞紵集》下,卷一"戊戌"條下載李驥元與朴齊家書(楚亭先生手展。自相別後……),有云:"昨接手書,並詩一首。捧讀之餘,風生兩袖。"此信寫作時間不詳。朴齊家寫與李驥元的信,失載。(朴長馣《縞紵集》下,卷一)

[戊戌]朴長馣《〈縞紵集〉凡例》云:"(朴齊家與潘庭筠)先以詩文書札相通,而後竟面接。"朴長馣《縞紵集》下,卷一載兩人在見面前的2封來往書信:朴齊家與潘庭筠書(朝鮮畸人再拜白……)、潘庭筠答書《朴楚亭先生書》(庭筠頓首再拜啓,楚亭先生足下……)。

1778年(戊戌)第一次會晤之前,兩人已經知曉對方,並互有一定瞭解。1777年(丁酉),潘庭筠閱讀過朴齊家詩作,並爲收有朴齊家詩作的《韓客巾衍集》作序,爲朴齊家的詩作作跋。參見潘庭筠《〈韓客巾衍集〉序》[①]。1777年(丁酉)七月四日,潘庭筠《朴楚亭先

[①] 見柳琴編,朴齊永注,白斗鏞校《四家詩》卷首。

生書》(庭筠頓首再拜啓,楚亭先生足下……)中亦云:"春間讀《巾衍集》,始知先生名,欽服妙咏。及三君子之作,嘆爲目中所罕見,深以未得相與題襟爲憾。"而朴齊家則通過湛軒洪大容介紹,也對潘庭筠有了一定瞭解。朴齊家與潘庭筠書(朝鮮畸人再拜白……)中載:"僕與洪湛軒初不相識,聞與足下及鐵橋嚴公、篠飲陸公結天涯知己而歸,遂先往納交,盡得其筆談唱酬詩文讀之,摩挲不去,寢息其下者累日。"朴長馣《縞紵集》上,卷一載朴齊家《題洪湛軒所藏潘香祖墨迹》詩:"南海何時竭? 楚岸連平地。相逢潘秀才,應話前生事。"表達出朴齊家渴望與潘庭筠相會的心情。潘庭筠爲朴齊家詩作所作的跋文云:"楚亭詩脱手如彈丸,不爲僻澀之音,所謂文人妙來無過熟耳。襟期磊落,如見其人,頡頏四家,未易定王、盧前後也。"(柳琴編,朴齊永注,白斗鏞校《四家詩》卷三)

朴齊家與潘庭筠三次在北京會晤。朴齊家《懷香祖》詩中有云:"蘭公夙緣重,萬里三相見。"1.1778年(戊戌),朴齊家與潘庭筠首次在北京見面,並交遊。李德懋《入燕記》載:五月二十三日,李德懋"與在先訪李鼎元、潘庭筠於潘之寓舍,舍與吏部鄰近,潘設盛饌待之。筆談如飛,可補晉人清談"。筆談語不詳。六月十一日,朴齊家同李德懋"赴潘香祖之約。墨莊及沈匏尊心醇俱會,設饌叙别,又論文章"。主要談及侯方域、魏禧、汪琬之文等。又,潘庭筠與朴齊家在筆談時,請朴齊家以後能夠推揚洪大容之子,成大中《青城雜記》卷四載:"及李懋官德懋、朴在先齊家至燕,則潘已登第,爲庶吉士,交之比於洪金。……(潘庭筠)仍語在先曰:'湛軒之子,君能吹噓否?'在先答曰:'惟力所及,豈敢忘之?'庭筠爲之叩謝不已。"2.1790年(庚戌)五月,朴齊家第二次出使中國,又與潘庭筠會晤。這次會晤前,朴齊家先致信與潘庭筠。朴長馣《縞紵集》上,卷一載:"先君留玉和館時作書於蘭垞。"書信(長日如年……)亦載於此條下,主要表達渴望在北京一晤的衷曲。朴齊家寫這封信之前,還當另有一信與潘庭筠,潘庭筠有答書。此信中有云:"頃見回書草草,豈耳目有妨,心肺之言非筆墨所可罄者耶?"此二信均失載。後,朴齊家得見潘庭筠。潘庭筠有《重晤次修先生,率成一絕,並存沒口號三首奉政》詩,云:"十載詩名日下傳,近充貢使又朝天。中朝卿士多相譽,輝映清陰作後先(清陰入貢詩入漁洋選本中)。""不見炯庵逾十載,懷人常在海東頭。詩名官職今何似?要是新羅第一流。""耳根久斷湛軒琴,愁絕成連海上心。聞有嗣人能述作,好將操縵繼清音。""金生豪氣洗酸寒,酒後常欹緇布冠。如此翩翩書記手,不教兩度入長安。"(朴長馣《縞紵集》下,卷一)3. 1790年(庚戌)十月,朴齊家第三次出使中國,朴齊家又與潘庭筠在北京見面,並有筆談。朴長馣《縞紵集》上,卷一"戊戌"條下載有朴齊家和潘庭筠在北京的一段筆談。筆談載朴齊家云:"十年前已讀大集。"潘庭筠問朴齊家"歸期何日",朴齊家答:"明年二月初。"潘庭筠第一次讀《韓客巾衍集》是在1777年(丁酉),此距1790年(庚戌)正好是十餘年。且朴齊家第三次出使時間是在1790年(庚戌)十月,與筆談中提及的歸期相符,其餘三次出使時間均不符。筆談内容主要是:潘庭筠向朴齊家詢問李書九、柳得恭、洪大容後人的近況;朴齊家與潘庭筠談論《梵雅》一書;潘庭筠向朴齊家詢問朝鮮禪學情況;朴齊家向潘庭筠打聽王學浩,並請求潘庭筠作詩跋和小畫。此次筆談地點疑是在觀音寺。朴齊家有《續〈懷人詩〉》云:"千花成塔禮瞿曇,憶共觀音寺裏譚。聞説長齋潘御史,乞携野笠過江南。"(朴長馣《縞紵集》上,卷一)詩中提及在觀音寺里筆談。1790年(庚戌),潘庭筠已經佞佛,柳得恭《並世集》卷一載柳得恭語:"庚戌秋,余在燕時,聞香祖深居禮佛。"

1790年(庚戌)、1791年(辛亥)前後,朴齊家有詩寄潘庭筠。朴齊家《寄秋庿》詩:"那知妄想本來空?賫志天涯竟得通。萬里杯尊迎素月,一封書札向西風。滄波不辨吴門馬,雲樹相思北地鴻。總爲多情人易老,潘郎消息十年中。"(朴長馣《縞紵集》上,卷一)

在相互來往過程中,朴齊家與潘庭筠有和詩、寄贈詩等。朴齊家《次蘭垞〈元夕〉》詩:"春風仙李國,明月漢山州。海外同佳節,天涯足勝流。新衫消半醉,快馬破閑愁。自笑蓬廬士,平生志遠遊。"(朴長馣《縞紵集》上,卷一)潘庭筠原韻:《李吏部齋中元夕》:"人生幾元夕?留滯尚皇州。月是千山隔,星仍萬户流。浙燈鄉國夢,魯酒歲時愁。耿耿高堂燭,頻年憶遠遊。"(柳得恭《並世集》卷一)朴齊家《懷秋庫》詩:"潘郎文采出東吳,價重鷄林摺扇圖。料道春來頻鎖直,可應風月憶西湖。"《懷香祖》詩:"蘭公夙緣重,萬里三相見。漸看禪理精,偏憐宦遊倦。拈花送遠客,經聲度深院。"(朴長馣《縞紵集》上,卷一)《燕京雜絶贈別任恩叟姊兄,追憶信筆,凡得一百四十首》詩:"潘公南下日,倉猝尺書憑。濃厚莫回頭,此語當鏤膚。(潘侍御史庭筠遭故南下,寄余書云:"大約濃厚處莫留連。"余心服斯言。)"(朴齊家《貞蕤閣集·四集》)潘庭筠《奉答貞蕤先生》:"豫章楓木接風烟,是日秋聲赴嶽巔。南望斜陽江色好,二三雁字漾青天。"《寫贈楚亭先生》:"瘦蕚疏香托典深,天涯寫寄歲寒心。他時孤嶼看花去,猶有相思繞樹吟。"(朴長馣《縞紵集》下,卷一)

又,潘庭筠曾爲朴齊家《明農初稿》作序,序文載於朴長馣《縞紵集》下,卷一,題作"楚亭詩稿序"。此處略。

又,潘庭筠對朴齊家《述懷四首》有評,評云:"此浣花翁所謂磊落抑塞之奇才也。諷咏數四,如見襟期。吾欲彈賀若之琴,爲作者一解之。"(朴長馣《縞紵集》下,卷一)

[戊戌]是年,於北京,朴齊家通過李鼎元與祝德麟(號芷塘)認識,並開始交遊。祝德麟《〈洌上周旋集〉序》有云:"箕斗虛名,浪傳海外。二君(筆者按,指朴齊家、李德懋)數數請見,墨莊代達誠意甚殷。"朴長馣《縞紵集》上,卷一"戊戌"條下載:"祝三十而奔父喪,越三年,丁母憂,實丁酉歲也。先君記曰:余入都時相見,瘦身若不勝衣。余致慰再三,'仍以節哀爲戒'。祝云:'奉母櫬歸故園,永作東海之逸民。'後以校書與翁覃溪同來文淵閣。"(朴長馣《縞紵集》上,卷一)

六月初九日,於北京,朴齊家與李德懋訪祝德麟。祝德麟閱李德懋與朴齊家之詩，"指摘其抑韻通韻之違法"，並推薦韻書《佩文齋詩韻》、邵長蘅《韻略》給二人參看。"時海寧諸生沈心醇字匏尊在座"，亦與李德懋討論詩韻。六月十五日，朴齊家與李德懋往祝德麟家敘別。語不詳。（李德懋《入燕記》）

此年，祝德麟有小照贈送朴齊家，送時，並附有簡短書信。朴長馣《縞紵集》下，卷一"戊戌"條，李鼎元《〈祝芷塘小照〉跋》載云："此余座主祝芷塘先生小照，戊戌歲所贈朴君次修者。"書信載於《縞紵集》下，卷一，云："此甲午所製，乃右軍書《蘭亭》之年，賈傅賦《鵩鳥》之歲也。越今四載，神骨頗肖。匆迫不及裝潢，携歸，另付裱背，何如？"（朴長馣《縞紵集》下，卷一）

早在1777年（丁酉），祝德麟就已經閱讀過《韓客巾衍集》中的朴齊家詩作。1778年（戊戌），朴齊家、李德懋通過李鼎元贈《洌上周旋集》給祝德麟。六月八日，祝德麟爲是書作序。其評驚語："古體才氣浩瀚，筆善變化，惟字句偶有未揀凈處。近體亦頗有風格。"（朴長馣《縞紵集》下，卷一）

1790年（庚戌），於北京，朴齊家與祝德麟又一次見面，祝德麟有詩冊贈朴齊家。朴長馣《縞紵集》下，卷一"戊戌"條載："庚戌三月，以校書於役瀋陽，往返得詩七十餘首。還京，而朴秘校過訪，且有意求詩，遂檢古今體錄成一冊，奉贈。歸途對景懷人，亦可想見攬轡豪吟胸次也。時聖上萬壽之月，海寧祝德麟並識。"詩冊共錄詩十五首：《北平咏史》、《登文溯閣》、《望醫巫閭山》、《水阻，不得登澄海樓》、《老君屯》、《永平，謁清節廟》、《山海關二首》、《又咏事一首》、《松山二首》、《高橋感興》、《柳河溝，馬上作》、《榆關月夜》、《閭陽驛，望十三山》，詩歌詳見《縞紵集》下，卷一。

《瀋陽雜絕》："四庫新書拓聚珍，閣成文溯應文津。祝公恰共翁公住，不識行人是故人（翁侍郎方綱爲校正文溯閣《四庫》書，今夏來瀋陽，芷塘祝公德麟同來。計其日子，正度瀋時也）。"（朴齊家《貞蕤閣集·三集》）

《懷芷塘》:"我行指口外,芷堂方住瀋。恨未上文溯,共君河朔飲。但聞褫官級,未必鎸詩品。"(朴長馣《縞紵集》上,卷一)

[戊戌]是年,於北京,朴齊家與唐樂宇有交遊。參見1778年,乾隆四十三年,正祖二年"李德懋、朴齊家與唐樂宇有交遊"條。

[戊戌]是年,朴齊家在唐樂宇家認識蔡曾源。蔡曾源,朴長馣《縞紵集》上,卷一載:"崇寧人,乾隆甲辰二甲進士,以知縣用。"

李德懋《入燕記》有載:六月十三日,李德懋同朴齊家"赴唐鴛港之約,唐亦設盛饌以餞之。……會有一士,成都府崇寧縣人蔡曾源,字呂橋,亦人品甚好,文翰可觀,工隸書墨梅"。朴長馣《縞紵集》上,卷一"戊戌"條下載:"先君記曰:曾源號呂橋,鴛港客也。善八分書,有奇氣,不受羈束,人稱雲踪水迹。題余扇,授筆而去,竟不得別。"

[戊戌]是年,朴齊家在祝德麟家認識沈心醇。李德懋《入燕記》有載六月初九日,於北京,李德懋與朴齊家訪祝德麟,"時海寧諸生沈心醇字匏尊在座"。沈心醇有石鼓文拓本、古鏡拓等寄贈。朴長馣《縞紵集》上,卷一"戊戌"條下載:"贈先君石鼓文及古鏡拓。"朴長馣《縞紵集》下,卷一"戊戌"條,李鼎元與朴齊家書亦載:"石鼓文遍求肆中不得偶遇。好友沈公諱心醇,字匏尊,藏有墨本。語之故,即慨然相贈,此情不可忘也。……楚亭鑒之,鼎白。"

朴齊家《懷匏尊》:"匏尊別來久,聞猶耽古玩。時時拓鏡背,寄與覃溪看。燕臺話石鼓,屈指驚聚散。"(朴長馣《縞紵集》上,卷一)

[戊戌]是年,朴齊家與孫有義有交流。交流事迹不詳。朴長馣《縞紵集》上,卷一"戊戌"條下載:"孫有義,號蓉洲。"

[戊戌]朴齊家四次出使中國,前三次出使中國時均與鐵保有交流。

朴長馣《〈縞紵集〉凡例》云:"(朴齊家與鐵保)先以詩文書札相通,而後竟面接。"

1778年(戊戌),朴齊家第一次出使中國時,與鐵保有筆談。朴

第六章　燕岩師門與清文人交流長編　　　　　　　　　　　　　747

長馣《縞紵集》上，卷一"戊戌"條載朴齊家《懷冶亭》："長白千年積氣深，冶亭詩句發鴻音。燕京酒後千書紙，那識儒衣裹俠心？"據"燕京酒後千書紙"句，雙方在北京時有過詳細筆談。

1790年（庚戌）五月，朴齊家第二次出使中國到達北京後，請見鐵保近作，鐵保有詩歌贈閱。朴長馣《縞紵集》下，卷二"庚戌、辛亥"條下載鐵保語："朝鮮朴明農檢書，東國名士，二十年前，曾見余幼時作《虛閑堂稿》。玆以入貢來京，屬書近作，惜詩字都不佳，未免有愧虛名耳，正之。時乾隆庚戌八月。"贈閱詩歌有《客中長歌寄懷姜度香司寇》、《客灤陽日，寄弟閬峰》、《寄内》、《道中作》。在熱河朝房曾與朴齊家、柳得恭相遇，有交談。内容不詳。柳得恭《灤陽錄》卷二《鐵冶亭侍郎》載："熱河行宫閣門之右有軍機房，余與次修入其中……。少焉，有一人入來，即鐵侍郎。叙話歡若平生。"

此次朴齊家在北京時，鐵保有致信，朴長馣《縞紵集》下，卷二"庚戌，辛亥"條下載3封。第一封信云："朴老先生啓：連日匆匆，未獲走候，歉歉。尊集奉璧，拙詩擬鈔數首，緣刻無暇晷，竟不能如約，或他日隨貢使寫寄也。副使所囑'見一亭鶴山'五大字，希示尺寸，當爲書之。柳君起居同佳耶？鐵保頓。明農先生紙墨數事，聊以伴函，祈笑存。"信中有云"連日匆匆，未獲走候"，"柳君起居同佳耶"，可見此時朴齊家當在北京，而且是和柳得恭一起出使來到北京。信中又提及"副使所囑'見一亭鶴山'五大字，希示尺寸"，此副使當爲徐浩修。洪良浩《耳溪集》卷一三《見一亭記》載："壬寅冬，余奉使之燕。徐尚書養直。……語余曰：'僕才不踰人，而年未中身。外仗三藩之節，秩躋八座之尊，可謂極仕宦之榮矣。竊慕古人知足之義，構小亭於臨湍之上，扁曰見一，取唐人林下何曾見一人之句，反其辭，以見志焉。'"徐尚書養直即是徐浩修，可見徐浩修構築有"見一亭"，因此他請清朝書家鐵保題額，這是符合常情的。徐浩修、朴齊家、柳得恭共同出使到北京是在1790年（庚戌），故此書信寫於是年。由此信"尊集奉璧"語，可見朴齊家此次出使，曾有作品集贈送鐵保，集名不詳。第二封書信云："朴老爺：松江牋紙壹匣、培陰軒墨壹匣、湖筆十二枝、條幅壹軸。鐵保拜。"第三封書信云："元人舊畫一册、思翁小景一幅、端溪舊硯一方、拙書一幅，奉上朴貞蕤先生。鐵保頓。對聯不及書。"由此二封書信，可見鐵保曾有筆墨紙硯贈與朴齊家。疑，此二信亦寫於1790年（庚戌）。（朴長馣《縞紵集》下，卷二）

1790年（庚戌）十月，朴齊家第三次出使中國到達北京後，又與鐵保有聯繫。金箕性《燕行日記》載：正月十七日，"鐵保因朴齊家謂有親病請得安神丸，故以紙扇及清安如干丸送之"。

朴齊家與鐵保在交往過程中多有詩歌贈酬：

朴長馣《縞紵集》上，卷一"戊戌"條下載朴齊家《懷冶亭》："軒軒鐵冶亭，弱冠交有神。草隸既擅場，騎射復絕倫。誰知廿年後，暫結灤陽鄰？"《續〈懷人詩〉》："聯輝棣萼盛門闌，異國人携草聖看。自愧詩名驚老鐵，每逢東使問平安。"朴齊家《貞蕤閣集·四集》載《燕京雜絕贈別任恩叟姊兄，追憶信筆，凡得一百四十首》："盛典迎藩國，鐵卿來客星。不知東海眼，到日爲誰青？"詩注云："鐵保禮部侍郎嘗謂余曰：'東國詔使須用滿洲科甲大臣，我兄弟或當出也。'蓋其弟玉保亦學士，有文學名。"

朴長馣《縞紵集》下，卷二"庚戌，辛亥"條下載鐵保《朴、柳二君述予童時所作〈虛閑堂詩〉感賦二律》："一卷童時草，狂名落海東。廿年逢故我，萬里駐飛蓬。交道遠人重，文章弱冠雄。山房書席帽，憶否寄朱蒙（廿年前曾爲貴國人書'席帽山房'四字）。""夙耳耆卿號，心傾柳柳州。官宜司主客，迹每合林邱。公宴聯私覯，新交識舊遊。海邦存四子，邂逅得吾儔。"又載朴齊家次韻："繞出秦城背，相逢我自東。契曾先縞紵，遊不負桑蓬。落落談詩快，翩翩上馬雄。別來逾廿載，援筆愧吳蒙。"此詩朴齊家《貞蕤閣集·三集》亦載，題作"熱河，次鐵侍郎（保）寄示韻"。又載《題朝鮮貢使詩册，並寄貞蕤居士》："東海乘王會，星傳使者車。圖書聯屬國，風物紀中華。好句奚囊富，遥情客路賖。不須懷遠道，中外久同家。""千里聚頭扇，遥遥贈禮臣。自慚文字末，君喜性情真。書法忘衣鉢，詩名笑縉紳。直廬吟五夜，裁寄海東人。"

1790年　乾隆五十五年　正祖十四年

［庚戌］是年，朴齊家第二次出使中國，到達北京後與紀昀有交遊。柳得恭云："余在燕與次修同訪尚書，年位俱邵（劭），而恪執賓主之禮，談討竟晷。後數日，命駕到館，問兩檢書在否。值余輩出遊，留刺而去，館中爲之動色。"（柳得恭《並世集》卷二）

臨別，紀昀有詩歌、書籍贈送。柳得恭《灤陽録》卷二《紀曉嵐大宗伯》載："亦贈次修詩扇及《史記考異》。"紀昀《送而后檢理歸國》云："貢篚趨王會，詩囊貯使車。清姿真海鶴，秀語總天葩。歸國憐晁監，題詩感趙驊。他年相憶處，東向望丹霞。"（朴長馣《縞紵集》下，卷二）下附朴齊家和詩，《次韻禮部尚書曉嵐紀公（昀）詩扇見贈》云："辱題僧孺館，勝御李膺車。披扇驚文藻，陳詩愧正葩。蟲心猶慕鵠，駑足敢先驊。喜我書厨潤，歸沾玉井霞（先生有《玉井研銘》，研今歸鶴山副使）。"

1801年（辛酉），朴齊家第四次出使中國，到達北京後與紀昀有筆談。此筆談記録載於朴長馣《縞紵集》上，卷二"庚戌、辛亥"條下。朴長馣將此筆談繋在1790年（庚戌）或1791年（辛亥），誤。理由如下：此筆談中有云："琉球使臣已回否？李編修鼎元此時官中書舍人，回在京師否？（先君）已回，其弟驥元，敝門人也。（紀）已亡矣。（先君）。"趙爾巽等撰《清史稿》卷一六《仁宗本紀》載："（嘉慶四年八月）乙巳，命修撰趙文楷、中書李鼎元册封琉球國王尚温。"可見李鼎元出使琉球是在嘉慶四年，即1799年（己未）。筆談中且提及李驥元已亡故，李驥元生卒年是（1745—1799），故由此可推斷此筆談當發生於1801年（辛酉）。筆談主要内容是：朴齊家向紀昀打聽《灤陽消夏録》、《弇州四部》、載在《四庫簡明目録》中的讀書記、《白田雜著》等書，打聽李鼎元、李調元、翁方綱、龔協、孫星衍、孫衡等人，並向紀昀請教蘇州七子之目等。

別後，紀昀年年寄文筆於朴齊家。朴齊家《燕京雜絶贈別任恩叟姊兄，追憶信筆，凡得一百四十首》有詩云："紀公三達尊，乙巳千叟一。奚取於我哉，年年寄文筆。"其小注云："紀公名昀，禮部尚書，號曉嵐。嘗稱余詩多書卷氣，海外大有人在也。每年必問安否，寄詩。余以無外交之義，不敢答來詩。引手印有乙巳千叟之一，今年七十三也。"（朴齊家《貞蕤閣集·四集》）朴長馣《縞紵集》下，卷二"庚戌、辛亥"條下載紀昀與朴齊家書（而后先生啓。昨挹清言……），主要表達對朴齊家托貢使贈送輿圖、豹皮的感謝和渴望再次相會的心情，並説明自己拒收豹皮原因。

雙方別後，多有詩歌寄贈。朴長馣《縞紵集》上，卷二"庚戌、辛亥"條《懷曉嵐》："曉嵐今龍門，胸涵四庫富。灤陽説鬼棨，鬼亦嘲學究。推轂戴東原，遺書爲我購。"《續〈懷人詩〉》："執贄由來遍九州，鷄林弟子亦蒙求。翻驚歲暮懷人作，玉井珠泉萬斛流。"朴長馣《縞紵集》下，卷二"庚戌、辛亥"條下載紀昀《寄懷而后（次修）先生》："偶然相見即相親，別後匆匆又幾春？倒屣常迎天下士，吟詩最憶海東人。關河兩地無書札，名姓頻年問使臣。可有新篇懷我未？老夫雙鬢漸如銀。"朴長馣案，"尚書作此詩，以送致。先公之意，書請於我先大王。上即命先公入侍，面賜此詩。天顔和霽，顧諭侍臣曰：'以此觀之，朴齊家非華國之才歟？'蓋異數也，而論者或反以爲咎云。寧不慨然飲泣乎？"又載朴齊家次韻詩："白鷗何意絶還親？慣遣秋筇集裏春。佳句自無霜後杰，好音偏向日邊人。雲山萬斛新螺子，滄海千秋古雁臣。忽夢頎然觀奕叟，床前月色爛如銀。"朴長馣注云："公謫居鍾城時追次。"朴齊家《貞蕤閣集·五集》亦載此和詩，題作"追次曉嵐見寄詩韻"。朴長馣《縞紵集》下，卷二"庚戌、辛亥"條下又載紀昀《乾隆乙卯正月廿四日，紀昀寄題，時年七十有二》："爲問朴而后，行踪近若何？舊遊憶文酒，遠道阻風波。悵望情無極，傳聞信恐訛。陸機才似海，無乃患才多。"

[庚戌]是年,朴齊家第三次出使中國時,與翁方綱有詩書畫等方面的交流。柳得恭《並世集》卷二云:"翁方綱,字正三,號覃溪,直隸大興人,內閣學士。所居構蘇齋,祀坡公。庚戌,次修之再入燕也,訪覃溪,適值坡公生日,見揭坡像及王貽上、宋牧仲諸像於齋中,設笋酹酒,展蘇、黃、米真迹,與諸名士縱觀之。"①

翁方綱有《題貞蕤檢書所藏〈蘆洲雪雁圖〉,兩峰定爲元人筆者》,詩云:"雲影蒼茫極海東,秋生詩思淡空濛。最無人態誰傳得?祇有昏陰襯蓼紅。""花之老衲墨參禪,渚意料量接遠天。記取城南齋十笏,窗光對拭海苔牋(花之寺僧,羅兩峰道人別號也)。"(柳得恭《並世集》卷二)朴齊家《懷人詩仿蔣心餘》"翁覃溪方綱"詩云:"覃溪洪趙流,金石窮錙銖。丑月日十九,瓣香祭髯蘇。引我上清閟,高會參文殊。"(朴齊家《貞蕤閣集·三集》)朴齊家《燕京雜絶贈別任恩叟姊兄,追憶信筆,凡得一百四十首》:"金石正三翁,丹青羅兩峰。清修比部衍,鉅麗北江洪。"(朴齊家《貞蕤閣集·四集》)

朴齊家有《寄翁侍郎》詩:"蕭然金石出風塵,落筆長歌句有神。無怪清談高一格,蘇齋門下瓣香人。"此詩現存有朴齊家親筆原帖,私人收藏。(朴長馣《縞紵集》上,卷二)

又,《次韻翁覃溪〈落葉詩帖〉》曰:"愛汝題詩不減紅,多情還是各西東。何由化作王維石?吹落扶桑萬里風。"《續〈懷[人]詩〉》曰:"覃溪學士癖於蘇,燕處長懸笠屐圖。宛轉人行金石裏,恰如九曲蟻穿珠。"(朴長馣《縞紵集》上,卷二)

[庚戌]朴齊家第二次出使中國,到達北京後,朴齊家向吳省欽求序,吳省欽索見朴齊家詩文。吳省欽(1730—1803),張維屏輯《國

---

① 蘇軾生日爲十二月十九日,如翁方綱有《十二月十九日,蘇齋拜坡公生日,適黃秋庵以所藏蘇、米諸賢像册寄來,屬爲摹山谷像於内精靈會合,奇哉,賦詩記之,兼寄秋庵》。"庚戌,次修之再入燕也,訪覃溪,適值坡公生日",時間當爲1790年(庚戌)十二月十九日,與朴齊家第三次出使中國的時間相符。《復初齋文集》,文海出版社,1974年,第7033—7034頁。

朝詩人徵略》卷四〇載："字冲之，號白華，江蘇南匯人。乾隆二十八年進士，官左都御史，有《白華詩鈔》。"又引《春融堂集》語："君少英敏，善屬文，年十七爲諸生，乾隆二十二年，高宗純皇帝南巡獻賦，召試賜擧人，授内閣中書。"另有《聽彝堂偶存稿》、《聽彝堂時文》。

朴長馣《縞紵集》下，卷二"庚戌、辛亥"條下載吴省欽寫給朴齊家的3封書信①。3封書信均提及請序一事，第一封云："尊詩録出，乞付一讀，至序，容再商。"第二封云："若祇翻刻舊書，何必再序？一書不再序，古也。"第三封云："舊書翻刻，或刻書之人自序則可，若再求他人之序，則不必矣。"可見朴齊家曾向吴省欽求序，吴省欽以舊書翻刻，"一書不再序，古也"的理由婉拒。朴齊家向吴省欽求序事，繫於1790年（庚戌），是因爲：吴省欽給朴齊家第二封書信有云："連日事冗，不特應接外省祝釐大員之不暇故耳。"祝釐即是祝壽之意，而1790年（庚戌）五月，朴齊家與柳得恭一起隨黄仁點爲正使的聖節兼謝恩使團第二次出使中國，目的就是爲了慶賀乾隆皇帝八十壽辰，故朴齊家與吴省欽的來往，應發生在1790年（庚戌）朴齊家第二次出使中國，來到北京之時。

由此三信内容，可推斷朴齊家與吴省欽見面次數很少，多是以書信往來。吴省欽第一封信有云："恐其間有涉，未便處耳。"第二

---

① 此三封書信，雖未寫明收信人，但可以判斷是吴省欽先後寫給朴齊家的。理由如下：1.此三封信收在朴長馣《縞紵集》下，卷二"庚戌、辛亥"條中的吴省欽名下，故是吴省欽寫給朴齊家信的可能性較大。2.三封信件中提及的作序一事（見正文），是層層遞進的説法，故此三封信是寫給同一人的，當屬無疑。3.第三封書信中，吴省欽有云："魏叔子亦有縱橫氣，不可與汪並稱。"而朴齊家有懷吴省欽詩作，云"汪琬死百年，中原無古文"，"君莫輕叔子，斯人未易論"。詩中内容與吴省欽的提法是相呼應的，故可判斷第三封書信是寫給朴齊家。綜合上述三點，可判斷這三封信件就是吴省欽先後寫給朴齊家的。吴省欽與朴齊家書（幾何之術素不能講……），吴省欽與朴齊家書（此書俟紀綱取携……）吴省欽與朴齊家書（魏叔子亦有縱橫氣……），朴長馣《縞紵集》下，卷二，朴齊家撰，李佑成編《楚亭全書》下册，第230—231頁、第231頁、第231頁。

封云："無私交，亦係古制也。如有尊詩付來一讀，亦可。連日事冗，不特應接外省祝釐大員之不暇故耳。"第三封云："功令雖未聞有禁，然區區之私，實未敢耳。"可見，吳省欽以人臣無外交之義、忙於接待外省來京祝壽官員爲由，婉拒朴齊家的見面、作序等請求。朴齊家亦當有書信與吳省欽，失載。

又，朴長馣《縞紵集》上，卷二"庚戌、辛亥"條載《懷白華》詩："汪琬死百年，中原無古文。崢嶸順天尹，嗣響亦云勤。君莫輕叔子，斯人未易論。"

[庚戌]朴齊家與羅聘曾兩度在北京交遊。羅聘《奉懷求教》有云："兩度與君逢，思之今已去。"（朴長馣《縞紵集》下，卷二）

1790年（庚戌）五月，朴齊家與柳得恭一起隨黃仁點爲正使的聖節兼謝恩使團第二次出使中國。朴齊家到達北京後，與羅聘有交往。朴長馣《縞紵集》下，卷二"庚戌、辛亥"條載羅聘《乾隆五十五年八月十有八日，苕翡堂朴檢書出此卷索題，因成三絕句應教》："模糊小印何人筆？宿食飛鳴百雁俱。展向客窗生遠思，紙屏竹榻在江湖。""雁門秋意誰能寫？別有《江南秋思圖》。雪蹟（積）沙汀烟在水，夢中元祇有菰蘆。""大抵元人異明代，筆能鬆活自生姿。寧惟清硬誇奇品，想見蒼茫用意時。"此詩有朴長馣案語："家有《蘆洲百雁圖》，兩峰鑒定爲元人筆迹。雅亭、冷齋並各有詩。先君寫之。王萃溪肇嘉書卷首五大字。翁覃溪亦有詩。先君詩則王練水濤書之，下有先君小跋。"這次來往中，朴齊家有《題羅峰先生〈鬼趣圖〉卷》，云："墨痕燈影兩迷離，《鬼趣圖》成一笑之。理到幽明無處說，聊將伎倆嚇纖兒。"①（朴齊家《貞蕤閣集·三集》）此次，朴齊家

---

① 此詩定於朴齊家與羅聘首度交遊時作，理由如下：白景炫《燕行錄》卷二載朴齊家與白景炫共同拜訪羅聘時，白景炫得見《鬼趣圖》，並看到了朴齊家的《題〈鬼趣圖〉詩》。載云："余見《鬼趣圖》，下旁見當世搢紳和韻題咏者多，而在先之詩文亦在其中。"可見，《題羅峰先生〈鬼趣圖〉卷》作於1790年（庚戌）十月前，即朴齊家第二次出使到北京前。《〈燕行錄選集〉補遺》中冊，第71頁。

離開北京前，羅聘有《墨梅》畫、《朴齊家寫照》、詩歌等贈別。羅聘《次修檢書將歸朝鮮，作〈墨梅〉奉贈，以當折柳》云："一枝蘸墨奉清塵，花好何妨徹骨貧。想到薄冰殘雪候，定思林下水邊人。"（柳得恭《並世集》卷二）又有《既作〈墨梅〉奉贈，又復爲之寫照，因作是二絕以志別云》，云："相對三千里外人，欣逢佳士寫來真。愛君丰韻將何比？知是梅花化作身（原迹藏於望溪廬）。""何事逢君便與親？忽聞別我話酸辛。從今淡漠看佳士，唯有離情最愴神。"①（朴長馣《縞紵集》下，卷二）又，朴長馣《縞紵集》上，卷二"庚戌、辛亥"條，亦有載云："兩峰寫先君像。"

1790年（庚戌）十月，朴齊家隨金箕性爲正使的冬至使團第三次出使中國。朴齊家到達北京後，又去拜訪羅聘。白景炫《燕行錄》卷二載：十二月十五日，"往見羅聘。羅聘號兩峰，文章之士也。朴在先曾與之交而每稱道其才，欲余同往訪之，余與翼卿從之。及見，羅聘殷勤迎入，置酒款待"。（白景炫《燕行錄》卷二）1791年（辛亥）初春，朴齊家離開北京前，羅聘有詩扇相贈。羅聘《苕翡堂朴檢書歸朝鮮之先一夕，出箑索畫，並作一詩以餞之》詩，云："春明門外柳如絲，此夕如何唱竹枝？柳色黃金容易易，相期不沒歲寒時。"（朴長馣《縞紵集》下，卷二）詩中提及"春明門外柳如絲"，故此次朴齊家與羅聘分別之時正是1791年（辛亥）初春，此詩亦當作於此時。

在北京時，朴齊家與羅聘有詩歌交流。朴齊家《爲兩峰内子方氏婉儀，書其半格詩卷》詩曰："寫韻仙緣重，圖詩婦教清。才應低柳絮，第本出桐城。瑣細皆名理，孤高亦性情。夜臺吟社冷，誰復念羅橫（兩峰出示《寒閨吟社卷》，時方氏下世已三歲矣）？"朴齊家《題兩峰畫竹蘭草》詩："道人畫竹時，還從色相起。君看竹成後，妙

---

① 此詩原迹（附朴齊家肖像畫）影本亦載於《藤塚鄰寄贈的秋史資料展Ⅲ——藤塚鄰的秋史研究資料》，款識云："乾隆五十五年八月十八日，揚州兩峰道人，時客京師琉璃廠之觀音閣。"第94頁。

不在形似。""莫説無人采,非關爾不香。聊將一孤尊,含笑答春光。"(朴齊家《貞蕤閣集·三集》)羅聘《詩畫應苕翡堂主人(朴檢書)》:"畫竹有聲風滿堂,法從句勒異尋常。鸚哥毛緑羞重染,此是仙都白鳳皇。"(朴長馣《縞紵集》下,卷二)這些詩作當作於1790年(庚戌)或1791年(辛亥)。

又,《縞紵集》下,卷二"庚戌、辛亥"條下收有羅允纘代其父羅聘寫給朴齊家的一封書信。羅允纘與朴齊家書(昨家君偶抱微恙……)有云:"十七日,家君在寓恭候文駕,作盡日之談,勿拒是幸。十九日,再來敝寓,俟龔三先生,可耳。"此信當寫於1790年(庚戌)或1791年(辛亥)朴齊家停留北京時期。

1792年(壬子)人日,朴齊家有《羅兩峰人日生日》詩,云:"維天降圖畫,將以昭人文。新年日之七,弧矢爲羅君。異哉花之禪,筆墨天下聞。廣説文字緣,履舄多如雲。拈示楞伽義,方丈一爐熏。遥遥海上人,頂禮致殷勤。今日天氣佳,可以酒一醺。草木含性氣,收效在寒温。人生各有事,窮達何足云?人間六十壽,未足爲公欣。如是復如是,了千萬朝曛。"(朴齊家《貞蕤閣集·三集》)羅聘生於1733年(癸丑)。詩中云"人間六十壽,未足爲公欣"。羅聘六十歲時,當爲1792年(壬子)。

1792年(壬子)春正月二十四日,羅聘寫書信與朴齊家。羅聘與朴齊家書云:"朴次修先生座前:欲言頗多……羅聘頓首。壬子春正月廿四日漏下二鼓,仍住琉璃廠觀音閣。"(朴長馣《縞紵集》下,卷二)

別後,朴齊家、羅聘互有詩歌寄贈。朴齊家有《別後寄羅兩峰》四首,云:"似痴如夢泪涔涔,空裹情緣畫裹吟。何事天西回首地,殢人離思又秋陰?""千年小別酒初醒,四海論交眼盡青。我貨都非銀子買,詩囊畫軸笑零星。""天涯黄葉落來多,半格詩空恨若何?倘把生離論死别,羅昭諫羨竇連波。""緗簾禪室憶書聲,夢裹梅花照眼明。今日登車心不快,薄冰殘雪動離情(兩峰見贈詩有'遥想薄冰殘雪侯,定思林下水邊人')。"(朴齊家《貞蕤閣集・三集》)羅聘《奉懷求教》:"兩度與君逢,思之今已去。不恨道路長,恨君別我遽。假寐忽見君,蒼茫與君語。未知君夢中,遇我還未遇?"(朴長馣《縞紵集》下,卷二)又,朴齊家寫有多首思念羅聘的詩作:《懷兩峰》詩曰:"兩峰師冬心,筆墨又一變。二兒各鳴世,練塘及鐵研。文如李孝光,岱宗開新面。"《續〈懷人詩〉》曰:"不見高人羅飯牛,夢中明月古楊州。烟雲供養今何似?腸斷天涯讀畫樓。"《燕京雜絕》:"貞蕤檢書書,廠中傳贋本。晨興寫十聯,寄與兩峰飯。"(朴長馣《縞紵集》上,卷二)

1801年(辛酉)二月,朴齊家與柳得恭一起隨趙尚鎮謝恩使團第四次出使中國,在得知羅聘去世消息後,設靈位而祭祀。朴長馣《縞紵集》上,卷二"庚戌、辛亥"條載云:"後兩峰已没,先君再入燕,爲設位致祭而哭之。江南人士參觀在座者相謂曰:'悍(很)鍾情。'"

[庚戌]朴齊家隨金箕性爲正使的冬至使團第三次出使中國。朴齊家到達北京後,與汪端光有交遊。汪端光(1748—1826),李斗《揚州畫舫録》卷一五云:"本名龍光,字劍潭。辛卯舉人,官國子監學正。工詩詞,書法米襄陽。母梁氏,字蘭漪,工詩。"籍貫江都。王昶輯《湖海詩傳》卷三三稱其"有《沙江》、《晚霞》、《才退》諸集"。

朴長馣《縞紵集》下,卷二"庚戌、辛亥"條下載汪端光《冬日郊行,過龔荇莊寓居,留贈一首,次修先生雅教》:"四眺峰迴不見村,繚壇三尺繞雲根。檐流寒日朝懸釜,篋盡單衣夜倒尊。國士有聲翻借謗,英雄無遇衹忘恩。鄉心久隔橫塘水,春草年年枉在門。"

朴長馣《縞紵集》上,卷二"庚戌、辛亥"條載:先君《懷劍潭》詩曰:"劍潭慷慨姿,弱如衣不勝。清詞吐如烟,裊娜看不定。憶爾江南夢,誰把文無贈?"又《燕京雜絕》云:"衆中看墨迹,云自趙漳南。南韻諫通艷,劍潭爲澗曇。"

[庚戌]是年,朴齊家與孫星衍有交遊。孫星衍(1753—1818),朴長

醃《縞紵集》上，卷二"庚戌、辛亥"條下載："字季述，號淵如，常州武進人。乾隆丁未榜眼，官刑部。幼工駢儷文，既博涉百家，於天文、曆數、陰陽、形宅、篆籀、古文、聲音、訓詁之學，靡所不精。著《古文尚書注表》、《晏子春秋音義》、《問字堂集》。"現留存《孫淵如先生全集》二十一卷。

張紹南撰《孫淵如先生年譜》卷上載："乾隆五十五年，庚戌，君三十八歲，居琉璃廠，官刑部直隸司主事總辦……高麗使臣朴齊家入都，由書肆見君所校古書，介所知投刺訪謁。君以唐刻《石經》持贈。因爲君書'問字堂'三字，並賦詩以謝。"（清張紹南撰《孫淵如先生年譜》卷上，清光緒刻藕香零拾本）

朴長馣《縞紵集》上，卷二"庚戌、辛亥"條載：先君《懷淵如》詩曰："孫郎工篆隸，心絕芬華慮。走馬客函秦，校書秋帆署。殷勤寄《石經》，好向東溟去。"又《續〈懷人詩〉》曰："一斗隃糜寫檗窠，腕中三百九碑多。玲瓏館裏丹黃卷，總被先生手勘過。"《燕京雜絕》中有云"清修比部衎"。

［庚戌］朴齊家第二次出使中國。朴齊家到達北京後，與張道渥有交遊。

柳得恭《灤陽錄》卷二《張水屋》載："張道渥，號水屋，山西安邑人。……兩峰處相識，題扇見贈，書畫放縱。請余及次修去飲酒，兩峰怒以爲奪客，水屋亦怒，一場大閧。余留而次修去，以彌縫之。"《灤陽錄》是柳得恭撰寫的使行日記。1790年（庚戌）五月，他與朴齊家一起充任朝鮮進賀兼謝恩使團的檢書官出使中國，故二人交往當在朴齊家第二次出使中國時。

朴長馣《縞紵集》下，卷二"庚戌、辛亥"條載張道渥請朴齊家指正之詩，題爲"庚子二月，自津門赴都，即事寫情，亦竹枝之餘，錄呈朴次修先生正之"、"自題畫翁（扇）"。

朴長馣《縞紵集》上，卷二"庚戌、辛亥"條載："先君《懷水屋》詩曰：'水屋狂者流，自贊復自罵。但逢齷齪人，嘲唾不少借。世以詩畫云，我愛真無假。'又《續〈懷人詩〉》曰：'世無風子亦寥寥，畫意詩情未是驕。莫道近來貧到骨，千金容易博今宵。'又《燕京雜絕》云：'輶軒聞所聞，風子得官去。傲吏無世情，狂名落何處？'"

[庚戌]朴齊家第二次出使中國。朴齊家到達北京後，與蔣和有交遊。蔣和，朴長馣《縞紵集》上，卷二"庚戌、辛亥"條載云："字醉峰，自稱江南小蔣。拙老人衡之孫。工書畫。著《說文集解》。《四庫》館議叙，成孝廉。"

朴長馣《縞紵集》下，卷二"庚戌、辛亥"條載蔣和《乾隆庚戌八月，恭逢萬壽，和敬模御製題竹詩意畫册進呈，蒙恩賜彩緞，恭記兼述舊事，録請詞壇教正並索和章》，柳得恭《並世集》卷二亦載此詩。詩云："獻芹欣化日，寫竹緬前時。初擬名賢迹，今僥聖主知。微長寧自炫，雅操竊同持。不謂孤生質，承恩頓及斯。""宮袍頒内府，拜舞裵偕行。恩獨逢三錫，名争第一聲。傳家衣有賴，應節服初成。適體慚安燠，何由報此生？""儒衣傳樸素，翰墨溯風流。宸藻新模寫，芸編舊校讎。深恩綿五世，佳話紀千秋。近市居初卜，因成擊壤謳。""書畫開新舫，來遊矢好音。同生懷直節，把筆悟虛心。手澤摩挲久，知交啓牖深。不嫌輿頌聒，乘興日相尋。"

朴長馣《縞紵集》上，卷二"庚戌、辛亥"條載："先君《懷醉峰》詩曰：'翩翩小蔣生，詩畫動天笑。蒼雅固家風，用拙惟克肖。載酒書畫舫，來問字原表。'又《續〈懷人詩〉》曰：'拙老人孫尚典刑，雞鳴風雨子衿青。書生不是功名薄，再錫宮袍覲帝庭。'又《燕京雜絕》云：'小蔣才無敵，閑居供奉班。御詩傳畫意，風竹滿人間。'"

[庚戌]朴齊家第二次出使中國。到達北京後，朴齊家與張問陶有交遊。朴長馣《縞紵集》下，卷二"庚戌、辛亥"條載張問陶《題次修檢書内賜畫扇即正，乾隆庚戌八月八日》，載《短歌一首送楚亭檢書歸朝鮮，聖清五十五年八月二十四日，翰林吉士泗（四）川張問陶小草》。詩題中均提及贈詩寫作時間："乾隆庚戌八月八日"、"聖清五

十五年八月二十四日"。故朴齊家第二次出使中國時與張問陶有交遊。

在第二次出使中國期間,朴齊家與張問陶有較爲密切的往來,如張問陶有詩贈朴齊家,其《題次修檢書內賜畫扇即正,乾隆庚戌八月八日》:"葉底銀鱗細可憐,雙蛙閣閣隱紅蓮。憑誰寫出秋風影?吹上仙人太乙船。"(朴長馣《縞紵集》下,卷二)又如,朴齊家與張問陶曾飲酒暢談,朴齊家《翰林館同張船山(問陶)熊吉士介茲(方受)石修撰琢庵(韞玉)蔣丹林(祥墀)食蟹共賦》詩云:"忽驚蒲葦夢,公館酒帆秋。自信無腸客,翻愁有監州。榴房推半殼,雀矢起雙眸。不是彭蜞誤,須君任去留。"(朴齊家《貞蕤閣集·三集》)詩中有云"公館酒帆秋",故由此可推斷朴齊家在第二次出使中國到達北京後,曾與張問陶、熊方受、石韞玉、蔣祥墀共聚食蟹。

臨別,張問陶又有詩相贈。《短歌一首送楚亭檢書歸朝鮮,聖清五十五年八月二十四日,翰林吉士泗(四)川張問陶小草》:"我生二十年,浮踪極天海。短句酬四方,寸繞心千載。交遊過眼成古今,玩水尋山幾人在?檢書風骨人中仙,東來笠屐何翩翩。偶然點筆話滄海,一笑相逢如夙緣。太平天地無中外,跨海能聯文酒會。時擘橙香佐蟹螯,還偎華影傾荷蓋。興酣示我囊中詩,水雲裊裊纏烏絲。停杯讀罷情無限,正是蘭衰菊秀時。我少讀書不求博,此中空洞虛如橐。君親以外豈無心?歌哭之文皆有托。惟君愛我新詞句,不屑因人爲毀譽。攫取填胸百斛愁,一齊捲向東溟去。華髮清心未易才,風前欲別且徘徊。倘從瑤島思狂客,須更乘槎萬里來。"《庚戌八月,題次修檢書詩卷,時將東歸,即以送別》(二首):"秋興無端寄渺冥,相逢滌硯話東溟(筆談移晷)。中朝禮會衣冠古,大海波融筆墨靈。賓館看花涵雨露,歸舟飛櫓挾風霆。從君把盞搜奇句,紙上雲山萬里青。""洗盡鉛華氣自華,新奇原不在尖叉。胸前合有玲瓏玉,筆底能開頃刻花。詩律肯參唐以後,鄉心漫逐水無涯。海天小別何曾遠?中外如今是一家。"下附朴齊家元韻:"慚愧多情鬢易華,可堪斜日照三叉。離心脉脉依風纛,綺語霏霏落粲花。古雨今雲如夢裏,澹烟喬木是天涯。君歸試向醒園宿,《函海》篇中說四家。"此詩,《貞蕤閣集·三集》亦載,題作"別船山吉士"。(朴長馣《縞紵集》下,卷二)

是年,朴齊家第三次出使中國,又與張問陶有交遊。張問陶有詩題作"次修再入京師,正月四日訪我松筠庵,酒半揮毫,文詞娓娓。讀其寄懷出關之作,率吟二絕答之",詩云:"綠袍新著喜遷官,跨海重來逼歲寒。不用蘭閣彈指問,華言同解說平安。""閑尋古寺問松筠,走筆留題捷有神。我在中原如蟻虱,何須高許作傳人?"(柳得恭《並世集》卷二)

朴齊家《燕京雜絕贈別任恩叟姊兄,追憶信筆,凡得一百四十首》[①]中有贊張問陶詩,云:"遙憶張船山,如今詩更好。蟹黃酒熟時,夢落黏蟬道。"其注云:"張船山名問陶,文端公鵬翮曾孫。嘗邀余食蟹於翰林館中,南進士德新最嗜食,李十三次之。余書示云:'南爲蟹元,李爲螃眼,余却在八股外也。'船山拊掌大笑。"(朴齊家《貞蕤閣集·四集》)

朴長馣《縞紵集》上,卷二"庚戌、辛亥"條載,朴齊家《題船山書扇見贈》:"有美船山子,來從劍閣西。才堪用修敵,句欲道園齊。自愛依人鳥,偏憐照影鷄。江南聚頭扇,珍重數行題。"又《贈船山歸四川》詩曰:"蜀客題詩問碧鷄,行人驅馬出黏蟬。相思總有回頭處,江水東流日向西。"《題船山〈雪中狂飲圖〉》詩曰:"酒即杯中水,能含天地意。不知雪何能,使人堂戶邃。世人見其臥,強名謂之醉。試看樹頭白,玲瓏有奇致。"《懷船山》詩曰:"船山貌可狎,介然

---

① 朴齊家《燕京雜絕贈別任恩叟姊兄,追憶信筆,凡得一百四十首》中有贊紀昀一詩,其小注有云:"(紀昀)今年七十三也。"紀昀生於清雍正二年(1724)六月,卒於嘉慶十年(1805)二月,故此一百四十首詩歌當寫於1797年(丁巳),這些詩歌中記載的交遊之事也在1797年(丁巳)前發生。朴齊家《貞蕤閣集·四集》,《韓國文集叢刊》第261冊,第550頁。

中有鐵。習静椒山寺,蕭然禪味悦。傳家有清白,相期在名節。"《續〈懷人詩〉》曰:"每因清範想文端,此是先生舊種蘭。莫把詩人論不朽,須知名節到頭難。"

又,朴長馣《縞紵集》下,卷二"庚戌、辛亥"條載張問陶與朴齊家書(圖書二方、小額一張……)1封。書中有云:"廿三無事,可能過我一談乎?"此書當寫於朴齊家第二次或第三次出使中國停留北京期間。

[庚戌]是年,朴齊家第二次出使中國。到達北京後,朴齊家與熊方受有交遊。朴長馣《縞紵集》下,卷二"庚戌、辛亥"條載:"乾隆五十五年八月晤次修檢書於庶常館。"柳得恭《灤陽録》卷二《熊、蔣二庶常》載:"玉河館西壁爲庶常館。余與次修屢往談詩。"

兩人在交往過程中,多有詩歌交流。朴長馣《縞紵集》下,卷二"庚戌、辛亥"條載熊方受語:"乾隆五十五年八月晤次修檢書於庶常館。鐵冶亭侍郎、翁覃溪學士、紀曉嵐尚書争贈以詩,因作長歌並録舊作數首將以貽之,會有他故,不能卒册,即持贈次修且附數語,不審何日更了此緣也。"下附:《郊行》、《訪張處士》、《立春前夕,泊畫山下,蚤起作》、《贈萬小莊》、《戲叠前韻自贈,即柬小莊》、《元宵宴集,喜雪》、《初春,放舟白山下作》、《憶李四維福塞上》、《同萬小莊至法源寺看菊回,過李葦坡所,欲詣徐户部賞宴》、《過邯鄲作》、《春日舟中》。又載熊方受《拙句奉贈次修檢書並正》:"風清雲斂净碧落,有客入門矯如鶴。袖出新詩丐品論,略觀已識非凡格。靈氣盤旋字句間,大海波濤屢回薄。有時風致何鮮妍,出水芙蓉露勺藥。篇中渾自括行藏,學問如君真奥博。冥搜廣集三十年,貫串百家論精鑿。一朝徵起上朝驂,布衣應制奎章閣。曾將妙筆寫屏風,滿紙雲烟任揮霍。月扇霜毫賚予騑,稽古之榮孰能若?休沐從容嘯咏多,高情往往寄邱壑。五千里路來京師,賓館比鄰便酬酢。我方浮白對斜陽,君來洗盞乃更酌。琢堂船山痴且狂,呼童携桶買郭索。君真名士慣持螯,居然不畏笑舌虐。杯盤狼藉到黄昏,脱盡人間之束縛。一生好友未易逢,此會應須刻珉珞。他年月落屋梁時,回首茲遊破寂寞。"

朴長馣《縞紵集》上,卷二"庚戌、辛亥"條載,《贈別熊翰林方受、孝廉方訓兄弟》詩:"紫禁城南映早曦,朝鮮館外樹參差。爐灰自陷茶杯冷,正是懷人不語時。""一東頭住一西頭,蕭瑟機雲旅食秋。何事孝廉忙十日,鼎彝書畫爲人謀?"此詩亦載於《貞蕤閣集·三集》,詩注有云:"紹茲孝廉爲余求古器,自往琉璃廠十日數矣。"《懷介茲》詩曰:"熊生負傲骨,友朋爲性命。尉佗城邊草,綿綿入新咏。停車一相憶,三韓路修复。"

朴齊家《燕京雜絕贈別任恩叟姊兄,追憶信筆,凡得一百四十首》有詩吟熊方受,云:"熊君送楹帖,蓋笑莫愁云。胡不持洋布?因風寄宛君(熊方受翰林聞余卜小星,贈一聯云:'舊聞才子名如日,新得佳人字莫愁。')。"(朴齊家《貞蕤閣集·四集》)

[庚戌]朴齊家第二次出使中國。朴齊家到達北京後,與石韞玉有交遊(考證見"朴齊家與張問陶交遊"條)。石韞玉(1756—1837),朴長馣《縞紵集》上,卷二載云:"字執如,號琢堂,長洲人,乾隆庚戌殿試第一甲第一名,進士及第,授編修。"有《獨學廬初稿》《獨學廬尺牘偶存》等。

朴長馣《縞紵集》上,卷二"庚戌、辛亥"條載,《懷琢堂》:"琢堂淡且淳,結交非俗人。賦就食蟹詩,落筆見天真。鐵筆不求名,聊以寄精神。"

[庚戌]朴齊家第二次出使中國。朴齊家到達北京後,與蔣祥墀有交遊。蔣祥墀(1762—1840),朴長馣《縞紵集》上,卷二"庚戌、辛亥"條載云:"號丹林,官翰林庶常,其父晴峰,家在湖北。"

柳得恭《灤陽錄》卷二《熊、蔣二庶常》載:"玉河館西壁爲庶常館。余與次修屢往談詩。"朴長馣《縞紵集》上,卷二"庚戌、辛亥"條載,朴齊家《爲丹林庶常,次其大人雪洞詩韻》詩曰:"蕭閑吾自樂吾

第六章　燕岩師門與清文人交流長編　　763

鄉,樓瞰平湖萬斛凉。長嘯孤雲天一握,相思白露水中央。幽蘭百畝《離騷》譜,大藥參同壽世方。鷗鷺盟成翁老矣,鳳凰池且付兒郎。"《懷丹林》詩曰:"丹林出竟陵,詩不染鍾惺。爲人寫便面,細楷如黃庭。遥和雪洞什,賀子得寧馨。"

[庚戌]朴齊家第二次出使中國。在熱河朝房,朴齊家與章煦相識,有交流。章煦(1745—1824),趙爾巽等撰《清史稿》卷三四一本傳載:"字曜青,浙江錢塘人。乾隆三十七年進士,授内閣中書,充軍機章京,累遷刑部員外郎。屢典鄉試,督陝甘學政,任滿仍留刑部,改御史。"朴長馣《縞紵集》上,卷二"庚戌、辛亥"條載:"章煦,號桐門。"

朴長馣《縞紵集》上,卷二"庚戌、辛亥"條載朴齊家《懷桐門》詩曰:"熱河軍機房,中書多玉人。就中疾書者,自號爲桐門。重訂池邊約,落月映深尊。"又載:"先君《題桐門〈魚麥圖〉》詩曰:'白鷺成群也不同,雙飛耦坐各西東。世間亦有乘涼客,多少烏紗踏軟紅?'"柳得恭《灤陽録》卷二《鐵冶亭侍郎》亦有載:"熱河行宫閣門之右有軍機房。余與次修入其中,有内閣學士玉保、翰林章煦、理藩院侍郎巴忠、理藩院員外郎湛潤堂、中書舍人文某、魚某諸人。據椅而坐,與之語,應接不暇。"交談内容不詳。

[庚戌]是年,朴齊家與孫衡相識。朴長馣《縞紵集》上,卷二"庚戌、辛亥"條朴齊家與紀昀筆談文字中有載:"孫中書衡在京師否?(先君)此孫中堂之子也。先生何以識之?(紀)曾在庚戌道上相逢,自稱名姓。(先君)"

1791年(辛亥),朴齊家第三次出使中國,到達北京後,與孫衡有交遊。朴長馣《縞紵集》下,卷二"庚戌、辛亥"條載孫衡《乾隆五十六年歲次辛亥孟春下澣,即席口占,奉送次修先生榮歸,並請正句》:"征鞨當曉發,剪燭話更深。鴻雪痕非偶,雲龍迹莫尋。鶯花鄉國夢,縞紵故人心(承惠絹)。珍重臨歧諾,雙魚寄好音。"又,朴齊家離開北京前，孫衡有書信（朴老爺台啓：囑篆'讀書自洪範以下'圖書一方……衡再拜。正月二十六日手肅）與朴齊家。此信載於朴長馣《縞紵集》下，卷二"庚戌、辛亥"條。

朴長馣《縞紵集》上，卷二"庚戌、辛亥"條載："先君《懷雲麓》詩曰：'舍人有至性，往往苦留客。僮僕候車音，篝燈照深夕。相贈輒傾槖，何曾有吝色？'又《續〈懷人詩〉》曰：'媚嫵孫郎憶采風，鴨江千里阻郵筒。家鷄野鶩元多事，倩寫箕疇付一通。'又《燕京雜絶》云：'舍人醇雅姿，都無相門氣。知我叩盆情，緘詩萬里慰。'"《燕京雜絶》詩亦載於《貞蕤閣集·四集》，詩自注有云："孫舍人衡，字雲麓，總督士毅之子，聞余喪婦，寄挽曰：'自昔安仁工製誄，如今奉倩暗傷神。'"

1792年（壬子）正月二十八日，孫衡有書信（衡啓：別後心旌夢……壬子正月二十八日……）與朴齊家，此書詳見朴長馣《縞紵集》下，卷二"庚戌、辛亥"條。

1792年（壬子）九月，朴齊家元配去世。後，孫衡有詩寄慰。朴長馣《縞紵集》下，卷二"庚戌、辛亥"條載孫衡《恭聞次修先生元配李淑人於壬子九月辭世，蕪言寄慰，即請改正》："名門德配敬如賓，仙馭無端返上旻。自昔安仁工製誄，如今奉倩黯傷神。奩空未忍開針篋，衾冷長爲拂簟塵。一語寄君期作達，階前蘭玉已振振。"

［庚戌］朴齊家第二次出使中國時，在熱河朝房與玉保有交流。玉保（1759—1798），趙爾巽等撰《清史稿》卷三一四本傳載："烏朗罕濟勒門氏，蒙古鑲白旗人。"朴長馣《縞紵集》上，卷二"庚戌、辛亥"條載："號閬峰，或稱閬風，官內閣學士，兼禮部侍郎，有文學名，冶亭弟也。"有《蘿月軒存稿》。

柳得恭《灤陽録》卷二《鐵冶亭侍郎》載："熱河行宮閣門之右有軍機房，余與次修入其中，有內閣學士玉保、翰林章煦、理藩院侍郎巴忠、理藩院員外郎湛潤堂、中書舍人文某、魚某諸人。據椅而坐，與之語，應接不暇。"朴長馣《縞紵集》上，卷二"庚戌、辛亥"條載：

"玉保,號閬峰,……先君《懷閬峰》詩曰:'冶亭及閬峰,時論比軾轍。招邀蘇米齋,共此杯酒設。專對推二難,東人佇玉節。'"

[庚戌]在熱河朝房中,朴齊家與完顏魁倫相見,完顏魁倫爲朴齊家題扇。完顏魁倫,朴長馣《縞紵集》上,卷二"庚戌、辛亥"條載:"字冠甫,金元裔孫也。滿洲正黃旗人,官福建將軍。"

柳得恭《灤陽錄》卷二《福建將軍》載:"余在熱河時,與次修坐朝房中,……茶後有指吾二人扇而言者,曰:'將軍可寫。'魁將軍便不辭,呼取筆硯來,寫次修扇菊花。"朴長馣《縞紵集》上,卷二"庚戌、辛亥"條載:"先君《懷魁倫》詩曰:'白晳魁將軍,喜作指頭畫。題扇便不辭,落落意殊快。端門辨色時,約共連朝話。'"

1801年(辛酉),朴齊家第四次出使中國時,又與完顏魁倫有來往。朴長馣《縞紵集》下,卷二"庚戌、辛亥"條載完顏魁倫《時嘉慶六年八月,偶爲染指之戲,並作油歌以足箋面之餘紙》:"指作黃花墨汁濡,枝枝葉葉盡胡塗。蕭疏幸有清幽態,艷冶欣非粉黛模。畫不精工因性懶,詩無格調欠知書。識人訕笑須相告,謬附斯文一武夫。"

[庚戌]朴齊家第二次出使中國到達北京後,與辛從益交遊。辛從益(1759—1828),朴長馣《縞紵集》上,卷二"庚戌、辛亥"條載:"號筠谷,或稱雲谷,翰林吉士。"有《寄思齋藏稿》。

朴長馣《縞紵集》下,卷二"庚戌、辛亥"條載辛從益《拙句奉送朴老先生東歸,聖清乾隆五十五年九月寒露後一日》:"金葉書隨上國遊,聽歌吳札想風流。千年文字符中土,八道雲烟憶客愁。此去驪江添藻思,曾依絳節覽瀛洲。好宣德意吾皇盛,它日重來縞紵投。""偶從古刹辨衣冠,筆語淹通倚馬看。竟許素心留一日,遠勞青眼落三韓。居聯幾輩詩筒捷,交到忘形話柄難。硾紙數行堪寶貴,碎金還擬付烏欄。""語帶烟霞識面遲,相逢一握訂心知。車書海國原無外,貢使天朝會有期。祇惜新交成別賦,可能尊酒慰離思。鯨鰲騎去滄波闊,鴻羽金臺舊漸遙。"其第二首下附朴齊家次韻(朴齊家《貞蕤閣集·三集》題作"次韻辛筠谷翰林(從益)見贈之一"),詩云:"廣袖長衫道士冠,欄街愁煞遠人看。君應買骨先從隗,我以封侯抵識韓。萬里相思魂夢在,千回佇立別離難。空添一種平生恨,當日匆匆話未闌。"

[庚戌]朴齊家第二次出使中國達北京後,與鄒登標有交往。朴長馣《縞紵集》上,卷二"庚戌、辛亥"條載:"鄒登標,字尚準,號霞軒,松江青浦人。"

朴長馣《縞紵集》下,卷二"庚戌、辛亥"條載鄒登標《庚戌九秋,喜識次修先生,賦此贈行即正》:"海北江南素未期,偶從日下識光儀。語因書達揮椽筆,詩出心裁製錦詞。適願自來逢邂逅,銷魂從古悵分離。何緣傾蓋相親日,便是征車欲去時?""國傳箕子舊朝鮮,入覲宣來吏亦仙。情至締交忘幣帛,興酣落墨染雲烟。多君揮麈神冲爾,使我臨歧思惘然。雲樹依依抛未得,金臺重晤在何年?"

[庚戌]是年,朴齊家第三次出使中國,與齊佩蓮有交流。

十二月初四,於榆關,朴齊家、白景炫、金宗焕、李箕元、李光稷與齊佩蓮筆談、詩歌唱和等。白景炫《燕行錄》卷二載云:十二月初四,"是夜,(齊佩蓮)騎驢帶燈而來。余與朴齊家在善、金宗焕翼卿、李箕元子範、李光稷畔之相迎,坐成,筆談論交,唱和詩律,夜深而罷"。白景炫《燕行錄》卷四載:"辛亥二月初三日戊申,使團自燕京還至榆關,齊佩蓮復來見。"交談語不詳。朴長馣《縞紵集》上,卷二"庚戌、辛亥"條載:"齊佩蓮,字紫村。"

朴長馣《縞紵集》下,卷二"庚戌、辛亥"條載朴齊家與齊佩蓮唱和詩一組。朴齊家元韻(《貞蕤閣集·三集》中詩題作"榆關"):"疏燈照客餐,曙色拂征鞍。歲入幽州暮,天圍碣石寒。十年三到處,四海一邊看。減却飛騰意,方知道路難。"齊佩蓮和詩《俚句謹寄朴老爺原唱》:"聞道旌旗住(駐),趨迎錦繡鞍。屢懷東國夢,時屆北天寒。綺麗燈前得，瓊瑤筆底看。知君沾帝德，莫謂此行難。"

1790年　乾隆五十五年　正祖十四年

1791年　乾隆五十六年　正祖十五年

［庚戌、辛亥］是年，朴齊家隨金箕性爲正使的冬至使團第三次出使中國。朴齊家到達北京後，與龔協有交遊。朴長馣《縞紵集》下，卷二"庚戌、辛亥"條下載龔協《貞蕤先生東歸，詩以送之，即次其〈山居三首〉元韻並正，辛亥月正二十二日》，由詩題知朴齊家東歸在辛亥正月二十二日後，故判斷朴齊家第三次出使中國，到達北京後，與龔協有交遊。

交遊過程中，兩人多有詩歌往來。朴長馣《縞紵集》下，卷二"庚戌、辛亥"條下載龔協《讀貞蕤詞丈〈姜女祠〉詩，感作次韻》："荒祠衰草望悠悠，哀怨秦風賦便收。廟貌至今同化石，邊庭終古重防秋。大刀破鏡千年恨，纖趾蒙霜萬里愁。一自騷人留苦調，征夫到此幾旋輈。"下附朴齊家元韻："望夫千載事悠悠，山海風烟坐裏收。剩有寄衣傳樂府，曾因善哭顯春秋。荒城落葉砧聲怨，壞廟蒼苔履迹愁。遠憶良人征戍日，温其如玉載梁輈。"此和詩亦載於朴齊家《貞蕤閣集·三集》，題作"姜女廟次鶴山先生韻"。龔協《次六娥韻，即呈貞蕤居士一笑》："前身應是散花人，一落塵間幾度春。長慶橋西偕住好，維摩禪悦總清新。"下附朴齊家次韻："沉香欲刻管夫人，坐對鷗波雪後春。今日欹斜書一紙，錯疑風竹寫來新。""不是尋花問柳人，等閑休賦夢遊春。商量百日書中約，獨坐無端笑靨新。"此和詩亦載於《貞蕤閣集·三集》，題作"留龍灣，次六娥見寄"。《貞蕤閣集·三集》載朴齊家《和苻莊詩扇》："佳人錦字隔雲端，消瘦誰憐帶孔寬？馬上春風燕樹綠，夢中新月鴨江寒。多情扇面題詩遍，羞澀衣香下語難。遥想倚欄孤眺處，暗將書札背人看。"其餘可考的雙方交遊事迹如下：

1. 1791年（辛亥）正月二十一日，龔協書録部分舊作，準備請朴齊家指正。朴長馣《縞紵集》下，卷二"庚戌、辛亥"條下載龔協語："舊作七律數首書呈貞蕤先生正之，時辛亥月正二十一日，燈下草草錄稿。"下附其書錄七律《隨園柬袁簡齋先生四首》、《揚州贈汪劍潭國博四首》、《熏爐四首》、《焦山》、《過法華庵東圓真上人》、《立冬前一日窑臺作》、《舊僕自木蘭歸，以蕨菜饋，感而有作》、《食蕨菜》、《以蕨菜餉汪劍潭》、《秋懷》、《題〈明妃出塞圖〉次韻》）。

2. 1791年（辛亥）正月二十二日，朴齊家在龔協寓所與龔協、伊秉綬等人談藝揮毫。朴長馣《縞紵集》下，卷二"庚戌、辛亥"條下載伊秉綬語："乾隆五十六年正月廿又二日，雅集宣南坊龔荇莊寓齋，鐙下書拙句，爲次修先生，正之。"

3. 朴長馣《縞紵集》上，卷二"庚戌、辛亥"條載朴齊家與龔協筆談。主要內容是，龔協向朴齊家詢問朝鮮官員服飾情況並介紹自己籍貫、閥閱、家庭情況等。

4. 朴長馣《縞紵集》上，卷二"庚戌、辛亥"條有載："女阿馨，七歲。書唐人句奉贈先君。結字飄飄，宛若翔鸞。荇莊嘗書其年甲世派、子女名字以示先君，周詳纖悉，無有間隔。"

5. 在北京交遊期間，朴齊家有書册贈與龔協。1792年（壬子）正月二十五日，龔協與朴齊家書（愚弟龔協再拜……）中有云："別來倏已一年，此心忽忽如有所失。每一念及，輒展足下所示書册，往復觀玩。"（朴長馣《縞紵集》下，卷二）

6. 臨別，龔協有贈別詩《貞蕤先生東歸，詩以送之，即次其〈山居三首〉元韻並正，辛亥月正二十二日》："尊酒聊傾獻歲閑，小門深向軟塵關。忽驚嘉客來天末，斗覺停雲起壁間。風雅直卑唐以下，鬚眉差見晉而還。與君異地參同契，入世功名出世山。""駸駸隔歲幾忙閑，冉冉孤雲又出關。香草懷人三島外，高冠躡屐六朝間。悠揚別恨燈前列，澹蕩春光鬢底還。此去相思何處說？隱囊知對夕陽山。""短柳長亭馬不閑，倚聲三疊當陽關。未忘結習除詩外，難見情懷是酒間。木末雙肩吟客聳，江干二月使臣還。君從長慶橋

第六章　燕岩師門與清文人交流長編　　　　　　　　　　　　　769

西望,青到雲梢第幾山?"其下附朴齊家元韻:"偶向忙中得少閑,紛紛時事不相關。最憐書氣升眉宇,別有琴聲泛指間。萬點葉將秋色去,一群雅(鴉)帶夕陽還。遠烟清淺驢蹄倦,又馱詩愁過碧山。""高卧真堪徹底閑,衡門不向酒人關。詩成流水昏鴉外,畫在鄰家秋樹間。事業蕭然三徑畢,鬢絲添却十年還。爐灰自陷風簾静,看盡樓頭數叠山。"①"十年初識去官閑,御愛松深獨閉關。放鶴天長黄葉外,讀書臺迥翠微間。浮名咄咄我何有？往事悠悠都不還。背負葫蘆携一鹿,他時偕入向平山。""兀兀窮經未暫閑,何人開破鐵門關？每因日暮懷天末,已覺秋聲在樹間。纖月欲低纔送影,遠鴻雖急不成還。《草堂圖》裏詩中境,翡翠翎横對研山。"②"數樹衡門特地閑,天然畫意逼荆關。孤懷又值秋冬際,相賞真如松石間。賣藥偶隨流水去,借書多背夕陽還。無心獨數天邊雁,一笑痴看夢裏山。"③(朴長馣《縞紵集》下,卷二)

別後兩人有書信往來,並有詩稿、書册等的寄贈。龔協與朴齊家書(愚弟龔協再拜……)中有云:"獻歲五日,得晤遠照軒,接到足下手書。意致勤拳,殊使我難以爲懷。……約軒公著述,匆匆未暇抄奉,近得其手書詩稿數幅,聊用寄呈。……近得《嵇中郎集》一册,並奉寄。"(朴長馣《縞紵集》下,卷二)

又,朴齊家《懷荇莊》:"荇莊詩有自,母家爲漁洋。觴我天壇側,蠟蠋吐紅芒。各贈通家譜,信誓無相忘。"(朴長馣《縞紵集》上,卷二)朴齊家《燕京雜絶贈別任恩叟姊兄,追憶信筆,凡得一百四十首》有詩懷龔協,云:"心傷龔戍人,泪濕《秋笳集》。屈指阿馨年,誰

---

① 此上二律是朴齊家《過麝泉、鹿隱,聽琴次虞山》(四首)中前二首。朴齊家《貞蕤閣集·二集》,《韓國文集叢刊》第261册,第506頁。
② 此上二律載於朴齊家《貞蕤閣集·二集》中,題作"再次示麝泉諸子"。《韓國文集叢刊》第261册,第506頁。
③ 此一律載於朴齊家《貞蕤閣集·二集》中,題作"燕岩室次前韻"。《韓國文集叢刊》第261册,第506頁。

憐笄已及？"其詩小注云："龔荇莊，名協，少余一歲，嘗書其年甲世派、子女名字以贈余。其夫人韋氏，祭酒約軒謙恒之女。母爲王漁洋曾孫女，聞以橫謗戍黑龍江云。阿馨，其小女字也。《秋筇集》，吳漢槎著。"(《貞蕤閣集·四集》)《續〈懷人詩〉》："烏龍江草不知春，日下紛紛話未真。我有顧郎《金縷曲》，祗今誰是賞音人？"(朴齊家《貞蕤閣集·四集》)

[庚戌、辛亥]朴齊家第三次出使中國時，與洪亮吉有文學交流。洪亮吉(1746—1809)，朴長馣《縞紵集》上，卷二載："本名禮吉，字稚存，常州武進人，乾隆庚戌榜眼，官編修，博通經史，精於地理之學。詩近韓、杜，與黃景仁齊名，號'洪黃'，學與刑部孫星衍齊名，號'孫洪'。著《三國疆域志》、《乾隆府廳州縣志》、《卷施閣詩》、《文集》。"

朴長馣《縞紵集》上，卷二"庚戌、辛亥"條載："先君記曰：……，余得其《卷施閣乙集》、《吳下英才集》數卷於翰林張問陶，讀而善之。張曰：'此人見次修先生詩，稱之不容口。方住崇文門外，間嘗來我，可候之也。'余方有事，謝不能，書寄'卷施閣'三大字。後見龔荇莊曰：'稚存太史聞次修來，委候半日。以次修失期，悵惘而去。'復因張翰林致《三國疆域志》及府廳州縣志，自書小篆對聯(案，聯云：'意外相逢塵似海，眼中誰識氣如虹？')所以贄也。"朴齊家與龔荇莊的交流是在他第三次出使中國時(見"朴齊家與龔協交流"條)。與張問陶的交流是在他第二、三次出使中國時(見"朴齊家與張問陶交流"條)，故繫朴齊家與洪亮吉交流在朴齊家第三次出使中國時。

朴長馣《縞紵集》上，卷二"庚戌、辛亥"條載《懷稚存》詩："稚存學辯博，矢口成駢儷。茫茫志廣輪，考古秋毫細。一覽英才集，天涯當把袂。"又載《續〈懷人詩〉》："菰蘆人物六朝文，眉宇青霞迥出群。禮學千秋記配食，康成廡下策元勳。"《燕京雜絕》云"鉅鹿北洪江"。

[庚戌、辛亥]朴齊家第三次出使中國時，與江德量在翁方綱家多次

會晤。江德量(1752—1793),趙爾巽等撰《清史稿》卷四八一《儒林二》載云:"字量殊,江都人。父恂,好金石文字。伯父昱,通聲音訓詁之學。德量少承家學,及長,與汪中友,勵志肄經,學益進。乾隆四十四年一甲進士,授翰林院編修,改江西道御史。居朝多識舊聞,博通掌故。公餘鍵戶,以文籍自娛。著有《古泉志》三十卷。五十八年,卒,年四十二。"

朴長馣《縞紵集》上,卷二"庚戌、辛亥"條載:"江德量,字秋史,自稱江南子,江蘇儀徵人。嘗遇先君於蘇米齋中,示以朝宋名賢真迹甚多。"朴齊家與翁方綱在蘇米齋相會晤是在朴齊家第三次出使中國時(見上"朴齊家與翁方綱交流"條),故將朴齊家與江德量的交流也繫在此時。"《懷秋史》詩曰:'昔與江秋史,數晤覃溪室。奇文與僻事,十徵不一失。最愛元祐人,真迹多於鯽。'""先君《寄贈江秋史》詩曰:'自信胸中《考古圖》,愁看贗帖遍街衢。丁寧寄語江秋史,元祐人書再覯無。'""《續〈懷人詩〉》:'姓字翩翩夢筆餘,詩名七十二泉如。收藏擬續思翁跋,鑒定鵝溪兩世書。'"

《燕京雜絕贈別任恩叟姊兄,追憶信筆,凡得一百四十首》云"復愛江秋史,名賢手踏香"。詩注云:"江秋史德量裝《北宋名賢尺牘》二卷。余詩所謂'元祐人書再覯無'者,蓋求見也。"(朴齊家《貞蕤閣集·四集》)

[庚戌、辛亥]朴齊家第三次出使中國。朴齊家到達北京後,與宋鳴珂有交遊。宋鳴珂(?—1791),朴長馣《縞紵集》上,卷二"庚戌、辛亥"條載:"字澹思,江西奉新人,官刑部主事。"

朴長馣《縞紵集》下,卷二"庚戌、辛亥"條載宋鳴珂《贈朝鮮次修軍器寺正教》:"萬里長吹碣石風,使臣家在日華東。玉堂清晝添新語,詩動滄溟渤海中。"此詩題中稱朴齊家軍器寺的頭銜。朴齊家1790年(庚戌)十月回到朝鮮後不久,"以賚表,官升軍器正,再赴燕京"(《貞蕤閣集·三集》中《贈別》詩注),故朴齊家與宋鳴珂交遊,發生在他第三次出使中國期間。

朴長馣《縞紵集》上，卷二"庚戌、辛亥"條載："先君《懷澹思》詩曰：'九九消寒社，澹思即其一。《鬼趣圖》中作，優入江西室。詎有驚人語？添君玉堂筆。'"

[庚戌、辛亥]朴齊家第三次出使中國。朴齊家到達北京後，與吳廷燮有交遊。吳廷燮有詩題作"姑蘇二歌舊作，辛亥上元日，錄請次修學長先生政和"，吳廷燮錄舊作在辛亥上元日，故兩人的交往在朴齊家第三次出使中國時。阮元輯《淮海英靈集》（清嘉慶三年小琅嬛仙館刻本）丁集卷四載："（吳廷燮）字調玉，號梅原，如皋廩貢生。著有《楓香閣集》一卷、《白下集》一卷、《痴餘集》二卷。"善書法，屢困鄉試。顧鶓《紫琅詩話》（南通圖書館藏本）卷六稱其詩"秀穎絕倫，韻味亦耐人玩賞"。

交遊過程中，吳廷燮書舊作，請朴齊家指正。朴長馣《縞紵集》下，卷二"庚戌、辛亥"條載《法螺庵舊作次修先生教》、《清凉山二首次修先生政和》、《姑蘇二歌舊作辛亥上元日錄請次修學長先生政和》（《寒山千尺血》、《鄧尉香雪海歌》）、《長江夕照歌》、《飛來峰歌》、《雨花臺二首》、《金陵咏古四首》。

臨別，吳廷燮有書信（來湖筆、徽墨二種……）與朴齊家，信載於朴長馣《縞紵集》下，卷二"庚戌、辛亥"條。

朴長馣《縞紵集》上，卷二"庚戌、辛亥"條載："先君《懷梅原》詩曰：'梅原詩自好，獎余還不置。真書十數幅，大有吳興致。愧余長匆匆，猶未窮其邃。'"

[庚戌、辛亥]朴齊家第三次出使中國。朴齊家到達北京後，與吳照有交遊。吳照（1755—1811），朴長馣《縞紵集》上，卷二"庚戌、辛亥"條載："號白庵，江西南城人。著《說文偏旁考》、《南朝史精語》等書，行於世。能詩，善墨竹，氣韻生動，人稱江西墨竹，自署曰石湖漁隱，尤解書法。其《石湖圖》，羅兩峰作也。"另有《聽雨齋詩集》。

朴齊家《貞蕤閣集‧三集》錄《寄王苹溪秀才，苹溪爲余未面而

第六章　燕岩師門與清文人交流長編　　773

刻寄姓名表德二小印，求余書扇，後定交於兩峰畫所》，詩注有云："苹溪與余同訪吳白庵、曾賓谷於玉河西沿紫藤榭。"因朴齊家與王肇嘉（號苹溪）的交遊是在他第三次出使中國時（見"朴齊家與王肇嘉交遊"條），故由此詩注可知，朴齊家與吳照、曾燠交往皆是在他第三次出使中國時。

　　朴長馣《縞紵集》上，卷二"庚戌、辛亥"條載："（照）尤解書法，其《石湖圖》，羅兩峰作也。請余書'石湖漁隱'四大字於卷首，翁覃溪見之曰：'聖世不合稱隱。'白庵遽改請書'課耕'二字。付裝，先君題其《課耕圖》詩曰：'吳家灣接范家灣，終古詩人此往還。祇一青峰吾自樂，非關白眼傲塵寰。''雲山蕭寺記南朝，湖上人家畫裏遙。縱使十年趨紫陌，胸中丘壑定難消。'又《懷白庵》詩曰：'照南通六書，奇氣寫墨竹。風雨隨指發，葉葉如相逐。他生石湖傍，漁簑期信宿。'又《續〈懷人詩〉》曰：'江西墨竹中興年，四海三蒼一脉傳。不著青衫他亦得，石湖春水釣魚船。'又《燕京雜絕》云：'蕭疏《墨竹圖》，縹緲南城照。矯首向西風，如聞月裏嘯。'"

　　朴長馣《縞紵集》下，卷二"庚戌、辛亥"條載吳照《戲爲貞蕤檢書題自畫竹石小扇》："積苔攢修石，疏影幾枝新。一種蕭閑意，風前最可人。"

　　[庚戌、辛亥]朴齊家第三次出使中國。朴齊家到達北京後，與曾燠有交遊（考證見"朴齊家與吳照交遊"條）。曾燠（1759—1830），張維屏輯《國朝詩人徵略二編》（清道光二十二年刻本）卷四一載："字庶蕃，號賓谷，江西南城人。乾隆四十六年進士，官貴州巡撫，有《賞雨茅屋詩集》、《文集》。"並引《八家四六》語："都轉之詩，清轉華妙，兼綜衆美；都轉之文，深於選學，所作擅六朝唐初之勝。"劉錦藻撰《清朝續文獻通考·經籍考》著錄《續金山志》二十卷、《賞雨茅屋詩集》二十二卷、《江西詩徵》九十四卷、《江右八家詩》九卷；趙爾巽等撰《清史稿》卷一四八《藝文志》著錄《駢體文》二卷、《駢體正宗》十二卷等。其二人交往事迹有：

1. 朴齊家《貞蕤閣集·三集》載《寄王苹溪秀才，苹溪爲余未面而刻寄姓名表德二小印，求余書扇，後定交於兩峰畫所》，詩注有云："苹溪與余同訪吳白庵、曾賓谷於玉河西沿紫藤樹。"

2. 朴長馣《縞紵集》上，卷二"庚戌、辛亥"條有載："曾燠號賓谷，江西南城人。先君記曰：'持《西溪漁隱圖》徵詩於我，自言常與其兄作西湖之遊，約偕隱。托萬上遴爲之圖，桂未谷馥題卷首大字，又有許兆桂等諸名士詩跋。而遽遭兄之服，自題其卷，有人琴之慟云。'"又載《題賓谷〈西溪漁隱圖〉》："淺水纔浮革履船，葦間風日去延緣。岩廊一片簑衣夢，忽漫披圖已五年。""一副胸中將就園，鷗波亭對鶺鴒原。漁洋未老西樵逝，腸斷江南黃葉村。"《懷賓谷》："以子江湖計，偶此金門寄。邀我紫藤榭，置酒看墨戲。一讀《漁隱圖》，丁寧歲寒意。"

3. 朴長馣《縞紵集》下，卷二"庚戌、辛亥"條載朴齊家在北京時，曾燠寫給他的一封短信，云："書字現已有人，其字樣尚未送至。請足下於十四日來敝齋閱定，斷不誤耳。次修先生。燠頓。"

4. 兩人相別後，有書信、詩歌等往來。朴長馣《縞紵集》下，卷二"庚戌、辛亥"條載1792年（壬子）曾燠與朴齊家書（燠再拜：昨歲此時……愚弟曾燠拜啓。壬子燕九日）。朴長馣《縞紵集》上，卷三"丁酉"條載曾燠《十二月二十八日，得朝鮮檢書朴齊家音問，以詩答之，並寄柳檢書得恭》："客自扶桑外，傳來尺素書。滄波天共遠，風雪歲將除。奉表曾充使，言詩數起予。因君煩問訊，柳惲近何如（柳嘗偕朴奉使來都）？"

[庚戌、辛亥]朴齊家第三次出使中國。到達北京後，與莊復旦有交遊。莊復旦，朴長馣《縞紵集》上，卷二"庚戌、辛亥"條載："字植三，號澤珊，江蘇常州武進縣人，官中書舍人。"王其淦修，湯成烈纂《（光緒）武進陽湖縣志》（清光緒五年刻本）卷二〇載："一等十名，欽賜舉人，雲南開化府同知。"卷二八著錄莊復旦《小西山房詩集》。

朴長馣《縞紵集》下，卷二"庚戌、辛亥"條載朴齊家在北京時，莊復旦與朴齊家書(初十日晤後……)1封。中有云："歸晤柳君，祈道相思。"柳君當是指柳得恭。1790年(庚戌)五月，柳得恭曾與朴齊家一起出使中國，故可判斷這封信寫於朴齊家第三次出使中國，停留北京期間。

朴長馪《縞紵集》上，卷二"庚戌、辛亥"條載："先君《懷復旦》詩曰：'迤過拜斗殿，便是莊君宅。玉貌映書幃，驚問朝天客。他年雲樹夢，珍重雙魚托。'"

[庚戌、辛亥]朴齊家第三次出使中國。到達北京後，與王肇嘉交遊。王肇嘉有《拙句四首，書贈次修先生歸朝鮮，時乾隆辛亥春正月廿二日》詩，由詩題提及"乾隆辛亥春正月廿二日"，判斷兩人交往在朴齊家第三次出使中國時。王肇嘉，朴長馪《縞紵集》上，卷二"庚戌、辛亥"條載："王肇嘉字右申，號萍(苹)溪，江蘇松江府青浦縣人，侍郎昶子，善篆隸。"

朴長馪《縞紵集》上，卷二"庚戌、辛亥"條載："先君記曰：'苹溪未面，而刻寄姓名表德二小印，求書扇。後定交於兩峰畫所。'詩曰：'所學非功令，其人君子哉。恥作風流想，偏憐爾雅才。羊脂方寸印，蕉葉數巡杯。《蘆雁圖》中字，篝燈展幾回？''感深貽鐵筆，風致說王郎。晝臥留章草，清談憐晉裝。事皆存畫意，語輒帶書香。珍重詩人旨，榛苓托興長。''我定爲情死，逢君一惘然。時名方鵲起，美胄本蟬聯。六藝還今日，三蒼熟早年。憶曾尋友處，携手玉河沿。'"《貞蕤閣集·三集》亦載此詩，題作"寄王苹溪秀才，苹溪爲余未面而刻寄姓名表德二小印，求余書扇，後定交於兩峰畫所"，詩注有云："苹溪與余同訪吳白庵、曾賓谷於玉河西沿紫藤樹。"朴長馪《縞紵集》上，卷二"庚戌、辛亥"條又載《懷右申》："右申多才藝，內蘊不外颺。觀其坐頗久，目視無轉向。佇看德器成，毋孤遠人望。"

朴長馪《縞紵集》下，卷二"庚戌、辛亥"條載王肇嘉《拙句四首書贈次修先生歸朝鮮，時乾隆辛亥春正月廿二日》："秋期折柳正依依,日下重逢雨雪霏。不道會難容易別,一鞭旋復駕驂騑。""雕蟲小技敢稱能,惠我鸞牋勝百朋。多感寄懷成好句,幾回展詠傍宵燈?""入覲爭推博雅才,屬車銜命記頻來。它年史乘留佳話,三度天朝拜賜回。""聖朝文治日光華,海外寰中是一家。携得琴書賦歸去,爭如天半捲朱霞?"

[庚戌、辛亥]朴齊家第三次出使中國時,與錢東壁相識,有詩歌交流。錢大昕撰《錢辛楣先生年譜》(清咸豐間刻本)"三十一丙戌年三十九歲"條,"九月子東壁生"文中注載云:"先祖字星伯,號飲石,又號夢漁,……在京師時,與朝鮮貢使朴貞蕤齊家相識。是時,貞蕤三入燕京矣。"錢東壁,朴長馣《縞紵集》上,卷二"庚戌、辛亥"條載:"字星伯,辛楣詹事大昕子。"

朴長馣《縞紵集》上,卷二"庚戌、辛亥"條載:"先君《題羅兩峰畫梅扇面,贈錢秀才東壁歸嘉定》詩曰:'偶爲看畫出,蕭寺得佳朋。人是家家玉,花仍個個冰。一枝成惆悵,小別惜薈騰。嘉定風流地,多君屬中興。'又《懷東壁》詩曰:'飲石名家子,妙年懷利器。聊將練裙書,暫當梅花寄。我雖未相人,斯人當早貴。'"

[庚戌、辛亥]朴齊家與彭元瑞有交流。朴長馣《縞紵集》上,卷二"庚戌、辛亥"條載朴齊家《呈雲楣》詩:"聞說登龍客,歸來似飲河。樓臺無地起,桃李在門多。十鼓排棕櫚,千文枒(折)枇杷。憶曾携摺扇,書贈小郎過。"《懷雲楣》:"雲楣黼黻手,修辭匹雅頌。聞説新參政,賢於卜與夢。東人望如歲,要乞一言重。"《續〈懷[人]詩〉》:"王字周文換面來,蟻封盤馬鬥清才。曾將片語干黃閣,方略書成失總裁。"

[庚戌、辛亥]朴齊家與吳省蘭有交流。吳省蘭(1738—1810),朴長馣《縞紵集》上,卷二"庚戌、辛亥"條載:"字泉之,號稷堂,省欽弟也。乾隆戊戌進士,官翰林院編修、文淵閣校理。爲國子助教時,撰《平定金川土司箋》,爲天子激賞。著《十國宮詞》、《奏御稿存》。"另有《聽彝堂偶存稿》、《聽彝堂時文》等。

朴長馣《縞紵集》上，卷二"庚戌、辛亥"條載云："先君《懷稷堂》詩曰：'稷堂有別才，纂述工組鏤。裁成《十國詞》，精華筆端湊。憐君閣帖跋，符余論書舊。'"

吳省蘭曾將朴齊家《貞蕤稿略》收入己編叢書《藝海珠塵》。朝鮮李尚迪《恩誦堂集·續集·詩》卷五載云："朴楚亭嘗三遊燕臺，而所著有《貞蕤稿略》，陳仲魚爲序而刻之。李雨村《函海》及吳泉之《藝海珠塵》諸書並有收錄。"吳泉之即吳省蘭。徐康《前塵夢影錄》卷下載："貞蕤詩鈔，日本使臣（筆者按，當爲朝鮮使臣，徐康誤。）朴齊家著。吳山長（省蘭）主講紫陽書院時校刻，彙入《藝海珠塵》。"

［庚戌、辛亥］朴齊家與陳崇本有交流。

朴長馣《縞紵集》上，卷二"庚戌、辛亥"條載《懷井養》詩："講官恒晚歸，語長客已催。依依曲廊畔，壘石依疏槐。君爲下榻人，我切聽蟬懷。"《續〈懷人詩〉》曰："百年文獻屬商丘，館閣陳龍又黑頭。最愛開成真迹好，爲君新起石經樓。"朴齊家《貞蕤閣集·四集》載《燕京雜絶贈別任恩叟姊兄，追憶信筆，凡得一百四十首》："難忘米市街，老大陳家槐。楚竹翻黃器，匪貽伊可懷。（陳崇本學士家在米市街衚衕西，贈余友黃文房一函。）"

［庚戌、辛亥］朴齊家與萬應馨有交遊。萬應馨，朴長馣《縞紵集》上，卷二"庚戌、辛亥"條載："字黍維，號華亭，常州宜興人。乾隆丙午舉人，己酉進士，蒲仙太史之孫，官廣東知縣。善屬文，尤工詩。"

朴長馣《縞紵集》上，卷二"庚戌、辛亥"條載《懷華廷》："華廷老詞匠，家世推鴻博。縱酒宣南坊，履舃紛交錯。離懷忽悵觸，瀟雨止還作。"

［庚戌、辛亥］朴齊家與馮應榴有交遊。馮應榴，朴長馣《縞紵集》上，卷二"庚戌、辛亥"條載："字星實，浙江桐鄉縣人，馮孟亭浩子。馮孟亭著《李玉溪詩注》，星實著《東坡詩注》。官給事。乾隆辛卯，提學入蜀。"

朴長馣《縞紵集》上，卷二"庚戌、辛亥"條載《懷星實》："夙聞中朝論，馮公學最淹。先功注玉溪，後責箋子瞻。坡門得毛鄭，吾將廢施槧。"

［庚戌、辛亥］朴齊家與陸費墀有交遊。陸費墀（1731—1790），朴長馣《縞紵集》上，卷二"庚戌、辛亥"條載："字磬士，官侍郎，喜書法。"著有《頤齋文稿》。

朴長馣《縞紵集》上，卷二"庚戌、辛亥"條載："先君《懷磬士》詩曰：'當代稱二陸，耳山及磬士。良以縞紵情，致我書一紙。太息名人迹，於今亦已矣。'"

［庚戌、辛亥］朴齊家與曹振鏞有交遊。曹振鏞（1755—1835），徐世昌編，聞石點校《晚晴簃詩匯》卷一〇四載："字懌嘉，號儷笙，歙縣人。乾隆辛丑進士，改庶吉士，授編修。官至武英殿大學士，加太傅。謚文正。有《綸閣延暉集》、《話雲軒咏史詩》。"另有《曹文正公詩集》一卷、《話雲軒咏史詩》二卷。

朴長馣《縞紵集》上，卷二"庚戌、辛亥"條載："先君《懷儷笙》詩曰：'儷笙致小紙，乞詩兼乞字。我自書我句，何與乃公事？贄我一函墨，多儀享可愧。'"

［庚戌、辛亥］朴齊家與嵇承群有交遊。王贈芳等修，成瓘等纂《（道光）濟南府志》卷三八載："嵇承群，字久之，號應和。大學士文敏公之孫，文恭公第四子也。監生，《四庫》館議叙，選滋陽縣丞，歷署淄川臨邑。治尚寬平，從未以輕怒妄刑一人。"

朴長馣《縞紵集》上，卷二"庚戌、辛亥"條載："先君《懷承群》詩曰：'都門人海中，日暮嘗獨立。胡為數呴我？翻成下車揖。苟龍足清範，葉梟方下邑。'"

［庚戌、辛亥］朴齊家與宋葆淳有交遊，雙方有詩歌唱和。宋葆淳（1748—？），朴長馣《縞紵集》上，卷二"庚戌、辛亥"條載："字帥初，號芝山，安邑人。以詩畫名於公卿間。性嶠狁，視朝貴若平交。放

第六章　燕岩師門與清文人交流長編　　779

浪優遊，不拘俗態。"又，江藩撰《國朝漢學師承記》（清嘉慶十七年刻本）卷一載："葆淳，字帥初，一字芝山。乾隆甲午優貢生，癸卯舉人，隰州學正，以例授國子監助教。學問淹通，工詩古文詞。性愛金石，隸書、行楷、山水皆入能品，傳其家學。"劉錦藻撰《清朝續文獻通考》卷二七四《經籍考十八》録其"《漢氾勝之遺書》一卷"。

朴長馣《縞紵集》下，卷二"庚戌、辛亥"條載《喜晤修其檢書老兄，口占奉贈》："東海詩名二十年，一回相見一淒然。故人如我猶頑健，異地多君解愛憐。書表三蒼存訓詁，碑尋兩漢半榛烟。更須買醉長安市，聚散合離總是緣。"

朴長馣《縞紵集》上，卷二"庚戌、辛亥"條載："先君《寄贈芝山》詩曰：'朅來詩畫滿人間，十載辭家遂不還。落拓沉冥都可意，政須邀醉宋芝山。'又《懷芝山》詩曰：'芝山本骯髒，布衣揖卿相。偶作長安客，不隨人波蕩。飄然載畫筆，長嘯入上黨。'"

宋葆淳有圖書等贈朴齊家。其與朴齊家書中有云："先君《尚書考辨》一部、《秦漢分韻》一部、拙注《陰符經》一卷、拙詩一首奉贈修其檢書老兄，並希誨定。葆淳拜，廿九日。"（朴長馣《縞紵集》下，卷二）

[庚戌、辛亥]朴齊家與王寧焯有交遊。王寧焯，朴長馣《縞紵集》上，卷二"庚戌、辛亥"條載："山東人，官考功。"又，徐世昌編，聞石點校《晚晴簃詩匯》卷一〇六載："字熙甫，號直庵，高密人。乾隆己酉進士，授主事，歷官御史。有《在山》、《考功》、《西臺》諸集。"

朴長馣《縞紵集》上，卷二"庚戌、辛亥"條載："先君《懷寧焯》詩曰：'考功居山東，我乃萊海外。不意杳冥中，結想在吾輩。相逢一感涕。有友負廿載。'又《續〈懷人詩〉》曰：'分外懸空宿契申，快如三世悟前因。玲瓏百道穿書穴，一笑還驚梵雅鄰。'"

[庚戌、辛亥]朴齊家與潘有爲有交遊。戴肇辰等主修，史澄、李光廷總纂《(光緒)廣州府志》（清光緒五年刊本）卷一三〇載："潘有

爲，字毅堂，其先本福建人，入粵籍番禺，居河南龍溪。乾隆庚寅順天舉人，壬辰進士，官內閣中書。久宦京華，以校《四庫》書例得議敘。與權貴忤，卒不遷。退居林下，足迹罕入城市，所居擅園林之勝。詩名藉甚，有《南雪巢詩》。"

朴長馣《縞紵集》上，卷二"庚戌、辛亥"條載："先君《燕京雜絕》云：'吾憐潘毅堂，古印逾千方。'"

[庚戌、辛亥]朴齊家與張伯魁有詩文往來。張伯魁（1764—?），潘衍桐輯《兩浙輶軒續錄》卷一七載："號春溪。海鹽人，官甘肅平涼知府。著《寄吾廬初稿》。盧光華序略：'春溪篤行工詩，家綦貧，甫弱冠，即出謀升斗之祿。入長安，爲香亭先生所器重，遂致館焉，日相唱酬。偶有所得，伸紙疾書，七步之捷，殆不足難也。'"

朴長馣《縞紵集》上，卷二"庚戌、辛亥"條載："張伯魁號春溪。先君《懷春溪》詩曰：'張君困公車，談詩語頗壯。預愁作官日，浚民以自養。此意已高人，定買秦溪舫。'"朴長馣《縞紵集》下，卷二"庚戌、辛亥"條載張伯魁《夜坐同人小飲感懷，兼呈齊家檢書正之》："朔風忽起南歸意，十載離家愧服勞。語懶顏酡輸酒力，衣鶉筆禿仗詩豪。夢回慣撥秦漢棹，句落頻揮塵尾豪。他日有官兼有酒，又愁絲忽盡民膏。"

[庚戌、辛亥]朴齊家與崔景儁有交遊。崔景儁，朴長馣《縞紵集》上，卷二"庚戌、辛亥"條載："字禹揚，號竹樓，山西蒲州府永濟人。……宋芝山葆醇（淳）內弟也。"雙方來往事迹如下：

1. 朴長馣《縞紵集》上，卷二"庚戌、辛亥"條載朴齊家《題崔景儁〈竹樓圖〉卷》。此詩現存有朴齊家親筆原帖，個人收藏。詩曰："我有竹裏想，一日千百幻。乍願密萬個，妻子隔呼喚。乍願開一面，層樓出雲半。夏念雪離披，晝思月凌亂。復欲噉稚笋，臟腑出修幹。崔君擬竹樓，畫圖拱（共）把玩。芝山及兩峰，意匠悉瀾漫。起樓各不同，愛竹兩無間。可人王子猷，餘子如既灌。將身出畫

第六章　燕岩師門與清文人交流長編　　　　781

外,所留惟几案。復欲入其中,累咳拳石畔。如登墨君堂,笑晤秋聲觀。清風既流利,遠烟復橫斷。捎空氣忽奮,將雨色先换。仿佛聞解籜,睡雀驚虛彈。不學黄岡人,緑節恣剖判。系君竹樓詩,風懷一蕭散。"

2.朴長馣《縞紵集》上,卷二"庚戌、辛亥"條載朴齊家與崔景偁筆談。主要内容是崔景偁請求朴齊家爲其《竹樓圖》題寫詩歌,朴齊家詢問崔景偁請求題詩的用意等。

3.朴長馣《縞紵集》下,卷二"庚戌、辛亥"條載崔景偁《句送次修檢書東歸並政》:"海上仙人冰雪顔,遇之野鶴浮雲間。樂浪朴君真奇絶,頭上車輪衣盡雪。見人高揖娱清談,我更不拘儒者節。去年短歌贈宋子,使我饞涎流不止('正須邀醉宋芝山',詩中尾句也)。今年奇句題竹樓,使我一谷竹欲愁。讀君詩,酌君酒。星槎偶爾依牛斗,問君載尋片石否?"

[庚戌、辛亥]朴齊家與成策有交遊。朴長馣《縞紵集》上,卷二"庚戌、辛亥"條載:"成策,滿洲人,官將軍。先君《懷將軍》詩曰:'滿洲副都統,三年鎮盛京。留藥不留饋,太息官箴清。饗之水火爐,款我如平生。'"

[庚戌、辛亥]朴齊家與興瑞有交遊。朴長馣《縞紵集》上,卷二"庚戌、辛亥"條載:"興瑞,滿洲人。官奉國將軍。先君《懷將軍》詩曰:'別支高皇孫,將軍是世襲。被服如儒生,揮毫見晉法。驚動屬國班,衆中來一揖。'"

[庚戌、辛亥]朴齊家與豐紳殷德有交遊。朴長馣《縞紵集》上,卷二"庚戌、辛亥"條載:"豐紳殷德,字樹滋,駙馬都尉。先君《懷樹滋》詩曰:'駙馬年十六,才情驚夙就。尊是今皇婿,貴爲侯家胄。門前有遠客,倒屣猶恐後。'"

朴長馣《縞紵集》下,卷二"庚戌、辛亥"條載豐紳殷德贈朴齊家詩,詩題不詳。詩云:"尚主侯門貴,才微率性真。評詩因客雅,略分爲賢親。喜汝解文字,知吾愛友賓。歸言爾國長,同是聖朝臣。"

[庚戌、辛亥]朴齊家與葛鳴陽有交遊。葛鳴陽,黃叔璥《國朝御史題名》(清光緒刻本)載:"葛鳴陽,號雲溪,山西安邑縣人,乾隆甲午副榜,由刑部郎中考選福建道御史,升刑部給事中。"

朴長馣《縞紵集》上,卷二"庚戌、辛亥"條載:"先君《懷鳴陽》詩曰:'曾於夢覺堂,相逢葛御史。質朴無吴語,通名有色喜。校刻復古編,便可稱名士。'"

[庚戌、辛亥]朴齊家與王濤有交往。朴長馣《縞紵集》上,卷二"庚戌、辛亥"條載:"王濤,字素行,一字練水,江南人。移家揚州。畫著色花卉翎毛,有元人筆意。"

王濤曾爲朴齊家書寫朴齊家創作的《題〈蘆洲百雁圖〉》一詩。朴長馣《縞紵集》下,卷二"庚戌、辛亥"條,朴長馣案語:"家有《蘆洲百雁圖》,兩峰鑒定爲元人筆迹。雅亭、冷齋並各有詩,先君寫之,王苹溪肇嘉書卷首五大字,翁覃溪亦有詩。先君詩則王練水濤書之,下有先君小跋。"

朴長馣《縞紵集》下,卷二"庚戌、辛亥"條載王濤《俚言二首奉贈次修先生旋歸,並請鄎呈兼乞尊書》:"三山聞說是仙家,來去還乘天漢槎。丹鳳有書銜使命,風光一路賦皇華。""好句曾看咏石湖,如何忽聽唱驪駒?卿雲欲就知無日,敢乞銀鉤付釣徒。"

[庚戌、辛亥]朴齊家與蔡炎林有交往。蔡炎林,朴長馣《縞紵集》上,卷二"庚戌、辛亥"條載:"字曦照,浙江湖州人。爲寧遠佐時,先君過宿本州。炎林與驛丞寧泰聯車夜至。索近稿,讀而善之,曰:'漁洋先輩若睹此作,定録上乘。弟等草茅下士,何足重君?'仍賦一絶而去,楚楚成章云。"朴齊家給蔡炎林看的近稿當是《嘉山詩姬六娥索詩走筆》。《貞蕤閣集‧三集》載《嘉山詩姬六娥索詩走筆》:"不意勾欄籍,相逢閨集人。圖成秋聽久,堂號我聞新。錦瑟天邊夢,桃花嶺底春。風流非負腹,好事莫翻唇。"下附蔡炎林和詩:"烟花

知翰墨,不是倚門人。韻事中原少,風流客路新。元央機上月,蘭蕙鏡中春。別有相憐處,更深點絳唇。"其詩下有注,明唱和來由,內容與朴長馣《縞紵集》上,卷二"庚戌、辛亥"條記載大致相同,惟多載"仍賦一絶"的一絶:"客星萬里過荒州,傾蓋言歡愧莫酬。他日東歸應竊笑,中華二士欠風流。"

十年後,約1801年(辛酉),蔡炎林有書信(敬覆者:一別十年……蔡炎林拜上貞蕤居士先生,三月十九日燈下)與朴齊家,此信載於朴長馣《縞紵集》下,卷二"庚戌、辛亥"條。

[庚戌、辛亥]朴齊家與寧泰有交往。寧泰,朴長馣《縞紵集》上,卷二"庚戌、辛亥"條載:"字岱瞻,寧遠丞。"交往事迹見上"朴齊家與蔡炎林交往"條。

[庚戌、辛亥]朴齊家與湯兆祥有交往。朴長馣《縞紵集》上,卷二"庚戌、辛亥"條載:"湯兆祥,字五福,號五魁,江西廣信府貴溪人。"

朴長馣《縞紵集》下,卷二"庚戌、辛亥"條載湯兆祥《小詩志別,並望和章》:"揩大真堪笑,錢靈信有神。詩中時積玉,座裏欲生春。飄泊登樓粲,風流下榻陳。一篙離水綠,相約共垂綸。"

[庚戌、辛亥]朴齊家與湯潘有交往。朴長馣《縞紵集》上,卷二"庚戌、辛亥"條載:"湯潘,字价人,號碩齋,兆祥叔,官户部主事。"交往事迹不詳。

[庚戌、辛亥]朴齊家與鄂時有交往。朴長馣《縞紵集》上,卷二"庚戌、辛亥"條載:"鄂時,臨川人。"

朴長馣《縞紵集》下,卷二"庚戌、辛亥"條載鄂時贈朴齊家詩,詩題不詳,詩云:"長劍一杯酒,男兒方寸心。洛陽因劇孟,托宿話襟胸。但仰山丘秀,不知江水深。"其他交往事迹不詳。

[庚戌、辛亥]朴齊家與周鄂有交往。朴長馣《縞紵集》上,卷二"庚戌、辛亥"條載:"周鄂,字春田,號聽雲,江南人,官貴州學政。"交往

事迹不详。

[庚戌、辛亥]朴齐家与陈希濂有交往。陈希濂(1762—?),张维屏辑《国朝诗人徵略二编》卷四九引《杭郡诗续辑》云:"字潄水,浙江钱塘人,嘉庆三年举人。有《潄水集》。潄水搜藏名人扇面极佳者数百叶。"又,潘衍桐辑《两浙輶轩续录》卷一九云其"字秉衡,号潄水",著《潄水草堂诗集》八卷,并引《杭郡诗续辑》云:"潄水工饿隶书,与黄小松易最契,教习期满,得县令,会将注选,复游京师,寻卒。"

朴长馣《缟紵集》上,卷二"庚戌、辛亥"条载陈希濂与朴齐家书(适纔得领教敬言……)1封。交往事迹不详。

[庚戌、辛亥]朴齐家与曹日瑛有交往。朴长馣《缟紵集》上,卷二"庚戌、辛亥"条仅载"曹日瑛"姓名。交往事迹不详。

[庚戌、辛亥]朴齐家与邵晋涵有交往。朴长馣《缟紵集》上,卷二"庚戌、辛亥"条有载:"邵晋涵,字二云。……乾隆辛卯中第一,入翰林。"又,阮元、杨秉初辑,夏勇等整理《两浙輶轩录》卷三一载:"邵晋涵,字与桐,一字二云,别号南江,余姚人。乾隆辛卯会元,充《四库全书》纂修官,累官至侍讲学士。著《尔雅正义》、《皇朝大臣谥迹录》、《輶轩日记》、《南江文稿》、《南江诗稿》。"交往事迹不详。

[庚戌、辛亥]朴齐家与陈澍有交往。朴长馣《缟紵集》上,卷二"庚戌、辛亥"条载:"陈澍,江西人。善画竹,候选知县。"交往事迹不详。

[庚戌、辛亥]朴齐家与刘墉有交往。朴长馣《缟紵集》上,卷二"庚戌、辛亥"条有载:"刘墉,号石庵,山东诸城人。官礼部左侍郎,顺天学政。"有《刘文清公遗集》、《刘文清应制诗集》。交往事迹不详。

[庚戌、辛亥]朴齐家与杨心鎔有交往。朴长馣《缟紵集》上,卷二"庚戌、辛亥"条载:"杨心鎔,号序东,河南人。"交往事迹不详。

[庚戌、辛亥]朴齐家与杨绍恭有交往。朴长馣《缟紵集》上,卷二

"庚戌、辛亥"條載:"楊紹恭,號笏林,浙江山陰人,刑部主事夢符子。"交往事迹不詳。

[庚戌、辛亥]朴齊家與余國觀有交往。朴長馣《縞紵集》上,卷二"庚戌、辛亥"條載:"余國觀,號竹西。"又,俞蛟撰,駱寶善校點《夢廠雜著》卷七載:"余國觀,號竹西,其先揚州人,寄居宛平。工寫竹,參文,吴而不滯師法,有瀟灑之趣。……竹西初任滇南,以病歸,病愈不復出,高風可挹矣。"交往事迹不詳。

[庚戌、辛亥]朴齊家與余維翰有交往。朴長馣《縞紵集》上,卷二"庚戌、辛亥"條載:"余維翰,號大觀齋,竹西侄。"交往事迹不詳。

[庚戌、辛亥]朴齊家與周升桓有交往。朴長馣《縞紵集》上,卷二"庚戌、辛亥"條載:"周升桓,字稚圭。嘉善人,官侍講。"交往事迹不詳。

[庚戌、辛亥]朴齊家與吴明煌有交往。朴長馣《縞紵集》上,卷二"庚戌、辛亥"條僅載:"吴明煌,號振庵。"朴長馣《縞紵集》下,卷二"庚戌、辛亥"條載吴明煌與朴齊家書(朴大老爺啓:送上徽墨貳匣……)1封。其他交往事迹不詳。

[庚戌、辛亥]朴齊家與吴明彦有交往。朴長馣《縞紵集》上,卷二"庚戌、辛亥"條有載:"吴明彦,號旭堂,明煌弟。"交往事迹不詳。

[庚戌、辛亥]朴齊家與吴鳴籇有交往。朴長馣《縞紵集》上,卷二"庚戌、辛亥"條僅載"吴鳴籇"姓名。交往事迹不詳。

[庚戌、辛亥]朴齊家與吴焯有交往。朴長馣《縞紵集》上,卷二"庚戌、辛亥"條僅載"吴焯"姓名。交往事迹不詳。

[庚戌、辛亥]朴齊家與徐元有交往。朴長馣《縞紵集》上,卷二"庚戌、辛亥"條僅載"徐元"姓名。交往事迹不詳。

[庚戌、辛亥]朴齊家與林瑶光有交往。朴長馣《縞紵集》上,卷二

"庚戌、辛亥"條僅載"林瑶光"姓名。交往事迹不詳。

[庚戌、辛亥]朴齊家與湯錫智有交往。朴長馣《縞紵集》上，卷二"庚戌、辛亥"條載："湯錫智，號尹孚，蘇州人。官國子肄業。"交往事迹不詳。

[庚戌、辛亥]朴齊家與周有聲有交往。朴長馣《縞紵集》上，卷二"庚戌、辛亥"條載："周有聲，字希甫，官中書舍人。"又，張維屏輯《國朝詩人徵略》卷五二載："周有聲，字希甫，號雲樵，湖南長沙人。乾隆六十年進士，官大定府知府，有《東岡詩剩》。"交往事迹不詳。

[庚戌、辛亥]朴齊家與王枚有交往。朴長馣《縞紵集》上，卷二"庚戌、辛亥"條載："王枚，號西林。"交往事迹不詳。

[庚戌、辛亥]朴齊家與李秉睿有交往。朴長馣《縞紵集》上，卷二"庚戌、辛亥"條僅載"李秉睿"姓名。交往事迹不詳。

[庚戌、辛亥]朴齊家與李樞焕有交往。朴長馣《縞紵集》上，卷二"庚戌、辛亥"條載："李樞焕，字虚筠。"又，邵子彝總輯，魯琪光總纂《(同治)建昌府志·人物志》(清同治十一年刻本)卷八載："李樞焕，字拱北，號虚筠，南城人。乾隆丙午舉於鄉，大挑分發陝西，署石泉縣事。……升至道員，卒於任。"交往事迹不詳。

[庚戌、辛亥]朴齊家與章學濂有交往。朴長馣《縞紵集》上，卷二"庚戌、辛亥"條載："章學濂，號石樓。"又，邵子彝總輯，魯琪光總纂《(同治)建昌府志·人物志》卷八載："章學濂，字守之，號石樓，南城人，紹聖孫，乾隆己亥舉人，三通館議叙。分發直隸補盧龍令，調宛平縣，升蔚州知州。幼聰穎，出筆驚人。會試留京十餘年。"交往事迹不詳。

[庚戌、辛亥]朴齊家與符泰交有交往。朴長馣《縞紵集》上，卷二"庚戌、辛亥"條載："符泰交，字協三，號際堂，江西撫州府宜黄人。"交往事迹不詳。

[庚戌、辛亥]朴齊家與朱文翰有交往。朴長馣《縞紵集》上，卷二"庚戌、辛亥"條載："朱文翰，官刑部主事。"又，法式善輯《清秘述聞》卷八載："刑部主事朱文翰，字屏茲，江南歙縣人，庚戌進士。"有《退思粗訂稿》。交往事迹不詳。

[庚戌、辛亥]朴齊家與張問行有交往。朴長馣《縞紵集》上，卷二"庚戌、辛亥"條載："張問行，江西人，號蒔塘。"交往事迹不詳。

[庚戌、辛亥]朴齊家與程樅有交往。程樅，柳得恭《並世集》卷二載："字文業，號觀堂，安徽歙縣人。"朴長馣《縞紵集》上，卷二"庚戌、辛亥"條載："先君評觀堂詩曰：'力追《品彙》正宗之響。彼竟陵餘論之指閩派爲卑卑者，得無愧死乎？'"又載朴齊家與程樅筆談。主要内容是朴齊家高度評價程樅詩作，雙方並談及詩法以平坦爲貴。

[庚戌、辛亥]朴齊家與顧宗泰有交往。朴長馣《縞紵集》上，卷二"庚戌、辛亥"條載："顧宗泰，號星橋，江蘇元和人，官中書舍人。"著有《月滿樓詩集》、《月滿樓文集》等。交往事迹不詳。

[庚戌、辛亥]朴齊家與嚴蔚有交往。朴長馣《縞紵集》上，卷二"庚戌、辛亥"載："嚴蔚著《春秋内傳古注輯存》。"又，周中孚撰《鄭堂讀書記》（卷一一經部六之下，民國《吴興叢書》本）載："《春秋内傳古注輯存》，無卷數，二酉齋刊本，國朝嚴蔚撰。蔚，字豹人，吴縣人。"交往事迹不詳。

[庚戌、辛亥]朴齊家與陳淮有交往。朴長馣《縞紵集》上，卷二"庚戌、辛亥"條僅載："陳淮著《孟子論文》。"陳淮，生平待考。交往事迹不詳。

[庚戌、辛亥]朴齊家與姚雨岩有交往。朴長馣《縞紵集》上，卷二"庚戌、辛亥"條僅載"姚雨岩"姓名。交往事迹不詳。

[庚戌、辛亥]朴齊家與朱爾賡額有交往。朴長馣《縞紵集》上，卷二

"庚戌、辛亥"條載："朱爾賡額，滿洲人。官兵部郎中，其父孝純。"交往事迹不詳。

［庚戌、辛亥］朴齊家與回回王子有交流。朴長馣《縞紵集》上，卷二"庚戌、辛亥"條載："先君《懷王子》詩曰：'王子宿衛久，頗通諸國言。亦有旁行字，從以漢話翻。一聽竟不忘，道遇能寒暄。'"交往事迹不詳。

［庚戌、辛亥］朴齊家與曹鋭有交流。朴長馣《縞紵集》上，卷二"庚戌、辛亥"條載："曹鋭，號友梅，吴郡人。著有《北遊草》，官指揮。"又，蔣寶齡撰，程青岳批注，李保民校點《墨林今話》卷二載："曹鋭，字友梅，號愕堂，休寧人，僑居吴門之白蓮涇。……官京師，任兵馬司指揮，名噪都中。"朴長馣《縞紵集》中關於曹鋭的字號和籍貫，當誤記。交往事迹不詳。

［庚戌、辛亥］朴齊家與莊會琦有交流。朴長馣《縞紵集》上，卷二"庚戌、辛亥"條載："莊會琦，字藥亭，號稚卿，江南常州人，復旦弟。"交往事迹不詳。

1791 年　乾隆五十六年　正祖十五年

［辛亥］正月十八日，朴齊家有元宵詩呈乾隆皇帝。金箕性《燕行日記》載："（朴齊家）於外夜幾三更，書通於余曰'皇旨有朝鮮使臣元宵詩製進之命，限以明曉'云云。余乃微通於副使。未幾，朴君入來，……朴君以能詩擅名，故使之製出。鷄鳴後，通官輩叩門而入，椎胸而傳皇旨，仍即書送紙本。"元宵詩内容不詳。（金箕性《燕行日記》）

［辛亥］1790 年（庚戌）十月，朴齊家隨金箕性爲正使的冬至使團第三次出使中國。朴齊家到達北京後，與伊秉綬有交流。

朴齊家、伊秉綬互相索見詩作，求對方書幅。朴長馣《縞紵集》下，卷二"庚戌、辛亥"條下載伊秉綬語"次修先生秘檢屬書近句，即請正之",其下附伊秉綬《擬建安七子詩（有序）》。伊秉綬與朴齊家書云："朴公升啓：館中寫詩卷贈我，字南泉。書古今詩體，有使五尺長之矣。伊秉綬頓。"（朴長馣《縞紵集》下，卷二）

1791年（辛亥）正月二十二日夜，朴齊家與伊秉綬相聚於龔協寓所談藝揮毫。朴長馣《縞紵集》下，卷二"庚戌、辛亥"條下載伊秉綬語："乾隆五十六年正月廿又二日，雅集宣南坊龔荇莊寓齋，鐙下書拙句，爲次修先生正之。"1792年（壬子）元夕，伊秉綬與朴齊家書（秉綬白次修先生足下……）中有云："偶聚共宴一室，緑酒紅燈，談藝揮毫，謂可終身不忘。"朴齊家《懷南泉》詩中有云："山堂話雨夜，爲誰燈火剪？"朴長馣《縞紵集》上，卷二《續〈懷人詩〉》中有云："一盞遥飛話雨堂，風心偏向墨卿長。"朴長馣《縞紵集》下，卷二其下附《所思》、《空江》、《寄友》、《印色盒》、《燈隱》、《試硯次嵇立軒員外韻》等詩作，即是上文所云"鐙下書拙句"。此組詩稿手帖現藏於韓國果川文化社。

朴齊家離開北京前，伊秉綬有《送高麗朴檢書齊家歸國》，云："扶桑東海水，楊柳春風城。上國花開宴，遥天月伴行。文能通譯語，詩解繼吾聲。欲訪遺書在，悠悠箕子情。"（朴長馣《縞紵集》下，卷二）此詩伊秉綬《留春草堂詩鈔》亦載，"譯語"作"繹語"。

1792年（壬子），伊秉綬有信、詩作、朱仕琇（筆者按，號梅崖）文集、《蘭亭帖》等寄與朴齊家。是年元夕，伊秉綬與朴齊家書（秉綬白次修先生足下……）中有云："鄉先輩朱梅崖先生，學正而文鉅，所著文集在本朝能卓成一家言。兹附貴友尹公帶上，以邀真鑒，以廣流傳。……再寄《蘭亭帖》一張。"信載於朴長馣《縞紵集》下，卷二"庚戌、辛亥"條下。又載伊秉綬《題張水屋刺史道渥畫册，送高麗金履度（華山）歸國，並訊次修先生，即祈斥正（壬子初春，弟伊秉綬墨卿草）》。詩句參見1792年，乾隆五十七年，正祖十六年"金履度與伊秉綬交流"條。

又，朴齊家《懷南泉》詩："汀州一萬里，南泉實冠冕。書摹蔡襄肩,句卑高棟選。山堂話雨夜,爲誰燈火剪?"《續〈懷人詩〉》曰:"一盞遥飛話雨堂,風心偏向墨卿長。針頭芥子緣何似?不接梅崖卷裏香。"(朴長馣《縞紵集》上,卷二)《燕京雜絶贈别任恩叟姊兄,追憶信筆,凡得一百四十首》:"伊公素心人,托契猶比鄰。頂禮觀音墨,吾將殉碧山(伊秉綬,號墨卿,贈徽州貢墨,刻佛像,背書《般若蜜多心經》,細入秋毫)。"(朴齊家《貞蕤閣集·四集》)

1801年　嘉慶六年　純祖元年

[辛酉]朴齊家與錢大昕有交遊。錢大昕(1728—1804),趙爾巽等撰《清史稿》卷四八一載:"字曉徵,嘉定人。乾隆十六年召試舉人,授内閣中書。十九年進士,選翰林院庶吉士,散館授編修。……嘉慶九年,卒,年七十七。""大昕始以辭章名,沈德潜《吴中七子詩選》,大昕居一。既乃研精經、史,於經義之聚訟難決者,皆能剖析源流。"著有《唐石經考異》、《廿二史考異》、《潜研堂文集》、《潜研堂詩集》、《潜研堂金石文跋尾》等。朴長馣《縞紵集》下,卷三"辛酉"條僅載其名姓,無載交流事迹。

[辛酉]是年,朴齊家與錢東垣相識,有交遊,時在五柳居書肆談竟日。錢東垣,朴長馣《縞紵集》上,卷三"辛酉"條載:"字既勤,號亦軒,嘉定人。嘉慶戊午舉人。父大昭,辛楣之侄。克承家學。著有《孟子解誼》十四卷、《小爾雅校證》二卷、《列代建元表》十卷、《建元類聚考》二卷、《補經義考稿》一卷、《稽古録辨訛》二卷、《青華閣帖考異》三卷。"

朴長馣《縞紵集》下,卷三"辛酉"條載錢東垣《俚言奉贈貞蕤先生,即次先生〈澄海樓〉,作韻兼呈柳檢書》:"圖開王會華冠裳,不信鷄林擅棗長。寶刻陳思峰作玉,清談韓偓海生桑(時在五柳居書肆,談竟日)。傾心十載重雲夢,彈指雙丸跳擲忙(先生夙慕家世父辛楣先生。庚戌,來此即欲見,未果)。惜我賦慚團扇句,漫携六角趁風揚(先生書扇相贈)。"下附朴齊家元韻:"罡風萬里攬衣裳,飛觀斜連碣石長。竟信滄溟多一勺，未應清淺變三桑。拓窗燕樹行人小，彈指遼天去鳥忙。我有相思在南國，願隨潮水泊維揚。"據錢東垣詩注可知，兩人在五柳居有筆談，朴齊家並有書扇相贈。

錢東垣《里言八首奉送冷齋、貞蕤、松皐三先生歸平壤，即呈雅政》："三韓洌水多才子，難得乘軺聚德星。底事掀髯拼一笑（貞蕤與松皐並美鬚髯，冷齋亦有鬚，時與陳仲魚孝廉過從，陳亦長鬚，故云），筆談諧處暮雲沉。""詩書雙絕朴貞蕤，儒雅風流是我師。廿首懷人冰雪句，謝家康樂舊心知（貞蕤舊與星伯兄交，其《懷人詩》曾及之）。""情深貌厚柳冷齋，十卷古芸計歲排（《冷齋集》名《古芸書屋》）。聞說詞人曾作將，笑誰競病韻難諧？""丰神洗馬柳松皐，落筆縱橫意氣豪。躑躅臨渝懷古地，寒雲蕭瑟朔風號（曾見松皐臨渝懷古作）。""議名北學千秋意（貞蕤著《北學議》），志考西京四郡訛。自古才人兼學識（冷齋著《漢四郡考》），士衡那更患才多？""十載神交飢渴殷，吳江楓落句曾聞（初見時，貞蕤、冷齋即言紀大宗伯曾言'東垣研經通史'云云）。太玄若遇君山賞，覆瓿何愁楊（揚）子雲（余以著七種敘例相政）。""見時容易別時難，執手依依泪欲彈。秋雨榆關多少雁？數行珠玉勸加餐。""蘼蕪香暖將離落，鴨綠江頭問渡人。惆悵夢魂繚繞處，林宗一角墊欹巾。"（林長馪《縞紵集》下，卷三）

朴齊家在北京時，雙方有書信往來。朴長馪《縞紵集》下，卷三"辛酉"條載錢東垣與朴齊家書（家刻數種，奉送二位……）1封。由書信內容可知，錢東垣曾有家刻《後漢書補表》等數種書籍贈與朴齊家。書信有云："家刻數種奉送二位，惟《後漢書補表》案頭止一部，先以送朴先生，柳公容續寄。"

[辛酉]朴齊家與阮元有交遊。阮元（1764—1849），朴長馪《縞紵集》上，卷三"辛酉"條載："阮元，字芸臺，一字伯元，儀徵人，方伯甥孫。家公道橋，己酉進士。工隸書，經學深邃，嘗分校《石經》、《儀禮》。著《石經校勘記》三卷，又《考工車制圖考》二卷、《大戴禮注》、《毛詩補箋》若干卷。"

朴齊家與阮元具體交遊事迹不詳。據柳得恭《燕臺再遊録》載辛酉年柳得恭與陳鱣交談語中,陳鱣有云:"去年,海寇作梗,撫臺阮公擊破之。然至今海面未靖,各處海防甚嚴。"又據王章濤《阮元年譜》,1800年(庚申)、1801年(辛酉)阮元在浙江巡撫任上,且無回到北京的記録,因此,筆者認爲,其子朴長馣認爲朴齊家與阮元在1801年(辛酉)有交遊,當有誤。疑,1801年(辛酉),朴齊家所瞭解到的阮元信息是從其門生陳鱣處得到。

［辛酉］是年,朴齊家與陳鱣在琉璃廠書肆相識,兩人有筆談、贈詩、贈物等交流。陳鱣(1753—1817),朴長馣《縞紵集》上,卷三"辛酉"條載:"字仲魚,號管香,題其室曰'簡莊',海寧人。嘉慶六年進士,芸臺之高弟也。明於訓詁之學,所著有《論語古訓》等書,時人推以鄭康成云。"又有《簡莊文鈔》、《簡莊文鈔續編》、《河莊詩鈔》等。

1801年(辛酉)三月某一日,兩人相遇於北京琉璃廠書肆,交流時柳得恭、錢東垣在座。陳鱣《〈貞蕤稿略〉序》載:"嘉慶六年三月,余舉進士遊都中,遇朝鮮國使臣朴修其檢書於琉璃廠書肆,一見如舊相識。雖言語不通,各操不律書之,輒相説以解。檢書通經博古,工詩文,又善書法。人有求,則信筆立書所作以應。時余同年友嘉定錢君既勤繼至,既勤克承家學,著述甚夥,檢書偕同官柳君惠風,亦閲覽多聞,卓然儒雅。四人者賞奇析義,舐墨濡毫,頃刻盡數紙。余欲叩以《逸周書》之'在子、前兒噍羊',《管子》之'文皮䇲服',《説文解字》之'鮸'、'魵'、'鱸'、'鰗'、'鯪'、'鮄'、'鮑'、'魦'、'鰈'、'鮮'、'鱅'、'鯛',遽數之不能終其物,且日已盱矣,遂散去。"

後某一日,兩人又相會,陳鱣有《奉謝貞蕤詞丈惠物,四首録求是正》,詩云:"十幅雲箋勝百朋,遠携東國浪千層。騷人供給成佳話,和墨揮毫得未曾(余集《曹全碑》字,贈聯云'隃糜金粟騷人供,章甫縉紳儒者風',極蒙稱賞)。(右《東紙》)""便便腹笥朴貞蕤,摺扇還書佳句貽。豈但奉揚君子德?定教傳誦使臣詞。(右《摺扇》)""臺笠伊斜美彼都,何緣脱贈到吾徒?他時戴此歸田去,好比東坡冒雨圖。（右《野笠》）""烟霞痼疾每沉吟，燕市逢君意倍深。愛我無如投藥石，賞來難得是清心（藥名清心丸）。（右《藥丸》）""（朴長馣《縞紵集》下，卷三）

朴齊家請陳鱣爲《貞蕤稿略》作序，時李鼎元在座。陳鱣《〈貞蕤稿略〉序》載云："越數日，又相見，（朴齊家）辱贈以束紙、摺扇、野笠、藥丸。余即賦詩四章志謝，副以楹聯、碑帖及拙著《論語古訓》，幾幾乎投縞獻紵之風焉。有頃，檢書手一編出示曰《貞蕤稿略》，皆其舊作。……此所存者纔十之一，然其中考證之作、酬唱之篇，雲流泉涌，綺合藻抒，粲然具備，同人亟爲校刻，請余弁其端，余固謝不敏。適綿州李墨莊中翰出使琉球方歸，亦在坐，欣然勸余爲之。"陳鱣《〈貞蕤稿略〉序》載於朴齊家《貞蕤閣集》卷首及朴長馣《縞紵集》下，卷三"辛酉"條等中。

朴長馣《縞紵集》上，卷三"辛酉"條載陳鱣與朴齊家筆談記錄。語涉對朴齊家學問的品評，兩人對以後生活的追求，朴齊家在北京交友情況等。

陳鱣還曾將《愚谷叢書》贈與朴齊家。潘衍桐輯《兩浙輶軒續錄》卷一二載："（陳鱣）先以《愚谷叢書》貽朴檢書。"

兩人別離時，陳鱣有《嘉慶六年夏四月既望，奉送貞蕤詞伯榮旋二首，即求是正》相贈，詩云："王會重開職貢圖，使臣拜受聖恩殊。星軺三入中華地，風雅群推東國儒。滿載奇書歸樂浪，長驅寶馬走玄菟（時買一車、一馬歸國）。到時料得傳佳話，投贈詩章遍上都。""攀條言別意纏綿，雙鯉迢迢悵各天。半月交情成莫逆，一編文字有深緣（蒙推服鄙作，一見如故，並出大集屬叙）。可憐我本奇男子，得遇如君上界仙。不覺相看頻灑泪，未知後會定何年。"（朴長馣《縞紵集》下，卷三）

[辛酉]朴齊家與黃成有交遊。兩人於琉璃廠書肆五柳居中相遇，朴長馣《縞紵集》下，卷三"辛酉"條載黃成《辛酉四月，以應試禮部留京，遇朝鮮朴修翁先生於五柳居中，索得華翰，爰寫折枝二種贈

之，以當縞紵可乎》。黃成，朴長馣《縞紵集》上，卷三載："字香涇，吳人。"又，《江蘇藝文志‧蘇州卷》（江蘇人民出版社）第 2 册載："名一作晟，字樹谷，號香涇。清元和人，一作吳縣木瀆人。陳均（1779—1818）侄婿。嘉慶五年舉人。久佐粵幕，復周遊楚蜀。工詩文。書學晉唐，旁及篆隸。善畫寫意花草，山水人物也工。"著有《南遊草》、《香涇先生遺詩》等。

兩人曾有筆談，朴齊家並有詩作贈與黃成，黃成有詩句云："口不能通筆則通，無聲之語條條紙。貽我新詩寫聚頭，雲烟飛落麝香流。"朴齊家贈黃成詩不詳。朴長馣《縞紵集》上，卷三"辛酉"條載黃成與朴齊家一段筆談，主要內容爲黃成對朝鮮當今畫像妙手的詢問，朴齊家簡要回憶自己入燕歷程。

黃成視朴齊家爲知己和其師。黃成《上次修先生書》（萍水相逢，遂成知己……）中有云："修翁先生我師。"《辛酉四月，以應試禮部留京，遇朝鮮朴修翁先生於五柳居中，索得華翰，爰寫折枝二種贈之，以當縞紵可乎》詩云："天涯何意得新知？翰墨風流是我師。鴨綠江邊雲樹杳，欲憑遠夢寄相思。""走馬紅塵爲底忙？青春眼下去堂堂。客間尚有生花筆，藉托邀情天一方。"（朴長馣《縞紵集》下，卷三）

此外，《修翁爲我書扇，作詩畫酬之。從來互市有如許風雅否？知歸國不出此月，余亦將束裝南下，聚散之感安能效太上忘情耶？浮屠氏不三宿桑下，蓋有以也。復成一律即乞繼聲，辛酉孟夏時，在燕臺之客舍》："傾蓋何緣喜欲狂？炎風朔雪許同堂。車書元不分中外，雲鳥誠堪志典章。萬里比鄰成會食，三升清醑動離腸。羅胸勝概拈毫吐，定是珠璣滿錦囊。"（朴長馣《縞紵集》下，卷三）

《嘉慶辛酉五月朔，奉送朝鮮內閣朴、柳二檢書歸國》："東方有國稱君子，歸昌之鳥生於此。振羽高飛覽德輝，朝陽合向梧桐止。三月鶯花帝里春，馬蹄已倦軟紅塵。忽教冷客開青眼，紗[帽]版袍識兩人。天涯作合非無以，掀髯一笑神交矣。口不能通筆則通，無聲之語條條紙。貽我新詩寫聚頭,雲烟飛落麝香流。十二龍賓欣有伴,一雙虎僕爲君酬。相逢踪踪由書肆,典墳原是吾曹事。何云中外不同風,儘許停車問奇字。中心玩好遂忘形,班荆同飯斜陽寺。匝月過從情正移,那堪使節有程期?頒來英蕩從東指,便是新知分袂時。鴨江此去路三千,雲樹遥分共一天。熙日嘶風殊燕馬,難憑此會是何年?菖蒲緑映紅榴吐,衹隔三朝是重午。觸起左徒七字詞,生別離真句調苦。無情最是垂楊柳,長條不縮行人走。尚有餘情含未申,末由一酌雄黄酒。行篋層層衹載書,淡雲微雨送輕裾。他時寄我相思字,記取金臺五柳居。"(朴長馣《縞紵集》下,卷三)

黄成有道別書信《上次修先生書》,表達不忍離別之情,以及期勉朴齊家著作日豐而名氣滿海内外。(朴長馣《縞紵集》下,卷三)

[辛酉]朴齊家與言朝標有交遊。朴長馣《縞紵集》上,卷三"辛酉"條載朴齊家《題言象升秀才〈秋江月夜垂釣小照〉》詩:"夢想纏綿桃核船,一針頭内話蘇仙。空江片月都依舊,又是吹簫五百年。"

[辛酉]朴齊家與言可樵有交遊。言可樵,朴長馣《縞紵集》上,卷三"辛酉"條載:"朝標侄,多識博聞。"

朴長馣《縞紵集》下,卷三"辛酉"條載言可樵留書,信中講明上次未能與朴齊家會晤交流之緣由,並告訴對方關於《十三經》,自己還將到別的書鋪尋找,以及自己不久將要南下的打算等。

[辛酉]是年,朴齊家與夏文燾有交遊。朴長馣《縞紵集》上,卷三"辛酉"條載:"夏文燾,字方米。江蘇吴縣人,舉人。"兩人於北京琉璃廠書肆首次見面,朴齊家有文稿贈與夏文燾。臨別,夏文燾有贈詩。

朴長馣《縞紵集》下,卷三"辛酉"條載夏文燾《辛酉春,應禮部試,被黜留都下肄業,如唐人所謂過夏者。過琉璃廠書肆,識朝鮮檢書朴修其先生。於其歸也,作此詩送之》:"我愛貞蕤子,文章威鳳如。生當君子國,性好古人書。方物來王日,天涯識面初。一編親見贈,感佩勝璵琚(君出大稿見贈)。""托鐙清夜讀,一讀一開予。博識存三篋,精研貫六書。此人見已晚,明朝別何如?嘆息東方近,難爲比目魚。"

[辛酉]是年,殳虁龍有詩歌贈與朴齊家。阮元、延豐纂修《重修兩浙鹽法志》(清同治刻本)卷二四《商籍一》"乾隆五十九年恩科"條載:"殳虁龍,杭州人。"

朴長馣《縞紵集》下,卷三"辛酉"條載殳虁龍《拙句奉贈,並請教正》:"甘雨和風納贐來,盈盈弱水近蓬萊。八條雅教先成俗,三使天朝未易才。自是文章推秘閣,却欣器宇傍春臺。藝材多少琳瑯集,留待卿行次第開?"

[辛酉]是年,陳森爲朴齊家畫像,並有詩歌贈送。陳森,朴長馣《縞紵集》上,卷三"辛酉"條載:"字簡修,號一亭,……江南鎮江人。"

朴長馣《縞紵集》上,卷三"辛酉"條載朴長馣言:"寫贈先君像。"朴長馣《縞紵集》下,卷三載陳森《俚句恭呈貞蕤大人閣下》:"海天晴翠接東隅,禮重寅賓奉虎符。知是皇華多巨製,特抛燕石引驪珠。""玉堂韻事記詞壇,萬丈文濤正淼漫。學士傳神憑阿堵,春風拂袖愧濡翰。"

[辛酉]是年,朴齊家與虞衡有交遊。虞衡,字號不詳。朴長馣《縞紵集》上,卷三"辛酉"條僅載其爲浙西人。

朴長馣《縞紵集》下,卷三"辛酉"條載虞衡《小詩奉贈貞蕤先生,即以送別》:"曾聞東國解聲詩,今日相逢信有之。下筆淋漓才思敏,不須捻斷數莖髭(貞蕤於思,故戲之)。""頻年奉使驛程賒,此去圖書載滿車。料得小清森閣上,每依南斗望中華。""方曲求書聚客窗,翩翩才藻更成雙(謂柳君古芸)。歸哉羨爾多清興,一路聯吟到鴨江。"

[辛酉]是年,崔琦有詩歌贈與朴齊家。柳得恭《燕臺再遊錄》載:

第六章　燕岩師門與清文人交流長編　　　　　　　　　　797

"崔琦，琉璃廠之聚瀛堂主人。"

朴長馣《縞紵集》下，卷三"辛酉"條載崔琦《句奉貞蕤先生斧正》："迢迢浿水三千里，學士風流奉命來。卜得燕臺題咏遍，龍蛇飛舞謫仙才。""精神豪邁萬夫雄，寫出烏絲阿堵中。不解當年朴處士，新羅歸去已成翁（唐時，顧非熊有送朴處士歸新羅詩）。"又有《書奉貞蕤先生一哂》："八方重譯盡來庭，幾見風流映汗青。人謂使乎真國士，我知罾也是文星。胸中珠玉波斯藏，腕底烟雲摺叠屏。龍節遠隨聲教訖，乘槎擬約訪東溟。"

[辛酉]是年，朴齊家與盛學度有交遊。盛學度，柳得恭《燕臺再遊錄》載："盛學度，號賡庭……蘇州舉人，赴會試者。"

朴長馣《縞紵集》下，卷三"辛酉"條載盛學度《辛酉余計偕入都，遇朝鮮使臣朴、柳二君於五柳居書肆，工詩能書，爲余作條幅，字極飛舞無庸俗氣。翌日，復遇之白衣禪院，筆談竟日，意甚惓惓。聞其歸國在即，作此贈之，兼以志別》。由詩題可知，兩人於北京琉璃廠五柳居書肆首次見面，朴齊家贈盛學度條幅字。第二天，兩人在白衣禪院筆談竟日。臨別，盛學度有贈別詩。據詩歌內容，兩人筆談當有論詩，詩句有云："把酒論詩漲墨豪，東來節使擅才高。"

此詩原文："把酒論詩漲墨豪，東來節使擅才高。刀圭惠我黃金藥（承贈藥丸一顆），簪纓争看白版袍。彈指有聲空遇李，折腰無累且希陶。歸帆鴨綠江邊穩，聊抵驪歌慰遠勞。"

[辛酉]是年，朴齊家與黃丕烈在北京書肆"五柳居"相識，兩人有多次交流。柳得恭《燕臺再遊錄》載："黃丕烈，號蕘圃，江南吳縣人，收藏甚富。"

朴長馣《縞紵集》下，卷三"辛酉"條載黃丕烈《余與五柳居主人爲莫逆交，至都每觀書，至其肆。時遇朴貞蕤、柳惠風二公，……持贈二公……》："嘉慶六年歲辛酉，我隨計車適北走。京都滾滾風塵中，忽遇奇人朴與柳。衣冠狀貌殊中華，云是朝鮮使臣某。二公本是彼國豪,天畀才華真富有。朴公發迹由詞科,策對萬言孰與偶?一編稿略號《貞蕤》,洋洋大篇冠諸首。□□□□慕華風,名公鉅儒皆樂友。卷中不盡懷人詩,熙熙慕思要以久。我來訂交恨已遲,傾蓋相知意獨厚。贈我楹帖見摛文,濡墨揮毫不停手。題我畫圖爲祭書,屬詞比事方脫口。海內文章信有人,如此東人肯居後。柳公詩筆劇清新,一字一珠却不苟。長篇曾向扇頭窺,篆刻鴻章氣赳赳。側聞歸國已有期,數籠奇書驅馬負。琉璃書肆人肩摩,誰向嫏嬛時一扣?何晏《論語》世所稀,東國舊傳今失守。徐兢《圖經》家尚藏,副本未携我職咎。區區愛書心正同,不惜千金買弊帚。德功之立古云難,與子相期言不朽。"

由此詩可知:一、朴齊家曾向黃丕烈出示《貞蕤稿略》,詩句有云:"一編稿略號貞蕤,洋洋大篇冠諸首。"二、朴齊家有楹帖相贈,並爲黃丕烈創作有《黃蕘圃〈祭書圖〉歌》。詩句有云:"贈我楹帖見摛文,濡墨揮毫不停手。題我畫圖爲祭書,屬詞比事方脫口。"《黃蕘圃〈祭書圖〉歌》載於朴長馣《縞紵集》上,卷三"辛酉"條。三、朴齊家與黃丕烈談論過何晏《論語》、徐兢《宣和奉使高麗圖經》。詩句有云:"何晏《論語》世所稀,東國舊傳今失守。徐兢圖經家尚藏,副本未携我職咎。"

[辛酉]是年,潘煜有《浣花紗》、《賀聖朝》二詞作贈與朴齊家。潘煜,朴長馣《縞紵集》上,卷三"辛酉"條載:"字廣文,號春崖。"

朴長馣《縞紵集》下,卷三"辛酉"條載潘煜《小詞二闋,書贈貞蕤詞伯莞正》:"海上神仙倚碧巒,吐詞都是九成丹。多承椽筆壯波瀾。各在天涯隔瀛海,憶來誰把妙書看?歲時聯袂到長安。(右調《浣花紗》)""欲將筆墨留公住,莫匆匆歸去。三分詩酒二分愁,更一分風雨。花開花謝,眼前幾許?把衷情漫訴。不知來歲芍花香,再相逢何處?(右調《賀聖朝》)"

[辛酉]是年,裘鏞創作有《琴調相思引》贈與朴齊家。裘鏞,朴長馣

《縞紵集》上，卷三"辛酉"條載："號葦田，浙江錢塘人。"

朴長馣《縞紵集》下，卷三"辛酉"條載裘鏞《調〈琴調相思引〉一闋，清和月，題贈貞蕤詞丈雅教莞政》："椽筆淋漓認墨痕，朝鮮學士偶停轅。雲烟落紙，思議妙難論。願得遊鞭來繫馬，版袍烏帽到都門。長章短句，一笑共琴尊。"

[辛酉]是年，朱鎬有詩作贈與朴齊家。朱鎬，朴長馣《縞紵集》上，卷三"辛酉"條載："字二京，浙江錢塘人，文公十八世孫。"

朴長馣《縞紵集》下，卷三"辛酉"條載朱鎬《嘉慶六年四月廿三日，偶成二絕，錄奉古芸、貞蕤兩詞伯斧正》："海外仙山啓逸才，翩然聯袂拂塵來。自從壇坫論詩後，不盡蒼葭嘆溯洄。""天涯聚首不相期，誼比金蘭更過之。弱腕寫生滋九畹，願君題贈幾多詩。"

據詩句考察，兩人當曾論詩，詩句有云："自從壇坫論詩後，不盡蒼葭嘆溯洄。"

[辛酉]是年，毛祖勝有詞作《醉太平》、《長相思》贈與朴齊家。毛祖勝，朴長馣《縞紵集》上，卷三"辛酉"條載："號薌泉，浙江錢塘人。"

朴長馣《縞紵集》下，卷三"辛酉"條載毛祖勝《小調二闋作於都門書舍，時辛酉清和月下浣，奉贈貞蕤、古芸二詞丈》。詞作原文參見1801年，嘉慶六年，純祖元年"柳得恭與毛祖勝交遊"條。

[辛酉]是年，孫琪有詩歌贈與朴齊家、柳得恭。孫琪，朴長馣《縞紵集》上，卷三"辛酉"條載："字玉樵，浙江錢塘人。"

朴長馣《縞紵集》下，卷三"辛酉"條載孫琪《奉贈古芸、貞蕤二先生》："自古朝鮮國，車書禀典常。海隅修禮物，聖德遍遐荒。何地無奇杰，伊人妙蘊藏。簡編搜二西，詞賦擅千章。豪氣蛟龍避，雄文鸑鳳翔。有辭皆磊落，無字不清蒼。作賦神具古，揮毫腕亦強。此來良不易，相對興何長。雅集論文約，詩壇列幟張。轉添湖海氣，別有水雲光。聚首天涯樂，離踪日月忙。詩存紅豆想，人在白雲鄉。地越數千里，朋來自遠方。長天原不隔，明月詎相忘？爲語二仙客,歸吟一錦囊。他年不遐棄,終日望帆檣。"

〔辛酉〕朴齊家與曹江有交遊。曹江,朴長馣《縞紵集》上,卷三"辛酉"條載:"字玉水,一字百川,號石谿,吳上海人,其父錫寶。"

朴齊家停留北京期間,兩人曾有筆談,主要內容是:曹江詢問朝鮮名花、佳果、寺廟、道觀、美人,朴齊家有幾子等,推崇朴齊家大有江左遺風;朴齊家詢問江南人重文還是重視古董,中國女服服制等。此筆談載於朴長馣《縞紵集》上,卷三"辛酉"條。

朴長馣《縞紵集》下,卷三載曹江寫給朴齊家的2封書信,一封寫於1801年(辛酉)朴齊家在北京時,曹江主要講明自己不能如期赴約的原因。一封寫於1805年(乙丑)正月二十八日,主要告知對方自從分別後,自己五年來情況。

〔辛酉〕是年,朴齊家與彭蕙支、張燮、劉鐶之、王霱、張玉麒、劉大觀、唐晟、楊嗣沅、葉廷策、李聯輝、傅應壁、康愷、陸慶勛、周松年、王蘭、陳蒿、汪之琛、孫銓、汪彥博、董桂敷、華楫、褚通經、沈酉、吳詒谷有交遊。惜交流事迹不詳。朴長馣《縞紵集》上,卷三"辛酉"條有載:

"彭蕙支,號田橋,四川眉州人,孝廉。

張燮,字理堂,號蕘友,江南昭文人。

劉鐶之,字佩循,號信芳,山東諸城人,官翰林檢討。

王霱,字伯雨,直隸宛平人,孝廉。

張玉麒,字瑞紱,號漁川,後改名犕,河南洛陽人,嘉慶辛酉舉人。

劉大觀,字松嵐,山東臨清人。所著有《玉磬山房詩〔鈔〕》。其弟大均。

唐晟,號采江,江蘇青浦人,進士。

楊嗣沅,號芷溪,河南商城人。

葉廷策,字子清,號西銘,江蘇常州府江陰縣人,庚申恩科舉人。

李聯輝,不詳。

傅應壁,汝南人。

康愷,號起山,江南人。工畫。
陸慶勛,字樹屏,雲間人。
周松年,字健天。
王蘭,字芳谷,長安人。
陳蒿,江蘇武進人。
汪之琛,字玉册。
孫銓,號少迂。著有《守虛閣詩稿》、《迂若齋隨筆》。
汪彥博,官翰林庶子,父學金。
董桂敷,不詳。
華楫,字梯船。
褚通經,號楗庭。
沈酉,字書山,吳郡人。
吳詒谷,字惕人,號曉峰。
陳文述,字雲伯,錢塘人。"

[辛酉]朴齊家與沈剛有交遊,有筆談。沈剛,朴長馣《縞紵集》上,卷三"辛酉"條載:"字唐亭,江蘇松江人,皇明侍講學士度浚孫。能詩,工書,善畫梅。"

筆談主要內容:沈剛請求朴齊家墨迹、詩作刻本;兩人互相表達傾慕情感等。筆談載於朴長馣《縞紵集》上,卷三"辛酉"條。

[辛酉]朴齊家與嚴翼雖未見過面,但兩人詩筆相通。

朴長馣《縞紵集》上,卷三"辛酉"條載云:"嚴翼號有堂,江蘇人,貢士。以詩送質。"又載朴齊家語:"錢君東垣請曰:'有敝友嚴某者,懇托心畫。'余仍書贈:'當日夆星驚太史,至今詩話說滄浪。'"嚴翼贈詩載於朴長馣《縞紵集》下,卷三"辛酉"條,詩題作"舊作送燕詩四首之一,錄請修其星使大人粲正"。

[時間不詳]朴齊家雖未與王學浩見過面,但二人有神交。參見本書下編第五章《十八世紀後期中朝文人交流長編》。此處略。

三、柳得恭與清文人交流長編

1773年　乾隆三十八年　英祖四十九年

[癸巳]柳得恭與郭執桓未謀過面，但是年，柳得恭有次郭執桓《澹園八咏》詩。

柳得恭《泠齋集》卷一載："洪湛軒大容遊燕中，多友其名士而歸，尋有汾河郭執桓，字封圭，付寄其《澹園八咏》求和。"柳得恭《澹園八咏》詩云：《素心居》："素履非爲往，素琴何必音？素心無他慮，白雲橫我襟。"《來青閣》："可道山翠來，爲緣眼光去。不去復不來，相逢是那處？"《鑒影池》："因水得我影，見影知我笑。問我笑何爲，晴雲更絕妙。"《飛霞樓》："山顏化輕碧，松身露半紅。盡日無住著，何樹不微風？"《松陰(蔭)亭》："松爲何代樹？屋因今人有。黃粉蓋茅檐，綠濤傾紙牖。"《語花軒》："不識花何物，元是美人魂。石刻延年妹，默默那得言？"《嘯月臺》："登臺一長嘯，望月徘徊久。餘響遲如何？世人纔回首。"《留春洞》："花殘蝶不住，葉暗鶯初稀。春光似劉阮，祗思出洞歸。"

郭執桓去世後，柳得恭有《挽汾河郭封圭》，詩云："永托天涯契，臨風八咏餘。文章今海內，消息彼汾沮。夢已驚玄冤，人今隔素車。年年惟有雁，寧帶故人書。"（柳得恭《泠齋集》卷二）

1777年　乾隆四十二年　正祖元年

[丁酉]柳得恭雖然從未與李調元見過面，但是從是年開始，兩人有文學交流。1777年(丁酉)，柳琴携《韓客巾衍集》入燕，與李調元交遊。李調元因柳琴第一次得知柳得恭其人，得見《韓客巾衍集》中柳得恭詩歌。李調元並爲《韓客巾衍集》作序。（朴長馣《縞紵集》下，卷一）

李調元和柳得恭有詩歌唱和。李德懋《清脾錄》卷四《李雨村》載"(李調元)見彈素兄子得恭惠風別詩，大加稱賞"。（筆者按，柳得恭此詩作爲《恭呈家叔父遊燕》(六首)："佳菊衰蘭映使車，澹雲微雨九秋餘。欲將片語傳中土,池北何人更著書?""蓮幕翩翩萬里賓,青絲遊騎玉河春。長衫廣袖休相怪,稱是楊花渡口人。""看書泪下染千秋,臨水騷人無限愁。磧士編詩嫌草草,豸青全集若爲求。""淺碧深紅二月時,軟塵如粉夢如絲。杭州才子潘香祖,可憐佳句似南施。""有個詩人郭執桓,澹園聯唱遍東韓。至今三載無消息,汾水悠悠入夢寒。""燕邸燈青人語喧,江南江北幾輶軒。衆中問有成都客,始贈朝鮮洌水言。")(柳得恭《泠齋集》卷二)後,李調元和此六首詩,並請托柳琴轉贈己和詩給柳得恭。李調元和詩曰:"有客飛乘過海車,玄談天外乍逢初。自言不學張津老,絳帕蒙頭讀道書。""平生皮裏有陽秋,時抱虞卿著述愁。誰把詩名傳海外?《看雲樓集》客來求。""長衫廣袖九衢喧,避怪多蒙暫駐軒。他日寄書傳小阮,有詩付雁與吾看。"①(柳得恭《並世集》卷一)柳得恭見到李調元和詩後,又和其詩,題爲《雨村和余六首絶句見寄,復次其韻》,詩云:"韓使鳴回記里車,金臺烟柳又春初。一包紅紙霏霏字,勝讀人間萬卷書。""名實悠悠都付賓,天涯地角和陽春。等閑梅李休題品,巾衍人同篋衍人。""雖云並世即千秋,叵耐逢前有別愁。荒僻無聞曾失語,《看雲樓集》未先求。""無因望見捧嚬時,西子湖頭鎖柳絲。東醜早愁南絶世,先生蜀士又何施?""唾壺敲缺氣桓桓,不願封侯願識韓。餘否奶酥茶一碗,燕中他日禦奇寒。""春城

---

① 贈詩題作"次柳冷庵韻,有序",載於柳得恭《並世集》卷一,是一組詩,共六首,李德懋《清脾録》卷四《李雨村》條僅録其中三首。詩小序云:"東國柳冷庵,詩人也。其叔父彈素隨使臣來燕,得閱其《歌商樓集》,既批定之,因和其送叔詩,遥寄以當異地知己,何如他日或來中土,當作竟夕談也。"另外三首云:"春筵今日得佳詩,爛醉壺中竹葉春。携得竹林詩句好,梅夫人比李夫人(梅夫人句,冷庵題輪回梅作也,故以相況)。""松京首唱是何時?吹笛橋邊雨似絲。寒食人歸簟笠小,捧嚬是否問東施。(冷庵《松京雜詩》爲卷中絶唱)""元宵前後數盤桓,更出新詩字字韓。不是苦將梨棗布,欲醫島瘦與郊寒。"《燕行録全集》第 60 册,第 83—84 頁。李德懋《清脾録》卷四《李雨村》,第 260 頁。

幾處閒娥喧,獨著新書滿蔗軒。後世子雲今果有,未必方言勝讕言。"(柳得恭《泠齋集》卷二)

　　1777年(丁酉),李調元有《幾何主人歌,送彈素歸國,並寄賢侄冷庵》詩(筆者按,詩作原文見"柳琴與李調元交遊"條),柳得恭有和詩《次雨村幾何歌韻》:"三清閣前萬株柳,繞枝嚶鳴鳥求友。白雲千重複萬重,蜀山翠滴蜀江口。望之不見倚天東,欲話懷抱無人同。畫欄緗簾隱寂寞,紅藥花飄澹夕風。相思昨夜山中宿,我夢見之人如玉。覺來月墮西峰前,一在天涯一地角。嘆無羽翼因風飛,漢山叢叢漢水肥。漢水西流入滄海,天涯地角兩依依。蜀江水歸莫速,燕雲他日竟夕談。瓮中木瓜酒應熟,漢江水去莫遲。一朝盍簪詎無日?千里命駕應有時。"(柳得恭《泠齋集》卷二)柳得恭有《落花生歌,寄李雨村吏部》:"有果有果落花生,從何得之得燕京。燕中擾擾人似海,雨村先生秀而英。先生蜀士工詩筆,攀蘇提揚大厥鳴。如今暫爲紅塵客,歸夢夜夜迷青城。正陽門外繩匠巷,寓居著書同虞卿。門有楊花渡口客,剥剥啄啄朝起迎。把臂一笑絶畦畛,薄海内外皆弟兄。猩紅紙面霏談屑,蝦青硯池湛交情。饋此南方之異果,秸含閔默陸璣瞪。其形仿佛挾劍荳,味類瓜子辨甘平。《本草》一百廿七果,搜圖驗經茫無名。先生微笑取筆注,細瑣猶復加證明。四月花開颯然墜,沙上點點風吹輕。入土結果吁可怪,不在根又不在莖。我今作詩因風去,飄落君前鏗有聲。有如此果別處結,池北書裹爲刊行。本身兀兀縱未覺,千秋足爲東士榮。"李調元有和作《落花生韻,和柳惠風》:"我聞黃梅四祖偈,無人下種花無生。獨於此果有異産,花落顆顆如坁京。其生滋蔓若藤菜,細葉牽露含朝英。金絲飛墜輕無蒂,沙中孕甲春雷鳴。以花爲媒非爲母,似挾劍荳真詩城。此種越蜀賤非貴,北人包裹遺公卿。今春柳子來過訪,屠蘇正熟相歡迎。坐間瓜菜細辨證,一一多識吾所兄。就中獨此詑(詫)未睹,特與覘縷詮物情。懷歸戲載果下馬,要試友輩猜相瞠。昨者長鬚投翠緘,開緘騷句兼屈平。《本草圖經》補未備,異邦小阮重留名。是時六月火雲爍，正愁獨酌愁朱明。目中有果人何在？相思但夢身翩輕。可憐困鈍真老矣，嗟嗟白髮盈千莖。南畝歸耕定何日？雙柑斗酒黃鸝聲。興來撫琴一長嘯，高歌聊學邯鄲行。寄語相期在不朽，鄙哉桃李爭春榮。"（柳得恭《泠齋集》卷二）

1777年（丁酉）後，閱數年，柳得恭有爲李調元生日而作詩一首寄贈，詩云："臘月五日幾何室，主人掃閣延賓客。肉如蠶頭之山百丈高，酒如瀬水之波千頃碧。停酒對肉忽不御，我所思兮乃在岷江之西蠶叢國。瀬水遙連江水白，獨有伊人似天上。恨不高飛生羽翼，傴僂再拜祝一觴。小照猶挂中堂壁，不願今日明日便相見，但願壽考千萬億。化作逍遥地行仙，頬餘丹砂毛髮綠。我亦此時訣妻子，三山十洲尋靈藥。飄然白日共霞舉，姓名雙留青案牘。相遇珠宮貝闕間，招呼雲鶴乘白鹿，朝遊西蜀暮東韓。往來轉盻窮八極，不怕滄桑互變移。坐看烏兔長騰擲，陡擺紛紛文字緣，回笑當時苦相憶。已矣哉！狂生放言徒爾爲，舉頭明月空顔色。"（李調元著，詹杭倫、沈時蓉校正《雨村詩話校正》卷一六）此詩，柳得恭《泠齋集》無載。

1790年（庚戌），柳得恭在李鼎元處聽聞李調元罷官歸田，便作絕句三首，托李鼎元寄之。柳得恭《灤陽錄》卷二《李墨莊、鳧塘二太史》載："及聞其歸田，信筆書七絕三首，托墨莊寄，云：'魚雁沉沉十二年，一天明月共嬋娟。數行秋柳朝陽寺，忽見羅江浣壁篇。''淡雲微雨舊詩情，蕭瑟輜軒萬里行。燕邸何人談竟夕？滿盤愁對落花生。''捫酒沉冥緩客愁，翰林詩史竟悠悠。連綿一路秋山好，磊落人歸磊落州。'"《泠齋集》卷四亦載此詩，題作"寄李雨村綿州閑居"。

[丁酉]柳得恭雖未與祝德麟見過面，但二人互有瞭解，並有詩歌交流。

早在1777年（丁酉），祝德麟就已閱讀過《韓客巾衍集》中柳得恭詩作。1778年（戊戌），朴齊家、李德懋通過李鼎元贈《浏上周旋集》給祝德麟。祝德麟又閱讀了收在《浏上周旋集》中的柳得恭詩作。六月八日，祝德麟爲收有柳得恭詩作的《浏上周旋集》作序。①其評騭語有："惠風逸而妍。"（朴長馣《縞紵集》下，卷一）

同年，祝德麟在閱讀了李德懋、朴齊家帶到清朝的《二十一都懷古詩》後，托人向柳得恭另求一本。柳得恭《冷齋集》卷八《題〈二十一都懷古詩〉》有載："憶戊戌年間，……是歲，懋官、次修入燕，手抄一本，寄潘香祖庶常。及見潘書，大加嗟賞，以爲兼竹枝、咏史、宮詞諸體之勝，必傳之作。李墨莊爲題一絶，祝編修另求一本。"

1790年（庚戌），柳得恭出使中國時，想拜訪祝德麟，但祝德麟已買舟南歸，故不遇。柳得恭《並世集》卷一載祝德麟語："余在燕時，芷塘以御史論事，革職閑住。寄聲要相見，尋聞其已買舟南歸矣。"

［丁酉］是年，沈心醇閱讀柳得恭《歌商樓集》，有題詩。

柳得恭《並世集》卷一載沈心醇《題柳惠風〈歌商樓集〉》，詩云："懷古詩篇雅擅場，一回讀罷晚風凉。此中餘味誰參得？隔火微蒸甲煎香。"柳得恭《歌商樓集》收在《韓客巾衍集》中，1777年（丁酉）由柳琴帶入北京。祝德麟在1777年（丁酉）閱讀了《韓客巾衍集》。祝德麟《〈浏上周旋集〉序》有云："丁酉四月，同年李雨村吏部携柳彈素所纂《韓客巾衍集》示予，既得，盡讀李炯庵、朴楚亭、柳惠風、李薑山四家之詩矣。"沈心醇是祝德麟的朋友，李德懋《入燕記》就載有1778年（戊戌）六月初九日，於北京，他與朴齊家訪祝德麟，"時海寧諸生沈心醇字匏尊在座"，故疑沈心醇是因祝德麟而得讀《歌商樓集》。

1778年　乾隆四十三年　正祖二年

［戊戌］是年，柳得恭與教授裴振在瀋陽書院相識並交遊。柳得恭

---

① 參見祝德麟《〈浏上周旋集〉序》，朴長馣《縞紵集》下，卷一，朴齊家撰，李佑編《楚亭全書》下册，第213—214頁。

《灤陽録》卷一《瀋陽書院》載："戊戌秋,余在瀋陽書院與奉天府治中孫西京鎬、西京女婿張燮、教授裴振、監生沈映宸、映楓兄弟、金科豫、王瑷、王志騏輩遊。"柳得恭《並世集》卷一載柳得恭與裴振簡短談話："西鷺受學於朱編修筠。余問:'朱編修著書等身,當世比之朱竹垞云,其著書之目幾何?'西鷺曰:'甚多,最佳者刊正許氏《説文》也。'"

臨別,裴振有《別柳惠風進士東歸》詩,云:"屯田學士海雲東,一笑相逢騷館中。箋上書懷終草草,馬前寨袂太匆匆。秋空鴻爪留才思,江岸蘆花點別愁。記取今秋題贈意,萬泉溪畔雨濛濛。"(柳得恭《並世集》卷一)

[戊戌]是年秋,於瀋陽,柳得恭與江南秀才張燮相識,兩人有多次交流。柳得恭《並世集》卷一載:"戊戌秋,余在瀋時遇江南秀才張燮理堂,數與期會於國子監中。"1790年(庚戌),柳得恭有《瀋陽書院》詩,其小注云:"張秀才名燮,字理堂,江南昭文人,曾遊瀋中相識。"詩云:"不見江南張秀才,講堂深處獨徘徊。當年別語工淒楚,瀋水東流可再來。"(柳得恭《冷齋集》卷四)

[戊戌]是年秋,於瀋陽,柳得恭與孫鎬相交遊。柳得恭《並世集》卷一載:"孫鎬,字西京,號苕溪,江南昭文人,奉天府治中。"小注載:"戊戌秋,余在瀋時遇江南秀才張燮理堂,數與期會於國子監中。西京爲理堂婦翁,輒治送果品,寄示法書、名畫、溪峒銅鼓以爲談助。監生競稱治堂孫公能詩工畫,好古兼重讀書之人。余欲造見,以出入公署爲拘。文德坊演禮時,有長面疏髯綉襆人執余手曰:'好,好!'乃是治中孫公。"孫鎬有《仲秋三日,題畫贈柳惠風》詩,云:"白雲一抹逗秋山,松下清齋鎮日閑。此景向疑天上有,今圖尺幅落人間。"《仲秋四日公餘,剪燭作指頭畫,題寄柳惠風進士》詩云:"溪聲喧□谷,秋色到山村。墨花零亂處,烟靄繞柴門。"(柳得恭《並世集》卷一)

[戊戌]是年,柳得恭與瀋陽書院秀才王瑗、沈映宸、王志騏、金科豫、姜文玉、沈映楓、王志鰲、王琮、魏琨、于恒、金渟、劉景何、王如、郭維翰、白永敏等十五人有交遊。臨行,諸生有詩贈別柳得恭,柳得恭有和詩。

柳得恭《灤陽錄》卷一《瀋陽書院》載:"戊戌秋,余在瀋陽書院與奉天府治中孫西京鎬、西京女婿張燮、教授裴振、監生沈映宸、映楓兄弟、金科豫、王瑗、王志騏輩遊。臨別,贈詩者凡十七人,屬余和之,且問何時復來。"

柳得恭《並世集》卷一載有十五位諸生贈別詩:王瑗《別柳惠風進士東歸》詩云:"長江隔浩渺,萬里波蒼蒼。何意素緣結?邂逅遼瀋鄉。禪開一識面,藹若芝蘭芳。下筆生烟雲,立談總成章。惜君處他域,分手何匆忙?班馬嘶秋風,蕭蕭對夕陽。"沈映宸《別柳惠風進士東歸》詩云:"東國人才未有雙,襟懷拓落對銀缸。無端書劍東歸去,匹馬秋風渡鴨江。"王志騏《別柳惠風進士東歸》詩云:"千里梯航近帝城,衣冠魚雅更儒風。金蘭好友心何異,毛穎先生語自同。四海風雲終會合,一江萍水暫西東。他年若咏《皇華》句,願待龍樓鳳闕中。"金科豫《別柳惠風進士東歸》三首,其一云:"楚亭風雅炯庵溫,聯袂西堂對榻論。早識冷齋好名字,得君還憶舊書存(春時,余問海東名士,次修書君姓名)。"其二云:"落葉聲寒不忍聞,相逢未久又言分。從今一別人千里,愁煞江東日暮雲。"其三云:"馬廊東下水成陂,芳草年年怨別離。如憶錦江詩酒客,好風休負雁來時。"姜文玉《別柳惠風進士東歸》詩云:"憐子觀風志,應愁四牡忙。來思榴正嫩,往矣菊初黃。雁影郵亭月,鷄聲驛館霜。自茲揮手去,東望暮雲長。"沈映楓《別柳惠風進士東歸》詩云:"清言綺語度翩翩,一種風流別有緣。苦恨天涯多送別,碧雲黃葉兩淒然。"王志鰲《別柳惠風進士東歸》:"文修五鳳愛君才,一點詩星佐上台。縹緲長江歸帆渡,人人共慶日邊來。"王琮《別柳惠風進士東歸》:"天下如今共一家,同軌同文無邇遐。留都膠(證)序風雲合,相勖文詞蔚國華。四海之内皆兄弟，論交豈必嫌天涯？惠風雖是雞林客，芹宮泮水同丰格。爲瞻芝蓋渡鴨水，斑管金樽同接席。胸襟瀟灑海雲飛，豪端蜿蜒龍蛇擲。琥珀酒對金蘭人，談到同心驚案拍。君莫言，大江隔斷風馬牛，片帆忽送萍水迹。悠悠萍水本無定，歸去江東江水隔。江東人兮空悵望，江天千里萬里碧。"魏琨《别柳惠風進士東歸》："滄波渺無際，天涯即比鄰。生雖各西東，心不閒疏親。吾愛惠風子，談笑意亦真。蔚然擬蕙蘭，芳香襲清塵。倏爾旋文旌，故鄉千里春。相勸一樽酒，蕪詞聊此陳。握手復丁寧，覿面知何旬。回首夕陽裏，形影淡歸人。"于恒《别柳惠風進士東歸》："目斷雲山外，心馳渤海東。但期逢驛使，信遞一江風。"金淳《别柳惠風進士東歸》："秋老東江落木稀，凉風蕭瑟透征衣。遼城杳杳歸人度，愁對西山斂夕暉。"劉景何《别柳惠風進士東歸》："客路秋山外，離情兩地牽。禪門寂日月，班馬促風烟。腸斷歸雲夜，魂銷落木天。時時頓遠望，雁影下江邊。"王如《别柳惠風進士東歸》："縹緲雙旌渡緑津，羨君丰格不猶人。如今策馬東歸後，每恐依依夢未真。"郭維翰《别柳惠風進士東歸》："入夜西風急，霜天雁影遲。送君千里目，東望暗魂銷。"白永敏《别柳惠風進士東歸》："相逢萍水意何窮，筆語霏霏不語中。怊悵高秋分袂後，倚樓東望海雲東。"柳得恭《灤陽録》卷一《瀋陽書院》載柳得恭和詩："悠悠小别盡堪哀，瀋水東流可再來。記取今秋書院裏，淡黄紙上筆談回。"此和詩《泠齋集》卷三亦載，題作"别書院諸秀才（奉天府王瑗、沈映宸、遼陽王志騏、錦州金科璪、復州姜文玉諸人）"。

［戊戌］是年，柳得恭曾與遼陽秀才趙學淦有筆談，趙學淦有贈行詞。筆談語不詳。

柳得恭《古芸堂筆記》卷五"趙學淦詞"條載："'筆語心談近暮秋，蘭味暗相投。輸君志，氣盡風流，筆落彩雲浮。誰憶到？竟言離，祇因王事驅馳。逗人，千慮百思。今日別，來聚何時？珍重，君歸也，來歲雁書遲。'此遼陽秀才趙學淦送余《望遠行》第二體也。"

由詞中句"筆語心談近暮秋"可知二人相會當在暮秋時節。柳得恭三次出使中國,分別在1778年(戊戌)閏六月、1790年(庚戌)五月、1801年(辛酉)二月,故可判斷兩人交往當在柳得恭第一次或第二次出使中國時。而柳得恭第二次出使時,寫有燕行日記《灤陽錄》,文中並未提及趙學淦此人,故又可推斷柳得恭與遼陽趙學淦會晤應在1778年(戊戌)。

1790年　乾隆五十五年　正祖十四年
[庚戌]是年,柳得恭與紀昀相識並交遊。

柳得恭《灤陽錄》卷二《紀曉嵐大宗伯》載:"圓明園東門外接駕時,見與侍郎沈初同坐序各國使,就與略談。及到城裏,訪其第,延引之上坐,恪執賓主之禮。余辭曰:'不佞後生小官,不足以動長者。'曉嵐曰:'古禮如此,國制亦然,不必謙也。'余問曰:'遼、金、元、明《史》及《一統志》俱重修云,已完否?'曉嵐曰:'俱係奉敕重修,甫畢。遼金元官名、人名、地名翻譯多從徹底考正,所以未即刊行。刊完,當有以奉贈也。'又曰:'貴國徐敬德《花潭集》已錄入《四庫全書》別集類中,外國詩集入四庫者,千載一人而已。'又曰:'朴次修携《泠齋集》到,已拜讀矣。天骨秀拔,與次修一時之瑜亮。昨與次修集,俱品以味含書卷,語出性靈,不勝佩服之至。連日官政冗忙,稍遲,當赴館暢談。'"

後數日,紀昀前往朝鮮使團駐地訪問柳得恭和朴齊家,未遇。《灤陽錄》卷二《紀曉嵐大宗伯》載:"後數日,曉嵐命駕到館,問朴、柳兩檢書在否。余與次修適出遊未歸。提督、通官惶忙酬接,曉嵐留紅紙小刺而去。"柳得恭《泠齋集》卷四有詩記云:"海內詞宗藉藉名,蕭然來訪兩書生。朱輪駐處留紅刺,提督衙門半日驚。"

別時,雙方互有贈別詩、贈物。紀昀《庚戌秋,送惠風檢理東歸》云:"古有雞林相,能知白傅詩。俗原嫻賦咏,君更富文詞。序謝《三都賦》,才慚一字師。惟應傳好句,時說小姑祠。"紀昀自注云:"《泠齋集》序,匆匆不能。"(柳得恭《並世集》卷二)《灤陽錄》卷二《紀曉嵐大宗伯》亦載此詩,並有云"曉嵐書五律一首於扇以寄之"。題於扇面的五律即是該詩。柳得恭《和贈紀曉嵐尚書》云:"菊秀蘭衰日,慚無可采詩。秋宗推雅望,昭代擅宏詞。方黜公應記,曲臺吾所師。爲憐文物在,清淚繞箕祠(曉嵐贈詩扇及《儀禮正訛》,故第五六云)"(柳得恭《冷齋集》卷四)"(紀昀)又贈金日追《儀禮正訛》十七卷。……《冷齋集》曉嵐云姑留欲錄存副本,竟不還也。余更以《〈二十一都懷古詩〉注》贈之"。(柳得恭《灤陽錄》卷二)柳得恭《二十一都懷古詩》(光緒丁丑補鎸本,韓國首爾大學奎章閣藏)序亦有云:"余此卷,庚戌秋携至燕中。紀曉嵐尚書最好古,贈之。"

1801年(辛酉)二月,柳得恭第三次出使中國,來到北京後第二天就去拜訪紀昀。柳得恭《燕臺再遊錄》載云:"四月初一日入燕京。……入燕京之次日,訪紀曉嵐尚書昀。"《燕臺再遊錄》載錄了兩人詳細筆談,主要內容是:柳得恭向紀昀打聽朱子書存世情況,故友李鼎元、李調元、翁方綱、孫星衍、龔協等近來情況。其間,紀昀還向柳得恭出示了祖父紀坤作品集《花王閣剩稿》一卷。

四月十五日,清廷册封皇后鈕祜禄氏儀式中,柳得恭望見紀昀。《燕臺再遊錄》載云:"紀公被綉衣,持節先行,鞠躬喘喘。噫,其老矣!"此後,柳得恭再也没有與紀昀會過面,《燕臺再遊錄》載云:"是後,欲再訪,使人候之,嘔泄委頓,不能見客。老宗伯疲於典禮,安得不然?尋聞病愈,而又出圓明園矣。"(柳得恭《燕臺再遊錄》)

[庚戌]是年八月,柳得恭與潘庭筠在午門前第一次見面。柳得恭云:"庚戌秋,余在燕,聞香祖深居禮佛,未及訪。太和殿賀班相遇接席而話,依依若平生。"(柳得恭《並世集》卷一)柳得恭《灤陽錄》卷二《潘秋庵御史》載云:"八月十三日,太和殿宴禮,與之相逢於午門前,引席並坐,談笑叙舊。滿洲人來覘,作初逢高麗人,問姓問名狀,其實非冷人也。"(柳得恭《灤陽錄》卷二)柳得恭《潘秋庵御史》詩云:"人海人城擬一尋,傳聞御史禮觀音。端門執手猜相覤,誰識

平生一片心？"（柳得恭《泠齋集》卷四）

潘庭筠在與柳得恭見面前，就已閱讀過柳得恭詩作，爲收有潘庭筠詩作的《韓客巾衍集》、《洌上周旋集》作序，並有信與柳得恭。《灤陽録》卷二《潘秋庐御史》有載："丁酉春，家叔入燕時，序《巾衍集》。戊戌夏，懋官、次修入燕定交，又序《洌上周旋集》，遂致書於我。"1778年（戊戌），柳得恭還托李德懋、朴齊家帶自己手抄的《二十一都懷古詩》給潘庭筠。柳得恭《泠齋集》卷八《題〈二十一都懷古詩〉》中有載："是歲，懋官、次修入燕，手抄一本，寄潘香祖庶常。及見潘書，大加嗟賞，以爲兼竹枝、咏史、宫詞諸體之勝，必傳之作。"

柳得恭有和潘庭筠詩作，其《次潘秋庐中書〈元夕〉韻》云："何年桃柳句？怊悵憶杭州。塞雁書初寄，林鶯語復流。青山同客夢，芳草古離愁。忽若千秋上，無因續壯遊。"原韻："人生幾元夕？留滯尚皇州。月是千山隔，星仍萬户流。浙燈鄉國夢，魯酒歲時愁。耿耿高堂燭，頻年憶遠遊。"①（柳得恭《泠齋集》卷二）

[庚戌]是年，柳得恭與李鼎元、李驥元兄弟在北京見面並交遊。

柳得恭在《灤陽録》卷二《李墨莊、鳧塘二太史》中云其兄弟二人"雨村從父弟，十餘年來信息相聞，天涯舊識也"。可見，在1790年（庚戌）之前，柳得恭與李鼎元、李驥元兄弟雖未謀面，但互有詩歌、信件等往來。1778年（戊戌），李鼎元閱讀柳得恭《二十一都懷古詩》（筆者按，《二十一都懷古詩》由李德懋、朴齊家於1778年[戊戌]帶入中國，參見上條）後，題一絶，云："三韓舊國誰分合？往迹而今已漸乖。我讀《魏書》渾不解，教人何處問泠齋？"1778年（戊

---

① 柳得恭《並世集》卷一中亦載此詩，詩題作"李吏部齋中元夕"，《燕行録全集》第60册，第76頁。

第六章　燕岩師門與清文人交流長編　　　　813

戌），李鼎元還閱讀過《洌上周旋集》中柳得恭詩作。① 李鼎元有《題〈洌上周旋集〉》詩，載於朴長馣《縞紵集》下，卷一"戊戌"條和柳得恭《並世集》卷一。前已錄，此略。

1790年（庚戌）、1801年（辛酉），柳得恭兩度在北京時，多次與李鼎元會晤。柳得恭《並世集》卷一載柳得恭語，云："余在燕時，亦與次修一再訪之，墨莊、鳧塘同寓四川會館。天涯舊雨，把杯劇歡。辛酉再入燕，墨莊以副价册封琉球而歸，官中書舍人，數與相會於琉璃廠書肆。"

1790年（庚戌），柳得恭與李鼎元交談話語，《灤陽錄》卷二《李墨莊、鳧塘二太史》有載，云："是年春，自燕還者藉藉言彼中學士多求《四家集》。集中之人即某也某也。余頗疑之，問於墨莊。墨莊云：'雨村兄撰刻《函海》一部，凡一百八十五種，二十套。中有楊升庵四十種，雨村亦四十種。其詩話三卷、李君《清脾錄》及柳公佳句'別來幾日非吳中，和者無人又鄆中'之類，皆收入。甫刻，就以事罷去。板已入川，惜此處無其本，即我輩逢人便說，故知之者甚多，而未得睹全集，所以求之耳。'"又載："墨莊問余曰：'近有著作如歲時記之類否？'余曰：'沒有。'墨莊嘆曰：'一行作吏，此事遂廢，自古而然。'"柳得恭《並世集》卷一亦載："余在燕時，晤墨莊、鳧塘二太史，聞雨村撰刻《函海》一部，凡一百八十五種，頗及洌上唱和諸篇，尋以通永道，罷官日即歸，多在成都。辛酉入燕訪莊，始得《雨村詩話》二卷，聲伎自娛云，《函海》中一種也。李懋官《清脾錄》及余詩集多采入。"

李驥元有《次惠風郡守寄雨村兄韻》，詩云："故友分離二十年（時楚亭偕來）②，月明東海共娟娟。秋風秋雨相逢夜，又讀驚人謝

---

① 參見祝德麟《〈洌上周旋集〉序》，朴長馣《縞紵集》下，卷一，朴齊家撰，李佑成編《楚亭全書》下冊，第213頁。
② 朴齊家同李德懋第一次出使中國時就與李驥元相識，是年爲1778年（戊戌），距此次1790年（庚戌）的燕行，正好間隔12年，故李驥元云："故友分離二十年（時楚亭偕來）。""二十"實爲"十二"之顛倒，出於詩歌平仄的需要。

胍篇。""二十一都懷古情，高歌似欲遏雲行。故鄉回首三千里，鴨綠江頭別恨生。""鸚鵡杯深且解愁，高談往事意悠悠。他年夜雨如相憶，家在綿州第二州（綿州有新舊之別，余家新綿州）。"（柳得恭《並世集》卷一）柳得恭原韻，載於《冷齋集》卷四，題作"寄李雨村綿州閑居"。上文已錄，此處略。

又，柳得恭有《李墨莊、凫塘二太史》，詩云："周旋洌水總前塵，涵海書燈照碧岷。燕邸西風吹淅瀝，驚看滄海夢中人（'幾度夢遊滄海上，醒來猶自怯風波'，墨莊舊贈句也）。"（柳得恭《冷齋集》卷四）

1801年（辛酉）二月，柳得恭第三次出使中國，來到北京後，又與李鼎元有交流，而此時李鼎元之弟李驥元已經過世（柳得恭《燕臺再遊錄》載1801年（辛酉）柳得恭與紀昀筆談語，紀昀有云："此時官中書舍人已回，其弟驥元敝門人也，已亡矣"）。

柳得恭《燕臺再遊錄》載兩人兩次詳細筆談，第一次筆談地點不詳，筆談記錄前，《燕臺再遊錄》僅交代"訪李墨莊舍人鼎元叙舊"。筆談主要內容是：柳得恭向李鼎元詢問他出使琉球時的見聞，李鼎元今後的生活打算和兒孫情況，李驥元後代近況，近來四川叛亂情況，絳雲樓失火後存書狀況等。李鼎元向柳得恭詢問近來琉球與朝鮮關係，李德懋子近況，是否在朝鮮見到清朝使者英公等。（柳得恭《燕臺再遊錄》）

第二次筆談發生在琉璃廠五柳居。《燕臺再遊錄》載云："墨莊與二人飲馨白館，訪余於五柳居。"時清人彭蕙支、王霽在座。此次筆談主要內容是：柳得恭向李鼎元詢問清大挑之制是否公正，《球雅》改名《琉球譯》是否合理，李鼎元詩扇上所款寄廬是何人，'嫖'是何涵義，張問陶爲何不來相會等。李鼎元向柳得恭詢問朝鮮婦女是否穿耳、裹脚、尚節烈等。此外，兩人還發表了對戴震學問的看法。筆談過程中，柳得恭爲李鼎元《登岱圖》、《過海圖》二圖題詩。《題〈登岱圖〉》云："羅江詩話姓名留，西笑如今又幾秋？燕邸青燈東岱帖,夢中人作畫中遊。"《過海圖》云:"球陽風物問如何,詔使樓船百丈峨。姑米村娘呈板舞,彩毫題遍竹枝歌。"(柳得恭《燕臺再遊録》)

[庚戌]是年,柳得恭與孔憲培相識並交遊。

　柳得恭《灤陽録》卷二《衍聖公》載:"余於圓明園及京城再訪之。爲書'冷齋'號,贈趙汸《春秋金鎖匙》一卷、戴震《考工記圖》二卷、《聲韻考》四卷、《蔡京州學碑》、《党懷英杏壇碑》、《姜開陽摹刻定武蘭亭》、《先聖墓上蓍草》五十本。余以《義興麟角寺碑》謝之,又贈五律一首。"柳得恭有《贈衍聖公》詩,云:"辰卞隔徐兖,東瀛深復深。詩書魯闕里,分隸漢碑林。盛服人如玉,便輿寵以金。燕雲秋後別,黃葉動蕭森。"(柳得恭《冷齋集》卷四)詩中有云"燕雲秋後別",柳得恭和徐浩修1790年(庚戌)五月燕行,離開北京時正是秋季,故繫《贈衍聖公》詩於是年。柳得恭"贈五律一首",當是此詩。

《灤陽録》卷二《衍聖公》又載兩人簡短交談:"偶問龜山、蒙山。公曰:'俱小小山。'仍謂余曰:'初入中國能作漢語,何也?'余曰:'略解之。'公笑曰:'再入則可以無不通。'"此交談語中,孔憲培稱柳得恭初入中國。又載柳得恭云:"余於圓明園及京城,再訪之。"因此,疑是年柳得恭在熱河時,初次見到孔憲培。

又,柳得恭《冷齋集》卷四中懷孔憲培云:"定武蘭亭響拓真,《春秋金鎖》袖中珍。秋山曲阜城南路,金頂轎歸玉貌人。"

[庚戌]是年,柳得恭與羅聘相識,詩畫交流頻繁。

　柳得恭《灤陽録》卷二《羅兩峰》條載:"余與次修屢過兩峰。偶數日未往,寫余小照,旁寫《折枝梅》,題云:'驛路梅花影倒垂,離情別緒繫相思。故人近日全疏我,持一枝兒贈與誰?'余以蘇定方平百濟、劉仁願紀功二碑謝之。兩峰大喜,即付裝潢。"《折枝梅》詩亦載於《並世集》卷二,題作"又題《折枝梅》,贈冷齋檢書"。

柳得恭雖與羅聘頻繁交流,但多語焉不詳。《灤陽録》卷二《羅兩峰》僅載幾例,如:"兩峰藏唐韓滉《回鶻舞女圖》,戴尖帽,辮髮繞首,飾珠翠,頗似東國婦女。……軸尾有朝鮮安氏印記。余驚問曰:'此人是誰?'兩峰曰:'是雍正間人。兄弟二人,其兄名岐,號麓村,在王府內,來揚州辦鹽務。其人極雅,收藏最富,曾獻書畫於今皇上,蒙收,賜白銀一千兩。本係朝鮮人,不知從何入中朝,進王府,實未可詳。久張已去世,尚有子孫,流落不復雅矣。'"

羅聘對柳得恭懷有深厚感情。《灤陽録》卷二《羅兩峰》載:"又爲余寫蘭添棘,擲筆指棘曰:'自別君後,滿目都是此物,奈何!'余曰:'大江南北豈無桃李?'兩峰搖手曰:'没有,没有。'"《並世集》卷二載《寫蘭爲柳惠風檢書》云:"雪消雲静墨池芳,愛煞窗前葉葉長。祇爲朝東春得早,風吹一夜紫苞香。"《又題蘭扇,贈惠風》云:"湘水一夜碧,湘山無限春。可憐香夢冷,不見米蘭人。"

羅聘對柳得恭詩歌極其欣賞,爲柳得恭《二十一都懷古詩》能在中國刊刻,作出努力。《灤陽録》卷二《羅兩峰》載:"見余《懷古詩》而喜之,云:'與鮑以文爲密友。他方續刻《知不足齋叢書》,留下一本與他,自無不刻之理。'余已贈紀曉嵐尚書,更無以贈也。"柳得恭《二十一都懷古詩》序亦有云:"余此卷,庚戌秋携至燕中,……羅兩峰云:'欲寄鮑以文,續刻《知不足齋叢書》中。'力求無以應,兩峰頗怏怏。次修再入燕,見兩峰案頭置一本烏絲欄書,字畫精妙,知從曉嵐處借鈔也,中國之士嗜書如此。"

臨別,羅聘有《題〈冷齋小照〉三絶,送歸》詩,云:"懷古詩吟廿一都,長身落落最憐渠。達官清瘦將何擬? 天上高飛鶴不如。""卷開如中鵝黃酒,情洽同深鴨緑江。願化離心爲斥堠,送君千里不成雙。""纔逢欲別意遲遲,後會他生或有期。殘月曉風容易散,柳耆卿對不多時。"(《並世集》卷二)柳得恭《别羅兩峰(二首)》云:"榆關黃葉若爲情,秋雨秋風信馬行。記取當年腸斷處,羅昭諫别柳耆卿('殘月曉風容易散,柳耆卿對不多時',即君贈句也)。""昔年今日休商量,眼底匆匆夢裏忙。重叠遠山都是恨,離魂何處望維揚('昔

年眼底,今日夢中',兩峰題畫語)?"(柳得恭《冷齋集》卷四)

又,柳得恭《羅兩峰》詩云:"詩情畫筆總閑愁,清晝茶烟掩寺樓。他日相思空悵望,二分明月古揚州。"(柳得恭《冷齋集》卷四)

[庚戌]是年,柳得恭與張道渥在羅聘處相識,有來往。

柳得恭《灤陽錄》卷二《張水屋》載:"張道渥,號水屋,山西安邑人。……兩峰處相識,題扇見贈,書畫放縱。請余及次修去飲酒,兩峰怒以爲奪客,水屋亦怒,一場大鬧。余留而次修去,以彌縫之。後日,余坐琉璃廠書肆中看書。水屋與數人者挂瓔靼負手緩步而過,見余大笑道好好。數人者怪而問之。水屋又撫掌大笑自詡曰:'我交遊遍天下,非特海内而已,海外亦有之,君輩焉足以知之?'"柳得恭《並世集》卷二亦載:"張道渥,號水屋,山西安邑人。兩峰處相識,題扇見贈,書畫放縱,曾以兩淮鹽務一斥不復,蓋亦落拓人。"

又,柳得恭《張水屋》詩云:"筆意清狂未可删,喜爲金碧夕陽山。大江南北交遊遍,直到三韓洌水間。"(柳得恭《冷齋集》卷四)

[庚戌]是年,柳得恭緣於羅聘的引薦,得與吳照相識,並交遊。

柳得恭《灤陽錄》卷二《吳白庵》載:"吳照,字照南,號白庵,江西南城人。……羅兩峰爲道余姓名,便寄《説文偏旁考》,後遂相識。訪其寓,……亦爲余寫竹於小帖,書畫雙絶。"又,柳得恭《吳白庵》詩云:"城南寺裏證交初,先讀君家一亥書。誰遣儒生知事體?從今不作石湖漁(照南作《石湖漁隱圖》,翁侍郎方綱誚之曰:'聖世無隱者')。"(柳得恭《冷齋集》卷四)

[庚戌]是年,柳得恭與莊澤珊、莊會琦兄弟相識,並交遊。

柳得恭與莊澤珊初次見面是在圓明園朝房。柳得恭《並世集》卷二載:"莊復朝,字植三,號澤珊,江南常州人,中書舍人。圓明園朝房中相晤,後再訪西華門内不值。"柳得恭《灤陽錄》卷二《莊中書》詳細記載了兩人初次會晤時情形:"閔閔没趣之際,有一中書自外而入,眉眼如畫眒睞,笑問其姓名,即澤珊也。余問:'秦侍讀瀛在何處？'澤珊曰：'先生何以知之？'余曰：'勞我江南十年夢，綠楊春巷枇杷門。其佳句也。'澤珊曰：'秦侍讀住宣武門外將軍教坊衚衕，先生試訪之。他出入軍機處，在家時很少。'復曰：'此處不佳，到京裏，進館劇談。'余曰：'館裏亦不佳，僕當就拜。'澤珊曰：'最好，然坐屈未安。'仍書示曰：'僕住西華門內拜斗殿衚衕，梁中堂宅內。'"又載云："入城後，一再過，皆不遇。在衙門，與其弟會琦談。"交談語不詳。

莊澤珊後有書信、詩歌致歉。《灤陽錄》卷二《莊中書》載云："尋抵書，深以未晤爲恨。寄一扇，題五律二首。"此五律載於《並世集》卷二，題作"惠風檢書枉顧不值，遂與舍弟作半日談，次日率成二律奉贈"，詩云："邂逅西園裏，高軒辱屢過。獨憐塵事擾，坐失劇談多。樽酒殊輶甚，關山欲別何？空聞阿連語，雄辯似懸河。""名箋與佳箑，何幸拜君嘉？愧乏囊中錦，難承壁上紗。硬黃非舊拓（案頭有張得天司寇所書詩帖，取以爲贈，荷邀珍賞），乳碧試新茶（先生雅，喜啜雨前茶）。惆悵尋鴻爪，書窗剩筆花（時留有筆墨數幅）。"書信內容不詳。

莊會琦有《孔園看菊，寄示惠風檢書》："幽居十笏傍城西，籬菊繁時過客迷。難得主人儲異種，蕭蕭秋色四圍齊。"（柳得恭《並世集》卷二）又，柳得恭《莊澤珊中書》詩云："易知難忘是君家，紫禁城西轉小車。棕扇題詩淒別意，無因再品雨前茶。"（柳得恭《冷齋集》卷四）

［庚戌］是年，柳得恭與阮元、劉鐶之在北京玉和館相識，並有交談。劉鐶之（？—1821），徐世昌編，聞石點校《晚晴簃詩匯》卷一〇六載："字佩循，號信芳，諸城人。乾隆己酉進士，改庶吉士，授檢討，官至戶部尚書。諡文恭。"

柳得恭《灤陽錄》卷二《劉、阮二太史》載："余在館中，二人同車而來，徘徊庭際，無人酬接。怊悵欲返，余請至炕上，與語，皆名士也。云：'去歲供以庶吉士，在間壁與使臣相識。去歲人胡無一人來者乎?'余曰:'未必再來。'阮伯元著有《車制考》,紀大宗伯亟稱其考據精詳。余舉而言之,則伯元色喜。請見余詩集,余辭以熊翰林處有一本,惜無見在者。伯元曰:'往彼當索觀。'"柳得恭《恩暉堂筆記》卷六"鐵侍郎詩"條亦有載:"阮元,字伯元,在燕時亦相晤也。"

又,柳得恭有《劉、阮二太史》詩:"車制新編考據該,已令先輩嘆奇才。玉河無一桃花片,那引天台二客來?"(柳得恭《冷齋集》卷四)

[庚戌]是年,柳得恭與熊方受、蔣祥墀有詩文來往。柳得恭《灤陽錄》卷二《熊、蔣二庶常》載柳得恭語:"玉河館西壁爲庶常館,余與次修屢往談詩。"談詩內容不詳。柳得恭東還時,熊方受有《贈惠風檢書東歸》,詩云:"摘文院裏静揮毫,滌盡煩襟韻始高。一卷新詩冰雪似,前身合是柳儀曹。""隔院頻聞車馬音,西風催客動離吟。東歸添得好詩料,蠹島驪江秋正深。"(柳得恭《並世集》卷二)又,柳得恭《熊、蔣二庶常》詩云:"蓬海迢迢旅夢長,畫欄紅樹御河旁。隔窗茶瓿松風似,暇日論詩二庶常。"(柳得恭《冷齋集》卷四)

又,柳得恭當有己著詩集贈與熊方受。柳得恭《灤陽錄》卷二《劉、阮二太史》載:"(阮元)請見余詩集,余辭以熊翰林處有一本,惜無見在者。"

[庚戌]是年,柳得恭與鐵保在熱河軍機房中首次見面,後有詩歌唱和。

柳得恭《並世集》卷二載:"鐵保,號冶亭,滿洲正黃旗人,禮部侍郎,善草隸。著有《虛閑堂集》。雨村稱之曰:'旗下人不可多得。'余在熱河,相晤於軍機房中,出示其近作《容臺集》,匆匆未及抄歸。"柳得恭《灤陽錄》卷二《鐵冶亭侍郎》亦載:"余曾見其《虛閑堂集》,冶亭亦聞余名。熱河行宮閣門之右有軍機房。余與次修入其中,……少焉,有一人入來,即鐵侍郎。叙話歡若平生。歸寓後,冶亭贈詩有曰:'公宴聯私覿,新交識舊遊。'余亦和贈。"鐵保贈詩載於柳得恭《並世集》卷二,題作"柳冷齋、朴明農兩先生述余幼作〈虛閑堂稿〉,感賦二律並正",詩云:"夙耳耆卿號,心傾柳柳州。官宜通主客,踪欲合風牛。公宴聯私覿,新交識舊遊。海邦存四子,邂逅得吾儕。""一卷童時草,狂名落海東。廿年逢故我,萬里駐飛蓬。交道遠人重,文章弱冠雄。山房書席帽,憶否寄米蒙?(廿年前爲貴國人書'席帽山房'四字。)"柳得恭和詩載於《冷齋集》卷四,題作"熱河館中和贈冶亭侍郎",詩云:"十年知己在,來問古營州。朔野停車騎,秋河望女牛。弱冠思北學,匹馬又西遊。朗咏《容臺》作,風流迥莫儔。"

又,柳得恭《鐵冶亭侍郎》詩云:"滿漢文書盡日忙,閣門西轉是機房。正黃旗下逢名士,玉侍郎兄鐵侍郎(冶亭弟玉保刑部侍郎,亦有詩名)。"(柳得恭《冷齋集》卷四)

1797年(丁巳),柳得恭通過朝鮮使團得到鐵保《梅庵詩鈔》。柳得恭《恩暉堂筆記》卷六《鐵侍郎詩》載:"丁巳春使還,有得其新刊《梅庵詩鈔》四卷而來者。"

[庚戌]是年,在熱河朝房,柳得恭與滿洲人完顏魁倫相識,完顏魁倫有詩贈柳得恭。

柳得恭《並世集》卷二載云:"熱河朝房中相識。余見滿洲貴人甚多,無如魁將軍豐碩。爲余題扇,意氣軒渠,亦不必論其詩也。"完顏魁倫《弄花香滿衣一首,題贈朝鮮檢書柳惠風先生》詩云:"滿園紅紫鬥芬芳,應爲殘春引曲廊。不惜攣條傷刺手,轉憐擷潤惹餘香。風前的歷飄遠韻,散處依微細更長。采罷倚欄招舞蝶,紛紛應自繞衣裳。"

又,柳得恭有《福建將軍》詩,其小注云:"將軍能詩畫。"詩云:"福建將軍晳且鬚,能彎五石學操觚。中州學士休相笑,我愛東丹《獵騎圖》。"(柳得恭《冷齋集》卷四)

[庚戌]是年,在熱河軍機房内,柳得恭與玉保、章煦、巴忠、湛潤堂、

文某、魚某諸人有交談。

柳得恭《灤陽錄》卷二《鐵冶亭侍郎》載:"熱河行宮閣門之右有軍機房。余與次修入其中,有內閣學士玉保、翰林章煦、理藩院侍郎巴忠、理藩院員外郎湛潤堂、中書舍人文某、魚某諸人。據椅而坐,與之語,應接不暇。"交談內容不詳。

[庚戌]是年,在圓明園中書朝房中,柳得恭與蒙古中書瑚圖靈額、漢中書張經由有筆談,柳得恭甚鄙夷此二人。

柳得恭《灤陽錄》卷二《莊中書》載:"余在圓明園時,入中書朝房,……又有瑚圖靈額者,蒙古中書,方寫蒙古字,運筆如飛。蓋滿洲中書治滿洲文書,蒙古中書治蒙古文書,漢字則不知亦可也。與之筆談,殆不成文理。漢中書祇有張經由一人,湖南長沙人。輕薄少年談者不過娼女、戲子、男色、婦人小腳,褻不足答。"

1801年,嘉慶六年　純祖元年
[辛酉]是年,於瀋陽,柳得恭與瀋陽書院書生十三人:八十太、明文、雅隆阿、覺羅富坤、于溁、王開緒、吳化鵬、溫岱、徐祥霖、董理、馮天良、王潔儒、金尚絅有交流。

柳得恭《燕臺再遊錄》載:"瀋陽書院,舊所遊也,旋車歷造,見諸生森集,有曰八十太,曰吞多布,曰明文,曰雅隆阿,滿洲人也,曰覺羅富坤,興祖質皇帝之後孫云。于溁、王開緒,漢軍也。吳化鵬,承德縣人也。溫岱、徐祥霖,復州人也。董理、馮天良、王潔儒,寧海縣人也。有金尚絅者,字美含,舊交金科豫笠庵從子,年二十,美貌,恭執後生之禮。問其伯父安信。答知射洪縣,係川省,距此八千里。問諸生'此處文溯閣可登否'。答'禁地,非有功名人,不能也。六月六日曬書,學院大人率僚屬始得一登'。"(柳得恭《燕臺再遊錄》)

[辛酉]豐潤城中,柳得恭與胡迥恒子有筆談,主要談及川楚叛亂之事。

柳得恭《燕臺再遊錄》載:"遊豐潤城中,偶步一衖衕,聞童子讀書聲,入其室。……詢之,縣吏目胡迴恒家也,胡赴衙門未回。胡之子與數人者聚磨墨,匆匆治文書。見客起揖,引至別炕,請坐接話,其人老實,啜茶數碗。問:'川楚匪擾未平,此處亦抽兵出征否?'答:'然。'問:'伊賊有僞稱否?'答:'國號代漢。'問:'不是大漢。'以指頭畫甏書代字曰:'這個字。'"(柳得恭《燕臺再遊錄》)

[辛酉]沙流河站,柳得恭與一老翁有筆談,柳得恭向其詢問壁上所題《贈金珠芳卿》詩。

柳得恭《燕臺再遊錄》載:"沙流河站,問主人翁年,余之同庚也。……見壁上,有《贈金珠芳卿》詩,言其善彈琵琶,而詩殊不佳。問主人翁:'金珠芳卿是二人?'主人笑曰:'是一人,芳卿即其字也,此處嫖子也,如今不在此。'問:'題詩者,誰也?'答:'湖州知府,不知他姓名。春初過此,悅金珠,爲留七日。'問:'如今何故不在此?'答:'瀋陽將軍送銀五百兩買去,見在衙門裏,誰能再看他?'"(柳得恭《燕臺再遊錄》)

[辛酉]是年,柳得恭第三次出使中國。於北京,在李鼎元援引下與清孝廉彭蕙支、王霽相識,雙方有詩歌交流。

柳得恭《燕臺再遊錄》載:"彭蕙支,號田橋,四川眉州人。王霽,號伯雨,宛平人。墨莊與二人飲馨白館,訪余於五柳居,尚帶餘醉,出詩草示之。墨莊詩云:'我起披衣客叩門,招來牖下日初暾。從知趙李經過熟,一見彭王笑語温。麥秀遥憐時雨足,花嬌尤愛曉風翻。無端感觸盟鷗意,漫把愁懷遣市樽。'田橋詩云:'遲遲日色放平明,醉夢方醒又解醒。幾度名場餘熱泪,尚留酒伴未寒盟。縛鷄無力身同瘦,談虎何心色謾驚?狂舞不知方白晝,劍光如聽夜鷄聲。'伯雨詩云:'雨過銅街印軟泥,直驅薄笨出城西。樓頭簫管催車轍,眼底蓬蒿没馬蹄。談到名山翻緯學,乞將柔翰寫新題。興闌却悔歸來早,人静虚堂聽午鷄。'余覽過,田橋詩稍佳,而聞鷄起舞,此時不必引,祇言俱好。墨莊曰:'二君皆孝廉名士也。今科暫作劉賁。'余曰：'暫蹶何傷，會展驥足。'伯雨扇，張船山畫，請余題詩。余題云：'石上無枝數樹，疏疏點綴微紅。祇應寫意而已，莫問是花是楓。'（筆者按，柳得恭《冷齋集》卷五亦載柳得恭此詩，題作'題王伯雨孝廉畫扇'）三人傳覽。田橋謂余曰：'吾詩兩鷄字，可改否？'余曰：'俱不可改。且此夜鷄，是引用古語，未必爲疵。'田橋大喜，顧謂二人曰：'何如？'"

又，柳得恭《咏燕中諸子·咏彭惠支、王霁》云："二豪士共墨莊携，馨白堂中醉後題。五柳風清轟笑散，居然詩話古今鷄。"自注云："王霁，字伯雨，直隸宛平人。彭蕙支，號田橋，四川眉州人。墨莊、伯雨、田橋共飲馨白館，乘醉來訪余五柳居書肆。田橋出示其詩曰：'吾詩二鷄字，可改其一否？'余曰：'一是古鷄，一是今鷄，不相干。'坐皆大笑。"（柳得恭《冷齋集》卷五）

［辛酉］是年，於北京，柳得恭與清舉人蒲文甲、奚大壯、楊鼎才相識，雙方有交流。

柳得恭《燕臺再遊錄》載："蒲文甲，字筆犀，號中庵，四川潼川人。奚大壯，字安趾，號果齋，與蒲同鄉。楊鼎才，字禹廷，號養田，四川西昌人。俱以舉人，同寓松雪庵，庵在玉河館之左。"

柳得恭因馬頭輩得見蒲文甲所書殿試策稿本，見其"論時務處剴切，可喜，遂訪之"。雙方見面後，柳得恭向其詢問是否認識李調元、李鼎元，並向其問及川亂始末。柳得恭稱蒲文甲"隨問略答，不欲暢說，故不復問"。此次交流後，柳得恭"後日再訪，蒲擢進士赴南宮，餘皆移住"。柳得恭與奚大壯、楊鼎才具體交流內容不詳。

［辛酉］是年，於北京，柳得恭與清舉人張智瑩、張玉麒、張問陶從弟張問彤相識，並有交遊。

柳得恭《燕臺再遊錄》載："張智瑩，字學海，號山農，又號愚亭，浙江長洲人。張玉麒，字瑞綾，號漁川，河南洛陽人。張問彤，字受之，號飲杜，四川遂寧人。"

據《燕臺再遊録》，雙方具體交流事迹如下：

1. 一日，張智瑩、張玉麒前往玉河館，得與柳得恭會晤，柳得恭贈送他們自己詩集抄本數葉。《燕臺再遊録》載："愚亭，漁川俱以舉人同住玉河館之右十三王廟，來訪館裏。請見余詩集，有抄本數葉贈之。"

2. 翌日，張智瑩、張玉麒與張問彤前往玉河館拜訪柳得恭。"（柳得恭）見愚亭扇詩（愚亭扇詩云：'賦罷閑居意不孤，人生有味是爲儒。評千百代成公案，聚《十三經》討《説郛》。懶與時流通姓氏，喜將兒輩作生徒。憑誰傳我家庭樂？畫幅《關門課子圖》。'），稱好。"並問張智瑩："盛作云'懶與時流通姓氏'，而肯訪海外客，何也？"張智瑩答云："東國聲詩，想慕有素，又讀尊製，甚快。"後，柳得恭又向張問彤詢問川匪之亂情況，清出征大軍駐何處等。因避時諱，張問彤有所保留地加以回答。

3. 一日，柳得恭前往十三王廟拜訪張智瑩、張玉麒，雙方交流内容，《燕臺再遊録》載："後訪廟中。愚亭、漁川皆在。漁川中進士，愚亭見屈矣。問：'飲杜所住？'云：'甚遠。'余謂漁川曰：'弱冠登第，人皆艷之。公豈有雙親在堂受賀？'答：'具慶。'又問：'乘龍於何門？'答：'定聘姚氏，尚未娶。'問：'貴寓中更有何人？'答：'河南偃師縣舉人褚廷蘭也。'漁川問：'詩中學藝爲何人？'余答：'僕長子名本學，次名本藝也。'"其他交談語不詳。

4. 張玉麒曾對柳得恭詩作進行品評，《燕臺再遊録》載："漁川時年二十，余詩稿中題語皆絕妙，有云：'初年學杜晚歸蘇，請問先生盡也無。似此陸離光怪者，昌黎應亦下工夫。'"

又，柳得恭《咏燕中諸子·咏張玉麒》云："妙語縱橫貯筆端，蕪詩錯擬杜蘇韓。春殘安得相將去？東洛城中看牡丹。"（柳得恭《冷齋集》卷五）

［辛酉］是年，柳得恭與曹江在北京書肆相識，後有多次交流。

柳得恭《燕臺再遊録》載："曹江，字玉水，江蘇青浦人。書肆中

第六章　燕岩師門與清文人交流長編　　825

識之。年二十一，美姿容。問其所寓，正陽門外蔣家衚衕雲間會館也。出遊琉璃廠時，多歷訪。見其獨處習隸書，日益親。"兩人主要交遊事迹如下：

1. 柳得恭曾備問曹江家閥，曹江則詳細告知。

2. 柳得恭曾約曹江遊廠中，其則不肯，曰："此名利場，易招謗。"

3. 一日，柳得恭訪曹江。先談論起坐側龕中的酷肖曹江的讀書塑像，問曹江這是誰製作，像前小兒又是誰。接著，曹江問柳得恭君呼僕人語"伊隆納"是何意。最後，柳得恭又問曹江居公館相關的費用出處等。曹江對這些問題一一加以回答。

4. 臨別曹江贈柳得恭扇，題詩云："奇緣萬里種，握手一歡然。雅望中朝著，新詩古驛傳。投情縞紵外，歸路海雲邊。縱復來持節，相逢也隔年。"又以劉中堂墉一對及其館師唐晟一對見贈。

又，柳得恭《咏燕中諸子·咏曹江》云："人海人城愛靜居，名臣之子弱冠初。中朝雅望吾何有？愧爾殷勤贈隸書。"自注云："曹江，字玉水，江蘇青浦人。監察御史錫寶子。錫寶，乾隆中劾奏大學士和珅，今贈副都御史。玉水贈余詩有云：'雅望中朝著，新詩古驛傳。'又贈隸書扇。"（柳得恭《冷齋集》卷五）

[辛酉]是年，柳得恭與曹江館師唐晟相識，有交遊。

柳得恭《燕臺再遊録》交遊名録中載有唐晟其人，但《燕臺再遊録》並未載柳得恭與其交遊具體事迹。由於唐晟是曹江館師，故推斷柳得恭在會晤曹江時，得以認識唐晟。

[辛酉]是年，柳得恭在曹江處認識陸慶勛，兩人有交流。

柳得恭《燕臺再遊録》載："陸慶勛，字樹屏，號建庵，江蘇松江人，副都御史錫熊子也，以舉人充《實録》謄録官。曹玉水處每見之，即其甥侄也。年長於玉水，而體貌又肥健。余謂樹屏曰：'玉水雖少，君拜乎？'答：'謙則可拜，不謙則不拜，無定也。'余曰：'何無定也。'答：'從簡不妨。'玉水微笑而已。玉水寄到一扇，畫山水，纖妍可愛。款甥蔭香寫,應母舅大人命。必是樹屏也。"

[辛酉]是年,柳得恭在曹江處認識沈剛,兩人有交流。

柳得恭《燕臺再遊録》載:"沈剛,號厝亭,江蘇松江人,皇明侍講學士度後孫。曹玉水處識之。玉水每戲之曰:'此公雖孝廉,胸中却無一個字,祇善畫梅。'余曰:'孝且廉,何必多識字?'尋得其梅花一幅,果好。題朱子詩句云:'仙人冰雪姿,貞秀絶倫儃。'又於扇面寫梅贈余,題云:'冷澹孤高清瘦奇,此花惟有此君知。自從和靖先生後,不著人間一句詩。'筆迹亦妙絶,詩稱澹吟樓句,不知誰作,甚佳,或其自號爾。"

又,柳得恭《咏燕中諸子·咏沈剛》云:"瘦沈吟詩真妙才,皇明侍講典刑回。花之寺裏人歸後,又得疏疏一幅梅。"自注云:"沈剛,號厝亭,江蘇松江人,皇明侍講學士度後孫。能詩,工書,善畫梅。花之寺僧,維揚羅兩峰號也。"(柳得恭《冷齋集》卷五)

[辛酉]是年,柳得恭與康愷在雲間會館相識,有交流。

柳得恭《燕臺再遊録》載:"康愷,號起山,江蘇青浦人。善畫,亦寓雲間會館之外廡。以舉人屈於會闈,又不能入於大挑中,貸銀五十兩雇車,灑泪而歸,見之可悶。曹玉水贈余詩扇,其一面乃起山畫也。""(康愷)寓雲間會館之外廡",故可推斷,柳得恭當是拜訪住在"正陽門外蔣家衚衕雲間會館"的曹江時,與其認識。

[辛酉]是年,柳得恭與陳鱣在北京書肆中相識,後兩人有頻繁交流。

柳得恭《燕臺再遊録》載:"陳鱣,字仲魚,浙江海寧人,孝廉。書肆中相逢,清癯美鬚髯。"

兩人相逢書肆之初就有詳細交流,筆談主要內容有:1. 六書之學的問題,陳鱣認爲"通此學,方可讀經"。而柳得恭認爲:"非但讀經,韓文公曰:'凡爲文宜略識字。'" 2. 陳鱣向柳得恭詢問朝鮮地理:諸如,新羅、百濟、高句麗三國如今盡是朝鮮版圖否;《爾雅》所云斥山在何地;《山海經》不咸山,今長白山,在朝鮮北界否等,柳得恭則一一作答。3.陳鱣又向柳得恭詢問朝鮮是否崇尚音學。柳得恭稱此爲絕學。陳鱣問珙師三十六字母是否通行於朝鮮。柳得恭答"亦可通",然後引用戴震語——"學者但講求雙聲,不言字母可也",來說明自己對三十六字母的態度。其間,陳鱣向柳得恭出示己著《説文解字正義》三十卷稿本。4.談論語音隨時代而變化的現象,兩人見解頗爲一致。其間涉及對顧炎武的評價,對其著述中的失誤,他們實事求是地發表見解,但也充分肯定了顧炎武的學術成就。5.陳鱣請柳得恭品評袁枚、蔣士銓。柳得恭云:"當推首選。然比古人却可議。"又問:"本朝詩當推梅村(筆者按,吳偉業)否?"柳得恭云:"詩各有門户。梅村從元、白來。惟牧翁却從韓、杜、蘇、黄來。"

柳得恭《燕臺再遊録》又載其兩人"連日約會於五柳居"的交流内容:1.柳得恭向陳鱣詢問其與朝鮮人士相交,是否有怕别人見怪的擔憂。2.談論川楚匪亂(筆者按,指白蓮教起義),其間話題涉及阮元,柳得恭稱阮元文武全才。3.柳得恭請陳鱣評價大學士慶桂、劉墉,並向其詢問"孰爲用事者"。4.陳鱣出示其著述《論語古訓》十卷,柳得恭稱其"悉引異本",並有評云:"博則博矣,或有未安處。"5.兩人有詩歌唱和。《燕臺再遊録》載:"(陳鱣)贈余五律一首云:'東方君子國,職貢入京師。不貴文皮美,惟稱使者詩。客愁三月暮,交恨十年遲。此去應回首,關山落月時。'①余和云:'斯世嚚然古,其人可以師。形聲窮解字,名義守箋詩。居恨雲溟遠,談忘午景遲。相看俱老矣,寧有再來時?'"(柳得恭《冷齋集》卷五亦載柳得恭此和詩,題作"和贈陳仲魚孝廉")6.陳鱣曾向柳得恭介紹自

---

① 陳鱣此詩亦載於朴長馣《縞紵集》下,卷三,題作"嘉慶六年夏四月既望,奉送冷齋詞伯榮旋二首",另外一首云:"中朝傳盛德,異域盡來賓。況爾超群望,從遊得兩人(謂貞蕤檢書)。白駒空欲縶,黄海渺無津(君貫黄海道文化縣)。行矣風波慎,懷哉一寄鱗。"朴齊家撰,李佑成編《楚亭全書》下册,第318—319頁。

己先祖情况，《燕臺再遊録》載："仲魚稱其先祖某，皇明遺民，耻滿洲衣帽。丁憂，遂以喪服終身，嘗有句云：'更無後進思宗國，祇有新書號滿洲。'談草爲仲魚所毁，不能記其名，可恨。"

又，柳得恭《咏燕中諸子·咏陳鱣》云："考古家分講學家，邇來風氣變中華。《説文》、《爾雅》休開口，陳仲魚來誦不差。"自注云："陳鱣字仲魚，浙江海寧人。紀曉嵐云邇來風氣趨《爾雅》、《説文》一派。余見仲魚，蓋其最用力者也。"（柳得恭《冷齋集》卷五）

[辛酉] 是年，柳得恭與錢東垣在北京琉璃廠書肆五柳居内相識，有多次交流。

柳得恭《燕臺再遊録》載："錢東垣，字既勤，號亦軒，江蘇嘉定人，可廬大昭子，辛楣大昕從子也。每與陳仲魚同來五柳居。"

據柳得恭《燕臺再遊録》，兩人交流事迹如下：

1. 錢東垣向柳得恭出示"可廬所述十種书目：《詩古訓》十二卷、《爾雅釋文補》三卷、《廣雅疏義》二十卷、《説文統釋》六十卷、《兩漢書辨疑》四十四卷、《後漢書補表》八卷、《補續漢書藝文志》二卷、《後漢郡國令長考》一卷、《三國志辨疑》三卷、《邇言》六卷。既勤所著：亦有《孟子解誼》十四卷、《小爾雅校證》二卷、《列代建元年表》①十卷、《建元類聚考》二卷、《補經義考稿》一卷、《稽古録辨訛》二卷、《青華閣帖考異》三卷。又校刻《鄭志》三卷，可謂富矣，此曉嵐所稱能世其家學者也"。

2. 錢東垣讓柳得恭出示其所著書種義例。柳得恭問："何用？"錢東垣答云："我現充《四庫全書》校勘之任。天下書如未得全本者，但編入義例。"後，柳得恭録贈《渤海考》義例。

3. 柳得恭向錢東垣詢問"江南亦使車乎"。錢東垣告訴其江南多橋未便使車的事實。

4. 錢東垣贈送柳得恭江南白竹烟梗二條。

---

① 筆者按，《列代建元年表》當爲"《列代建元表》"之誤。

第六章　燕岩師門與清文人交流長編　829

又，柳得恭《咏燕中諸子·咏錢東垣》云："可廬十種書曾聞，便有佳兒字既勤。鄭志刊行家學暢，曉嵐宗伯獨推君。"（柳得恭《冷齋集》卷五）

[辛酉]是年，柳得恭與黃丕烈相識並有交流。柳得恭《燕臺再遊録》載："黃丕烈號蕘圃，江南吳縣人，收藏甚富。"

據柳得恭《燕臺再遊録》，兩人交流事迹如下：

1. 黃丕烈有《祭書圖》一軸，帶來展看，並向柳得恭索求題畫詩。柳得恭稱："余方束裝而歸，匆匆未能也。"

2.《論語集解》抄本（筆者按，日本抄本）每字傍有字似曲譜工尺字樣，黃丕烈將此《〈論語〉集解》誤認爲高麗本。柳得恭爲他消除了這種誤解，稱："曲譜工尺字樣，必是倭國片假文。無乃倭本而誤定爲高麗本歟？"

3. 黃丕烈告訴柳得恭，其尋覓的《高麗圖經》，自家中有影宋本子，較"知不足齋"所刻爲好，惜未帶來。

4. 黃丕烈向柳得恭出示詩扇（詩云："淡户無人谷鳥飛，石橋橫木挂禪衣。看雲日暮倚松立，野水亂鳴僧未歸。"款榕皋）。柳得恭詢問"榕皋何人"，黃丕烈告知，其人爲潘奕雋以及有關他的情況。

又，柳得恭《咏燕中諸子·咏黃丕烈》云："秋山一抹是姑蘇，窗竹蕭森燭影孤。江左收藏誰最富？試看蕘圃《祭書圖》。"自注云："黃丕烈，號蕘圃，江蘇吳縣人，藏書甚富。有時明燭澆盞而祭之，作圖屬諸名士題咏。"（柳得恭《冷齋集》卷五）

[辛酉]是年，於北京，柳得恭與黃成、盛學度、吳紹泉、顧晉采相識有交流。曹允源、李根源纂《（民國）吳縣志》（民國二十二年鉛印本）卷七五載："黃成，字樹谷，號香涇，吳縣人，嘉慶庚申舉人。善花卉蟲鳥，筆情妙逸，亦間作山水、人物。書學晉唐，旁及篆隸。著有《南遊草》兩卷。"

柳得恭《燕臺再遊録》載："黃成，號香涇，蘇州人，書肆中相識。

約會於長元吳會館，嫌其人多，更約福祥庵。庵在西草廠衚衕，亦名白衣禪林。庭多古柏，幽寂可喜。同會者，盛學度號廣庭，吳紹泉號愈愚，顧晉采號質卿，俱是蘇州舉人赴會試者。"此次飲酒暢談，惜語焉不詳。僅載："香涇不食肉。問其故，答：'早孤。無一個兄弟，慈母奉佛，誓以五年持齋。我亦不敢食肉。來歲九月限滿，始可以食之矣。'"

又載，黃成贈柳得恭己畫《芍藥》一幅，題一絕云："眼底丰姿果不群，且憑彩筆寄清芬。染衣或有他年事，今日先逢九烈君。"

臨別，黃成有《嘉慶辛酉五月朔，奉送朝鮮內閣朴、柳二檢書歸國》詩贈柳得恭，詩原文此處略，見"朴齊家與黃成交遊"條。（朴長馣《縞紵集》下，卷三）

柳得恭《泠齋集》卷五載《丙寅夏，撿舊篋得蘇州孝廉黃成〈芍藥〉一幅，令藝兒仿寫，仍次其題贈七絕（二首）》，詩云："嫩白生紅作態同，元來空色義相通。陀羅枝弱疑無骨，飛墜徐郎粉本中。""一朵嫣然迥出群，蘇臺戲筆尚留芬。花中可恨無強對，急向文家乞墨君。"

［辛酉］是年，於北京，柳得恭與陳希濂相識，有交流。

柳得恭《燕臺再遊錄》載："陳希濂，字秉衡，浙江錢塘人。以其所著《燕臺吟稿》一卷示余，多佳作。其《荀子墓》一首云：'荀卿生戰國，卓識過儀秦。性惡元通善，言疵不害醇。高墳終寂寞，古碣半沉淪。誰向千秋後，蘭陵吊守臣？'"

［辛酉］是年，於北京，柳得恭與夏文燾、章寶蓮、顧蒓、湯錫智、趙曾、王寧埠①、王寧埏等人在五柳居書肆相識，雙方有贈詩、贈物等。

柳得恭《燕臺再遊錄》載："夏文燾，字方米，江蘇吳縣人。贈余詩云：'相逢十數日，已是別離時。與我同攜酒，知君工賦詩。柳州

---

① 王寧埠，疑爲"王寧焊"之誤。

第六章　燕岩師門與清文人交流長編　　831

今有集,箕子舊傳碑。國俗兼家學,於君一遇之。'章寶蓮,字虎伯,江南嘉定人,贈余墨竹畫扇,題詩云:'畫竹不在多,數竿亦已足。夜半起秋風,蕭蕭戛寒玉。'顧蒓字吳羹,號南雅,吳縣人。又,湯錫智、趙曾、王寧埠、王寧埏兄弟,皆於五柳居書肆相識。"

[辛酉]是年,於北京,柳得恭與朱鎬、裘鏞、孫琪、毛祖勝等人相識,有交流。

柳得恭《燕臺再遊錄》載:"朱鎬,字二京,浙江錢塘人,畫蘭贈余,見其圖章,則文公十八世孫也。余曰:'此行求朱子書不得,而得公亦云多矣。'二京笑而謝。"

又載:"裘鏞號葦田,孫琪字玉樵,俱有贈詩。毛祖勝號薌泉,贈詞二関云:'筆奇意清,詞高句驚。長編短草縱橫,寫心聲數聲。思誠憶誠,朝牽暮縈。高人隔蓬瀛,獨調與誰賡?'(右調《醉太平》)'黃河流,碧海流,流到蓬瀛第幾洲?仙山點點浮。路悠悠,思悠悠,思到來時方始休,天風人倚樓。'(右調《長相思》)"亦皆錢塘人,聚瀛堂書肆相識。"

又,朱鎬有《嘉慶六年四月廿三日,偶成二絕,錄奉古芸、貞蕤兩詞伯斧正》,詩歌原文參見1801年,嘉慶六年,純祖元年,"朴齊家與朱鎬交遊"條。

又,孫琪有《奉贈古芸、貞蕤二先生》,詩歌原文參見1801年,嘉慶六年,純祖元年"朴齊家與孫琪交遊"條。

[辛酉]是年,於北京,柳得恭與書商崔琦相識,有交流。並與書商陶正祥叙舊。

柳得恭《燕臺再遊錄》載:"崔琦,琉璃廠之'聚瀛堂'主人。陶生(筆者按,陶正祥),'五柳居'主人也。崔是錢塘人,陶生亦南邊人也。自前李懋官遊燕時及庚戌秋,多購書於五柳居,故陶有舊好,崔則新面也。"柳得恭稱1801年(辛酉)停留北京時,自己"日雇車至聚瀛堂散悶,卸笠據椅而坐,隨意抽書看之,甚樂也。時或往五柳居,與陶生話"。

據《燕臺再遊錄》,柳得恭與崔琦、陶正祥具體交流事迹如下:

1.柳得恭向崔琦詢問爲何離開故鄉來北京販書。崔琦稱遵奉父親求取功名之命,故來北京。

2.柳得恭向崔琦詢問藕粉粥劑法,崔琦答云:"此西湖藕也。劑甚易,榨藕取汁,水飛曬乾而成。"

3.崔、陶兩生時時向柳得恭痛言川楚匪亂之事。他們稱起初"川楚等省,賦繁役重,窮民流而爲盜賊"。後"滿洲大臣,要取功名請剿,調鄉勇討之。一切驅督,繩以峻法,糧餉又不給,鄉勇悉變爲盜賊,所在滋蔓"。清廷發動瀋陽、寧古塔、黑龍江等處各旗討之,但"其將領日喫肥猪、麵餅,暖帳擁美人,玩愒度日。其兵不習風土,未戰而病死者甚夥"。他們一針見血指出,清將領剋扣軍餉現象非常嚴重,這是未能平定川楚匪亂的最主要原因。並且他們強調,清兵"雖有捷音,而亦未可準也"。

4.柳得恭以東筆墨及藍浦硯一方,又解佩刀贈送崔琦。"崔以杭州紈扇一柄謝贈,畫草花蛺蝶"。崔琦又向柳得恭出示杭州女子所用圓扇,並告知其值十兩銀。

[辛酉]是年,於北京,柳得恭與陳森在"聚瀛堂"裏相識,並有交流。

柳得恭《燕臺再遊錄》載:"陳森,江南鎮江人。善畫,尤工傳神。數來'聚瀛堂',與崔生甚昵。"兩人主要交流事迹爲:崔琦請陳森爲柳得恭畫像。畫畢,陳森稱"大抵頗得神韻"。又,柳得恭向陳森打聽南京城景象,陳生曰:"自南門至北門四十里,人家廛屋皆在南門內。北門則荒烟蔓草矣,尚有景陽鐘,古物也,絕大。"

[辛酉]是年,於北京,柳得恭與倉斯升、莫瞻菉相識,有交流。熊紹龍編纂,蕭德馨等主纂《(民國)中牟縣志》(民國二十五年鉛印本)卷三載:"倉斯升,字伯允,聖脉子,隨侍都中,援例得主事觀户部政。"莫瞻菉,徐世昌編,聞石點校《晚晴簃詩匯》卷九五載:"字青

第六章　燕岩師門與清文人交流長編　833

友,號韻亭,盧氏人。乾隆壬辰進士,改庶吉士,授編修,官至兵部侍郎兼順天府尹。有《硯雨山房詩集》。"

據柳得恭《燕臺再遊録》,柳得恭從上房客(筆者按,指正使隨從)那裏聽聞倉斯升將來朝鮮使團駐地,求東人筆迹。載有云:"倉斯升,户部主事,河南人。有上房客於接駕班中見之,歸詑曰:'玉人也。求東人筆迹,明日必來。'余出遊廠中,倉果來,未晤而歸。"後,柳得恭與上房客共同前往倉斯升家拜訪,"晚後,倉主事自衙門歸",兩人得以會晤。倉斯升設饌招待,柳得恭"書對聯、單條數三幅以贈之"。其他交流内容不詳。

其間,倉斯升的丈人,即工部侍郎莫瞻菉,字青史,請與相見。柳得恭評其"葺騰殊無雅致,所問皆是不當問者"。

[辛酉]是年,於寧遠城,柳得恭與劉大觀、劉大均兄弟相識,有交流。

柳得恭《燕臺再遊録》載:"劉大觀,字松嵐。山東臨清人,今寧遠知州。曾見其所著《玉磬山房集》。"雙方具體交流事迹如下:

1. 朝鮮使團前往北京途經寧遠城時,劉大觀讓其弟劉大均來拜望柳得恭。《燕臺再遊録》載:"松嵐亦因東使聞余姓名。赴燕時,送人探之。因公務往錦州未回,其弟大均來見,亦佳士也,援川楚,例充廩生云。"

2. 朝鮮使團回程途經寧遠城時,劉大觀來訪柳得恭,一見如舊。《燕臺再遊録》載云:"還到寧遠城外,松嵐來訪寓所,一見如舊,甚歡也。問其宦踪,則以開原知縣升本州云。"

3. 翌日,劉大觀與柳得恭約會於城東之龍神祠。"遂於西廡,布卓(桌)吃茶,略談而别"。"松嵐以其所作《朱素人畫百合花》二絶書贈,筆意古雅。又以《悔存齋詩抄》二卷示之,武進黃景仁所著,翁覃溪方綱作序。景仁爲文節裔孫,而洪編修亮吉密友云。臨别,又以禮部侍郎英和所書一,示之云'與英公契好'"。柳得恭稱"未知其意也"。

又,柳得恭有和劉大觀《題朱素人畫百合花絶句》詩,柳得恭

《冷齋集》卷五載《次劉松嵐〈題朱素人畫百合花絕句〉韻》，詩云："兀兀征輪傍海涯，懶將詩韻證砒椏。偶來玉磬山房裏，醉咏南宗沒骨花。"

四、朴趾源與清文人交流長編

1773年　乾隆三十八年　英祖四十九年

[癸巳]朴趾源與郭執桓未謀過面，但是年，朴趾源爲郭執桓《繪聲園詩集》作跋文，並有酬和其《澹園八咏》詩。

柳得恭《中州十一家詩選·郭東山執桓》載："歲癸巳，因其同邑人鄧師閔，使之寄書湛軒，兼致《繪聲園詩集》一册，願得朝鮮名士評騭。湛軒托李懋官點定爲弁文，朴仲美作跋尾。又托仲美、懋官及不佞暨李仲牧、朴在先輩次集中《澹園八咏》詩，湛軒亦作小識。在先作長牘傳致師閔。"朴趾源《〈繪聲園集〉跋》(古之言朋友者，或稱第二吾……)載於朴趾源《燕岩集》卷三，此處略。

朴趾源次郭執桓《澹園八咏》詩，朴趾源《熱河日記》中有載。《熱河日記·避暑錄》載云："封圭嘗介其同郡鄧汶軒師閔要《澹園八咏》於東國名士。澹園，錦衲所居，蓋爲其父壽傳也。余爲題：'紅蕉綠石出東墻，一樹梧桐窈窕堂。傲骨平生迎送懶，丈人惟拜暮山光。(右《來青閣》)''南陀竟日影婆娑，耐可呼吾亦喚他。乍綴微風梟鷺去，不禁撩亂百東坡。(右《鑒影池》)''己(已)觀微白鼻端依，欲辨臟神掩兩扉。獨有暗香侵夢冷，羅浮明月弄輝輝。(右《素心居》)''松覆深深卍字欄，垂蘿敧石翠相攢。一任畫舫風吹去，盡夜寒聲瀉作灘。(右《松蔭亭》)''嘆輕堪醒醉魂花，天裏行空翠鬢影。采藥將尋劉阮去，路迷廉閃赤城霞。(右《飛霞樓》)''花似將歸強挽賓，囑他風雨反逢噴。自從洞裏修瓶史，三百六旬都是春。(右《留春洞》)''玉塵清宵獨上臺，杞棚霜落雁流哀。一聲劃裂秋雲盡，萬里瑶空皓月來。(右《嘯月臺》)''花蕊夫人初入宫，含羞將語臉先紅。鸚哥舍利元非妙，誰識阿難悟道功？(右《語花軒》）'"

1780年　乾隆四十五年　正祖四年

［庚子］六月二十八日①，於鳳城，朴趾源與漢人康永太有交流。

"永太年二十三，自稱民家。白皙美麗，能鼓西洋琴。問：'讀書否？'對曰：'已誦《四書》，尚未講義。'"其他交談語不詳。"食後，與卞季涵、鄭進士先行。康永泰出門揖送，頗有惜別之意，且囑歸時當值冬節，願賚賜一件《時憲》。余（筆者按，指朴趾源）解給一丸清心"。（朴趾源《熱河日記·渡江錄》）

［庚子］七月初二日，於通遠堡，朴趾源與使團借宿的民家主人有交流。

朴趾源問其家境。主人云"終歲勤苦，未免饑寒"等。午後，主人家豬竄入他人田地中，被田地主人槍殺且被拖走。朴趾源問民家主人不去追徵豬價的原因，主人云："那敢追徵？不謹護牢，是我之不是處。"朴趾源稱"主人粗鹵，目不識丁"，故此處交流當爲口頭交談。（朴趾源《熱河日記·渡江錄》）

［庚子］是年，朴趾源從滿人富圖三格處謄錄"鳴盛堂"群書部分目錄。

七月初三日，自鴨綠江至遼陽途中，朴趾源遇到一位老學究，滿人，其名曰富圖三格，號曰松齋，字曰德齋。其人雖鄙陋無足語，但朴趾源派時大送清心元一丸、魚頭扇一柄與他，得以謄錄其携帶的"鳴盛堂"群書目錄——小品七十餘種。"（朴趾源）與鄭進士分

---

① 《燕行錄全集》第100冊，第271頁將朴趾源出使中國時間繫在1751年（辛未），誤。《熱河日記》首章《渡江錄》小序有云："起辛未，止乙酉，自鴨綠江，至遼陽十五日。"蓋誤以"辛未"爲辛未年，而"辛未"此是干支紀日，非干支紀年。正文云："後三庚子，我聖上四年，清乾隆四十五年，六月二十四日辛未，朝小雨，終日乍灑乍止。午後渡鴨綠江，行三十里。"即是明證也。"我聖上四年，清乾隆四十五年"是1780年（庚子），故朴趾源於此年燕行。第1頁。

録,以爲書肆考求之資。即送時大還傳,且令語之曰:'此書皆我東所有,故吾老爺不覽此書目'云爾"。(朴趾源《熱河日記·渡江録》)

[庚子]七月初八日,於遼陽城外白塔下,朴趾源逢兩滿洲少年。劃地問答,一人問古本《尚書》,又問:"有顏夫子書,子夏所著《樂經》否?"皆朴趾源所創聞,故其以無爲答。(朴趾源《熱河日記·渡江録》)

[庚子]七月,於遼東,朴趾源逢一滿洲秀才,名不詳,有交談。《熱河日記·渡江録》載:"塔南有古刹曰廣祐寺。滿洲秀才云:'漢時所創,而唐太宗伐遼時,駐蹕首山。使鄂公尉遲敬德重修,世傳古有一村夫往廣寧。'"其他交談語不詳。(朴趾源《熱河日記·渡江録》)

[庚子]七月初十日,於盛京一古董鋪子和錦緞鋪子里,朴趾源與秀才田仕可、李龜蒙、吳復、費穉、裴寬等相識,相約夜晚筆談。《熱河日記·盛京雜識》載:"(朴趾源)入一收賣古董鋪子,鋪名'藝粟齋'。有秀才五人,伴居開鋪,皆年少美姿容,約更來齋中夜話,俱載'藝粟筆談'。又入一鋪,皆遠地士人新開錦緞鋪,鋪名歌商樓,共有六人,衣帽鮮華,動止視瞻俱是端吉。又約同會藝粟夜話。""夕飯後,(朴趾源)步月至歌商樓,携諸人同至藝粟齋,盡夜而罷"。

《粟齋筆談》篇載其姓名者七人:田仕可,字代耕,一字輔廷,號抱關,無終人也。李龜蒙,字東野,號麟齋,蜀綿竹人也。吳復,字天根,杭州人,號一齋。費穉,字下榻,號抱月樓,又號芝洲,又號稼齋,大梁人也。裴寬,字褐夫,盧龍縣人也。穆春,字綉寰,號韶亭,蜀人也。温伯高,字鷟軒。蜀成都人也。而穆春、温伯高目不識書,其餘人因碌碌無聞,故朴趾源不録其姓名。筆談内容主要涉及兩國授學之特點,蜀道水陸俱難情況,中原古董買賣概況,中原在座諸公的不得志,杭之高士吳穎芳、陸飛、嚴誠、潘庭筠情況等。主賓一宵未眠,暢所欲言,互爲知己。筆談後,朴趾源在藝粟齋椅子上休息,"直睡到天明驚起","獨斟兩杯酒,摇起裴生告退。即還

寓，日已暾矣"。(朴趾源《熱河日記·盛京雜識》)

七月初十一，朴趾源略啜早粥，即往藝粟齋，逢田仕可、李龜蒙。朴趾源與田仕可有詳細筆談：田仕可請朴趾源鑒賞古器，並真誠以告識別古器真僞經驗。朴趾源請田仕可"開錄文房書畫、鼎彝諸器古今同異、號名真僞，以爲冥途指南"。"(田仕可)約以乘月更來"。(朴趾源《熱河日記·盛京雜識》)

七月初十一夜，朴趾源又與裵寬褐夫、李龜蒙東野、費穉下榻、田仕可抱關、溫伯高鷟齋、穆春綉寰、吳復天根俱會歌商樓，相與暢談。談話主要内容是對"五十讀《易》"，"十"是否是"卜"字之訛，"無若丹朱傲"，'傲'是否是"奡"字之誤的看法；朴趾源詢問福寧和當今閣老中的宿望，沿途可以去拜訪的高士姓名等。朴趾源書潘庭筠《送金養虚》七絶一首、畫古松、怪石、墨龍等贈予友人。衆人又對墨龍之名進行了討論。諸公也向朴趾源解釋了他們隱居於市的緣由。另外，朴趾源還詢問了婚嫁、仕宦是否因貴賤相拘礙，兩夜群飲爲何不行酒令等問題。其交流内容詳載於《商樓筆談》。(朴趾源《熱河日記·盛京雜識》)

十二日，"(朴趾源)早發瀋陽，至歌商樓，獨裵寬出迎，溫伯高方熟睡，余(筆者按，指朴趾源)舉手作別。又轉至藝粟齋，田仕可與費穉出迎"。朴趾源請田仕可代自己向諸公叙別。田生出兩封書，一封錄古董名目，即《古董錄》，一封是把朴趾源介紹給北京許太史台村先生認識。(朴趾源《熱河日記·盛京雜識》)

[庚子]七月十六日，於十三山附近，朴趾源與謝姓老者及其孫謝孝壽有交流。朴趾源向九歲謝孝壽詢問讀書情況。謝姓老者向朴趾源詢及姓氏、年齡等，話語多爲酬酢之言。朴趾源欣賞祖孫二人，有云："路中常念謝童絶妙，眉目動止森在眼中。謝生畫地數語，足與談討，而可惜行忙，不得尋其所居。"(朴趾源《熱河日記·馹汛隨筆》)

[庚子]七月二十一日，於東關驛，朴趾源與登州客李先生者有交

流。李先生向朴趾源誇炫觀相推命。朴趾源有評云：" 余性不喜觀相推命，故平生未曉其法。且其所稱六壬、遁甲，言涉妄誕，故不言四柱。蓋其人亦欲誇炫其術，要售厚幣，而察余氣色頗有冷淡，亦不復言也。"（朴趾源《熱河日記·馹汛隨筆》）

［庚子］七月二十一日，朴趾源留東關驛，逢祝姓老者，主要就朝鮮與中國的婦人髻服之制展開交談。朴趾源錄老者所鈔近世詩話的部分内容。（朴趾源《熱河日記·馹汛隨筆》）

［庚子］七月二十五日，於永平府，"有蘇州人胡應權持一畫帖而來，帖衣胡草，墨鱗成堆，破敗荒陋，不直一錢"，後"自懷中出朱硾一笏爲幣，懇求畫者小傳"。朴趾源替其爲三十幅畫作，書寫了作者名號。畫作名及其作者詳載於《關内程史》，題作"洌上畫譜"。（朴趾源《熱河日記·關内程史》）

［庚子］七月二十五日，朴趾源訪撫寧縣徐進士鶴年家。"鶴年十數年前没（殁）"，"長苕芬、次苕信①。苕信頗有文筆，選入《四庫全書》繕寫之役，方在皇京。獨有苕芬在家，文筆極短"。（朴趾源《熱河日記·關内程史》）

［庚子］七月二十七日，於豐潤城，朴趾源與林皋、胡迥恒有交流。

　　七月二十七日癸卯，豐潤城，朴趾源路逢楚人林皋，同往胡迥恒宅，張燈觀次修所書戀官詩。賓主落座，相與筆談：胡迥恒向朴趾源打聽李德懋、朴齊家近况，林生稱朴、李爲清曠高妙之士等。"胡生爲贈《松下仙人圖》，林生亦贈畫扇一柄。（朴趾源）各以一扇一丸答之"。朴趾源對胡、林兩人評價是："林、胡開誠款接，而全乏文翰。胡生面貌不雅，多市井氣。林生長髯，休休有長者風，但酬

---

① 疑"苕芬"、"苕信"誤，當作"紹芬"、"紹薪"。李德懋《入燕記》載："鶴年字鳴皋，進士也。爲人長者，家富好客，今已没。有二子，長曰紹芬，字咏香，次曰紹薪，字樵丹。樵丹時在皇城，咏香在家。"《燕行錄全集》第57册，第257頁。

第六章　燕岩師門與清文人交流長編　　　　　　　　　　　　839

酢之際,不離賣買。"(《熱河日記·關內程史》)《避暑錄》亦載:"夕登豐潤城,有一美髯長者,前揖自言姓名林皋,浙江人。求聞余姓名,且驚且喜曰:'君豈非楚亭族親乎?'余亦驚喜問:'君何以知楚亭?'林皋曰:'前年朴楚亭與同國李炯庵共登文昌樓,因宿同郡胡迴恒。'指城底一門曰:'這是胡宅,壁上有楚亭筆。'遂同下季涵,鄭進士玨入其中堂。日已昏黑,主人爲張四燈。照壁一讀,乃余家典洞時,炯庵在余作也。"(朴趾源《熱河日記·避暑錄》)

[庚子]七月二十八日,於玉田縣一鋪中,朴趾源、鄭進士與蘇州人沈由朋有交流。

　　《熱河日記·關內程史》載:"夕抵玉田縣……主人焚香佛前,叩頭,起掩龕扉,還就椅。書其姓名,曰沈由朋,蘇州人,字箕霞,號巨川。年四十六,簡默整暇。"朴趾源見壁上一篇奇文,向沈由朋詢問作者爲誰,以及文章緣何得來等,並向沈由朋請求自己回去取紙筆來謄錄。沈由朋應允。飯後,朴趾源、鄭進士又來鋪中,共同謄錄此文。此文即《虎叱》篇。沈由朋詢問謄錄緣由,朴趾源云:"歸令國人一讀,當捧腹軒渠,嘔噱絶倒,噴飯如飛蜂,絶纓如拉朽。"(朴趾源《熱河日記·關內程史》)

[庚子]朴趾源雖未與孫有義(筆者按,號蓉洲)謀過面,但兩人有書信往來。

　　七月三十日,"(朴趾源)"入三河縣城中,尋孫蓉洲有義宅,蓉洲已於月前,往山西未還"。朴趾源留湛軒書幣,置之簾前而去。(朴趾源《熱河日記·關內程史》)朴趾源《洪德保墓志銘》亦載云:"曩歲余自燕還,爲訪蓉洲不遇,留書具道德保作官南土,且留土物數事,寄意而歸。"(洪大容《湛軒書·附錄》)

　　1783年(癸卯),洪大容去世當年,朴趾源有書信(乾隆癸卯月日……)與孫有義,告訴其洪大容去世消息。(洪大容《湛軒書·附錄》)

[庚子]八月初一日,於潞河一舟中,副使鄭元始與翰林修撰子秦璟

有筆談。鄭元始(1735—?)，朝鮮文士，字大哉，籍貫温陽。1780年（庚子）五月，其作爲進賀兼謝恩使團副使出使中國。

朴趾源《熱河日記·關内程史》載："副使要余筆譚，余遂書示副使姓名、官銜。喪人頓首書曰：'賤姓秦名璟，係是湖北之人。亡父遊宦京師，官至翰林修撰，本年七月初九日身故。皇上欽賜土地，歸船返骸故鄉。衰麻在身，有失主儀。'副使書問年甲，秦璟不答。副使書問：'中國皆行三年之制否？'秦璟曰：'聖人緣情制禮，不肖者跂而及之。'副使曰：'喪制皆遵朱子否？'秦璟曰：'一遵文公。'"（朴趾源《熱河日記·關内程史》）

[庚子]是年，朴趾源與博明相識，有交流。

《熱河日記·山莊雜記》載朴趾源向其詢問一怪獸事：余與蒙古人博明問："此何獸？"博明言："昔從將軍豐公升額出玉門關，距敦煌四千里，宿山谷間。朝起失帳裏木匣皮箱，當時同遊幕侣取次見失。軍中有言：'此野婆盜之也。'發卒圍之，野婆皆乘木，捷如飛猱，勢窮哀號，不肯就執，皆自經樹梢而死。盡得所失箱篋，封鎖如舊，開視之，器物亦卒無所遺毁，而箱内悉藏朱粉，多首飾奩裝，得佳鏡，亦有針綫刀尺。蓋獸而效婦人都冶自喜者也。"（朴趾源《熱河日記·山莊雜記》）

八月二十二日，於北京，博明來訪盧以漸，朴趾源後亦至，博明與朴趾源有筆談。盧以漸《隨槎録》載云："燕岩次至……燕岩亦多有問者。左右酬應之際，（博明）誤對者多矣，然其博識，實非俗儒之所可及也。"筆談具體内容不詳。（盧以漸《隨槎録》）

[庚子]是年，於北京，朴趾源與俞世琦有交遊，有八次筆談。

《熱河日記·避暑録》載朴趾源語："琉璃廠中六一齋初遇俞黃圃世琦，字式韓。"《熱河日記·楊梅詩話》亦有載："余初遇俞黃圃世琦於琉璃廠中。字式韓，舉人也。既自熱河還皇城，即約黃圃會話於楊梅書街，凡七遭。黃圃多引海内名士，如凌舉人野、高太史棫生、初翰林彭齡、王翰林晟、馮舉人秉健，皆才高韻清。其隻字片語，無不芬馥牙頰，然其談草多爲諸名流所掠去，及檢歸裝，僅存其十之三四。"

《熱河日記·避暑録》詳載朴趾源與俞世琦第一次筆談：朴趾源寫柳惠風送其叔父彈素詩："佳菊衰蘭映使車，澹雲微雨九秋餘。欲將片語傳中土，池北何人更著書？"並向俞世琦解釋"池北何人"典故。俞世琦又索見惠風其他詩作，朴趾源寫"看書泪下染千秋，臨水騷人無限愁。碩士編詩嫌草草，豸青全集若爲求。"俞世琦搖手筆指"豸青全集"曰："有禁，鐵君祖係貴國人。"並不說明緣何有禁。朴趾源又寫："有個詩人郭執桓，澹園聯唱遍東韓。至今三載無消息，汾水悠悠入夢寒。"並向其說明了郭是山西太原人，又告知自己與師東望、楊維棟分別爲新刻《繪聲園詩集》作序（筆者按，《熱河日記·避暑録》載"封圭寄其所著《繪聲園［詩］集》，刻本一卷，請余序之"。）談及潘庭筠，俞世琦向朴趾源詢問："緣誰識他？"並索見洪大容詩句。朴趾源云"未曾有記。惠風送彈素詩：'淺碧深紅二月時，軟塵如粉夢如絲。杭州舉子潘香祖，可憐佳句似南施。'吾東艷慕中州名士如此"。最後，俞世琦即收其紙納懷中曰："僕方録《毬堂詩話》，幸得一段佳話。"

八月初三日，於北京，朴趾源尋唐鴛港（樂宇）宅，"偶上六一樓，逢俞黃圃（世琦），少話。徐文圃（璜）、陳立齋（庭訓），在座，皆佳士。約選日會此"。後訪至唐宅，唐樂宇已於卯刻上衙，不遇。（朴趾源《熱河日記·關內程史》）

朴趾源從熱河還北京，"日與俞黃圃、陳立齋諸人遊"的七次筆談記録，《熱河日記》祇有零星載録，如《山莊雜記》載："俞黃圃問余漠北異觀，余言駝鷄。黃圃賀曰：'此乃極西奇畜生中國者，聞名而未睹形。公外國人，乃能見之也。'爲言山都，皆無見之者。余自熱河還時，至清河，市中有一矮人，長才二尺餘，腹大如鼓彭漲，類所畫布袋和尚。口眼皆尾低，無腕無脛，即有手足。含烟昂藏而行，張手回旋而舞,視人輒大笑。獨不剃髮,爲髻於腦後,繫仙桃巾。布袍袖闊,坦然露腹,狀貌臃腫,難以言語盡其形容之詭奇也,造物者可謂太嗜詼諧。余舉此言於黃圃。黃圃諸人皆曰:'此名天生異物,人而驁弄者也。即今市肆間多見之云。'"(朴趾源《熱河日記·山莊雜記》)

[庚子]是年,於北京,朴趾源與俞世琦引薦的高棫生、馮秉健、凌野、初彭齡、王晟等有交遊。高棫生,朱汝珍輯《清代翰林名錄》"乾隆四十五年庚子恩科"條載:"字繼三,號芃麓,順天宛平人。散館授編修,降廣西天合縣知縣。"王晟,《清代翰林名錄》同條載:"字曉亭,號杏洲,甘肅靈州人。"初彭齡(?—1825),《清代翰林名錄》同條載:"字紹祖,號頤園。山東萊陽人。散館授編修,官至工部尚書。"凌野,生平不詳,待考。馮秉健,生平不詳,待考。

《熱河日記·楊梅詩話》載云:"余初遇俞黃圃世琦於琉璃廠中。……黃圃多引海內名士,如凌舉人野、高太史棫生、初翰林彭齡、王翰林晟、馮舉人秉健,皆才高韻清。其隻字片語,無不芬馥牙頰,然其談草多爲諸名流所掠去,及檢歸裝,僅存其十之三四。"朴趾源《燕岩集》卷一《孔雀館記》載云:"在皇城時,與東南之士日飲酒。論文於段家鋪。每舉,似孔雀爲之評其詩若文,而座有高太史棫生,戲之曰:'我客斯容,何如夫子家禽?'相與大笑。"朴趾源與他們交遊事迹還有:

《熱河日記·避暑錄》載:(朴趾源)於高太史棫生坐誦潘庭筠《次王秋史寒柳》詩,坐客皆稱善。(朴趾源)仍問:"王秋史誰也?"馮明齋秉健曰:"此歷城王進士,名苹,字秋史,自號七十二泉主人。潘詩所謂'七十泉聲亂石春'是也。"凌簹軒野曰:"國朝詩人多推秋史,嘗有句云:'亂泉聲裏誰通屐?黃葉林間自著書。'又,'黃葉下時牛背晚,青山缺處酒人行。'時人目之爲王黃葉云。"

一日,朴趾源與高棫生談及班禪之事。《熱河日記·班禪始末》載:"一日,余與高太史棫生飲酒段家樓。高太史言班禪事。方發端,座有馮生者目止之,余甚怪之。久之,聞山西布衣有以七條上疏者,其一盛論班禪,帝大怒,命剮之,我東驛夫多見之宣武門外云。自是不敢復詢班禪事,雖相歡如俞、陳兩生。又不得山西布衣姓名,或曰上疏者,舉人張自如云。"

一日,朴趾源與高棫生、凌野同訪黃金臺。《熱河日記・黃圖紀略》載:"將歸,逢高太史棫生。高與凌篆軒野同載,謂將尋黃金臺。凌是越中人,且奇士,初至燕,爲訪古迹,要余偕行。盧大喜,謂有天緣。既至,不過數丈頹阜,如無主荒墳,強爲名之曰'黃金臺'。"

一日,朴趾源與初彭齡、高棫生討論《詩小序》。《熱河日記・銅蘭涉筆》載:"余嘗與初翰林彭齡、高太史棫生飲段家樓,紛紛以《小序》相質。余大言曰:'《詩》三百,不過當時閭巷間風謡,歡愉疾痛、喜怒哀樂之際,不得不有此聲,如候蟲時鳥之自鳴自吟。觀風者采其謡,而字而句,而列之學校,被之管弦。是所謂列國之風,而詩之名所由立也,何從得作者姓名哉?《小序》説詩,必皆有作詩之人,曰此某某之作,如後世之《全唐詩》,則斷可見其傅會。如《爲焦仲卿妻作》及《古詩十九首》何嘗有作者姓名哉?'諸人皆默然,貌似不然之。蓋宗《小序》始於蘇子由,而攻《小序》始於鄭夾漈,駁朱注極於馬端臨、毛奇齡、朱彝尊,而近世靡然爲時義。"

一日,朴趾源與高棫生談及西域種臍羊,認爲此事荒謬。《熱河日記・銅蘭涉筆》載:"高太史棫生謂余曰:'西域有種臍羊。捕羊先采臍,種之厚土,至莽生羊。羊伏地上,形如家畜,聞雷則臍落,此載《元史》云。'羊可種臍,銀、玉亦可種也。"

一日,朴趾源告訴高棫生、凌野唐太宗册封新羅善德女主、真德女主事。《熱河日記・銅蘭涉筆》載:"獨不知唐太宗追贈新羅善德女主爲光禄大夫,又册真德女主爲柱國,封樂浪郡王。既薨,高宗贈開府儀同三司。余嘗見之李德懋《耳目口心書》中。琉璃廠楊梅書街,與凌野、高棫生飲,談次及之。凌、高諸君,頗詡博雅。"

一日,朴趾源向衆人問起滿人奇豐額的職務。《熱河日記・避暑録》載:"及還燕談次,問識奇,則皆掉頭。馮秉健奮然曰:'士大夫安知鞾子?'問亨山何如人,皆欣然曰:'樂天一流人。'"

一日,朴趾源與馮秉健談及巴克什。《熱河日記·銅蘭涉筆》載:"巴克什,滿洲語大儒之稱。清太宗時,有巴克什達海者,滿洲人也。二十一死,弟子孝服者三千人,號稱神人。新羅斯多含,年十五,風標清秀,志氣方正,時人奉以爲花郎,其徒千餘人。余舉以比達海之夙成,馮秉健笑曰:'新羅花郎之號,絕勝理學先生。芬人齒頰,明陸瓊臺,天資高邁,年纔弱冠,會講東林,摳衣趨隅,立弟子之列者,一朝八百人。'"

一日,朴趾源與初彭齡遊明因寺。《熱河日記·盎葉記》載:"聞明因寺有僞蜀王衍時貫休所畫十六羅漢像,奇奇怪怪,不類世間所傳,思欲一觀。座有初翰林彭齡,亦同余思,遂約日共車至寺。寺在正陽門外三里河東畔,不甚宏麗。祇有一僧,病咳且甚頑鄙,牢諱此畫,且不許遊覽。初太史向僧再三叩懇,而僧頑賴轉甚,不肯舉頭應答,良久,厲聲叱之。初赧然而退,殊甚敗意,引余同歸,歷護國寺。"

翰林庶吉士王晟詳細告知朴趾源班禪始末、西番始末和自己家世等。《熱河日記·班禪始末》載:"班禪額爾德尼,西番烏斯藏大寶法王。……翰林庶吉士王晟嘗爲余言其始末如此。晟家寧夏,本蔡氏子。自言其叔父嘗販茶,數往來徼外,習番事,且王氏世世西陲吏目。晟自其幼時,頗詳烏斯諸藏始末。晟今年初,生平始入京師。四月中會試第幾名,殿試中十三名,博洽經史,強記絕人。偶逢余琉璃廠中,察其意,頗自爲奇遇。且其初來京師,交遊未廣,不識忌諱。明日,訪余天仙廟,語番僧事甚詳。筆語如流,頗示博雅,然考據史傳,此似爲實錄。"

[庚子]是年,於北京,朴趾源與徐璜、陳庭訓經常交遊。

朴趾源曾向他們問及班禪之事。《熱河日記·班禪始末》載:"既還燕,日與俞黃圃(世琦)、陳立齋(庭訓)諸人遊,而諸人者未嘗一言及班禪。即余有所詢，輒曰：'有元明間已例。'又曰：'吾輩所不能詳。'竟莫肯一言。"《熱河日記》中記載的他們之間的交遊事迹還有：

"八月初三日己酉，晴。日出後，……驅車至楊梅書街，偶上六一樓，逢俞黃圃少話。徐文圃（璜）、陳立齋在座，皆佳士，約選日會此"。（《關内程史》）

朴趾源曾向徐璜詢問自己所買墨的品質。"墨凡四匣，一匣十二笏，價銀一百三十兩。……今余親至廠中，覓得兩函，精巧殆非人手造成。余問價于徐文圃璜，則答'墨非絶品，且第次中舊闕二笏，故久不能售，然價猶不下六十兩銀'云"。（《銅蘭涉筆》）

徐璜曾告訴朴趾源藏書闢蠹、養筆方法。"徐璜爲余言藏書闢蠹方：以寒食麵和臘雪水爲糊，裝潢則不蠹，以皂莢末置書中則不蠹，此方出宋王文憲。養筆方：以硫黄湯舒其毫。蘇東坡以黄連煎水，調輕粉蘸筆頭，候乾收之。黄山谷以川椒、黄蘗煎湯染筆藏之，尤佳"。（《銅蘭涉筆》）

[庚子]是年，於熱河太學，朴趾源與王民皞相識並交遊。王民皞，《熱河日記·傾蓋録》載："號鵠汀。江蘇人也，時年五十四。爲人淳質少文。去年創承德府太學，一如皇京。今年春，功告訖，皇帝親釋菜。王君以舉人，方藏修此中。"交流事迹如下：

八月初九日，朴趾源於熱河太學逢王民皞，相識並與之交談，内容主要涉及朝鮮地域概況、歷史風俗等。（《太學留館録》）

初十日，朴趾源又與王民皞，郝成談，涉及東科舉之制、婚嫁之典、兩國衣冠之制、喫烟習俗等。（《太學留館録》）

十一日，朴趾源又訪王民皞，"鵠汀出示《〈球亭詩集〉序》一首，文未能佳，而通篇全述康熙及今皇帝盛德大業，比隆堯、舜，太繁絮矣"。（《太學留館録》）

"十四日庚申，晴。三使未明赴闕，獨自爛宿。朝起，訪尹亨山。轉訪王鵠汀，遂與之入時習齋閲樂器"，王鵠汀告訴其樂器保藏甚難。(《太學留館錄》)從時習齋回來後,在尹嘉銓寓所進行詳細筆談,時王民皞在座。論古今樂律、歷代治亂等。(《忘羊錄》)"夕飯後,王鵠汀送學徒小兒持小紅紙帖來,書'王民皞請燕岩朴老先生替勞,轉買一丸清心、天銀二兩。'余(筆者按,指朴趾源)還其銀,即送二丸真藥"。是夜,與王民皞告別,"鵠汀流涕曰:'千古訣別,秖在此宵,況奈來夜月明何?'"(《太學留館錄》)

《熱河日記》記載兩人在熱河的交往事迹還有:

一日,朴趾源問王民皞今年四月不赴會試原因。(王民皞)曰:"年老矣。白頭荆圍,士之恥也。"一日,王民皞請朴趾源共飯。(《傾蓋錄》)

一日,朴趾源與郝成談活佛照膽鏡、活佛來歷等時,王民皞引鄒生來訪。雙方有筆談,語涉儒釋同異。(《黃教問答》)

一日,朴趾源與王民皞在尹嘉銓寓所交流,時尹嘉銓在座而時時睡。交談語不詳。《鵠汀筆談》載:"昨日語尹公所,不覺竟日。尹公時時睡,以頭觸屏。余曰:'尹大人倦矣,請退。'鵠汀曰:'睡者睡,語者語,不相干。'尹公微聞其語,向鵠汀數轉云云。鵠汀首肯,即收談草,揖余同出。"(《鵠汀筆談》)

一日,"(朴趾源)赴鵠汀,明燭而語。郝都司成相會,而尹公曉已赴朝也。且飯且語,易數三十紙,自寅至酉,凡八時,而郝公晚會先罷"。此次筆談內容非常豐富,語涉月亮世界、地圓地轉之説,以中國爲中心的華夷之説,曆法、天主教等。(《鵠汀筆談》)

一日,朴趾源取一滿族老章京畫的並寫有滿字的路程圖給王民皞辨識,"鵠汀亦不能解"。(《口外異聞》)

一日,朴趾源告訴王民皞高麗慕華之誠,有云:"殊不知高麗慕華之誠,出於赤心,爲遼、金所牽制,不能一心事宋,此高麗列朝至恨。每得宋之士大夫文字,則焚香敬讀。如此悃愊,未能見暴,徒爲中土士大夫所鄙外,足爲寒心。"(《銅蘭涉筆》)

一日,朴趾源聽聞王民皞"贊清建國一王之制曰'外三王而內

二教'"。王民皡贊語不詳。(《銅蘭涉筆》)

一日,朴趾源書授治痢、瘧、瘦等藥方給王民皡。藥方詳見《金蓼小鈔》附。(《金蓼小鈔》)

[庚子]是年,於熱河,朴趾源與旗下王羅漢相識並有交流。《熱河日記·口外異聞》載:"有老學究曰王鵠汀者,教授民家小兒胡三多,年十三。復有旗下王羅漢者,年方七十三,較三多爲先甲戌生,講義於鵠汀。"故,朴趾源與王羅漢相識,似應在王民皡處。一日,朴趾源取一滿族老章京畫的並寫有滿字的路程圖給王民皡辨識,"鵠汀亦不能解"。朴趾源"以示王羅漢,羅漢曰:'吾雖知之,漢字翻謄則難,俺鄰舍有奉天人來客者,似當識此路。明日問諸此人,詳録以來也。'因納紙懷中而去,明日果爲詳録而來"。(《口外異聞》)

[庚子]是年,於熱河太學,朴趾源與郝成相識,有交遊。郝成,《熱河日記·傾蓋録》載:"郝成,歙人也。字志亭,號長城。見任山東都司。雖武人乎,博學多聞。身長八尺,紫髯炯眸,骨相精緊。與余語,晝夜不倦。所著書皆詩話。"

八月初十日,朴趾源與王民皡、郝成談,涉及朝鮮科舉之制、婚嫁之典、兩國衣冠之制、喫烟習俗等。(《太學留館録》)

"十一日丁巳,……小飲郝志亭所。是夜月益明(話載《黃教問答》)"。(《太學留館録》)兩人語涉活佛照膽鏡、活佛來歷等。(《黃教問答》)

十四日,朴趾源欲夜別郝成,不遇。《太學留館録》載:"十四日庚申,晴。……往志亭所,志亭出他宿,極可悵惜。"

《熱河日記》記載兩人在熱河的交往事迹還有:

一日,朴趾源與郝成筆談熱河到北京里程。"熱河……且其山水勝景逾於燕京故……今我使倉卒被詔,晝夜兼行,五日始達。默計途程,已非四百餘里。及入熱河,與山東都司郝成論程里遠近。成亦初

至熱河者,成言大約口外去京師七百餘里"。(《漠北行程錄》)

一日,朴趾源又與郝成筆談,内容主要涉及鄒生之狂、朝鮮寢墓之制、喇嘛、天子萬年樹等。(《黃教問答》)

一日,"(朴趾源)赴鵠汀,明燭而語。郝都司成相會,而尹公曉已赴朝也。且飯且語,易數三十紙,自寅至酉,凡八時,而郝公晚會先罷"。語涉月亮世界、地圓地轉之説、以中國爲中心的華夷之説、曆法、天主等。(《鵠汀筆談》)

一日,朴趾源與郝成筆談,贊其"雖從弓馬出身,掌故甚嫺,筆翰流麗,雖宿學耆儒,當鮮與儔"。郝成向其介紹了中國自古出儒將的傳統,尤其推從感繼光,云:"其將才可及,詩才不可及。"(《避暑錄》)

一日,郝成請得金尚憲數篇佳作。朴趾源曰:"僕原未有誦,此來有清陰先生六代孫履度別章。"郝成大喜曰:"又是奇事。"朴趾源出示之,郝成諷咏再三。其後入録其所抄《榕齋小史》。(《避暑錄》)

[庚子]是年,朴趾源於熱河與尹嘉銓相識並交遊。尹嘉銓,《熱河日記·傾蓋錄》載:"直隸博野人也(古趙地),號亨山。通奉大夫、大理寺卿致仕,時年七十。……工詩,善書畫,詩多載於《正聲詩删》。纂《大清會典》時,翰林編修官。"又,徐世昌編,聞石點校《晚晴簃詩匯》卷六八載:"字亨山,博野人。雍正乙卯舉人,歷官大理寺卿。有《偶然吟》。"另有《隨五草》十卷。

八月初九日,朴趾源入寓熱河太學,與中國學者尹嘉銓相識,並有筆談。《太學留館錄》載:"秋八月初九日乙卯,巳時入寓太學。……有一老人脱帽踞椅而坐。見余,下椅迎勞曰:'辛苦。'余答揖坐定,老人問余官居幾品,余對以'秀才觀光上國,從三從兄大大人來'。中國人稱正使曰大大人,副使曰二大人也。詢余姓名,書示之。又問:'令兄大人尊名、官職、階品?'對以'名某,一品,駙馬,内大臣'。又曰:'令兄大人翰林出身乎?'對曰:'否也。'老人出一片紅紙刺,示之曰:'鄙人是也。'右旁細書'通奉大夫、大理寺卿致仕尹嘉銓'。"時奇豐額、王民皞在座。雙方相與交談,內容涉及朴趾源出身、朝鮮地域概況、《詩綜》小傳訛謬等。

初十日,飯後朴趾源訪尹嘉銓,尹公、奇公向其打聽傳說中朝鮮留存《樂經》、《顏夫子書》二書的情況。(《太學留館錄》)

"十一日丁巳,晴。……歸館,食時猶遠矣。歷尹亨山所,赴班矣"。(《太學留館錄》)

"十四日庚申,晴。三使未明赴闕,獨自爛宿。朝起,訪尹亨山。轉訪王鵠汀,遂與之入時習齋閱樂器"。與尹嘉銓交流語不詳。(《太學留館錄》)從時習齋回來後,在尹嘉銓寓所進行詳細筆談,時王民皞在座。論古今樂律、歷代治亂等。尹嘉銓蒸全羊,為朴趾源專設。筆談語載於《忘羊錄》。

"黃昏時,皇旨令使臣撥還皇城",朴趾源"別尹亨山。亨山拭淚曰:'吾年老,朝暮草露。先生方盛齡,設再至京裏,當不無此夜之思。'把杯指月曰:'月下相別,他日相思萬里,見月如見先生也。觀先生飲戶能寬,且應壯歲好色,願從今從戒入丹。敝十八回京,先生伊時若未還國,情願再得相訪。東單牌樓第二衚衕第二宅,門首有大卿扁第,即是鷦栖。'遂握手而別"。(《太學留館錄》)

朴趾源回到北京後,未與之相逢。《傾蓋錄》載:"余還燕,聽之物議,時人方之白傅。時扈駕易州,久不還,竟未相逢。"

《熱河日記》記載兩人在熱河的交往事跡還有:

一日,尹嘉銓送己撰《九如頌》給朴趾源。《傾蓋錄》載:"送余《九如頌》一本,蓋已自刊印。"

一日,尹嘉銓送書扇給朴趾源。《傾蓋錄》載:"一日,篋中出一扇,即席為怪石叢竹,題五絕於其上以與余。又書柱聯。"(《傾蓋錄》)

一日,朴趾源夕訪尹嘉銓,問"法王投胎何異輪回","黃教乃黃老之道耶,抑亦黃白飛升之術耶"等問題。尹嘉銓一一作出詳細回答。(《黃教問答》)

一日,朴趾源在王民皞寓所筆談,筆談語載於《鵠汀筆談》。後尹嘉銓"自班出,直至談所",時王民皥在座。尹嘉銓與朴趾源有筆談,尹嘉銓指出:王民皥云"漢興無慚德,可興禮樂,説得非是"。雙方又言及白登奇計,廣州佛山一老諸生黄章應試,雙方遊千山之事,金昌業見李光地之事,朴趾源著書等。(《鵠汀筆談》)

一日,朴趾源向尹嘉銓詢問熱河酒樓壁上的兩首詩作者爲誰。《避暑録》載:"熱河酒樓,繁華不減皇京,壁上多名人書畫。流霞亭題:'功名富貴兩忘羊,且盡生前酒一觴。多種好花三百本,短籬風雨四時香。'又飲翠裘樓,……其詩:'致主初心陋漢唐,暮年身計落農桑。草烟牛迹西郊路,又卧旗亭送夕陽。'兩詩不知何代誰作,而臨風一咏,令人感慨。俱書扇面,歸問尹亨山,則俱以名對,而余又忘之。"(《避暑録》)

一日,尹嘉銓向朴趾源詢問他與高麗朴寅亮的關係,還告訴其康熙年間,有朴雷,也是朝鮮人,並指出"今大清中外一家,俱無青唇之嫌"。朴趾源不解"青唇之嫌"典故。尹嘉銓引《澠水燕談録》中的記載進行解釋。(《避暑録》)

一日,"尹卿出黑紙小箋,畫竹石,乳金書'緑竹瞻君子,卷阿矢德音。揮毫開便面,握手得同心'。下方書'尹嘉銓題,時年七十'"。(《避暑録》)

一日,朴趾源與奇豐額、尹嘉銓談,奇豐額出《昭代叢書》,把尤侗悔庵著《外國竹枝詞》中朝鮮條文字給朴趾源看。朴趾源把其中錯誤一一加以辨正。後朴趾源向尹嘉銓打聽"當世詩人海内稱首者",尹嘉銓介紹了太史袁枚,並書示其《博浪城》詩:"真人采藥走蓬萊,博浪沙連望海臺。九鼎尚沉三户起,六王纔畢一椎來。虎龍有氣黄金盡,山鬼無聲白璧哀。大索十日還撒手,如君終古盡奇才。"(《避暑録》)

一日,朴趾源把潘庭筠撰《次王秋史寒柳》四首詩歌給尹嘉銓諸公看,諸公"莫不感傷揮涕"。(《避暑録》)

一日,尹嘉銓告訴朴趾源"山東偏産麒麟"。《銅蘭涉筆》載:

"尹亨山云'山東偏産麒麟。康熙朝四,皆牛産。雍正時五,牛産二,豕三。當寧聖朝五,蜀、閩、浙、河南兩歲内皆牛産,而一則豕産直隸良鄉'云。"(《銅蘭涉筆》)

一日,朴趾源向尹嘉銓詢問在中國可以購買的醫書。尹嘉銓舉《小兒經驗方》、《收露方》、《金陵瑣事》、《茗翡草木注》、《橘翁草史略》等醫書向其介紹。(《金蓼小鈔》)

[庚子]是年,於熱河,朴趾源與敬旬彌相識,並有交流。敬旬彌,《熱河日記·傾蓋錄》載:"敬旬彌,字仰漏,蒙古人也。見任講官。年三十九。……同寓六日,未嘗一參談筵。無論滿漢,莫不與人款曲,而獨其爲人頗似簡傲。"《熱河日記》記載兩人交流事迹有:

一日,敬旬彌與朴趾源筆談,詳細告訴朴趾源黃教來歷和發展,有僧名道實之論。朴趾源聽聞後,有疑惑,向其詢問:"天聰距中明可百餘年,今距天聰又百餘年。以一人而常住至今耶,抑投胎四世而常襲其一名耶?""所謂胡圖克圖者,又誰弟子也?""國王之師善言禪理者,又指誰也?"等,"旬彌皆不對,竟爲他語"。(《班禪始末》)又,《黃教問答》亦載:"仰漏者,蒙古人敬旬彌字。與余言,有僧名道實之論。"

[庚子]是年,於熱河太學,朴趾源與鄒舍是相識,有筆談。鄒舍是,《熱河日記·傾蓋錄》載:"鄒舍是,山東人也,舉人,與王鵠汀藏修太學中。時皇京有重會,藏修之士七十人盡赴京師,而獨王、鄒兩生未赴也。爲人多慷慨,不避忌諱。形貌古怪,舉止粗厲,人皆目之以狂生,多厭之者。"

朴趾源與鄒舍是相識,緣於王民皥引薦。一日,朴趾源與郝成談活佛照膽鏡、活佛來歷等時,王民皥引鄒生來訪。"王舉人書吾(筆者按,指朴趾源)姓名字號,示鄒舉人"。兩人有詳細筆談,主要圍繞儒釋同異展開。朴趾源稱"鄒生容貌磊砢,言辭放蕩,似譽似嘲,變幻譎詭,全事侮弄"。(《黃教問答》)

［庚子］八月初九日，於熱河太學，朴趾源與奇豐額（號麗川）首次見面。《熱河日記·太學留館錄》載："秋八月初九日乙卯，巳時，入寓太學。……有一人曰：'弟亦朝鮮人也，賤名奇豐額，中庚寅文魁，見任貴州按察使。'"時尹嘉銓、王民皞在座。相與交談，內容涉及朴趾源出身、朝鮮地域概況、《詩綜》小傳訛謬等。後，朴趾源與奇豐額經常往來，《熱河日記·避暑錄》載："麗川所居與余所寓對户。余欲往晤亨山，則必經奇户，故必先歷奇。"

十三日，朴趾源夜訪奇豐額，筆談至深夜。《熱河日記·太學留館錄》載："十三日己未，曉，少灑雨，朝快晴。……及夜訪奇公……復設蔬果各二器，燒酒一注子，細酌穩話。（話載《黄教問答》）鷄已二唱，乃罷還寓。"兩人筆談內容詳細，朴趾源大力倡導"地轉說"，兼議月亮世界而奇公表達對班禪的看法等。

朴趾源與奇豐額交遊事迹還有：

一日，朴趾源把朝鮮友人羅仲興詩作《偶成》、《不寐》、《午枕》給奇豐額看，奇大加稱賞曰："蒼健沉鬱，其格力真似老杜云。"又曰："固多名句，而間不成律云。"（《避暑錄》）

一日，朴趾源偶舉季文蘭詩"椎髻空憐昔日妝，征裙換盡越羅裳。爺娘生死知何處？痛哭春風上瀋陽"，語之奇豐額。奇潸然泪下，問榛子店在於何處。朴趾源曰："在山海關外。"奇即題一絕曰："紅妝朝落鑲黃旗，笳拍傷心第五詞。天下男兒無孟德，千金誰贖蔡文姬？"（《避暑錄》）

一日，朴趾源與奇豐額、尹嘉銓談，奇豐額出《昭代叢書》，把尤侗悔庵著《外國竹枝詞》中朝鮮條文字給朴趾源看。朴趾源把其中錯誤一一加以辨正。（《避暑錄》）

一日，奇豐額告訴朴趾源"有一山東布司苦乏廉聲"之事，朴趾源以爲其意指尹嘉銓，感覺"滿漢仇疾"。（《避暑錄》）

一日，"（朴趾源）語奇貴州、陸飛書畫之工"。奇曰："這是凡蟲。"朴趾源以爲"蓋亦杭州風之謂也。北人之憎嫉南士類此"。

(《避暑録》)

一日,朴趾源訪奇豐額。奇豐額出示四川御史端禮詩七絶五十首(咏皇賜孔雀羽詩),請朴趾源批評。朴趾源自云"不欲露拙,竟辭焉"。奇豐額又出示尹嘉銓一律,評其云"此公政事糊塗,大類其詩"。(《黄教問答》)

一日,"麗川散步明倫堂",逢朴趾源,請其喝御賜荔汁。(《黄教問答》)

一日,朴趾源與奇豐額談論奇豐額帽檐上的東珠。(《黄教問答》)

十四日,"(朴趾源)夜别奇麗川。麗川言:'十八日發熱河,二十五日入京,六日、七日、八日歷辭,九月初六日上先墓,九日還家,十一日當發貴州之行,前一日當在家專等尊駕。'"(《太學留館録》)

後,朴趾源從熱河回到北京,"尋其家爲别"。(《傾蓋録》)

[庚子]是年,朴趾源在熱河與王三賓相識,有交流。《傾蓋録》載:"王三賓,閩人也,年二十五。似是尹亨山傔從也,或奇麗川僕也。貌美而能解書,工畫。"王三賓曾告訴朴趾源"藤汁膠石",云:"滇黔中有續石藤,名羊桃藤。取汁膠石,山中架空造梁,雖數十丈,聯續不斷,如糊紙膠板然,黔人呼黏石膠云。"朴趾源認爲"其言殊極荒唐"。(《口外異聞》)

[庚子]是年,朴趾源於熱河太學與汪新相識,並有一次筆談。《傾蓋録》載:"汪新字又新,浙江仁和人也。見任廣東按察使。聞余姓名於麗川,約麗川訪余來也。相晤麗川座,一見輒傾倒如舊。"兩人有筆談,朴趾源向其詢問吴穎芳、陸飛近况。筆談語載於《傾蓋録》。"(汪新)約再明再來極歡","次日,汪送傔申囑,明日切勿他駕,相等"。"(朴趾源)明日遽發還燕,不復相見"。(《傾蓋録》)

[庚子]八月十四日,於熱河,朴趾源與汪新管幹屢一旺相逢,有交流。屢一旺替汪新申囑明日與朴趾源相約之事。朴趾源問其姓名,其云:"俺江蘇人,姓屢,賤名一旺,號駕圩。從汪老爺入廣東。"屢一旺向朴

趾源詢問"先生離貴國幾歲","貴國皇上元號云何","貴國豈非中國對頭的天子麼","那得寬永、常平年號"等,朴趾源一一作答。朴趾源評其人"貌雖豐雅而似無知識者"。(《太學留館錄》)

［庚子］是年,於熱河一酒樓,朴趾源與蒙古人破老回回圖相識,並有詳細筆談。《熱河日記·黃教問答》載:"一日,自闕下獨步歸。偶登一樓,樓上獨有一人,方飯。見余,捨箸,如逢舊識,降椅笑迎握手,請坐其椅,自拖他椅對坐。各書姓名,及見其名,乃破老回回圖,字孚齋,號華亭,職居講官。"《熱河日記·傾蓋錄》亦載:"破老回回圖,蒙古人也。字孚齋,號華亭。見任講官,年四十七,康熙皇帝外孫。身長八尺,長髯鬱然,面瘦黃骨立,學問淵博。余遇之酒樓中。爲人頗長者。"兩人在酒樓有詳細筆談,朴趾源向其打聽博明、潘庭筠二人,破老回回圖詢問朝鮮崇何教等。兩人並就"吾道"二字、因果與輪回之異展開論辯。

［庚子］是年八月,朴趾源在熱河與禮部尚書曹秀先相識,並有筆談。曹秀先(1708—1784),《熱河日記·傾蓋錄》載:"曹秀先,江西新建人也,字地山。見任禮部尚書,年可六十餘。昨日,余隨使臣見曹朝房。"有《依光集》。

一日,朴趾源偶至熱河關侯廟,與曹秀先相逢,並有筆談,曹向其詢問朝鮮選舉制度,大比之科取幾人,試取者何樣題目。未久,曹因公幹外出。朴趾源云:"余既還,燕中原士大夫多譽曹公地山先生,文章學問當世冠首,以比歐陽永叔。張廷玉纂修《明史》,曹亦參史局,蓋舊人也。"(《傾蓋錄》)

［庚子］是年,於熱河,朴趾源與鴻臚寺少卿趙光連在觀看幻戲時有交流。

雙方談了對幻戲觀感。朴趾源認爲"目之不可恃其明也"。趙光連指出:"自古神聖愚凡,莫不有一番不可知之事。或有嗜瘖痂者,或有好驢鳴者。雖謂之幻,可也;雖謂之性,亦可也。幻之爲術

也,雖千變萬化,無足畏者。天下有可畏之幻,大奸之似忠也,鄉願之類德也。"(《幻戲記》)

［庚子］是年,户部主事湖州人徐大榕有詩贈朴趾源。

詩云:"海外傳經名父子,閉門終日在山中。平生遠愧徐陵筆,不羨珊瑚作架紅。"(其二)"二銘他日爲工書,遠寄天涯定不虛。野鶩家鷄休竊笑,不才年少亦相如。"其自注曰:"時因行期已促,不能爲作小楷,故暫浼舍表弟書之。底草今存,當更寄也。寄贈燕岩足下並粲,陽湖愓庵徐大榕草。"(《避暑録》)

［庚子］是年,於北京五龍亭,朴趾源遇杭州人陸可樵、李冕。

朴趾源《熱河日記・黄圖紀略》載:"余與杭州人陸可樵、李冕相遇於五龍亭。"具體交流事迹不詳。

［庚子］是年,於北京,歐陽助教録國子監内外學舍之制給朴趾源。

朴趾源《熱河日記・謁聖退述》載:"昨有歐陽助教者,録示國子監内外學舍之制。"國子監内外學舍之制詳載於《謁聖退述・學舍》篇。

［庚子］是年,"(朴趾源)"還入塞時,與一客語長城下,詢西番事。客對曰:'西番,故吐蕃地也。奉藏教,亦名黄教。本自其國俗然也,非另立僧名,而中國人謂之僧,其實大異佛教。目今中國佛教廢久矣。'"(《班禪始末》)

附　錄

附 録

表1：十八世紀參與中朝文人交流的清朝南方人士一覽表

序號	人名	籍貫	身份	中朝文人交流事迹載録書
1	祝愷	江南人	書生	姜鋧《看羊録》
2	年羹堯	鳳陽府懷遠縣人	進士	《肅宗實録》卷四十七
3	潘德興	浙江紹興府山陰縣人	禮部序班	閔鎮遠《燕行録》、金昌業《老稼齋燕行日記》卷三
4	周仲章	南方人	禮部序班	閔鎮遠《燕行録》
5	丁含章	南方人	貢生	同上
6	郭朝瑞	南方人	吴三桂幕僚	金昌業《老稼齋燕行日記》卷一
7	釋崇慧	福建人	僧人	同上
8	王之啓	浙江紹興府山陰縣人	門館先生	金昌業《老稼齋燕行日記》卷四
9	楊澄	浙江紹興府餘姚人	趙華之師	同上
10	郭垣	江西南昌人	郭朝瑞之子	金昌業《老稼齋燕行日記》卷六
11	劉弘虚	廣東南海縣人	道士	同上
12	錢兆豫	江南常州府人	文士	趙榮福《燕行日録》
13	蔣晨	江南人	吴三桂幕僚	李器之《一庵燕記》卷一
14	萬天衡	江西人	商賈	李器之《一庵燕記》卷二

續表

序號	人名	籍貫	身份	中朝文人交流事迹載錄書
15	陳浩	貴州人	豐潤知縣子	李器之《一庵燕記》卷三
16	陳法	貴州人	翰林院檢討官,陳浩之兄	同上
17	王墦	浙江人	畫師	同上
18	陸光岳	湖廣人	虞甫館客	李器之《一庵燕記》卷四
19	黃德	江南上元人	翰林教習	李健命《寒圃齋使燕行日記》
20	張偉烈	江南人	舉人	李匡德《冠陽集》卷一
21	凌春	江南人	進士	同上
22	黃觀清	廣東人	太學諸生	南泰齊《椒蔗錄》
23	郭俊	湖南人	太學諸生	同上
24	龍煜岷	四川人	翰林庶吉士	同上
25	黃鴻閣	江西人	太學諸生	同上
26	金德瑛	浙江仁和人	禮部左侍郎	徐命臣《庚辰燕行錄》
27	任思南	浙江人	畫師	同上
28	張元觀	浙江永嘉人	國子監助教	同上

續表

序號	人名	籍貫	身份	中朝文人交流事迹載錄書
29	吴山源	江蘇蘇州人	文士	李商鳳《北轅録》卷二
30	潘相	湖南安鄉人	國子監琉球官學教習	李商鳳《北轅録》卷四
31	胡少逸	泰州人	舉人	同上
32	金仁	浙江人	秀才	李商鳳《北轅録》卷五
33	金義	浙江人	秀才	同上
34	任烺燿	浙江紹興人	秀才	同上
35	莫如爵	江南江寧縣人	貢生	李基敬《飲冰行程曆》
36	孟毓衡	江南徐州府蕭縣人	拔貢生	同上
37	宋時憲	四川順慶府營山縣人	拔貢生	同上
38	趙標	廣東人	歲貢生	同上
39	嚴秉鋼	四川人	優貢生	同上
40	冉芳譽	四川順慶府南充縣人	貢生	同上
41	孟毓衡	江南徐州府蕭縣人	拔貢生	同上
42	宋時憲	四川順慶府營山縣人	拔貢生	同上

續表

序號	人名	籍貫	身份	中朝文人交流事迹載錄書
43	張元覬	浙江人	學官	李懿顯《燕行日錄》
44	嚴誠	浙江仁和人	舉人	朱文藻編《日下題襟集》
45	潘庭筠	浙江錢塘人	舉人(後,進士)	朱文藻編《日下題襟集》,李德懋《入燕記》等
46	陸飛	浙江仁和人	舉人(後,進士)	洪大容《乾浄衕筆談》
47	葛姓文人	四川人	文士,武侯三十餘世孫	洪大容《湛軒燕記・葛宜人》
48	周應文	西江人	監生	洪大容《湛軒燕記・蔣周問答》
49	嚴果	浙江錢塘人	舉人	朱文藻編《日下題襟集》
50	徐光庭	浙江錢塘人	舉人	藤塚鄰鈔校《燕杭詩牘》
51	朱文藻	浙江仁和人	諸生	同上
52	許兆椿	湖北雲夢人	翰林庶吉士	嚴璹《燕行錄》
53	平恕	浙江山陰縣人	翰林庶吉士	同上
54	鮑紫卿	浙江杭州人	文士	李德懋《入燕記》,蔡濟恭《樊岩集》卷一三
55	沈潚	蘇州府人	秀才,塾師	李德懋《入燕記》
56	查祖馥	浙江海寧人	祝德麟之外甥	同上

续表

序号	人名	籍贯	身份	中朝文人交流事迹载录书
57	馬照	浙江人	諸生	同上
58	沈心醇	浙江海寧人	舉人	李德懋《入燕記》
59	陶正祥	南方人	五柳居書商	柳得恭《燕臺再遊錄》
60	張燮	江南人	秀才	柳得恭《並世集》卷一
61	孫鎬	江南人	秀才	同上
62	周厚轅	江西人	翰林庶吉士	柳得恭《並世集》卷二
63	莊澤珊	江南常州人	中書舍人	同上
64	莊曾篤	江南常州人	文士（莊澤珊弟）	同上
65	阮元	江蘇儀徵縣人	進士	柳得恭《灤陽錄》卷二
66	張經由	湖南長沙人	漢中書	同上
67	李龥蒙	四川綿竹人	文商	朴趾源《熱河日記·盛京雜識》
68	吳復	浙江杭州人	文商	同上
69	胡洞恒	浙江人	文士	朴趾源《熱河日記·關內程史》、朴長馣《縞紵集》下，卷一
70	胡應權	蘇州人	文商	朴趾源《熱河日記·關內程史》

续表

序號	人名	籍貫	身份	中朝文人交流事迹載錄書
71	沈由朋	蘇州人	文商	同上
72	王民皡	江蘇人	舉人	朴趾源《熱河日記·傾蓋錄》
73	王三賓	福建人	似是尹嘉銓傔從	同上
74	汪新	浙江仁和人	廣東按察使	同上
75	曹秀先	江西新建人也	禮部尚書	同上
76	廖一旺	江蘇人	汪新管幹	朴趾源《熱河日記·太學留館錄》
77	陸可樵	杭州人	文士	朴趾源《熱河日記·黃圖紀略》
78	李冕	杭州人	文士	同上
79	徐大榕	湖州人	户部主事	朴趾源《熱河日記·避暑錄》
80	戴衢亨	江西人	翰林院修撰	洪良浩《耳溪集》卷一六
81	方維翰	江南人	文士	洪羲周《淵泉集》卷三五
82	盧烜	浙江人	舉人	金正中《燕行錄》
83	俞蛟	浙江山陰人	文士	俞蛟撰,駱寶善校點《夢廠雜著》
84	狄翔	江南人	文士	《正祖實錄》卷一九

附錄　　　　　　　　　　　　　　　　　　　　　　　　　　　　　　865

續表

序號	人名	籍貫	身份	中朝文人交流事迹載録書
85	戴均元	江西人	翰林學士	同上
86	陳木	浙江錢塘人	國子監助教	沈樂洙《燕行日乘》
87	虞友光	江蘇金壇人	國子監助教	同上
88	虞友光兄	江蘇金壇人	文士	同上
89	虞友光父親	江蘇金壇人	文士	同上
90	趙懷玉	江蘇武進人①	舉人	趙懷玉《亦有生齋集·詩》卷九
91	戴心亭	江西大庾人	進士	《同文神交》
92	林彙	楚人	文士	朴長馣《縞紵集》上，卷一
93	李鼎元	四川綿州人	進士	同上
94	李驥元	四川綿州人	進士	同上
95	李調元	綿州羅江人	進士	同上
96	祝德麟	浙江海寧人	進士	同上
97	唐樂宇	四川綿竹人	進士	同上

① 趙爾巽等撰《清史稿》卷四八五《文苑二》載："字億孫，武進人。尚書申喬四世孫。乾隆中召試舉人，授中書。"第13403頁。

續表

序號	人名	籍貫	身份	中朝文人交流事迹載錄書
98	蔡曾源	成都府崇寧縣人	進士	同上
99	彭元瑞	江西南昌人	進士	朴長馣《縞紵集》上·卷二
100	吳省欽	江蘇南匯人	進士	同上
101	吳省蘭	江蘇南匯人①	進士	同上
102	羅聘	江都廣陵人	畫家	同上
103	伊秉綬	福建寧化人	進士	同上
104	龔協	常州陽湖人	舉人	同上
105	汪端光	江蘇江都人②	進士	同上
106	孫星衍	常州武進人	進士	同上
107	洪亮吉	常州武進人	進士	同上
108	萬應馨	常州宜興人	進士	同上

① 吳省蘭是吳省欽弟,故亦爲江蘇南匯人。
② 王昶輯《湖海詩傳》卷三三有載:"汪端光,字劍潭,江都人。乾隆三十六年舉人,官廣西府同知。有《沙江》《晚霞》《才退》諸集。"清嘉慶刻本。

續表

序號	人名	籍貫	身份	中朝文人交流事迹載錄書
109	馮應榴	浙江桐鄉人	給事	同上
110	江德量	江蘇儀徵人	進士	同上
111	陸費墀	浙江桐鄉人①	進士	同上
112	宋鳴珂	江西奉新人	刑部主事	同上
113	吳廷燮	江蘇如皋人	廩貢生②	同上
114	吳照	江西南城人	文士	同上
115	蔣和	江蘇金壇人	舉人③	同上
116	張周陶	四川遂寧人	進士	同上
117	熊方受	廣西永江人	翰林庶吉士	同上

① 法式善輯《清秘述聞》卷一六有載："編修費墀，字丹叔，浙江桐鄉人，丙戌進士。"法式善等撰，張偉點校《清秘述聞三種》，中華書局，第486頁。
② 阮元《淮海英靈集》丁集卷四有載："吳廷燮，字調玉，號梅原，如皋廩生。著有《楓香閣集》一卷，《白下集》一卷，《癡餘集》二卷。"清嘉慶三年小琅嬛仙館刻本。
③ 周中孚《鄭堂讀書記》卷四八子部八之上有載："(蔣)和，字仲叔，金壇拙老人孫，初充三通館校錄，復修《四庫》書，得欽賜舉人。"民國十年刻《吳興叢書》本。

續表

序號	人名	籍貫	身份	中朝文人交流事迹載錄書
118	石韞玉	(江蘇)長洲人	進士	同上
119	蔣祥墀	湖北人	翰林庶常	同上
120	曾燠	江西南城人	進士	同上
121	曹振鏞	安徽歙縣人	翰林學士	同上
122	嵇承謙	江蘇無錫人①	知縣	同上
123	章煦	浙江錢塘人	進士	同上
124	莊復日	常州府武進縣人	中書舍人	同上
125	王肇嘉	松江府青浦縣人	侍郎王昶子	同上
126	錢東壁	江蘇嘉定人②	詹事錢大昕子	同上
127	潘有爲	廣東番禺人	內閣中書候選道	同上
128	孫衡	浙江仁和人	兵部尚書孫士毅子	同上

① 王贈芳等修,成瓘等纂《(道光)濟南府志》卷三二載:"嵇承謙,字久之,號誠軒,江蘇無錫人,議敘。四十八年,由滋陽縣丞署任升泰安知縣,武定府同知,權東昌府知府,有傳。"清道光二十年刻本。
② 朴齊家有《題羅兩峰畫梅扇面,贈錢秀才東壁歸嘉定》詩,朴長馣《縞紵集》上,卷二,朴齊家撰、李佑成編《楚亭全書》下册,第104頁。

續表

序號	人名	籍貫	身份	中朝文人交流事迹載錄書
129	張伯魁	浙江海鹽人	甘肅平凉知府	同上
130	辛從益	江西萬載人	翰林庶吉士	同上
131	鄒登標	松江青浦人	文士	同上
132	王濤	江南人	文士	同上
133	蔡炎林	浙江湖州人	寧遠佐	同上
134	湯兆祥	江西廣信府貴溪人	文士	同上
135	湯潘	江西廣信府貴溪人①	文士	同上
136	周鄂	江南人	貴州學政	同上
137	陳希濂	浙江錢塘人	文士	同上
138	鄂時	江西臨川人	文士	同上
139	邵晉涵	浙江余姚人	進士	同上
140	陳尌	江西人	候選知縣	同上

① 朴長馣《縞紵集》上, 卷二載: "湯潘, 湯潘, 字价人, 號碩齋, 兆祥叔, 官户部主事。""湯兆祥爲江西廣信府貴溪人, 故湯潘亦爲江西人。朴齊家撰, 李佑成編《楚亭全書》下册, 第112頁。

續表

序號	人名	籍貫	身份	中朝文人交流事迹載錄書
141	楊紹恭	浙江山陰人	文士	同上
142	余國觀	揚州人①	初任滇南,後歸隱	同上
143	余維翰	揚州人②	文士	同上
144	周升桓	嘉善人	侍講	同上
145	湯錫智	蘇州人	國子肆業	同上
146	周有聲	湖南長沙人	中書舍人	同上
147	李橒焕	江西南城人	舉人	同上
148	程稜	安徽歙縣人	文士	同上
149	章學謙	江西南城人	文士	同上
150	符泰交	江西撫州府宜黃人	文士	同上
151	朱文翰	江南歙縣人	刑部主事	同上

① 俞蛟撰、駱寶善校點《夢廠雜著》卷七載:"余國觀,號竹西,其先揚州人,寄居宛平。竹西初任滇南,以病歸,病愈不復出,高鳳可挹矣。"第133頁。

② 朴長馣《縞紵集》上,卷二載:"余維翰,號大觀齋,竹西任。因余維翰爲余國觀族任,故亦爲揚州人。朴齊家撰、李佑成編《楚亭全書》下册,第113頁。

續表

序號	人名	籍貫	身份	中朝文人交流事迹載錄書
152	張問行	江西人	文士	同上
153	顧宗泰	江蘇元和人	中書舍人	同上
154	嚴蔚	吳縣人①	文士	同上
155	曹銳	休寧人	兵馬司指揮	同上
156	王學浩	江蘇崑山人	舉人	同上
157	嵇璜	長洲人	進士	徐浩修《燕行記》卷二
158	顧王臬	江南人	進士	趙秀三《燕行紀程》
159	程振甲	歙縣人②	進士	同上
160	言尚煒	蘇州人③	孝廉	同上
161	洪梧	江南歙縣人④	進士	同上

① 周中孚《鄭堂讀書記》卷一一經部六下載："《春秋内傳古注輯存》……國朝嚴蔚撰。蔚字豹人，吳縣人。"
② 徐康《前塵夢影錄》卷上有載："普田名（振甲），爲名進士。"田吳門，爲名進士，僑居吳門。
③ 李銘皖修，馮桂芬纂《（同治）蘇州府志》卷六十五有載："乾隆五十四年己酉恩科。""可見其爲蘇州人。清光緒九年刻本。
④ 法式善輯《清秘述聞》卷八有載："編修洪梧，字桐生，江南歙縣人，庚戌進士。"法式善等撰，張偉點校《清秘述聞三種》，第518頁。

續表

序號	人名	籍貫	身份	中朝文人交流事迹載錄書
162	言朝標	江蘇常熟人①	秀才	同上
163	江漣	江蘇江都人	中書舍人	趙秀三《秋齋集》卷首
164	沈彥輝	浙江山陰人	禮部序班	白景炫《燕行錄》卷三
165	朱景貴	浙江人	朱熹後代	金正中《燕行錄》
166	程嘉賢	江南人	書商	同上
167	胡寶書	廣東人	文士	同上
168	章姓,名不詳	浙江人	文士	同上
169	屠搏庵	湖北人	秀才	同上
170	卞雲龍	貴州仁懷人	進士	同上
171	葉大觀	福建羅源人	進士	同上
172	朱瑞樁	浙江海鹽人	進士	同上
173	傅姓者	江南人	文士	李在學《燕行記事》

① 朴長馣《縞紵集》上,卷三,朴齊家撰、李佑成編《楚亭全書》下册,第126頁。

附錄

續表

序號	人名	籍貫	身份	中朝文人交流事迹載錄書
174	朱承寵	安徽歙縣人①	侍讀	洪義俊《傳舊》卷二
175	蔣詩	浙江仁和縣人②	侍御	洪錫謨《陶厓詩集》卷一一
176	李雲	江南人	文士	徐有聞《戊午燕行錄》
177	葉登喬	江南人	文士	同上
178	周源	江南人	文士（李雲表弟）	同上
179	韓休	浙江人	文士	同上
180	陳淵	浙江山陰人	文士	同上
181	陳文述	浙江錢塘人③	文士	陳文述《頤道堂集·詩選》卷二
182	朱生	蘇州人	文士	金載瓚《海石遺稿》卷四
183	徐承緒	江蘇人	貢士	同上

① 阮元、延豐纂修《重修兩浙鹽法志》卷二四《商籍一》載："朱承寵，歙縣人，現官禮部郎中。"
② 洪顯周《海居齋詩抄》卷一載洪顯周《昨冬蔣秋吟（詩，仁和人）寄書蔣秋吟（詩，仁和人），贈以《三怡集》，蔣之婿溫孝廉寄七言長篇以示嘆服之意。故和其韻因附小札》詩，其中云蔣秋吟是仁和人。韓國首爾大學奎章閣藏本。
③ 朴長馣《縞紵集》卷三載："陳文述，字雲伯，錢塘人。朴齊家撰、李佑成編《楚亭全書》下册，第139頁。

表 2：十八世紀中朝文人筆談記錄一覽表

序號	朝鮮人名	清人名	筆談主要內容	時間地點	出處
閔鎮遠與清文人間的筆談：共 3 次。					
1	閔鎮遠	禮部序班潘德輿	蘭亭宴會、流觴曲水現狀。	1712年（壬辰）北京	閔鎮遠《燕行錄》
2	閔鎮遠	貢生丁含章	丁含章身世、天下形勢、朝鮮衣冠。	1712年（壬辰）薊州	同上
3	閔鎮遠	秀才王緯	閔鎮遠詢問"教授童幼，以何書爲先"。	1712年（壬辰）玉田縣	同上
金昌業與清文人間的筆談：共 14 次。					
4	金昌業	書生高陞	金昌業詢問其讀書目的、師從何人、父母兄弟情況、對朝鮮衣冠的感受、村中秀才情況等。	1712年（壬辰）小黑山察院	金昌業《老稼齋燕行日記》卷一
5	金昌業	張奇謨	金昌業向其詢問及中華古代衣冠、其祖先父母兄弟剃頭情況、對清人與漢人的看法、錦州海賊情況、滿人與漢人的結親情況等。	1712年（壬辰）十三山	同上
6	金昌業	秀才王俊公	1. 海賊平康王者作亂之事；2. 錦州四周山水及平康王被招安事。	1712年（壬辰）大凌河；1713年（癸巳）大凌河（兩次）	同上

續表

序號	朝鮮人名	清人名	筆談主要內容	時間地點	出處
7	金昌業	榮琛	金昌業詢問榮琛的姓名、年齡、家庭情况、封朝鮮衣冠的觀感、錦州地方海賊作亂情形、清廷太子被廢的原因、蒙古部落、太極捶子是否入貢等。	1712年（壬辰）榆關	金昌業《老稼齋燕行日記》卷二
8	金昌業	秀才康田	清朝和朝鮮科舉考試基本情况、朝鮮衣冠等。	1712年（壬辰）薊州	同上
9	金昌業	潘德輿	九門提督有罪伏法、皇上非儉樓乃愛財是實、錦州海賊出没、鹽子與遊子通婚等諸事。	1713年（癸巳）北京	金昌業《老稼齋燕行日記》卷三
10	金昌業	李元英	金昌業詢問《一統志》刊行時間、清朝能詩者。	1713年（癸巳）北京	金昌業《老稼齋燕行日記》卷四
11	金昌業	王眉祝	金昌業向其詢問、其叔何任、貴庚貴諱、經書是否讀完、此城内亦有飽學秀才否、君師何人、這裏有書鋪否等。	1713年（癸巳）寧遠衛	金昌業《老稼齋燕行日記》卷五
12	金昌業	秀才王化	金昌業對清科舉考試的一些不解之處進行詢問。	1713年（癸巳）沙流河	同上

续表

序號	朝鮮人名	清人名	筆談主要內容	時間地點	出處
13	金昌業	程洪	1. 人股文,朝鮮科舉之法;2. 程洪向金昌業請教詩之層次。	1713年(癸巳)角山(兩次)	同上
14	金昌業	郭垣	平康王今在何處,《四書異同條辨》所著人李沛霖的情況,近時文章道學為世所推者幾人,吳王外貌、勇略如何等。	1713年(癸巳)郭民屯	金昌業《老稼齋燕行日記》卷六
15	金昌業	道士劉弘虛	道觀中道士像,劉弘虛出家緣由等。	1713年(癸巳)千山	同上

崔德中與清文人間的筆談:共5次。

16	崔德中	孫心維	滿漢典俗。	1712年(壬辰)通州	崔德中《燕行錄》
17	崔德中	序班周姓,名不詳	蒙古人,清皇帝子女,太子因禁處,皇帝常居處,南貨稀貴之因等。	1713年(癸巳)北京	同上
18	崔德中	秀才,名字不詳	崔德中詢問臥佛之故,漁陽聖景之意,安祿山起兵所居之基任於何處等。	1713年(癸巳)薊州	同上
19	崔德中	一老僧,名字不詳	朝鮮衣冠,清初剃髮等。	1713年(癸巳)沙河驛	同上

附　錄　　　　　　　　　　　　　　　　　　　　　　　　877

續表

序號	朝鮮人名	清人名	筆談主要內容	時間地點	出處
20	崔德中	田姓人(名不詳)	慶科之考試過程、考試內容、會試錄取人數、沼間種桑之用等。	1713年(癸巳)永平府	同上

李器之與清文人間的筆談：共15次。

序號	朝鮮人名	清人名	筆談主要內容	時間地點	出處
21	李器之	秀才覺羅明德	李器之詢問鳳城文士數量，鳳城地名來歷；建州是否興京，距此地路離；朝鮮衣冠是否做人股文章。其詩作，叔父情況等。覺羅明德詢問李器之官職、詩作情況等。	1720年(庚子)鳳城	李器之《一庵燕記》卷一
22	李器之	曾玉	詢問曾玉從軍意願及原因等。	1720年(庚子)松站	同上
23	李器之	徐成紋	詢問徐成紋個人情況，徐成紋贈詩，又問及遊賜白塔來歷，管幼安、公孫贊居處。徐成紋詢問朝鮮今年的糧食收成情況。	1720年(庚子)通遠堡	同上
24	李器之	秀才朱美成	八股文、清朝科場之法、朝鮮詩賦取士等。	1720年(庚子)高橋鋪	同上
25	李器之	進士鄭諭	頤養之術，朝鮮取士之法等。	1720年(庚子)玉田縣	李器之《一庵燕記》卷二
26	李器之	宋重藩	宋家城築城歷史，上交稅銀情況等。	1720年(庚子)宋家城	同上
27	李器之	縣學教諭合一柱	合一柱仕途遭遇及其近況。	1720年(庚子)三河縣	同上

續表

序號	朝鮮人名	清人名	筆談主要內容	時間地點	出處
28	李器之	商賈萬天衡	江西距此地路程、滕王閣、船航行路錢、桐油之用等。	1720年(庚子)通州	同上
29	李器之	楊澄、趙華	1.金昌業近況、楊澄官職、朝鮮科舉之法等；2.雙方互評詩文、書法等；3.禮部文書不覆奏之事。	1720年(庚子)北京(三次)	李器之《一庵燕記》卷三、卷四
30	李器之	道士李元鯛	道教之事。	1720年(庚子)北京	李器之《一庵燕記》卷三
31	李器之	陳法	1.朝鮮科制、朝鮮藏書情況、崔致遠情況、朝鮮杜詩版本情況、杜詩刊本中誤字；2.豐潤縣朝鮮使國失銀之事等。	1720年(庚子)北京(兩次)	李器之《一庵燕記》卷三、卷四
32	李器之	相公(名不詳)	造建天主堂的財力出處、朝鮮、中國、西洋等地的天文地理情況、渾天儀情況等。	1720年(庚子)北京	同上
姜浩溥與清文人間的筆談：共8次。					
33	姜浩溥	張黃、秀才(姓名不詳)	命運吉凶、中國古禮中的一些常禮、來此緣由、下次見面地點、所識文士等。	1727年(丁未)二道井	姜浩溥《桑蓬錄》卷三

續表

序號	朝鮮人名	清人名	筆談主要内容	時間地點	出處
34	姜浩溥	秀才程焕	1. 算命相人之術，八股文程式，當今文章名家，朝鮮衣冠；2. 儒商之辨，貧富之辨，兩國大儒學術之高低之辨，清朝文士衣冠；3. 相互對詩，其間姜浩溥以"大明"試探程焕。	1727年（丁未）小黑山、新廣寧、山海關（三次）	姜浩溥《桑蓬錄》卷三、卷四
35	姜浩溥	秀才吴宗周	姜浩溥向其詢問年歲，"讀書幾卷"，"所工者，何文"，"城中秀才幾何"，"其中善文詞名者幾人"，"拔類者，爲誰"等。	1727年（丁未）寧遠城	姜浩溥《桑蓬錄》卷三
36	姜浩溥	秀才程焕、舉人白受采	兩國進士科考，看相論命之術，當時清朝西征之役，蒙古舉地之事，郭如柏特朝報來示之之事，姜請清朝請改史誣之事等。	1727年（丁未）寧遠城	姜浩溥《桑蓬錄》卷四
37	姜浩溥	秀才郭如柏	姜浩溥詢問郭如柏基本情況並談及金昌業去世等事。	1727年（丁未）山海關	同上
38	姜浩溥	秀才李開	辯論文人是否可言國事，五行清朝水德之説，清朝婚喪之禮等。	1727年（丁未）永平府	姜浩溥《桑蓬錄》卷五

續表

序號	朝鮮人名	清人名	筆談主要內容	時間地點	出處
	李喆輔與清文人間的筆談：共 4 次。				
39	李喆輔	滿人趙鶴嶺	李喆輔向其詢問"何不就文武業"，"滿人本無姓而稱趙何也"，"何年自何"，"潘陽比寧古塔執爲富盛"，"寧古塔距潘陽幾里"，"即今天下太平，民皆樂業否"，"爾們男女衣服無異同，男不帶，女無裳，是何制度"等問題。	1737年（丙辰）甜水店	李喆輔《丁巳燕行日記》
40	李喆輔	符秀才、王秀才	科舉、民俗。	1737年（丙辰）遼陽白塔堡	同上
41	李喆輔	林本裕	清朝的盛京官制、對當朝皇帝的看法、喪葬祭等禮清朝的尊奉情況、明季事何野史載之等。	1737年（丙辰）潘陽	同上
42	李喆輔	宋之四代孫，名不詳	宋家坡人口規模、姓氏情況、歲收感受情況、剃髮感受等。	1737年（丙辰）宋家莊	同上

續表

序號	朝鮮人名	清人名	筆談主要內容	時間地點	出處
\multicolumn{6}{l}{南泰齊與清文人間的筆談：共8次。}					
43	南泰齊	訓長意湘	1. 南泰齊向其詢問教授書童的基本情況，清朝的設科取士之法，當今文風情況，對朝鮮衣冠的看法等；2. 南泰齊向其詢問赴中國參加科舉考試的費用情況，盛京名士中何人擅名等。意湘則詢問南泰齊的基本情況。	1752年（壬申）鳳城（兩次）	南泰齊《椒蔗錄》
44	南泰齊	商人李成仁	南泰齊向其"略問山西事情"。雙方還主要談及西方聚兵之事。	1752年（壬申）松站	同上
45	南泰齊	太學諸生黃觀清、郢俊	南泰齊向其詢問太學生人數，掌管太學官員情況，朱熹升配殿時間，方今天下第一文章爲誰等。	1753年（癸酉）北京	同上
46	南泰齊	博明	南泰齊向其詢問"今之翰林掌詞命，贊機密，如唐宋故制否"，"經術文章，當今誰爲第一"，朝鮮金姓來源情況，編纂《大清會典》的情況等。	1753年（癸酉）北京	同上
47	南泰齊	庶吉士龍燈岷、候選知縣閻姓擧人	龍燈岷主要向南泰齊詢問朝鮮大小科制情況，朝鮮六部以何部爲先等。	1753年（癸酉）北京	同上

續表

序號	朝鮮人名	清人名	筆談主要內容	時間地點	出處
48	南泰齊	黃鴻閣	南泰齊詢問其姓名、鄉貫、年齡，"課試，以何文而人主考"等。	1753年（癸酉）北京	同上
49	南泰齊	黃富	黃富此次不參加科考的原因，朝鮮名士南袞等。	1753年（癸酉）北京	同上
李基敬與清文人間的筆談：共4次。
50	李基敬	朱潤	李基敬問其姓名，與大明國姓同否，年紀、籍貫、所業何事、祖先何官等。	1755年（乙亥）瀋陽	李基敬《飲冰行程曆》
51	李基敬	盛堯章	八股文、清朝衣冠、民家與蠻子是否結親等。	1755年（乙亥）瀋陽	同上
52	李基敬	拔貢生趙標、歲貢生嚴秉鑭、優貢生冉芳馨	成均生徒的基本情況，清朝朱子學的現狀。	1756年（丙子）北京	同上
53	李基敬	貢生孟毓衡、朱時憲	江南四川之間經歷之士隱居情況，呂留良其人及其著述情況等。	1756年（丙子）北京	同上
李徽中、李商鳳父子與清文人間的筆談：共20次。
54	李商鳳、李徽中	秀才李芝英	李商鳳向其詢問"此地亦有能文士乎"，"清朝科規"，"傅《詩》者誰"等。	1760年（庚辰）小黑山	李商鳳《北轅錄》卷二
55	李商鳳、李徽中	張豐緒、吳山源、秦彬	李氏父子詢問蘇州文士、山川形勝、樓觀臺樹等。	1760年（庚辰）東關	同上

附錄　　　　　　　　　　　　　　　　　　　　　883

續表

序號	朝鮮人名	清人名	筆談主要内容	時間地點	出處
56	李商鳳	秀才陳希平	李商鳳詢問無寧縣能文之士以及進士等。	1760年(庚辰)榆關	同上
57	李商鳳	徐阜年	李商鳳詢問徐家祖貫、仕宦、謀生情況，當今中國人文學以誰爲宗，以及附近有無著名文人等。	1760年(庚辰)撫寧縣	李商鳳《北轅錄》卷三
58	李商鳳、李徽中	秀才李斐	李徽中向其詢問"所業何事"、"貫何鄉"、"先代有官否"、"能詩否"，豐潤縣各、魯二姓文人等。	1760年(庚辰)豐潤縣	同上
59	李商鳳、李徽中	秀才谷慶元	李徽中向其詢問"先代官職"，谷應泰"學政事迹"，《明史紀事本末》流傳，"今世以道學名者，誰爲最"，朱文公道統"繼承情況，仙鄉"積五車"，"此地業儒者"名姓，炕是古制否"等。	1760年(庚辰)豐潤縣	同上
60	李商鳳、李徽中	宋瑛	李氏父子詢問對方藏書、讀書情況等。	1760年(庚辰)宋家莊	同上

續表

序號	朝鮮人名	清人名	筆談主要內容	時間地點	出處
61	李商鳳、李徽中	縣教諭薛文瀚	1. 李商鳳向其間樂、問禮等；2. 李商鳳與薛文瀚探討治《詩經》諸家之優劣，語涉周大章、王步青、吕留良、汪紛、黄際飛等，及提督通官索賄之事；3. 談及三河新修縣志等。	1760年（庚辰）三河縣（三次）	李商鳳《北轅録》卷三、卷五
62	李商鳳、李徽中、李鳳焕	國子監琉球學教習潘相及其子潘承衍	1. 李徽中向其詢問"在京經文章，以誰爲最"，"徐健庵有文集否"等；2. 李鳳焕向其詢問"沈歸愚今年八十九云"，"老境詩律亦能如牧齋諸人否"，"侯朝宗、魏叔子、汪琬之文，優劣何居"，"楚中近日詩文之士竟有名稱者，誰也"等。	1761年（辛巳）北京（兩次）	李商鳳《北轅録》卷四
63	李商鳳、李徽中、趙榮進	舉人胡少逸	1. 清朝婚喪之禮，女子纏足之源出；2. 李氏父子詢問"金聖嘆何許人而有文行於世乎"，"閣足下左祖陸學乎"，"尊什四句平仄如何"等；3. 清朝會試時間、會試公正與舞弊、胡少逸姓諱及其祖先情況、胡少逸以後是否願意出使朝鮮、席唱爲何物等；4. 李光地《安溪集》，昨天胡少逸之和章、朝鮮科舉之法、滕將軍劉經之事、李	1761年（辛巳）北京（五次）	李商鳳《北轅録》卷四、卷五

續表

序號	朝鮮人名	清人名	筆談主要內容	時間地點	出處
64	李商鳳、李徽中	劉松齡、徐承恩	安溪(光地)、安溪門人"四科十哲"(賜履)主持科場之公正,安溪民孫奇逢,漢人與滿人自稱,清朝衣冠,當朝宰相才能等;5.李徽中詢問"康雍兩世如何","圓明苑奢靡之風","能不流毒百姓乎","蕭牆藩屏姑無見影耶","漢大臣中有腹心之人乎","今之野史或得覽過否","搪報外可觀文字亦豈無現行於世者乎"等等。	1761年(辛巳)北京	李商鳳《北轅錄》卷五
65	李商鳳	金仁、金義、任娘耀	李商鳳向其問"金秀才與金仁山同籍否","君縣頁子似是舉人","能人股文否","能品題風花否","仁山之隱德不住何意"等。	1761年(辛巳)通州	同上
66	李商鳳	孟廷麗	李商鳳向其詢問"君所戴所服何如吾儕","君是山東人,能有擊劍悲歌之意乎","不做舉子業否"等。	1761年(辛巳)薊州	同上

續表

序號	朝鮮人名	清人名	筆談主要內容	時間地點	出處
洪大容與清文人間的筆談：共20次。					
67	洪大容	瀋陽府學助教拉永壽	1.朝鮮科制及官方；2.瀋陽戍，武器情況，婚嫁費用等。	1765年（乙酉）、1766年（丙戌）瀋陽（兩次）	洪大容《湛軒燕記》
68	洪大容	翰林吳湘、彭冠	衣帽之制，讀書，科舉，吳三桂《讀禮通考續編》，孔子後裔，四禮之儀，朝鮮年號，文字音樂，文天祥等。	1766年（丙戌）北京	同上
69	洪大容	宋舉人	孔子故里，孔子後裔等。	1766年（丙戌）北京	同上
70	洪大容	嚴誠、潘庭筠、陸飛	筆談內容詳見本書第五章《洪大容與清代文士》第一節"洪大容與杭三士"的七次筆談。	1766年（丙戌）北京（七次）	洪大容《乾凈衕譚》、洪大容《乾凈衕筆談》
71	洪大容	張經	皇后囚廢，邇來政令，張廷玉獲罪等。	1766年（丙戌）北京	洪大容《湛軒燕記》
72	洪大容	貢士鄧師閔	鄧師閔先祖鄧伯道，朝鮮衣冠，中原剃頭之法等。	1766年（丙戌）三河	同上
73	洪大容	孝廉孫有義、貢生趙煜宗	洪大容向其詢問"科場經義主何說"，"喪家用樂，此何禮也"等。趙煜宗也向洪大容詢問朝鮮"書法仿效何人筆法"等。	1766年（丙戌）三河城內	同上

續表

序號	朝鮮人名	清人名	筆談主要内容	時間地點	出處
74	洪大容	宋生,名不詳	宋家仕籍、池毀壞、族人、納租情況等。	1766年(丙戌)宋家城	同上
75	洪大容	知縣賈熙	捐生、知縣係年諸事,多爲應酬之語。	1766年(丙戌)永平府	同上
76	洪大容	孫進士,名不詳	孫問使臣職品、朝鮮科制、詩文所尚等。洪大容向其詢問當地名勝古迹、關隘之來歷、典故等。	1766年(丙戌)八里鋪	同上
77	洪大容	周學究,名不詳	洪大容書問"《易經》有程傳有朱義,考文主何説","《詩經》主《集注》乎,主《小序》乎","學生念書講書不同,何也"等問題。	1766年(丙戌)潘陽	同上
78	洪大容	潘陽户部員外郎希氏人,名不詳	1.朝鮮國王姓氏;2.希員外向其詢問朝鮮科制、俗尚、書畫所尚等。	1766年(丙戌)柵門(兩次)	同上

朴趾源與清文人間的筆談:共26次。

| 79 | 朴趾源 | 田仕可、李龜蒙、吳復、費穉、裴寬、穆春、温伯高、嚴誠、潘庭筠、陸飛、吳頴芳 | 1.兩國授學之特點、蜀道水陸俱難的情況、中原的古董貿寶概況、中原在座諸公的不得志、杭之高士吳穎芳、陸飛、嚴誠、潘庭筠情況等;2.田仕 | 1780年(庚子)盛京(三次) | 朴趾源《熱河日記·盛京雜識》 |

續表

序號	朝鮮人名	清人名	筆談主要內容	時間地點	出處
80	朴趾源	博明	可請朴趾源鑒賞古器,並真誠以告識別古器真偽的經驗;3.對"十"字之訊,無《易》","十"傲","卜"字之談若丹朱傚"是否是"巢"字之談的看法;朴趾源詢問福寧和當今閣老中的宿望;朴趾源還詢問可以去拜訪的高士姓名等;朴趾源詢問了婚嫁、仕宦是否因貴賤相拘礙、兩夜群飲爲何不行酒令等問題。	1780年（庚子）熱河	《山莊雜記》
81	朴趾源	俞世琦	朴趾源向其詢問一怪獸事。	1780年（庚子）北京（兩次）	《避暑錄》,《山莊雜記》
82	朴趾源	王民皞、郝成	1.談及柳得恭和金尚憲的詩作、《青全集》,《繪罄園詩集》,潘庭筠等;2.俞世琦同朴趾源漠北異觀。	1780年（庚子）熱河	《太學留館錄》
83	朴趾源	尹嘉銓、王民皞	朝鮮科舉之制,婚嫁之典,兩國衣冠之制,喫煙習俗等。	1780年（庚子）熱河	《忘羊錄》
84	朴趾源	郝成、王民皞、鄒生	談話佛照臉鏡,活佛歷來等。	1780年（庚子）熱河	《黃教問答》

續表

序號	朝鮮人名	清人名	筆談主要內容	時間地點	出處
85	朴趾源	王民皞、郝成	話涉月亮世界、地圓地轉之說，以中國爲中心的華夷之說、曆法、天主教國爲中心的華夷之說、曆法、天主教等。	1780年(庚子)熱河	《鵠汀筆談》
86	朴趾源	郝成	內容主要涉及鄒生之狂、朝鮮的寢墓之制、喇嘛、天子萬年樹等。	1780年(庚子)熱河	《黃教問答》
87	朴趾源	尹嘉銓	1.內容涉及朴趾源的出身、朝鮮的地域概況，《詩綜》小傳的訛謬等；2.尹嘉銓指出，王民皞云"漢興無慚德，可興禮樂，說得非是"。雙方又言及白登奇計、廣州佛山一老諸生黃草應試，雙方遊千山之事、金昌業見李光地之事，朴趾源著書吊尹嘉銓向朴趾源詢問他與高麗朴寅亮的關係，朴趾源解釋"青唇之嫌"典故等。	1780年(庚子)熱河(三次)	《太學留館錄》、《鵠汀筆談》、《避暑錄》
88	朴趾源	奇豐額、尹嘉銓	朴趾源辯正尤侗著《外國竹枝詞》朝鮮條中的錯誤文字。後朴趾源向尹嘉銓打聽"當世詩人海內稱首者"，尹嘉銓介紹了太史袁枚，並書示其《博浪城》等。	1780年(庚子)熱河	《避暑錄》

續表

序號	朝鮮人名	清人名	筆談主要內容	時間地點	出處
89	朴趾源	敬旬彌	敬旬彌詳細告訴朴趾源黃教的來歷和發展,有"有僧名道貫之論"。朴趾源聽聞後有疑惑,向其詢問"所胡圖克圖後有子也","國王之師嘗言釋理者,又指誰也"等問題。	1780年(庚子)熱河	《班禪始末》
90	朴趾源	鄒舍是	儒釋同異。	1780年(庚子)熱河	《黄教問答》
91	朴趾源	奇豐額	1. 朴趾源大力倡導"地轉說",兼議月亮世界而奇公表達對班禪的看法等; 2. 評謂尹嘉銓律詩; 3. 奇豐額介紹荔枝; 4. 朝鮮使臣是否拜班禪; 5. 奇豐額詢問笠纓、朝珠等。	1780年(庚子)熱河(五次)	《太學留館錄》、《黄教問答》
92	朴趾源	汪新	朴趾源詢問吳穎芳、陸飛的近況等。	1780年(庚子)熱河	《傾蓋錄》
93	朴趾源	戚一旺	戚一旺詢問"先生離貴國幾歲","貴國皇上元號云何","貴國豈非中國對頭的天子麽","那得寬永、常平年號"等。	1780年(庚子)熱河	《太學留館錄》

附錄　　　　　　　　　　　　　　　　　　　　　　　　　　891

續表

序號	朝鮮人名	清人名	筆談主要內容	時間地點	出處
94	朴趾源	破老回回圖	朴趾源打聽博明、潘庭筠二人，破老回回圖詢問朝鮮崇何教等。兩人並就"吾道"二字，因果與輪回之異展開論辯。	1780年（庚子）熱河	《黃教問答》
95	朴趾源	趙光連	兩人談論對幻戲的觀感。	1780年（庚子）熱河	《幻戲記》

李田秀、李晚秀兄弟與清文人間的筆談：共19次。

序號	朝鮮人名	清人名	筆談主要內容	時間地點	出處
96	李田秀、李晚秀	宣聰弟弟	李氏兄弟先生主要問及宣聰的官職、年齡、籍貫等基本情況，後又問就其家牆壁上所掛的一幅畫里提及的孫篙、查桐、蘭溪等姓名，字號進行詢問等。	1783年（癸卯）奉天府	李田秀《農隱入潘記》
97	李田秀	滿族王姓監生	王姓監生向李田秀打聽"朴、柳、李諸人安否"，並話涉戊戌年、任三義廟與使臣筆談之事。	1783年（癸卯）奉天府	同上
98	李田秀、李晚秀	楊姓、張姓秀才	主要語涉貢生與監生的區別、清朝科舉制度的基本情況等。	1783年（癸卯）奉天府	同上
99	李田秀、李晚秀、柳景明	楊秀才、石秀才、張又齡	1. 李田秀、柳景明詢問查桐的行踪等；2. 詢問張又齡的行踪，清帝來盛京時設科取士情況等。	1783年（癸卯）奉天府（兩次）	同上

續表

序號	朝鮮人名	清人名	筆談主要內容	時間地點	出處
100	李田秀	禮部教官劉克柔	1. 李田秀主要詢問劉克柔的基本情況,包括姓氏、年齡、民族、官職,收藏等等; 2. 劉克柔詢問李田秀朝鮮國名,二人討論收藏品之真僞情況等。	1783年(癸卯)瀋陽(兩次)	同上
101	李田秀、李晚秀	張又齡	1. 李晚秀試問張又齡諸多清朝名士,以試其學,後交談主要涉及《明詩綜》中朝詩注解的錯誤,清朝科舉現狀,燕士文人處境,禪學妙處等;2. 語涉明朝,清初諸名士,特別討論了對錢謙益,王士禎等的看法。後又論及清朝文字之禍,學問所尚、對西學的看法、《大學》《中庸》刊本的單行時間等,雙方並就詩文句中的一些典故進行了探討;3. 語涉沈德潛《說詩晬語》,中國押韻之法、東人爲何不填詞,清朝官制,清朝當今爲何不立太子,鄧將軍爲何敬祭祀等。4. 語涉佛儒,清朝冠、昏、喪、祭之制、滿漢通婚等;5. 涉及朝鮮衣冠,中國婦女纏足等;6. 涉及	1783年(癸卯)瀋陽(十一次)	同上

續表

序號	朝鮮人名	清人名	筆談主要內容	時間地點	出處
102	李田秀、柳景明	張又齡、文蘭楊秀才	永曆皇帝下落、吳三桂起兵原因、皇族之姓、清朝田制、內地外地之別、一旗之規模、清軍之概況、清朝邊疆藏族、蒙古族等現狀、兩國土產以及施閩章、朱彝尊、王士禛的文學特色、"黃花菴"的典故等；7. 談及西人的歸化清朝的閣老情況、西域、西人的歸化情況、清朝結黨營社的情況、清朝婚喪冠禮賓實行情況等；8. 先是張又齡拿出所藏字畫請朝鮮使節品鑒，並請李田秀與李晚秀答應為其題寫真贊。其後，張又齡又索求柳景明所寫家書詩文、李晚秀答應其撰寫柳景明師承情況、遼東三老情況、張又齡與宣作謀交往情況等；10. 主要內容是剩人和尚語錄，張又齡祖上情況等；11. 語涉金聖嘆及六才子書、《聊齋志異》中孤仙事等。筆談內容主要是朝鮮的歷史本末、朝鮮的尊孔尊儒情況、是時官占民家之弊等。	1783年(癸卯)瀋陽	同上

續表

序號	朝鮮人名	清人名	筆談主要內容	時間地點	出處
李喜經與清文人間的筆談：共3次。					
103	李喜經	陳崇本、戴衢亨	談論中國女子纏腳之由。	1786年（丙午）冬 北京	李喜經《雪岫外史》卷一
104	李喜經	戴衢亨	戴衢亭告訴李喜經《清一統志》中山川道里有許多舛誤，朝鮮皇帝多舛亂，清朝皇帝正欲重正改刊《清一統志》。戴衢亭請李喜經考證舛誤之處。	1783年（癸卯）北京	同上
105	李喜經	李鼎元	雙方論詩談及杜甫詩句"江流石不轉"。	時間不詳，北京	同上
沈樂洙與清文人間的筆談：共7次。					
106	沈樂洙	秀才白琇	沈樂洙向白琇詢問中國當今有德行文章者，喪制是否用《朱子家禮》，中國賦法，朝廷用人貴文還是貴武，漢清人是否相婚嫁，中國科舉何文取人，宰相中有文章者，白生先世仕何朝等。	1786年（丙午）鳳城	沈樂洙《燕行日乘》

續表

序號	朝鮮人名	清人名	筆談主要內容	時間地點	出處
107	沈樂洙	進士徐紹薪	1.沈樂洙詢問"其治何經"、"今中國有何學問文章大名世之人"等，徐一一回答；2.雙方主要圍繞沈德潛、錢謙益書被禁展開筆談。	1786年（丙午）撫寧縣（兩次）	同上
108	沈樂洙	進士滿洲人景文	語涉雙方身份、石鼓遷徙、中國文章名世之人如梁國冶、劉墉等。沈並向其打聽國子監中古迹和文丞相死處等。	1786年（丙午）北京	同上
109	沈樂洙	國子監助教陳木、虞友光	1.言及舉人、進士的仕途、江南名士趙柘、寶光鼐、中國喪祭之禮、吳越舊迹、貢、監生的鄉試地點、箕子之後裔等；2.進士考的內容、朝鮮文人金載瑊的近況、朝鮮語與朝鮮音、兩國疆域道的割分、中國語音與朝鮮語音、兩國科舉科考所用《五經》注本、秦檜後裔現狀、萬曆年間中朝兩國文士交往、儒釋道三教等。	1786年（丙午）北京（兩次）	同上

續表

序號	朝鮮人名	清人名	筆談主要內容	時間地點	出處
110	沈樂洙	虞友光兄、虞鳴球、陳友木、虞友光	語及景山教習的職責,鄭夢周及其著作;唐以來朝鮮文人赴中國科舉考;朝鮮開科取士,笙子之後,百姓、農產品、稅收、藏書,道佛等的情況;朱張洓,韓世忠,胡銓等人後裔的現狀,沈德潛因所謂的別集欠檢點、墓碑被仆倒之事的來龍去脈等。	1786年(丙午)北京	同上
徐浩修與清文人間的筆談:共5次。					
111	徐浩修、黃仁點	吏部漢尚書彭元瑞	彭元瑞向徐浩修詢問《海東祕史》、《東國聲詩》二書情況,朝鮮結負法與中國頃畝法之同異。	1790年(庚戌)北京	徐浩修《燕行記》卷二
112	徐浩修	鐵保	兩人互評作品,談話還涉及翁方綱、李鼎元。《東國聲詩》無此書卻誤傳名於中華的原因,清朝禁書之法的執行情況等。	1790年(庚戌)北京	同上
113	徐浩修	禮部漢尚書紀昀	筆談涉及《明史》、《大清一統志》校正情況,且二書疏漏發表見解,鄭麟趾《高麗史》、徐敬德《花潭集》在清朝的傳播等。	1790年(庚戌)北京	徐浩修《燕行記》卷三

續表

序號	朝鮮人名	清人名	筆談主要內容	時間地點	出處
114	徐浩修	軍機大臣王杰	王杰向徐浩修求《東國秘史》,《東國聲詩》二書,徐告之朝鮮無此二書等。	1790年(庚戌)北京	同上
115	徐浩修	翁方綱	徐浩修就所見春秋朔閏之說發表見解。	1790年(庚戌)北京	同上
柳得恭與清文人間的筆談:共16次(其中12次在1801年[辛酉])					
116	柳得恭	紀昀	1. 柳得恭向紀昀詢問邀金元明史《一統志》重修情況; 2. 紀昀談及徐敬德《花潭集》,朴齊家《冷齋集》等。	1790年(庚戌)北京(兩次)	柳得恭《灤陽錄》卷二《紀曉嵐大宗伯》
117	柳得恭	李鼎元	李鼎元講述朝鮮《四家集》在中國的刊刻、流傳情況,並向柳得恭打聽近來著作。	1790年(庚戌)北京	柳得恭《灤陽錄》卷二《李墨莊、鳧塘二太史》
118	柳得恭	莊澤珊	柳得恭向莊澤珊打聽秦待讀瀛在何處等。	1790年(庚戌)北京	柳得恭《灤陽錄》卷二《莊中書》
119	柳得恭	紀昀	柳得恭向紀昀打聽欲購買的朱子書的存世情況以及舊友李鼎元、翁方綱、孫星衍、龔協等的近來情況等。	1801年(辛酉)北京	柳得恭《燕臺再遊錄》

續表

序號	朝鮮人名	清人名	筆談主要內容	時間地點	出處
120	柳得恭	李鼎元	1. 柳得恭向李鼎元詢問他出使琉球時的見聞、李鼎元今後的生活打算和兒孫情況、李驥元後代近況、四川叛亂情況、絳雲樓失火後的存書狀況等。李鼎元向柳得恭問近來琉球與朝鮮的關係、李德懋子英公等；2. 柳得恭向李鼎元詢問清大挑之制是否公正，《球雅》、《琉球譯》是否合理，李鼎元寄寓上所欲寄廬是何人，'嫖'是何意，張問陶為何不來相會等。李鼎元向柳得恭問朝鮮婦女是否芽耳、裹腳，尚節烈否等。此外，兩人還發表了對戴震學問的看法。	1801年(辛酉)北京(兩次)	同上
121	柳得恭	沙流河站一老翁	柳得恭詢問壁上所題《贈金珠芳卿》詩的有關情況。	1801年(辛酉)北京	同上
122	柳得恭	蒲文甲	柳得恭向蒲文甲詢問是否認識李調元、李鼎元，並向其詢及川亂始末。	1801年(辛酉)北京	同上

續表

序號	朝鮮人名	清人名	筆談主要內容	時間地點	出處
123	柳得恭	張智瑩、張王麒、張問彤	1.柳得恭向張問彤詢問爲何願意與海外客交往,川匪之亂情況,清出征大軍駐何處等;2.柳得恭向張王麒詢問其家庭情況,張王麒向柳得恭詢問其子孫情況等。	1801年(辛酉)北京(兩次)	同上
124	柳得恭	曹江	1.柳得恭備問曹江家閥,曹江詳細告知;2.曹江問柳得恭呼僕人話"伊隆納"是何意。柳得恭向曹江詢問讀書塑像爲誰造,其所居公館相關費用的出處等。	1801年(辛酉)北京(兩次)	同上
125	柳得恭	陳鱣	1.雙方談論六書之學的問題,諸音隨時代而變化的現象等;陳鱣向柳得恭詢問朝鮮的地理,朝鮮是否崇尚音韻學等;陳鱣請柳得恭品評袁枚、蔣士銓等;2.柳得恭向陳鱣詢問其與朝鮮人士相交,是否有怕聽川楚見怪的擔憂;柳得恭打聽川楚匪亂,並請陳鱣評價大學士慶桂、劉墉,並向其詢問"執爲用事者"等。	1801年(辛酉)北京(數次,不詳)	同上
126	柳得恭	崔琦、陶正祥	崔、陶兩生時時向柳得恭痛言川楚匪亂之事。	1801年(辛酉)北京(數次,不詳)	同上

續表

朴齊家與清文人間的筆談:共10次(其中6次在1801年[辛酉])

序號	朝鮮人名	清人名	筆談主要內容	時間地點	出處
127	朴齊家	潘庭筠	潘庭筠向朴齊家詢問李書九、柳得恭、洪大容人等的近況;朴齊家與潘庭筠論《梵雅》一書;潘庭筠向朴齊家詢問朝鮮禪學王學浩的情況;朴齊家向潘庭筠打聽王學浩,並請求潘庭筠作詩跋和小畫。	1790年(庚戌)北京	朴長馣《縞紵集》上·卷一
128	朴齊家	龔協	龔協向朴齊家詢問朝鮮官員服飾情況並介紹自己籍貫、閱閱、家庭情況等。	約1790年(庚戌)、1791年(辛亥)北京	朴長馣《縞紵集》上·卷二
129	朴齊家	崔景偁	崔景偁請求朴齊家為其《竹樓圖》題寫詩歌,朴齊家詢問崔景偁題詩的用意等。	約1790年(庚戌)、1791年(辛亥)北京	同上
130	朴齊家	程樅	朴齊家高度評價程樅詩作,雙方並談及詩法以平坦為貴。	約1790年(庚戌)北京	同上

附　錄　　901

續表

序號	朝鮮人名	清人名	筆談主要內容	時間地點	出處
131	朴齊家	紀昀	朴齊家向紀昀打聽《灤陽消夏錄》、《弇州四部》，載在《四庫簡明目錄》中的《白田雜著》等書，打聽李鼎元、李調元、翁方綱、龔協、孫星衍、孫衡等人，並向紀昀請教蘇州七子之目等。	1801年(辛酉)北京	同上
132	朴齊家	李鼎元	李鼎元對朴齊家對策進行評價，朴齊家提及朝鮮寫對策的名家，並向李鼎元詢問王杰、戴衢亨《懷人詩》中提到的清朝諸位朋友的情況等。雙方還談及李調元《函海》的編纂情況。	1801年(辛酉)北京	朴長馪《縞紵集》上，卷一
133	朴齊家	陳鱣	話涉對朴齊家學問的品評，兩人對以後生活的追求，朴齊家在北京的交友情況等。	1801年(辛酉)北京	朴長馪《縞紵集》上，卷三
134	朴齊家	黃成	黃成對朝鮮當今畫像妙手的詢問，朴齊家簡要回憶自己的入燕歷程等。	1801年(辛酉)北京	同上

續表

序號	朝鮮人名	清人名	筆談主要內容	時間地點	出處
135	朴齊家	曹江	曹江詢問朝鮮的名花、佳果、寺廟、道觀、美人等；朴齊家詢問江南人的文化傳統及中國女服服制；二人談及家鄉的食物；曹江稱贊朴齊家有晉人風度，並贊其書作爲座右良規；二人談及朴齊家的子女；朴齊家詢問川師戰況及兩國周朝鮮歷史；二人談及兩國女子服制。	1801年(辛酉)北京	同上
136	朴齊家	沈剛	沈剛詢問並索求朴齊家的墨跡、詩作刻本等；二人相互表達深厚感情並談及下次相見之期。	1801年(辛酉)北京	同上

徐有聞與清文人間的筆談：共4次。

137	徐有聞	紀汝似	徐有聞詢問當今皇帝、皇子的情況等。	1799年(己未)北京	徐有聞《戊午燕行錄》
138	徐有聞	戶部王郎中	交談的主要內容是霍香茶、朝鮮衣冠、太上皇出喪日期、朝鮮外職情況等。	1799年(己未)北京	同上
139	徐有聞	秀才谷延興	語涉中國與朝鮮教小兒讀書之法的不同、清朝的科舉之法、秀才與貢生的區別等。	1799年(己未)北京	同上

續表

序號	朝鮮人名	清人名	筆談主要內容	時間地點	出處
140	徐有聞	蔣哥	中國的喪服之制。	1799年(己未)北京	同上
十八世紀其他朝鮮文人與清文人間的筆談：共33次。					
141	諸裨(不詳)	王姓少年	清朝科舉取士的現狀。	1712年(壬辰)狼子山	閔鎮遠《燕行錄》
142	柳述	非姓人，名不詳	朝鮮科舉錄衣冠及其天下形勢。	1712年(壬辰)山海關	同上
143	趙榮福	書生錢兆豫、王詢	清朝科舉年份，錢生祖先仕宦情況、朝鮮衣冠，朝鮮人路區劃及節度使之官職等。	1720年(庚子)盤山	趙榮福《燕行錄》
144	俞拓基	彭坦，彭城	清朝時政、婚喪祭禮等。	1721年(辛丑)通州	俞拓基《燕行錄》
145	黄晸	秀才，姓名不詳	秀才的家世，天下形勢，收成等。	1723年(癸卯)永平府	黄晸《癸卯燕行錄》
146	趙文命	秀才未美成	衣冠和對孔子《春秋》筆法的理解。	1725年(乙巳)小黑山	趙文命《燕行日記》
147	趙文命	田生畸	明末以及吳三桂諸事。	1725年(乙巳)新廣寧	同上
148	李日躋	文人林本裕	吳三桂起兵之事以及對吳三桂的評價等。	1731年(辛亥)瀋陽	李田秀《農隱入瀋記》
149	李宜顯	生員王天壽	朝鮮衣冠。	1732年(壬子)豐潤縣	李宜顯《壬子燕行雜識》

续表

序号	朝鲜人名	清人名	笔谈主要内容	时间地点	出处
150	尹显东	魏元枢	尹显东请求魏元枢将其诗文带回馆中玩诵，魏元枢以有中外之分而婉拒。尹显东以中朝历史上文人相交的盛况向魏元枢感叹今不如昔。双方谈及的内容还有：魏元枢向尹显东打听柳宗元《蕫芥帖》在朝鲜的存留情况；魏元枢告诫尹显东作诗当细推敲；魏元枢打听雍正甲辰冬自己所交流过的正使各姓名等。	1751年（辛未），地点不详	魏元枢《与我周旋集·诗》卷一二
151	徐命臣、赵明会	借宿家主人，名字不详	赵明会主要向其询问是否汉人，"汉人与满人相婚否"，满汉不相婚是向意，何以剃头等。	1760年（庚辰）两水河	徐命臣《庚辰燕行录》
152	赵暾、赵鼎说	太学助教张元观	1.赵暾向其询问清朝理学情况、玛窦之学、清朝文章情况等；2.涉及陈世倌、喇嘛教、天主教等的基本情况和主张。	1760年（庚辰）北京（两次）	同上
153	金复瑞	葛姓文人，名不详	朝鲜风俗，中国衣冠淆乱等。	1766年（乙酉）北京	洪大容《湛轩燕记》

續表

序號	朝鮮人名	清人名	筆談主要內容	時間地點	出處
154	嚴璹	邱庭灌、許兆椿、平恕	1.《四庫全書》的修撰情況,《永樂大典》校改情況等；2.雲夢澤、清朝科舉中的恩科,《古今圖書集成》的情況,當今清朝文壇的領袖,清朝鮮音居者,京兆試,中國語音與朝鮮語音的同異；3.子升爲哲聖、中國近諱夫子之名,中國南方的學術等諸事。	1774年(甲午)北京(三次)	嚴璹《燕行錄》
155	李德懋、朴齊家	李鼎元、潘庭筠、沈心醇	1.李德懋向潘庭筠詢問皇帝姓；2.論文章:主要談及侯方域、魏禧、汪琬之文等。	1778年(丙戌)北京(兩次)	李德懋《入燕記》
156	李德懋、朴齊家	唐樂宇、祝德麟、沈心醇	討論詩韻。	1778年(丙戌)北京	同上
157	盧以漸	兵部員外郎博明	1.中國儒學的發展變化,清朝科舉程式,清朝佛道現狀,清朝培養舉人的情況,程未柱人情況等；博明詢問盧以漸的基本情況及其參加科舉考試時的試題；盧以漸古迹情況問中國境内的一些古迹情況；2.盧以漸主要向博明詢問其對儒家"性"、孟子所提"氣"等的理解,並就自己對《尚書》《詩經》《春秋》等經書的	1780年(庚子)北京(兩次)	盧以漸《隨槎錄》

續表

序號	朝鮮人名	清人名	筆談主要內容	時間地點	出處
158	李鼎運	阿肅	阿肅從朝鮮歸國後把朝鮮國王詩作進獻清皇帝，李鼎運向其表達激之情；雙方還談及藥材如肉桂、藿香等。疑惑，中國歷史上上儒學大家的後代情況進行詢問。雙方還就韓愈、柳宗元的散文創作，中國歷史上的一些詩歌，詩人等發表詳細見解。	1785年(乙巳)北京	《正祖實錄》卷一九
159	金正中	程嘉賢，胡賓書	1.雙方互相問及對方的情況；2.朝鮮的井田，朝鮮的衣冠，蘇、杭和徽州的風貌，清朝的科舉，詞翰之為海內所宗者等；3.程嘉賢向金正中介紹在座的馮成詢問金正中姓字，胡賓書介紹化州產陳皮的功用等；4.程嘉賢告訴金正中江南景多有似蘆溝橋之壯觀和自己所贈金正中歙硯的來歷。	1792年(壬子)北京(四次)	金正中《燕行錄》
160	金正中	朱瑞椿、章姓文人	金正中談及朱熹成就不讓孔子；朱瑞椿邀請金正中去其寓所盡日之談。	1792年(壬子)北京	同上

續表

序號	朝鮮人名	清人名	筆談主要内容	時間地點	出處
161	致馨（姓待考）	李陽	清朝進士考甲乙丙三科的選官情況，寒士難以科舉高中的現狀，新皇無法知政等。	1799年（己未）北京	徐有聞《戊午燕行錄》
162	致馨、李光植	李雲、葉登喬、周源、韓木、陳淵	酒席間的應酬或戲謔之語。	1799年（己未）北京	同上
163	徐瀅修	劉大觀	1.清朝和朝鮮的文物風俗，徐瀅修向劉大觀詢問"經學文章之爲世目者"，陳崇本的博學，王士禛、吕留良的近況；2.紀昀的博學，王士禛、吕留良，清代科舉制度，清代大學士等。	1799年（己未）瀋陽（兩次）	徐瀅修《明皋全集》卷一四
164	徐瀅修	紀昀	徐瀅修談及近來的文風，紀昀對徐瀅修作品的評價，紀昀向徐瀅修介紹可得朱子書及前後《漢書》種類，徐瀅修請求紀昀博訪朱子書及前後《漢書》，紀昀評價洪良浩詩文等。	1799年（己未）北京	同上

表 3：十八世紀中朝文人贈詩一覽表

序號	作者及篇名	受贈人	出處
	金昌業與清文人之間的贈詩：金昌業贈詩 8 首，受贈詩 1 首。		
1	金昌業《酬楊澄》（二首）（夙抱烟霞疾時見）、五律	楊澄	金昌業《老稼齋集》卷五
2	金昌業《寄楊澄》（二首）（短褐餘姚客）（萍水同浮迹）、五律	楊澄	同上
3	金昌業《寄角山寺僧》（角山寺中八十僧）、七古	楊文成	同上
4	金昌業《龍泉寺，次壁上韻，書贈主僧精進，寺在千山》（二首）（踏遍山東北）（石嗣啓初地）、五律	釋精進	同上
5	金昌業：詩題不詳（無人指覺路）、五絕	釋閒然	金昌業《老稼齋燕行日記》卷六
6	王之啓：詩題不詳（貴國交情溥）、五律	金昌業	金昌業《老稼齋燕行日記》卷四
	李器之與清文人之間的贈詩：李器之贈詩 7 首，受贈詩 2 首。		
7	李器之：詩題不詳（宋家亭子白雲中）、七絕	宋珂郁	李器之《一庵燕記》卷二
8	李器之《從軍行》（出塞不知處）、五律	宋重潘	李器之《一庵燕記》卷二、李器之《一庵集》卷一中題作"出塞行（丙申）"。
9	李器之《豐潤縣，期陳秀才不遇》（美人消息隔河州）、七律	陳浩	李器之《一庵集》卷一
10	李器之《北京贈楊澄》青丘浙水各天涯）、七律	楊澄	同上

续表

序号	作者及篇名	受赠人	出处
11	李器之《又赠杨澄》(二首)〈秋入燕云雁渡辽〉〈曙色欲开清漏残〉，七绝	杨澄	同上
12	李器之：诗题不详〈蝶也无佛性〉，五古	释天然	李器之《一庵燕记》卷三，《一庵集》卷一题作"法华寺，僧天然持扇求诗，扇面画花丛蛱蝶"。
13	陈浩：诗题不详〈市楼何处觅君房〉，七律	李器之	李器之《一庵集》卷一
14	徐成钦：诗题不详〈王貌尘中不易逢〉，七律	李器之	同上
赵文命与清文人之间的赠诗：赵文命赠诗 6 首。			
15	赵文命《赠田生畸》〈少时曾隶云南幕〉，七绝	田生畸	赵文命《鹤岩集》"燕行录"
16	赵文命《阁内遇程秀才洪，甚可人也。实是北来初见，故书一绝以赠之》〈清气看君淡翠眉〉，七绝	程洪	同上
17	赵文命《书赠程秀才访问文士》〈才子中原任昔多〉，七绝	程洪	同上
18	赵文命《丰润县，寓魏秀才家，见其叔父元福诗稿，草一绝以赠之》〈疏疏旅榻雨声时〉，七绝	魏秀才，名不详	同上
19	赵文命《书赠文秀才德馨》〈羁抱无缘得暂开〉，七绝	文德馨	同上
20	赵文命《感吟一绝，书赠李秀才》〈名县依然旧里闾〉，七绝	李秀才，名不详	同上

续表

序號	作者及篇名	受贈人	出處
	趙顯命與清文人之間的贈詩:趙顯命贈詩 4 首。		
21	趙顯命《贈別孔秀才毓貴》(此地重逢曾不分),七絕	孔毓貴	趙顯命《燕行錄》
22	趙顯命《瀋陽遇孔毓貴,自以爲以聖人之後,不能繼述云,故書以贈之》(屋上烏猶愛),五絕	孔毓貴	趙顯命《歸鹿集》卷三
23	趙顯命《贈魏秀才廷熙》(道學千年喪),五絕	魏廷熙	同上
24	趙顯命《謁文廟贈教授高昛》(聞子河南士),五絕	高昛	同上
	李徽中、李商鳳父子與清文人之間的贈詩:李氏父子贈詩 1 首,受贈詩 4 首。		
25	李商鳳中:詩題不詳(鐵路當時天使槎),七律	胡少逸	李商鳳《北轅錄》卷四
26	潘相之子:詩題不詳(欣睹先生謁聖人),七絕	李徽中	同上
27	胡少逸:詩題不詳(別時情脈脈),五絕	李徽中	同上
28	胡少逸:詩題不詳(兩首)(可笑浮生類斷槎)(爾契余神兩地諳),七律	李商鳳	同上
	洪大容與清文人之間的贈詩:洪大容贈詩 39 首,受贈詩 52 首。		
29	洪大容:詩題不詳(樂莫樂兮新相知)(愛此閩中梅)(白雪下),騷體	潘庭筠	洪大容《湛軒書·外集》卷二《乾淨衕筆談》
30	洪大容《又寄秋庫》(三首)(上山采薇蕨),五古	潘庭筠	洪大容《湛軒書·內集》卷三

續表

序號	作者及篇名	受贈人	出處
31	洪大容《次鄧潙園桓贈師韻詩、遥寄汝軒師閔以贇替書,亦望轉示潙園》(蘆泉灌示潙園),五古	鄧師閔	同上
32	洪大容《寄嚴鐵橋誠》(五首)(疏雨響庭梧)(宴坐息機事)(悠悠積雨零)(楞嚴妙心相)(神明寓至鄣),五古	嚴誠	同上
33	洪大容《飛鳥》(九首)(翩翩飛鳥)(翩翩飛鳥)(葯敷嚴子)(葯敷嚴子)(嗟余小子)(載彼釣臺)(嗟爾伯仲)(相古先民),四言詩	嚴誠	朱文藻編《日下題襟集·洪湛士》
34	洪大容《寄陸篠飲飛》(五首)(人心湛無迹)(夕霽生秋氣)(園則誰營度)(落日滴西河)(雲林動秋聲),五古	陸飛	洪大容《湛軒書·内集》卷三
35	洪大容《有懷遠人》(皓天久漠漠),五古	嚴誠、潘庭筠、陸飛	同上
36	洪大容《寄趙梅軒煜宗》(六首)(温温孫子見清真)(江南驛使迎來稀)(東林霜後雁行斜)(獨抱瑶琴春鐘)(半面春燈記典型)(田横島下海塵生),七絶	趙煜宗	同上

續表

序號	作者及篇名	受贈人	出處
37	洪大容《余因鄧文(汶)軒語(汶)軒語山右鄧青嶺先生曠識清才，享有園池之勝，每爲之神往，及得其嗣君濟園所爲詩數卷，並觀諸名勝題詠，然後益徵中華人文之盛。而澹園之雅意蕭疏，真是神仙中人也。顧身在下土，望汾晉如天上，慎漢之極，輒成〈望仙詞〉三首以寄之〈蓬萊消息水雲遙〉〈床姑書信近來稀〉〈天台萬丈人雲霄〉‧七絶》	郭執桓	同上
38	洪大容《再用前韻》（三首）〈一泓烟水豈云遙〉〈仙家歷歷白偷稀〉〈鸞笙三疊響秋霄〉‧七絶	郭執桓	同上
39	洪大容《寄潘秋庭庭筠語，三河歸路逢人酬詩》〈眼中東海小如杯〉‧七古	孫有義	同上
40	洪大容《次孫蓉洲有義秋庫詩韻，仍贈蓉洲》〈八文積有弊〉‧五古	孫有義	同上
41	嚴誠，詩題不詳〈驚心十日返行旌〉‧七律	洪大容	洪大容《湛軒書‧外集》卷二《乾凈衚筆談》
42	嚴誠《南閣萬閣寓簡寄湛軒二首》〈京國傳芳訊〉〈見面悲無日〉‧五律	洪大容	朱文藻編《湛軒書‧日下題襟集‧洪高士》、《中土寄洪大容手札帖》5 中無題。筆者按，《中土寄洪大容手札帖》5 所載爲原帖，最爲真實。

續表

序號	作者及篇名	受贈人	出處
43	嚴誠《愛吾廬八詠》《八首》《幽人惜遙夜》《舘人情此何學》《清泉何淌淌》《略約通野氣》《岳蓮開十丈》《義和與常儀》《愛龕有何愛》《學者志於斃》，五古	洪大容	洪大容《湛軒書·附錄》
44	潘庭筠：詩題不詳《日高風勁送雙旌》，七律	洪大容	洪大容《湛軒書·外集》卷二《乾净衕筆談》
45	陸飛：詩題不詳《參商萬古總悠悠》，七絶	洪大容	同上
46	陸飛《咏竹》《得雨益斐然》，五絶	洪大容	同上
47	鄧師閔《愛吾廬八詠》《八首》《瑶琴彈古調》《機動鐘自鳴》《錢樂泄天機》（附艦觀遊魚）《廢瓢可爲船》《橫木架成橋》《一畫陰陽肴》《蓄鸽有良矢》，五言古絶	洪大容	洪大容《湛軒書·附錄》，《中土寄洪大容手札帖》4 中無題。筆者按，《中土寄洪大容手札帖》4 所載爲原帖，最爲真實。
48	孫有義《愛吾廬八詠》《八首》《獨坐小樓叙》《山閑水中央》《止水清於鑑》《静夜步虚稿》《輕舟落蓮瓣》《落落乾坤大》《靈苗荷大衍》《晝正百步餘》，五言古絶	洪大容	洪大容《湛軒書·附錄》
49	孫有義《更奉答湛軒尊兄，兼祈教正》《萬里關河一紙書》，七律	洪大容	《薊南尺牘》筆者按，《薊南尺牘》所載爲原帖，最爲真實。

續表

序號	作者及篇名	受贈人	出處
50	趙煜宗《愛吾廬八咏》(八首)(一榻幽思托素琴)(鳥閣孤高透碧空)(極目芳地妙景函)(始信廬中別有天)(誰把蓮溪妙境陳)(圍島巍峨一草亭)(一束靈枝達聖精)(獨抱柔孤肆志遊)、七律	洪大容	同上
51	趙煜宗:《寄樓湛軒大兄先生,即請教政》(六首)(漫天春雨作濃陰)(一夕清談意氣深)(分袂於今已二秋)(別後魚書憾未通)(羡君雅負濟時才)(護落風塵快識君)、七絕	洪大容	《薊南尺牘》藤塚鄰鈔校《燕杭詩牘》中無題。筆者按,《薊南尺牘》所載爲原帖,最爲真實。
52	白姓人:詩題不詳(策馬赴邊關)、五絕	洪大容	洪大容《湛軒燕記·白貢生》
53	白姓人:詩題不詳(敢道朝鮮直上溝)、七律	洪大容	同上
54	白姓人:詩題不詳(和鳳輝萬象)、五律	洪大容	同上
55	朱文藻《追次鐵橋韻,奉寄湛軒》(二首)(放目懷君處)(死別悲嚴二)、五律	洪大容	朱文藻編《日下題襟集·洪高士》中題作"追次鐵橋韻,寄湛軒"。
56	嚴果(追次鐵橋原韻寄湛軒》(二首)(海天不識路)(星軺歸客笥)、五律	洪大容	《中士寄洪大容手札帖》6,《日下題襟集·洪高士》中題作"追次鐵橋韻,寄湛軒"。筆者按,《中士寄洪大容手札帖》6所載爲原帖,最爲真實。

續表

序號	作者及篇名	受贈人	出處
	金善行與清文人之間的贈詩：金善行贈詩1首，受贈詩5首。		
57	金善行《題篠飲曾祖少微先生忠天廟畫壁》《高人留絕藝》，五律	陸飛	朱文藻編《日下題襟集·金宰相》
58	陸飛《題畫松嗣，贈金丞相》《松高依海日》，五絶	金善行	同上
59	陸飛《又題畫竹嗣，送金丞相》《匆匆愁聽使車聲》，七絶	金善行	同上
60	陸飛《金丞相書來道別，未面之情深於既面。對來使，卒成小幅，題詩送之》《萍合浮生都是幻》，七絶	金善行	同上
61	潘庭筠《挽休休先生》（二首）《海上德星沉》（獨上金臺哭），五律	金善行	藤塚鄰鈔校《燕杭詩牘》
	洪檍與清文人之間的贈詩：洪檍贈詩1首，洪檍受贈詩5首。		
62	洪檍：詩題不詳《東海三千里》，五絶	南方舉人，名不詳	洪大容《湛軒燕記·孫蓉洲》
63	陸飛《畫西湖景嗣送洪執義》《垂楊到處愁結綠》，七絶	洪檍	同上
64	陸飛《題畫梅嗣送洪執義》《咏愛夔調夔好》，五絶	洪檍	同上

續表

序號	作者及篇名	受贈人	出處
65	潘庭筠《呈洪大人》詩〈中原愛說洪丞相〉，七絕	洪檍	《藤塚鄰舊贈的秋史資料研究資料展Ⅲ——藤塚鄰的秋史研究資料》，《中土寄洪大容手札帖》1筆者按：均為原帖，最為真實。
66	孫有義《詩題不詳〈夙企風邁等說洪丞相〉，七絕	洪檍	洪大容《湛軒燕記·孫蓉洲》筆者按：《湛軒燕記·孫蓉洲》
67	鄧師閔《丁亥新正十九日，書於臨洵一步居中，恭呈幼老先生斧政》〈憶昔人如玉〉，五古	洪檍	《中土寄洪大容手札帖》1筆者按：《中土寄洪大容手札帖》1所載為原帖，最為真實。
	金在行與清文人之間的贈詩：金在行贈詩3首，受贈詩12首。		
68	金在行《題冊贈蘭公》〈異域開樽賴友生〉，七絕	潘庭筠	朱文藻編《日下題襟集·金秀才》，洪大容《湛軒書·外集二·乾净衕筆談》筆者按：“賴”，《乾净衕筆談》作"有"。
69	金在行《贈別蘭公》〈金玉其人錦綉腸〉，七律	潘庭筠	同上
70	金在行《祭鐵橋文後又呈一律》〈芳草江南曲〉，五律	嚴誠	朱文藻編《日下題襟集·金秀才》
71	陸飛《丙戌二月送養虛兄別》〈別愁千斛斗難量〉，七絕	金在行	《中朝學士書翰》，柳得恭《並世集》卷一中同題。筆者按：《中朝學士書翰》所載為原帖，最為真實。

續表

序號	作者及篇名	受贈人	出處
72	陸飛《便面荷花贈養虛》（開官明月下），五絕	金在行	柳得恭《並世集》卷一
73	陸飛《哭鐵橋》（千里無端賦遠遊），七律		《中土寄洪大容手札帖》5，柳得恭《並世集》卷一中題作"哭嚴力闇寄示養虛"。筆者按：《中土寄洪大容手札帖5》所載爲原帖，最爲真實。
74	嚴誠《簡寄養虛》素讀龍吾他説），七絕	金在行	《中朝學士書翰》，朱文藻編《日下題襟集・金秀才》題作"簡寄養虛"。筆者按：《中朝學士書翰》所載爲原帖，最爲真實。
75	嚴誠《寄懷養虛詩二首》（聞道金平仲）（一別成千古），五律	金在行	《中朝學士書翰》，朱文藻編《日下題襟集・金秀才》題作"寄懷養虛詩二首"。
76	嚴誠《題畫贈養虛》（茅堂人翠微），五律	金在行	柳得恭《並世集》卷一
77	潘庭筠《次韻奉贈養虛吟長兄》（碣石宫南駐遠旌），七律	金在行	《中朝學士書翰》，藤塚鄰鈔校《燕杭詩牘》中題作"次韻奉贈養虛"。筆者按：《中朝學士書翰》所載爲原帖，最爲真實。
78	潘庭筠《簡寄養虛》（袖裏相思字），五絕	金在行	《中朝學士書翰》，藤塚鄰鈔校《燕杭詩牘》中題作"簡寄養虛"。筆者按：《中朝學士書翰》所載爲原帖，最爲真實。

續表

序號	作者及篇名	受贈人	出處
79	潘庭筠《題畫贈養虛二首》《吾家西子湖邊樹》《秋氣蕭寒晚岫明》、七絕	金在行	同上
80	潘庭筠《養虛堂爲金丈仲居所作,不能蔽風雨,賦詩志慨》《遼海孤貧士》、五律	金在行	《中朝學士書翰》,《中朝學士書翰》所載爲原帖,最爲真實。筆者按:《中朝學士書翰》所載爲原帖,最爲真實。
	李書九與清文人之間的贈詩:李書九贈詩17首,受贈詩2首。		
81	李書九《臨汾郭覲廷(執桓)澹園詩爲洪湛軒(大容)作》《八首》《芳姿遐可憐》《青山判移文》《悠然水中觀》《小瀑輕欲落》《因樹結茅屋》《冲襟窅無泊》《一筆高柳蟬》《名花惜艶陽》、五言古絕	郭執桓	李書九《薑山初集》卷一
82	李書九《澹園四詠爲洪湛軒(大容)作》《高閣對青山》《襟懷燈相照》《登高發長嘯》《林花香不斷》、五言古絕	郭執桓	李書九《惕齋集》卷一
83	李書九《癸巳秋,爲洪湛軒賦平河郭東山觀澹園詩。今其死矣,爲作二首《名園勝事總歸虛》《風流李郭映千春》、七律	郭執桓	李書九《薑山初集》卷三
84	李書九《秋日懷秋庫居士三首》《千秋米趙接前塵》《畫裏秋山照玉堂》《魚書兩地付洪喬》、七絕	潘庭筠	同上

續表

序號	作者及篇名	受贈人	出處
85	李鼎元《題〈童山詩集〉後》〈瀹遠陶彭澤〉,五律	李畫九	李畫九《童山初集》卷末,柳得恭《並世集》卷一亦錄此詩,題作"題畫山詩"。
86	沈心醇《集中名句余已采入〈匏尊詩話〉,因題》(好句清於百和薰),七絕	李畫九	李畫九《童山初集》卷末
柳琴與清文人之間的贈詩:柳琴贈詩1首,受贈詩6首。
87	柳琴寄贈李調元詩〈今夕是何夕〉,古體雜言	李調元	李調元著,詹杭倫、沈時蓉校正《雨村詩話》校正》卷一六
88	李調元《幾何柳公來訪》〈瓮中柏酒壓槽濃〉,七言古絕	柳琴	柳得恭《並世集》卷一
89	李調元《幾何再訪》(二首)〈天寒風勁撲窗紗〉〈筆談字字沁人心〉,七絕	柳琴	同上
90	李調元《懷幾何子》(三韓雖異國),五律	柳琴	同上
91	李調元《七月初五秋日作,寄幾何主人》〈秋從昨夜來〉,五古	柳琴	《東華筆話集》,柳得恭《並世集》卷一中題作"七月初五秋日,寄幾何主人"。
92	李鼎元《小詩奉贈彈素先生,即請大教》〈春正有客來東國〉,七言古絕	柳琴	《東華筆話集》,柳得恭《並世集》卷一中題作"贈幾何主人"。筆者按:《東華筆話集》所載爲原帖,最爲真實。

續表

序號	作者及篇名	受贈人	出處
	李德懋與清文人之間的贈詩：李德懋贈詩5首，受贈詩4首。		
93	李德懋《題香祖批評詩卷》《尊聞漢魏損真心》，七絕	潘庭筠	李德懋《青莊館全書》卷一一
94	李德懋《有懷潘秋厓》《翰苑名流即馬枚》，七律	潘庭筠	同上
95	李德懋《有懷李墨莊》《新知如舊要》，五律	李鼎元	同上
96	李德懋《有懷李虯塘》《軒然李仲子》，五律	李驥元	同上
97	李德懋《有懷唐鷺港》《平生真不負》，五律	唐樂宇	同上
98	李鼎元《題〈清脾錄〉》《零金碎粉閒收拾》，七絕	李德懋	柳得恭《並世集》卷一
99	唐樂宇《別李炯庵、朴楚亭東歸》《二首》《睡足義窗日幾回》《高閣停雲日正遲》，七律	李德懋	朴長馣《縞紵集》下，卷一
100	單鼎《贈朝鮮詩人李炯庵秀才》《到海天應盡》，五律	李德懋	余有林、曹夢九修，王照青纂《（民國）高密縣志》卷一五
	柳得恭與清文人之間的贈詩：柳得恭贈詩30首（含8首創作於1800年[庚申]後），受贈詩48首（含10首創作於1800年[庚申]後）。		
101	柳得恭《寄李雨村錦州閒居》《三首》《魚雁沉沉十二年》《淡雲微雨舊詩情》《桐酒沉沉冥緩客愁》，七絕	李調元	柳得恭《泠齋集》卷四

續表

序號	作者及篇名	受贈人	出處
102	柳得恭寄贈李調元詩〈臘月五日幾向至〉，古體雜言	李調元	李調元著，詹杭倫、沈時蓉校正〈《雨村詩話》校正〉卷一六
103	柳得恭《別書院諸秀才》〈悠悠小別盡堪哀〉，七絕	王璦、沈映宸等潘陽書院15人	柳得恭《冷齋集》卷三
104	柳得恭《贈衍聖公》〈辰卞隔徐兗〉，五律	孔憲培	柳得恭《冷齋集》卷四，柳得恭《灤陽錄》卷二
105	柳得恭《別羅兩峰（二首）》〈輪囷黃葉若爲情〉〈昔年今日休商量〉，七絕	羅聘	同上
106	柳得恭《潘陽書院》〈不見江南諸秀才〉，七絕	張燮	柳得恭《冷齋集》卷四，柳得恭《灤陽錄》卷一
107	柳得恭《潘秋桮御史》〈人海人城擬一尋〉，七絕	潘庭筠	柳得恭《冷齋集》卷四，柳得恭《灤陽錄》卷二
108	柳得恭《紀曉嵐大宗伯》〈海内詞宗藉藉名〉，七絕	紀昀	同上
109	柳得恭《李墨莊、鬼塘二太史》〈周旋洲水總前塵〉，七絕	李鼎元、李驥元	同上
110	柳得恭《衍聖公》〈定武蘭亭響拓真〉，七絕	孔憲培	同上
111	柳得恭《羅兩峰》〈詩情畫筆總閒愁〉，七絕	羅聘	同上
112	柳得恭《張水屋》〈筆意清狂未可刪〉，七絕	張道渥	同上

續表

序號	作者及篇名	受贈人	出處
113	柳得恭《吳白庵》（城南寺裏證交初），七絕	吳照	同上
114	柳得恭《莊澤珊中書》（易知難忘是君家），七絕	莊澤珊	同上
115	柳得恭《劉、阮二太史》（車制新編考據該），七絕	阮元、劉鐶之	同上
116	柳得恭《熊、蔣二庶常》（蓬海迢迢旅夢長），七絕	熊方受、蔣祥墀	同上
117	柳得恭《鐵冶亭侍郎》（滿漢文書晢日忙），七絕	鐵保	同上
118	柳得恭《福建將軍》（福建將軍晢日鬚），七絕	完顏魁倫	同上
119	柳得恭《挽汾河鄂封圭》（永托天涯契），五律	郭執桓	柳得恭《冷齋集》卷二
120	裴振《別柳惠風進士東歸》（屯田學士海雲東），七律	柳得恭	柳得恭《並世集》卷一
121	孫箾《仲秋三日，題畫贈柳惠風》（白雲一抹迎秋山），七絕	柳得恭	同上
122	孫箾《仲秋四日公餘，剪燭作岩頭畫，題寄柳惠風進士》（溪聲喧口含），五絕	柳得恭	同上
123	王瑷《別柳惠風進士東歸》（長江隔浩渺），五古	柳得恭	同上

續表

序號	作者及篇名	受贈人	出處
124	沈映宸《別柳惠風進士東歸》(東國人才未有雙)、七絕	柳得恭	同上
125	王志駿《別柳惠風進士東歸》(千里桴航近帝城)、七律	柳得恭	同上
126	金科豫《別柳惠風進士東歸》(三首)(楚亭風雅炯庵温)(落葉聲寒不忍聞)(馬廠東下水成陂)、七絕	柳得恭	同上
127	姜文王《別柳惠風進士東歸》(憐子觀語風志)、五律	柳得恭	同上
128	沈映楓《別柳惠風進士東歸》(清言綺語度翩翩)、七絕	柳得恭	同上
129	王志鼐《別柳惠風進士東歸》(文修五鳳愛君才)、七律	柳得恭	同上
130	王琮《別柳惠風進士東歸》(天下如今共一家)、歌行體	柳得恭	同上
131	魏琨《別柳惠風進士東歸》(滄波渺渺無際)、五古	柳得恭	同上
132	于桓《別柳惠風進士東歸》(目斷雲山外)、五絕	柳得恭	同上
133	金埻《別柳惠風進士東歸》(秋老東江落木稀)、七絕	柳得恭	同上
134	劉景向《別柳惠風進士東歸》(客路秋山外)、五律	柳得恭	同上

續表

序號	作者及篇名	受贈人	出處
135	王如《柳惠風進士東歸》〈縹緲雙涯渡綠洋〉，七絕	柳得恭	同上
136	郭維翰〈別柳惠風進士東歸〉〈人夜西風急〉，五絕	柳得恭	同上
137	白永敏〈別柳惠風進士東歸〉〈相逢萍水意何窮〉，七絕	柳得恭	同上
138	李鼎元〈題〈洌上周旋集〉〉〈洌水如烟凝一碧〉，七言古詩	柳得恭、朴齊家、李德懋、李書九	同上
139	沈心醇《題柳惠風〈歌商樓集〉》〈懷古詩篇雅擅場〉，七絕	柳得恭	同上
140	李鼎元《題〈二十一都懷古詩〉》〈三韓舊誰分合〉，七絕	柳得恭	同上
141	羅聘《又題〈折枝梅〉，贈冷齋斂畫》〈驛路梅花影倒垂〉，七絕	柳得恭	柳得恭《並世集》卷二
142	羅聘《寫蘭為柳惠風斂畫》〈雪消雲靜墨池芳〉，七絕	柳得恭	同上
143	羅聘《又題蘭贈惠風》〈湘水一夜碧〉，五絕	柳得恭	同上
144	羅聘《題冷齋小照三絕送歸》〈三首〈懷古詩吟甘一都〉〈卷閒如中鵠黃酒〉〈鐵逢飲意運運〉，七絕	柳得恭	同上

附　錄　　925

续表

序號	作者及篇名	受贈人	出處
145	莊澤珊《惠風檢書枉顧不值，遂與舍弟奉贈》（二首）（邂逅西園裹日談，次日率成二律奉贈》（二首）（邂逅西園裹）《名箋與佳箋》，五律	柳得恭	同上
146	莊會琦《孔園看菊，寄示惠風檢書》《幽居十笏傍城西》，七絕	柳得恭	同上
147	熊方受《贈惠風檢書東歸》（二首）（摘文院裹靜揮毫）（隔院頻聞車馬音），七絕	柳得恭	同上
148	完顏魁倫《羋花香滿衣一首，題贈朝鮮檢書柳惠風先生》《滿園紅紫鬥芬芳》，七律	柳得恭	同上
149	趙學浛《望遠行》《筆語心談近春秋》，詞	柳得恭	柳得恭《古芸堂筆記》卷五
150	李鼎元《鄭進士東歸，寄洌上諸子》《自從別後慶吟哦》，七絕	柳得恭、朴齊家等	成海應《研經齋全集·外集》卷六○
以下柳得恭與清文人之間的贈詩均創作於1801年(辛酉)或1801年(辛酉)後			
151	柳得恭《題王伯雨孝廉畫扇》《石上無枝數數樹》，六言詩	王齎	柳得恭《冷齋集》卷五，柳得恭《燕臺再遊錄》中無題。
152	柳得恭《詠燕中諸子·詠彭惠支、王齎》《二豪士共墨莊拶》，七絕	彭惠支、王齎	柳得恭《冷齋集》卷五
153	柳得恭《詠燕中諸子·詠張玉麒》《妙語橫從貯筆端》，七絕	張玉麒	同上

續表

序號	作者及篇名	受贈人	出處
154	柳得恭《咏燕中諸子·咏曹江》〈人海人城愛靜居〉，七絕	曹江	同上
155	柳得恭《咏燕中諸子·咏沈剛》〈瘦吟詩真妙才〉，七絕	沈剛	同上
156	柳得恭《咏燕中諸子·咏陳鱣》〈考古家分講學家〉，七絕	陳鱣	同上
157	柳得恭《咏燕中諸子·咏錢東垣》〈可廬十種曾書閣〉，七絕	錢東垣	同上
158	柳得恭《咏燕中諸子·咏黃丕烈》〈秋山一抹是姑蘇〉，七絕	黃丕烈	同上
159	曹江贈柳得恭詩〈奇緣萬里種〉，五律	柳得恭	柳得恭《燕臺再遊錄》
160	沈剛贈柳得恭詩〈冷澹高清瘦奇〉，七絕	柳得恭	同上
161	黃成贈柳得恭詩〈眼底丰姿果不群〉，七絕	柳得恭	同上
162	夏文燾贈柳得恭詩〈相逢十數日〉，五律	柳得恭	同上
163	章寶蓮贈柳得恭詩〈畫竹不在多〉，五言古絕	柳得恭	同上
164	毛祖勝贈柳得恭詞二闋《醉太平》、《長相思》，詞	柳得恭	同上

續表

序號	作者及篇名	受贈人	出處
165	朱鏑《嘉慶六年四月廿三日，偶成二絶，録奉古芸、貞蕤兩詞伯斧正》(二首)〈海外仙山啓逸才〉〈天涯聚首不相期〉，七絶	柳得恭、朴齊家	同上
166	孫琪有《奉贈古芸、貞蕤二先生》〈自古朝鮮國〉，五古	柳得恭、朴齊家	同上
洪良浩與清文人之間的贈詩：洪良浩贈詩21首，受贈詩11首。			
167	洪良浩《用前韻，又贈禮部尚書》〈春官掌禮引朝元〉，七律	德保	洪良浩《耳溪集》卷六《燕雲紀行》
168	洪良浩《户部侍郎金簡送示蕉園小像帖，名曰〈綠天圖〉，遂作長篇以題其後》〈洛城佳氣鎰神嵩〉，七古	金簡	洪良浩《耳溪集》卷六《燕雲紀行》、洪良浩《耳溪洪良浩全書》卷六《燕雲紀行》中題作"户部侍郎金簡送示蕉園小像帖，以長篇題後"。
169	洪良浩《贈戴翰林簡亨》〈生平慕古人〉，五古	戴簡亨	洪良浩《耳溪集》卷六《燕雲紀行》、洪良浩《耳溪洪良浩全書》卷六《燕雲紀行》中題作"贈戴翰林簡亨"。
170	洪良浩《撫寧縣，訪徐進士紹薪。携登會心亭，留贈》〈雲間閒立玉芙蓉〉，七絶	徐紹薪	洪良浩《耳溪集》卷六《燕雲紀行》、洪良浩《耳溪洪良浩全書》卷六《燕雲紀行》中題作"撫寧縣，訪徐進士紹薪。携登會心亭，留贈"。

續表

序號	作者及篇名	受贈人	出處
171	洪良浩《榆關贈齊秀才佩蓮》（愛君丰秀比南金），七律	齊佩蓮	洪良浩《耳溪洪良浩全書》卷六《燕雲紀行》
172	洪良浩《贈禮部尚書紀曉嵐昀》（乘槎往歲副行人），七律	紀昀	洪良浩《耳溪集》卷七《燕雲續咏》，洪良浩《耳溪洪良浩全書》卷八《燕雲續咏》中題作"贈禮部紀尚書昀"。
173	洪良浩《紀曉嵐宗伯以文章冠冕一世，實有知音之感。出都門，聊賦倦倦之意（二首）》（東國書生好大談）河間生杰富文章），七律	紀昀	洪良浩《耳溪集》卷七《燕雲續咏》，洪良浩《耳溪洪良浩全書》卷八《燕雲續咏》中題作"紀曉嵐宗伯以清白文章冠冕一世，因象胥求見余詩文，大加推許，至謂之文章正脈，又手寫長贖以答。余貽書以謝之，出都門，言出憪憪。致意鄭重，言出憪憪。賦倦倦之意（二首）"。
174	洪良浩《寄曉嵐紀尚書（戊午，二首）》（北斗以南見一人）（故人遙隔五雲邊），七律	紀昀	洪良浩《耳溪集》卷八
175	洪良浩《寄紀尚書》（彤庭執玉憶新年），七律	紀昀	同上
176	洪良浩《宣德硯歌》（宣德硯歙州），古體雜言	紀昀	同上
177	洪良浩《玉如意歌》（玉如意，君子手中器），古體雜言	紀昀	同上
178	洪良浩《威斗銘》（在天成象），四言詩	紀昀	洪良浩《耳溪集》卷一七

續表

序號	作者及篇名	受贈人	出處
179	洪良浩《丹砂硯山銘》《補天餘質》,四言詩	紀昀	同上
180	洪良浩《葫蘆茶注銘》《葫蘆之腹兮》,雜言	紀昀	同上
181	洪良浩《桂君房墨銘》《桂林之烟》,四言詩	紀昀	同上
182	洪良浩《禮部侍郎鐵保手寫詩一聯見贈,詩以謝之》《近讀〈涉江草〉》,五律	鐵保	洪良浩《耳溪集》卷七《燕雲續詠》,洪良浩《耳溪集全書》卷八《燕雲續詠》中題作"禮部鐵保侍郎保手寫一聯詩見贈,詩以謝之"。
183	洪良浩《墨莊李翰林鼎元送示〈登岱圖〉一帖,遂書泰山高歌一篇以歸之》(泰山高,東海低),歌行體	李鼎元	洪良浩《耳溪集》卷七《燕雲續詠》,洪良浩《耳溪集全書》卷八《燕雲續詠》中題作"墨莊李翰林鼎元《登岱圖》一帖。一代文士皆有題詠。其意不可孤,遂書泰山高歌一篇以歸之"。
184	洪良浩《贈孤竹居士李美》《海左行人洪漢師》,七律	李美	洪良浩《耳溪集》卷七《燕雲續詠》,洪良浩《耳溪集全書》卷八《燕雲續詠》中題作"宿永平府,留贈孤竹居士李美"。
185	洪良浩《轉向北鎮廟,縱觀醫巫閭全面,書贈守僧廣老和尚》《天作醫山鎮北東》,七律	廣老和尚	洪良浩《耳溪集》卷七《燕雲續詠》,洪良浩《耳溪集全書》卷八《燕雲續詠》中題作"轉向北鎮廟,縱觀醫巫閭全面,留題贈守僧廣老和尚"。

續表

序號	作者及篇名	受贈人	出處
186	戴衢亨《朝鮮洪副使所示著〈六書妙契〉,爲題其後,並答來詩,即以贈行》(鴨綠江頭春水生),七古	洪良浩	《同文神交》,洪良浩《耳溪集·外集》卷一〇中題作"朝鮮洪副使示〈六書經緯〉,理解精到,不讓古人。謹作長句一首題後,並以贈行"。筆者按:《同文神交》所載爲原帖,最爲真實。
187	徐紹薪《惜春詞四首》(神仙品格近西清)(輕陰漠漠綠將肥)(含苞未吐夢先垂)(離離結實露凝香),七絕	洪良浩	《同文神交》筆者按:《同文神交》所載爲原帖,最爲真實。
188	齊佩蓮《贈耳溪老人七律》(儒雅風流是我師),七律	洪良浩	同上
189	紀昀《寄懷洪良浩》《金門握別惜匆匆》,七律	洪良浩	紀昀撰,孫致中等校點《紀曉嵐文集》
190	紀昀《以水蛙硯,水中丞,搨背,搽注贈朝鮮國相洪良浩,各繫小詩》(四首)(紫雲割下齒)(哆腹水易容)(猎爪肖麻姑)(老夫一品衣),五絕	洪良浩	同上

洪仁謨與清文人之間的贈詩:洪仁謨贈詩5首。

| 191 | 洪仁謨《贈盧藥林(焙)字蔓堂(甲辰,浙江人)》:(忽逢南國土),五律 | 盧焙 | 洪仁謨《足睡堂集》卷一 |
| 192 | 洪仁謨《贈(方維翰,字南屏)座上主人出示小帖即〈春山欲雨圖〉,求題一詩,乃走筆書贈》(農雲一片鎖千岑),七絕 | 方維翰 | 同上 |

续表

序號	作者及篇名	受贈人	出處
193	洪仁謨《拜呈藕堂足下浙江仙府(乙巳)》《杭州白古號仙府》,七律	方維翰	同上
194	洪仁謨《奉寄蘆林》(二首)《我本東海客》《涼風西北至》,五古	蘆焰	洪仁謨《足睡堂集》卷二
	李田秀、李晚秀兄弟與清文人之間的贈詩:李田秀贈詩10首,李晚秀贈詩4首。		
195	李田秀《題扇面,贈單生》《秋半關河答意新》,七絕	單生,名不詳	李田秀《農隱人瀋記·附錄》
196	李田秀:詩題不詳(四首)《東海驅生上國來》《名花異石郭東廬》《楊柳陰陰高士家》《獨有東鄰宣作謀》,七絕	張又齡	同上
197	李田秀《重陽日小酌,示張裕昆》《甫落黃花雁有音》,七律	張又齡	同上
198	李田秀《裕昆真贊》《修魚出遊》,四言詩	張又齡	同上
199	李田秀《留別裕昆》《北方有一士》,五古	張又齡	同上
200	李田秀《裕昆爲其内弟潘遠清請作詩以吊之,遂題示二絕》《潘陽之水洴而揚》《萬泉居士集遺書》,七絕	張又齡	同上
201	李晚秀《與卯君以一律,四絕兼黃白花箋二十葉,作小札,送萬泉老叟卧窮廬》《萬泉老叟》,七律	張又齡	同上

续表

序号	作者及篇名	受赠人	出处
202	李晚秀《重阳日小酌，示张裕昆》《短褐萧萧雪霁侵》，七律	张又龄	同上
203	李晚秀《留别裕昆》《昔者延陵吴君子》，七古	张又龄	同上
204	李晚秀《临别又赠》《此别何时见》，五律	张又龄	同上
	李喜经与清文人之间的赠诗：李喜经赠诗1首，受赠诗7首。		
205	李喜经《赠佘秀才（文翰）》《印之所创自古昔》，七古	佘文翰	李喜经《绘庵集•补》
206	陈崇本《小诗奉送李纶庵归国（二首）》《鸭绿江头水》《刘蕡还下第》，五律	李喜经	柳得恭《并世集》卷二
207	戴衢亨《李纶庵将归朝鲜，作此赠之》《东风芳草凌剖晖》，七律	李喜经	同上
208	徐大榕《与李麝泉会饮，赠之（三首）《街鼓栏听笋几声》《黯向天涯溯别期》《帝城如海此潜藏》，七绝	李喜经	同上
209	李鼎元：诗题不详《客从东方来》，古体杂言	李喜经	李喜经《雪岫外史》卷一
	姜世晃与清文人之间的赠诗：姜世晃赠诗3首。		
210	姜世晃《次正使韵，呈金尚书简》《自有灵犀一点通》，七律	金简	姜世晃《豹庵稿》卷二

續表

序號	作者及篇名	受贈人	出處
211	姜世晃《次上使韻,贈博西齋》(雅儀欣始接),五律	博明	同上
212	姜世晃《贈和郎中琳》(三韓鞍馬動春陽),七律	和琳	同上
	朴齊家與清文人之間的贈詩:朴齊家贈詩140首(含2首創作於1800年[庚申]後,受贈詩103首(含42首創作於1800年[庚申]後),受贈詩按,受贈詩統計時包括"柳得恭與清人同時贈送朴齊家的5首詩歌。序號為138,150,165,166)。		
213	朴齊家《寄雨村》(書來忽地墜虛空),七律	李調元	朴長馣《縞紵集》上,卷一
214	朴齊家《懷雨村》(小照東來渕水堂),七絕	李調元	朴長馣《縞紵集》上,卷一,朴齊家《貞蕤閣集·初集》中題作"戲仿王漁洋《歲暮懷人》"(李雨村調元)。
215	朴齊家《病中懷雨村》(沉沉園樹一蟬遙),七律	李調元	朴長馣《縞紵集》上,卷一,朴齊家《貞蕤閣集·初集》中題作"病中有懷雨村先生"。
216	朴齊家《寄雨村》(生末不見看雲樓),七律	李調元	朴長馣《縞紵集》上,卷一,朴齊家《貞蕤閣集·三集》中題作"寄雨村"。
217	朴齊家《懷雨村》(蘷堂龍官去),五古	李調元	朴長馣《縞紵集》上,卷一,朴齊家《貞蕤閣集·三集》中題作"懷人詩仿將心餘"(李雨村調元)。
218	朴齊家《燕京雜絕》(成都雨村叟),五絕	李調元	朴長馣《縞紵集》上,卷一,朴齊家《貞蕤閣集·四集》中題作"燕京雜絕贈別任恩叟妨兄,追憶信筆凡得一百四十首"(成都雨村叟)。

續表

序號	作者及篇名	受贈人	出處
219	朴齊家《寄秋甫》(那知妄想本來空)，七律	潘庭筠	朴長馣《縞紵集》上，卷一
220	朴齊家《續〈懷人詩〉》(千花成塔禮瞿曇)，七絕	潘庭筠	朴長馣《縞紵集》上，卷一，朴齊家《貞蕤閣集·四集》中題作"續懷人詩"(潘香祖庭筠)。
221	朴齊家《又懷秋甫》(潘郎文采出東吳)，七絕	潘庭筠	朴長馣《縞紵集》上，卷一，朴齊家《貞蕤閣集·初集》中題作"戲仿王漁洋〈歲暮懷人〉"(潘香祖庭筠)。
222	朴齊家《懷香祖》(蘭公夙緣重)，五古	潘庭筠	朴長馣《縞紵集》上，卷一，朴齊家《貞蕤閣集·三集》中題作"懷人詩仿蔣心餘"(潘蘭園庭筠)。
223	朴齊家《燕京雜絕》(潘公南下日)，五絕	潘庭筠	朴長馣《縞紵集》上，卷一，朴齊家《貞蕤閣集·四集》中題作"燕京雜絕贈別任恩叟姊兄，追憶信筆，凡得一百四十首"(潘公南下日)。
224	朴齊家《贈紫卿》(有客乘舟到夕陽)，七律	鮑紫卿	朴長馣《縞紵集》上，卷一，朴齊家《貞蕤閣集·初集》中題作"東潞河"，贈鮑紫卿"。
225	朴齊家《懷鮑尊》(鮑尊招來久)，五古	沈心醇	朴長馣《縞紵集》上，卷一，朴齊家《貞蕤閣集·三集》中題作"懷人詩仿蔣心餘"(沈鮑尊心醇)。
226	朴齊家《呈雲楣》(聞說登龍客)，五律	彭元瑞	朴長馣《縞紵集》上，卷一，朴齊家《貞蕤閣集·三集》中題作"呈彭雲楣"。

續表

序號	作者及篇名	受贈人	出處
227	朴齊家《懷雲楣》(雲楣繡穀手)、五古	彭元瑞	朴長馣《縞紵集》上、卷二,朴齊家《貞蕤閣集·三集》中題作"懷人詩仿蔣心餘"(彭雲楣元瑞)。
228	朴齊家《續〈懷[人]詩〉》(王字周文換面來)、七絕	彭元瑞	朴長馣《縞紵集》上、卷二,朴齊家《貞蕤閣集·四集》中題作"續懷人詩"(彭雲楣元瑞)。
229	朴齊家《燕京雜絕》(紀公三達尊)、五言古絕	紀昀	朴長馣《縞紵集》上、卷二,朴齊家《貞蕤閣集·四集》"燕京雜絕贈別任恩叟姊兄,追憶信筆,凡得一百四十首"(紀公三達尊)。
230	朴齊家《懷曉嵐》(曉嵐今龍門)、五古	紀昀	朴長馣《縞紵集》上、卷二,朴齊家《貞蕤閣集·三集》中題作"懷人詩仿蔣心餘"(紀曉嵐昀)。
231	朴齊家《續〈懷[人]詩〉》(執贄由來遍九州)、七絕	紀昀	朴長馣《縞紵集》上、卷二,朴齊家《貞蕤閣集·四集》中題作"續懷人詩"(紀曉嵐昀)。
232	朴齊家《懷覃溪》(覃溪洪趙流)、五古	翁方綱	朴長馣《縞紵集》上、卷二,朴齊家《貞蕤閣集·三集》中題作"懷人詩仿蔣心餘"(翁覃溪方綱)。
233	朴齊家《燕京雜絕》(金石正三翁)、五絕	翁方綱、羅聘、孫星衍、洪亮吉	朴長馣《縞紵集》上、卷二,朴齊家《貞蕤閣集·四集》"燕京雜絕贈別任恩叟姊兄,追憶信筆,凡得一百四十首"(金石正三翁)。

續表

序號	作者及篇名	受贈人	出處
234	朴齊家《寄翁侍郎》（蕭然金石出風塵）、七絕	翁方綱	朴長馣《縞紵集》上，卷二，朴齊家《貞蕤閣集‧三集》中題作"寄翁侍郎"。
235	朴齊家《懷〈覃〉詩〔人〕》（覃溪學士辭於蘇）、七絕	翁方綱	朴長馣《縞紵集》上，卷二，朴齊家《貞蕤閣集‧四集》中題作"懷人詩"（翁覃溪方綱）。
236	朴齊家《懷白華》（汪琬死百年）、五古	吳省欽	朴長馣《縞紵集》上，卷二，朴齊家《貞蕤閣集‧三集》中題作"懷人詩仿將心餘"（吳白華省欽）。
237	朴齊家《懷稷堂》（稷堂有別才）、五古	吳省蘭	朴長馣《縞紵集》上，卷二，朴齊家《貞蕤閣集‧三集》中題作"懷人詩仿將心餘"（吳稷堂省蘭）。
238	朴齊家《懷井養》（講官宿晚歸）、五古	陳崇本	朴長馣《縞紵集》上，卷二，朴齊家《貞蕤閣集‧三集》中題作"懷人詩"（陳井養崇本）。
239	朴齊家《續〈懷人詩〉》（百年文獻屬商丘）、七絕	陳崇本	朴長馣《縞紵集》上，卷二，朴齊家《貞蕤閣集‧四集》中題作"續懷人詩"（陳伯恭崇本）。筆者按，"丘"，《貞蕤閣集‧四集》作"邱"。
240	朴齊家《燕京雜絕》（難忘米市街）、五絕	陳崇本	朴長馣《縞紵集》上，卷二，朴齊家《貞蕤閣集‧四集》中題作"燕京雜絕贈別任恩叟妙兄、追憶舊事，凡得一百四十首"（難忘米市街）。

附錄　　　　　　　　　　　　　　　　　　　　　　　　　　　937

續表

序號	作者及篇名	受贈人	出處
241	朴齊家〈題〈鬼趣圖〉〉〈墨痕燈影兩迷離〉，七絕	羅聘	朴長馣《縞紵集》上，卷二，朴齊家《貞蕤閣集·三集》中題作"題羅兩峰先生〈鬼趣圖〉卷"。
242	朴齊家〈爲兩峰內子方氏婉儀，書其半格詩卷〉（寫韻仙緣重），五律	羅聘	朴長馣《縞紵集》上，卷二，朴齊家《貞蕤閣集·三集》中題作"爲兩峰內子方氏婉儀，書其半格詩卷"。
243	朴齊家〈題兩峰畫蘭草〉（二首）〈道人畫竹時〉五言古絕。（莫說無人采）五絕	羅聘	朴長馣《縞紵集》上，卷二，朴齊家《貞蕤閣集·三集》中題作"題兩峰畫竹蘭草"。
244	朴齊家〈羅兩峰人日生日〉〈維天降圖畫〉，五古	羅聘	朴長馣《縞紵集》上，卷二，朴齊家《貞蕤閣集·三集》中題作"羅兩峰人日生日"。
245	朴齊家〈別後寄兩峰〉（四首）（似癡如夢泪涔涔）（千年小別酒初醒）（天涯黃葉落來多）（緗簾禪室憶書聲），七絕	羅聘	朴長馣《縞紵集》上，卷二，朴齊家《貞蕤閣集·三集》中題作"別後寄羅兩峰"。
246	朴齊家〈懷兩峰〉〈兩峰師冬心〉，五古	羅聘	朴長馣《縞紵集》上，卷二，朴齊家《貞蕤閣集·三集》中題作"懷人詩仿蔣心餘〈羅兩峰〉"。
247	朴齊家〈續〈懷人詩〉〉〈不見高人羅飯牛〉，七絕	羅聘	朴長馣《縞紵集》上，卷二，朴齊家《貞蕤閣集·四集》中題作"續懷人詩"（羅兩峰聘）。

续表

序號	作者及篇名	受贈人	出處
248	朴齊家《燕京雜絶》〈貞蕤檢書書〉,五言古絶	羅聘	朴長馣《縞紵集》上,卷二,朴齊家《貞蕤閣集·四集》中題作"燕京雜絶贈别任恩叟姊兄,凡得一百四十首"(貞蕤檢書書)。
249	朴齊家〈懷南泉〉〈汀州一萬里〉,五古	伊秉綬	朴長馣《縞紵集》上,卷二,朴齊家《貞蕤閣集·三集》中題作"懷人詩仿蔣心餘"(伊南泉秉綬)。
250	朴齊家《續〈懷人詩〉》〈一盞遙飛話雨堂〉,七絶	伊秉綬	朴長馣《縞紵集》上,卷二,朴齊家《貞蕤閣集·四集》中題作"續懷人詩"(伊墨卿秉綬)。
251	朴齊家《燕京雜絶》〈伊公素心人〉,五絶	伊秉綬	朴長馣《縞紵集》上,卷二,朴齊家《貞蕤閣集·四集》中題作"燕京雜絶贈别任恩叟姊兄,凡得一百四十首"(伊公素心人)。
252	朴齊家〈懷苕莊〉〈苕莊詩有自〉,五古	龔協	朴長馣《縞紵集》上,卷二,朴齊家《貞蕤閣集·三集》中題作"懷人詩仿蔣心餘"(龔苕莊協)。
253	朴齊家《燕京雜絶》〈心傷龔成人〉,五絶	龔協	朴長馣《縞紵集》上,卷二,朴齊家《貞蕤閣集·四集》中題作"燕京雜絶贈别任恩叟姊兄,凡得一百四十首"(心傷龔成人)。

附　錄　　939

續表

序號	作者及篇名	受贈人	出處
254	朴齊家《懷人詩》〈烏龍江草不知春〉，七絕	龔協	朴長馣《縞紵集》上，卷二，朴齊家《貞㽔閣集·四集》中題作"續懷人詩"龔荇莊協。
255	朴齊家《懷劍潭》〈劍潭懷概姿〉，五古	汪端光	朴長馣《縞紵集》上，卷二，朴齊家《貞㽔閣集·三集》中題作"懷人詩仿蔣心餘"〈汪劍潭端光〉。
256	朴齊家《燕京雜絕》〈裳中看墨迹〉，五絕	汪端光	朴長馣《縞紵集》上，卷二，朴齊家《貞㽔閣集·四集》燕京雜絕 贈別任恩叟姊兄，追憶信筆，凡得一百四十首"裳中看墨迹"。
257	朴齊家〈懷淵如〉〈孫郎工篆隸〉，五古	孫星衍	朴長馣《縞紵集》上，卷二，朴齊家《貞㽔閣集·三集》中題作"懷人詩仿蔣心餘"〈孫比部星衍〉。
258	朴齊家《續懷人詩》〈一斗隃麋寫畢橐〉，七絕	孫星衍	朴長馣《縞紵集》上，卷二，朴齊家《貞㽔閣集·四集》中題作"續懷人詩"〈孫比部星衍〉。
259	朴齊家〈懷稚存〉〈稚存學辯博〉，五古	洪亮吉	朴長馣《縞紵集》上，卷二，朴齊家《貞㽔閣集·三集》中題作"懷人詩仿蔣心餘"〈洪翰林亮吉〉。
260	朴齊家《續懷人詩》〈孤蘆人物六朗文〉，七絕	洪亮吉	朴長馣《縞紵集》上，卷二，朴齊家《貞㽔閣集·四集》中題作"續懷人詩"〈洪稚存亮吉〉。

續表

序號	作者及篇名	受贈人	出處
261	朴齊家《懷華廷》(華廷老詞匠)，五古	萬應馨	朴長罨《縞紵集》上，卷二，朴齊家《貞蕤閣集·三集》中題作"懷人詩仿蔣心餘"(萬華廷應馨)。
262	朴齊家《懷星實》(夙闖中朝論)，五古	馮應榴	朴長罨《縞紵集》上，卷二，朴齊家《貞蕤閣集·三集》中題作"懷人詩仿蔣心餘"(馮給事應榴)。
263	朴齊家《懷秋史》(昔與江秋史)，五古	江德量	朴長罨《縞紵集》上，卷二，朴齊家《貞蕤閣集·三集》中題作"懷人詩仿蔣心餘"(江秋史德量)。
264	朴齊家《續〈懷人詩〉》(姓字翩翩夢筆餘)，七絕	江德量	朴長罨《縞紵集》上，卷二，朴齊家《貞蕤閣集·四集》中題作"續懷人詩"(江秋史)。
265	朴齊家《寄贈江秋史》(自信胸中《考古圖》)，七絕	江德量	朴長罨《縞紵集》上，卷二，朴齊家《貞蕤閣集·四集》中題作"寄贈江秋史"。
266	朴齊家《懷鴛士》(當代稱二陸)，五古	陸費墀	朴長罨《縞紵集》上，卷二，朴齊家《貞蕤閣集·三集》中題作"懷人詩仿蔣心餘"(陸侍郎費墀)。
267	朴齊家《懷澹思》(九九消寒社)，五古	宋鳴珂	朴長罨《縞紵集》上，卷二，朴齊家《貞蕤閣集·三集》中題作"懷人詩仿蔣心餘"(宋主事鳴珂)。筆者按，"清"《貞蕤閣集·三集》作"鎖"。

續表

序號	作者及篇名	受贈人	出處
268	朴齊家《懷梅原》《梅原詩自好》,五古	吳廷燮	朴長馣《縞紵集》上,卷二,朴齊家《貞蕤閣集·三集》中題作"懷人詩仿蔣心餘"(吳梅原廷燮)。
269	朴齊家《題〈課耕圖〉》(二首)(吳家灣接范苕灣,雲山蕭寺記南朝),七絕	吳照	朴長馣《縞紵集》上,卷二,朴齊家《貞蕤閣集·三集》中題作"題白庵吳(照)《石湖課耕圖》"卷。
270	朴齊家《懷白庵》照南通六書),五古	吳照	朴長馣《縞紵集》上,卷二,朴齊家《貞蕤閣集·三集》中題作"懷人詩仿蔣心餘"(吳白庵照)。筆者按,"照",《貞蕤閣集·三集》作"昭"。
271	朴齊家《續〈懷人詩〉》(江西墨竹中興年),七絕	吳照	朴長馣《縞紵集》上,卷二,朴齊家《貞蕤閣集·四集》中題作"續懷人詩"(吳白庵照)。
272	朴齊家《燕京雜絕》(蕭疏《墨竹圖》),五言古絕	吳照	朴長馣《縞紵集》上,卷二,朴齊家《貞蕤閣集·四集》中題作"燕京雜絕贈别任恩叟妑兄,追憶信筆,凡得一百四十首"(蕭疏《墨竹圖》)。
273	朴齊家《懷水屋》水屋狂者流),五古	張道渥	朴長馣《縞紵集》上,卷二,朴齊家《貞蕤閣集·三集》中題作"懷人詩仿蔣心餘"(張水屋道渥)。

續表

序號	作者及篇名	受贈人	出處
274	朴齊家《續〈懷人詩〉》《世無風子亦寥寥》,七絕	張道渥	朴長馣《縞紵集》上,卷二,朴齊家《貞蕤閣集·四集》中題作"續懷人詩"(張水屋道渥)。
275	朴齊家《燕京雜絕》(輞軒閒所閒),五言古絕	張道渥	朴長馣《縞紵集》上,卷二,朴齊家《貞蕤閣集·四集》"燕京雜絕贈別任恩叟姊兄,追憶信筆,凡得一百四十首"(輞軒閒所閒)。
276	朴齊家《懷醉峰》《翩翩小蔣生》,五古	蔣和	朴長馣《縞紵集》上,卷二,朴齊家《貞蕤閣集·三集》中題作"懷人詩仿蔣心餘"(蔣醉峰和),筆者按,"小",《貞蕤閣集·三集》作"少"。
277	朴齊家《續〈懷人詩〉》(拙老人孫尚典刑),七絕	蔣和	朴長馣《縞紵集》上,卷二,朴齊家《貞蕤閣集·四集》中題作"續懷人詩"(蔣醉峰和)。
278	朴齊家《燕京雜絕》(小蔣才無敵),五絕	蔣和	朴長馣《縞紵集》上,卷二,朴齊家《貞蕤閣集·四集》"燕京雜絕贈別任恩叟姊兄,追憶信筆,凡得一百四十首"(小蔣才無敵)。
279	朴齊家《題船山書扇見贈》《有美船山子》,五律	張問陶	朴長馣《縞紵集》上,卷二,朴齊家《貞蕤閣集·三集》中題作"題船山書扇見贈"。筆者按,"扇山"當爲"船山"之誤。
280	朴齊家《燕京雜絕》(遙憶張船山),五言古絕	張問陶	朴長馣《縞紵集》上,卷二,朴齊家《貞蕤閣集·四集》"燕京雜絕贈別任恩叟姊兄,追憶信筆,凡得一百四十首"(遙憶張船山)。

附　錄　　943

續表

序號	作者及篇名	受贈人	出處
281	朴齊家《贈船山歸四川》《蜀客題詩問碧鷄》，七絶	張問陶	朴長馣《縞紵集》上，卷二，朴齊家《貞蕤閣集·三集》中題作"贈船山歸四川"。
282	朴齊家《題船山〈雪中狂飲圖〉》（酒即杯中水），五古	張問陶	朴長馣《縞紵集》上，卷二，朴齊家《貞蕤閣集·三集》中題作"題船山《雪中狂飲圖》"。
283	朴齊家《懷船山貌可押》，五古	張問陶	朴長馣《縞紵集》上，卷二，朴齊家《貞蕤閣集·三集》中題作"懷人詩仿將心餘"（張船山問陶）。
284	朴齊家續〈懷人詩〉》《每因清範想文端》，七絶	張問陶	朴長馣《縞紵集》上，卷二，朴齊家《貞蕤閣集·四集》中題作"續懷人詩"（張船山問陶）。
285	朴齊家《贈別熊翰林方受、孝廉方訓兄弟》（二首）（紫禁城南映早巖）（一東頭住一西頭），七絶	熊方受、熊方訓	朴長馣《縞紵集》上，卷二，朴齊家《貞蕤閣集·三集》中題作"贈別熊翰林方受、孝廉方訓兄弟"。
286	朴齊家《懷介玆》《熊生負傲骨》，五古	熊方受	朴長馣《縞紵集》上，卷二，朴齊家《貞蕤閣集·三集》中題作"懷人詩仿將心餘"（熊翰林方受）。
287	朴齊家《燕京雜絶》《熊君送檻帖》，五絶	熊方受	朴長馣《縞紵集》上，卷二，朴齊家《貞蕤閣集·四集》中題作"燕京雜絶贈别任恩叟姊兄，追憶信筆，凡得一百四十首"（熊君送檻帖）。

續表

序號	作者及篇名	受贈人	出處
288	朴齊家《懷琢堂》《琢堂淡且淳》,五古	石韞玉	朴長馣《縞紵集》上,卷二,朴齊家《貞蕤閣集·三集》中題作"懷人詩仿蔣心餘"(石修撰韞玉)。
289	朴齊家《懷丹林》《丹林出竟陵》,五古	蔣祥墀	朴長馣《縞紵集》上,卷二,朴齊家《貞蕤閣集·三集》中題作"懷人詩仿蔣心餘"(蔣丹林祥墀)。
290	朴齊家《爲丹林庶常,次其大人雪洞詩韻》(蕭閑吾自樂吾鄉),七律	蔣祥墀	朴長馣《縞紵集》上,卷二,朴齊家《貞蕤閣集·三集》中題作"爲丹林庶常,次其大人雪洞詩韻,雪洞在湖北,有林園之勝,天下和之者千有餘人矣"。
291	朴齊家《題賓谷〈西溪漁隱圖〉》(二首)(淺水纔浮革履船)(一副胸中將就園),七絕	曾燠	朴長馣《縞紵集》上,卷二,朴齊家《貞蕤閣集·三集》中題作"題賓谷〈燠〉《西溪漁隱》卷"。
292	朴齊家《懷賓谷》《以子江湖計》,五古	曾燠	朴長馣《縞紵集》上,卷二,朴齊家《貞蕤閣集·三集》中題作"懷人詩仿蔣心餘"(曾賓谷燠)。
293	朴齊家《懷儷笙》《儷笙致小紙》,五古	曹振鏞	朴長馣《縞紵集》上,卷二,朴齊家《貞蕤閣集·三集》中題作"懷人詩仿蔣心餘"(曹翰林振鏞)。

续表

序号	作者及篇名	受赠人	出处
294	朴齐家〈懷承群〉(都門人海中)，五古	嵇承群	朴长馣《缟纻集》上，卷二，朴齐家《贞蕤阁集·三集》"怀人诗仿蒋心余作"(嵇知县承群)。
295	朴齐家〈寄赠芝山〉(謁来诗畫滿人間)，七绝	宋葆淳	朴长馣《缟纻集》上，卷二，朴齐家《贞蕤阁集·三集》"中题作"寄赠芝山(荣淳)"。
296	朴齐家〈懷芝山〉(芝山本航髒)，五古	宋葆淳	朴长馣《缟纻集》上，卷二，朴齐家《贞蕤阁集·三集》"怀人诗仿蒋心余作"(宋芝山荣淳)。
297	朴齐家〈懷宁焊〉(考功居山东)，五古	王宁焊	朴长馣《缟纻集》上，卷二，朴齐家《贞蕤阁集·三集》"中题作"怀人诗仿蒋心余作"(王考功宁焊)。
298	朴齐家〈續《懷人詩》〉(分外懸空契申)，七绝	王宁焊	朴长馣《缟纻集》上，卷二，朴齐家《贞蕤阁集·四集》"中题作"续怀人诗"(王考功宁焊)。
299	朴齐家〈懷桐門〉(熱河军机房)，五古	章煦	朴长馣《缟纻集》上，卷二，朴齐家《贞蕤阁集·三集》"怀人诗仿蒋心余作"(章桐门煦)。
300	朴齐家〈題桐門〈魚麥圖〉〉(白鷺成群也不同)，七绝	章煦	朴长馣《缟纻集》上，卷二，朴齐家《贞蕤阁集·三集》"中题作"题桐江殿丞《鱼麦图》"。

续表

序號	作者及篇名	受贈人	出處
301	朴齊家《懷復旦》(迤過拜斗殿),五古	莊復旦	朴長馣《縞紵集》上,卷二,朴齊家《貞蕤閣集·三集》中題作"懷人詩仿蔣心餘"(莊中書復旦)。
302	朴齊家《寄苹溪,末面而刻寄姓名表德二小印,求書貽,後定交於兩峰畫所》(三首)(所學非功令)(感深貽鐵筆畫出),五律	王肇嘉	朴長馣《縞紵集》上,卷二,朴齊家《貞蕤閣集·三集》中題作"寄王苹溪・苹溪爲余未面而刻寄姓名表德二小印,求余書貽,後定交於兩峰畫所"。
303	朴齊家《懷苕申》(右申多才藝),五古	王肇嘉	朴長馣《縞紵集》上,卷二,朴齊家《貞蕤閣集·三集》中題作"懷人詩仿蔣心餘"(王苹溪肇嘉)。
304	朴齊家《題羅兩峰畫梅扇面,贈錢秀才東壁歸嘉定》(偶爲看畫出),五律	錢東壁	朴長馣《縞紵集》上,卷二,朴齊家《貞蕤閣集·三集》中題作"題羅兩峰畫梅扇面(聘)、贈錢秀才(東壁)歸嘉定"。
305	朴齊家《懷東壁》(飲石名家子),五古	錢東壁	朴長馣《縞紵集》上,卷二,朴齊家《貞蕤閣集·三集》中題作"懷人詩仿蔣心餘"(錢秀才東壁)。
306	朴齊家《懷雲麓》(舍人有至性),五古	孫衡	朴長馣《縞紵集》上,卷二,朴齊家《貞蕤閣集·三集》中題作"懷人詩仿蔣心餘"(孫雲麓衡)。

續表

序號	作者及篇名	受贈人	出處
307	朴齊家《續懷人詩》〈媚嫗孫郞憶采風〉，七絕	孫衡	朴長馣《縞紵集》上，卷二，朴齊家《貞蕤閣集·四集》中題作"續懷人詩"（孫衡）。
308	朴齊家《燕京雜絕》〈舍人醉雅姿〉，五言古絕	孫衡	朴長馣《縞紵集》上，卷二，朴齊家《貞蕤閣集·四集》中題作"燕京雜絕贈別任恩叟姊兄，追憶信筆，凡得一百四十首"（舍人醉雅姿）。
309	朴齊家《懷春溪》〈張君閣公車〉，五古	張伯魁	朴長馣《縞紵集》上，卷二，朴齊家《貞蕤閣集·三集》中題作"懷人詩仿蔣心餘"（張春溪伯魁）。
310	朴齊家《題崔景偁〈竹樓圖〉卷》〈我有竹裏想〉，五古	崔景偁	朴長馣《縞紵集》上，卷二，朴齊家《貞蕤閣集·三集》中題作"題崔景偁〈竹樓圖〉卷"。
311	朴齊家《懷將軍》〈滿洲副都統〉，五古	成策	朴長馣《縞紵集》上，卷二，朴齊家《貞蕤閣集·三集》中題作"懷人詩仿蔣心餘"（成將軍策）。
312	朴齊家《懷將軍》〈別支高皇孫〉，五古	興端	朴長馣《縞紵集》上，卷二，朴齊家《貞蕤閣集·三集》中題作"懷人詩仿蔣心餘"（興將軍端）。
313	朴齊家《懷閣峰》〈冶亭及閣峰〉，五古	玉保	朴長馣《縞紵集》上，卷二，朴齊家《貞蕤閣集·三集》中題作"懷人詩仿蔣心餘"（玉閣峰保）。

續表

序號	作者及篇名	受贈人	出處
314	朴齊家《懷魁倫》(白皙魁將軍),五古	完顏魁倫	朴長馣《縞紵集》上,卷二,朴齊家《貞蕤閣集·三集》中題作"懷人詩仿蔣心餘"完顏將軍魁倫)。
315	朴齊家《懷樹滋》(騶馬年十六),五古	豐紳殷德	朴長馣《縞紵集》上,卷二,朴齊家《貞蕤閣集·三集》中題作"懷人詩仿蔣心餘"(豐紳都尉殷德)。
316	朴齊家《懷鳴陽》(曾於夢覺堂),五古	葛鳴陽	朴長馣《縞紵集》上,卷二,朴齊家《貞蕤閣集·三集》中題作"懷人詩仿蔣心餘"(葛御史鳴陽)。
317	朴齊家《懷王子》(王子宿衛久),五古	回回王子	朴長馣《縞紵集》上,卷二,朴齊家《貞蕤閣集·三集》中題作"懷人詩仿蔣心餘"(回回王子)。
318	朴齊家《聞澹園郭氏入道山》(七首)(汾河仙子白雲鄉)(北方詩句語高)(庭樹花肥踏月歸)(山西家世振文風)(青綾手拓米元章)(三絕平生兩得之)(神交枉被俗人驚),七絕	郭執桓	朴長馣《縞紵集》上,卷首,朴齊家《貞蕤閣集·初集》中題作"聞澹園郭氏入道山"。
319	朴齊家《懷篠飲》(齋東竹樹近何如),七絕	陸飛	朴長馣《縞紵集》上,卷首,朴齊家《貞蕤閣集·初集》中題作"戲仿王漁洋〈歲暮懷人〉"(陸篠飲飛)。

附　錄

續表

序號	作者及篇名	受贈人	出處
320	朴齊家《懷冶亭》(長白千年積氣深)、七絕	鐵保	朴長馣《縞紵集》上，卷一，朴齊家《貞蕤閣集·初集》中題作"戲仿王漁洋〈歲暮懷人〉"(鐵虛閑堂保)。
321	朴齊家《又懷冶亭》(軒軒鐵冶亭)、五古	鐵保	朴長馣《縞紵集》上，卷一，朴齊家《貞蕤閣集·三集》中題作"懷人詩仿將心將心餘"(鐵冶亭保)。
322	朴齊家《續〈懷人詩〉》(聯輝棣萼盛門闌)、七絕	鐵保	朴長馣《縞紵集》上，卷一，朴齊家《貞蕤閣集·四集》中題作"續懷人詩"(鐵冶亭保)。
323	朴齊家《燕京雜絕》(盛典迎藩國)、五絕	鐵保	朴長馣《縞紵集》上，卷一，朴齊家《貞蕤閣集·四集》中題作"燕京雜絕贈別任恩叟姊兄，追憶信筆，凡得一百四十首"(盛典迎藩國)。
324	朴齊家仿王士禎《歲暮懷人》詩(中江權使著書才)、七絕	博明	朴長馣《縞紵集》上，卷一，朴齊家《貞蕤閣集·初集》中題作"戲仿王漁洋〈歲暮懷人〉"(博明)。
325	朴齊家《懷西林》(頭白江南萬里涯)、七絕	吳穎芳	朴長馣《縞紵集》上，卷首，朴齊家《貞蕤閣集·初集》中題作"戲仿王漁洋〈歲暮懷人〉"(吳西林穎芳)。
326	朴齊家《懷雲椒》(吏部相思忽夢新)、七絕	沈初	朴長馣《縞紵集》上，卷首，朴齊家《貞蕤閣集·初集》中題作"戲仿王漁洋〈歲暮懷人〉"(沈雲椒初)。

續表

序號	作者及篇名	受贈人	出處
327	朴齊家《懷子才》(消息天涯返輞軒)，七絕	袁枚	朴長馣《縞紵集》上，卷首，朴齊家《貞蕤閣集·初集》中題作"戲仿王漁洋〈歲暮懷人〉"(袁庶常枚)。
328	朴齊家《懷芷塘》(我行指口外)，五古	祝德麟	朴長馣《縞紵集》上，卷一，朴齊家《貞蕤閣集·三集》中題作"懷人詩仿蔣心餘"(祝芷堂德麟)。
329	朴齊家《潘陽雜絕》(四庫新書拓聚珍)，七絕	祝德麟	朴長馣《縞紵集》上，卷一，朴齊家《貞蕤閣集·三集》中題作"潘陽雜絕"(其三)。
330	朴齊家《懷墨莊》(墨莊吾同庚)，五古	李鼎元	朴長馣《縞紵集》上，卷一，朴齊家《貞蕤閣集·三集》中題作"懷人詩仿蔣心餘"(李墨莊鼎元)。
331	朴齊家《燕京雜絕》(年來東國土)，五絕	李鼎元	朴長馣《縞紵集》上，卷一，朴齊家《貞蕤閣集·四集》中題作"燕京雜絕贈別任恩叟姊兄，追憶信筆，凡得一百四十首"(年來東國土)。
332	朴齊家《題椒畦畫菊見贈》(秋山一幅亂麻皴)，七絕	王學浩	朴長馣《縞紵集》上，卷二，朴齊家《貞蕤閣集·三集》中題作王椒畦(學浩)畫菊見贈"。

續表

序號	作者及篇名	受贈人	出處
333	朴齊家《懷椒畦》《椒畦寫山水》，五古	王學浩	朴長馣《縞紵集》上，卷二，朴齊家《貞蕤閣集·三集》中題作"仿蔣心餘"（王椒畦學浩）。
334	朴齊家《燕京雜絕》《撫寧徐進士》，五絕	徐紹芬	朴長馣《縞紵集》上，卷二，朴齊家《貞蕤閣集·四集》中題作"燕京雜絕贈別任恩叟姊兄，追憶信筆，凡得一百四十首"（撫寧徐進士）。
335	朴齊家《燕京雜絕》《吾憐潘穀堂》，五絕	潘有爲、江德量	朴長馣《縞紵集》上，卷二，朴齊家《貞蕤閣集·四集》中題作"燕京雜絕贈別任恩叟姊兄，追憶信筆，凡得一百四十首"（吾憐潘穀堂）。

清人寫給朴齊家的贈詩

序號	作者及篇名	受贈人	出處
336	金科豫《俚句奉贈楚亭吟長，兼志別意》《佳客來東國》，五律	朴齊家	朴長馣《縞紵集》下，卷一
337	李鼎元《題貞蕤書屋應楚亭檢書之屬》（三首）（不知嘉樹植何年）（波瀾木起井留芳）（扶疏繞屋邊清），七絕	朴齊家	同上
338	李驥元《題貞蕤書屋三絕，應楚亭故人之囑》（三首）（樹歷千年古）（古井何時鑿）（認作淵明宅），五絕	朴齊家	同上

續表

序號	作者及篇名	受贈人	出處
339	潘庭筠《重晤次修先生,率成一絕,並存沒口號三首奉政》(十載詩名日下傳)(不見炯庵適十載)(耳根久斷諾軒琴)(金生豪氣洗酸寒)、七絕	朴齊家	同上
340	潘庭筠《奉答貞蕤先生》(豫章楓木接風烟)、七絕	朴齊家	同上
341	潘庭筠《寫贈楚亭先生》(瘦夢疏香托與深)、七絕	朴齊家	同上
342	鐵保《題朝鮮貢使詩册,並寄貞蕤居士》(二首)(東海秉王會)(千里聚頭碣)、五律	朴齊家	同上
343	紀昀《乾隆乙卯正月廿四日,紀昀寄題,時年七十有二》(爲同朴而后)、五律	朴齊家	同上
344	翁方綱《題貞蕤檢書所藏〈蘆洲雪雁圖〉,兩峰定爲元人筆者》(二首)(雲影蒼茫極海東)(花之老衲墨參禪)、七絕	朴齊家	柳得恭《並世集》卷二
345	羅聘《次修檢書將歸朝鮮,作〈墨梅〉奉贈,以當折柳》(一枝藘蘆墨奉清塵)、七絕	朴齊家	同上
346	羅聘《既作〈墨梅〉奉贈,又復爲之寫照,因作是二絕以志別云》(二首)(相對三千里外人)(何事逢君便與親)、七絕	朴齊家	朴長馣《縞紵集》下,卷二

續表

序號	作者及篇名	受贈人	出處
347	羅聘《苕翁堂朴檢書歸朝鮮之先一夕，出建素畫並作一詩以餞之》《春明門外柳如綠》，七絶	朴齊家	同上
348	羅聘《詩畫應苕翁堂主人〈朴檢書〉》《畫竹有聲風滿堂》，七絶	朴齊家	同上
349	羅聘《奉懷求教》《兩度與君逢》，五古	朴齊家	同上
350	伊秉綬《送高麗朴檢書歸齊國》《扶桑東海水》，五律	朴齊家	同上
351	伊秉綬《題張水屋洵史道渥畫冊，送高麗金履度（華山）歸國，並訊汝修先生，即祈斤正《壬子初春，弟伊秉綬墨卿草》《吳中山水天下無》，七古	朴齊家、金履度	同上
352	龔協《偶讀六娥仙史絶句，感賦二絶，奉寄並正》（二首）《蓮葉田田妾苦心》《春山澹澹碧於螺》，七絶	六娥仙史	同上
353	汪端光《冬日郊行，過龔荇莊萬居，留贈一首，次修先生雅教》《四眺峰迴不見村》，七律	朴齊家	同上
354	宋鳴珂《贈朝鮮朴次修軍器寺正教》《萬里長吹碣石風》，七絶	朴齊家	同上
355	豐紳殷德：詩題不詳（尚主侯門貴），五律	朴齊家	同上

續表

序號	作者及篇名	受贈人	出處
356	吳照《歙爲貞裘檢書題自畫竹石小幀》（積苔贊修石）、五絕	朴齊家	同上
357	蔣和《乾隆庚戌八月，恭逢萬壽，和敬模御製題竹詩意畫冊進呈，蒙恩賜彩緞、恭記兼述舊事，綠請詞壇教正並索和章》（四首）（獻芹欣化日）（宮袍頒肉府）（縞衣傳樓素）（書畫開新防）、五律	朴齊家	同上
358	張問陶《題次修檢書內賜庚辰八月八日》（茉底銀鱗細可憐）、七絕	朴齊家	同上
359	張問陶《短歌一首送楚亭檢書歸朝鮮，聖清五十五年八月二十四日，翰林吉士泗（四）川張問陶小草》（我生二十年）、歌行體	朴齊家	同上
360	張問陶有詩題《次修題欽修再人京師，正月四日訪我松筠庵，酒半攝毫，文詞奇妮妮。讀其寄幾出闕之作，率吟二絕答之》（綠袍新著喜遷官）（附尋古寺同松筠）	朴齊家	柳得恭《並世集》卷二
361	熊方受《拙句奉贈次修檢書並正》（風清雲歛净碧落）、七古	朴齊家	朴長馣《縞紵集》下，卷二
362	曾燠《十二月二十八日，得朝鮮檢書朴齊家音問，以詩答之，並寄柳檢書得恭》（客自扶桑外）、五律	朴齊家、柳得恭	朴長馣《縞紵集》上，卷二

续表

序號	作者及篇名	受贈人	出處
363	宋榮淳《喜晤其檢書老兄,口占奉贈》《東海詩名二十年》,七律	朴齊家	同上
364	王肇嘉《拙句四首贈次修先生歸朝鮮,時乾隆辛亥春正月廿二日》(四首)(秋期折柳正依依)(雕蟲小技敢稱能)(人觀爭推博雅才)(聖朝文治日光華),七絕	朴齊家	同上
365	孫衡《乾隆五十六年歲次辛亥春下澣,即席口占,奉送次修先生榮歸,並請正句》(征軺當曉發),五律	朴齊家	同上
366	孫衡《恭修次修先生元配李淑人於壬子九月辭世,燕言寄慰,即請改正》(名門德配敬如賓),七律	朴齊家	同上
367	張伯魁《夜坐同人小飲感慨,兼呈齊家檢書正之》(朔風忽起南歸意),七律	朴齊家	同上
368	崔景脩《句送次修檢書東歸並政》《海上仙人冰雪顏》,歌行體	朴齊家	同上
369	完顏魁倫《時嘉慶六年八月,偶爲染指之戲,並作油歌以足筵面之餘紙》《指作黃花墨汁滿》,七律	朴齊家	同上

續表

序號	作者及篇名	受贈人	出處
370	鄒登標《庚戌九秋，喜識次修先生，賦此贈行即正》（二首）（海北江南素未期）（國傳箕子舊朝鮮），七律	朴齊家	同上
371	王濤《僅言二首奉贈次修先生旋歸，並請郢呈兼乞尊書》（二首）（三山閬說是仙家）（好句曾看咏石湖），七律	朴齊家	同上
372	蔡汝林：詩題不詳（客星萬里過荒州），七絕	朴齊家	朴齊家《貞蕤閣集·三集》
373	湯兆祥《小詩志別，並望和章》（借大真堪笑），五古	朴齊家	朴長馣《縞紵集》上，卷二
374	鄂時，詩題不詳（長劍一杯酒），五古	朴齊家	朴長馣《縞紵集》下，卷二
以下朴齊家與清文人間的贈詩均創作於1801年（辛酉）或1801年（辛酉）後			
375	朴齊家有《題〈琉球圖〉》《橫覽齊州末了烟》，七律	李鼎元	朴長馣《縞紵集》上，卷一，朴齊家《貞蕤閣集·四集》中題作"題李墨莊中翰《琉球奉使圖》"。
376	朴齊家《題言象升秀才秋江月夜垂釣小照》《夢想纏綿桃核船》，七絕	言朝標	朴長馣《縞紵集》上，卷三，朴齊家《貞蕤閣集·四集》中題作"題言象升秀才秋江月夜垂釣小照"。

附　錄　　957

續表

序號	作者及篇名	受贈人	出處
377	錢東垣《里言八首奉送冷齋、貞蕤、松皋三先生歸平壤、即呈雅政》《八首》《三韓洌水多才子》《書雙絶朴貞蕤》《情深貎厚柳冷齋》《丰神交飢渴馬柳松皋》《議名北學下秋意》《十載神交飢渴殷》《見時容易別時難》《藉燕薰香暖將離落》，七絶	朴齊家	朴長馣《縞紵集》下，卷三
378	陳鱣《奉謝貞蕤詞丈惠物，四首錄朴貞蕤求是正》《四首》《十幅雲箋勝百朋》《便便腹笥朴貞蕤》《臺笠伊斜美彼都》《烟霞痼疾每沉吟》，七絶	朴齊家	同上
379	陳鱣《嘉慶六年夏四月既望，奉送貞蕤詞伯榮旋二首，即求是正》《二首》《王會重開瞻貢圖》《攀條言別意纏綿》，七律	朴齊家	同上
380	黃成《辛酉四月，以應試禮部留京，遇朝鮮朴修翁先生於五柳居中，索得華翰。爰寫折枝二種贈之，以當縞紵可乎》《二首》《天涯向意得新知》《走馬紅塵爲底忙》，七絶	朴齊家	同上
381	黃成《修翁爲我書扇，作詩畫酬之。從來互市有如許風雅否……》《傾蓋何緣喜欲狂》，七律	朴齊家	同上
382	黃成《嘉慶辛酉五月朔，奉送朝鮮內閣朴、柳二檢書歸國》《東方有國稱君子》，七古	朴齊家、柳得恭	同上

續表

序號	作者及篇名	受贈人	出處
383	夏文燾《辛酉春，應禮部試，被點留都下肄業，如唐人所謂過夏者。過琉璃廠書肆，識朝鮮檢書朴修其先生。於其歸也，作此詩送之》（二首）（我愛貞蕤子）（托鐙清夜讀），五律	朴齊家	同上
384	叟夔龍《拙句奉贈，並請教正》（甘雨和風納臚來），七律	朴齊家	同上
385	陳森《俚句恭呈貞蕤大人閣下》（二首）（海天晴翠接東隅）（玉堂韻事記詞壇），七言古絕	朴齊家	同上
386	虞衡《小詩奉贈貞蕤先生，即以送別》（三首）（曾聞東國解聲詩）（瀕年奉使驛程賒）（方曲求書聚客窗），七絕	朴齊家	同上
387	崔琦《句奉貞蕤先生斧正》（二首）（迢迢淇水三千里）（精神豪邁萬夫雄），七絕	朴齊家	同上
388	崔琦《書奉貞蕤先生一哂》（八方重譯盡來庭），七律	朴齊家	同上
389	盛學孥《辛酉秋余計偕人都，遇朝鮮使臣朴、柳二君於五柳居書肆，工詩能書，爲余作條幅，字極飛舞無庸俗氣。翌日，復遇之白衣禪院，筆談竟日，意甚惓惓。聞其歸國在即，作此贈之，兼以志別》（把酒論詩派墨豪），七律	朴齊家、柳得恭	同上

續表

序號	作者及篇名	受贈人	出處
390	黄丕烈《余與五柳居主人爲莫逆,至都每觀書,至其肆。時遇朴貞蕤、柳惠風二公,……持贈二公……》(嘉慶六年歲辛酉),七古	朴齊家、柳得恭	同上
391	潘煜《小詞二闋,書贈貞蕤詞伯莞正》《海上神仙倚碧鬟》、《浣花紗》,《欲將墨筆留公住》《賀聖朝》	朴齊家	同上
392	裴鏽《調〈琴調相思引〉一闋,清和月,題贈貞蕤詞丈雅敎莞政》《楝筆淋漓認墨痕》	朴齊家	同上
393	朱鏑《嘉慶六年四月廿三日,偶成二絶,録奉古芸,貞蕤兩詞伯莞正》(二首)《海外仙山啓逸才》(天涯聚首不相期),七絶	朴齊家	同上
394	毛祖勝二闋作於都門書舍,時辛酉清和月下浣,奉贈貞蕤、古芸二詞丈》《醉太平》、《長相思》	朴齊家、柳得恭	同上
395	李鼎元《哭楚亭》《人日東望哭故人》,七律	朴齊家	同上

續表

趙秀三與清文人之間的贈詩：趙秀三贈詩13首。

序號	作者及篇名	受贈人	出處
396	趙秀三《遼陽店有馬石莊者馬巙，名喜，兗州人也。贄詩來見，以嗣索句，書此爲贈》（滾滾離愁釀鬢霜），七絕	馬喜	趙秀三《燕行紀程》
397	趙秀三《贈顧王森容堂中書》（中書載酒日相邀），七絕	顧王森	同上
398	趙秀三《題朱文翰潔湄舍人葦航書屋》（鹿洞舊書田），五律	朱文翰	同上
399	趙秀三《潔湄中書邀飲園館》（偶尋松子店），五律	朱文翰	同上
400	趙秀三《戲題潔湄便面》（五步一奇石），五言古絕	朱文翰	同上
401	趙秀三《題潔湄中書尺牘》（蒼茫別思循環），七律	朱文翰	趙秀三《秋齋集》卷三
402	趙秀三《漪塘宅，留簡潔湄朱內翰、程吾田中書》（每憶燕南舊酒徒），五律	朱文翰、程振甲	趙秀三《秋齋集》卷一
403	趙秀三《飲程吾田振甲內翰也園》（二首）（城隈春水滿）（石壁淡朝曦），五律	程振甲	趙秀三《燕行紀程》
404	趙秀三《贈江漪塘編修漣》江氏四昆季，五律	江漣	同上

續表

序號	作者及篇名	受贈人	出處
405	趙秀三《贈言尚煒兩春孝廉》《奉佛心仍寂》，五律	尚煒	同上
406	趙秀三有《洪序常桐生宅，留別孟晉齋諸人》《斗酒相逢意氣多》，七律	言明標	同上
407	趙秀三有《臨別，留題邵員外茗幽居》《伸茗不得局》，五古	邵茗	同上
	金正中與清文人之間的贈詩：金正中贈詩11首，受贈詩6首。		
408	金正中：詩題不詳（山澤行裝野鶴姿），七律	張道渥	金正中《燕行錄》
409	金正中：詩題不詳（一樹扶桑下），五律	程嘉賢	同上
410	金正中：詩題不詳（伊洛傳先派），五律	程嘉賢	同上
411	金正中：詩題不詳（吾生苦晚猶好古），七古	程嘉賢	同上
412	金正中：詩題不詳（五首）（鯉襪羊裘答答哉）（金臺歲孳得其人）（公是河南夫子孫）（新起高樓碧水涯）（雲歸鳥散更無期），七絕	程嘉賢	同上
413	金正中：詩題不詳（東奎瑞彩耀中秋），七絕	程嘉賢	同上
414	金正中：詩題不詳（旅窗偏（偏）近讀書床），七絕	孫振榮	同上
415	程嘉賢：詩題不詳（平生重交遊），五古	金正中	同上

續表

序號	作者及篇名	受贈人	出處
416	程十然：詩題不詳〈空齋忽不譯〉，五古	金正中	同上
417	程嘉賁：詩題不詳〈四首〉〈重譯光賓賈〉〈萬里雖爲夢〉〈我亦天涯客〉〈爲訪金臺跡〉，五律	金正中	同上
	洪義俊與清人之間的贈詩：洪義俊贈詩12首。		
418	洪義俊《題李墨莊翰林鼎元〈登岱圖〉帖》〈夜見峨眉月〉，五律	李鼎元	洪義俊《傳舊》卷二
419	洪義俊《留贈李墨莊》〈君住巴西我海東〉，七律	李鼎元	同上
420	洪義俊《十六日，途中懷李墨莊，次杜〈詞宗李墨莊〉》，五律	李鼎元	同上
421	洪義俊《寄墨莊李翰林》〈東海書生眼目偏〉，七律	李鼎元	同上
422	洪義俊《題羅介人允紹〈畫梅〉帖》〈見眼不消謂雪〉，七絕	羅允紹	同上
423	洪義俊《題朱侍讀承寵〈海市圖〉帖》〈海市蒼茫人畫圖〉，七絕	朱承寵	同上
424	洪義俊《贈羅兩峰〈聘〉》〈都人爭誦兩峰名〉，七絕	羅聘	同上
425	洪義俊《有贈熊夢庵翰林方受》〈昨日纔過便夢中〉，七絕	熊方受	同上

續表

序號	作者及篇名	受贈人	出處
426	洪羲俊《途中懷紀尚書·次杜〈夫子清名聞四邊〉》,七律	紀昀	同上
427	洪羲俊《奉寄曉嵐紀尚書》(末學退蹤左海陬),七律	紀昀	同上
428	洪羲俊《寄贈齊秀才佩蓮》(風雪輸鞘蹋路),五律	齊佩蓮	同上
429	洪羲俊《初六日,聞縣北十五里有靈山寺,任遊,書贈主僧雲光》(瀟灑靈山寺),五律	釋雲光	同上
	金載瓚與清文人之間的贈贈詩:金載瓚贈贈詩12首。		
430	金載瓚《輸關贈齊生佩蓮(甲辰國器燕行,與齊生相酬唱,齊生尚說甲辰事,故尾句及之)》(書劍運回鬢已疏),七律	齊佩蓮	金載瓚《海石遺稿》卷四
431	金載瓚《贈蘇州土人朱生》(三首)(考亭門路可參三)(文能載道乃爲文)(秦楷蒙各天真),七絕	朱生,名不詳	同上
432	金載瓚《寧遠,贈知州劉大觀》(四首)(星軺一路隔年餘)七律,(東國衣冠世變蹐)(翰墨淋漓談屑飛)(二月關河客未還),七絕	劉大觀	同上
433	金載瓚《贈江蘇貢士徐承緒(劉大觀之婿)》(四首)(君在江南等幾州)(曾見〈西湖春曉圖〉)(三湘鳥獸有餘悲)(江潭春暮吊三閭),七絕	徐承緒	同上

續表

十八世紀其他朝鮮文人與清文人之間的贈詩：朝鮮文人贈詩 30 首，受贈詩 47 首。

朝鮮文人贈送清文人詩歌

序號	作者及篇名	受贈人	出處
434	閔鎮遠：詩題不詳（傾蓋渾如舊），五絕	丁令章	閔鎮遠《燕行錄》
435	趙鼎說：詩題不詳（釋氏□□□），五律	清誠親王	徐命臣《庚辰燕行錄》
436	姜浩溥：詩題不詳（遠從箕子國），五絕	清秀才，名不詳	姜浩溥《桑蓬錄》卷二
437	沈銝：《椵村夜坐忽有抱琴而至者，問之，孫策其名也，爲賦三篇短律》（三首）（白日臨空週照心）（一室氤氳自有春），七絕（琴聲繞屋夜將深）	孫策	沈銝《戊申燕行詩》
438	李時恒《口號贈扈、李兩人》（二首）（笑擲千金醉酒壚）（寶馬玉龍流水車），七絕	扈潔、李今龍	李時恒《和隱集》卷三
439	趙尚絅《永平府太守具名帖，餉以兩種果》（三首）（數朶盈盈萬果園）（爾味不酸又不甘）（數掬葡萄雪梨並），七絕	白錫	趙尚絅《燕槎錄》
440	李日躋《永平府太守具名帖，餉以兩種果》（三首）（紫顆如新個個圓）（柑橘猶酸柿太甘）（掌來二種一盤並），七絕	白錫	趙尚絅《燕槎錄》
441	李宜顯《贈善篆人林玠》《家乘周禮志》，五律	林玠	李宜顯《陶谷集》卷三

續表

序號	作者及篇名	受贈人	出處
442	李宜顯《還到豐潤谷家，修屋許處，預釀酒以待，又餉茶果。其義可尚，遂贈以詩》（二首）（谷氏好兄弟）（掃室須吾至）、五律	谷儞	同上
443	李德壽《盤山贈遠法師》（欲向廬山識遠公）、七律	遠法師	李德壽《西堂私載》卷二
444	李匡德《僕在海東樂聞大江以南山川人物之美，夢想欣慕者久矣。及來燕都，偶遊太學，得鄉進士吾軒張君（偉烈）風流博雅，真江南人也。……因用留別》（多生有債在湖山）、七律	張偉烈	李匡德《冠陽集》卷一
445	李匡德：詩題不詳（篇章渾厚謝尖巧）、七律	白世昌	孔繁樸修，高維嶽纂《（光緒）綏德州志》卷七
446	《燕行記著》作者《贈體燦》（寺在白雲第一峰）、七絕	體燦	佚名《燕行記著》
447	順菴君李烓《題扇贈秋庫》（相看成遷逅）、五絕	潘庭筠	朱文藻編《日下題襟集·順義君》
448	蔡濟恭《走草長歌，贈潘筠、李鼎元爲別》（少小抱奇志）、歌行體	潘庭筠、李鼎元	蔡濟恭《含忍錄》
449	金祖淳《走筆贈水屋泉剌史道湜》（一見歡然及水屋）、七絕	張道湜	金祖淳《楓枲集》卷一
450	徐浩修：詩題不詳（妙齡馳驅墨）、五律	鐵保	徐浩修《燕行記》卷三

續表

序號	作者及篇名	受贈人	出處
451	白景炫：詩題不詳〈萬里來遊客〉，五律	齊佩蓮	白景炫《燕行錄》卷二
452	白景炫：詩題不詳〈久客愁懷孰與開〉，七絕	沈彥輝	白景炫《燕行錄》卷三
453	徐有聞：詩題不詳〈大明寅亮屬名臣〉，七律	紀汝似	徐有聞《戊午燕行錄》
454	徐瀅修《奉贈李翰林〈鼎元〉琉球奉使之行》〈錦纜初開海日紅〉，七絕	李鼎元	徐瀅修《明皋全集》卷二
455	洪慎猷《贈人〈清學士博明〉》〈詞翰平生用力深〉，七律	博明	洪慎猷《白華子集抄》

清文人贈送朝鮮文人詩歌

序號	作者及篇名	受贈人	出處
456	撲敘《朝鮮諸君子有詩見贈，子未暇遍和，賦二絕句酬之》（二首）〈六月星軺駐海東〉〈憂王握金各擅長〉，七絕	朝鮮諸君子	撲敘《益戒堂詩集》卷八
457	周病胡人：詩題不詳〈楊柳未搓折〉，五律	金德三	金昌業《老稼齋燕行雜識》
458	嵩山僧永清：詩題不詳〈種竹春來發筍芽〉，七絕	李頤命	李頤命《燕行雜識》
459	魏元樞《贈別朝鮮金中丞歸國》（二首）〈朝鮮自古文章地〉〈漫道班荊少片言〉，七律	金尚奎	魏元樞《與我周旋集·詩》卷一
460	魏元樞《賦贈朝鮮貢使四休居士尹冢宰》〈浩然天地阿空闊〉，七古	尹得和	魏元樞《與我周旋集·詩》卷一二

續表

序號	作者及篇名	受贈人	出處
461	林頙：詩題不詳《羡爾菁蔥擁碧溪》、七絕	李日睛	李田秀《農隱隨人潘記》
462	嚴誠《又題畫蘭幅，贈順義君》（春風吹百卉）、五絕	順義君李栢	朱文藻編《日下題襟集·順義君》
463	李調元《寄題徐副使浩修見一亭二首（並序）》（急流勇退古難尋）（得歸三徑就荒蕪）、七律	徐浩修	李調元《童山集》卷一九
464	李調元《奉題徐大人見一亭，呈宰政》《從來束縛是纓簪》、七律	徐浩修	《同文神交》
465	潘庭筠《碑陰祭詩》《洽纘並龔黄》、雜言詩	洪檍	洪大容《湛軒書·內集》卷四
466	徐大榕：詩題不詳（二首）《海外傳經名父子》、《銘他日為工書》、七絕	朴趾源	朴趾源《熱河日記》
467	張道渥：詩題不詳《天涯歲暮意如何》、七律	金履度	金正中《燕行錄》
468	趙懷玉《徐戶部大格齋中，晤高麗記室李喜明、進士李（承）薰。索詩，各贈一首》《翩翩踪迹托賓鴻》《高館葡萄日下開》、七絕	李喜明、李承薰	趙懷玉《亦有生齋集·詩》卷九
469	龔協《抽句奉贈遠照軒詞丈並正》《相逢便覺夙心親》、七律	尹仁泰	同上
470	劉錫王《遠照軒尹君》（二首）《書記何如小杜名》（奉使前回朴次修）、七絕	尹仁泰	同上

續表

序號	作者及篇名	受贈人	出處
471	劉錫五《贈朝鮮三使臣〈金履度〉》（二首）（文物遙聞盛海邦）（銜杯每到夕烏斜）、七絕	金履度	劉錫五《隨傒書屋詩集》卷九
472	劉錫五《金履度以詩稿就正，題兩斷句》（二首）（持節朝天使客星）（烏蘭細字寫銀鈎）、七絕	金履度	同上
473	劉錫五《張水屋所畫吳中山水爲金履度題，即送其歸國》（張顛昔作江南遊）、七古	金履度	同上
474	劉錫五《金履度瀕行，捧素箋乞詩，走筆應之》（彼美松園子）、五律	金履度	同上
475	劉錫五《贈朝鮮三使臣〈李祉源〉》（二首）（雲海蒼茫隔大千）（遊仙清夢落東南）、七絕	李祉源	同上
476	劉錫五《三使詢子生平，詩以誌之》（二首）（家在秋風汾水邊）（豈有雄文傳兩制）、七律	金履度、李祉源、尹仁泰	同上
477	俞蛟：詩題不詳（銜命梯航觐紫宸）、七律	李命圭	俞蛟撰，駱賓善校點《夢厂雜著》卷二
478	盧烜贈李命圭七言醞句（快睹彩毫得麗句，偶懷舊雨得新知）	李命圭	同上
479	朱瑞椿《人日，與朝鮮使臣金松園（履度）、李東谷（祉源）、尹遠照（仁泰）小集，即席書贈》（來賓納贐通瀛海）、七律	金履度、李祉源、尹仁泰	潘衍桐《兩浙輔軒續錄》卷一六

續表

序號	作者及篇名	受贈人	出處
480	張問陶《懷人書屋同朝鮮尹仁泰隸書》《多情徒自苦》,五絕	尹仁泰	張問陶《船山詩草》卷二二
481	李鼎元《送客東歸二首》(故人書到聞佳士)(聞到驪駒早晚行),七絕	名字不詳	李鼎元《師竹齋集》卷九
482	李雲:詩題不詳(東南賓主鬥分曹),七律	李光楨	徐有聞《戊午燕行錄》
483	葉蓁高:詩題不詳(落日金樽邀上客),七律	李光楨	同上
484	葉蓁高:詩題不詳(淡雲微雨蕭孤寺),七絕	致馨	同上
485	李雲:詩題不詳(百尺西城斐几前),七絕	致馨	同上
486	周厚轅《庶常館,贈朝鮮客》(為起尋梅約),五律	李彥瑢	柳得恭《並世集》卷一,柳得恭《中州十一家詩選·周庶常厚轅》題作"贈李彥瑢"。
487	乾隆皇帝:詩題不詳(迎鑾祝壽陪臣价),七律	朝鮮國王李祘	《清高宗純皇帝實錄》卷一一八八
488	博明《題李瀷詞》(二首)(浿陽塵界仙源諳)(邊城三月喜春陰),七絕	李瀷	柳得恭《中州十一家詩選·中江權使博明》
489	陳文述《朝鮮記李光夔以詩見贈,署其籍曰廣陵,蓋其國亦有揚州也。因題一絕贈之》(雲接扶桑萬里秋),七絕	李光夔	陳文述《頤道堂集·詩選》卷三
490	林本裕楹聯:四壁墨華暉旭彩,一簾香靄鬧晴雲	安某號夢賓者	成海應《研經齋全集·外集》卷五五

表 4：十八世紀中朝文人唱酬詩一覽表

序號	原韻及作者	和詩及作者	出處
金昌業與清文人間的唱酬詩：共 5 組。			
1	金昌業《客從東海向燕京》，七絕	清人郭如柏，詩題不詳《文物衣冠莫如京》，七絕	原韻、和詩均出金昌業《老稼齋燕行日記》卷二，金昌業原韻詩，金昌業《老稼齋集》卷五"燕行塤篪錄"中題作"次伯氏東關驛韻"。
2	清人李養和：原韻不詳	金昌業《次山海關秀才李養和〈海樓〉韻》〈洪濤日夜拍城層〉，七律	和詩出金昌業《老稼齋集》卷四。
3	清人郭如柏：原韻不詳	金昌業《榆關郭舉人如柏以〈目送歸鴻小像〉（戊戌）〈遣示求和，遂次其韻》〈榆關山氣秀〉，五律	和詩出金昌業《老稼齋集》卷五。
4	金昌業《次李文蘭壁題詩》〈江南女子洗紅妝〉，七絕	清人灤州刺史，名不詳，詩題不詳〈面撲風埃未解裝〉，七絕	原韻出《老稼齋燕行日記》卷二，金昌業《老稼齋集》卷五"燕行塤篪錄"中題作"灤榛子店，次李文蘭韻"；和詩出《老稼齋燕行日記》卷二。
5	清人李元英：原韻不詳	金昌業《次李元英韻》〈三首〉〈霜園老果見方春〉〈王河東畔去遊春〉〈海外狂歌五十春〉，七絕	和詩出金昌業《老稼齋集》卷五。

附　錄

續表

李徽中、李商鳳父子與清文人間的唱酬詩：共6組。

序號	原韻及作者	和詩及作者	出處
6	清人潘相：詩題不詳（海國名臣重禮儀），七律	李徽中：和韻不詳	原韻出李商鳳《北轅錄》卷四。
7	清人胡少逸：詩題不詳（二首）（日下欣逢客使來）（國語方言兩未諳），七律	李徽中：詩題不詳（荆南書劍照東楹），七律	原韻、和詩均出李商鳳《北轅錄》卷四。
8	李徽中：詩題不詳（荆南書劍照東楹），七律	清人胡少逸：詩題不詳（還泛博望識仙槎），七律	同上
9	李徽中：詩題不詳（春水方生舊釣槎），七律	清人胡少逸：詩題不詳（何事觀風遠泛槎），七律	同上
10	李商鳳：詩題不詳（二首）（人似浮萍世似槎）（殊方邂逅前諳），七律	清人胡少逸：詩題不詳（四首）（萬里追隨奉使槎）（夜月如鈎挂漢槎）（別緒離思我素諳）（茗柯妙理夙深諳），七律	同上

971

續表

序號	原韻及作者	和詩及作者	出處
11	清人金羲：詩題不詳（先生大才原如海），七絕	李商鳳，詩題不詳（燕山日月渺如海），七絕	原韻、和詩均出李商鳳《北轅錄》卷五。
金在行與清文人間的唱酬詩：共6組。			
12	金在行《用從高祖清陰先生韻，贈鐵橋》（迢遞關山滯去旌），七律	清人嚴誠《次清陰先生韻》（客心無定似懸旌），七律	原韻、和詩均出朱文藻編《日下題襟集·金秀才》。《中朝學士書翰》中題作"承次清陰先生韻，和答養虛尊兄，兼請教定"。筆者按《中朝學士書翰》所載爲原貼，最爲真實。
13	金在行《枕上不寐，有懷鐵橋、秋庫，仍用前韻》（金門待詔駐雙旌），七律	清人嚴誠《和養虛，借諸劇談竟日，仍次清陰韻》（朝寓廬劇談竟日，仍次清陰韻》（朝來門外停雙旌），七律	原韻、和詩均出朱文藻編《日下題襟集·金秀才》。
14	金在行《訪鐵橋，即席有作》（郭外鳴禽晚），五律	清人嚴誠《養虛過訪寓廬，即事有作，次原韻》（屋角喧晨鵲），五律	同上
15	金在行：原韻不詳	清人嚴誠《酬養虛留別原韻》（輕暖微寒讓好春），七律	同上

續表

序號	原韻及作者	和詩及作者	出處
16	金在行《訪鐵橋、蘭公於郭城邸舍，即席有作》（郭外鳴禽晚），五律	清人潘庭筠《奉和養虛碩士城南見訪之作》（孤館忽無悶），五律	原韻出朱文藻編《日下題襟集·金秀才》；和詩出柳得恭《並世集》卷一。
17	清人陸飛；原韻不詳	金在行；詩題不詳（二首）（車輪門外日如飛）（高齋不見一塵飛），七絕	和詩出《中朝學士書翰》。筆者按，《中朝學士書翰》所載爲原帖，最爲真實。

順義君李烜與清文人間的唱酬詩，共7組。

18	李烜《鸚鵡詩二首》（一曰籠中人）（嗟爾隨兩鳥），五律	清人嚴誠：詩題不詳（二首）（回首故山遠）（東風吹暖律），五律	原韻、和詩均出朱文藻編《日下題襟集·順義君》。
19	李烜《次金副使韻呈鐵橋》（經歲燕城賓歃綠），七律	清人嚴誠《次韻答詩》（吳鹽那得便無絲），七律	同上
20	李烜《題鴎贈鐵橋》（君在江南我海東），七絕	清人嚴誠《次韻答詩》（浩荡洪波涓薩東），七絕	同上
21	李烜《鐵橋過萓館，即席有作三首》（二月燕城白雪飛）（各盡邦言言賓飲飛）（懷婁落夢魂日飛），七絕	清人嚴誠《次韻答詩三首》（高館披襟興飲飛）（復見東風柳絮飛）（衣衣黃塵盡日飛），七絕	同上

续表

序號	原韻及作者	和詩及作者	出處
22	李烜《次金秀才韻,答鐵橋見惠書畫》《燕京遇高士》,五律	清人嚴誠《次韻奉答》《凌晨初盥漱》五律,《又再疊前韻》(覺天機淺),五律	同上
23	李烜《鸚鵡詩二首》(一自籠中人)(嗟爾隴西鳥),五律	清人潘庭筠《奉和睡隱李大人〈鸚鵡詩〉二首》(月殘珠戶曉)(猶憶長安樂),五律	原韻、和詩均出藤塚鄰鈔校《燕杭詩牘》。
24	李烜《題啁贈篠飲二首》(不面先見畫)(生綃一幅畫),五絕	清人陸飛《次韻答詩》(二首)(天地猶蓬廬)(不見空相思),五絕	原韻、和詩均出朱文藻編《日下題襟集·順義君》。
金善行與清文人間的唱酬詩:共4組。			
25	金善行《贈嚴鐵橋、潘秋廂》(城頭楊柳綠如絲),七律	清人嚴誠《次韻答詩》(新愁不斷正如絲),七律	原韻、和詩均出朱文藻編《日下題襟集·金幸相》。
26	金善行《贈楊柳綠如絲》,七律	清人嚴誠《即次休休公原韻,敬呈洪大人鈞覽》(自憐唱影與鞭絲),七律	原韻出朱文藻編《日下題襟集·金幸相》;和詩出《中士寄洪大容手札帖》1,《日下題襟集·洪執義》,題作"次金副使韻,謝洪執義"。

附　錄　　975

續表

序號	原韻及作者	和詩及作者	出處
27	金善行《簡鐵橋四首》《荷花十里漾清波》《江南江北鷓鴣啼》《丈夫不灑離別淚》，七絕	清人嚴誠《次韻答詩四首》《雄文浩瀚捲渚波》《倪王別派古無儔》《宣武門東烏夜啼》《狂來起學劉琨舞》，七絕	原韻、和詩均出朱文藻編《日下題襟集·金箄相》。
28	金善行《集朱子句，留別鐵橋、秋厓》《借得新詩連夜讀》，七絕	清人嚴誠《集元遺山句，次韻答詩》《看盡春風不回首》，七絕	同上
洪檍與清文人間的唱酬詩：共5組。			
29	洪檍《簡鐵橋》《東海三千里》，五絕	清人嚴誠次韻《長安居不易》，五絕	原韻、和詩出朱文藻編《日下題襟集·洪執義》；和詩亦出《中士寄洪大容手札帖》1，題作"次韻恭和洪大人，兼求訂訛"。
30	洪檍《簡鐵橋》《東海三千里》，五絕	清人潘庭筠，詩題不詳《高館無公事》，五絕	原韻出朱文藻編《日下題襟集·洪執義》；和詩出《中士寄洪大容手札》帖1。
31	洪檍《柬鐵橋畫》《十里荷花桂子秋》，七絕	清人嚴誠畫《飛來峰圖》遺洪幼直，即次素畫韻，題於上方《白石清泉媚好秋》，七絕	原韻、和詩亦出朱文藻編《日下題襟集·洪執義》；和詩亦出《中士寄洪大容手札帖》1，題作"次韻恭和洪大人，兼求訂訛"。

續表

序號	原韻及作者	和詩及作者	出處
32	洪檍《呈鐵橋》(江南舉士蓋傾運)、七絕	清人嚴誠《次韻答詩》(怕看日景畫遲遲)、七絕	原韻、和詩出朱文藻編《日下題襟集·洪執義》;和詩亦出《中士寄洪大容手札帖》1,題作"次韻恭和洪大人,兼求訂訛"。
33	洪檍:原韻不詳	清人潘庭筠:詩題不詳(二首)(樹影蕭森石氣秋)(第一人歸落照遲)、七絕	和詩出藤塚鄰鈔校《燕杭詩牘》。
朴齊家與清文人間的唱酬詩:共 24 組。			
34	朴齊家元韻(海內皆兄弟)、五絕	清人金科正《次楚亭元韻》《清尊聊卜夜》、五絕	原韻出朴長馣《縞紵集》下,卷一,朴齊家《貞蕤閣集·初集》中題作"分談字,贈金科豫"; 和詩出朴長馣《縞紵集》下,卷一。
35	朴齊家元韻(海內皆兄弟)、五絕	清人金淳亭《次楚亭元韻》《旅邸初逢面》、五絕	同上
36	朴齊家元韻(海內皆兄弟)、五絕	清人李點《次楚亭元韻》《咪契金蘭譜》、五絕	同上
37	朴齊家元韻(海內皆兄弟)、五絕	清人魏鋸《次楚亭元韻》《萬國車書共》、五絕	同上
38	朴齊家元韻(海內皆兄弟)、五絕	清人郭維翰《次楚亭元韻》《邂逅情初洽》、五絕	同上

续表

序号	原韵及作者	和诗及作者	出处
39	朴齐家：原韵不详	清人李骥元《楚亭以诗见寄，敬和元韵答之》《北风海上来》，五古	和诗出朴长馣《缟纻集》下，卷一。
40	朴齐家：原韵（岷峨碧天下），五古	清人李调元《楚亭先生》《从来名世辈》，五古	原韵、和诗均出朴长馣《缟纻集》下，卷一。原韵，朴齐家《贞蕤阁集·初集》中题作"寄何室所藏云龙山人小照"；和诗，柳得恭《并世集》卷一中题作"和寄朴楚亭"
41	朴齐家：原韵不详	清人罗聘《乾隆五十五年八月十有八日，苕荔堂朴检书出此卷索题，因成三绝句应教》《模糊小印何人笔》（雁门秋意谁能写）（大抵元人异明代），七绝	和诗出朴长馣《缟纻集》下，卷二。
42	朴齐家（偶向忙中得少闲）（高卧真堪彻底闲），七律；（十年初识去官闲）（兀兀穷经未暂闲），七律；（数树衡门特地闲），七律	清人龚协《贞蕤先生东归，诗以送之，即次其〈山居三首〉元韵并正·辛亥月正二十二日》（三首）（尊酒聊倾献岁闲）（骖騑长亭马不闲）（短柳长亭马不闲），七律	原韵、和诗均出朴长馣《缟纻集》下，卷二。原韵，朴齐家《贞蕤阁集·二集》中题作"过麝泉，鹿隐、听琴次虁山"，"再次示麝泉诸子"，"燕台室次前韵"。

續表

序號	原韻及作者	和詩及作者	出處
43	朴齊家:《姜女祠次鶴山先生韻》《望夫千載事悠悠》,七律	清人龔協:讀貞蕤詞丈《姜女祠》詩感作次韻《荒祠裒草望悠悠》,七律	原韻,和詩均出朴長罷《縞紵集》下,卷二。朴齊家《貞蕤閣集·三集》中題作"姜女廟次鶴山先生韻"。
44	朴齊家《別船山吉士》《慚愧多情纔易修》,七律	清人張問陶《庚戌八月,題次修檢書卷,時將東歸,即以送別》(二首)(秋興無端寄謝冥)(洗盡欽華氣自華),七律	原韻,和詩均出朴長罷《縞紵集》下,卷二。朴齊家《貞蕤閣集·三集》中題作"別船山吉士"。
45	朴齊家《嘉山詩姬六娥索詩走筆》《不意勻欄籍》,五律	清人蔡炎林:《次苕翡先生》《烟花句翰墨》,五律	原韻,和詩均出朴長罷《縞紵集》下,卷二。朴齊家《貞蕤閣集·三集》中題作"嘉山詩姬六娥索詩走筆"。
46	朴齊家《榆關》《疏燈照客餐》,五律	清人齊齊佩蓮《俚句謹答朴老爺原唱》《聞道蓮旗任〔駐〕》,五律	原韻,和詩均出朴長罷《縞紵集》下,卷二。朴齊家《貞蕤閣集·三集》中題作"榆關"。
47	朴齊家原韻《罡風萬里攬衣裳》,七律	清人錢東垣《俚言奉贈貞蕤先生,即次先生〈澄海樓〉呈柳檢書〈圖閣王會冠華〉》,七律	原韻,和詩均出朴長罷《縞紵集》下,卷三。朴齊家《貞蕤閣集·三集》中題作"澄海樓次副使"。筆者按:此一組唱酬詩創作於1801年(辛酉)。
48	清人金科豫:原韻不詳	朴齊家《次金科豫》《軒車穿大陸》,五絕	和詩出朴長罷《縞紵集》上,卷一。朴齊家《貞蕤閣集·初集》中題作"次金科豫"。

續表

序號	原韻及作者	和詩及作者	出處
49	清人潘庭筠《李吏部齋中元夕》《人生幾處元夕》，五律	朴齊家《次蘭坨〈元夕〉〈春風仙李國》，五律	原韻出柳得恭《並世集》卷一；和詩出朴長馣《縞紵集》上，卷一，朴齊家《貞蕤閣集·初集》中題作"和仲牧，次蘭坨先生《元夕》"。
50	清人唐樂宇《別李炯庵、朴楚亭東歸》（二首）（睡足蕉窗日幾回）（高閣停雲憲日正遲），七律	朴齊家《次韻唐員外鴛港贈別》（燕山消夏憶遲遲），七律	原韻、和詩均出朴長馣《縞紵集》下，卷一。和詩，朴齊家《貞蕤閣集·初集》中題作"和唐員外鴛港贈別"。
51	清人鐵保《朴柳二君述子童時所作〈虚閑堂詩〉感賦二律》（二首）（一卷童時草）（厭耳耆卿號），五律	朴齊家《熱河，次鐵侍郎（保）寄示韻》《繞出秦城背》，五律	原韻、和詩均出朴長馣《縞紵集》下，卷一。和詩，朴齊家《貞蕤閣集·三集》中題作"熱河，次鐵侍郎（保）寄示韻"。
52	清人紀昀《送雨后檢理歸國》《頁篚趨王會》，五律	朴齊家《次韻禮部尚書曉嵐紀公（昀）詩嗣見贈》（辱題僧蕭館），五律	原韻、和詩均出朴長馣《縞紵集》下，卷二。和詩，朴齊家《貞蕤閣集·三集》中題作"次韻禮部尚書曉嵐紀公（昀）寄詩見贈"。
53	清人紀昀《寄懷雨后（次修）先生》《偶然相見即相親》，七律	朴齊家《追次曉嵐見寄詩韻》（白鷗何意絕還親），七律	原韻、和詩均出朴長馣《縞紵集》下，卷一。和詩，朴齊家《貞蕤閣集·五集》中題作"追次曉嵐見寄詩韻"。

續表

序號	原韻及作者	和詩及作者	出處
54	清人翁方綱：原韻不詳	朴齊家《次韻翁覃溪〈落葉詩〉》（愛汝詩不減紅），七絕	和詩出朴長馣《縞紵集》上，卷二，朴齊家《三集·朴齊家》中題作"次韻翁覃溪《落葉詩帖》"。
55	清人龔協《次六娥韻，即呈貞蕤居士一笑》（前身應是散花人），七絕	朴齊家《留龍灣，次六娥見寄》（沉香欲刻管夫人〈不是尋花問柳人〉），七絕	原韻、和詩均出朴長馣《縞紵集》下，卷二。和詩，朴齊家《貞蕤閣集·三集》中題作"留龍灣，次六娥見寄"。
56	清人龔協：原韻不詳	朴齊家《和芩莊詩嗣》（佳人鎬字隔雲端），七律	和詩出朴齊家《貞蕤閣集·三集》。
57	清人辛從益《拙句奉送朴老先生東歸，聖清乾隆五十五年九月寒露後一日》（三首）（金葉書隨上國遊）（偶從古刻辨衣冠）（語帶烟霞識面遲），七律	朴齊家《次韻辛鈞谷翰林（從益）見贈之一》（筆者按，和原韻第二首。）（廣袖長衫古道士冠），七律	原韻、和詩均出朴長馣《縞紵集》下，卷二。和詩，朴齊家《貞蕤閣集·三集》中題作"次韻辛鈞谷翰林（從益）見贈"。

續表

洪良浩與清文人間的唱酬詩：共 9 組。

序號	原韻及作者	和詩及作者	出處
58	洪良浩《禮部尚書德保致款於軋軺闕時，慶送餅糕，求後日又到館外周訊。求詩筆，書此以贈（梯航萬里匙以贈）慶上元》，七律	清人德保《朝鮮使臣慶賀元日來京，因指引禮數，饋送飲食，見贈以詩，即用原韻答之》（御苑華燈慶上元），七律	原韻出洪良浩《耳溪洪良浩全書》卷六；和詩出《同文神交》。筆者按：《同文神交》所載爲原帖，最爲真實。
59	洪良浩《圓明園應制》（佳氣葱蘢人御園），七律	清人博明《春日，和朝鮮使者應制元韻》（詔命遴選臣集玉園），七律	同上
60	清人博明《春日，和朝鮮使者應制元韻》（詔命遴選臣集玉園），七律	洪良浩《西齋博明次應制韻以示，遂和以贈（博明蒙人，能文善書，曾爲翰林）》（勺天一夢到仙園），七律	原韻出《同文神交》；和詩出洪良浩《耳溪洪良浩全書》卷六。
61	清人乾隆皇帝：原韻不詳。	洪良浩《圓明園應制》《佳氣葱蘢人御園），七律	和詩出洪良浩《耳溪洪良浩全書》卷六。
62	清人乾隆皇帝：原韻不詳。	洪良浩《圓明園觀燈應制》（光臨六紀撫瀛寰），七律	同上

續表

序號	原韻及作者	和詩及作者	出處
63	清人乾隆皇帝：原韻不詳。	洪良浩《十二日重華宮侍宴，命鐵侍郎同遊北海子，仍賞元宵月應制》（北海子即太液池）（九五龍飛賓甲新），七律	同上
64	清人鐵保《乾隆乙卯正月九日詔陪朝鮮各國貢使遊北海諸勝恭紀》（縹緲蓬山峙鳳城），七律	洪良浩《冶亭鐵侍郎書示北海陪遊記恩詩，依韻和之》（白玉京高連五城），七律	同上
65	清人紀昀《懷朝鮮洪良浩》（二首）（泰漫鯨波兩地分）（衰翁五度掌烏臺），七律	洪良浩《丁巳冬，憲書齎咨之回，曉嵐宗伯寄詩，步其韻答之》（二首）（端門執玉一瞑分）（風稜氷嶽坐霜臺），七律	原韻出紀昀撰，孫致中校點《紀曉嵐文集》；和詩出洪良浩《耳溪集》卷八。
66	清人齊佩蓮：原韻不詳。	洪良浩《榆關秀才齊佩蓮曾於王賁相識，今來迎候店舍，把酒敘阻，即席獻詩，和以書贈》（行旆悠揚萬里風），七律	和詩出洪良浩《耳溪集》卷七。

續表

柳得恭與清文人間的唱酬詩：共 11 組（其中含 3 組創作於 1801 年[辛酉]或以後。）

序號	原韻及作者	和詩及作者	出處
67	柳得恭《呈家叔父遊燕》（六首）（佳菊裒蘭映使車）（蓮幕翩翩萬里賓）（看書淚下梁千秋）（淺碧深紅二月時）（有個詩人郭執桓）（燕邸燈青人語喧）、七絕	清人李調元《次柳冷庵韻》（六首）（有客飛鳧乘過海車）（春鉦今日得佳賓）（平生皮裹有陽秋）（松京首唱是何時）（元宵前後數盤桓）（長衫廣袖几衢喧）、七絕	原韻出柳得恭《冷齋集》卷二；和詩出柳得恭《並世集》卷一。
68	柳得恭《落花生歌·寄李雨村史部》（有果有果落花生）、七古	清人李調元《落花生韻，和柳惠風》（我聞黃梅四祖偈）、七古	同上
69	柳得恭《寄李雨村綿州閒居》（三首）（魚鳧雁沉沉十二年）（淡雲微雨舊詩情）（捎酒沉冥緩客愁）、七絕	清人李驤元《次惠風郡守寄雨村兄韻》（三首）（故友分離二十年）（二十一都懷古情）（鸚鵡杯深目解愁）、七絕	原韻出柳得恭《冷齋集》卷四；和詩出柳得恭《並世集》卷一。
70	清人李調元《次柳冷庵韻》（六首）（有客飛鳧乘過海車）（春鉦今日得佳賓）（平生皮裹有陽秋）（松京首唱是何時）（長衫廣袖几衢喧）、七絕	柳得恭《雨村和余六首絕句見寄，復次其韻》（六首）（韓使鳴回記里車）（名實悠悠都付賓）（睡云即即干秋）（無因望見棒鳴時）（唾壺敲欸氣桓桓）（春城幾處鬧婆喧）、七絕	原韻出柳得恭《並世集》卷一；和詩出柳得恭《冷齋集》卷二。

續表

序號	原韻及作者	和詩及作者	出處
71	清人李調元《幾何主人歌·送彈素歸國·並寄賢佺冷庵》《幾何主人身姓柳·歌行體》	柳得恭《次雨村幾何歌閣前萬株柳》·歌行體	原韻出柳得恭《並世集》卷一；和詩出柳得恭《冷齋集》卷二。《東華筆話集》亦有載，為原帖，最為真實。
72	清人潘庭筠《李吏部齋中元夕》《人生幾元夕》·五律	柳得恭《次潘秋庐中書〈元夕〉韻》《向年桃柳句》·五律	原韻、和詩均出柳得恭《冷齋集》卷二。柳得恭《並世集》卷二中題作"李吏部齋中元夕"。
73	清人紀昀《庚戌秋·送惠風檢理東歸》《古有雞林相》·五律	柳得恭《和贈紀曉嵐尚書》《菊秀蘭衰日》·五律	原韻、和詩均出柳得恭《並世集》卷四。柳得恭《並世集》卷二中題作"庚戌秋·送惠風檢理東歸"。
74	清人鐵保《柳冷齋、朴明農兩先生述余幼作〈虛閒堂〉、感賦三律並正》（二首）《風耳昏卿號》（一卷童時草）·五律	柳得恭《熱河館中·和贈冶亭侍郎》《十年知己在》·五律	原韻出柳得恭《並世集》卷二；和詩出柳得恭《冷齋集》卷四。

以下三組唱酬詩創作於1801年（辛酉）或以後

序號	原韻及作者	和詩及作者	出處
75	清人陳鱣《詩題不詳（東方君子國）》·五律	柳得恭《和贈陳仲魚孝廉》《斯世器然古》·五律	原韻、和詩均出柳得恭《燕臺再遊錄》。

續表

序號	原韻及作者	和詩及作者	出處
76	清人黃成:詩題不詳〈眼底丰姿果不群〉,七絕	柳得恭《丙寅夏,撿舊篋得蘇州孝廉黃成〈芍藥〉一編,擬爲寫,仍次其題贈七絕(二首)》(〈嫩白生紅作態同〉(一朵嫣然迥出群),七絕	原韻出柳得恭《燕臺再遊錄》;和詩出柳得恭《泠齋集》卷五。
77	清人劉大觀《朱素人畫百合花》(原韻不詳)	柳得恭《次劉松嵐〈題朱素人畫百合花〉絕句韻》(兀兀征輪傍海涯),七絕	和詩出柳得恭《泠齋集》卷五。

姜世晃與清文人間的唱酬詩:共 6 組。

序號	原韻及作者	和詩及作者	出處
78	姜世晃《次德保〈次千叟宴詩〉韻》〈海外邈際悶法筵〉,七律	清人德保《奉和朝鮮姜副使〈恭紀千叟宴詩〉元韻》〈古稀聖主賜華筵〉,七律	原韻出姜世晃《豹庵稿》卷二;和詩出藤塚鄰撰·藤塚明直編《清朝文化東傳の研究——嘉慶·道光學壇と李朝の金阮堂》。
79	清人德保:原韻不詳(筆者按,疑原韻爲三首)	姜世晃《甲辰拜副使人燕京,和禮部尙書德保三首》〈新春又值太平年〉〈清宵圓月漸東升〉〈高閣良宵百喜開〉,七律	和詩出姜世晃《豹庵稿》卷二。
80	清人德保:《奉和朝鮮李正使〈恭紀千叟宴詩〉元韻》(皇朝郅洽洽重熙),七律	姜世晃《次德保〈次上使千叟宴詩〉韻》〈八埏群生闔驩熙〉,七律	原韻出藤塚鄰撰·藤塚明直編《清朝文化東傳の研究——嘉慶·道光學壇と李朝の金阮堂》;和詩出姜世晃《豹庵稿》卷二。

續表

序號	原韻及作者	和詩及作者	出處
81	清人德保：《乾隆乙巳上元佳節，圓明園正大光明殿賜宴，恭紀》（鳳紀祥書五十年），七律	姜世晃《次德保〈次千叟宴詩〉韻》（海外遐蹤則法筵），七律	同上
82	清人博明：原韻不詳	姜世晃《次博西齋明見贈韻》（高風雅韻迥超儕），七律	和詩出姜世晃《豹庵稿》卷二。
83	清人乾隆皇帝《御製千叟宴詩》（抽秘無須史騁妍），七律	姜世晃《和進千叟宴詩》（勝日金宮敞御筵），七律	原韻出藤塚鄰撰、藤塚明直編《清朝文化東傳の研究——嘉慶·道光學壇と李朝の金阮堂》；和詩出姜世晃《豹庵稿》卷二。

金履度與清文人間的唱酬詩：共3組。

序號	原韻及作者	和詩及作者	出處
84	金履度《元宵前夜看月相憶》（原韻不詳）	清人劉錫五《次韻和金履度〈元宵前夜看月相憶〉》（此月離不照），五律	和詩出劉錫五《隨侯書屋詩集》卷九。
85	金履度：原韻不詳	清人劉錫五《次韻贈別》（二首）（芥子須彌不隔塵）（閑雲搖曳看將歸），七絕	同上
86	金履度：原韻不詳	清人劉錫五《又次韻贈別》（二首）（料峭風寒二月天）（一出吾明便隔天），七絕	同上

附錄　987

續表

序號	原韻及作者	和詩及作者	出處
\multicolumn{4}{	l	}{徐澄修與清文人間的唱酬詩：共3組。}
87	徐澄修《奉贈大觀遼寧知州劉松嵐》《大觀》二首）（艷體陳言榮百年）（秋風傾蓋古城隈），七絕	清人劉大觀和韻詩（二首）（何人兀兀以窮年）（醲醨同醉白雲隈），七絕	原韻、和詩均出徐澄修《明皋全集》卷二。
88	清人劉大觀：詩題不詳（鑄史鎔經問幾秋）（論交萬里即千秋），七律	徐澄修《奉和松嵐見貽元韻，仍乞雅正》（論交萬里即千秋），七律	同上
89	清人徐大榕：詩題不詳（著作分明柳柳州）（聽說疏狂醉亦醒），七絕	徐澄修《李生喜明之赴燕也，遇徐楊庵（大榕），示余文稿數篇。楊庵比之柳柳州，仍作兩絕，以題卷端。遂次其韻，答其厚意》（二首）（一脈千年賈九州）（希音雅畫夢余醒），七絕	原韻、和詩均出徐澄修《明皋全集》卷一。
\multicolumn{4}{	l	}{十八世紀其他朝鮮文人與清人間的唱酬詩：共38組。}
90	清人祝燈：詩題不詳（簡書來任不辭勞），七律	姜鋭和詩《次江南祝燈韻》（殊方誰更慰勞勞），七律	原韻、和詩均出姜鋭《看羊錄》。
91	清人谷梯：原韻不詳	姜鋭《次伯衡谷編歲在庚》（殊方客抱向誰開），七律	和詩出姜鋭《看羊錄》。

續表

序號	原韻及作者	和詩及作者	出處
92	清人張赤城：原韻不詳	李頤命《寧遠衛秀才張赤城持詩請和，與副使共和》（論文無雜語），五律	和詩出李頤命《疏齋集》卷一。
93	清人楊澄《憶稼齋金公》七律，原韻不詳	李器之：詩題不詳〈燕館秋風斷雁來〉，七絕	和詩出李器之《一庵燕記》卷三。
94	朝鮮使臣：原韻不詳	清人魏元樞《和高麗使臣〈登劑州獨樂寺閣〉》〈金天法界覆空壞〉，七律	和詩出魏元樞《與我周旋集·詩》卷三。
95	清人凌春：原韻不詳	李匡德《和進士江南凌君春》（二首）〈扶玉初終光祿筵〉〈四海環瞻數仞牆〉，七絕	和詩出李匡德《冠陽集》卷一。
96	尹顯東：原韻不詳	清人魏元樞《和朝鮮貢使尹散官韻（辛未冬月）》〈醫閭名勝蘇層層〉，七律	和詩出魏元樞《與我周旋集》卷一二。
97	洪大容：原韻不詳	清人孫有義：詩題不詳〈少年志功名〉，五古	和詩出《蓟南尺牘》。筆者按：柳得恭《蓟南尺牘》所載為原帖，最為真實。
98	清人潘庭筠《李吏部蒹中元夕》〈人生幾元夕〉，五律	李書九《用潘秋㢠〈庭筠〉丁酉元夕韻寄懷〈潘郎天下士〉，五律	原韻出柳得恭《並世集》卷一；和詩出李書九《薑山初集》卷三。

續表

序號	原韻及作者	和詩及作者	出處
99	清人潘廷筠《李吏部齋中元夕》《人生幾元夕》，五律	李書九《踏橋日，復次潘香祖前年韻寄懷》《微黄稿外柳》，五律	同上
100	清人乾隆皇帝：詩題不詳（玉帛尋常人覿幽）	伯父（筆者按，李福源）：詩題不詳（直北堯封古冀幽），七律	原韻、和詩均出李田秀《農隱入瀋記·附録》。
101	清人阿肅：詩題不詳（二首）（箕疇衍化夙敦仁）（匝月星軺載路皇），七律	李福源：詩題不詳（二首）（率咸歸帝德仁）（登巘學士侍瑶皇），七律	原韻、和詩均出《承政院日記》"正祖八年十二月五日"條。
102	清人乾隆皇帝：詩題不詳（玉帛尋常人覿幽），七律	家君（筆者按，李學源）：詩題不詳（香烟撩滿九重幽），七律	原韻、和詩均出李田秀《農隱入瀋記·附録》。
103	清人乾隆皇帝：詩題不詳（玉帛尋常人覿幽），七律	李田秀：詩題不詳（鴨江波闊鵑山幽），七律	同上
104	清人乾隆皇帝：詩題不詳（玉帛尋常人覿幽），七律	書狀（筆者按，尹慶）：詩題不詳（年年皮幣走燕幽），七律	同上
105	清人乾隆皇帝：詩題不詳（玉帛尋常人覿幽），七律	柳紫訪（筆者按，柳景明）：詩題不詳（直北燕山磺勢幽），七律	同上
106	清人乾隆皇帝：詩題不詳（迎鑾祝壽陪臣伎），七律	李福源：詩題不詳（擇收佳節歧豐地），七律	同上

續表

序號	原韻及作者	和詩及作者	出處
107	清人乾隆皇帝：詩題不詳（迎鑾祝壽陪臣们），七律	吳載純：詩題不詳（瑞暉黃道鑾輦至），七律	同上
108	清人乾隆皇帝：原韻不詳。	李性源《恭和御製賜朝鮮琉球安南諸國使臣詩》（堯階春莱報中旬），七律	和詩出徐世昌編，閻石點校《晚晴簃詩匯》卷二〇〇。
109	清人乾隆皇帝：原韻不詳。	趙宗鉉《恭和御製賜朝鮮琉球安南諸國使臣詩》（春回慶歲月中旬），七律	同上
110	清人乾隆皇帝《燕幾日，同蒙古王回部人觀官及外蕃年貢使臣等觀燈有作》，內容不詳。	金履素：詩題不詳（朝袍新惹滿爐香），七律	和詩出金正中《燕行錄》。
111	清人乾隆皇帝《燕幾日，同蒙古王回部人觀官及外蕃年貢使臣等觀燈有作》，內容不詳。	李祖源：詩題不詳（字小恩深左海濱），七律	同上

續表

序號	原韻及作者	和詩及作者	出處
112	李福源:《幸蒙咸歸帝德之登瀛學士侍瑤堂》,七律	清人德保《阿雨齋少宰奉使朝鮮冊封世子,賦詩以贈國王,國王即席答和。使旋奏聞,蒙上襃獎。因用其韻以志風雅之盛》(二首)(洋洋東土久懷仁)(許陳忱慨感吾皇),七律	原韻出《承政院日記》"正祖八年十二月五日"條;和詩出《正祖實錄》卷一九。
113	清人程嘉賢:詩題不詳(會離短離長可奈何),七絕	金正中:詩題不詳(浮生聚散一世何),七絕	原韻、和詩均出金正中《燕行錄》。
114	清人程嘉賢:詩題不詳(十載隨身一帆存),七絕	金正中:詩題不詳(眉文如畫宛然存),七絕	同上
115	清人齊佩蓮:詩題不詳(閏道蓬蓮旗駐),五律	李在學《榆關店舍,次齊秀才佩蓮見贈韻》(關山逢客處),五律	原韻、和詩均出李在學《燕行記事》。和詩,李在學《癸丑燕行詩》題作"榆關店舍,次齊秀才佩蓮見贈韻"。
116	清人郭執桓《八詠》原韻(詩題不詳)	朴趾源《澹園八詠》(八首)(紅蕉綠石出東墻)(南陀竟日影婆娑)(已巳門觀微白鼻端依)(松覆魂花深卍字欄)(嘖嘖塔輕醉醒花)(花似將歸強挽賓)(玉塵清宵獨上臺)(花縈夫人初入宮),七絕	和詩出朴趾源《燕岩集》卷四。

續表

序號	原韻及作者	和詩及作者	出處
117	清人郭執桓《八咏》不詳（原韻不詳）	李德懋《澹園八咏爲平河郭主（執桓）作〈執桓因同邑人鄧師閔寄其〈繪響園詩集〉於洪湛軒，屬公爲序，又與冷齋、楚亭次其集中〈八咏〉，以送〉〈八首〉（梅好助幽獨）（眼去青峰未）（蓮房綠鳥翻）（寒空收急雨）（凉影濃於酒）（香國一生住）（那能無餛餬）（花繁不須喜），五古	和詩出李德懋《青莊館全書》卷一〇。
118	李德懋《題雲龍山人小影松下看書》《澹紅口角賽頻婆》《雲龍山人生朝，爲柳彈素作》《錦州萬里看（吾）比鄰》《讀李雨村〈粤東皇華集〉》《梅花嶺外五羊天》《柳彈素〈琴〉贈李雨村所贈落花生〈樹有籤合狀外名〉》（四首），七絕	清人李調元《次韻寄李烱庵》（四首）《養生未得藉黃婆》（烏飛盡處是誰憐）（證持文樹海南天）、（傳來海外好詩名），七絕	原韻出李德懋《青莊館全書》卷一一；和詩出柳得恭《並世集》卷一。

附　錄

續表

序號	原韻及作者	和詩及作者	出處
119	清人鄂執桓《八詠》（原韻不詳）	柳得恭《澹園八詠》（洪湛軒大容遊燕中，多友其名士而歸。尋有汾河鄂執桓字封圭，付寄其《澹園八詠》求和）（八首）（素履非爲我住）（可道山翠來）（因水得我影）（山顏化輕碧）（松爲何代樹）（不識花何物）（登臺一長嘯）（花殘蝶不住），五古	和詩出柳得恭《冷齋集》卷一。
120	洪大容《乾坤一草亭題詠》（買宅深巷裏），五古	清人孫有義：詩題不詳（我昔讀君八景志），七古	原韻，和詩均出洪大容《湛軒書·附錄》。
121	洪大容：原韻不詳	清人鄧師閔《熟讀吾兄詩有感，即用原韻奉寄一首，並析改正爲望》（束髮知讀書），五古	和詩出《薊南尺牘》，藤塚鄰校《燕杭詩牘》中同題。筆者按，《薊南尺牘》所載爲原帖，最爲真實。
122	李徽之：原韻不詳	清人德保《奉和朝鮮李正使〈恭紀千叟宴詩〉元韻》（皇朝郇郅洽重熙），七律	和詩出藤塚鄰撰、藤塚明直編《清朝文化東傳の研究——嘉慶·道光學壇と李朝の金阮堂》。
123	李徽之：原韻不詳	清人博明《奉和老浦師相元韻》（二首）（人生千萬里）（乾乾窮年老），五律	和詩出韓國果川市文化院藏品。

續表

序號	原韻及作者	和詩及作者	出處
124	徐浩修：詩題不詳（二首）（扶桑海闊九夷東）（清秋冠蓋遠朝京），七絕	清人孔憲培《奉和朝鮮副使徐提學大人見贈元韻，即祈訂正。時庚戌八月廿又一日》（二首）（文章價重海天東）（尼岑誤水遠移京），七絕	原韻出徐浩修《燕行記》卷三；和詩出《同文神交》。筆者按，《同文神交》所載爲原帖，最爲眞實。
125	李書九《懷李雨村（調元）三首》（梅花嶺路鬱嵯峨）（琴薦香壇在處隨）（停雲西北望悠悠），七絕	清人李調元《和寄席帽山人》（羅浮佳處勝眠峨）（人骨強嚴謬少詭隨）（半世功名總悠悠），七絕	原韻出李書九《薑山初集》卷三；和詩出柳得恭《並世集》卷一。
126	朴宗善：詩題不詳（曾聞世有文昌在），七絕	清人張問陶《正月十八日，朝鮮朴檢書宗善從羅兩峰山人處投詩於予曰：曾聞世有文昌在，更道人將草聖傳。珍重鷄林高紙價，新詩願購若干篇。時兩詩高處仁適有于近詩一卷，朴與尹布衣仁泰遂携之歸國。朴字季洋，尹字由齋。戲用其韻，作一絕句志之》《性靈偶向詩中寫》，七絕	原韻，和詩均出張問陶《船山詩草·補遺》卷四。

续表

序號	原韻及作者	和詩及作者	出處
127	清人陳雲伯：詩題不詳（未識何年種此松），七律	李光燮《嘉慶戊午冬日，偶附星軺來遊上國，敝友朴儀卿携示浙江陳君雲伯詠老松之作，愛其氣格高異，步韻奉和一首。朝鮮國書記廣陵李光燮書於京師行館》（有各揮毫賦老松），七律	原韻、和詩均出陳文述《頤道堂集·詩選》卷三。

表5：十八世紀中朝文人間序跋一覽表

序號	作者及篇名	創作時間①	受贈人	出處
1	潘庭筠《〈韓客巾衍集〉序》《東方君子之國聲名文物與華略同……》	1777年（丁酉）元夕後二日	李德懋、柳得恭、朴齊家、李書九	柳琴編，朴齊永注，白斗鏞校《四家詩》卷首
2	潘庭筠《〈青莊館集〉跋》《炯庵搜字煉意……》	1777年（丁酉）	李德懋	柳琴編，朴齊永注，白斗鏞校《四家詩》卷一

①表格中序跋的創作時間，一部分序跋作者已經在文中末尾署明。未署明的序跋，其創作時間的確定參見本書《十八世紀中朝文人交流史》贈送人與被贈人的相關交流條。筆者已有考證，故此不再出注。

續表

序號	作者及篇名	創作時間	受贈人	出處
3	潘庭筠《〈歌商樓集〉跋》(〈冷齋才情富有……〉)	1777年(丁酉)	柳得恭	柳琴編,朴齊家注、白斗鏞校《四家詩》卷二
4	潘庭筠《〈明農初稿〉跋》(〈楚亭詩脫手如彈丸……〉)	1777年(丁酉)	朴齊家	柳琴編,朴齊家注、白斗鏞校《四家詩》卷三
5	潘庭筠《〈薑山集〉跋》(〈薑山五言冲澹閑遠……〉)	1777年(丁酉)	李書九	柳琴編,朴齊家注、白斗鏞校《四家詩》卷四
6	潘庭筠《〈貞蕤閣集〉序》①(〈天下之工詩者……〉)	時間不詳	朴齊家	朴齊家《貞蕤閣集》卷首、朴長馣《縞紵集》下、卷一
7	潘庭筠《〈薑山集〉序》(〈新城王文簡公以詩主壇坫者,幾五十年……〉)	1778年(戊戌)	李書九	李書九《薑山初集》卷首
8	潘庭筠《〈大東風雅〉序》(〈列國之詩謂之風,惟魯詩得列爲頌……〉)	1778年(戊戌)六月	洪大應	《藤塚鄰贈的秋史資料展Ⅲ——藤塚鄰的秋史研究資料》
9	潘庭筠《〈薑山初集〉題文》(〈薑山五古冲淡閑遠……〉,〈筆墨之外自具性情……〉)	1778年(戊戌)	李書九	李書九《薑山初集》卷一

① 朴長馣《縞紵集》下、卷一,潘庭筠此序題作"楚亭詩稿序",朴齊家裒集,李佑成編《楚亭全書》下册,第198頁。

附　録

续表

序號	作者及篇名	創作時間	受贈人	出處
10	李調元《〈韓客巾衍集〉序》(今年春正月……)	1777年(丁酉)元夕後一日	李德懋、柳得恭、朴齊家、李書九	柳琴編，朴齊永注，白斗鏞校《四家詩》卷首
11	李調元《〈青莊館集〉跋》(《青莊館集》造句堅老……)	1777年(丁酉)	李德懋	柳琴編，朴齊永注，白斗鏞校《四家詩》卷一
12	李調元《〈歌商樓集〉跋》(《歌商樓集》才氣縱横……)	1777年(丁酉)	柳得恭	柳琴編，朴齊永注，白斗鏞校《四家詩》卷二
13	李調元《〈明農初稿〉跋》(《明農初稿》工於七律……)	1777年(丁酉)	朴齊家	柳琴編，朴齊永注，白斗鏞校《四家詩》卷三
14	李調元《〈薑山集〉跋》(《薑山集》諸體皆工……)	1777年(丁酉)	李書九	柳琴編，朴齊永注，白斗鏞校《四家詩》卷四
15	李調元《〈明農初稿〉序》(日月星辰，天文也……)①	1777年(丁酉)	朴齊家	朴長馣《縞紵集》下，卷一，朴齊家《貞蕤閣集》卷首
16	李調元《〈薑山集〉序》(詩非出於情之難……)	1778年(戊戌)	李書九	李書九《薑山初集》卷首

①朴齊家著《貞蕤閣集》卷首，此序題作"《貞蕤閣集》序"。《韓國文集叢刊》第261册，第441頁。

續表

序號	作者及篇名	創作時間	受贈人	出處
17	李調元《〈薑山初集〉題文》《薑山五古冲澹,字字唐音……》《薑山稿批覽之下……》《薑山清才不凡……》	1778年(戊戌)	李書九	李書九《薑山初集》卷一
18	祝德麟《〈薑山集〉序》,又名《論讀學序》《薑有今古,東國詩人……》	1778年(戊戌)	李書九	李書九《薑山初集》卷首
19	祝德麟《〈薑山初集〉題文》《五古清曠夷溍……》《薑山諸而暢。》	1778年(戊戌)	李書九	李書九《薑山初集》卷一
20	祝德麟《洌上周旋集》《我朝中外一家……》	1778年(戊戌)	李德懋、柳得恭,朴齊家,李書九	朴長馣《縞紵集》下,卷一
21	陳崇本《〈學道關〉序》《天之生人,不能不子之以性……》	1783年(癸卯)	徐澄修	徐澄修《明皋全集》卷首
22	戴衢亨《〈編庵集〉序》《朝鮮李編庵挾所著詩文航海……》	1783年(癸卯)	李喜經	李喜經《編庵集》卷首
23	戴心亨《〈燕雲紀行〉題評》《嚴滄浪論詩法有五……》①	1784年(甲辰)	洪良浩	洪良浩《耳溪集》卷六

① 從内容上看,此文當是戴心亨爲洪良浩《燕雲紀行》撰寫的跋文。且其文在洪良浩《耳溪集》中,附在《燕雲紀行》組詩最後一首詩《還到浿江》後。參見洪良浩《耳溪集》卷六,《韓國文集叢刊》第 241 册,第 107 頁。

續表

序號	作者及篇名	創作時間	受贈人	出處
24	徐大榕《〈洪尚書詩卷〉序》（耳溪洪尚書向以海東副使奉命來都……）	1786年（丙午）冬	洪良浩	《同文神交》
25	朱文翰《〈秋齋集〉序》（僕聞泰山之雲觸石而雨……）	1790年（庚戌）春	趙秀三	趙秀三《秋齋集》卷首
26	江淀《〈秋齋集〉序》（朝鮮古稱文教讀書之地……）	1790年（庚戌）春	趙秀三	同上
27	翁方綱《〈渾蓋通憲圖說集箋〉跋》（庚戌秋八月，朴檢書以副使徐公所著……）	1790年（庚戌）	徐浩修	徐浩修《燕行記》卷三
28	程嘉賢《〈燕行日記〉序》（昔人有言，謂不讀萬卷書……）	1793年（癸丑）春	金正中	金正中《燕行錄》
29	紀昀《〈李參奉詩鈔〉序》（我皇上聲教覃敷外……）	1794年（甲寅）	疑爲李匡呂①	紀昀撰，孫致中等校點《紀曉嵐文集》
30	紀昀《〈耳溪詩集〉序》（鄭樵有言，瞿曇之書能至諸夏……）	1795年（乙卯）	洪良浩	洪良浩《耳溪集》卷首

① 成海應《研經齋全集・外集》卷五《詩話》有"李參奉詩"條，云李參奉是李匡呂，《韓國文集叢刊》第277册，第494頁。

續表

序號	作者及篇名	創作時間	受贈人	出處
31	紀昀《〈耳溪文集〉序》(飴山老人《談龍錄》引吳修齡之言曰……)	1795年(乙卯)	洪良浩	洪良浩《耳溪集·外集》卷一〇
32	紀昀《〈六書經緯〉後題》(字說以深湛之思……)	1798年(戊午)正月	洪良浩	同上
33	紀昀《〈明皋文集〉序》(文以載道非濂溪之創論也……)	1799年(己未)九月	徐瀅修	徐瀅修《明皋全集》卷首
34	徐大榕《〈徐五如軒主人詩文〉序》(醫南洲之華裔,乃東國之奇才……)	時間不詳	徐瀅修	同上
35	陳鱣《〈貞蕤稿略〉序》①(嘉慶六年三月,余舉進士遊都中……)	1801年(辛酉)	朴齊家	朴長馣《縞紵集》下,卷三
	朝鮮文人為清朝文人撰寫的序跋:共計6篇。			
36	金昌業《〈鈍庵集〉序》(囊余隨使价人燕京……)②	1717年(丁酉)③	楊澄	金信謙《檜巢集》卷八

① 此序雖作於1801年(辛酉),但考慮到朴齊家與清文人的交往主要發生在十八世紀末期,故將此序亦列入十八世紀以保持研究材料的完整性。

② 筆者按,此序由金昌業子金信謙代筆。

③ 金昌業《〈鈍庵集〉序》有云:"後五年,先生以其所爲詩文二卷來,余謹受而讀之,得先生益詳。"金昌業出使中國是在1712年(壬辰)十一月,故將此序寫作時間繫作1717年(丁酉)。金信謙《檜巢集》卷八,《韓國文集叢刊(續)》第72冊,第267頁。

附　錄

續表

序號	作者及篇名	創作時間	受贈人	出處
37	金信謙《〈鈍庵集〉跋》（昔延陵季子觀樂上國……）	時間不詳	楊澄	金信謙《檜巢集》卷九
38	李器之《〈楊鈍庵文集〉序》（楊鈍庵即楊澄）	時間不詳	楊澄	李器之《一庵集》卷二
39	洪大容《〈繪聲園詩〉跋》《鄧汶軒寄其友郭澹園……）	1773年（癸巳）	郭執桓	同上
40	朴趾源《〈繪聲園集〉跋》《古之言朋友者，或稱第二吾……）	1773年（癸巳）	郭執桓	朴趾源《燕岩集》卷三
41	洪良浩《題輪關齊佩蓮〈黄王詩稿〉後》《文則引經證史……）	1792年（壬子）	齊佩蓮	洪良浩《耳溪洪良浩全書》卷一八

表6：十八世紀中朝文人間來往書信一覽表

序號	發信人	收信人	寫信時間	信件名及出處
金昌業與清文人之間來往書信：金昌業發信3封，受信1封。					
1	金昌業	趙華	1713年（癸巳）	金昌業《老稼齋燕行日記》卷四中金昌業與趙華書（疏逖之際……）

续表

序号	发信人	收信人	写信时间	信件名及出处
2	金昌业	赵华	时间不详	金信谦《橧巢集》卷七中题作"与赵华书"①（《今春豪宠屡论《骈壁集》……）。
3	金昌业	释崇慧	1713年（癸巳）	金昌业《老稼斋燕行日记》卷六中金昌业与释崇慧书（全仗道力……）
4	赵华	金昌业	1713年（癸巳）	金昌业《老稼斋燕行日记》卷四 笔者按，此书为金昌业与赵华书（流递之踪……）的答书。

李器之与清文人之间来往书信：李器之发信2封，受信2封。

| 5 | 李器之 | 陈法 | 1720年（庚子）十月二十五日 | 李器之《一庵集》卷二中题作"与陈林（法）书"（翠轩诗雄爽编健……）李器之《一庵燕记》卷四"十月二十五日"条中李器之与陈法书（行橐无物……）。
笔者按，李器之《一庵燕记》卷四所载此书内容比李器之《一庵集》卷二所载更为完整。 |
| 6 | 李器之 | 杨澄 | 1720年（庚子）十一月十二日 | 李器之《一庵燕记》卷四"十一月十二日"条中李器之与杨澄书（所惠七纸画……）
笔者按，此书为杨澄与李器之书（王瑅更不来……）的答书。 |

① 笔者按，此信由金昌业子金信谦代笔。

續表

序號	發信人	收信人	寫信時間	信件名及出處
7	陳法	李器之	1720年(庚子)	李器之《一庵集》卷二中陳法與李器之書(承示翠軒詩集氣味頗近末人……),題作"答書"。筆者按,此書爲李器之與陳法書(行藥無物……)的答書。
8	楊證	李器之	1720年(庚子)十一月十二日乙亥	李器之《一庵燕記》卷四中楊證與李器之書(王璡更不來……)
姜浩溥與清文人之間來往書信:姜浩溥發信2封,受信1封。				
9	姜浩溥	程瑛	1737年(丁巳)十月二十二日	姜浩溥《桑蓬錄》卷一一中題作"與程秀才瑛"(丁巳十月二十二日海東姜浩溥……)。
10	姜浩溥	白受采	1738年(戊午)①	姜浩溥《桑蓬錄》卷一一中題作"與白舉人受采"(年月日姜浩溥謹奉書獻於……)
11	程瑛	姜浩溥	時間不詳	姜浩溥《桑蓬錄》卷一一中程瑛與姜浩溥書(消息知天倫之樂……)筆者按,此書爲殘書,缺上段。

① 此書中有云:"山海關匆匆一別,今十一年矣。"姜浩溥出使中國是在1727年(丁未),故"今十一年矣"當爲1738年(戊午)。姜浩溥《桑蓬錄》卷一一,《燕行錄選集》補遺》上册,第684頁。

續表

序號	發信人	收信人	寫信時間	信件名及出處
李匡德與清文人之間來往書信：李匡德發信2封。				
12	李匡德	張偉烈	1740年（庚申）	李匡德《冠陽集》卷一四中題作"與張貢生（偉烈）書（庚申使燕時）"（連日掃榻苦企……）。
13	李匡德	凌春	1740年（庚申）	李匡德《冠陽集》卷一四中題作"與進士江南凌君（春）"（盛什有疇範異傳之教……）。
李徽中與清文人之間來往書信：李徽中發信1封，受信1封。				
14	李徽中	胡少逸	1761年（辛巳）	李商鳳《北轅錄》卷四"正月二十八日戊辰"條中李徽中與胡少逸書（惠叩病……）
15	胡少逸	李徽中	1761年（辛巳）	李商鳳《北轅錄》卷四"正月二十八日戊辰"條中胡少逸與李徽中書（辱和瓊章……）筆者按，此書爲上封書信的答書。
順義君李烜與清文人之間來往書信：李烜發信5封，受信7封。				
16	李烜	嚴誠、潘庭筠	1766年（丙戌）	朱文藻編《日下題襟集·順義君》中題作"與鐵橋，秋庵"（頃書，病未謝……）。
17	李烜	嚴誠	1766年（丙戌）	《日下題襟集·順義君》中題作"與鐵橋"（昨日畫筌之惠……）。
18	李烜	嚴誠	1766年（丙戌）	《日下題襟集·順義君》中題作"與鐵橋"（兩筌之畫筆法如神……）。
19	李烜	嚴誠	1766年（丙戌）	《日下題襟集·順義君》中題作"與鐵橋"（如干筆墨紙筌奉呈……）。

续表

序號	發信人	收信人	寫信時間	信件名及出處
20	李焜	嚴誠、潘庭筠	1766年（丙戌）	《日下題襟集》中題作"順義君"與鐵橋、秋庫"瓊利奉讀再三"。
21	嚴誠	李焜	1766年（丙戌）	《日下題襟集·順義君》中題作"鐵橋答書"（誠再拜。敬啓：違顏以來……）。
22	嚴誠	李焜	1766年（丙戌）	《日下題襟集·順義君》中題作"鐵橋答書"（孤坐荒館，懷思實深……）。
23	嚴誠	李焜	1766年（丙戌）	《日下題襟集·順義君》中題作"鐵橋答書"（捧誦瑤華，深荷垂注……）。
24	嚴誠	李焜	1766年（丙戌）	《日下題襟集·順義君》中題作"鐵橋答書"（使至。辱賜名翰。
25	嚴誠	李焜	1766年（丙戌）	《日下題襟集·順義君》中題作"鐵橋答書"（書畫本拙劣……）。
26	嚴誠	李焜	1766年（丙戌）	《日下題襟集·順義君》中題作"鐵橋答書"（誠等謹頒小生……），《燕杭詩牘》塚郡鈔校《燕杭詩牘》中題作"答順義君"（誠等謹頒小生……）。筆者按，兩處書，個別字句有異。
27	嚴誠	李焜	1766年（丙戌）	《燕杭詩牘》中題作"答順義君"（伏讀華翰……），《日下題襟集·順義君》中題作"鐵橋答書"（伏讀華翰……）。筆者按，兩處書，《燕杭詩牘》所載更爲詳細。

金善行與清文人之間來往書信：金善行發信6封。

| 28 | 金善行 | 嚴誠、潘庭筠 | 1766年（丙戌） | 《日下題襟集》·金辛相》中題作"與鐵庫、秋庫"（僕木喜交遊，同邦罕知舊……）。 |

续表

序号	发信人	收信人	写信时间	信件名及出处
29	金善行	严诚、潘庭筠	1766年（丙戌）	《日下题襟集·金华相》中题作"与铁桥、秋庵"（仆在敝邦已疏懒……）。
30	金善行	严诚、潘庭筠	1766年（丙戌）	《日下题襟集·金华相》中题作"与铁桥、秋庵"（虽未能更承清诲……）。
31	金善行	严诚、潘庭筠	1766年（丙戌）仲春二十四日	《日下题襟集·金华相》中题作"与铁桥、秋庵"（日间两足下体履珍重……）。
32	金善行	严诚、潘庭筠	1766年（丙戌）	《日下题襟集·金华相》中题作"与铁桥、秋庵"（逢别太遽，不胜怒如……）。
33	金善行	严诚、潘庭筠	1766年（丙戌）	《日下题襟集·金华相》中题作"与铁桥、秋庵"（东归之辙匪久当发……）。

洪檍与清文人之间来往书信：洪檍发信3封，受信11封。

序号	发信人	收信人	写信时间	信件名及出处
34	洪檍	严诚	1766年（丙戌）	《日下题襟集·洪执义》中题作"顷奉手教，慰当更晤……"。
35	洪檍	严诚	1766年（丙戌）	《日下题襟集·洪执义》中题作"萍水邂逅，爱慕心醉……"。

续表

序號	發信人	收信人	寫信時間	信件名及出處
36	洪檍	陸飛	當在1766年(丙戌)洪檍歸國後①	《搢紳赤牘》中題作"與陸篠飲書"(某白：人固有曠百世隔千里……)。
37	嚴誠	洪檍	1766年(丙戌)	《日下題襟集·洪執義》中題作"鐵橋答洪書狀"(伏誦手教，謙光過甚……)。
38	嚴誠	洪檍	1766年(丙戌)	《日下題襟集·洪執義》中題作"鐵橋答洪書狀"(誠再拜，敬啓：睽離教範……)。
39	嚴誠	洪檍	1766年(丙戌)十月十七日	《日下題襟集·洪執義》中題作"丙戌冬，寄鐵橋，秋厓"(奉晤未幾，別緒忽驚……)。
40	潘庭筠	洪檍	1766年(丙戌)	《中士寄洪大容手札帖》1中潘庭筠與洪檍書(幸接光儀，殊深欽仰……)。《燕杭詩牘》中題作"答晚合齋"(幸接光儀，殊深欽仰……)。筆者按，《中士寄洪大容手札帖》1所載爲手札，最爲真實。
41	潘庭筠	洪檍	1766年(丙戌)	《中士寄洪大容手札帖》1中潘庭筠與洪檍書(數日不獲……)
42	潘庭筠	洪檍	1766年(丙戌)	《中士寄洪大容手札帖》1中潘庭筠與洪檍書(呈洪大人：中原愛說洪丞相……)
43	潘庭筠	洪檍	1766年(丙戌)	《中士寄洪大容手札帖》1中潘庭筠與洪檍書(敬和洪大人元韻……)

① 此書末洪檍有云："區區官守又有外交之嫌，記府之間亦不敢終遂鄙誠，西望流悵，徒結夢想。不宣。"由文意可推此書寫於1766年(丙戌)洪檍歸國後。佚名編《搢紳赤牘》。

續表

序號	發信人	收信人	寫信時間	信件名及出處
44	潘庭筠	洪檍	1769年（己丑）①	《中土寄洪大容手札帖》1中潘庭筠與洪檍書（庭筠再拜，謹啓洪檍直先生閣下：憶自皮春"庭筠再拜，謹啓幼直先生閣下：憶自皮春書……）。筆者按，《中土寄洪大容手札帖》1所載爲手札，最爲真實。
45	鄧師閔	洪檍	1767年（丁亥）	《中土寄洪大容手札帖》1中鄧師閔與洪檍書（閔浪遊天涯……）。
46	孫有義	洪檍	1766年（丙戌）	《中土寄洪大容手札帖》1中孫有義與洪檍書（辛獲識荊……）、《燕杭詩牘》中題作"答晚含齋洪書"（辛獲識荊……）。筆者按，《中土寄洪大容手札帖》1所載爲手札，最爲真實。
47	陸飛	洪檍	1767年（丁亥）十二月朔日	《中土寄洪大容手札帖》1中陸飛與洪檍書（飛啓：辱賜手書……）、《燕杭詩牘》中題作"答洪尚書"（飛啓：辱賜手書……）。筆者按，《中土寄洪大容手札帖》1所載爲手札，最爲真實。

金在行與清文人之間來往書信：金在行發信6封，受信11封。

| 48 | 金在行 | 嚴誠 | 1766年（丙戌） | 《日下題襟集・金秀才》中題作"與鐵橋"（與二兄邂逅，已是千古奇事……）。 |

① 此書中有云："無何一別。鴨江之晴漲皆愁，忽已三年。"潘庭筠與洪檍在北京交流是在1766年（丙戌），故繫此書日期爲1769年（己丑）。《中土寄洪大容手札帖》1，第62頁。

續表

序號	發信人	收信人	寫信時間	信件名及出處
49	金在行	嚴誠	1766年(丙戌)	《日下題襟集・金秀才》中題作"與鐵橋"(昨承二友書,衹自沾襟……)。
50	金在行	嚴誠	1766年(丙戌)二月二十八日	《日下題襟集・金秀才》中題作"與鐵橋"(天下最苦之情莫如別離……)。
51	金在行	嚴誠、潘庭筠	1766年(丙戌)	《日下題襟集・金秀才》中題作"與鐵橋"(在行臨歧拜別於力闇、蘭公二友足下……)。
52	金在行	陸飛、嚴誠、潘庭筠	1766年(丙戌)十月二十日	《日下題襟集・金秀才》中題作"與鐵橋、秋庫"(文章家贈別之作……)。
53	金在行	陸飛	1766年(丙戌)	《日下題襟集・金秀才》中題作"與篠飲"(羨之蘭亭,太白桃園……)。
54	嚴誠	金在行	1766年(丙戌)	《中朝學士書翰》中嚴誠與金在行書(呈金尊兄啟。傷哉,傷哉……),《日下題襟集・金秀才》中題作"鐵橋答養虛"(傷哉!傷哉!夫復何言……)。筆者按:《中朝學士書翰》所載爲手札,最爲真實。
55	嚴誠	金在行、洪大容	1766年(丙戌)	《中土寄洪大容手札帖》5中嚴誠與金在行、洪大容書(弟誠啟:燕山判袂,黯然銷魂……),《日下題襟集・金秀才》中題作"鐵橋丙戌秋與與養虛、湛軒書"(弟誠啟:燕山判袂,黯然銷魂……)。筆者按:《中土寄洪大容手札帖》5所載爲手帖,最爲真實。

續表

序號	發信人	收信人	寫信時間	信件名及出處
56	嚴誠	金在行	1767年（丁亥）秋	《中朝學士書翰》中《嚴誠與金在行書（金養虛尊兄啓：弟今年遠客福建……）》，《中朝學士書翰•金秀才》中題作"丁亥秋鐵橋答書"（弟今年遠客福建……）。筆者按，《中朝學士書翰》所載爲手札，最爲真實。
57	嚴誠、潘庭筠	金在行	1766年（丙戌）	《中朝學士書翰》中《嚴誠、潘庭筠與金在行書（養虛賢長兄啓：拜讀寶篇……）》，《燕杭詩牘》與《金養虛書》中題作"與養虛書"，《中朝學士書翰》所載爲手札，最爲真實。
58	潘庭筠	金在行	1766年（丙戌）八月二十一日①	《中朝學士書翰》中《潘庭筠與金在行書（燕城判袂，更會無期……）》，《燕杭詩牘》中題作"與金養虛"，"燕城判袂，更會無期……"，《中朝學士書翰》所載爲手札，最爲真實。
59	嚴誠、潘庭筠	金在行	1766年（丙戌）	《中朝學士書翰》中《嚴誠、潘庭筠與金在行書（金養虛長兄啓：昨日……）》
60	潘庭筠	金在行	1766年（丙戌）	《中朝學士書翰》中《潘庭筠與金在行書（蒙示呰餕魚法……）》

① 此書中有云："筠下第後，四月中旬，即束裝南歸，五月抵家。"且落款日期爲"八月二十一日"。嚴誠與洪大容、金在行書（弟誠啓：燕山判袂，顯然銷魂……）中有載："弟與秋帥就試禮闈，俱邀房薦，以領滿見遺。四月望後，策馬南歸，於五月下旬抵舍。"此二處內容相吻合，故繫此書日期爲1766年（丙戌）八月二十一日。《中朝學士書翰》，《中土寄洪大容手札帖》5，第259頁。

附　錄

續表

序號	發信人	收信人	寫信時間	信件名及出處
61	潘庭筠	金在行	時間不詳	《中朝學士書翰》中潘庭筠與金在行書（金養虛兄啓，庭筠再拜。養虛尊兄足下：萬里良朋，千秋奇遇……）
62	潘庭筠	金在行	時間不詳	《中朝學士書翰》中潘庭筠與金在行書（養虛先生安啓。庭筠再拜，謹白養虛先生師席……）
63	陸飛	金在行	1766年（丙戌）	《中朝學士書翰》中陸飛與金在行書（金斯文足下啓：正想行塵……），《燕杭詩牘》中題作"與金養虛書"（正想行塵……）。筆者按，《中朝學士書翰》所載爲手札，最爲真實。
64	陸飛	金在行	1767年（丁亥）十二月	《中朝學士書翰》中陸飛與金在行書（文章莫妙於言情……），《燕杭詩牘》中題作"答金養虛書"（文章莫妙於言情……）。筆者按，《中朝學士書翰》所載爲手札，最爲真實。

洪大應與清文人之間來往書信：洪大應受信2封。

| 65 | 潘庭筠 | 洪大應 | 時間不詳 | 《中士寄洪大容手札帖》1中潘庭筠與洪大應書（庭筠再拜，謹啓葆光先生足下：昨歲讀壽翁尊文詩……），《燕杭詩牘》中題作"答葆光書"（昨歲讀壽翁尊文詩……）。筆者按，《中士寄洪大容手札帖》1所載爲手札，最爲真實。 |

續表

序號	發信人	收信人	寫信時間	信件名及出處
66	潘庭筠	洪大應	時間不詳	出自《中士寄洪大容手札帖》1 中潘庭筠與洪大應書①（洪榮光大兄書。外顏碑二種，詩韻一摺。庭筠再拜拜啓榮光大兄足下……），《藤塚鄰寄贈的秋史資料展Ⅲ——藤塚鄰寄贈洪大應書樂啓榮光大兄書。外顏碑一種，詩韻一摺。庭筠再拜啓榮光大兄足下……）筆者按，兩處所載均是手帖，筆迹相同。可見此書曾在民間流轉。

李德懋與清文人之間來往書信：李德懋發信 8 封。

67	李德懋	李鼎元	時間不詳	李德懋《青莊館全書》卷一九《雅亭遺稿》十一"李莊墨與李鼎元（鼎元）"條 下李德懋與李鼎元書（東洛山房之別……）
68	李德懋	唐樂宇	時間不詳	李德懋《青莊館全書》卷一九《雅亭遺稿》十一"唐鴛港（樂宇）"條 下李德懋與唐樂宇書（不佞之一生……）
69	李德懋	潘庭筠	時間不詳	李德懋《青莊館全書》卷一九《雅亭遺稿》十一"潘秋庫（庭筠）"條 下李德懋與潘庭筠書（不佞左海孤生……）
70	李德懋	潘庭筠	時間不詳	李德懋《青莊館全書》卷一九《雅亭遺稿》十一"潘秋庫（庭筠）"條 下李德懋與潘庭筠書（初夏修書以後……）

① 潘庭筠撰《大東風雅》序》當爲書信的別紙部分。信中有云："拙序忽遽擬成，聊以筆白，擬以墨白，聊以筆白，擬以筆白，擬以削定後再奉去。"可見《大東風雅》序》隨此書同時附寄。此序，《中士寄洪大容手札帖》1，藤塚鄰寄贈的秋史研究資料Ⅲ——藤塚鄰的秋史研究資料》中均有載。《中士寄洪大容手札帖》1，第 68－69 頁。

附　錄

续表

序號	發信人	收信人	寫信時間	信件名及出處
71	李德懋	李驥元	1779年（己亥）①	李德懋《青莊館全書》卷一九《雅亭遺稿》十一"李鳧塘（驥元）"條下李德懋與李驥元書（天生吾輩……）
72	李德懋	李調元	1777年（丁酉）	李德懋《青莊館全書》卷一九《雅亭遺稿》十一"李雨村（調元）"條下李德懋與李調元書（去年冬，友人柳彈素……）
73	李德懋	李調元	1778年（戊戌）	李德懋《青莊館全書》卷一九《雅亭遺稿》十一"李雨村（調元）"條下李德懋與李調元書（初夏修書遽屆首冬……）
74	李德懋	李調元	1778年（戊戌）②	李德懋《青莊館全書》卷一九《雅亭遺稿》十一"李雨村（調元）"條下李德懋與李調元書（前年修尺牘付桂同……）
朴齊家與清文人之間來往書信：朴齊家發信5封，受信38封（其中6封寫於1800年[庚申]後）				
75	朴齊家	郭執桓	1773年（癸巳）	朴齊家《貞蕤閣集·文集》卷四中題作"與郭濟園（執桓）"，朴長菴《縞紵集》卷首中題作"先公原頓首齊家頓首濟園足下……"，（齊家頓首濟園足下……）。筆者按：兩處書，個別字句有異。

① 此書中有云："一自睽離，徂秋屆冬。清履珍重，學業日富。"李德懋1778年（戊戌）下半年離開北京，故徂秋屆冬後，當為1779年（己亥）。李德懋《青莊館全書》卷一九，《韓國文集叢刊》第257冊，第270頁。

② 此信寫於1778年（戊戌），理由如下：信中有云："令冬使臣書狀官沈公祖，字王臣，號蕉窳，文章學業，東之名臣。沈念祖於1778年（戊戌）三月，以謝恩兼陳奏使團書狀官的身份出使中國。由此，故知此信寫於1778年（戊戌）。李德懋《青莊館全書》卷一九，《韓國文集叢刊》第257冊，第269頁。

續表

序號	發信人	收信人	寫信時間	信件名及出處
76	朴齊家	李調元	1777年（丁酉）①	朴長馣《縞紵集》下，卷一中題作"先公原書"（朝鮮人朴齊家……），朴齊家《貞蕤閣集·文集》卷四中題作"與羡堂李調元"（朝鮮畸人朴齊家……）。 筆者按，兩處書，個別字句有異。
77	朴齊家	李調元	時間不詳	朴長馣《縞紵集》上，卷一中題作"答兩村書"（齊家啓：入秋以來，側耳強首……）。 筆者按，此書是李調元與朴齊家書（朴楚亭先生啓：調元奉書楚亭先生足下……）的答書。②
78	朴齊家	潘庭筠	時間不詳	朴長馣《縞紵集》下，卷一中題作"先公原書"（朝鮮畸人再拜白……），朴齊家《貞蕤閣集·文集》卷四中題作"與潘秋庯白"（朝鮮畸人朴齊家再拜白……）。 筆者按，兩處書，文字相同。
79	朴齊家	潘庭筠	1790年（庚戌）	朴長馣《縞紵集》上，卷一中朴齊家與潘庭筠書（長日如年……）

① 信中有云："齊家海外之賤生也，年今二十有八歲。家人字諸生，家人字朝其面，鄰里不聞其名。傾倒淋漓，不啻若合席合談而傾蓋遇也。"朴齊家當寫於1777年（丁酉）。故此書當寫於1777年（丁酉），見實於中朝之大人。不意今者因敝友柳君彈素所抄《巾衍集》，是在1777年（丁酉），朴齊家從北京回到朝鮮是於庚午年（1750）。又柳彈素從北京回到下冊，第180頁。

② 此書是李調元與朴齊家書朴楚亭先生啓：調元奉書楚亭先生足下……)的答書。參見本書下編第六章《燕岩門與清文人交流長編》"朴齊家與李調元交遊"條的腳注。

續表

序號	發信人	收信人	寫信時間	信件名及出處
80	郭執桓	朴齊家	時間不詳	朴長饒《縞紵集》下，卷首中題作"上楚亭先生書"(大清國山右堯都居士郭執桓)，朴齊家《貞蕤閣集・文集》卷四中題作"答郭執桓"(大清國山右堯都居士郭東山……)，《燕杭詩牘》中題作"答朴楚亭書土郭居士郭東山……"。筆者按，此書爲"與郭澹園(執桓)"(齊家頓首澹園足下……)的答書。朴長饒《貞蕤閣集》與朴長饒《縞紵集》所載文字相同。《燕杭詩牘》中所載，個別文字有異。
81	李鼎元	朴齊家	時間不詳	朴長饒《縞紵集》下，卷一中李鼎元與朴齊家書(石鼓文讃求肆中……)
82	李鼎元	朴齊家	1799年(己未)	朴長饒《縞紵集》下，卷一中李鼎元與朴齊家書(次修先生足下：不通音問有年矣……)
83	李鼎元	朴齊家	時間不詳	朴長饒《縞紵集》下，卷一中李鼎元與朴齊家書楚亭道人足下：頃接手書，情詞惻惻……)
84	李鼎元	朴齊家	時間不詳	朴長饒《縞紵集》下，卷一中李鼎元與朴齊家書(昨值元日……)
85	李驥元	朴齊家	時間不詳	朴長饒《縞紵集》下，卷一中李驥元與朴齊家書(楚亭先生手展。自相別後……)
86	李調元	朴齊家	1777年(丁酉)七月初四日	朴長饒《縞紵集》下，卷一中李調元與朴齊家(楚亭先生足下……)，朴齊家《貞蕤閣集・文集》卷四中題作"答書李調元"(李調元與李楚亭書足下……)("朝鮮畸人朴齊家《貞蕤堂"李調元)的答書。筆者按，此書爲"答李調元"(朝鮮畸人朴齊家……)的答書。兩處書個別字句有異。

續表

序號	發信人	收信人	寫信時間	信件名及出處
87	潘庭筠	朴齊家	1777年（丁酉）七月四日	朴長馣《縞紵集》下，卷二中題作"朴楚亭先生書"（庭筠頓首再拜啓，楚亭先生足下……），朴齊家《貞蕤閣集·文集》卷四中題作"答書（潘庭筠）"（庭筠頓首再拜啓，楚亭先生足下……）。筆者按：《縞紵集》中所載較爲詳細，此書爲"與潘秋庼（庭筠）書"（朝鮮嶠人再拜白……）的答書。
88	潘庭筠	朴齊家	時間不詳	朴長馣《縞紵集》下，卷二中潘庭筠與朴齊家書（五言一章……）
89	祝德麟	朴齊家	1778年（戊戌）①	朴長馣《縞紵集》下，卷二中題作"自題小照"（此甲午所製……）。
90	鐵保	朴齊家	1790年（庚戌）②	朴長馣《縞紵集》下，卷二中鐵保與朴齊家書（連日匆匆……）

① 此書中有云："此甲午所製，……越今四載。"1774年（甲午）後四年是1778年（戊戌），正是朴齊家第一次出使中國。朴長馣《縞紵集》下，卷二，朴齊家撰，李佑成編《楚亭全書》下册，第216頁。

② 信中有云："連日匆匆，未獲走候"，"柳君起居同佳耶？""副使所囑'見一亭鶴山'五大字，希示尺寸"，此副使當爲徐浩修。洪良浩《見一亭記》載："壬寅冬，余奉使之燕。徐書養直、秩膺八座之榮，外仗三藩之節，可謂極仕宦之榮矣。驚慕古人知足之義，構小亭於臨端之上，扁曰見一亭。……語余曰：'僕才不踰人，而年未中身，一人之口，反其辭，以見三志焉。'徐尚書養直即是徐浩修。可見，徐浩修築構有"見一亭"（庚戌），故此書寫於是年。因此他請清朝書家鐵保題額，這是符合常情的。鐵保與朴齊家書（朴老先生啓：連日匆匆……），朴長馣《縞紵集》下，卷二，朴齊家撰，李佑成編《楚亭全書》下册，第229—230頁。洪良浩《耳溪集》卷一三，《韓國文集叢刊》第241册，第216—217頁。

续表

序号	发信人	收信人	写信时间	信件名及出处
91	铁保	朴齐家	1790年（庚戌）或1791年（辛亥）①	朴长馣《缟纻集》下，卷二中铁保与朴齐家书（朴老爷：松江陵纸壹匣……）
92	铁保	朴齐家	1790年（庚戌）或1791年（辛亥）②	朴长馣《缟纻集》下，卷二中铁保与朴齐家书（元人旧画……）
93	纪昀	朴齐家	时间不详	朴长馣《缟纻集》下，卷二中纪昀与朴齐家书（而后先生启。昨挹清言……）
94	吴省钦	朴齐家	1790年（庚戌）	朴长馣《缟纻集》下，卷二中吴省钦与朴齐家书（几何之术素不能讲……）
95	吴省钦	朴齐家	1790年（庚戌）	朴长馣《缟纻集》下，卷二中吴省钦与朴齐家书（此书俟纪纲取携……）
96	吴省钦	朴齐家	1790年（庚戌）③	朴长馣《缟纻集》下，卷二中吴省钦与朴齐家书（魏叔子亦有纵横气……）
97	罗允缵	朴齐家	约1790年（庚戌）或1791年（辛亥）	朴长馣《缟纻集》下，卷二中罗允缵与朴齐家书（昨家君偶抱微恙……）

① 朴长馣《缟纻集》下，卷二将此信系在"庚戌、辛亥"条内，朴齐撰，李佑成编《楚亭全书》下册，第 230 页。
② 朴长馣《缟纻集》下，卷二将此信系在"庚戌、辛亥"条内。同上。
③ 吴省钦与朴齐家此三封书信的写作时间考证详见本书下编第六章《燕岩师门与清文人交流长编》"朴齐家与吴省钦"条。

續表

序號	發信人	收信人	寫信時間	信件名及出處
98	羅聘	朴齊家	1792年(壬子)	朴長馣《縞紵集》下，卷二中羅聘與朴齊家書(朴次修先生座前：飲言頗多……)
99	伊秉綬	朴齊家	1791年(辛亥)①	朴長馣《縞紵集》下，卷二中伊秉綬與朴齊家書(朴公升啓：館中寫詩卷贈我……)
100	伊秉綬	朴齊家	1792年(壬子)	朴長馣《縞紵集》下，卷二中伊秉綬與朴齊家書(秉綬白次修先生足下……)
101	龔協	朴齊家	1792年(壬子)正月二十五日	朴長馣《縞紵集》下，卷二中龔協與朴齊家書(愚弟龔協再拜……)
102	吳廷燮	朴齊家	1791年(辛亥)②	朴長馣《縞紵集》下，卷二中吳廷燮與朴齊家書(來湖筆、徽墨二種……)
103	曾燠	朴齊家	1791年(辛亥)	朴長馣《縞紵集》下，卷二中曾燠與朴齊家書(書字現已有人……)
104	曾燠	朴齊家	1792年(壬子)	朴長馣《縞紵集》下，卷二中曾燠與朴齊家書(燠再拜，昨歲此時……)
105	莊復旦	朴齊家	1791年(辛亥)	朴長馣《縞紵集》下，卷二中莊復旦與朴齊家書(初十日晤後……)

① 此書寫作時間考證詳見本書下編第六章《燕岩師門與清文人交流長編》"朴齊家與伊秉綬"條。

② 此書寫於朴齊家離開北京前，爲1791年(辛亥)。考證詳見本書下編第六章《燕岩師門與清人交流長編》"朴齊家與吳廷燮"條。

续表

序號	發信人	收信人	寫信時間	信件名及出處
106	孫衡	朴齊家	1791年(辛亥)正月二十六日	朴長馣《縞紵集》下，卷二中孫衡與朴齊家書(朴老爺合啓：囑家"讀書自洪範以下""圖書一方……)
107	孫衡	朴齊家	1792年(壬子)正月二十八日	朴長馣《縞紵集》下，卷二中孫衡與朴齊家書(衡啓：別後心旌夢……)
108	宋榮淳	朴齊家	時間不詳	朴長馣《縞紵集》下，卷二中宋榮淳與朴齊家書(先君《尚書考辨》一部……)
109	吳明煌	朴齊家	時間不詳	朴長馣《縞紵集》下，卷二中吳明煌與朴齊家書(朴大老爺爺啓：送上徽墨貳匣……)
110	陳希濂	朴齊家	時間不詳	朴長馣《縞紵集》下，卷二中陳希濂與朴齊家書(適緣得領教敬言……)
111	張問陶	朴齊家	約1790年(庚戌)或1791年(辛亥)	朴長馣《縞紵集》下，卷二中張問陶與朴齊家書(圖書一方，小額一張……)
112	蔡炎林	朴齊家	約1801年(辛酉)	朴長馣《縞紵集》下，卷二中蔡炎林與朴齊家書(敬覆者：一別十年……)
113	錢東垣	朴齊家	1801年(辛酉)	朴長馣《縞紵集》下，卷三中錢東垣與朴齊家書(家刻數種，奉送二位……)
114	黃戊	朴齊家	1801年(辛酉)	朴長馣《縞紵集》下，卷三中題作"上伏修先生書"(萍水相逢，遂成知己……)。
115	言司穗	朴齊家	1801年(辛酉)	朴長馣《縞紵集》下，卷三中言司穗與朴齊家書(閣下假篆時……)

续表

序號	發信人	收信人	寫信時間	信件名及出處
116	曹江	朴齊家	1801年（辛酉）	朴長饒《縞紵集》下，卷三中曹江與朴齊家書（曹江致書貞蕤先生足下……）
117	曹江	朴齊家	1805年（乙丑）正月二十八日	朴長饒《縞紵集》下，卷三中曹江與朴齊家書（吳下曹玉水致書貞蕤仁兄先生執事……）
柳琴與清文人之間來往書信：柳琴發信1封，受信11封				
118	柳琴	清佚名	時間不詳	《東華筆話集》中柳琴與清佚名書（先生鐵筆佳……筆者按，《東華筆話集》所載爲手札，最爲真貴。
119	李鼎元	柳琴	1776年（丙申）	《東華筆話集》中李鼎元①與柳琴書（此書余所選輯者……）
120	李鼎元	柳琴	1777年（丁酉）②	《東華筆話集》中李鼎元與柳琴書（未知家兄約定否……）

① 此書信，《東華筆話集》中未署名，作者當爲李鼎元。理由如下：此信中有云："小女完（亦作玩）卿。"而《東華筆話集》中所載李鼎元與柳琴書（鼎元）書，致書畢索足下……有云："玩卿亦隨至琴。已斯能學步。玩卿爲李鼎元之女，故推斷此信的作者是李鼎元。

② 此信寫於1777年（丁酉）。理由如下：信中有云："未知家兄約定否？惟潘公深感厚意，相約於二十三日屆過我。"可知此信寫於柳琴停留北京期間。柳琴於1776年（丙申）十一月，隨從朝鮮進賀兼謝恩副使徐浩修出使中國，1777年（丁酉）春離開北京。該信末署日期云："正月二十日沖。"由此推斷此信爲於1777年（丁酉）。

续表

序號	發信人	收信人	寫信時間	信件名及出處
121	李鼎元	柳琴	1777年（丁酉）①	《東華筆話集》中李鼎元與柳琴書（斗闖國訃……）
122	李鼎元	柳琴	1778年（戊戌）	《東華筆話集》中李鼎元與柳琴書（鼎元頓首，致書彈素足下……）
123	李調元	柳琴	1777年（丁酉）②	《東華筆話集》中李調元寄柳琴書（幾何主人歌，送彈素歸國，並寄賢侄冷庵……）
124	李調元	柳琴	1777年（丁酉）③	《東華筆話集》中李調元與柳琴書（離絕以來，悵若有失……）
125	李調元	柳琴	1777年（丁酉）④	《東華筆話集》中李調元與柳琴書（天焉，然任公除以前……）

① 此信寫於1777年（丁酉），理由如下：據信件內容，此信當寫於柳琴停留北京期間。且信中有云："斗闖國訃，五內俱裂。"據趙爾巽等撰《清史稿》卷二一四，李聖憲皇后於乾隆四十二年正月二十三日去世，即是信中所云國訃之事，故推斷此信寫於1777年（丁酉）。

② 此信寫於1777年（丁酉），理由如下：據書歌題目，可知此信寫於柳琴即將離開北京之際。柳琴於1776年（丙申）十一月，隨從朝鮮進賀兼謝恩使團副使徐浩修出使中國。1777年（丁酉）春離開北京。由此推斷此信寫於1777年（丁酉）。

③ 此信寫於1777年（丁酉），理由如下：信中有云："自分一海之隔，長此阻絕，不謂函書遠辱，僅閱三月，捧之又不勝狂喜望外也。"柳琴於1776年（丙申）十一月，隨從朝鮮進賀兼謝恩使團副使徐浩修出使中國。1777年（丁酉）春離開北京。既云柳琴來信僅隔三月，且信作未署日期易為"七月初七日"，故推斷此信寫於1777年（丁酉）。

④ 此信寫於1777年（丁酉），理由如下：信中有云："擬以十月後初八日一會，不知賢駕尚在京否？"可知此信寫於柳琴即將離開北京之際。柳琴於1776年（丙申）十一月，隨從朝鮮進賀兼謝恩使團副使徐浩修出使中國。1777年（丁酉）春離開北京，故推斷此信寫於1777年（丁酉）春離開北京以前。

1022　十八世紀中朝文人交流研究

續表

序號	發信人	收信人	寫信時間	信件名及出處
126	李調元	柳琴	1778年(戊戌)	《東華筆話集》中李調元與柳琴書(再,東詩文有歷代選本或法帖……)
127	潘庭筠	柳琴	1777年(丁酉)①	《東華筆話集》中潘庭筠與柳琴書(庭筠頓首拜啓彈素先生足下:今年元夕……)
128	博明	柳琴	1777年(丁酉)	《東華筆話集》中博明與柳琴書(丁酉春日,中江權使博明書……)
129	胡宗	柳琴	1777年(丁酉)②	《東華筆話集》中胡宗與柳琴書(承贈烟三斤……)

盧以漸與清文人之間來往書信:盧以漸發信2封。

序號	發信人	收信人	寫信時間	信件名及出處
130	盧以漸	博明	1780年(庚子)八月十四日③	盧以漸《隨槎錄》中題作"與博修書"(某白:士之生於偏邦……)
131	盧以漸	博明	1780年(庚子)九月初一日	盧以漸《隨槎錄》中盧以漸與博明書(恭候再叩傾蓋……)

① 此信寫於1777年(丁酉),理由如下:信中有云:"因約於二十三日一晤。詎意屆期遽達國恤。距赴齊集,從此齋宿將及匝月去世,即是信中所云柳琴停留北京期間,故推斷此信寫於1777年正月二十三日去世。"可知此信寫於柳琴留北京期間,故推斷此信寫於乾隆四十二年正月二十三日。參趙爾巽等撰《清史稿》卷二一四,《清史稿》卷二一四,第8915頁。

② 此信寫於1777年(丁酉),理由如下:信中有云:"若起行在初三日。隨從朝鮮進賀兼謝恩使團副使徐浩修出使中國。1777年(丁酉)春將離開北京之際。柳琴於1776年(丙申)十一月,隨從朝鮮進賀兼謝恩使團副使徐浩修出使中國。1777年(丁酉)春離開北京。故推斷此信寫於1777年(丁酉)。

③ 參見本書下編第五章《十八世紀後期中朝文人交流長編》"盧以漸與博明"條。

附　錄

續表

洪良浩與清文人之間來往書信：洪良浩發信13封（其中1封寫於1800年[庚申]後），受信13封。

序號	發信人	收信人	寫信時間	信件名及出處
132	洪良浩	戴衢亨	1783年（癸卯）	《耳溪洪良浩全書》卷一六中題作"與翰林衢亨書（癸卯）"（行到關外……），洪良浩《耳溪集》卷一五中題作"與戴翰林衢亨書"（行到關外……）。筆者按，兩處書個別字句有異。
133	洪良浩	李芟	1784年（甲辰）	洪良浩《耳溪洪良浩全書》卷一六中題作"答孤竹國李秀才芟純之書（甲辰）"（節使伴春而歸……），洪良浩《耳溪集》卷一五中題作"答孤竹國李秀才純之書"（節使伴春而歸……）。筆者按，兩處書個別字句有異。
134	洪良浩	戴衢亨	1785年（乙巳）	《同文神交》中洪良浩與戴衢亨書（阻想政爾耿耿……）。筆者按，《同文神交》所載爲手札，最爲真實。
135	洪良浩	紀昀	1795年（乙卯）	洪良浩《耳溪洪良浩全書》卷一六中題作"與紀尚書（乙卯）"（良浩謹再拜，上書於大宗伯紀先生閣下……），洪良浩《耳溪集》卷一五中題作"與紀尚書昀"（良浩東海鄙人也……）。筆者按，《耳溪洪良浩全書》所載此書更爲完整。
136	洪良浩	紀昀	1795年（乙卯）歲暮	洪良浩《耳溪洪良浩全書》卷一六中題作"與紀尚書"拜辭皇都……）。

續表

序號	發信人	收信人	寫信時間	信件名及出處
137	洪良浩	齊佩蓮	1795年（乙卯）	洪良浩《耳溪洪良浩全書》卷一六中題作"與齊秀才書（乙卯）"（十年遠別……）。
138	洪良浩	紀昀	1796年（丙辰）	洪良浩《耳溪洪良浩全書》卷一六中題作"與紀尚書書（丙辰）"（前冬貢行……），洪良浩《耳溪集》卷一五中題作"與紀尚書"（前冬貢行……）。筆者按，《耳溪洪良浩全書》所載此書更為完整。
139	洪良浩	戴衢亨	1797年（丁巳）	洪良浩《耳溪洪良浩全書》卷一六中題作"與戴翰林書（丁巳）"（壬寅貢行……），洪良浩《耳溪集》卷一五中題作"與戴翰林書"（壬寅貢行……）。筆者按，兩處書個別字句有異。
140	洪良浩	紀昀	1797年（丁巳）	洪良浩《耳溪洪良浩全書》卷一六中題作"與紀尚書書（丁巳）"（昨年貢使之回……），洪良浩《耳溪集》卷一五中題作"與紀尚書"（昨年貢使之回……）。筆者按，兩處書個別字句有異。
141	洪良浩	紀昀	1798年（戊午）	洪良浩《耳溪洪良浩全書》卷一六中題作"與紀尚書書（戊午）"（前冬憲書之便……）。
142	洪良浩	紀昀	1798年（戊午）	洪良浩《耳溪洪良浩全書》卷一六中題作"與紀尚書"（前月憲書之行……）。

附　錄

續表

序號	發信人	收信人	寫信時間	信件名及出處
143	洪良浩	紀昀	1801年(辛酉)	洪良浩《耳溪洪良浩全書》卷一六中題作"與紀尚書(辛酉)"(三四年來不敢以隻字相聞……)。
144	洪良浩	齊佩蓮	時間不詳	洪良浩《耳溪洪良浩全書》卷一六中題作"答榆關齊秀才佩蓮書"(山川悠邈……)。
145	戴衢亨	洪良浩	1783年(癸卯)① 二月五日	《同文神交》中戴衢亨與洪良浩先生啓。渴慕已久……)，《耳溪洪良浩《耳溪集》卷一五中題作"戴衢亨答書"(渴慕已久……)，《耳溪洪良浩全書》卷一六中題作"戴翰林答書"(渴慕已久……)。筆者按，《同文神交》所載爲手札，最爲真實。此書爲"與戴翰林衢亨書(癸卯)"(行到關外……)的答書。
146	戴心亨	洪良浩	時間不詳	《同文神交》中戴心亨與洪良浩書(戴心亭啓：昨春奉誦佳什……)筆者按，《同文神交》所載爲手札，最爲真實。
147	戴心亨	洪良浩	1785年(乙巳)	《同文神交》中戴心亨與洪良浩書(李生來京……)
148	齊佩蓮	洪良浩	時間不詳	《同文神交》中齊佩蓮與洪良浩書(拜違築範……)
149	齊佩蓮	洪良浩	1790年(庚戌)	《同文神交》中齊佩蓮與洪良浩書(泥洼洪大人……)

①信中有云："長途萬里，伏惟珍重珍重。不宣。二月五日。"故此答書當寫於洪良浩還未離開北京之前，應亦爲1783年(癸卯)二月五日。《同文神交》。

續表

序號	發信人	收信人	寫信時間	信件名及出處
150	齊佩蓮	洪良浩	1794年（甲寅）	《同文神交》中齊佩蓮與洪良浩書（客歲冬底……）
151	齊佩蓮	洪良浩	1794年（甲寅）	《同文神交》中齊佩蓮與洪良浩書（癸卯仲春，深蒙教益……）
152	齊佩蓮	洪良浩	1796年（丙辰）	《同文神交》中齊佩蓮與洪良浩書（嘉慶元年二月初吉……）
153	李美	洪良浩	時間不詳	《同文神交》中李美與洪良浩書（致洪老大人閣下：洪大人《夷齊讀書處後叙》……）
154	李美	洪良浩	1784年（甲辰）	《同文神交》中李美與洪良浩書（孤竹郡人李美謹再拜，致意洪老尚書閣下……）
155	紀昀	洪良浩	1795年（乙卯）①	洪良浩《耳溪洪良浩全書》卷一六中題作"答書"（昀拜啓耳溪先生閣下：晉人有言……），洪良浩《耳溪集》卷一五《答人書》（昀拜啓耳溪先生閣下：晉人有言……）。筆者按，此書爲"與紀尚書（乙卯）"（良浩謹再拜，上書於大宗伯紀先生閣下……）的答書。兩處書個別字句有異。

① 紀昀此封答書中有云："別期在邇，後會無期，此日不向先生一言，又何日能傾倒情愫耶？"由此可知紀昀此信寫於1795年（乙卯）洪良浩停留北京期間，故亦可推斷，洪良浩的原書也寫於1795年（乙卯）停留北京期間。洪良浩《耳溪集》卷一五，《韓國文集叢刊》第241冊，第265頁。

續表

序號	發信人	收信人	寫信時間	信件名及出處
156	紀昀	洪良浩	1797年（丁巳）正月二十四日	洪良浩《耳溪洪良浩全書》卷一六中題作"答書"（紀昀頓首，奉書耳溪先生執事……），洪良浩《耳溪集》卷一五中題作"答書"（紀昀頓首，奉書耳溪先生執事……）。筆者按，此書爲"與紀尚書書（丙辰）"（前冬貢行……）的答書，内容相同。兩處書
157	紀昀	洪良浩	1798年（戊午）正月二十七日	洪良浩《耳溪洪良浩全書》卷一六中題作"答書"（紀昀頓首頓首，敬啓耳溪先生閣下：闊別久矣……），洪良浩《耳溪集》卷一五中題作"答書"（紀昀頓首頓首，敬啓耳溪先生閣下：闊別久矣……）。筆者按，此書爲"與紀尚書書（丁巳）"（昨年貢使之回……）的答書。《耳溪洪良浩全書》所載此書更爲完整。

李徽之與清文人之間來往書信：李徽之受信2封。

| 158 | 金簡 | 李徽之 | 1785年（乙巳） | 藤塚鄰撰，藤塚明直編《清朝文化東傳の研究——嘉慶·道光學壇と李朝の金阮堂》中金簡與李阮堂書（金簡頓首拜啓：舊冬使節人朝……） |
| 159 | 金簡 | 李徽之 | 1785年（乙巳） | 藤塚鄰撰，藤塚明直編《清朝文化東傳の研究——嘉慶·道光學壇と李朝の金阮堂》中金簡與李阮堂書（金簡頓首復：蒙惠佳製藥餌……） |

續表

序號	發信人	收信人	寫信時間	信件名及出處
金正中與清文人之間來往書信：金正中發往信3封，受信3封。				
160	金正中	程嘉賢	1792年（壬子）正月初十一日	金正中《燕行錄》"正月初十一日"條中金正中與程嘉賢書（寸心不盡……）
161	程嘉賢	金正中	1792年（壬子）正月初十一日	金正中《燕行錄》"正月初十一日"條中程嘉賢與金正中答書（敬接仁輝……）筆者按，此書爲金正中與程嘉賢書（寸心不盡……）的答書。
162	金正中	程嘉賢	1792年（壬子）冬①	金正中《燕行錄》中題作"與程少伯書"（少伯足下：正月末……）。
163	程嘉賢	金正中	1793年（癸丑）②	金正中《燕行錄》中附在"與程少伯書"（少伯足下：正月末……）後，筆者按，此書爲"與程少伯書"（少伯足下：正月末……）的答書。
164	金正中	屠秀才，名不詳。	1792年（壬子）正月二十四日③	金正中《燕行錄》"正月二十三日"條中金正中與屠秀才書（宴奉雅儀……）

① 此書中有云："正月末，南館枉餞。"即八月十八日，余晨起整冠帶。"所提月份前均未及年份，可推斷此書寫於金正中回國之年，即1792年（壬子）。且信中有云："山雪紛紛……時因北風。"故又判斷此書寫於冬季。《燕行錄全集》第75冊，第41頁，第42頁，第44頁。

② 金正中來信是在1792年（壬子）冬寫成。程嘉賢答書中有云："客歲小隊得來書。"故推斷此書寫於1793年（癸丑）。《燕行錄全集》第75冊，第44頁。

③ 金正中《燕行錄》"正月二十三日"條中載此書，但有云："明日，其人送從者，索余詩甚勤。余坡得行中所作文短律數首，兼修數行書以謝之。"故此書當寫於第二天，即1792年（壬子）正月二十四日。《燕行錄全集》第75冊，第214頁。

续表

序号	发信人	收信人	写信时间	信作名及出处
165	屠秀才	金正中	1792年（壬子）正月二十四日	金正中《燕行录》"正月二十三日"条中屠秀才与金正中书（读君之诗……）笔者按，此书为金正中与屠秀才书（妾奉椎义……）的答书。
	洪义俊与清文人之间来往书信：洪义俊发信8封，受信5封。			
166	洪义俊	齐佩莲	1795年（乙卯）①	洪义俊《传舊》卷四中题作"与榆关齐秀才佩莲书"（乐浚拜手，上黄匡足下……）
167	齐佩莲	洪义俊	约1796年（丙辰）②	洪义俊《传舊》卷四中齐佩莲与洪义俊书（雪窗兀坐……）笔者按，此书为洪义俊与榆关齐秀才佩莲书（乐浚拜手，上黄匡足下……）的答书。
168	洪义俊	齐佩莲	1797年（丁巳）③	洪义俊《传舊》卷四中题作"寄齐秀才书"（春间使价之回……）。

① 此书中有云："归来半载，万里悠远。"洪义俊《传舊》卷四有载："乙卯"闰二月初七日，还渡鸭江。故此书当写于1795年（乙卯）九月左右。

② 此书是上面一封书信的答书，理由是：1795年（乙卯）的洪书中有云："毋替世好，以副区区之心。"齐书中有云："昨来札，有勿替世好之嘱，两者内容足呼应的，故亦推断是当当作於约1796年（丙辰）。

③ 此书中有云："从弟翰院侍读使申秦，书状官洪乐游申之班。""正祖实录"卷四十七载：二十一年十月十五日"庚戌，召见冬至兼谢恩正使金文淳，副使申秦，书状官洪乐游使臣等。"《正祖实录》卷四十七载："正祖实录"卷四十七载：二十一年十月十五日"庚戌，召见冬至兼谢恩正使金文淳，副使申秦，书状官洪乐游是洪义俊从弟（洪良浩而精力落下，送从子乐游赴燕序》）。洪良浩的生卒年是1724—1802。书中有云："仆家大人近患重疾，屡月弥留。今荃可而述，可推断此书作於1797年（丁巳）前，洪良浩1795年（乙卯）回朝朝鲜後。综合以上所述，可推断此书作於1797年（丁巳）。

續表

序號	發信人	收信人	寫信時間	信件名及出處
169	洪羲俊	李鼎元	1795年(乙卯)①	洪羲俊《傳舊》卷四中題作"與李墨莊鼎元書""樂浚拜手,上墨莊學士足下……"。
170	李鼎元	洪羲俊	1796年(丙辰)②	洪羲俊《傳舊》卷四中李鼎元與洪羲俊《鼎元頓首,敬覆薰合學士足下……》 筆者按,此書為洪羲俊"與李墨莊鼎元書"(樂浚拜手,上墨莊學士足下……)的答書。
171	洪羲俊	李鼎元	1797年(丁巳)冬	洪羲俊《傳舊》卷四中題作"寄李墨莊(丁巳冬)"(春間羽便……)。
172	李鼎元	洪羲俊	1799年(己未)③	洪羲俊《傳舊》卷四中李鼎元與洪羲俊書(薰合先生足下:前歲辱示書……) 筆者按,此書為洪羲俊"寄李墨莊(丁巳冬)"(春間羽便……)的答書。

① 其書有云:"歸來半載,音墨已絕,天涯懷人,尋常耿結。洪羲俊當寫於1795年(乙卯)九月左右。
② 書中有云"別來一載,無日不思",洪羲俊離開北京是在1795年(乙卯)閏二月初七日,還渡鴨江。"(乙卯)閏二月初三日(洪羲俊《傳舊》卷二載《二月初三日,離發出皇城》),故此書寫於1796年(丙辰)。
③ 書中李鼎元有云:"昨聞命命充琉球封使,行將出海,"趙爾巽等撰《清史稿》卷一六》《仁宗本紀》載:"(四年,八月)乙巳,命修撰趙文楷,中書李鼎元册封琉球國王尚溫。"第576頁。四年即嘉慶四年,1799年(己未)。且書中又有云:"十三昨來,詢知足下連年遭內憂。"十三當是指十三齋李喜經。李喜經亦曾於1799年(己未)出使中國,故可推斷,此書寫於1799年(己未)。

續表

序號	發信人	收信人	寫信時間	信件名及出處
173	洪義俊	紀昀	1795年（乙卯）①	洪義俊《傅舊》卷四中題作"與紀尚書昀書"（樂浚再拜，上書於曉嵐先生閣下：歸冬半載……）。
174	洪義俊	紀昀	1796年（丙辰）冬	洪義俊《傅舊》卷四中題作"與紀曉嵐書（丙辰冬）"（樂謹白，各冬貢使之便……）。
175	紀昀	洪義俊	1797年（丁巳）春	洪義俊《傅舊》卷四中紀昀與洪義俊書（丁巳春）（紀昀頓首頓首，致書薰谷世講侍史……）筆者按，此書爲洪義俊"與紀曉嵐書（丙辰冬）"（樂謹白，各冬貢使之便……）的答書。
176	洪義俊	紀昀	1797年（丁巳）冬	洪義俊《傅舊》卷四中題作"上曉嵐書（丁巳冬）"（春間貢使之回……）。
177	紀昀	洪義俊	1798年（戊午）春	洪義俊《傅舊》卷四中紀昀與洪義俊書（戊午春）（紀昀敬啓，薰谷世講閣下……）筆者按，此書爲洪義俊"上曉嵐書（丁巳冬）"（春間貢使之回……）的答書。
178	洪義俊	紀昀	1798年（戊午）冬	洪義俊《傅舊》卷四中題作"上紀尚書疏（戊午冬）"（樂浚稽顙再拜言……）。

① 書中有云："歸冬半載，音書斷絕。"洪義俊《傅舊》卷二載云："（乙卯）閏二月初七日，還渡鴨江。故繫此書於1795年（乙卯）。"

續表

序號	發信人	收信人	寫信時間	信件名及出處
	徐瀅修與清文人之間來往書信：徐瀅修發信8封，受信6封。			
179	徐瀅修	陳崇本	時間不詳	徐瀅修《明皋全集》卷五中題作"與陳編修（崇本）"（"僕之獲賜於閣下……"）。
180	徐瀅修	徐大榕	時間不詳	徐瀅修《明皋全集》卷五中題作"與徐員外大榕"（"足下之評我稿曰……"）。
181	劉大觀	徐瀅修	時間不詳	徐瀅修《明皋全集》卷一四中劉大觀與徐瀅修書（伏讀閏月十五日書……）
182	徐瀅修	劉大觀	1799年（己未）①	徐瀅修《明皋全集》卷六中題作"與劉松嵐（大觀）"（驛路邂逅……）。
183	劉大觀	徐瀅修	1800年（庚申）正月二十八日	徐瀅修《明皋全集》卷六中劉大觀與徐瀅修書（去年嘉平五日……）筆者按，此書爲徐瀅修"與劉松嵐（大觀）"的答書。
184	李鼎元	徐瀅修	1799年（己未）八月間②	徐瀅修《明皋全集》卷一四中李鼎元與徐瀅修書（前使至……）

① 劉大觀答書有云："去年嘉平五日，伏讀賜書。""劉大觀答書。""伏讀賜書。"劉大觀答書寫於1800年（庚申）正月二十八日，故此書當寫於1799年（己未）。劉大觀與徐瀅修書（去年嘉平五日……），徐瀅修《明皋全集》卷六，《韓國文集叢刊》第261冊，第119頁。

② 信中有云："擬從海上歸來。即將搜索海濱奇文。……行旌已近。根據李鼎元云已出使琉球國王尚溫。"四年即嘉慶四年，1799年，《仁宗本紀》卷一六《仁宗本紀》載："（四年，八月）乙巳，命修撰趙文楷，中書李鼎元册封琉球國王尚溫。"四年即嘉慶四年，1799年，故可判斷此信當寫於1799年（己未）八月間。趙爾巽等撰《清史稿》卷一六《仁宗本紀》，第576頁。

續表

序號	發信人	收信人	寫信時間	信件名及出處
185	徐瀅修	紀昀	1799年(己未)①	徐瀅修《明皋全集》卷六中題作"與紀曉嵐(昀)"（文章本有真，千古一脉……）。
186	徐瀅修	紀昀	1799年(己未)②	徐瀅修《明皋全集》卷六中題作"與紀曉嵐"（昨於尚使之來……）。
187	紀昀	徐瀅修	1799年(己未)九月二十七日	徐瀅修《明皋全集》卷六中紀昀與徐瀅修書（不揣固陋……）筆者按，此書爲徐瀅修"昨於尚使之來……"的答書。
188	徐瀅修	紀昀	1799年(己未)③	徐瀅修《明皋全集》卷六中題作"與紀曉嵐"（未見而憂……）。
189	紀昀	徐瀅修	1800年(庚申)上元後二日	徐瀅修《明皋全集》卷六中紀昀與徐瀅修書（紀昀頓首敬啓，明皋先生閣下……）筆者按，此書爲徐瀅修"與紀曉嵐'未見而憂……'的答書。

① 書有云："今幸天借其便，奉使朝京。""徐瀅修出使中國是在1799年(己未)。"徐瀅修《明皋全集》卷六，《韓國文集叢刊》第261册，第113頁。

② 信中有云："明當歸國，不知後會何日。"故此書當寫於徐瀅修出使停留北京期間，即1799年(己未)。徐瀅修《明皋全集》卷六，《韓國文集叢刊》第261册，第114頁。

③ 紀昀的答書寫於"庚申上元後二日"，故此書當寫於1799年(己未)。紀昀與徐瀅修的來書當寫於1799年(己未)。徐瀅修《明皋全集》卷六，《韓國文集叢刊》第261册，第116頁。

續表

序號	發信人	收信人	寫信時間	信件名及出處
190	徐瀅修	紀昀	1800年（庚申）①	徐瀅修《明皋全集》卷六中題作"與紀曉嵐"（昀間節使之還……）。
191	紀昀	徐瀅修	1800年（庚申）七月十六日	徐瀅修《明皋全集》卷六中紀昀與徐瀅修書（敬啟，明皋先生閣下：別來日久……）。筆者按，此書爲徐瀅修"與紀曉嵐"春間節使之還……）的答書。
192	徐瀅修	紀昀	1803年（癸亥）②	徐瀅修《明皋全集》卷六中題作"與紀曉嵐"（任歲小車造門……）。

① 此書寫於1800年（庚申），理由如下：此書是上一封書信的答書，兩書信的內容多有呼應之處，如紀書云："朱子書數種皆人家藏板與明刻板，非市中所有。其書一半在江南，一半在福建。江南之書已托驛鹽道魏道晚成懇購求，福建之書已托十府糧道陳觀購求，皆昀門生也。此時尚皆未至，當以次隨得隨寄，必有以報命也。""徐書云："朱子書采訪委折，知應竭心妥辦，早晚東譯袖傳閣下所錄示者，始悉忠之謀之顓末。而魏、陳兩賢皆係門下門生，則其於師門之托，知應竭心妥辦，早晚東出，使瀅修獲免於委命草莽之罪，寄望遙存，寄意鄭重。""春間節使之還，豬華遠存，寄意鄭重。"故推斷此書寫於1800年（庚申）上元節二日。徐書中又有云："春間節使之還……"，徐瀅修《明皋全集》卷六，《韓國文集叢刊》第261冊，《徐瀅修文集叢刊》建安合刻本及全集閣本斷是書寫於1801先生閣下……"，徐瀅修《明皋全集》卷六，《韓國文集叢刊》第261冊，第116頁。紀昀與徐瀅修書（紀昀敬首頓首，敬啟明皋
② 此書有云："辛酉、壬戌貢使之還（辛酉）1801年（辛酉）、1802年（壬戌）後。"李晚秀於1803年（癸亥）以謝恩正使身份出使中國（佚名《使行錄》歌："嘉慶八年七月十一日謝恩使行，正使判中樞李晚秀"），故可推斷此書當作於1803年（癸亥）。徐瀅修《明皋全集》卷六，《韓國文集叢刊》第261冊，第116頁。《燕行錄全集》第27冊，第309頁。

附　錄　　　　　　　　　　　　　　　　　　　　　　　　　　　1035

續表

序號	發信人	收信人	寫信時間	信件名及出處
徐浩修與清文人之間來往書信：徐浩修發信1封，徐浩修受信3封。				
193	徐浩修	李調元	1777年（丁酉）	《粵東皇華集》中徐浩修與李調元書（浩修啓，從人再造門屏……）
194	李調元	徐浩修	1777年（丁酉）	《同文神交》中李調元答徐浩修與李調元書（浩修啓，從人再造門屏……）筆者按，此書爲徐浩修與李調元書（貴幕下柳公來……）的答書。筆者按，《同文神交》所載爲手札，最爲真實。
195	鐵保	徐浩修	1790年（庚戌）	《同文神交》中鐵保與徐浩修書（尚未通候……）
196	鐵保	徐浩修	1790年（庚戌）	《同文神交》中鐵保與徐浩修書（承示渾儀諸書……）
十八世紀其他朝鮮文人與清文人間來往書信：共有7封。				
清文人寫與朝鮮文人書信：4封。				
197	于易簡	朝鮮使團	1763年（癸未）	李憲默《燕行日錄》中于易簡與朝鮮使團國書信（恭聞軒車過境……）。
198	潘庭筠	李廷龜①	1769年（己丑）①	《燕杭詩牘》中題作"答李白石"（城南一別……）。
199	張又齡	李田秀、李晚秀	1784年（甲辰）	李田秀《農隱入瀋記・附錄》中題作"甲辰冬張又齡裕昆答書"（萬泉居士張又齡頓首……）。

①此書中有云："今歲登第與否，總擬南歸。"書中又提及："答俟寅春簡寄耳。"潘庭筠於1769年（己丑）中正榜，1770年（庚寅）爲已丑後一年，故判斷此書寫於1769年（己丑）。

續表

序號	發信人	收信人	寫信時間	信件名及出處
200	龔協	六娥仙史,名字待考	1791年(辛亥)月正二十二日	朴長馣《縞紵集》下,卷二中龔協與六娥仙史硯北……)。
201	尹顯東	魏元樞	1751年(辛未)	魏元樞《與我周旋集·詩》卷二中尹顯東與魏元樞書(昨承款遇……)
202	朴趾源	孫有義	1783年(癸卯)	《燕岩集》卷二《洪德保墓志銘》中朴趾源與孫有義書(乾隆癸卯月日……)
203	金祖淳	張道渥	1808年(丙辰)①	金祖淳《楓臯集》卷一○中題作"與張水屋道渥"(祖淳再拜水屋張水屋先生足下……)。

朝鮮文人寫與清文人書信:3封(其中1封寫於1800年後)。

又,洪大容與清文人間來往書信:共計150封,洪大容發信68封,受信82封(其中1封是與金正行共同受信,與表格中的第55封書信爲同一書信)。此處略,參見本書附錄表9。金祖淳《楓臯集》卷一○,《韓國文集叢刊》第289册,第234頁。

① 此書有云:"己巳春,李進士文哲帶到手書一函。"故可推斷。金祖淳《楓臯集》卷一○,《韓國文集叢刊》第289册,第234頁。

附　錄　　　　　　　　　　　　　　　　　　　　　　　　　　　　1037

表7：洪敬謨與清文人來往書信一覽表

序號	發信者及信件名	收信人	撰寫時間	出處
\multicolumn{5}{l}{洪敬謨與陳廷恩的來往書信}				
\multicolumn{5}{l}{1831年(辛卯)在北京期間洪敬謨與陳廷恩的來往書信}				
1	洪敬謨《謹啓陳登之》(三陽泰回……)	陳廷恩	1831年(辛卯)新正	洪敬謨《耘石山人文選》卷六
2	陳廷恩《洪大人手披》(日前向使……)	洪敬謨	1831年(辛卯)新正十四日	同上
3	洪敬謨《登之足下手啓》(宵回，體事護安……)	陳廷恩	1831年(辛卯)新正	同上
4	陳廷恩《登大人手展》(前接諗宴……)	洪敬謨	1831年(辛卯)正月二十四日	同上
5	洪敬謨《拜啓來可閣清座》(昨拜手滋……)	陳廷恩	1831年(辛卯)	同上
6	陳廷恩《玉河行館妥呈洪大人敬謨合篆手展》(手書再賁……)	洪敬謨	1831年(辛卯)正月二十八日	同上
7	洪敬謨《拜覆登之足下》(來諭訂期於明日……)	陳廷恩	1831年(辛卯)	同上
8	陳廷恩《上洪大人》(頃又得示明日能賜顧……)	洪敬謨	1831年(辛卯)	同上
9	洪敬謨《登之足下手披》(宵回，伏惟條安……)	陳廷恩	1831年(辛卯)	同上
10	陳廷恩《藉呈貴大人手啓》(盧溝之遊樂乎……)	洪敬謨	1831年(辛卯)	同上
11	陳廷恩《洪大人玉展》(前函曾囑……)	洪敬謨	1831年(辛卯)二月初三日	同上

續表

序號	發信者及信件名	收信人	撰寫時間	出處
12	洪敬謨《謹上陳登之》(解褐暢歡……)	陳延恩	1831年(辛卯)	同上
13	陳延恩《妥送高麗館洪大人手展候示》(頃奉瑤陵……)	洪敬謨	1831年(辛卯)二月初七日	同上
14	陳延恩《洪大人即外》(茲有和答數詩……)	洪敬謨	1831年(辛卯)二月初八日	同上
15	洪敬謨《拜覆登之足下》(消盡了此日……)	陳延恩	1831年(辛卯)	同上
別離後,洪敬謨與陳延恩的來往書信				
1	洪敬謨《東還後寄陳登之書》(敬啓登之足下……)	陳延恩	1831年(辛卯)秋七月既望	洪敬謨《耘石山人文選》卷六
2	陳延恩《洪冠岩大雅手啓》(延恩頓首,奉書冠岩足下……)	洪敬謨	1831年(辛卯)秋陽月望日	同上
3	洪敬謨《寄陳登之書》(敬謨頓首,謹啓登之足下……)	陳延恩	1831年(辛卯)十月既望	同上
4	陳延恩《冠岩好友紉藻察》(冠岩足下:墮迹風塵……)	洪敬謨	1832年(壬辰)新正月下浣	同上
5	洪敬謨《陳登之足下手展》(敬謨謹拜,奉書於登之老兄執事……)	陳延恩	1832年(壬辰)陽月初吉	同上
6	陳延恩《奉覆冠岩先生書》(冠岩先生閣下:客春貢使之旋……)	洪敬謨	1833年(癸巳)正月二十七日	同上
7	洪敬謨《奉覆陳登之》(維歲之清和……)	陳延恩	時間不詳	同上

續表

序號	發信者及信件名	收信人	撰寫時間	出處
8	洪敬謨《與松江通判》（前冬冬貢……）	陳廷恩	1834年（甲午）端陽	同上
9	陳廷恩《冠若先生手披》（冠若先生閣下：一別屢年……）	洪敬謨	1834年（甲午）中秋	同上

洪敬謨與陸慶頤的來往書信

1831年（辛卯）在北京期間洪敬謨與陸慶頤的來往書信

序號	發信者及信件名	收信人	撰寫時間	出處
1	洪敬謨《與陸菊人》（昨日之會……）	陸慶頤	1831年（辛卯）	洪敬謨《耘石山人文選》卷六
2	陸慶頤《冠若先生展閱》（冠若先生閣下：頤閲啓口爲肇……）	洪敬謨	1831年（辛卯）	同上
3	陸慶頤《洪大人冠若道案升啓》（前既多儀……）	洪敬謨	1831年（辛卯）正月二十八日	同上
4	洪敬謨《拜啓菊人旅邸》（承兹手教……）	陸慶頤	1831年（辛卯）	同上
5	洪敬謨《拜啓菊人足下》（與足下托契……）	陸慶頤	1831年（辛卯）	同上
6	陸慶頤《洪大人手展》（冠若閣下：昨奉手書……）	洪敬謨	1831年（辛卯）	同上

別離後，洪敬謨與陸慶頤的來往書信

序號	發信者及信件名	收信人	撰寫時間	出處
1	洪敬謨《東還後寄陸菊人書》（我居東海之濱……）	陸慶頤	1831年（辛卯）七月既望	洪敬謨《耘石山人文選》卷六

續表

序號	發信者及來信件名	收信人	撰寫時間	出處
2	洪敬謨《拜呈陸人旅邸》（敬謨謹啟菊人足下……）	陸慶頤	1831年(辛卯)十月既望	同上
3	陸慶頤《冠岩洪先生惠展》（慶頤敬啓冠岩閤下……）	洪敬謨	1832年(壬辰)正月下澣	同上

洪敬謨與齊治平的來往書信

| 1 | 洪敬謨《寄齊治平》（昔我往矣……） | 齊治平 | 時間不詳 | 洪敬謨《耘石山人文選》卷六 |
| 2 | 齊治平《上洪大人》（客歲一晤……） | 洪敬謨 | 1832年(壬辰) | 同上 |

洪敬謨與釋海觀的來往書信

1	洪敬謨《寄信竹園大師海觀》（如是我聞師之名久矣……）	竹園大師海觀	1831年(辛卯)	洪敬謨《耘石山人文選》卷六
2	竹園大師海觀《冠岩大人台啓》（素昧平生……）	洪敬謨	1831年(辛卯)	同上
3	洪敬謨《寄呈竹園大師》（頃奉手滋……）	竹園大師海觀	1831年(辛卯)	同上
4	竹園大師海觀《冠岩大人台展》（風清言霽……）	洪敬謨	1831年(辛卯)	同上

1834年(甲午)北京朝間洪敬謨與葉志詵的來往書信

| 1 | 洪敬謨《葉東卿先生王展》（敬謨拜書於東卿先生……） | 葉志詵 | 1834年(甲午) | 洪敬謨《耘石山人文選》卷五 |

附　錄　　　　　　　　　　　　　　　　　　　　　　　　　　　　　　1041

續表

序號	發信者及信件名	收信人	撰寫時間	出處
2	葉志詵《洪先生安啓》（接展瑤箋……）	洪敬謨	1834年（甲午）	同上
3	洪敬謨《藉呈平安館》（昔我來思……）	葉志詵	1834年（甲午）	同上
4	葉志詵《洪先生啓》（奉到手箋……）	洪敬謨	1834年（甲午）	同上
5	洪敬謨《奉覆東卿足下》（方自海甸……）	葉志詵	1834年（甲午）	同上
6	葉志詵《洪耘石先生書》（耘石先生閣下：廿九假館……）	洪敬謨	1834年（甲午）	同上
7	洪敬謨《東卿足下手啓》（昨日，尊紀在門……）	葉志詵	1834年（甲午）	同上
8	葉志詵《耘石先生書》（惠賜雅翕……）	洪敬謨	1834年（甲午）	同上
別離後洪敬謨與葉志詵的來往書信				
1	洪敬謨《平安館收啓》（一出都門……）	葉志詵	1834年（甲午）十月望日	洪敬謨《耘石山人文選》卷五
2	葉志詵《冠岩先生啓》《冠岩先生足下：奉到手箋……》	洪敬謨	1835年（乙未）正月二十日	同上
3	洪敬謨《藉呈平安館》（前接芝字……）	葉志詵	1835年（乙未）十月之望	同上
4	葉志詵《冠岩先生安啓》（握別芝儀……）	洪敬謨	時間不詳	同上

續表

序號	發信者及信件名	收信人	撰寫時間	出處
	洪敬謨與陳鐘光來往尺牘			
	1834年(甲午)在北京期間洪敬謨與陳鐘光的來往書信			
1	洪敬謨《玉士陳先生手啓》(敬謨再啓玉士足下……)	陳鐘光	1834年(甲午)清和節	洪敬謨《耘石山人文選》卷五
2	洪敬謨《玉士陳先生惠展》(日前拜候……)	陳鐘光	1834年(甲午)	同上
3	陳鐘光《藉呈冠岩先生賜啓》(手簡……)	洪敬謨	1834年(甲午)	同上
4	洪敬謨《玉士文右》(伻還……)	陳鐘光	1834年(甲午)	同上
5	陳鐘光《冠岩先生啓》(接札,具悉晤言在即……)	洪敬謨	1834年(甲午)	同上
6	洪敬謨《玉士足下手展》(日昨咻話……)	陳鐘光	1834年(甲午)	同上
7	陳鐘光《冠岩先生惠展》(前曰,得接清譚……)	洪敬謨	1834年(甲午)四月十九日	同上
8	洪敬謨《玉士先生啓》(頃示廿七日訂期……)	陳鐘光	1834年(甲午)	同上
9	陳鐘光《冠岩先生》(寄呈之件……)	洪敬謨	1834年(甲午)	同上
10	洪敬謨《玉士先生惠覽》(頃以初三爲訂期……)	陳鐘光	1834年(甲午)	同上
11	洪敬謨《書紀行詩後奉贈玉士》(僕之訂交於玉士足下……)	陳鐘光	1834年(甲午)	同上

續表

序號	發信者及信件名	收信人	撰寫時間	出處
12	陳璀光《藉呈洪大人惠展》（伻來，蒙以耳溪公遺集……）	洪敬謨	1834年（甲午）五月朔日	同上
13	洪敬謨《玉土足下文几》（昨奉芝函……）	陳璀光	1834年（甲午）	同上
14	陳璀光《藉呈洪大人台升》（日來，捧讀大著……）	洪敬謨	1834年（甲午）五月朔三日	同上
15	洪敬謨《玉土先生手展》（節屆天中，誕膺鴻禧……）	陳璀光	1834年（甲午）	同上
別離後洪敬謨與陳璀光的來往書信				
1	洪敬謨《與陳玉》（兼葭蒼蒼，白露爲霜……）	陳璀光	1834年（甲午）初秋	洪敬謨《耘石山人文選》卷五
2	陳璀光《與冠若先生惠展》（冠若先生閣下：自君行後……）	洪敬謨	1834年（甲午）十月初七日	同上
3	洪敬謨《與陳玉》（初秋憲書……）	陳璀光	1834年（甲午）十月望日	同上
4	陳璀光《伏復洪冠若先生惠展》（去冬奉寄一緘……）	洪敬謨	1835年（乙未）正月十二日	同上
5	洪敬謨《玉土足下惠覽》（昨冬貢使伴春而還，獲奉書函……）	陳璀光	1835年（乙未）十月之望	同上
6	陳璀光《冠若先生賜鑑》（人日奉到惠書……）	洪敬謨	1836年（丙申）上元前夕	同上
洪敬謨與陳蘭期間的來往書信				
1834年（甲午）在北京期間洪敬謨與陳蘭的來往書信				
1	洪敬謨《與陳大雅》（兩造畫屏……）	陳蘭	1834年（甲午）	洪敬謨《耘石山人文選》卷五

續表

序號	發信者及信件名	收信人	撰寫時間	出處
2	陳蘭疇《藉呈洪大人賜啓》(奉教並蒙多珍……)	洪敬謨	1834年(甲午)	同上
別離後洪敬謨與陳蘭疇的來往書信					
1	洪敬謨《陳伯藝足下玉展》(僕之遊於足下之門者已有年所……)	陳蘭疇	1835年(乙未)陽月之望	洪敬謨《耘石山人文選》卷五
2	陳蘭疇《冠岩尊丈大人台啓》(冠岩尊丈執事。憂者使節之臨……)	洪敬謨	時間不詳	同上
洪敬謨與帥方蔚的來往書信					
1834年(甲午)在北京期間洪敬謨與帥方蔚的來往書信					
1	洪敬謨《石村御史惠啓》(僕海外遠人也……)	帥方蔚	1834年(甲午)	洪敬謨《耘石山人文選》卷五
2	帥方蔚《洪冠岩樞密足下台展》(手敎至……)	洪敬謨	1834年(甲午)五月二日	同上
3	帥方蔚《冠岩先生拜展》(洪冠岩昨遣伴來……)	洪敬謨	1834年(甲午)五月初四日	同上
4	帥方蔚《冠岩樞密足下惠展》(日來匆匆……)	洪敬謨	1834年(甲午)	同上
5	洪敬謨《奉謝石村御史》(蒭甫天中,百祿是臻……)	帥方蔚	1834年(甲午)五月初四日	同上
6	帥方蔚《洪冠岩樞密玉展》(辱惠臨帖……)	洪敬謨	1834年(甲午)五月初六日	同上

續表

序號	發信者及信件名	收信人	撰寫時間	出處
別離後洪敬謨與帥方蔚的來往書信				
1	洪敬謨《帥石村御史收啓》(矍人都下……)	帥方蔚	1834年(甲午)十月望日	洪敬謨《耘石山人文選》卷五
2	洪敬謨《帥御史手啓》(一席承誨……)	帥方蔚	1835年(乙未)十月既望	同上
3	帥方蔚《洪冠若櫺手啓》(都門一别……)	洪敬謨	1835年(乙未)新正二十二日	同上
4	帥方蔚《洪冠若櫺密足下》(昨正接展惠書……)	洪敬謨	1836年(丙申)正月八日	同上
5	洪敬謨《石村御史收覽》(維暮之春……)	帥方蔚	1836年(丙申)陽月之吉	洪敬謨《冠若山房新編耘石外史續編》卷五
6	洪敬謨《石村御史收覽》(前歲槎行……)	帥方蔚	1837年(丁酉)十月之望	同上
7	帥方蔚《洪冠若櫺手啓》(冠若櫺密足下……)	洪敬謨	1838年(戊戌)正月二十日	同上
洪敬謨與卓秉恬的來往書信				
1834年(甲午)在北京期間洪敬謨與卓秉恬的來往書信				
1	洪敬謨《海帆先生惠展》《敬謨謹拜啓海帆先生閣下……》	卓秉恬	1834年(甲午)	洪敬謨《冠若山房新編耘石外史續編》卷五

续表

序號	發信者及信件名	收信人	撰寫時間	出處
2	洪敬謨《海帆先生手啓》(敬謨拜啓海帆先生……)	卓秉恬	1834年(甲午)	洪敬謨《耘石山人文選》卷五
3	卓秉恬《洪冠岩先生展》(冠岩先生閣下：日前握晤……)	洪敬謨	1834年(甲午)	同上
4	洪敬謨《海帆先生惠展》(海左偏邦之人……)	卓秉恬	1834年(甲午)	同上
5	卓秉恬《洪冠岩先生展》(來示領悉……)	洪敬謨	1834年(甲午)	同上
別離後洪敬謨與卓秉恬的來往書信				
1	洪敬謨《東還後與海帆》(兩中出山郡……)	卓秉恬	1834年(甲午)十月望日	洪敬謨《耘石山人文選》卷五
2	洪敬謨《海帆手啓》(前冬賁行……)	卓秉恬	1835年(乙未)孟冬之既望	同上
洪敬謨與卓秉愷的來往書信				
1834年(甲午)在北京期間洪敬謨與卓秉愷的來往書信				
1	卓秉愷《藉呈洪冠岩先生》(前歲經山橋梓……)	洪敬謨	1834年(甲午)	洪敬謨《耘石山人文選》卷五
2	洪敬謨《笋山足下手啓》(昨者拜書……)	卓秉愷	1834年(甲午)	同上
3	卓秉愷《洪先生惠啓》(清晨誦謠陞……)	洪敬謨	1834年(甲午)	同上
4	洪敬謨《藉覆笋山足下》(一切請緣……)	卓秉愷	1834年(甲午)	同上

续表

序号	发信者及信件名	收信人	撰写时间	出处
5	卓秉恬《冠岩先生收啓》(金秋洗筆……)	洪敬谟	1834年(甲午)	同上
6	洪敬谟《笋山足下惠覽》(顷者,剑桥之造门……)	卓秉恬	1834年(甲午)	同上
7	卓秉恬,卓檩《冠岩先生收啓》(冠岩先生閣下:頃誦琅函……)	洪敬谟	1834年(甲午)	同上
别离后洪敬谟与卓秉恬的来往书信
1	洪敬谟《东还后与笋山》(别后,裘葛又换……)	卓秉恬	1834年(甲午)十月望日	洪敬谟《耘石山人文选》卷五
2	洪敬谟《笋山奉候》(闭户荒庐……)	卓秉恬	1835年(乙未)十月既望	同上
3	卓秉恬《藉呈洪冠岩先生惠展》(新正入日,接诵琅函……)	洪敬谟	1836年(丙申)正月二十一日	同上
洪敬谟与卓研侯、卓檩的来往书信
1	洪敬谟《研侯赐覽》(僕於年来……)	卓研侯①	1835年(乙未)十月既望	洪敬谟《耘石山人文选》卷五
2	洪敬谟《鹤溪玉展》(一遇一别……)	卓檩②	1835年(乙未)十月既望	同上

① 研侯全名为卓研侯,其《题洪冠岩〈岩栖志〉》文末署"卓研侯书於话雨楼"。《冠岩游史》卷首。
② 鹤溪是卓檩《谨书洪冠岩〈岩栖志〉奉别》诗後署"鹤溪卓檩题於京师"。《冠岩游史》卷首。

續表

序號	發信者及信件名	收信人	撰寫時間	出處
洪敬謨與吉勒通阿的來往書信				
1	洪敬謨《寄吉勒通阿》(昨於郊外……)	吉勒通阿	1831年(辛卯)五月	洪敬謨《冠岩山房新編耘石外史》卷一一
2	吉勒通阿《朝鮮洪大人玉啓》(山川景物……)	洪敬謨	1831年(辛卯)	同上
洪敬謨與紀樹蕤的來往書信				
1830年(庚寅)洪敬謨停留北京期間與紀樹蕤的來往書信				
1	洪敬謨《與紀茂林(樹蕤)書》(敬謨先王考耳溪公……)	紀樹蕤	1830年(庚寅)①	洪敬謨《冠岩全書》卷一一
2	紀樹蕤《上覆冠岩世兄》(頃奉手示……)	洪敬謨	1830年(庚寅)	同上
3	洪敬謨《茂林世兄手啓》(三陽泰回,伏惟百祿駢臻……)	紀樹蕤	1831年(辛卯)新正	同上
4	紀樹蕤《冠岩世兄手啓》(斗柄回寅……)	洪敬謨	1831年(辛卯)	同上
5	洪敬謨《茂林世兄手展》(夜回,兄體伏惟護安……)	紀樹蕤	1831年(辛卯)	同上

① 信中有云:"今辛以年貢副使,昨纔入都。"而洪敬謨於1830年(庚寅)十月,以謝恩兼冬至副使的身份出使中國,故此書信寫於是年。

续表

序號	發信者及信件名	收信人	撰寫時間	出處
6	紀樹蕤《冠岩世兄閣下》(頃奉華翰……)	洪敬謨	1831年(辛卯)	同上
7	洪敬謨《敬上茂林足下》(節屆上元……)	紀樹蕤	1831年(辛卯)	同上
8	紀樹蕤《洪冠岩世兄覆書》(世弟蕤頓覆冠岩世兄閣下……)	洪敬謨	1831年(辛卯)上元日	同上
9	紀樹蕤《冠岩世兄手展》(日昨,承兄枉顧……)	洪敬謨	1831年(辛卯)上元後三日	同上
10	洪敬謨《復啓茂林足下》(昨人書肆……)	紀樹蕤	1831年(辛卯)	同上
11	洪敬謨《謹上茂林世兄》(昨已證約……)	紀樹蕤	1831年(辛卯)	同上
12	紀樹蕤《冠岩世兄即覽》(接示,知閣下……)	洪敬謨	1831年(辛卯)	同上
13	紀樹蕤《冠岩世兄閣下》(世弟蕤頓首、謹啓冠岩仁兄閣下……)	洪敬謨	1831年(辛卯)	同上
14	洪敬謨《拜覆茂林世兄》(日來,世兄體事勝安否……)	紀樹蕤	1831年(辛卯)	同上
15	紀樹蕤《冠岩世兄如晤》(頃讀世兄廣和之什……)	洪敬謨	1831年(辛卯)	同上
1830年(庚寅)洪敬謨歸國後與紀樹蕤的來往書信				
1	洪敬謨《東還後與紀茂林書》(敬謨白世兄茂林足下……)	紀樹蕤	1831年(辛卯)初秋	洪敬謨《冠岩全書》卷一

續表

序號	發信者及信件名	收信人	撰寫時間	出處
2	紀樹蕤《洪冠岩世兄覆書》(都門傾蓋……)	洪敬謨	1831年(辛卯)年末①	同上
3	洪敬謨《茂林世兄手展》(敬謨謹啓世兄茂林足下……)	紀樹蕤	1831年(辛卯)陽月	同上
4	紀樹蕤《冠岩、陶厓仁兄同啓》(世弟紀樹蕤謹啓冠岩、陶厓兩仁兄足下……)	洪敬謨 洪錫謨	1832年(壬辰)立春後十日	同上
5	洪敬謨《紀茂林世兄手啓》(冬春兩价……)	紀樹蕤	1832年(壬辰)陽月初吉	同上
6	紀樹蕤《冠岩世兄手啓》(壬辰嘉平念[廿七日……)	洪敬謨	1832年(壬辰)春②	同上
7	洪敬謨《奉覆紀茂林》(夏初貢行之還……)	紀樹蕤	1833年(癸巳)陽月	同上
8	紀樹蕤《謹覆冠岩世兄》(世弟紀樹蕤頓啓冠岩世兄足下：上元後一日……)	洪敬謨	1834年(甲午)上元後	同上
1834年(甲午)洪敬謨停留北京期間與紀樹蕤的來往書信				
1	洪敬謨《拜啓茂林世兄》(茂林世兄敬啓於本年正月……)	紀樹蕤	1834年(甲午)四月	洪敬謨《耘石山人文選》卷六
2	紀樹蕤《謹覆冠岩世兄》(世弟紀樹蕤頓啓冠岩世兄足下：憶自辛卯新春……)	洪敬謨	1834年(甲午)	同上

① 是書中紀樹蕤有云："九月下旬接奉手書。"故推斷是書寫於1831年(辛卯)年末。
② 信中有云："料峭新寒，春風多厲害。"

附　錄　　　　　　　　　　　　　　　　　　　　　　　　　　　　1051

續表

序號	發信者及信件名	收信人	撰寫時間	出處
3	洪敬謨《又啓》(日昨,尚書果已感覽……)	紀樹蓁	1834年(甲午)	同上
4	紀樹蓁《謹覆冠岩世兄》(再啓者:昨弟尚遣伻到館……)	洪敬謨	1834年(甲午)四月十四日	同上
5	洪敬謨《拜覆茂林世兄》(伻回,伏奉兩函惠覆……)	紀樹蓁	1834年(甲午)	同上
6	紀樹蓁《謹覆冠岩世兄》(頃該手示……)	洪敬謨	1834年(甲午)四月十五日	同上
7	洪敬謨《上茂林世兄》(人都已至一望……)	紀樹蓁	1834年(甲午)四月二十一日	同上
8	紀樹蓁《謹覆冠岩世兄》(適承手翰……)	洪敬謨	1834年(甲午)四月二十一日	同上
9	洪敬謨《謹啓茂林世兄》(昨午暢歡……)	紀樹蓁	1834年(甲午)	同上
10	紀樹蓁《謹覆冠岩世兄》(書簡一小隔……)	洪敬謨	1834年(甲午)	同上
11	洪敬謨《拜上茂林世兄》(節回天中……)	紀樹蓁	1834年(甲午)	同上
12	紀樹蓁《謹覆冠岩世兄》(弟連日感受風寒……)	洪敬謨	1834年(甲午)	同上
13	洪敬謨《茂林世兄手展》(茂林世兄:弟將歸矣……)	紀樹蓁	1834年(甲午)	同上
14	紀樹蓁《謹覆冠岩世兄》(冠岩世兄閣下:弟感受風寒……)	洪敬謨	1834年(甲午)	同上
1834年(甲午)洪敬謨歸國後與紀樹蓁的來往書信				
1	洪敬謨歸國後奉寄茂林世兄》(世ólóg之復人都門……)	紀樹蓁	1834年(甲午)十月十五日	洪敬謨《耘石山人文選》卷六

續表

序號	發信者及信件名	收信人	撰寫時間	出處
2	紀樹蕤《冠岩世兄台展》(世弟紀樹蕤頓首,啓冠岩仁兄足下:客歲四月……)	洪敬謨	1835年(乙未)上元後一日	同上
3	洪敬謨《茂林世兄手展》(今春使者之回……)	紀樹蕤	1835年(乙未)十月十六日	同上
4	紀樹蕤《洪冠岩世兄覆書》(都門判袂……)	洪敬謨	1836年(丙申)上元前一日	同上
5	洪敬謨《茂林世兄玉展》(世弟敬謨拜啓茂林仁兄足下……)	紀樹蕤	1836年(丙申)十月一日	洪敬謨《冠岩山房新編》卷五石外史續編
6	紀樹蕤《洪冠岩世兄收覽》(世弟樹蕤頓首,謹啓冠岩仁兄座右……)	洪敬謨	1837年(丁酉)上元後三日	同上
7	洪敬謨《奉寄紀茂林》(茂林世兄足下:弟之出塞……)	紀樹蕤	1837年(丁酉)	同上
8	紀樹蕤《洪冠岩仁兄閣下》(新正入日,接奉手翰……)	洪敬謨	1838年(戊戌)新正二十八日	同上
9	洪敬謨《與紀茂林》(本年季春之晦……)	紀樹蕤	1838年(戊戌)	同上
10	紀樹蕤《洪冠岩世兄覆書》(世弟紀樹蕤謹覆冠岩仁兄閣下……)	洪敬謨	1839年(己亥)新正二十四日	同上
11	洪敬謨《與紀茂林》(春間拜覆之後……)	紀樹蕤	1839年(己亥)	同上
12	紀樹蕤《冠岩仁兄拜覆》(己亥嘉平廿七日……)	洪敬謨	1840年(庚子)初春	同上
13	洪敬謨《奉寄茂林》(叢於季春之晦……)	紀樹蕤	1840年(庚子)	同上

附錄　　　　　　　　　　　　　　　　　　　　　　　　　　　　　　　1053

續表

序號	發信者及信件名	收信人	撰寫時間	出處
14	紀樹蕤《冠岩仁兄拜覆》（答歲嘉平廿二日……）	洪敬謨	1841年（辛丑）	同上
15	洪敬謨《拜覆紀茂林》（季春廿日……）	紀樹蕤	1841年（辛丑）	同上
16	紀樹蕤《冠岩世兄展》（世悤弟蕤頓啓冠岩仁兄閣下：新正下旬……）	洪敬謨	1841年（辛丑）孟夏	同上
17	洪敬謨《與紀茂林》（流夏之月……）	紀樹蕤	1841年（辛丑）	同上
18	紀樹蕤《冠岩仁兄覆書》（自達薰範……）	洪敬謨	1842年（壬寅）新正二十三日	同上
19	洪敬謨《冠岩寄書》（魚雁久沉……）	紀樹蕤	1842年（壬寅）十月①	同上
20	紀樹蕤《冠岩仁兄啓》（夙切神交……）	洪敬謨	1843年（癸卯）②	同上
21	洪敬謨《與紀茂林》（聲馨久斷……）	紀樹蕤	約1848年（戊申）	洪敬謨《叢史》卷八
22	洪敬謨《與紀茂林》（貢使伴春而還……）	紀樹蕤	1849年（己酉）③	同上

①洪敬謨此信中有云："昨歲是月，薰谷是月奄捐館舍。"洪錫謨《先考吏曹判書府君墓志》載薰谷洪羲俊去世時間有云："辛丑十月二十四日，考終壽八十一，十二月二十日，葬於忠清道。"洪錫謨《陶厓集》卷八。故可知洪敬謨此信寫於1841年（辛丑）的下一年，即1842年（壬寅）十月。

②洪敬謨此信中有云："上元後三日，獲讀踰函。"又有云："惟是令叔薰谷公冬驟捐館舍。"且此書是上封書的答書，故由此推斷是書寫於1843年（癸卯）。

③其書中有云："皇天不吊，我家奄遭大喪，驚號哀冤祇切無祿之恨。因封漸近，不以耆老而廢務，奔走於執綁之役。"1849年（己酉），朝鮮憲宗去世，哲宗繼位。由此，可知是書寫於1849年（己酉）。

表 8：洪羲俊與紀樹蕤來往書信一覽表

序號	發信人與信件名	收信人	撰寫時間	出處
第一組	洪羲俊《與紀茂林樹蕤書（丁亥）》（入都以後……）	紀樹蕤	1827年（丁亥）	洪羲俊《傳舊》卷六
	紀林答書（頃閣下遣伻到舍……）	洪羲俊	1827年（丁亥）	同上
第二組	洪羲俊《與紀茂林樹蕤書（丁亥）》（羲俊頓首，致書茂林世友足下：別來半載……）	紀樹蕤	1827年（丁亥）八月間①	同上
	紀茂林樹蕤答書（薰谷世叔大人座右：答歲……戊子新正廿四日紀樹蕤頓首覆書……）	洪羲俊	1828年（戊子）新正二十四日	同上
第三組	洪羲俊《寄紀茂林樹蕤書（戊子）》（羲俊頓首，奉書茂林世友足下……）	紀樹蕤	1828年（戊子）	同上
	紀茂林樹蕤答書（薰谷世叔大人閣下：京華把袂……愚侄紀樹蕤伏枕頓首。謹啟。戊子七月望日。……）	洪羲俊	1828年（戊子）七月望日	同上
第四組	洪羲俊《答紀茂林樹蕤書（青陽布澤……己丑新正望日，世愚侄紀樹蕤謹啟。）	紀樹蕤	1828年（戊子）冬季	《傳》卷五
	紀茂林樹蕤答書（青陽布澤……己丑新正望日，世愚侄紀樹蕤謹啟。）	洪羲俊	1829年（己丑）新正望日	同上

① 洪羲俊此次燕行離開北京是在1827年（丁亥）二月初四日。洪錫謨《遊燕稿》載詩《（二月）初四日，自皇城離發》。書中有云"別來半載"，故此書寫於1827年（丁亥）八月間。《燕行錄續集》第129冊，第182頁。

附　錄　　　　1055

續表

序號	發信人與信件名	收信人	撰寫時間	出處
第五組	洪羲俊《與紀樹蓀書(庚寅)》(羲俊頓首,致書林世友足下:海山悠邈……)	紀樹蓀	1830年(庚寅)九月間①	同上
	紀樹蓀《林樹蓀答書(辛卯)》(世愚侄紀樹蓀頓首,謹啓薰合世叔大人閣下:丁亥春……辛卯新正世愚侄紀樹蓀謹啓。)	洪羲俊	1831年(辛卯)	同上
第六組	洪羲俊《寄紀樹蓀書(辛卯)》(季春,家侄副价回便……)	紀樹蓀	1831年(辛卯)	同上
第七組	洪羲俊《與紀樹蓀答書(乙未)》(紀茂林世友足下啓:流光迅邁……)	紀樹蓀	1835年(乙未)②	同上
	紀茂林樹蓀答書(丙申)(薰合世叔大人座右:丙申新正四日……)	洪羲俊	1836年(丙申)	同上

① 此書中有云:"從子今以副价執玉入都。"洪羲俊以副使的身份出使中國是在1830年(庚寅)十月。佚名《使行錄》載:"道光十年十月三十日,謝恩兼冬至使行:正使判中樞徐俊輔,副使曹判書洪敬謨。"道光十年即1830年(庚寅)。《燕行錄全集》第27册,第328頁。

② 此書中有云:"昨冬奄遭國恤。家門不幸,今夏老至奄逝,公私之慟無以堪。"《純祖實錄》卷三四載:三十四年十一月十三日,"亥時,上升遐於慶熙宮之會祥殿"。信中云純祖駕崩時間爲昨冬,故此書信寫於1835年(乙未)。

續表

序號	發信人與信件名	收信人	撰寫時間	出處
第八組	洪羲俊《與紀茂林樹薌書（丙申）》（羲俊頓首，致書茂林世友足下：任春使回……）	紀樹薌	1836年（丙申）①	同上
	紀茂林樹薌答書（世愚姪紀樹薌謹啓，薰合世叔大人閣下：丙申嘉平念[廿]七日……丁酉上元後三日，茂林世姪樹薌頓首……	洪羲俊	1837年（丁酉）上元後三日	同上
第九組	洪羲俊《與紀茂林樹薌書（丁酉）》（羲俊頓首，致書茂林足下：節使回便……	紀樹薌	1837年（丁酉）	同上
	紀茂林樹薌答書（羲俊頓首，謹啓薰合世叔大人閣下：六月望後二日……丁酉夏，世愚姪紀樹薌頓首謹啓。）	洪羲俊	1837年（丁酉）夏	同上
第十組	洪羲俊《與紀茂林樹薌書（戊戌）》（羲俊頓首，致書茂林足下：昨年回便……節屆孟冬，霜雪飄零……	紀樹薌	1838年（戊戌）冬	同上
	紀樹薌《答紀大人閣下：新正廿二日……》（世姪紀樹薌謹啓薰合世叔大人閣下：新正廿二日……	洪羲俊	1839年（己亥）	同上

① 紀樹薌答書的時間寫於1837年（丁酉）上元後三日，答書中又有云"丙申嘉平念[廿]七日，接奉瑤函"，故推斷洪羲俊這封書信寫於1836年（丙申）。

附　錄

表 9：洪大容與清人來往書信一覽表

表一：洪大容出使中國期間與清文人的來往書信

序號	撰寫人	收信人	時間	書信內容概況	書信來源
1	洪大容	嚴誠、潘庭筠	1766年（丙戌）二月初五日	表明"友中國之人而論中國之事"的宿願，慶幸得逢嚴、潘二人。記己至"愛吾廬"及周圍八景的梗概，請嚴、潘為此寫記文及八景詩。	《乾净衕筆談》①中洪大容與嚴誠、潘庭筠書（夜來僉寓況萬相……）、《乾净筆譚》②中洪大容與嚴誠、潘庭筠（夜來僉寓況萬相……） 筆者按，兩處書信個別字句有異。
2	嚴誠	洪大容	1766年（丙戌）二月初五日	答書。對洪大容表達的傾蓋如舊的真情表示感激。	《乾净衕筆談》中嚴誠與洪大容書（跪誦手教……）、《乾净筆譚》中嚴誠與洪大容譚（跪誦手教……）、朱文藻編《日下題襟集·洪大容鐵橋答湛軒書》（跪誦手教……）。 筆者按，三處書信個別字句有異。

---

① 參見洪大容《湛軒書·外集》卷二《乾净衕筆談》、《韓國文集叢刊》第 248 册。
② 參見《燕行錄全集》第 43 册。

續表

序號	撰寫人	收信人	時間	書信內容概況	書信來源
3	潘庭筠	洪大容	1766年（丙戌）二月初五日	答書。表達對洪大容的傾慕之情以及不能朝夕相處的遺憾。	《乾淨衕筆談》中潘庭筠與洪大容書（庭筠再拜湛軒學長兄先生足下：筠昨歸……）、《乾淨衕筆譚》中潘庭筠與洪大容書（庭筠昨歸拜湛軒學長兄先生足下：筠昨歸……）、藤塚鄰鈔校《燕杭詩牘》中題作"與湛軒書"（庭筠再拜湛軒學長兄先生足下：筠昨歸……）所載，形式上更顯完整。筆者按，三處書個別字句有異。

以上爲第一組書信

| 4 | 洪大容 | 嚴誠、潘庭筠 | 1766年（丙戌）二月初六日 | 表明自己交友是出於"文修補益之義"，而非"出於一時情愛之感"，對自己的交友行爲可能會撓撓嚴、潘二人而抱歉意。 | 《乾淨衕筆談》中洪大容與嚴誠、潘庭筠書（昨承筆音，深感眷愛……）、《乾淨筆譚》中洪大容與嚴誠、潘庭筠書（昨承筆音，深感眷愛……）、《日下題襟集·夜迴鐵橋秋庡》中題作"與鐵橋、秋庡書·洪高士"（昨承筆音，深感眷愛……）。筆者按，三處書個別字句有異。 |
| 5 | 嚴誠 | 洪大容 | 1766年（丙戌）二月初六日 | 答書。再次表達自己、潘庭筠二人結交洪大容的欣喜和即將別離的傷楚。 | 《乾淨衕筆談》中嚴誠與洪大容書（捧讀手教……）、《乾淨筆譚》中嚴誠與洪大容書（捧讀手教……）、《日下題襟集·洪高士中題作"鐵橋答湛軒書"（捧讀手教……）。筆者按，三處書個別字句有異。 |

以上爲第二組書信

附錄

續表

序號	撰寫人	收信人	時間	書信內容概況	書信來源
6	嚴誠	洪大容	1766年（丙戌）二月初七日	以簡要語言贊美洪大容"行誼篤摯"，"訓辭深厚"，並贈詩一首，表達離別之愛情。	《乾净衕筆談》中嚴誠與洪大容書（别後近況奚似……）、《乾净筆譚》中嚴誠與洪大容書（别後近況奚似……）、《日下題襟集》中題作"鐵橋答湛軒書"（别後近況奚似……）。筆者按：《日下題襟集》所載闕嚴誠附寄贈的詩歌。三處書信別字句有異。
7	潘庭筠	洪大容	1766年（丙戌）二月初七日	書中說明因洪大容好古，且《漢隸字源》在中國不易購得，故贈此書與他，並贈詩一首，表達離別之情。	《乾净衕筆談》中潘庭筠與洪大容書（客邸都無長物……）、《乾净筆譚》中潘庭筠與洪大容書（客邸都無長物……）筆者按：兩處書，内容相同。
8	洪大容	嚴誠、潘庭筠	1766年（丙戌）二月初七日	答書。洪大容對嚴、潘二人的贈物、贈詩表示感謝，並告知明日將去拜訪他們。	《乾净衕筆談》中洪大容與嚴誠、潘庭筠書（承拜兩兄手翰……）、《乾净筆譚》中洪大容與嚴誠、潘庭筠書（承拜兩兄手翰……）筆者按：《乾净衕筆譚》所載此書內容更爲詳細。

以上爲第三組書信

续表

序號	撰寫人	收信人	時間	書信內容概況	書信來源
9	洪大容	嚴誠、潘庭筠	1766年（丙戌）二月初九日	寫自己與嚴、潘二人在"萬里湊合，披瀝心腹，數日從遊"後的懷想之苦，並請嚴、潘二人為他刻寫印石。	《乾净衕筆談》中洪大容與嚴誠、潘庭筠書（夜來僉起居珍悠……）,《乾净筆譚》中洪大容與嚴誠、潘庭筠書（夜來僉起居珍悠……）,《日下題襟集·洪高士·洪大容頃首白：夜來僉兄與鐵橋、秋庫"（大容頃首白：夜來僉兄與鐵橋、秋庫"……）。筆者按，《日下題襟集》所載此書内容更爲詳細。
10	嚴誠	洪大容	1766年（丙戌）二月初九日	答書。此書四十餘字，告訴洪大容自己因有外擾，不及縷陳懷抱，並交代自己深爲洪大容的來書内容而感動。	《乾净衕筆談》中嚴誠與洪大容書（讀來翰……）,《乾净筆譚》中嚴誠與洪大容翰（讀來翰……），《日下題襟集·洪高士》中題作"鐵橋答湛軒書"（讀來翰……）。筆者按，三處書，内容同。
11	潘庭筠	洪大容	1766年（丙戌）二月初十日	答書。就自己昨天未回復信件，說明原因，並告知洪大容自己這幾天俗務纏身。	《乾净筆譚》中潘庭筠與洪大容書（日昨書來……）

以上爲第四組書信

續表

序號	撰寫人	收信人	時間	書信內容概況	書信來源
12	洪大容	嚴誠、潘庭筠	1766年(丙戌)二月初十日	詳細地表述了自己對朱子《詩》注、《詩小序》及其陽明事的看法,並附上金元行《論性書》。	《日下題襟集·洪湛軒·嚴鐵橋、秋庫》中題作"與鐵橋……",《乾净衝筆譚(鐵橋、潘庭筠兄所言《小序》云云……)",《乾净筆譚(鐵橋兄所言《小序》云云……)",乾净書(鐵橋、潘庭筠書《日下題襟集·洪高士·兩封書寫同一封完整的書信,但乾净衝筆譚》和《乾净筆譚》中的信件內容大體相同。三處信件的內容大體相同。筆者按,《乾净筆譚》中的信件閥附金元行《論性書》。前兩處所載書信內容不及《日下題襟集》所載詳細。
13	嚴誠	洪大容	1766年(丙戌)二月初十日	答書①。此書七十餘字,告知洪大容因有客在寓,自己不便詳細回信,希望洪大容諒解。	《乾净筆譚》中嚴誠與洪大容論已悉……",《日下題襟集·洪高士》中題作"來論書"……)"鐵橋答湛軒書",內容已悉……筆者按,兩處書,內容相同。

以上爲第五組書信

① 按,此書當爲上面書信之嚴誠的答書,理由有二,此信中云:"一切所論列處,亦深見吾兄細心讀書。"(轉下頁注)

續表

序號	撰寫人	收信人	時間	書信內容概況	書信來源
14	洪大容	嚴誠、潘庭筠	1766年（丙戌）二月十一日	告知對方自己兩日均去拜訪，因有客在嚴誠寓所，自己祇好退歸的悵恨心理。	《乾净衚筆談》中洪大容與嚴誠、潘庭筠書（夜來衾履何似……）、《乾净筆譚》中洪大容與嚴誠，潘庭筠書（夜來衾履何似……），洪大容與嚴誠、潘庭筠集•洪書（夜來衾履何似……）、《日下題襟集•洪書》中題作"與鐵橋，秋庭筆按，《日下題襟集•日下題襟集》所此書內容更爲詳細。

（按上頁注）而洪大容寫給嚴誠的書信中正是詳細地表述了自己對朱子注的《詩小序》及其陽明事的看法。二，此信中云："朏子謹當依命繳到。"而洪大容的來信中最後提及：《小序》及其陽明事及陽明事，作書送之。……睢其格韻無足言，幸以數語記其事於其上，留之度庭。此信請求嚴誠在扇面題詞。此上兩點，兩封書信的內容是相互呼應，吻合的。三，洪大容《湛軒書•外集》卷二《乾净衚筆談》中，洪大容留北京期間，丙戌二月初十日，二月十四日洪大容與嚴誠書後，沒有載嚴誠的答書，其他洪大容給嚴誠的書信，嚴誠均有答，故此信當爲洪大容《乾净筆譚》、《燕行錄全集》第43冊》中失載的嚴誠的答書於當寫信時間亦爲丙戌二月初十日。洪大容《乾净筆譚•與鐵橋，秋庵》（夜來衾履萬安。昨覆承慰……），洪大容《與鐵橋，秋庵》將此書置於"二月十日"條下。洪大容《與鐵橋，秋庵》（曾見中國書以陽明之好背朱子……），《燕行錄全集》第43冊》，朱文藻編《日下題襟集•洪書》，嚴誠撰、朱文藻編《日下題襟集》第5冊。嚴誠與洪大容書（來論已悉……），《燕行錄全集》第43冊，第72頁。

續表

序號	撰寫人	收信人	時間	書信內容概況	書信來源
15	嚴誠、潘庭筠	洪大容	1766年（丙戌）二月十一日	答書。表達昨日因俗塵膠擾不能與洪大容聚首的遺憾，並告知洪大容自己明日恐怕申時後彼人見招，沒有多少時間相聚的擔憂。	《乾净衕筆談》中嚴誠、潘庭筠與洪大容書（早接手教……）、《乾净筆譚》中嚴誠、潘庭筠與洪大容書（早接手教……）、《日下題標集·湛軒答潘秋𠫆鐵橋書》中題作"鐵橋答湛軒書"（早接手教……）。筆者按：三處書個別字句有異。
以上爲第六組書信					
16	洪大容、金在行	嚴誠、潘庭筠	1766年（丙戌）二月十四日	送潘庭筠所托書帖：洪大容、金在行各題一首詩。	《乾净衕筆談》中洪大容、金在行與嚴誠……》、《乾净筆譚》中洪大容、金在行與嚴誠、潘庭筠書（異域開標有友生……）書（異域開標有友生……），兩處書，內處書同。
17	嚴誠	洪大容	1766年（丙戌）二月十四日	答書①。請托洪大容與金在行爲自己題寫書帖。	《乾净筆譚》中嚴誠與洪大容書（俄見蘭公册頁……）、《日下題標集·洪大容·湛軒書》中題作"鐵橋答湛軒書"（俄見蘭公册頁……）。筆者按：《日下題標集》所載此書內容更爲詳細。
以上爲第七組書信					

① 此答書亦可視爲嚴誠、潘庭筠的共同答書。洪大容《乾净筆譚》亦載此信，後有文字云："僕人歸言：'兩君書畢，即使渠坐於椅上，累辭不得。'"《燕行錄全集》第43册，第93頁。

續表

序號	撰寫人	收信人	時間	書信內容概況	書信來源
18	洪大容	嚴誠、潘庭筠	1766年(丙戌)二月十五日	告知嚴、潘二人自己因"擅作西山之行、見罪衙門",恐數日難與嚴、潘聚首,並詳細撰寫了《東國記略》一文,贈傳與嚴、潘。	《乾淨衕筆談》中洪大容與嚴誠、潘庭筠書(弟以日前西山之行……),《乾淨筆譚》中洪大容與嚴誠、潘庭筠書(弟以日前西山之行……),《日下題襟集・洪土中題作"與鐵橋、秋㡊(容白:日間僉履安重……)。筆者按,《日下題襟集》所載此書內容更爲詳細,但闕《東國記略》文。
19	嚴誠	洪大容	1766年(丙戌)二月十五日	答書。約洪大容與金在行明日來訪並再次請求洪大容、金在行二人爲自己題寫書帖。	《乾淨衕筆談》中嚴誠與洪大容書(連日思念甚苦……),《乾淨筆譚》中嚴誠與洪大容書(連日思念甚苦……),《日下題襟集・洪土中題作"鐵橋答湛軒書"(連日念甚苦……)。筆者按,三處書個別字句有異。

以上爲第八組書信

续表

序號	撰寫人	收信人	時間	書信內容概況	書信來源
20	洪大容	嚴誠、潘庭筠	1766年（丙戌）二月十六日	告知嚴、潘二人自己"爲衙門所阻不得出"，極其鬱悶。	《乾净衕筆談》中洪大容與嚴誠、潘庭筠書（見阻衙門……）、《乾净衕書（弟高士……）、《乾净衕書（弟高士）》、《鐵橋、秋庼"拜上：伏惟夜來僉候萬安。弟見阻衙門……）。筆者按，《日下題襟集》所載此書內容與格式更爲完整。
21	嚴誠	洪大容	1766年（丙戌）二月十六日	答書。表達不獲見洪大容的鬱悶，告知洪大容明日無雜事，可以相會。	《乾净衕筆談》中嚴誠與洪大容書（見阻衙門……）、《乾净衕書（見阻衙門……）》、《乾净衕書》、《乾净衕書》中嚴誠答洪大容書（見阻衙門……）、《乾净衕書》中嚴誠答洪大容書（見阻高士）"中題作"鐵橋答譿軒書"（見阻衙門……）。筆者按，三處書個別字句有異。

以上爲第九組書信

續表

序號	撰寫人	收信人	時間	書信內容概況	書信來源
22	洪大容	嚴誠、潘庭筠	1766年(丙戌)二月十九日	洪大容高度評價嚴誠創作的"愛吾廬"八景詩,書贈潘庭筠《高遠亭賦》。對潘庭筠所寫《湛軒記》中對自己的稱道語,表現出謙虛之情。	《乾淨衕筆談》中洪大容與嚴誠、潘庭筠書(日者,晚去早來……)、《乾淨筆談》中洪大容與嚴誠、潘庭筠書(日者,晚去早來……),《日下題襟集·洪高士》中題作"與鐵橋,秋庼(頃奉:晚去早來,令人益覺怏怏……)。筆者按,《乾淨筆談》所載此書內容最為完整。《日下題襟集·洪高士》題作"與秋庼","書成未發,秋庼兄記文附來……",是此信文中的一部分,《日下題襟集》別作一封,誤。
23	嚴誠	洪大容	1766年(丙戌)二月十九日	答書。對洪大容等朝鮮使者賜以墨寶表示感謝。	《乾淨筆談》中嚴誠與洪大容書(別後起居何如……)、《日下題襟集·洪高士》中題作"鐵橋答湛軒書"(別後起居何如……)。筆者按,兩處書,僅有"再行枉駕"與"再得枉駕"有異。

以上為第十組書信

續表

序號	撰寫人	收信人	時間	書信内容概況	書信來源
24	洪大容	嚴誠、潘庭筠	1766年(丙戌)二月二十一日	表達因數日音信難通而產生的鬱悶之情。	《乾净筆譚》中洪大容與嚴誠、潘庭筠書(數日間，一舘殆同年隔……)
25	嚴誠	洪大容	1766年(丙戌)二月二十一日	答書。主要表達兩日不得對方音訊的相思之苦。	《乾净筆譚》中嚴誠與洪大容書(不得不得接奉談笑以爲煩鬱……)、《日下題襟集·洪高士》中題作"鐵橋答湛軒書"(不得接奉談笑以爲煩鬱……)。筆者按，兩處書信個别字句有異。
26	嚴誠	洪大容	1766年(丙戌)二月二十一日	告知洪大容《湛軒記》及《愛吾廬八咏》詩，已各書一本呈繳，並向其介紹金在行創作的《養虛堂記》。勸解洪大容不必爲雙方任交往時人所知的擔憂，約洪大容再次相會。	《乾净衕筆譚》中嚴誠與洪大容書(誠再拜：别後起居何似……)、《乾净筆譚》中嚴誠與洪大容書(誠再拜：别後起居何似……)、《日下題襟集·洪高士》中題作"鐵橋答湛軒書"(誠再拜：别後起居何似……)。筆者按，與此書同時寄出的還有嚴誠撰寫的《養虛集》中《愛吾廬記》及《愛吾廬八咏》詩，三處書下題標字句個别内容有缺載。《乾净筆譚》中將此書與下一封答嚴誠書合爲同一條下有載，説："坪回，力闇有兩度書。其一前此書置者。"第二封答書就是此封書信。第二封答書是《乾净筆譚》所載嚴誠與洪大容書(不但不得接奉談笑以爲煩鬱……)

續表

序號	撰寫人	收信人	時間	書信內容概況	書信來源
27	潘庭筠	洪大容	1766年（丙戌）二月二十一日	答書。表達數日與洪大容失去聯繫後的相思之苦。	《乾净衚筆談》中潘庭筠與洪大容書《風雷多厲……》，《乾净筆譚……》中潘庭筠與洪大容書按，與此書同時附寄的還有潘庭筠筆者修改過的《湛軒記》一文。兩處書個別字句有異。
28	洪大容	嚴誠	1766年（丙戌）二月二十一日	請求嚴誠給他的空帖書字，並告訴嚴離程日期未定等。	《乾净筆譚》中洪大容與嚴誠書《承拜手滋……》
29	嚴誠	洪大容	1766年（丙戌）二月二十一日	答書。此書僅三十餘字，告知洪大容，自己即日完成他所託的書帖，並對又能會面表示出欣喜之情。	《乾净筆譚》中嚴誠與洪大容書《來教具悉一切……》，《日下題襟集·鐵橋答湛軒書》（來教具悉一切……）。筆者按，兩處書個別字句有異。

以上為第十一組書信

| 30 | 陸飛 | 洪大容、金在行 | 1766年（丙戌）二月二十二日 | 自言由於嚴、潘對洪大容、金在行的介紹以及對他們筆談記錄的過目，而渴望與洪大容、金在行結交的心情，並以書畫分贈朝鮮諸公。 | 《乾净衚筆談》① 中陸飛與洪大容書《陸飛啟：此行自根來遲……》，《乾净筆譚》中陸飛與洪大容、金在行書《陸飛啟：此行自根來遲……》，《燕杭詩牘》中題作"寄朝鮮諸公"（陸飛啟：此行自根來遲……）。筆者按，三處書個別字句有異。 |

---

① 參見洪大容《湛軒書·外集》卷三《乾净衕筆談續》，《韓國文集叢刊》第248冊。

續表

序號	撰寫人	收信人	時間	書信内容概況	書信來源
以上爲第十二組書信					
31	洪大容	陸飛	1766年(丙戌)二月二十四日	表達自己在結交嚴誠、潘庭筠後又有幸認識陸飛的欣喜之情。並詳爲《籠水閣渾天儀記事》一文，介紹給陸飛，請求陸飛爲渾儀之制作文。	《乾净衕筆談續》中洪大容與陸飛書(大容再拜，上篠飲先生足下……)，《乾净筆談》中洪大容與陸飛再拜(大容再拜，上篠書飲先生足下……)筆者按，兩處書個别字句有異，但信末文字，《乾净筆談》所載更爲完整。
32	陸飛	洪大容	1766年(丙戌)二月二十四日	答書。慶幸自己得遇洪大容，金在行，答應爲洪大容渾儀事作文。	《乾净衕筆談續》中陸飛與洪大容書(飛頓首，上湛軒老先生足下：飛淪落不偶遇……)，《乾净筆談》中陸飛與洪大容書(飛頓首，上湛軒老弟足下：飛淪落不偶遇……)，《燕杭詩牘》中題作"與洪湛軒"(飛頓首，上湛軒老先生足下：飛淪落不偶遇……)。筆者按，三處書個别字句有異。
33	洪大容	嚴誠、潘庭筠	1766年(丙戌)二月二十四日	表達對昨日聚會的流連之情，請求得到昨日陸飛寫下的手迹。	《乾净衕筆談續》中洪大容與嚴誠、潘庭筠書(昨日或醉以酒……)，《乾净筆談》中洪大容與嚴誠、潘庭筠書(昨日或醉以酒……)筆者按，《乾净筆談》所載此書内容更爲詳細。

續表

序號	撰寫人	收信人	時間	書信內容概況	書信來源
34	潘庭筠	洪大容	1766年（丙戌）二月二十四日	答書。對洪大容知呈宿表示讚賞，請求洪大容能夠書示羅生所作數首。	《乾淨衕筆談續》中潘庭筠與洪大容書（昨歸館後……）、《乾淨筆譚》中潘庭筠與洪大容書與潘庭筠書（昨歸館後……）筆者按，兩處書個別字句有異。

以上爲第十三組書信

35	洪大容	陸飛	1766年（丙戌）二月二十五日	對陸飛在信中反復表達的相見恨晚之語表示感謝，並表明願意與陸飛結交。	《乾淨衕筆談續》中洪大容與陸飛書（昨承覆翰……）、《乾淨筆譚》中洪大容與陸飛書（昨承覆翰……）筆者按，兩處書個別字句有異。
36	陸飛	洪大容	1766年（丙戌）二月二十五日	答書。對洪大容在信中表示的天涯知己之情表示感謝，告知洪大容所托《渾儀記》，自己已有草創。	《乾淨衕筆談續》中陸飛與洪大容書（辱手教，拜悉種種……）、《乾淨筆譚》中陸飛與洪大容書（辱手教，拜悉種種……）筆者按，兩處書個別字句有異。
37	洪大容	嚴誠、潘庭筠	1766年（丙戌）二月二十五日	告知嚴、潘二人奇士羅生在渾天儀製成之後就去世了，遺憾其無詩文傳世，並云"明當就叙，都在默會"。	《乾淨衕筆談續》中洪大容與嚴誠、潘庭筠書（羅生儘是奇士……）、《乾淨筆譚》中洪大容與嚴誠、潘庭筠書（羅生儘是奇士……）、潘庭筠《日下題襟集・洪大容頓首，上兩兄足下：昨"與鐵橋〈秋庫〉〈容甫〉叙次辱覆……"，筆者按，《日下題襟集》所載此書内容更爲詳細。

以上爲第十四組書信

續表

序號	撰寫人	收信人	時間	書信内容概況	書信來源
38	洪大容	陸飛	1766年（丙戌）二月二十七日	表達即將離別之悲，並約二月二十九日自己想前去告別。	《乾净衕筆談》中洪大容與陸飛書（昨緣客擾……）、《乾净筆譚》中洪大容與陸飛書（昨緣客擾……）筆者按，兩處書個別字句有異。
39	陸飛	洪大容	1766年（丙戌）二月二十七日	答書。對二月二十六日，由於"永日靜話"而不能與洪大容二十九日能與洪大容暢叙，期待附上爲洪大容撰寫的《籠水閣記》。	《乾净衕筆談》中陸飛與洪大容書（日昨筆望促膝……）、《乾净筆譚》中陸飛與洪大容書（日昨筆望促膝……）筆者按，兩處書個別字句有異。
40	洪大容	嚴誠	1766年（丙戌）二月二十七日	答應嚴誠的請求，做他的兄長，並誠摯勉勵他"恢德量，勤問學"。	《乾净衕筆談》中洪大容與嚴誠書（愚兄某頓首，上力闇賢弟足下……）、《乾净筆譚》中洪大容與嚴誠書（愚兄某頓首，上力闇賢弟足下……）、《日下題襟集·洪高士》中題作"與鐵橋書"（愚兄某頓首，上力闇賢弟足下……）。筆者按，三處書兩處書《日下題襟集》所載更爲詳細。

續表

序號	撰寫人	收信人	時間	書信內容概況	書信來源
41	洪大容	潘庭筠	1766年(丙戌)二月二十七日	表達即將到來的別離之悲，並約二月二十九日自己想前去告別。	《乾净衕筆談》中洪大容與潘庭筠書（書以代話，暢懷極矣……），《乾净筆譚》中洪大容與潘庭筠書（終日叙話，暢叙極矣……）筆者按，兩處書個別字句有異。

以上爲第十五組書信

| 42 | 洪大容 | 陸飛 | 1766年(丙戌)二月二十八日 | 再次表達別離的痛楚，以致不能爲陸飛創作草堂詩，並高度評價了陸飛爲他撰寫的《籠水閣渾天儀記》。附送爲陸飛寫的《忠天廟畫壁記》。 | 《乾净衕筆談續》中洪大容與陸飛書，《乾净筆譚》中洪大容與陸飛書（昨承陸飛兄手覆……）筆者按，《忠天廟畫壁記》附錄於此封書信後，《乾净筆譚》《乾净衕筆談續》有載，兩處書，内容相同。 |
| 43 | 陸飛 | 洪大容 | 1766年(丙戌)二月二十八日 | 答書。盛贊與洪大容、金在行的相望、相忠、相見之奇，並誠摯表達了別離之悲。 | 《乾净衕筆談》中陸與洪大容飛書（飛啓：日昨從自南客……），《乾净筆譚》中陸飛與洪大容書（飛啓：日前收到來扇四把……）《燕杭詩牘》中題作"與湛軒書"（飛啓：日前收到來扇四把……）筆者按，三處書個別字句有異。《燕杭詩牘》所載，關陸飛題畫詩原文。《乾净筆譚》所載更爲完整。 |

續表

序號	撰寫人	收信人	時間	書信內容概況	書信來源
44	洪大容	嚴誠、潘庭筠①	1766年(丙戌)二月二十八日	指出人皆能言之,而不能行的通病,勉勵嚴誠做到能言能行,言行一致。	《乾净衕筆談續》中洪大容與嚴誠、潘庭筠書(甚矣,鐵橋子之好學也……)、《乾净筆譚》中洪大容與嚴誠、潘庭筠書(甚矣,鐵橋子之好學也……)。筆者按,兩處書個別字句有異。
45	嚴誠	洪大容	1766年(丙戌)二月二十八日	答書。告知洪大容自己由於來往頻訪,現在尚未有時間寫完道別信件,明晨會派他書和畫帖,並希望洪大容前來,多多傳遞信息。	《乾净衕筆談續》中嚴誠與洪大容書(俗氛如蝟……)、《乾净筆譚》中嚴誠與洪大容書(俗氛如蝟……)、《日下題襟集·洪高士》中題作"鐵橋答湛軒書"(俗氛如蝟……)。筆者按,三處書,内容相同。
46	潘庭筠	洪大容	1766年(丙戌)二月二十八日	答書。此信三十餘字,告知洪大容由於事情叢雜,現在對他的來信"不暇詳答",自己將會另具書與他。	《乾净衕筆談續》中潘庭筠與洪大容書(日來起居勝勝……)、《乾净筆譚》中潘庭筠與洪大容書(日來起居勝勝……)。筆者按,兩處書,内容相同。

以上爲第十六組書信

---

① 洪大容《乾净筆譚》載:"其一簡力闇,上書。贈蘭公語又題其下。"故此書是寫給嚴誠、潘庭筠的。《燕行録全集》第43册,第228頁。

續表

序號	撰寫人	收信人	時間	書信內容概況	書信來源
47	洪大容	陸飛	1766年（丙戌）二月二十九日	表達得遇知己無所根的情懷，並言勉勵之語，言陸飛不必就此信再回復。	《乾净衕筆談續》中洪大容與陸飛書（弟明發東歸……）,《乾净筆譚》中洪大容與陸飛書（弟明發東歸……）筆者按，兩處書，內容相同。
48	洪大容	嚴誠	1766年（丙戌）二月二十九日	極言別離之悲，以兄弟之誼勸告嚴誠改革"長於受而或短於含忍"的脾氣。	《乾净衕筆談續》中洪大容與嚴誠書（某啓：從此別矣……）,《乾净筆譚》與嚴誠書（某啓：從此別矣……）、《日下題襟集‧洪高士》中題作"與鐵橋"（愚兄大容啓：力間賢弟，從此別矣……）。筆者按，《日下題襟集》所載內容更爲詳細。
49	嚴誠	洪大容	1766年（丙戌）二月二十九日	答書。嚴誠叙自己成長，問學，交友等經歷，誠摯表達對其兄洪大容的推許之情，並對洪大容發自肺腑的勸勉表示由衷的感謝。	《乾净衕筆談續》中嚴誠與洪大容書（弟誠再拜，啓湛軒長兄足下：昨以事他出……）、《乾净筆譚》中嚴誠與洪大容書（弟誠再拜，啓湛軒長兄足下：昨以事他出……）、《日下題襟集》中題作"鐵橋答湛軒書"（弟誠再拜‧洪高士‧啓湛軒長足兄下：昨以事他出……）。筆者按，三處書，內容相同。

續表

序號	撰寫人	收信人	時間	書信內容概况	書信來源
50	洪大容	潘庭筠	1766年(丙戌)二月二十九日	表達今生得與潘庭筠結識的無憾心情,以及即將别離的依依不捨之情。	《乾净衕筆談續》中洪大容與潘庭筠書(蘭公足下:天生我輩……)、《乾净筆譚》中洪大容與潘庭筠書(蘭公足下:天生我輩……)筆者按,兩處書僅個别字句有異。
51	潘庭筠	洪大容	1766年(丙戌)二月二十九日	答書。表達與洪大容即將别離的肝腸欲斷之情。	《乾净衕筆談續》中潘庭筠與洪大容書(竟永别耶……)、《乾净筆譚》中潘庭筠與洪大容書(竟永别耶……)筆者按,兩處書僅個别字句有異。

以上爲第十七組書信

序號	撰寫人	收信人	時間	書信内容概况	書信來源
52	洪大容	彭冠	1766年(丙戌)正月二十一日	對對方能够與自己交往表示感謝。	《湛軒燕記·吴彭問答》《韓國文集叢刊》本①中洪大容與彭冠書(伏惟夜來,斂候萬安,某東夷鄙人也……)②、《湛軒全集·燕行録》(伏惟夜來,斂候萬安,某東夷鄙人也……)本③中洪大容與彭冠書,兩處書,内容相同。

以上爲第十八組書信

① 參見洪大容《湛軒書·外集》卷七,《韓國文集叢刊》第248册。(轉下頁注)

續表

序號	撰寫人	收信人	時間	書信內容概況	書信來源
53	洪大容	蔣本	1766年（丙戌）正月三十日	正月二十八日，因門禁，蔣本被阻未能與洪大容見面。洪大容在信件中表達道歉之情。	《湛軒燕記·蔣周問答》《〈韓國文集叢刊〉〈湛軒燕記·蔣行答書〈日前辱臨〉》《燕行錄全集》中洪大容與蔣本書〈日前辱臨兩所……〉筆者按，兩處書，內容相同。
54	周應文	洪大容	1766年（丙戌）二月初六日	答書。對蔣本正月二十八日未能與洪大容見面，表示理解，並表達以後再會面的願望。	《薊南尺牘》中周應文與洪大容書〈德保足下：前日疾風……〉，《湛軒燕記·蔣周問答》《〈韓國文集叢刊〉本〉中周應文與洪大容書〈德保足下：前日疾風……〉，《燕行錄全集》本〉中周應文與洪大容書〈德保足下：前日疾風……〉筆者按，《薊南尺牘》所載為手帖，最為真實。

以上為第十九組書信

（接上頁注）

② 此書信無答書。彭冠看過此書信後，即退還此書與洪大容。洪大容《湛軒燕記·吳彭問答》載："德裕歸言：'始至門者先報，出言老爺不在家。强而後開封，紙以書入。少頃，出以還給。累請之，終不聽，不得已持歸。二十三日，使世八往探其故，門甫言適有客至，拘於形迹，無他意云。'"《燕行錄全集》第42冊，第25頁。

③ 參見洪大容《湛軒燕記》，《燕行錄全集》第42冊。

附　錄　　　　　　　　　　　　　　　　　　　　　　　　　　　　　　　　　1077

續表

序號	撰寫人	收信人	時間	書信內容概況	書信來源
55	洪大容	兩渾	1766年（丙戌）正月十三日	對兩渾能夠會晤自己表示感謝。	《湛軒燕記·兩渾》《韓國文集叢刊》本）中洪大容與兩渾書（邂逅尊顔……）、《燕行録全集》本）中洪大容與兩渾書（邂逅尊顔……）筆者按，兩處書，内容相同。
56	兩渾	洪大容	1766年（丙戌）正月二十五日	答書。對洪大容的來信和贈物表示感謝。	《薊南尺牘》中兩渾與洪大容書（接得翰墨……）、《湛軒燕記·兩渾》《韓國文集叢刊》本）中兩渾與洪大容書（接得翰墨……）中兩渾與洪大容書（接得翰墨……）本）中兩渾與洪大容書筆者按，《薊南尺牘》所載爲手帖，最爲真實。
57	洪大容	兩渾	1766年（丙戌）正月二十六日	答書。對兩渾的贈物表示感謝，並對自己不能親自上門道謝表示歉意。	《湛軒燕記·兩渾》《韓國文集叢刊》本）中洪大容與兩渾書（每因陳公……）、《燕行録全集》本）中洪大容與兩渾書（每因陳公……）筆者按，兩處書，内容相同。

以上爲第二十組書信

续表

序号	撰写人	收信人	时间	书信内容概况	书信来源
58	洪大容	两浑	1766年(丙戌)二月十五日	对两浑恩宠自己的行为表示感谢,并奉上玉杯效绵纾之义。	《湛轩燕记·两浑渾書》《中洪大容與兩浑書》《韩国文集丛刊》本)、《湛轩燕记·两浑渾書》《燕行录全集》本)中洪大容與两浑書(春序向温……)筆者按,兩处書,内容相同。
59	两浑	洪大容	1766年(丙戌)二月十七日	答书。对洪大容的来信和赠玉杯表示感谢,并奉上玉鼻烟壶、京扇等以为回赠。	《蓟南尺牍》中兩浑與洪大容書(邂逅會晤……)、《湛轩燕记》《邂逅會晤》《韩国文集丛刊》本)中兩浑與洪大容書(邂逅會晤……)、《湛轩燕记·兩浑與洪大容書(《燕行录全集》本)中兩浑與洪大容書(邂逅會晤……)筆者按,《蓟南尺牍》所載為手帖,最為真實。

以上为第二十一组书信

表二:洪大容归国后与清文人的来往书信

序号	撰写人	收信人	时间	书信内容概况	书信来源
1	两浑	洪大容	1766年(丙戌)①	倾诉别后相思之情,并感谢对方的赠物之举。	《蓟南尺牍》中兩浑與洪大容書(分袂以來,倏爾寒暑遞遷……)

① 此信写于1766年(丙戌),理由如下:信中有云:"分袂以來,倏爾寒暑遞遷,迴憶燕雲傾蓋之時,遏(曷)勝溫慕!"洪大容1766年(丙戌)年初離開北京,既云"分袂以來,倏爾寒暑遞遷",故推斷此信當寫於1766年(丙戌)。

續表

序號	撰寫人	收信人	時間	書信內容概況	書信來源
2	洪大容	嚴誠	1766年（丙戌）七月①	傾訴與嚴誠別後的相思之苦。	《杭傳尺牘》②中題作"與鐵橋書"（……），《日下題襟集·洪高士·洪高士》中題作"七月於茲鐵橋"（力闇足下：相別已五月於茲矣……），《擂紳赤牘》中題作"與嚴鐵橋書"（力闇足下：相別已五月於茲矣……）。筆者按《日下題襟集》《擂紳赤牘》所載内容較完整。
3	嚴誠	洪大容、金在行	1766年（丙戌）秋	告知對方自己落第後，杜門讀書的近況，對對方洪大容、金在行的思之情，並對洪大容、金在行的人品、學術等表示欽佩。	《日下題襟集·金秀才》中題作"鐵橋丙戌秋與養虛、湛軒書"（弟誠啓：燕山判袂，黯然銷魂……），《中土寄洪大容、金在行書（弟誠啓：燕山判袂，黯然銷魂……）5中嚴誠與洪大容、金在行手札帖》所載筆者按《中土寄洪大容手札帖》，最為真貴。

① 洪大容此信中有云"相別已五月於茲矣"，洪大容與嚴誠相別是在1766年（丙戌）二月末，故此信當寫於1766年（丙戌）七月。朱文藻編《日下題襟集·洪高士·洪高士》撰，嚴誠撰，朱文藻編《韓國文集叢刊》第248冊。
② 參見洪大容《湛軒書·外集》卷一，《韓國文集叢刊》第5冊。

續表

序號	撰寫人	收信人	時間	書信內容概況	書信來源
4	洪大容	嚴誠	1767年（丁亥）	答書。① 對嚴誠的洛第進行了寬慰，向其推薦李珥《聖學輯要》一書，勸勉嚴誠要"知"也要"行"，並向嚴誠詢問冠服、飲食之制等方面的問題等。	《杭傳尺牘》中題作"與鐵橋書"（大容白：正月初二日……）。
5	洪大容	嚴誠	1766年（丙戌）秋	告知對方自己相忘他的原因，以自身的讀書經歷勉勵嚴誠參加努力，對嚴誠在古學、實學而能有大成就，表示期待，並請求嚴誠對儒、道、佛三教中同中之異，似是而非的地方發表見解。書後附四言詩《飛鳥》九章等。	《杭傳尺牘》中題作"與鐵橋書"（大容白：初秋一書，已關崇聽否……），《日下題襟集》（大容頌首白：初秋一書，已關崇聽否……）。筆者按，《日下題襟集》所載書後別紙的內容較《杭傳尺牘》所載要詳細。

① 此書爲上封書信嚴誠與洪大容、金在行書（弟誠啓：燕山判袂，黯然銷魂……）的答書。理由是：兩封書信的內容是呼應的，如嚴誠書信提及"弟與秋庚試試禮闈，俱遼房屈，以賴滿見遺。而朋輩中如秋庚者，共數晨夕，賞奇析疑，差不寂寞。四月望後，策馬南歸，於五月下旬抵舍，里居杜門，毫無善狀。自來惟冗心謙洛之書，冀有所得。會闈（闈見屈，總關命數"，"獲承八月朔日惠書，恭審駕返謝鄉，侍率萬安，區區慰賀"，"承諭以冗心於謙洛之書"等等語。嚴誠與洪大容書、金在行書（大容白：正月初二日……），洪大容《湛軒書·外集·抗傳尺牘》所載書後別紙的內容是呼應的，自以性情瀉泊，素無功名之志，日來惟冗心謙洛，歸浙江故里，冗心謙洛，關關之書諸事。洪大容書信則有"會闈（闈見屈，總關命數"，"獲承八月朔日惠書，恭審駕返謝鄉，侍率萬安，區區慰賀"，"承諭以冗心於謙洛之書"等等語。《中土寄送大容手札》《韓國文集叢刊》第248冊，第108頁。洪大容《與鐵橋書》（大容白：正月初二日……），洪大容《湛軒書·外集·抗傳尺牘》《韓國文集叢刊》第248冊，第108頁。

續表

序號	撰寫人	收信人	時間	書信內容概況	書信來源
6	嚴誠	洪大容	1767年（丁亥）秋	答書①。告知對方亦有的相思之情，自己的近況等，對洪大容的勸勉表示感謝，與洪大容商榷人分六等的提法，勸說洪大容稍破其拘泥之見，對老、佛發表見解，對《飛鳥》九章進行評論等，又附《南閣萬節簡寄湛軒二首》詩歌。	《日下題襟集·洪大容》"鐵橋丁亥秋答書"（去秋承惠書，即於本年接閱……），《中土寄洪大容手札帖》5中嚴誠與洪大容書（去秋承惠書，即於本年接閱……）。 筆者按，《中土寄洪大容手札帖》5所載爲手帖，最爲真實。
7	洪大容	嚴誠	1768年（戊子）中秋	此爲祭文，以簡短文字極言痛失友人的哀告。	《杭傳尺牘》中題作"祭嚴鐵橋文"（海東洪大容聞浙杭故友嚴力闇先生……），《日下題襟集·洪大容》中題作"戊子中秋祭哭鐵橋文"（海東洪大容聞浙杭故友嚴力闇先生……）。 筆者按，兩處書個別字句有異。

① 嚴誠此書爲上面洪大容書信的答書。理由是：兩封書信的内容是呼應的，如洪大容曰："初秋一書，已關崇聽否？"嚴誠書有答："去秋承惠書，即於本年接閱。""洪大容書後俊有《飛鳥》四言詩九章，嚴誠書有云：《飛鳥》九章，古雅絕倫，直乃魏晉遺音，非虚譽也。"等。洪大容《九月十日與鐵橋》（大容頓首白：初秋一書，已關崇聽否……），朱文藻編《日下題襟集·洪大容手札帖》5，第 268 頁。嚴誠撰，朱文藻編《鐵橋全集》第 5 册，嚴誠與洪大容書（去秋承惠書，即於本年接閱……），《中土寄洪大容手札帖》5，第 280 頁。

续表

序号	撰写人	收信人	时间	书信内容概况	书信来源
8	洪大容	严诚	时间不详	对朱熹《中庸》注发表见解,实则为认可并推广朱子之说。	《湛轩书·内集》卷一中题作"寄杭士严铁桥诚,又同〈庸〉义"《先生尝论解经之法曰……》。
9	洪大容	潘庭筠	1766年(丙戌)晚暑	向潘庭筠询问近况,并告知自己近来的情况。此信当是洪大容归国后给潘庭筠写的第一封信。	《杭传尺牍》中题作"与潘庵庭筠书"(大容顿首白:别后起居万安……)。
10	潘庭筠	洪大容、金在行	1766年(丙戌)八月二十一日①	告知洪大容自己落第后的近况,并请托洪大容、金在行寄赠《三纲行实》等朝鲜文献。	《中士寄洪大容手札帖》5中潘庭筠与洪大容、金在行书(分袂京华,音尘遂绝……)、《燕杭诗牍》中潘庭筠与洪大容、金在行书(湛轩、养虚佥兄案下:分袂京华……)。笔者按,《中士寄洪大容手札帖》5所载为手帖,最为真实。
11	洪大容	潘庭筠	时间不详	表达怀人之言,告知潘庭筠自己近况,朝鲜士友能够通过书信做到忠爱补益,并希望对方找到能替双方传信件的稳妥之人。	《杭传尺牍》中题作"与秋庵书"(大容顿首启:秋行既深……)、《搢绅赤牍》中题作"与潘秋庵书"(大容顿首启:秋行既深……)。笔者按《搢绅赤牍》所载较为完整,同时录有别纸内容——对"浙杭三士"的品评。

① 此书信中提及"筠自四月南归以来",而1768年(戊子)潘庭筠与洪大容书也提及"弟前岁南归",故由此可知潘庭筠的南归是在1766年(丙戌),此信亦当写于是年。《中士寄洪大容手札帖》5,第261页。

附　錄　　1083

續表

序號	撰寫人	收信人	時間	書信內容概況	書信來源
12	洪大容	潘庭筠	1768年(戊子)①	告知對方自己寄出書信和收到書信的情況，自己近況，對對方的相思之情，對方所求一些書籍不值得寄贈的原因，朝鮮歷史上和當代一些代表性詩人、金在行與自己在丁亥年的交遊等，並與對方商量以三河孫有義、鄧師閔作爲傳信中間人。又附上《明紀輯略》、《洪花浦奏請日錄略》二文，並贈《海東詩選》和一些書法作品等。	《杭傳尺牘》中題作"與秋庫書"(大答白：去歲七月……)。
13	潘庭筠	洪大容	1768年(戊子)②	告知對方自己近況，嚴誠患病而終的噩耗；對洪大容所寄詩歌《海東詩選》、李珥等進行贊美；告訴對方幫其求購《鄧部》	《中士寄洪大容手札帖》5 中潘庭筠與洪大容書(庭筠再拜，白湛軒先生足下：去歲今春兩得手書……)，《燕杭詩牘》中潘庭筠與洪大容書(庭筠再拜，白湛軒先生

①此信中提及"曾聞吾兄赴試以三次爲準計。己丑早春，又將歌鹿於都下矣"，故可推斷此書寫於1769年(己丑)早春前。又提及"丁亥七月，平仲來訪於字洞"，又可推斷此信寫於1767年(丁亥)七月後。可知，是書寫於1767年(丁亥)七月後，1769年(己丑)早春前，即1768年(戊子)。洪大容《湛軒書·外集》卷一《杭傳尺牘》，《韓國文集叢刊》第248冊，第113—114頁。

②書中有云："鐵橋昨春閩遊，後閣人冬抱病而歸，遂至不起。"嚴誠病逝是在1767年(丁亥)，故此書信寫於1768年。(轉下頁注)

續表

序號	撰寫人	收信人	時間	書信內容概況	書信來源
14	洪大容	潘庭筠	時間不詳	答書①。表達聽聞嚴誠病逝的極度驚愕、悲痛之情，表達對方年少才高的欽佩之意，說明自己目前不能吟詩的原因，勸說對方欲編朝鮮文獻，當先行立條例，以及不必爲金在行夢事擔憂等。	《杭傳尺牘》中題作"與秋庫書"(便回，恭承手札……)。

① 此書是上面一封書信的答書，理由是兩封書信的內容多有呼應之處，如原書告知洪大容嚴誠病逝的噩耗，答書中有云："又此何訴之書，其真耶，夢耶？真屬可感。然以朋友之故，坐使家人木和，有遊俠之風，而非純儒之道。聖人之學不尚奇，不過情，養虛未免過情矣。"而答書中則有云"養虛夢事，乃屬戲談，不必多談。惟賢賢易色，是棐高處。足下乃謂之過情，白湛軒先生至形諸夢寐，真屬可感。然以朋友之故，坐使家人木和，有遊俠之風，而非純儒之道。聖人之學不尚奇，不過情，養虛未免過情矣。"而答書中則有云"養虛夢事，乃屬戲談，不必多談。惟賢賢易色，是棐高處。足下乃謂之過情，白湛軒先生不可乎。天涯知己，義均同胞，苟不可兩全。側室一尤物，何足伽哉"等。《中土寄洪大容手札帖》5，第287頁。潘庭筠與洪大容《與秋庫書》(庭筠再拜、白湛軒先生足下：去歲今春兩得手書……)，洪大容《湛軒書·外集》卷一《杭傳尺牘》，《韓國文集叢刊》第248冊，第115頁、第116頁。

(接上頁下頁)(戊子)《中土寄洪大容手札帖》5，第287頁。

續表

序號	撰寫人	收信人	時間	書信內容概況	書信來源
15	潘庭筠	洪大容	1769年（己丑）①	答書②。勸解洪大容不要因父親去世而哀毀過情，告訴洪方自己業近況，同人小影及聞服之制繪圖的準備情況，已替對方傳遞信件情況，詢問對方和金在行近況，與對之商量傳信之人，傳信之所確定等。	《中土寄洪大容手札帖》5中潘庭筠與洪大容書（湛軒先生禮席⋯⋯），《燕杭詩牘》中潘庭筠與洪大容書（湛軒先生禮席⋯⋯）筆者按，《中土寄洪大容手札帖》5所載爲手帖，最爲眞實。
16	洪大容	潘庭筠	1769年（己丑）③	表達對潘庭筠的關切、相思之情，告知對方金在行近況，求見王士禛《池北偶談》一書，向對方詢問《哭鐵橋》詩中的自己不解之處等。	《杭傳尺牘》中題作"與秋庫書"（阻信月積⋯⋯）。

① 此信中，潘庭筠有云："弟今歲登大容第與否，必於秋間"是次，潘庭筠參加科舉考試在1769年（己丑），故推斷是書寫於1769年（己丑）。《中土寄洪大容手札帖》5，第308頁。

② 此信又爲上面一封書信的答書。理由是兩封書信的內容多有呼應之處。如洪書中有"今乃不憚長道，馳逐風塵。內失簡編夾持之力，外有紛華誘奪之毒者。顧此愚頑，猥承良誨，竊擬書紳"。而潘書中則有"誠如來教所云，內失簡編夾持之力，外有紛華誘奪之毒者。顧此愚頑，猥蒙眷訂，敬承良誨，竊擬書紳"。又如，洪書中有"足下既欲繼成一書，此不可以倉卒了事，爲之易者。傳必不速。惟期以十數年事功夫"。潘書則有"爲之易者，傳必不速，不能名堂著聞，則書不足傳。信其言良是，當遙之數十年後或可竣事耳"等。《中土寄洪大容手札帖》5，第302頁、第303頁。

③ 此信中提及"城南舊遊，裁纏三周"，洪大容與浙杭三士的城南交遊是在1766年（丙戌）二月，故可推斷此書寫（轉下頁注）

续表

序号	撰写人	收信人	时间	书信内容概况	书信来源
17	潘庭筠	洪大容	1777年(丁酉)①	向对方说明久不寄信的原因,谈及自己对儒释关系的理解,品评对方所作《求天学初函》一书的内容,询问洪憶、洪大应、金在行等人的近况,告知对方自己、陆飞、严果等人的近况等。	《中士寄洪大容手札帖》4 中潘庭筠与洪大容书(庭筠顿首再拜,湛轩先生足下:判袂以来……),《燕杭诗牍》《庭筠顿首再拜,启湛轩大兄先生足下:判袂以来……》。笔者按,《中士寄洪大容手札帖》4 所载为手帖,最为真实。

(接上页注)于 1766 年(丙戌)二月。此书又是上面一封信的答书。理由是两封书信的内容多有呼应之处,如潘书中有云:"任时所晤胪胸李白石先生,今有札见寄,并以李德懋《蝉橘堂浓笑》一卷相示。未知姻庵为何如人?足下曾识面否?卷中多高旷清妙之语,想亦一隐君子也。"而洪书中有云:"姻庵未见其人,《浓笑》亦未见其书,但命名如是浮丽,想其语不足警益甚下也。"又如,潘书中有云:"前示《愿王事辨》,偶从王阮亭先生《池北偶谈》中见载一疏,亦可辨此事。与尊辨同。阮亭诗名品望最为悠久。其言足以徵信,亦可备青岩悠谬之说矣。并闻。"而洪书中有言:"学者多宗之。其言多乖舛,无由一见,或以小纸谨示否?此事于小邦,关系甚重,望诸公如有著书,不惜一言,永赐昭雪。"闻来复《与秋庫书》(阻信月积……),洪大容于敞信,关系尺牍》《韩国文集丛刊》第248册,第118页。潘庭筠与洪大容书(湛轩先生礼坐,庭筠顿再拜,谨白湛轩大兄先生礼席:正月晦前一日……),《中士寄洪大容手札帖》5,第306页,第309页。
① 书中提及:"判袂以来,忽忽十馀载,音问疏阔者王六年。""今春,柳公彈素来,方幸得因李吏部订期一晤。遂逢国恤,敬谨在署,斋宿二十馀日,遂未谋面。"柳琴(彈素)入北京是在1777年(丁酉),故此书写于1777年(丁酉)。《中士寄洪大容手札帖》4,第218页,第218—219页。

續表

序號	撰寫人	收信人	時間	書信內容概況	書信來源
18	洪大容	陸飛	1766年（丙戌）	贊揚陸飛在與自己交遊過程中所顯露出的真率與才華橫溢。	《杭傳尺牘》中題作"與陸篠飲書"（大容白：大容以海外賤品……），《湛軒書》中題作"與陸篠飲書"（大容白：大容以海外賤品……）。筆者按，兩處書信別文字有異。
19	陸飛	洪大容	1767年（丁亥）人日	答書①。談自己與大容相交是出於性真投合，而非泛然之合。告知對方自己近況，從潘庭筠處已得見洪大容手札等。	《中土寄洪大容手札帖》5 中陸飛與洪大容書（愚兄陸飛再拜，覆書湛軒賢弟足下：丙戌冬……丁亥人日，愚兄陸飛頓首）、《燕杭詩牘》中陸飛與洪大容書（愚兄飛再拜，覆書湛軒賢弟足下：丙戌冬抄……丁亥人日，愚兄兄洪大容手札帖》5 所載為真實。

① 陸飛此書爲上面洪大容書信的答書。理由是兩封書信的內容是呼應的，如洪大容信中有大量篇贊美陸飛的才學與真率，如云："惟去色態因天真，重門洞開，端倪軒豁，如水鏡之無不照，如鍼鋒之扣之無不響者，乃吾所謂士也。夫然後才也學也術也，始可得而言矣。是以容平生所自勉者在是焉，其所以求友者，亦在是焉。夫如是者，雖得之古人於簡編之中，顧飛不足以當之。"又如，洪大容信中云："餘語略具去潘友札中。"陸飛信中有云"從蘭公處已得見手札"等。洪大容《與陸篠飲飛書》（大容白：大容以海外賤品……），洪大容《湛軒書·外集·卷一·杭傳尺牘》，《韓國文集叢刊》第248冊，第103頁。陸飛與洪大容書（愚兄陸飛再拜，覆書湛軒賢弟足下：丙戌冬抄……丁亥人日，愚兄兄洪大容手札帖》5、第310頁、第312頁。

續表

序號	撰寫人	收信人	時間	書信內容概況	書信來源
20	洪大容	陸飛	時間不詳	希望陸飛在來信中能對其責善輔仁，使之幸免爲小人。勸陸飛勿以文墨藝術爲身立命之所，當以儒學爲業，並談論自己對陽明之學朱子的見解等。	《杭傳尺牘》中題作"與篠飲書"《大容頤首：初秋一書，已登崇覽否？春風分袂……"，《搢紳赤牘》中題作"大容頤首：初秋一書，已登崇覽否？春風分袂……"）。筆者按，兩處書，《杭傳尺牘》載錄內容較爲完整，然而闕載《搢紳赤牘》"籠水閣記"方謀刊板揭楣"一事。
21	陸飛	洪大容	1767年（丁亥）十二月	答書①。告知對方自己近況。辯說自己從事丹青之業的原因。告訴對方嚴誠病逝的消息。談論自己對陽明之學的見解。	《中土寄洪大容飛手札帖》5 中陸飛與洪大容書（飛白：春間一書，想蒙青睞）、《燕杭詩牘》丁亥十二月朔，愚兄陸飛頓）、《燕杭詩頓》中陸飛與洪大容書（飛白：春間一書，想蒙青睞……丁亥十二月朔，愚兄陸飛頓），筆者按，《中土寄洪大容手札帖》5 所載爲手帖，最爲真實。

① 此書是上面一封洪大容書信的答書。理由是兩封書信的內容多有呼應之處，如洪書中有云："文藝藝苑，原非碩人君子安身立命之地。以子之才，以子之地，鑒欲優遊消遣，終於此而已乎？"而陸書中則有云："丹青小首本無足重，特以先曾祖以來世習之，竊比之弓冶，故時亦以此爲餘事。然亦頗厭之，甚不願有此擊也。"又如洪書中以大量篇幅言及陽明朱子之辨，而陸書中則有云："陽明先生，別語不暇辨也，致知，祇是賓頭做去，從根本上立得住腳，雖未能窮盡天下之理，無害其爲正人，否則其弊更有甚於文士之浮華者"等。洪大容《與篠飲書》（大容頤首："初秋一書，已登崇覽否？……"），洪大容《湛軒書·外集》卷一《杭傳尺牘》，《韓國文集叢刊》第248冊，第104頁。陸飛與洪大容書（飛白：春間一書，想蒙青睞……丁亥十二月朔，愚兄陸飛頓），《中土寄洪大容手札帖》5，第298—299頁。

续表

序号	撰写人	收信人	时间	书信内容概况	书信来源
22	洪大容	陆飞	1768年（戊子）①	对严诚的病逝表现出极度的伤痛，告知来信的情况，请求对方绘制严诚影像以寄送，并言及朝鲜李恒福事等。	《杭传尺牍》中题作"与篠饮书"（大容顿首上：四月使回……）。
23	洪大容	陆飞	时间不详	表达收到对方信件的欣喜之情，对陆飞答第等的情况表示关切，并告知对方自己近况等。	《杭传尺牍》中题作"与篠饮书"（大容再拜，上篠饮老兄足下：去岁七月晋官之使……）。
24	洪大容	徐光庭	1767年（丁亥）②	对徐光庭愿意做传信的使者表示感谢，希望徐光庭能够为他与严诚，潘庭筠，陆飞多多传递讯息。	《杭传尺牍》中题作"与徐朗亭书"（大容顿首，上徐朗亭兄足下……）。

① 洪大容信中提及"四月使回，伏承去岁人日手札，备审乡国万吉，慰不可言"。陆飞的人日手札写于1767年（丁亥），故洪大容的这封书信当写于1768年（戊子）。洪大容《湛轩书·外集—〈杭传尺牍〉》，《韩国文集丛刊》第248册，第114页。

② 信中有云："容于前年随贡使入京。"洪大容于1765年（乙酉）十一月随其叔父洪檍出使中国，故洪大容此书当写于1767年（丁亥）。洪大容《湛轩书·外集—〈杭传尺牍〉》，《韩国文集丛刊》第248册，第103页。

續表

序號	撰寫人	收信人	時間	書信內容概況	書信來源
25	徐光庭	洪大容	時間不詳	表達對對方的傾慕，告知對方嚴誠、潘庭筠托轉信件之事，《湖山便覽》因未裝訂，不能寄出之事等。	《中士寄洪大容手札帖》5中徐光庭與洪大容書（前歲舍表弟在京，道及老先生大人高風古誼……）、《燕杭詩牘》中徐光庭與洪大容書（湛軒先生啓：前歲舍表弟與潘秋廂爲中表兄弟……在京道及老先生大人高風。）筆者按，《中士寄洪大容手帖》5所載爲手帖，最爲真貴。
26	徐光庭	洪大容	時間不詳	告知對方自己收寄信情況，並告訴對方以後寄信所須注意事項，但又恐涉外交之嫌，請求對方來信件不要過於頻繁等。	《薊南尺牘》中徐光庭與洪大容書（陽回初轉，物序維新……）、《燕杭詩牘》中題作"答湛軒書"（陽回初轉，物序維新……）。筆者按，《薊南尺牘》所載爲手帖，最爲真實。
27	洪大容	嚴果（嚴誠兄）	1766年（丙戌）季秋①	說明顧慮與嚴果結交的原因，表達渴望與嚴果結交的真摯情感。	《日下題襻集・洪高士》中題作"又與九峰書"（大容再拜，上九峰長兄先生足下：力闇友也……）、《杭傳尺牘》中題作"與嚴九峰果（誠兄）書"（大容頓首上九峰先生足下：容，力闇友也，兩處書個別字句有異。格式上，《日下題襻集》所載完整。

① 朱文藻編《日下題襻集・洪高士》所載此信末尾有云："丙戌季秋海東愚小弟洪大容拜上九峰長兄先生足下。"故此書寫於1766年（丙戌）季秋。嚴誠撰，朱文藻編《鐵稿全集》第5册。

附錄

續表

序號	撰寫人	收信人	時間	書信內容概況	書信來源
28	嚴果	洪大容	1767年（丁亥）季秋	答書①。稱贊洪大容篇中的稱象，對洪大容在結交信中的稱贊表示到慚愧，表明願與洪大容結交的心志。	《中士寄洪大容手札帖》5 中嚴果與洪大容書（嚴果再拜，上湛軒先生長兄足下：昔年舍弟……丁亥季秋，浙西愚小弟嚴果拜，上湛軒先生長兄足下）、《燕杭詩牘》中嚴果與洪大容書（湛軒先生合位，嚴果再拜，上湛軒先生長兄足下：昔年舍弟……） 筆者按：《中士寄洪大容手札帖》5 所載為手帖，最為真實。

① 嚴果此書爲上面洪大容書的答書。理由是，兩書的内容多有呼應之處，如洪大容書有云："聞我九峰先生有文有行。屹然爲江左師表，容之望風仰德之日久矣。況濫彼力闇錯愛，訂交容邸，夫既驛以力闇爲弟，獨不可以力闇之兄爲兄乎？力闇既不以外夷爲陋而不憚兄爲我也，鄙九峰乃以外夷爲陋而不憚兄（筆者按，此二字爲衍字）以弟者我耶？"嚴果書信有云："今年秋杪，於三山客館過屠手書，意氣勸懇，輒示肝膈，未見之誠泳於既見。再如，洪大容書信有云："容既忝與力闇爲友，又因潘蘭公得聞我九峰公多聞繪學，萬重氣類。坐間職語及果，力闇支也……"，嚴果書信有云："潘蘭公多再拜，上九峰先生長兄足下：容，力闇支也……"，未文乎上，嚴誠撰，未文潢編《嚴橋全集》第5册。嚴果與洪大容書（嚴果再拜，上湛軒先生長兄足下：昔年舍弟……丁亥季秋，浙西愚小弟嚴果拜，上湛軒先生長兄足下），《中士寄洪大容手札帖》5，第 283 頁，第 283—284 頁。

續表

序號	撰寫人	收信人	時間	書信內容概況	書信來源
29	洪大容	嚴果	1768年（戊子）中秋	表達聽聞嚴誠自閩歸，病疾而逝的消息後極度悲傷的情感，希望嚴果能爲其祭奠，並希望嚴果能收集嚴誠文章詩文和相關文章寄給他。	《杭傳尺牘》中題作"與九峰書""孤子洪大容稽顙再拜九峰先生足下：今首夏貢使自京還……"，《日下題襟集·孤子洪大容稽顙再拜上九峰先生足下：今首夏貢使自京還……戊子中秋，海東愚小弟洪大容疏上九峰先生座前"。筆者按，兩處書，兩處書個別字句有不同，有附言《杭傳尺牘》所載爲信日期，《日下題襟集》所載書的末尾有爲信日期則闕。
30	嚴果	洪大容	1770年（庚寅）十二月	答書。①對洪大容喪父表示哀悼，告知對方代其祭奠嚴誠的情況，其父及嚴誠之子的近況，感謝洪大容贈書，寫信給其兄其侄洪大容陸飛、潘庭筠等的行爲等，並告訴近況。	《中土寄洪大容書手札帖》6中嚴果與洪大容書（愚見嚴兄頓首，上湛軒賢弟先生足下：嗚呼蒼天……），《日下題襟集·洪果庚寅十二月答書"愚見嚴果頓首，上湛軒賢弟先生足下：嗚呼蒼天……"）。筆者按，《中土寄洪大容手札帖》6所載爲手帖，最爲真實。

①嚴果此書爲上面洪大容書信的答書。理由是，兩書的內容多有呼應之處，如洪大容在信中告訴嚴果自己父親去世，云："大容亦於去歲仲冬，罪逆不死，禍延先考，呼天崩割，至痛在心。"嚴果信中云："痛惟尊先生老先生，右（轉下頁注）

續表

序號	撰寫人	收信人	時間	書信內容概況	書信來源
31	嚴果	洪大容	1774年（甲午）夏至	告知對方自己喪母的噩耗，十年間難於與洪大容取得聯繫的酸苦等，也對以後雙方是否能否順利聯繫表現出無奈和浩嘆，並附上鐵橋詩文和《日下題襟集》	《中土寄洪大容手札帖》6中嚴果與洪大容書（湛軒……），《燕杭詩牘》中嚴果與洪大容書。哀子嚴果與洪大容泣血稽顙……）筆者按，《中土寄洪大容手帖》6所載爲手帖，最爲真實。
32	洪大容	嚴果	1780年（庚子）①	告知對方自己寄出、收到信件的情況，懷念嚴誠，對其之歿仍表現出極度傷感，向其介紹朝鮮李珥、金昌協、金昌翕等，以友朋信義之說勸解嚴果與他必畏約嫌障，當用書信與他聯繫，並告訴對方自己甲午年俊官的經歷等。	《杭傳尺牘》中題作"與嚴九峰書"，"容謹啓：中土寄洪大容手札帖》6，第364—365頁，第371頁。洪大容曾在庚子……）。

（接上頁注）族耆英，樹德海表……果驚悼訌，神思摧傷。本擬勉製誄辭，敬陳奠悃。伏計歲時歷久，已適服関之年，恐於禮制不符，轉嫌冒昧。"又如，洪大容書信有云："外有《農巖錄》《三淵雜錄》《聖學輯要》各一冊，原欲寄鐵橋，輒此附呈，並前去《聖學輯要》，並《鐵橋遺唾》一冊，或爲多聞之一助。"而嚴果信中云："承頒《農巖志》《三淵雜錄》各一冊，《聖學輯要》四册，《農岩雜志》《三淵尺牘》《聖學輯要》四册……"洪大容《與九峰書》《孤子洪大容稽顙再拜九峰先生足下：今日夏貢使自京還。"（愚兄嚴果頓首……），洪大容《湛軒書‧外集》卷一《杭傳尺牘》《韓國文集叢刊》第248冊，第116頁，第117頁。嚴果與洪大容書（愚兄嚴果頓首，上湛軒賢弟大生足下：嗚呼蒼天……），《中土寄洪大容手札帖》6，第364—365頁，第371頁。洪大容《湛軒書‧外集》卷一《杭傳尺牘》，《韓國文集叢刊》第248冊，第121頁。

①洪大容此書中提及"鐵橋之亡，條已十三歲"。嚴誠病逝是在1767年（丁亥），故此書當寫於1780年（庚子）。

續表

序號	撰寫人	收信人	時間	書信內容概況	書信來源
33	朱文藻	洪大容	1768年(戊子)春正月二十五日	談自己對交友之道的看法，意欲結交洪大容的想法，講述嚴誠病重及臨終前的情形，嚴果聽說其弟發從閩中歷經千辛萬苦趕回家的情形，並呈奉五律二首。	《中土寄洪大容手札帖》6 中朱文藻與洪大容書(愚弟朱文藻頓首、奉書湛軒先生足下：交友之道……)，《燕杭詩牘》中題作"與洪湛軒(大容)書"(愚弟朱文藻頓首、奉書湛軒先生足下：交友之道……)，《日下題襟集·洪高士文藻頓首、奉書湛軒先生足下：交友之道……)。筆者按，《中土寄洪大容手札帖》6 所載題作"朱朗齋戊子正月寄湛軒書"愚弟朱文藻頓首、奉書湛軒朗齋為手帖，最為真實。
34	洪大容	朱文藻	1780年(庚子)①	答書。②談自己對交友行為，特別看法和自己的交友行為，特別叙述自己與嚴誠的生死之交，告知對方《日下題襟集》中的訛誤謬可據《乾凈筆譚》改定。	《杭傳尺牘》中題作"答朱朗齋文藻書"(愚兄洪大容頓首、拜覆朱朗齋……)，《韓國文集叢刊》第 248 册，第 123 頁。

① 洪大容此書中有云："大容長鐵橋一歲，今已四十九矣。"洪大容生於 1731 年(辛亥)，他四十九歲時，當為 1780 年(庚子)，故此書當寫於 1780 年(庚子)。洪大容《湛軒書·外集》卷一《杭傳尺牘》、《韓國文集叢刊》第 248 册，第 123 頁。從此能知洪大容此書是上面朱文藻書的答書。洪大容信中有云："即此足下一書，乃在戊子，而承見又在十年之後，隨便附書，蓋不過數三來往，此亦未可必也。"
② 同上。

續表

序號	撰寫人	收信人	時間	書信內容概況	書信來源
				勸勉對方不要沉湎於朋友間的悲戀之情，當從實心實事入手，有所成就。信末告訴對方自己的興趣、近況等。	
35	洪大容	嚴老伯（嚴誠父親）	1768年(戊子)[1]	對嚴老伯痛失愛子表示深切哀悼之情，告訴嚴老伯自己父親去世一事，並表達出人事變遷的感傷。	《杭傳尺牘》中題作"與嚴老伯書"，洪大容稽顙再拜言"，《孤子洪大容稽顙再拜言"中題作"與嚴老伯書"(孤子……)，《日下題襟集·洪大容稽顙再拜言"中題作"與嚴老伯書"(孤子洪大容稽顙再拜言，不意凶變……)。筆者按，兩處書，個別字句有異。

---

[1] 洪大容此書中有云："且大容於去歲仲冬，罪逆深重，禍延先考。"洪大容的父親去世在1767年(丁亥)，洪大容1768年(戊子)中秋《與九峰書》(孤子洪大容稽顙再拜，上九峰先生足下：今首夏貢使自京還……)有云："大容亦於去歲仲冬，罪逆不死，禍延先考。"故洪大容寫此信時，當爲1768年(戊子)。洪大容《湛軒書·外集一杭傳尺牘、韓國文集叢刊》第248冊，第116頁、第117頁。

續表

序號	撰寫人	收信人	時間	書信内容概況	書信來源
36	洪大容	嚴昂（嚴誠子）	1768年（戊子）仲秋	對嚴誠之逝表達哀悼之情，勉勵嚴昂永懷其父，繼父之志，更加努力，並表達出樂於扶助嚴昂的想法。	《杭傳尺牘》中題作"與嚴昂書"，《孤子大容稽顙言……"，《日下題襟集·孤子大容稽顙言"（《日下題襟集·孤子大容稽顙言……"）。筆者按，兩處書，個別字句有異。《日下題襟集》所載内容更爲詳細。
37	嚴昂	洪大容	1774年（甲午）	嚴昂感念洪大容能在其父親去世後，遠賜奠禮，垂訓志勉，並向洪大容表白立志讀書，不絶種子的志願。信末並附己撰《人有雞犬，放而知求之》一文。	《中土寄洪大容手札帖》6中嚴昂與洪大容書（愚侄期嚴昂頓首再拜……甲午長夏，愚侄期嚴昂再頓首）中嚴昂與洪大容書（愚侄期嚴昂頓首再拜……甲午長夏，愚侄期嚴昂再頓首），《燕杭詩牘》6所載爲手帖，最爲真實。
38	洪大容	嚴昂	1778年（戊戌）①	回憶與嚴昂的聯繫，稱賞嚴昂有其父之風，贈語錄與嚴昂，勉勵其完成其先君未竟之志事。	《杭傳尺牘》中題作"與嚴書"（昔在丙戌……）。

① 洪大容此書中有云："次見一札，乃在甲午，則君已十八歲。此時開纖，又免五年沉瀰，則君已二十二歲。即玆回書，又不知幾時傳瀰，則君已壯且成矣。"甲午即1774年，"甲午，則君已十八歲"，則"五年沉瀰"當爲1778年（戊戌）。洪大容《湛軒書·外集·卷一《杭傳尺牘》，《韓國文集叢刊》第248册，第112頁。

續表

序號	撰寫人	收信人	時間	書信內容概況	書信來源
39	鄧師閔	洪大容	約1767年（丁亥）	表達對洪大容的相思之情，高度評價了對方的寄詩，告知對方薯草已請人代為求購，並附呈次韻古詩一首。	《薊南尺牘》中鄧師閔與洪大容書（憶丙戌二月間……）、《燕杭詩牘》中題作"答湛軒書"（憶丙戌二月間……）。筆者按，《薊南尺牘》所載為手帖，最為真實。
40	洪大容	鄧師閔	當是洪大容第一封信，當歸國後寫給鄧師閔的，約1767年（丁亥）	答鄧書①。對鄧師閔引己為知己表示感謝，對對方給予自己詩作的高度評價表示慚愧，同時對方歸鄉後寄信之途徑等。	《搢紳赤牘》中題作"與鄧汝軒書"（四月貢使東還，伏承俯覆……）。

① 此書是上面一封書信的答書。理由是兩書的內容相互呼應，如原書中對洪大容的詩作表示贊賞，有云："佳章古氣流行，遠追三唐，且語言勤熱，益我良多。"而答書中洪大容則表示慚愧不敢當，有云："某平生憂裂，不事吟咏。前歲寄書，偶然有成，適見顔色，下劣之魔，乃承獎許過當，不思所以教之，則見待之疎外，非所望於故人也。"又如原書中鄧師閔有云："盛草燕京賣者，真偽誠難辨。茲已托人尊在曲阜購求，務於來年奉去。"而答書中洪大容有云"薯草若蒙波及，豈不厚幸？但遠購他方諒多費事，不必過勞盛念也"等。《薊南尺牘》。佚名編《語紳赤牘》。

续表

序号	撰写人	收信人	时间	书信内容概况	书信来源
41	邓师闵	洪大容	1773年（癸巳）①	告知对方自己在丧子后的身体状况，请求对方为《绘声园诗集》批评作序，嘱附洪大容来信可托交三河盐店，并附呈《九日》诗作，请求指正。	《燕杭诗牍》中题作"答湛轩书"（辛卯岁三月间……）。
42	洪大容	邓师闵	1773年（癸巳）②	答书③。请求邓师闵、郭执桓诸公为"爱吾庐""八景题诗"。告知对方自己收到《绘声园诗集》，也为其作了序，并对其诗作表现出倾慕之情。信末尾则对《九日》诗作了评价等。	《杭传尺牍》中题作"与邓汶轩师闵书"（阻信余奉书……），《揢绅赤牍》中题作"与邓汶轩书""汶轩书"。两处奉《揢绅赤牍：四月员使遣……》书香，而《杭传尺牍》所载完整，笔者按《揢绅赤牍》此信所载文字多有阙漏。

① 此信中邓师闵提及"兹捎去任友所书赤金字扇十柄,《绘声园[集]》三部"。而柳得恭《中州十一家诗选・郭东山执桓藏："岁癸巳,《郭执桓》因其同邑人邓师闵使之寄寄湛轩,兼致《绘声园诗集》一册,愿得朝鲜名士评赐。"故由此可知是书写于1773年（癸巳）。

② 此书中洪大容有云："饮得其遗影与遗集,曾以书嘱其兄严九峰谋果者,于今四年迄无回信。"洪大容曾在1768年（戊子）中秋给严果的信中索求严诚的遗集,而距自己写此信时已过四年,故可推断此信写于1773年（癸巳）。佚名编《揢绅赤牍》。

③ 此书是上面一封书信的答书。理由是两书的内容相互呼应,如原书中提及："兹捎去任友所书赤金字扇十柄,《绘声园诗[集]》三部。"答书中有云："封圭诗三部,诸诗,附呈《九日》诗,请求指正,而答书中有云《九日》诗,附之妙,亦不欲安相推奖。惟冲邃淳素,真意悠扬"等。藤塚邻钞校《燕杭诗牍》,而答书中有云《九日》诸诗。佚名编《揢绅赤牍》。

續表

序號	撰寫人	收信人	時間	書信内容概況	書信來源
43	鄧師閔	洪大容	1774年（甲午）	對洪大容所托之事，如請人書寫墓誌，題寫堂額，爲"愛吾廬"題咏等一一加以答复，並對洪大容詩作加以品評。	《中士寄洪大容手札帖》3 中鄧師閔與洪大容書（癸巳臘月初四日……）筆者按，《中士寄洪大容手札帖》3 所載爲手帖，最爲真實。
44	鄧師閔	洪大容	1774年（甲午）	對洪大容所寄詩稿進行贊美，告知對方自己近况，嚴誠書已轉同人題寫，對方父親的墓誌已請任公書就等事。	《中士寄洪大容手札帖》3 中鄧師閔與洪大容（癸巳年店所覆一函……甲午歲臘月八日，直隸新河縣書寄）、《燕杭詩牘》中題作"答湛軒書"癸巳年底所覆一函……）。筆者按，《中士寄洪大容手札帖》3 所載爲手帖，最爲真實。
45	洪大容	鄧師閔	1775年（乙未）①	告知對方自己的思念之情，平生歷程及其近况等，講説妻妾難御的道理，並詢問及任公情况，郭執桓近况等。	《杭傳尺牘》中題作"與汶軒書"（去十月，具一札寄三店……），《搢紳赤牘》中題作"與鄧汶軒書"（客臘自臨汾……）。筆者按，信作正文内容，《搢紳赤牘》所載詳細，而《杭傳尺牘》所錄信作别紙内容，《搢紳赤牘》闕載。

① 此書中有云："洵洵一面龜已九年矣。"洪大容與鄧師閔洵洵相會是在1766年（丙戌）三月二日，故由此推斷洪大容此書信寫於1775年（乙未）。佚名編《搢紳赤牘》。洪大容《湛軒燕記》《燕行錄全集》第42册，第164頁。

續表

序號	撰寫人	收信人	時間	書信內容概況	書信來源
46	洪大容	鄧師閔	1776年（丙申）	對老子、莊子、墨子、楊子以及"江西學派"、"永康學派"等發表見解，對他們學說中實用而有益於世的內容給予了肯定。	《中土寄洪大容手札帖》2《中洪大容與鄧師閔（孟子距楊墨……）》筆者按：《中土寄洪大容手札帖》2所載爲手札帖，最爲真實。
47	洪大容	鄧師閔	1776年（丙申）①	對鄧師閔三年沒有音信表示遺憾，詢問對方近況；告知對方自己升遷任司憲府監察及今後的志向；詢問鄧執桓、任公近況等。	《搢紳赤牘》中題作"與鄧汝軒書"（三歲不嗣音，懷思如何……）。

① 洪大容此書中有云："今年三月奄權巨恤（英宗升遐），嗣王（正宗）繼明，哀慶並集。"《正祖實録》卷一載："丙申，英宗大王五十二年春三月丙子，英宗薨。越六日辛巳，王即位於慶熙宫之崇政門。"故由此可知該書信寫於1776年（丙申）。

續表

序號	撰寫人	收信人	時間	書信內容概況	書信來源
48	鄧師閔	洪大容	1777年（丁酉）	答書①。對洪大容升遷表示祝賀；告知對方近況；請求對方在與他交往的中直筆答他不妥之處；告訴鄧執恒逝世之事；並附告自己家世等。	《中士寄洪大容手札帖》3中鄧師閔與洪大容書（丁酉正月間，由三河轉來一書……），《燕杭詩牘》中題作"答湛軒書"（丁酉正月間，由三河轉來……）。筆者按：《中士寄洪大容手札帖》3所載爲手札帖，最爲真實。
49	洪大容	鄧師閔	1777年（丁酉）②	祝福對方，告知對自己近況；索見中國詩人的"愛吾廬"八景之作；驚愕於鄧執桓的近世；對對方所持"書愈多而學愈下"的觀點表示贊同等。	《杭傳尺牘》中題作"與鄧汝軒書"（本年三月末）。

① 此書是上面一封書信的答書。兩書內容相互呼應，如原書有云："來札云三歲不嗣音，懷思如何？"而答書中有云："三歲不嗣音與弟書有所擔擱耶？"又如，原書中間及，讀之便知顛末。"原書中有云："奉托浙省一札，果已寄去否？"而答書中有云："致書鐵橋之事，其令兄等與弟有書，兹將原札奉去。洪大容《與鄧汝軒書》《中士寄洪大容手札帖》3，第184頁，第183頁。

② 此書中提及"本年三月末，因貢使回……弟於七月初，蒙恩授泰仁縣監"。而洪大容寫於1777年（丁酉），洪大容《湛軒書·外集卷一杭傳尺牘》,《韓國文集叢刊》第248册，第128頁，第122頁。
黃……"有云："迨丁酉七月，出授泰仁縣監，居在王京南六百里，故推斷此書爲庚子月。

續表

序號	撰寫人	收信人	時間	書信內容概況	書信來源
50	鄧師閔	洪大容	1777年（丁酉）	强調必須要明辨異端與聖學，治學當從修己治人上用功。	《中土寄洪大容手札帖》2中鄧師閔與洪大容書（集許之流避世絕俗……）筆者按，《中土寄洪大容手札帖》2所載爲手帖，最爲真實。
51	鄧師閔	洪大容	約1777年（約丁酉）①	詳細告知對方中國科舉的程式；强調拒異端之流學的必要性；對近來社會上的書籍亂刊行之風，表示慨慨；附上爲洪大容《愛吾廬》題寫的《八咏》詩；並托洪大容捎寄鮮花、瓜果種子。	《中土寄洪大容手札帖》4中鄧師閔與洪大容書（讀書者，初應童子試……）、《中土寄洪大容手札帖》4中鄧師閔與洪大容書（《山樓鼓琴》……）《中土寄洪大容手札帖》4中鄧師閔與洪大容書（聞東邦玉瓜最好……）②筆者按，《中土寄洪大容手札帖》4所載爲手帖，最爲真實。

① 《中土寄洪大容手札帖》卷首注云："1777年到達。"第22頁。
② 此三封書信，《中土寄洪大容手札帖》4中作爲三封單獨的書信，誤。由現存手札原帖信紙格式樣式判斷，此三封書信當爲1777年（丁酉）寄達洪大容處的同一封完整書信。此書後面還附有姚廷亮與鄧師閔書，嚴果與鄧師閔書，以便洪大容得以曉解其寄與嚴果等書信的收寄情況。第224－228頁，第228－230頁，第230頁，第231頁，第231頁。

續表

序號	撰寫人	收信人	時間	書信內容概況	書信來源
52	洪大容	鄧師閔	1778年(戊戌)①	勸説對方節欲,告知對自己為官一年來的情況,收到中原諸公詩作,勸説對方放下疑嫌之慮,與他保持書信聯繫。	《杭傳尺牘》中題作"答鄧汶軒書"(五月貢使回……)。
53	鄧師閔	洪大容	1778年(戊戌)	對洪大容榮遷事城郎官,表示祝賀;解釋自己創作的《八咏》詩中的部分詩句的含義。	《中土寄洪大容手札帖》2(正月十五日天津旅館……)筆者按,《中土寄洪大容手札帖》為手帖,最為真實。
54	鄧師閔	洪大容	1778年(戊戌)	贊揚洪大容的《與友書》;詢問龍輶等的來源。	《中土寄洪大容手札帖》2(賁廬八景拙作……)筆者按,《中土寄洪大容手札帖》為手帖,最為真實。

① 此書中提及"弟居官已周歲矣,數萬石糶糴,累千頃科賦,庸之泉布,溝築之商功,造士之教,待暴之備,縣在王京南六苦樂,擔著一身"。而洪大容《與嚴九峰書》(答諸啓:曾在庚寅……)有云:"造丁酉七月,出授泰仁縣監,縣在王京南六百里,……惟編户八千,地處衝繁。"兩處書中均為八千,故書中所云"弟居官已周歲矣"當是指泰仁縣監已周歲矣。由此可以推斷此書寫於1777年(丁酉)後一年七月後不久,即1778年(戊戌)七月後不久。洪大容《湛軒書·外集》卷一《杭傳尺牘》,《韓國文集叢刊》第248冊,第121頁、第122頁。

續表

序號	撰寫人	收信人	時間	書信內容概況	書信來源
55	鄧師閔	洪大容	時間不詳	殘信。表達"文字簡而理真","書愈多而學愈下"的見解。	《杭傳尺牘》中附在洪大容題作"與鄧汝軒書"(本年三月末……)中。
56	洪大容	鄧師閔	時間不詳	詢問對方近況；勸說對方要"達人知命"，並請求對方及其友人能爲吾盧"題咏"等。	《湛軒赤牘》中題作"與鄧汝軒書"(汝軒足下：昨年寄書三河……)。
57	鄧師閔	洪大容	時間不詳	對洪大容父親去世，表示哀悼；告知自己的喪子之痛；贈送《繪肇園八咏》、《子白論書》、《唐詩法》等書；附上自己創作的《繪肇園八咏》詩。	《薊南尺牘》中鄧師閔與洪大容書(戊子、丁亥兩函及珍物……)筆者按，《薊南尺牘》所載爲手帖，最爲真實。
58	洪大容	孫有義	疑1766年(丙戌)	對孫有義的來書表示感謝，告知對方近況，對孫有義的落第表示寬慰，對孫有義草書表示感謝和不安，購買長毫自己還有義師表示贊賞等。	《杭傳尺牘》中題作"與孫蓉洲有義書"(半面之雅，異域長思……)，《薊紳赤牘》中題作"與孫蓉洲"(半面之雅，終成知己……)。筆者按，兩處書，文字上有較多差異。《薊紳赤牘》闕載書後別紙內容。

续表

序号	撰写人	收信人	时间	书信内容概况	书信来源
59	孙有义	洪大容	不详	对得与洪大容结交表示庆幸，对洪大容的劝勉、赠物、宽慰自己落第等表示感谢等。	《燕杭诗牍》中题作"与湛轩书"（萍水相逢，得邀青睐……）。
60	孙有义	洪大容	1768年（戊子）①	对洪大容能够为官、弘扬其实学表现出期许，告知对方近来自己教授生徒情形及寻访潘庭筠不得等情况。	《蓟南尺牍》中孙有义与洪大容书（湛轩尊兄答：腊底伴来……），《燕杭诗牍》中题作"答湛轩"（腊底伴来……）。笔者按，《蓟南尺牍》所载手帖，最为真实。
61	孙有义	洪大容	疑1766年（丙戌）	对洪大容染疾表示慰问，告知对方自己籍贯、家世、为学、传递信件等情况。	《燕杭诗牍》中题作"答湛轩"（去腊丁公来馆……）。

① 此书中孙有义提及"秋庚潘公厚见许于大方……谅明春会试当必有以图晤也"。潘庭筠于1769年（己丑）中正榜，故由此推断孙有义此书写于1768年（戊子）。

續表

序號	撰寫人	收信人	時間	書信內容概況	書信來源
62	孫有義	洪大容	1767年（丁亥）後不久①	對洪大容父親的去世表示哀悼，對洪大容的期勉表示感謝，再次表明自己涉獵詩書，學做好人的願望等。	《薊南尺牘》中孫有義與洪大容書（湛軒先生啓：舊臘正在佇想……），《燕杭詩牘》中題作"答湛軒"（舊臘正在佇想……）。筆者按《薊南尺牘》所載爲手帖，最爲真實。
63	孫有義	洪大容	疑1769年（己丑）②	對洪大容不能再次出使中國感到遺憾，告知洪大容、趙煜宗，朝鮮趙靜軒、丁道中的勝繁情況，並答回洪大容向他詢問的八股之制、印色、星象等問題。	《中士寄洪大容手札帖》3中孫有義與洪大容書（湛軒書：去歲賜先生啓書……），《燕杭詩牘》中題作"答湛軒"（去歲賜書……）。筆者按，《中士寄洪大容手札帖》3所載爲手帖，最爲真實。

① 此書中孫有義提及"比及開函，乃知尊翁老伯大人寬爾仙遊，不勝感悼"。洪大容的父親去世在1767年（丁亥），洪大容去歲仲冬，禍延先考，罪逆不死"（與九峰書）《孤子洪大容奉賴再拜，上九峰先生足下：今年夏貢使自京還……）有云："大容亦死於1768年（戊子）中秋，禍延不死，罪逆不死"（與九峰書）《孤子洪大容奉賴再拜，故孫有義書此書當也寫1767年（丁亥）後不久。《薊南尺牘》。洪大容《湛軒書·外集》卷一《杭傳尺牘》，《韓國文集叢刊》第248册，第116頁。

② 此書中有云："豈九峰亦秋庫之流亞歟，抑致書者盡如洪高之浮沉耶？但今歲或乘會試之便有信，亦未可定也。"句中所云會試，似在1769年（己丑），故疑此信寫於此時。《中士寄洪大容手札帖》3，第168頁。

續表

序號	撰寫人	收信人	時間	書信內容概况	書信來源
64	洪大容	孫有義	1778年(戊戌)	告知對方收到正月二十五信件和浙西信件。對孫有義能够始終如一地傳遞信件表示感激,並贈孫有義《乾净筆譚》三本,叙及自己與浙杭三士,特別是與嚴誠的深厚友情等。	《杭傳尺牘》中題作"答孫洲書"(蓉洲足下:戊戌七月……)。
65	孫有義	洪大容	時間不詳	稱許洪大容德望相宜,對趙静軒失怙表示哀悼,並告知洪大容自己傳遞信件情况,趙煜宗近况,自己近况等。	《燕杭詩牘》中孫有義與洪大容書(湛軒先生手啓:季春到館……)
66	孫有義	洪大容	1768年(戊子)[1]	表達對洪大容的相思之情以及接到來信後的欣喜,並告知對方自己近况及替他求得署草一事等。	《薊南尺牘》中孫有義與洪大容書(奉達道範,兩載於兹……),《燕杭詩牘》中作"答湛軒"(奉達道範……)。筆者按,《薊南尺牘》所載爲手帖,最爲真實。

[1] 孫有義此書有云:"奉達道範,兩載於兹。"據《薊南尺牘》載孫有義與湛軒《與湛軒》(湛軒先生啓:丙戌季春……),兩人於1766年(丙戌)首次會晤,所以"兩載於兹"即1768年(戊子),故孫有義此書寫於1768年(戊子)。

續表

序號	撰寫人	收信人	時間	書信內容概況	書信來源
67	洪大容	孫有義	1767年(丁亥)①	對孫有義的來書不斷表示出感激之情，對其寄詩表示稱許，對其寄來的格言三頁表示拜服，告知對方自己無意於仕途的心情，並對自己不能再有燕行表示出感傷等。在信後別紙中，洪大容又向孫有義詢問有關爵秩、貝勒覺羅、貢舉法、幻術、火藥等諸多方面的問題。	《中土寄洪大容手札帖》2 中洪大容與孫有義書(本朝尺牘)、宗人府有親王⋯⋯)、《杭傳尺牘》中題作"與孫容洲書"(前歲十一月書，詩⋯⋯)。筆者按，《杭傳尺牘》中所載此書內容較爲完整，《中土寄洪大容手札帖》2 中所載僅是此書的別紙部分，且附有後來孫有義對此書的回答問題部分。
68	孫有義	洪大容	時間不詳	此書爲上書的答書，爲殘書。內容附在上書別紙質問部分，孫有義對洪大容詢問的有關爵秩、貝勒覺羅、貢舉法、幻術、火藥問題，一一作了解答。	《中土寄洪大容手札帖》3 中孫有義與洪大容書(郡王、親王、輔國公之秩⋯⋯)、《中土寄洪大容手札帖》2 中洪大容與孫有義書(本朝爵秩、宗人府有親王⋯⋯)、《杭傳尺牘》中題作"與孫容洲書"(前歲十一月書，詩⋯⋯)中的孫有義答語部分，筆者按《中土寄洪大容手札帖》3 中的孫有義部分，較爲完整，最爲眞實。

① 洪大容此書中有云："如弟者，廢科業矣，不可以爲使臣。親年已高，前年一行，不可再矣。悠悠此生，已不得重渡鴨水。"洪大容於1765年(乙酉)十一月隨其叔父出使中國，其云"前年一行"，故爲此書時當爲1767年(丁亥)。洪大容與孫容洲書〉(前歲十一月書，詩⋯⋯)，洪大容《湛軒書·外集·卷一·杭傳尺牘》，《韓國文集叢刊》第248冊，第125頁。

續表

序號	撰寫人	收信人	時間	書信內容概況	書信來源
69	孫有義	洪大容	1772年(壬辰)①	對洪大容患瘧表示關心，對洪大容所託購買中華冠服而未能及時寄上進行解說明，告知洪大容自己與潘庭筠見面，但別後又失去其音信等。	《薊南尺牘》中孫有義與洪大容書(湛軒先生啓：丙戌春……)，《燕杭詩牘》中題作"答湛軒"(丙戌春拜挹芝顔……)。筆者按，《薊南尺牘》所載爲手帖，最爲真實。
70	孫有義	洪大容	1774年(甲午)②	告知對方自己近況，自己和潘庭筠聯繫的情況，自己與朝鮮趙榮順、鄧師閔、趙貨喆父子相交的情況等。	《燕杭詩牘》中題作"答湛軒"(奉達八載……)。
71	洪大容	孫有義	1774年(甲午)③	對自己得遇浙杭三士和孫有義、鄧師閔表示慶幸，表達自己願與孫有義永以爲好的期待，並附呈《寄秋庫》一詩與孫有義。	《杭傳尺牘》中題作"與蓉洲書"(蓉洲足下：某年已四十三矣……)，《撸紳赤牘》中題作"與孫蓉洲"(蓉洲足下：某年已四十三矣……)。筆者按，《撸紳赤牘》所載，內容較《杭傳尺牘》所錄更爲完整，多出信中別紙部分。

① 孫有義此書有云："丙戌春拜挹芝顔，於今六載。"丙戌即是1766年，"於今六載"是1772年(壬辰)，故此書寫於1772年(壬辰)。《薊南尺牘》。
② 孫有義此書有云："奉達八載，夢想徒殷。"孫有義與洪大容於1766年(丙戌)會晤。"奉達八載"即爲1773年(甲午)。藤塚鄰鈔校《燕杭詩牘》。
③ 洪大容此書中提及："蓉洲足下：某年已四十三矣。"洪大容生於1731年(辛亥)，四十三歲時，當爲1774年(甲午)，故此書寫於1774年(甲午)。佚名編《撸紳赤牘》。

續表

序號	撰寫人	收信人	時間	書信內容概況	書信來源
72	洪大容	孫有義	1776年(丙申)①	詢問對方近況,告知對方自己現勉強爲司憲府監察一職,並向孫有義請教關於與儒學相對的異學方面的一些問題。	《杭傳尺牘》中題作"與孫蓉洲書"(春初手札……),《擖紳赤牘》中題作"與孫蓉洲"春初手札……)。筆者按,《杭傳尺牘》所載此書正文内容不如《擖紳赤牘》所錄完整,但其所錄信件別紙②内容,《擖紳赤牘》則無載。
73	孫有義	洪大容	1777年(丁酉)	贊揚洪大容詩作;對未能及時答書與李廷藻,說明原因,並表達歉意;詳辨儒學與異端的異同。	《中土寄洪大容手札帖》2中孫有義與洪大容書(貴教書土有大小科之號……)《正祖實錄》卷一載:"丙申,英宗大喪書按,《中土寄洪大容手札帖》2所載朝鮮英宗薨時日期與洪大容所云國大喪恩升遐。"所記朝鮮英宗薨時日期與洪大容所云國喪時期吻合,故可推斷此書當寫於1776年(丙申)。佚名編《擖紳赤牘》。筆者按,《中土寄洪大容手帖》,最爲真實。

① 洪大容此書中有云:"弊邦此書於三月初,奄遭大喪,慟若喪考,嗣王即祚,後蒙恩升遐。"正祖實錄》卷一載:"丙申,英宗大王五十二年春三月丙子,英宗薨。越六日辛巳,王即位於慶熙宮之崇政門。"所記朝鮮英宗薨時日期與洪大容所云國喪時期吻合,故可推斷此書當寫於1776年(丙申)。佚名編《擖紳赤牘》。

② 此別紙内容,據《中土寄洪大容手札帖》2,當是洪大容與鄧師閔書(孟子距子距楊墨……),《中土寄洪大容手札帖》2中。《中土寄洪大容手札……》中。《中土寄洪大容手札帖》2,第106-109頁。

續表

序號	撰寫人	收信人	時間	書信內容概況	書信來源
74	洪大容	孫有義	1780年(庚子)①	寬慰對方失母之悲,告知對方自己近況,嚴果明春可能人都的情況,潘庭筠蒽蒽畏葸的情況,並向孫有義介紹出使中國的朴趾源情況等。	《杭傳尺牘》中題作"與孫蓉洲書"(大容再拜啓:頃因李白石……)。
75	孫有義	洪大容	時間不詳	説明今年運交信件的原因。	《薊南尺牘》中孫有義與洪大容書(洪湛軒先生啓:弟因候秋稟之信……)
76	洪大容	趙燈宗	時間不詳	以名實關係勸勉趙燈宗須益務深造,以對遠大。	《杭傳尺牘》中題作"答趙梅軒燈宗書"(使回便,恭接書函……)。
77	洪大容	趙燈宗	時間不詳	告知對方自己近況,勸勉趙燈宗自重,並詳細説明讀書爲學之法。	《杭傳尺牘》中題作"與梅軒書"(答秋有書……)。

① 洪大容此書中有云:"燕岩朴友趾源,……今以布衣隨其族兄上使公,擔閣家累,匹馬西行,貽書告別,行色不俗。足下一見,可知其爲人不徒文詞之絶藝而已也。"朴趾源出使中國是在1780年(庚子)十月。洪大容推薦朴趾源給孫有義,故可推斷洪大容此書當寫於1780年(庚子)。洪大容《湛軒書·外集》卷一《杭傳尺牘》,《韓國文集叢刊》第248册,第124頁。

續表

序號	撰寫人	收信人	時間	書信內容概況	書信來源
78	趙煜宗	洪大容	時間不詳	感謝洪大容能通過信件保持與自己的聯繫,告知對方自己爲學近況,已求得著草等事,並寄上七絶六首,請洪大容正。	《薊南尺牘》中趙煜宗與洪大容書(……),《燕杭詩牘》"幸接光儀,無由再晤……"。洪湛軒書"幸接光儀,無由再晤……"。筆者按,《薊南尺牘》所載爲手帖,最爲真實。
79	趙煜宗	洪大容	1769年(己丑)①	對洪大容喪父表示哀悼和慰問,對洪大容的勉表示感謝,並對自己求名行爲進行辯說。	《薊南尺牘》中趙煜宗與洪大容書(湛軒……;去臘接讀華翰)、《燕杭詩牘》中題作"與洪湛軒書"(去臘接讀華翰……)。筆者按,《薊南尺牘》、《燕杭詩牘》所載爲手帖,最爲真實。
80	趙煜宗	洪大容	時間不詳	對洪大容未接到初秋一書表示遺憾、勸說對方節哀之情,並告知對方自己爲學情況,爲自己名行爲進行辯說。	《中土寄大容手札帖》1中趙煜宗與洪大容書(去臘接得華翰……),《燕杭詩牘》中題作"與洪湛軒書"(去臘接得華翰……)。筆者按,《中土寄大容手札帖》1所載爲手帖,最爲真實。

① 此書中有云:"去臘接讀華翰,知尊翁大人仙逝,已屬小祥。"洪大容的父親去世在1767年(丁亥),已屆小祥當爲1768年(戊子),故推斷此書寫於1769年(己丑)。《薊南尺牘》。

续表

序號	撰寫人	收信人	時間	書信內容概況	書信來源
81	趙煜宗	洪大容	1770年（庚寅）	告知對方自己喪父以後情況，對洪大容遠賜奠品表示感謝，並呈"愛吾廬"八景詩請洪大容斧正。	《燕杭詩牘》中題作"與洪湛軒書"（庚寅春仲……）。
82	趙煜宗	洪大容	時間不詳	感謝洪大容惠物，告知對方自己家世情況，自己近況等。	《燕杭詩牘》中題作"答洪湛軒書"（臘底歸三……）。
83	洪大容	潘其祥	1770年（庚寅）①	對潘其祥三年來境況，表示關注。對潘其祥忙於轉寄海東諸札之舉，表示感謝。	《日下題襟集·洪高士》中題作"與潘其祥伯昌書"（教範瞑達……）。
84	朱德翻、鄧允德	洪大容	1769年（己丑）	告知洪大容近期鄧師閔的來往蹤迹及轉寄海東諸書信的情況。	《鮦南尺牘》中朱德翻、鄧允德與洪大容書（徹同事章句迂儒……）、《燕杭詩牘》中朱德翻、鄧允德與洪大容書（洪湛軒先生答：徹同事章句迂儒……）。筆者按：《鮦南尺牘》所載爲手帖，最爲真實。

①此書中有云："教範瞑達，條適三季……。閏月間接手教。"1770年（庚寅）距離1766年（丙戌）春洪大容離開北京時，已過三年，且1770年（庚寅）有閏月，故推斷此書寫於1770年（庚寅）。朱文藻編《日下題襟集·洪高士》、嚴誠撰、朱文藻編《鐵橋全集》第5冊。

續表

序號	撰寫人	收信人	時間	書信内容概況	書信來源
85	三河官鹽店佚名	洪大容	1773年(癸巳)	告知洪大容近期鄧師閔家居，並有一封書信轉寄。	《中土寄洪大容手札帖》3 中三河官鹽店佚名與洪大容書(來札領悉……)、《燕杭詩牘》中三河官鹽店佚名與洪大容書筆者按，《中土寄洪大容手札帖》3 所載爲手帖，最爲真實。
86	三河官鹽店佚名	洪大容	1775年(乙未)	告知洪大容，其轉寄給鄧師閔的書物，已經交付；告知洪大容，此次信件外，有鄧師閔托寄的物包一個。	《中土寄洪大容手札帖》3 中三河官鹽店佚名與洪大容書(客臘，接見尊札……)、《燕杭詩牘》中三河官鹽店佚名與洪大容書筆者按，《中土寄洪大容手札帖》3 所載爲手帖，最爲真實。
87	三河官鹽店佚名	洪大容	約1777年(約丁酉)①	告知洪大容，其轉寄給鄧師閔的物件，已經交付；告知洪大容，此次信件外，有鄧師閔托寄的回書一包。	《中土寄洪大容手札帖》4 中三河官鹽店佚名與洪大容書(承賜尊教……)、《燕杭詩牘》中三河官鹽店佚名與洪大容書(承賜尊教……)筆者按，《中土寄洪大容手札帖》4 所載爲手帖，最爲真實。

① 《中土寄洪大容手札帖》卷首注云："1777 年 3 月到達。"第 23 頁。

續表

序號	撰寫人	收信人	時間	書信內容概況	書信來源
88	三河官鹽店佚名	洪大容	時間不詳	告知大容,其轉寄給鄧師閔的物件,已經托人帶去,但目前還未收到鄧師閔的答書;對能夠結識洪大容,表示慶幸,同時表達對洪大容的祝福之情。	《燕杭詩牘》中三河官鹽店佚名與洪大容書(容冬寄來手札收悉……)
89	安汝止	洪大容	時間不詳	告知大容,未德翻、瞿允應、鄧師閔均不在三河官鹽店;其轉托信件,目前均已轉寄。	《燕杭詩牘》中安汝止與洪大容書(敬啓者:瞿、朱兩敝友俱調別地……)
90	徐忠	洪大容	約1777年(約丁酉)①	告知大容,其老師孫有義未能及時答書的原因。	《中士寄洪大容手札帖》4中徐忠與洪大容書(孫先生今歲……)筆者按:《中士寄洪大容手帖》4所載爲手帖,最爲眞實。
91	周步仙	洪大容	1775年(乙未)	告知大容,前此不久,趙煜宗有書信遞交三河官鹽店,業已托東使帶往朝鮮;並告知若下次面見趙煜宗時,定囑其留書。	《中士寄洪大容手帖》3中周步仙與洪大容書(啓者:梅軒趙公業有……)筆者按:《中士寄洪大容手帖》3所載爲手帖,最爲眞實。

① 《中士寄洪大容手札帖》卷首注云:"1777年3月到達。"第23頁。

表10：十八世紀清朝使者出使朝鮮一覽表①

序號	使行時間	正副使簡姓名	主要任務	載錄文獻	使行日記
1	康熙四十一年,肅宗二十八年,1702	覺羅滿保	吊祭事（吊祭朝鮮故王妃閔氏）	朝鮮《肅宗實錄》卷三六，"二十八年二月二十二日"條	
2	康熙四十二年,肅宗二十九年,1703	翰林院掌院學士揆叙，一等侍衛噶爾途	往封朝鮮國王李焞繼娶金氏爲朝鮮國王妃	《聖祖仁皇帝實錄》卷二一一	
3	康熙四十二年,肅宗二十九年,1703	不詳	以天下太平頒敕詔	朝鮮《肅宗實錄》卷三八，"二十九年五月二十九日"條	
4	康熙四十八年,肅宗三十五年,1709	頭等侍衛散秩、內閣學士年羹堯	頒復立太子敕	朝鮮《肅宗實錄》卷四七，"三十五年四月十六日"條	
5	康熙五十二年,肅宗三十九年,1713	頭等侍衛阿齊圖，護軍總管穆克登	頒清帝六十壽辰敕	朝鮮《肅宗實錄》卷五三，"三十九年五月十六日"條	
6	康熙五十六年,肅宗四十三年,1717	日講官起居注翰林院侍讀學士阿克敦，副使鑾儀衛治儀正兼佐領張廷枚	贈朝鮮國王藥物空青	朝鮮《肅宗實錄》卷六〇，"四十三年十月十三日"條	
7	康熙五十六年,肅宗四十三年,1717	阿克敦，張廷枚	清國皇太后殂，傳皇太后訃敕	朝鮮《肅宗實錄》卷六〇，"四十三年十二月二十七日"條	

① 此表主要據《清實錄》、《朝鮮王朝實錄》整理。

附　錄

續表

序號	使行時間	正副使銜姓名	主要任務	載錄文獻	使行日記
8	康熙五十八年,肅宗四十五年,1719	內閣學士兼禮部侍郎德音、治儀正張廷枚	以皇太后祔廟頒敕詔	朝鮮《肅宗實錄》卷六三,"四十五年正月二十六日"條	
9	康熙五十九年,肅宗四十六年,1720	內閣學士額和納、一等侍衛宜都都統眞德祿	吊祭故朝鮮國王肅宗	朝鮮《景宗實錄》卷二,即位年"十一月十日"條	
10	康熙六十年,景宗元年,1721	散秩大臣渣克置(查柯丹)、禮部右侍郎羅瞻	致祭故朝鮮國王李焞,諡僖順,兼册封世子李昀爲國王	《聖祖仁皇帝實錄》卷二九〇	
11	康熙六十一年,景宗二年,1722	內閣學士阿克敦、二等侍衛佛掄	任封朝鮮國王弟李昑爲世弟	《聖祖仁皇帝實錄》卷二九七	阿克敦《東遊集》
12	康熙六十一年,景宗二年,1722	額眞那、吳爾泰	頒熙皇帝遺詔	朝鮮《景宗實錄》卷一〇,"二年十二月十六日"條	
13	雍正元年,景宗三年,1723	額和納、廣福	頒雍正元年朔	朝鮮《景宗實錄》卷一一,"三年正月二十一日"條	
14	雍正元年,景宗三年,1723	內閣學士禮部侍郎常保、副使頭等侍衛伊都額眞明	頒康熙帝諡詔	朝鮮《景宗實錄》卷一二,"三年四月二十七日"條	

续表

序號	使行時間	正副使節姓名	主要任務	載錄文獻	使行日記
15	雍正元年,景宗三年,1723	通政使圖蘭、副使頭等侍衛覺羅	頒皇太后遺詔	朝鮮《景宗實錄》卷一三,"三年七月六日"條	
16	雍正元年,景宗三年,1723	散秩大臣宗室曾成、副使内閣學士鄂托拜	爲頒康熙帝袝廟敕諭及仁壽皇太后諡號	朝鮮《景宗實錄》卷一三,"三年十月十四日"條	
17	雍正二年,景宗四年,1724	一等伯欽拜	以康熙帝配享天地頒敕	朝鮮《景宗實錄》卷一四,"四年二月十一日"條	
18	雍正二年,景宗四年,1724	不詳	以皇后册立頒詔	朝鮮《景宗實錄》卷一四,"四年三月十七日"條	
19	雍正二年,景宗四年,1724	散秩大臣覺羅舒魯、翰林學士阿克敦	祭故朝鮮國王李昀、諡號恪恭,兼册封世弟李昑爲國王	《世宗憲皇帝實錄》卷二七	阿克敦《奉使圖》
20	雍正三年,英祖元年,1725	不詳	任封朝鮮國王李昑子李緈爲世子	《世宗憲皇帝實錄》卷三五	
21	雍正七年,英祖五年,1729	不詳	致祭朝鮮國王世子李緈身故	《世宗憲皇帝實錄》卷七八	
22	雍正九年,英祖七年,1731	禮部侍郎傅德	致祭敬純王大妃魚氏身故	朝鮮《英祖實錄》卷二九,"七年四月一日"條	

續表

序號	使行時間	正副使節姓名	主要任務	載錄文獻	使行日記
23	雍正九年,英祖七年,1731	大理寺少卿巴德保	傳訃救;皇后那拉氏九月二十九日崩逝	朝鮮《英祖實錄》卷三〇,"七年十一月十四日"條	
24	雍正十三年,英祖十一年,1735	不詳	傳訃救;雍正帝崩逝	朝鮮《英祖實錄》卷四〇,"十一年十月一日"條	
25	雍正十三年,英祖十一年,1735	兵部侍郎鑲國將軍宗室德沛、散秩大臣覺羅海格	頒乾隆新主登極詔	《高宗純皇帝實錄》卷二,朝鮮《英祖實錄》卷四〇,"十一年十一月十二日"條	
26	雍正十三年,英祖十一年,1735	保德①	恭上世宗憲皇帝、孝敬憲皇后尊諡禮成,頒詔朝鮮國	《清史稿》卷一〇	
27	乾隆元年,英祖十二年,1736	清使散秩大臣奉義公噶爾散、頭等侍衛班長薩	頒雍正諡	朝鮮《英祖實錄》卷四一,"十二年正月二十四日"條	

① 《清史稿》卷一〇《高宗本紀》載:"癸巳,世宗憲皇帝、孝敬憲皇后升祔太廟,頒詔覃恩有差。辛丑,命保德等頒升祔詔於朝鮮。"第352頁。

續表

序號	使行時間	正副使節姓名	主要任務	載錄文獻	使行日記
28	乾隆元年,英祖十二年,1736	清使散秩大臣信勇公照德、頭等侍衛鎮國將軍宗室什家保	頒乾隆皇太后尊號敕	朝鮮《英祖實錄》卷四一,"十二年三月四日"條	
29	乾隆元年,英祖十二年,1736	不詳	頒雍正帝祔廟配天禮成敕	朝鮮《英祖實錄》卷四四,"十三年六月九日"條	
30	乾隆三年,英祖十四年,1738	不詳	頒上皇太后尊號及册封皇后事敕	朝鮮《英祖實錄》卷四七,"十四年正月十七日"條	
31	乾隆三年,英祖十四年,1738	散秩大臣襄泰、內閣學士岱奇	册封朝鮮國王李昑子李愃為世子	《高宗純皇帝》卷六一	
32	乾隆十三年,英祖二十四年,1748	不詳	傳皇后訃	朝鮮《英祖實錄》卷六七,"二十四年四月十七日"條	
33	乾隆十三年,英祖二十四年,1748	頭等公舒靈阿、禮部侍郎鍾音	頒皇后諡號敕	朝鮮《英祖實錄》卷六八,"二十四年七月二十七日"條	
34	乾隆十四年,英祖二十五年,1749	副都統蘇呼濟、內閣學士嵩壽	來告其尊崇太后、後宮封貴妃、攝魯后及平蠻功	朝鮮《英祖實錄》卷六九,"二十五年六月十二日"條	
35	乾隆十五年,英祖二十六年,1750	不詳	頒册立皇后敕	朝鮮《英祖實錄》卷七一,"二十六年九月十四日"條	

續表

序號	使行時間	正副使節姓名	主要任務	載録文獻	使行日記
36	乾隆十七年,英祖二十八年,1752	不詳	頒太后尊號敕	朝鮮《英祖實録》卷七五,"二十八年正月二十六日"條	
37	乾隆二十二年,英祖三十三年,1757	散秩大臣祥泰、頭等侍衛長齡	祭朝鮮國王李昑之母及其妻	《高宗純皇帝實録》卷五四一	
38	乾隆二十五年,英祖三十六年,1760	輔國將軍宗室鍾福、内閣學士富德	頒平定回部敕	朝鮮《英祖實録》卷九五,"三十六年正月十五日"條	
39	乾隆二十五年,英祖三十六年,1760	散秩大夫柏成、内閣學士世貴	册封朝鮮國王李昑繼妃金氏	《高宗純皇帝實録》卷六〇八	
40	乾隆二十七年,英祖三十八年,1762	不詳	吊祭朝鮮世子李愃身故	朝鮮《英祖實録》卷一〇〇,"三十八年十二月九日"條	
41	乾隆二十八年,英祖三十九年,1763	散秩大臣弘暎、頭等侍衛廣亮	册封朝鮮國王李昑孫李祘爲世子	《高宗純皇帝實録》卷六八六	
42	乾隆四十一年,英祖五十二年,1776	散秩大臣覺羅萬福、内閣學士嵩貴	祭朝鮮國王李昑,諡莊順,追賜故世子李緈爵,諡格楒,封世孫李祘祘爲朝鮮國王	《高宗純皇帝實録》卷一〇一二	

续表

序號	使行時間	正副使節姓名	主要任務	載錄文獻	使行日記
43	乾隆四十二年,正祖元年,1777	正使散秩大臣一等襲續公兼管佐領隆興,副使内閣學士兼禮部侍郎鴻臚寺正卿公中佐領永信	皇太后喪,傳訃敕	朝鮮《正祖實錄》卷三,"元年三月七日"條	
44	乾隆四十九年,正祖八年,1784	内大臣公西明,翰林院侍讀學士阿肅	册封朝鮮國王子李㷩為世子	朝鮮《正祖實錄》卷一八,"八年十月八日"條	
45	乾隆五十一年,正祖十年,1786	工部侍郎蘇凌阿為正使,内閣學士瑞保	吊祭朝鮮國王世子李㷩病故	朝鮮《正祖實錄》卷二二,"十年閏七月十八日"條	
46	嘉慶四年,正祖二十三年,1799	散秩大臣侯張承勛,副使内閣學士恒杰	頒乾隆皇帝訃敕	朝鮮《正祖實錄》卷五,"二十三年二月一日"條	
47	嘉慶五年,正祖二十四年,1800	散秩大臣侯田國棠,内閣學士兼禮部侍郎英和	頒高宗純皇帝升配天壇恩詔	朝鮮《正祖實錄》卷五,"二十三年十二月二十四日"條	
48	嘉慶五年,正祖二十四年,1800	散秩大臣公明俊,副使内閣學士兼禮部侍郎納清保	册封李祘之子李玜為朝鮮國王	朝鮮《純祖實錄》卷一,即位年"十一月二十四日"條	

附　錄　　　　　　　　　　　　　　　　　　　　　　　　　　　　　　　　1123

表11：十八世紀朝鮮燕行使團及燕行日記一覽表①

序號	時間	干支	出使緣由	正使	副使	書狀官	燕行日記②及其作者
1	康熙四十年六月，肅宗二十七年，1701	辛巳	賫咨使	李後勉			
2	康熙四十年九月，肅宗二十七年，1701	辛巳	告訃使	宋廷奎		孟萬澤	孟萬澤《閒閒堂燕行錄》(《燕行錄全集》第39册,187—274頁)
3	康熙四十年十月，肅宗二十七年，1701	辛巳	三節年貢使	姜鋧	李善溥	朴弼明	姜鋧《看羊錄》《燕行錄全集》第30册)
4	康熙四十一年八月，肅宗二十八年,1702	壬午	謝恩使	臨昌君焜	沈枰	李世廙	
5	康熙四十一年十一月，肅宗二十八年,1702	壬午	奏請兼三節年貢使	臨陽君桓	李蓥	黄一夏	
6	康熙四十二年九月，肅宗二十九年,1703	癸未	謝恩使	礪山君枋	徐文裕	李彦經	

①此表主要據大韓民國文教部、國史編纂委員會編《同文彙考》所載《使行錄》整理。同一"燕行錄"有多個版本者，擇版本較優者錄入。
②同一"燕行錄"有多個版本者，擇版本較優者錄入。

續表

序號	時間	干支	出使緣由	正使	副使	書狀官	燕行日記及其作者
7	康熙四十二年十月,肅宗二十九年,1703	癸未	三節年貢使	徐宗泰	趙泰東	金栽	
8	康熙四十三年二月,肅宗三十年,1704	甲申	齎咨使	李俊勉			
9	康熙四十三年八月,肅宗三十年,1704	甲申	謝恩兼陳奏使	臨昌君焜	李世載	李夏源	
10	康熙四十三年十月,肅宗三十年,1704	甲申	齎咨使	崔希尚			
11	康熙四十三年十月,肅宗三十年,1704	甲申	三節年貢使	李頤命	李喜茂	李明浚	李頤命《燕行詩》(《燕行錄全集》第34册)、李頤命《燕行雜識》(《燕行錄全集》第34册)
12	康熙四十四年四月,肅宗三十一年,1705	乙酉	齎咨使	韓錫祚			
13	康熙四十四年十月,肅宗三十一年,1705	乙酉	謝恩兼三節年貢使	鄭載崙	黃欽	南迪明	
14	康熙四十五年四月,肅宗三十二年,1706	丙戌	齎咨使	吳相良			

附　錄

續表

序號	時間	干支	出使緣由	正使	副使	書狀官	燕行日記及其作者
15	康熙四十五年十月,肅宗三十二年,1706	丙戌	三節年貢使	俞得一	朴泰恒	李廷濟	俞得一《燕行日記鈔》(《燕行錄全集》第30冊)
16	康熙四十六年二月,肅宗三十三年,1707	丁亥	賫咨使	高徵厚			
17	康熙四十六年十月,肅宗三十三年,1707	丁亥	謝恩兼三節年貢使	晉平君澤	南致薰	權槩	
18	康熙四十七年十一月,肅宗三十四年,1708	戊子	三節年貢使	閔鎮厚	金致龍	金始煥	金始煥《燕行錄全集》第39冊,第341—394頁)
19	康熙四十八年七月,肅宗三十五年,1709	己丑	謝恩兼進貢使	臨陽君桓	俞集一	李淵漢	
20	康熙四十八年十月,肅宗三十五年,1709	己丑	三節年貢使	趙泰耉	任舜元	具萬理	
21	康熙四十九年十月,肅宗三十六年,1710	庚寅	賫奏使	韓配錫、崔奎			
22	康熙四十九年十月,肅宗三十六年,1710	庚寅	謝恩兼三節年貢使	鄭載崙	朴權	洪禹寧	
23	康熙四十九年十一月,肅宗三十六年,1710	庚寅	賫咨使	金弘祉			

續表

序號	時間	干支	出使緣由	正使	副使	書狀官	燕行日記及其作者
24	康熙五十年三月,肅宗三十七年,1711	辛卯	賚咨使	金慶門			
25	康熙五十年三月,肅宗三十七年,1711	辛卯	參覈使	宋正明			
26	康熙五十年六月,肅宗三十七年,1711	辛卯	賚咨使	張遠翼			
27	康熙五十年六月,肅宗三十七年,1711	辛卯	參覈使	趙泰東			
28	康熙五十年十月,肅宗三十七年,1711	辛卯	謝恩陳奏兼三節年貢使	礦山君枋			
29	康熙五十一年正月,肅宗三十八年,1712	壬辰	賚咨使	金鼎禹	金演	俞命凝	
30	康熙五十一年二月,肅宗三十八年,1712	壬辰	謝恩使	朴弼成	閔鎮遠	柳述	閔鎮遠《燕行錄》(《燕行錄全集》第36冊,第139—442頁)
31	康熙五十一年六月,肅宗三十八年,1712	壬辰	賚咨使	李杓			
32	康熙五十一年八月,肅宗三十八年,1712	壬辰	賚咨使	鄭泰賢			

續表

序號	時間	干支	出使緣由	正使	副使	書狀官	燕行日記及其作者
33	康熙五十一年十一月，肅宗三十八年，1712	壬辰	謝恩兼三節年貢使	金昌集	尹趾仁	盧世夏	金昌業《燕行塤篪錄》《燕行錄全集》第34册、金昌業《老稼齋燕行日記》《燕行錄全集》第32、33册，崔德中《燕行錄》《燕行錄全集》第40册，崔德中《燕行錄》、金昌集《燕行塤篪錄》《燕行錄全集》第3册、金昌集《燕行塤篪錄》《燕行錄全集》第29册）
34	康熙五十二年七月，肅宗三十九年，1713	癸巳	進賀兼謝恩使	臨昌君焜	權尚遊	韓重熙	
35	康熙五十二年十月，肅宗三十九年，1713	癸巳	賫咨使	李橿			
36	康熙五十二年十月，肅宗三十九年，1713	癸巳	三節年貢使	趙泰采	金相檍	韓祉	趙泰采《癸巳燕行錄》《燕行錄全集》第34册、韓祉《燕行日錄》（林基中編《增補燕行錄叢刊》，NURIMEDIA）

續表

序號	時間	干支	出使緣由	正使	副使	書狀官	燕行日記及其作者
37	康熙五十三年十一月,肅宗四十年,1714	甲午	謝恩兼三節年貢使	盈平君澤	權愭	俞崇	李澤《兩世疏草《燕行日記》附》》(林基中、夫馬進編《燕行錄全集[日本所藏編]》第1冊)
38	康熙五十三年十二月,肅宗四十年,1714	甲午	賚咨使	金慶門			
39	康熙五十四年四月,肅宗四十一年,1715	乙未	賚咨使	卞時和			
40	康熙五十四年四月,肅宗四十一年,1715	乙未	賚咨使	李杓			
41	康熙五十四年十一月,肅宗四十一年,1715	乙未	謝恩陳奏兼三節年貢使	鄭載嵩	李光佐	尹陽來	
42	康熙五十四年十二月,肅宗四十一年,1715	乙未	賚咨使	韓興五			
43	康熙五十五年十月,肅宗四十二年,1716	丙申	謝恩兼三節年貢使	礪山君枋	李大成	權熀	
44	康熙五十五年十月,肅宗四十二年,1716	丙申	賚咨使	洪萬運			
45	康熙五十六年七月,肅宗四十三年,1717	丁酉	賚咨使	李樞			

續表

序號	時間	干支	出使緣由	正使	副使	書狀官	燕行日記及其作者
46	康熙五十六年十一月，肅宗四十三年,1717	丁酉	三節年貢使	俞命雄	南就明	李重協	
47	康熙五十六年十二月，肅宗四十三年,1717	丁酉	謝恩使	朴弼成	李觀命	李挺周	
48	康熙五十七年二月，肅宗四十四年,1718	戊戌	陳慰兼進香使	礪原君柱	呂必容	金礦	
49	康熙五十七年十一月，肅宗四十四年,1718	戊戌	三節年貢使	俞集一	李世瑾	鄭錫三	
50	康熙五十八年三月，肅宗四十五年,1719	己亥	賫咨使	張文翰			
51	康熙五十八年八月，肅宗四十五年,1719	己亥	進賀兼謝恩使	礪山君枋	俞命弘	宋必桓	
52	康熙五十八年十一月，肅宗四十五年,1719	己亥	三節年貢使	趙道彬	趙榮福	申晳	趙榮福《燕行日錄》《燕行錄全集》第36冊）、《燕行別章》《燕行錄全集》第36冊）
53	康熙五十九年六月，肅宗四十六年,1720	庚子	賫咨使	申之淳、金圖南			

續表

序號	時間	干支	出使緣由	正使	副使	書狀官	燕行日記及其作者
54	康熙五十九年七月,肅宗四十六年,1720	庚子	告訃兼奏請使	李頤命	李肇	朴聖輅	李頤命《燕行雜識》(《燕行錄全集》第34冊)、李器之《一庵燕記》(《燕行錄選集》上冊)、李器之《一庵集》(《韓國文集叢刊[續]》第70冊)
55	康熙五十九年十一月,肅宗四十六年,1720	庚子	三節年貢使	李宜顯	李喬岳	趙榮世	李宜顯《庚子燕行雜識》(《燕行錄全集》第35冊)、李宜顯《庚子燕行詩》(《燕行錄全集》第35冊)
56	康熙六十年三月,景宗元年,1721	辛丑	謝恩使	趙泰采	李正臣	梁聖揆	李正臣《燕行錄》①(《韓國文集叢刊[續]》第53冊,第91—178頁)、李正臣《燕行錄》(《韓國文集叢刊[續]》第53冊,第11—13頁)

① 《燕行錄全集》第34冊亦載有李正臣《燕行錄》,但內容殘缺,不如《韓國文集叢刊(續)》第53冊所載完整,故不采納。

續表

序號	時間	干支	出使緣由	正使	副使	書狀官	燕行日記及其作者
57	康熙六十年六月,景宗元年,1721	辛丑	賫咨使	劉再昌			
58	康熙六十年十月,景宗元年,1721	辛丑	陳奏請奏兼三節年貢使	李健命	尹陽來	俞拓基	李健命《寒圃齋使行日記》(《燕行錄選集》補遺)上冊、俞拓基《雜識》(《燕行錄全集》第38冊,第30—70頁)、俞拓基《辛丑燕行錄》(《燕行錄全集》第38冊,第71—137頁)
59	康熙六十年十月,景宗元年,1721	辛丑	賫咨使	李杓			
60	康熙六十一年八月,景宗二年,1722	壬寅	賫咨使	申之淳			
61	康熙六十一年十月,景宗二年,1722	壬寅	謝恩陳奏兼三節年貢使	全城君混	李萬選	梁廷虎	
62	雍正元年正月,景宗三年,1723	癸卯	陳慰兼進香使	礪山君枋	金始煥	李承源	
63	雍正元年二月,景宗三年,1723	癸卯	賫咨使	洪萬運			

续表

序号	时间	干支	出使缘由	正使	副使	书状官	燕行日记及其作者
64	雍正元年四月,景宗三年,1723	癸卯	进贺使	密昌君樴	徐命均	柳万重	
65	雍正元年四月,景宗三年,1723	癸卯	奏咨使	韩永禧、金庆门	刘再昌、金泽		
66	雍正元年八月,景宗三年,1723	癸卯	陈慰兼进香使	吴命峻	洪重禹	黄晸	黄晸《癸卯燕行录》《燕行录全集》第37册
67	雍正元年十月,景宗三年,1723	癸卯	进贺谢恩兼三节年贡使	西平君橈	李明彦	金始烨	
68	雍正二年十月,景宗四年,1724	甲辰	告讣兼奏请使	密昌君樴	李真儒	金尚奎	金尚奎《甲辰启下》《燕行录续集》第112册
69	雍正二年十月,景宗四年,1724	甲辰	进贺谢恩兼三节年贡使	砺原君柱	李夏源	柳绖	
70	雍正三年三月,景宗四年,1724	甲辰	进贺兼谢恩使	益阳君檀	权以镇	沈埈	权以镇《燕行日记》《燕行全集》第35册、权以镇《燕行诗》《增补燕行录丛刊》
71	雍正三年四月,英祖元年,1725	乙巳	奏咨使	李挚远、李杓			
72	雍正三年四月,英祖元年,1725	乙巳	奏咨使	金庆门			

附　錄

續表

序號	時間	干支	出使緣由	正使	副使	書狀官	燕行日記及其作者
73	雍正三年四月,英祖元年,1725	乙巳	謝恩兼陳奏請使	礪城君楫	權𢢜	趙文命	趙文命《燕行錄》《燕行錄全集》第37冊)、趙文命《燕行日記》(《燕行錄續集》第112冊)
74	雍正三年十一月,英祖元年,1725	乙巳	三節年貢使	金興慶	柳復明	崔命相	
75	雍正四年二月,英祖二年,1726	丙午	謝恩兼陳奏使	西平君橈	金有慶	趙命臣	
76	雍正四年十一月,英祖二年,1726	丙午	謝恩兼三節年貢使	密豐君坦	鄭亨益	金應福	
77	雍正五年六月,英祖三年,1727	丁未	資咨使	李槤			
78	雍正五年十一月,英祖三年,1727	丁未	謝恩兼三節年貢使	洛昌君樘	李世瑾	姜必慶	姜浩溥《桑蓬錄》(《燕行錄選集》上冊)、姜浩溥《桑蓬錄》①(韓文版)(韓國延世大學中央圖書館藏)

①此版本用古代韓國語撰寫,不是用漢字撰寫。書中韓文版均是此意。

續表

序號	時間	干支	出使緣由	正使	副使	書狀官	燕行日記及其作者
79	雍正五年十一月,英祖三年,1727	丁未	賫咨使	趙光璧			
80	雍正六年正月,英祖四年,1728	戊申	謝恩兼陳奏使	沈壽賢	李明彦	趙鎮禧	李時恒《赴燕雜詠》(李時恒《和隱集》,《韓國文集叢刊[續]》第57冊,第437—446頁)、李時恒《燕行見聞錄》《燕行錄續集》第114冊)沈鏑《戊申燕行詩》(《燕行錄續集》第114冊)
81	雍正六年五月,英祖四年,1728	戊申	賫咨使	洪若水、金鼎禹			
82	雍正六年八月,英祖四年,1728	戊申	謝恩兼陳奏使	西平君橈	鄭錫三	申致雲	
83	雍正六年十一月,英祖四年,1728	戊申	三節年貢使	尹淳	趙翼命	權一衡	
84	雍正七年八月,英祖五年,1729	己酉	謝恩使	驪川君增	宋成明	尹光益	金舜協《燕行錄》《燕行錄全集》第38冊)
85	雍正七年十月,英祖五年,1729	己酉	賫咨使	金是瑜			

續表

序號	時間	干支	出使緣由	正使	副使	書狀官	燕行日記及其作者
86	雍正七年十月,英祖五年,1729	己酉	三節年貢使	金東弼	趙錫命	沈星鎮	趙錫命《墨沼燕行詩》(《燕行錄續集》第114册)
87	雍正八年六月,英祖六年,1730	庚戌	賷咨使	李樞			
88	雍正八年八月,英祖六年,1730	庚戌	告訃使	慎無逸		南泰良	南泰良《燕行雜稿》(《燕行錄續集》第114册)
89	雍正八年九月,英祖六年,1730	庚戌	賷咨使	趙光璧			
90	雍正八年十一月,英祖六年,1730	庚戌	謝恩兼三節年貢使	西平君橈	尹惠教	鄭必寧	
91	雍正九年六月,英祖七年,1731	辛亥	賷咨使	金慶門			
92	雍正九年十一月,英祖七年,1731	辛亥	謝恩兼三節年貢使	洛昌君樘	趙尚絅	李日躋	趙尚絅《燕槎錄》(《燕行錄全集》第37册)
93	雍正九年十二月,英祖七年,1731	辛亥	陳慰兼進香使	陽平君檣	李春躋	尹得和	

續表

序號	時間	干支	出使緣由	正使	副使	書狀官	燕行日記及其作者
94	雍正十年七月,英祖八年,1732	壬子	進賀兼謝恩使	李宜顯	趙最壽	韓德厚	李宜顯《壬子燕行詩》《燕行錄全集》第35冊)、李宜顯《壬子燕行雜識》(《燕行錄全集》第35冊)、韓德厚《承旨公燕行日錄》(《燕行錄全集》第50冊)、趙最壽《壬子燕行日記》(《燕行錄全集》第50冊)
95	雍正十年十月,英祖八年,1732	壬子	三節年貢使	李真望	徐宗燮	吳瑗	吳瑗《月令燕行詩》①(吳瑗《月令集》卷三,《韓國文集叢刊》第218冊)
96	雍正十一年正月,英祖九年,1733	癸丑	賫咨使	洪萬運			

① 《燕行錄續集》第115冊中趙觀彬《悔軒燕行詩》後亦附有《月令燕行詩》,但內容殘缺,不如《韓國文集叢刊》第218冊中所載完整,故不采納。

續表

序號	時間	干支	出使緣由	正使	副使	書狀官	燕行日記及其作者
97	雍正十一年二月,英祖九年,1733	癸丑	資咨使	韓壽禧			
98	雍正十一年五月,英祖九年,1733	癸丑	資咨使	金定瑜			
99	雍正十一年十一月,英祖九年,1733	癸丑	謝恩兼三節年貢使	密昌君樴	閔應洙	尹彙貞	
100	雍正十二年七月,英祖十年,1734	甲寅	陳奏使	徐命均	朴文秀	黃梓	黃梓《甲寅燕行錄》載《畢依齋遺稿》(未收集到)
101	雍正十二年十一月,英祖十年,1734	甲寅	三節年貢使	尹遊	洪景輔	南泰溫	
102	雍正十三年七月,英祖十一年,1735	乙卯	資咨使	李命蘷			
103	雍正十三年七月,英祖十一年,1735	乙卯	陳奏兼謝恩使	陽平君橚	徐宗伋	申致謹	
104	雍正十三年十月,英祖十一年,1735	乙卯	陳慰兼進香使	洛昌君樘	李壽沆	李潤身	
105	雍正十三年十一月,英祖十一年,1735	乙卯	謝恩兼三節年貢使	驪善君壆	李德壽	具宅奎	李德壽《燕行錄》《燕行錄續集》(第115冊)

續表

序號	時間	干支	出使緣由	正使	副使	書狀官	燕行日記及其作者
106	雍正十三年十一月,英祖十一年,1735	乙卯	賚咨使	卞熀			
107	乾隆元年三月,英祖十二年,1736	丙辰	進賀兼謝恩使	咸平君泓	鄭錫五	任珽	任珽《燕行錄》《燕行錄續集》第115冊
108	乾隆元年三月,英祖十二年,1736	丙辰	賚咨使	韓致亨			
109	乾隆元年十月,英祖十二年,1736	丙辰	進賀謝恩兼三節年貢使	長溪君棣	金始炯	徐命珩	
110	乾隆二年正月,英祖十三年,1737	丁巳	賚咨使	吳泰說			
111	乾隆二年七月,英祖十三年,1737	丁巳	陳奏兼奏請使	徐命均	柳儼	李喆輔	李喆輔《燕槎錄》《燕行錄》第37冊,第304—399頁》,李喆輔《丁巳燕行日記》《燕行錄全集》第37冊》
112	乾隆二年十一月,英祖十三年,1737	丁巳	進賀謝恩兼三節年貢使	海興君橿	金龍慶	南渭老	
113	乾隆三年七月,英祖十四年,1738	戊午	賚咨使	鄭泰賢			

附　録

續表

序號	時間	干支	出使緣由	正使	副使	書狀官	燕行日記及其作者
114	乾隆三年七月,英祖十四年,1738	戊午	進賀謝恩兼陳奏使	金在魯	金始燁	李亮臣	
115	乾隆三年十一月,英祖十四年,1738	戊午	三節年貢使	趙最壽	李瀷	金光世	
116	乾隆四年二月,英祖十五年,1739	己未	陳慰兼謝恩使	密陽君梡	徐宗玉	李德重	
117	乾隆四年六月,英祖十五年,1739	己未	賫咨使	韓壽禧			
118	乾隆四年十一月,英祖十五年,1739	己未	三節年貢兼謝恩使	綾昌君橚	李匡德	李道謙	
119	乾隆五年二月,英祖十六年,1740	庚申	賫咨使	李榲			
120	乾隆五年四月,英祖十六年,1740	庚申	賫咨使	張采維			
121	乾隆五年十月,英祖十六年,1740	庚申	賫咨使	韓壽禧			
122	乾隆五年十一月,英祖十六年,1740	庚申	謝恩兼三節年貢使	洛豐君楺	閔亨洙	洪昌漢	洪昌漢《燕行日記》《燕行録全集》第39冊)
123	乾隆六年八月,英祖十七年,1741	辛酉	賫咨使	李命稷			

續表

序號	時間	干支	出使緣由	正使	副使	書狀官	燕行日記及其作者
124	乾隆六年十一月,英祖十七年,1741	辛酉	三節年貢兼謝恩使	驪善君 壏	鄭彥燮	金宗台	
125	乾隆七年十一月,英祖十八年,1742	壬戌	三節年貢兼謝恩使	洛昌君 樘	徐命彬	洪重一	
126	乾隆八年四月,英祖十九年,1743	癸亥	賫咨使	李邦綏、李樞			
127	乾隆八年七月,英祖十九年,1743	癸亥	問安使	趙顯命		金尙迪	趙顯命《燕行錄》《燕行錄全集》第38冊)、趙顯命《燕行日記》(林基中、夫馬進編《燕行錄全集[日本所藏編]》第1冊)
128	乾隆八年十一月,英祖十九年,1743	癸亥	三節年貢兼謝恩使	綾昌君 橚	柳復明	俞宇基	
129	乾隆九年正月,英祖二十年,1744	甲子	進賀兼謝恩使	陽平君 檣	李日躋	李裕身	
130	乾隆九年十月,英祖二十年,1744	甲子	賫咨使	李樞			
131	乾隆九年十一月,英祖二十年,1744	甲子	三節年貢兼謝恩使	西平君 橈	魚有龍	李夏宗	

附錄

續表

序號	時間	干支	出使緣由	正使	副使	書狀官	燕行日記及其作者
132	乾隆十年十一月，英祖二十一年，1745	乙丑	三節年貢使	趙觀彬	鄭俊一	閔百祥	趙觀彬《燕行詩》（《燕行錄全集》第37冊）
133	乾隆十一年四月，英祖二十二年，1746	丙寅	陳奏兼謝恩使	驪善君壆	趙榮國	李台重	
134	乾隆十一年十一月，英祖二十二年，1746	丙寅	謝恩兼三節年貢使	海興君橿	尹汲	安集	尹汲《燕行日記》（林基中、夫馬進編《燕行錄全集[日本所藏編]》第1冊）
135	乾隆十二年五月，英祖二十三年，1747	丁卯	賚咨使	韋壽禧			
136	乾隆十二年十一月，英祖二十三年，1747	丁卯	三節年貢兼謝恩使	洛豐君楑	李喆輔	趙明鼎	李喆輔《丁卯燕行錄》（《燕行錄全集》第37冊，399—414頁）
137	乾隆十三年正月，英祖二十四年，1748	戊辰	賚咨使	韋致桓			
138	乾隆十三年五月，英祖二十四年，1748	戊辰	陳慰兼進香使	海運君槤	趙明謙	沈鑅	
139	乾隆十三年七月，英祖二十四年，1748	戊辰	賚咨使	金昌祚			

續表

序號	時間	干支	出使緣由	正使	副使	書狀官	燕行日記及其作者
140	乾隆十三年十月,英祖二十四年,1748	戊辰	進賀謝恩兼三節年貢使	鄭錫五	鄭亨復	李彝章	
141	乾隆十三年十二月,英祖二十四年,1748	戊辰	参覈使	金尚迪			
142	乾隆十四年六月,英祖二十五年,1749	己巳	賫咨使	金泰端			
143	乾隆十四年九月,英祖二十五年,1749	己巳	進賀兼謝恩使	趙顯命	南泰良	申晫	
144	乾隆十四年十一月,英祖二十五年,1749	己巳	三節年貢兼謝恩使	洛昌君樘	黃晸	俞彦述	俞彦述《燕京雜識》《燕行錄全集》第39冊)
145	乾隆十五年正月,英祖二十六年,1750	庚午	賫咨使	金裕門			
146	乾隆十五年二月,英祖二十六年,1750	庚午	賫咨使	韓致亨			
147	乾隆十五年四月,英祖二十六年,1750	庚午	参覈使	南泰耆			
148	乾隆十五年十一月,英祖二十六年,1750	庚午	謝恩陳奏兼三節年貢使	海春君栐	黃梓	任珹	黃梓《庚午燕行錄》載《畢依齋遺稿》(未收集到)

续表

序號	時間	干支	出使緣由	正使	副使	書狀官	燕行日記及其作者
149	乾隆十五年十二月,英祖二十六年,1750	庚午	進賀兼謝恩使	洛豐君楙	尹得和	尹光纘	
150	乾隆十六年十一月,英祖二十七年,1751	辛未	謝恩兼三節年貢使	洛昌君樘	申思建	趙重晦	
151	乾隆十七年七月,英祖二十八年,1752	壬申	進賀兼謝恩使	海運君槤	韓師得	俞漢蕭	
152	乾隆十七年十一月,英祖二十八年,1752	壬申	三節年貢兼謝恩使	海興君橿	南泰齊	金文行	南泰齊《椒蔗錄》《燕行錄續集》第116册）
153	乾隆十八年十一月,英祖二十九年,1753	癸酉	謝恩兼三節年貢使	洛豐君楙	李命坤	鄭純儉	
154	乾隆十九年七月,英祖三十年,1754	甲戌	問安使	俞拓基		沈鏽	俞拓基《甲戌瀋行錄（含瀋使還瀋渡江狀啓別單）》（《燕行錄全集》第38册,第138—163頁）
155	乾隆十九年十一月,英祖三十年,1754	甲戌	三節年貢兼謝恩使	長溪君棩	李宗白	李惟秀	
156	乾隆十九年十二月,英祖三十年,1754	甲戌	謝恩使	海春君栐	金相奭	沈鏳	
157	乾隆二十年十月,英祖三十一年,1755	乙亥	進賀兼謝恩使	海運君槤	黄景源	徐命膺	黄景源《燕行詩》（《增補燕行錄叢刊》）

續表

序號	時間	干支	出使緣由	正使	副使	書狀官	燕行日記及其作者
158	乾隆二十年十一月,英祖三十一年,1755	乙亥	三節年貢兼謝恩使	海逢君櫟	鄭光忠	李基敬	鄭光忠《燕集》《燕行錄日錄》第39册,第11—83頁)、李基敬《飲冰行程曆》(《燕行錄續集》第116册)
159	乾隆二十年十一月,英祖三十一年,1755	乙亥	賫咨使	邊憲			
160	乾隆二十一年正月,英祖三十二年,1756	丙子	賫咨使	李廷燽			
161	乾隆二十一年十一月,英祖三十二年,1756	丙子	謝恩兼三節年貢使	長溪君棣	曹命采	任師夏	
162	乾隆二十一年十二月,英祖三十二年,1756	丙子	賫咨使	李命稷			
163	乾隆二十二年二月,英祖三十三年,1757	丁丑	賫咨使	安命説			
164	乾隆二十二年四月,英祖三十三年,1757	丁丑	告訃使	金尚重			
165	乾隆二十二年四月,英祖三十三年,1757	丁丑	告訃使	安集		李命植	

附錄

續表

序號	時間	干支	出使緣由	正使	副使	書狀官	燕行日記及其作者
166	乾隆二十二年六月,英祖三十三年,1757	丁丑	參覈使	李彝章			
167	乾隆二十二年十一月,英祖三十三年,1757	丁丑	謝恩兼三節年貢使	海興君橿	金尚翼	李彥衡	
168	乾隆二十二年十二月,英祖三十三年,1757	丁丑	賫咨使	李廷檣			
169	乾隆二十三年十一月,英祖三十四年,1758	戊寅	謝恩陳奏兼三節年貢使	長溪君棩	李得宗	李德海	
170	乾隆二十四年十月,英祖三十五年,1759	己卯	謝恩奏請兼三節年貢使	海春君栐	趙明鼎	權導	
171	乾隆二十五年正月,英祖三十六年,1760	庚辰	賫咨使	洪大成			
172	乾隆二十五年七月,英祖三十六年,1760	庚辰	進賀兼謝恩使	海運君槤	徐命臣	趙㦿	徐命臣《庚辰燕行錄》(《燕行錄全集》第62册,第11—158頁)
173	乾隆二十五年十一月,英祖三十六年,1760	庚辰	三節年貢使	洪啓禧	趙榮進	李徽中	李商鳳《北轅錄》(《〈燕行錄選集〉補遺》上册)
174	乾隆二十五年十二月,英祖三十六年,1760	庚辰	賫咨使	李禧仁			

续表

序号	時間	干支	出使緣由	正使	副使	書狀官	燕行日記及其作者
175	乾隆二十六年十月,英祖三十七年,1761	辛巳	三節年貢兼謝恩使	海興君橿	南泰會	李宜老	
176	乾隆二十六年十二月,英祖三十七年,1761	庚辰	賫咨使	邊憲			
177	乾隆二十七年閏五月,英祖三十八年,1762	壬午	賫咨使	李鉉相、金昌祚			
178	乾隆二十七年九月,英祖三十八年,1762	壬午	賫咨使	安命禹			
179	乾隆二十七年十一月,英祖三十八年,1762	壬午	進賀謝恩兼三節年貢使	咸溪君櫄	李奎采	朴弼逵	
180	乾隆二十七年十二月,英祖三十八年,1762	壬午	賫咨使	金鳳瑞			
181	乾隆二十八年二月,英祖三十九年,1763	癸未	謝恩兼陳奏請使	長溪君棅	洪重孝	洪趾海	
182	乾隆二十八年六月,英祖三十九年,1763	癸未	賫咨使	韓致恒			
183	乾隆二十八年十一月,英祖三十九年,1763	癸未	謝恩兼三節年貢使	順悌君烜	洪名漢	李憲默	李憲默《燕行日錄》《燕行錄續集》第118册)
184	乾隆二十八年十二月,英祖三十九年,1763	癸未	賫咨使	張采維			

續表

序號	時間	干支	出使緣由	正使	副使	書狀官	燕行日記及其作者
185	乾隆二十九年正月,英祖四十年,1764	甲申	齎咨使	李天埴			
186	乾隆二十九年三月,英祖四十年,1764	甲申	參覈使	金鍾正			金鍾正《瀋陽日錄》《瀋陽全集》第41册,第177—223頁)
187	乾隆二十九年十一月,英祖四十年,1764	甲申	謝恩陳奏兼三節年貢使	全恩君墩	韓光會	安杓	
188	乾隆三十年十一月,英祖四十一年,1765	乙酉	三節年貢兼謝恩使	順義君烜	金善行	洪檍	洪大容《湛軒燕記》《燕行錄全集》第42册)、洪大容《乾净筆譚》《燕行錄全集》第43册)、洪大容《乾净衙筆談》《湛軒書·外集》卷二、《韓國文集叢刊》第248册)、洪大容《乙丙燕行錄》《韓文版》《燕行錄全集》第43册)
189	乾隆三十一年十月,英祖四十二年,1766	丙戌	三節年貢兼謝恩使	咸溪君熀	尹得養	李亨逵	
190	乾隆三十二年十月,英祖四十三年,1767	丁亥	三節年貢兼謝恩使	全恩君墩	李心源	李壽勛	李心源《丁亥燕槎錄》(林基中,夫馬進編《燕行錄全集[日本所藏編]》第1册)

续表

序號	時間	干支	出使緣由	正使	副使	書狀官	燕行日記及其作者
191	乾隆三十三年十月,英祖四十四年,1768	戊子	三節年貢兼謝恩使	順義君烜	具允鈺	李永中	
192	乾隆三十四年十月,英祖四十五年,1769	己丑	三節年貢使	徐命膺	洪梓	洪樂信	
193	乾隆三十五年十月,英祖四十六年,1770	庚寅	三節年貢兼謝恩使	慶興君栴	宋瑩中	李命彬	
194	乾隆三十六年五月,英祖四十七年,1771	辛卯	陳奏兼謝恩使	金尚喆	尹東遂	沈頤之	
195	乾隆三十六年十一月,英祖四十七年,1771	辛卯	謝恩兼三節年貢使	海溪君烇	趙榮順	李宅鎮	
196	乾隆三十七年十一月,英祖四十八年,1772	壬辰	進賀謝恩兼三節年貢使	順義君烜	尹東昇	李致中	
197	乾隆三十八年十一月,英祖四十九年,1773	癸巳	謝恩兼三節年貢使	樂林君埏	嚴璹	任希簡	嚴璹《燕行錄》(《燕行錄全集》第 40 册)
198	乾隆三十九年二月,英祖五十年,1774	甲午	賫咨使	李洙			
199	乾隆三十九年十一月,英祖五十年,1774	甲午	三節年貢兼謝恩使	海溪君烇	趙㦿成	李世顗	
200	乾隆三十九年十二月,英祖五十年,1774	甲午	賫咨使	洪命福			

续表

序號	時間	干支	出使緣由	正使	副使	書狀官	燕行日記及其作者
201	乾隆四十年二月,英祖五十一年,1775	乙未	賫咨使	金振夏			
202	乾隆四十年十一月,英祖五十一年,1775	乙未	三節年貢兼謝恩使	樂林君	李海重	林得浩	
203	乾隆四十一年四月,英祖五十二年,1776	丙申	告訃奏請兼陳奏使	金致仁	鄭昌順	李鎮衡	
204	乾隆四十一年十一月,英祖五十二年,1776	丙申	進賀兼謝恩使	李澂	徐浩修	吳大益	
205	乾隆四十一年十一月,英祖五十二年,1776	丙申	三節年貢兼謝恩使	朴明源	鄭好仁	申思運	
206	乾隆四十一年十二月,英祖五十二年,1776	丙申	賫咨使	金履熙			
207	乾隆四十二年四月,正祖元年,1777	丁酉	陳慰兼進香使	鄭尚淳	宋載經	姜忱	
208	乾隆四十二年十月,正祖元年,1777	丁酉	進賀謝恩陳奏兼三節年貢使	河恩君垙	李珅	李任學	李珅《燕行記事》(《燕行錄全集》第52册,第53册)
209	乾隆四十二年十一月,正祖元年,1777	丁酉	賫咨使	金弘喆			

續表

序號	時間	干支	出使緣由	正使	副使	書狀官	燕行日記及其作者
210	乾隆四十三年三月,正祖二年,1778	戊戌	謝恩兼陳奏使	蔡濟恭	鄭一祥	沈念祖	蔡濟恭《含忍錄》(《蔡濟恭全集》第40冊),李德懋《入燕記》(《燕行錄全集》第57冊)
211	乾隆四十三年閏六月,正祖二年,1778	戊戌	問安使	李澈		南鶴聞	
212	乾隆四十三年九月,正祖二年,1778	戊戌	謝恩使	河恩君 柄	尹坊	鄭宇淳	
213	乾隆四十三年十一月,正祖二年,1778	戊戌	三節年貢使	鄭光漢	李秉模	趙時偉	
214	乾隆四十四年十月,正祖三年,1779	己亥	三節年貢兼謝恩使	黄仁點	洪檢	洪明浩	
215	乾隆四十五年五月,正祖四年,1780	庚子	進賀兼謝恩使	朴明源	鄭元始	趙鼎鎮	朴趾源《熱河日記》(朱瑞平校點,上海書店,1997),盧以漸《隨槎錄》(《燕行錄全集》第41冊)
216	乾隆四十五年十月,正祖四年,1780	庚子	謝恩使	茂林君 塘	李崇祜	尹長烈	

續表

序號	時間	干支	出使緣由	正使	副使	書狀官	燕行日記及其作者
217	乾隆四十五年十一月,正祖四年,1780	庚子	三節年貢使	徐有慶	申大升	林濟遠	
218	乾隆四十六年十一月,正祖五年,1781	辛丑	三節年貢兼謝恩使	黃仁點	洪秀輔	林錫喆	
219	乾隆四十七年十月,正祖六年,1782	壬寅	三節年貢兼謝恩使	鄭存謙	洪良浩	洪文泳	洪良浩《燕雲紀行》《燕行錄全集》第41冊)、佚名《燕行記著》(林基中、夫馬進編《燕行錄全集[日本所藏編])》第1冊。筆者按,夫馬進推斷此爲是年的燕行日記的可能性極大)《燕行日記》(鄭存謙、韓國私人藏書家)
220	乾隆四十八年六月,正祖七年,1783	癸卯	聖節兼問安使	李福源	吳載純	尹㯳	吳載純《航海朝天圖》跋)、《燕行錄全集》第41冊)、李田秀《農隱入潘記》《燕行錄全集》第30冊)、李晚秀《屐車集》《燕行錄全集》第60冊)

續表

序號	時間	干支	出使緣由	正使	副使	書狀官	燕行日記及其作者
221	乾隆四十八年十月,正祖七年,1783	癸卯	謝恩使	洪樂性	尹師國	李魯春	李魯春《北燕紀行》(韓文版)(《燕行錄續集》第119冊)
222	乾隆四十八年十月,正祖七年,1783	癸卯	三節年貢兼謝恩使	黃仁點	柳義養	李東郁	
223	乾隆四十九年七月,正祖八年,1784	甲辰	謝恩兼陳奏請使	金熤	金尚集	李祧溫	
224	乾隆四十九年十月,正祖八年,1784	甲辰	進賀謝恩兼三節年貢使	李徽之	姜世晃	李泰永	姜世晃《豹庵燕京編》(《燕行錄續集》第119冊)
225	乾隆四十九年十二月,正祖八年,1784	甲辰	謝恩使	朴明源	尹承烈	李鼎運	金照《燕行錄》(《燕行錄全集》第70冊,第11—126頁)
226	乾隆五十年正月,正祖九年,1785	乙巳	賫咨使	李瀅			
227	乾隆五十年十月,正祖九年,1785	乙巳	三節年貢兼謝恩使	安春君彤	李致中		
228	乾隆五十一年三月,正祖十年,1786	丙午	賫咨使	鄭思賢		宋銓	

續表

序號	時間	干支	出使緣由	正使	副使	書狀官	燕行日記及其作者
229	乾隆五十一年五月,正祖十年,1786	丙午	賫咨使	沈樂洙、張濂			沈樂洙《燕行日乘》《《燕行錄全集》第57冊)
230	乾隆五十一年九月,正祖十年,1786	丙午	謝恩兼三節年貢使	黃仁點	尹尚東	李勉兢	
231	乾隆五十二年十月,正祖十一月,1787	丁未	三節年貢兼謝恩使	俞彥鎬	趙瓊	鄭致淳	俞彥鎬《燕行錄》《《燕行錄全集》第41冊)、趙焕《燕行日記》《《燕行錄選集補遺》中冊)(筆者按,趙焕當爲趙瓊之誤寫)
232	乾隆五十三年四月,正祖十二年,1788	戊申	賫咨使	洪命福			
234	乾隆五十三年十月,正祖十二年,1788	戊申	三節年貢兼謝恩使	李在協	魚錫定	俞漢謨	魚錫定《燕行錄》《《燕行錄續集》第119冊)
235	乾隆五十四年十月,正祖十三年,1789	己酉	進賀謝恩兼三節年貢使	李性源	趙宗鉉	成種仁	趙秀三《燕行紀程》《《燕行錄續集》第119冊)
236	乾隆五十五年三月,正祖十四年,1790	庚戌	賫咨使	張濂			

續表

序號	時間	干支	出使緣由	正使	副使	書狀官	燕行日記及其作者
237	乾隆五十五年五月,正祖十四年,1790	庚戌	進賀兼謝恩使	黃仁點	徐浩修	李百亨	徐浩修《燕行記》《燕行錄全集》第50—51册)、柳得恭《灤陽車中雜咏》(《柳得恭全集》第60册)、柳得恭《灤陽錄》(《廣文書局,1968)、柳得恭《並世集》(《柳得恭全集》第60册)、黃仁點《庚戌乘槎錄》(《韓文版燕行錄續集》第119册,120册)
238	乾隆五十五年十月,正祖十四年,1790	庚戌	冬至兼謝恩使	金箕性	閔台爀	李祉永	金箕性《燕行日記》乾卷(《增補燕行錄叢刊》);金箕性《燕行日記》坤卷(林基中、夫馬進編《燕行錄全集[日本所藏編]》第1册)、白景炫《燕行錄》(《燕行錄選集》補遺《中册》)

續表

序號	時間	干支	出使緣由	正使	副使	書狀官	燕行日記及其作者
239	乾隆五十六年十月,正祖十五年,1791	辛亥	冬至兼謝恩使	金履素	李祖源	沈能翼	金正中《燕行錄》(《燕行錄全集》第75冊,第11—310頁)
240	乾隆五十六年十二月,正祖十五年,1791	辛亥	賚咨使	鄭思賢			
241	乾隆五十七年十月,正祖十六年,1792	壬子	三節年貢兼謝恩使	朴宗岳	徐龍輔	金祖淳	金祖淳《燕行錄》(《燕行錄全集》第65冊)
242	乾隆五十八年十月,正祖十七年,1793	癸丑	三節年貢兼謝恩使	黃仁點	李在學	鄭東觀	李在學《癸丑燕行詩》《燕行錄學全集》第57冊)、《燕行日記》(《燕行錄全集》第58冊、李鑶祜《燕行錄》《韓文版》(《增補燕行錄叢刊》)
243	乾隆五十九年十月,正祖十八年,1794	甲寅	進賀使	朴宗岳	鄭大容	鄭尚愚	
244	乾隆五十九年十月,正祖十八年,1794	甲寅	三節年貢兼謝恩使	洪良浩	李義弼	沈興永	洪良浩《燕雲續詠》(《燕行錄》第41冊)、洪良浩《燕遊雜記》(洪良浩撰,洪敬謨編《耳溪先生三編全書》卷八四、八五)、洪義俊《甲寅燕行詩》(《燕行錄續集》第121冊)

续表

序号	时间	干支	出使缘由	正使	副使	书状官	燕行日记及其作者
245	乾隆六十年十月,正祖十九年,1795	乙卯	三节年贡兼谢恩使	闵钟显	李亨元	赵德润	
246	乾隆六十年十一月,正祖十九年,1795	乙卯	赍咨使	郑思贤			
247	乾隆六十年十一月,正祖十九年,1795	乙卯	进贺兼谢恩使	李秉模	徐有防	柳䐉	
248	嘉庆元年四月,正祖二十年,1796	丙辰	赍咨使	金伦瑞			
249	嘉庆元年九月,正祖二十年,1796	丙辰	丙辰九月意外飘海至中国(参见《燕行录全集》第61册,第87页)	李邦翼			李邦翼《飘海歌》(《韩文版》)《燕行录全集》第61册)笔者按,严格意义上讲此非"燕行录",而是"飘海录"。
250	嘉庆元年十月,正祖二十年,1796	丙辰	谢恩兼三节年贡使	金思穆	柳烔	李朔模	洪致闻《丙辰苫块录》(《燕行录续集》第121册)
251	嘉庆二年十月,正祖二十一年,1797	丁巳	三节年贡兼谢恩使	金文淳	申耆	洪乐游	

附錄　　　　　　　　　　　　　　　　　　　　　　　　　1157

續表

序號	時間	干支	出使緣由	正使	副使	書狀官	燕行日記及其作者
252	嘉慶三年十月,正祖二十二年,1798	戊午	三節年貢兼謝恩使	李祖源	金勉柱	徐有聞	徐有聞《戊午燕行錄》(《燕行錄全集》第62册)、金勉柱《燕行錄全集》第65册)
253	嘉慶四年三月,正祖二十三年,1799	己未	陳慰兼進香使	具敏和	金履翼	曹錫中	
254	嘉慶四年七月,正祖二十三年,1799	己未	進賀兼謝恩使	趙尚鎮	徐瀅修	韓致應	
256	嘉慶四年十月,正祖二十三年,1799	己未	進賀兼歲幣使	金載瓚	李基讓	具得魯	
257	嘉慶五年正月,正祖二十四年,1800	庚申	進賀兼謝恩使	具敏和	韓用龜	柳畊	
258	嘉慶五年閏四月,正祖二十四年,1800	庚申	陳奏兼奏請使	李秉模	李集斗	朴鍾淳	
259	嘉慶五年八月,正祖二十四年,1800	庚申	告訃兼奏請使	具敏和	鄭大容	張至冕	
260	嘉慶五年十一月,正祖二十四年,1800	庚申	歲幣兼謝恩使	李得臣	林蓍喆	尹羽烈	

十八世紀中朝文人學誼的新見證（一）
——《同文神交》

《同文神交》尺牘集，是筆者在做"十八世紀中朝文人交流研究"課題研究而查閱相關文獻資料時，偶然發現的十八世紀中朝文人往來尺牘集（均爲手帖原件）。這本尺牘集在韓國國立中央圖書館古籍部塵封已久，在我將其發掘出來以前，從未有其他學者發現。

《同文神交》分爲上下兩册，上册爲朝鮮洪良浩與清文人來往書帖，共計16封；下册爲朝鮮徐浩修與清文人的來往書帖，共有7封。

一、《同文神交》上册

封面

封面：庚辰六月下澣，無號李漢福追題。

第一封：

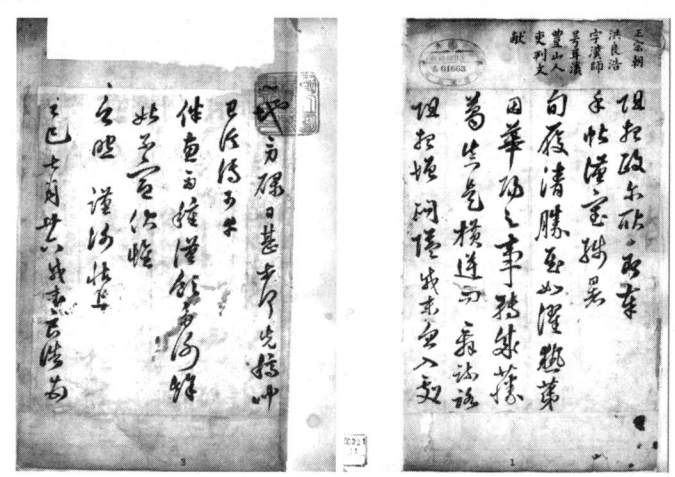

書信上欄題：正宗朝，洪良浩，字漢師，號耳溪，豐山人。吏判文獻。

書信原文：

阻想政爾耿耿，即奉手帖，漢室殘暑，旬履清勝，至如濯熱。第因華陽之事，轉成藤葛，真是橫逆，而辭謝路阻，想增悶隘。歲末忽入處之地，勞碌日甚，奈何？先稿草已經傳，可幸。伴惠兩種，謹領多謝，餘姑不宣。伏惟台照，謹謝狀上。乙巳十月廿六，歲末良浩頓首。

第二封:

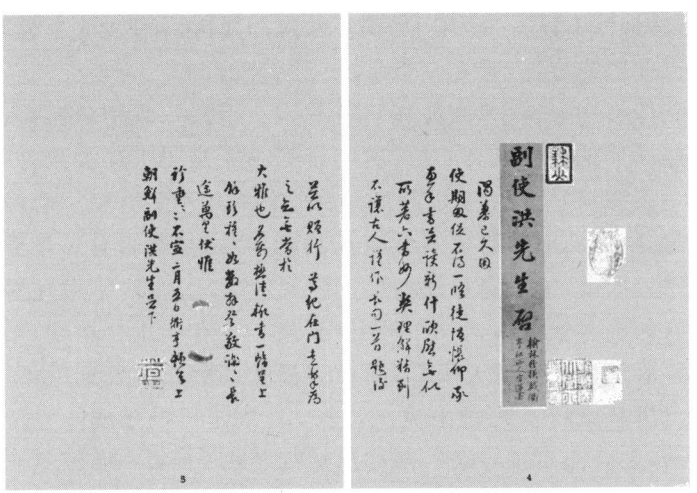

副使洪先生啓（翰林修撰戴衢亨，江西人，字蓮士。）

渴慕已久，因使期匆促，不得一晤，徒增悵仰。承惠手書，並讀新什，欣慰無似，所著《六書妙契》理解精到，不讓古人。謹作長句一首題後，並以贈行。尊紀在門，走筆爲之，知無當於大雅也。名紙極佳，輒書一幅呈上。餘珍種種，如數拜登，敬謝！敬謝！長途萬里，伏惟珍重，珍重！不宣。二月五日，衢亨頓首，上朝鮮副使洪先生足下。①

　　副使洪先生，内長句一首上。

　　鴨緑江頭春水生，貢使諏日將登程。示我一編别隸體，六書妙解羅縱橫。偏旁點畫具心得，奥字奇語令人驚。書體從來首篆籀，岷峨積石源流清。上考冰斯溯倉頡，貴從山下窮滄瀛。峋嶁荒碑不可讀，陳倉石鼓徒紛呈。急就凡將雜訓詁，往往附會參形聲。洪公讀書究原委，欲以新意超前英。强尋波磔欣創獲，細與注釋誇研精。有如園客獻獨繭，音徽一一符天成。昨者朝正會諸使，華鐙清宴聯拜賡。詩成竟得天子喜，勝事傳播嗟朝卿。使歸期限不可駐，詰朝萬里將東行。我雖未見已心折，況乃佳什投瑶瑛。方今聖人焕文治，宏開四庫排峥嶸。譬如洪鐘列萬虡，大叩小叩鏗然鳴。願子登堂勉入室，更追太古探咸韺。此編蒐討亦不易，辛勤膏晷凡幾更。置之几案珍什襲，有如晤對相論評。春風馬首元菟城，薊門烟樹瞻神京。相期白首保令名，莫忘今日歌詩情。

　　朝鮮洪副使示所著《六書妙契》，爲題其後，並答來詩，即以贈行。大庾戴衢亨稿。②

---

① 洪良浩《耳溪集》卷一五《與戴翰林衢亨書》後附戴衢亨答書，與此爲同一書信。《韓國文集叢刊》第 241 册，第 263 頁。

② 洪良浩《耳溪集·外集》卷一〇載戴衢亨《朝鮮洪副使示〈六書經緯〉理解精到，不讓古人。謹作長句一首題後，並以贈行》，與此詩爲同一詩。《韓國文集叢刊》第 242 册，第 338 頁。

第三封：

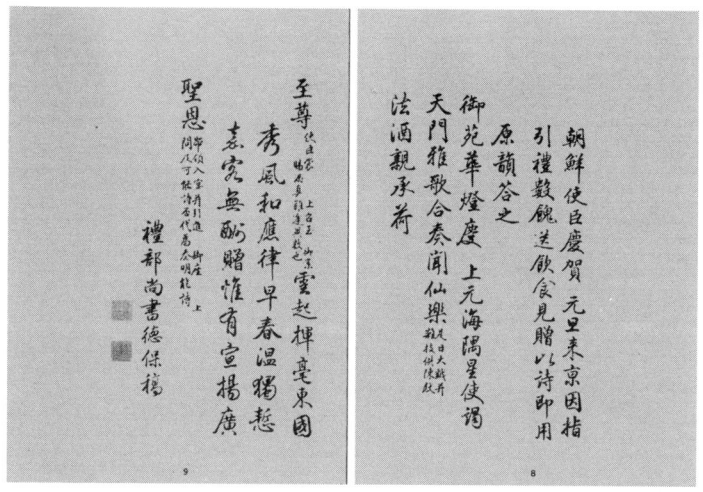

《朝鮮使臣慶賀元旦來京，因指引禮數，饋送飲食，見贈以詩，即用原韻答之》

御苑華燈慶上元，海隅星使謁天門。雅歌合奏聞仙樂（是日，大戲並雜技俱陳獻），法酒親承荷至尊（使臣蒙上召至御案賜酒，眞難逢異數也）。雲起揮毫東國秀，風和應律早春溫。獨慚嘉客無酬贈，惟有宣揚廣聖恩（帶領入宴，並引進御座。上問及可能詩否，代爲奏明能詩）。禮部尚書德保稿。①

---

① 此詩亦載於洪良浩《耳溪洪良浩全書》卷六，第118頁。此詩是洪良浩《禮部尚書德保致款於詣闕時。屢送餅糕，後日又至館外問訊。求詩筆，書此以贈》"梯航萬里趁三元，劍佩成行集午門。南至使星滄海遠，中朝卿月秩宗尊。笋班顧昐榮光動，蔗餅殷勤禮意溫。自念遐蹤那得此，帡幪應是體皇恩"的和韻詩。

第四封:

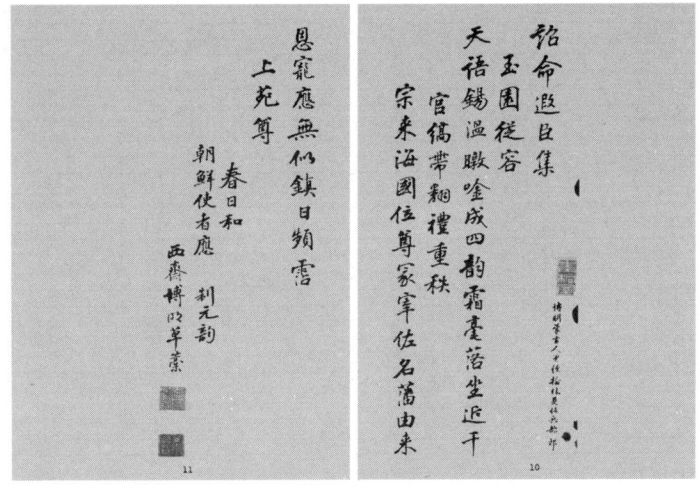

博明,蒙古人。曾任翰林,見任兵部郎。

詔命邇臣集玉園,從容天語錫温暾。吟成四韻霜毫落,坐近千官縞帶翻。禮重秩宗來海國,位尊冢宰佐名藩。由來恩寵應無似,鎮日頻霑上苑尊。

春日,和朝鮮使者應制元韻,西齋博明草稿。①

---

① 此詩爲博明作,洪良浩《耳溪洪良浩全書》卷六亦有載,第118頁。

第五封：

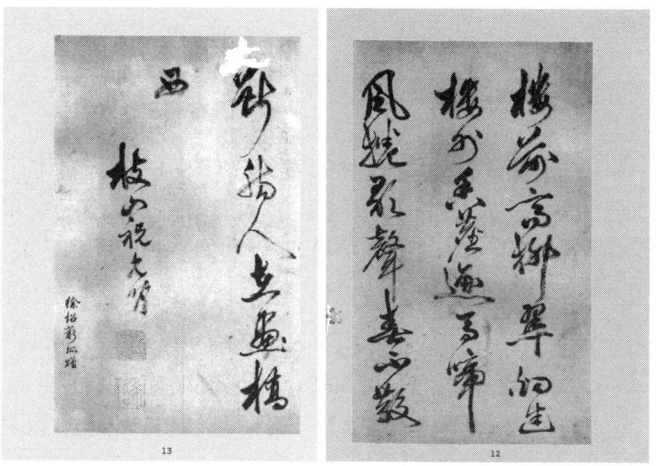

　　樓前高柳翠鈿迷，樓外香塵逐馬蹄。風捲歌聲春不散，斷腸人在畫橋西。枝山祝允明。徐紹薪所贈。①

第六封：

　　洪先生收啓（撫寧貢士徐紹薪）。

《惜春詞四首》

　　神仙品格近西清，金屋香霏貯汝名。濯錦江頭春爛漫，一枝幽艷惜猩猩。

　　輕陰漠漠綠將肥，幾點殷紅隱翠微。怕惹東風深自護，藏春無計送春歸。

　　含苞未吐萼先垂，綽約丰神不自持。祇恐韶光客易過，故教長蒂絆相思。

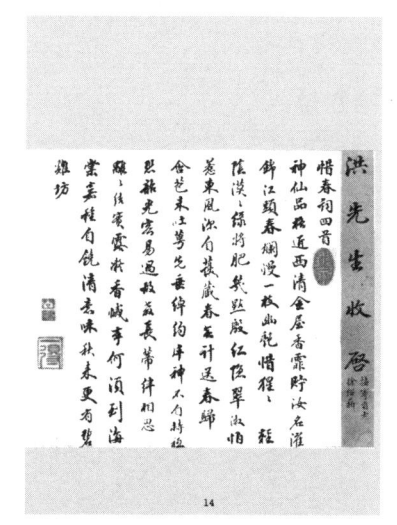

————————

①此爲祝允明（枝山）書帖内容，撫寧縣徐紹薪贈送與洪良浩。

離離結實露凝香,憾事何須到海棠？嘉種自饒清意味,秋來更有碧雞坊。

第七封：

戴心亨（旁注：衢亨之兄,亦官翰林）啓：昨春奉誦佳什,情文斐然,如親芝宇。李十三令弟來京,接讀手書,兼荷寄惠古帖並東紙諸件,珍感,珍感！舍弟現告假回籍省親,夏間方入都供職。承錫佳品,當珍藏之也。《蘭亭》、《聖教序》舊拓極難得,若尋常習見者,殊不足供賞鑒。茲寄上虞永興《夫子廟堂碑》一通,並家刻墨硯,希惟哂納,不備。戴心亨再拜洪先生執事。二月初八日。

第八封：

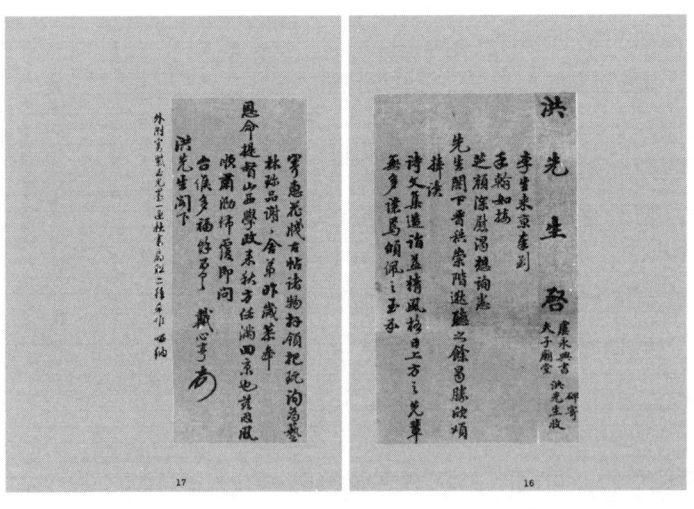

洪先生啓。虞永興書《夫子廟堂碑》,寄洪先生收。

李生來京,奉到手翰,如接芝顏,深慰渴想。詢悉先生閣下晉秩崇階,遜聽之餘,曷勝欣頌!捧讀詩文集,造詣益精,風格日上,方之先輩,無多讓焉,傾佩之至。承寄惠花牋、古帖諸物,拜領把玩,洵爲藝林珍品,謝謝!舍弟昨歲恭奉恩命,提督山西學政,來秋方任滿回京也。茲因風順,肅泐佈覆,即問台候多福,餘不宣。戴心亨頓首洪先生閣下。外附寄紫玉光墨一匣、拙書扇聯二種,希惟哂納。

第九封:

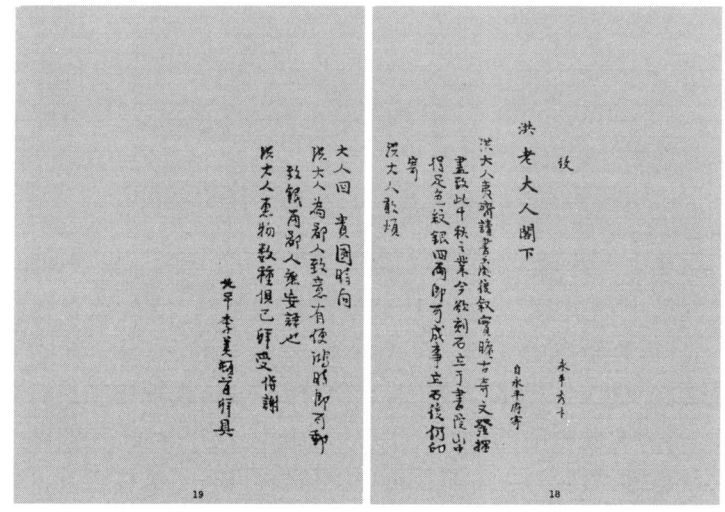

致洪老大人閣下。永平秀才,自永平府寄。

洪大人《夷齊讀書處後叙》①實曠古奇文,發揮盡致。此千秋之業,今欲刻石立於書院山中。得足色紋銀四兩,即可成事,立石後仍印寄洪大人。敢煩大人回貴國時,向洪大人爲鄙人致意,有便鴻

---

① 此文即洪良浩《耳溪集》卷一六所載《題韓昌黎書夷齊讀書處大字》一文。《韓國文集叢刊》第241冊,第288—289頁。

時,即可郵致銀兩。鄙人無妄語也。洪大人惠物數種,俱已拜受,並謝。北平李美頓首拜具。

第十封:

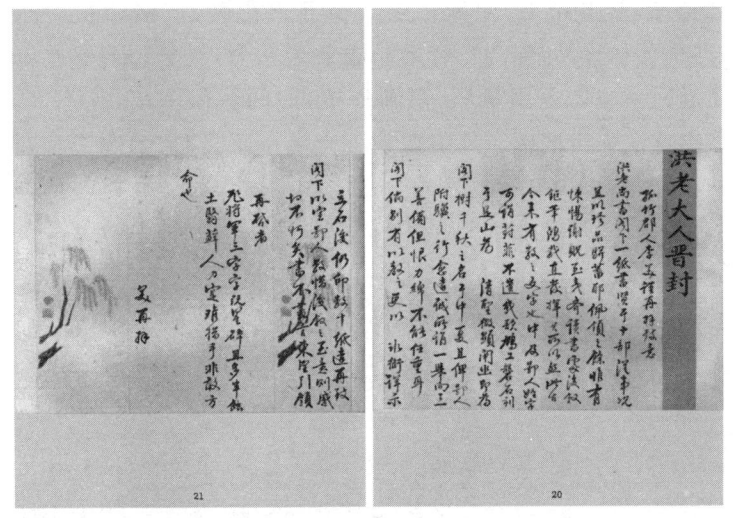

洪老大人晉封。孤竹郡人李美謹再拜,致意洪老尚書閣下:一紙書賢於十部從事,況益以珍品駢蓄耶?佩領之餘,惟有悚惕謝貺。至《夷齊讀書處後叙》,鉅筆鴻裁,直發揮其所以然,此古今來有數之文字也。中及鄙人姓字,可謂菲不遺,幾欲鳩工礱石刻於是山,爲清聖微顯闡幽,即爲閣下樹千秋之名於中夏,且俾鄙人附驥之行愈遠,誠所謂一舉而三善備。但恨力綿,不能任重耳。閣下倘別有以教之,更以冰銜詳示。立石後,仍印數十紙,遠再致閣下,以宣鄙人敬惜《後叙》之至意,則感切不朽矣。書不盡言,束望引領。再啓者:"飛將軍"三字,字既星碎,且多半蝕土翳蘚,人力實難揩手,非敢方命也。美再拜。

第十一封：

耳溪洪尚書向以海東副使奉命來都，詩名籍盛，余時無因緣相見，心缺如也。丙午冬，麝泉李喜明之兄喜經充書記來我帝京，攜洪尚書詩一卷，屬余爲序。余自惟平生未嘗與耳溪尚書識面，聲音笑貌不可懸揣,然撫其篇什,類天姿曠朗,至性過人,而窺其根底,則浸淫乎騷選者居多。凡初唐諸名家,尤力所摹仿,故氣清而骨雋,不落凡格,每一吟咏,則寄托遙深。求諸《三百篇》之遺旨,胥於是乎在。如是,則雖與尚書未嘗如麝泉兄弟把酒譚心,共稱莫逆。然天涯相契,遠辱平章,不揣翦蕘,並忘獎借,即以爲神交也可。時方歲暮,公餘之下,米鹽零雜在所關心,兼以病酒終朝,久荒楮墨。因綸庵已擇於新正二日返國,不得已而爲之序。異日耳溪尚書得是筆迹,聊供笑柄,幸勿傳示,使東國諸才人學士嗤余拙劣也。毘(昆)陵惕庵氏徐大榕題於京邸雙槐軒寓齋。

第十二封：

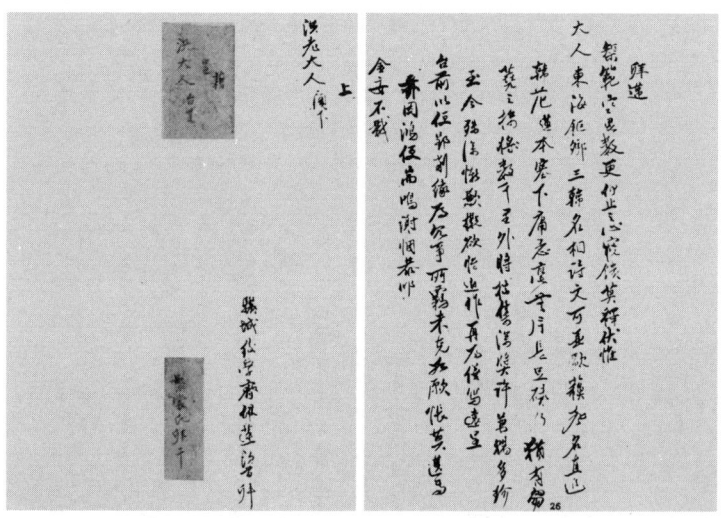

拜違榘範,寒星數更,仰止之心,寢饋莫釋。伏惟大人東海鉅卿,三韓名相,詩文可並歐、蘇,聲名直追韓、范。蓮本塞下庸愚,毫無片長足碌(錄),乃猶有芻蕘之採,數千里外將拙集深獎許,兼賜多珍,至今殊深慚歉。擬欲將近作再爲繕寫,遠呈台前,以便郢削。緣爲冗事所羈,未克如願,悵莫甚焉。兹因鴻便,崇鳴謝悃,恭叩金安,不戩。上洪老大人閣下。驪城後學齊佩蓮頓首拜。藉呈洪大人台□。製裳氏拜干。

第十三封：

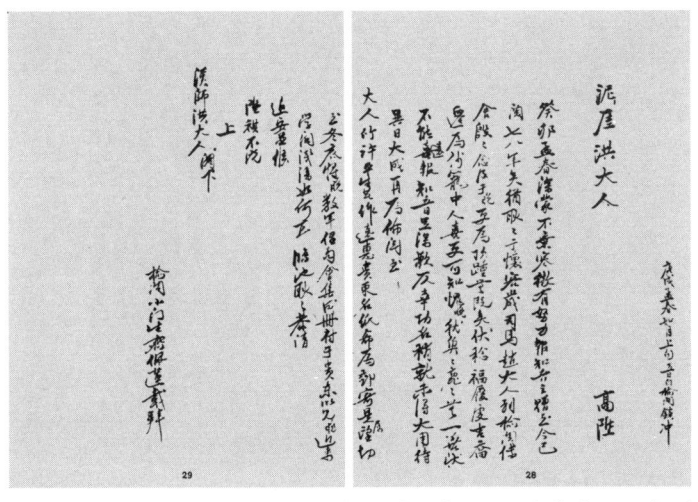

庚戌孟春如月上旬五日，自榆關鎮，冲。泥厓洪大人，高升。

癸卯孟春，深蒙不棄，寒微有努力報知音之贈，至今已閱七八年矣，猶耿耿於懷。客歲，司馬趙大人到榆關傳舍，殷殷念及於晚，更爲頂踵無既矣。伏稔福履處吉，喬遷爲紗籠中人，喜更可知。愧晚猶魚魚鹿鹿，無一善狀，不能遠報知音，足深歉仄。幸功名稍就，未得大用，待異日大成，再爲佈聞。至大人所許平生著作遠惠，貴東名紙希爲郵寄，是屬望切。至冬底，將晚數年俚句會集成冊，付於貴東，以見晚近來學問淺深如何耳。臨池耿耿，恭請近安，並候升祺。不既。上漢師洪大人閣下。榆關小門生齊佩蓮載拜。

第十四封：

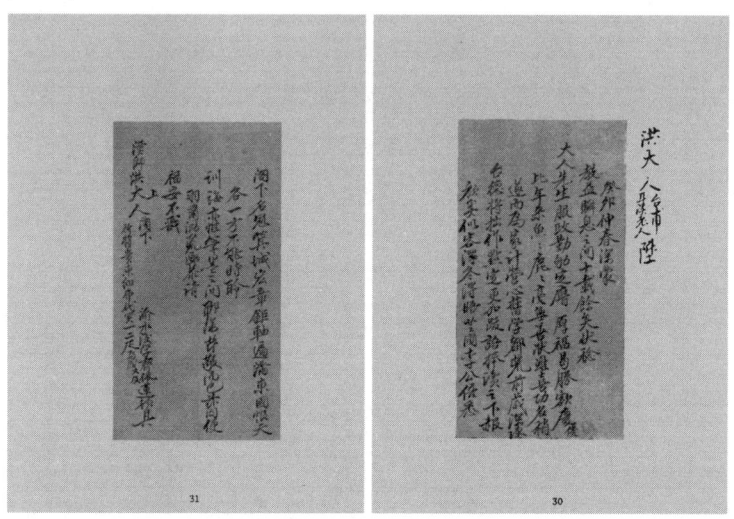

洪大人（台甫，耳溪老人）升。

癸卯仲春，深蒙教益，瞬息之間十載餘矣。伏稔大人先生服政勤劬，定膺厚福，曷勝額慶！僕比年來魚魚鹿鹿，毫無善狀，雖喜功名稍遂，而爲家計營心，舊學都荒。前歲，深承台德，將拙作點定，更加跋語。捧讀之下，赧顏奚似？客冬，得晤芝圃李公，倍悉閣下名冠箕城，宏章鉅軸，遍滿東國。恨天各一方，不能時聆訓誨，亦惟筆墨之間，聊深芹敬而已。茲因便羽，肅泐荒函，恭請福安，不戩。上漢師洪大人閣下，渝水後學齊佩蓮頓具。祈將貴東細布代買一二匹爲感，又及。

第十五封：

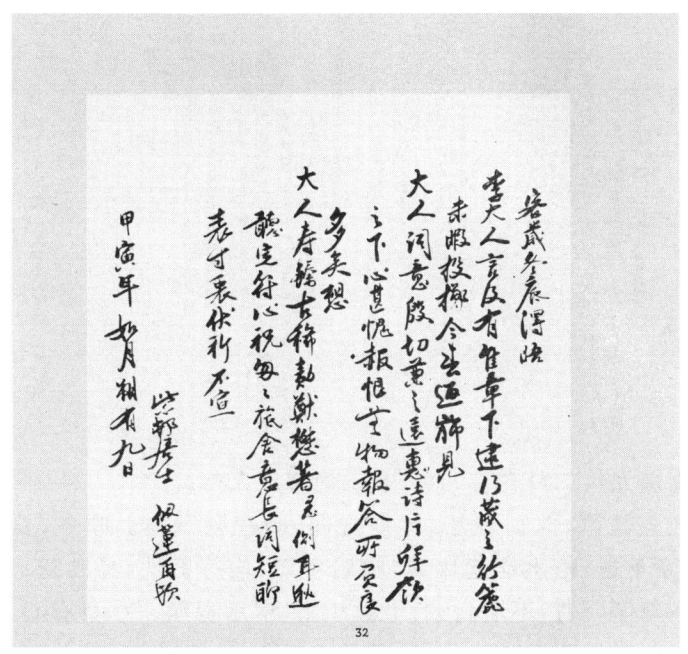

洪大人（紙下）。

客歲冬底，得晤李大人，言及有佳章下逮，乃藏之行篋，未暇投擲。今春返斾，見大人詞意殷切，兼之遠惠詩片，拜領之下，心甚愧赧，恨無物報答，所負良多矣。想大人壽臻古稀，勳猷懋著。愚側耳遯聽，定符心祝。匆匆旅舍，意長詞短，聊表寸衷，伏祈，不宣。紫村居士佩蓮再頓。甲寅年如月朔有九日。

第十六封：

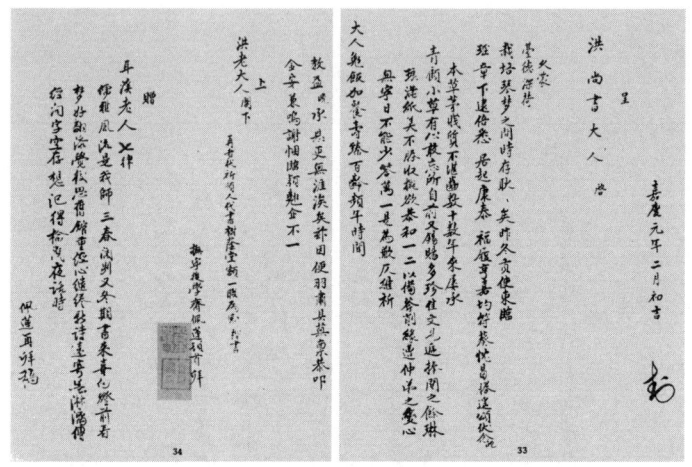

嘉慶元年二月初吉，封。呈洪尚書大人啟。

久蒙臺德，深荷栽培，琴夢之間，時存耿耿矣。昨冬，貢使東臨，瑤章下逮，倍悉居起康泰，福履亨嘉，均符葵忱，曷勝遥頌！伏念晚本草茅賤質，不堪齒數，十數年來，屢承青顧。小草有心，敢忘所自？前又錫賜多珍，佳文見遞。捧閱之餘，琳琅滿紙，美不勝收。擬欲恭和一二，以備斧削。緣遭仲弟之變，心無寧日，不能少答萬一，是爲歉仄。維祈大人勉飯加餐，壽臻百齡。頻年時聞教益，晚承恩更無涯涘矣。茲因便羽，肅具蕪稟，恭叩金安，兼鳴謝悃，臨穎翹企，不一。上洪老大人閣下。再者，伏祈順人代書"樹蔭堂"額一聯爲感，楷書。撫寧後學齊佩蓮頓首拜。

《贈耳溪老人七律》

儒雅風流是我師，三春闊別又冬期。書來喜向燈前看，夢好翻添覺後思。舊館重經心繾綣，新詩遠寄墨淋漓。傳經問字空存想，記得榆關夜話時。佩蓮再拜稿。

上册末頁：

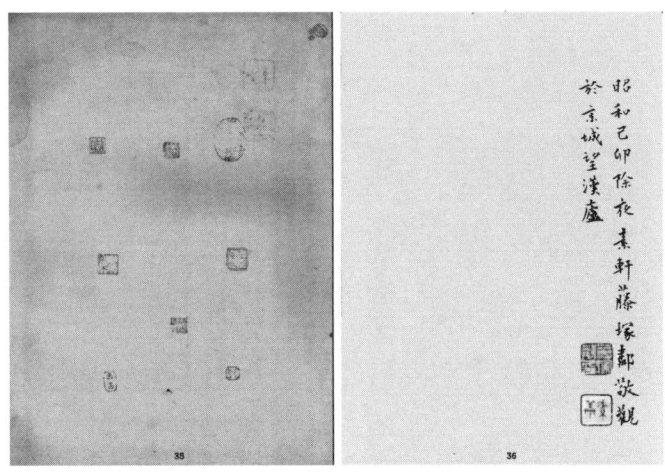

昭和己卯除夜，素軒藤塚鄰敬觀於京城望漢廬。

二、《同文神交》（下册）

封面：

庚辰六月下澣，無號李漢福追題。

第一封：

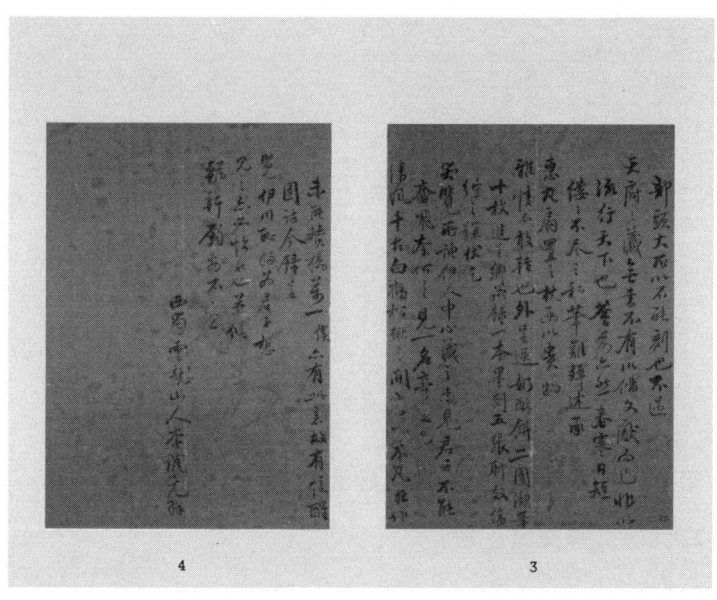

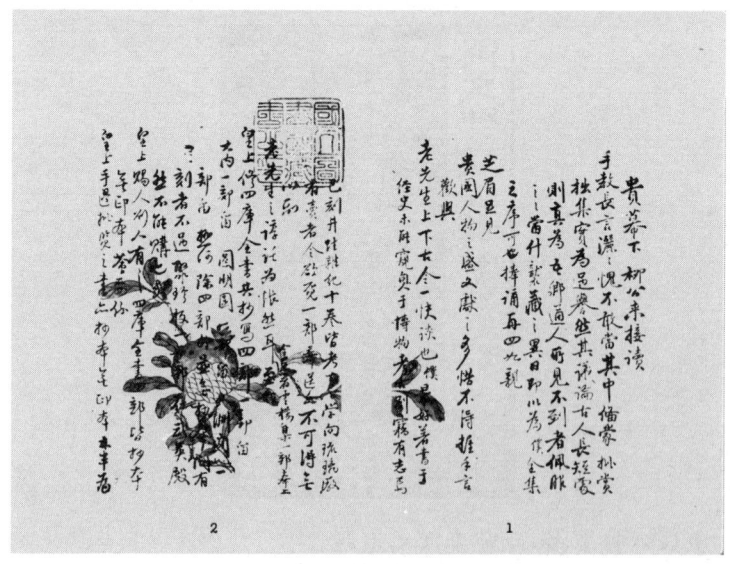

貴幕下柳公來，接讀手教，長言灑灑，愧不敢當。其中備蒙批賞拙集，實爲過譽，然其議論古人長短處，則真爲吾鄉通人所見不到者，佩服！佩服！當什襲藏之，異日即以爲僕全集之序，可也。捧誦再四，如親芝眉，足見貴國人物之盛、文獻之多。惜不得握手言歡，與老先生上下古今一快談也。僕最好著書，於經史未能窺奧，於博物考古則竊有志焉。已刻《井蛙雜紀》十卷，皆考古之學，向琉璃廠有賣者，今欲覓一部奉送，不可得，無以副老先生之諄托，爲悵然耳。今呈《看雲樓集》一部奉上。

至我皇上修《四庫全書》，共抄寫四部：一部留大内，一部留圓明園，一部留文淵閣，一部留熱河。除四部外，並無抄本。間有刻者，不過聚珍板一二部，在武英殿，然不能購也，皇上賜人，則人有之。《四庫全書》四部皆抄本，無印本。《薈要》係皇上手邊披覽之書，亦抄本，無印本，大半爲部頭大，所以不能刻也。不過天府之藏，無書不有，以備文獻而已，非以流行天下也。《薈要》亦然。春寒日短，縷縷不盡之私，筆難殫述。承惠丸扇，置之枕函，以貴物雅情不敢輕也。外呈送奶酥餅二團、湖筆十枚，進呈《鄉試錄》一本、墨刻五張，聊效縞紵之誼，伏乞笑覽。所謂伊人，中心藏之，未見君子，不能奮飛，奈何，奈何！見一名亭之□，清風千古，白鶴松楸之間，□□不凡，拙作未能贊揚萬一。僕亦有此意，故有《憶醒園》詩，今錄呈覽。伊川恥獨爲君子，想見之亦必怡然也。並候輶軒鈞安，不宣。西蜀雲龍山人李調元拜。

第二封：

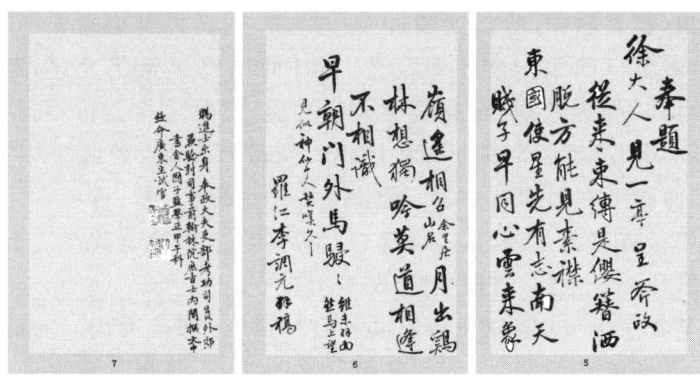

奉題徐大人見一亭，呈斧政。

從來束縛是纓簪，灑脫方能見素襟。東國使星先有志，南天賤子早同心。雲來象嶺遥相召（余里居山名），月出鷄林想獨吟。莫道相逢不相識，早朝門外馬駸駸（雖未拜面，然馬上望見，似神仙中人，贊嘆久之）。羅江李調元拜稿。賜進士出身、奉政大夫、吏部考功司員外郎兼驗封司事、前翰林院庶吉士、內閣撰文、中書舍人、國子監學正、甲午科欽命廣東主試官。

第三封：

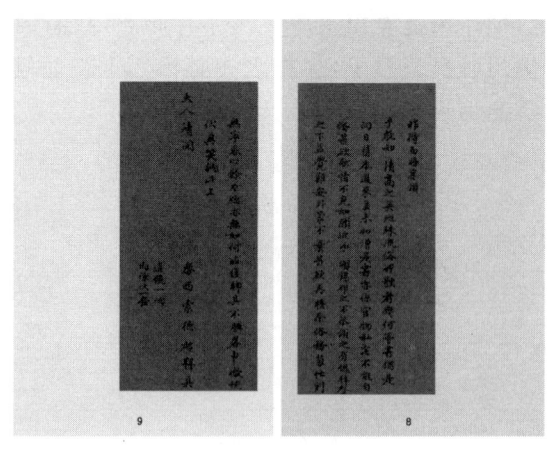

昨得面晤，兼領手教，知清高之英，迥殊流俗。所歉者，幾何等書猶是向日舊本，邇來並未加增。是書亦係官物，私宅不能自備，甚欲獻情，不克如願。近承頒錫，却之不恭，領之有愧，拜登之下，益覺難安。外蒙不棄，甚欲再晤，奈俗務匆忙，刻無寧晷，心餘力絀，亦無如何。茲復，聊具不腆，略申微忱，伏冀笑納。此上大人清閱。泰西索德超拜具。遠鏡一個，內傢伙一套。

第四封：

《奉和朝鮮副使徐提學大人見贈元韻，即祈訂正，時庚戌八月廿又一日》

文章價重海天東，此日賡酬雅意通。記得清談忘漏永，龍雲博識正難窮。

尼山洟水遠垓京，恰喜星軺集鳳城。猶有箕疇遺範在，常先九譯樹風聲。

闕里孔憲培拜稿。①

---

① 孔憲培此二詩亦載於徐浩修《燕行記》卷三，《燕行錄全集》第51冊，第212—213頁。

第五封：

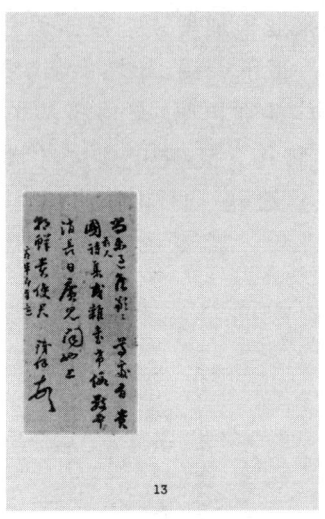

尚未通候，歉歉。尊處有貴國前人詩集或雜書，希假數本消長日，廣見聞也。上朝鮮貴使君，鐵保頓首。看畢即奉還。

第六封：

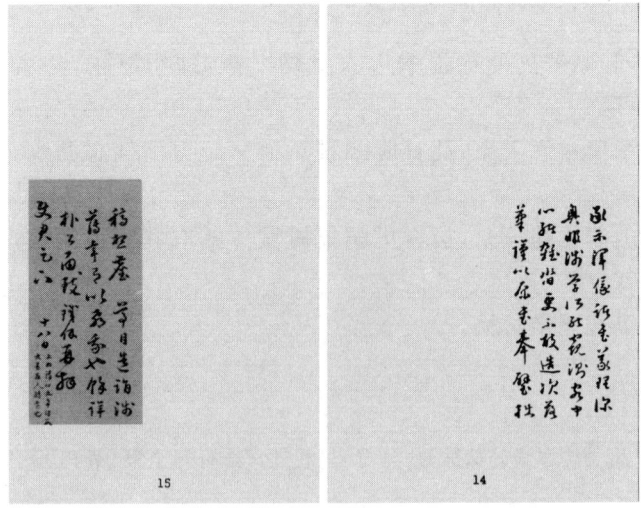

承示渾儀諸書，義理深奧，非淺學所能窺測。客中心緒雜沓，更不敢造次落筆，謹以原書奉璧。拙稿想塵尊目，造詣淺薄，幸有以教我也。餘詳朴公面致。鐵保再拜使君足下，十八日。上好清心丸希付數丸，有友人轉覓也。

第七封：

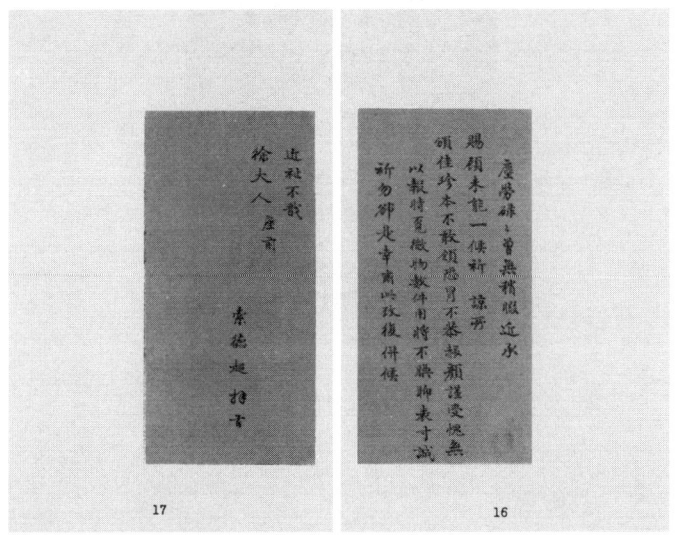

塵勞碌碌，曾無稍暇，近承賜顧，未能一候，祈諒。所頒佳珍，本不敢領，恐冒不恭，赧顏謹受。愧無以報，特覓微物數件，用將不腆，聊表寸誠，祈勿却是幸。肅此致復，並候近祉，不戩。徐大人座前。索德超拜首。

封底：

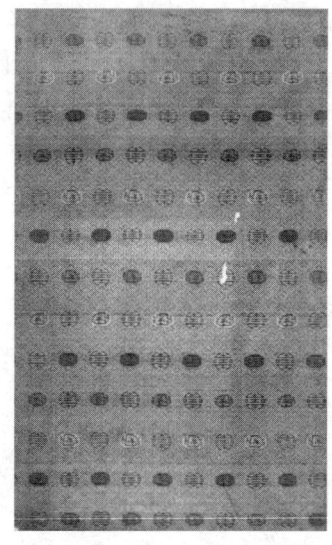

十八世紀中朝文人學誼的新見證(二)
——《中朝學士書翰》

《中朝學士書翰》是十八世紀中朝文人的重要詩牘帖。收錄了清朝文士嚴誠、潘庭筠、陸飛寫給朝鮮文人金在行的詩牘帖以及羅烈跋文原件,共計18封。雖然這些詩牘帖文字(除去羅烈跋文)在藤塚鄰鈔校《燕杭詩牘》、朱文藻編《日下題襟集》、柳得恭《並世集》中都有載,但是由於這些詩牘都是清人親筆,所以它們有著更爲重要的文獻價值。現整理如下:

其封面:

《中朝學士書翰》(乾隆三十二年丁亥)。

第一封：

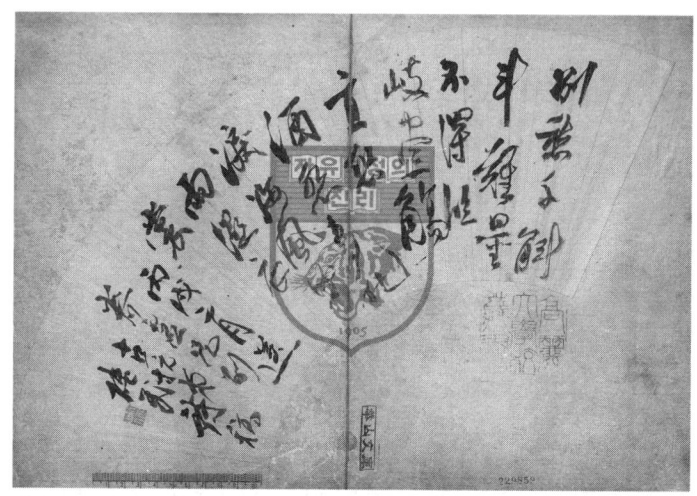

别愁千斛斗難量，不得臨歧盡一觴。直恐酒悲多化淚，海風吹雨濕衣裳。

丙戌二月送養虛兄別，古杭弟陸飛詩稿。

第二封：

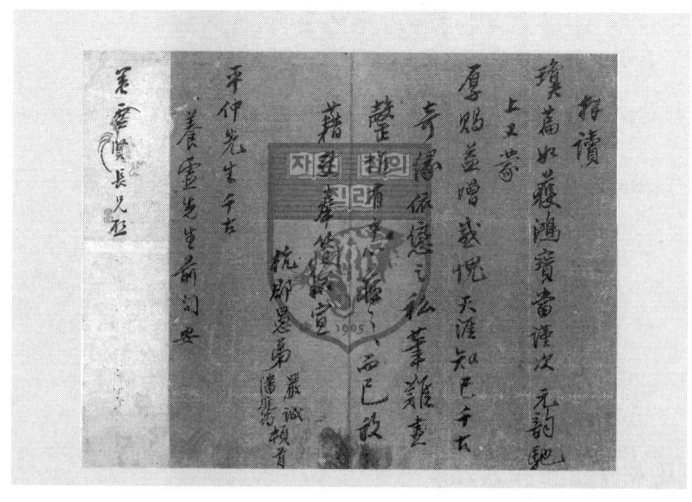

養虛賢長兄啓。

拜讀瓊篇,如獲鴻寶,當謹次元韻馳上。又蒙厚賜,益增感愧。天涯知己,千古奇緣,依戀之私,筆難盡罄,惟有中心蘊之而已。敢藉更奉簡,不宣。杭郡愚弟嚴誠、潘庭筠頓首。

平仲先生千古。

養虛先生前問安。

第三封:

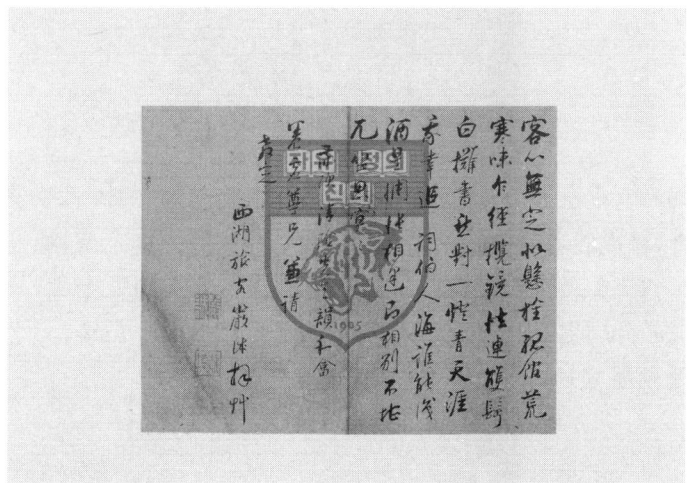

客心無定似懸旌,孤館荒寒味乍經。攬鏡怯連雙鬢白,攤書愁對一燈青。天涯我幸追詞伯,人海誰能識酒星?惆悵相逢即相別,不堪兀坐思冥冥。

承次清陰先生韻,和答養虛尊兄,兼請教定。

西湖旅客嚴鐵橋草。

第四封：

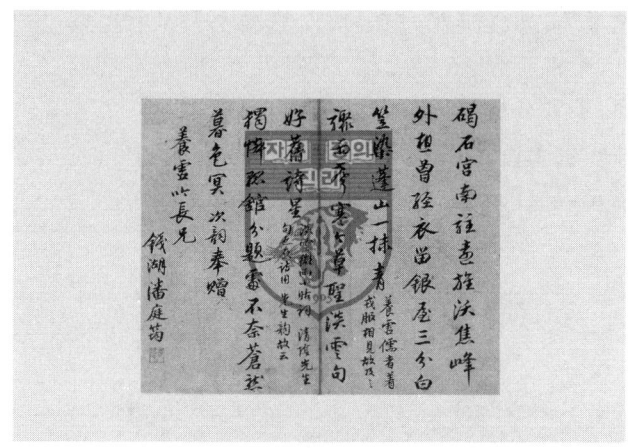

碣石宮南駐遠旌,沃焦峰外想曾經。衣留銀屋三分白,笠染蓬山一抹青(養虛儒者著戎服相見,故及之)。驟雨聲寒今草聖,淡雲句好舊詩星("淡雲微雨小姑詞",清陰先生句也。原詩用先生韻,故云)。獨憐孤館分題處,不奈蒼然暮色冥。次韻奉贈養虛吟長兄。

錢湖潘庭筠。

第五封：

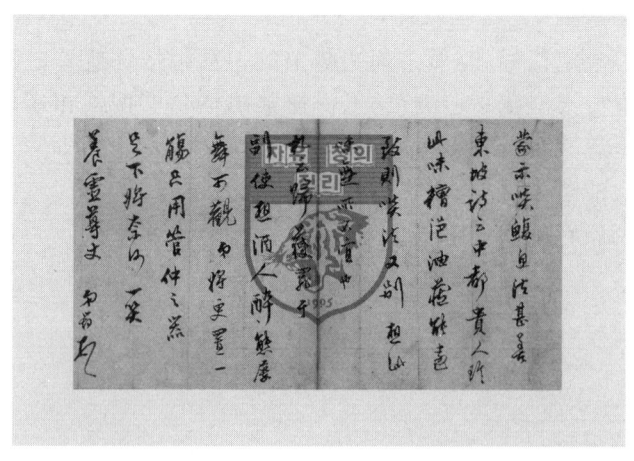

蒙示啖鯗魚法,甚善。東坡詩云"中都貴人珍此味,糟浥油藏能遠致",則啖法又別,想此味無所不宜也。札云:"歸,獲罪於副使。"想酒人醉態,屢舞可觀。弟將更置一觴,祇用管仲之器,足下將奈何?一笑。養虛尊丈,弟筠頓首。

第六封:

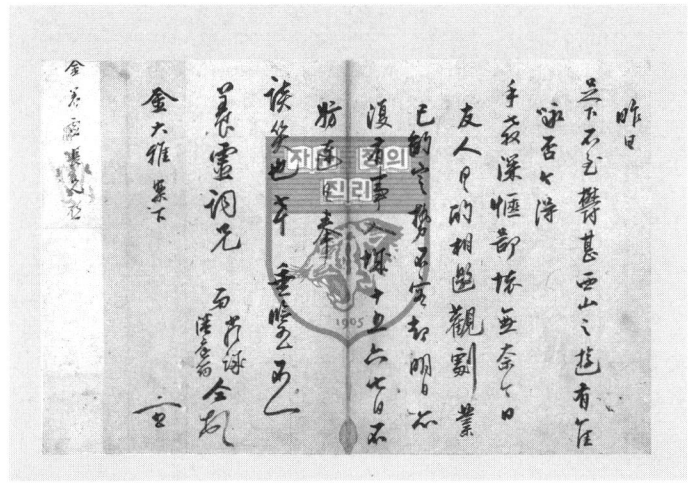

金養虛長兄啓。

昨日,足下不至,鬱甚。西山之遊有佳詠否?今得手教,深愜鄙懷。無奈今日友人有酌相邀觀劇,業已酌定,勢不容却。明日亦復有事入城,十五六七日不妨連日奉談笑也。希垂鑒不一。養虛詞兄,弟嚴誠、潘庭筠同頓首。

金大雅案下,二日。

第七封:

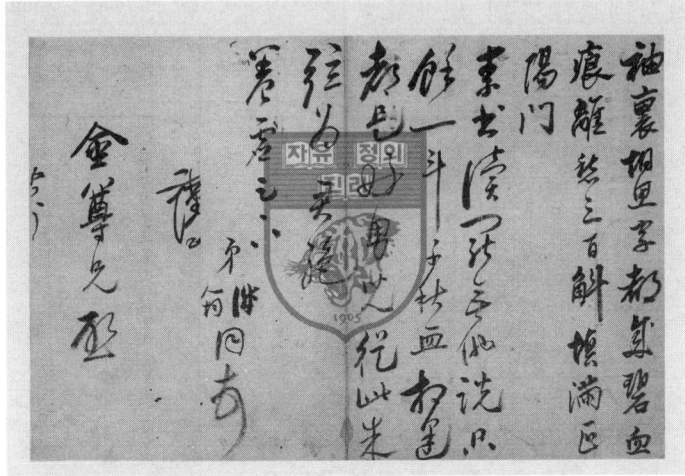

金尊兄啓,頓首。

袖裏相思字,都成碧血痕。離愁三百斛,填滿正陽門。

素書讀罷吾他説,祗餘一斗千秋血。相逢都是好男兒,從此朱弦爲君絶。

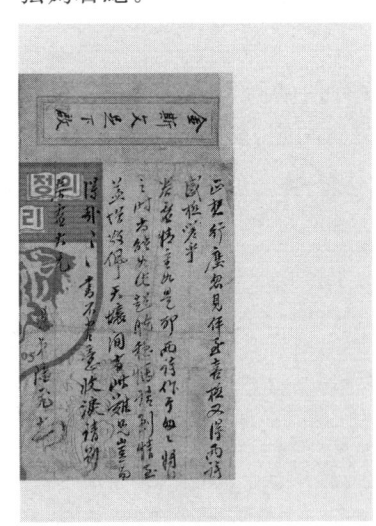

養虛足下,弟誠、筠同頓首,謹上。

第八封:

金斯文足下啓。

正想行塵,忽見伻至,喜極。又得兩詩,感極。嗟乎,養虛情重如是耶!兩詩作於匆匆將回之時,尚能如此超脱穩愜,語到情至,益增敬佩。天壤間,有此難兄,豈易得哉,豈易得哉?書不盡意,收泪請別。養虛大兄。愚弟陸飛頓首。

第九封：

金尊兄啓。

傷哉，傷哉，夫復何言！覽書，審足下此時亦忙甚矣。蘭公《養虛堂詩》，囑弟轉呈。渠昨夜未歸，所請書語，渠意不急、不急或可不必應也。此時行色匆匆，尚暇爲此紆緩之事耶？亦不情之甚矣。別悰千萬，筆不能罄。袛此，養虛老兄足下。愚弟誠頓首拜上。

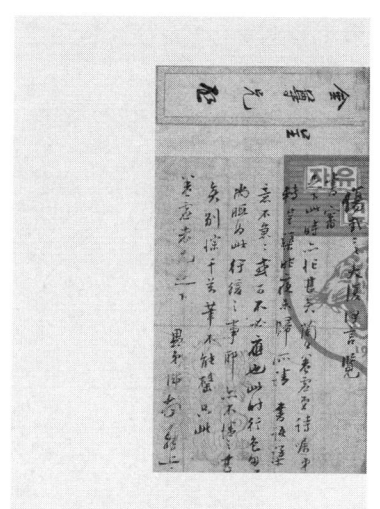

第十封：

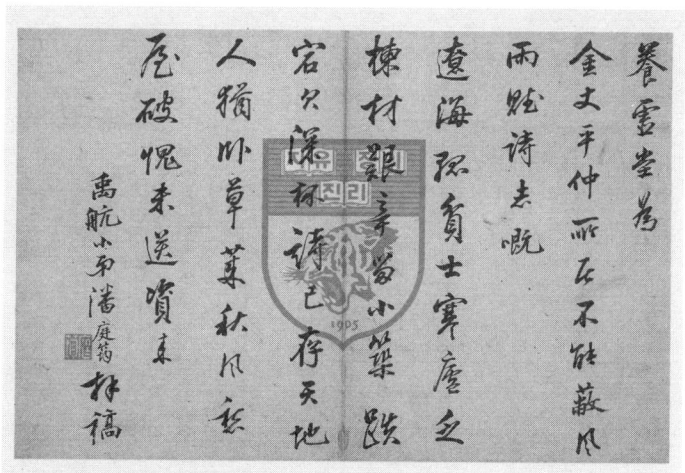

《養虛堂爲金丈平仲所居，不能蔽風雨，賦詩志慨》

遼海孤貧士，寒廬乏棟材。艱辛留小築，跌宕欠深杯。詩已存天地，人猶臥草萊。秋風愁屋破，愧未送資來。

禹航小弟潘庭筠拜稿。

第十一封：

《養虛堂記》

丙戌之春，余遊京師，交二異人焉，曰金君養虛、洪君湛軒。二君者，朝鮮人也。思一友中國之士，隨貢使來輦下。居三閱月矣，卒落落無所遇，又出入必咨守者，窘束愁苦，志不得遂。既與余相見，則歡然如舊識。嗟呼！余何以得此於二君哉？洪君於中國之書，無不遍讀，精歷（曆）律、算卜、戰陳之法。顧性篤謹，喜談理學，具儒者氣象。而金君嶔崎歷落，不可羈紲，趣若不同而交相善也。余既敬洪君之爲人，而於金君，又愛之甚焉。金君喜作詩，於漢魏、盛唐諸家，心摹手追，風格遒健，而草書亦俊爽可喜。每過余邸舍，語不能通，則對席操管，落紙如飛，日盡數十幅以爲常。性頗嗜酒，以畏邦禁，不敢飲。又洪君或譙訶之，時時爬搔不自禁。一日，余強之飲，則咋舌搖手，以爲不可，且懼洪君之或來見之也。顧語及洪君，則必曰豪杰之士云。夫天下號爲朋友衆矣。其道不同，則相合者以迹，而心弗能善。心弗能善，則迹亦日離。是故正人正言，每以不容於時。而頹惰自放之子，以畏親正人正言之故，流爲比匪之小人，而不自知其非，而朋友之道遂不可以復問。若金君之於洪君，又多乎哉？余間語金君："子胡不仕？"金君則慨然太息曰："子亦知吾之所以號'養虛'者乎？吾國俗重門閥，庸庸者或不難得高位，而後門寒畯之士，雖才甚良，弗見焉。吾世室之胄，得美官甚易，且年幾五十老矣，而甘自伏匿，以窮其身，蓋有所不爲也。夫吾心猶太虛，而以浮雲視富貴，又性懶且傲，無所用於世。時吟一篇焉，囂囂然樂也，時來一客焉，陶陶然，若有所得也。吾知養吾虛爾已。而欲強懶且傲之性，以求效於世，無益於人而徒損於己，其累吾虛者莫大焉。此吾所以爲號者也，而吾即以顏所居之堂。"余曰："是可記也。"夫洪君不作詩，又惡飲酒，疑與金君異。然亦以貴胄退隱田間，方講明聖賢之道，終其身不樂仕進。其志亦金君之志，乃今知其迹若不相合而心相善，以成性命之交也。亦宜惜其遠在異國，而余不獲一登養虛之堂，與金君囂囂然、陶陶然於其間也。於其將歸，書以爲贈。海外之士有同志如洪君者，可共覽觀焉。杭州小弟嚴誠拜，手撰。

第十二封：

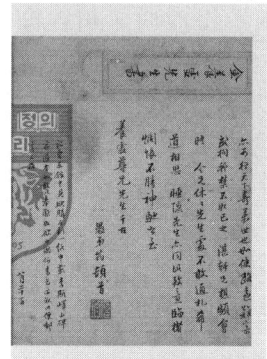
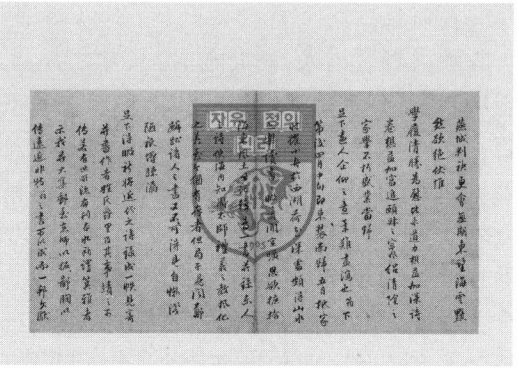

　　燕城判袂，更會無期，東望海雲，黯然欲絶，伏惟學履清勝爲慰。比來，道力想益加深，詩卷想益加富，追頤叔之宗風，紹清陰之家學，不朽盛業當歸足下。遠人企仰之意，筆難盡瀉也。筠下第後，四月中旬，即束裝南歸，五月抵家。時櫂小舟於西湖荷花深處，頗得山水之樂。讀書之暇，蕭閑空曠，思欲摭拾海東風土世紀輯爲一書，並録東人之詩，使海内知周太師禮儀之教、風化之美，至今猶有存者，但局於見聞，鄭麟趾諸人之書，又不可得見，自慚淺陋，祗增疏漏。

　　足下得暇，祈將近代之詩録成一帙見寄，並書作者、姓氏、爵里及其事迹之可傳。若有世所流布刊本，如所謂《箕雅》者，示我，並大集郵至京師，以拓鄙胸，以傳遠近。非特筠之書可以成，而一邦文獻亦可行天下，壽萬世也。如使路遠難寄，或拘邦禁，不如已之。湛軒兄，想頻會晤。今兄休休先生處不敢通札，希道相思，睡隱先生亦同此致意，臨楮惆悵，不勝神馳之至。養虚尊兄先生千古。愚弟筠頓首。

　　記曾在館中，見欲購石刻一紙中載李斯《嶧山碑》。家適有此，敢以奉獻。如欲中國何書，乞示知，以便郵寄，又及。八月二十一日。

第十三封：

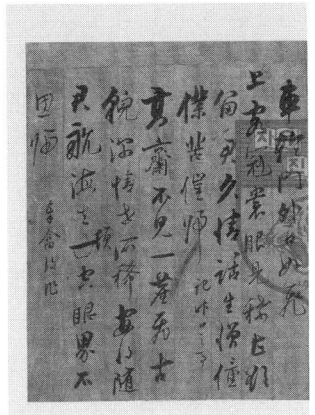

　　車轥門外日如飛，上客冠裳眼見稀。正欲留君久情話，生憎僮僕苦催歸。記昨日之事。
　　高齋不見一塵飛，古貌深情世所稀。安得隨君航海去？頓空眼界不思歸。
　　奉答陸飛。

第十四封：

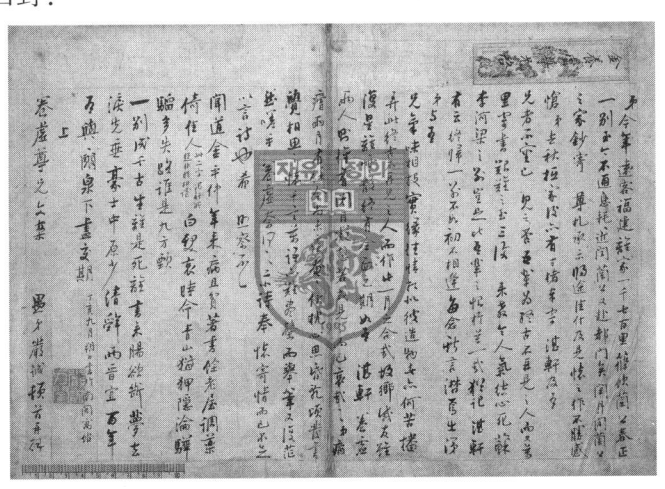

金養虛尊兄啓。

弟今年遠客福建，離家一千七百里。篠飲、蘭公春正一別，至今不通息耗。近聞蘭公又赴都門矣。閏月間，蘭公之家鈔寄尊札，承示歸途佳什及見懷之作，不勝感愴。弟去秋抵家後，亦有寸楮奉寄湛軒及吾兄者，不審已見之否？吾輩爲終古不再見之人，而又萬里寄書，艱難之至。三復來教，令人氣結心死。蘇李河梁之別，豈足比吾輩之恨於萬一哉？猶記湛軒有云："終歸一別，不如初不相逢。"每念斯言，潸焉出涕。弟與吾兄氣味相投，實緣性情相似。彼造物者，亦何苦播弄此終古不再見之人，而作此一月之合哉？故鄉戚友雖復星離雲散，終有會面之期。如吾湛軒、養虛兩人，則惟有閉目凝想，若或見之而已，哀哉，哀哉！弟病瘧兩月有餘，今尚未痊，奄奄伏枕，心思昏亂。頃發書，覺相思之懷，千言萬語亦難盡罄，而舉筆又復茫然。嗟乎養虛，奈何，奈何！二小詩奉懷寄情而已，不足以言詩也，希照察，不一。

聞道金平仲，年來病且貧。著書餘老屋，調藥倚佳人（此二字湛軒所題，非敢相謔）。白髮哀時命，青山狎隱淪。驊騮多失路，誰是九方歆？

一別成千古，生離是死離。書來腸欲斷，夢去泪先垂。豪士中原少，清辭兩晉宜。百年吾與爾，泉下盡交期。丁亥九月朔日書於南閩寓館，上養虛尊兄文案，愚弟嚴誠頓首再拜。

第十五封:

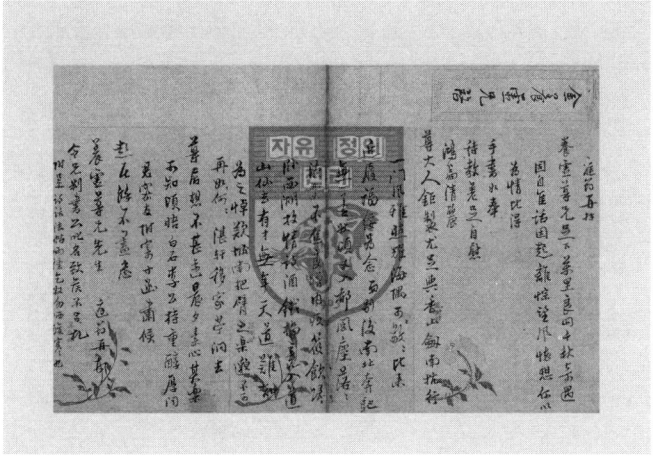

金養虛兄啓。

庭筠再拜養虛尊兄足下:萬里良朋,千秋奇遇,固自佳話。因起離悰,望風懷想,何以爲情?比得手書,如奉詩教,差足自慰。鴻篇清麗,尊大人鉅製尤足與香山、劍南抗行,一門風雅照耀海隅,可敬可敬!比來近履福綏爲念。弟別後,南北奔馳,無一善狀。頃又入都,風塵落落,德業不進,良增内疚。篠飲歸卧西湖,放情詩酒。鐵橋竟入道山仙去,有才無年。天道難知,爲之悼嘆。城南把臂之樂,邈不可再,如何,如何!湛軒移家芐洞,去尊居想不甚遠。晨夕素心,其樂可知。頃晤白石李公,持重醇厚,聞君密友。附寄寸函,肅候起居,餘不盡悉。養虛尊兄先生,庭筠再頓首。

令兄判書公叱名致候,不另札。

附呈詩話、法帖兩種,乞收,勿哂酸寒也。

第十六封：

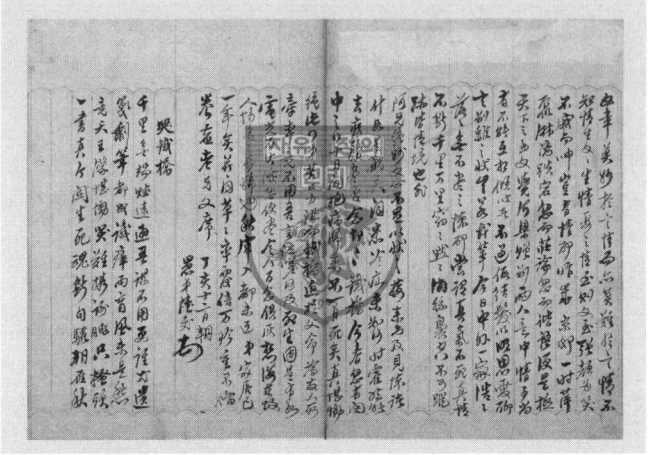

　　文章莫妙於言情，而亦莫難於言情，不知情生文，文生情。要之，情至，則文至。強顏爲笑，不戚而呻，豈有情耶？昨歲，京邸一時萍聚，淋漓跌宕，忽而莊論，忽而諧語，便是極天下之至文。覺《河梁贈別》兩人意中情事，尚有不能互相傾吐者，不過假結髮以明恩愛，聊言別離之狀。豈若我輩今日中外一家，浩浩落落，無不盡之懷耶？嘗謂真氣不死，真情不斷，千里萬里，窈窈默默，遊絲裊空，不可踪迹，皆情境也。非阿兄絶妙文心，不足以狀之，携來書及見懷諸什，如是觀矣。聞患冷疝，未知何時霍然，能去疾務盡否？念切，念切。鐵橋今春忽有閩中之行，十月間抱病歸來，不一月死矣，真堪慟絶。此行弟苦口力阻，而鐵橋迫於父命，爲友人所牽，卒竟不用吾言，泣嗟何及！死生固是有數，電光石火，倏忽便盡，令人百念俱灰。想海東故人，均爲之長號也。秋庫入都未返，弟家居已一年矣，並聞。草草率覆，倍萬珍重，不備。養虛老兄文席，丁亥十二月朔，愚弟陸飛頓首。

　　《哭鐵橋》

　　千里無端賦遠遊，吾謀不用更誰尤？遺箋剩筆都成讖，瘴雨盲風未是愁。竟夭王濛堪慟哭,難携謝朓祇搔頭。一書真個關生死,魂斷句驪朔雁秋。

第十七封:

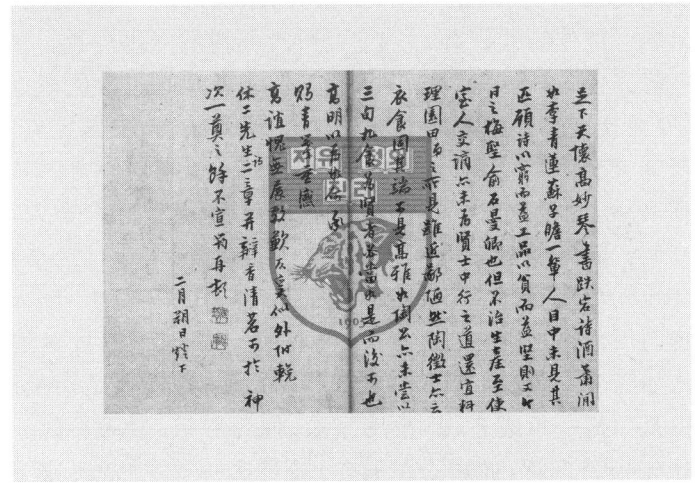

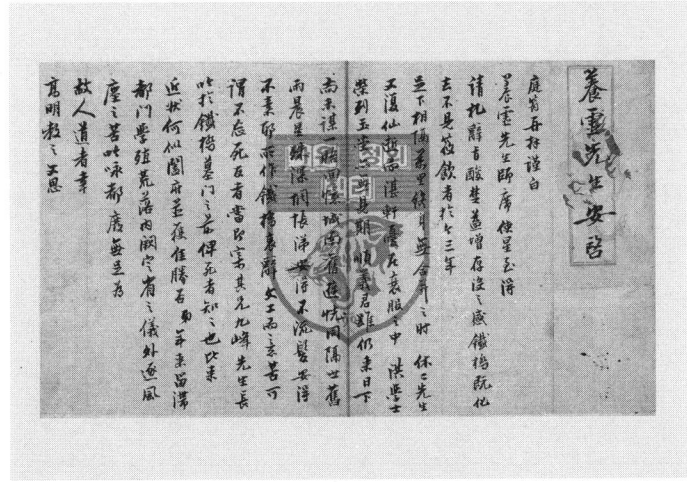

養虛先生安啓。

庭筠再拜,謹白養虛先生師席:使星至,得清札,辭旨酸楚,益增存没之感。鐵橋既化去,不見簅飲者,於今三年。足下相隔萬里,終身無合並之時。休休先生又復仙逝,而湛軒憂居衰服之中。洪學士榮列玉堂,亦無見期。順義君,雖仍來日下,尚未謀一晤。回憶城南舊遊,恍同隔世,舊雨晨星,殊深惆悵,涕安得不流,髮安得不素耶?所作鐵橋哀辭,文工而意苦,可謂不忘死友者。當即寄其兄九峰先生,長吟於鐵橋墓門之前,俾死者知之也。比來近狀何似,閣府並獲佳勝否?弟年來留滯都門,學殖荒落,内關定省之儀,外逐風塵之苦,吟咏都廢,無足為故人道者,幸高明教之。又思足下天懷高妙,琴書跌宕,詩酒蕭閒,如李青蓮、蘇子瞻一輩人,目中未見其匹。顧詩以窮而益工,品以貧而益堅,則又今日之梅聖俞、石曼卿也。但不治生產,至使室人交讁,亦未為賢士中行之道,還宜料理園田。弟之所見雖近鄙陋,然陶徵士亦云"衣食固其端",可見高雅如陶公,亦未嘗以三旬九食。為賢者,必當如是而後可也。高明以為如何?承賜青箋,重感高誼,愧無展敬,歉仄奚似。外附挽休休先生詩二章,並瓣香清茗,可於神次一奠之,餘不宣。筠再頓首。二月朔日燈下。

第十八封:

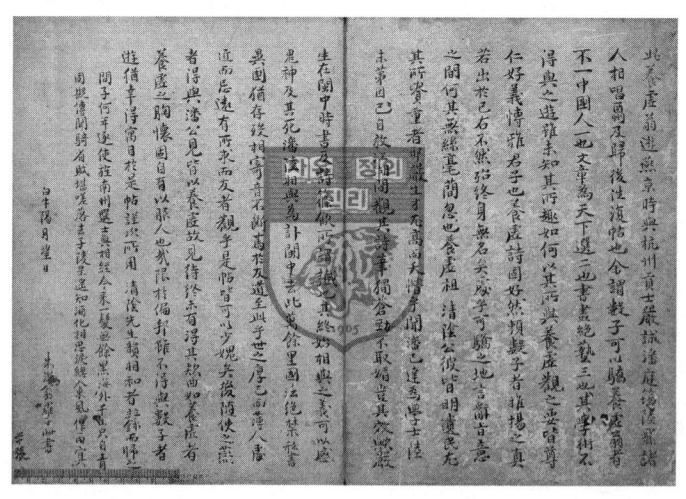

此養虛翁遊燕京時，與杭州貢士嚴誠、潘庭筠、陸飛諸人相唱酬，及歸後往復帖也。余謂數子可以驕養虛翁者不一：中國人，一也；文章爲天下選，二也；書畫絶藝，三也。其學術不得與之遊，雖未知其所趣如何，以其所與養虛觀之，要皆尊仁、好義博雅君子也。養虛詩固好，然賴數子者推揚之，真若出於己右，不然殆終身無名矣。處乎可驕之地，言辭旨意之間，何其無絲毫簡忽也？養虛祖清陰公，彼皆明遺民尤其所貴重者耶。嚴生才尤高而夭，惜乎！聞潘已達爲學士，陸未第，因自放江湖間。觀其詩筆，獨蒼勁不取媚，豈其效歟？嚴生在閩中時，書及詩，篠飲所謂讖也。其終始相與之義，可以感鬼神。及其死，潘、陸相與爲訃。閩中去此萬餘里，國法絕禁私書異國，猶存歿相寄音不斷，篤於友道至此乎？世之厚己而薄人，處近而忘遠，有所求而友者，觀乎是帖，皆可以少愧矣。後隨使之燕者，得與潘公見，皆以養虛故見待，終未有得其款曲如養虛者。養虛之胸懷，固自有以服人也哉！限於偏邦，雖不得與數子者遊，猶幸得寓目於是帖。謹次所用清陰先生韻相和者，並錄而歸之。

問子何年逐使旌，南州選士與相經。今束一髮無餘黑，海外千山祇自青。固擬傳聞騎省賦，堪嗟落去子陵星，遥知酒化相思泪，總入東風作雨冥。

白牛陽月望日，朱溪翁羅子晦書。

封底：

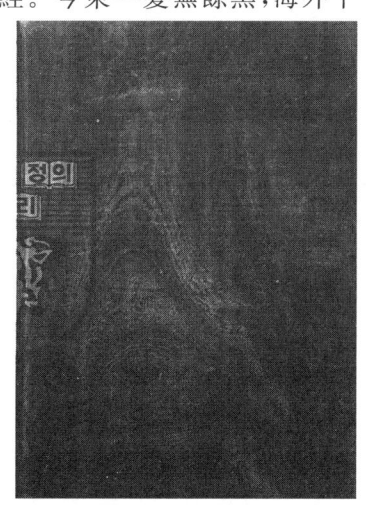

主要引用文獻

一　中國文獻

B

《八千卷樓書目》,丁仁編,民國十二年鉛印本

《八旗詩話》,法式善撰,稿本

《拜經樓詩話續編》,吴騫撰,清鈔本

《北江詩話》,洪亮吉撰,清光緒授經堂刻《洪北江全集》本

C

《陳寅恪集·金明館叢稿二編》,陳寅恪撰,生活·讀書·新知三聯書店,2001年版

《池北偶談》,王士禎撰,中華書局,1982年版

《重修兩浙鹽法志》,阮元、延豐纂修,清同治刻本

《船山詩草》,張問陶撰,中華書局,1986年版

D

《(道光)巢縣志》,舒夢齡纂修,清道光八年刊本

《(道光)濟南府志》,王贈芳等修,成瓘等纂,清道光二十年刻本

《(道光)歙縣志》,勞逢源修,沈伯棠纂,清道光八年刻本

《東遊集》,阿克敦撰,殷夢霞、于浩選編《使朝鮮録》下,北京圖書館

出版社,2003年

《杜甫〈秋興八首〉集説》,葉嘉瑩撰,河北教育出版社,2000年版

F

《風起雲揚——首届南京大學域外漢籍研究國際學術研討會論文集》,張伯偉編,中華書局,2009年版

《復初齋文集》,翁方綱撰,文海出版社,1974年版

G

《高宗純皇帝實録》,《清實録》本,中華書局,1985年版

《(光緒)豐潤縣志》,牛昶煦、郝增祐纂輯,周晉堃續纂,清光緒十七年刻本

《(光緒)撫寧縣志》,張上龢修,史夢蘭纂,清光緒三年刻本

《(光緒)廣州府志》,戴肇辰等主修,史澄、李光廷總纂,清光緒五年刊本

《(光緒)江都縣續志》,謝延庚修,劉壽曾纂,清光緒十年刊本

《(光緒)綏德州志》,孔繁樸修,高維嶽纂,清光緒三十一年刊本

《(光緒)武進陽湖縣志》,王其淦修,湯成烈纂,清光緒五年刻本

《(光緒)霑化縣志》,聯印修,張會一、耿翔儀纂,清光緒十七年刻本

《國朝詞綜補》,丁紹儀輯,清光緒刻前五十八卷本

《國朝詩人徵略》,張維屏輯,清道光十年刻本

《國朝詩人徵略二編》,張維屏輯,清道光二十二年刻本

《國朝漢學師承記》,江藩撰,清嘉慶十七年刻本

《國朝畿輔詩傳》,陶樑撰,清道光十九年紅豆樹館刻本

《國朝御史題名》,黄叔璥輯,清光緒刻本

《國史大綱》,錢穆撰,商務印書館,1996年版

H

《湖海詩傳》,王昶輯,清嘉慶刻本

《淮海英靈集》，阮元輯，清嘉慶三年小琅嬛仙館刻本

J

《紀文達公遺集》，紀昀撰，清嘉慶十七年紀樹馨刻本
《紀曉嵐文集》，紀昀撰，孫致中等校點，河北教育出版社，1991 年版
《金石萃編》，王昶撰，清嘉慶十年刻同治錢寶傳等補修本
《晉書》，房玄齡等撰，中華書局，1982 年第二版
《今日東亞研究之問題、材料和方法》，張伯偉撰，《中國典籍與文化》2012 年第 1 期

L

《李調元年譜略稿》，楊世明撰，《西華師範大學學報》1980 年第 2 期
《歷代畫史彙傳》，彭蘊璨輯，清道光刻本
《兩浙輶軒錄》，阮元、楊秉初輯，夏勇等整理，浙江古籍出版社，2012 年版
《兩浙輶軒續錄》，潘衍桐輯，《續修四庫全書》本，第 1685—1687 册，上海古籍出版社，2002 年版
《留春草堂詩鈔》，伊秉綬撰，清嘉慶十九年秋水園刻本
《琉璃廠史話》，王治秋撰，生活・讀書・新知三聯書店，1963 年版
《琉璃廠小志》，孫殿起輯，北京古籍出版社，1982 年版
《灤陽錄》，柳得恭撰，廣文書局，1968 年版

M

《夢厂雜著》，俞蛟撰，駱寶善校點，上海古籍出版社，1988 年版
《(民國)大庾縣志》，吳寶炬等修，劉人俊等纂，民國八年刻本
《(民國)高密縣志》，余有林、曹夢九修，王照青纂，民國二十四年鉛印本
《(民國)歙縣志》，石國柱、樓文釗修，許承堯等纂，民國二十六年鉛

印本

《(民國)吳縣志》，曹允源、李根源纂，民國二十二年鉛印本

《(民國)中牟縣志》，熊紹龍編纂，蕭德馨等主纂，民國二十五年鉛印本

《墨林今話》，蔣寶齡撰，程青岳批注，李保民校點，上海古籍出版社，2015年版

N

《南漘楛語》，蔣超伯輯，《續修四庫全書》本，第1161冊，上海古籍出版社，2002年版

P

《蒲褐山房詩話新編》，王昶撰，周維德校點，人民文學出版社，2011年版

Q

《前塵夢影錄》，徐康撰，清光緒二十三年江標刻本

《(乾隆)杭州府志》，邵晉涵等修，鄭澐等續修，清乾隆四十九年刻本

《(乾隆)兗州府志》，覺羅普爾泰、陳顧𤅬等纂，清乾隆三十五年刻本

《欽定四庫全書總目》，《四庫全書》研究所整理，中華書局，1997年版

《清朝續文獻通考》，劉錦藻撰，浙江古籍出版社，2000年版

《清代翰林名錄》，朱汝珍輯，劉建業點校，北京燕山出版社，2008年版

《清代人物生卒年表》，江慶柏編著，人民文學出版社，2005年版

《清代詩話東傳略論稿》，張伯偉撰，中華書局，2007年版

主要引用文獻　　　　　　　　　　　　　　　　　　　　　　1205

《清代學術概論》,梁啓超撰,商務印書館(臺灣),2008年版
《清代職官年表》,錢實甫編,中華書局,1980年版
《清秘述聞》,法式善等撰,張偉點校《清秘述聞三種》,中華書局,
　　1982年版
《清脾録》,李德懋撰,洪大容、李德懋撰,鄺健行點校《乾净衕筆
　　談·清脾録》,上海古籍出版社,2010年版
《清史稿》,趙爾巽等撰,中華書局,1977年版
《清詩紀事》,錢仲聯撰,鳳凰出版社,2004年版
《全唐文紀事》,陳鴻墀輯,清同治十二年方功惠廣州刻本
《全浙詩話》,陶元藻輯,清嘉慶元年怡雲閣刻本

R

《熱河日記》,朴趾源撰,朱瑞平校點,上海書店出版社,1997年版
《日下題襟集》,朱文藻編,《鐵橋全集》第4、5册,韓國首爾大學中
　　央圖書館藏本

S

《尚史》,李鍇撰,文淵閣《四庫全書》本
《聖祖仁皇帝實録》,《清實録》本,中華書局,1985年版
《史記》,司馬遷撰,中華書局,1982年第二版
《師竹齋集》,李鼎元撰,清嘉慶刻本
《世宗憲皇帝實録》,《清實録》本,中華書局,1985年版
《樞垣記略》,梁章鉅撰,朱智續撰,清光緒元年刊本
《説詩晬語》,沈德潛撰,霍松林校注,人民文學出版社,1979年版
《四庫全書簡明目録》,紀昀、永瑢等撰,商務印書館(臺灣)文淵閣
　　原鈔本,1983年版
《孫淵如先生全集》,孫星衍撰,清嘉慶刻本
《蘇文忠公詩集》,紀昀評點,宏業書局,1969年版

《隨俟書屋詩集》，劉錫五撰，清嘉慶二十三年刻本

T

《唐詩貫珠》，胡以梅輯釋，清康熙五十四年素心堂刻本
《唐音評注》，楊士弘編選，顧璘評點，陶文鵬等點校，河北大學出版社、貴州人民出版社，2010年版
《陶文毅公全集》，陶澍撰，清道光刻本
《天真閣集》，孫原湘撰，清嘉慶五年刻增修本
《鐵橋全集》，嚴誠撰，朱文藻編，韓國首爾大學中央圖書館藏本
《童山集》，李調元撰，清乾隆刻《函海》道光五年增修本
《(同治)蘇州府志》，李銘皖修，馮桂芬纂，清光緒九年刻本
《(同治)建昌府志》，邵子彝總輯，魯琪光總纂，清同治十一年刻本

W

《晚晴簃詩匯》，徐世昌編，聞石點校，中華書局，1990年版
《圍爐詩話》，吳喬撰，上海古籍出版社郭紹虞編《清詩話續編》本，1983年版
《翁氏家事略記》，翁方綱撰，美國哈佛大學哈佛燕京圖書館藏
《梧門詩話合校》，法式善撰，張寅彭、張迪藝編校，鳳凰出版社，2005年版

X

《香石詩話》，黃培芳撰，《續修四庫全書》第1706冊，上海古籍出版社，2002年版
《小重山房詩詞全集》，張祥河撰，清道光刻光緒增修本
《熊方受生平考辨》，黃南津撰，《廣西地方志》1995年第5期
《續桐陰論畫》，秦祖永撰，清同治三年刻朱墨套印本

Y

《燕臺再遊録》,柳得恭撰,廣文書局,1968年版
《養吉齋叢録》,吳振棫撰,童正倫點校,中華書局,2005年版
《揚州畫舫録》,李斗撰,中華書局,1960版
《亦有生齋集》,趙懷玉撰,清道光元年刻本
《頤道堂集》,陳文述撰,清嘉慶十二年刻道光增修本
《瀛奎律髓刊誤》,方回原選,紀昀批點,佩文書社,1960年版
《雨村詩話校正》,李調元撰,詹杭倫、沈時蓉校正,巴蜀書社,2006年版
《與我周旋集》,魏元樞撰,清乾隆五十八年清祜堂刻本
《粵東皇華集》,李調元撰,清刊本(有徐浩修序)
《悦親樓詩集》,祝德麟撰,清嘉慶二年姑蘇刻本
《閲微草堂筆記》,紀昀撰,上海古籍出版社,2010年版

Z

《浙西村人初集》,袁昶撰,清光緒刻本
《鄭堂讀書記》,周中孚撰,民國十年刻《吳興叢書》本
《中國近三百年學術史》,梁啓超撰,中國書店,1985年據1936年中華書局版影印
《中國文化史》,柳詒徵編著,東方出版中心,1988年版
《中國哲學史》,馮友蘭撰,華東師範大學出版社,2000年版
《作爲方法的漢文化圈》,張伯偉撰,中華書局,2011年版

二 韓國文獻

B

《白華子集抄》,洪慎猷撰,韓國首爾大學奎章閣藏本
《白下集》,尹淳撰,《韓國文集叢刊》第192册,民族文化推進會,1997年版
《保晚齋集》,徐命膺撰,《韓國文集叢刊》第233册,民族文化推進

會,1999年版

《豹庵稿》,姜世晃撰,《韓國文集叢刊(續)》第 80 册,韓國古典翻譯院,2009年版

《北轅録》,李商鳳撰,《〈燕行録選集〉補遺》上册,東亞細亞學術院、大東文化研究院,2008年版

《備邊司謄録》,朝鮮備邊司編,韓國國史編纂委員會,1991年版

《並世集》,柳得恭撰,林基中編《燕行録全集》第 60 册,韓國東國大學出版部,2001年版

C

《承政院日記》,朝鮮承政院編,韓國首爾大學奎章閣藏本

《承旨公燕行日録》,韓德厚撰,《燕行録全集》第 50 册

《傳舊》,洪羲俊撰,韓國首爾大學奎章閣藏本

《純祖實録》,韓國首爾大學奎章閣藏本

《叢史》,洪敬謨撰,韓國首爾大學奎章閣藏本

D

《大東紀年》,尹起晉撰,光緒三十一年上海美華書館鉛版,韓國國立中央圖書館藏本

《澹寧瓿録》,洪義浩撰,韓國國立中央圖書館藏本

《丁亥燕槎録》,李心源撰,林基中、夫馬進《燕行録全集(日本所藏編)》第 1 册,東國大學韓國文學研究所,2001年版

《丁卯燕行録》,李喆輔撰,《燕行録全集》第 37 册

《丁巳燕行日記》,李喆輔撰,《燕行録全集》第 37 册

《東華筆話集》,私人藏本

《斗室存稿》,沈象奎撰,《韓國文集叢刊》第 290 册,民族文化推進會,2002年版

E

《恩暉堂筆記》,柳得恭撰,韓國首爾大學奎章閣藏本

《恩誦堂集》,李尚迪撰,《韓國文集叢刊》第 312 册,民族文化推進會,2003 年版

《而已廣集》,張混撰,《韓國文集叢刊》第 270 册,民族文化推進會,2001 年版

《耳溪洪良浩全書》,洪良浩撰,民族文化社,1982 年版

《耳溪集》,洪良浩撰,《韓國文集叢刊》第 241—242 册,民族文化推進會,2000 年版

《二十一都懷古詩》,柳得恭撰,光緒丁丑補鎸本,韓國首爾大學奎章閣藏本

《二憂堂集》,趙泰采撰,《韓國文集叢刊》第 176 册,民族文化推進會,1996 年版

F

《樊岩集》,蔡濟恭撰,《韓國文集叢刊》第 235—236 册,民族文化推進會,1999 年版

《楓皐集》,金祖淳撰,《韓國文集叢刊》第 289 册,民族文化推進會,2002 年版

《楓皐金祖淳碑文》拓本,南秉哲篆並書,韓國國立中央圖書館藏

《楓石全集》,徐有榘撰,《韓國文集叢刊》第 288 册,民族文化推進會,2002 年版

《豐山洪氏》(家譜),韓國高麗大學藏本

《豐山世稿》,洪奭周編,純祖二十四年古活字本,韓國國立中央圖書館藏本

G

《乾净筆譚》,洪大容撰,《燕行録全集》第 43 册

《乾净衕筆談》,洪大容《湛軒書·外集》卷二,《韓國文集叢刊》第
    248 冊,民族文化推進會,2000 年版
《縞紵集》,朴長馣編,朴齊家撰,李佑成編《楚亭全書》下冊,亞細亞
    文化社,1992 年版
《艮翁集》,李獻慶撰,《韓國文集叢刊》第 234 冊,民族文化推進會,
    1999 年版
《庚辰燕行録》,徐命臣撰,《燕行録全集》第 62 冊
《庚子燕行雜識》,李宜顯撰,《燕行録全集》第 35 冊
《古芸堂筆記》(栖碧外史海外蒐佚本 10),柳得恭撰,亞細亞文化
    社,1986 年版
《冠岩全書》,洪敬謨撰,《韓國文集叢刊(續)》第 113 冊,韓國古典
    翻譯院,2011 年版
《冠岩山房新編耘石外史》,洪敬謨撰,韓國首爾大學奎章閣藏本
《冠岩山房新編耘石外史續編》,洪敬謨撰,韓國首爾大學奎章閣藏本
《冠岩遊史》,洪敬謨撰,韓國首爾大學奎章閣藏本
《冠陽集》,李匡德撰,《韓國文集叢刊》第 209 冊,民族文化推進會,
    1998 年版
《歸鹿集》,趙顯命撰,《韓國文集叢刊》第 212—213 冊,民族文化推
    進會,1998 年版
《癸丑燕行詩》,李在學撰,《燕行録全集》第 57 冊
《癸卯燕行録》,黄晸撰,《燕行録全集》第 37 冊
《國朝人物志》,安鍾和會纂,隆熙三年版,韓國國立中央圖書館藏本
《國朝人物考》,韓國首爾大學圖書館編,韓國首爾大學出版部,
    1978 年版
《國朝文科榜目》,佚名編,太學社,1984 年版

H

《海石遺稿》,金載瓚撰,《韓國文集叢刊》第 259 冊,民族文化推進

會,2000年版
《含忍録》,蔡濟恭撰,《燕行録全集》第40册
《寒圃齋集》,李健命撰,《韓國文集叢刊》第177册,民族文化推進會,1996年版
《寒圃齋使行日記》,李健命撰,《〈燕行録選集〉補遺》上册
《韓國人名字號辭典》,李斗熙、朴龍圭等編著,啓明文化社,1988年版
《韓客巾衍集》,柳琴編,韓國首爾大學奎章閣藏手鈔本,此版本書前有"珍書重覽,一晴記書,咤子孫永保"字
《杭傳尺牘》,洪大容《湛軒書·外集》卷一,《韓國文集叢刊》第248册,民族文化推進會,2000年版
《和隱集》,李時恒撰,《韓國文集叢刊(續)》第57册,韓國古典翻譯院,2008年版
《鶴岩集》,趙文命撰,《韓國文集叢刊》第192册,民族文化推進會,1997年版
《弘齋全書》,正祖撰,《韓國文集叢刊》第262—267册,民族文化推進會,2001年版
《壺隱集》,洪受疇撰,《韓國文集叢刊(續)》第46册,民族文化推進會,2007年
《花潭集》,徐敬德撰,《韓國文集叢刊》第24册,民族文化推進會,1988年版
《瓛齋集》,朴珪壽撰,《韓國文集叢刊》第312册,民族文化推進會,2003年版
《黄閣故實》,佚名撰,韓國成均館大學藏書閣藏本
《悔軒集》,趙觀彬撰,《韓國文集叢刊》第211册,民族文化推進會,1998年版

J

《薊南尺牘》,韓國翰林大學藏本

《屐園遺稿》,李晚秀撰,《韓國文集叢刊》第 268 册,民族文化推進會,2001 年版

《薑山初集》,李書九撰,卷末有"己酉五月裝于駱西之希籛堂"語,韓國國立中央圖書館藏本

《薑山全書》,李書九撰,東亞細亞學術院、大東文化研究院編,韓國成均館大學出版部,1975 年版

《椒蔗錄》,南泰齊撰,《燕行錄續集》第 116 册

《金陵集》,南公轍撰,《韓國文集叢刊》第 272 册,民族文化推進會,2001 年版

《金秋史研究草》,崔完秀撰,知識産業社,1976 年版

《槿域漢文學史》,崔海鍾撰,韓國高麗大學華山文庫藏本

《槿域書畫徵》,吳世昌編著,學資苑,2015 年版

《搢紳赤牘》,佚名編,韓國首爾大學奎章閣藏筆寫本

《景宗實錄》,韓國首爾大學奎章閣藏本

《警修堂全稿》,申緯撰,《韓國文集叢刊》第 291 册,民族文化推進會,2002 年版

K

《看羊錄》,姜鋧撰,《燕行錄全集》第 30 册

《昆侖集》,崔昌大撰,《韓國文集叢刊》第 183 册,民族文化推進會,1997 年版

L

《老稼齋集》,金昌業撰,《韓國文集叢刊》第 175 册,民族文化推進會,1996 年版

《老稼齋燕行日記》,金昌業撰,《燕行錄全集》第 32—33 册

《雷淵集》,南有容撰,《韓國文集叢刊》第 217—218 册,民族文化推進會,1998 年版

主要引用文獻

《冷齋集》,柳得恭撰,《韓國文集叢刊》第 260 册,民族文化推進會,2000 年版
《林下筆記》,李裕元撰,韓國成均館大學大東文化研究院,1961 年版
《綸庵集》,李喜經撰,日本天理大學天理圖書館藏本

M

《渼湖集》,金元行撰,《韓國文集叢刊》第 220 册,民族文化推進會,1998 年版
《明皋全集》,徐瀅修撰,《韓國文集叢刊》第 261 册,民族文化推進會,2001 年版
《明谷集》,崔錫鼎撰,《韓國文集叢刊》第 153—154 册,民族文化推進會,1995 年版
《明齋遺稿》,尹拯撰,《韓國文集叢刊》第 135—136 册,民族文化推進會,1994 年版

N

《南溪集》,朴世采撰,《韓國文集叢刊》第 138—142 册,民族文化推進會,1994 年版
《農隱入瀋記》,李田秀撰,《燕行錄全集》第 30 册

Q

《甲辰啓下》,金尚奎撰,《燕行錄續集》第 112 册
《潛齋稿》,金益謙撰,日本東京大學阿川文庫藏,韓國國立中央圖書館複寫本
《青城集》,成大中撰,《韓國文集叢刊》第 248 册,民族文化推進會,2000 年版
《青莊館全書》,李德懋撰,《韓國文集叢刊》第 257—259 册,民族文

化推進會,2000年版

《清陰集》,金尚憲撰,《韓國文集叢刊》第77冊,民族文化推進會,1991年版

《秋齋集》,趙秀三撰,《韓國文集叢刊》第271冊,民族文化推進會,2001年版

R

《壬子燕行雜識》,李宜顯撰,《燕行錄全集》第35冊

《入燕記》,李德懋撰,《燕行錄全集》第57冊

《阮堂全集》,金正喜撰,《韓國文集叢刊》第301冊,民族文化推進會,2003年版

S

《三淵集》,金昌翕撰,《韓國文集叢刊》第165—167冊,民族文化推進會,1996年版

《桑蓬錄》,姜浩溥撰,《〈燕行錄選集〉補遺》上冊

《韶濩堂集》,金澤榮撰,《韓國文集叢刊》第347冊,民族文化推進會,2005年版

《使行錄》,佚名編,《燕行錄全集》第27冊

《疏齋集》,李頤命撰,《韓國文集叢刊》第172冊,民族文化推進會,1996年版

《水村集》,任埅撰,《韓國文集叢刊》第149冊,民族文化推進會,1995年版

《碩齋稿》,尹行恁撰,《韓國文集叢刊》第287—288冊,民族文化推進會,2002年版

《四家詩》,柳琴編,朴齊永注,白斗鏞校,翰南書林出版,1917年版,韓國高麗大學圖書館藏本

《宋子大全》,宋時烈撰,《韓國文集叢刊》第108—116冊,民族文化

推進會,1993年版

《肅宗實錄》,韓國首爾大學奎章閣藏本

《隨槎錄》,盧以漸撰,《燕行錄全集》第41冊

T

《太常諡狀錄》,奉常寺(朝鮮)編,韓國成均館大學藏書閣藏本

《陶谷集》,李宜顯撰,《韓國文集叢刊》第180—181冊,民族文化推進會,1997年版

《陶厓集》,洪錫謨撰,韓國成均館大學藏書閣藏本

《陶厓詩集》,洪錫謨撰,韓國國立中央圖書館藏本

《惕齋集》,李書九撰,《韓國文集叢刊》第270冊,民族文化推進會,2001年版

《通文館志》,朝鮮史編修會編,民昌文化社,1991年版

《同文彙考》,大韓民國文教部、國史編纂委員會,翰進印刷公社,1978年版

《同文神交》,韓國國立中央圖書館藏本

《頭陀草》,李夏坤撰,《韓國文集叢刊》第191冊,民族文化推進會,1997年版

《후지츠카기증추사자료전Ⅲ——후후지츠카의추사연구자료》(《藤塚鄰寄贈的秋史資料展Ⅲ——藤塚鄰的秋史研究資料》),韓國果川文化院,2008年版

W

《晚静堂集》,徐宗泰撰,《韓國文集叢刊》第163冊,民族文化推進會,1996年版

《萬機要覽》,徐榮輔、沈象奎等撰,韓國國立中央圖書館藏純祖八年(1808)筆寫本

《文谷集》,金壽恒撰,《韓國文集叢刊》第133冊,民族文化推進會,

1994年版

《梧川集》,李宗城撰,《韓國文集叢刊》第214册,民族文化推進會,1998年版

《梧墅集》,朴永元撰,《韓國文集叢刊》第302册,民族文化推進會,2003年版

《五洲衍文長箋散稿》,李圭景撰,東國文化社,1959年影印本

《戊申燕行詩》,沈鏽撰,《燕行録續集》第114册

《戊午燕行録》,徐有聞撰,《燕行録全集》第62册

《戊午燕行録》,徐有聞撰,金東旭校注,《燕行録選集》第7册,民族文化促進會,1970年版

X

《西河集》,李敏叙撰,《韓國文集叢刊》第144册,民族文化推進會,1995年版

《西浦集》,金萬重撰,《韓國文集叢刊》第148册,民族文化推進會,1995年版

《西堂私載》,李德壽撰,《韓國文集叢刊》第186册,民族文化推進會,1997年版

《閑閑堂燕行録》,孟萬澤撰,《燕行録全集》第39册

《孝宗實録》,韓國首爾大學奎章閣藏本

《心田稿》,朴思浩撰,《燕行録全集》第85册

《修山集》,李種徽撰,《韓國文集叢刊》第247册,民族文化推進會,2000年版

《雪岫外史》,李喜經撰,李佑成編,亞細亞文化社,1986年版

Y

《研經齋全集》,成海應撰,《韓國文集叢刊》第273—279册,民族文化推進會,2001年版

主要引用文獻

《燕槎錄》,趙尚絅撰,《燕行錄全集》第 37 册
《燕行別章》,趙榮福撰,《燕行錄全集》第 36 册
《燕行紀程》,趙秀三撰,《燕行錄續集》第 119 册
《燕行記》,徐浩修撰,《燕行錄全集》第 50—51 册
《燕行記事》,李坤撰,《燕行錄全集》第 53 册
《燕行記事》,李在學撰,《燕行錄全集》第 58 册
《燕行記著》,佚名撰,林基中、夫馬進《燕行錄全集(日本所藏編)》第 1 册
《燕行錄》,白景炫撰,《〈燕行錄選集〉補遺》中册
《燕行錄》,崔德中撰,《燕行錄全集》第 40 册
《燕行錄》,崔德中撰,《燕行錄選集》第 3 册
《燕行錄》,李德壽撰,《燕行錄續集》第 115 册
《燕行錄》,李正臣撰,李正臣《櫟翁遺稿》第一,《韓國文集叢刊(續)》第 53 册,第 11—13 頁。
《燕行錄》,李正臣撰,李正臣《櫟翁遺稿》卷七、卷八,《韓國文集叢刊(續)》第 53 册,第 91—178 頁。
《燕行錄》,閔鎮遠撰,《燕行錄全集》第 36 册
《燕行錄》,金舜協撰,《燕行錄全集》第 38 册
《燕行錄》,金照撰,《燕行錄全集》第 70 册
《燕行錄》,金正中撰,《燕行錄全集》第 75 册
《燕行錄》,任玨撰,《燕行錄續集》第 115 册
《燕行錄》,嚴璹撰,《燕行錄全集》第 40 册
《燕行錄》,俞拓基撰,《燕行錄全集》第 38 册
《燕行錄》,魚錫定撰,《燕行錄續集》第 119 册
《燕行錄》,趙文命撰,《燕行錄全集》第 37 册
《燕行見聞錄》,李時恒撰,《燕行錄續集》第 114 册
《燕行日乘》,沈樂洙撰,《燕行錄全集》第 57 册
《燕行日錄》,韓祉撰,林基中編《增補燕行錄叢刊》本,NURIME-

《燕行日記》(坤卷),金箕性撰,林基中、夫馬進《燕行錄全集(日本所藏編)》第 1 册

《燕行日記》(乾卷),金箕性撰,林基中編《增補燕行錄叢刊》本,NURIMEDIA,2014 年

《燕行日記》,尹汲撰,林基中、夫馬進《燕行錄全集(日本所藏編)》第 1 册

《燕行日錄》,李憲默撰,《燕行錄續集》第 118 册

《燕行日錄》,趙榮福撰,《燕行錄全集》第 36 册

《燕行日錄》,鄭光忠撰,《燕行錄全集》第 39 册

《燕行詩》,李頤命撰,《燕行錄全集》第 34 册

《燕行詩》,趙觀彬撰,《燕行錄全集》第 37 册

《燕行雜識》,李頤命撰,《燕行錄全集》第 34 册

《燕岩集》,朴趾源撰,《韓國文集叢刊》第 252 册,民族文化推進會,2000 年版

《燕轅直指》,金景善撰,《燕行錄全集》第 70 册

《燕雲紀行》,洪良浩撰,《燕行錄全集》第 41 册

《燕雲續咏》,洪良浩撰,《燕行錄全集》第 41 册

《燕行雜稿》,南泰良撰,《燕行錄續集》第 114 册

《一庵集》,李器之撰,《韓國文集叢刊(續)》第 70 册,韓國古典翻譯院,2008 年版

《一庵燕記》,李器之撰,《〈燕行錄選集〉補遺》上册

《譯科榜目》,民昌文化社,1990 年版

《飲冰行程曆》,李基敬撰,《燕行錄續集》第 116 册

《英祖實錄》,韓國首爾大學奎章閣藏本

《輶車集》,李晩秀撰,《燕行錄全集》第 60 册

《遊燕稿》,洪錫謨撰,《燕行錄續集》第 129 册

《淵泉集》,洪奭周撰,《韓國文集叢刊》第 293—294 册,民族文化推

進會,2002年版

《月汀集》,尹根壽撰,《韓國文集叢刊》第47册,民族文化推進會,1991年版

《耘石山人文選》,洪敬謨撰,韓國首爾大學奎章閣藏本

《耘石外史》,洪敬謨撰,韓國首爾大學奎章閣藏本

Z

《橧巢集》,金信謙撰,《韓國文集叢刊(續)》第72册,韓國古典翻譯院,2009年版

《湛軒書》,洪大容撰,《韓國文集叢刊》第248册,民族文化推進會,2000年版

《湛軒燕記》,洪大容撰,洪大容《湛軒書·外集》卷七,《韓國文集叢刊》第248册

《湛軒燕記》,洪大容撰,《燕行録全集》第42册

《貞蕤稿略》,朴齊家撰,韓國國立中央圖書館藏本

《貞蕤閣集》,朴齊家撰,《韓國文集叢刊》第261册,民族文化推進會,2001年版

《正祖實録》,韓國首爾大學奎章閣藏本

《知守齋集》,俞拓基撰,《韓國文集叢刊》第213册,民族文化推進會,1998年版

《中朝學士書翰》,佚名編,韓國高麗大學中央圖書館藏本

《中士寄洪大容手札帖》,韓國崇實大學韓國基督教博物館藏,2016年版

《中州十一家詩選》,柳得恭編,韓國首爾大學奎章閣藏本

《自著集》,俞漢雋撰,《韓國文集叢刊》第249册,民族文化推進會,2000年版

《足睡堂集》,洪仁謨撰,韓國成均館大學藏書閣藏本

三　日本文獻

《耳溪先生三編全書》，洪良浩撰，洪敬謨編，日本東洋文庫藏本
《清朝文化東傳の研究——嘉慶·道光學壇と李朝の金阮堂》，藤塚鄰撰，藤塚明直編，國書刊行會，1975年版

四　美國文獻

《燕杭詩牘》，藤塚鄰鈔校，美國哈佛大學哈佛燕京圖書館藏本